中国社会科学院文库
法学社会学研究系列
The Selected Works of CASS
Law and Sociology

中国社会科学院创新工程学术出版资助项目
中国社会科学院文库·法学社会学研究系列
The Selected Works of CASS · Law and Sociology

非自愿住院的规制：精神卫生法与刑法（上）

The Regulation of Involuntary Admission: Mental Health Law and Criminal Law

刘白驹 / 著

社会科学文献出版社
SOCIAL SCIENCES ACADEMIC PRESS (CHINA)

《中国社会科学院文库》出版说明

《中国社会科学院文库》（全称为《中国社会科学院重点研究课题成果文库》）是中国社会科学院组织出版的系列学术丛书。组织出版《中国社会科学院文库》，是我院进一步加强课题成果管理和学术成果出版的规范化、制度化建设的重要举措。

建院以来，我院广大科研人员坚持以马克思主义为指导，在中国特色社会主义理论和实践的双重探索中做出了重要贡献，在推进马克思主义理论创新、为建设中国特色社会主义提供智力支持和各学科基础建设方面，推出了大量的研究成果，其中每年完成的专著类成果就有三四百种之多。从现在起，我们经过一定的鉴定、结项、评审程序，逐年从中选出一批通过各类别课题研究工作而完成的具有较高学术水平和一定代表性的著作，编入《中国社会科学院文库》集中出版。我们希望这能够从一个侧面展示我院整体科研状况和学术成就，同时为优秀学术成果的面世创造更好的条件。

《中国社会科学院文库》分设马克思主义研究、文学语言研究、历史考古研究、哲学宗教研究、经济研究、法学社会学研究、国际问题研究七个系列，选收范围包括专著、研究报告集、学术资料、古籍整理、译著、工具书等。

中国社会科学院科研局

2008 年 12 月

目　录

上　册

下 册

第一章 非自愿住院制度和精神卫生法的萌芽和初创

精神卫生法的历史与精神病院和精神病学的历史是交织在一起的。

精神病院（或称精神病医院，mental hospital，psychiatric hospital）是19世纪初的产物。在此之前，专门或者非专门地收容疯人（madman，lunatic）的场所叫“疯人院”（madhouse）、“收容院”（asylum，亦译“避难所”“庇护所”）以及“济贫院”（poorhouse）、“习艺所”（workhouse）等，个别的叫“疗养院”（retreat）。英国杰出医学史学家罗伊·波特（Roy Porter，1946～2002）指出：疯人院是促成精神病学发展成为一门技术与科学（art and science）的温室。疯人院并不是为了精神病学实践设立的机构，相反地，乃是先有疯人院的存在，而后为了处理其中的病人，才有精神病学的发展。在医生与其他经营者在这类机构内就近处理疯人，进而获得丰富的经验之前，有关疯狂的想法，仍是非常抽象而纯粹理论性的空谈。①

而如果考察精神卫生法的历史，完全可以说，疯人院不仅孕育了精神

---

① 〔英〕罗伊·波特：《疯狂简史》，巫毓荃译，台湾左岸文化事业有限公司，2004，第109页。

病学，还催生了精神卫生法。更彻底地说，精神卫生法起源于收容疯人和对疯人院进行管理的法律。

本章将主要以法国、英国、美国和俄罗斯这几个国家为考察对象，简略叙述非自愿住院制度和精神卫生法的早期历史以及在20世纪上半叶发展的情况。

第一节　法国的“大禁闭”

先从法国说起，是因为有一种观点认为，世界第一部精神卫生法诞生在法国。虽然法国从来就没有一部正式叫作“精神卫生法”的法律，但是这个观点还是有根据的。

法国思想家米歇尔·福柯（Michel Foucault，1926～1984）在《疯狂与非理性：古典时代疯狂史》（*Folie et Déraison*：*Histoire de la Folie à l'Âge Classique*，1961）及其缩写英译本《疯癫与文明：理性时代的疯癫史》（*Madness and Civilization*：*A History of Insanity in the Age of Reason*，1965）中，总结和分析了精神病院、精神病学在法国产生的早期历史。[①] 虽然他的文字相当晦涩，对历史的叙述也不总是按照时间的顺序，而且，他没有提到什么“精神卫生法”，但是，他实际上清晰地解构了别人所谓“世界第一部精神卫生法”的前史。下面依循福柯提供的线索并结合其他学者的观点来概述这段历史。

在中世纪以前的欧洲，疯人主要是由家庭照护和监管的。这些照管有时妥当，有时则嫌不足甚至残忍。有些疯人被家人关锁，藏在地窖或猪舍。也有一些疯人被赶出他们的家庭和村庄，在道路上游荡，以乞食维生。对于一个家族而言，家中出现疯人是很大的耻辱，因为它意味着恶魔附身，或是不良血统。在中世纪，一些地方——最初是基督教会人员——建立了收容疯人和其他流浪贫民的机构，但疯人没有医学上的地位。然而，各个城市都只愿意负担自属的疯人，对流浪的疯人通常遣送出自己的

---

① 参见〔法〕米歇尔·福柯《古典时代疯狂史》，林志明译，生活·读书·新知三联书店，2005；〔法〕米歇尔·福柯：《疯癫与文明——理性时代的疯癫史》，刘北成、杨远婴译，生活·读书·新知三联书店，1999。两书译文对精神障碍，一称“疯狂”，一称“疯癫”，引用时未做统一。

管界，使其远走他方。但驱逐并不能彻底解决问题。一些城市逐渐聚集了大量的疯人，其中相当多的是被商人和水手从其他地方带来的。在中世纪末期，许多城市面临着如何处置流浪的疯人的问题。这些城市不得不把这些疯人和其他流浪贫民一起强制送入已有的曾经禁闭麻风病人或者性病患者的收容院，或者是新建的收容院。

中央集权制的法国是由最高统治者来推动收容疯人（法文为 aliénés，insensés，fous）和其他流浪贫民这个事情的。“从路易十四到革命爆发，法国的政体不仅是专制的，而且是很横暴的；因为君主有权做的事比他们通常做的事要多得多。对于滥施淫威的遏制力量是很薄弱的。”① “说起 17 世纪中叶法国、英国和德意志帝国中央政权的强大，和英国国王、德意志帝国皇帝相比，法国国王可说特别强而有力。”② 1656 年 4 月 27 日，法国国王路易十四（Louis XIV，Louis-Dieudonné，1638 ~ 1715）颁布在巴黎设立“总收容院”（Hôpital Général,③ 亦译“总医院”“收容总署”“综合医院”等④）的敕令。其中说：

> 一世纪以来，前代诸王曾为巴黎城下达数道治安命令，以其热诚及权威防止行乞及游手好闲，因为它们乃是所有动乱之源。虽然皇家警队已依此等命令尽力施为，然而在时节不佳之时，因为缺乏此一庞大计划所需之资源，或因为原先的优良领导离职，致使效果不彰。最近以来，在我们所尊敬的已逝父王治下，由于公开放荡及道德沦丧，此一恶痛仍更增加，而我们认识到此一治安措施的主要缺陷，乃在于乞丐可以到处自由游荡，而救济不但不能阻止私下的乞讨，也不能使他们因此中止游手好闲。……乞丐们过度放荡不羁，不幸地陷于种种

① 〔法〕米涅：《法国革命史》，北京编译社译，商务印书馆，1977，第 6 页。

② 〔德〕诺贝特·埃利亚斯：《文明的进程：文明的社会起源和心理起源的研究》第二卷，袁志英译，生活·读书·新知三联书店，1999，第 15 页。

③ 法文 Hôpital 古代用法意指收容、照料穷苦人的慈善机构，今天的意义（医院）到 17 世纪初才开始使用，19 世纪起广泛运用。参见〔法〕米歇尔·福柯《古典时代疯狂史》，林志明译，生活·读书·新知三联书店，2005，第 66 页。

④ 根据史料来看，当时法国的收容院并无总院、分院之分，政府也没有一个主管收容院的“总署”。Hôpital Général 实际是指将不同情况的人一并收容。因而，将 Hôpital Général 译为“综合收容院”可能更为合适，不致引起误解。

罪恶，如果他们未受惩罚，将会招致神怒，有害国家。[①]

敕令禁止任何人公开行乞，不论其性别、出生地、年纪、身份、出身，不论其状况健全或残废、生病或正在痊愈中，可治或无可救药。初犯者施以鞭笞，再犯者男人及少年处苦役，女人及少女处流刑。敕令命令收容贫穷乞丐，不论健全或残障、男性或女性，并使它们能在收容院得到工作。

根据这一敕令，巴黎原有的各种收容机构统归单一行政部门管理。其中就有由伤残军人养老院改建的比塞特院（Bicêtre Hôpital，Asile de Bicêtre），由火药工厂改建的萨佩提耶院（Salpêtrière Hôpital，亦译“硝石库院”“硝石场院”）。在巴黎城中每一百人中至少有一人被禁闭在“总收容院”，而被禁闭者中有十分之一是疯人。1676 年 6 月 16 日路易十四又颁布敕令，规定超过一定规模的城市都要效仿巴黎设立自己的“总收容院”。到法国大革命前夕，外省有 32 个城市建立了这种机构。有时，对流浪乞丐的收容是集中性的。1767 年，骑警队受命同时逮捕王国内所有乞丐，被捕的乞丐达 5 万多人。身强力壮的流浪汉被押解去服苦役，其他的则由 40 多家收容所接纳。[②]

对于路易十四建立“总收容院”，后人有不同评价。18 世纪法国伟大的思想家伏尔泰（François-Marie Arouet，笔名 Voltaire，1694～1778）敬仰路易十四，他将建立“总收容院”视为路易十四的一项成绩。[③] 19 世纪法国历史学家基佐（François Pierre Guillaume Guizot ，1787～1874）在《欧洲文明史》（*Histoire générale de la civilisation en Europe*，1828）一书中，虽然没有谈到“总收容院”，但对路易十四时代的行政管理和立法给予了很高评价，而这些评价从侧面肯定了路易十四建立“总收容院”的举措。基佐认为，行政管理的真实目的和主要特征，就是将中央权力的意志尽量迅速和确实地贯彻到社会各部分之中，并将社会力量，不论是人力或财力，以同样方式汇集到中央权力手中。在社会需要一致和秩序时，行政管理就

---

① 转引自〔法〕米歇尔·福柯《古典时代疯狂史》，林志明译，生活·读书·新知三联书店，2005，第 753～754 页。

② 〔法〕托克维尔：《旧制度与大革命》，冯棠译，商务印书馆，1992，第 171 页。

③ 参见〔法〕伏尔泰《路易十四时代》，吴模信、沈怀洁、梁守锵译，商务印书馆，1996，第 420 页。该书将 Hôpital Générale 译为“总医院”。

成为把分散的各个因素凝聚团结起来的主要手段。路易十四的行政管理正是致力于此，并且获得一定效果。基佐还指出，路易十四颁布了大批法律，这些法律虽然有很多缺点，不是从公道和自由的利益出发，但是它们维持了共同秩序，把法国社会在文明的进程中推进了一大步。①

福柯与伏尔泰、基佐的立场不同，但他的观点和基佐有一些相似。福柯认为，就运作方式或目的而言，“总收容院”与医疗毫无关系，而是一个维护秩序的单位，维护的是当时法国的君王和中产阶级秩序。“总收容院”是王权在警政或司法之间所设的一个特殊权力机构，拥有几近绝对的主权、不得上诉的裁判权、无可阻挡的执行权。“总收容院”的设立以禁闭措施取代了驱逐，不过失业者却要付出被剥夺个人自由的代价，接受禁闭中的人身和精神束缚。禁闭不是出于医疗的考虑，不是对疾病的善待，而是对懒散的谴责。禁闭实际上是一个“公共秩序管理”（police）问题。所谓公共秩序管理就是使工作对所有必须以工作为生的人都成为可能和必要的，是一整套的措施。福柯评论道：“在非理性的历史中，它形成了一个具有决定性的事件：在这个时候，疯狂是在贫穷、无能力工作、无法融入群体这些社会层面上被人感知的；由此刻起，疯狂融入公共秩序问题之中。”②

福柯指出，“总收容院”不像是为那些因为老年、残障和疾病而无法工作的人设立的避难所，也不只像一个强迫劳动坊，而是比较像一个道德机构，负责惩罚、矫正某种道德“缺陷”。这样的道德缺陷，还不到要受法庭审理的程度，但如果只是以严峻的忏悔处理，也不足以将其纠正。“总收容院”具有伦理地位。其指导者负有道德任务，他们手上也掌握了一整套压制的司法和物质工具，不但在行政、警察、司法、惩罚等方面拥有全权，而且得以配置木桩、铁颈圈、囚室和地牢。

被禁闭的人中有不少是被当作疯人的在各方面表现过于自由的人，如性病患者、挥霍无度者、同性恋者、自由放荡者和各式各样的渎神者。这群五颜六色、杂七杂八的人，突然在17世纪下半叶时被抛到一条分界线的

① 参见〔法〕基佐《欧洲文明史》，程洪逵、沅芷译，商务印书馆，2005，第255~256页。

② 〔法〕米歇尔·福柯：《古典时代疯狂史》，林志明译，生活·读书·新知三联书店，2005，第119页。

另一边，并被禁闭在收容院中。某种思想上的自由被人当作精神错乱的模范。

有犯罪行为但因精神错乱而被免罪的疯人有一部分也被送入收容院。1679 年刑事法案注释说明，疯狂可以作为免罪理由，但其证据只有在诉讼受审理之后才会被接纳考虑；如果根据被告生活信息，观察有精神失常，由法官决定他是应该交由家人看管，或是送入救护院，或是送入拘留所。

当时有一些私人机构尝试对疯人进行治疗，但大多数疯人住在收容院里，得不到治疗。即使有治疗，也是针对躯体疾病的。实际上收容的目的不是为了治疗疯癫，而是为了惩罚。对危险的疯人，还要给予某种方式的约束和惩罚，被戴上铁链，或者关入囚笼。福柯认为，这是一种对付疯人狂乱发作的安全制度，而这种发作被看作一种对社会的威胁。

收容院的条件非常恶劣，疯人受到非人的对待。有人如此描述 18 世纪末的比塞特院的单人囚室："这些不幸者的全部家具就是这个草垫。他躺下时，头、脚和身子都贴着墙。石缝里滴出的水浸透他全身，使他不能安睡。"至于萨佩提耶院的单人囚室，"冬天一到，这个地方更可怕，更经常地造成死亡。当塞纳河水上涨时，这些与下水道处于同一水平的小囚室不仅更损健康，而且更糟糕的是，他们变成大批老鼠的避难所。每到夜晚，它们就袭击在此禁闭的步行者，咬能咬到的任何人。那些疯女人的手、脚、脸都被咬破。这种伤害很严重，已有几人因此死亡。"发作的疯人被像野兽那样用锁链拴住。在萨佩提耶院，"狂暴发作的疯女人像狗一样拴在囚室门上，有一个铁栅长廊将其与管理员和参观者隔开。通过铁栅给她们递进食品和睡觉用的稻草。用扒子把她们周围的污物清扫出来。"① 疯人们还被当作"奇兽"展示，供人娱乐。到比塞特院散步以及观看严重精神失常者，是巴黎左岸布尔乔亚的周日消遣之一。一天至少有二千人前来参观。只要交钱，就会有向导带着参观疯人区。某一些狱卒还享有盛名，因为他们有本事只要打几下鞭子，就可以叫疯人们表演种种舞蹈和杂技。这种情况一直持续到 19 世纪初。

除了收容院，监狱也拘禁着不少疯人。福柯认为，疯人与囚犯相混

① 转引自〔法〕米歇尔·福柯《疯癫与文明——理性时代的疯癫史》，刘北成、杨远婴译，生活·读书·新知三联书店，1999，第 64、66 页。

淆，这不是监禁体制的极端丑闻，而是它的真相；这不是它的滥用，而是它的本质。写过许多慈善著作的法国经济学家米拉波（Victor Riqueti, marquis de Mirabeau，1715～1789）对禁闭制度持有严厉的态度，他指出："我观察到，被禁闭在教养院和国家监狱中的精神错乱者大多都是如此，在国家监狱中因受到极度虐待而精神错乱，在教养院中因被单独囚禁、持续不断地被一种痛苦的幻觉所折磨而精神错乱。"① 在18世纪，抗议这种状况的呼声越来越高。抗议主要出自对罪犯而不是疯人遭遇的同情。有些人认为，罪犯应当有比把他们与疯人关在一起更好的命运。因而，疯人被逐渐移出监狱。但是疯人并不是获得自由，而是转移到收容院禁闭。福柯指出：18世纪对于禁闭的政治批判不是沿着解放疯人的方向，也不是让人们对疯人投入更多的仁爱或医学关注。相反，它使疯癫比以前更紧密地与禁闭联系在一起。

禁闭疯人还有另一个功能。福柯认为，禁闭还出于避免丑闻的愿望，为了家族和宗教的名誉，也足以将一个人送进收容院。他同意一个说法："禁闭是家庭设法避免耻辱的一种权利。"②

法国历史学家们指出，在法国，长期以来人们一直认为荣誉是一项重要的品质，几乎和生命一样重要，而且尽可能地去维护。荣誉绝不是伟人们的专利，它也是普通老百姓狂热追求的。而与荣誉相对的耻辱，则被视为类似于死亡的灾难。当家庭中的某个成员臭名远扬的行为严重威胁到家庭的荣誉，家庭可能请求警察提出忠告，甚至请求审判，当众加以惩罚，或者加以监禁。但对某些家庭来说，这些公开的司法程序是一种耻辱，受到审判是一个家庭永久的污点。这些家庭希望有一个办法，既能保住家庭秘密而又使有错的家庭成员得到监禁的惩罚。③

1692年后，这种非司法的监禁的依据是国王密札（lettre de cachet，亦译"王室逮捕令""王印文书""御批密札""密旨拘捕令""密谕"）。密

① 转引自〔法〕米歇尔·福柯《疯癫与文明——理性时代的疯癫史》，刘北成、杨远婴译，生活·读书·新知三联书店，1999，第210页。

② 〔法〕米歇尔·福柯：《疯癫与文明——理性时代的疯癫史》，刘北成、杨远婴译，生活·读书·新知三联书店，1999，第62页。

③ 参见〔法〕菲利普·阿利埃斯、乔治·杜比主编《私人生活史Ⅲ：激情》，杨家勤等译，北方文艺出版社，2008，第514～522页。

札是国王签署的捕人密令，官吏可以持其不经审讯任意把人拘捕，加以监禁，或者流放。“一个人可能仅仅因为一封有国王封印的信而被锁进监狱，并且永世不得翻身。”[①] 监禁之地不仅有监狱，还有国王的城堡和收容院。密札实际上是最高的判决，但具有隐秘性。一个人会被悄悄地逮捕起来而不引发任何丑闻。密札不仅王室和贵族申请使用，公众也可以申请使用。福柯指出：“事实上，包括最底层社会的人们在内，都曾被授予过告发和监禁的手段。”[②] 法国历史学家 G. 勒诺特尔（G. Lenotre，1855～1935）曾经考查过密札的用处：“特别是事关家庭的荣誉时，人们便恳请国王赐给密札。当父亲告发儿子、妻子告发丈夫和丈夫告发妻子时，他们便请求国王予以帮助。国王经过严肃认真的调查才满足他们的请求，这样可以避免开庭辩论和法律裁处造成的家丑外扬和名誉扫地的状况。”例如，1751 年，有个卖水果的寡妇贝尔纳恳请了一道密札，让警察逮捕她的四十几岁的女儿，因为她怕女儿轻浮、行为不端失了她的体面，结果她的女儿被关进萨佩提耶院，在那里待了许多年。还有一位卖下水的女人布耶特上告说，她家是正经人家，而她的儿子常和放荡女人相会，使她很担忧，因此请求密札。根据她的请求，她的儿子被囚禁在比塞特院。[③]

精神错乱或者被归咎于精神错乱的行为不当是申请密札的常见理由。某些申请书附有医生证明，但比较罕见。一般来说，被请来作证的是家人、邻居、教区神父。在收容申请书中，关系最亲的亲人具有最大的权威。尽量要求全家同意，至少要了解是何种敌对或利害关系使得全家同意无法达成。但也有案例显示，即使家人不同意，远亲甚至邻居提出的收容要求都有可能获准。许多家庭有时并不急于让被监禁的家人获得释放，以免他们进一步胡作非为，再一次让家庭荣誉蒙受损害。他们写给家庭的请求经常受到不赞同释放的亲属的严厉指责，即使他们准备服从家庭的任何决定。许多人的结局很悲惨。由于密札的受害者越来越多，它越来越受到

① 〔法〕塞奇·莫斯科维奇：《群氓的时代》，许列民、薛丹云、李继红译，江苏人民出版社，2003，第 185 页。

② 〔法〕米歇尔·福柯：《权力的眼睛——福柯访谈录》，严锋译，上海人民出版社，1997，第 63 页。

③ 参见〔法〕G. 勒诺特尔《法国历史轶闻》第一卷，杨继中、金琬瑛译，北京出版社，1985，第 199～200 页。

抨击，“御批密札是家长滥施权威的工具，是国王独断专行的标志”。[①]

到18世纪末，在大革命之前，迫于抗议的压力，统治者不得不放松控制。然而，立法者陷于困境。他们不得不用法令来结束禁闭，但是不知道在社会领域内何处可以安置疯癫：监狱，医院，还是用家庭救济？1784年，王室大臣布勒特伊（Louis Auguste Le Tonnelier de Breteuil，1730～1807）着手改革疯人的收容措施，对密札的使用加以限制。在给各省总督的关于逮捕令的通函（au sujet des Lettres de Cachet & Ordres de détention）[②]中，布勒特伊要求执行收容之前进行细密的法律程序，进行法律能力的判定。他说：“有关以精神错乱为由申请监禁之人，为符合正义与谨慎之要求，只有在法院判决禁治产之后，您才能发出（王室）逮捕令。”“除非其家人完全无法负担禁治产判决之费用。但在这种情况下，案主之心神丧失状况必须十分明显，而且必须经过精确的观察证明。”[③] 对于禁治产成为监禁的先决条件，福柯认为这意味着限制了精神错乱者在法律上的存在，但并不使其泯灭。布勒特伊还要求各地查明上报各种收容院中拘留情况的性质和理由。对“未犯重罪或无法证明如此，只是曾经一度沉湎于过度自由放浪、放荡荒淫和挥霍无度的人”，最多拘留一至二年就应释放。另一方面，布勒特伊要求对下列人等继续予以监禁：“精神错乱的囚犯，或是因为其痴呆而无法在人间活动，或是因为其狂怒会在人间造成危险。必须检定他们是否维持不变。而且，不幸地，如果他们的自由被认为是有害社会，或是对其自身无用时，就必须继续其拘禁。”[④] 福柯认为，这种变化突出了禁闭的一个主要意义：禁闭疯人。这时，“疯癫实际上已经控制了禁闭，禁闭本身已丧失了其它功用。”[⑤] 福柯的意思是说，对其他人的监禁放松了，对疯人的监禁却加强并显得突出了。

---

① 〔法〕米歇尔·维诺：《法国资产阶级大革命——1789年风云录》，侯贵信等译，世界知识出版社，1989，第147页。

② 通函原文参见 http://psychiatrie. histoire. free. fr/psyhist/1780/breteuil. htm。

③ 〔法〕米歇尔·福柯：《古典时代疯狂史》，林志明译，生活·读书·新知三联书店，2005，第197～198页。

④ 〔法〕米歇尔·福柯：《古典时代疯狂史》，林志明译，生活·读书·新知三联书店，2005，第594页。

⑤ 〔法〕米歇尔·福柯：《疯癫与文明——理性时代的疯癫史》，刘北成、杨远婴译，生活·读书·新知三联书店，1999，第218页。

福柯认为，监禁疯人这种在17世纪创造的制度，大规模地贯穿于18世纪的欧洲。因而，他称之为“大禁闭”（法文 grand renfermement，英文 great confinement，亦译“大拘禁”、“大监禁”）。对福柯的“大禁闭”观点，欧美有一些学者提出批评，认为大禁闭在欧洲其他国家未曾发生过。[①] 有人甚至认为，即使在法国也未曾发生过大禁闭。[②] 也有人认为，在法国，禁闭并非真正始于17世纪，而是始于19世纪。[③] 还有人认为，对疯人实施的监管是医学的被动行为，而不是像福柯所描述的那样，把精神病学看作是专制和支配一切的理性的帮凶。[④] 罗伊·波特也觉得福柯把对疯人的管制说成是惩罚可能有点不公平。[⑤]

另外，福柯对早期精神病院的研究，主要以公立收容院为对象。但实际上，法国还存在私立收容院，而私立收容院条件较好，医生更积极地探讨精神障碍的治疗问题。有人认为，精神病学的诞生主要发生于私立诊所或者私立收容院。私立诊所或者私立收容院的兴起和存在令整个福柯式的学说陷于困境。私立诊所或者私立收容院的病人主要是中产阶级和贵族家庭为了摆脱发狂的亲属，或者出于其他动机，自愿支付一大笔钱送来的，不属于“大禁闭”的范畴。[⑥]

基于对权力、强制的极度憎恶，以及其他原因，福柯对禁闭疯人持批判的态度，有些观点的确有些夸张和绝对。但福柯的一些基本观点还是令人深思和富有启发的。至少在法国，最初对疯人的收容不是为了医疗，最初的收容院也不具有医院性质。先有收容院，后有精神病学，也是一个历史事实。纠结于禁闭规模的大小，并以规模不大来反驳福柯，其实没有多大意义。福柯的描述与前人的看法并没有本质不同。伏尔泰曾经这样概括

---

① 参见〔英〕罗伊·波特《疯狂简史》，巫毓荃译，台湾左岸文化事业有限公司，2004，第104页。

② 参见〔美〕爱德华·肖特《精神病学史——从收容院到百忧解》，韩健平、胡颖翀、李亚平译，上海科技教育出版社，2008，第7~8页。

③ 参见〔法〕弗朗索瓦·多斯《从结构到解构：法国20世纪思想主潮》（上卷），季广茂译，中央编译出版社，2004，第212页。

④ 参见〔巴西〕J. G. 梅基奥尔《福科》，韩阳红译，昆仑出版社，1999，第25页。

⑤ 参见〔英〕罗伊·波特等《剑桥医学史》，张大庆等译，吉林人民出版社，2000，第467页。

⑥ 参见〔美〕爱德华·肖特《精神病学史——从收容院到百忧解》，韩健平、胡颖翀、李亚平译，上海科技教育出版社，2008，第21页。

当时疯人的境遇："不能管理他自己的财产的时候，人家就禁止他掌管；不能有适合社会的想法，人家便把他从社会里排斥出去；他若是会伤人，人家便把他关起来；他若是暴跳如雷，乱打乱闹，人家便把他捆绑起来。"伏尔泰还这样说医生："他们不懂为什么一个脑子会胡思乱想；他们更不懂为什么另外一个脑子却又思想正常而有条理。他们自以为有理智，而他们却是跟疯子一样地疯疯癫癫。"①

福柯在1979年解释之所以要研究疯癫：

> 问题不在于说明，在精神病专家的脑袋里形成了自命为科学的某种理论，或某种科学，或某种话语，这种科学自满成为精神病学并在精神病医院中得到落实或者找到用武之地。问题也不在于说明，长久以来存在的禁闭制度怎样在某一时刻起从精神病专家的话语中分泌出它自身的理论和自身合理性。问题在于从禁闭制度出发并且通过它来研究精神病学的起源……②

而且，福柯考证了法国精神卫生法的起源——虽然他没有明确这么说。

认识到法国精神卫生法产生的这种历史背景，有助于我们理解这部被称为世界第一部精神卫生法的法律以及后来的各国精神卫生法的性质和功能。

第二节　世界第一部精神卫生法

法国大革命非但没有终结反而加强了对精神病人的禁闭，使之进一步制度化。

福柯曾经这样总结法国大革命与精神病院、精神病学的关系："在革命后，过去的庞大控制体系遭到动摇和破坏，怎么才能重建既不以监禁的

---

① 〔法〕伏尔泰：《哲学辞典》下册，王燕生译，商务印书馆，2009，第534、536页。

② 〔法〕米歇尔·福柯：《生命政治的诞生》，莫伟民、赵伟译，上海人民出版社，2011，第29页。

形式出现、而又要有效地发挥作用的控制呢？精神病学立刻发现自己具备维持固定的社会秩序的功能；并利用精神病院发挥两个作用：首先，治疗最激烈、最恼人的病例，同时，通过把监禁的地方改造成某种医院的模样，提供某种抚慰人心的保证和科学的形象。把监禁的地方改名为医院，用这种办法向世人申明精神病学是一种医学实践。”①

第一，对精神病院的需求，首先来自社会和政府。

1789年8月26日，法国国民议会通过《人和公民的权利宣言》（Déclaration des Droits de l'Homme et du Citoyen，简称《人权宣言》）。第七条宣布：“除非在法律所规定的情况下并依照法律所指示的手续，不得控告、逮捕或拘留任何人。凡动议、发布、执行或令人执行专断命令者应受处罚；但根据法律而被传唤或被扣押的公民应当立即服从；拒绝则构成犯罪。”② 1790年3月26日，密札制度被国民议会正式废除。1790年3月12～16日颁布了一系列重要法令，进一步落实《人权宣言》，保障公民人身自由，但对确有精神障碍的疯人做了特别规定。例如：“由此令下达开始，六个星期内，所有因王室逮捕令或行政官员命令而被拘禁在城堡、宗教收容所、警所或其他任何监牢里的人，除非已经审判定罪、下令逮捕或涉及重大的罪行、受人身刑罚，或因疯狂被监禁，都将获得释放。”“在本令发布三个月内，所有因为心神丧失而遭监禁者，由检察官督导，由法官以惯常方式询问，并且在地区主管监督下，由医生检查，以便查明病人的真实状况，作出其状况判断，或者将其释放，或者送往专院治疗。”③ 特别值得注意的是其中医生的作用。《无理智者之入院规章计划》规定：“在整个巴黎行政区内，疯人或无理智者进入现今及未来的专门机构时，必须要有合法医生或外科之报告书陪同。”④

然而，当时并没有专门的疯人医院或者救护院（hôpitaux pour aliénés）。

---

① 〔法〕福柯：《监禁　精神病学　监狱》，载于《权力的眼睛——福柯访谈录》，严锋译，上海人民出版社，1997。

② 吴绪、杨人楩选译《世界史资料丛刊初集·十八世纪末资产阶级革命》，商务印书馆，1962，第49页。

③ 〔法〕米歇尔·福柯：《古典时代疯狂史》，林志明译，生活·读书·新知三联书店，2005，第596页。

④ 〔法〕米歇尔·福柯：《古典时代疯狂史》，林志明译，生活·读书·新知三联书店，2005，第701页。

就在法律允诺的医院还未建立之时，各方面人士向国民议会提出要求，希望通过法案，保护人们不受疯子侵害。因此又有新的法律。1790 年 8 月 16 ~ 24 日的法律规定：“市政单位有权防范释放出来的无理智者或狂怒者、恶狂野兽的游荡所可能造成的灾害。”1791 年 7 月 22 日的法律进一步规定家庭有责任看守精神错乱者，并且允许市政当局采取任何有效措施：“精神失常者们之亲属必须监视他们，阻止他们到处游荡，防止他们造成骚扰。市政当局必须预防私人因为忽略责任，而可能造成的不便。”[①] 随之，建立专门收容疯人的收容院更为迫切。内政部长德莱萨尔（Antoine Claude Nicolas Valdec de Lessart，1741 ~ 1792）认为：“如果我们可以不断地建设救护院，以供应下层精神错乱者一个隐居的场所，这将是何等有益……由于这一类的房舍并不存在，精神失常者便要被强迫散布在各式各样的监牢之中。这些地方和他们的状况实在风马牛不相及。但要让他们离开那儿，我只有一条计策，就是把他们尽可能临时性地转送，集中于比塞特院。”[②] 于是，巴黎原有的比塞特院成为收治男性精神失常者的机构。同时，萨佩提耶院成为收治女性精神失常者的机构，被称为“妇女救护院”[③]。但实际上，这些机构的收容性质没有根本变化，收治的人员很复杂，里面还关押着贫民、政治犯，隐藏着被通缉的嫌疑犯；卫生条件极为恶劣，许多人被锁链禁锢。

就在这个时候（1793 年 9 月 11 日），菲利普·皮内尔（Philippe Pinel，1745 ~ 1826）被雅各宾派（Jacobins）政府派到比塞特院。传统观点认为，皮内尔医生受到法国大革命自由、平等、博爱精神的激励，于 1793 年（还有 1792 年、1794 年之说）在比塞特院解除了疯人身上的锁链，他在世界上是第一个如此做的。但现今的一些研究显示，皮内尔第一个解除疯人锁链这个事情的真实性是有问题的，是其儿子（Scipion Pinel，1795 ~

① 〔法〕米歇尔·福柯：《古典时代疯狂史》，林志明译，生活·读书·新知三联书店，2005，第 597 页。

② 〔法〕米歇尔·福柯：《古典时代疯狂史》，林志明译，生活·读书·新知三联书店，2005，第 596 页。

③ 萨佩提耶院后来成为一所著名医院。1984 年 6 月 25 日，福柯就是在这家医院因艾滋病去世的。另外，1997 年 8 月 31 日，英国戴安娜王妃在巴黎遭遇车祸后，被送入并逝世于这家医院。

1859）的夸大和编造。[①] 在皮内尔之前，1785 年，意大利医生基亚鲁吉（Vincenzo Chiarugi，1759～1820）就在位于佛罗伦萨的一家医院为他的患者解除了锁链。而且，比塞特精神病院解除疯人身上的锁链，是当时的院长让-巴蒂斯特·普辛（Jean-Baptiste Pussin，1746～1811）下的命令。普辛从 1784 年起就在比塞特院工作，他和妻子在皮内尔到来之前，已经采取了一些改革措施。普辛自己也得过精神病，也曾经被锁链束缚过。普辛发现，多数被关的人在解开锁链后易于管理而且比较平静。皮内尔深受他们的影响。皮内尔做主解除疯人身上的锁链，是他成为萨佩提耶院的主管（1795 年 5 月 13 日）之后。另外，他虽然解除了疯人的锁链，但又使用了约束衣。然而，皮内尔在精神病学史上的地位是毋庸置疑的，在今天仍然被视为精神病学史上的一座丰碑。这个地位除了他是最早解除疯人锁链的医生之一，主要来自他的精神病学著作《疾病的哲学分类法》（*Nosographie philosophique ou méthode de l'analyse appliquée à la médecine*，1798）、《精神错乱或躁狂的医学哲学论文》（*Traité médico-philosophique sur l'aliénation mentale ou La manie*，1801）和他创立的精神疗法（法文 traitement moral）[②]。他批判了过去占统治地位的精神障碍是魔鬼引起的学说，认为疯人是因为脑病而失去理智，只能实行精神治疗。在一次演讲中，他概述了精神治疗原则："首先，没有残暴，没有羞辱。运用身体控制只是为了防止病人伤害他/她自己或者其他人，但不是为了惩罚。其次，尽可能准确地记录病历。再次，鼓励患者参与工作和改善社会关系。最后，也是最有效力而又最不那么科学的，尽力把病人当作个体的人去理解。"[③] 他还认为，将精神病人

---

① 参见〔美〕劳伦·B. 阿洛伊、约翰·H. 雷斯金德、玛格丽特·J. 玛诺斯《变态心理学》（第 9 版），汤震宇、邱鹤飞、杨茜译，上海社会科学院出版社，2005；〔美〕爱德华·肖特《精神病学史——从收容院到百忧解》，韩健平、胡颖翀、李亚平译，上海科技教育出版社，2008；〔美〕Jeffey S. Nevid，Spencer A. Rathus，Beverly A. Greene：《变态心理学：变化世界中的视角》（第六版），吉峰、杨丽、卢国华等译，华东师范大学出版社，2009。

② 对应的英文为 moral treatment，一般理解为一种道德上的治疗（"道德治疗"或"道德疗法"），但在法语语境中，moral 意指"精神"或"心理"，而非行为准则的"道德"。参见〔美〕爱德华·肖特《精神病学史——从收容院到百忧解》，韩健平、胡颖翀、李亚平译，上海科技教育出版社，2008，第 25 页；〔美〕V. Mark Durand，David H. Barlow《异常心理学基础》（第三版），张宁等译，陕西师范大学出版社，2005，第 15 页。

③ 转引自〔美〕戴维·霍瑟萨尔《心理学史》（第 4 版），郭本禹等译，人民邮电出版社，2011，第 230 页。

安置在收容院加以隔离，可以使他们接受一种发展和加强他们的理性能力而设计的精神治疗。① 皮内尔以及其他人的改革，把传统的收容院改造成治疗性机构，从而产生了精神病院。而近代精神病学和精神卫生也从此开始。特别值得一提的是，早在1908年，中国就有杂志载文详细介绍了皮内尔的生平和贡献。②

福柯对皮内尔的评价是消极的。最令福柯反感的是皮内尔认为精神病院的隔离有益于精神病人的治疗。他认为，当局任命皮内尔这样一位在精神病知识上有一定声誉且在政治上相当拥护共和政体的人主管比塞特院，是为了把监禁演变为一个医疗上的问题。皮内尔的精神疗法就是惩戒加治疗。在皮内尔的主持下，精神病院既是整肃道德的工具，又是进行社会谴责的工具，是一个整齐划一的立法领域，一个道德教育场所。皮内尔所憧憬的精神病院就是一个小型的司法世界。精神病院作为一个司法机构是完全独立的。它直接判决，不许上诉。它拥有自己的惩罚手段，根据自己的判断加以使用。福柯指出：把医学变成司法，把治疗变成镇压——这种转换在皮内尔的"慈善"和"解放"事业中并非一个无足轻重的吊诡。应当说，福柯对皮内尔的评价是不公正的，他不恰当地将皮内尔当作了体制的一个象征。

福柯认为医生的证明书成为监禁疯人的必要条件，是医生角色神话的标志。在过去的禁闭中，医生起不到任何作用。而现在他们成为精神病院中最重要的角色。因为他们掌握着决定病人入院的权力。医生并不是以学者身份，而是以智者身份在精神病院中取得权威地位的。如果医疗这项职业被需要，那并不是因为它被当作科学，而是作为法律和道德上的担保。医疗工作只是一项庞大的道德任务的一部分。医生的权力就其属性而言，乃是社会性和道德性的权力。医生之所以能够在精神病院世界发挥绝对的权威，因为他们就是"父亲"和"法官"、"家庭"和"法律"。

福柯还指出，精神病学在18世纪末特别是在19世纪初建构起来的时候，并没有被规定为整体医学的一个分支。在19世纪初也许几乎直到19

① 历史上第一位主张收容禁闭有益于精神病治疗的人是英国医生威廉·巴蒂（William Battie，1703～1776），但其影响远不如皮内尔。参见〔美〕爱德华·肖特《精神病学史——从收容院到百忧解》，韩健平、胡颖翀、李亚平译，上海科技教育出版社，2008。

② 参见张修爵《法国精神病学大家皮奈尔氏传》，《医药学报》第7期、第9期，1908年。

世纪中叶，精神病学与其说是作为医学知识或理论的一个专业而毋宁说是作为公共卫生的一个专门分支来运转的。在成为医学的一个专业以前，精神病学被制度化为社会防护的一个特殊领域，针对的是一切由于疾病或由于所有可以直接或间接当作疾病的东西而进入社会的危险。正是作为社会的预防措施，作为社会整体的卫生学，精神病学才得以制度化的。精神病学一方面作为医学使公共卫生的一个部分发挥作用。另一方面，它把对精神疾病的知识、预防与可能的治疗作为社会预防来发挥作用。① 精神病院之内的精神病学的权力可以成为精神病院之内和之外的普遍裁判权，它不仅仅针对疯癫，而且针对不正常的人和所有不正常的行为。②

有其他学者表达了类似看法。美国学者杰克·普莱斯曼（Jack David Pressman，1957～1997）针对皮内尔的改革评论道：人们发现医生最好的武器就是医院本身，其严格的管制恰好就是管理者的工具，借助它管理者向被监管者灌输内心行为准则、情感和谐与有益的公民行为。一方面将渐进改革与医学进步连接在一起，另一方面将病人内在精神环境的稳定与外在医院环境的适当管理联系在一起。皮内尔推动了以公共机构为基础的精神病学的发展。人们被送到精神病院，不只是因为医疗措施被认为是必要的，更多的是因为他们被认为很危险或无行为能力。③

即使在普辛或者皮内尔的改革之后，比塞特院和其他精神病院也拘禁过并非精神错乱而只是思想、行为过于自由不羁的人士，例如因嗜好和描写性虐而声名狼藉的萨德侯爵（Donatien Alphonse François，Marquis de Sade，1740～1814）。萨德还是国王密札的受益者和受害者。

1768 年 4 月，萨德因为性虐一名失业的纺织女工而受到警方侦办。萨德的岳母（曾与萨德通奸，但后来终生与萨德为敌）和岳父经过运作，求得国王密札，使萨德关入国王的一个城堡，以避免丑闻传开来，并利用这段时间销毁证据，与被害人达成和解。1777 年，萨德因为“淫乱和纵欲”被逮捕审判。1778 年 7 月 14 日法庭轻判萨德接受教养和罚款，但是警方根据国王密札将他监禁。在押解路上，萨德逃跑，39 天后被抓获入监。监

---

① 〔法〕米歇尔·福柯：《不正常的人》，钱翰译，上海人民出版社，2003，第 130～131 页。

② 〔法〕米歇尔·福柯：《不正常的人》，钱翰译，上海人民出版社，2003，第 146 页。

③ 参见〔美〕Jack D. Pressman《西方的精神疾病观》，杨海燕译，载于〔美〕肯尼思·E. 基普尔主编《剑桥世界人类疾病史》，张大庆主译，上海科技教育出版社，2007。

禁长达十二年，先是在樊尚监狱（Vincennes），后是在巴士底监狱。1783年萨德在给妻子的一封信中谈到自己因何与众不同：[①]

> 您说人家不能同意我的思想方法。这有什么关系？给别人规定思想方法的人，岂不是疯子！我的思想方法是我深思熟虑的结果，它是我生命的一部分，是我气质的一部分。改变它非我力所能及，纵使我能够改变它，我也不会那样去做。您所指责的这种思想方法是我生命中的唯一慰藉，它减轻我在狱中的一切苦恼，它产生了我在人世上的一切欢乐，它比我的生命更加重要。造成我不幸的原因，不是我的思想方法，而是别人的思想方法。[②]

法国大革命发生后，1789年7月2日这天早晨，萨德站在窗前高声喊叫，呼吁外边的人进攻巴士底监狱，把他救出去。保王派历史学家嘲笑成千上万的巴黎人冲向巴士底监狱去释放犯人的情况，因为当时里面只囚禁有七个犯人，“他们不是疯子就是品行恶劣的坏人”。[③] 这七个人中有一个是疯子[④]，也有人说是两个[⑤]。不过，萨德并不在其中。其中一个是叫怀特的英国人，一把长胡子使他看起来很像刚从棺材里挖出来的活死人；于是人们把他高高举起，欢呼胜利，但不久只好把他送进了一家叫作“沙朗通”的疯人院（Asile de Charenton，亦译“夏朗东”“厦伦顿”）再关起

① 转引自（瑞典）彼得·魏斯《马拉/萨德（二幕剧）》附录《对剧本历史背景的说明》，胡其鼎译，载于《外国文艺》1981年第2期。

② 此信还有一个译本：“你说我的思想方法得不到赞同。那对我来说又有什么关系呢？真正的疯子是那种只会因别人而进行思想的人！我的思想方式是我自己的思考结果。它源自我的生命、身体。我是不能改变它的。就算我能控制它的话，我也无法改变任何东西。我那受到你责备的思想方法却是我生命的惟一安慰。它减轻我在狱中的所有痛苦，它给我在这个世上提供了所有的快乐，我对它的重视胜过自己的生命。我的苦难并不是我的思想方式造成的，而是别人的思想方式造成的。”参见〔法〕莫里斯·勒韦尔《萨德大传》，郑达华、徐宁燕译，中国社会科学出版社，2002，第429页。

③ 参见〔英〕乔治·鲁德《法国大革命中的群众》，何新译，生活·读书·新知三联书店，1963，第58页。

④ 参见〔法〕古斯塔夫·勒庞《革命心理学》，佟德志、刘训练译，吉林人民出版社，2004，第141页。

⑤ 参见〔法〕马德楞（Louis Madelin）《法国大革命史》，伍光建译，商务印书馆，1936，第100页。

来，因为他是疯子。[1] 当群众在7月14日攻占巴士底监狱时，萨德已经不在里面。原来在7月2日当夜，狱方就把他塞进一辆马车送到了沙朗通疯人院。1790年4月2日，根据有关废除密札制度和因密札而被拘捕的人应恢复自由的法令，萨德走出了沙朗通院。离开沙朗通后的几年里，萨德除继续创作外，还从事政治活动。1793年12月8日，因为政治观点与雅各宾派冲突，他被捕入狱，1794年10月15日获释，这时离雅各宾派领袖罗伯斯比尔（Maximilien François Marie Isidore de Robespierre，1758～1794）被处死不久。1801年3月6日，因为作品淫秽，萨德又被拿破仑执政府逮捕监禁，但没有受到正式的审判。1803年3月15日，由于被指控在监狱与几个被监禁的男青年关系不正当，萨德被转移到比塞特疯人院。萨德夫人和子女担心萨德被监禁于如此臭名昭著的地方败坏家族的名誉，因而请求当局将萨德转往别处。一个月后，萨德作为"警方的病人"被送往沙朗通院，并在那里度完十一年的余生。[2]

不过，萨德在沙朗通的日子并不十分悲惨，由于得到院长弗朗西斯·库尔米耶（François Simonet de Coulmiers，1741～1818）的庇护，他成为一个享有特权的患者，与院内外保持广泛的联系，甚至写作、导演戏剧。而沙朗通的主任医生鲁瓦耶·科勒德（Royer-Collard，1768～1825）十分厌恶萨德，认为留着萨德会败坏沙朗通的声誉，因而极力想把萨德驱逐出去，由监狱监禁。1808年8月1日，他写信给警察总长说道："这个人并非精神错乱。他惟一的狂妄乃是恶魔引起的狂妄，而且，一所献身于精神错乱的医学性治疗的疗养院，一点也不能克制这类恶德。犯了这种恶德的人，应该遭到最严厉的隔离。"[3]

第二，对精神病院的需求还来自家庭。这一点为一些研究者所忽视，往往单方面强调精神病院的禁闭是政府为了维护秩序。

福柯指出，由于大革命废除了在不恰当监控程序下拘禁个人的权利，

---

① 参见〔法〕米歇尔·维诺《法国资产阶级大革命——1789年风云录》，侯贵信等译，世界知识出版社，1989，第148页。

② 关于萨德的生平，参见〔法〕莫里斯·勒韦尔《萨德大传》，郑达华、徐宁燕译，中国社会科学出版社，2002。

③ 参见〔法〕米歇尔·福柯《古典时代疯狂史》，林志明译，生活·读书·新知三联书店，2005，第166页。

家庭成员不再享有拘禁其他家庭成员的权利，男人不再有权拘禁他的孩子和妻子，妻子不再有权拘禁她的丈夫（两种情况几乎一样多），这导致了一些人的不满。在整个大革命期间，人们不断地呼吁：必须找到一种方法，使家庭可以合法地拘禁行为不轨或者令人头痛的家庭成员。[①]

在废除密札制度几个月之后，1790 年 8 月，法国国民议会通过了建立家庭裁判团制度的法律。家庭裁判团的目的是用合法的手段来把年轻人控制在父亲或者监护人之下，这些年轻人有意忽略权威并滥用他们对自由的理解，从而引起人们的关注和警惕。在不至于声名狼藉的情况下平息夫妻不和或近亲之争也是必要的，不然的话，这种争论不仅使社会蒙受耻辱而且使整个家庭毁灭。根据家庭裁判团制度，争议的双方可以各指定两名仲裁人，如果双方票数相等，可以请一名不在家庭裁判团中的法官加入进行裁定，如果有一方对裁决不满，可以向地区法院上诉。这个制度在实施中遇到困难，因为各个家庭并不是总能找到相当公正的人来做法官。于是，将家庭裁判团改成作为一种公共机构的家庭裁判所（家庭法庭）。[②] 福柯指出："对于家庭过去直接向王权要求的一些措施，现在要由这些法庭来为它们提供司法形式和地位：挥霍无度或放荡不羁的父亲、浪子、无能力治理其所分得遗产的继承人，所有这一类的缺陷、错乱或行为失检，过去如果不是由禁治产的完全法律程序来制裁，便是由王室逮捕令来制裁，现在，它们全归家庭法庭管辖。"[③]

1804 年《法国民法典》（《拿破仑法典》）进一步应对了这个问题。1804 年《法国民法典》是西方资本主义国家最早的一部民法典，有巨大的影响。"作为理性立法的产物，法国民法典已成为世界上除盎格鲁萨克逊法（法律实践的结果）、罗马法（法学家的理论结晶）之外的第三大法系。它也已经成为东欧、中欧大多数国家法典化的基石。"[④]《法国民法典》规

① 〔法〕福柯：《监禁 精神病学 监狱》，载于《权力的眼睛——福柯访谈录》，严锋译，上海人民出版社，1997。

② 参见〔法〕菲利普·阿利埃斯、乔治·杜比主编《私人生活史Ⅲ：激情》，杨家勤等译，北方文艺出版社，2008，第 532～538 页。

③ 〔法〕米歇尔·福柯：《古典时代疯狂史》，林志明译，生活·读书·新知三联书店，2005，第 626～627 页。

④ 〔德〕马克斯·韦伯：《论经济与社会中的法律》（〔美〕埃德华·希尔斯、马克斯·莱因斯坦英译），张乃根译，中国大百科全书出版社，1998，第 286 页。

定了针对未成年人、精神病成年人的亲属会议制度。根据第406条、第407条和第494条的规定，亲属会议基于未成年人或者精神病成年人的血亲、债权人或其他利害关系人的请求召开，或由未成年人住所地治安审判员依职权自行召开。亲属会议除治安审判员外，由男女两性血亲或姻亲六人组成；另从父母两系亲等最近的亲属中各邀请三人。

对精神病成年人，1804年《法国民法典》正式确立了禁治产制度。第489条规定："成年人经常处于痴愚、心神丧失或疯癫的状态者，即使此种状态有时间歇，应禁止其处理自己的财产。"前面提到过，法国的禁治产制度是在18世纪80年代开始建立的。在此之前，疯人甚至在被关起来以后，都不会丧失任何民事权。最高法院1711年8月30日的一份判决曾详细说明，即使监禁是法律主体精神错乱的"事实性"证据，但这对他的法律能力也毫无影响。[①] 根据1804年《法国民法典》，血亲或者配偶如果认为其血亲或者配偶无能力管理财产，应提出请求宣告禁治产之诉，然后经法院判决宣告。痴愚、心神丧失或疯癫的事实以书面列举。诉请宣告禁治产之人，应提出证人与证物。禁治产人由其配偶、父母等作为监护人。监护人为禁治产人的法定代理人，有义务保护禁治产人的人身、财产权益。但是，监护人并没有自行处理禁治产人住院问题的权利。这个问题，由亲属会议决定。第510条规定，将禁治产人留居家中疗养或送精神病院、医院治疗，须由亲属会议按照禁治产人疾病的性质和资力决定。另外，第495条规定，宣告禁治产请求人不得为亲属会议成员。[②]

1804年《法国民法典》是法国也是世界上第一部涉及并且规定非自愿住院的法典，尽管非自愿住院只是它的一个很小的问题。它允许家庭成员之间的非自愿住院，但提出了条件和程序，并且将这种权利限制在亲属会议。应当说，二百年前的《法国民法典》的规定，比我国曾经实际存在的一个家庭成员可以把另一家庭成员强制送入精神病院的做法稳妥许多。当然，它也是问题多多，容易被人恶意利用。

对禁治产规定的恶意利用，法国作家巴尔扎克（Honoré de Balzac，

① 参见〔法〕米歇尔·福柯《古典时代疯狂史》，林志明译，生活·读书·新知三联书店，2005，第197、306页。

② 参见《法国民法典（拿破仑法典）》，李浩培、吴传颐、孙鸣岗译，商务印书馆，1979，第65～67页。

1799～1850）的小说《禁治产》（*L'interdiction*，1836）有所描述，值得作为一个案例加以介绍。巴尔扎克揭示，精神病学和禁治产制度可以被利用来进行财产的争夺，而一个人一旦被指控精神错乱就很难摆脱这个名声。巴尔扎克笔下的特·埃斯巴侯爵是一个人品高贵的贵族，笃厚宽宏，知恩图报。他酷爱中国文化，投入巨资出版《插图本中国史》。他的这个嗜好不为他人理解，且由于他不喜与人交往，因而被认为是个偏执的怪物。他的妻子是巴黎社会的时髦红人，生活奢靡，讲究排场。她为了侵吞侯爵的财产，与特·埃斯巴侯爵的弟弟合谋，指控特·埃斯巴侯爵精神错乱，向法院申请对其实施“禁治产”处分。诉状写道：

> 事缘具呈人之夫特·埃斯巴侯爵，一年以来精神与智力大为降落，已达于民法四八六条所谓精神错乱与痴愚不省人事程度[①]；故为保障其自身及财产之安全起见，保障在其身畔之儿童之利益起见，亟须将民法四八六条所规定的措施付诸实行。
>
> 特·埃斯巴数年来处理家事及产业之作风，已令人对其精神状态深致疑虑，而最近一年智力衰退尤为可怕。特·埃斯巴之意志首先感受影响，至于意志之低落使其遭受因丧失行为能力所致的种种危险，可以下列事实为证……
>
> 为证明上开事实，具呈人可提出与特·埃斯巴侯爵经常见面之人作证，彼等之姓名及身分已见上文，其中不少人士并向具呈人建议向法院状请予侯爵禁治产处分，认为唯如此方能使其财产及二子不致因侯爵行动乖张而蒙受危险。
>
> 以上所述既证明特·埃斯巴侯爵已陷于精神错乱之痴愚状态，具呈人自当请求钧院为执行禁治产起见，迅将本案咨送检察长，并指派推事克日办理……

初级法院法官包比诺负责此案。包比诺法学深湛，善于把法律条文放到事实中去琢磨，在拿破仑改组司法机构的时候，成为巴黎高等法院最早的法官之一。他不会耍手段，因而遭到排挤，屡被降职，但他从不叫屈，

① 在前引《法国民法典（拿破仑法典）》中译本上，为第488条。

依然勤恳工作。他深知禁治产案件往往存在家庭之中的阴谋诡计，根据诉状的内容，他怀疑侯爵夫人请求对侯爵加以禁治产处分涉及个人的利害关系。于是，他拜访侯爵夫人，并且讯问侯爵本人，发现侯爵夫人的指控不属实，侯爵也不是一个疯子，且教子有方，侯爵夫人请求实施禁治产是为了谋取财产，来偿付自己的债务。就在包比诺把审理报告做好之时，侯爵夫人通过司法部长向法院施加压力，使得法院院长作出了撤换包比诺法官的裁定，理由是包比诺在拜访侯爵夫人时，曾经和她一起喝过茶，这样就应当回避。根据民事诉讼法规定，法官不得在诉讼当事人家中饮食，但实际上，那天在侯爵夫人家，当仆人端茶来时，包比诺就告辞了。①

从1804年《法国民法典》的有关规定和巴尔扎克讲的这个故事来看，诉请与判决禁治产即认定一个人是否精神错乱，并不必须有医生的证明，也可以根据经常见面之人作证，也就是说，该人精神错乱是公认的。

但是，仅有民法典的有关规定，对于精神病人的管理显然是不够的。现在来看，1804年《法国民法典》关于非自愿住院的规定比较简单，而在当时，有些人可能觉得过于繁琐。根据它的规定，家庭要将一个患病成员送入精神病院，应先提起请求宣告禁治产之诉，然后经法院判决宣告，再由亲属会议决定。政府和精神病院，以及家庭，应当不会满足于这个制度。因而，在民法典实施过程中，解决家庭如何更方便地将患病成员送入精神病院的问题越来越被关注。

1810年，颁布《法国刑法典》。该法第64条规定：“精神错乱（démence）中所为之犯罪行为，不构成重罪与轻罪，因被不得抗拒之力量，强制实施犯罪行为者，亦同。”② 那么，应当如何安置不负刑事责任的精神病犯罪人呢？《法国刑法典》没有作出规定。但是，社会显然是不会允许曾经犯罪的精神病人继续自由行动的。尽管最高上诉法院几次作出决定，重申对精神错乱者不能判处轻刑，甚至不能作出赦免判决，而应撤销立案，但是普通法院认为，一个人可以既是罪犯又是疯子，他们是很危险的人，应当用刑罚以外的方法来处置，送入精神病院。变通做法是，刑事

① 参见〔法〕巴尔扎克《夏倍上校　附：奥诺丽纳　禁治产》，傅雷译，人民文学出版社，1954，第279～402页。

② 《法国刑法典》，载于《各国刑法汇编》（下册），台湾司法通讯社，1980，第1158页。

法庭的陪审团宣布精神病犯罪人有罪，同时又要求，虽然他已被判决确定有罪，他仍然因病应当被放入精神病院。“要么监狱，要么医院”，“要么赎罪，要么治疗”。[①] 然而，与住院有关的问题毕竟还是需要法律加以规定。

另外，对于尚未犯罪，但有犯罪可能性，而家庭不愿送往精神病院的精神病人的管理，也需要加以明确规定。

此时，规定精神病人住院治疗的专门法律呼之欲出。

1838 年 6 月 30 日，法国颁布了一项法律，专门对精神病院收治病人的问题进行了系统规定。这部法律的主要设计师是法国另一位杰出精神病学家让－艾蒂安·多米尼克·埃斯基罗（Jean-étienne Dominique Esquirol，1772～1840）。埃斯基罗是皮内尔的同事和弟子。1810～1817 年，他自费考察了法国几乎所有的收容精神病人的机构。1818 年他向法国的内政部长提交了调查报告——《法国精神病院现状和如何改善这些不幸者的命运》。他的调查表明，在巴黎进行的精神病院改革并没有影响到其他各省。他说：“我看见他们赤身裸体，盖着破布，躺在地上，只有草秆抵御地上的寒冷潮气。我看见他们吃得很差，没有空气呼吸，没有水解渴，没有生活的第一需要。我看见他们落在真正的狱卒的手里，听任他们粗暴监督。我看见他们关在小室内，肮脏，腐臭，没有空气和光线，戴上镣铐关在洞穴里。”[②] 他认为，对疯癫应当在专门的医院由专门的医生给予治疗，疯人收容院应当是治疗的机构，对疯癫必须采取医学的方法治疗，医生是疯人收容院的至关重要的主体，应当决定一切。调查报告后来公开发表，埃斯基罗名声大噪。1820 年埃斯基罗接替皮内尔成为萨佩提耶院的主任，1825 年接替鲁瓦耶·科勒德，担任曾经监禁萨德的沙朗通院的主任。[③] 法文“精神病院（精神病医院）”（hôpitaux psychiatrique）一词即是埃斯基罗首创

---

① 参见〔法〕米歇尔·福柯《规训与惩罚》，刘北成、杨远婴译，生活·读书·新知三联书店，1999，第 21 页；〔法〕米歇尔·福柯：《不正常的人》，钱翰译，上海人民出版社，2003，第 32～35 页。

② 转引自〔法〕洛尔·缪拉《艺术心灵驿站——白朗希大夫疯人院》，马振骋译，河南人民出版社，2004，第 7 页。

③ 沙朗通院后来成为一所综合性医院，并以埃斯基罗的名字命名：L'établissement public de santé Esquirol。

的——不过，该词到1937年才成为官方术语并取代“疯人收容院”（asiles d'aliénés）一词。

而正是这部法律，后来被称为“世界第一部精神卫生法”！美国著名医学史学家欧文·阿克内希特（Erwin Heinz Ackerknecht，1906～1988）在其著作《精神病学简史》（*A short history of psychiatry*，1968）中指出：“法国1838年关于精神卫生管理的法律是这个领域第一部全面的立法。”（The French legal code of 1838 relating to mental health administration…is the first comprehensive legislation in this field）[①]《欧洲精神病学杂志》（*The European Journal of Psychiatry*）2007年第3期刊登的一篇保加利亚学者的论文也指出：“通常认为，第一部精神卫生法是法国制定的，虽然也有一些作者指出一些欧洲国家更早出现关于具体问题的法律。”[②]

国内有些人说世界上第一部精神卫生法产生于1938年[③]或者1930年[④]的法国，这最初应是笔误或者印刷错误，之后则是不求甚解或者想当然之下的以讹传讹。

《古典时代疯狂史》所考察的“古典时代”是以皮内尔来到比塞特收容院作为终结的，因而福柯没有在该书中提到1838年6月30日颁布的这项法律，但在被收入《不正常的人》（*Les Anormaux*）一书的演讲中，福柯对其有所评论，称之为“1838年法律”（la loi de 1838）[⑤]。福柯这样称呼它，不是出于蔑视，因为其他人也是如此。但是难道它没有名称吗？有，

① http://studymore.org.uk/mhhtim.htm.

② 〔保〕Boris Boyadjiev、Georgi Onchev，“Legal and cultural aspects of involuntary psychiatric treatment regulation in post-totalitarian milieu: the bulgarian perspective”，*Eur. J. Psychiat.* 2007，vol. 21，n. 3，pp. 179－188.

③ 例如北京医科大学主编《精神医学与相关问题》（精神医学丛书第三卷），湖南科学技术出版社，1986，第220页；郭莲舫、张明园主编《精神卫生学》，上海医科大学出版社，1993，第7页；胡海林《心灵的地狱——关于精神卫生问题的报告》，红旗出版社，1999，第322页；朱应平《精神卫生立法刍议》，《法律与医学杂志》2000年第2期；谢斌、杨献红、姚新伟、王祖承、张明园《精神卫生与法律——精神卫生立法的历史与现状》，《上海精神医学》2000年第12卷（增刊）；卫生部疾病预防控制司等单位组织编写《中华人民共和国精神卫生法医务人员培训教材》，中国法制出版社，2013，第79页。

④ 例如谢斌、唐宏宇、马弘《精神卫生立法的国际视野和中国现实——来自中国医师协会精神科医师分会的观点》，《中国心理卫生杂志》2011年第10期；李冬、王岳《中国与加拿大亚伯达省精神卫生立法之比较研究》，《中国卫生法制》2012年第3期。

⑤ 参见〔法〕米歇尔·福柯《不正常的人》，钱翰译，上海人民出版社，2003。

但不是“精神卫生法”，而是 Loi sur les aliénés n° 7443 du 30 juin 1838，即《1838 年 6 月 30 日关于精神错乱者的第 7443 号法律》。这就是“世界第一部精神卫生法”的名称！在法国，“精神卫生法”可以表述为 Loi sur la santé mentale，但其并不是一部法律的正式名称。而在法国之外使用法语的国家或者地区，例如加拿大的安大略、魁北克，Loi sur la santé mentale 则有可能是指一部法律。

1838 年法律共有三章，四十一条。第一章是关于精神病院（établissements d'aliénés）的规定，有七条。第二章是关于在精神病院的安置（placements faits dans les établissements d'aliénés）即非自愿住院的规定，为该法的主要部分，从第八条至第四十条，分了四节。第三章是附则。

第一章规定各省必须有一个为接收和治疗精神错乱者而专门设计的公立机构（établissements publics），也可以为此目的设立私立机构（établissements privés）。公共机构必须接受公共权力机关的指导，私立机构必须接受公共权力机关的监督。设立公共机构或者私立机构应经内政部长的批准。省长或其任命或内政部长任命的主审法官、检察官、裁判官、市长负责检查公立或私立精神病院。他们接收住院的精神错乱者的投诉。检查不定期，私立机构至少每季度一次，公立机构至少每半年一次。任何人不得设立脱离监管的私立精神病院。治疗其他疾病的私立机构不得收治精神错乱者，除非将他们安置于独立的病房。

第二章的前两节规定了两种住院安置。(1) 自愿安置（placements volontaires）。这个名称具有误导性。其实，“自愿”并不是指病人本人的意愿，而是指病人亲属的意愿。“自愿安置”的申请由亲属提出。申请有一个必需的条件：有一位医生开具医学证明书，说明病人的疾病和精神状态，提出拟安置的机构的名称。这位医生应与病人和病人家庭无利害关系，并且不在病人将入住的精神病院工作。在紧急情况下，公共机构的负责人可以免除医学证明书。医学证明书应在医生签署后的 15 日之内交付。之后由接诊精神病院的医生决定是否住院。自愿安置可以由病人亲属（丈夫或妻子，没有丈夫或妻子则为长辈，没有长辈则为后代，以及家庭会议授权的任何人）和医院的医生决定终止，但如果医生认为病人具有危险性，可以拒绝病人亲属的申请。(2) 根据行政命令实施的安置（placements ordonnés par l'autorité publique）。这是指根据省长的请求，把对可能危害公共秩序和安全（l'ordre public ou la sûreté）的精神错乱者安置在精神病院。省长的请求应附有医生提出的被安置者精神状况的医学证明。在即将发生危险的情况下（en cas de danger imminent），对医生证明或者众所周知的病人，巴黎的警察局长或其他城市的市长可以决定对精神错乱者采取一切临时措施，并在24小时之内报告省长。已经被自愿安置的病人如果具有这种危险性，将转入第二种安置。

第二章还规定，被安置的精神错乱者和他的监护人，以及他的亲戚和朋友，可以向当地法院上诉。经过检查，如果有必要，应立即释放。

可以看出，与1804年《法国民法典》相比，1838年法律关注的重点不是精神错乱者的法律能力和禁治产问题，而是如何通过住院安置即禁闭防止他们对社会和家庭的损害，而在住院安置上起决定性作用的也不是家庭或者亲属会议，而是行政机关和医院。

福柯对1838年法律的评价可想而知。对于根据行政命令实施的安置的规定，福柯认为它以一种既清晰又模糊的方式确定了医生的角色，将医学功能与行政机关挂钩。精神病学将面对妨碍秩序或威胁公共秩序的人，被纳入行政体制中；精神病医生不是被看作医生，而是被看作公共卫生的官员，负责监督一切无秩序和危险的事。对于自愿安置的规定，福柯认为它改变了拿破仑法典规定的召集亲属会议并经过漫长的司法程序才能由专门法庭决定拘禁的做法，使家庭向医生提出的不再是确定病人法律上的无能力，而是指出病人对家庭有危险的特征，而医生或者精神病学具有决定性作用，医生成为针对家庭内部危险的警探，精神病学作为矫正技术被纳入家庭。①

然而，如果不那么偏激，是可以看到1838年法律的积极一面的。第一，确定实施非自愿住院，注重医生的作用。当时，由于精神病学的进步，医生也能够发挥一定的作用，有利于避免政府和家庭对非自愿住院的滥用。将医生整体上看作政府和家庭的“帮凶”，是不符合实际，也是不公正的。第二，区分了两种非自愿住院安置模式。虽然“自愿安置”在名称上掩盖了其非自愿性质，并且赋予亲属的权利过大，但是它与根据行政

① 参见〔法〕米歇尔·福柯《不正常的人》，钱翰译，上海人民出版社，2003，第152～179页。

命令实施的安置在作用和启动上确有不同。第三，将两种非自愿住院都置于法律规范之下，并设置了基本程序，包括鉴定、监督程序。例如，“自愿安置”的第一份医学证明只能由入住医院之外的医生开具，就是一个颇为巧妙的设计。有人评论：“由于是外面医生开的健康证明，也更为客观，这总是一件好事，胜过一个家庭成员和一个讨好的精神科医生串通一起，作出独断专行的决定。”[①] 1838 年法律后来被称为“世界第一部精神卫生法”，不仅因为它产生的时间早，以及比较系统（尤其是相对于英美法系而言），而且还因为它的一些积极性内容与当今精神卫生法的理念基本吻合。

1838 年以后，人们一般不会把成年的精神病患者留在家里。他们通常通过法定程序把病人移交精神病院，尤其是未婚的女士。1866 年的时候，有 58687 名精神病患者是由家人照料的，323792 名精神病患者住在精神病院。在公共精神病院里，不同级别的病人住在不同的地方。有钱的病人可以受到特殊的照顾。他们的房间比其他病人的要大，还可以随意挑选食品。医院还为这些病人配备了专门的佣人，这样他们就有了相对自由的私生活。等到他们恢复到一定的阶段，他们就可以在一定的范围内活动。1874 年，住在特殊精神病院的 40804 名精神病患者中，有 5067 名患者被免除了一些常规的限制。还出现了大量的私家诊所，它们为物质上很富有的患者提供了比较舒适、轻松的生活环境。在这些诊所内，病人和医生之间保持着一种亲密的关系，这是公共精神病院所不具备的优势。[②]

1838 年法律在整体上有一个相当长的寿命，直到 1990 年才被新的法律替代，但其间有关制度经过多次修订。1938 年终止内政部参与精神病院的管理。1981 年 2 月 2 日通过的《关于加强安全和个人自由保护的法律》(Loi n°81 - 82 du 2 février 1981 renforçant la sécurité et protégeant la liberté des personnes)[③]，对 1838 年法律加以局部修订，补充规定了住院病人的权利：（1）被告知入院后的权利和义务；（2）自由接打电话和收发私人信件；

① 〔法〕洛尔·缪拉：《艺术心灵驿站——白朗希大夫疯人院》，马振骋译，河南人民出版社，2004，第 28 页。

② 参见〔法〕菲利普·阿利埃斯、乔治·杜比主编《私人生活史Ⅳ：演员与舞台》，周鑫等译，北方文艺出版社，2008，第 576 ~ 578 页。

③ 参见 http://legifrance.gouv.fr/affichTexte.do?cidTexte = JORFTEXT000000516044。

（3）接受探望；（4）拒绝所有治疗，并可以根据自己选择的医生的意见作出决定；（5）在医院内自由活动，但须遵守有关规定；（6）有宗教自由，并不受歧视。[①] 另外，1968 年 1 月 3 日通过的《关于改革无行为能力法律的法律》（Loi n°68 – 5 du 3 janvier 1968 portant réforme du droit des incapables majeurs）[②]，对《法国民法典》作出修订，废除了禁治产制度，重新确定无行为能力成年人的法律地位。

第三节　英国精神卫生法的演进

英国[③]收容疯人的法律起源于 16 世纪对流浪者的管理。那时候，人口剧烈增长，造成劳动力过剩，整个社会出现了许多“无主者”（masterless men），他们置身于社会控制和管理手段的有效管理之外，不属于任何地区，也没有任何管理者可以为他们的行为承担社会责任，他们不服从于任何一个明确的共同体——村社、城镇或教区。他们四处游食，萎靡不振，无家可归，不可能用通常的办法驯服他们，使他们安居乐业。他们被视为危险的人。国家采取一系列措施应对，但传统的办法，例如强迫流浪者回到他们的原籍被证明无效，地方权威无力安顿他们，他们也总是有能力脱离对他们进行监控的地方社会。于是，强制性监禁的办法被发明出来。[④] 1556 年，伦敦建立了一家感化院（house of correction）。因此，英国可以“自夸它曾经拥有能称得上欧洲最早的‘现代监禁’”[⑤]。1597 年的《惩治流浪者法》（Repression of Vagrancy Act 1597）规定：“如果这些流浪者中某人对逮捕他的地点造成危害，以及用本条例的办法根本不能矫正他的流浪者生活，则在每一这样的情形下，逮捕他的地方治安法官……可以把这样的流浪者关进郡的感化院或监狱内……届时根据这些法官的决定，或把

① 参见王小平《法国精神医学现状简介》，《国外医学·精神病学分册》1999 年第 1 期。

② 参见 http://www.legifrance.gouv.fr/affichTexte.do? cidTexte = LEGITEXT000006068319&dateTexte = 20080116。

③ 本节所说英国法律指适用于英格兰和威尔士的法律，苏格兰有自己的法律体系。

④ 参见〔英〕齐格蒙特·鲍曼《立法者与阐释者：论现代性、后现代性与知识分子》，洪涛译，上海人民出版社，2000，第 53 ~ 60 页。

⑤ 〔英〕安东尼·吉登斯：《民族 – 国家与暴力》，胡宗泽、赵力涛译，生活·读书·新知三联书店，1998，第 124 页。

他们中的大多数从本国全境内逐出，由国家把他们流放到女王陛下及其继位者的枢密会议为此目的而指定的海外地方。……或终身在国家的桡船上服苦役。……如果某一被放逐的流浪者不遵守法律规定，而回到本国或威尔士亲王领地内某地，对于犯此等罪的应处以死刑。”① 这个法律没有提到疯人，但显然适用于流浪的疯人。对疯人的救济性收容，始于1601年颁布的《济贫法》（Poor Law 1601）——也称“伊丽莎白济贫法”（Elizabethan Poor Law）或“旧济贫法”（Old Poor Law）。该法将救济的对象分为三类，其中一类是没有工作能力的贫民，例如穷人、老人、病人、残疾人和疯人。对这些人，可收容在济贫院（poorhouses，1597年设立）施以救济。1714年颁布新的《流浪者法》（Vagrancy Act 1714），规定可以收容狂怒的流浪疯人。

其实在更早的时候，英国就已经存在对疯人的收容了。英国最古老的疯人收容院是贝特莱姆（Bethlem，亦译“贝瑟莱姆”），从14世纪晚期开始收留疯人。它的前身是创建于1247年的伯利恒（Bethlehem）圣玛丽救济院。Bethlehem这个名字后来讹传成Bethlem或Bedlam，并引申为疯人院的代名词。1547年，伦敦市接管了贝特莱姆，将它作为市营的疯人收容院。② 贝特莱姆现在是一家现代化的精神卫生服务机构（Bethlem Royal Hospital），但在20世纪之前，它的名声一直不好。17世纪一位作家这样描述贝特莱姆：“任何人能在这里康复都是奇怪的。这里尖叫声、咆哮声、争吵声、撞击声、诅咒声、抱怨声、嘲笑声，响成一片，骇人听闻。这些不是帮助没有理智的人或失去理智的人康复、重新神志清醒。相反，足以让一个理智的人失去理智。”③ 贝特莱姆的病人还被展示，使公立疯人院成为一座恐怖的动物园。仅在1814年，就有96000人参观贝特莱姆，每人每次支付一便士。游客还被允许带着棍棒捅病人取乐。④ 1815年，英国国会指派一个特别委员会调查贝特莱姆的情况，调查报告描述和揭露的问题令

---

① 法学教材编辑部《外国法制史》编写组：《高等学校法学教材参考资料·外国法制史资料选编》，北京大学出版社，1982，第302页。

② 参见〔英〕戴维·M. 沃克《牛津法律大辞典》，北京社会与科技发展研究所组织翻译，光明日报出版社，1988，第93页。

③ 转引自〔美〕劳伦·B. 阿洛伊、约翰·H. 雷斯金德、玛格丽特·J. 玛诺斯《变态心理学》（第9版），汤震宇、邱鹤飞、杨茜译，上海社会科学院出版社，2005，第20页。

④ 参见〔美〕戴维·霍瑟萨尔《心理学史》（第4版），郭本禹等译，人民邮电出版社，2011，第225页；http://news.bbc.co.uk/today/hi/today/newsid_7537000/7537497.stm。

人震惊。1816 年 6 月，贝特莱姆的首席医生托马斯·门罗（Thomas Monro，1759～1833）因被指控对他的病人“缺乏人性”（wanting in humanity）而辞职。

英国疯人院的兴起，并不是官方主导的，而是商品经济发展的一种产物，因此早期的疯人院都是私立的，以营利为目的，属于服务业，政府也不加以管理。收治疯人是一种经营活动，被称为“疯狂生意”（trade in lunacy）。这与中央集权的法国自上而下设立疯人院的模式明显不同。所以，有学者指出，在英格兰，像福柯那样谈论任何方式的“大禁闭”都是在胡扯。①

早期的疯人院大小、形式不一，有些提供良好的照护，主要收留家里有钱的疯人，要收取昂贵的费用；有些条件十分恶劣，主要收留贫穷的、流浪的疯人。同时，“由于一旦被确诊患有精神病或智力不全，病人就会失去权利和对财产的控制权，又由于如果贪财的家属与不讲道德的疯人院经营者串通一气就可能导致非法监禁的情况”②。

到 18 世纪，上述问题引起社会越来越多的批评，促使英国国会在 1774 年通过《疯人院法》（Madhouses Act 1774）。根据这一法律，私立疯人院必须每年向地方官员申请审核，只有用户满意才能更换执照；订立收治人数上限；申请审核时住院名册必须如实登录才能通过。同时，地方官员被赋予视察疯人院的权力。除政府地方官员外，一般人将疯人送入疯人院，必须有一位医生的证明。

1774 年《疯人院法》是英国精神卫生法的萌芽形态。正如《牛津临床精神病学手册》所言：“精神卫生立法起源于 18 世纪允许监禁‘疯子’和管理私立疯人院的法律。那时主要考虑的是恰当地安置疯子，怕他们到处乱跑，而且家长作风的意见是疯子‘是一群不知道什么是对自己有利的人’，因此应当由别人替他们作决定。”③

此后二百多年，英国不断制定和修订关于疯人院或者精神病院、疯人

① 〔美〕爱德华·肖特：《精神病学史——从收容院到百忧解》，韩健平、胡颖翀、李亚平译，上海科技教育出版社，2008，第 7 页。

② 〔英〕威廉·F. 拜纳姆：《19 世纪医学科学史》，曹珍芬译，复旦大学出版社，2000，第 243 页。

③ 〔英〕David Semple 等：《牛津临床精神病学手册》，唐宏宇、郭延庆主译，人民卫生出版社，2006，第 13 页。

或者精神病人的专门法律。有人评论："除公共卫生外，再没有一个医学领域吸引了立法者如此多的关注，甚至直到今天，精神病学偶尔仍被称为'行政专业'。"[①]

同时不能说英国没有像法国那样从治安角度考虑精神病人的管理问题。1597 年的《惩治流浪者法》就具有明显的治安目的。后来，将一些犯罪的精神病人收容到公立济贫院或者习艺所（workhouse）[②]。1714 年《流浪者法》已经有此规定。1744 年又颁布新的《流浪者法》（Vagrancy Act 1744），进一步明确对犯罪的精神病人的收容。但是在多数情况下，对精神病犯罪人是交由其亲属管理，由亲属决定是否送入私立疯人院。1800 年，英国颁布《精神错乱者刑事法》（Criminal Lunatics Act 1800），规定对犯重罪但因精神错乱而被宣布无罪的犯罪人，法院必须发布命令将其置于羁押之下，直至恢复神志。根据这一法律，精神病犯罪人将被送入济贫院或疯人院。

在英国法律上，精神错乱者（lunatics[③]）是指曾经有理解能力，但由于疾病、过度悲伤或者其他意外事件而丧失应用理智能力的人，不包括先天性痴呆者。当时一般认为，精神错乱者是间歇性头脑清醒的人，有时有健全的心智，有时没有，而且，其心智是否健全经常取决于月亮的变化。Lunatic 的词根就是拉丁文"月亮"（luna）。[④]

国内一些文章说英国在 1800 年制定了一个"精神错乱者法"（Lunatics Act），并且将其纳入英国精神卫生法的渊源中。[⑤] 其实，英国在 1800

① 〔英〕威廉·F. 拜纳姆：《19 世纪医学科学史》，曹珍芬译，复旦大学出版社，2000，第 243 页。

② 习艺所是英国于 18 世纪开办的。根据 1834 年通过的新的《济贫法》，习艺所就成为济贫的唯一形式。习艺所具有苦役监狱式的特点，人民给它起了一个绰号叫作"穷人的巴士底狱"。——转引自《马克思恩格斯全集》第 12 卷注释。关于习艺所的情况，还可参考恩格斯的《英国工人阶级状况》"资产阶级对无产阶级的态度"一节和狄更斯的小说《雾都孤儿》。

③ 把 lunacy 译为"疯狂"、lunatics 译为"疯人"更符合当时情况，而且后来法律上的"精神错乱"是 insanity。

④ 参见〔英〕威廉·布莱克斯通《英国法释义》第一卷，游云庭、缪苗译，上海人民出版社，2006，第 334 页。

⑤ 例如谢斌、杨献红、姚新伟、王祖承、张明园《精神卫生与法律——精神卫生立法的历史与现状》，《上海精神医学》2000 年第 12 卷（增刊）；王新《我国精神卫生立法若干问题研究（1）》，《法律与医学杂志》2004 年第 11 卷（第 1 期）。

年制定的与精神错乱者有关的法律就是上述《精神错乱者刑事法》。严格地说，它属于刑法范畴，而不属于精神卫生法范畴。它是1800年发生的詹姆斯·哈德菲尔德（James Hadfield）刺杀英王乔治三世（George William Frederick，1738～1820）一案的产物。哈德菲尔德参加了法英战争，后因头部受伤并发生精神错乱而退伍。他的作案动机出于一种妄想。他认为上帝将毁灭世界，只有他牺牲自己的生命，才可以避免这场灾难。但他又不想自杀，因为自杀是一种道德上的犯罪。于是他企图杀死国王，以达到自己被判处死刑进而拯救世界的目的。1800年5月15日晚上，在皇家剧院，哈德菲尔德刺杀英王乔治三世未遂。英格兰最伟大的律师、后来被任命为大法官的托马斯·厄斯金（Thomas Erskine，1750～1823）成功地为哈德菲尔德进行了辩护。针对许多人认为哈德菲尔德不存在精神错乱的情况，他指出，可以成为辩护理由的精神错乱，不意味着精神病人必须不知道自己的名字，不知道他的处境，也不知道他与别人的关系，在世界上从来就没有这样的疯狂存在。一名外科医生和一名内科医生也出庭作证，哈德菲尔德的妄想是因为头部受伤。当时的首席大法官劳埃德·凯尼恩（Lloyd Kenyon，1732～1802）向陪审团提出，如果一个人处于精神错乱状态，他对他的行为就不能负刑事责任。劳埃德·凯尼恩法官宣告哈德菲尔德无罪，但“为了他自己，更为了社会，不能释放”。为了合法地拘禁哈德菲尔德，国会仓促地制定了《精神错乱者刑事法》。该法只适用于犯有叛国罪、谋杀罪和重罪的因精神错乱而无罪的精神错乱者。哈德菲尔德曾经脱逃，后被抓回，拘禁在贝特莱姆，1841年死于肺结核。①

18世纪与19世纪之交，英国有一个人的作为、影响和历史地位，与法国的皮内尔医生有些相仿，即威廉·图克（William Tuke，1732～1822）。不过图克并非医生，而是一个贵格派茶叶商人。约克郡有一家疯人院（York Lunatic Asylum）是慈善机构，因陷入丑闻而难以为继。图克接手加以改造，建立了疗养院性质的收容院——约克静养院（York Retreat），并于1796年开始运作。不用asylum（收容院）而用retreat（静养

① 参见张伟、刘协和、霍克钧《精神病人责任能力评定标准》，《国外医学·精神病学分册》1995年第4期；〔英〕戴维·M. 沃克《牛津法律大辞典》，北京社会与科技发展研究所组织翻译，光明日报出版社，1988，有关词条；https://en.wikipedia.org/wiki/James_Hadfield；https://en.wikipedia.org/wiki/Criminal_Lunatics_Act_1800。

院）作为名称，是要“传达这是一个悲伤者可以得到庇护的地方，一个破碎的心灵可以找到愈合与安全的宁静避风港”。[①] 约克静养院“四周是肥沃明媚的乡村；它一点也不会令人联想到监狱，毋宁说是一座乡下的大农场吧；它被一座巨大的封闭花园所包围。窗户没有栏杆铁栅”。[②] 图克对病人实行 moral treatment（道德治疗或者道义治疗）。静养院内生活的安排，以理想中产阶级家庭生活为原型，尽可能避免使用身体约束。病人与工作人员住在一起，以赞美、责备、奖赏与惩罚，鼓励病人恢复健康，达到恢复自我控制能力的目的。威廉·图克的孙子塞缪尔·图克（Samuel Tuke，1784～1857）在他写的《静养院略志》（*Description of the Retreat*，1813）中指出，静养院一开始曾经使用医药治疗，但没有什么效果，于是改用道德治疗，在家庭式的气氛中，以仁慈、温柔、理性与人性治疗病人，并且得到极佳的疗效。[③]

福柯对图克像对皮内尔一样给予了批评。他认为，图克的工作看起来是解放精神病人，废除强制，创造一种人道的环境，但实际操作则大相径庭。实际上，图克用令人窒息的责任取代了疯癫引起的无限制的恐怖。福柯引用了约克静养院的一个病例。有一位躁狂症患者被送入静养院时被铁链捆绑着，戴着手铐。他一入院，所有的镣铐都被去掉。他被允许与看护一起进餐，他的亢奋状态立刻就平息了。看护向他解释，只要他不违反院规或一般道德准则，他就不会受到任何强制。这位躁狂症患者感到自己受到善意的对待，承诺克制自己。有时他依然狂呼乱喊，看护就提醒他在入院时对他的警告和他自己的承诺，如果他不克制自己，那他就会重新回到过去的生活中去。这个患者听了会更加亢奋，但很快就渐趋平静。在谈话之后，他通常有几天或一个星期比较好。4 个月后，他完全康复。对于这个被约克静养院引以为自豪的范例，福柯认为，实际上，这个患者直接感受到恐惧，但他不是通过刑具而是通过谈话了解恐惧的。虽然约克静养院

---

① 转引自〔美〕艾里克斯·宾恩《雅致的精神病院》，陈芙扬译，上海人民出版社，2007，第 11 页。

② 转引自〔法〕米歇尔·福柯《古典时代疯狂史》，林志明译，生活·读书·新知三联书店，2005，第 648 页。

③ 参见〔英〕罗伊·波特《疯狂简史》，巫毓荃译，台湾左岸文化事业有限公司，2004，第 112～113 页。

不再惩罚疯人的罪过，但是它的做法比惩罚更厉害。它把那种罪过变成秩序中的一部分，使负罪感成为疯人本人的一种意识。这种负罪感使疯人变成永远可能受到自己或他者惩罚的对象。①

福柯的洞察力确实非凡。但是，从历史角度看，约克静养院的道德治疗无疑比锁锢更为人道，更为有利于病情缓解。而且，当时的疯人收容院大多数都达不到约克静养院的水平。

鉴于缺乏收治疯人的设施，1808 年，英国颁布《郡收容院法》（County Asylums Act 1808，后于 1828 年修订），允许各郡以政府资金补助面向疯人的收容院的设立和运营，于是出现了公立收容院。但实施效果不理想，各郡并不积极，许多疯人不是被收容院收容，而是拘禁在监狱。

1845 年，颁布《精神错乱法》（Lunacy Act 1845）和新的《郡收容院法》（County Asylums Act 1845）。这两部法律是相互配套的，赋予疯人病人的地位，对疯人的收容进一步规范，使收容院向精神病院转化。法律不仅是允许而且要求各郡必须设立收容院，并建立将公立和私立收容院都纳入的管理体系。建立收容院应进行注册，并应有一名住院医生（resident physician）。最重要的是，1845 年《精神错乱法》规定建立"精神病委员会（Lunacy Commission）"。委员会由 11 人组成，6 位专职委员（3 位医生和 3 位律师）和 5 位荣誉委员。他们握有起诉非法医疗行为和否决精神病院执照核准的权力，也负有改善和规范医疗照护的责任，通过监督医疗记录等措施确保根绝所有不人道的虐待行为。被收容的病人如果不同意收容，只能向管理委员会及其在郡的视察员申诉，而不能向法院申诉。公众也可以通过委员会对疯人院进行一定的监督。

有一件发生在科学家查尔斯·达尔文（Charles Robert Darwin，1808～1882）身上的逸事，就与这个问题有关。据达尔文之子回忆，达尔文和一所疯人院的园丁有书信来往，有一次，他发现园丁的信中附有一个病人的一封信。这封信的语调是理性的。写信的人说他不是一个疯子，他被监禁在疯人院是错误的。达尔文认为这个人是不疯的，于是写了一封信给精神病委员会。后来委员们访问了这个人，但认定这个人的确是一个疯人。过

① 参见〔法〕米歇尔·福柯《疯癫与文明——理性时代的疯癫史》，刘北成、杨远婴译，生活·读书·新知三联书店，1999，第 228～229 页。

了一个时期之后，这个人被放了出来，因为达尔文曾经干预这件事，他给达尔文写了一封表示感谢的信，他说在写以前那一封信的时候，他无疑是疯癫的。①

1845 年《精神错乱法》和经过几次修订（先后在 1846 年、1847 年和 1853 年修订）的《郡收容院法》，实际上是英国从 1845 年至 1890 年这一阶段的“精神卫生法”。

卡尔·马克思（1818～1883）在 1857 年 7 月 30 日撰写（8 月 20 日刊登）的一篇评论《英国疯人数目的增加》引用了一些资料，有助于我们了解 19 世纪中叶英国精神病人的住院治疗状况。② 一份资料是“精神病委员会委员向大法官呈递的年度报告”中 1852 年、1854 年、1857 年这三年的对照表，它清楚地说明，在商业空前繁荣时期，英格兰和威尔士精神病人数目迅速增长。

日期	人口	各郡、市疯人病院病人	官准私立疯人病院病人	习艺所收容疯病患者	由亲友等照管者	疯人和痴呆者总数	疯人、痴呆者人数同总人口的比例
1852 年 1 月 1 日	17927609	9412	2584	5055	4107	21158	1∶847
1854 年 1 月 1 日	18649849	11956	1878	5713	4940	24487	1∶762
1857 年 1 月 1 日	19408464	13488	1908	6800	5497	27693	1∶701

另一份资料显示，1856 年年底，急性的和可以医治的病症数目同慢性的和显然不可医治的病症数目的比例略低于 1∶5。这从下列的官方报告可以看出：

各类精神病患者	经诊断认为可以医治者
各郡、市疯人病院………………14393	2070

① 参见〔英〕法兰士·达尔文编《达尔文生平及其书信集》第二卷，叶笃庄、孟光裕译，生活·读书·新知三联书店，1957，第 402 页。

② 马克思：《英国疯人数目的增加》，载于《马克思恩格斯全集》第 12 卷，人民出版社，1962，第 568～573 页。

医院	1742	340
首都各官准私立疯人病院	2578	390
地方私立疯人病院	2598	527
总计	21311	3327
经诊断认为可以医治者	3327	
经诊断认为不可医治者	17984	

马克思根据有关资料介绍：为了收容各种各样的和不同程度的疯人和痴呆者，在英格兰和威尔士设有37个公立收容所，其中33个分设在各郡，4个设在城市；还有15个医院、116个官准私立疯人病院，其中37个设在首都，79个分设在外地；最后还有习艺所。公立疯人收容所或一般所称的疯人病院，按照法律规定，是为收容居民中贫苦阶层的疯病患者而专门设立的，应当是能够进行适当的医疗工作的诊所，而不仅仅是隔离疯子的地方。大致可以认为，至少在各郡，这些收容所是按正规原则建立的机构，虽然由于过分庞大而无法保证适当的管理；它们都挤得很满，不是严格地根据病情来分别对待病人；而且它们所能收容的只比贫苦居民中全部疯病患者的半数略多一些。归根到底，这37个分散在全国各地的收容所按其面积来说总共只能容纳大约15690个病人。

马克思认为，这些收容所是如何也赶不上精神病人的需要的。他举一个例子加以说明。1831年，当可以容纳500个病人的汉威耳疯人病院（在密多塞克斯郡）修建起来的时候，都以为它可以满足全郡的需要。可是过了两年，这所疯人病院就已经满员；又过两年，该院不得不扩充，以便再容纳300个病人；而现在（虽然这一时期内又修建了一所科尼·海奇疯人病院来安插该郡的1200名贫民疯病患者），汉威耳疯人病院收容的病人已在1000人以上了。科尼·海奇疯人病院是在1851年开设的；不到五年就不得不向纳税人要钱来修建新的收容所；最近的调查报告表明，1856年底，该郡居民中已有1100名以上的贫民疯病患者在这两个疯人病院中都得不到安置。马克思说："一方面，现有的疯人病院太庞大了，以致无法使它们维持正常的状态，而另一方面，它们的数量又太少，赶不上精神病的迅速增长。首先必须把疯人病院严格划分为两类：不可医治的病人的收容所和可以医治的病人的医院。把不可医治的病人和可以医治的病人混合收容，两者都不能得到应有的护理或治疗。”

马克思指出：官准私立疯人病院一般是为比较有钱的病人设立的。但就是这些“安乐窝”（它们的老板都喜欢这样称呼它们），在最近一个时期也招致了普遍的愤怒，起因是布尔韦尔夫人被强迫送进魏克病院，[①] 以及特纳太太在约克的艾科姆病院遭到虐待。

马克思重点描述了济贫所以及其他地方机构按照合同托付给官准私立疯人病院的2000名贫苦疯病患者的生活状况：

> 付给这些私人企业主供病人吃穿和医疗的款项，每人每周是5至12先令，而实际用于病人的费用平均是5先令至8先令4辨士。企业主们的心思当然是全部集中在一个唯一的目标上——从这笔菲薄款项里榨取大量收入，尽量少花钱来维持病人的生活。精神病委员会在最近的报告中证实，甚至在那些领有相当大量的病人生活费的私立疯人病院里，实际上也没有提供什么良好的生活条件，而对病人的护理则恶劣到极点。
>
> 固然，大法官有权根据精神病委员会的呈请，撤销私立疯人病院的营业执照或不准它更换新照；然而在许多场合下，附近没有公立疯人病院或者现有的疯人病院已经满额，委员会不延长它们的执照期限，就得把大批贫苦的精神病患者送进各种各样的习艺所去。但是这个委员会认为，不论私立疯人病院多么糟糕，总比让这些贫苦病人几乎毫无照料地住在习艺所里要安全些，好一些。目前住在习艺所里的疯病患者将近7000人。起初，习艺所中的疯人收容部只是为了收容那些只需比一般人略多要一些照料而且能与习艺所中其他人相处的贫苦病人。但是由于很难给贫苦的精神病患者在设备良好的收容所中找到位置，再加上为了省钱起见，教区委员会就渐渐地把习艺所变成了疯人病院，只是这种疯人病院里没有照料、医疗和监护，也就是说没有正规收容所中的病人所应享有的一切基本待遇。很多较大的习艺所里都设有疯人收容部，收容着40名至120名病人。这都是阴森森的地

① 详见本书第八章。

方，病人住在里面什么也不能做，不能散步，没有什么娱乐。照管他们的大半是住在习艺所里的贫民，这些人根本不适合于担负派给他们的差使。至于对不幸的精神病患者说来具有特别重要意义的饮食，则难得比习艺所里那些身心正常的人的饮食好一些。很自然，由于这一切，本来供收容患文静精神病的贫民的习艺所，不仅使这种病人住在那里之后状况恶化，而且还可能使甚至可以及时治好的病症也变成慢性痼疾。然而对于济贫所说来，主要的是省钱。

按照法律规定，贫困的精神病患者应首先到分教区医师那里去检查，分教区医师负责把病人的情况通知济贫所的官员；济贫所的官员应当报告地方长官；按照地方长官的命令，病人被送进疯人收容所。实际上这些规定一条也没有执行。贫民疯病患者被直截了当地送进习艺所，只要他们不癫狂，就会在里面住上一辈子。精神病委员会的委员在视察习艺所时，如果建议把所有那些可以医治的或得不到适当护理的病人转入疯人病院，这种建议往往都因济贫所医务人员证明该病人“无癫狂表现”而不能生效。习艺所中疯人的生活条件如何，从最近的精神病调查报告中所举的下列事实就可以看出。这个报告“如实地描绘了习艺所中疯人生活条件的一般情景”。

在诺里奇的疯人病院里，甚至身体虚弱的病人所用的床垫和枕头都是用稻草填塞的。13 间小屋都是砖地。没有带抽水马桶的厕所。男病人的住处取消了夜间守护。被子、毛巾、法兰绒内衣、紧束衣、洗脸盆、椅子、碟子、羹匙以及其他食具都非常缺乏。通风设备很坏。且从报告中摘引下面这一段话：“甚至对那些在外表上初看起来能给人以良好印象的事情，也不能相信。例如，曾发现有这样的情况：肮脏的病人所使用的大多数被褥通常总是早晨收起来，白天则换上仅仅为了装样子用的比较整洁的被褥，床上铺的是干净的床单和被子，到晚上干净的床单和被子照例收起，又铺上污秽的被褥。”

再以布莱克本的习艺所为例：“男人们白天在楼下所占的房间又小又矮、又暗又脏；供 11 名病人容身的地方有一大部分被几只笨重的椅子（病人都用皮带拴在椅子上）以及向外伸出的大炉挡占去了。楼上女人们的房间也是拥挤不堪，其中一间兼作寝室，室内有一大块地方被隔开当厕所；床铺一个紧挨着一个。在一间住着 16 名男病人的寝室里，空气闷人，臭气熏天。这间屋子长29呎，宽17呎10吋，高7呎5吋；这样，每个病人占的空间只有2.39立方呎。床垫一律都是稻草做的，连病号或卧床不起的病人所使用的都不例外。所有的枕套都很脏，上面都有铁床架子的锈痕。床铺的整理显然主要由病人自己动手。很多病人都特别不爱干净，这主要是由于对他们缺乏应有的护理和照料。夜里用的便壶很少，只是在一大间公共寝室的中央，夜里放上一个小桶给男人们公用。散步的庭院——男女各有两处——满地都是砖头瓦块，周围是高墙，也没有长凳。这些庭院最大的长74呎，宽30呎7吋；最小的长32呎，宽17呎6吋。其中一个庭院内有一间常常用来隔离癫狂的病人的小屋。这间小屋完全用石头筑成，有一个小方洞可以透光，方洞上隔有防止病人逃跑的铁栅栏，但是却没有护窗板和窗框。小屋的地上有一个大的稻草铺，在屋子的一角放着一把笨重的椅子。这个部门完全包给了一个卫生员和护士管理；习艺所的主管人很少过问他们的工作，对所里的这一部门根本不像对其他部门那样注意。”

马克思最后指出：“总而言之：英国绝大多数马厩，与习艺所的疯人病房相比，就像是客厅一样；马厩里四条腿的牲畜受到的待遇，与贫苦居民阶层的疯病患者受到的待遇相比，不能不说是爱护备至了。”

1890年，新的《精神错乱法》（Lunacy Act 1890）出台。迫于当时公众反对非法拘禁的压力，该法为防止不适当的拘禁而强化了收治程序。例如该法规定，一个人如果不是已被认定的精神病人，或者没有司法机关根据本法规定程序作出的收治令，不得作为精神病人被精神病院收治。收治令应有相关人的申请，方能作出。申请收治令应提交详情陈述书并附具两位（以前是一位医生）独立的医生证明。申请一般应由病人的丈夫、妻子或者其他亲属提出。申请者应年满21岁，在此前14日内亲眼目睹申请书所述情况。申请人应保证，他将亲自或者指定专人至少每半年探视一次病人。另一方面，为加强对精神病人的管理，这部法律增加了对病人出院的限制。1890年《精神错乱法》被认为是英国现代精神卫生立法的开始。

1913年，英国颁布《智力缺陷法》（Mental Deficiency Act 1913，后于

1927 年修订），区别了精神疾病与智力缺陷或者智力不足，并对智力缺陷者的照护、教育和管理问题做了规定。

第一次世界大战后，英国精神卫生法发生新的改变。1930 年颁布《精神医疗法》（Mental Treatment Act 1930）。该法废除了 1890 年《精神错乱法》增加的有关出院的许多限制，提出社区护理（community care）的概念，允许建立开放的社区精神病诊所（out-patient clinics），并规定了自愿患者（voluntary patients）住院治疗的程序，自愿患者可以自愿地住院和出院。这开创了自愿住院制度和社区精神病学、社区精神卫生。

第二次世界大战结束后，英国社会发展进入新的阶段，社会保障和国民健康制度发生改革。1946 年颁布《国民卫生服务法》（National Health Service Act 1946），建立了覆盖全体国民包括精神疾病患者在内的国民卫生服务体系。1957 年，以珀西勋爵（Eustace Sutherland Campbell Percy，1887～1958）为主席的皇家委员会发表《关于精神疾病和心理缺陷有关法律的报告》（The Report of the 1954－57 Royal Commission on the law relating to mental illness and mental deficiency，亦称 The Percy Report，珀西报告）。该报告标志着英国精神卫生政策的一个转折点，即从以医院为基础转变为以社区为基础的系统。委员会建议："法律应该改变，尽可能给予精神紊乱或者残疾、社会适应困难等因疾病而需要照顾的病人适当的照顾，而减少限制人身自由或法律措施。"委员会还建议："大多数精神病患者不需要作为住院病人而被拘禁在医院。患者可以得到从普通科医生或医院门诊和社区卫生和福利服务等护理治疗。"

1959 年，反映新的理念的《精神卫生法》（Mental Health Act 1959）颁布。这是英国第一部被称为 Mental Health Act 的精神卫生法律。这部法律从名称到内容都标志着英国现代精神卫生法的形成。它加强了 1930 年《精神医疗法》所规定的自愿住院制度，与此同时，非自愿住院的程序和待遇保障更为严格。它也是世界第一部名实相符的"精神卫生法"。

以上是英国早期和近代精神卫生法的基本情况。需要说明的是，在前文所涉及的时期，英国所颁布的有关精神障碍的制定法，不只本文提到的那些。而且，英国的制定法修订比较频繁，一种法律可能有先后几个版本。这里只能简单地介绍重要法律。

第四节　美国的精神卫生运动

在精神病学和精神卫生法的起步上，美国迟于欧洲，但后来几番引领世界潮流。特别应当指出，精神卫生运动和英语中的“精神卫生”“精神卫生法”这两个重要术语（概念）就产生在美国。

1843 年，美国学者威廉·斯威泽（William Sweetzer，1797～1875）出版了世界第一部关于精神卫生问题的专著——《精神卫生；或，智力和激情的考察》（*Mental hygiene*；*or*，*An examination of the intellect and passions*），首先定义和使用了“精神卫生”（mental hygiene）概念。之后，美国司法精神病学（forensic psychiatry）的创始人、精神病学家艾萨克·雷（Issac Ray，1807～1881）进一步深化了精神卫生的研究，1858 年以“精神卫生”为题在美国精神病学大会上作了专题讲演，1863 年出版了《精神卫生》（*Mental hygiene*）一书，该书讨论了医生、律师和法官在确定精神错乱时的适当角色。“精神卫生”更为人所知，是在 20 世纪初美国兴起精神卫生运动（mental hygiene movement）之后。而这场精神卫生运动，与克利福德·比尔斯（Clifford Whittingham Beers，1876～1943）和他写的一部题为《一颗找回自我的心》（*A Mind That Found Itself*）的自传密切相关。①

虽然美国精神病学的发展迟于欧洲国家，但精神卫生运动发源于美国绝非偶然。在美国，对疯人的管理和治疗也有比较长的历史。

1676 年，在宾夕法尼亚（当时是英国殖民地）一个叫做阿姆斯兰（Amesland）的地方，简·沃里森（Jan Vorelisen）向法院起诉，称其儿子埃瑞克（Erik）“丧失了正常的理智（naturall senses）变得异常疯狂”。这位父亲太贫穷了，无法抚养他的儿子。于是法院判令三个人“修建一间小的木屋以关禁（put in）这个可怜的疯子（madman）。”②

1729 年建立的波士顿济贫院是美国（当时尚未独立）第一家将疯人与

---

① 参见〔美〕克利福德·比尔斯《一颗找回自我的心》，陈学诗等译，中国社会科学出版社，2000。

② 参见〔美〕哈佛法律评论编辑部《精神病人的民事收容：理论与程序》，朱江译，载于刘仁文等译《哈佛法律评论·刑法学精粹》，法律出版社，2005。对引用的译文，根据原文做了两处调整。

其他被收容人隔离的济贫机构。第一家专门的公立疯人收容院 1773 年建立于弗吉尼亚的威廉斯堡，它“为白痴、疯子和其他精神不健全患者提供救助赡养”。它是半监狱性的，被收容的疯人的脚上戴着镣铐，身上穿着约束衣。[①]

> 当年，公众讨厌这些不幸的人，以为他们是自己出错，自食其果。社会上多数人认为这种病是治不好的，因此只关心把他们限制在某个地方，不要造成公害。那些在家里由亲属照顾的精神病患者可真是最幸运的，因为他们得以避开好奇者的凝视和调皮者的骚扰。精神病的性质决定了多数病人是穷困的，维持这些人的生活的责任落在地方政府身上，但地方官总想尽量少花钱敷衍了事，于是，多数精神病人被关进当地的监狱或县的贫民院，在这种地方，谈不上给予人道的照顾。无知的看护士把不受欢迎的病人关在鸽子笼一样的小房或地下室里，用笨重的铁链把他们捆起来，还拳打脚踢让他们乖乖听话。[②]

而从医疗系统而言，由本杰明·富兰克林（Benjamin Franklin，1706~1790）[③] 和托马斯·邦德医生（Thomas Bond，1712~1784）于 1751 年开始筹建的美国第一所医院——宾夕法尼亚医院（Pennsylvania Hospital）是最早收治精神病人的。本杰明·富兰克林和托马斯·邦德兴建这所医院的目的就是要“照顾流浪在宾夕法尼亚街道上的生病的穷人和疯人”（care for the sick-poor and insane who were wandering the streets of Philadelphia）[④]。建在费城的这家医院在 1753 年 2 月 11 日开张之时，收治的首批病人就是 6 个精神病人。宾夕法尼亚医院有一项规定：拒绝收治“所有

---

① 参见〔美〕爱德华·肖特《精神病学史——从收容院到百忧解》，韩健平、胡颖翀、李亚平译，上海科技教育出版社，2008，第 9 页；〔美〕戴维·霍瑟萨尔《心理学史》（第 4 版），郭本禹等译，人民邮电出版社，2011，第 235 页。

② 〔美〕纳尔逊·曼弗雷德·布莱克：《美国社会生活与思想史》上册，许季鸿等译，商务印书馆，1994，第 379 页。

③ 本杰明·富兰克林是 18 世纪美国政治家、科学家、外交家，曾参加独立战争和参与起草独立宣言，还曾出使法国，并有多项科学发明。

④ 参见 http://www.uphs.upenn.edu/paharc/features/creation.html。

被认为不能治愈的人，除了疯人（All those judged incurable except lunatics）。"[①] 1756 年，宾夕法尼亚医院设立了美国最早的疯人病房。本杰明·富兰克林晚年在回忆筹建宾夕法尼亚医院的经过时写道："在我毕生的政治策划中，没有一桩事情的成功，照我记忆所及，在当时给我这么多的快慰……"[②]

1783 年，后来被誉为"美国的希波克拉底"和"美国精神病学之父"（father of American Psychiatry）的本杰明·拉什（Benjamin Rush，1745～1813）进入宾夕法尼亚医院，并成为主治医师。拉什是美国独立宣言最初签署者之一，一直活跃在政治、社会和医学活动中。[③] 他写的《精神疾病的医学探索与观察》（*Medical Inquiries and Observations upon the Diseases of the Mind*，1812）一书，是美国第一本精神病理学教科书。他认为精神病是大脑的疾病，提倡给予精神病人人道主义关怀和治疗，虽然由于历史的局限，他的一些治疗方式例如放血、水淹、镇静椅等在今人看来是残忍的。[④] 后人评价："在美国直到 1789 年，拉什请求宾夕法尼亚医院当局为精神病人提供更好的设备时，才出现治疗上的第一次突破。拉什代表了医学思想的革新派，这个学派认为精神病是一种躯体疾病而且可以治愈。尽管我们可以轻视他给病人实施放血、通便和其它治疗的英雄疗法，但拉什在考虑精神病的可治疗上，却朝着正确的前进方向。"[⑤]

1817 年，宾夕法尼亚建立了一所正规的疯人医院，这是美国第一家精神病院。随后，康涅狄格、马萨诸塞等州也建立了疯人医院。这些精神病院都是私立的。

19 世纪中前期，在欧洲发生的精神病人待遇的人道主义改革，也在美国展开。最有作为的改革者是多萝西娅·林德·迪克斯（Dorothea Lynde

① 参见 http://www.uphs.upenn.edu/paharc/features/admission.html。

② 〔美〕富兰克林：《富兰克林自传》，姚善友译，生活·读书·新知三联书店，1986，第 176 页。

③ 参见〔美〕约翰·杜菲《从体液论到医学科学——美国医学的演进历程》，张大庆等译，青岛出版社，2000，第 60～66 页。

④ 参见〔美〕韦恩·瓦伊尼、布雷特·金《心理学史：观念与背景》（第 3 版），郭本禹等译，世界图书出版公司，2009，第 221～224 页。

⑤ 〔美〕约翰·杜菲：《从体液论到医学科学——美国医学的演进历程》，张大庆等译，青岛出版社，2000，第 75 页。

Dix，1802～1887）。迪克斯出生于缅因州汉普顿市，幼年成长在马萨诸塞州伍斯特市，后又到波士顿的祖母家。年轻时她从事教育和儿童文学写作。1836 年她前往英国，在那里她接触到社会福利工作和精神病学改革运动。回到美国后，1841 年，她在马萨诸塞州一所监狱给一班女囚犯授课。在监狱看到的情况使她震惊，许多精神病人被当作罪犯囚禁在散发恶臭的狭窄牢房里，待遇比一般囚犯还要恶劣。在她的请求下，这所监狱的条件有所改善。接着，她在马萨诸塞州进行了贫困精神病人状况的调查，写了一份详细的第一手研究报告。她根据自己目睹和了解到的禁锢精神病人的机构的实际情况，呼吁改善精神病人的待遇。1843 年，她在马萨诸塞州议会发表演说，讲述了她在波士顿地区的监狱和收容院所看到的一切：

> 让我来告诉你们我所看到的一切吧！那些细节常常会令人痛苦不堪，令人无比震惊……各位先生们，我现在要提醒你们注意的是，在我们这个共和国（commonwealth）里，目前许多的精神错乱者被关在笼子里、私室里、地窖中和畜棚里。他们戴着手铐脚镣，全身赤裸。人们肆意地用棍棒击打他们，想用严刑迫使他们屈从。①

由于迪克斯的努力，州议会通过一项议案，扩大伍斯特市的精神病院。1846 年，迪克斯到伊利诺伊州，推动伊利诺伊州在 1847 年通过建立公立精神病院的法案。1848 年，她到北卡罗来纳州呼吁精神病人护理的改革。后来北卡罗来纳州建立了精神病院，以迪克斯的名字命名，于 1856 年开业。她还把自己的努力扩展到其他国家。在美国和欧洲，几十年间，有 40 家精神病院的建立要归功于迪克斯。② 甚至，她的影响还促成日本建立了两个疯人收容所。“在历史上还很少有这样的事例，一个如此规模的社会运动竟然能归功于单独一个人的工作。”③

---

① 转引自〔美〕霍华德·津恩《美国人民的历史》，许先春、蒲国良、张爱平译，上海人民出版社，2000，第 106 页。

② 〔美〕戴维·霍瑟萨尔：《心理学史》（第 4 版），郭本禹等译，人民邮电出版社，2011，第 234 页。

③ 〔美〕G. 墨菲、J. 柯瓦奇：《近代心理学历史导引》，林方、王景和译，商务印书馆，1982，第 209 页。

迪克斯还曾经积极倡议、推动美国国会通过一项关于贫困精神病人利益的法案。该法案如能通过，将是美国联邦第一部具有“精神卫生法”意义的法律。根据该法案，各州将获得一些联邦土地，由州政府出售，所得款项用来建设和维持精神病院。1854 年，该法案（Bill for the Benefit of the Indigent Insane）获得国会两院通过，但最终被富兰克林·皮尔斯总统（Franklin Pierce，1804～1869）否决，其理由是联邦政府不应充当“全美国公共慈善机构的大赈救员”。[①]

因为上述工作，迪克斯被认为是精神卫生运动的先驱。

不过，从历史角度看，迪克斯促进建立精神病院的工作也产生了她不曾预料的副作用。在 19 世纪下半叶，精神病院和住院病人急剧增加，而医护人员的数量的发展并没有适应这种状况。在医护人员少的情况下，精神病院不能向病人提供适当的环境和个性化服务。治疗照顾逐渐为监督管理所取代。社会对精神病人的歧视更为明显。社区越来越难以容忍精神病人生活在他们中间，家庭也越来越倾向于把病人送入远离城市的精神病院。“这些医院中有些最后变成了只是安置无人照管或被抛弃的人的地方。”[②]

虽然美国宪法规定，非经正当法律程序，不能剥夺任何人的自由，[③]但是在很长时间里，美国并没有法律对精神病人非自愿住院作出专门规定。现实中的非自愿住院依据的是两项法律原则：一是“国家之父”（father of the country，parent of the nation）。father of the country 源自拉丁文 parens patriae（政府监护权），指政府有权力和责任保护那些不能照顾自己的个人；一是“警察权力”（police power，亦译“治安权”），即政府有责任在公民权益受到危险人物伤害时，运用警察的力量加以制止。19 世纪中叶，面对一些争议，一些州根据上述原则对非自愿住院问题做了规定。1842 年，纽约州立法规定收容“所有的疯子，而不仅仅是危险的疯子”，以便“治愈患者的疾病”。1845 年，马萨诸塞州最高法院对约西亚·奥克

① 参见〔美〕劳伦斯·M. 弗里德曼《美国法律史》，苏彦新等译，中国社会科学出版社，2007，第 220 页。

② 〔美〕J. 布卢姆：《美国的历程》上册，杨国标、张儒林译，商务印书馆，1988，第 415 页。

③ 美国宪法第十四条修正案（1868）。参见《美国法典·宪法行政法卷》，中国社会科学出版社，1993，第 22 页。

斯（Josiah Oakes）一案的判决也体现了“国家之父”原则。奥克斯67岁，自6年前认识一个年轻的女子后，他的性情发生了明显的改变，并且在自己的妻子死后没几天就要与那位年轻女子结婚。他的儿子以他时常有幻觉、举止反常为由，将他送入麦克连精神病院（McLean Hospital）。在法院举行的听证会上，奥克斯对他被强制住院进行了争辩和抗议。一些熟悉他的证人证明他是一个精明的人，并且根据过去三个月他的行为和外表看不出他是不理智的。然而也有几个人认为，他的能力可能受到年龄的影响。经过审理，首席法官莱缪尔·肖（Lemuel Shaw，1781～1861）裁定对奥克斯实行收容。法庭指出：“限制一个疯子（insane person）的自由权利，可在伟大的人道法律（law of humanity）中找到依据，人们有必要将那些一旦逍遥法外就会对自己和他人构成危险的人予以拘禁（confine）。”“根据法律原则，精神错乱者没有自己的意志，在这种情况下，就需要有人对他和其他人的安全负责。”“这种限制应当持续下去……直到目前的症状减轻为止。”[①] 显然，这时的法律，侧重于对社会的保护，而没有对精神病人的权益给予必要关注，精神正常者被强制住院的事情时有发生。

另一个女人的抗争使情况发生了一些改变，她就是伊丽莎白·帕卡德（Elizabeth Packard，1816～1897）。[②] 她出生于马萨诸塞州，婚前名字叫伊丽莎白·帕森斯·韦尔（Elizabeth Parsons Ware）。在成长中，她的父亲给她提供了最好的教育条件。在女子学校里，伊丽莎白热情地汲取她渴望的科学、哲学和文学知识，具有敏锐的分析和独立思维能力。1835年圣诞节前后，伊丽莎白患上发烧的疾病，变得神志不清，父母将她送入伍斯特市的州立医院。医生试图通过放血、催吐等方法治疗，这使她对就医产生厌恶。1839年，伊丽莎白在父母的极力坚持下与一位公理会牧师西奥菲勒斯·帕卡德（Theophilus Packard）结婚，婚后居住在伊利诺伊州，共生育

① 参见 http://www.disabilitymuseum.org/dhm/lib/detail.html? id=1305&&page=1；沈政主编《法律心理学》，北京大学出版社，1986，第190～191页；〔美〕理查德·兰姆《精神病院：法律问题和监管》，李维译，载于〔美〕霍华德·弗里德曼主编《心理健康百科全书·社会问题卷》，李维、张诗忠主译，上海教育出版社，2004。

② 关于伊丽莎白·帕卡德的生平，参见 Jennifer Rebecca Levison，“Elizabeth Parsons Ware Packard：An Advocate for Cultural，Religious，and Legal Change”，*Alabama Law Review*，Vol. 54，No. 3，Spring 2003；http://en.wikipedia.org/wiki/Elizabeth_Packard。

6个孩子。但是，伊丽莎白与西奥菲勒斯在宗教、子女抚养、家庭理财和奴隶制等问题上存有不同看法，时而发生争吵。

他们所居住的伊利诺伊州在1848年开设了一所精神病院，叫“杰克逊维尔精神病院”（Jacksonville insane asylum）[①]。1851年2月15日州立法规定：已婚妇女和未成年人经州立精神病院的院长判定明显精神失常或发狂（evidently insane or distracted），经妇女的丈夫和未成年人的监护人的请求，可以被送入医院或者拘留在医院，无须其他案件所需要的精神错乱证据。1853年，伊利诺伊州又制定一项法规，它规定，将成年男人非自愿送入精神病院应事先举行听证会，但如果是丈夫将妻子送入精神病院就可以不举行。

1860年，西奥菲勒斯认为伊丽莎白“轻微疯狂”（slightly insane），于是请来一位医生与她谈话。医生谎称自己是缝纫机推销员。在谈话中，伊丽莎白抱怨丈夫的统治和指责使自己疯了。医生将这一情况报告给西奥菲勒斯。西奥菲勒斯决定将伊丽莎白送入精神病院。1860年6月18日早晨，两名精神病院的医生，西奥菲勒斯所在教会和圣经班的两名成员，与一名警长一起，进入伊丽莎白的房间，并宣布她疯狂。正在穿衣的伊丽莎白看到男人进来，不免十分紧张。而医生竟以她脉搏跳动快速作为她精神错乱的迹象。伊丽莎白拒绝未经审判就将其拘禁。西奥菲勒斯说：“我的所作所为是伊利诺伊州法律所允许的。你没有自我保护的权利，现在只有我才能保护你。我这样做是为你好。我要拯救你的灵魂。”

伊丽莎白在杰克逊维尔精神病院度过三年，她始终不承认自己疯了，并且拒绝改变自己的宗教观点。她认为她所遭受的迫害和不公正待遇，就像16世纪的女巫。她还了解到，许多已婚妇女也遭受像她一样的拘禁，她们既不疯狂，也不难以理解。患者们的非人道待遇也激怒了伊丽莎白，她决心改变这种状况。她意识到，一个人如果接受他是疯子的看法，他最终就会符合这样的角色。

1863年，迫于公众压力，当地的法院审理了伊丽莎白的申诉，陪审团宣布对她的拘禁是错误的，她被释放。她先住在一个亲戚家，不敢回

① 1974年改名为“杰克逊维尔心理健康与发展中心（Jacksonville Mental Health and Developmental Center）”。

家，她担心西奥菲勒斯再次将她送入精神病院。四个月后，为了孩子，她到丈夫身边。但是，西奥菲勒斯限制她的自由。她通过窗外的一个陌生人带给她的朋友哈斯利特夫人一张字条，请她帮助。哈斯利特夫人去法院咨询。查尔斯·斯塔尔法官（Charles R. Starr）对哈斯利特女士说，只要有人书面证明伊丽莎白如同一个犯人被拘禁在家里，他将发出人身保护令（the writ of habeas corpus）。1864 年 1 月 12 日，法院开庭审理帕卡德诉帕卡德案（Packard v. Packard）。西奥菲勒斯在给法庭的书面声明中声称伊丽莎白精神错乱，没有治愈，他有权在家中限制她的自由，因而人身保护令是无效的。经过听证，斯塔尔法官请陪审团决定伊丽莎白是否可以自己生活，或者因为精神错乱，需要其丈夫的照顾。1 月 18 日，陪审团经过 7 分钟的审议，做出伊丽莎白精神正常的裁决。斯塔尔法官下令："现在责令解除所有强加给作为一名理智女人的伊丽莎白·P. W. 帕卡德的一切约束。"伊丽莎白恢复了自由，至少在伊利诺伊州是安全的。她与西奥菲勒斯分开，但一直没有与其正式离婚，后来取得了未成年孩子们的监护权。

伊丽莎白认识到自己逃脱监禁是一种偶然，因为导致她被监禁的法律依然存在。她主张，确定已婚妇女和儿童的精神状况和住院，应当经过法院的审判，而不能像 1851 年法律那样，仅仅取决于自己的丈夫或者父亲。她呼吁制定个人自由保障法案，像解放黑奴那样解放已婚妇女。她创立了反精神病院协会（Anti-Insane Asylum Society），揭露精神病院中的非人道待遇，要求伊利诺伊州立法机关的调查委员会对杰克逊维尔精神病院进行调查，使得后者受到舆论谴责。她还出版了主张已婚妇女权利（但反对妇女的投票权）和被告人权利、反对非法拘禁的几本书。1867 年，伊利诺伊州通过《个人自由的保障条例》（Bill for the Protection of Personal Liberty），保障所有被指控精神错乱的人——包括妻子——享有公开听证会的权利。在伊丽莎白的推动和影响下，到 1898 年她去世时，已经有 34 个州颁布了类似的法律。这些法律被人们称为"帕卡德法"（Packard Laws）。

在精神卫生法发展历史上，伊丽莎白·帕卡德具有特殊的地位，因为她或许是世界上第一个对非自愿住院制度进行抗争并且取得司法上的胜利的人，值得大书特书。《波士顿书摘报》（*Boston Transcript*）曾经指出，在伊丽莎白·帕卡德生活的年代，除了写《汤姆叔叔的小屋》的斯托夫人①，没有女性像她一样为人类的利益工作而产生了那么广泛的影响力。

克利福德·比尔斯的故事就是发生于这一历史背景之下。比尔斯出生在康涅狄格州纽黑文市。1897 年从耶鲁大学毕业后，比尔斯先在纽黑文市的税收办公室当职员，后到纽约在一家小型人寿保险公司工作。1900 年 6 月，他因严重的抑郁而精神崩溃，还出现幻觉和妄想。他的家人认为他需要治疗，把他送到一家私人疗养院。疗养院院长让他在一份“自愿承诺书”上签字，承诺遵守该院的规定，还要服从在认为是必要时实行的束缚。经过长时间的拒绝之后，比尔斯在承诺书上签了字。在疗养院，比尔斯受到看护的粗暴虐待。他曾经被戴上“手笼”——它的两端各有一条皮带，紧扣住手腕，并上锁。1901 年 3 月，在一位友好看护的帮助下，比尔斯离开疗养院，并在这位看护的家里住下。三个月后，比尔斯回到纽黑文的家。1901 年 6 月，比尔斯又被家人送入一所有许可证的、不以营利为目的的私立医院。在这所被认为是美国最好的医院里，比尔斯曾被看护殴打，用长袖紧身衣束缚。后来，比尔斯被转送到州立精神病院。在里面他仍然受到虐待，遭受几次毒打。比尔斯还经常目睹其他病人被毒打，有的病人因挨打而导致死亡。1903 年 3 月，比尔斯偷偷给州长写了一封信，反映精神病院里的情况，控诉精神病人的遭遇。州长收到信后，立即着手调查比尔斯的指控。1903 年 9 月，比尔斯从州立医院出院。重获自由后，比尔斯心里仍放不下医院里那些痛苦的人们。他决定写一本书，像《汤姆叔叔的小屋》那样，帮助关押在精神病院和疗养院的无助奴隶获得自由，即解除他们遭受的不必要的虐待。比尔斯还设想建立一个全国性团体推动精神病人条件的改善。

初稿在 1906 年完成。为了征求意见，比尔斯把书稿寄给哈佛大学教授威廉·詹姆斯（Willian James，1842～1910）。威廉·詹姆斯是美国最杰出的心理学家，著有《心理学原理》等著作，曾两次担任美国心理学会主席。不到两个星期，詹姆斯就回了信。詹姆斯在 1906 年 7 月 1 日的信中

① 斯托夫人（Harriet Beecher Stowe，1811～1896）是美国废奴主义者和作家，她的小说《汤姆叔叔的小屋》（*Uncle Tom's Cabin*）在美国社会和南北战争中产生巨大的影响。据传，林肯总统后来接见斯托夫人时，戏谑地称她是“写了一本书，酿成了一场大战的小妇人”（so you are the little woman who wrote the book that started this great war）。

说："这是我读到的最好的一份写出来的'病例'。毫无疑问，你已指出对待精神病人方法上的弊端，并提出正确的治疗方针。""你的报告对医生和看护都富有教育意义。"[①] 1907年4月21日，詹姆斯又写信给比尔斯："没有任何地方像精神病院那样聚集如此多的痛苦的人们；没有任何地方像精神病院那样有那么多令人麻木的例行公事和宿命般的冷漠；没有任何一个医院获得令人满意的治疗需要消耗如此巨大的花费。"詹姆斯还对比尔斯提出的建立一个全国性团体以改善精神病人条件的设想表示支持："我一直认为这种改善是人类文明最迫切最需要的内容之一。我觉得建立这样一个团体的作用似乎已被你完美地描绘出来了。"[②]

威廉·詹姆斯虽然不是精神病学专家，但他对精神病学以及精神病院是有一定了解的。他最初学习化学，后来转学医学。但他对行医没有兴趣。他认为，"除外科医生有时完成一些有积极意义的事情外，医生所做的主要事情是在精神方面对病人和病人家庭施加影响，而不是干别的事情。医生还从病人那里榨取金钱。"[③] 后来，他投身心理学和哲学的研究和教学。他患有抑郁症，有时很严重。据考证，他曾经自愿入住曾经收容约西亚·奥克斯的麦克连精神病院。不过，这家医院的条件，远非比尔斯住过的医院所能比。位于马萨诸塞州波士顿的麦克连建于19世纪初，环境幽雅，看起来更像是大学校园。创建之初，麦克连就拒绝了立法人士让其免费收治病人的要求，而是视个人情况酌收医疗费用。到19世纪中叶，麦克连稳定地发展为上层阶级的医院。即使因紧急情况而收容接受社会救济的病人，也很快转院到花费较低的机构。除威廉·詹姆斯外，许多社会名流如女诗人西尔维亚·普拉斯（Sylvia Plath，1932～1963）都曾经在麦克连住院治疗。部分住院病人拥有相当大的自由，可以随意来去，在院内从事自由活动，例如骑马、散步、缝纫、刺绣、滚球、园艺、工艺、阅读、写

① 〔美〕克利福德·比尔斯：《一颗找回自我的心》，陈学诗等译，中国社会科学出版社，2000，第167页。

② 〔美〕克利福德·比尔斯：《一颗找回自我的心》，陈学诗等译，中国社会科学出版社，2000，第181页。

③ 转引自〔美〕杜·舒尔茨《现代心理学史》，沈德灿等译，人民教育出版社，1981，第141页。

作。有些病人还有私人仆役。①

顺便说，威廉·詹姆斯的妹妹爱丽丝·詹姆斯（Alice James，1848～1892）一生也被精神和神经疾病如神经衰弱、癔病、抑郁、压抑性痛风、脊神经机能症等所困扰。她曾经在一家专为“神经质但并非失常的人”设立的神经病院疗养二个月。她接受过电刺激治疗，还在威廉·詹姆斯的推荐下尝试催眠术治疗。②

比尔斯的书稿和他的计划还得到精神病学家阿道夫·麦耶（Adolf Meyer，1866～1959）的推崇。麦耶出生于瑞士，1892 年移居美国。麦耶从事精神病学研究的心理动机之一，是如何能使他所爱的母亲不遭受忧郁症的折磨。原来麦耶的母亲是非常慈祥爱好艺术的妇人，她的教养，使麦耶从小对于母亲便有一种崇高而伟大的信仰，不幸得很，她在中年以后，便罹患忧郁症，从此麦耶幸福的家庭便笼罩了一层灰暗的雾幕。③ 麦耶是美国精神生物学派（psychobiology）的创始人，但后期比较倾向于精神分析学派。他强调关注与精神障碍有关的所有生物、心理和社会因素，认为精神症状与生物功能有紧密联系，主张建立社区精神医疗机构代替与世隔绝的精神病院，让精神病人回到社区生活中来。为帮助比尔斯获得其他精神科医生和医院官员的合作，麦耶还写了一封推荐信。他说：“我们中的大多数人有义务响应号召，并全身心地支持比尔斯先生的组织。就我的判断，他应当得到这种支持。它将是我国本世纪最伟大的创举，虽然不像打破枷锁那样轰动，却影响深远，且更加需要踏实的工作。”④

《一颗找回自我的心》在 1908 年 3 月出版后，受到好评，感动了许多人。在众多心理学家和精神科医生的支持和参与下，比尔斯发起了精神卫生运动（mental hygiene movement），于 1908 年创建康涅狄格州精神卫生协会（Connecticut Society for Mental Hygiene）。该协会的工作目标是：（1）保持精

① 参见〔美〕艾里克斯·宾恩《雅致的精神病院》，陈芙扬译，上海人民出版社，2007。

② 参见〔英〕威廉·F. 拜纳姆《19 世纪医学科学史》，曹珍芬译，复旦大学出版社，2000，第 266～273 页。

③ 参见丁瓒《怎样开始心理卫生工作——中央卫生实验院学术讨论会讲稿》，载于《丁瓒心理学文选》，人民教育出版社，2009。

④ 〔美〕克利福德·比尔斯：《一颗找回自我的心》，陈学诗等译，中国社会科学出版社，2000，第 183～184 页。

神健康；(2) 防止精神疾病；(3) 提高精神病人待遇的标准；(4) 传播关于精神疾病正确的知识；(5) 与精神卫生有关系之各机关合作。比尔斯不以此为满足，又于 1909 年创建全美精神卫生委员会（National Committee for Mental Hygiene）。

比尔斯使用“精神卫生”（mental hygiene）这个术语，是接受阿道夫·麦耶的建议。hygiene 这个词是从古希腊传说中的健康女神的名字 Hygeia而来，包含预防疾病、促进健康之意。比尔斯认为，这个恰当的选择所表达的思想，不仅是改善精神病人的条件，而且还涉及精神疾病的预防。

美国的精神卫生运动在世界产生广泛影响，加拿大、法国、比利时、英国、德国、苏联等许多国家都成立了精神卫生组织。1930 年 5 月 5 日，第一届国际精神卫生大会在华盛顿举行，与会者达四千之众，代表53 个国家。中国亦有代表与会。中国精神卫生研究的开拓者多为心理学者，一般将 mental hygiene 译为“心理卫生”。

还应当指出，美国的精神卫生运动主要提倡加强精神卫生，改善精神病人住院的待遇，而基本没有涉及非自愿住院制度的弊端，因而它当时没有引发非自愿住院制度的改革。

但是，我们没有资格苛责前人。对比尔斯和帕卡德、迪克斯，以及皮内尔、图克等致力于精神病人待遇改善的人士，今天仍应给予足够的肯定和敬意。这里可以引用英国思想家哈耶克（Friedrich August von Hayek，原籍奥地利，1899～1992）的令人回味的一段话：

> 在历史的长河中，往往是在孤独的先锋人士为了唤起公众的良知（public conscience）而贡献出了他们的生命及财富以后，人们才渐渐认识到他们所为之献身的一系列伟大事业，毋庸讳言，这样的事例可以说数不胜数；当然，他们经过长期的斗争而最终赢得多数支持的成就，也同样不计其数；但是囿于篇幅，我们不可能在这里对之一一列举并详尽讨论，实际上也只需举出数例便能说明问题：废除奴隶制、刑法及监狱的改革、制止虐待儿童和动物、给予精神病患者以更人道的待遇等等；但是我们仍需要强调指出的是，上述所有的努力，曾经在很长的一段时间中只是极少数理想主义者的希望，换言之，正是这

些少数人士竭尽全力地变革着极大多数人关于某些习惯做法的定见，最终才达致了上述成就。[①]

第五节 俄罗斯的“第六病室”

欧美人撰写的早期精神病学史，不怎么提及俄国，但实际上俄国的精神病学也算是比较发达和有特点的。譬如说，早在1551年就有法令要求将疯人集中隔离于寺院，以免他们滋扰他人；1669年的“新法令条款”规定精神病人杀人不负责任；1723年彼得一世“关于元老院验证痴呆人的谕旨”规定了认定无行为能力的办法；1832年《俄罗斯帝国法律大全》规定精神病人犯罪免除刑事责任，关押在专门的疯人院进行强制治疗。俄国也产生了一批杰出的精神病学家，例如，俄国精神病学的鼻祖伊万·米哈伊洛维奇·巴林斯基（1827～1902，亦译“贝林斯基”），对一种由慢性酒精中毒引起的遗忘综合征（后被命名为柯萨科夫综合征）很有研究的谢尔盖·谢尔盖耶维奇·柯萨科夫（1854～1900）[②]，俄国司法精神病学创始人之一弗拉基米尔·彼德罗维奇·谢尔比斯基（1858～1917，亦译“塞尔比斯基”）。生理学家、心理学家伊万·彼德罗维奇·巴甫洛夫（1849～1936）的高级神经活动学说更是具有世界性影响。[③]

在17至18世纪，俄国没有发生过法国那样的“大禁闭”。因为“在1850年之前，俄罗斯境内几乎没有任何官方设立的疯人收容所”。[④] 但是，沙皇将政治反对者说成疯子并加以迫害的事情屡见不鲜。亚历山大一世（1777～1825）曾经因为一个贵族士官茹科夫写了一首爱好自由的诗而宣

---

① 〔英〕弗里德利希·冯·哈耶克：《自由秩序原理》（上），邓正来译，生活·读书·新知三联书店，1997，第155页。

② 关于柯萨科夫的生平，可以参见〔荷〕德拉埃斯马《心灵之扰：精神疾病小史》，张真译，东方出版中心，2012，第六章。

③ 参见〔苏〕布涅耶夫主编《司法精神病学》，王之相译，法律出版社，1957，第5～8页；〔美〕Joseph Wortis《苏联精神病学》，上海医学院神经精神科、华东精神病防治院合译，医务生活社，1952，第二章；〔俄〕库兹涅佐娃、佳日科娃主编《俄罗斯刑法学教程（总论）》，黄道秀译，中国法制出版社，2002，第807页。

④ 〔英〕罗伊·波特：《疯狂简史》，巫毓荃译，台湾左岸文化事业有限公司，2004，第104页。

布他是疯子。尼古拉一世（1796～1855）也将一位政治反对者称为疯子而将其软禁一年，这就是恰达耶夫事件。彼得·雅柯夫列维奇·恰达耶夫（1794～1856）是著名政论家，他是诗人普希金（1799～1837）的朋友——普希金写过三首《致恰达耶夫》。1836年9月，恰达耶夫在《望远镜》杂志上发表了《哲学书简》，对尼古拉一世的残酷统治给予了抨击，引起轩然大波。接到报告后，尼古拉一世颁布谕旨："阅此文后，朕以为其内容确系狂妄谬论，无异于疯人呓语。"结果，《望远镜》杂志主编被流放，恰达耶夫则当众被宣布为疯人。宣布此事的文件说："载于《望远镜》杂志之彼·雅·恰达耶夫所著文章，以其见解激起全体俄罗斯人无例外之愤怒、反感与恐惧，然而，当公众获知该文作者患有深堪怜悯之理性紊乱、精神癫狂病症时，上述感情乃迅速转为对此同胞之同情。政府鉴于此一不幸者之病状，为对其表示慈父般之关怀与爱护，兹特命令其切勿离家外出，免费赐予其治疗用品，并为此责成地方有司指派专门医生给予照料。"①

被马克思给予高度评价的《俄国工人阶级状况》一书的作者，俄国学者恩·弗列罗夫斯基（1829～1918，别名瓦·瓦·别尔维）也有这种遭遇。1861年，弗列罗夫斯基参加了示威，并向沙皇请愿，但其整个抗议活动被当局宣称为精神病发作所致，他被关进疯人院。不过还好，他在那里只待了6个月，并最终被公认为精神健全的人。②

俄国一些杰出的古典作家描写了沙皇时代的精神病学和强制住院的状况，包括他们的小说和回忆录。小说在整体上虽然是虚构的，但素材来源于现实，并且反映了作家和当时社会对精神病学、非自愿住院的见解和看法，因而也具有不可忽视的科学价值。

亚历山大·赫尔岑（1812～1870）写过两篇有关精神病学的具有讽刺意味的小说，值得一读。1846年发表的《克鲁博夫医生》有一个副标题——"泛论精神病，特别关于它的时疫性发展"，它是自述体小说，主

① 参见〔苏〕若列斯·亚·麦德维杰夫、罗伊·亚·麦德维杰夫《谁是疯子?》，钱诚译，群众出版社，1979，第158页；〔俄〕恰达耶夫《哲学书简》，刘文飞译，作家出版社，1998。

② 参见〔俄〕恩·弗列罗夫斯基（瓦·瓦·别尔维）《俄国工人阶级状况》，陈瑞铭译，商务印书馆，1984，第7页。

人公即叙述者克鲁博夫是一个精神病医生。克鲁博夫对精神病有一套自己的认识。他认为，所谓正常的、健康的人，他们的生活与行为跟那些被公认为有精神病、住在疯人院的人同样愚蠢和病态。正式的、公认的疯子实际上既不比其他一切人更笨，也不比他们更不正常，而仅仅是比他们更独特、更专心、更独立、更别出心裁，甚至可以说更富于天才。对于疯子们奇特的行为以及他们那种惹人恼怒的凶狠，克鲁博夫医生是这样解释的：这是因为周围的一切都故意激怒他们，对他们心爱的思想加以不断地反对、残忍地否定，以致他们变得冷酷无情。“明显的疯子”的全部不幸就在于他们那种傲慢的独特性和倔强的固执性，就为了这点，“一般的疯子”才出于弱者的凶狠而把他们关进囚笼，向他们浇冷水等等。克鲁博夫对比较精神病学很有兴趣，他挑选了两个机构进行研究和观察：疯人院和医院管理局办公厅。他发现政府机关的官吏与疯人院的病人惊人地相似。一旦被安插在办公厅里以后，文书们立刻就染上了精神上的瘟疫，这种瘟疫非常迅速地使一切正常的人性都受到影响，而且还特别迅速地发展着畸形的要求、愿望、企图；这些劳动者整天勤奋地工作着，不仅是勤奋地，而且是带着嫉妒心理地工作着。在《克鲁博夫医生》续篇——《Aphorismata，关于克鲁博夫医生的精神病学理论》中，尸体解剖员兼副教授吉特·列维阿方斯基与克鲁博夫医生讨论，他说：“全世界都认为我是狂人，而我却认为全世界都是狂人；我的不幸就在于全世界是多数。”“没有经常的、世代相传的癫狂症，任何国家活动都会随着终止，一旦医好了这个病症，历史就会停顿。再不会有人研究它，再不会有人对它发生兴趣。正像一首古老的歌曲所唱的，历史的力量、历史的辉煌，不在于智慧，也不在于运道，却在于疯狂。”① 这两篇小说是讽刺现实的，小说中人物的说法也不等于赫尔岑的观点，但反映了他对精神病问题的观察与思考，其精辟的见解具有现代性。

赫尔岑对滥用强制住院的实际情况也有所了解。1834 年 7 月，从莫斯科大学数理系毕业不久的赫尔岑因被怀疑参与反政府活动而遭到逮捕。1835 年 5 月，赫尔岑被流放到邻近西伯利亚的维亚特卡省。在维亚特卡，

① 〔俄〕赫尔岑：《赫尔岑中短篇小说集》，程雨民译，上海译文出版社，1980。

他直接受到省长基·雅·丘菲亚耶夫的监控。丘菲亚耶夫生活放荡，性情粗暴，不能容忍丝毫的反对意见，为达到自己的目的，多次将健康的人关入疯人院。丘菲亚耶夫与一个穷官吏的妹妹公开私通。那个穷官吏彼得罗夫斯基想阻止他们来往，扬言要写状子向彼得堡告发，闹得满城风雨，以致一天警察逮捕了他，把他当作疯子送交省政府审查。省政府、法庭庭长、卫生局局长全都断定彼得罗夫斯基是疯子。但是一位了解彼得罗夫斯基的医生对卫生局长说，彼得罗夫斯基根本不是疯子，应该对案件重新审查，否则他就要上告。省政府同意复审，不幸的是，彼得罗夫斯基在疯人院中死了，没有活到指定的复审日子，尽管他是一个身强力壮的年轻小伙子。1837 年，皇太子要驾临维亚特卡，丘菲亚耶夫下令将城市的围墙粉刷一新，人行道都要重新整修。奥尔洛夫市一个穷寡妇有一幢小房子，她声称没钱整修门前用木板铺的人行道。丘菲亚耶夫命令拆掉她家的地板用于整修人行道。有一位商人，是知名人士，声称要把此事报告给皇太子。丘菲亚耶夫灵机一动，命令奥尔洛夫的市长怀疑那个商人是疯子，关入医院。但是，皇太子还是知道了此事，一到维亚特卡，他就命令御医前往医院对那个商人进行检查，御医证实商人完全正常。皇太子离开维亚特卡不久，丘菲亚耶夫便被免职。①

赫尔岑在流放期间，也在《望远镜》杂志上发表文章，看过《望远镜》刊登的恰达耶夫的《哲学书简》，还给恰达耶夫写信进行讨论。赫尔岑在被流放前，曾与恰达耶夫见过一面。在赫尔岑结束流放后，二人成为朋友。赫尔岑在回忆录《往事与随想》中记录了尼古拉一世将恰达耶夫当作疯子软禁的事情，认为那是独裁政权实际已经发疯的表现。他说，“精神错乱”的恰达耶夫成了公认的权威，它的力量增加一分，尼古拉一世的“精神错乱”的权力就降低一分。②

看过福柯《疯癫与文明》的人，都会记得福柯在该书前言中引用的费奥多尔·陀思妥耶夫斯基（1821～1881）的一句话：“人们不能用禁闭自

① 参见〔俄〕赫尔岑《往事与随想》上册，项星耀译，人民文学出版社，1993，第十四章，第十七章。同时参见巴金译本，上海译文出版社，1979。

② 参见〔俄〕赫尔岑《往事与随想》中册，项星耀译，人民文学出版社，1993，第三十章。

己的邻人来确认自己神志健全。"① 这句话出于陀思妥耶夫斯基《作家日记》（先是他任主编的《公民报》的专发其文章的一个专栏，后是其自编自撰的一个刊物）中的一篇怪诞的小说《噼噼啪啪》（1873）。在中国出版的从俄文翻译过来的《作家日记》中，这句话的译文与《疯癫与文明》有所不同。《噼噼啪啪》说的是一个不成功的作家，性情突然变了，头也疼，而且可以看到和听到一些古怪的东西，好像他的身边有"噼噼啪"的响声。他写了一篇《一个人的札记》，记录他的一些离奇见闻——实际上是幻听幻视。他对精神病有一番议论："使人发疯，我们办得到，可是还没有使任何人变聪明过。""我想起西班牙人的尖刻，两个半世纪之前，法国人建造了自己的第一座疯人院，西班牙人说：'他们把自己的傻瓜全都关进一所特别的房子里，目的是使人相信，他们自己是聪明人。'事情确实像他们说的：把别人关进疯人院并不能证明自己的智慧。"② 陀思妥耶夫斯基的这篇小说，并没有反对专制的政治色彩——这时他已经从空想社会主义者转变成为沙皇的拥护者，不过对于热衷将他人禁闭于疯人院的人确实是一个绝妙的讽刺。

陀思妥耶夫斯基擅长刻画人物的内在本性和精神状态的矛盾变化，着重于病态心理的分析。这种写作风格与其患有癫痫症并进而对精神病学、心理学有很大兴趣不无关系。他 14 岁时，癫痫第一次发作，成年后时常发作，这给他带来巨大的身心痛苦和一种精神分裂的体验。在青年时代，陀思妥耶夫斯基曾经经常同给他治病的医生斯·德·亚诺夫斯基谈论精神病方面的问题，还经常向后者借医学书，尤其是论述大脑、神经、精神疾病以及有关颅骨发展之类的书籍。③ 晚年，在给一位自称具有双重性的女士的信中，他说："您身上的这种人格分裂完全和我身上的一样，我一生都

① 〔法〕米歇尔·福柯：《疯癫与文明——理性时代的疯癫史》，刘北成、杨远婴译，生活·读书·新知三联书店，1999，前言。孙淑强、金筑云的译本《癫狂与文明——理性时代的精神病史》（浙江人民出版社，1991）将此句话译为"人们并不是通过禁闭自己的邻居才相信自己没有疯"。

② 〔俄〕陀思妥耶夫斯基：《陀思妥耶夫斯基全集·作家日记》（上），张羽译，河北教育出版社，2010，第 67 页。

③ 参见〔俄〕斯·德·亚诺夫斯基《回忆陀思妥耶夫斯基》，载于刘开华选译《回忆陀思妥耶夫斯基》，人民文学出版社，1987；〔苏〕格罗斯曼《陀思妥耶夫斯基传》，王健夫译，外国文学出版社，1987，第 94 页。

是这样。这是一种巨大的痛苦，但同时也是一种巨大的享受。”[①] 陀思妥耶夫斯基的第二部小说的题目就叫《双重人格》（1846，亦译《化身》[②]）。《双重人格》在文学上没有获得成功，有人批评它不是文学的，而是病理学的。然而，陀思妥耶夫斯基没有因此放弃对双重人格的刻画。在他后来的作品中，不少人物都具有双重人格，例如《罪与罚》中的拉斯柯尔尼科夫、《少年》中的维尔西洛夫、《卡拉马佐夫兄弟》中的伊凡·卡拉马佐夫。他认为，双重人格是“某种严重的精神失常的第一阶段，这种精神失常会招致相当不良的后果”。[③] 陀思妥耶夫斯基的作品更有许多人物具有变态心理，如神经质、歇斯底里、施虐狂、受虐狂，有的人物就是癫痫患者，例如《被侮辱与被损害的》中的尼丽，《白痴》中的梅思金。在去世之前，陀思妥耶夫斯基写道：“人们称我为心理学家，不对，我只是最高意义上的现实主义者，即描写人的心灵的全部深度。”[④]

陀思妥耶夫斯基还写过利用禁治产制度谋取财产的事情。《少年》中的卡杰琳娜·尼古拉耶夫娜是老公爵尼古拉·伊凡诺维奇的女儿，她为夺取父亲的财产——她父亲任意挥霍并且想再婚，她企图利用父亲患病的机会宣布他是疯子。她秘密地给一位律师写信，咨询“依照法律，能不能宣告公爵应受监护，或宣布他为丧失处理自己事务的能力的人；如果可以这样做，那么如何可以做得不出乱子，不让任何人有闲言，同时也要顾及父亲的感情，不使他难堪”。律师劝阻了她。后来老公爵恢复了健康。卡杰琳娜·尼古拉耶夫娜十分害怕那封信让她的父亲知道，担忧他因此取消她的遗产继承权。在律师死后，她千方百计地想找回那封信，阻止它落入父亲手里。

被称为“人性的天才”[⑤] 的作家弗谢沃洛德·米哈伊洛维奇·迦尔洵

---

① 〔俄〕陀思妥耶夫斯基：《陀思妥耶夫斯基全集·书信集》（下），郑文樾、朱逸森译，河北教育出版社，2010，第1152页。

② 〔俄〕陀思妥耶夫斯基：《化身》，郭家申译，载于《陀思妥耶夫斯基全集·穷人》，河北教育出版社，2010。

③ 〔俄〕陀思妥耶夫斯基：《少年》，岳麟译，上海译文出版社，1985，第718页。

④ 〔俄〕陀思妥耶夫斯基：《陀思妥耶夫斯基全集·书信集》（下），郑文樾、朱逸森译，河北教育出版社，2010，第1302页。

⑤ 参见〔俄〕Lvov Rogachevski《人性的天才——迦尔洵》，鲁迅译，载于《鲁迅译文集》第十卷，人民文学出版社，1958。

(1855～1888）患有精神病，曾经几度住精神病院治疗，最终因精神病发作而跳楼，几天后去世。迦尔洵的精神病有遗传性，但也是现实环境尤其是沙皇专制压迫的结果。1880 年，革命党人姆洛奇茨基图谋暗杀掌握大权、对革命党人实行最残酷镇压的内务大臣洛利斯·梅利可夫伯爵(1825～1888)。梅利可夫并没有受伤，姆洛奇茨基被当场逮捕，并在第二天宣判死刑。迦尔洵听到这个消息，觉得有必要采取行动，阻止死刑的执行。就在宣判那天晚上，他到梅利可夫家里，跪下双膝，流着眼泪，带着嘶哑的声音，一面抽泣，一面请求梅利可夫赦免姆洛奇茨基。他的请求当然没有效果，姆洛奇茨基被处决了。由于这一事件的震撼，迦尔洵的精神病严重发作，不久住进精神病院。[①]

经过两年多的治疗和休养，迦尔洵才恢复常态。1883 年，迦尔洵创作了描写精神病人和精神病院的短篇小说《红花》。[②] 其中有些地方正是他的亲身体验的直接反映。迦尔洵在以前曾去参观一个精神病教学医院，他获得教授的许可和那里的学生们一起参加病例示教。他自己生病后便观察自己，而且他非常清楚地记得自己生病时的情形。[③] 小说中的精神病院楼房有两层。上面的一层有二十间左右的单人病房。这里还有两间阴暗的房间，一间蒙着褥垫，另一间装上一层木板，它们是用来关狂暴的病人的。下面一层住的是女病人。从那里传来一片乱哄哄的闹声，里面还夹杂有悲惨的叫声和哭号。这所病院的房屋设备只能容纳八十个病人，可是邻近几省就只有这么一个精神病院，因此它不得不收留了三百个病人。在这里，精神病医生具有绝对的权威，从他的疯人那儿得到的尊敬大大地超过了任何一位首长从他的下属那儿所得到的。小说的主人公是一个精神病人，而他患病的根源，应诿之于专制俄罗斯的社会现实中的各种条件。他认为医院花园里的一株红色罂粟花是世界万恶的化身，它用一切无辜者的血做养料，所以才是红色的。他决定要从邪恶与苦难中拯救世界，于是不惜性命去摘掉那株罂粟花。看守阻止他，并且将他绑在病床上。一天夜里，他挣

① 参见〔苏〕别亚列依《迦尔洵》，陈瘦石译，新文艺出版社，1958，第 74～75 页。

② 〔俄〕迦尔洵：《红花》，巴金译，载于《巴金译文全集》第六卷，人民文学出版社，1997。

③ 参见〔俄〕柯罗连科《弗谢沃洛德·米哈伊洛维奇·迦尔洵》，载于柯罗连科《文学回忆录》，丰一吟译，人民文学出版社，1985。

脱束缚，溜出病房，拔掉了最后一朵红花。然而他回到病房后就失去知觉，死去了。

《红花》不仅有政治意义，而且有医学价值。小说刚一发表，著名精神病学家伊万·阿列克谢耶维奇·西科尔斯基就指出它是对病理状态的“典型的描写”。西科尔斯基写道：“《红花》不仅是有助于研究精神病病史的生动素材，它更是患者自我感觉的写照，贯穿着天才艺术家精细而透彻的分析。”① 而且，迦尔洵显然并不认同精神病院。《红花》开头的第一句是主人公被送入精神病院时说的话：“我代表彼得一世皇帝陛下宣布视察本疯人院！”这意味着对自己疯人身份和精神病院状况的否定。主人公觉得精神病院就是宗教裁判所、秘密行刑所，甚至是地狱。他对医生说：“您为什么这样牢牢地盯住我？我灵魂里的东西您是看不出来的，您的思想我可看得很清楚。”他还质问医生：“您为什么要做坏事呢？您为什么弄来这一群不幸的人，把他们关在这儿呢？我倒不在乎这个：我全明白，而且也安静。可是他们呢？为什么要受这些苦呢？”

对强制住院的最深刻的揭露和批判，来自安东·巴甫洛维奇·契诃夫（1860～1904）。他的小说《第六病室》（1892）② 描写了一所医院的精神病房，里面关押的人中就有对社会不满而并不真正疯癫的。“病人”伊凡·德米特利奇愤怒地说：“他们怎么敢把我们关在这儿？法律上似乎明白地写着，不经审判就不能剥夺任何人的自由！这是暴力！专横！”小说的主人公是医院的主管安德烈·叶菲维奇·拉京医生。他是一个温和文雅的人，然而性格软弱，曾经工作很勤奋，但现实使其心灰意懒。他发现伊凡·德米特利奇聪明而有趣，便经常和后者聊天：“一旦有了监狱和疯人院，那就总得有人关在里面才成。不是您就是我，不是我就是另外的人。”而后者一开始不信任他，于是他说：“就算我在阴险地套出您的话来，好把您告到警察局去，他们就逮捕您，审判您；可是难道您在法庭上和监狱里，会比待在这儿更糟？如果您被终身流放，甚至服苦役，难道那就比关在这个小屋里更糟？我觉得不见得更糟。”由于拉京医生经常和病人聊天，

① 转引自〔俄〕迦尔洵《迦尔洵小说集》，冯加译，外国文学出版社，1983，第428页。

② 〔俄〕契诃夫：《第六病室》，载于《契诃夫文集》第八卷，汝龙译，上海译文出版社，1992。

还有一些怪癖，人们认为他也不正常。后来他被他的助手、一直觊觎其职位的霍包托夫医生诓骗关进第六病室。这时，他同意伊凡·德米特利奇的看法，说："当然，这是专横。""我必须出去，非出去不可！他没有权利！"结果他挨了原来听命于他的精神病房看守人尼基达的毒打。最终，他绝望地死去。

契诃夫1884年毕业于莫斯科大学医学系，后来虽然成为作家，但没有完全放弃行医。他曾开玩笑地说，医学是他的合法妻子，而文学则是情妇。1899年，大学同学聚会并决定出版附有每个同学自传的照片集，契诃夫在自传中写道："我不怀疑，研读医学科学对我的文学活动有过重大影响；它大大扩展了我的视野，丰富了我的知识。这些知识对作为作家的我所具有的真正价值，只有那个自己是医生的人才能体会；这些知识还有指导性的作用，因此，大概是由于我接近医学的缘故，我才得以避免许多错误。"① 契诃夫对精神病学有相当深刻的认识，并从中获益。他对人说过："朋友，如果您想作真正的作家，就学习医学吧，特别是精神病学。"② 他有不少作品涉及精神障碍，一些故事完全可以看作精神障碍病例。例如，1888年，契诃夫为纪念他的朋友、已故的迦尔洵，写了一个短篇小说《精神错乱》，他在给编辑的信中说："我作为医师，觉得我对精神病的描写是确切无误的，符合精神病学的一切规律。"③ 1890年，在致作曲家彼得·伊里奇·柴可夫斯基（1840~1893）的弟弟莫杰斯特·伊里奇·柴可夫斯基（1850~1916）的信中，契诃夫说他刚刚出版的并且献给彼得·伊里奇·柴可夫斯基的短篇小说集《闷闷不乐的人们》是由"具有精神病理学性质的随笔合成的"④。1894年，契诃夫发表中篇小说《黑修士》（亦译《黑衣修士》），他说："这是一篇关于医学的小说，historia morbi（拉丁语，病历）。其中对夸大狂作了一番探讨。"⑤ 契诃夫还关注当时精神病遗传学和优生学思想在俄国的传播，短篇小说《公差》（1899）中的医生斯达尔

① 〔俄〕契诃夫：《契诃夫文学书简》，朱逸森译，安徽文艺出版社，1988，第313页。
② 〔苏〕谢普金娜－库彼尔尼克：《忆契诃夫》，文江译，载于《回忆契诃夫》，人民文学出版社，1962。
③ 〔俄〕契诃夫：《契诃夫文集》第七卷，汝龙译，上海译文出版社，1992，第471页。
④ 〔俄〕契诃夫：《契诃夫文集》第十五卷，汝龙译，上海译文出版社，1999，第29页。
⑤ 〔俄〕契诃夫：《契诃夫文集》第十五卷，汝龙译，上海译文出版社，1999，第380页。

倩科说："如果我能做主，我就要禁止神经衰弱患者和一般神经系统不健全的人结婚，我要剥夺他们繁殖他们这类人的权利和条件。在世界上生下一些神经有病的儿童是犯罪。"①

契诃夫写作《第六病室》，是将"第六病室"作为俄国社会的一个缩影和象征，借以反对专制，鼓吹自由主义，但也反映出当时存在的非自愿住院的滥用。弗拉基米尔·伊里奇·列宁（1870～1924）很喜爱契诃夫的作品，《第六病室》给他留下强烈的印象。列宁给姐姐（安娜·伊里尼奇娜·乌里杨诺娃－叶利札罗娃）写信说："昨天晚上我读完了这篇小说，觉得简直可怕极了，没法再待在我的房间里了，我就站起来，走了出去。我有这样一种感觉，仿佛我自己也被关在第六病室里似的。"②

应当不是没有原因的，十月革命后，在列宁领导下制定的1922年《苏俄刑法典》（俄罗斯社会主义联邦苏维埃共和国刑法）设立了"非法安置精神病院罪"。当时这在世界上是绝无仅有的。该法第160条规定："出于贪利或其他个人目的，而将显然健康之人，安置于精神病院者，处五年以上的剥夺自由。"③ 1926年修订的《苏俄刑法典》延续了这一规定（改为第148条，刑罚减为三年以下的剥夺自由）。其他加盟共和国的刑法典也有类似规定。这一规定针对的是个人（亲属、医生或者其他个人）基于私利的滥用，而不是权力机关出于政治目的的滥用。苏联有学者在50年代初期指出："在审判实践中，此种犯罪尚未发生过。"④ 这可能是指个人的滥用没有发生过，或者没有作为犯罪被追究过，而不一定意味着完全不存在权力机关的滥用，但也说明该规定有一定积极意义和威慑作用。

1926年《苏俄刑法典》还规定，对于在慢性精神病状态下，或一时心神丧失及其他病态中之犯罪者，如系不能认识或控制自己之行为时，不得适用司法改造性质之社会保卫方法，又其行为虽在精神正常状态中，但于

① 〔俄〕契诃夫：《契诃夫文集》第十卷，汝龙译，上海译文出版社，1993，第336页。

② 〔苏〕布罗茨基主编《俄国文学史》（下卷），蒋路、刘辽逸译，作家出版社，1962，第1164页；〔苏〕《回忆列宁》第一卷，上海外国语学院列宁著作翻译研究室译，人民出版社，1982，第31页。

③ 中国人民大学国家与法权历史教研室编《过渡到恢复国民经济的和平工作时期的苏维埃国家与法权》，中国人民大学出版社，1955，第109页。

④ 〔苏〕苏联司法部全苏法学研究所编《苏维埃刑法分则》（上），中国人民大学刑法教研室译，中国人民大学出版社，1954，第299页。

判决时已患有精神病者亦同。对于此项之人仅能适用医疗性之社会保卫方法：（1）强制治疗；（2）置于医疗场所加以隔离。[①]《苏俄刑法典》所谓“司法改造性质之社会保卫方法”，即刑罚；所谓“医疗性之社会保卫方法”相当于我国刑法第十八条规定的“强制医疗”。

① 中央人民政府法制委员会编《苏俄刑法》，陈汉章译，新华书店，1950。

第二章 精神病学在二十世纪的歧途与嬗变

20世纪常常被称为“精神病学的世纪”。[①] 这主要针对精神卫生和精神病学在20世纪的发展、进步一面而言。这里则必须谈到20世纪历史的另一面——对精神障碍患者的迫害和精神病学的滥用。“有些历史既是医学的历史也是压迫的历史。”[②] 接着，将回顾精神卫生和精神病学在20世纪下半叶的重大变化。这一百年的历史对于当代精神病学、精神卫生法和非自愿住院制度有着至关重要的影响。

第一节　精神病学与遗传学、优生学的结合

在20世纪之前，精神病人虽然难以得到文明、人道的对待，但除了在15世纪中期到17世纪末期，欧洲和北美的精神病人被妖魔化（demonize），许多癔症、癫痫患者和其他精神错乱者——主要是妇女——被当作

① 参见〔英〕罗伊·波特《疯狂简史》，巫毓荃译，台湾左岸文化事业有限公司，2004，第23页。

② 〔美〕约翰·伯纳姆：《什么是医学史》，颜宜葳译，北京大学出版社，2010，第127页。

“女巫”（witch）杀害外，[①] 精神病人没有作为一个被敌视的群体，遭到过有组织的大规模迫害。但是20世纪，在欧洲和北美，精神病人厄运不断，遭受到空前残酷的迫害。而且这种迫害是以“科学”的名义进行的。

综观精神病学的发展历史可以发现，长久以来，精神病学似乎骨子里有一股乖戾之气，它的每一个进步几乎都伴生一些谬误，都会在提供益处的同时，造成未曾预料的副作用或者被恶意利用。精神病的遗传学理论就是这样的东西。

早在古希腊，被称为西方“医学之父”的希波克拉底（Hippocrates，公元前460～前377）就认为精神疾病最初根源于遗传。[②] 19世纪，一些精神病学家通过对精神病人及其家系的考察，认为主要的精神疾病都具有严重的生物和遗传成分，而且当这些成分从一代传给另一代时，会进一步恶化，在家族乃至全人口中引起进行性退化（progressive degeneration）。最早系统提出这一理论的是法国精神病学家培尼狄克·莫雷尔（Bénédict Augustin Morel，1809～1873）。莫雷尔获得医学博士学位后，先后在萨佩提耶等精神病院工作，并曾考察其他国家的几家精神病院。他重点研究了弱智者，探寻他们的家庭历史，调查他们的贫穷状况和儿童时期的躯体疾病。1857年，他在《人类体质、智力和道德退化之研究》（*Traité des dégénérescences physiques, intellectuelles et morales de l'espèce humaine et des causes qui produisent ces variétés maladives*）中系统阐述了他的思想。退化理论对19世纪晚期的精神病学产生了重要的影响。[③] 意大利精神病学家、犯罪学家切萨雷·龙勃罗梭（Cesare Lombroso，1835～1909）把犯罪归因于“遗传的缺陷”或“退化”“返祖”的理论，就受到莫雷尔的启发。性学（science of sex，sexology）的开山鼻祖、德国精神病学家理查德·冯·克拉夫特－埃宾（Richard

① 参见〔德〕文士麦（Gerhard Venzmer）《世界医学五千年》，马伯英等译，人民卫生出版社，1985，第82～86页；〔英〕罗伊·波特《疯狂简史》，巫毓荃译，台湾左岸文化事业有限公司，2004，第2章“神与恶魔”；〔英〕罗宾·布里吉斯《与巫为邻——欧洲巫术的社会和文化语境》，雷鹏、高永宏译，北京大学出版社，2005，第84～85、115、223页。

② 参见〔古希腊〕《希波克拉底文集》，赵洪均、武鹏译，安徽科学技术出版社，1990，第114页。

③ 参见〔美〕Jack D. Pressman《西方的精神疾病观》，杨海燕译，载于〔美〕肯尼思·E. 基普尔主编《剑桥世界人类疾病史》，张大庆主译，上海科技教育出版社，2007。

Freiherr von Krafft-Ebing，1840 ~ 1902）也受到莫雷尔的影响。他断言："当疯病最终发作时，它正代表了体质性遗传或退化性遗传造成的这种精神病态链条中的最后的一环。"① 影响还扩散到医学之外。法国作家埃米尔·左拉（Émile François Zola，1840 ~ 1902）也认为精神病是可以遗传的。他说："我不想冒昧地提出规律，不过我认为遗传问题对于人的精神和感情行为有巨大的影响。"② 他的 20 部系列长篇小说《卢贡·马加尔家族》（*Rougon-Macquart*）就描写了精神病遗传对卢贡·马加尔家族五代人的影响。在《卢贡·马加尔家族》总序中，他指出："在生理上，这个家族的成员都是神经变态与血型变态的继承者，这种变态来自最初一次器官的损坏，它在整个家族都有表现，它随环境的不同，在每一个家族成员身上造成种种不同的感情、愿望、情欲，种种不同的人态，或为自然的，或为本能的，而其后果，人们则以善德或罪恶相称。"③

到 1900 年，由于奥地利遗传学家孟德尔（Gregor Johann Mendel，1822 ~ 1884）在 1865 年提出的遗传定律④重新被发现，有更多学者开始研究精神病的遗传因素和遗传模式，提出一系列新的观点，精神病遗传学得以建立。那时主流的观点认为，遗传是通过一种固定不变的形式进行的，完全不受环境的影响；一些群体和个人具有永久的劣性。从科学角度来说，20 世纪初的观点和 19 世纪的那些观点一样，虽然具有一定的启发性，但属于假说的范畴，有的被后来的研究证明是错误的，在整体上远不足以作为医疗措施和社会政策的根据。

当代的精神障碍遗传学研究取得长足进步，例如通过家系研究、双生子研究和寄养子研究，发现精神分裂症、抑郁症等有明显的遗传因素，但同时也发现精神障碍的遗传并不符合孟德尔遗传定律。普遍认为，与单基因遗传病不同，有遗传基础的精神障碍属于多因素复杂疾病，即由多个微

---

① 转引自〔美〕爱德华·肖特《精神病学史——从收容院到百忧解》，韩健平、胡颖翀、李亚平译，上海科技教育出版社，2008，第 124 页。

② 〔法〕左拉：《实验小说论》，载于柳鸣九选编《法国自然主义作品选》，天津人民出版社，1987。

③ 〔法〕左拉：《〈卢贡·马加尔家族〉总序》，载于柳鸣九选编《法国自然主义作品选》，天津人民出版社，1987。

④ 参见〔奥〕孟德尔等《遗传学经典文选》，梁宏、王斌译，北京大学出版社，2012；〔英〕J. H. 爱德华兹：《人类遗传学》，曾泓译，科学出版社，1981。

效基因协同并与环境因素共同作用导致的疾病。然而，有遗传基础的精神障碍的遗传基因和遗传模式的研究，还没有取得重大突破。[1] 简单地说，当代精神障碍遗传学研究告诉我们：父母患精神障碍，子女患精神障碍的危险性很高，但并非必定患精神障碍。至于精神障碍究竟是怎样遗传的，还待以后的研究揭示。

20 世纪初的精神病遗传学的理论产生了很大影响。而当它与优生学（eugenics）以及安乐死（euthanasia）主张交织在一起，并转化成一种社会政策和精神卫生政策时，则给精神病人带来严重的灾难。

优生学源自多种不同的理论。首先应当说到的是托马斯·马尔萨斯（Thomas Robert Malthus，1766 ~ 1834）的人口理论。马尔萨斯的人口理论集中体现在《人口原理》（*An Essay on the Principle of Population*）中。《人口原理》共有六版（1789 ~ 1826），每一版都更新部分资料和观点，以应对批评。《人口原理》影响很大，被视为人口学（demography）的奠基之作。

马尔萨斯认为，人类有两条永恒性公理："第一，食物为人类生存所必需。第二，两性间的情欲是必然的，且几乎会保持现状。这两条法则，自从我们对人类有所了解以来，似乎一直是有关人类本性的固定法则。"他说："一旦接受了上述两项公理，我便可以说，人口的增殖力无限大于土地为人类生产生活资料的能力。人口若不受到抑制，便会以几何比率增加，而生活资料却仅仅以算术比率增加。懂得一点算术的人都知道，同后者相比，前者的力量多么巨大。""设世界人口为任一数目，比如说十亿，则人口将按 1、2、4、8、16、32、64、128、256、512 这样的比率增加，而生活资料将按 1、2、3、4、5、6、7、8、9、10 这样的比率增加。225 年后，人口与生活资料之比将为 512 比 10，300 年后，人口与生活资料之比将为 4096 比 13，两千年后，两者的差距将大得几乎无法加以计算，尽管到那时产量已增至极高的水平。"[2]

① 参见〔美〕Robert E. Hales、Stuart C. Yudofsky、Glen O. Gabbard 主编《精神病学教科书》（第 5 版），张明园、肖泽萍主译，人民卫生出版社，2010，第 112 ~ 136 页；岳伟华《常见精神障碍的分子遗传学研究回顾和展望》，《中华精神科杂志》2011 年第 2 期。

② 参见〔英〕马尔萨斯《人口原理》，朱泱、胡企林、朱和中译，商务印书馆，1996，第一章。

马尔萨斯分析了一些国家人口增长缓慢的原因。他指出：预防性的抑制和积极的抑制，阻止了人口的自然增长。所谓预防性的抑制，是指人们对养家糊口的忧虑；所谓积极的抑制，是指一些下层阶级实际所处的困难境地，使他们不能给予子女以应有的食物和照料。在匿名出版的《人口原理》第一版中，马尔萨斯并没有提出他认为可取的抑制人口的具体措施。不过，他批评了一些有助于增加人口的制度，例如济贫法。他认为，济贫法有一巨大而根本性的缺陷，即它有助于增加人口，却不增加养活人口的生活资料，从而使不靠救济为生的那部分人的生活境况恶化，造成更多的穷人。不应把济贫院看作困难时期过舒适生活的避难所，而只应看作可以稍微缓和一下严重困苦的地方。济贫院中的生活应该是艰苦的，凡能够工作的人，都应强迫他们工作。[①] 马尔萨斯的主张，后来在1834年被英国新济贫法采纳。本书第一章提到的习艺所中精神病人的悲惨状况，与马尔萨斯不无关系。弗里德里希·恩格斯（1820～1895）指出：

> 资产阶级对无产阶级的最公开的宣战是马尔萨斯的人口论和由此产生的新济贫法。
>
> 我们已经看到，马尔萨斯把穷人，或者更确切地说，把失业的人叫做“多余的人”，宣布他们是罪犯，社会应当用饿死来惩罚他们。诚然，济贫法委员会的委员们还没有野蛮到这种程度，因为让人们活活地饿死就在他们眼睛里也还是一件可怕的事情。他们说：好吧，你们穷人有生存的权利，但是也仅仅只有生存的权利；你们没有繁殖的权利，更没有像人一样生存的权利。你们是国家的祸害，即使我们不能像消灭其他任何祸害一样立刻把你们消灭掉，至少你们自己也应当感觉到自己是祸害；必须把你们控制起来，使你们不可能直接生产出其他的“多余的人”，或者以自己的坏榜样引诱人们走上懒惰和失业的道路，间接地生产出“多余的人”。你们不妨活着，但是，你们活着只是用来警戒所有那些也有可能成为“多余者”的人。
>
> 于是他们就提出了新的济贫法，1834年议会通过了这个法律，它

① 参见〔英〕马尔萨斯《人口原理》，朱泱、胡企林、朱和中译，商务印书馆，1996，第五章。

一直到今天还有效。一切金钱的或实物的救济都取消了；只承认一种救济方式——把穷人收容到已经在各处迅速建立起来的习艺所里去。这些习艺所（workhouses），或者如人民所称呼的“穷人的巴士底狱”（poor-law-bastilles）的规则，足以吓退每一个还有一点希望可以不靠这种社会慈善事业过活的人。为了使穷人只是在万不得已的时候才去请求救济，为了使他在请求以前想尽一切办法，马尔萨斯的信徒们挖空心思地把习艺所变成一个令人望而生畏的地方。[①]

卡尔·马克思也严厉批判了马尔萨斯。在《资本论》和《剩余价值理论》中，马克思不仅指出马尔萨斯《人口原理》第一版抄袭前人，[②] 分析了不同于马尔萨斯人口理论的其他学派或学者的观点，而且认为马尔萨斯思想极端卑鄙，把人间的贫困看作是对罪恶的惩罚，对财富生产者的贫困进行新的辩解，为劳动剥削者进行新的辩护：

马尔萨斯在科学上的结论，是看着统治阶级特别是统治阶级的反动分子的“眼色”捏造出来的；这就是说，马尔萨斯为了这些阶级的利益而伪造科学。相反，对于被压迫阶级，他的结论却是毫无顾忌的，残酷无情的。他不单单是残酷无情，而且宣扬他的残酷无情，厚颜无耻地以此自夸，并且在用他的结论反对“无权者”时，把他的结论夸大到极端，甚至超过了从他的观点看来还可以在科学上说得过去的程度。[③]

在《人口原理》第二版及以后各版，马尔萨斯主张通过道德约束（moral restraint）例如晚婚和禁欲来抑制人口增长。作为一位牧师，马尔萨斯站在宗教立场，反对实行避孕方法。按照他的看法，避孕是宗教所不允许的，也是违反自然和不道德的。对他来说，人工流产更是不可想象的。

马尔萨斯还在《人口原理》表述了一个可以被后来的优生学纳入其中

① 恩格斯：《英国工人阶级状况》，人民出版社，1956，第 338、340～341 页。

② 马克思：《资本论》第一卷，人民出版社，1975，第 390、676 页。

③ 马克思：《剩余价值理论》第二册，人民出版社，1975，第 127 页。

的观点：

> 通过注意生育，人类也许会在一定程度上发生类似于动物界发生的那种改良。智力能否遗传或许是一个疑问；但身材、力气、美、气质甚或长寿却是可以在一定程度上遗传给后裔的。谬误并不在于假设较小的改良是可能的，而在于对限度难以确定的小规模的改良和真正无限的改良不加区分。不过，若要用这种方法去改良人类，就必须禁止劣等人结婚，但人们却不可能普遍注意生育；实际上，据说，除了古代比克斯塔夫族曾通过谨慎的婚配、特别是非常审慎地同挤乳女工“杂交”，在使皮肤变白和增加身高，从而矫正族人体格上的一些主要缺点上得到很大的成功以外，我不知道还有什么别的这类目标明确的尝试。①

优生学的另一个主要理论来源是社会达尔文主义（Social Darwinism）。社会达尔文主义并非像它的名称显示的那样可以归根于达尔文主义，即达尔文的进化论（evolutionary theory）。“社会达尔文主义”一词最早出现在美国历史学家理查德·霍夫施塔特（Richard Hofstadter，1916～1970）于1944年出版的著作《美国思想中的社会达尔文主义》（*Social Darwinism in American Thought*，1860－1915）中。霍夫施塔特在他的书中批判了19世纪晚期美国的资本主义和利用达尔文主义为这个制度所做的辩护。后来，人们习惯用“社会达尔文主义”来概括19世纪中叶以后形成和发展的将进化论机械用于人类社会的思潮和实践。

英国学者彼得·J. 鲍勒（Peter J. Bowler）认为，优生学是帝国主义时代的产物。② 优生学和社会达尔文主义的基础是对同一社会内部个人划分等级。一些人被假定为生来就比其他人更能干，这种思想反映了社会被分成上层阶级和下层阶级的事实。按种族的不同来分等级的倾向甚至更加流行。欧洲人几乎不可避免地认为，其他种族次于他们，其低劣程度则由他

---

① 〔英〕马尔萨斯：《人口原理》，朱泱、胡企林、朱和中译，商务印书馆，1996，第66页。

② 〔英〕Peter J. Bowler：《科学史在理解社会达尔文主义和优生学中的作用》，郭泽瑜译，《科学与社会》1991年第3期。

们的技术与社会发展来衡量。优生学和社会达尔文主义所根据的观点都是认为社会中的某些成员，或者是种族，或者是阶级，天生就要低人一等。他们社会地位之所以低下，是由于他们不能在现代社会中发挥出正确的作用。因此，社会结构的改革不会使他们明显获益。这个观点中的意识形态很明显：自然惠顾于那些占据了优越地位的人，并支持那些寻找借口谨防自己在人群中的优越地位被剥夺的人。①

社会达尔文主义主要是使用了达尔文的进化论中“生存斗争”和“适者生存”的概念和思想，但有歪曲和误解。“生存斗争”（struggle for existence，亦译“生存竞争”）的思想是达尔文在马尔萨斯人口论的影响下提出的。马尔萨斯在《人口原理》第一版中讲到野蛮民族为生存而进行战争时提到“生存斗争”——前引中译本没有翻译成“生存斗争”，而是意译为“你死我活的厮杀”②，但它不是马尔萨斯人口论的重要概念，并且后来他放弃这个说法（经检索，至少第六版没有了——刘注）。给予达尔文启发的主要是马尔萨斯关于人口按几何比率增长的观点。达尔文晚年回忆：“1838 年 10 月，就是在我开始进行自己有系统的问题调查以后 15 个月，我为了消遣，偶而翻阅了马尔萨斯的《人口论》一书；当时我根据长期对动物和植物的生活方式的观察，就已经胸有成竹，能够去正确估计这种随时随地都在发生的生存斗争的意义，马上在我头脑中出现一个想法，就是：在这些［自然］环境条件下，有利的变异应该有被保存的趋势，而无利的变异则应该有被消灭的趋势。这样的结果，应该会引起新种的形成。因此，最后我终于获得了一个用来指导工作的理论。”③ 在 1859 年出版的“划时代的著作”④ ——《物种起源》（*On the Origin of Species by Means of Natural Selection, or the Preservation of Favoured Races in the Struggle for Life*，《论通过自然选择的物种起源，或生存斗争中有利种属的保存》）中，达尔

① 参见〔英〕皮特·J. 鲍勒《进化思想史》，田洺译，江西教育出版社，1999，第 361、375 页。

② 〔英〕马尔萨斯：《人口原理》，朱泱、胡企林、朱和中译，商务印书馆，1996，第 21 页。

③ 〔英〕达尔文：《达尔文回忆录》，毕黎译注，商务印书馆，1982，第 78 页。另外参见〔英〕亚·莫·卡尔－桑德斯《人口问题——人类进化研究》，宁嘉风译，商务印书馆，1983，第 19～22 页。

④ 马克思：《资本论》第一卷，人民出版社，1975，第 379 页。

文指出："由于产生的个体比能生存的多，在各种情况下必定发生生存斗争，或者同种的这一个体与另一个体斗争，或者与异种的个体进行斗争，或者与物理的生活条件斗争。这是马尔萨斯的学说，以数倍的力量在整个的动物界和植物界的应用。"[①] 不过，马克思认为，《物种起源》实际上并没有在动物界和植物界发现"几何"级数，这等于说是达尔文"推翻了马尔萨斯的人口论"。[②] 恩格斯认为："其实达尔文根本没有想到要说生存斗争观念的起源应当到马尔萨斯那里去寻找。他只是说：他的生存斗争理论是应用于整个动物界和植物界的马尔萨斯理论。"[③] 现代美国生物学家恩斯特·迈尔（Ernst Walter Mayr，1904～2005）指出，"一切严肃的、透彻分析过达尔文学说的来源的达尔文主义者都同意马尔萨斯对达尔文的影响非常有限"，达尔文从马尔萨斯那里得到的是"人口算术"而不是他的政治经济学。达尔文是在他的某些其他想法已经成熟到一定程度时读到马尔萨斯关于人口的潜在几何级数增长的评断的，此时高繁殖力就具有了新的意义。[④]

"适者生存"（survival of the fittest，亦译"最适者生存"）这个概念也不是达尔文首创的。《物种起源》最初没有这个概念。它是英国哲学家赫伯特·斯宾塞（Herbert Spencer，1820～1903）在读过《物种起源》之后，在其1864年出版的著作《生物学原理》（*Principles of Biology*）中首先提出的。达尔文觉得这个概念有可取之处，他在1868年出版的《动物和植物在家养下的变异》（*The Variation of Animals and Plants under Domestication*）一书中说："我曾把构造上、体制上或本能上具有任何优越性的变种在生活战场上被保存下来，叫做'自然选择'；赫伯特·斯宾塞先生用'最适者生存'很好地表示了同一概念。'自然选择'在某些方面是一个不好的用语，因为它有着自觉选择的含义；不过稍为熟悉之后，这就会置之度外

---

① 〔英〕达尔文：《物种起源》第一分册，周建人、叶笃庄、方宗熙译，商务印书馆，1981，第80页。

② 参见马克思《剩余价值理论》第二册，人民出版社，1975，第124～128页。

③ 恩格斯：《反杜林论》，人民出版社，1970，第66页。

④ 〔美〕恩斯特·迈尔：《生物学思想发展的历史》，涂长晟等译，四川教育出版社，2010，第324～325页。

了。”[①] 到1869年的《物种起源》第五版，达尔文把第四章的题目从原来的“自然选择”（Natural Selection）改为“自然选择；即最适者生存”（Natural Selection, or the Survival of the Fittest）。他说：

> 不管怎样轻微的，也不管由于什么原因发生的变异，在一个物种的一些个体与其他生物的、以及与生活的物理条件的无限复杂的关系中只要任何有利于它们，那么这些变异就会把这样的个体保存下来，并且一般会遗传给后代。后代也因此而有了较好的生存机会，因为在按时产生的任何物种的许多个体中只有少数能够生存。我把每一个有用的微小变异，被保存下来的这一原理称为“自然选择”，以表明它和人工选择的关系。但是，斯宾塞先生所常用的说法“最适者生存”，更为确切，并且有时是同样的便利。[②]

《物种起源》关于“生存斗争”和“自然选择”或者“适者生存”的思想，是对动物界和植物界有关规律的总结。但实际上，达尔文十分重视人类问题，并且也进行了深入研究。他说：“当我一经相信物种是变异的产物的时候，我就无法不相信人类一定也是在同一法则下出现的。”[③] 为了避免《物种起源》引起更大的反对，达尔文没有在该书中讨论人类，而只是在其末尾指出：“大量光明将投射在人类的起源和他们的历史上。”[④] 十二年后，当许多自然科学家已经充分接受物种进化学说的时候，1871年，达尔文出版了《人类的由来及性选择》（*The Descent of Man, and Selection in Relation to Sex*）[⑤]，1872年又出版了《人与动物的感情的表达》（*The Ex-*

① 〔英〕达尔文：《动物和植物在家养下的变异》，方宗熙、叶笃庄译，科学出版社，1957，第4页。

② 〔英〕达尔文：《物种起源》第一分册，周建人、叶笃庄、方宗熙译，商务印书馆，1981，第78页。

③ 〔英〕法兰士·达尔文编《达尔文生平及其书信集》第一卷，叶笃庄、孟光裕译，生活·读书·新知三联书店，1957，第76页。

④ 〔英〕达尔文：《物种起源》第三分册，周建人、叶笃庄、方宗熙译，商务印书馆，1981，第593页。

⑤ 参见〔英〕达尔文《人类的由来》，潘光旦、胡寿文译，商务印书馆，1983。

pression of the Emotions in Man and Animals）[①]。达尔文不仅证实了人是从某些结构上比较低级的形态演进而来，而且进一步认为人的智力、道德、感情的心理基础等精神文明的特性也像人体结构的起源那样，可以追溯到较低等动物的阶段，为把人类归入科学研究的领域奠定了基础。[②] 但是比较而言，达尔文对人的身体特性（physical traits）进化的研究，比心理特性（mental traits）进化的研究，更有根据和更有说服力。

达尔文在不同程度上认为，人的智力、心理品质、道德倾向可以遗传。在这方面，达尔文借鉴了弗朗西斯·高尔顿（Francis Galton，1822～1911）的观点。高尔顿的外祖父是达尔文的祖父，高尔顿是达尔文的表弟。《物种起源》出版后，高尔顿读之深受启发。他开始研究成就与遗传的联系，并得出能力是遗传的，而不是靠教育产生出来的结论。他在1869年出版的《遗传的天才：关于其法则和结果的探究》（*Hereditary Genius：An Inquiry into Its Laws and Consequences*）一书中，运用家系法和统计法，对许多名门世家进行研究，得出证据表明，杰出的父亲会有杰出的儿子，儿子可以遗传父亲的能力。据此，他宣称："我以最绝对的方式反对生来平等的主张（It is in the most unqualified manner that I object to pretensions of natural equality）。"[③] 对高尔顿的研究，达尔文说："通过高耳屯（即高尔顿——刘注）先生的值得称赞的努力，我们现在知道，由种种高度才能的错综复杂得出奇的结合而形成称之为天才的这种东西也有它的遗传的倾向。而在另一极端，疯癫和各种心理能力的衰退肯定的也会传代，即使说得再肯定些，也不会过分。"[④]

达尔文认为，人的进化也主要由自然选择决定。他说："人在数量上的增长率倾向于比他的生活资料的增长率为快，因此，他时常要受到一番严酷的生存竞争的折磨，而自然选择或自然淘汰就会在它威力所及的范围以内建成它所能达到的效果。"[⑤] 同时他也担心，自然选择表现于人从半人半兽的状态向近代野蛮人的状态进展的一段过程，但在文明的民族国家中

---

① 参见〔英〕达尔文《人类和动物的表情》，周邦立译，科学出版社，1958。

② 参见费孝通《潘、胡译〈人类的由来〉书后》，载于潘光旦、胡寿文译《人类的由来》。

③ 参见 http://en.wikiquote.org/wiki/Francis_Galton。

④ 〔英〕达尔文：《人类的由来》，潘光旦、胡寿文译，商务印书馆，1983，第41页。

⑤ 〔英〕达尔文：《人类的由来》，潘光旦、胡寿文译，商务印书馆，1983，第921页。

就可能难以发挥那么大作用。他根据其他学者的研究认为：

> 就野蛮人，身体软弱或智能低下的人是很快就受到了淘汰的，而存活下来的人一般在健康上都表现得精力充沛。而我们文明的人所行的正好相反，总是千方百计地阻碍淘汰的进行；我们建筑各种医疗或休养的场所，来收容各种痴愚的人，各种残疾之辈，和各种病号。我们订立各种济贫的法律，而我们的医务人员竭尽他们的才能挽救每一条垂危的生命。我们有理由相信，接种牛痘之法把数以千计的体质本来虚弱而原是可以由天花收拾掉的人保存下来。这样，文明社会里的一些脆弱的成员就照样繁殖他们的种类。凡做过家畜育种的人谁都不会怀疑这种做法是对人类的前途有着高度危险性的。①

另一方面，达尔文认为，不应停止对这些人的援助。因为援助是出于同情心这种社会性本能。对同情心横加抑制，势必对人的本性中最为崇高的一部分造成损失。如果故意把体魄柔弱的人、穷而无告的人忽略过去，那只能是以一时而靠不住的利益换取一个无穷无尽的祸害。因此，我们不得不把弱者生存而传种所产生的显然恶劣的影响担当下来。

> 但在同时，看来至少有一种限制是在进行着稳健而不停的活动的，那就是，社会上一些软弱而低劣的成员，比起健全的来，不那么容易结婚；而如果能使身心软弱的人索性放弃结婚，这个限制的作用是可以无限制地扩大的。但在今天，这只能是一件希望中的事，而不是指日可待的事。②

虽然达尔文觉得需要有些东西去阻止恶劣品质在种族内部的传播，但是他显然不赞成用强制的方法去干预。然而，一些人主张通过国家或者社会的力量来控制"适者"（fit）与"不适者"（unfit）的相对比例。有些人认为提出"适者生存"概念的斯宾塞是社会达尔文主义的鼻祖，但是，斯

① 〔英〕达尔文：《人类的由来》，潘光旦、胡寿文译，商务印书馆，1983，第206页。

② 〔英〕达尔文：《人类的由来》，潘光旦、胡寿文译，商务印书馆，1983，第207页。

宾塞主张国家保障个人生存竞争自由的自然权利，反对国家对社会生活的任何形式的干预，特别是反对国家通过济贫法等措施“支持心智缺失的人存在”“帮助无价值的人增多”“以丧失优秀人种为代价来培养那些无用之人”[①]，而并没有提出国家应当积极抑制某些人的生育。最早在生育问题上提出国家控制观点的实际是高尔顿。高尔顿认为可以将自然选择原理运用于人类，使人类从生物学上得到改进。他认为，生活在贫民区的劣种人的大量繁衍，会使整个种族堕落，同时也会造成公共资源的流失。与之相反的是，具备最高水平能力的职业人员则倾向于拥有比较少的孩子。唯一的解决办法就是通过政府的介入，达到逆转这种自然倾向的目的。[②]

1883 年，高尔顿在《人类才能及其发展的研究》（*Inquiries into Human Faculty and Its Development*）一书中，使用了他创造的“优生学”（eugenics）这个词。这个词由希腊文 eu（好）加 genēs（出生）构成。在书中的一则注释中，高尔顿指出：“我们很需要一个简明的词用来表达这一改良种族的科学，这一科学绝不是只限于讨论明智的选择配偶之类的问题，而是有更广的内容，特别对人类来说，是要研究各种影响，不论其程度如何，能使较好的种族或血统得到更优越的机会，以便迅速地胜过那些不那么好的种族或血统。eugenics 这个词可以很充分地表达这个意义，至少比我从前所用的 viriculture[③] 一词含义更为普遍，可说是一个比较简洁的用语。”[④] 这标志着优生学的建立。高尔顿给优生学所下的定义是：“研究社会控制之下的可以改善或损害后代的身体上或精神上的种族素质的动因”（the study of agencies under social control that may improve or impair the racial qualities of future generations，either physically or mentally）。[⑤] 高尔顿宣称，通过确保高能力的人拥有更多孩子，才能维持种族的生物学水准。后来这种观点被称为“正（积极）优生”（positive eugenics），即可以利用向拥有

① 〔英〕赫伯特·斯宾塞：《社会学研究》，张宏晖，胡江波译，华夏出版社，第 307 ~ 308 页。

② 参见〔英〕皮特·J. 鲍勒《进化思想史》，田洺译，江西教育出版社，1999，第 369 页。

③ viriculture 源出拉丁文，潘光旦先生译为“人艺学”。参见潘氏 1924 年撰写的《优生概论》，载于《潘光旦文集》第一卷，北京大学出版社，1993。

④ 转引自阮芳赋《优生学史：一种新的三阶段论》，《优生与遗传》1983 年第二次内部试刊。

⑤ http://galton.org/books/probability-eugenics/galton-1907-probability-eugenics.pdf.

孩子的职业阶层人士减税的方式来达到正优生的目的。同时，他还认为应当限制那些能力上低于平均水平父母的生育数量。这种观点后来被称为“负（消极）优生”（negative eugenics）。

在高尔顿的推动下，19 世纪末和 20 世纪初，优生学运动（eugenics movement）在西方国家勃然兴起。各国优生学运动的目的主要是游说政府通过立法来提高或者至少是维持种族的生物学水平。最初，有些人主张鼓励优秀者多生孩子。例如英国思想家伯特兰·罗素（Bertrand Russell，1872～1970）在《社会改造原理》（*Principles of Social Reconstruction*，1916）中认为，如果要遏制人口中最优秀的部分逐渐绝种，第一迫切的需要是去除节制生育的经济动机，抚育儿女的费用应当完全由社会来承担。由国家来供养母亲和儿女，只附带一个条件，即父母的身心方面，凡是足以影响儿女的，都必须健全。凡不健全的人，不应当排斥他们有儿女，但应由他们自己来负担儿女的费用。[①] 但是，面对上层社会成员生育率下降而底层社会成员生育率上升的实际状况，优生学运动开始逐渐集中于限制底层社会成员的出生率上。精神病人与弱智者（imbecile，或译“低能者”）成了最常见的靶子，犯罪倾向也被看成是心理缺陷的副产物。[②] 用米歇尔·福柯的话来说，“精神病学完全纳入进化论病理学，进化论意识形态完全注入精神病学”。[③]

恰在此时，孟德尔遗传定律被重新发现，这使优生学运动多了一种“科学基础”。精神病的遗传研究更使人们相信精神病和弱智等劣等品质是遗传的。于是，优生学运动主张，人类种族的“坏”基因必须经过人工选择来淘汰，为了避免精神病人和弱智者结婚或者生育，应将他们收容、隔离，或是采取绝育措施。这是 20 世纪前 40 年优生学运动的一个主题。有些国家甚至制定了强制绝育的法律（compulsory sterilization law，forced sterilization law），优生学运动转变为绝育运动（sterilization movement）。这导致了美国和德国等国家发生强制精神病人和弱智者绝育的罪行。被强制绝

① 参见〔英〕柏兰特·罗素《社会改造原理》，张师竹译，上海人民出版社，1959，第 105～109 页。

② 参见〔英〕皮特·J. 鲍勒《进化思想史》，田洺译，江西教育出版社，1999，第 370～371 页。

③ 〔法〕米歇尔·福柯：《不正常的人》，钱翰译，上海人民出版社，2003，第 145 页。

育的人更多地属于社会下层的穷人和有色人种，有些人也并不是精神病人和弱智者，而且也不问是否准备或者可能结婚、生育。

这种倾向直到20世纪40年代，特别是在纳粹德国迫害精神病人和残疾人的罪行被揭露以后，才得到一定程度的遏制和扭转。人们开始比较客观、科学地分析遗传与精神病、遗传与优生、精神卫生与优生的关系。美国学者乔治·普莱斯敦（George Heinrichs Preston）在《精神卫生的实质》（*The substance of mental health*，1943）一书中指出：

> 老派的精神病学重视精神病，并且颇受未经证验的遗传学说的影响，对于好的或者坏的家庭历史很重视，以往以为心理疾病是直接遗传的结果，这种观念现在已被怀疑。即使一些个案有事实的根据，我们也相信在他们童年的生活中，他们的遭遇可以增减发展精神病的趋势。今日已经没有人相信不良的遗传是心理卫生的绝对的和决定性的阻碍。同时，我们确信就是世界上最好的遗传，也不能保证它遭遇了严重的意外，或不合理的训练，还能保持原状。我们对于遗传的态度，认为它是重要因素之一，而不是决定的命运。遗传只是提供了原料，生活经验却把它塑成人格的典型。
>
> 一种与遗传大有关系的情况就是低能，低能这个名词，太容易被滥用。第一，它可以包括若干情况。随便谈“低能”，与随便谈“犯罪者”，或“发烧”，或“花园中的害虫”是一样愚蠢的。因为这个名词，实在太广泛，包括不同的程度，不同的种类，和不同的个别治疗。低能不但包括很多人，而且包括很多造成低能的原因。低能一部分由于遗传，一部分，差不多过半数，是由于生产时受伤，或婴儿时染重病所致。预防低能并非简单地把他们隔离在机关中，或扼制他们生育而已，产妇卫生，或公共卫生也属于预防工作的一部分。一个人缺少一只臂，或是瘫痪了一条腿，或者有严重的心脏病，或者目力不明，都可以在他的残缺的限制内，学习着生活得快乐，而有成就，这种人虽然伤残了，但是仍不失为心理健全的人。对于低能，也应采取一样的观点，他们的智力残伤了，但他们仍然可以学习着与别人共同生活，愉快，有用，而不成为废人。所以我们可以有心理健康的低能人。成功的心理卫生可以使这种人不必收容在机关里，而与常人同处

于社会中。①

米歇尔·福柯也总结和批判了从退化理论、遗传理论到优生学理论，再到纳粹罪行这个过程中精神病学的作用。他指出，退化是对不正常的人进行医学化的主要理论工具。退化者，就是被神秘地医学化了的不正常的人。退化不仅仅使精神病学的运转成为可能，而且将导致精神病学权力不可思议的重新扩张。实际上，在精神病学获得了把任何异常、偏离、迟钝都归于退化状态的可能性的时候，从此以后，它就有可能对人类行为进行无限的干预。从对不正常的人的医学化开始，精神病学将能够实际上给自己一个功能，它将仅仅是保护和秩序的功能。它赋予自己一个普遍化的社会保护的角色。它成为社会的科学、保护的科学，它成为人类的生物保护的科学。在关于个人不正常的科学和管理的面前，精神病学在当时爬上了权力的顶峰。在19世纪末，它实际上有可能企图代替司法本身；不仅仅是司法，还有公共卫生；不仅仅是公共卫生，而且最终是大部分社会操作和控制，使自己成为针对在内部对社会进行侵蚀的危险的社会保护总机关。

福柯指出，从这个退化的概念出发，从对遗传的这些分析出发，精神病学事实上可以与种族主义接通或毋宁说导致种族主义。那个时候的这种种族主义与人们所说的传统的、历史的种族主义，“人种的种族主义”非常不同。在那时的精神病学中产生的种族主义，是针对不正常的人的种族主义，这是针对一些个人的种族主义，这些人携带着要么一种状态，要么一种印记，要么某种缺陷，他们可以以最偶然的方式传递给其遗传接受者他们自身携带之疾患，这种疾患的后果无法预见，或毋宁说传递的是他们自身携带的非正常。因此这个种族主义的功能将不再完全是一个集团针对另一个集团的预防或保护，而是在一个集团内部侦测所有可能是危险的实际携带者的人。内部的种族主义使人可以在一个确定的社会内部对所有个人进行审查。在这种种族主义和传统的种族主义之间，后者在西方主要是反犹太的种族主义，很快就有了一系列相互影响，但是在纳粹主义之前，还没有这两种形式的种族主义协调的实在的组织。德国的精神病学如此自

① 〔美〕普莱斯敦：《心理卫生十二讲》，吴桢译，家杂志社，1948，第68～72页。

发地在纳粹主义中发挥作用，丝毫没有什么令人惊奇之处。新纳粹作为反对不正常的人的社会内部保护措施，它是由精神病学产生的，纳粹主义所做的不过是把这种新种族主义与属于19世纪的人种种族主义结合起来。19世纪末和20世纪初在欧洲大行其道的种族主义的新形式应当被历史地归诸精神病学。精神病学在19世纪末导致了优生学的产生之后，总是主要作为社会保护的机制和机关发挥作用。①

20世纪初，优生学传入中国，在20～30年代形成传播和研究高潮，并且与当时的精神卫生传播和研究有所交融。当时中国学者对西方优生学的接受比较盲目。有些人甚至跟着鼓吹一些错误的观点。中国精神卫生研究的开拓者之一吴南轩就是如此。吴南轩（1893～1980），江苏仪征人，1919年复旦大学预科毕业，同年赴美国留学，在美国加利福尼亚大学攻读教育心理学，1923年获硕士学位，1929年获教育学博士学位。回国后，在国民党中央政治学校、中央党部、考试院等处任职。1931年4～6月短期担任清华大学校长。后担任中央大学教授等职。1936年担任复旦大学代理校长。1936年，吴南轩参与建立中国心理卫生协会，并担任总干事。吴南轩在1933年发表《社会控制低能的重要和方法》一文，不是以同情而是以厌恶的态度看待低能者，竭力夸大低能者对社会的危害。他危言耸听地说："现代社会对于低能者肩起了责任……但是为什么呢？是专为低能者本身的幸福么？或专为满偿我们科学的好奇心么？当然不是的，我们另有更重要的理由。原来低能对于民族社会是有莫大祸害，莫大危险的。社会若不负起控制的责任，则前途必日趋堕落，或甚至于不堪设想。"他认为低能的祸害或危险有：其一，堕落民族的智力；其二，堕落民族的道德，证据为低能者酗酒、淫荡、犯罪、贫穷、流浪；其三，损耗社会经济；其四，阻碍文化进步。他声称："综而言之，低能人是现代民族社会的劲敌，无论从民智民德经济文化眼光观察，社会必须急起严格控制他们啊！"他对西方国家对低能者实施的安乐死、绝育、隔离等控制方法持肯定的态度。②

吴南轩对德国的强制绝育做法更是推崇备至，不吝赞美之辞。1934

① 参见〔法〕米歇尔·福柯《不正常的人》，钱翰译，上海人民出版社，2003，第355～357页。

② 吴南轩：《社会控制低能的重要和方法》，中央大学《教育丛刊》第1卷第1期，1933年。

年，吴南轩在论及德国的精神卫生时说：

> 自德国国社党党魁希特勒氏秉政以来，厉行与心理卫生最有密切关系之优生运动，曾颁行优生律，严禁精神病人低能人的生育滋殖，或限制其婚姻，或以绝种灭性 sterilization or asexualization 方法使其不能生育。这是对于精神疾病做一探本究原的防止，对于心理卫生作一基本彻底的解决，其精神诚足令人起敬！最近报载哈瓦斯通讯社柏林电讯，德内务部长韩秀士博士对于德国全国国民婚姻作以下十项的诰戒：1. 当知汝系德国妇女。2. 汝若身体健康即当结婚。3. 妇女相夫之前，对于其祖先当先加以探询。（以上对妇女而言）4. 汝系德国男子，择妻当为德国或北方血统之妇女。5. 夫之对妻当认为终身配偶，而非游戏伴侣。（以上对男子而言）6. 保持身体之健全。7. 保持精神及灵魂之健全。8. 健康实系外表健美之条件。9. 结婚当以爱情为前导。10. 结婚之真正意义系求后裔之健全，一家至少有健全子女三四人则民族保全可无虑矣。（以上对男女而言）德政府之注重优生与心理卫生的精神，在这诰戒里，可谓溢于言表了！①

应该说，吴南轩先生在传播西方精神卫生理论、推动中国精神卫生发展方面无疑有过重要和积极的贡献，但他的一些具体观点特别是在优生学上的观点，则多有谬误。以他的政治倾向和学术水平，确实不适于担任清华大学的校长，他被清华大学师生抵制和驱逐，成为清华大学历史上最短命的校长，并不太令人惊讶。②

社会学家潘光旦先生（1899～1967）也轻信了当时的西方精神病遗传理论，赞同对精神病人实行消极优生学。潘光旦认为优生学就是“根据了遗传原理的人类育种学”。③ 对西方的优生学，当时潘光旦在整体上有着十分欣赏的态度，这从他与另一位社会学家孙本文先生（1892～1979）于20年代末期关于优生学的辩论中，对西方优生学基本理念的极力维护，可以

① 吴南轩：《国际心理卫生运动》，中央大学《教育丛刊》第2卷第1期，1934年。

② 参见清华大学校史研究室编《清华大学史料选编·第二卷·国立清华大学时期（1928～1937）》，清华大学出版社，1991。

③ 潘光旦编译《优生原理》（1949年出版），天津人民出版社，1981，第107页。

清晰地看出来。[①] 1937 年，有人翻译了外国学者介绍德国绝育状况的文章，潘光旦看后有感而发，写了《消极优生学的重要》一文，阐释绝育在优生学的重要地位。潘光旦指出，优生学分做两个部分，一是积极的，目的在使优秀分子多负一些生育的责任，一是消极的，目的在使不优秀的分子少生或不生子女。德国实施的优生政策，大部分属于消极优生学。应当适用消极优生学的分子第一类是各式各样的精神病人，第二类是低能的人，另外还有容易犯罪的人和盲、聋、哑一类的体格上的残废者，以寄生为职业的人如乞丐。对这种人口分子的结婚生育，应采取社会化的阻止办法。以前经验里有过的和将来可以有的办法包括：自动的节制生育；堕胎；溺婴；迟婚；需要外科手术的绝育；责令结婚意思必须公告的法律；婚前的体格与医药检验；经书对配偶选择的告诫；离婚；独身；监狱、疯人院等的隔离；死刑。在这些办法中，节育、绝育和隔离三种的可能性最大。[②]

还有人专门论述了精神卫生与优生学的关系。曾经留学日本、德国的河南大学医学院院长张静吾先生（1900 ~ 1998）认为精神卫生与优生学的关系甚为密切而重大，对精神病人实施绝嗣手术，可以改造遗传质，减少精神病的发生，并可缩短拘留精神病人的时间。[③]

当然，质疑、批评优生学的，不止孙本文一人。在德国施行强制绝育法不久，就有人指出，希特勒此举不专为强化日耳曼人种，而还为清除侨居德国的异种族人，带有政治作用；强制绝育法是不合理的，没有充分的遗传学根据；实施绝育手术不仅使人不能生育，而且破坏其内分泌，造成各种病症，直接摧残人类，阻碍社会进步；绝育手术本身也具有危险性。“我们全世界的人类，为了维护公理，为了保持人道活在世上，为了救护自己的侨德同胞，我们应当迅速的联合起来，对于这条不合理的残无人道‘强迫绝育律’，予以正当的攻击，使它在短的时间内，冰消瓦解，绝没在

---

① 参见孙本文《文化与优生学》，《社会科学杂志》第 1 卷第 3 期，1928 年；潘光旦《优生与文化——与孙本文先生商榷的文字》，《社会学刊》第 1 卷第 2 期，1929 年；孙本文：《再论文化与优生学——答潘光旦先生商榷的文字》，《社会学刊》第 1 卷第 2 期，1929 年。

② 参见潘光旦《消极优生学的重要》，《华年》第 6 卷第 4 期、第 5 期，1937 年。

③ 张静吾讲、之曾记录《精神卫生与优生学》，《河南大学校刊》第 96 期、第 97 期，1935 年。

我们这满布了爱的世界里!"[①] 写这文章的人似乎是一个大学生，然而其见识足令大学教授们汗颜。

后来我国一些学者认为优生学是一门科学，只是曾经被歪曲和利用。[②]这是一种模糊认识。根本就不存在抽象的优生学。美国思想家汉娜·阿伦特（Hannah Arendt，亦译"鄂兰"，1906~1975，犹太裔，原籍德国）在《极权主义的起源》（1951 年出版时题为 *The Burden of Our Times*，1958 年再版时改题为 *The Origins of Totalitarianism*）一书中指出："残忍是优生学固有的性质（Bestiality had always been inherent in eugenics）。"[③] 这话虽然十分尖锐，但却接近真相。19 世纪末 20 世纪初的优生学本身就具有那些内容，并不是别人歪曲和强加的，它对强制精神病人和弱智者绝育罪行的发生负有不可推卸的责任。因此也产生了优生学是否为伪科学的争议。[④]鉴于优生学的历史，有的相关学科已经停止使用"优生学"（eugenics）一词。1998 年 8 月在北京举行的第十八届国际遗传学大会，通过交流和讨论形成若干共识。主要有：众多国家持有许多共同的伦理原则，它是基于有利和不伤害的意愿；新的遗传学技术应该用来提供给个人可靠的信息，在此基础上作出个人生育选择，而不应该被用作强制性公共政策的工具；知情选择应该是有关生育决定的一切遗传咨询和意见的基础；eugenics 这个术语以如此繁多的不同方式被使用，使其已不再适于在科学文献中使用。[⑤]

汉语"优生学"是对 eugenics 的翻译，在中国的使用已经有近百年的历史。《现代汉语词典》曾经将其收入，1983 年版的定义为："生物学的

---

① 王玉璋：《希忒拉的强迫绝育律》，《期刊》（河北省立大名师范学校编印）第 3 期，1934 年。

② 参见卢继传《优生学的历史与未来》，《人口与经济》1980 年第 3 期；李崇高：《优生学的历史回顾与展望》，《西北人口》1981 年第 4 期；张慰丰：《优生学发展述评》，《南京医科大学学报》（社会科学版）2001 年第 1 期。

③ 参见〔美〕Hannah Arendt《帝国主义》（《极权主义的起源》的第二部分），蔡英文（男）译，台湾联经出版事业公司，1982，第 82 页；〔美〕汉娜·鄂兰：《极权主义的起源》，林骧华译，台湾时报文化出版企业有限公司，1995，第 271 页。这两个译本，此处都没有把原文的意思表达清楚，故重新翻译。

④ 参见蒋功成《伪科学，坏科学？——优生学所受到的批判及其分析》，《科学技术与辩证法》2007 年第 5 期。

⑤ 参见顾鸣敏《遗传学能够造福全人类——第 18 届国际遗传学大会带来的启示》，《世界科学》1998 年第 10 期。

一个分支，研究如何改进人类的遗传性。帝国主义利用它作为种族歧视政策的论据。”① 1996 年的修订本则删除了后一句话。② 可见在中国，“优生学”一词本身已经是一个中性词，但是，由于其对应的 eugenics 具有特定的含义和特殊的历史，确实不宜继续作为一个科学术语使用。这当然不意味着不应当对健康生育问题进行科学的研究，只是不应将这一研究称为“优生学”（eugenics）。至于“优生”一词，虽然源自“优生学”，但在中国已经成为一个独立的词语，并且有了中国特色的含义，继续使用没有太大问题。但是，也不应将其英译为 eugenics 或者 eugenic（优生的）。《中华人民共和国母婴保健法》在起草阶段，曾经叫《优生保健法》③，有媒体对外报道时将这部法律草案的名称译为 eugenic law，结果在国际遗传学界引起轩然大波。许多外国学者以为这部法律是强制绝育法，纷纷表示抗议和异议，一些人还要抵制定于 1998 年在北京举行的第十八届国际遗传学大会。④ 经过研究，《优生保健法》易名为《母婴保健法》，并于 1994 年 10 月 27 日由第八届全国人民代表大会常务委员会第十次会议通过。我国学者邱仁宗认为我国流行的“优生优育”一词中的“优生”实际是指“健康的出生”（healthy birth），并向有关部门提出了建议。后来有关部门明确指示不再使用 eugenics，并建议“优生”的英译为 healthy birth。⑤ 例如，“中国优生科学协会”将自己的英文名称确定为 China Healthy Birth Science Associatic。⑥《现代汉语词典》也已经删除“优生学”词条，但保留了“优

① 中国社会科学院语言研究室词典编辑室编《现代汉语词典》（修订本），商务印书馆，1983，第 1394 页。

② 中国社会科学院语言研究室词典编辑室编《现代汉语词典》（修订本），商务印书馆，1996，第 1519 页。

③ 参见宋岚芹《学习〈母婴保健法〉遇到的几个问题》，《中国妇幼保健》1995 年第 4 期。

④ 参见 China's ‘eugenics’ law still disturbing despite relabelling, Nature 394, 707 (20 August 1998)；宋豪举《中国的“优生”法仍然引起麻烦》（对前文的摘译），《世界科技研究与发展》1998 年第 5 期；邱仁宗《人类基因组研究与遗传学的历史教训》，《医学与哲学》2000 年第 9 期。

⑤ 参见邱仁宗《遗传学、优生学与伦理学试探》，《遗传》1997 年第 2 期；安锡培《关于“优生优育”英译名的问题》，《科技术语研究》2000 年第 2 期；许琦敏《邱仁宗为我国打开“生命伦理学之门”》，《文汇报》2009 年 12 月 21 日。

⑥ http://www.chbsa.org/.

生”词条，定义为“运用科学方法生育素质优良的孩子”。①

从人类遗传学已经提供给我们的依据看，讨论精神障碍患者的非自愿绝育的必要性和可行性问题尚为时过早，更遑论精神障碍患者绝育立法。我国《精神卫生法》草案（学者起草）的第五稿（1986年）第四十四条规定：“男女双方都患遗传性强的精神疾病者，如双方自愿结婚，建议施行绝育手术后办理结婚登记。”外国专家对此异议很大：“生儿育女是人权，不能限制，也没有足够的科学根据。”后来起草者删除此条。② 我国一些地方曾经禁止“痴呆傻人”“重性精神病”患者生育。例如，已废止的《甘肃省人大常委会关于禁止痴呆傻人生育的规定》（1988年）规定：“痴呆傻人必须施行绝育手术后方准结婚。结婚双方均为痴呆傻人的，可以只对一方施行绝育手术；一方为痴呆傻人的，只对痴呆傻人一方施行绝育手术。”“对已经怀孕的痴呆傻妇女，必须施行中止妊娠和绝育手术。”已废止的《辽宁省防止劣生条例》（1990年）规定：“经保健医疗单位检查确认，有下列情形之一，有生育能力的，婚后禁止生育；其中患病一方必须在婚前到市卫生行政部门指定的开展节育手术单位，施行绝育手术：（一）双方有重性精神病史的；（二）双方为中度痴呆傻或一方为重度痴呆傻的；……对有前款规定情形之一，有生育能力的已婚者，计划生育部门不予核准生育指标，患病一方也必须施行绝育手术。”这些条例关于绝育的规定没有国家法律作为依据，是不合法的，并且没有充分的遗传学支持，没有做过深入的伦理学论证。然而也应指出，这些地方条例关于绝育的规定虽然不科学，但与欧美、日本曾经存在的优生绝育法有明显不同：这些地方条例中的绝育是结婚的条件，不结婚则无绝育，适用对象范围较小。

在我国，对遗传性的智力严重低下（宜称“智力残疾”，严格说不属于精神障碍）者的作为结婚条件的非自愿绝育问题有过比较多的讨论，存在各种不同意见。这种研究还是有益的。但是，若要立法实行非自愿绝育手术，则须慎之又慎。根据历史的教训，为防止绝育手术的滥用和扩大化，特别需要研究如何更科学地界定智力严重低下的医学标准（并非所有

① 中国社会科学院语言研究室词典编辑室编《现代汉语词典》（第5版），商务印书馆，2005，第1644页。此前的1983年版尚无“优生”词条，1996年始列入，定义为“生育素质优良的孩子”。

② 参见李樱《〈精神卫生法〉诞生记》，《三月风》2013年第5期。

智力严重低下都是遗传性的）和法律标准、如何更合理地设置非自愿绝育的决定和监督程序，而不能仅仅空泛地说“经保健医疗单位检查确认”“经具有法定鉴定资格的组织按照规定程序鉴定确认”。根据现代法治人权原则，只要法律（全国人大及其常委会制定）没有明确规定可以对智力严重低下者以及其他精神障碍患者实施非自愿绝育手术，实施这种手术就是违法的，甚至可能构成犯罪。

2005 年 3 月，南通市儿童福利院的两名十三四岁的智障少女，在南通一家医院被医生切除了子宫。但切除子宫主要不是基于优生的考虑，而主要是为了护理方便。切除手术是在儿童福利院领导的要求下做的，福利院与医院双方还签订了协议，规定一切法律责任由儿童福利院承担，福利院的一位副院长以监护人的名义在协议和手术病历上签了字。福利院领导称，这两名女孩最近来了初潮，收拾起来非常麻烦，将来性成熟之后会更加麻烦，反正她们也不能生育，现在切除她们的子宫，省了许多麻烦。此事一经报道引起社会广泛关注和争议。医学界一些人士认为，对这一问题进行判断时应以是否符合智障人的最大利益为基本原则。切除两位智障女童的子宫，不仅是人道的，而且是维护了两名女童的最大利益。南京鼓楼医院专家组出具的医学鉴定报告认为：“南通市儿童福利院切除两名智障少女子宫符合医疗常规，两名智障少女的情况符合手术适应症，切除子宫是一个医疗过程。”有医生说，对智障残疾人、精神病人切除子宫并不是什么新鲜事，“在很多医院都发生过”。法学界人士多认为切除两位智障女童子宫是不合法的，但对是否构成犯罪则有不同意见。中国残疾人联合会办公厅向江苏省残疾人联合会发出《关于请高度关注南通市福利院弱智女童被伤害案的函》，称：“中国残联党组、理事会高度关注此事，认为这是一起严重伤害残疾人的恶性事件。请江苏省残联并协调南通市残联予以高度重视，从切实维护残疾人合法权益出发，积极配合当地政府、有关部门做好事件善后处理，依法追究、惩处事件相关责任人，维护受害女童合法权益。”2006 年 7 月 5 日，江苏省南通市崇川区法院对此案作出一审宣判，判决南通市儿童福利院原副院长陈某、原院长缪某，南通某医院妇产科医生王某、苏某共 4 名被告人构成故意伤害罪，判处陈某有期徒刑 1 年、缓刑两年，判处其余 3 名被告人管制 6 个月。崇川区法院指出，缪某、陈某在对两名精神发育迟滞女孩行使监护人职责过程中，为降低监护难度，由

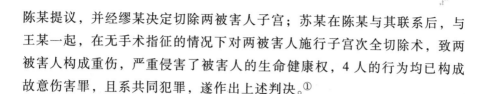

陈某提议，并经缪某决定切除两被害人子宫；苏某在陈某与其联系后，与王某一起，在无手术指征的情况下对两被害人施行子宫次全切除术，致两被害人构成重伤，严重侵害了被害人的生命健康权，4 人的行为均已构成故意伤害罪，且系共同犯罪，遂作出上述判决。①

第二节　对精神病人的强制绝育

20 世纪初，就在比尔斯为精神病人权利奔走呼号的同时，随着美国成为世界优生学运动中心，一场罪恶的对精神病人实施强制绝育（compulsory sterilization）的运动也在美国兴起。有些人还将其纳入精神卫生范畴。

优生学在美国得到上层社会特别是一些显赫家族的支持。优生学研究从不同的企业基金会包括洛克菲勒基金会（Rockefeller Foundation）、卡耐基研究所（Carnegie Institution）和哈里曼铁路财富（Harriman Railroad Fortune）获得大量的资金。这些基金会有的后来还曾资助过德国的优生学研究。

美国优生学的领军人物是生物学家、哈佛大学教授查尔斯·达文波特（Charles Benedict Davenport，1866～1944）。当代美国学者埃德温·布莱克（Edwin Black）比喻性地指出，优生学的真正父亲是查尔斯·达文波特，而弗朗西斯·高尔顿仅仅是祖父。② 像其他不少美国优生学者一样，查尔斯·达文波特深受孟德尔学说的影响，认为人的一些社会特性像眼球颜色一样按某种方式遗传。他曾经宣称："我可以说，人与猪、向日葵花的遗传原理是一样的。"③ 他在 1911 年出版的《遗传与优生的关系》（*Heredity in Relation to Eugenics*）是一本畅销书，并被大学列为多年的教材。1906 年，在查尔斯·达文波特的指导下，美国第一个优生组织——"美国生育协会"（American Breeder's Association，ABA）成立。建立这个组织是为了调查和报告人类的遗传性，特别是优良血统的价值和低劣血统对社会的威

① 参见杨华云《福利院切除两智障少女子宫　医生称类似手术常见》，《东方早报》2005 年 4 月 21 日；鞠靖《福利院切智障少女子宫的人道伦理争议》，《南方周末》2005 年 6 月 9 日；陈剑《南通"切除智障少女子宫案"宣判》，《中国青年报》2006 年 7 月 10 日。

② http://www.naderlibrary.com/lit.waragainstweakblack.3.19.htm.

③ http://www.naderlibrary.com/lit.waragainstweakblack.1.3.htm.

胁。查尔斯·达文波特关心记录某些种族或族群的缺陷，而无视他们的成就。实际上，他心里早有结论，缺少的是证明材料。1910年，查尔斯·达文波特利用铁路大亨哈里曼（Edward Henry Harriman，1848～1909）的遗孀玛丽·哈里曼（Mary Williamson Harriman，1851～1932）和卡耐基研究所的资助，在纽约冷泉港（Cold Spring Harbor）创办了后来成为美国优生学研究中枢的优生学记录所（Eugenics Records Office，ERO）。ERO的任务不是像高尔顿那样关注天才的血统问题，而是把焦点放在各种“不适者”身上，专门搜集从癫痫到犯罪等方面的遗传信息。在几年里，ERO收集了大量的家系资料，并得出结论，那些“不适者”来自贫困的经济和社会阶层。在查尔斯·达文波特领导下的美国的优生学并不满足于仅仅清洗美国的缺陷，它的视野是全球性的。1925年，查尔斯·达文波特创立了“优生组织国际联合会”（International Federation of Eugenics Organizations，IFEO）。他与德国的优生学运动有密切联系，即使是在希特勒上台之后。

美国优生学运动的种族主义（racism）更为露骨。关于种族主义的起源，汉娜·阿伦特的《极权主义的起源》有系统分析，她指出：“如果像以往有时断言的那样，种族思想是德国人发明的，那么‘德国思想’（无论那是什么）在精神世界的许多部分里都取得了胜利，远在纳粹开始他们征服世界的企图之前。在三十年代，希特勒主义使用了它在国际上和欧洲各国之间的强大魅力，因为种族主义尽管只有在德国成为国家理论，但是已经到处成为一股强大的舆论潮流。”“历史的事实是，种族思想源溯至十八世纪，在十九世纪出现在所有的西方国家。自从世纪交替以来，种族主义一直是帝国主义政策中一种强有力的意识形态。它当然吸收了各种旧的种族观点，并且使它们复兴。”①

美国是一个由移民及其后代组成的国家，人口庞杂，由北欧（Nordic）、日耳曼（Germanic）和盎格鲁－撒克逊（Anglo-Saxon）人构成的老移民，对来自欧洲东南部国家和其他国家的新移民予以排斥、歧视。这实际上反映出他们担心失败于与其他种族的竞争的悲观情绪。查尔斯·达文

① 〔美〕汉娜·鄂兰：《极权主义的起源》，林骧华译，台湾时报文化出版企业有限公司，1995，第249页。这两段文字另有台湾学者蔡英文（男）的译文，参见〔美〕Hannah Arendt：《帝国主义》（《极权主义的起源》的第二部分），台湾联经出版事业公司，1982，第51页。

波特在《遗传与优生的关系》中认为，如果欧洲东南部国家的移民继续增加，美国人将“迅速变得深色素沉着（darker in pigmentation），小身材，更善变，更迷恋音乐艺术，更惯于盗窃、绑架、攻击、谋杀、强奸和性不道德的犯罪”。他说，理想的移民就是有好的血统的，不受欢迎的移民就是有坏的血统的。①

更系统的观点出于优生学者麦迪逊·格兰特（Madison Grant，1865～1937）的《伟大种族的消亡》（*The Passing of The Great Race*；*or*，*The Racial Basis of European History*）一书。格兰特是一位富有的纽约律师，查尔斯·达文波特的好友。他认为美国一直是一个北欧人国家，包括殖民地时期来自英格兰、苏格兰和荷兰的移民，以及后来来自德国、爱尔兰的移民。来自欧洲其他不发达地区的种族群体则不适合美国北欧人的政治结构。而不同种族的新移民，建立独立的社团包括种族的游说集团、犯罪集团和政治机器，破坏了国家的政治结构和盎格鲁-撒克逊种族和其他北欧种族的传统。这样下去，北欧种族将在美国灭亡，美国将成为一个支离破碎的国家。格兰特主张用优生学的办法挽救美国的北欧种族。他鼓吹，应当区分、隔离乃至最终摧毁人类基因库中的“不受欢迎的特质”（undesirable traits）和“没有价值的种族类型”（worthless race types），促进、传播和最终恢复有利于北欧社会的“理想的特质”（desirable traits）和“有价值的种族类型”（worthwhile race types）。②《伟大种族的消亡》深得希特勒之心，希特勒曾经致信格兰特，说这本书是他的圣经。③

美国优生学运动不仅鼓吹排外——这推动美国联邦在1924年通过了严格限制移民的移民法（Immigration Act of 1924），而且更主张消极的优生，即通过隔离收容、禁止结婚和绝育等方式制止“不适者”生育下一代。绝育被认为是一种最有效、最经济的办法。但是，在1907年以前，非自愿绝育手术（involuntary sterilization）在美国各州是不合法的，被认为违反宪法。根据埃德温·布莱克在《对弱的战争：优生学与美国创造一个优等民族的运动》（*War Against the Weak*：*Eugenics and America's Campaign to Create*

① http://www.naderlibrary.com/lit.waragainstweakblack.1.5.htm.

② http://en.wikipedia.org/wiki/The_Passing_of_the_Great_Race.

③ http://en.wikipedia.org/wiki/Madison_Grant.

a Master Race, 2008）一书所说[①]，1899 年 10 月，印第安纳州的一位监狱医生哈里·夏普（Harry Clay Sharp）成为世界上第一位实施非自愿输精管切除术（vasectomy）的人。1899 年初，夏普读到《美国医学协会杂志》（*Journal of the American Medical Association*）刊登的芝加哥医生艾伯特·奥克斯纳（Albert John Ochsner，1858～1925）的一篇文章。奥克斯纳医生在 1897 年实施了美国第一例自愿的输精管切除术。他主张对囚犯强制实施这种手术，以消除所有习惯性罪犯生育后代的可能性。他希望通过这种方法，不仅减少罪犯，而且减少慢性醉酒者、低能者、性变态者和乞丐（chronic inebriates，imbeciles，perverts and paupers）。夏普深受启发。他对一位有强迫性手淫的囚犯克劳森（Clawson）实施了输精管切除术。这是一起非法行医（illegal practice）。在接下来的几年里，截至 1906 年底，夏普非法实施了 200 多起输精管切除术，以至于他自己产生了一种强迫症：老想动刀切别人的输精管。夏普认为，绝育有两个好处，一是可以阻止退化行为，使那些原本需要待在监狱或者精神病院的人变得安全，二是可以防止那些人将劣等的基因传给后代。[②] 夏普非法实施非自愿绝育手术虽然没有受到法律追究，但他仍然强烈希望这项手术合法化。他积极游说印第安纳州有关机构。他宣传说：绝育手术是唯一的“消除我们中间最危险和最有害的种类的理性手段……激进的方法是必要的”。在此之前其他州曾经有过三次未成功的立法努力。最早的是在 1849 年，一位来自得克萨斯州的生物学家和医生戈登·林瑟肯（Gordon Lincecum）在威斯康星州提出一项对弱智者进行绝育的法案，虽然该法案没有被交付表决，但代表了美国强制绝育立法的第一次尝试。1897 年，曾有人在密歇根州提出制定强制绝育法，但在议会没有获得足够的票数。1905 年，宾夕法尼亚州议会通过了强制绝育法，但被州长否决。终于，1907 年 3 月，印第安纳州颁布了世界第一部优生法（eugenics law）。它允许监狱和收容院对惯犯（confirmed criminals）、白痴（idiots）、低能者（imbeciles）和强奸犯（rapists）实施强制绝育——经两名医生对其精神状况进行检查之后，由一个专家委员会批

① http://www.naderlibrary.com/lit.waragainstweakblack.1.5.htm.

② 参见〔美〕詹姆斯·沃森、安德鲁·贝瑞《DNA：生命的秘密》，陈雅云译，上海世纪出版集团·上海人民出版社，2010，第 23 页。

准，所以也被称为强制绝育法（compulsory sterilization law）。

强制绝育法得到广泛支持。1913 年 1 月，曾于 1901 ~ 1909 年担任美国总统的西奥多·罗斯福（Theodore Roosevelt，1858 ~ 1919）在一封给查尔斯·达文波特的信中说：“我同意你，如果你的意思是我推断的这样：社会不能允许退化的人（degenerates）复制他们的品质。……任何农场主如果允许最好的牲畜不繁育后代，而让所有的增长来自最差的牲畜，他们将会被认为适合在精神病院居住。……总有一天我们会理解，优秀的正型（right type）公民的首要的不可推卸的责任是把他或者她的血液留在身后的世界，同时，我们不能允许劣型（wrong type）公民永远存在。”① 麦迪逊·格兰特认为：“通过一个严格的选择制度淘汰那些低能和不适的人，换句话说，社会失败者（social failures），一百年就可以解决整个问题，使我们摆脱不受欢迎的人（undesirables）——他们挤满了我们的监狱、医院和精神病收容院。他们本人可以终生得到养护、教育和社会保障，但国家必须通过绝育使他们没有下一代，否则未来几代人将被由误导的感伤主义造成的不断增加的负担所折磨。这是一个实用的、仁慈的和不可避免的整个问题的解决方案，并可不断扩大其适用范围。开始时适用于犯罪的、患病的、疯狂的人，然后逐渐扩大到可以称为‘低能’（weakling）而非‘次品’（defectives）的类型，或许最终是没有价值的种族。”② 他还说：“在目前的状态下，改良种族最实际也最有希望的做法，是针对国内最不想要（least desirable）的成员，借由剥夺他们生育未来世代的能力，来达到消除他们的目的。饲育牲口的人都知道，只要持续摧毁毛色毫无价值的牛，就可以改良一群牛的颜色。这个道理当然也适用于其他的特性。以黑绵羊为例，在一代代地除去所有的黑色羊以后，黑绵羊可以说已经被消灭。”③

美国优生学者、性病医生威廉·罗宾逊（William Josephus Robinson，亦译“鲁滨生”，1867 ~ 1936）的著作《优生学与婚姻》（*Eugenics Mar-*

---

① http://www.dnalc.org/view/11219-T-Roosevelt-letter-to-C-Davenport-about-degenerates-reproducing-.html。部分译文参考了〔苏〕阿·穆·卡里姆斯基《社会生物主义》，徐若木、徐秀华译，东方出版社，1987，第 188 页。

② http://www.jrbooksonline.com/PDF_Books/PassingOfGreatRace.pdf.

③ 转引自〔美〕詹姆斯·沃森、安德鲁·贝瑞《DNA：生命的秘密》，陈雅云译，世纪出版集团·上海人民出版社，2010，第 26 页。

riage and Birth Control Practical Eugenics，1917）在1929年被译介到中国，该书有许多有道理的观点，但也有不少谬误。在谈到精神病人的生育问题时，他直截了当地宣称：

> 在这种情状中，我说我们就有权利阻止他们的生殖力，不许滋生。在性欲成熟以前，就应该使其不能生育：男的割去输精管，女的割去输卵管。没有一个专讲天良的，没有一个诡辩学者，可以有任何理由来反对这种残疾人之绝种的主张的。在我的意见，这真是蠢极了，在这样情形中，还要谈什么个人的自由，还要谈什么个人的权利。这种个人是没有权利的。最初，他们就没有权利生出来，既生出来了，就没有滋生的权利。事实上，他们本来并不希望传种，他们所要的就是要使用他们的性的本能，这一点，又并没有被剥夺了去。若是他们有相当的理性，懂一点人道，又懂得责任的意义，他们自己就应该要求不允许他们生育，免得生出许多不快活的动物到世界上来。
>
> 我们怜悯偏执狂者，我们怜悯癫狂者，我们怜悯退化者，但我们不仅有权利，还应得尽我们的义务去防止他们繁殖，免因他们败坏人种而增加健全者社会的及经济的负担。①

继印第安纳州之后，华盛顿州、康涅狄格州、加利福尼亚州在1909年，爱荷华州在1910年，内华达州、新泽西州在1911年，纽约州在1912年，威斯康星州、堪萨斯州、密歇根州、北达科他州在1913年，分别颁布了自己的强制绝育法。在这期间，俄勒冈州、伊利诺伊州、弗吉尼亚州、科罗拉多州的立法失败。印第安纳州的强制绝育法在1909年遭到新任州长的反对，被停止施行（后于1921年被印第安纳州最高法院裁定违宪）。新泽西州强制绝育法在1913年被宣布违宪而废除。②

立法的这种状况不能使优生学运动满意。优生学记录所认为有必要大力推动各州立法，更希望美国联邦制定强制绝育法。为此，在1914年，优生学记录所主任哈里·拉弗林（Harry Hamilton Laughlin，1880～1943）撰

① 〔美〕威廉·鲁滨生：《优生学与婚姻》，高方译，上海亚东图书馆，1929，第52、79页。

② 美国各州强制绝育立法和实施情况参见 http://www.uvm.edu/~lkaelber/eugenics/。

写了一个类似于“学者建议稿”的示范性的《模范优生绝育法》(*Model Eugenical Sterilization Law*)。①

哈里·拉弗林没有高深的学术背景，毕业于师范学校，曾经是一所高中的校长和一所师范学校的教师。因为他对赛马的血统和鸡的饲养问题十分感兴趣，就写信向查尔斯·达文波特求教，后来成为后者的追随者和得力助手，在1910年优生学记录所成立时担任主任。他是强制绝育和限制移民的狂热鼓吹者，设想有一天可以禁止所有存在缺陷的人进入美国。他还希望帮助建立一种新的社会秩序：“在这一社会里选择为人父母的身份将不再被视为每个人的天生权利；它将是人人向往但只颁发给血统已经验证为最优的人的奖品；而那些被视为没有价值、社会也认定他们无权将其特征遗害下一代的人，将被同胞们出于同情收留。”1913年，他在为美国生育协会写的一份报告中声称：“我们的人口中有将近10%存在固有的缺陷和弱点，他们是90%人口的经济和道义负担，也是国家和种族生活的危害的一个持续不断的来源。”② 他曾经以专家证人的身份出席美国国会的移民法听证会，对1924年移民法的出台起到一定的作用。他宣称：“来自南欧和东欧的移民，特别是犹太人，与当时的美国人口相比，在种族上存在着如此大的差异，在遗传方面显得如此低劣，以至于任何形式的种族融合都将是非常有害的。”③ 后来，他发现自己患有癫痫症——这是优生学记录所的一个研究课题，也是他自己拟定的模范法规定的应予强制绝育的疾病之一。他和妻子于1902年结婚，但没有子女。④ 顺便说，优生学的创建人弗朗西斯·高尔顿也没有子女。

《模范优生绝育法》提出一个“社会不胜任者”(socially inadequate person)的基本概念，并定义为：一个人长期不能通过自己的努力，像一般人那样，使自己持续作为国家的有组织社会生活的有用成员(useful

① http://alexwellerstein. com/laughlin/.

② 参见〔美〕Peter Quinn，“Race Cleansing in America”，*American Heritage*，Feb/Mar2003，Vol. 54 Issue 1。译文参考了张莲妹编译《残酷的往事：美国的人种净化》，《世界博览》2004年第3期。

③ 转引自〔美〕亨利·弗莱德兰德《从“安乐死”到最终解决》，赵永前译，北京出版社，2000，第9页。

④ http://en. wikipedia. org/wiki/Harry_Laughlin.

member)，不论其病因和预后。“社会不胜任者”共有10类：（1）低能人；（2）精神病人（包括精神变态者）；（3）罪犯（包括少年罪犯和胡作非为者）；（4）癫痫病人；（5）酗酒者（包括药物上瘾者）；（6）躯体疾病（包括结核、梅毒、麻风病和其他慢性的需要隔离的传染病）患者；（7）盲人；（8）聋人；（9）畸形人（包括残疾人）；（10）依赖他人生活者（包括孤儿、游手好闲者、无家可归者、流浪者、乞丐等）。《模范优生绝育法》建议设立国家优生学家办公室（Office of State Eugenicist），其职责是保障国家防止社会不胜任者生育而使退化（degenerate）或者身体、生理、精神缺陷遗传。根据《模范优生绝育法》，对可以生育的社会不胜任者及其后代，经国家优生学家认定并经法定诉讼程序，可以实施绝育手术。

《模范优生绝育法》也确实发挥了示范作用，有一些州以其为蓝本制定了自己的强制绝育法，其中包括弗吉尼亚州。1927年，美国联邦最高法院对巴克诉贝尔案（Buck v. Bell）的判决[①]，支持了弗吉尼亚州的强制绝育法，更是推动了强制绝育运动。到1930年，有27个州有强制绝育法。[②]截至20世纪50年代晚期，美国有将近6万人被实施非自愿绝育手术。其中精神病人2.6万人，智力缺陷3万人，其他0.2万人。[③]这个数字还不包括对印第安人实施的绝育手术。之后进行的绝育手术，虽然基本上都被归入自愿的，但其中一些患者并没有充分的知情同意。1979年的一项调查显示，约70%的医院在没有充分遵循知情同意的情况下实施过绝育手术。美国最后一例强制绝育手术，是1981年在俄勒冈州进行的。[④]

20世纪20～30年代的美国强制绝育运动和立法，使德国的同行深受鼓舞。当然，德国的优生和绝育理论也有自己的渊源和特点。在德国，意识形态背景不同的思想家们大都接受了进化论，并愿意将自己称作达尔文主义者。但达尔文主义在德国发展成为军国主义形式的社会达尔文主义。按照这种形式的社会达尔文主义，战争被誉为强大民族施展权威的手段。德国的社会达尔文主义认为，有史以来的进步都是依靠优越种族对近邻的

① 详见本书第八章第三节。

② http://www.uvm.edu/~lkaelber/eugenics/.

③ http://www.toolan.com/hitler/append1.html.

④ http://civilliberty.about.com/od/gendersexuality/tp/Forced-Sterilization-History.htm.

控制取得的；德国人具有天生的优势，他们一定会取得最后的胜利。在德国，倡导最适者统治的观点，并不仅仅是贵族对达尔文主义的曲解。相反，这种观点得到了德国权威的达尔文主义者恩斯特·海克尔（Ernst Heinrich Philipp August Haeckel，1834～1919）的鼓励。恩斯特·海克尔将达尔文的进化论引入德国，并且发展了人类进化理论。在作出这些成就的同时，他在德国思想史上也起了一个非常不光彩的作用，他的优生和种族思想，后来成为纳粹的理论依据。他写道："我们的文明国家人为地养育着成千上万得了不治之症的人，比如精神病人、麻风病人、癌症病人等等，这对这些人本身和对整个社会没有任何好处。"他还赞赏古希腊斯巴达实行的杀死残疾新生婴儿的做法。他是科学种族主义（scientific racism）的支持者。他认为黑人是野蛮的，白人是文明的，而德国人是最优秀的。他写道："高等人与低等人之间的差别比低等人与高级动物之间的差别要大。""每个教育良好的德国战士……在智慧和道德价值上要比上百个英国、法国、俄国和意大利所能提供的原始的自然人要高。"海克尔认为，一个民族要强大，就必须要统一和实行中央集权；民族竞争仍然是推动进步的更重要力量。因此，国家一定要提高所有公民的素质，将他们铸造成奔向一个明确目标的群体。①

德国优生学的创建者阿尔弗莱德·普勒茨（Alfred Ploetz，1860～1940）深受海克尔的影响。1895 年，他出版了《种族卫生学大纲》（*Grundlinien einer Rassenhygiene*），最早提出德国特色的优生理论——种族卫生理论。他更是鼓吹日耳曼人具有优良品质。后来在 1930 年《民族社会主义月刊》第一期中，普勒茨被列入"纳粹事业最伟大的英雄"的行列之中。②

1900 年，军火制造商弗里德里希·阿尔贝特·克虏伯（Friedrich Alfred Krupp，1854～1902）组织了一场论文竞赛，题目是"从达尔文主义的原理和其在深层政治的发展及国家法律的应用方面，我们能学到什么？"

---

① 参见〔英〕皮特·J. 鲍勒《进化思想史》，田洺译，江西教育出版社，1999，第 367～368 页；http://de.wikipedia.org/wiki/Ernst_Haeckel；http://zh.wikipedia.org/wiki/恩斯特·海克尔。

② 参见周鑫《种族卫生学与纳粹时期的德国医学界》，武汉大学博士学位论文，第 46 页，2012 年 5 月，中国知网。

评审小组的组长是恩斯特·海克尔。竞争者绝大多数是雅利安民族优越性的信奉者及赞同某种形式反犹太人及歧视他们的人。一等奖获得者是慕尼黑的一位名叫威廉·沙尔迈尔（Wilhelm Schallmeyer，1857～1919）的内科医师，他将所有的人类活动都涂抹上达尔文的生存竞争和适者生存的色彩，并建议从对全人类有利的角度出发，忽略掉那些劣等的种族。他坚信雅利安民族是人类成就的顶点，并认为迫切需要由政府发动采取优生学方面的措施保持雅利安民族的纯洁性和卓越性。①

1921年，欧文·鲍尔（Erwin Baur，1875～1933）、尤金·菲舍尔（Eugen Fischer，1874～1967）和弗里茨·伦茨（Fritz Lenz，1887～1976）合著的《人类遗传学和种族卫生概论》（*Grundriss der menschlichen Erblichkeitslehre und Rassenhygiene*）出版。② 希特勒在1923年读过该书之后，将其中的思想写进《我的奋斗》：“民族国家只许健康的国民生育子女，而把病人或是残废者的生育视为可耻。如果他们能够制止病人或是残废的人的生育，那是很光荣的一种举动。……国家应该把极新式的医药，来供给这种公认的用途。凡是有疾病或是有遗传病缺陷的人，国家应宣布他们不宜生育的理由，并且加以禁止。……倘使把自己的不幸，去累及无辜的儿童，那么，不但是有罪，而且是可耻了。”希特勒还对纳粹同伙说过，他曾以极大的兴趣研究了美国一些州的绝育法。③

纳粹在1933年1月取得国家政权后，将这些思想迅速转化为国家理论和具体的政策。此前，德文“优生”（eugenik）的概念和“种族卫生”（rassenhygiene）概念并存，纳粹上台后，“种族卫生”成为唯一的说法。无怪乎阿尔弗莱德·普勒茨支持纳粹上台，并在1933年4月写道，他相信希特勒可以使种族卫生学从边缘变为主流。④

1933年7月14日被称为“绝育法”的《防止具有遗传性疾病后代法》

① 参见〔德〕克劳斯·费舍尔《德国反犹史》，钱坤译，凤凰出版传媒集团、江苏人民出版社，2007，第130页。

② 潘光旦1949年出版的《优生原理》引用过此书，但他认为此书“和日耳曼人的种族武断主义有些牵混，科学的价值不能太高”。参见潘光旦编译《优生原理》，天津人民出版社，1981，第108、135页。

③ http://www.sfgate.com/opinion/article/Eugenics-and-the-Nazis-the-California-2549771.php.

④ http://en.wikipedia.org/wiki/Alfred_Ploetz.

（Gesetz zur Verhütung erbkranken Nachwuchses）颁布。精神病学家和遗传学家、优生学家恩斯特·鲁丁（Ernst Rüdin，1874～1952）在该法的起草过程中起到重要的作用。他是精神分裂症家系研究的开创者之一，[①] 德国种族卫生协会（Deutsche Gesellschaft für Rassenhygiene）的创始人之一，1932年加入纳粹党，1933年被纳粹政权任命为种族卫生协会主席，同年继查尔斯·达文波特之后担任优生组织国际联合会会长。1939年希特勒亲自授予他艺术与科学歌德奖章，1944年他又获得代表德国最高荣誉的德意志帝国鹰盾（Adlerschild des Deutschen Reiches）。他是瑞士人，故而有人称其为"一个担当纳粹精神病学领导者的瑞士精神病学家"。1945年他被美军逮捕，1946年获得自由，后在马克斯·普朗克精神病学研究所（Max-Planck-Instituts für Psychiatrie）工作。去世时，讣告称他为"精神病学的基因研究最突出的创始人之一"。[②]

对于《防止具有遗传性疾病后代法》，前面提到的《人类遗传学和种族卫生概论》的作者之一、享有世界声誉的生物学家欧文·鲍尔给予了由衷的支持："每一个农民都知道如果他屠杀了家禽中最优秀的品种而不让它们繁殖，相反却继续繁殖劣等的个体，品种就会不可救药地退化。这个农民对他所喂养的动物和耕种植物都不愿犯的错误，我们却在很大程度让它在我们中间继续。为了弥补现今我们的人的特质，我们就必须保证让那些劣等民族不再繁衍。一个在数分钟就能完成的手术使这一切都成为了可能，而不会造成进一步的耽搁……没有人比我更赞成这个新的绝育法律了，但我必须一再强调的是，这些法律仅仅只是开端。……灭绝和拯救是种族培植的两极，也是我们必须实行的两种方法……灭绝就是通过绝育和对不健康、不合要求的遗传因素进行数量上的抑制以在生物上毁灭劣等遗传。"[③]

《防止具有遗传性疾病后代法》规定，任何患有遗传性疾病的人，如果通过医学诊断认定其子女也将受到遗传性的身体和精神方面的损害，都将被进行绝育。甚至可以对儿童施行绝育。该法所说的遗传性疾病，包括

① 参见江三多等编著《遗传与精神疾病》，科学出版社，1991，第9页。

② http://de.wikipedia.org/wiki/Ernst_Rüdin。

③ 转引自〔英〕齐格蒙·鲍曼《现代性与大屠杀》，杨渝东、史建华译，译林出版社，2002，第96～97页。

先天低能、精神分裂症、躁狂抑郁症、癫痫、严重酗酒以及遗传性失明、耳聋、身体畸形等。申请绝育者可以是本人、法定监护人、医生或精神病院的领导。绝育请求由专门组成的附属于地方即决法院的遗传健康法院（Erbgesundheitsgericht）决定。法院由三人组成：一名来自地方即决法院的法官，一名公共卫生部门的医生，一名具有遗传法律知识、对优生学特别熟悉的医生。由于这种构成比例，审判成为法律程序幌子下的一个医学手续。审判不公开进行。对遗传健康法院的判决可以向遗传健康上诉法院上诉。遗传健康上诉法院的人员构成与遗传健康法院相同。该法院的判决为终审判决。如果判决绝育，当事人有两周的时间自动施行绝育，否则将在警察的帮助下进行，必要时可直接使用强制手段。绝育手术在专门的医院中由政府指定的医生施行。所有参与审判和手术的人员都必须遵守秘密，否则处徒刑一年，外加罚金。① 1934 年，法院对 62463 个案件做了绝育判决，实施手术 32268 次，其中低能者占 52.9%，精神分裂症 25.4%，癫痫 14%。② 后来又把绝育对象的范围扩大，失明、耳聋、唇裂、畸形足者都在其中。一名女子的耳聋是两次事故和耳朵严重感染所致，也被法院判决绝育："尽管在血亲中没有进一步的耳聋的记录，但遗传健康法院基于医学专家的意见确信这必然是遗传性耳聋。"③ 据估计，从 1933 年到 1939 年，大约有 40 万人被施行了所谓"希特勒切割"。④

纳粹的这一行径在当时得到美国等西方国家优生学运动和精神病学界不少人士的肯定和称赞。1936 年，美国神经病学协会（American Neurological Association）的一份报告说："公正地说，绝育行动不是希特勒政权的产物，它的基本原则是在希特勒政权统治德国几年之前就被提出和经过深思熟虑的。" 精神病学家亚伯拉罕·迈尔森（Abraham Myerson，1881 ~

① 〔德〕英戈·穆勒：《恐怖的法官——纳粹时期的司法》，王勇译，中国政法大学出版社，2000，第 111 页；王玉璋：《希忒拉的强迫绝育律》，《期刊》（河北省立大名师范学校编印）第 3 期，1934 年。

② 参见〔美〕亨利·弗莱德兰德《从"安乐死"到最终解决》，赵永前译，北京出版社，2000，第 39 页。

③ 〔德〕英戈·穆勒：《恐怖的法官——纳粹时期的司法》，王勇译，中国政法大学出版社，2000，第 113 页。

④ 〔美〕克劳斯·费舍尔：《纳粹德国：一部新的历史》，佘江涛译，凤凰出版传媒集团、译林出版社，2011，第 497 页。

1948）赞扬希特勒的绝育法："可以看出，这部法律非常精确，十分符合当代医学优生学的知识。这部法律设置了保障措施和官方干预。关于审理、上诉和法律执行的规定，典型地体现了德国人的彻底性。"在美国和英国的专业杂志上，许多文章肯定希特勒的绝育计划。例如，纳粹绝育法颁布不久，《美国医学协会杂志》发表了一份评论这个法律及其预期效益的长篇报告，没有一丝批评，而且预计德国将有 40 万人被绝育。① 那个哈里·拉弗林更是以《模范优生绝育法》被德国 1933 年绝育法采用为荣。1936 年，德国海德堡大学因为拉弗林的"种族清洗的科学"（science of racial cleansing）授予其荣誉博士学位。拉弗林认为这象征着"德国科学家和美国科学家对优生学的性质有着共同的理解"。②

不过说起来，欧洲第一个强制绝育法，是瑞士的沃州（Vaud）在 1928 年制定的。在 1929 年至 1931 年期间，480 名妇女和 15 名男子在沃州被实施强制绝育。沃州的法律也曾被纳粹德国借鉴。而纳粹德国的绝育法颁布之后，又推动强制绝育手术在瑞士大幅度增加。这种手术直到 20 世纪 80 年代还有实施。有文件显示，1980 年和 1987 年之间，有 24 例绝育手术，其中只有一例基于自愿。

瑞典在 1934 年颁布了强制绝育法，直至 1976 年才被正式废除。根据 2000 年的报告，自 1934 年以来，估计有 21000 人被强制绝育，6000 人被迫"自愿"绝育，另外的 4000 例不能确定自愿与否。③

20 世纪上半叶，日本在优生绝育方面，一直紧跟欧美特别是德国而领先亚洲各国。"進化""進化論"④ 和"優生学"⑤ 这几个术语就是日本人译自英文并首先使用的。但是在日本，"绝育"不是一个规范和通行的词

---

① 以上这些肯定纳粹绝育法的言论，参见〔美〕Peter R. Breggin，"Psychiatry's Role in the Holocaust"，*International Journal of Risk & SafelY in Medicine*，4（993）133－148.

② http://en.wikipedia.org/wiki/Eugenics_in_the_United_States；http://en.wikipedia.org/wiki/Harry_Laughlin.

③ http://en.wikipedia.org/wiki/Compulsory_sterilization.

④ 参见刘正埮、高名凯等编《汉语外来词词典》，上海辞书出版社，1984，第 162 页；沈国威《近代中日词汇交流研究：汉字新词的创制、容受与共享》，中华书局，2010，第 166～167 页。

⑤ 参见刘正埮、高名凯等编《汉语外来词词典》，上海辞书出版社，1984，第 394 页。不过潘光旦先生似认为是中国人首先将 eugenics 直译为"优生学"的。参见《潘光旦文集》第一卷，北京大学出版社，1993，第 251～252 页。

汇，只是有时用于动物身上，人的“绝育”被叫做“断種”。1884年，高桥义雄（1861~1937）出版由福泽谕吉（1835~1901）作序的《日本人種改良論》。1910年，海野幸德（1879~1955）出版《日本人種改造論》。1914年，氏原佐藏（1884~1931）出版《民族衛生学》。仅看这些著作的名称，即可判断出日本优生学运动的基本走向与德国接近。1915年，类似美国 Breeder's Association 的“日本育種学会”成立。1919年，“大日本優生会”成立。1930年，“日本民族衛生学会”成立。1931年，经过多年筹备，“日本精神衛生協会”成立。1933年10月，在德国颁布绝育法之后，“日本民族衛生学会”建议制定“断種法”。1934年1月，在第65届帝国议会众议院，立宪民政党的荒川五郎（1865~1944）提出“民族優生保護法案”（后于1935年再次提出）。1935年12月，“日本優生结婚普及会”成立。1936年12月，“日本民族衛生学会”发表“断種法草案”。1937~1939年，“日本精神衛生協会”“日本民族衛生学会”等医学、优生团体多次召开恳谈会讨论“断種”和“断種法”问题。1940年3月，第75届帝国议会众议院通过《国民优生法》（《国民優生法》），后于5月1日颁布。[①] 该法第六条规定，若有遗传性精神病等遗传性疾病，为了公益，即使本人不同意，只要医师取得相关机构许可，便能施以致使不能生殖的“優生手術”。因此，该法也被称为“断種法”。1940~1945年，共有454人被实施绝育手术。[②]

实际上，在日本，强制绝育手术此前已经施行于麻风病（日本称为“癩病”或“癩疾”）患者。日本的麻风病对策也受到优生学的影响。1907年，日本颁布《麻风病预防法》（最初名为“癩予防ニ関スル件”，1931年修订改称为“癩予防法”，1953年又修订改称为“らい予防法”，1996年废除），对麻风病人实施终生收容隔离。但是，由于被隔离的病人发生性关系导致女病人怀孕生育，后来就实际上允许对麻风病人实施强制的绝育手术。第一例麻风病人绝育手术（輸精管切断術）是1915年由一家公

① 以上日本优生学运动大事记，参见〔日〕平田勝政《日本優生運動史年表（戦前編）：障害者の教育・福祉との関連で》，長崎大学教育学部紀要．教育科学．vol. 66，pp. 21－28，2004。

② 参见〔日〕松原洋子《優生問題を考える（四）——国民優生法と優生保護法》，《婦人通信》466（1997－11）：42－43。

立麻风病人疗养院的院长光田健辅（1876～1964）实施的。由于男性绝育手术没有女性绝育手术那么复杂困难，绝育手术只在男性病人中进行。到1939年，在日本各公立麻风病人疗养院，共有1003名男性病人被实施绝育手术。①

在战后的1948年，日本颁布《优生保护法》（《優生保護法》）取代《国民优生法》。但是，纳粹德国强制绝育的罪行并没有使日本重新认识"優生"和"断種"问题，有关内容不仅没有取消，反而得到加强。该法第一条明确规定了立法宗旨："出于优生的考虑，防止不良子孙的出生，同时也以保护母亲的生命健康为目的"。第二条第一款定义了"優生手術"的概念："法律上的优生手术是指根据有关决定，以不去除生殖线的方式而使不能生殖的手术。"第三条规定了本人及配偶同意下的自愿绝育：

> 当医生面对以下情况，获得本人及配偶（包括没有登记但存有事实婚姻关系的人，以下皆同）同意时可以施行优生手术。但是，未成年人、精神病患者及精神薄弱者，不适用此条。
>
> 一、本人或配偶具有遗传性精神病质、遗传性身体疾病或遗传性畸形的，或者配偶患有精神病或精神薄弱的。
>
> 二、本人或者配偶的四代以内血亲，具有遗传性精神病、遗传性精神薄弱、遗传性精神病质、遗传性身体疾病或遗传性畸形的。
>
> 三、本人或者配偶患有麻风病，并且有可能传染给后代的。
>
> 四、妊娠或分娩时，有可能危及母亲生命的。
>
> 五、已有多名子女，并且每次分娩都可能严重影响母亲健康的。

这一条将未成年人、精神病和精神薄弱（即智力低下、精神发育迟滞）的患者排除在外，但除外的含义暧昧。是说对这些人，即使有本人和配偶同意也不能实施绝育手术，还是说即使没有本人和配偶同意也可以实施绝育手术？答案在该法第四条："如果医生诊断结果确认患有附录所列疾病，为了公益和避免疾病遗传，需对该人进行优生手术时，医生应向都

① 参见日本厚生劳动省编《ハンセン病問題に関する検証会議 最終報告書》，http://www.mhlw.go.jp/topics/bukyoku/kenkou/hansen/kanren/4a.html。

道府县优生保护审查会优生保护委员会提出申请，要求就是否可实施优生手术进行审查。”这条规定实际上意味着，在特定情况下——患有该法附录所列疾病，经过有关机构审批——没有本人和配偶同意，也可实施绝育手术。而该法附录所列遗传性疾病范围很广，包括遗传性精神病、遗传性精神薄弱、显著的遗传性精神病质（显著的性欲异常、显著的犯罪倾向）、显著的遗传性躯体疾病、严重的遗传性畸形。

日本政府承认，1945～1995 年，对患有精神病和遗传疾病的 11356 名女性和 5164 名男性强制实施了绝育手术，但政府不打算因此进行道歉和赔偿，因为实施手术时“完全遵循法律”。① 虽然一贯地暧昧和嘴硬，日本还是在 1996 年对《优生保护法》进行了大幅度修订，删除了强制绝育条款和所有“優生”之辞，并更名为《母体保健法》。1998 年，日本政府在根据《消除对妇女一切形式歧视公约》第 18 条规定向联合国秘书长提交的第四次定期报告中说明，《优生保护法》的部分内容是根据预防劣生的优生观念制定的，对残疾者具有歧视，因此已经删除。②

若干年来，我国一些学者在论证优生立法的必要性时，多以美国、日本等国（早期的优生学者还曾提及纳粹德国）的优生绝育立法作为值得借鉴的例子，日本《优生保护法》更是被每每提及。有的人可能并不了解这些国家优生绝育立法的历史和内容，望文生义、人云亦云而已，这使他们的观点的合理性、说服力大打折扣。而有的人则对美国、日本的强制绝育制度持赞赏的态度，这就不能不让人产生警惕了。③

第三节　对精神病人的“安乐死”屠杀

在 20 世纪初，优生学运动还推动了安乐死运动（euthanasia movement）。英文 euthanasia 一词源于希腊文 εὐθανασία（好的死亡）。19 世纪中期以后，对安乐死的讨论逐渐增多。到 20 世纪初期，欧美国家兴起安乐

① 参见《日本政府透露强迫绝育》，袁孝宾摘译，《国外医学·计划生育分册》1998 年第 3 期。

② 参见 http://daccess-dds-ny.un.org/doc/UNDOC/GEN/N98/355/15/PDF/N9835515.pdf? OpenElement。

③ 例如陆得宁《优生之路》，宁夏人民出版社，1983，第 133～135 页。

死合法化运动。有些主张安乐死的人是优生学的热衷的信仰者。[①] 一些人不仅赞同自愿安乐死（voluntary euthanasia），而且还赞同对某些“不适者”实施非自愿安乐死。非自愿安乐死分为两种情况，一种是无自愿安乐死（non-voluntary euthanasia），即在因病人无行为能力而不能获得其同意的情况下实施的安乐死，一种是不自愿安乐死（involuntary euthanasia），即在病人有行为能力，但不问其意愿或者违背其意愿的情况下实施的安乐死。有些人认为，严重精神病人没有判断能力，对他们实行安乐死无须或者无法征求他们的意见。这是一种完全不能容忍的观点。每个人都有尊严死亡（death with dignity）的权利。但是，每个人的生命不容他人扼杀。成年的严重精神病人和脑死亡者不同，大多数不仅保留着生存本能，而且可以用言语或行为表示生存意愿，对此应给予尊重和保护。说精神病人没有行为能力，其实是法律上的推定，适用于民事关系等法律关系，而不应适用于生死问题上。把精神病人的生死交由其亲属决定，是不合理、不人道的。经亲属请求和同意而对没有死亡意愿的精神病人施行安乐死，与直接对其施行安乐死，对精神病人来说，没有什么不同，都是对其固有的生命权的残酷剥夺。另一方面，有一些患者如抑郁症患者自杀欲望强烈，精神科医生应当是尽力治疗其疾病，而不应以尊重患者意愿为理由帮助其自杀。荷兰允许医生协助安乐死，但曾经发生的一个精神科医生协助一个身体健康但因为其两个孩子的死亡和破裂的婚姻处于抑郁状态的妇女执行自杀的案例，也被视为超出了可以接受的范围。[②]

美国在这方面走在前列。1911 年，美国卡耐基研究所的一份报告将安乐死推荐为清除社会上“不适者”遗传基因的解决方案之一。1931 年，伊利诺伊州一个医学组织呼吁对低能者（imbeciles）和其他有缺陷的人（defectives）施行安乐死。[③] 伊利诺伊州林肯市的一所精神病院蓄意给病人喂食感染肺结核的牛奶，导致每年有 30% ~40% 的病人死亡。[④]

---

① 参见〔美〕迈克尔·利夫、米切尔·考德威尔《摇摇欲坠的哭墙——改变我们生活方式的终结辩论》，潘伟杰、高韡、朱慧慧译，新星出版社，2006，第 9 页。

② 参见〔美〕雷蒙德·埃居、约翰·兰德尔·格罗夫斯《卫生保健伦理学——临床实践指南》（第 2 版），应向华译，北京大学医学出版社/北京大学出版社，2005，第 222 页。

③ 参见 http://en. wikipedia. org/wiki/Eugenics_in_the_United_States。

④ 参见 http://www. sfgate. com/opinion/article/Eugenics-and-the-Nazis-the-California-2549771. php。

这是纳粹德国安乐死屠杀的前奏。正如加拿大历史学家和安乐死反对者伊恩·多比金（Ian Robert Dowbiggin）在其著作《仁慈的终结：现代美国的安乐死运动》（*A Merciful End*：*The Euthanasia Movement in Modern America*，2003）中所言："纳粹安乐死的起源，像美国的安乐死运动，早在第三帝国之前，就与优生学和社会达尔文主义的历史交织在一起，并竭力抹煞传统道德和伦理。"①

在德国，1939 年以后，由于可被绝育的人几乎都被施行了绝育，以及由于绝育这种方法并不彻底，杀戮便取代了绝育，只不过给杀戮安上"安乐死"这样一个时髦的名称。升级并不突兀。从强制绝育到安乐死屠杀，再到最后的大屠杀，有其内在的逻辑和必然性。

理论基础早已存在。1904 年，恩斯特·海克尔宣称，"仁慈的死亡"（mercy-death）可以节省（save）"家庭与国家无谓的开销（useless expenses）"。② 1920 年，法学教授卡尔·宾丁（Karl Ludwig Lorenz Binding，1841～1920，曾任莱比锡地方法院法官，莱比锡大学校长）与精神病学教授阿尔弗雷德·霍赫（Alfred Erich Hoche，1865～1943，曾任弗赖堡大学教授，还是一家精神病诊所的主任）合著出版了《授权毁灭不值得生存的生命》（*Die Freigabe der Vernichtung Lebensunwerten Lebens*，英文为 *Allowing the Destruction of Life Unworthy of Life*，1920）一书。③ 此书的思想和概念对德国安乐死学者和希特勒有很大影响。

卡尔·宾丁从一个人有权自杀，因而也有权让别人造成他死亡的观点，推导出法律应当允许杀死那些不值得生存的人的结论。所谓不值得生存的人，既是指那些由于病痛和残疾，其生命被认为不再值得活下去的人，又指那些如此劣等以至于他们的生命被认定为没有价值的人。宾丁还认为，一条生命是否值得活，不仅取决于该生命对个人的价值，还取决于该生命对社会的价值。那些不值得活的人的生活毫无目的，并给家属和社

① 引自 http://en.wikipedia.org/wiki/Euthanasia。

② 参见〔美〕Hannah Arendt《帝国主义》（《极权主义的起源》的第二部分），蔡英文（男）译，台湾联经出版事业公司，1982，第 82 页。该书将 mercy-death 译为"悲悯的残杀"，略欠妥帖。而林骧华译《极权主义的起源》此处的译文更未达意："恩斯特·海克尔早先说过，'怜悯的死亡'将是拯救手段，'除非为家庭和国家付出代价'。"

③ 参见 http://www.staff.uni-marburg.de/～rohrmann/Literatur/binding.html。

会造成了非常沉重的负担。他们一方面没有价值，一方面却还要占用许多健康的人对他们的照料，这完全是宝贵人力资源的浪费。宾丁建议国家设立一个由医学家、法学家组成的委员会，对是否采取安乐死作出客观的、专业的评估。他不否认误诊的可能性，但他认为："人类种族有如此多之成员失于谬误以至于多损失一个已是无所谓了。"①

阿尔弗雷德·霍赫完全支持宾丁的观点，并从医学的角度加以进一步论证。他认为不可治愈的精神病人和无可救药的低能者，就属于不值得生存的生命。他说："一整代的护士就这样枯燥无味地伺候着这些空洞的人体躯壳，其中一些还会活到70岁甚至更长。一想到这些真是令人沮丧。"②他还认为杀死有缺陷的病人可以带来更多研究机会，特别是对大脑方面的研究。

卡尔·宾丁没有看到他们的书出版就死去。阿尔弗雷德·霍赫后来的遭遇颇具有讽刺意味。在纳粹上台后，因为他的妻子是犹太人，他失去了在弗赖堡大学的职位。他还曾私下批评纳粹针对他的一个亲戚实施的安乐死程序，尽管这种安乐死是根据他的思想。

1935年，希特勒曾经表示，一旦战争开始，他将对残疾人实施"安乐死"。1938年，一位负责精神病院管理的政府官员在会议上说："解决精神卫生领域问题的方案必须是一个能够消灭这些病人的方案。"1939年夏天，希特勒说，他认为应该通过最终导致死亡的干预办法来结束那些严重精神病患者的不适合生存的生命，这一做法并没有什么不合适；而且，这样做可以在一定程度上"节省医院、医生和护理人员方面的投入"。1939年9月1日，希特勒下达了安乐死的命令。1939年10月，为了免除医生们因为实施屠杀而负刑事责任的担忧，希特勒签署了一份元首府起草的文件："帝国领导布勒③和医学博士布朗特④在此被授权，负责增加一些具体指派

① 转引自〔德〕英戈·穆勒《恐怖的法官——纳粹时期的司法》，王勇译，中国政法大学出版社，2000，第112页。

② 转引自〔美〕亨利·弗莱德兰德《从"安乐死"到最终解决》，赵永前译，北京出版社，2000，第22页。

③ Philipp Bouhler（1899～1945），曾任元首办公厅主任，负责监督T4行动计划的制定和早期实施，1945年5月10日被美军逮捕，5月19日服用氰化物胶囊自杀。

④ Karl Brandt（1904～1948），希特勒的私人医生，二战结束后被判犯有危害人类罪，1948年6月2日被执行绞刑。

的医生的权限；这样根据人道的判断被确认为不可治愈的病人在确诊后准许被实施慈悲死亡。”①

二战结束后，美国在纽伦堡进行的医学案件审判的起诉书中简要描述了“安乐死”计划：“这一计划涉及到在护理所、医院和收容所，通过使用毒气、注射和其他许多方法，对年老的、患精神病的、无法治愈疾病的人或者畸形儿童以及其他人进行有系统的、秘密的处决。”② 因为负责成年人“安乐死”计划的办公室设在柏林的蒂尔加滕（Tiergartenstraße）大街4号一栋被没收的犹太人别墅内，成年人“安乐死”计划遂被称作“T4行动”。第一步是屠杀残疾儿童，到1941年，超过5000名儿童被杀害。继而扩展到成年人。据T4自己的统计，其所辖的6个“安乐死”中心，1940～1941年就有70273名成年人被杀害。③ 其他证据显示，T4行动在德国和奥地利的受害者共有20多万。④

决定“安乐死”时从不问病人是否愿意死。对此，杀人者辩护说：“精神病人不具备判断自己处境的能力。”也不征询病人亲属的意见，往往是在病人被杀害之后，他们才开始着手进行有关的通知工作。他们说：“在精神病人不同意的情况下……首先，保密问题是很重要的。但从医学的观点来看，更重要的是，外行人根本就无法就其患病亲属的情况做出判断……他会被不加鉴别的怜悯所欺骗……另外一个决定性的理由是，我们不能指望病人亲属对他们的生死进行裁决。我们认为，必须由医生——在国家的支持下——来承担这一责任。”有一位语言学家因其疑患精神分裂症的儿子原因不明地在医院死亡，而多次写信与该医院交涉，最后该医院的医生恼羞成怒，回复说：“你信中的内容和语气……迫使我考虑对你采取精神病治疗措施。我被迫通知你，你要是胆敢继续写信来骚扰我们，我将不得不让一名公共卫生部门的医生对你进行检查。毕竟你是在与一个政

① 参见〔美〕亨利·弗莱德兰德《从“安乐死”到最终解决》，赵永前译，北京出版社，2000，第82～90页。

② 转引自〔美〕亨利·弗莱德兰德《从“安乐死”到最终解决》，赵永前译，北京出版社，2000，第82页。

③ 参见 http://en.wikipedia.org/wiki/Action_T4。

④ 〔英〕Paul Weindling：《精神病学与纳粹暴行》，陈晓岗摘译，《国外医学·精神病学分册》1993年第1期。

府部门打交道，我们不允许你这样随心所欲地侮辱。”①

1941年8月，因为“安乐死”屠杀计划已经为公众所知，希特勒担心公众和宗教人士的不安和质疑会给纳粹政权带来问题，遂下令停止安乐死屠杀。而事实上，在停止命令下达后，死于“安乐死”计划的受害者比以前不仅没有减少，反而有所增加。一方面，医生和护士们使用让病人服用药物、进行药物注射和饥饿等方法继续屠杀；另一方面，将屠杀的场所转移到占领下的波兰和苏联的部分地区，杀害了大量残疾的犹太人和吉卜赛人。

2013年出版的《希特勒的复仇女神：纳粹屠场上的德国女人》(*Hitler's Furies*：*German Women in the Nazi Killing Fields*) 一书指出，纳粹大屠杀造成至少600万犹太人死亡，而这并非全是由男性纳粹党徒实施的罪行，至少50万名德国女人也见证和参与了血腥大屠杀。该书作者是纳粹大屠杀历史学家温迪·罗沃 (Wendy Lower)。她披露，首先是一些专业女护理人员最早参与了希特勒的“种族净化”政策，许多德国医院的女护士根据希特勒的命令，用装着吗啡的毒针注射杀死了大量身体残疾或智障的病人。例如，在德国南部格拉芬尼克堡 (Grafeneck Castle)“安乐死医院”工作的纳粹女护士保琳·克尼斯勒 (Pauline Kneissler) 经常到各个精神病院去巡查，她每天要亲自挑选出70名“病人”处死。而在格拉芬尼克堡“安乐死医院”中，身体或精神残疾的病人大多被用毒气杀死。与此同时，纳粹德国医院中的女助产士们也大量参与了“种族净化”，她们只要发现任何新生儿有身体缺陷，都会将他们立即处以“安乐死”。②

发生这一浩劫的罪责，应由希特勒和纳粹极权统治承担。但是，那些深陷其中的精神病学家们也难逃其咎。1934年，德国精神病治疗协会在其官方刊物上宣称，“在政治和信仰方面”完全中立。然而，就在这个协会宣布“中立”的同一期杂志，还要求新德国的所有精神病治疗专家要认真

① 〔美〕亨利·弗莱德兰德：《从“安乐死”到最终解决》，赵永前译，北京出版社，2000，第111、242页。

② 参见《纳粹大屠杀悲剧　女性也有份》，《现代快报》2013年9月27日，http://www.dailymail.co.uk/news/article-2432620/Hitlers-Furies-The-Nazi-women-bit-evil-men.html。

研读《我的奋斗》。[①] 与那些遭受迫害或者逃离德国的精神病学家相比，“帮凶”的罪名远远不足以说明他们的主观恶性。他们是积极地而不是消极地参与有关论证和实施，甚至发挥指导作用。T4 的许多重要成员就是精神病学家。例如，T4 的研究中心主任卡尔·施奈德是海德堡大学精神病学教授，T4 的医学主任维尔纳·海德是维尔茨堡大学精神病学教授；T4 成年人安乐死计划的医学专家还有：科隆大学和柏林大学精神病学教授迈尔斯·德·克里尼斯，耶拿大学精神病学教授伯特霍尔德·基恩，波恩大学精神病学教授弗里德里希·潘塞和库尔特·波尔里施，布雷斯劳大学精神病学教授维尔纳·维林杰；另外，布雷斯劳大学精神病学－神经病学教授维克多·冯·魏茨泽克、海德堡大学精神病学教授康拉德·楚克负责对安乐死受害者进行大脑方面的研究。[②] 这些精神病学家认为，精神病人是劣等人，而劣等人不能享有与优等人一样的权利，劣等人还可能繁育比优等人更多的后代，所以他们必须被排斥、被绝育、被消灭。既然精神病学家可以决定病人的住院、婚姻、绝育等问题，自然也就可以决定病人的生死，这就是他们的逻辑和信念。某种意义上说，他们是利用和借助纳粹来推广、实现自己的学术主张。这是德国精神病学界永远也抹不去的耻辱。第二次世界大战结束后，有些医生被审判，他们轻描淡写地辩解说这种处置是按照当时盛行的医学标准而为的。更有人心里认为他们的受害人不是人，只是老鼠之类的害虫，应当赶尽杀绝。[③]

对于在纳粹强制绝育、安乐死屠杀行动中，精神病学家和精神病学的作用和责任，后来有许多学者做了分析和批判。

早在 1949 年，美国精神病学家利奥·亚历山大（Leo Alexander，1905～1985）就在《新英格兰医学杂志》（*New England Journal of Medicine*）上撰文《独裁之下的医学》（*Medical Science Under Dictatorship*），指出纳粹对残疾人的杀戮及后来的纳粹种族大屠杀可以追溯到相同的起源：医生们接受了安

① 参见周鑫《种族卫生学与纳粹时期的德国医学界》，武汉大学博士学位论文，第 163 页，2012 年 5 月，中国知网。

② 参见〔美〕亨利·弗莱德兰德《从“安乐死”到最终解决》，赵永前译，北京出版社，2000，第 167～168 页。

③ 参见〔瑞士〕托马斯·弗莱纳《人权是什么?》，谢鹏程译，中国社会科学出版社，1999，第 15 页。

乐死运动提出的“不值得生存的生命”的观念。最初这种认识针对的只是长期或者慢性病患者，后来逐渐扩大到对社会毫无贡献、思想不可接受、种族不可接受的人，最后是所有非德国人。推动医生们这种认识的演变的一个动力，是他们对不可治愈的病人的态度。这与近代医学包括精神病学的一个显著趋势有关，即认为预防比治疗更重要，观察和识别早期症状是预防疾病进一步发展的基础。[①] 利奥·亚历山大出生于维也纳，具有犹太血统，曾经在法兰克福大学实习精神病学，1933 年移居美国，后来成为纽伦堡审判的医学顾问。

德国生物化学家和遗传学家本诺·穆勒－希尔（Benno Müller-Hill）在其著作《杀人的科学：消灭在德国的犹太人、吉普赛人和其他人的科学选择（1933－1945)》(*Murderous Science*: *Elimination by Scientific Selection of Jews*, *Gypsies*, *and Others*, Germany *1933－1945*, 1988）中反思那段历史的教训，不无忧虑地说：“几乎没有人停下来思考精神病学、人类学、行为科学的哪些东西可能是错误的。国际科研机构安慰他们的德国同行们，它的确是不可原谅的少数人的不当行为，但是在科学之外。德国人类学、精神病学和行为科学的模式将基本保持不变，而且将继续如此，除非有相当多的科学家开始怀疑和提问。”[②]

美国精神病学家罗伯特·杰伊·利夫顿（Robert Jay Lifton）在《纳粹医生：医学杀戮和种族灭绝心理学》(*The Nazi Doctors*: *Medical Killing and the Psychology of Genocide*, 1986）一书中将参与纳粹屠杀计划的医生们称为“由治疗者转化而成的刽子手”。他认为，医生们参与屠杀行动的动机纯粹是意识形态上的。他们变成刽子手是因为他们遵循了生物学上的观点，并出于治疗上的动机去完成他们的这一屠杀任务。[③] 他指出：“科学种族主义和精神卫生学是纳粹将其冠以种族净化的头衔而进行谋杀的医生教条。”[④]

---

① 〔美〕Leo Alexander, “Medical Science Under Dictatorship”, *The New England Journal of Medicine*, 1949 Jul 14; 241 (2): 39－47.

② 转引自〔美〕Peter R. Breggin, “Psychiatry's Role in the Holocaust”, *International Journal of Risk & SafelY in Medicine*, 4 (1993) 133－148.

③ 转引自〔美〕亨利·弗莱德兰德《从“安乐死”到最终解决》，赵永前译，北京出版社，2000，第 295 页。

④ 转引自〔德〕克劳斯·菲舍尔《德国反犹史》，钱坤译，凤凰出版传媒集团、江苏人民出版社，2007，第 361 页。

英国的医学史学者保罗·温德灵（Paul Weindling）在《精神病学与大屠杀》（*Psychiatry and the Holocaust*，1992）一文中指出：“将这些‘安乐死’的责任归罪于纳粹政策的残暴和其种族主义的意识形态似乎心安理得，于是乎此事就显得完全与医学界无关。但这种观点忽略了一个事实：即确有一批追随希特勒左右的纳粹医生，正是他们进言：‘不复具有生存价值’者应被消灭，才使得希特勒能以战争做幌子来颁布屠杀令。当然，有许多精神科医生并不是纳粹党员，使他们牵涉其中的缘由如果按照当时的医学标准来看，是出于由来已久的复杂的某种医学推理。”①

美国历史学家亨利·弗莱德兰德（Henry Friedlander）在《纳粹大屠杀的起源：从安乐死到最终解决》（*The Origins of Nazi Genocide*：*From Euthanasia to the Final Solution*，1995）一书中指出：“德国科学家参与纳粹屠杀行动决非出于偶然。德国的精神病学家、人类学家和医生们在种族和遗传方面持有的观点与纳粹党和政府机构的思想不谋而合。”②

英国学者戴维·皮格瑞姆（David Pilgrim）直言在纳粹和德国医学界之间存在“共谋关系”（collusive relationship）：“对精神病患者和其他残疾人实行‘非自愿安乐死’，是纳粹和德国医生协会（German Doctors'Association）共谋关系的极端表现。它开始于一种要求心理和身体上有缺陷的人自愿绝育（voluntary sterilization）的共同狂热（shared enthusiasm）。然后发展为一项非自愿绝育（involuntary sterilization）的政策，并且在灭绝计划中达到了顶点——该计划不仅实行于波兰的死亡营，也实行于德国的医院。”③

德国精神病医生曼弗雷德·吕茨（Manfred Lütz）——著有畅销书《疯狂》（*Irre-Wir behandeln die Falschen*：*Unser Problem sind die Normalen*，2009），其文笔幽默辛辣（中译本也力图体现这种风格）——指出：“安乐死运动可不是纳粹发明的，而是咱们的白衣天使——精神科大夫。1920

① 〔英〕Paul Weindling：《精神病学与纳粹暴行》，陈晓岗摘译，《国外医学·精神病学分册》1993年第1期。

② 〔美〕亨利·弗莱德兰德：《从“安乐死”到最终解决》，赵永前译，北京出版社，2000，第162页。

③ 译文基本采用〔英〕David Pilgrim《心理健康关键概念手册》，张庆伟等译，高等教育出版社，2006，第148页。经与原文核对，该中译本此处将 a policy of involuntary sterilization 误译为“自动绝育政策”，故改。

年，希特勒开始活动的年代，著名的‘霍赫同志’和‘宾丁先生’一起鼓吹给‘不值得生存的生命’一个‘很好的终结’，从希腊文翻译过来就是安乐死。……作为一只白衣天使（原文如此——刘注），从疾病中发现不足并尝试消除是很好的，但是如果从自己看事物的职业角度提取世界观来，那就变成了蔑视人类的‘黑心恶魔’。”①

英国社会学家安东尼·吉登斯（Anthony Giddens）指出：“支撑生物医学健康模式的那些预设遭到了严重的政治操弄，尤其是借助优生学，试图通过所谓‘优选优育’、从遗传学的角度‘改善’人种。纳粹德国的科学‘专家’和‘医学’专家，宣称他们已经确定了一个优越的种族，就是皮肤白皙的‘雅利安’种，从而把这些政策发挥到了极致。他们的优生学方案最终导致了属于被纳粹视为生物学上劣等的犹太人和吉普赛人等群体的数百万人遭到种族屠杀，以及对超过25万的残障人士的系统谋杀。”②

站在反精神病学立场上的美国精神病学家彼得·布利金（Peter Roger Breggin）的观点最为尖锐，同时也有那么一点可以理解的偏激，他把批判的锋芒对准精神病学。他在《精神病学在大屠杀中的作用》（Psychiatry's Role in the Holocaust，1993）一文中指出：“精神病学对于纳粹德国进行的针对犹太人和其他德国所不容的群体的大规模屠杀事件的展开起到了关键性的作用。”他试图回答这个问题：“什么样的精神病学原则可以导致这些暴行的发生？”他还诘问：“道德失败的精神病学有没有一个存在基本道德缺陷的基础？”他在文末总结道：“似乎有必要得出这样的结论，精神病学所固有的基本原则，不仅与纳粹的极权主义和种族主义目标相一致，而且期望、鼓励希特勒的优生学和安乐死计划，为其铺平道路。没有精神病学，就不会有大屠杀的发生。”③

德国这段历史再清楚不过地揭示，精神病学不仅可能被魔鬼利用，而如果对其不加以必要的约束，最重要的是如果不尊重精神病人的人权，它本身也会肆虐成灾。

---

①〔德〕曼弗雷德·吕茨：《疯狂》，曾文婷、喻之晓、赵雅晶译，广西科学技术出版社，2013，第31~32页。

②〔英〕安东尼·吉登斯：《社会学》（第5版），李康译，北京大学出版社，2009，第217页。

③〔美〕Peter R. Breggin，“Psychiatry's Role in the Holocaust”，*International Journal of Risk & SafelY in Medicine*，4（1993）133-148.

第四节　非自愿住院的滥用

自有非自愿住院制度，就有非自愿住院的滥用（abuse）。非自愿住院的滥用是精神病学早期历史不可分割的一部分。法国曾经发生的基于治安、经济需要和家庭申请密札所致的“大禁闭”，美国、德国、日本等国对所谓“不适者”实施强制住院，都在相当大的程度上滥用了非自愿住院。

非自愿住院的滥用，包括对不需要住院的精神病人采取非自愿住院和出于非医疗目的而对精神正常者实施非自愿住院，但构成侵犯人权的严重问题的，主要是指后者。至于因为诊断错误，对精神正常者或者不需要住院的精神病人实施非自愿住院，是一种误用（misuse）或疏忽（negligence）。当然，滥用与误用、疏忽有时难以区分。

非自愿住院的滥用，按其目的和实施者，大体可以分为政治滥用和家庭滥用。家庭滥用通常因为财产、婚姻、信仰、生活方式等方面的矛盾和冲突，主要发生在夫妻之间、父母子女之间。事实上，家庭滥用更为常见，其严重性和危害性一点也不比政治滥用小。但由于复杂的原因，后者更为受到关注。非自愿住院的政治滥用是指出于政治动机（politically motivated）对精神正常者实施非自愿住院。它是精神病学政治滥用（political abuse of psychiatry）的主要形式。

精神病学与政治存在微妙而密切的关系。精神病以及精神病学能够成为政治斗争的工具，米歇尔·福柯曾经指出存在“精神病学政治”或者“政治的精神病学”。[①] 政治性利用精神病或精神病学，主要有两种相反的情况，一是伪装患精神病而逃避迫害或惩罚，二是把政敌说成是精神病人加以迫害。但现代所说精神病学的政治滥用，是指后者。

20 世纪 40 ~ 50 年代，在美国，对庞德叛国案的审理过程中，精神病学就扮演了一种具有政治性的角色。与大多数案件不同的是，在此案中，控辩双方似乎有一种默契，都娴熟地利用了精神病学。埃兹拉·庞德（Ezra Pound，1885 ~ 1972）是美国诗人，意象派诗歌的代表人物，还是中国

① 参见〔法〕《福柯集》，杜小真选编，上海远东出版社，1998，第 429 页。

古代文化的崇拜者和传播者。但同时他也是一个狂热的法西斯主义者和反犹太主义分子。第二次世界大战期间，居住在意大利罗马的庞德积极为法西斯的机关报撰写文章和经常为罗马电台广播，攻击同盟国，赞扬轴心国。1945 年 4 月，庞德被美军逮捕拘留，11 月被押回美国，随即被以叛国罪起诉。美国国内对如何处理庞德有两种意见。多数人主张对他的叛国罪行严加惩处。也有一些人，包括庞德的亲友、出版商、文学艺术界知名人士和政治名流，主张宽恕庞德。庞德的律师提出了无罪辩护，声称庞德患有精神病。由三名代表政府的精神科医生和一名代表辩护方的精神科医生组成的小组对庞德的精神状况进行了检查，得出的结论是："精神错乱，精神上不适宜接受审判，需要在精神病院治疗。"1945 年 12 月庞德被送入华盛顿圣伊丽莎白医院（St. Elizabeths Hospital）。在此之后的 13 年里，接触过庞德的精神科医生对庞德是否有精神病一直有不同的看法，许多人认为庞德是精神健全的。在医院期间，庞德仍然进行诗歌创作和翻译，有许多作品出版。1949 年他还获得波林根奖（Bollingen Prize）。从 1956 年起，美国社会掀起了要求释放庞德的运动。1958 年 5 月，因被认为身患无法治愈的精神错乱症，永远不宜受审，庞德被释放。7 月庞德到达意大利那不勒斯，他面对记者敬了一个法西斯式的礼，并宣称"整个美国是一个疯人院"（all America is an insane asylum）。后来，他也否认自己有精神病。对庞德一案，世人有几种看法。有人认为庞德并没有精神病，他是以精神错乱为由，并利用一些精神科医生的同情，躲在医院，逃避叛国罪审判。有人认为是美国政府不敢审判庞德，便以精神错乱为名把庞德送入医院长期监禁，达到惩罚政治异己的目的，与苏联利用精神病院关押持不同政见者一样。还有人认为，美国政府明知庞德没有精神病，但为避免审判庞德所可能产生的麻烦，顺水推舟地接受了无受审能力的辩护。当然，也有人认为庞德确实有精神病。①

精神病学的政治滥用还有另一种形式，即出于政治动机，侵犯人权地进行精神病学研究和实验。2006 年，由加拿大精神病学家科林·罗斯

① 参见〔美〕柯特勒《"这个声名狼藉的病人"：埃兹拉·庞德的避难所》，载于柯特勒著《美国八大冤假错案》，刘末译，商务印书馆，1997；申奥《美国现代文坛怪杰——庞德》，载于《外国诗》（二），外国文学出版社，1984；http://en.wikipedia.org/wiki/Ezra_Pound。

（Colin A. Ross）基于依据《信息自由法》（Freedom of Information Act）从美国中央情报局获得的15000份资料，撰写的《中情局医生：侵犯人权的美国精神科医生》（*The CIA Doctors*：*Human Rights Violations by American Psychiatrists*）一书出版。该书揭露，第二次世界大战以后，为了进行冷战之中的心理战（psycho-warfare），中央情报局和军方秘密组织和资助一些大学和精神科医生进行了一系列精神控制项目（mind control programs）的研究，其目的是发现精神控制技术，例如使敌方人员在审讯中坦白，使本方人员更耐审讯，或者擦除某个人的记忆、改变某个人的性格。该研究违背了有关伦理准则。实验对象没有被告知实验的真正目的，没有给予知情同意，也没有外部法律顾问的帮助，而且没有得到任何有意义的后续补救行动。实验使用致幻剂、大麻等毒品和安非他明等精神药物，并且使用感觉剥夺（sensory deprivation）、电击（electroshock）等技术，导致实验对象发生精神病或死亡。[①] 2007年，英国作家多米尼克·斯垂特菲尔德（Dominic Streatfeild）出版《洗脑术：精神控制秘史》（*Brainwash*：*The Secret History of Mind Control*）一书，也对此事作出详细描述。此书国内已出版译本，可以参考。[②]

有一个概念 psychiatric abuse（或者 mental health abuse），虽然也可以用来概括上述的滥用，但现在主要是指精神科医生或者精神卫生从业者（mental health practitioner）利用与患者的密切关系和自身的优势地位，对患者实施性侵犯、虐待、经济剥削、过度治疗和其他侵害。这种滥用也是一个需要重视的问题，但本书不想展开讨论。

非自愿住院的政治滥用的主体是政府，而不是个人。在标榜保护人权和公民自由、不便于赤裸裸地镇压政治异端的国家，如何压制、惩罚政治反对者，如何使他们不再有政治性反对言行，是一个令政府头疼的问题。肉体消灭式的手段可能激起强烈的社会反应，实在是下策。编织罪名将他们投入牢房，也不是很容易做到的事情。但是如果宣布他们是病情严重或者具有危险性的精神病人，需要住院治疗，效果会怎样呢？第一，将他们

① 参见 http://coastalrain.tripod.com/disconnect/id19.html；http://www.cchrint.org/2009/09/03/cia-mind-control-doctors/。

② 〔英〕多米尼克·斯垂特菲尔德：《洗脑术：思想控制的荒唐史》，张孝铎译，中国青年出版社，2011。

的行为医学化（medicalization），而“医学提供了控制自由表达的有效方式”[①]。也就是可以在“人道主义”和医学的旗号下，光明正大地将他们送入精神病院，使他们无限期地与世隔绝，无法继续发声。第二，可以说明他们的行为与政治无关，即“去政治化”（depoliticization，亦译“反政治化”）[②]，因而对他们进行处理不属于政治迫害。第三，可以说明他们的言论是精神障碍支配下的胡言乱语，从而使公众不再相信。第四，通过长期隔离“治疗”，迫使他们转变立场，或者使他们丧失思想的能力。第五，在有些国家，确定非自愿住院治疗，无须经过司法程序，可以不公开、无辩论地进行，避免了司法制约和社会监督。这确实是一个精明的手段，因而也常常被人使用。

在20世纪下半叶，最受关注的非自愿住院的政治滥用，是在苏联和一些东欧国家，以及南非，曾经发生有组织地利用精神病院关押、迫害持不同政见者（dissidents）的侵犯人权问题。

翻读尼基塔·谢尔盖耶维奇·赫鲁晓夫（1894～1971）在苏共二十大所作的秘密报告《关于个人崇拜及其后果》、亚历山大·伊萨耶维奇·索尔仁尼琴（1918～2008）的《古拉格群岛》、罗伊·麦德维杰夫的《让历史来审判——斯大林主义的起源及其后果》等专门揭露斯大林个人和斯大林时期问题的文献，没有发现关于精神病学政治滥用的材料。其实也不奇怪。在斯大林时期，对付所谓“人民的敌人”的主要手段是“从肉体上消灭”和囚禁于监狱和集中营，可能不屑于使用强制住院这种不够强硬也不够“理直气壮”的方式。至少可以说，在斯大林时期，像亚历山大·叶赛宁（俄罗斯杰出诗人谢尔盖·叶赛宁的私生子）那样，因“反苏言论”而被关入精神病院的情况（1949年），并不多见，没有引起关注。

有些人探究过苏联精神病学政治滥用的发端。1976年，自1943年起就流亡西方的苏联学者、前联共（布）党员阿布杜拉赫曼·阿夫托尔哈诺夫（1908～1997，车臣族人）在《权力学》（*Stalin and the Soviet Communist Party: A Study in the Technology of Power*）第二版中指出，赫鲁晓夫通

① 参见〔美〕恩格尔哈特《生命伦理学的基础》，范瑞平译，湖南科学技术出版社，1996，第241页。

② 参见〔美〕Earl Rubington、Martin S. Weinberg 编《社会问题导论——五种理论观点》，陈慧娟译，台湾巨流图书公司，1988，第299页。

过揭露斯大林的罪行当权，而在牢握权柄之后，又部分地恢复了斯大林的方法，审讯持不同政见者、迫害教徒、恢复集中营，并“发明了连斯大林都未曾想到的东西——政治犯精神病监狱，人们在这里可能被终身监禁”。[①] 1978年，于1977年逃往西方的苏联全国精神病学和神经病协会秘书长、精神科医生约里·诺维科夫在联邦德国《明镜》周刊上撰文指出：斯大林逝世后，赫鲁晓夫不允许存在政治上的反对派，他需要寻求一个既不会引起骚乱，又能保守住秘密和使外界确信无疑的解决办法。于是，沙皇曾经使用过的将持不同政见者关进疯人院的做法在当时得到发展并渐趋完善。[②]

有些人的分析更为具体。1977年，在米歇尔·福柯参加的一个座谈上，法国学者让-皮埃尔·法耶（Jean-Pierre Faye）介绍了曾经被强制住院的苏联持不同政见者维克多·范伯格（Viktor Fainberg）的一个说法：苏联对持不同政见者的强制住院是为斯大林主义寻找替代品的结果，它首先是作为“解冻”的一种形式出现的，发生于赫鲁晓夫在苏共二十大后所作的一次讲演之后。在1958年的一次讲演中，赫鲁晓夫把对立面的思想或持有异议的思想归于发疯。[③] 1999年，曾经是苏联时期著名持不同政见者的罗伊·麦德维杰夫指出：人们认为，可以把因政治目的而利用精神病院这个问题的历史同赫鲁晓夫讲过的一个“思想”联系起来，他曾说在共产主义条件下只有精神上不正常的人才会犯罪，只有他们才会反对现存制度。[④]

根据这个线索，我查阅了记录赫鲁晓夫在1958年及其前后时期言论的文献，发现他的上述观点并不是在1958年发表的，而见于其1959年5月22日在第三次苏联作家代表大会上的讲话——《为人民服务是苏联作家的

---

① 〔苏〕阿夫托尔哈诺夫：《权力学》（下册），张开等译，新华出版社，1980，第895页。

② 参见〔苏〕约里·诺维科夫《克格勃罪行目击记——苏联精神病院内外》，周克俊译，载于《啄木鸟》第1期，群众出版社，1980。

③ 参见〔法〕米歇尔·福柯《监禁　精神病学　监狱》，载于《权力的眼睛——福柯访谈录》，严锋译，上海人民出版社，1997；〔法〕米歇尔·福柯《囚禁，精神病学，监狱》，万美君译，载于杜小真选编《福柯集》，上海远东出版社，1998。两篇译文文字差异较多。

④ 〔俄〕罗伊·麦德维杰夫：《人们所不知道的安德罗波夫——前苏共中央总书记尤里·安德罗波夫的政治传记》，徐葵、张达楠、何香译，新华出版社，2001，第116页。

崇高使命》（刊登在1959年5月24日《真理报》）：

> 我们根本不打算断言，我们已经消灭了一切过去的残余，已经改造好了所有的人。但是每一个比较深入地了解苏联社会的生活的人都会知道，存在着罪犯这绝对不是我们社会的特点，我们社会的特点是人们觉悟的迅速提高。有些人会问：共产主义社会中还会有罪犯吗？我个人作为一个共产党员，不能保证说不会有了。犯罪，这就是脱离社会上公认的行为准则，常常是由于一个人精神混乱所引起的。在共产主义社会中会不会有个别的人处于病态和精神混乱呢？显然是会有的。既然会有这种情况，那么一个精神不正常的人所特有的过失也是可能的。而人们不会根据这些精神病者来判断共产主义社会的。可以对那些可能根据类似的“理由”号召同共产主义作斗争的人说，现在也还有人在同共产主义斗争，同共产主义的崇高思想斗争，但是这些人的精神状态显然是不正常的。①

或许与赫鲁晓夫的这次讲话有关，《苏俄刑法典》在1960年进行大幅度修订时，取消了“非法安置精神病院罪”。一般认为，1960年《苏俄刑法典》比1926年《苏俄刑法典》（在斯大林时期经过一系列修改和补充）进步，但其取消“非法安置精神病院罪”，被后来的事实证明，纵容了精神病学政治滥用的发生。从那时起，对于精神科医生的恣意妄为就不能再通过法律程序控告和反对，而只能通过行政途径逐级向上反映，即向州卫生局、俄罗斯联邦卫生部、苏联卫生部反映。②

同时，苏联当局加强了社会危险性精神病人紧急强制住院即相当于保安性强制住院的制度。1961年10月，经内务部和最高检察署联合讨论批准，卫生部发布了《关于对构成社会危险的精神病人实行紧急强制住院治疗的实施细则》③：

① 〔苏〕赫鲁晓夫：《关于文学艺术问题的讲话》，人民文学出版社，1959，第49～50页。

② 参见〔苏〕若列斯·亚·麦德维杰夫、罗伊·亚·麦德维杰夫《谁是疯子?》，钱诚译，群众出版社，1979，第83页。

③ 参见〔苏〕若列斯·亚·麦德维杰夫、罗伊·亚·麦德维杰夫《谁是疯子?》，钱诚译，群众出版社，1979，第55～57页。

必须预防精神病患者的危险行动，这就要求在某些情况下紧急地把这些人送进精神病医疗机构住院治疗。为此，特作如下规定：

一、精神病人对周围的人或对其本身表现出明显的危险性时，卫生保健机构有权不经患者本人及其亲属和保护人之同意（作为精神病医疗上的紧急救护措施）即将该病人送进精神病医院。

二、精神病医疗机构须组织由三名精神科医生组成之专门小组，在24小时内对强制住院的病人进行检查，审查强制该人住院是否正确，并确定其是否应继续留院治疗。强制病人住院后应将此事通知其最近亲属。

三、构成实行强制住院的基本指征是病人的社会危险性，其标志应是病人症状中具有下列特点：（1）处于精神运动性兴奋状态且具有侵犯性倾向。（2）表现有由于精神性障碍（幻觉，妄想，精神性自动症的综合症，意识障碍的综合症，病理性冲动）而引起的反常行为，而且这种行为伴有冲动性紧张和实现其行为的热烈愿望。（3）表现出系统性的妄想型综合症状，处于慢性阶梯性病程中，而且这些症状能够促成病人的社会性危险行为。（4）处于疑病性妄想状态，而这些妄想能够促成病人对个别的个人、组织、机关采取不正确的、侵犯性的态度。

上列各项无疑包含有社会危险性的病征也可能伴有表面上正确的行为，或者被掩饰着。因此，在判断这些人的精神状态时必须加倍谨慎从事，以便既能防止扩大强制住院的指征范围，同时又能通过强制住院办法及时预防精神病患者可能采取的具有社会危险性的行动。

上列各项紧急强制住院的指征，只是列举出某些常见的构成社会危险性的病征，并不包括其全部。

四、普通的，虽然是严重的，酒醉状态以及由其他麻醉品引起的中毒，没有精神性疾病的人们的情感激动性反应，都不能成为紧急强制送入精神病医院的指征。

五、紧急强制住院由精神科医生直接执行；在没有精神病医疗机构的地区，则可以由一般医疗网中的医生执行，但在这种情况下必须立即将病人送到就近的精神病医院去。

六、执行强制住院时，将病人送进医院之医生必须详细写明实行紧急强制住院所依据的医学指征和社会指征，并在最后注明自己的工作地点、职务、姓氏及送入医院的时间。

七、地方民警机关必要时（遇有病人的亲属、保护人表示反对并进行抵抗时），根据本《实施细则》第五点所列人员的要求，应该在对精神病人施行紧急强制住院的工作中给予医务工作者以协助。

八、被强制送入精神病医疗机构的病人，应根据其病情安置在相应的病房中以便对其进行治疗，并必须由三名精神科医生组成的专门小组对其进行定期（不少于每月一次）的复查，以便确定其是否应该继续住院的问题。病人的精神状态已经好转，或者其构成社会危险性的临床症状业已消失时，即由医生专门小组作出使该病人出院的决定。这类病人的出院应由其亲属或保护人担保。

保安性强制住院在任何国家都是需要的，因为它有助于预防精神病人发生危害他人和社会的行为。但是苏联这个《实施细则》存在严重问题——很可能不是疏忽所致，很容易被滥用。最严重的问题是它没有界定什么是社会危险性，而且规避了司法机关的监督。是否需要强制住院，由医疗机构决定，并且取决于医生的良心和水平。而在苏联，医疗机构也是国家的一个部门。而且，“上列各项紧急强制住院的指征，只是列举出某些常见的构成社会危险性的病征，并不包括其全部”的规定使医生具有无限的裁量权。

同时需要指出，在赫鲁晓夫执政的整个时期，虽然“全国范围的重大政治审判一次也没有发生过”①，但也并非如一些人想象的那么宽松，对反苏维埃煽动宣传行为的刑事追究仍然是大规模的。在俄罗斯学者编辑的《苏联检察院对5810例反苏维埃鼓动宣传活动案件司法复查（1953—1991）》这部大型历史资料集中，大多数案件是1953年至1964年发生的，其中一些是反对赫鲁晓夫的案件，以至于编者都吃惊地表示：“最近公布的材料，不仅表明了后斯大林时期政治镇压存在的这个事实本身（这几乎是令人意想不到的，因为这与赫鲁晓夫自由化作为赫鲁晓夫政策的重要组

① 〔苏〕罗伊·A. 麦德维杰夫：《赫鲁晓夫的执政年代》，邹子婴、宋嘉译，吉林人民出版社，1981，第45页。

成部分之一的为斯大林镇压运动受害者平反的概念是矛盾的），而且还表明了它们的巨大规模。”①

更多地对持不同政见者使用精神病学的强制住院，是从60年代中后期开始的。当时，持不同政见者的活动更为活跃，而苏联当局与之斗争也更为坚决。1966年9月，苏联最高苏维埃主席团对1960年《苏俄刑法典》进行了有针对性的增补，将“散播明知虚假的诋毁苏维埃国家制度和社会制度的谣言”列为犯罪。第190－1条规定：“以口头的形式系统地散播明知虚假的诋毁苏维埃国家制度和社会制度的谣言，或者以书面的、印刷的形式或以其他形式制造或散播同样内容的谣言的，处二年以下的剥夺自由，或一年以下的劳动改造，或一百卢布以下的罚金。”这条规定与第70条关于“反苏维埃的煽动和宣传罪”（即1926年《苏俄刑法典》的第58条第10款，1962年修订）的规定（以损害和削弱苏维埃政权或实施某种特别危险的国事罪为目的，进行煽动或宣传，或以同样的目的，散布诋毁苏维埃国家制度和社会制度的谰言，以及散布、制作、收藏具有同样内容的文书的，处六个月以上七年以下的剥夺自由，并科或不并科二年以上五年以下的流放，或处二年以上五年以下的流放）②，是克格勃镇压持不同政见者的利器。

强制住院的更多运用与尤里·安德罗波夫（1913～1984）在1967年担任克格勃（国家安全委员会）主席也有密切关系。此前，苏联知识界对安德罗波夫的印象良好。在苏共中央政治局任命安德罗波夫担任克格勃主席之时，有些有名的持不同政见者推测，安德罗波夫的任命将使逐步加强的对持不同政见者的镇压有所减弱。但这个愿望并没有实现。安德罗波夫对待知识分子虽然有其开明的一面，但他坚信与持不同政见者的斗争是必须的和重要的。

苏联的持不同政见者是在赫鲁晓夫批判斯大林个人崇拜和“解冻”背景下出现的。在赫鲁晓夫时期，持不同政见者基本上局限于个别的人。到20世纪60年代中期，也就是勃列日涅夫（1906～1982）执政初期，持不

① 〔俄〕埃德尔曼编《苏联检察院对5810例反苏维埃鼓动宣传活动案件司法复查（1953—1991）》，方琼、唐福山译，人民出版社，2010，第1页。

② 《苏俄刑法典》（一九七八年修订版），北京政法学院刑法教研室，1980年印。

同政见者运动逐渐成形，主要派别有以苏联氢弹之父安德烈·德米特里耶维奇·萨哈罗夫（1921～1989）为代表的西方派（又称法制派）、以作家索尔仁尼琴为代表的新斯拉夫派（又称基督教民族主义派）、以历史学家罗伊·麦德维杰夫为代表的民主社会主义派。①

对于持不同政见者，安德罗波夫认为：

> 我们完全有理由认为苏联社会在思想政治上的一致是我们最伟大的成果。……然而，正因为苏联社会在思想政治上的一致是其力量的源泉，所以社会主义的敌人才对此进行最猛烈的攻击。西方宣传围绕着臭名昭著的“权利和自由”问题和所谓“持不同政见者”问题而掀起的一场令人难以置信的喧嚣，尤其与此有关。应该说“持不同政见者”这一名词本身就是宣传家们狡猾杜撰出来的，其目的在于蒙骗社会舆论。众所周知，这个词翻译过来就是“思想不同的人”。资产阶级宣传使用这个名词，是打算把事情说成这样：似乎苏维埃制度不容许它的公民进行独立思考并迫害任何“有不同想法的人”，即不像官方所规定的那样。这种说法与实际情况毫无共同之处。

安德罗波夫还分析了出现持不同政见者的原因，并且暗示其中一些人有精神障碍：

> ……所有这一切是否就是说：发达的社会主义保险就不会出现个别人，他们的所作所为既不属于苏联社会的道德范畴，也不属于苏联社会的法律范畴呢？不，不能这样说。众所周知这方面的原因可能是多种多样的：政治上或者思想上的迷误，宗教狂热，民族主义的错误，个人认为社会轻视他的功绩和能力而受到委屈和挫折，以及最后在更多情况下是个别人精神状态的不坚定。而所有这些情况我们不能不经常遇到。建设新社会和建设新的共产主义文明——这是个复杂而

① 参见郭永胜《发出不同的声音：苏联持不同政见者运动研究》，载于沈志华主编《一个大国的崛起与崩溃：关于苏俄历史的专题研究》下册，社会科学文献出版社，2009。

不易的过程。这个过程只能是如此。[①]

1967 年 7 月，安德罗波夫建议在中央和地方建立一个克格勃的独立部门，其任务是“与境内的思想颠覆活动作斗争”。之后，克格勃成立了第五局。在苏联的法律文献和俄罗斯苏维埃联邦社会主义共和国刑法典的说明文字中有：“思想颠覆是指那些作用于人们的思想感情的手段，其目的在于破坏、损害和削弱共产主义思想体系的影响，在于削弱和分裂革命运动、民族解放运动和社会主义制度，并且通过合法的或非法的途径利用诽谤性的、伪造的或者有倾向性的材料去实现，以造成意识形态的损失。”[②]

但是，安德罗波夫不愿意或者不敢于使用斯大林时期的做法。俄罗斯学者、曾经担任苏联科学院美国和加拿大研究所所长的格·阿·阿尔巴托夫回忆当时的情况：在苏共二十大和二十二大以后，在揭露斯大林和劳改营管理总局（即古拉格）的罪行之后，领导上不愿意再大规模地实行政治镇压。勃列日涅夫是知道历史针对这些罪行是怎样回报斯大林的，也不愿意这样做。安德罗波夫更是如此。[③] 还有一个重要因素，如罗伊·麦德维杰夫所说：“从 60 年代末开始，同持不同政见者进行斗争的方式方法变得更加多样化和精巧了。这部分地是由于国际形势的改变，由于缓和政策和国际接触的扩大。”[④]

安德罗波夫青睐精神病学的强制住院方法。1967 年，作为克格勃主席的安德罗波夫和总检察长鲁坚科、内务部长晓洛科夫向苏共中央提交了一份报告，指出精神病人具有严重的社会危害性。报告列举了一些“闻所未闻的”向苏维埃政权挑衅的例子。报告令政治局委员大为震惊。总之，精

① 〔苏〕尤·弗·安德罗波夫：《共产主义信念是新世界建设者的伟大力量》，载于《安德罗波夫言论选集》，苏群译，新华出版社，1984。

② 参见〔俄〕罗伊·麦德维杰夫《人们所不知道的安德罗波夫——前苏共中央总书记尤里·安德罗波夫的政治传记》，徐葵、张达楠、何香译，新华出版社，2001，第 87 页。

③ 〔俄〕格·阿·阿尔巴托夫：《苏联政治内幕：知情者的见证》，徐葵、张达楠等译，新华出版社，1998，第 314 页。

④ 〔俄〕罗伊·麦德维杰夫：《人们所不知道的安德罗波夫——前苏共中央总书记尤里·安德罗波夫的政治传记》，徐葵、张达楠、何香译，新华出版社，2001，第 114 页。

神病院不够用。在这之后，劳动改造营管理总局又增加了5所精神病院。[①] 1969年4月29日，安德罗波夫写信给苏共中央，提出扩大精神病院网的计划和他对利用精神病院来维护苏联国家和社会制度的设想。苏共中央和苏联部长会议作出了秘密决议对这些建议表示接受和肯定。[②] 1969年5月15日，发布第345－209号法令“防止部分精神病患者危险行为的措施”。[③]

克格勃利用精神病学迫害持不同政见者主要有两种方式。第一，将持不同政见者逮捕，宣布他们违反了刑法第70条或第190条的规定，而后起诉但不进行公开审判，而是进行精神病学鉴定，宣布该人无责任能力，判决将其送入精神病院。第二，是将持不同政见者直接宣布为精神病患者，不顾本人和家属的反对强行关入精神病院，实施所谓的治疗。[④] 也可以说，前者是刑法模式，后者是精神卫生法模式。

谢尔比斯基司法精神病中央科学研究所在其中发挥了重要作用。在25年里，仅这家机构就对370名被克格勃按《苏俄刑法典》第70条和第190条予以指控的持不同政见者进行了鉴定。[⑤] 谢尔比斯基研究所明为卫生部主管，实为内务部主管，也就是受克格勃控制。曾经担任谢尔比斯基研究所所长，后来担任苏联卫生部精神病科总医师的阿·弗·斯涅日涅夫斯基（亦译“斯尼施涅夫斯基”）以提出“潜在的精神分裂症”理论而著名。他认为，“潜在的精神分裂症”可以表现为“改革社会主义的非现实理想”或“对自己的作用过高评价”。同时他又说：“病人看来可能是完全健康的”，所以诊断“潜在的精神分裂症”并不需要确定典型症状，如幻觉和妄想。后来担任谢尔比斯基研究所所长的格·弗·莫洛佐夫（亦译“莫罗索夫”）认为，“潜在的精神分裂症”只能在与外界隔绝的专门医院里治疗，必须保护社会不受这些政治狂想者的侵害。谢尔比斯基研究所有一个

---

① 参见〔俄〕列昂尼德·姆列钦《历届克格勃主席的命运》，李惠生译，新华出版社，2001。

② 参见〔俄〕罗伊·麦德维杰夫《人们所不知道的安德罗波夫——前苏共中央总书记尤里·安德罗波夫的政治传记》，徐葵、张达楠、何香译，新华出版社，2001，第115页。

③ 参见 http://en.wikipedia.org/wiki/Political_abuse_of_psychiatry_in_the_Soviet_Union。

④ 参见郭永胜《发出不同的声音：苏联持不同政见者运动研究》，载于沈志华主编《一个大国的崛起与崩溃：关于苏俄历史的专题研究》下册，社会科学文献出版社，2009。

⑤ 参见〔俄〕罗伊·麦德维杰夫《人们所不知道的安德罗波夫——前苏共中央总书记尤里·安德罗波夫的政治传记》，徐葵、张达楠、何香译，新华出版社，2001，第116页。

第四科，或称“特别鉴定室”，专门从事对持不同政见者的鉴定。其主任德·罗·隆茨（亦译“伦茨”）对“潜在的精神分裂症”也有深入研究，他认为“潜在的精神分裂症”主要有三种情况：一为批评苏联体制的人；二为根本否定国家职权的人；三为想用武力反对高级政治家的人。他宣称：“如果我说他是病人，他就准是。”每年约有40名持不同政见者经隆茨的鉴定而被关入精神病院。谢尔比斯基研究所对“病人”有两种处置，一般病人送往普通精神病院，而将那些“对社会具有特别危险”的持不同政见者则送往精神病特别医院。苏联有12所由内务部管辖的精神病特别医院，其中一半是20世纪60～70年代建立（在原有监狱的基础上）的。[①]

被列为精神病人的最著名的持不同政见者是前将军彼得·格里戈里耶维奇·格里戈连柯（1907～1987，亦译“格里高连柯”）。格里戈连柯参加过1939年的诺门坎战役和之后的卫国战争，荣获多枚勋章。卫国战争期间，他在18集团军服役，因而与勃列日涅夫相识。1961年，格里戈连柯在莫斯科一次党的会议上，谴责赫鲁晓夫没有履行其在苏共二十大上所做的许诺，并且认为党的干部的特权不符合列宁制定的原则，结果惹怒赫鲁晓夫，被贬到远东地区。1964年2月，因为参与组织“重建列宁主义战斗协会”，反对恢复对斯大林的个人崇拜，并且散发传单，格里戈连柯被逮捕，理由是触犯了《苏俄刑法典》第70条。同年3月，他被移送谢尔比斯基研究所进行鉴定。以所长格·莫洛佐夫为首的委员会所做的鉴定结论是：“格里戈连柯的改革思维，特别是他对国家机器的新体制的设想反映了他的精神状态。这些思想是和他过高估计自己分不开的。他将自己视为救世主。他十分冲动地谈论他的经验，坚定不移地确信自己的行动。”委员会认为格里戈连柯不能为自己的行为负责，需要送精神病院治疗。于是，格里戈连柯被送到列宁格勒精神病特别医院。被送入精神病院两周后，苏共中央宣布将其开除出党，同时剥夺他的军衔、勋章和退休福利。1963年3月，格里戈连柯再度接受检查，列宁格勒的医生认为住院治疗已无必要，可以出院，但必须定期到精神病院报到。1969年，因为反对苏联

① 参见〔苏〕约里·诺维科夫《克格勃罪行目击记——苏联精神病院内外》，周克俊译，载于《啄木鸟》第1期，群众出版社，1980；〔苏〕若列斯·亚·麦德维杰夫、罗伊·亚·麦德维杰夫《谁是疯子?》，钱诚译，群众出版社，1979。

入侵捷克斯洛伐克，在塔什干声援被压迫的克里米亚鞑靼人，格里戈连科再次被捕。但要对他进行公开审判，材料显然不足。因而克格勃责成乌兹别克共和国的精神病院对他进行鉴定。但地方的鉴定结论出乎克格勃的意料："格里戈连柯的举动出自他的信念，丝毫没有病态和歇斯底里的成分。他有非凡的智力成为他周围人的领袖和教育者。无疑格里戈连柯的精神状态正常，住院治疗对于病人必将产生严重恶果，将迅速摧残其身体健康。"两周后，克格勃只得将他带回莫斯科，再次让谢尔比斯基研究所鉴定。由格·莫洛佐夫、德·罗·隆茨等人组成的委员会作出了克格勃期待的结论："格里戈连柯的改革思想包含着一种偏执的特点，这个思想完全控制了他的思维。个性发展的结果出现了癫狂。因此委员会不能同意塔什干的鉴定，建议立即将病人遣送精神病特别医院治疗。"1970 年，法院在格里戈连柯缺席的情况下，宣判将他关入精神病院。格里戈连柯在日记中记述了他在精神病院中的情况："他们强迫我吃饭，打我，掐我脖子，他们把我的手臂反扭过来，故意抽打我那受伤的腿。……他们强迫我穿专给精神病患者穿的衣服。我竭力反抗着，我常常因心痛而摔倒在地。护理员许诺说，只要我放弃改革思想，他们就不再折磨我，我回答他们：信念不是手套，可以每天换一付的。"1974 年 6 月，在美国总统理查德·尼克松访苏前两天，格里戈连柯突然被释放。1977 年，格里戈连柯经批准赴美做手术。[①]

为批准格里戈连柯赴美一事，安德罗波夫还曾向苏共中央提出报告（1977 年 11 月 14 日）。报告说：近年来在进行反社会的人中间，前苏军将军格里戈连柯起了积极的作用。与他联系在一起的有数不胜数的记者招待会、各种各样的"声明"和"呼吁书"，鼓噪臭名昭著的"人权"问题，这是国外宣传机构经常用来达到反苏目的的。格里戈连柯曾经两次因进行反苏活动而被追究刑事责任，这两次皆以法律的程序被送去强制医疗，因为经专家鉴定，他患有精神病（精神分裂症）。10 月，格里戈连柯申请批准他赴美国（他的儿子原先去了以色列，后住在美国），事由是必须做前

① 参见〔苏〕约里·诺维科夫《克格勃罪行目击记——苏联精神病院内外》，周克俊译，载于《啄木鸟》第 1 期，群众出版社，1980；〔苏〕若列斯·亚·麦德维杰夫、罗伊·亚·麦德维杰夫《谁是疯子?》，钱诚译，群众出版社，1979，第 79、173 页；http://en.wikipedia.org/wiki/Pyotr_Grigorenko；http://en.wikipedia.org/wiki/Political_abuse_of_psychiatry_in_the_Soviet_Union。

列腺手术。根据苏联医生的结论，格里戈连柯的确需要做这种手术，但是由于健康原因，却不能做这种手术。如果在苏联进行手术，可能出现失败的后果，这将引起不良的歪曲的言论和政治上对我们不利的反响。考虑到这些情况，决定不反对他因私赴美国。格里戈连柯是否能返回苏联的问题，取决于他在国外的表现。[①]

另一个典型案件是对持不同政见者若列斯·麦德维杰夫的强制住院。与格里戈连柯不同，若列斯·麦德维杰夫没有受到刑事指控，而是直接被强制送入精神病院的。对此事，将在第八章做较为详细的介绍。

利用精神病学和精神病院，是十分狠毒的一招。有些持不同政见者在被强制住院后保持沉默，安分守己。例如，年轻女诗人娜塔利亚·格尔巴尼耶夫斯卡娅（亦译“戈尔巴涅夫斯卡娅”），由于参加在红场举行的反对苏联侵略捷克斯洛伐克的示威游行，被关进精神病院；她从医院出来后仍旧写诗，但是专注于养育儿女，不再积极从事政治活动了。[②]

对克格勃来说，宣布一个人为精神病患者比判他为苏维埃政权的敌人更为有利。“政治审判和政治犯人数的增长，这是一个很糟糕的社会指标，可是医院床位的增长却是表现社会进步的一个很好的社会指标。”[③] 然而，曾经为营救被强制住院的孪生哥哥若列斯·麦德维杰夫而进行过激烈斗争的罗伊·麦德维杰夫认为：“对持不同政见者的精神迫害是比劳改营、监狱或流放沉重得多的折磨。”[④] 在若列斯·麦德维杰夫被关进精神病院之后，萨哈罗夫、索尔仁尼琴都参加了抗议和营救行动。萨哈罗夫指出：“精神病院不应被用来作为对不合心意的人们进行镇压的手段；必须使精神病院只有一个唯一的职能，即对真正的病人进行治疗，同时还必须尊重他们的人权。”索尔仁尼琴的批判更为锐利：“把自由思考的健康人抓进疯人院，这是精神谋杀，这是希特勒毒气室的另一种形式，甚至是更加残酷

---

① 沈志华主编《苏联历史档案选编》第30卷，社会科学文献出版社，2005，第202页。

② 参见〔美〕赫德里克·史密斯《俄国人》（下册），上海《国际问题资料》编辑组译，上海译文出版社，1978，第345页。

③ 〔苏〕若列斯·亚·麦德维杰夫、罗伊·亚·麦德维杰夫：《谁是疯子?》，钱诚译，群众出版社，1979，第160页。

④ 〔俄〕罗伊·麦德维杰夫：《人们所不知道的安德罗波夫——前苏共中央总书记尤里·安德罗波夫的政治传记》，徐葵、张达楠、何香译，新华出版社，2001，第117页。

的形式，因为这样被杀害的人们的痛苦更凄惨，更持久。”① 这三位持不同政见者运动的代表人物，尽管政治见解有很大不同，② 但在反对精神病学政治滥用方面的立场是一致的。

克格勃的行径在国际上引起广泛的抗议和批判。其中也有中国的声音。1974 年 1 月 8 日《人民日报》刊登的一篇新华社报道指出：

> 勃列日涅夫集团还利用所谓“精神病院”来摧残反抗苏修黑暗统治的人。只要是对苏修的法西斯统治表示不满和反抗的人，苏修就可随意宣布是“疯子”、“精神失常”、“精神分裂症”和“精神病患者”，强行关进“精神病院”。这些“精神病院”是由“国家安全委员会”和“内务部”控制的。据报道，有的“精神病院”关押着数千人。在“精神病院”里，对被关押的人任意拷打，并使用各种烈性药物和毒品，强迫他们改变政治观点。有的人身心受到摧残永远无法治愈。③

1977 年中国出版的《苏联社会帝国主义经济统计资料》一书，竟然还例举了一些关押持不同政见者的“疯人院”，包括列宁格勒特别精神病院（列宁格勒市）、卡卢加精神病院（卡卢加市）、切尔尼亚霍夫斯克特别精神病院（加里宁格勒）、罗基什基斯监狱医院（立陶宛）、维尔纽斯精神病院（立陶宛）、考纳斯精神病院（立陶宛）、第聂伯罗彼得洛夫斯克精神病院（乌克兰）、阿什哈巴德精神病院（土库曼）、里加精神病院（拉脱维亚）、明斯克特别精神病院（白俄罗斯）等。④

苏联与西方国家围绕这个问题进行的斗争，更是成为当时冷战的一个组成部分。70 年代中期，安德罗波夫在写给苏共中央的一份秘密报告

---

① 参见〔苏〕若列斯·亚·麦德维杰夫、罗伊·亚·麦德维杰夫《谁是疯子?》，钱诚译，群众出版社，1979，第 92、109 页。

② 参见〔美〕赫德里克·史密斯《俄国人》（下册），上海《国际问题资料》编辑组译，上海译文出版社，1978，第 315～337 页。

③ 新华社讯《压迫愈深　反抗愈烈——苏联人民反抗苏修统治的斗争日益强烈》，《人民日报》1974 年 1 月 8 日。此文收入《新沙皇统治下的苏联》，北京人民出版社，1975。

④ 《苏联一些监狱、劳改营、“疯人院”举例》，载于《苏联社会帝国主义经济统计资料》，人民出版社，1977，第 781～783 页。

中说：

> 在一系列西方国家中，加强了散布指责苏联利用精神病作为同持不同政见者的斗争的工具的粗暴谰言的反苏运动。……最近的材料表明，这一运动具有精心策划的反苏性质。它的组织者企图在即将于1977年8月在美国召开的第六届世界精神病学大会上引导社会舆论公开谴责“苏联对精神病学的滥用”，图谋在伟大的十月社会主义革命60周年的前夕引起政治上的消极反响。……英国皇家精神病学院在加强反苏情绪中起着积极的作用。法国精神病学者联合会大会于1970年6月讨论了“苏联精神病学的状况”，并通过了“谴责苏联精神病学者的行为”的决议。正在试图把世界卫生组织也拉入这一运动。这一行动的策划者对世界精神病学者联合会的领导施加了压力。
>
> 国家安全委员会通过行动手段正采取措施，以破坏西方策划围绕苏联精神病学问题展开的敌对攻击。同时认为苏共中央科学部、学校和宣传部委托苏联卫生部在准备和召开第六届世界精神病学大会（1977年）期间在国际学术交流方面实施相应的措施，并与情报机关一起为此提供宣传保证是合适的。[①]

1977年8月底至9月初，世界精神病协会在檀香山举行的第六届世界精神病学大会除通过《夏威夷宣言》外，还通过一项决议，点名谴责苏联出于政治目的滥用精神病学。1982年，在为拟定于1983年在维也纳举行的第七届世界精神病学大会做准备的过程中，一些西方国家建议驱除苏联的精神病学家或者暂停他们的会员资格。为避免开除，1983年1月，苏联精神病学组织宣布退出世界精神病协会。

直到1988年，情况才发生转变。苏联内务部把16所监狱精神病院移交给卫生部，有5所被取缔。约有80万人被匆忙摘掉了精神病患者的帽

① 转引自〔俄〕罗伊·麦德维杰夫《人们所不知道的安德罗波夫——前苏共中央总书记尤里·安德罗波夫的政治传记》，徐葵、张达楠、何香译，新华出版社，2001，第117～118页。

子。[①] 1989 年，在雅典举行的第八届世界精神病学大会上，在苏联代表团承认存在精神病学的政治滥用，承诺无条件接受世界精神病协会的审查和进行法律改革、保护精神病患者人权的前提下，世界精神病协会以 291 票赞成、45 票反对、49 票弃权的表决通过，重新接纳苏联精神病学组织。[②]

1992 年俄罗斯颁布了《心理帮助和给予帮助时公民权利的保障法》（简称“心理帮助法”）。它实际上是俄罗斯的精神卫生法。该法规定了自愿住院原则，对非自愿住院有严格限制。该法第 29 条规定：如果只有在住院条件下才可能对病人进行观察和治疗，而精神病属于严重精神病，并有因病情而有下列情形之一时，可以不经本人或其法定代理人的同意将病人安置到精神病住院机构：（1）他对自己和周围的人构成危险；（2）处于孤立无援状态，即没有能力独立满足其基本生活需要；（3）由于心理状态的恶化，健康受到严重损害。该法还规定了非自愿住院的程序，包括入院后的委员会的检查证明，取得法院对强制住院的批准，以及以文本形式办理相应的住院手续。必要时根据精神科医生的请求，由警察帮助医务人员强制病人住院。[③]

1996 年，俄罗斯修改刑法典，恢复设立了“非法将他人送入精神病住院机构罪”。《俄罗斯联邦刑法典》第 128 条规定：“1. 非法将他人送入精神病住院机构的，处 3 年以下的剥夺自由。2. 利用自己的职务地位实施上述行为，或由于过失造成被害人死亡或其他严重后果的，处 3 年以上 7 年以下的剥夺自由，并处或不并处 3 年以下剥夺担任一定职务或从事某种活动的权利。”[④] 俄罗斯不是唯一设立这种罪的国家。《保加利亚刑法典》也明确将“故意接纳或者拘禁正常人于精神病治疗机构”列入非法拘禁罪。[⑤]

1998 年，俄罗斯联邦总检察长斯库拉托夫、俄罗斯联邦最高法院院长列别捷夫承认：“过去曾发生过将精神健全，但表现出异己思想的人，即

---

① 参见〔俄〕列昂尼德·姆列钦《历届克格勃主席的命运》，李惠生译，新华出版社，2001。

② http://en.wikipedia.org/wiki/Struggle_against_political_abuse_of_psychiatry_in_the_Soviet_Union.

③ 参见〔俄〕斯库拉托夫、列别捷夫主编《俄罗斯联邦刑法典释义》（上册），黄道秀译，中国政法大学出版社，1999，第 347 页。

④ 《俄罗斯联邦刑法典》，黄道秀译，中国法制出版社，2004。

⑤ 《保加利亚刑法典》，陈志军译，中国人民公安大学出版社，2007，第 57 页。

所谓持不同政见者关入精神病院的事情，这曾引起国际上民主舆论界的谴责。现在这种情况已经终止了，而刑法典第128条规定了将他人非法关入精神病院的刑事责任。”①

然而，在普京执政期间，又有一些人指控俄罗斯还在发生精神病学政治滥用，西方一些组织也给予谴责，颇有冷战时期的味道，但没有引起像以前那样程度的关注。

第五节 “去住院化”与社区精神卫生

自精神病学在19世纪产生到20世纪中叶，精神卫生服务主要是在公立以及私立精神病院进行的。在那个一百多年里，发达国家精神卫生服务的发展标志是精神病院的建立和精神科床位的增加。而从20世纪中叶开始，社区精神卫生服务成为新的发展方向。

虽然社区精神卫生的理念和实践滥觞于英国，但规模和影响更大的社区精神卫生运动则发生于第二次世界大战之后的美国。

第二次世界大战带来的精神疾病及其康复问题是十分巨大的，这使精神卫生受到美国联邦政府空前的重视。1946年，美国国会通过《国民精神卫生法》（National Mental Health Act，NMHA），7月3日由杜鲁门总统（Harry S. Truman，1884～1972）签署。特别值得注意的是National Mental Health Act的名称，它没有使用Mental Hygiene，而是使用Mental Health。National Mental Health Act是世界上第一部名为Mental Health Act的法律。但是，National Mental Health Act并不是典型的、像其他国家那样的规制非自愿住院的精神卫生法。该法体现了联邦在精神卫生上的核心政策，倡导精神健康，要求积极促进对精神病患者的发病原因和治疗方法的研究，并采取中央向各州拨款的措施，用以发展适合于各种用途的精神卫生诊所，以及培训精神科医生、心理学家、精神科社会工作者和精神科护士。该法还提出建立一个国家精神卫生研究所。

① 〔俄〕斯库拉托夫、列别捷夫主编《俄罗斯联邦刑法典释义》（上册），黄道秀译，中国政法大学出版社，1999，第40页。

1949 年，国家精神卫生研究所（National Institute of Mental Health，NIMH）[①] 正式建立。1950 年，全美精神卫生委员会与 40 年代后期成立的另外两个组织即全美精神卫生基金会（National Mental Health Foundation）、美国精神科基金会（American Psychiatric Foundation）合并，成立全美精神卫生协会（National Association for Mental Health）。

在 50 年代，一些体制性问题凸显出来。50 年代以前，在美国，精神病治疗和精神病人管理实行的是住院体制，精神病的治疗主要是在州立精神病院中进行的。许多慢性的严重精神病患者被终身禁闭于精神病院。1955 年，美国州立精神病院的住院人数达到最高峰，有 559000 人。[②] 由于治疗手段的限制和人员配备的不足，住院病人得不到有效的治疗和照护。一些 30 年代以后产生的治疗方法，例如胰岛素休克治疗、电休克治疗、脑叶切断术，因为疗效不理想，而且副作用较大，像是惩罚病人的手段，也遭到反对。精神病院拥挤不堪，管理效率低下，缺乏人性化，病人受到虐待的情况相当普遍。

对精神病院的负面报道也多了起来。1948 年，记者阿尔伯特·多伊奇（Albert Deutsch，1905～1961）出版了在他带着一位摄影师对美国精神病院进行调查之后撰写的《国家的耻辱》（*The Shame Of The States*）。他的书描绘了一幅幅令人恐怖和心酸的情景。在费城州立精神病院，多伊奇看到，“数以百计的患者睡在满是小虫子的潮湿地下室里。吵闹和狂暴的患者使畜棚般的日间休息室里的生活变得难以忍受。”他发表的男性“失控病房”的照片令人毛骨悚然，像“但丁地狱（Dante's Inferno）中的一个场景”，“在这个空空的屋子里，300 位赤裸的男人站立着，蹲坐着，仰躺着，夹杂着尖叫、呻吟和非尘世的笑声。”[③] 该书令人震惊，并推动新闻界和文艺界进一步揭露和反映精神病院的黑暗面。

---

① Institute 也可翻译为研究院，但 NIMH 隶属于美国国家卫生研究院（National Institutes of Health，NIH）——NIMH 在 1967 年曾从 NIH 分离，后又于 1973 年归入 NIH，因而最好翻译为研究所。

② 参见〔美〕理查德·兰姆《精神病院和病人出院者运动》，李维译，载于〔美〕霍华德·弗里德曼主编《心理健康百科全书·社会问题卷》，李维、张诗忠主译，上海教育出版社，2004。

③ 转引自〔美〕爱德华·肖特《精神病学史——从收容院到百忧解》，韩健平、胡颖翀、李亚平译，上海科技教育出版社，2008，第 369 页。

美国精神病学家阿尔弗莱德·斯坦顿（Alfred Stanton，1912～1983）和社会学家莫里斯·施瓦茨（Morris Schwartz，1916～1995）在1954年出版的《精神病院》（*The Mental Hospital: a Study of Institutional Participation in Psychiatric Illness and Treatment*）一书，被视为主张精神病院改革的重要著作。两位学者提出，被一直认为是由精神问题引起的某些传统的病理表现，实际上是由医院的混乱环境直接造成的，确切地说，是由医院工作人员之间明显的混乱关系造成的。病人遭受折磨因为他们常常接到关于治疗方案的自相矛盾的命令，或者成为几个医务人员争执的中心。按他们的话说，医院的社会环境可以"引发一种病症"。①

在60年代，在美英等国兴起的反精神病学运动对传统精神病学和精神病治疗管理体制进行了尖锐的批判。一些学者将传统精神病学和精神病治疗管理体制的特征概括为"医院主义"（hospitalism）、"监禁主义"（custodialism）或者"机构性精神病学"（institutional psychiatry，亦译"制度性精神病学"）。英国学者约翰·温（John Wing，1923～2010）等人揭示了精神病院中的制度主义（institutionalism）。他们观察到一种现象，即长期禁闭在精神病院中的患者会发生"精神病院综合征"（syndrome of institutionalism），其主要特征是：患者缺乏主动性，感觉麻木，畏缩不前，顺从权威。② 对此，精神病学界的许多人给予了反驳，指出多数精神病人都是相对较快地出院，没有延时的滞留，更不用说终身监禁了；所谓的"精神病院综合征"并非全是精神病院的生活使然，而主要是精神分裂症本身造成的。③ 但是，精神病院的声誉还是急遽下降。社会各界要求改革精神病治疗管理体制甚至取消精神病院的呼声高涨。美国法学家劳伦斯·弗里德曼（Lawrence M. Friedman）这样概括当时精神病治疗管理体制"四面楚歌"的境况：

① 参见〔法〕菲利普·亚当、克洛迪娜·赫尔兹里奇《疾病与医学社会学》，王吉会译，天津人民出版社，2005，第82页。

② 参见［英］John Wing，"Institutionalism in Mental Hospitals"，*British Journal of Social and Clinical Psychology*，1：38－51. 1962。

③ 参见〔美〕理查德·兰姆《精神病院和病人出院者运动》，李维译，载于〔美〕霍华德·弗里德曼主编《心理健康百科全书·社会问题卷》，李维、张诗忠主译，上海教育出版社，2004。

真实的丑闻、恐怖的故事和严重侵犯权利的事件不断发生。关于使患者得到“治疗”的幻想也已破灭。公共精神医疗保障制度已经彻底瘫痪，资金缺乏，冷淡无情，残忍野蛮。医院成为了疯人院，患者成为了囚徒，未经正当程序而被锁起来。自由主义指责这种体制侵犯人权。保守主义抨击公共医院的费用昂贵，他们也深深怀疑精神病学与精神病医生，称他们为骗子、宿命论者和传统价值的敌人。双方都求助选择和同意的概念，都一致认为，把人送到精神病院应仅仅作为最后采取的手段，并且只有在特殊的情况下才可以这样做。①

1961 年，美国精神疾病和健康联合委员会（Joint Commission on Mental Illness and Health，1955 年成立）出台了一部题为《精神卫生行动》的报告（Action for Mental Health：Final Report of the Joint Commission on Mental Illness and Health）。② 报告呼吁改进和拓展精神卫生服务，建议有以下几个方面：从住院治疗到社区关怀的转变；更为公平的精神卫生服务的分配；对预防工作的关注；消费者参与精神卫生服务的计划与实施；招募和训练非专业人员作为精神卫生专业人员的助手；对新增的精神卫生服务专业人士的教育；研究工作的公众支持；联邦、州及地方基金共同构建和运作社区精神卫生服务中心。

1963 年，美国总统肯尼迪（John F. Kennedy，1917～1963）推动国会通过《社区精神卫生中心法》（The Community Mental Health Centers Act，CMHA）。③ 其目的是在创建一个以社区为主的全国性精神健康医疗网，让所有的人都能在自己所处的社区得到综合护理。这些中心主要提供五种基本的服务：住院治疗（短期）、门诊治疗、24 小时急诊服务、危机处置、咨询及教育。重要的是，联邦政府将向社区精神卫生提供经费。这受到州政府、患者和患者家庭的欢迎。许多财政拮据的州政府希望把治疗病人的部分负担转嫁给联邦。对州政府来说，将患者安置于社区所需的费用远少

---

① 〔美〕弗里德曼：《选择的共和国：法律、权威与文化》，高鸿钧等译，清华大学出版社，2005，第 224 页。

② 参见 http://www.questia.com/library/100859087/action-for-mental-health-final-report-1961。

③ 该法全称《智力障碍设施和社区精神卫生中心建设法》（The Mental Retardation Facilities and Community Mental Health Centers Construction Act），后经修订。

于安置于州立精神病院所需的费用。患者也能获得一笔补助，虽然数目不大，但可以用这笔钱支付社区中心的食宿，或者在社区其他地方维持较低标准的生活。而患者家属也发现，如果将患者从精神病院接回家里，他们可以获得一些额外补贴。从1965年到1969年，共有2.6亿美元用于社区精神卫生中心。

社区精神卫生更加强调精神障碍的预防。美国建立了三级预防体系。一级预防致力于在学校、工作场所或社区等人群或环境中降低精神障碍的发生率和新病例。二级预防是早期干预，具体做法是鉴别精神障碍的早期症状，迅速采取行动，防止恶化。三级预防是直接干预患者以缩短他们病程的持续，也就是使他们康复或得到治疗，从而降低社区中精神障碍的流行率。最重要的预防是一级预防。而近年来，更多的注意力投放在精神健康的促进方面。①

社区精神卫生的建设对于更广泛地动员和整合社会力量参与精神卫生服务也产生了积极的影响。精神卫生人员的数量不断扩大。精神卫生人员包括精神科医生、心理学家、精神病护士和社会福利工作者。心理学家和社会福利工作者以及还有大量志愿者在社区精神卫生服务中发挥着重要作用。

这就是社区精神卫生运动（community mental health movement）。有人认为社区精神卫生运动是精神卫生服务的“第三次革命”。第一次革命是提出对精神病人进行治疗比监禁、惩罚及隔离更有效的观点。第二次革命则是强调精神病的内在心理原因，其标志是弗洛伊德精神分析疗法的创立。②

世界卫生组织也积极推动社区精神卫生。它建议以社区为基础提供精神保健服务以及支助服务，并按照环境最不受限制的重要原则，尽可能将之纳入一般保健服务，包括初级保健。随着社区服务模式的发展，许多曾送入封闭式收容机构生活的精神障碍患者，表明他们能够在社区生活得充

① 参见〔美〕爱德华·赛德曼、萨比内·弗兰契《社区心理健康》，张琤、于素红译，载于〔美〕霍华德·弗里德曼主编《心理健康百科全书·社会问题卷》，李维、张诗忠主译，上海教育出版社，2004。

② 参见〔美〕陶西格等《社会角色与心理健康》，樊嘉禄译，中国科学技术大学出版社，2007，第146页。

实而有意义。曾被认为无自主能力的人，也显示他们如果得到适当的法律保护和支助服务，有能力独立生活。[①]

这是一场不同于精神卫生运动的新的运动。在以前的精神卫生运动中，人们更多的是注意精神病的预防和精神病人在住院时以及出院后的待遇，而对住院本身的必要性和副作用没有深究，基本无关乎非自愿住院的滥用。而新运动的重点是精神病治疗管理体制的改革，其标志性理念和措施是精神病的“去住院化（非住院化）”（deinstitutionalization，deinstitutionalisation，直译“去机构化”、“去制度化”或“非机构化”、“非制度化”），也有学者称为“去监禁化”（decarceration[②]，亦译“非监禁化”）。“去住院化”并非单纯地减少住院病人或推动病人出院，它包括三个关键成分：通过建立社区机构预防不恰当的精神病院收治行为；将那些符合条件的住院病人转入社区；为不在医院住院的病人建立并维持社区支持体系。更为简洁的“去住院化”的定义是，在传统的住院机构缩减的同时，扩展以社区为基础的服务。[③] 同时，严格非自愿住院的标准和程序。

“去住院化”的发生还有一个十分重要的条件，恰恰是精神病学提供的。50 年代，一些精神病治疗药物被研发出来，它们对控制患者的病情以及行为具有明显的作用，这就使许多患者脱离精神病院的管制而在社区环境中生活成为可能。

“去住院化”产生了显著的效果。美国州立和县立精神病院的住院患者数量，1970 年下降到 338000 人，1988 年下降到 107000 人。在 30 年间，住院患者数量的减少超出 80%，精神病院失去了 4/5 的患者。[④] 全国精神病院数量也急遽下降，在 1955 ~ 1980 年间，精神病院从 55900 家降到

---

① 参见联合国《人人有权享有最佳身心健康问题特别报告员保罗·亨特提交的报告》（E/CN. 4/2005/51），中文版。

② 这一词是美国学者安德鲁·斯卡尔（Andrew Scull）在其著作《去监禁化：社区治疗和偏差》（*Decarceration：Community Treatment and the Deviant*，1977）中提出的。

③ 参见〔英〕Graham Thornicroft、〔意〕Michele Tansella《追求优质的精神卫生服务》，李洁译，人民卫生出版社，2012，第 29 页。

④ 参见〔美〕爱德华·肖特《精神病学史——从收容院到百忧解》，韩健平、胡颖翀、李亚平译，上海科技教育出版社，2008，第 371 页。

13800 家。[①] 英国也发生类似的情况。1955 年，英国有历史上最多的 150000 名住院患者，到 2003 年则只有 34000 名。[②] 不过，由于精神卫生发展水平不平衡和精神卫生理念的差异，“去住院化”在各发达国家的表现并不同步。例如，日本的精神科床位数在 1960 年为 95067 张，到 1965 年增至 172950 张，到 1993 年达到 362963 张，呈现出与欧美国家“去住院化”运动相反的倾向。从 1993 年起，日本的精神科床位数才开始缓慢减少。[③]

最激进的改革发生在意大利。意大利的精神病院大部分建立在 18 世纪末到 19 世纪初期。到第一次世界大战时，总共有 59 所公立精神病院和 30 所私立精神病院。后来又增建 10 所。这些精神病院大多数都是收容性的，其职能与其说是治疗，倒不如说是禁闭。1978 年之前，意大利的精神卫生工作是按照 1904 年的精神卫生法执行的。旧的法律规定，在全国每数万至 20 万人口应设置精神病院一所，专为收治被认为危及他人或自身安全的危险者，进行强制性医疗，而轻一些的精神障碍者只能去私人医疗机构或神经科医疗。旧法律授权由地区警方与法院决定病人的出、入院问题。到 20 世纪 70 年代，旧的精神卫生体制已经不能满足和适应新的要求。1978 年 5 月 13 日，意大利国会通过第 180 号法律（同年 12 月 31 日被编入《一般健康法》），宣布逐步废除精神病院，代之以一个综合的社会服务体系。这部法律实际是意大利当代的精神卫生法。第 180 号法律提出的改革方案是：精神病学援助应从精神病院转移到社区精神卫生中心；原有精神病院不再收治病人，新的精神病院也不再建设；综合医院应创建 15 张床位的精神科（事实上精神病房与其他病房分开单设）。改革立见成效，1981 年，精神科床位数从 1963 年的最高值 91868 张降至 38358 张。改革方案一直得到实施，虽然遇到许多困难，但大多数都被克服。到 1998 年，公立精神病院系

① 参见〔美〕约翰·杜菲《从体液论到医学科学——美国医学的演进历程》，张大庆等译，青岛出版社，2000，第 232 页。

② 参见〔美〕R. Paul Olson 主编《四国精神卫生服务体系比较——英国、挪威、加拿大和美国》，石光、栗克清主译，人民卫生出版社，2008，第 55 页。

③ 参见〔英〕Graham Thornicroft、〔意〕Michele Tansella《追求优质的精神卫生服务》，李洁译，人民卫生出版社，2012，第 27 页。

统终于在意大利终结。①

第180号法律也被称为“巴萨格利亚法”（Basaglia Law），这是以意大利精神病学家佛朗哥·巴萨格利亚（Franco Basaglia，1924~1980）的名字命名的。巴萨格利亚是反精神病学的代表人物之一。在大学读书期间，巴萨格利亚就批评传统的精神病学，他认为精神病学作为一门“科学”应当治疗和解放精神病人，但事实上是在迫害他们。50年代，他在意大利东北部戈里齐亚省（Gorizia）的精神病院工作，观察到精神病人的悲惨状况，包括恶劣的环境和种种虐待，使他进一步增加对传统精神病治疗制度的厌恶。他认为，住院病人的慢性化是把“社会问题”医疗化的结果，而住院医疗的形成是权力主义和集权主义的结合。自1961年开始，他取消将病人约束在床上和对精神病人的任何隔离。他的行动在意大利各地激起有关理论与实践的辩论。他还发起民主精神病学（democratic psychiatry）运动，主张关闭精神病院和将权利归还精神病人。2009年意大利将他的事迹拍成两集电视片《从前的愚人之城》（*Once Upon A Time The City Of Fools*）。②

第180号法律对非自愿住院治疗问题进行了规定。其基本原则是，对患有精神疾病的人进行健康评估和治疗一般是自愿的；住院条件下的非自愿健康评估和治疗只有在精神障碍需要紧急治疗措施，或者健康评估和治疗不能为患者所接受，或者是在医院外不能提供及时而适当的医疗措施的情况才可以采取；这种护理必须尊重人的尊严，保证他们公民权利和政治权利的实现，包括在可能的情况下，有权自由选择医生和治疗的地方。其基本程序是，进行非自愿健康评估和治疗，由市长或者卫生当局根据法律的规定作出决定；市长或者卫生当局责令进行非自愿的健康评估和治疗，必须依据一名精神科医生的请求，该请求应当说明原因；住院的决定必须

① 参见姜佐宁《意大利的精神卫生工作改革》，《国外医学·精神病学分册》1988年第1期；《意大利撤销精神病院的医疗改革》，《国外医学·社会医学分册》1984年第3期；〔英〕Michael Gelder、Paul Harrison、Philip Cowen《牛津精神病学教科书（第五版）》，刘协和、李涛主译，四川大学出版社，2010，第714页；〔英〕Graham Thornicroft、〔意〕Michele Tansella《追求优质的精神卫生服务》，李洁译，人民卫生出版社，2012，第29页；http://en.wikipedia.org/wiki/Basaglia_Law；http://en.wikipedia.org/wiki/Psychiatric_reform_in_Italy。

② 参见http://en.wikipedia.org/wiki/Franco_Basaglia；http://en.wikipedia.org/wiki/Democratic_Psychiatry。

在48小时内作出；非自愿健康评估和治疗超过7日并需要延期的，必须向市长提出申请；任何人都可以请求市长撤销非自愿健康评估和治疗或者请求延期，市长应在10日内作出决定；接受非自愿健康评估和治疗的人，或者其他利害关系人，可以就有关决定的合法性向特别法庭上诉，法庭庭长应在10日内作出裁决。①

意大利的改革获得成功，但由于它过于激进，其他国家没有敢于或者愿意效仿的。而且就在意大利的改革接近成功的时候，社区精神卫生运动在美国等国面临严峻的挑战。

最大的问题是，大量精神障碍患者离开精神病院后并没有得到或者接受社区精神卫生服务，而是成为无家可归者（homelessness）。据估计，美国无家可归的人数有50万~60万，或者更多，有的时期超过500万人，其中20%~40%患有严重的精神障碍。② 劳伦斯·弗里德曼如此描述：来自精神病院中的难民加大了无家可归者队伍，“大城市街道上充斥着邋遢的女人；一些背着包裹、衣衫褴褛的男人龟缩在取暖炉旁边，四肢伸展地睡在公园的凳子上或火车站里；满脸胡须的男人推着商场的购物车在街道上漫游，自言自语。”③ 美国日裔学者弗朗西斯·福山（Francis Fukuyama）把美国60~80年代“社会紊乱”现象增多主要归咎于“去住院化”。他说：“从60年代开始，除了严重犯罪行为愈演愈烈外，各种‘社会紊乱’现象大大增多，到80年代末达到了顶峰。所谓社会紊乱现象是指轻微犯罪行为，比如在公共场所乱涂乱写、漂泊流浪，以及近乎每座美国城市都存在的故意轻微毁坏文物，破坏他人或公共财产的行为。此类现象的增多是受到以下两方面的驱动：一是轻微的偏常行为，二是把住院的精神病人放出了医院。”④

造成这一问题的原因，学者们的分析意见主要有：第一，社区没有做

① 参见 http://www.triestesalutementale.it/english/doc/psy_reform_act.doc。

② 参见〔美〕斯蒂芬·J. 威廉斯、保罗·R. 托伦斯《卫生服务导论》（第6版），刘健平译，北京大学医学出版社、北京大学出版社，2004，第412页；http://en.wikipedia.org/wiki/Homelessness。

③ 〔美〕弗里德曼：《选择的共和国：法律、权威与文化》，高鸿钧等译，清华大学出版社，2005，第225页。

④ 〔美〕弗朗西斯·福山：《大分裂：人类本性与社会秩序的重建》，刘榜离等译，中国社会科学出版社，2002，第159页。

好接纳精神障碍患者的准备，为他们提供的治疗设施和住房机会非常少，一方面是因为缺乏资金，另一方面是因为有些社区本身拒绝建设这样的设施和住房。有人指出，事实上，社区被用来从事中产阶级神经症的心理治疗，而非对精神失常者的社区护理。第二，许多患者不能行使正常人的功能，不能应对社区的生活。有些人认为，社区并不适合严重或者慢性精神障碍的患者，他们需要结构严密、与社会隔离、24 小时予以监控的环境，以便保证实施长期或者过渡性的管理。社区对于有攻击性行为、缺乏自控、不愿意接受药物治疗、没有能力适应开放的环境、吸毒和酗酒，以及有自损行为的患者的治疗与管理也力不从心。第三，社区的服务和治疗受不同的行政部门管理，而且位于不同的地点，不便于对病人的服务和管理，病人也容易走失。

许多精神障碍患者在离开州立和县立精神病院后又被其他机构收容，重新住院化。第一，进入私立精神病院和综合医院，这被称为“再住院化”（re-institutionalization，直译“再机构化”或“再制度化”）。在公立精神病院数量和规模缩减的同时，私立精神病院在增加。在美国，私立精神病院从 1970 年的 150 家上升到 1988 年的 444 家。[①] 私立精神病院里也有许多非自愿患者。英国学者帕特里克·基翁（Patrick Keown）和他的同事对 1988～2008 年英格兰精神病病床的供应与非自愿住院的相关性进行了分析研究，他们发现，随着私立精神病院的增多，非自愿患者的人数也在增多，从 1996 年的 23% 上升到 2006 年的 36%。[②] 第二，因为违法犯罪而在监狱拘禁，监狱里的精神障碍患者增多，这被称为“跨住院化”（trans-institutionalization，transinstitutionalized，直译“跨机构化”或“跨制度化”）。

还有一个现象是，由于长期住院遭到反对，而社区又不能提供有效的治疗，许多患者因为频繁复发而反复住院，住院时间短了，但是住院次数增加了。这种现象被比喻地称为“旋转门综合征”（revolution door syndrome）或“旋转门现象”（revolving-door phenomenon）。

保留下来的州立和县立精神病院也没有得到很大的完善。这些精神病

① 参见〔美〕爱德华·肖特《精神病学史——从收容院到百忧解》，韩健平、胡颖翀、李亚平译，上海科技教育出版社，2008，第 373 页。

② 参见 http://phys.org/news142834335.html；http://news.medlive.cn/hema/info-journal/show-25172_71_c.html。

院处理的是那些病情最重、最贫穷、残疾程度最高、困难最多的精神障碍患者。与私立精神病院相比，它们并不对患者进行真正意义的治疗，而是更多地像以前那样采用隔离和约束的方式，甚至造成患者死亡。①

因而，许多人批评“去住院化”和社区精神卫生运动。他们声称“去住院化”才是“国家的耻辱”，应当受到谴责。有些人认为，“去住院化”混淆了保健地点和保健质量的关系，精神病患者到哪儿去治疗好像比如何治疗更重要。事实上，不良的医疗保健在医院和社区都可以找到。② 美国学者爱德华·肖特（Edward Shorter）尖刻地指出：“社区精神病学这个科目在美国过去是，并依然是带有几分怪诞的笑话。”“社区精神病学虽然在精神上值得肯定，但是，作为一种治疗严重精神病——既非产生于社区，也不能在社区得到治愈——的实用方法，它开始受到怀疑。”③

但是，赞成“去住院化”和社区精神卫生的人则认为，说“去住院化”失败是在误导。问题不是发生在“去住院化”本身，而在于没有足够的资源和有效的精神卫生系统组织，适合患者需要的系列服务始终不到位。④ 还有人反对将无家可归者的增加归咎于社区精神卫生运动。他们指出，虽然相当大比例无家可归者确实患有精神疾病，但是无家可归者的增加也是由于失业人数越来越多和低价房屋短缺这样的经济因素所致。⑤

20 世纪 80 年代后期，在欧美发达国家，随着住院人数的减少，“去住院化”作为一场运动逐渐落幕，而社区精神卫生在继续完善。在发展中国

① 参见〔美〕R. Paul Olson 主编《四国精神卫生服务体系比较——英国、挪威、加拿大和美国》，石光、栗克清主译，人民卫生出版社，2008，第 255 页。

② 参见〔美〕理查德·兰姆《精神病院和病人出院运动》，李维译，载于〔美〕霍华德·弗里德曼主编《心理健康百科全书·社会问题卷》，李维、张诗忠主译，上海教育出版社，2004。

③ 〔美〕爱德华·肖特：《精神病学史——从收容院到百忧解》，韩健平、胡颖翀、李亚平译，上海科技教育出版社，2008，第 315、373 页。

④ 参见〔美〕爱德华·赛德曼、萨比内·弗兰契《社区心理健康》，张琤、于素红译，载于〔美〕霍华德·弗里德曼主编《心理健康百科全书·社会问题卷》，李维、张诗忠主译，上海教育出版社，2004。

⑤ 参见〔美〕V. Mark Durand，David H. Barlow《异常心理学基础》（第三版），张宁等译，陕西师范大学出版社，2005，第 580 页。

家，精神卫生服务面临的问题主要是精神病院太少、精神科床位远远不能适应需要，“去住院化”无从谈起，但它们在发展精神病院的同时，也开始注重社区精神卫生的发展。

第六节　反精神病学思潮及其影响

反精神病学（anti-psychiatry，亦译“反传统精神病学”）运动至今还让精神病学界的许多人耿耿于怀。一是因为它兴起的 20 世纪 60 年代，恰恰是精神药理学取得突破、精神病学越来越像是一门医学的时候，持生物学观点的精神科医生们兴致正高却遭受当头一棒。二是因为可以说它基本发生于精神病学界内部，反精神病学的思想并非门外人的妄言漫语，而是有的放矢，入木三分。

被人们归入反精神病学的重要学者，有美国的托马斯·萨斯（Thomas Stephen Szasz，亦译“萨兹”，1920 ~ 2012）、欧文·戈夫曼（Erving Goffman，1922 ~ 1982）、托马斯·谢弗（Thomas J. Scheff，1929 ~ ），英国的罗纳德·莱恩（Ronald David Laing，亦译“莱因”，1927 ~ 1989）、戴维·库珀（David Graham Cooper，1931 ~ 1986），前面提到过的意大利的佛朗哥·巴萨格利亚等等。除了在 1967 年首创“反精神病学”这个术语的戴维·库珀之外，其他学者都不愿意被戴上“反精神病学”的标签。例如，托马斯·萨斯激烈反对这个术语，在他看来，这个词意味着反对精神病学所做的一切事情，因此它的逻辑是荒谬的。实际上，反精神病学的学者大多都是精神病学家，或者具有精神病学工作或研究背景，只不过一般倾向精神分析学而非生物精神病学。这个群体的政治意识形态也是混杂的，包括马克思主义、新左派、左倾人道主义、自由主义和极端反共。他们的共同特点是反传统（counterculture，counter-culture，亦译“反文化”，指偏离或者反对传统的、主流的文化习俗）、反专制、反强权。对于精神病学，他们主要是反对精神病学的生物学模式和强制住院治疗以及其他弊病。这也反映出，在过去几十年占主导地位的精神分析学派和迅速复兴的生物精神病学派的分裂和竞争。

米歇尔·福柯的观点与反精神病学有相似之处。他认为，疯癫不是一种自然现象，而是一种文明产物。没有把这种现象说成疯癫并加以迫害的各种文化的历史，就不会有疯癫的历史。① 有人评论，福柯的疯癫史著作，“对于抗议收容院实践的运动而言，它成了一种鼓舞人心的力量源泉”。② 以至于人们把他归入反精神病学的阵列中，但福柯本人并不同意。在一次访谈中，福柯回答他为什么撰写《古典时代疯狂史》的问题：“很难说出有什么真正的理由，我只能谈些回忆。一系列的情况——研究过哲学，研究过精神病理学，在一家精神病医院里实习过，有机会在那里既不作为病人，也不作为医生，也就是说，可以用一种没有成见、比较中立、不受传统约束的眼光去看待周围的事物——使我注意到了监禁这个非常奇怪的现实。使我感到震惊的是，这种做法竟被大家当作绝对不容置疑的东西保存下来。……然而，我发现，它决不是不容置疑的，它是漫长的历史形成的结果，只是在19世纪初才形成的结果。”“1968年，年轻一代的精神病学者和那些以某种方式开始熟悉‘反传统精神病学’思想的人公开谴责了治疗某种精神病的方法。我的书一下子被看做是一部‘反传统精神病学’的著作了。我认识许多精神病专家，他们在我面前提到这本书时竟用一种既是恭维又是打趣的语气把它称为‘精神病的颂歌’！我知道，他们认为这本书是在为精神病的正面价值辩护而反对精神病学这门学问。但是《精神病史》讲的绝对不是这个问题。只要读一读这本书就知道了。”③ 在另一次访谈中，福柯说：“我写过一本书，论述从17世纪到19世纪初的精神病学史。在这本书中，我差不多一点也没提到当代的情形，可是人们还是把它当做反精神病学的书来读。……我只不过是写了到19世纪初的精神病学的历史。为什么这么多人，包括精神病医生，相信我是反对精神病学的呢？因为他们不能接受这些医学制度的真正的历史，从这一历史来看，精神病学倒真像是一门伪科学。真正的科学应该能够接受有关它的起源的任何可

① 福柯的这句话见于三联书店出版的刘北成、杨远婴译《疯癫与文明——理性时代的疯癫史》和林志明译《古典时代疯狂史》两书的封底。但这两本书中并没有这句话。据刘北成介绍，这句话是福柯在作博士论文答辩时说的。参见刘北成《福柯史学思想简论》，《史学理论研究》1996年第2期。

② 〔法〕弗朗索瓦·多斯：《从结构到解构：法国20世纪思想主潮》（上卷），季广茂译，中央编译出版社，2004，第211页。

③ 〔法〕P. 邦塞纳：《论权力——一次未发表的与M. 富柯的谈话》，程晓燕译，载于《国外社会科学》编辑部编《当代西方社会思潮》，社会科学文献出版社，1988。

耻、肮脏的故事。”①

除福柯外，在上述学者中，托马斯·萨斯的观点最为系统，影响最大，也最具争议。萨斯出生于布达佩斯，1938 年移居美国。从辛辛那提大学获得医学博士学位后，萨斯在芝加哥精神分析研究所接受培训和工作，1956 年起任职于纽约州立大学，1962 年取得终身教授职位。他在 2012 年 9 月 8 日去世，终年 92 岁。这时距离他发表《精神疾病的神话》（The Myth of Mental Illness，亦译“精神病的神话”）② 一文——他在 1957 年写就此文，但被多家精神病学杂志拒绝采用——已经过去 52 年。在这 52 年里，萨斯发表了许多著述，以“精神疾病的神话”或者近似的题目发表的就有多种。③ 例如 1998 年在美国学者霍华德·弗里德曼（Howard S. Friedman）主编的《心理健康百科全书》（*Encyclopedia of Mental Health*）上发表的《精神疾病的神话》。④ 2011 年还发表了一篇《精神疾病的神话：50 年后》（The Myth of Mental Illness：50 Years Later）。⑤ 他一直坚持着他的基本立场。

萨斯的观点建立在躯体疾病和所谓精神疾病（实际上主要指非器质性精神障碍）的区别上。他认为，疾病是指在细胞、组织或器官中可客观证实的疾病。只有躯体疾病才是真正的疾病。对躯体疾病，借助现代诊断方法，医生毋须与患者谈话就可以确定患者患了什么病。而心理不是身体的组成部分，因此所谓的“精神疾病”不是疾病，而是虚构出来的神话，或者说是一种隐喻（metaphor）。精神疾病不是被诊断出来的。相反，精神疾病患者的角色是被创造出来的。如果精神疾病是一种脑部疾病（像帕金森氏病那样），那么它们便是躯体疾病，而不是心理疾病。如果精神疾病是

① 〔法〕福柯：《自画像》，载于《权力的眼睛——福柯访谈录》，严锋译，上海人民出版社，1997。

② 〔美〕Thomas S. Szasz. “The Myth of Mental Illness”, *American Psychologist* （1960） 15, 113 - 118.

③ 萨斯发表的作品参见 http://www. szasz. com/publist. html。

④ 参见〔美〕托马斯·斯扎茨《精神病的神话》，李维译，载于〔美〕霍华德·弗里德曼主编《心理健康百科全书·健康理念卷》，李维、张诗忠主译，上海教育出版社，2005。本节对萨斯观点的介绍，除另外注明者外，主要摘引自该文。

⑤ 〔美〕Thomas S. Szasz. “The Myth of Mental Illness：50 Years Later”, *The Psychiatrist* （2011） 35, 179 - 182.

指一种行为上的名称（像物质滥用行为那样），那么它们便是不良行为，而不是疾病。由于躯体疾病是一个偏离某种生物标准的代名词，因此它给患者造成的不良后果也是生物的（具有可证实的躯体失能，最终是死亡）。由于精神疾病是一种偏离现存行为标准的代名词，因此它的不良后果也是社会的（自我强加或社会强加）。“精神疾病”这个概念实际是指心理、社会、道德、政治或者法律准则方面的某种偏离。创造这一概念是为了控制和改变那些行为对社会秩序造成威胁的人。他在《第二宗罪》（*The Second Sin*，1973）中指出：“精神病学诊断是诬蔑性的诊断标签，它们被描述得类似于医学诊断并应用于那些行为烦扰或冒犯他人的人。那些罹患并抱怨它们自己行为问题的人通常被归类为‘神经症性的’；那些行为使别人遭受痛苦和被别人抱怨的人通常被归类为‘精神病性的’。”[①] 他解释说，他之所以声称精神疾病不存在，目的不是想说个体的痛苦经历和偏差行为不存在。人类会发生焦虑和抑郁、冲突和犯罪，但是，它们不是疾病。我们将它们视为疾病并予以分类治疗，是为了保障我们的利益，减少我们的风险。

萨斯强烈反对强制住院治疗。他在1970年指出：“精神病人，我们说，可能会很危险，他们可能伤害自己或他人。但是我们这个社会也一定很危险：我们破坏了他的好名声，剥夺了他的自由，让他饱受所谓‘治疗’的折磨。”[②] 他认为，除非被裁定犯有刑事罪行，任何人都不应被剥夺自由。剥夺一个人的自由被说成是对他好是不道德的。就像一个人患晚期癌症可能会拒绝接受治疗，所以一个人可以拒绝接受精神病治疗。他指出，精神科医生使用强制手段所依据的理由，就是人们熟悉的“疾病与治疗”的双重主张。而能够用来证明它正确的东西只是一种假设，这种假设隐匿于精神病的概念之中。这种假设使得精神科医生认为，无论何时，采取强制手段以便认真和正确地实施专门的医疗措施，是不可或缺的，因为这种针对精神病的强迫手段被认为符合那些受到强制治疗的患者的最佳利

① 转引自〔美〕戴维斯、〔英〕布格拉《精神病理学模型》，林涛译，北京大学医学出版社，2008，第31页。

② 转引自〔美〕Jeffey S. Nevid、Spencer A. Rathus、Beverly A. Greene《变态心理学：变化世界中的视角》（第六版）下册，吉峰、杨丽、卢国华等译，华东师范大学出版社，2009，第765页。

益。在强制之下，精神病院像监狱而不像医院，非自愿住院治疗是监禁的一种类型而不是医疗保健，实施强制的精神科医生既是法官又是监狱看守但不是医生或者治疗师。同时，萨斯并不反对自愿的住院治疗。他认为，精神病学应当是国家没有参与的成年人双方同意的契约服务。

1963 年，萨斯提出“治疗型国家”（Therapeutic State）的概念。“治疗型国家”指的是精神病学与国家的合作，相对“保姆型国家”（Nanny State）而言。“保姆型国家”是惩罚性的、严峻的和专制的。“治疗型国家”是煽情的（touchy-feely）、助人的（supportive），然而更为独裁。如果“保姆型国家”变为“治疗型国家”，保姆就让位于辅导员（counselor）。保姆只是告诉人们应该做些什么，辅导员还告诉人们应当想些什么和认为什么。萨斯说，个人的利益、家庭的利益，以及国家的利益会经常发生冲突。而个人问题的医学化、家庭争端的医学化，以及公民和国家之间的冲突，不仅对当事人来说是一种威胁，对作为公断人和公正施与者的国家来说，也会损害其尊严。国家是一种强制性机器，国家越是授权于医生，医生就越是效忠于国家，结果，医生与国家的联合使得个体变得更加衰弱。作为一个自由主义者，他认为，精神病学与国家的联合会对文明带来灾难性后果。就像政教分离一样，在精神病学与国家之间必须有一堵坚实的墙。

与福柯相似，萨斯也考察了精神病学的早期历史。他认为，那种经典的、可客观证明的、“以身体损害为标志之疾病”的躯体病理的疾病标准，是在 17 世纪开始被新的、从社会角度上看属于经济和政治的、“以诉苦和可治疗为标志之疾病”的心理病理的疾病标准所补充替代的。它是由两种相互关联的情况引起的。一种情况是意欲减轻刑事处罚的严厉程度；另一种情况源自意欲扩大非刑事的社会控制的范围。一方面，要求审判中体现仁慈的愿望激发人们更多地为精神错乱辩护；另一方面，希望有效实施社会控制，以便人们采取大量非自愿地强迫精神病患者住院的手段。

萨斯还是一位司法精神病学专家。然而，实际上他不赞成以所谓的精神病作为辩护理由。他认为，所谓的精神病人有自己的意识、意愿和责任。如果他们犯了法，被判有罪，那么理应受到惩罚。总之，无论在何种情况下，他们都不该因精神病而受到优待，或者因患精神病而施以强制性手段。1961 年，萨斯为美国犯罪学家汉斯·托克（Hans Toch，亦译“托奇”）主编的《司法和犯罪心理学》（*Legal and Criminal Psychology*）一书撰写了第七章“刑事责任和精神病学”（Criminal Responsibility and Psychiatry）。[①] 在这篇文章中，萨斯认为，区别患精神疾病的人和精神健康的人的科学方法根本不存在。在能提出精神病学证据的任何案件中，都一定能得出与这一证据相反的精神病学证据。如果我们把精神病学证据和毒物学证据相比，一个可以比较的情况就是：起诉方的毒物学家证明尸体内含有致死量的砒霜，而辩护方的毒物学家证明则不然。这种事当然永远不会发生，因为两个专家中总有一个可能会并且一定会被证明犯有伪证罪。而类似的情况会在精神病学证据中发生。精神病学专家们会提出相互冲突的意见，因为他们意见的标准从来都是不明确的。萨斯指出：“精神疾病不是这种现象：其存在或不存在可以——至少根据当前的实践——用不偏不倚的科学的方法轻易地加以验明。既然没有科学公认的精神健康之道德和社会标准——相当于我们类比人体所能容纳的砒霜量的一个概念——就不可能有科学上公认的精神疾病之标准。”他还主张废除死刑，因为只要死刑仍然存在，它就会极力引诱精神病学家、律师和其他每一个人，都以精神错乱为由进行抗辩，别无目的，但求避免死刑而已。

苏格兰的罗纳德·莱恩也是反精神病学的最重要的代表人物。莱恩1951年毕业于格拉斯哥大学医学院，1951～1953年在军队做一名精神科医生，1953～1956年在格拉斯哥的一所皇家医院工作，1956年到伦敦的塔维斯托克诊所从事心理治疗，并接受英国精神分析学会为期四年的训练。在哲学上，他受到存在主义的很大影响。在政治上，他属于新左派。1960年出版处女作《分裂的自我：对健全与疯狂的存在主义研究》（*The Divided Self: An Existential Study in Sanity and Madness*），后来又独著或合著了《自我和他人》（*The Self and Others*，1961）、《健全、疯狂与家庭》（*Sanity, Madness and the Family*，1964）、《理性与暴力：萨特哲学十年》（*Reason and Violence: A Decade of Sartre's Philosophy*，1964）、《人际知觉：一种理论与方法的研究》（*Interpersonal Perception: A Theory and a Method of Research*，1966）、《经验的政治与天堂鸟》（*The Politics of Experience and The Bird of Paradise*，1967）等书。莱恩的反精神病学观点主要发表在《健全、疯狂与家庭》等著作中。

① 参见〔美〕汉斯·托奇主编《司法和犯罪心理学》，周嘉桂译，群众出版社，1986，第七章。

莱恩认为传统精神病学将“正常”与“不正常”对立起来是没有任何意义的，健全与疯狂的界线是虚假的，精神病人比正常人更清醒。“所谓的正常人已经在过去的50年里杀死了近一千万他们自己的同类——一种在其他世纪史无前例，实际上也是不可思议的比率。”[①] “那些吹嘘和威胁说拥有世界末日武器的世界政治家比贴上‘精神病’标签的人们更危险，更脱离现实。”[②] 他反对那种认为精神病是一种生理现象，而与社会、知识和文化无关的观点。他指出，传统精神病学建立在一个错误的认识论基础上：疾病是根据行为来诊断的，但却用生物学的方法治疗（illness diagnosed by conduct, but treated biologically）。他认为病态的家庭是精神分裂症的原因。1964年，莱恩在《分裂的自我》鹈鹕版序言中指出，“精神病学很容易通过非伤害性折磨而沦为洗脑术、行为诱导调整术。”[③] 他认为胰岛素和电击休克疗法是有害无益的，“在我看来，胰岛素和电击休克疗法、脑白质切除术是摧残人的方法，整个精神病院是摧残人的环境。如果人们以前没疯，这样做也会将他们逼疯；如果他们已经疯了，那么这样做就会让他们变得更加疯狂。”[④] 在临床中，除非患者要求，否则莱恩拒绝用药物或电击来为患者治疗。[⑤]

与萨斯、莱恩不同，欧文·戈夫曼是一个社会学家——吉登斯认为戈夫曼可以被纳入主要的社会理论家的行列，因为他以系统的方法研究人类社会生活[⑥]——而不是精神病学家，但他有在精神病机构从事研究工作的经历。欧文·戈夫曼出生在加拿大，1945年毕业于多伦多大学，取得社会学和人类学学士学位，之后进入美国芝加哥大学，分别于1949年和1953年取得文学硕士和社会学博士学位。1954～1957年，戈夫曼在美国国家精神卫生研究所从事研究。在此期间，他在华盛顿的圣伊丽莎白医院做了一年多的实地调查。圣伊丽莎白医院是一所在多萝西娅·迪克斯的努力下建

① 转引自王蕾、郭本禹《存在精神病学：莱因研究》，福建教育出版社，2009，第67页。

② 转引自〔美〕亚历克斯·梯尔《越轨社会学》，王海霞、范文明、马翠兰、嵇雷译，中国人民大学出版社，2011，第120页。

③ 〔英〕R.D.莱恩：《分裂的自我——对健全与疯狂的生存论研究》，林和生、侯东民译，贵州人民出版社，1994，第5页。

④ 转引自王蕾、郭本禹《存在精神病学：莱因研究》，福建教育出版社，2009，第35页。

⑤ 参见李亚明《20世纪的西方反精神病学运动》，《自然科学史研究》2008年第4期。

⑥ 〔英〕安东尼·吉登斯：《欧文·戈夫曼：一个系统社会理论家》，载于吉登斯《社会理论与现代社会学》，文军、赵勇译，社会科学文献出版社，2003。

于1852年的大型精神病院，鼎盛时期的患者有8000名，雇员4000名。戈夫曼根据自己的观察，撰写了四篇调研报告，1961年编为《收容院》（*Asylums: Essays on the Social Situation of Mental Patients and Other Inmates*）一书出版。该书是第一部对精神病院中精神病人进行社会学考察的著作，被认为是一个关于精神病"去住院化"发展的关键文本。戈夫曼指出，精神病院是一个使患者幼稚化并限制他们生活的封闭的"整体机构"（total institution，亦译"全控机构""总体性制度""全面性制度"）。戈夫曼说："在那里，许多情况类似的人在一段宝贵的时间里，割断了同广大社会的联系，大家一块儿过着一种与世隔绝的、受到正式管制的生活。监狱就是一个明显的例子，只要我们了解监狱里的生活像个什么样子，那末在任何精神病院都能看到这种样子，可是这里的成员并没有犯法。"戈夫曼指出，当一个人被送进精神病院时，他就被抛进了日常生活中精神受到压抑的角落，扮演着"自相矛盾"的角色，他的隐私受到破坏，他的环境遭到侵犯，要向他总认为是怀有敌意的陌生人吐露自己的事情和感情，经常处于某人的视听范围之内。他被关在上了锁的屋子里，必须适应集体睡觉的安排，上没有门的厕所。为了努力从他那囚徒般的生活中挣扎出来，并保持肉体和精神不受损害，住院病人试图向陌生的环境调整。最后，一个精神病人可能接受医务人员对他的看法，并设法承担"十足的住院病人"的角色。精神病院的多数病人觉得待在这样的机构里是浪费时间，而且他们已经被"流放到生活之外"。病人在疯人院里不能获得他在外界生活里所能获得的价值观，许多病人在他们即将出院时变得忧虑起来，不知道自己在外部世界是否能"活得下来"。戈夫曼指出："精神病人能够发现自己处于一种特别的束缚之中。要离开医院，或者要使自己在医院生活得轻松些，他们必须表示能够接受所给的环境，而这种环境支持强加于人者的职业功能。这种自我异化的道德奴役也许正是某些住院病人的精神错乱加剧的原因。这种道德奴役是通过乞求传统的专家治疗获得的，尤其是各种各样的医药疗法。精神病人能够发现自己已经被一种理想的服务压垮了，而这种服务是使我们其他人生活轻松愉快的。"[①] 戈夫曼还认为，任何可以导致禁

① 转引自〔美〕弗兰克·斯卡皮蒂《美国社会问题》，刘泰星、张世灏译，中国社会科学出版社，1986，第242~243页。

闭的精神上的疾病都是不存在的，治疗只不过是一种无耻的掠夺。[①]

戈夫曼的另一部著作《污名》（*Stigma*：*Notes on the Management of Spoiled Identity*，1963）虽然不是专门讲精神病学的，但也在精神病学界以及相关领域产生了很大影响。stigma（多译为“污名”，也译为“烙印”“偏见”）是一个希腊词，指代身体记号，而做这些记号是为了暴露携带人的道德地位不寻常和不光彩。这些记号刺入或烙进体内，向人通告携带者是奴隶、罪犯或叛徒，应避免与之接触。戈夫曼认为有三种污名。首先是对各种身体缺陷的厌恶。其次是个人的性格缺点，例如软弱的意志、专横或不自然的情欲、叛逆而顽固的信念，还有不诚实，这些可以从精神错乱、关押监禁、吸毒上瘾、酗酒、同性恋、失业、自杀未遂和激进政治行为中推断出来。最后还有与种族、民族和宗教相关的污名。[②]

stigma 还衍生出 stigmatization（污名化）一词。在精神障碍的社会学研究中，对精神障碍患者的污名化，是指对精神障碍患者的负面的刻板印象或社会典型化（social typing）。精神病学的学者也使用“污名化”一词，但含义不同。在精神病学领域，“污名化”通常是指精神障碍患者对“污名”的体验和感觉，国内精神病学界通常译为“病耻感”；另一种使用，是指对精神病学的“污名”，精神病学界的一些人士用它来描述、回击对精神病学的贬损。

托马斯·谢弗也是一位社会学家，任教于加利福尼亚大学圣巴巴拉分校。他的研究中与精神病学有关的部分主要是他在 1966 年阐释的标签理论（labelling theory，亦译“标定理论”[③]）。他认为，无论原因是什么，存在偏离正常的行为是很正常的。然而一些偏差行为引起精神卫生机构的注意，并被认定有精神病。精神病是虚构出来的一个模糊的标签。标签的模糊性使人们给某人贴标签更为容易，这种标签能把某人变成稳定的、慢性

① 参见〔美〕爱德华·肖特《精神病学史——从收容院到百忧解》，韩健平、胡颖翀、李亚平译，上海科技教育出版社，2008，第 364 页。

② 参见〔美〕欧文·戈夫曼《污名——受损身份惯例札记》，宋立宏译，商务印书馆，2009，第 1 ~ 5 页。

③ 吴宗宪认为 labelling 作为动词，指的是贴标签的过程，因而他翻译为“标定”。参见〔英〕Ronald Blackburm《犯罪行为心理学：理论、研究和实践》，吴宗宪、刘邦惠等译，中国轻工业出版社，2000，第 81 页，译者注。

的精神错乱者。在人们被贴上精神病的标签后，他们就不得不承认自己患有精神病。如果他们不把自己看作精神病人，他们就会被强制送入精神病院，工作人员和病人会强迫他们承认这一事实。在出院之后，他们可能尝试去恢复正常生活，但是像先前的精神病人一样，他们很可能被其他人所遗弃。结果他们变得极端混乱、忧虑和害羞。在这样一种感情危机中，他们会接受家人、精神科医生和社区的观点，把自己看作精神病人，不自觉地陷入精神病的角色。① 标签理论是反精神病学的核心理论之一。萨斯、戈夫曼等对标签问题也有自己的观点。

在20世纪60~70年代，反精神病学不仅震动了精神病学界，而且极大地影响了其他领域的知识精英对精神病院和精神病学的看法，酿成了一种对精神病院和整个精神病学的愤慨。而体现反精神病学思想的小说和电影，更恶化了公众对精神病院和精神病学的态度。1962年，一位曾经在精神病院做勤杂工并曾经参与药物实验的年轻人肯·克西（Ken Kesey，1935~2001）出版了以精神病院黑暗状况为内容的小说《飞越疯人院》（*One Flew Over the Cuckoo's Nest*，直译为“飞越杜鹃窝”），引起巨大反响。1975年小说被改编成电影，赢得五个奥斯卡奖项。《飞越疯人院》实际上是把精神病院作为战后美国社会正在实施的控制手段的象征，而非对精神病院状况的纪实与揭露，但是它在人们心目中建立了精神病院的一种恐怖形象。而且它通过对主人公命运的描写来揭示：精神病人并没有病，他们只是离经叛道而已，将他们强制住院，是一种社会压迫。麦克墨菲为逃避惩役而假装疯癫，却被送进了一家精神病院。医院的大护士以冷酷的手段管理病人，把病人视如动物，剥夺了他们的基本生活权利和爱好，试图把他们改造为柔顺的、规矩的、毫无个性的机器。麦克墨菲不像别的病人那样顺从，与大护士进行斗争，破坏医院规则，并企图组织集体逃亡。然而，麦克墨菲发现其他病人都畏惧外面的世界，习惯于监禁状态和大护士的统治。大护士侮辱了一个病人，致使这个病人割喉自杀，这使麦克墨菲大怒，与大护士发生冲突，但被医生、护士们制服。为了维持秩序，麦克墨菲被强制实施

① 参见〔美〕亚历克斯·梯尔《越轨社会学》，王海霞、范文明、马翠兰、嵇雷译，中国人民大学出版社，2011，第120页；〔美〕劳伦·B. 阿洛伊、约翰·H. 雷斯金德、玛格丽特·J. 玛诺斯《变态心理学》（第9版），汤震宇、邱鹤飞、杨茜译，上海社会科学院出版社，2005，第136页。

了脑白质切除术，成为植物人。小说故事的叙述者“我”是被称为“酋长”的印第安人布罗姆登，被视为精神分裂症患者，但其实也是装疯的。麦克墨菲曾与他一同商讨逃亡，但他最懂得体制的力量，不敢冒险。在麦克墨菲被切除脑白质后，布罗姆登确信，麦克墨菲“绝不会把这样一具标着他的名字的躯壳放在休息室里二十年或者三十年，让大护士用它作为一个例子来杀鸡儆猴，恐吓大家说如果你反抗这个制度，你会有什么样的结果”。于是，他用枕头将麦克墨菲捂死，然后砸开窗户，跃入了月光里，逃离了疯人院。[①]

总的看，反精神病学虽然有极端、夸大和歪曲、谬误之处，并且也有门派之见——持反精神病学立场的精神病医生多属于不以药物治疗、住院治疗为擅长的精神分析学派，但是其中的合理成分对精神病学和精神卫生理论和实践的发展也起到积极的促进作用。这主要体现在，进一步加强对精神病器质性原因的研究，完善精神障碍分类和诊断标准，推动精神病治疗管理体制的人性化，发展社区精神卫生，严格非自愿住院的适用，保障精神病人的权益，改善精神病院的护理条件。

到 20 世纪 80 年代，随着社会、政治、文化环境的变化和精神病学自身的进步、精神药理学和治疗方法的发展，以及精神病学界正统力量的反驳，反精神病学作为一场运动逐渐衰落，直至最终结束。但是，反精神病学的思想并没有彻底消失，而是被后来兴起的以精神病患者及其亲属为主体的新社会运动部分地吸收。有关的新社会运动主要有“精神病学幸存者运动”（psychiatric survivors movement）、“精神病学消费者运动”（psychiatric consumer movement）、“精神病学使用者运动”（psychiatric users movement）和“精神病学前患者运动（psychiatric ex-patient movement）。也有学者将这些运动统称“精神健康服务使用者运动”（mental health service users Movement）。这些运动的主题是反对强权政治、反对精神病学诊断、反对强制住院、反对强迫治疗，要求更大的治疗选择，要求更多的公民权。[②]它们对精神病学保持着强有力的制约和监督。80 年代以来，精神健康服务

① 参见〔美〕肯·克西《飞越疯人院》，胡红译，重庆出版集团·重庆出版社，2008。

② 参见〔英〕David Pilgrim《心理健康关键概念手册》，张庆伟等译，高等教育出版社，2006，第 195～198 页。

使用者还建立了若干个非政府国际组织，有的还被联合国经济及社会理事会列入咨询名册，例如“精神自由国际”（Mind Freedom International）、“精神病学使用者和幸存者世界网络（The World Network of Users and Survivors of Psychiatry，WNUSP）。

美国学者凯特·米勒特（Kate Millett）就是“精神自由国际”的一个成员。她是美国女权主义作家和活动家，著有《性的政治》（*Sexual Politics*，1970）等书。1973 年，在一次与姐姐的激烈争吵之后，被姐姐的激将法和挖苦法所刺激，凯特·米勒特在姐姐的陪同下去看了精神科医生，经过简单的诊断，她被认为患有躁狂抑郁症，于是开始了一场噩梦。她曾经在爱尔兰被强制入院治疗，出院之后也长期处于精神药物的控制之下。后来她根据自己的经历写了《精神病院之旅》（*The Loony-Bin Trip*，1990）一书，对精神病院和药物治疗进行了猛烈的抨击。[①] 显然，她深受反精神病学的影响，然而她又有切身的体会。作为“精神病学的幸存者”，她曾经代表“精神自由国际”参与联合国《残疾人权利公约》制定过程中的咨询。

凯特·米勒特认为：精神疾病的“医学模式”使病人在躯体、心理和感情上受到了极大的伤害。躯体疾病有可证实的证据，精神疾病则把不被社会接受的行为视为病理症状甚至依据，诊断基于印象，包括品行、行为和社交礼仪。病人甚至还没体会到病，别人却已经根据观察断言此人痛苦。请求治疗者常常并非人们所说的“患者”而是他人。患者某种程度上处于令人诅咒、近乎监禁的医院，与之相随的还有警力和武力的抓捕和拘禁，铁锁铁栏、法规如山，逃跑等于登天。一个人在五分钟常规听审后，就失去了自由，不知多久甚至终身。没有权力拒绝治疗，在这种诉讼面前，一个人注定将会失败。精神病院本身就是疯狂和不正常的，它所带来的人身束缚令人恐惧，它剥夺了所有人性的需求；在这样的地方被囚禁一段时间后，许多受害者精神崩溃，被迫承认自己是疯子，以此表示自己屈服了。重犯们在牢房里仍能保持理智，因为那是牢房而非精神病院。精神病院只能带来疯狂。凯特·米勒特认为，真正令人深恶痛绝的是药品。人们鼓吹这一类药物的使用是因为它能缓解症状，并使医护和守卫人员的工

---

① 〔美〕凯特·米勒特：《精神病院之旅》，张军学等译，中国社会科学出版社，2000。

作简便一些。但实际是，它的许多效果都与预想的结果背道而驰：它导致幻觉，引发偏执狂，或让人神志不清。要在药物的蹂躏下保持神志清醒，世上没有比这更难的事情。医生们自己服用过这些药物吗？他们知道这些药物对人的意识、知觉、感觉、逻辑思维和推理造成什么样的影响吗？即使他们服用过，他们也不会取消这些药物。范围广大的跨国化学品公司会让在这方面使用的所有金钱浪费掉。凯特·米勒特认为，她自己即使在精神上有问题，也是"躁狂抑郁症"诊断所带来的恐惧和孤独、精神药物的副作用以及被强制住院造成的，是"被迫疯"的。她指出："无论从伦理上还是法律上，我们最终都需要面对希波克拉底的誓言：必需对人类无害。"她呼吁："拆掉精神病院，用它们的砖瓦来盖剧场或是游乐场。让我们互不干涉。不再干预，没有亲人或精神病学的'帮助'，我们一样能够克服险阻。"①

20世纪80年代后，在精神病学内部还产生了一个新流派——批评精神病学（critical psychiatry）。批评精神病学提倡批判性思维，提倡精神病学内部的自我反思，提倡对科学结论的自我审查。如果说，反精神病学是站在精神病学的对立面，对现代精神病学进行全面否定；而批评精神病学则可以认为是精神病学中的一个流派，在精神病学的范畴内进行批评。批评精神病学无意推翻精神病学的基础，更不涉及批判社会制度，而是围绕精神病学提出的证据进行讨论。批评精神病学承认精神障碍的存在，但不认同生物精神病学对精神障碍的解释。批评精神病学认为，生物精神病学过多地依赖于药物治疗，制药行业的发展则使药物使用范围不合理地扩大。而药物有效性和优越性的证据并不充分，一些药物的引入并不能改善主要精神疾病的预后。某些药物临床试验，研究设计存在缺陷，疗效评估存在主观偏差。批评精神病学也批评强制性治疗，认为强制措施降低了病人的治疗依从性，增加了病人及家属的病耻感，但同时指出，强制措施是无法避免的，重要的是，如何加强沟通和建立一个良好的治疗环境。② 持批评精神病学立场的学者，主要有英国、澳大利亚和加拿大的一些精神科

① 〔美〕凯特·米勒特：《精神病院之旅》，张军学等译，中国社会科学出版社，2000，第365～367页。

② 参见谢侃侃等《批评精神病学与反精神病学的比较》，《中国神经精神疾病杂志》2010年第12期。

医生，他们建立了一个批评精神病学网络（Critical Psychiatry Network，CPN），并且与精神健康服务使用者保持密切的联系。[①]

更新的持批评立场的流派是“后精神病学”（postpsychiatry）。“后精神病学”这个词是英国学者彼得·坎贝尔（Peter Campbell）在其1996年出版的文集《表达我们的精神》（*Speaking Our Minds*）中首先提出来的。稍后，英国学者帕特里克·布拉肯（Patrick Bracken）和菲利普·托马斯（Philip Thomas）也独立地创造了这个词，并陆续发表了一系列文章。后精神病学以后现代主义的立场解释精神障碍，具体观点与批评精神病学有许多相近之处，并且也支持精神健康服务使用者运动。[②]

① 参见 http://www.criticalpsychiatry.co.uk/。

② 参见张胜洪《理解疯癫：后精神病学的视角》，《医学与哲学》（人文社会医学版）2012年第2期；http://en.wikipedia.org/wiki/Critical_psychiatry。

第三章 当代国际人权保护与精神卫生准则

基于惨痛的历史教训和顺应人类对精神卫生的新需求，第二次世界大战结束以后，特别是20世纪80年代以来，联合国和有关的国际组织积极倡导对精神障碍患者和被视为患有精神障碍的人的人权的保护，防止精神病学和非自愿住院的滥用，陆续制定了一系列专门规定或者涉及精神卫生和精神障碍患者人权保护的文件。精神障碍患者和被视为患有精神障碍的人的人权保护已经成为国际人权保护的重要组成部分。

第一节 国际人权公约中的精神卫生规范

《世界人权宣言》（Universal Declaration of Human Rights，1948年12月10日第三届联合国大会第217A号决议通过）第一条规定："人人生而自由，在尊严和权利上一律平等。"第二条规定："人人有资格享受本宣言所载的一切权利和自由，不分种族、肤色、性别、语言、宗教、政治或其他见解、国籍或社会出身、财产、出生或其他身份等任何区别。"这被认为是确定了精神障碍患者由于他们作为人的基本属性而受到人权法的保护。[1] 在此基础上，联合国陆续制定了《经济、社会、文化权利国际公约》《公民权利和政治权利国际公约》《消除对妇女一切形式歧视公约》《禁止酷刑和其他残忍、不人道或有辱人格的待遇或处罚公约》《儿童权利公约》《残疾人权利公约》等涉及精神卫生或者精神障碍患者的人权公约。[2] 这些公约对于保护精神障碍患者和被视为患有精神障碍的人的人权——包括生命权、健康权、平等权、人格尊严权、人身自由等，确立现代精神卫生理念和准则，促进各国精神卫生事业发展，具有极为重要的意义和作用。

一　经济、社会、文化权利国际公约

第二十一届联合国大会1966年12月16日第2200A（XXI）号决议通过《经济、社会、文化权利国际公约》（International Covenant on Economic, Social and Cultural Rights），并开放给各国签字、批准和加入。[3] 按照第二十七条的规定，于1976年1月3日生效。《经济、社会、文化权利国际公约》与《世界人权宣言》《公民权利和政治权利国际公约》一起构成“国际人权宪章”（International Bill of Human Rights）。

《经济、社会、文化权利国际公约》认为包括精神障碍患者在内的残疾人享有与其他人一样的经济、社会、文化权利，不得因罹患精神障碍而给予歧视。该公约第二条第二款规定：“本公约缔约各国承担保证，本公约所宣布的权利应予普遍行使，而不得有例如种族、肤色、性别、语言、宗教、政治或其他见解、国籍或社会出身、财产、出生或其他身分等任何区分。”1996年，联合国经济及社会理事会（Economic and Social Council, ECOSOC）的经济、社会和文化权利委员会（Committee on Economic, Social and Cultural Rights）《第5号一般性意见：残疾人》指出：“《公约》没有明确提及残疾人。不过，《世界人权宣言》则确认，人人生而自由，在尊严和权利上一律平等。而且，由于《公约》的条款完全适用于社会所有

① 参见世界卫生组织《国际人权在国家精神卫生立法方面的作用》，2004年中文本，第2页。

② 本章引用的联合国公约和宣言，均为联合国官方中文本。

③ 中国政府于1997年10月27日签署，2001年2月28日第九届全国人民代表大会常务委员会第二十次会议批准。

成员，残疾人显然有资格享受《公约》确认的一切权利。”而且，《第5号一般性意见》认为残疾包括精神疾病。[①] 2009年经济、社会和文化权利委员会《第20号一般性意见：经济、社会和文化权利方面不歧视（〈经济、社会、文化权利国际公约〉第二条第二款）》在解释公约第二条第二款“其他身分”（联合国公约官方中文本一般使用“身分”而非“身份”一词——刘注）这一歧视理由时指出：“还有另外一些禁止的理由，包括因为某人在监禁中或非自愿地进入精神病院，或出于两个禁止的歧视理由，而否定其法律能力；例如，由于性别和残疾而被拒绝利用某种社会服务。”[②]

《经济、社会、文化权利国际公约》认为心理健康（mental health）是一项基本人权。该公约第十二条第一款规定：“本公约缔约各国承认人人有权享有能达到的最高的体质和心理健康的标准。”这一条款阐释了健康权（right to health）的含义，明确承认心理健康是健康权的重要部分。经济、社会和文化权利委员会2000年《第14号一般性意见：享有能达到的最高健康标准的权利（第十二条）》指出：“享有健康权，不应理解为身体健康的权利。健康权既包括自由，也包括权利。自由包括掌握自己健康和身体的权利，包括性和生育上的自由，以及不受干扰的权利，如不受酷刑、未经同意强行治疗和试验的权利。另一方面，应该享有的权利包括参加卫生保护制度的权利，该套制度能够为人民提供平等的机会，享有可达到的最高水平的健康。”[③]《第14号一般性意见》认为：“健康权与实现国际人权宪章中所载的其他人权密切相关，又相互依赖，包括获得食物、住房、工作、教育和人的尊严的权利，以及生命权、不受歧视的权利、平等、禁止使用酷刑、隐私权、获得信息的权利，结社、集会和行动自由。所有这些权利和其他权利和自由都与健康权密不可分。”[④]《第14号一般性

① 《国际人权文书第一卷·各人权条约机构通过的一般性意见和一般性建议汇编》，2008年联合国官方中文本，第17页。

② 《第20号一般性意见：经济、社会和文化权利方面不歧视（〈经济、社会、文化权利国际公约〉第二条第二款）》（E/C.12/GC/20），联合国官方中文本。

③ 《国际人权文书第一卷·各人权条约机构通过的一般性意见和一般性建议汇编》，2008年联合国官方中文本，第78页

④ 《国际人权文书第一卷·各人权条约机构通过的一般性意见和一般性建议汇编》，2008年联合国官方中文本，第78页。

意见》还指出精神障碍患者享有平等的健康权："根据第二条第二款和第三条，公约禁止在获得卫生保健和基本健康要素方面，以及在获得的手段和条件上，不得有任何种族、肤色、性别、语言、宗教、政治或其他见解、国籍或社会出身、财产、出生、身体或精神残疾（physical or mental disability）、健康状况（包括艾滋病/病毒）、性倾向，以及公民、政治、社会和其他地位上的任何歧视，可能或实际上抵消或妨碍平等享有或行使健康权。"[①]《第14号一般性意见》警告：缔约国不得"采用带有威胁性的治疗办法，除非是在特殊情况下为治疗精神病，或预防和控制传染病。这种特殊情况必须符合具体而限制性的条件，考虑到最佳做法和适用国际标准，包括'保护精神病患者和改进精神保健的整套原则'"。[②]

2005年，联合国经济及社会理事会（UN Economic and Social Council）附属的人权委员会（Commission on Human Rights，2006年升格为联合国大会附属的"人权理事会"，Human Rights Council）特别报告员就"人人有权享有最佳身心健康问题"向大会提交报告，专门探讨了心理残疾（mental disability）和健康权问题。[③]报告指出，心理健康属于健康权中最被严重忽视的部分，心理残疾者是最受忽视、处于社会最边缘地位和最易受伤害的群体。心理残疾者的人权在一些环境中很容易受到侵犯。在隔离服务系统和寄宿机构，诸如精神病院、智力残疾者医院、疗养院、社会护理设施、孤儿院和监狱，此种情况尤其严重。大量心理残疾者长期、不当地被收容在精神病院和其他收容机构，他们在这些地方人权受到侵犯，其中包括：遭到其他使用者或工作人员的强奸和性虐待；被迫绝育；长时间被人用链条拴在污秽的床上，以及有时被关在牢笼里；暴力与酷刑；未经知情同意（informed consent）施行治疗；未做任何处理（也就是未使用麻醉药或肌松弛剂）就使用电子休克疗法；卫生条件极差；食物短缺。在欧洲某一国家，一家精神病院在一年里就有18名患者因营养不良和体温降低等原

① 《国际人权文书第一卷·各人权条约机构通过的一般性意见和一般性建议汇编》，2008年联合国官方中文本，第82页。

② 《国际人权文书第一卷·各人权条约机构通过的一般性意见和一般性建议汇编》，2008年联合国官方中文本，第86页。

③ 《人人有权享有最佳身心健康问题特别报告员保罗·亨特提交的报告》（E/CN.4/2005/51），联合国官方中文本。

因而死亡。

报告还指出其他场所存在的问题。首先，心理残疾者在社区设施中人权受到侵犯的情况日渐增多。由于各国将要实行社区护理和支助，因此，如若不采取适当的保障措施，在这种设施中的侵权行为将不可避免地越来越多。其次，监狱中不仅自杀率高，心理残疾病患率也高得惊人。在许多情况下，患有严重心理残疾的人虽然并未犯罪，或者只犯有轻罪，却被误判入狱，而不是给予适当的精神保健或支助服务。监狱条件极差，人满为患、无私密性、强迫隔离和暴力，往往使心理疾患更趋恶化。然而，即使是基本的精神保健和支助服务已初具规模，往往也很少有机会获得。最近的司法判例证明，被拘留的心理残疾者的许多人权极易受到侵犯。

报告指出，其他群体也有特别易受伤害的问题。例如，心理残疾的妇女尤其易受到强迫绝育和性暴力的伤害，这是侵犯其性健康权和生殖健康权行为。少数民族和种族往往在获取精神保健和支助服务以及治疗方面受到歧视。土著居民通常受到忽视，尽管在安全措施严密的精神病院中自杀率在不断上升并且患者过多，但并未针对这一迫切需要专门为其开展精神病治疗和支助服务。

报告认为，心理残疾问题是所有国家共同的问题，它可能对个人及其家属的生活产生极大的影响。除了有时受到使人痛苦难熬的限制外，各种情况带来的耻辱往往导致对那些受影响者的歧视，而这又可能致使他们陷入社会边缘地位。正是这种个人与社会限制之间的相互作用引起心理残疾，而且常常剥夺那些受影响的人享有各种人权与基本自由的平等权利，包括教育权、工作权、被承认在法律面前具有人格的权利、隐私权、社会保障权、适足住房权、充分营养权和自由权。当此种残疾带来的耻辱又加上基于性别、种族和族裔等其他因素的歧视，受影响者的人权就尤其易受侵犯。

报告认为，健康权不仅含有应享权利，它还涉及不受歧视等自由。与心理残疾者特别是与心理残疾妇女尤其相关的自由，包括对自己的健康与身体的控制权。心理残疾妇女极易受到强迫绝育、强奸和其他形式的性暴力，这些行为与其性健康权和生殖健康权及自由是完全相悖的。强奸和其他形式的性暴力对身体及心理均会造成创伤，并对精神健康产生消极影响。非自愿留医是对残疾人的自由，尤其是残疾人的自由与安全权的一种极其严重的干预。由于问题的严重性，国际和国家人权法就此种非自愿留医规定了许多程序性保障。此外，这些保障也产生了有意义的司法判例，最突出的是各区域人权委员会和法院作出的判例。在许多国家，这些保护措施并未得到遵守。例如，在有的国家，没有合格心理保健医生的指导，即将心理残疾者非自愿地留医，或送入不适当的设施。心理残疾者往往也没有诉诸法院或法庭的机会，对他们的非自愿留医提出质疑。对心理残疾者实行非自愿留医，不仅仅是剥夺自由的行为，而且还涉及未经患者知情同意而施行治疗问题。同意治疗（consent to treatment）是与心理残疾有关的最重要的人权问题之一。同意治疗与健康权的一个重要因素密切相关，即控制自己健康与身体的自由。未经同意施行治疗的决定，经常是因不适当的考虑作出的。例如，有时出于对心理残疾的无知或耻辱感（stigma），以及工作人员的权宜之计或冷漠态度，就可能作出这种决定。这本身就与健康权、禁止以残疾为由的歧视不相容。在这种情况下，保护知情同意权的程序性保障既要严密又严格适用，尤其重要。

报告认为，为了实现心理残疾者和其他可能被送入精神病院的人的健康权，需要采取十分紧迫的步骤，其中一个步骤就是增强国家和国际两级的监测与问责制。（1）国家一级。在许多国家，目前在精神保健方面尚未开展持续和独立的监测工作。即使健康权以及其他人权过于频繁地受到侵犯，但对此种侵权行为始终未予以重视。不仅大精神病院情况如此，社区环境也不例外。心理残疾者特别是那些被送入收容机构的患者以及在社区内生活的患者，当他们的人权受到侵犯时，往往不能使用独立有效的问责机制。造成这一状况的原因可能有多种，其中包括：患者的病症十分严重，无法独立地通过诉讼程序保护其利益；缺乏有效的程序性保障，比如被视为没有法律行为能力的人拥有私人代表的权利不能实现；缺乏获得法律援助的机会；以及对患者的人权和其他应享权利认识不足。因此，必须有可为心理残疾者或其他适当人员服务的独立审查机构，以定期审查非自愿住院和治疗的案件。独立审查机构必须有能力推翻非自愿住院的决定，如果它认定继续限制患者行动自由是不妥当或不必要的话。必须保证心理残疾者享有国际人权文书中明确规定的所有程序性保障。另外，对于提出入院申请但遭到拒绝的案件，审查机构也应有权进行审议。各国应考虑建立一个独立的国家人权机构，其任务包括增进和保护心理残疾者的人权。该机构应当拥有广泛的权力，以开展调查、举行公开询问，并就申诉作出决定。(2) 国际一级。国际人权条约为心理残疾者提供了保护。不过，落实不力始终是一个大问题。联合国各人权条约机构在与各缔约国的讨论中，结论性意见和一般性意见或建议中更多地关注心理残疾者的健康权问题。对于有关民间社会组织，包括心理残疾者代表组织，也应鼓励它们与各条约机构以及人权委员会特别程序建立密切的工作关系。

2010 年，联合国人权事务高级专员的报告（Report of the United Nations High Commissioner for Human Rights）也对健康权作了阐释：“健康权既包括‘自由’，也包括‘权利’。例如，自由包括可以不进行非自愿的治疗或强制性艾滋病毒检测。同样，免受酷刑和其他残忍、不人道或有辱人格的待遇是实现健康权的一项重要组成部分。权利则是指有权享有一个建立在人人平等基础上的保护制度；一个预防、治疗和控制疾病的系统；获得基本药品、性健康和生殖健康服务；以及获得不同形式和语言的健康信息和教育，特别是防止不健康或危险行为的信息和教育。”①

二 公民权利和政治权利国际公约

1966 年 12 月 16 日，第二十一届联合国大会第 2200A（XXI）号决议通过《公民权利和政治权利国际公约》（International Covenant on Civil and Political Rights），并开放给各国签字、批准和加入②。按照第四十九条的规定，于 1976 年 3 月 23 日生效。

《公民权利和政治权利国际公约》确认，对人类家庭所有成员的固有尊严及其平等的和不移的权利的承认，乃是世界自由、正义与和平的基础；只有在创造了使人人可以享有其公民和政治权利，正如享有其经济、社会和文化权利一样的条件的情况下，才能实现自由人类享有公民及政治自由和免于恐惧和匮乏的自由的理想。

《公民权利和政治权利国际公约》没有具体提到精神障碍患者，但适用于精神障碍患者。特别是其第七条关于禁止酷刑、第九条关于人身自由、第十条关于被关押人的权利和第二十条禁止歧视的规定，与精神障碍患者和非自愿住院问题直接相关。

---

① 《联合国人权事务高级专员的报告》（E/2010/89），联合国官方中文本。

② 中国政府于 1998 年 10 月 5 日签署，但尚未经全国人民代表大会常务委员会批准。

《公民权利和政治权利国际公约》第七条规定："任何人均不得加以酷刑或施以残忍的、不人道的或侮辱性的待遇或刑罚。特别是对任何人均不得未经其自由同意而施以医药或科学试验。"1982 年，联合国负责监督《公民权利和政治权利国际公约》执行的人权事务委员会（Human Rights Committee）在《第 7 号一般性意见：第七条（禁止酷刑和其他残忍、不人道或有辱人格的待遇或处罚)》中指出，第七条"显然不仅保护被逮捕或被监禁的人，而且也保护教育和医疗机构内的学生和病人"①。1992 年《第 20 号一般性意见：第七条（禁止酷刑和其他残忍、不人道或有辱人格的待遇或处罚)》（取代了 1982 年第 7 号一般性意见）进一步指出："第七条规定的宗旨是保护个人的尊严和身心健全。缔约国有责任通过必要的立法以及其他措施保护每一个人，使之免遭第七条禁止的各项行为伤害，而不论行为者当时是以官方身份，还是以其官方身份以外的身份或以私人身份行事。""应强调的是，第七条特别保护教育和医疗机构内的儿童、学生和病人。"② 对第七条的释义还要求各国政府"提供有关在精神病院内拘禁情况、防止虐待的措施、对入院的起诉程序和报告期间投诉的登记等方面的信息"。③ 1984 年 3 月，在 Viana Acosta 诉乌拉圭案中，人权事务委员会断定，对原告的治疗，包括违背本人意愿做精神病试验和强迫注射镇定剂，构成了不人道待遇。④

《公民权利和政治权利国际公约》第九条第一款规定："人人有权享有人身自由和安全。任何人不得加以任意逮捕（arrest）或拘禁（detention）。除非依照法律所确定的根据和程序，任何人不得被剥夺自由。"正如奥地利学者，曾经担任联合国酷刑和其他残忍、不人道或有辱人格的待遇或处罚问题特别报告员的曼弗雷德·诺瓦克（Manfred Nowak）指出，按照"逮捕"和"拘禁"两个术语的通常含义，"这两种形式都仅指国家公职人员

① 《国际人权文书第一卷·各人权条约机构通过的一般性意见和一般性建议汇编》，2008 年联合国官方中文本，第 178 页。

② 《国际人权文书第一卷·各人权条约机构通过的一般性意见和一般性建议汇编》，2008 年联合国官方中文本，第 200 页，第 201 页。

③ 世界卫生组织：《精神卫生、人权与立法资源手册》，2006 年中文本，第 25 页。

④ 《人权事务委员会关于 1984 年 3 月 29 日批准的第 110/1981 号来文（Viana Costa 诉乌拉圭）的意见》（CCPR/C/21/D/110/1981），联合国官方中文本。

的行为而不包括将精神病患者置留在精神病治疗设施中的行为"[①]。鉴于一些国家对该条款有如此范围较窄的理解，1982 年，人权事务委员会《第 8 号一般性意见：第九条（个人享有自由和安全的权利）》对"逮捕"和"拘禁"做了广义解释，指出第九条第一款"适用于剥夺自由的一切情况，不论它涉及刑事案件或涉及诸如精神病、游荡、吸毒成瘾、为教育目的、管制移民等其他情况"[②]。根据人权事务委员会的解释，第九条的第四款"任何因逮捕或拘禁被剥夺自由的人，有资格向法庭提起诉讼，以便法庭能不拖延地决定拘禁他是否合法以及如果拘禁不合法时命令予以释放"和第五款"任何遭受非法逮捕或拘禁的受害者，有得到赔偿的权利"也适用于非自愿住院。也就是说，非自愿住院构成剥夺自由，必须依照法律所确定的根据和程序实施，被实施非自愿住院的人有权就非自愿住院是否合法提起诉讼，并且有权因非法的非自愿住院获得赔偿。

对于《公民权利和政治权利国际公约》第十条第一款规定"所有被剥夺自由的人应给予人道及尊重其固有的人格尊严的待遇"，1992 年人权事务委员会《第 21 号一般性意见：第十条（被剥夺自由的人的人道待遇）》说明："《公民权利和政治权利国际公约》第十条第一款适用于根据国家法律和权威而被剥夺自由并被关在监狱、医院（特别是精神病院）、拘留所或教养院或其他地方的任何人。缔约国应确保在属其管辖的所有关押人的机构和设施内遵循该款所规定的原则。"[③]

另外，《公民权利和政治权利国际公约》第二十六条规定："所有的人在法律前平等，并有权受法律的平等保护，无所歧视。在这方面，法律应禁止任何歧视并保证所有的人得到平等的和有效的保护，以免受基于种族、肤色、性别、语言、宗教、政治或其他见解、国籍或社会出身、财产，出生或其他身分等任何理由的歧视。"这里的"所有的人"，被认为包括精神障碍患者。

---

① 〔奥〕曼弗雷德·诺瓦克：《民权公约评注：联合国〈公民权利和政治权利国际公约〉》，毕小青、孙世彦等译，生活·读书·新知三联书店，2003，第 167 页。

② 《国际人权文书第一卷·各人权条约机构通过的一般性意见和一般性建议汇编》，2008 年联合国官方中文本，第 179 页。

③ 《国际人权文书第一卷·各人权条约机构通过的一般性意见和一般性建议汇编》，2008 年联合国官方中文本，第 203 页。

三　消除对妇女一切形式歧视公约

《消除对妇女一切形式歧视公约》（Convention on the Elimination of All Forms of Discrimination against Women）由联合国大会1979年12月18日第34/180号决议通过，1981年9月3日生效。①

《消除对妇女一切形式歧视公约》是一项国际妇女权利宪章。它要求（第三条）“缔约各国应承担在所有领域，特别是在政治、社会、经济、文化领域，采取一切适当措施，包括制定法律，保证妇女得到充分发展和进步，其目的是为确保她们在与男子平等的基础上，行使和享有人权和基本自由。”

联合国消除对妇女歧视委员会（Committee on the Elimination of Discrimination against Women）1992年《第19号一般性建议：对妇女的暴力行为》指出，对妇女的歧视包括施加身体的、心理的或性的伤害或痛苦，威胁施加这类行动，压制和其他剥夺自由行动。妇女除享有其他权利和自由外，还享有可达到的最高身心健康权。它指出，基于性别的暴力、性骚扰、强制绝育或堕胎，对妇女的身心健康造成了严重危害。②

《消除对妇女一切形式歧视公约》第十二条规定：“缔约各国应采取一切适当措施以消除在保健方面对妇女的歧视，保证她们在男女平等的基础上取得各种保健服务。”对此，消除对妇女歧视委员会1999年《第24号一般性建议：〈公约〉第十二条（妇女和保健）》指出，应从妇女的需要和利益出发，正视妇女的保健权利，以及如何正视妇女有别于男子的显著特点和因素，例如男女之间存在差别的心理社会因素包括抑郁，特别是产后抑郁以及引起厌食或贪食等症状的其他心理状况。它指出，心理残疾的妇女，处境尤其不利，而一般对心理健康受到的各种危险了解有限。各缔约国应采取适当措施，确保保健服务能照顾残疾妇女的需要，并尊重她们的人权和尊严。③

---

① 中国政府于1980年7月17日签署，1980年9月3日第五届全国人民代表大会常务委员会第十六次会议批准。

② 《国际人权文书第二卷·各人权条约机构通过的一般性意见和一般性建议汇编》，2008年联合国官方中文本，第329～331页。

③ 《国际人权文书第二卷·各人权条约机构通过的一般性意见和一般性建议汇编》，2008年联合国官方中文本，第358～361页。

四 禁止酷刑公约

《世界人权宣言》第五条和《公民权利和政治权利国际公约》第七条均规定，对任何人都不得施以酷刑，或给予残忍、不人道或有辱人格的待遇或处罚。1975 年 12 月 9 日，联合国大会第 3452（XXX）号决议通过《保护人人不受酷刑和其他残忍、不人道或有辱人格待遇或处罚宣言》(Declaration on the Protection of All Persons from Being Subjected to Torture and Other Cruel, Inhuman or Degrading Treatment or Punishment)。1984 年 12 月 10 日，第三十九届联合国大会第 39/46 号决议通过《禁止酷刑和其他残忍、不人道或有辱人格的待遇或处罚公约》（Convention against Torture and Other Cruel, Inhuman or Degrading Treatment or Punishment，简称《禁止酷刑公约》)。该公约 1987 年 6 月 27 日生效。①

根据《禁止酷刑公约》第一条，"酷刑"是指"为了向某人或第三者取得情报或供状，为了他或第三者所为或涉嫌的行为对他加以处罚，或为了恐吓或威胁他或第三者，或为了基于任何一种歧视的理由，蓄意使某人在肉体或精神上遭受剧烈疼痛或痛苦的任何行为，而这种疼痛或痛苦是由公职人员或以官方身分行使职权的其他人所造成或在其唆使、同意或默许下造成的。纯因法律制裁而引起或法律制裁所固有或附带的疼痛或痛苦不包括在内"。这个定义并没有直接点出精神障碍和非自愿住院。但如前所述，根据联合国人权事务委员会对《公民权利和政治权利国际公约》第七条的解释，出于医疗以外的原因对精神正常的人实施非自愿住院和治疗，构成酷刑或其他虐待行为而应禁止。②

联合国禁止酷刑委员会（Committee against Torture）在《第 2 号一般性意见：缔约国执行第二条》（2007 年）中要求："每一缔约国应禁止和防止在一切监管或控制的情况下发生酷刑和虐待行为并对此种行为作出纠正，这些监管和控制的情况包括监狱、医院、学校，负责照顾儿童、老年人、精神病人或残疾人的机构，兵役单位以及如果国家不进行干预就会纵

① 中国政府于 1986 年 12 月 12 日签署，1988 年 9 月 5 日第七届全国人民代表大会常务委员会第 3 次会议批准。

② 参见〔英〕奈杰尔·S. 罗德雷《非自由人的人身权利——国际法中的囚犯待遇》，毕小青、赵宝庆等译，生活·读书·新知三联书店，2006，第 323 页。

容和加大私下伤害危险的其他机构和环境。”还要求：“就《公约》引起的义务而言，缔约国必须确保其法律实际上适用于所有人，而无论其种族、肤色、族裔、年龄、宗教信仰或教派、政治见解或其他见解、原籍或社会出身、性别、性倾向（sexual orientation）、变性身份（transgender identity）、心智残障或其他残疾（mental or other disability）、健康状况、经济状况或土著身份、拘留理由等，其中包括被控犯下政治罪行或恐怖主义行为的人、寻求避难者、难民或其他受到国际保护的人或具有任何其他地位或不利特性的人。”①

2003 年 7 月，联合国经济及社会理事会特别报告员在一份关于酷刑和其他残忍、不人道或有辱人格的待遇或处罚问题的报告中将“防止精神病院中出现酷刑和其他形式的虐待”作为一个专题。报告指出：几年来，特别报告员多次收到报告，了解到各类精神病院中病人所受的待遇情况，包括那些因民事或刑事诉讼被迫关入精神病院的人的处境。收到的材料显示，在这些精神病院中，有些人居住空间非常拥挤，卫生条件很差，没有足够的食物和水，降温及取暖条件恶劣，有的被捆绑在凳子、床或轮椅上，得不到应有的或任何医护服务。有的还要受到残酷手段的折磨，如电击、长时间监禁、殴打、剥夺知觉、隔离及其他形式的虐待。在报告中，特别报告员表示完全支持人权委员会的观点：出于精神健康方面的原因对一个人进行长达 14 天的拘留而不受法庭的审查，是违背《公民权利和政治权利国际公约》第九条规定的。缔约国应当确保，采取措施剥夺一个人的自由时，包括出于精神健康方面的原因剥夺其自由时，应遵循《公民权利和政治权利国际公约》第九条第四款的规定，即出于精神健康方面的原因而被拘禁的人有资格提起诉讼，要求通过审查确定其所受的拘禁是否合法。特别报告员认为，将精神正常的人关入精神病院，以及在患者不知情的情况下进行不可逆转的治疗，包括绝育或精神外科治疗、试验性治疗或者强迫劳动等，“等于是一种形式的虐待，在有些情况下甚至构成酷刑”。②

2008 年 7 月联合国人权理事会的《酷刑和其他残忍、不人道或有辱人

① 《国际人权文书第二卷·各人权条约机构通过的一般性意见和一般性建议汇编》，2008 年联合国官方中文本，第 378 ~ 379 页。

② 《特别报告员依照大会 2002 年 12 月 18 日第 57/200 号决议提出的关于酷刑和其他残忍、不人道或有辱人格的待遇或处罚问题的报告》（A/58/120），联合国官方中文本。

格的待遇或处罚特别报告员的临时报告》指出，未经同意的脑叶切除术和精神外科手术、强制堕胎和绝育、对狱犯采用电休克治疗都构成酷刑或虐待。报告指出，关于为了政治打压、打击恐怖主义以及有时为了抑制、控制和变更个人性取向，而把精神病疗法作为酷刑或虐待手段的情况已有很多记录。对于滥用精神病疗法且把其强加给残疾人、特别是精神和智力残疾者这一情况需要更多关注。在收容机构内以及强迫门诊治疗中，可能未经精神残疾者本人自由作出知情同意或违背其意愿、实施胁迫或作为惩罚而对其进行精神病药物治疗，使用神经抑制剂和其他改变精神药物。在拘留所和精神病院使用药物，包括引起战栗、颤抖和挛缩且使服用者情感淡漠、智力迟钝的神经抑制剂，已被认作一种酷刑。为治疗精神疾病而强迫和未经同意就施用精神病药物、特别是神经抑制剂的做法需要予以认真审查。根据案情，所引起的痛苦及对个人健康的影响，可能构成酷刑或虐待。报告指出，许多国家无论有无法律依据，都允许把精神残疾人送入精神病院而不经其自由作出知情同意，这一做法的依据是此人被诊断有精神障碍，而且往往还有其他标准，如“威胁到自身和他人”或“需要治疗”。特别报告员指出，有些情况下，以残疾为由任意或非法剥夺自由还可能对个人造成剧烈疼痛或痛苦。在评估剥夺自由造成的痛苦时，在收容机构所待时间长短、拘留条件和实施的治疗须考虑在内。①

2013 年 2 月人权理事会的《酷刑和其他残忍、不人道或有辱人格的待遇或处罚问题特别报告员的报告》指出：在很多国家，已经制定了主要关注精神病院对智障人士的拘禁的精神健康政策和法律，但是这些政策和法律未能有效保护其人权。诸多资料记载了精神病院中的非自愿羁留行为。有人一辈子都生活在精神病院或社会护理机构中，各种资料记载了诸多此类案例。必须废除不经残疾人自由和知情同意而以残疾为由送其入院的法规。这必须包括废止准许在不经残疾人自由和知情同意而送其入院护理和治疗的条款，以及准许以残疾人可能对自身和他人造成危险为由而对其实施预防性关押的条款。如果以精神疾病为由剥夺自由的依据是对残疾人的歧视或偏见，这种剥夺自由的行为就是不正当的。特别报告员认为，精神

① 《酷刑和其他残忍、不人道或有辱人格的待遇或处罚特别报告员的临时报告》（A/63/175），联合国官方中文本。

疾病的严重程度本身不是关押的充分理由；国家还须证明，为保护其本人或他人的安全对其进行关押是必要的。除紧急情况之外，不应剥夺当事人的自由，除非当事人被确凿无疑地证明“精神失常”。以残疾为由剥夺他人自由且导致剧烈疼痛或痛苦的行为可能属于《禁止酷刑公约》的管辖范围。在做此类评估时，应考虑到各种因素，例如无限期关押导致的恐惧和焦虑、强迫用药或电击行为、束缚和隔离的使用、与家庭和社区的隔离等。此外，大多数不受政府监督、不对入院资格进行适当审查的精神病院经常接收不符合适当入院标准的个人。根据禁止酷刑和虐待的规定，将这些人送入精神病院带来的各种影响尤其令人关切。不经本人同意将其不适当或不必要地送入精神病院可能构成酷刑或虐待，因为这种行为使用的强迫超过了绝对必要的程度。①

五　儿童权利公约

《儿童权利公约》(Convention on the Rights of the Child) 由 1989 年 11 月 20 日第四十四届联合国大会第 44/25 号决议通过，1990 年 9 月 2 日生效。②《公约》所称儿童，系指 18 岁以下的任何人。

这一公约对精神障碍或精神残疾儿童也是适用的。2003 年，联合国儿童权利委员会（Committee on the Rights of the Child）在《第 4 号一般性意见：在〈儿童权利公约〉框架内青少年的健康和发展》中阐释：“缔约国有义务确保所有 18 岁以下的人不受歧视地享有《公约》所载的一切权利(第二条)，包括不因‘种族、肤色、性别、语言、宗教、政治或其他见解、民族、族裔或社会出身、财产、伤残、出生或其他身份’而有任何差别。上述这些还包括青少年的性倾向和健康状况（包括艾滋病毒/艾滋病以及精神健康状况)。”③

《儿童权利公约》中有一些条款涉及儿童的精神卫生问题。例如，第

① 《酷刑和其他残忍、不人道或有辱人格的待遇或处罚问题特别报告员胡安·门德斯的报告》（A/HRC/22/53），联合国官方中文本。

② 中国政府于 1990 年 8 月 29 日签署，1991 年 12 月 29 日第七届全国人民代表大会常务委员会第 23 次会议批准。

③ 《国际人权文书第二卷·各人权条约机构通过的一般性意见和一般性建议汇编》，2008 年联合国官方中文本，第 412 页。

二十三条第一款规定："缔约国确认身心有残疾（mentally or physically disabled）的儿童应能在确保其尊严、促进其自立、有利于其积极参与社会生活的条件下享有充实而适当的生活。"第二十五条规定："缔约国确认在有关当局为照料、保护或治疗儿童身心健康（physical or mental health）的目的下受到安置的儿童，有权获得对给予的治疗以及与所受安置有关的所有其他情况进行定期审查。"第二十七条第一款规定："缔约国确认每个儿童均有权享有足以促进其生理、心理（mental）、精神（spiritual）、道德和社会发展的生活水平。"

儿童权利委员会《第 4 号一般性意见》指出："缔约国必须采取有效措施确保青少年得到保护，免遭一切形式的暴力、虐待、忽视和剥削，更多地关注危害这一年龄组的各种特定形式的虐待、忽视、暴力和剥削。各缔约国尤其应采取专门措施，确保尤其易遭虐待和忽视的残疾青少年，在生理、性和精神上的完整性。"①

《第 4 号一般性意见》还指出，应当敦促缔约国为患有精神紊乱症的青少年提供充分治疗和康复护理，使社区了解早期迹象和症状，以及这些症状的严重程度，保护青少年免遭不应有的压力，包括心理社会压力。同时敦促缔约国制止对精神紊乱症的歧视和消除就此形成的耻辱感。每一位患有精神紊乱症的青少年都有权在他或她的生活社区内得到尽可能的治疗和照顾。当必须住院或安置在精神病院时，这样的决定必须符合儿童的最高利益原则。在住院或安置在精神病院时，患者应给予尽可能大的机会享有《公约》确认的他或她的一切权利，包括获得教育并从事娱乐活动的权利。只要适宜，青少年就应与成年人分开。缔约国必须确保，除其家庭成员之外，在必要和适当时，青少年还可有同代表其本人利益的个人代表的沟通渠道。缔约国应定期审查安置在医院或精神病院内青少年患者的情况。精神和/或肢体残疾的青少年具有享有可达到的最高身心健康水平的平等权利。缔约国有义务为残疾青少年提供实现其权利的必要手段。②

《第 4 号一般性意见》要求缔约国必须采取一切适当的立法、行政和

① 《国际人权文书第二卷·各人权条约机构通过的一般性意见和一般性建议汇编》，2008 年联合国官方中文本，第 378 ~ 379 页。

② 《国际人权文书第二卷·各人权条约机构通过的一般性意见和一般性建议汇编》，2008 年联合国官方中文本，第 418 页。

其他措施，实现并监督《公约》所确认的青少年的健康和发展权。例如，“确保向所有青少年提供适当质量并针对青少年关注问题的保健设施、商品和服务，包括有关精神和性卫生及生殖健康的咨询和保健服务”；“实施防止青少年精神紊乱症和增进精神健康的措施”；“初级卫生保健应包括针对青少年需求的服务，尤其关注性卫生和生殖健康及精神健康的问题”。①

六　残疾人权利公约

自建立伊始，联合国一直在寻求提高残疾人的地位，改善他们的生活，并且确认，残疾人和正常人一样拥有在平等的基础上行使他们的公民、政治、社会和文化权的权利。而且，联合国还将严重的精神障碍患者纳入残疾人的范畴。

1975 年 12 月 9 日联合国大会第 3447（XXX）号决议宣布的《残疾人权利宣言》（Declaration on the Rights of Disabled Persons，旧译“残废者权利宣言”）将“残疾人”（联合国官方中文本原文为“残废者”，以下引文均改为“残疾人”）定义为：“任何由于先天性或非先天性的身体或精神缺陷而不能保证自己可以取得正常的个人生活和（或）社会生活上一切或部分必需品的人。”这个定义意味着，残疾人包括精神残疾者。该宣言指出，残疾人应享有本宣言所列举的一切权利。所有残疾人都应享有这些权利，毫无例外，且不得基于种族、肤色、性别、语言、宗教、政治或其他见解、国籍或社会出身、财产、家世或任何其他情况，而对残疾人本人或其家属有所区别或歧视。残疾人享有他们的人格尊严受到尊重的基本权利。残疾人不论其缺陷或残疾的起因、性质和严重性，应与其他同龄公民享有同样的基本权利，其中最主要的是享有适当的、尽可能正常而充实的生活。残疾人享有的公民权利和政治权利与其他人一样。残疾人应受保护，以免受到任何剥削、任何管制或任何歧视性、虐待性或侮辱性的待遇。

1982 年 12 月 3 日第三十七届联合国大会第 37/52 号决议通过的《关于残疾人的世界行动纲领》（World Programme of Action concerning Disabled Persons，旧译“关于残废人的世界行动纲领”）采用了世界卫生组织的有

① 《国际人权文书第二卷·各人权条约机构通过的一般性意见和一般性建议汇编》，2008 年联合国官方中文本，第 420 ~ 421 页。

关定义："缺陷（impairment）：是指心理上、生理上或人体结构上某种组织或功能的任何形式的丧失或畸形。残疾（disability，联合国中文本原文为'残废'，以下引文均改为'残疾'）：是指由于缺陷而缺乏作为一个正常人以正常姿态从事某种正常活动的能力或具有任何限制。障碍（handicap）：是指一个个人，由于缺陷或残疾，处于某种不利地位，以至限制或阻碍该人发挥根据年龄、性别、社会与文化等因素应能发挥的正常作用。"以此为依据，《关于残疾人的世界行动纲领》对"残疾人"的范围作了大致的规定，"残疾人并不是一个单纯同类的群体。例如，精神病患（mentally ill），心智迟钝者（mentally retarded），听力、视力和发声方面有缺陷的人，行动能力受限制的人或是所谓的'医学上的残疾'（medical disabilities）者，他们所遭受的阻碍性质不一，必须以不同的方式加以克服。"

1993 年 6 月 14 日，根据 1990 年第四十五届联合国大会通过的第 45/155 号决议，第二次世界人权会议在奥地利首都维也纳召开，包括中国在内的 180 多个国家的代表出席。会议于 6 月 25 日协商一致通过《维也纳宣言和行动纲领》（Vienna Declaration and Programme of Action，简称"维也纳宣言"）。宣言强调了对残疾人的权利保护：需要特别注意确保残疾人不受歧视、平等地享有一切人权和基本自由，包括积极参与社会的各个方面。宣言指出：所有人权和基本自由都具有普遍性，因而毫无保留地适用于残疾人。人人生而平等，享有同样的生命权和得到福利、教育和工作的权利、独立生活的权利，以及在各方面积极参与社会的权利。因此，对残疾人的任何直接歧视或其他对之不利的差别待遇均属侵犯其权利。世界人权会议呼吁各国政府在必要时通过或调整法律，保证残疾人获得这些权利和其他权利。

1993 年 12 月 20 日联合国大会第四十八届会议第 48/96 号决议通过的《残疾人机会均等标准规则》（Standard Rules on the Equalization of Opportunities for Persons with Disabilities）指出，"'残疾'一词概括地泛指世界各国人口中出现许许多多的各种功能上的限制。残疾既可以是生理、智力或感官上的缺陷，也可以是医学上的状况或精神疾病（mental illness）。这种缺陷、状况或疾病有可能是长期性的，有可能是过渡性质的"。

经过长期的努力，2006 年 12 月 13 日，第六十一届联合国大会第 61/106 号决议通过《残疾人权利公约》（Convention on the Rights of Persons with Disabilities）。按照第四十五条第一款的规定，于2008年5月3日生效。[①]

《残疾人权利公约》确认残疾是一个演变中的概念，残疾是伤残者和阻碍他们在与其他人平等的基础上充分和切实地参与社会的各种态度和环境障碍相互作用所产生的结果。它还确认残疾人的多样性。它指出：残疾人包括肢体、精神、智力或感官有长期损伤的人，这些损伤与各种障碍相互作用，可能阻碍残疾人在与他人平等的基础上充分和切实地参与社会。

《残疾人权利公约》的宗旨是促进、保护和确保所有残疾人充分和平等地享有一切人权和基本自由，并促进对残疾人固有尊严的尊重。其一般原则是：（1）尊重固有尊严和个人自主，包括自由作出自己的选择，以及个人的自立；（2）不歧视；（3）充分和切实地参与和融入社会；（4）尊重差异，接受残疾人是人的多样性的一部分和人类的一分子；（5）机会均等；（6）无障碍；（7）男女平等；（8）尊重残疾儿童逐渐发展的能力并尊重残疾儿童保持其身份特性的权利。

《残疾人权利公约》第十四条第一款规定："缔约国应当确保残疾人在与其他人平等的基础上：（1）享有自由和人身安全的权利；（2）不被非法或任意剥夺自由，任何对自由的剥夺均须符合法律规定，而且在任何情况下均不得以残疾作为剥夺自由的理由。"这一原则也适用于精神障碍患者和对他们实施的非自愿住院。

第二节　联合国保护精神障碍患者人权的宣言与原则

除国际人权公约外，联合国还陆续制定和发布了一系列专门规定或者涉及精神障碍患者人权保护的宣言、规则。这些宣言、规则不是国际公约，但具有重要的指导、规范作用。

一　囚犯待遇最低限度标准规则

联合国长期以来一直关注刑事司法的人道化（humanization）和对人权

① 中国政府于2007年3月30日签署，2008年6月26日第十一届全国人民代表大会常务委员会第三次会议批准。

的保护。1955 年，在日内瓦举行的第一届联合国预防犯罪和罪犯待遇大会（The First United Nations Congress on the Prevention of Crime and the Treatment of Offenders）通过了《囚犯待遇最低限度标准规则》（Standard Minimum Rules for the Treatment of Prisoners，SMR）。该规则后由联合国经济及社会理事会以 1957 年 7 月 31 日第 663C 号决议和 1977 年 5 月 13 日第 2076 号决议予以核准。

自制定以来，《囚犯待遇最低限度标准规则》“逐渐成为国际刑事司法管理模式、标准、规范和准则的原型”。① 1990 年，联合国大会第 45/111 号决议通过《囚犯待遇基本原则》（Basic Principles for the Treatment of Prisoners），决议“确认由第一届联合国防止犯罪和罪犯待遇大会通过的《囚犯待遇最低限度标准规则》对于制定刑事政策和实践有很大的价值和影响”。

关于《囚犯待遇最低限度标准规则》的性质和的地位，英国学者奈杰尔·西蒙·罗德雷（Nigel Simon Rodley）认为，它本身不是一份法律文件，因为经济及社会理事会没有立法权。但这无损其在政治上的重要地位，因为这些规则构成了全世界的监狱改革运动的重要行动纲领。而且，其某些具体规定反映了法律义务，对于如何理解禁止酷刑、不人道或有辱人格的待遇或处罚这项一般规则提供了指导。② 总部设于伦敦的刑法改革国际（Penal Reform International，PRI）认为，《囚犯待遇最低限度标准规则》在通过的时候，目的并不是成为一项国际条约或公约，然而，它作为一个整体可以被看作是一部详细的法规，是对更一般性的国际公约的补充。它与对国际人权公约的解释密不可分，而且应当承认其已经成为国际人权法律的一个组成部分。③

《囚犯待遇最低限度标准规则》由“一般适用的规则”和“对特种囚犯的规则”两部分组成。其目的并非在于详细阐明一套监所的典型制度，而仅

① 参见《联合国预防犯罪和刑事司法大会五十年：总结成就，展望未来》（A/CONF. 203/15），联合国官方中文本。

② 参见〔英〕奈杰尔·S. 罗德雷《非自由人的人身权利——国际法中的囚犯待遇》，毕小青、赵宝庆等译，生活·读书·新知三联书店，2006，第 299 ~ 300 页。

③ 参见刑法改革国际编《〈联合国囚犯待遇最低限度标准规则〉详解》，于南译，法律出版社，1998，第 221 ~ 224 页。

在于以当代思潮的一般公意和今天各种最恰当制度的基本构成部分为基础，说明什么是人们普遍同意的囚犯待遇和监狱管理的优良原则和惯例。

《囚犯待遇最低限度标准规则》关注到监狱中的精神卫生和囚犯的有关权利问题。尽管监狱不接收犯了罪的精神病人，但是囚犯在监狱中可能发生精神障碍。刑法改革国际指出，通过监禁本身和与家庭分离，长刑犯可以产生精神和心理失常。在大监狱中，精神问题也会出现，甚至会变成慢性的。大监狱中囚犯特别拥挤；活动很少；囚犯白天必须在单人囚室中度过很长时间；对监狱人口不加区分；还会产生犯罪亚文化和囚犯的残忍控制。大监狱中控制监狱的管理人员不足，更不用说管理人员与囚犯进行足够的接触。此外，文化差异可以对外籍囚犯和少数民族囚犯形成特殊的困难和情感混乱。这些原因突出了监狱职员对具有精神和心理麻烦的囚犯予以特别注意并努力逐个减轻其麻烦程度的必要性。这显然是医疗和心理学管理人员的一个更为重大的责任。①

《囚犯待遇最低限度标准规则》在“一般适用的规则”部分，对监狱的精神医疗提出了具体的要求。第二十二条第一款规定：“每一监所最少应有一位合格医官，他应有若干精神病学知识。医务室应与社区或国家的一般卫生行政部门建立密切关系。其中应有精神病部门，以便诊断神经失常（mental abnormality）状况，适当时并予以治疗。”第二十四条规定：“医务人员应于囚犯入狱后，尽快会晤并予以检查，以后于必要时，亦应会晤和检查，目的特别在于发现有没有肉体的或精神的疾病，并采取一切必要的措施；将疑有传染病状的囚犯隔离；注意有没有可以阻碍培训的身体或精神缺陷，并断定每一囚犯从事体力劳动的能力。”第二十五条规定：“（1）医官应当负责照顾囚犯身体和精神的健康，应当每天诊看所有患病的囚犯、自称染病的囚犯，和请他特别照顾的任何囚犯。（2）医官如认为继续予以监禁或监禁的任何条件已经或将会危害某一囚犯的身体或精神健康时，应当向主任提出报告。”第四十四条第一款规定：“囚犯死亡、病重、重伤或移送一个机构接受精神治疗时，主任应立即通知其配偶（如果囚犯已婚），或其最近亲属，在任何情况下，应通知囚犯事先指定的其他

① 参见刑法改革国际编《〈联合国囚犯待遇最低限度标准规则〉详解》，于南译，法律出版社，1998，第121页。

任何人。”第四十九条第一款规定：“管理人员中应该尽可能设有足够人数的精神病医生、心理学家、社会工作人员、教员、手艺教员等专家。”

在“对特种囚犯的规则”部分，第六十二条规定：“监狱的医务室应该诊疗可能妨碍囚犯恢复正常生活的身心疾病或缺陷。为此应提供一切必要医药、外科手术和精神病学上的服务。”第六十六条第二款规定：“对刑期相当长的囚犯，主任应于囚犯入狱后，尽早取得关于上款所述一切事项的详细报告，其中应包括医官，可能时在精神病学方面合格的医官，对囚犯身心状况的报告。”

更有针对“精神错乱和精神失常的囚犯”（insane and mentally abnormal prisoners）的两款专门规定。即第八十二条：“（1）经认定精神错乱的人不应拘留在监狱之中，而应作出安排，尽快将他们迁往精神病院。（2）患有其他精神病或精神失常的囚犯，应在由医务人员管理的专门院所中加以观察和治疗。（3）这类囚犯在监狱拘留期间，应置于医官特别监督之下。（4）监所的医务室或精神病服务处应向需要此种治疗的其他一切囚犯提供精神治疗。”第八十三条：“应该同适当机构设法采取步骤，以确保必要时在囚犯出狱后继续精神病治疗，并确保社会和精神治疗方面的善后照顾。”

目前，联合国预防犯罪和刑事司法委员会（Commission on Crime Prevention and Criminal Justice）正在对修订《囚犯待遇最低限度标准规则》的问题进行研究。其中一个议题是替换过时的用语，以便消除歧视性做法，例如将用符合当代国际标准的用语替换“神经失常”“精神错乱”等用语。[①]

二　智力障碍者权利宣言

1971年12月20日，联合国大会第2856（XXVI）号决议通过《智力障碍者权利宣言》（Declaration on the Rights of Mentally Retarded Persons，联合国官方中文本译为“智力迟钝者权利宣言”，亦译“精神发育迟滞者权利宣言”）。由于这项宣言制定较早，它使用了mentally retarded（智力迟钝）一语。而目前，mentally retarded被广泛认为具有贬义，已经为国际残

① 《〈囚犯待遇最低限度标准规则〉专家组的工作》（E/CN.15/2013/23），联合国官方中文本。

疾人权利保护领域弃而不用，取而代之的是“智力障碍”（mentally handicapped，mental handicap）或者“智力残疾”（intellectual disabilities）。[①]下面用“智力障碍”替代《宣言》联合国官方中文本里的“智力迟钝”。

《宣言》指出，智力障碍者所享有的权利，在最大可能范围内，与其他的人相同。智力障碍者有权享有适当的医药照顾和物理治疗，并受到可以发展其能力和最大潜能的教育、训练、康复及指导。智力障碍者有权享有经济的安全和适当的生活水平，并有权充分发挥其能力，进行生产工作或从事任何其他有意义的职业。智力障碍者可能时应与其亲属或养父母同住，并参加各种社区生活。同住的家庭准予领受协助。如须由机关照顾时，应尽可能在接近正常生活的环境和其他情况下供给这种照顾。智力障碍者必要时有权获得合格监护人，以保护其个人福利和利益。智力障碍者不得遭受剥削、虐待和侮辱。如因犯罪而被起诉时，应充分顾及其在智力上所能负责的程度，按照适当法律程序处理。智力障碍者因有严重残缺而不能明确行使各项权利或必须将其一部或全部权利加以限制或剥夺时，用以限制或剥夺权利的程序务须含有适当的法律保障，以免发生任何流弊。这种程序必须以合格专家对智力障碍者有具社会能力的评价为根据，并应定期加以检查，还可向高级当局诉请复核。

2003年7月，联合国秘书长依照人权委员会2002年4月25日第2002/61号决议，向大会提交了题为《努力确保残疾人的人权得到充分承认和享有方面的进展情况》（Progress of Efforts to Ensure the Full Recognition and Enjoyment of the Human Rights of Persons with Disabilities）的报告指出：正如该《宣言》不恰当的名词所示，《宣言》在许多方面已经过时。它反映了对残疾所采用的一种常常称为“医疗模式”（medical model）的处理办法，这种办法将残疾人主要看作是有疾病的人，他们依赖社会保障和社会福利，需要单独的服务和精神病院。[②]

三　医疗道德原则

《医疗道德原则》的全称为《关于医务人员、特别是医生在保护被监

---

① 世界卫生组织：《国际人权在国家精神卫生立法方面的作用》，2004年中文本，第15页。

② 《努力确保残疾人的人权得到充分承认和享有方面的进展情况》（A/58/181），联合国官方中文本。

禁和拘留的人不受酷刑和其他残忍、不人道或有辱人格的待遇或处罚方面的任务的医疗道德原则》（Principles of Medical Ethics Relevant to the Role of Health Personnel, particularly Physicians, in the Protection of Prisoners and Detainees against Torture and Other Cruel, Inhuman or Degrading Treatment or Punishment），联合国大会 1982 年 12 月 18 日第 37/194 号决议通过。

《医疗道德原则》共规定六项原则：（1）医务人员、特别是医生，在负责向被监禁和拘留的人提供医疗时，有责任保护他们的身心健康（physical and mental health）以及向他们提供同给予未被监禁或拘留的人同样质量和标准的疾病治疗；（2）医务人员、特别是医生，如积极或消极地从事构成参与、共谋、怂恿或企图施行酷刑或其他残忍、不人道或有辱人格的待遇或处罚的行为，则为严重违反医疗道德和各项适用国际文件的行为；（3）医务人员、特别是医生，与被监禁或拘留的人的职业关系，其目的如超出确定、保护或增进被监禁或拘留的人的身心健康以外，为违反医疗道德；（4）医务人员、特别是医生，如有下列情形者，亦为违反医疗道德：（a）应用他们的知识和技能以协助对被监禁或拘留的人进行可能对其身心健康或情况有不利影响并且是不符合各项有关国际文件的审讯；（b）证明或参与证明被监禁或拘留的人可以接受可能对其身心健康不利并且是不符合各项有关国际文件的任何形式的待遇或处罚，或是以任何方式参加施行任何这种不符合各项有关国际文件的待遇或处罚；（5）医务人员、特别是医生，如参与任何约束被监禁或拘留的人的程序，均属违反医疗道德，除非该项程序根据纯医学标准确定对保护被监禁或拘留者本人的身心健康或安全对其他同被监禁或拘留的人或其管理人的安全为必要并且对被监禁或拘留的人的身心健康无害；（6）上述原则不得以包括社会紧急状态在内的任何理由予以克减。

四　关于保护面对死刑的人的权利的保障措施

1984 年 5 月 25 日，联合国经济及社会理事会第 1984/50 号决议批准了《关于保护面对死刑的人的权利的保障措施》（Safeguards Guaranteeing Protection of the Rights of Those Facing the Death Penalty，旧译“关于保护死刑犯的权利的保障措施”）。它的第三条规定，不得对“精神病患者”（persons who have become insane）执行死刑。另外，1989 年 5 月 24 日，经济及社会理事会通过关于《关于保护面对死刑的人的权利的保障措施》执行情况的决议，其中建议各会员国“撤销对智力迟钝（mental retardation）或智力极其有限（extremely limited mental competence）的人的死刑，无论在宣判或执行阶段”。据说，这个建议主要是针对美国的。[①]

五　保护精神病患者和改善精神保健的原则

1991 年 12 月 17 日，联合国大会第 46/119 号决议通过《保护精神病患者和改善精神保健的原则》（Principles for the Protection of Persons with Mental Illness and the Improvement of Mental Health Care）。[②] 这个文件是世界精神卫生历史上一个具有里程碑意义的文件。它确定了精神卫生领域最基本（即最低而不是最高）的人权标准，还确定了精神病院中治疗和生活条件的标准，并提供保护，反对在这类机构中任意进行拘留。这些原则广泛适用于置身于精神病院的精神病患者，也适用于无论是否被诊断为精神病的所有入住精神病机构的人。

《原则》的制定具有明显的针对性，其中一个重要指向是一些国家滥用精神病学和非自愿住院。这个问题的复杂性使得起草过程颇为艰难。1977 年，联合国人权委员会要求其下属的防止歧视及保护少数小组委员会承担该文件起草工作。1988 年小组委员会完成起草工作。但直到 1991 年，文件才得以通过。与此同时，苏联正在发生剧变。“这种情况的出现大概不是偶然的。”[③]

虽然《原则》没有法律约束力，但被联合国有关机构用于对国际人权公约如《经济、社会、文化权利国际公约》《公民权利和政治权利国际公约》以及《禁止酷刑和其他残忍、不人道或有辱人格的待遇或处罚公约》有关健康权、人身自由、禁止酷刑等条款的权威性解释。奈杰尔·西蒙·

① 参见〔英〕奈杰尔·S. 罗德雷《非自由人的人身权利——国际法中的囚犯待遇》，毕小青、赵宝庆等译，生活·读书·新知三联书店，2006，第 254 页。

② 联合国发布的这个文件的官方中文本把名称和条文中的 mental illness 一词译为“精神病”，是不够准确的，应译为“精神疾病”。但为与该文本保持一致，并且由于“精神病”不像“智力迟钝”那样具有明显的贬义，以下引文未做改动。

③ 〔英〕奈杰尔·S. 罗德雷：《非自由人的人身权利——国际法中的囚犯待遇》，毕小青、赵宝庆等译，生活·读书·新知三联书店，2006，第 324 页。

罗德雷指出："《原则》本身并不具有法律地位，但相关行为如违背这些原则，就能充分地说明该行为违背了禁止酷刑和其他虐待行为的规定，或者违反了囚犯应被给予人道及尊重其固有的人格尊严的待遇的原则。"[①] 在《残疾人权利公约》通过后，《原则》自然也成为残疾人权利保护体系的重要内容。

《原则》对各国精神卫生和精神卫生立法具有非常重要的指导意义。有一些国家，例如墨西哥、匈牙利、哥斯达黎加、葡萄牙和澳大利亚，已将其完全或部分纳入它们自己的国家法律。[②]

《原则》对一些重要术语或名词进行了解释。"精神保健"（mental health care），包括分析和诊断某人的精神状况，以及精神病或被怀疑为精神病的治疗、护理和康复。"精神病院"（mental health facility），系指以提供精神保健为主要职能的任何机构或一机构之任何单位。"精神保健工作者"（mental health practitioner），系指具有有关精神保健的特定技能的医生、临诊心理学家（clinical psychologist，亦译"临床心理学家"）、护士、社会工作者或其他受过适宜培训的合格人员。"患者"（patient），系指接受精神保健的人，并包括在精神病院住院的所有人。

《原则》首先规定：本套原则的适用不得因残疾、种族、肤色、性别、语言、宗教、政治或其他见解、国籍、民族或社会出身、法律或社会地位、年龄、财产或出身而有任何歧视；本套原则所载权利的行使仅受法律所规定的限制，以及保护有关人士或他人健康或安全，或保护公共安全、秩序、健康或道德或他人的基本权利和自由所必要的限制。

《原则》包括25项基本原则，这里着重归纳介绍以下内容：

（1）基本自由和基本权利。人人皆有权得到可获得的最佳精神保健护理，这种护理应作为保健和社会护理制度的一个组成部分。所有精神病患者或作为精神病患者治疗的人均应受到人道的待遇，其人身固有的尊严应受到尊重。所有精神病患者或作为精神病患者治疗的人均应有权受到保护，不受经济、性行为或其他形式的剥削、肉体虐待或其他方式的虐待和

---

① 〔英〕奈杰尔·S. 罗德雷：《非自由人的人身权利——国际法中的囚犯待遇》，毕小青、赵宝庆等译，生活·读书·新知三联书店，2006，第325页。

② 世界卫生组织：《国际人权在国家精神卫生立法方面的作用》，2004年中文本，第16页。

有辱人格的待遇。每个精神病患者均有权行使《世界人权宣言》《经济、社会、文化权利国际公约》《公民权利和政治权利国际公约》以及《残疾人权利宣言》和《保护所有遭受任何形式拘留或监禁的人的原则》等其他有关文书承认的所有公民、政治、经济、社会和文化权利。仅经国内法设立的独立公正的法庭公平听证之后，方可因某人患有精神病而作出他或她没有法律行为能力，并因没有此种能力应任命一名私人代表的任何决定。如果能力有问题者本人无法取得此种代表，则应在他或她没有足够能力支付的范围内为其免费提供此种代表。如法院或其他主管法庭查明精神病患者无法管理自己的事务，则应视患者的情况酌情采取必要的措施，以确保其利益受到保护。

（2）精神病的确定。确定一人是否患有精神病，应以国际接受的医疗标准为依据。确定是否患有精神病，绝不应以政治、经济或社会地位，或是否属某个文化、种族或宗教团体，或与精神健康状况无直接关系的其他任何理由为依据。家庭不和或同事间不和，或不遵奉一个人所在社区的道德、社会、文化或政治价值观或宗教信仰之行为，不得作为诊断精神病的一项决定因素。过去作为患者的治疗或住院背景本身不得作为目前或今后对精神病的任何确定的理由。除与精神病直接有关的目的或精神病后果外，任何人或权力机构都不得将一个人归入精神病患者一类，也不得用其他方法表明其为精神病患者。除依照国内法批准的程序进行的以外，不得强迫任何人进行用以确定其是否患有精神病的体格检查（medical examination，医学检查）。

（3）治疗。每个患者应有权在最少限制（least restrictive）的环境中接受治疗，并且得到最少限制性或侵扰性（intrusive）而符合其健康需要和保护他人人身安全需要的治疗。应始终按照精神保健工作者适用的道德标准提供精神保健，包括诸如联合国大会通过的有关医务人员、特别是医生在保护被监禁和拘留的人不受酷刑和其他残忍、不人道或有辱人格的待遇或处罚方面的任务的《医疗道德原则》等国际公认的标准。精神病学的知识和技能决不可滥用（abuse）。药物应符合患者的最佳健康需要，为治疗和诊断目的给予患者，不得作为惩罚施用，或为他人便利而使用。除规定的情形外，未经患者知情同意，不得对其施行任何治疗。知情同意（informed consent）系指以患者理解的形式和语言适当地向患者提供充足的、可以理解的以下方面情况后，在无威胁或不当引诱情况下自由取得的同意：（a）诊断评价；（b）所建议治疗的目的、方法、可能的期限和预期好处；（c）可采用的其他治疗方式，包括侵扰性较小的治疗方式；（d）所建议治疗可能产生的疼痛或不适、可能产生的风险和副作用。不得对患者进行人体束缚或非自愿隔离，除非根据精神病院正式批准的程序而且是防止即时或即将对患者或他人造成伤害的唯一可用手段。使用这种手段的时间不得超过为此目的所绝对必要的限度。所有人体束缚或非自愿隔离的次数、原因、性质和程度均应记入患者的病历。受束缚或隔离的患者应享有人道的条件，并受到合格的工作人员的护理和密切、经常的监督。在有私人代表或涉及私人代表时，应立即向其通知对患者的人体束缚或非自愿隔离。绝育决不得作为治疗精神病的手段。仅在国内法许可，据认为最有利于精神病患者健康需要并在患者知情同意的情况下方可对患者实施重大的内科或外科手术，除非患者没有能力表示知情同意，在这种情况下只有在独立的审查之后方可批准手术。决不得对精神病院的非自愿患者进行精神外科及其他侵扰性和不可逆转的治疗，对于其他患者，在国内法准许进行此类治疗的情况下，只有患者给予知情同意且独立的外部机构确信知情同意属实，而这种治疗最符合患者病情需要时，才可施行此类手术。

（4）住院患者的权利。对于住院患者，应在住院后尽快以其能理解的形式和语言使其知道根据本套原则和国内法应享有的一切权利，同时应对这些权利和如何行使这些权利作出解释。在精神病院中，每个患者的下列权利尤应得到充分尊重，包括：在任何场合均被承认为法律面前的人、隐私、交往自由、宗教或信仰自由等。患者应绝对免于强迫劳动。不应剥削精神病院患者的劳动。

（5）非自愿住院（involuntary admission）。如患者需要在精神病院接受治疗，应尽一切努力避免非自愿住院。唯有在下述情况下，一个人才可作为患者非自愿地住入精神病院；或作为患者自愿住入精神病院后，作为非自愿患者在医院中留医，即：（a）因患有精神病，很有可能即时或即将对他本人或他人造成伤害；或（b）一个人精神病严重，判断力受到损害，不接受入院或留医可能导致其病情的严重恶化，或无法给予根据限制性最少的治疗方法原则，只有住入精神病院才可给予的治疗。在（b）项所述情况下，如有可能应找独立于第一位的另一位此类精神保健工作者诊治；

如果接受这种诊治，除非第二位诊治医生同意，否则不得安排非自愿住院或留医。非自愿住院或留医应先在国内法规定的短期限内进行观察和初步治疗，然后由复查机构对住院或留医进行复查。住院或留医理由应不事迟缓地通知患者，同时，住院或留医之情事及理由应立即详细通知复查机构、患者私人代表（如有代表），如患者不反对，还应通知患者亲属。精神病院仅在经国内法规定的主管部门加以指定之后方可接纳非自愿住院的患者。

（6）复查。复查机构应按照国内法规定的合理间隔定期审查非自愿住院患者的病情。非自愿住院的患者可按照国内法规定的合理间隔向复查机构申请出院或自愿住院的地位。如负责病情的精神保健工作者在任一时候确信某一患者不再符合非自愿住院患者的留院条件，应给予指示，令患者不再作为非自愿住院患者继续住院。患者或其私人代表或任何有关人员均有权向上一级法庭提出上诉，反对令患者住入或拘留在精神病院中的决定。

（7）诉讼。患者有权选择和指定一名律师代表患者的利益，包括代表其申诉或上诉。患者、患者的私人代表及律师有权出席、参加任何听证会，并亲自陈述意见。

《原则》也存在一些固有局限性，而且随着人权保护的发展显现出更多的问题。2003 年联合国秘书长《努力确保残疾人的人权得到充分承认和享有方面的进展情况》指出了《原则》存在的问题，并对如何进一步落实心理残疾者（mental disabilities）人权保护标准提出了建议。该报告认为，《原则》在某些情况下提供的保护程度不如现有的人权条约，譬如，在治疗之前取得知情同意的规定方面便是如此。在这方面，某些残疾人组织——包括世界精神病治疗法使用者和幸存者网络（World Network of Users and Survivors of Psychiatry）——对该《原则》所提供的保护及其在自愿治疗和拘留方面是否符合现行人权标准提出了疑问。该《原则》还缺乏要求主管司法部门根据个人实际能力调整监护安排的具体规定。该报告指出：

（1）《原则》所提供的保护在某些情况中需要加强。在某些情况中的用语已经过时。例如“患者”一词应该改为“个人”（person）。

（2）《原则》缺乏关于被拘留在精神病院的个人拒绝接受治疗的权利

的规定。《原则》对该权利例外条款的慷慨规定使该权利失去实际意义。精神病拘留并不意味着放弃个人选择其医疗的权利。国际人权法严格规定了这一权利。对有关治疗决定权利的限制均应受到司法审查。

（3）《原则》中没有任何内容规定评价法院通过的有关能力的决定对于保护有关个人的利益是否“必要”（necessary）并“恰当”（appropriate）。任何对个人权利的限制须依据关于该人缺乏自行做出相关具体行为决定的能力的具体调查结果。法院的决定必须明确确定个人能够自行进行的行为以及需要他人协助的行为。完全剥夺法律行为能力只能在没有其他替代性办法时作为最后手段使用。法官须选择（根据自主和相称原则）最适合有关个人需要的做法。关于法律行为能力的决定须自动由主管司法机构按照法律的规定定期审查。

（4）应该审查《原则》规定的强制住院的标准。即时或即将对本人造成伤害的极大可能性不一定构成充分的理由，让人们可以采取措施，严重侵犯个人的若干人权，包括个人自由和安全的权利以及移动自由的权利。此外，还应该对涉及个人健康状况的第二个标准与现有人权标准之间是否一致进行分析。按照采取最少限制性替代办法的原则，关于非自愿住院的决定须至少提供如下内容的证明：（a）个人健康状况具有严重恶化的风险和（b）缺乏其他可行替代办法，例如基于社区的康复办法。关于精神病拘押的决定应接受司法审查并定期复查。

（5）对人权标准的滥用和侵犯是世界上许多精神病院的普遍现象。有必要对心理残疾者权利的落实情况进行详细的监测，以便评估遵守此类规范的实际状况。现有的人权条约机构应该鼓励各国政府在其定期报告中提供有关在此方面采取的措施的情况。①

第三节　欧洲人权公约与非自愿住院

一些区域性人权公约也对精神障碍患者的人权加以保护。下面重点介绍《欧洲人权公约》。

① 《努力确保残疾人的人权得到充分承认和享有方面的进展情况》（A/58/181），联合国官方中文本。

《欧洲人权公约》（European Convention on Human Rights，ECHR）全称为《保障人权和基本自由公约》（Convention for the Protection of Human Rights and Fundamental Freedoms，亦译“保障人权和根本自由公约”）。[①] 1950年11月4日签署，1953年9月3日生效。为保证各缔约国遵守在公约中所承担的义务，《欧洲人权公约》第十九条规定设立欧洲人权法院（European Court of Human Rights）。

《欧洲人权公约》第五条第一款规定：“每个人都享有自由和人身安全的权利。不得剥夺任何人的自由，除非依照法律规定的程序在下列情况中”。“下列情况”的e项与非自愿住院有关：“基于防止传染病蔓延的目的而对某人予以合法的监禁（lawful detention）以及对精神失常者（persons of unsound mind）、酗酒者或者是吸毒者或者流氓予以合法的监禁。”这段条文引自《欧洲人权公约》的欧洲理事会（Council of Europe）官方中文本。[②] 其中detention在联合国有关文件的官方中文本中一般译为“拘禁”，下面也采用“拘禁”的译法。

对精神失常者的合法拘禁，即指合法的非自愿住院。在这个问题上，《欧洲人权公约》第五条有三层含义。第一，精神失常者即精神障碍患者享有人身自由与安全的权利。第二，非自愿住院是对自由的剥夺。第三，对自由的剥夺必须是合法的，并且依照法律规定的程序实施。欧洲人权法院对“合法性”（lawfulness）的要求主要是，必须是依照国内法律的程序性和实体性规则进行，规则必须明确而可行，而且国内法律如果允许专断或过度的拘禁，那么对自由的剥夺也不会是“合法的”。[③]

对哪些人可以合法实施非自愿住院？1979年，在Winterwerp v. The Netherlands一案中，欧洲人权法院指出，《欧洲人权公约》第五条e项显然不是允许仅仅因为观点或行为偏离一个特定社会的普遍规范，就可以实施非自愿住院。在该案中，欧洲人权法院认为，除了在紧急情况下，一个人不应该被剥夺自由，除非他已经被确实证明是“精神失常”的。欧洲人权法院确立了三项非自愿住院标准：第一，精神障碍的存在必须通过客观

① http://www.echr.coe.int/Documents/Convention_ENG.pdf.

② http://www.echr.coe.int/Documents/Convention_ZHO.pdf.

③ 参见〔英〕克莱尔·奥维、罗宾·怀特《欧洲人权法原则与判例》（第三版），何志鹏、孙璐译，北京大学出版社，2006，第143~146页。

的医学评估（objective medical expertise）来确定；第二，精神障碍必须属于某种类型或达到一定程度，需要对该人实施拘禁；第三，更重要的是，继续拘禁的正当性（validity）取决于这种障碍的持续性（persistence）。[①]

为保护被剥夺自由者的利益，《欧洲人权公约》还赋予他们被告知逮捕或拘禁原因的权利和审查逮捕或拘禁合法性的权利。第五条第二款规定："应当以被逮捕的任何人所了解的语言立即通知他被逮捕的理由以及被指控的罪名。"第五条第四款规定："因被逮捕或者拘禁[②]而被剥夺自由的任何人应当有权运用司法程序，法院应当依照司法程序对他被拘禁的合法性作出决定，如果拘禁是不合法的，则应当命令将其释放。"根据欧洲人权法院的解释，这些规定也适用于对精神失常者的非自愿住院。

欧洲人权法院认识到，由于对专家技术的需求，以及难以评价医学证据，因而对非自愿住院适用程序"合法性"的审查尤其重要。在 Van der Leer v. The Netherlands 一案中，欧洲人权法院认为主要的问题在于确定在本案中有争议的拘禁是否是"合法的"，包括是否遵守"法律规定的程序"，即是否符合国内法律的实质性和程序性规则。人权法院认定对 Van der Leer 实施的非自愿住院，没有举行国内法规定的听证会，没有告知其理由（违反《欧洲人权公约》第五条第二款），也没有保障其诉讼权利（违反《欧洲人权公约》第五条第四款），因而是违法的。[③]

欧洲人权法院还认定，精神障碍患者在精神病院或者监狱受到虐待，违反《欧洲人权公约》第三条关于"任何人不得加以酷刑或使受非人道的或侮辱的待遇或惩罚"的规定和《欧洲防止酷刑和不人道或有辱人格的待遇或处罚公约》（European Convention for the Prevention of Torture and Inhuman or Degrading Treatment or Punishment，2002）。

为了实施人权公约和规范各国的非自愿住院制度，欧洲理事会制定了一些专门规定精神障碍患者人权保护特别是非自愿住院问题的文件。择要译介如下。

1983 年 2 月 22 日，欧洲理事会的部长委员会（Committee of Ministers）

① 参见 http://hudoc. echr. coe. int/sites/eng/pages/search. aspx? i = 001 - 57597。

② detention，官方中文本此处译为"拘留"。

③ 参见 http://hudoc. echr. coe. int/sites/eng/pages/search. aspx? i = 001 - 57620。

通过《关于作为非自愿患者安置的精神障碍患者法律保护的建议》（Recommendation No. R（83）2 of the Committee of Ministers to Member States Concerning the Legal Protection of Persons Suffering From Mental Disorder Placed as Involuntary Patients）。[①] 为更好地保护精神障碍患者，该建议基于《欧洲人权公约》和欧洲的精神障碍问题状况，提出了一系列规则，并要求成员国将这些规则引入自己的新法律。全文包括序言和十一条规则。

该建议的主题是精神障碍患者（persons suffering from mental disorder）的非自愿安置（involuntary placement），但依照刑事诉讼程序决定的安置不适用该建议。该建议解释，非自愿安置是指为了治疗，将一个人收容（admission）或者拘禁（detention）于医院或其他医疗机构或适当的地方，而安置不是他自己的要求。该建议规定，精神科医生或其他医生确定一个人患有精神障碍及需要安置，应当依据医学科学。难以适应道德、社会、政治或其他价值，本身不应该被认为是一种精神障碍。

该建议规定，如果没有其他更合适的治疗方式，在两种情况下可以非自愿安置：（1）只有当患者因为精神障碍，表现出对自己或其他人的严重危险（serious danger）时，才可以实施安置；（2）成员国还可以规定，当患者由于精神障碍的严重性质，不安置将会导致其障碍的恶化或者阻碍对他实施适当的治疗，也可以实施安置。

非自愿安置的决定应该由一个司法机构或法律规定的主管机构（appropriate authority）作出。在紧急情况下，医生可以将患者收容或留住于一个机构，但应立即报知主管的司法机构或其他机构，后者依据规定的简单而迅速的程序作出决定。在司法机构作出安置决定时，患者应当被告知他的权利并且具备有效的机会亲自聆听审判，除非法官根据患者的健康状况，认定通过代理人出庭是唯一的方式。他应当被告知有权上诉反对命令或确认安置的决定，并且如果他要求或者法官认为适当，他可以获得律师或者其他人的援助。

该建议规定，被安置的患者有权得到与其他疾病的患者相同伦理和科学条件的对待，特别是，他们有权获得适当的治疗和护理。尚未被医学科

① https://wcd.coe.int/com.instranet.InstraServlet?command=com.instranet.CmdBlobGet&InstranetImage=602308&SecMode=1&DocId=678490&Usage=2.

学普遍公认或者具有导致永久性大脑损伤的严重危险（serious risk）或者逆向改变（adversely altering）患者个性的治疗方法，只有医生认为是绝对必要的，并且患者在理解后表示明确的同意，才可以施行；如果患者不理解治疗的性质，医生应当将决定问题提交给法律规定的适当的独立机构，后者应当与患者的法定代理人协商。产品和治疗的临床试验如果没有治疗被安置的精神障碍患者的目的，应当被禁止。对患者人身自由的限制，应当限于对其健康状况来说是必要的，并且有利于治疗。患者享有与主管机构、律师等联系的权利。发送未开封的信件，也不应受到限制。患者不应被一个机构转送到另一个机构，除非治疗需要并且尽可能考虑了他的愿望。安置应当被限定期限，至少，应定期审查安置的必要性。患者在合理的间隔内可以要求司法机构对安置的合理性进行审查。安置可以随时由医生或主管机构主动或根据患者或其他利害关系人的请求决定终止，安置的终止不必然意味着治疗的结束，治疗可能在自愿的基础上继续。安置本身不构成对患者法律行为能力（legal capacity）的限制。如果有必要，有关机构应采取足够的措施保护患者的物质利益（material interests）。在所有情况下，患者的尊严应当被尊重，并且应有足够的措施保护自己的健康。

该建议最后规定，这些规则不限制成员国采取规定，给予被安置的精神障碍患者更大程度的法律保护的可能性。

十年之后，1994 年 4 月 12 日，欧洲理事会部长委员会又通过《关于精神病学和人权的 1235 号建议》（Recommendation 1235 on Psychiatry and Human Rights）。[①] 全文由序言和规则两部分组成。规则共有四节，每节有若干条款。主要内容是非自愿住院和防止精神病学的滥用问题。对非自愿住院，它在表述上用 compulsory admission 取代了 involuntary placement，但含义未变，而且继续在条款中使用 placement 一词。

规则第一节规定了非自愿住院的标准和程序，比 1983 年建议更为严格。它规定：（1）非自愿住院只能在特殊情况下采用，而且必须符合下列条件：存在一个对患者或其他人的严重危险；一个附加标准（additional criterion）是对患者的治疗，即：不进行安置可能导致恶化或阻碍患者得到适当的治疗。（2）安置在精神病院的决定，必须由一名法官作出，并且应

① http://assembly.coe.int/Main.asp?link=/Documents/AdoptedText/ta94/EREC1235.htm.

指定安置的期限。必须规定对安置决定的定期和自动的复查。（3）法律必须规定对安置决定有权上诉。（4）在患者进入精神病机构后必须提请他们注意法定的患者权利。（5）应当在1983年世界精神病学协会《夏威夷宣言》的基础上制定精神科医生伦理准则。

规则第二节规定了治疗问题：（1）应当区分残疾人和精神疾病患者；（2）不得实施脑叶切除术和电休克疗法，除非取得患者或其法律顾问（counsellor）、监护人的书面知情同意（informed written consent），以及除非经一个不包括精神病学专家的特别委员会的批准；（3）进行治疗必须有准确和详细的记录；（4）必须有足够的经过专门培训的护理人员；（5）患者必须有免费的独立于医院的法律顾问，监护人应负责维护未成年患者的利益；（6）应设立防止酷刑和不人道或有辱人格的待遇或处罚的机构。

规则第三节的内容是精神病学的问题和滥用：（1）伦理准则应明确规定禁止治疗师对患者进行性侵扰；（2）严格限制使用单人隔离，也要避免病房人员过多；（3）不应使用机械约束，约束性药物的使用必须与其目的相符，不得对个人的生育能力造成永久性伤害；（4）没有患者或其代表的了解，不得利用患者进行精神卫生领域的科学研究，而且这种研究必须是为了患者的利益。

规则第四节是针对被拘禁罪犯的规定。对任何被拘禁的人都应由医生进行检查。各刑罚执行机构都应有精神科医生和受过专业培训的人员。制定的规则和伦理准则都应适用于被拘禁的人。刑罚执行机构应当为有人格障碍（personality disorders）的被拘禁的人建立社会治疗计划（sociotherapy programmes）。

又过了十年，2004年9月22日，欧洲理事会部长委员会第896次会议通过《关于保护精神障碍患者人权和尊严的建议》（Recommendation Rec〈2004〉10 of the Committee of Ministers to Member States Concerning the Protection of the Human Rights and Dignity of Persons with Mental Disorder）。[①] 这个建议的内容更为丰富系统，实际上是一部区域性精神卫生法。全文共有7章，38条，264款。

① https://wcd.coe.int/ViewDoc.jsp? id=775685&Site=CM.

该建议旨在加强对精神障碍患者特别是被非自愿安置（本建议重新使用 involuntary placement）或被非自愿治疗的人的尊严、人权和基本自由的保护。该建议适用于按照国际公认的医疗标准定义为患有精神障碍的人。它所建议的标准不限制或者影响成员国对精神障碍患者给予更广泛的保护。

它指出，不能适应道德、社会、政治或其他社会价值观，本身不应该被认为是一种精神障碍；任何形式的以精神障碍为理由的歧视都应禁止，成员国应采取适当措施消除以精神障碍为理由的歧视；精神障碍患者有权行使他们的公民权利和政治权利，对这些权利的任何限制必须符合《欧洲人权公约》的规定，而不得仅仅以患有精神障碍为理由；成员国应当通过提高公众预防、辨别和治疗精神障碍的认识的发展计划，促进精神卫生；因精神障碍而被治疗和安置的人应当被分别告知其作为患者的权利，有关人员或机构可以帮助他们理解和行使这些权利；成员国应确保有机制保护易受伤害（vulnerable）的精神障碍患者，特别是那些没有能力表达意见或者没有能力抵御人权侵害的人，法律还应规定措施，在适当情况下保护精神障碍患者的经济权利；精神障碍患者有权得到可行的在最少限制环境中的照顾和最少侵入性（intrusive）的治疗，采用可行的最少限制或最少侵入治疗应当根据他们的健康需要和保护他人安全的需要；设计安置精神障碍患者的设施，应考虑其健康状况和保护他人安全的需要，环境和生活条件应尽可能接近其年龄、性别和社区文化；还应当提供职业康复措施，促进这些人融合于社会；为非自愿安置而建立的设施应当向主管当局注册登记；参与精神卫生服务的专业人员应当具有相应的资格和经过培训，以使他们能够以专业的职责和标准提供服务；精神障碍患者的所有个人数据都应被视为保密的，使用这些数据的条件应由法律明确规定；对精神障碍患者的生物医学研究，应遵守本建议的规定和《欧洲人权与生物医学公约》（Convention on Human Rights and Biomedicine，1997）以及其他法律的规定；成员国应提供一系列优质的满足精神障碍患者的精神卫生需求的服务，并且顾及他们中不同群体的不同需求，确保他们公平地获得这些服务；应尽可能采用可以替代非自愿安置或非自愿治疗的方式。

“2004 年建议”的第三章规定了非自愿安置和非自愿治疗的适用标准和决定程序，以及非自愿安置者的权利。这些规定既适用于有同意能力而拒绝（refusing）住院或治疗的人，也适用于无同意能力而反对（objecting）住院或治疗的人。

实施非自愿安置必须同时符合下列所有条件：（1）适用对象必须有精神障碍；（2）他的状况表现出对自己的健康或者对他人的严重伤害的显著危险（significant risk）；（3）安置的目的包括（include）治疗；（4）没有可用的其他更少限制的手段；（5）有关人士的意见已经被考虑。

非自愿安置的决定应由法院或其他主管机构作出，法院或其他主管机构应考虑有关人士的意见。在决定之前应有一名具备必要能力和经验的医生，根据有效可靠的专业标准进行审查；医生或主管机构应当咨询适用对象的密切相关人士，除非适用对象拒绝，或者不可行，或者因其他原因而不适当。

非自愿安置者应当以口头或书面的形式立即被告知他们的权利和补救措施。他们应当及时和适当地被告知可能决定延长或终止安置的理由和标准。他们的代表，如果有的话，也应获得这些信息。他们与其律师、代表或任何有关主管机构的联系不应被限制，他们与支持者或其他人的联系的权利不应被不合理（unreasonably）限制。他们接受探访也不应被不合理限制，但不应让易受伤害的人或未成年人进入或访问精神病设施。对非自愿安置者的隔离和约束，只能在适当的设施进行，符合最少限制的原则，为防止即将发生的对有关人员或其他人的危害，并与风险相称。隔离和约束措施应只可在医生监督下使用，并应适当记录。对非自愿安置者不得施行产生不可逆转的物理效果（irreversible physical effects）的精神障碍治疗方法。仅仅有精神障碍这一事实不应构成对他或她的生育能力永久性侵害的理由。仅仅有精神障碍不应构成对她终止妊娠的理由。

该建议规定，如果非自愿安置者不再具备非自愿安置标准的任何一项，非自愿安置就应终止。非自愿安置者的主治医生应当负责评估是否不再满足安置标准，除非法院已经对被安置者的严重伤害危险作出评估。在不具备适用标准的任何一项的情况下，除非司法判决终止安置，医生、负责部门或主管机构应当采取行动终止安置。

该建议还规定，成员国应确保非自愿安置者就非自愿安置的合法性和继续适用，亲自或者通过代表向法院提出申诉的权利。

第四节　精神卫生的伦理标准

一　世界精神卫生联合会的《人权与精神卫生宣言》

世界精神卫生联合会（World Federation for Mental Health，WFMH，亦译“世界精神健康联合会”）[①] 成立于 1948 年 8 月 21 日。成立以后，成为联合国的正式咨询单位。其组织和个人成员包括各学科的精神卫生工作者、精神卫生服务消费者（consumers of mental health services）、家庭成员和有关公民。其目标是提高公民对精神卫生重要性和精神障碍的认识，促进精神健康，预防精神障碍，加强对精神障碍患者的护理、治疗和康复。它作为全球精神卫生领域唯一的基层宣传和公共教育组织发挥着积极作用。10 月 10 日世界精神卫生日（World Mental Health Day）就是世界精神卫生联合会倡议在 1992 年由世界卫生组织设立的。

世界精神卫生联合会长期致力于促进人权和精神卫生。根据《世界人权宣言》和自己的章程，1989 年 1 月 17 日，在埃及的卢克索尔（Luxor）举行的庆祝世界精神卫生联合会成立 40 周年大会制定并发布了一项人权宣言（“卢克索尔人权宣言”）[②]。这项宣言后来经 1989 年 8 月世界精神卫生联合会在新西兰奥克兰举行的世界大会修订并通过。最终发布（1998 年 10 月）的宣言题为《人权与精神卫生宣言》（Declaration of Human Rights and Mental Health），共八条[③]。

《人权与精神卫生宣言》指出，精神卫生医生诊断精神疾病应当根据公认的医学的、科学的和伦理学的标准，而对那些难以适应伦理的、社会的、政治的或其他价值观念的人不应该认为是精神疾病。而有些人有时或继续不适当地被贴上精神疾病的标签，被诊断为精神疾病，或当作精神疾病患者治疗或被关锁。

《人权与精神卫生宣言》指出，被公众称为或被专业人士诊断为精神

① http://www. wfmh. org/index. html.

② 参见《卢克索尔人权宣言——为患精神疾病的人而发布》，胡泽卿译，《临床精神医学杂志》1996 年第 5 期。

③ http://www. wfmh. org/PDF/DeclarationHR&MH. pdf.

疾病（mentally ill）而进行治疗或被关锁的人，或遭受情绪困扰（emotionally distress）的人，按照《世界人权宣言》，享有“人类家庭所有成员的固有尊严及其平等的和不移的权利”。他们享有的基本权利与其他所有公民是一样的。这些权利包括：得到非强迫的、有尊严的、人道的、合格的医学、心理和社会方法治疗的权利；不能因为政治的、社会经济的、文化的、民族的、种族的、宗教的、性别、年龄和性取向（sexual orientation）的不同，而在公平治疗或不公正约束方面受到歧视；隐私权和保密权；保护私人财产的权利；不受躯体和精神虐待的权利；不受专业或者非专业的疏忽或者放弃的权利；得到足够的自己临床状况信息的权利；接受适当的住院治疗、门诊治疗或心理治疗的权利，包括依据医学的、伦理的、法律的意见而实施的安全措施；非自愿住院患者有权得到公正的代理，有权复查和申诉。

《人权与精神卫生宣言》指出，所有患精神疾病的人有权得到与其他患者相同的专业标准和伦理标准的治疗。这必须包括努力促进最大限度的自我决定和他们的个人责任。治疗应该在由社区评价和接受的设施中进行，并且尽可能用最少侵扰的方式和在最少限制的情形下进行。治疗的实施应该给患者而不是家庭、社区、专业人员或者国家带来最佳利益（best interest）。对那些自我管理能力因病而削弱的患者的治疗应该包括旨在恢复生活能力的心理康复（rehabilitation），重视他们对住房、就业、交通、收入、信息以及出院后继续照顾的需求。

二　世界精神病学协会的《夏威夷宣言》《马德里宣言》等文件

世界精神病学协会（World Psychiatric Association，WPA，亦译“世界精神病学联合会”）是各国精神病学会的联合组织。1961 年 6 月 5 日成立于加拿大蒙特利尔，其前身是 1950 年 9 月 18 日在法国巴黎成立的世界精神病学大会组织国际协会。截至 2011 年，拥有 135 个团体成员，分别来自 117 个国家或地区，代表 20 万名以上精神科医生。1997 年，中华医学会精神科分会以团体成员身份加入。其官方刊物是《世界精神病学》（*World Psychiatry*），每年出版 3 期。

世界精神病学协会的使命是促进精神病学和世界全体人民精神卫生水平的提高，目标是：传播精神卫生和精神疾病保健工作领域所需的知识和技能；提高对精神疾病患者的护理；预防精神疾病；促进精神卫生；保护精神疾病患者的权利；促进发展和遵守精神疾病护理、教学和研究的最高伦理标准；促进对精神疾病患者的不歧视护理；保护精神科医生的权利。

为了实现上述使命和目标，世界精神病学协会先后制定了一系列精神病学伦理指南，主要有《夏威夷宣言》《马德里宣言》和《关于精神疾病患者权利和法律保障的声明和观点》。防止精神病学和非自愿住院治疗的滥用，是这些文件的重要内容。

（一）夏威夷宣言

1977 年 8 月 28 日 ~9 月 3 日，世界精神病协会在美国夏威夷檀香山举行第六届世界精神病学大会，大会一致通过一项职业伦理准则，即《夏威夷宣言》（Declaration of Hawaii）[①]。1983 年 7 月 10 日，在奥地利维也纳举行的第七届世界精神病学大会，对《夏威夷宣言》又做了一些修订。[②]

世界精神病协会认为，人类社会自有文化以来，伦理一直是治疗技术（healing art）的重要组成部分。在当代社会中，医生持有不同的观念，医生与患者之间存在着敏感的关系，并且存在精神病学概念、知识和技术被滥用于违背人类法律（laws of humanity）的行动的可能性，这一切使得今天比以往更有必要为医生从事精神病学的科学和技术制定出一套高尚的伦理标准。精神科医生作为一个医务工作者和社会成员，必须考虑精神病学特定伦理的含义以及对所有医生的伦理要求和每一个人的社会责任。虽然符合伦理的行为（ethical behaviour）基于精神科医生的良知和个人判断，但以成文的准则来澄清职业伦理的含义，引导并帮助精神科医生个人形成良知，也是必要的。这些指导准则是精神病学职业伦理标准的最低要求。

《夏威夷宣言》第二版的内容：[③]

（1）精神病学的目的是治疗精神疾病（mental illness）和促进精神健康（mental health）。精神科医生的工作应尽最大努力遵循公认的科学知识、伦理准则，为患者的最佳利益（best interests）服务，同时关注公共利益（common good）和卫生资源的公正分配（just allocation of health resources）。

---

① http://pb. rcpsych. org/content/2/1/12. full. pdf.

② http://www. wpanet. org/detail. php? section_id = 5&content_id = 27.

③ 参考了周俊、何兆雄主编《外国医德史》（上海医科大学出版社，1994）所载宣言第一版译文。后面注释中引用的第一版部分译文，本人根据原文做了校订。

为实现这些目标，需要对保健人员、患者和公众进行不断的教育。[①]

（2）每个精神科医生应当以他的知识给予患者最好的治疗，治疗中要关怀和尊重患者作为人的尊严。[②] 精神科医生应对他负责医疗的患者进行合乎标准的管理和教育。必要时，或患者提出的合理要求，精神科医生应寻求其他同事的帮助。

（3）精神科医生应致力于将治疗关系建立在彼此同意的基础上。这需要信任、保密性、合作和共同责任。与一些患者可能无法建立这种关系。在这种情况下，应当接触患者的亲属或与患者关系密切的其他人。如果建立关系是出于治疗意外的目的，如在司法精神病学（forensic psychiatry）中，其性质必须彻底地向有关人士进行解释。

（4）精神科医生应把病情的性质、拟作出的诊断、治疗措施，包括可能的替代方案以及预后告知患者。告知以上信息应以周到的方式，使患者有机会作出适当的选择。

（5）在患者反对或没有同意的情况下，不能对其进行治疗，除非患者不能形成什么是其最佳利益的判断，以及如果不治疗将很可能发生对患者或其他人的严重损害（serious impairment）。[③]

（6）只要强制治疗（compulsory treatment）的条件不再适用，精神科医生就应将患者从强制性质的治疗中释放，如果有必要进一步治疗，应获得患者的自愿同意（voluntary consent）。精神科医生应告知患者和/或亲属或有意义的人，存在关于拘留的申诉和有关其福祉的任何其他投诉的机制。[④]

（7）精神科医生绝不能利用他的专业的可能性侵犯任何个人或群体的

---

① 宣言第一版第 1 条第一句话的表述是：精神病学的目的是促进健康和个人自主与发展（personal autonomy and growth）。

② 宣言第一版这里还提到应尊重患者对自己生活和健康的自主权（autonomy over their own lives and health）。

③ 宣言第一版第 5 条的表述是：在患者反对或没有同意的情况下，不能对其进行治疗，除非患者不能表达自己的意愿，或因精神疾病不能明白什么是其最佳利益，或对他人构成严重威胁（severe threat）。在此情况下，可以也应该施以强制治疗，只要符合患者的最佳利益和在一个合理的时间内获得其追溯的知情同意；只要可能，应取得其近亲属的同意。

④ 宣言第一版第 6 条的表述是：只要上述强制治疗的条件不再适用，就应释放患者，除非患者自愿同意进一步治疗。每当有强制治疗和拘留，应有独立或中立的机构（independent and neutral body）定期调查这些案件的申诉。每一个患者都必须被告知可以亲自或通过代表向这些机构申诉，不受医院工作人员或其他任何人的干扰。

尊严和人权，不应该让不当的个人欲望、情感、偏见或信念干扰治疗。精神科医生绝不能对已确定没有精神疾病的人使用他的专业工具。如果患者或某些第三方要求实施违背科学知识或伦理原则的行动，精神科医生必须拒绝合作。[①]

（8）精神科医生从患者那里获悉的谈话内容，在检查或治疗过程中得到的资料均应予以保密，除非患者同意，或为防止对患者或者他人的严重危害进行的必要披露。因上述原因公开患者信息，应告知患者。[②]

（9）为了推动精神病学知识和技术的传播，有时需要患者参与其中。当病例在科学著作中公布时，应先获得患者的知情同意，并采取合理的保护个人尊严的措施，采取匿名的方式以保护个人名誉。患者的参与必须是自愿的，已经考虑到研究项目的目的、程序、风险和烦扰的充分信息，而研究项目的预计风险、烦扰与效益应有合理的关系。在临床研究中，每一个主题都应维护和发挥患者的权益。对儿童或其他不能作出知情同意的患者，应征得其法定亲属同意。每个患者或研究对象在自愿参加的任何治疗、教学和研究项目中，可因任何理由在任何时候自由退出。此种退出或拒绝，绝不应影响精神科医生继续对此患者进行帮助。

（10）精神科医生应停止执行可能演变为违反本宣言原则的治疗、教学或研究计划。

（二）马德里宣言

为了反映不断变化的社会态度和新的医学进展对精神科专业的影响，1996 年 8 月 25 日，世界精神病学协会在西班牙马德里召开的全体大会，对《夏威夷宣言》中的一些伦理标准进行了审阅和修订，形成新的文件，即《马德里宣言》（Madrid Declaration）。对《马德里宣言》，世界精神病学协会于 1999 年 8 月 8 日在德国汉堡、2002 年 8 月 26 日在日本横滨、

① 宣言第一版第 7 条的表述是：精神科医生绝不能利用专业的可能性虐待任何个人或群体，不应让不当的个人欲望、情感或偏见干扰治疗。精神科医生不得参与对没有精神疾病的人实施的强制精神治疗。如果患者或某些第三方要求实施违背科学或道德原则的行动，精神科医生必须拒绝合作。一旦患者的愿望和最佳利益不能获得促进，应当告知患者。

② 宣言第一版第 8 条的表述是：精神科医生从患者那里获悉的谈话内容，在检查或治疗过程中得到的资料均应予以保密，除非患者同意，或为公共价值（common values）和患者最佳利益进行必要的披露。因上述原因公开患者信息，应告知患者。

2005 年 9 月 12 日在埃及开罗、2011 年 9 月 21 日在阿根廷布宜诺斯艾利斯进行了四次增补。

完整版的《马德里宣言》的名称是《关于精神病学实践的伦理标准的马德里宣言》（Madrid Declaration on Ethical Standards for Psychiatric Practice）。[①] 其内容包括狭义的《马德里宣言》（其中若干内容移入后者）和《特殊情况的指导原则》（Guidelines Concerning Specific Situations）。

马德里宣言的主要内容：

1977 年世界精神病学协会通过了夏威夷宣言，制定了精神病学规范的伦理准则。1983 年在维也纳对此宣言作了更新。为了反映不断变化的社会态度和新的医学进展对精神病学专业的影响，世界精神病学协会再次对其中的一些伦理标准进行了审阅和修订。

医学既是一门治疗技术（healing art），又是一门科学。这两者的密切结合在精神病学——它是医学的一个分支，专门研究如何治疗和保护那些因精神异常或损害而不健康和虚弱的人——得到了充分的体现。虽然在文化、社会和民族方面存在差异，但是人们对符合伦理的行为以及对伦理标准不断审查的需求是相同的。

作为医学执业者（practitioners of medicine），精神科医生必须意识到作为一名医生的伦理含义和精神科专业的特殊伦理要求。作为社会成员，精神科医生必须依据社会公正和人人平等的原则，提倡公平公正地对待精神病患者。

伦理实践（ethical practice）基于精神科医生对患者的责任感以及对什么是正确和适当行为的判断。外在的标准和影响，如职业行为规范、伦理学习或法律规则，其本身并不能保证医疗的伦理实践。

精神科医生应当时刻牢记医患关系的界限，以尊重患者和关心他们的福祉和健全作为基本指导。

正是基于这种精神，世界精神病学协会全体大会于 1996 年 8 月 25 日核准下列伦理标准——并经 1999 年 8 月 8 日和 2002 年 8 月 26 日修订，这些标准将普遍指导精神科医生的实践。

1. 精神病学是医学的一个分支，其任务是为精神障碍患者提供最佳治

---

① http://www.wpanet.org/detail.php? section_id = 5&content_id = 48.

疗，使他们获得康复和促进他们的精神健康（mental health）。精神科医生应通过提供符合公认的科学知识和伦理原则的最佳治疗方法来为患者服务。精神科医生制定的治疗性干预（therapeutic interventions），对患者的自由应是最少限制的（least restrictive），在自身缺乏基本工作经验时，应向同行寻求建议。与此同时，精神科医生应当意识到并关注卫生资源的平等分配。

2. 紧跟本专业的科学发展和传播最新知识，是精神科医生的职责。受过科研训练的精神科医生应当努力开拓精神病学的科学前沿领域。

3. 在治疗过程中，患者应该被看作是恰当的合作伙伴。精神科医生与患者的关系必须以相互信任和尊重为基础，让患者自由地和知情地作决定。精神科医生有责任为患者提供相关信息，使患者能按照他们自己的价值观和偏好作出合理的决定。

4. 当患者由于一种精神障碍而严重失能，无能力和/或无法作出适当判断时，精神科医生应当与家属协商，如需要，还应寻求法律咨询以维护患者的人格尊严和法律权利。不应施行任何违背患者意愿的治疗，除非不采取治疗会危及患者和/或其他人的生命。治疗必须始终符合患者的最佳利益（best interest）。

5. 当被要求对某人进行评估时，精神科医生的责任首先是要向被评估者说明这一干预的目的、评估结果的用途以及这一评估可能带来的影响。当精神科医生处于一种第三人的位置时，这样做就显得尤为重要。

6. 在治疗关系中获得的信息应当加以可靠的保密，并且只能专门用于旨在改善患者的精神健康。禁止精神科医生出于私人原因或个人利益使用这些信息。[①] 只有当法律要求（如儿童虐待的报告义务）[②] 或者继续保密有可能造成对患者或第三人严重的躯体或精神伤害时，违反保密制度才可能是合适的；如有可能，精神科医生首先应当将要采取的行动告诉患者。

7. 不符合科学原则的研究是不道德（unethical）的。研究活动应当得到构成合理的伦理委员会的批准。精神科医生应当遵循国内和国际规则进行研究。只有受过正规研究训练的人员才可以参加或负责研究项目。由于精神病患者是特别易受伤害的研究对象，应当特别谨慎地评估他们作为研

① 这里曾经禁止出于商业和学术利益利用患者信息，后来删除“商业和学术利益”。

② 所谓法律要求和举例是后来增加的。

究对象参与课题的能力，并且保护他们的自主性以及精神和躯体的完整性。伦理标准还应当适用于人群的选择，包括流行病学和社会学研究在内的所有研究，以及与其他专业或多个研究中心的合作研究。

特殊情况的指导原则：

世界精神病学会伦理委员会认为应该针对特殊情况制定一些针对性的指导方针。前5条由1996年8月25日西班牙马德里大会通过。第6~8条由1999年8月8日德国汉堡大会通过。第9~12条由2002年8月26日日本横滨大会通过。第13~15条由2005年9月12日埃及开罗大会通过。第16条由2011年9月21日阿根廷布宜诺斯艾利斯大会通过。

1. 安乐死：医生首要的责任，就是促进健康，减轻痛苦和保护生命。有些患者严重失能（severely incapacitated），无能力自己作出知情决定，精神科医生在实施可能造成因残疾而无自我保护能力的患者死亡的行为时，必须特别谨慎。精神科医生应当认识到，抑郁症等精神疾病可能会扭曲患者的想法。在这种情况下，精神科医生的职责是治疗该疾病。

2. 虐待：精神科医生不应参与任何精神或躯体的虐待，即使当权者试图强迫他们介入这些行动。

3. 死刑：精神科医生无论如何都不应当参与死刑的法律判决或对死刑执行资格的评估。

4. 性别选择：精神科医生无论如何都不应参与决定终止妊娠来达到选择性别的目的。

5. 器官移植：精神科医生的职责是阐明器官捐赠相关问题以及在综合宗教、文化、社会和家庭因素基础上提出建议，以保证所有相关方面作出知情的和适当的决定。精神科医生不应作为患者的决策代言人，也不应运用心理治疗技术来影响患者对这些事务的决定。精神科医生应当努力保护自己的患者，并帮助他们尽可能自主决定器官移植问题。

6. 精神科医生与媒体的接触：在与媒体接触时，精神科医生提及精神疾病患者，应当以一种保护他们的尊严和自尊心的方式，从而减少对他们的污名（stigma）和歧视。精神科医生的一个重要作用是为那些受精神障碍折磨的人们进行呼吁。由于公众对精神科医生和精神病学的看法会影响到患者，精神科医生在与媒体接触时应当确保有尊严地代表精神病学专业。精神科医生不应将任何人的精神病理学（psychopathology）推测公布于媒体。在向媒体介绍研究结果时，精神科医生应保证其所提供的信息的科学完整性，并注意他们的言辞可能造成公众对精神疾病的看法和精神病患者利益的潜在影响。

7. 精神科医生与种族或文化歧视：精神科医生基于种族或文化的歧视，无论是直接的还是支持别人的，都是不道德的，精神科医生决不能参与或直接、间接地支持任何与种族清洗有关的活动。

8. 精神科医生与遗传研究及咨询：

对精神疾病的遗传基础研究正在迅速增加，越来越多的精神病患者参与这类研究。

参加遗传研究或咨询的精神科医生应当牢记，遗传信息的影响不单单涉及提供这些信息的人，而且这些信息的公开可能给这些人的家庭和所在社区带来负面和破坏性的影响。

精神科医生应当确保：

——参加遗传研究的人和他们的家属作出了充分的知情同意；

——他们拥有的任何遗传信息应受到足够的保护，以防被非法获得，被误解或误用；

——与患者及家庭交流时要清楚地说明，当前的遗传知识是不完善的，可能被将来的研究发现所修正；

精神科医生应当只介绍人们到具有下列条件的机构去进行诊断性的遗传检验：

——进行这类检验已经表现出令人满意的质量保障；

——有足够的、容易获得的遗传咨询资源。

计划生育或流产的遗传咨询应当尊重患者的价值体系，同时提供充分的医疗和精神病学信息来帮助患者作出他们自己认为最佳的决定。①

① 以上部分的《马德里宣言》译文综合采用了王立伟译《精神科医生的道德准则——WPA的马德里宣言及补充》，《上海精神医学》2000年第1期；谢侃侃译《精神科医师的道德准则——马德里宣言（一）》，《临床精神医学杂志》2013年第1期；还参考了世界卫生组织《精神卫生、人权与立法资源手册》2006年中文本所附译文。以下部分的《马德里宣言》译文基本采用了谢侃侃译《精神科医师的道德准则——马德里宣言（二）》，《临床精神医学杂志》2013年第2期。两个部分均根据《马德里宣言》最新版原文进行了校订。另外补译了各译本未译的“特殊情况的指导原则”的第16条。

9. 医学心理治疗（psychotherapy in medicine）的伦理

任何性质的医学治疗都应该有良好规范（good practice）的指导，包括适应证、疗效、安全性和质量控制。最广义的心理治疗，在许多医学处理中都是可接受的组成部分。在更特殊和严格的定义上，心理治疗是在特定的障碍护理中，为实现特定的治疗目标而运用的语言和非语言的交流和互动的技术。提供特定形式的心理治疗的精神科医生，必须得到这类技术的培训。所有医学治疗的一般指导原则，同样适用于特定形式的心理治疗，应有适应症和积极或消极的效果。心理治疗的疗效及其在治疗计划中的地位，对研究者和临床医生都是重要的课题。

精神科医生进行的心理治疗，是治疗精神及其他疾病和情绪问题的一种治疗形式。对要采用的治疗方法，医生应在翔实的病史以及全部临床和实验室检查的基础上，与患者和/或家属和/或监护人协商一致决定。治疗方法应适合疾病本身和患者的需要，并注意个人、家庭、宗教和文化因素。这种方法应以充分的研究和临床经验为基础，能够消除、纠正或延迟症状或紊乱的行为模式，能够促进个体在成长和发展等方面的良性适应。

精神科医生及其他负责的临床医生，必须保证这些指南得到充分的应用。因此，精神科医生或其他有资格的临床医生，应确定心理治疗的适应症并且跟踪其发展。在这种情况下的基本理念是，治疗以诊断为基础，诊断和治疗两者都是为照料患病个体而实施的医学行为。这两个层面的判断、干预和责任，与临床医学其他学科是相似的，不过这并不排除其他的干预措施，如可以由非医学人员实施的康复。

（1）和其他的医学治疗一样，心理治疗的处方应遵循公认的准则，在开始治疗之前，以及在治疗过程中对治疗目标和目的进行重大调整，都应获得知情同意。

（2）如果临床经验、长期的广为接受的实践模式（这需要考虑文化和宗教问题）以及科学证据表明，医学治疗与心理治疗相结合有潜在的临床效益，应提请患者考虑并充分讨论。

（3）心理治疗探究的是私密的想法、情感和幻想，这些可能带来强烈的移情和反移情（transference and counter-transference）。在心理治疗关系中，治疗师和患者所拥有的权力是不对等的，在任何情况下，心理治疗师都不能利用这种关系来获得个人的好处，或逾越已建立的专业关系的界限。

（4）心理治疗开始的时候，应告知患者有关信息和健康记录将被保密，除非患者给予了明确的向第三方透露信息的知情同意，或法庭命令要求提供纪录。另一种例外是法律要求报告特定的信息，例如儿童虐待案件。

10. 与企业关系上的利益冲突（Conflict of Interest in Relationship with Industry）

尽管包括世界精神病学协会在内的大多数组织和机构，都制定了规则和条例来管理它们与企业和捐助者之间的关系，医生个人仍常常卷入与制药企业或其他授权代理商的相互关系中，这可能导致伦理冲突。在这些情况下，精神科医生应铭记并遵照以下原则：

（1）执业者必须不懈地避免接受可能对专业工作产生不当影响的礼品。

（2）精神科医生进行临床试验，有义务向伦理委员会（Ethics Review Board）和研究对象公开他们的经费来源和合同义务，以及研究资助者（sponsor of the study）可能获得的利益。应尽可能成立有研究者、伦理学家和社区代表组成的审查委员会，以确保研究对象的权利得到保护。

（3）精神科医生进行临床试验时，必须保证他们的患者已经理解了知情同意书的所有内容。患者的受教育水平或成熟程度，不能成为规避知情同意的借口。如果患者被确定为无能力的，应适用同样的原则获取其代理人的知情同意。精神科医生必须认识到，隐蔽的商业性利益对试验设计的影响、推动缺乏科学价值的药物试验、违背保密原则、限制有关结果发表的合同条款，都可能以不同的方式侵犯科学和科学信息的自由。

11. 与第三方付款人（third party players）的冲突（略）

12. 逾越精神科医生和患者之间的临床界限与互信（Violating the Clinical Boundaries and Trust Between Psychiatrists and Patients）

精神科医生 - 患者关系，可能是唯一能获得患者许可来探究深层私人和情感空间的关系。在这种关系中，精神科医生对患者人格和尊严的尊重是建立信任的基础，而信任是综合治疗方案不可缺少的。这种关系能够鼓励患者探索其深藏的优点、弱点、恐惧和欲望，其中许多方面可能与性欲有关。了解患者的这些特点，有利于精神科医生取得患者的信赖和尊重。如果利用这些知识操纵患者的性恐惧或和性欲望（sexual fears and desires)，以获得性接触（sexual access），不论患者是否同意，都是对信任的破坏。在治疗关系中，由于精神科医生掌握患者的信息，和存在对患者的特殊权威所导致的力量差异，一些患者的同意被认为是无效的。在这种情况下，患者的同意无异于对患者的剥削（exploitation）。

在所有各种人际关系中固有的潜在性动力（latent sexual dynamics）在治疗关系的过程中可能会突显出来，如果治疗师没有进行正确的处理，会使得患者极度痛苦。如果治疗师采用诱惑的语言和不恰当的非言语行为，这种痛苦可能更为明显。因此，在任何情况下，精神科医生都不应该与患者发生任何形式的性行为，不论这种行为的主动方是患者还是治疗师。

13. 精神科医生权利的保护

（1）精神科医生需要保护他们的权利，以履行他们的职业义务，实现公众对他们为患者福利予以治疗和保护的期待。

（2）精神科医生应该有权利以最优秀的水平实践他们的专业，独立评估一个人的精神状况，并根据最佳规范（best practices）和循证医学（evidence-based medicine）制订有效的治疗和管理方案。

（3）在精神病学的历史上，和在当前一些极权主义的政治体制和利益驱动的经济制度的需求中，精神科医生的弱点易被滥用，他们不得不服从不当要求，提供错误的有利于体制的精神病报告，但损害了被评估人的利益。

（4）精神科医生也分担他们的患者的耻辱，同样地，也可能成为歧视行为的受害者。在没有因职业被排斥以及在媒体中被嘲笑或迫害的环境下从事自己的职业，并提倡他们的患者的医学需要和社会的、政治权利，这是精神科医生的权利和义务。

14. 披露阿尔茨海默氏病（AD）和其他痴呆症的诊断（略）

15. 精神科医生的双重责任（略）

16. 与患者和照顾者合作（Working with patients and carers）

与患有精神障碍的人的生活和照顾有关的立法、政策和临床实践（clinical practice），应尽可能与患者及照顾者合作。国际精神病学界应当推动和支持患者组织和照顾者组织的发展。国际和各国的精神病学组织，包括世界精神病学协会通过它的项目和成员协会，将寻求参与患者和照顾者的适当活动。患者、照顾者、临床医生之间的紧密合作，对于任何处在急性或缓解的状态下的患者来说，是最好的临床护理（best clinical care）。世界精神病学协会的成员协会和其他精神病学组织，应当与患者组织、照顾者组织以及其他社会组织合作，通过游说去影响政府的政治意愿和行动，以提高服务经费、社区教育和反对污名的斗争（fighting stigma）。为了实现这些建议，每个国家都需要具体的指导方针。

（三）关于精神疾病患者权利和法律保障的声明和观点

1989 年 10 月，在雅典举行的第八届世界精神病学大会，在重新接纳苏联精神病学组织的同时，为防止曾经发生于苏联的精神病学滥用的重演，通过了被称为“精神病患者权利宪章”（charter on the rights of mental patients）的《世界精神病学协会关于精神疾病患者权利和法律保障的声明和观点》（WPA Statement and Viewpoints on the Rights and Legal Safeguards of the Mentally Ill）[①]。译其内容如下：

患有精神疾病的人（persons suffering from mental illness）享有与其他公民一样的人权和基本自由。他们不应因为精神疾病而遭到歧视。

精神疾病患者（mentally ill persons）有权获得专业的、人道的和有尊严的治疗。根据由 1983 年维也纳世界精神病协会大会批准修订的夏威夷宣言的伦理标准，他们应被保护免受剥削、虐待和贬低。

世界精神病协会坚持夏威夷宣言中的一般原则，明确规定对精神病学职业伦理标准的最低要求（minimal requirement）。夏威夷宣言规定精神病学的目的是治疗精神疾病、促进精神健康。它谴责所有方面的精神病学滥用，强调精神科医生应当向患者提供符合其最佳利益、符合公认的科学知识和伦理原则的服务。

卫生立法应规定向患者包括精神科患者（psychiatric patients）提供足够的和有效的治疗，以可接受的标准保护他们在机构内外的治疗权利。在此背景下，不得歧视精神科患者。精神病学服务在可能的情况下应纳入卫生和社会保健系统。所有患者应尽可能在他们居住的社区得到治疗和照顾。

作为一个原则，精神科患者像其他疾病患者一样，绝大多数可以在门诊设施（outpatient facilities）接受非正式（informally）和自愿的治疗而无

① http://www.wpanet.org/detail.php? section_id = 5&content_id = 29.

需住院。

应当鼓励自愿治疗，对自愿治疗的使用不应当异于躯体疾病治疗的使用。患者自愿住进精神卫生设施或申请援助，应采用与任何其他类型疾病的患者相同的法律保障和伦理规则加以保护。

非自愿的干预对患者的人权和基本自由构成重大侵犯。因此，需要明确和谨慎地定义这种干预的标准和保障措施。除非患有严重的精神疾病，不应违背患者意愿实施住院和治疗。非自愿干预的进行必须遵循最少限制原则。

确定一个人是精神疾病患者，必须依据国际公认的医学标准进行诊断。医生确定一个人是否患有精神疾病，必须依据医学科学（medical science）。

精神疾病的严重性，患者可能对自己和/或他人的造成危害的严重性，应依据国家法律的定义来确定。

难以适应道德、社会、政治或者其他的价值标准，本身不应被视为一种精神疾病。

国家立法应提供指南，说明哪一种人可以被要求非自愿住院，哪一个机构可以被授权使用强力实施必要的非自愿干预。

将一个患者作为非自愿患者收容或拘留于精神健康设施的最终决定，只能由法院或由法律规定的独立主管机构在经过适当的和正式的听证以后才能作出。

患者应充分了解他们的治疗和权利。他们有申诉和亲自听取法院或主管机构审理的权利。

对剥夺自由的必要性，应进行由国家法律规定的定期和有固定时间间隔的复审。

被剥夺自由的患者，有权获得一个合格的监护人或律师来保护其利益。

决不对非自愿住院患者进行临床试验或实验性治疗。

患者有权按照可达到的最高标准（highest available standards）接受适当的治疗和护理。治疗的质量取决于适当的设备配置、人员和资源。

被剥夺自由的患者有自由通讯的权利（the right to free communication），给予限制只能是对他们自己或他人的健康或安全的利益绝对必要的。

本文件规定的原则应在尽可能广泛的范围内适用于被收容在精神健康

设施中的患有精神疾病的罪犯。

第五节　关于精神障碍患者的人权观念的发展

《世界人权宣言》第一条虽然宣称："人人生而自由，在尊严和权利上一律平等"（第一句），但随后又说："他们赋有理性和良心，并应以兄弟关系的精神相对待"（第二句）。这句话似乎暗示着，只有赋有理性的人才享有人权，而"人人生而自由，在尊严和权利上一律平等"仅仅是针对精神正常者而言。当然，《世界人权宣言》的制定者对精神障碍患者绝不会有丝毫的恶意和歧视，不过，他们在写下那句话时应当是没有充分考虑到精神障碍患者的特殊性，而且传统人权理论中一些陈旧的东西还对他们发生影响。

西方的人权理论萌芽于古希腊罗马的哲人们关于理性（reason）、自然法（natural law）的思想。赫拉克利特（Heraclitus，约公元前530～前470）指出，思想是最大的优点，智慧就在于说出真理，并且按照自然行事，听自然的话。思想是人人共有的，每个人都能认识自己，都能明智。[①] 苏格拉底（Socrates，公元前469～前399）认为，疯狂就是智慧的对立面。虽然他不认为无知也是疯狂，不过他认为，一个人如果不认识自己，把自己人所不知道的事上倒以为而且相信自己知道，就是很接近疯狂了。他说，许多人并不把在大多数人所不知道的事上犯错误的人称为疯狂的人，而把那些在大多数人所知道的事上犯了错误的人称为疯狂的人。[②] 苏格拉底还认为，人应当能够控制自己："一个不能自制的人和最愚蠢的畜生有什么分别呢?"[③] 柏拉图（Plato，约公元前427～前347）认为灵魂包括三个部分，一个是人们用以思考推理的理性部分，一个是人们用以感觉爱、饿、渴等等物欲骚动的无理性部分或欲望部分，还有一个是人们借以发怒的激情部分。小孩一出世就充满了激情，但是有些孩子我们从未看到他们

---

① 参见北京大学哲学系外国哲学史教研室编译《西方哲学史原著选读》，商务印书馆，1981，第25页。

② 〔古希腊〕色诺芬：《回忆苏格拉底》，吴永泉译，商务印书馆，1984，第117页。

③ 〔古希腊〕色诺芬：《回忆苏格拉底》，吴永泉译，商务印书馆，1984，第173页。

使用理智，而大多数孩子能使用理智是很迟以后的事情。人们在兽类身上可以看到激情存在的现象。柏拉图在《理想国》中指出，理智是智慧的，是为整个心灵的利益而谋划的，起领导的作用。激情和欲望服从理智的领导，三个部分协调和谐，这样的人是有节制美德的人。不正义、不节制、懦弱、无知，一切的邪恶，都是这三者的混淆和迷失造成的。[①] 在《法律篇》中，柏拉图指出："失去了理性，聪明而理智的灵魂则无从谈起。这一点现在是正确的，过去也是正确的，将来还会是正确的。"[②]

亚里士多德（Aristotle，公元前384～前322）的《政治学》认为，人类在本性上是一个政治动物，人类所不同于其他动物的特性就在他对善恶和是否合乎正义以及其他类似观念的辨认。人类由于志趋善良而有所成就，成为最优良的动物，如果不讲礼法，违背正义，他就堕落为最恶劣的动物。失德的人淫凶纵肆，贪婪无度，下流而为最肮脏最残暴的野兽。亚里士多德认为，凡自己缺乏理智，仅能感应别人的理智的，就可以成为而且确实成为别人的财产（用品），这种人就天然是奴隶。但是这种人还是有别于其他动物，其他动物对于人的理智没有感应，只是依照各自的秉赋（本能）活动。[③] 人们所由入德成善者出于（出生所秉的）天赋，（日后养成的）习惯，及（其内在的）理性。人类以外有生命的物类大多顺应它们的天赋以活动于世界，其中只有少数动物能够在诞世以后稍稍有所习得。人类（除了天赋和习惯外）又有理性的生活，理性实为人类所独有。人们既知理性的重要，所以三者之间要是不和谐，宁可违背天赋和习惯，而依从理性，把理性作为行为的准则。[④] 在《尼各马可伦理学》中，亚里士多德阐释了"兽性"与"病态"的关系与区别。他说，一切极端的品质，不论是愚蠢、怯懦、放纵还是怪癖，事实上都或者是兽性，或者是病态。一个生性对一切都害怕，甚至连老鼠的叫声都害怕的人，表现的是兽性的怯懦。有的人害怕鼬鼠则是病态。愚蠢也是一样。有些人，如远方的蛮人，

① 参见〔古希腊〕柏拉图《理想国》，郭斌和、张竹明译，商务印书馆，1986，第165～175页。

② 〔古希腊〕柏拉图：《法律篇》，张智仁、何勤华译，上海人民出版社，2001，第421页。

③ 〔古希腊〕亚里士多德：《政治学》，吴寿彭译，商务印书馆，1965，第7～15页。

④ 〔古希腊〕亚里士多德：《政治学》，吴寿彭译，商务印书馆，1965，第384～385页。

生来就没有推理能力，与世隔绝，靠感觉生活，这是兽性。有些人则是由于某些病，如癫痫、疯，而丧失推理能力，这是病态。对于人的恶我们便直接称其为恶，对于非人的恶，我们则加上一些限定语，称之为兽性的、病态的恶。不能自制也是一样。所以有些是兽性的不能自制，有些是病态的不能自制。只有与人的放纵相应的不能自制才是一般意义上的不能自制。他还说，动物既无选择也没有推理能力，它们不属于正常范围之内，就像人类中的疯子一样。兽性虽然可怕，但并不是恶。因为在兽性中，最高的那个部分不像在人身上那样被扭曲，而是不存在。要把兽性与恶相比较，就像把一个无生物与一个生命物加以比较，问何者更恶一样。“一个恶人所做的坏事比野兽多一万倍。”[①] 在《动物志》，亚里士多德比较了人与动物的“精神状态”，他认为有许多相同或相似之处。他说：“大多数的动物具有精神（心理）性质的迹象，比较起来，这一性质于人这品种特为显著。……这些素质（品德），有些是人与动物可作相应的比较的，一个人可于这一素质（品德）上说，较多或较少于动物，而在那一素质（品德）上说，一只动物较多或较少于人类；另些品德则动物虽不能与人并论，却可加以比拟：譬如，人具有知识（技术）、智慧与机敏，而某些动物的天赋本能和这恰可相似。从动物幼年期的诸现象看来，这更易明了：一个小孩在精神（心理状态）上殊不异于一个动物，但此后在成年期所可具备的诸品德，正当在做儿童时也可见到一些迹象与端倪；所以说‘人与动物于精神上某些相同，另些相似，又另些可相比拟’，这种论断并无错误。”[②]

古希腊的斯多噶学派也认为人区别于动物在于人有理性。斯多噶学派的创始人芝诺（Zeno，公元前350～前260）认为，整个宇宙是由一种实体组成的，这种实体就是理性。因此在他看来，自然法就是理性法。人类作为宇宙自然界的一部分，本质上是一种理性动物，服从理性的命令，根据

① 参见〔古希腊〕亚里士多德《尼各马可伦理学》，廖申白译注，商务印书馆，2003，第203～208页。“一个恶人所做的坏事比野兽多一万倍”一句用的是苗力田先生译本（〔古希腊〕亚里士多德：《尼各马科伦理学》，苗力田译，中国社会科学出版社，1999，第154页）。廖申白译本此句为“一个坏人所做的事比野兽多一万倍”。

② 〔古希腊〕亚里士多德：《动物志》，吴寿彭译，商务印书馆，1979，第337～338页。

人自己的自然法则安排其生活。① 与肯定人自然不平等的柏拉图、亚里士多德不同，斯多噶学派认为，由于人类具有同样的理性，所以人与人之间就有自然的平等。人与人之间的唯一本质的区别，就是有智慧的人与愚蠢的人之间的区别，也就是所谓上帝可以引导的人和上帝必须拉着走的人之间的区别。② 凡是愚昧的人便是疯狂的人，因为他们不精审，而狂即等于每一种行为的愚蠢。③ 斯多噶学派创立了一种以人人平等原则与自然法的普遍性为基础的世界主义的哲学，他们的最终理想是一个在神圣的理性指引下，所有人和谐共处的世界国家。④ 在这个和谐的世界国家中只有一种法律、一种权利，即天赋的法律、天赋的人权，因为只有一种宇宙理性。⑤ 斯多噶学派关于理性、自然法、人人平等、世界国家的理论被认为是西方人权理论的源头。

古罗马的西塞罗（Cicero，公元前 106 ~ 前 43）进一步发展了斯多噶学派的关于理性和自然法的学说。西塞罗在《国家篇》中说："如果人们心中有什么君主似的力量，它一定是以一种单一的成分为主导，这就是理性（因为它是人心的最佳部分），而且，如果理性处于主导地位，激情、愤怒和鲁莽行为就没有立足之地。""真正的法律是与本性（nature）相合的正确的理性，它是普遍适用的，不变的和永恒的；它以其指令提出义务，并以其禁令避免做坏事。"在《法律篇》中，西塞罗认为，法律是根植于自然的、指挥应然行为并禁止相反行为的最高理性。这一理性，当它在人类的意识中牢固确定并完全拓展后，就是法律。"又有什么——我并不是说只在人心中，而是天空和大地中——比理性更神圣呢？而理性，当其得以完全成长并完善时，就被正确地称为智慧。因此，既然没有比理性更好的东西，而且它在人心和神心之中都存在，人和神的第一个共有就是理性。""人与人之间没有类的差别；因为如果有，一个定义就不能用于所

---

① 参见〔美〕E. 博登海默《法理学——法哲学及其方法》，邓正来、姬敬武译，华夏出版社，1987，第 13 页。

② 参见夏勇《人权概念的起源——权利的历史哲学》，中国社会科学出版社，2007，第 85 页。

③ 周辅成编《西方伦理学名著选辑》（上），商务印书馆，1964，第 228 页。

④ 参见〔美〕E. 博登海默《法理学——法哲学及其方法》，邓正来、姬敬武译，华夏出版社，1987，第 14 页。

⑤ 参见〔美〕梯利《西方哲学史》（上册），葛力译，商务印书馆，1975，第 132 页。

有的人；而理性，唯一使我们超越野兽并使我们能够推断、证明和反证、讨论和解决问题并获得结论的理性，对我们肯定是共同的。”①

正是从古希腊罗马时代开始，“理性与疯癫断然分开”②，“把不理性视为理性与灵魂必须对抗的危险与耻辱”③，精神障碍患者作为非理性的人被逐出人人平等的范围，而且，理性的人对他们实行“绝对的统治”④。柏拉图在《法律篇》中很具体地鼓吹：“精神病患者不允许他们出现在大庭广众之中；他们的亲戚必须用他们能采取的手段把患者监禁在私人房屋里。如果他们没有这样做，他们必须支付一笔罚金：一个最高财产等级的成员（不管他没有看管好的是一个奴隶还是一个自由民）罚100德拉克马，第二等级的成员罚80德拉克马，第三等级罚60德拉克马，最低等级罚40德拉克马。”⑤ 在西塞罗所生活的古罗马，建立了精神障碍患者的监护和禁治产制度⑥，精神障碍患者几乎失去一切权利。这一制度持续了两千年。

经过文艺复兴和宗教改革之后，在17世纪，欧洲发生了启蒙运动，进入“理性时代”（Age of Reason）。启蒙思想家们继承了古希腊罗马时期的自然法理论以及中世纪基督教自然法理论中的理性形式，摧毁了神权学说，提出了自然权利（natural rights，亦译“天赋权利”“天赋人权”）学说，人权理论逐渐形成。

在近代启蒙思想家中，没有人将疯癫和精神病人当作重要问题研究，但是当他们讨论理性、自然法、权利等重要问题时，偶尔会提及疯癫或者精神病人，尽管仅是只言片语，也反映甚至影响了精神病人在法律或者社会上的地位。

荷兰法学家格劳秀斯（Hugo Grotius，1583～1645）认为：“自然法是

① 〔古罗马〕西塞罗：《国家篇　法律篇》，沈叔平、苏力译，商务印书馆，2002，第46、104、158、160、164页。

② 〔法〕米歇尔·福柯：《疯癫与文明——理性时代的疯癫史》，刘北成、杨远婴译，生活·读书·新知三联书店，1999，前言。

③ 〔英〕罗伊·波特：《疯狂简史》，巫毓荃译，台湾左岸文化事业有限公司，2004，第49页。

④ 〔法〕米歇尔·福柯：《疯癫与文明——理性时代的疯癫史》，刘北成、杨远婴译，生活·读书·新知三联书店，1999，第57页。

⑤ 〔古希腊〕柏拉图：《法律篇》，张智仁、何勤华译，上海人民出版社，2001，第377页，第383页。

⑥ 参见世界著名法典汉译丛书编委会编《十二铜表法》，法律出版社，2000。

正当理性的命令，它指示任何与合乎本性的理性相一致的行为就是道义上公正的行为，反之，就是道义上罪恶的行为。”[①] 在《战争与和平法》（1625）一书中，当讲到法律上的允诺问题时，他指出，理智的运用是构成允诺义务的第一个必要条件，因而白痴、疯子与未成年人是不能作出允诺的。与白痴、疯子相比，未成年人稍微有些不同，尽管他们可能不具有健全的判断力，但这并不是一个永久性的缺陷。[②] 在论述战争中的诈术时，他说，当我们对疯子或小孩讲话时，从字面意义上看我们的话可能有许多是不真实的，但这并不会构成故意欺骗他们的罪过。从人类的共同情感上说，这样做是被允许的。另外，由于孩子和疯子都没有完全的判断能力，因而这样做不会对他们的权利造成侵害。[③]

法国哲学家笛卡尔（René Descartes，1596～1650）在其发表的第一部著作《谈谈正确运用自己的理性在各门学问里寻求真理的方法》（1637）中认为：“那种正确判断、辨别真假的能力，也就是我们称为良知或理性的那种东西，本来就是人人均等的。”理性或良知是“唯一使我们成为人、使我们异于禽兽的东西”。笛卡尔还预测精神疾病是可以防治的，他说：“在现今的医学当中有显著疗效的成分确实很少，可是我毫无轻视医学的意思。我深信：任何一个人，包括医务人员在内，都不会不承认，医学上已经知道的东西，与尚待研究的东西相比，可以说几乎等于零；如果我们充分认识了各种疾病的原因，充分认识了自然界向我们提供的一切药物，我们是可以免除无数种身体疾病和精神疾病，甚至可以免除衰老，延年益寿的。”[④] 在1641年发表的《第一哲学沉思录》中，笛卡尔指出：“虽然感官有时在不明显和离得很远的东西上骗过我们，但是也许有很多别的东西，虽然我们通过感官认识它们，却没有理由怀疑它们：比如我在这里，坐在炉火旁边，穿着室内长袍，两只手上拿着这张纸，以及诸如此类的事

① 〔荷〕胡果·格劳秀斯：《战争与和平法》（〔美〕A. C. 坎贝尔英译），何勤华等译，上海人民出版社，2013，第23页。

② 〔荷〕胡果·格劳秀斯：《战争与和平法》（〔美〕A. C. 坎贝尔英译），何勤华等译，上海人民出版社，2013，第133页。

③ 〔荷〕胡果·格劳秀斯：《战争与和平法》（〔美〕A. C. 坎贝尔英译），何勤华等译，上海人民出版社，2013，第265页。

④ 〔法〕笛卡尔：《谈谈正确运用自己的理性在各门学问里寻求真理的方法》，王太庆译，商务印书馆，2000，第3～4、50页。

情。我怎么能否认这两只手和这个身体是属于我的呢，除非也许是我和那些疯子相比？那些疯子的大脑让胆汁的黑气扰乱和遮蔽得那么厉害，以致他们尽管很穷却经常以为自己是国王；尽管是一丝不挂，却经常以为自己穿红戴金；或者他们幻想自己是盆子、罐子，或者他们的身子是玻璃的。但是，怎么啦，那是一些疯子，如果我也和他们相比，那么我的荒诞程度也将不会小于他们了。"① 笛卡尔的这段话，曾为米歇尔·福柯在《古典时代疯狂史》中引用。② 福柯怎样理解笛卡尔的这段论述呢？我国学者汪民安指出："福柯在此看出了理性对于疯癫的排斥。笛卡尔将疯癫视作是理性的对立面，因为理性认为确凿无疑的东西，只有疯子则会荒诞地予以否认，疯子代表了一种错误的认知，它是一个感性错误的例子，当然应当遭到排斥和禁闭。"③

英国哲学家霍布斯（Thomas Hobbes，1588～1679）在《利维坦》（1651）中指出："著作家一般称之为自然权利的，就是每一个人按照自己所愿意的方式运用自己的力量保全自己的天性——也就是保全自己的生命——的自由。因此，这种自由就是用他自己的判断和理性认为最合适的手段去做任何事的自由。"④ 霍布斯说："法律是一种命令，而命令则是通过语言、文字或其他同样充分的论据发布命令的人之意志的宣布或表达。根据这一点，我们就可以认识到，国家的命令，仅仅对于能了解的人说来才是法律。对于天生的白痴、儿童或疯人说来，就像对于禽兽一样，法律是不存在的。也无法给他们安上有义或不义之名，因为他们根本没有能力订立任何信约或理解其后果；于是他们便也不会像那些在自己之间建立国家的人所必需做的那样，去做授权于任何主权者的行为。"⑤ 霍布斯还分析了癫狂："对任何一种事物的激情比旁人一般的情形更强和更激烈，便是所谓的癫狂。"⑥ "产生奇异和反常行为的一切激情都总称为癫狂。至于癫

① 〔法〕笛卡尔：《第一哲学沉思录》，庞景仁译，商务印书馆，1986，第15～16页。
② 〔法〕米歇尔·福柯：《古典时代疯狂史》，林志明译，生活·读书·新知三联书店，2005，第71页。
③ 汪民安：《福柯的界线》，中国社会科学出版社，2002，第42页。
④ 〔英〕霍布斯：《利维坦》，黎思复、黎廷弼译，商务印书馆，1996，第97页。
⑤ 〔英〕霍布斯：《利维坦》，黎思复、黎廷弼译，商务印书馆，1996，第210页。
⑥ 〔英〕霍布斯：《利维坦》，黎思复、黎廷弼译，商务印书馆，1996，第54页。

狂的种类，只要肯下功夫，就可以数出一大批来。如果激情过分就是癫狂，那么毫无疑问，激情本身有坏的倾向时，便是各种程度不同的癫狂了。”癫狂不一定总是表现出很大的骚动不宁，“如果疯人院里有一个人和你娓娓清谈，条理井然：告别时你想知道他是什么人，以便下次回访，他竟告诉你他是上帝圣父，我想你就无需再等待狂妄过激的行为来说明他的疯狂了。”[①] 霍布斯还将“荒谬的语词滥用”列为癫狂：“当人们连篇累牍地写这样的东西时，他们难道不是发了疯或者想使人家发疯吗？”[②] ——这恐怕是借题发挥。

荷兰哲学家斯宾诺莎（Baruch de Spinoza，1632～1677）明确认为精神病人与正常之人有一样的权利，这使他区别于其他启蒙思想家。《神学政治论》（1670）说：“所谓天然的权利与法令，我只是指一些自然律，因为有这些律，我们认为每个个体都为自然所限，在某种方式中生活与活动。例如，鱼是天造地设地在水中游泳，大鱼吞小鱼；因此之故，鱼在水中快乐，大鱼有最大的天赋之权吞小鱼。因为，在理论上，自然当然有极大之权为其所能为；换句话说，自然之权是与自然之力一样广大的。自然之力就是上帝之力，上帝之力有治万物之权；因为自然之力不过是自然中个别成分之力的集合，所以每个个体有最高之权为其所能为，换言之，个体之权达于他的所规定的力量的最大限度。那么，每个个体应竭力以保存其自身，不顾一切，只有自己，这是自然的最高的律法与权利。所以每个个体都有这样的最高的律法与权利，那就是，按照其天然的条件以生存与活动。”进而，斯宾诺莎指出：

> 我们于此不承认人类与别的个别的天然之物有任何差异，也不承认有理智之人与无理智之人，以及愚人、疯人与正常之人有什么分别。无论一个个体随其天性之律做些什么，他有最高之权这样做，因为他是依天然的规定而为，没有法子不这样做。因为这个道理，说到人，就其生活在自然的统治下而论，凡还不知理智为何物，或尚未养成道德的习惯的人，只是依照他的欲望的规律而行，与完全依理智的

① 〔英〕霍布斯：《利维坦》，黎思复、黎廷弼译，商务印书馆，1996，第55页。
② 〔英〕霍布斯：《利维坦》，黎思复、黎廷弼译，商务印书馆，1996，第210页。

律法以规范其生活的人有一样高的权利。[①]

英国思想家洛克（John Locke，1632～1704）在《政府论（下篇）》（1690）中指出："我们必须考究人类原来自然地处在什么状态。那是一种完备无缺的自由状态，他们在自然法的范围内，按照他们认为合适的办法，决定他们的行动和处理他们的财产和人身，而毋需得到任何人的许可或听命于任何人的意志。这是一种平等的状态，在这种状态中，一切权力和管辖权都是相互的，没有一个人享有多于别人的权力。极为明显，同种和同等的人们毫无差别地生来就享有自然的一切同样的有利条件，能够运用相同的身心能力，就应该人人平等，不存在从属或受制关系。"[②]"自然状态有一种为人人所应遵守的自然法对它起着支配作用；而理性，也就是自然法，教导着有意遵从理性的全人类：人们既然都是平等和独立的，任何人就不得侵害他人的生命、健康、自由或财产。"[③]"人们既生来就享有完全自由的权利，并和世界上其他任何人或许多人相等，不受控制地享受自然法的一切权利和利益，他就自然享有一种权力，不但可以保有他的所有物——即他的生命、自由和财产——不受其他人的损害和侵犯，而且可以就他认为其他人罪有应得的违法行为加以裁判和处罚，甚至在他认为罪行严重而有此需要时，处以死刑。"[④]在更早写作的一篇论文中，洛克指出，所有人都有自然赋予的理性，自然法也能经由理性被认识，但并不是任何人都必然能认识它，"有一些人又因先天愚钝而发现不了自然的神秘律令"。[⑤]在另一篇论文中，他说："如果自然法已书写于我们心中，为什么愚人和疯子没有关于它的知识？因为据称这一法则已被直接印刻于心灵自身之中，几乎不必依靠人体器官的构造。然而，这的确是智者与愚人仅有的不同。"[⑥]

洛克有直接涉及精神病人权利的论述。在《政府论（下篇）》中，洛

① 〔荷〕斯宾诺莎：《神学政治论》，温锡增译，商务印书馆，1963，第212页。

② 〔英〕洛克：《政府论（下篇）》，叶启芳、瞿菊农译，商务印书馆，1964，第5页。

③ 〔英〕洛克：《政府论（下篇）》，叶启芳、瞿菊农译，商务印书馆，1964，第6页。

④ 〔英〕洛克：《政府论（下篇）》，叶启芳、瞿菊农译，商务印书馆，1964，第53页。

⑤ 〔英〕洛克：《自然法论文集》，李季璇译，商务印书馆，2014，第7页。

⑥ 〔英〕洛克：《自然法论文集》，李季璇译，商务印书馆，2014，第25页。

克认为孩童和精神病人没有足够程度的理性，因而也就不是自由人，需要由他人监护和管理。他指出：孩童并非生来就处在完全平等状态中，虽然他们生来就应该享受这种平等。他们的父母在他们出世时和出世后的一段时间，对他们有一种统治和管辖权。随着他们的成长，年龄和理性将解脱这些限制，直到最后完全解脱而使一个人自由地处理一切为止。在一个人尚未达到自由的状态，他的悟性还不适于驾驭他的意志之前，必须有人来管理他，作为支配他的一种意志。但是过了这个阶段，父亲和儿子，正如导师和成年之后的徒弟一样，都同等地自由了，同样地受制于同一法律。我们是生而有自由的，也是生而有理性的；但这并不是说我们实际就能运用此两者：年龄带来自由，同时也带来理性。①

> 但是，如果由于超出自然常规而可能发生某些缺陷，以致有人并未达到可被认为能够了解法律、从而能遵守它的规则而生活的那种理性的程度，他就决不能成为一个自由人，也决不能让他按照他自己的意志行事（因为他不知道他自己的意志应有限制，并不具有作为它的正当指导的悟性），在他自己的悟性不能担负此项责任时，仍须继续受他人的监护和管理。所以精神病者和白痴从来不能脱离他们父母的管束；胡克尔在《宗教政治》第一卷第七节中说“尚未到达能正确运用理性来指导自己的年龄的儿童，由于自然缺陷而从来不会正确运用理性来指导自己的呆子，以及第三，目前还不能运用理性来指导自己的精神病者，只有以他们的导师用以指导其行动的理性作为他们的指导，来为他们谋求他们的福利。”②

洛克还说：“人的自由和依照他的自己的意志来行动的自由，是以他具有理性为基础的，理性能教导他了解他用以支配自己行动的法律，并使他知道他对自己的自由意志听从到什么程度。在他具有理性来指导他的行动之前放任他享有无限制的自由，并不是让他得到本性自由的特权，而是把他投入野兽之中，让他处于和野兽一样的不幸状态，远远低于人所处的

① 〔英〕洛克：《政府论（下篇）》，叶启芳、瞿菊农译，商务印书馆，1964，第35~37页。

② 〔英〕洛克：《政府论（下篇）》，叶启芳、瞿菊农译，商务印书馆，1964，第38页。

状态。"①

法国思想家卢梭（Jean-Jacques Rousseau，1712～1778）在《论人类不平等的起源和基础》（1775）中指出："人与人之间本来都是平等的，正如各种不同的生理上的原因使某些种类动物产生我们现在还能观察到的种种变型之前，凡属同一种类的动物都是平等的一样。不管那些最初的变化是怎么产生的，我们总不能设想这些变化使人类中所有的个体同时同样地变了质。实际上是有一些人完善化了或者变坏了，他们并获得了一些不属于原来天性的，好的或坏的性质，而另一些人则比较长期的停留在他们的原始状态。这就是人与人之间不平等的起源。"② 卢梭认为人类中存在自然的或者生理上的不平等：

> 我认为在人类中有两种不平等：一种，我把它叫作自然的或生理上的不平等，因为它是基于自然，由年龄、健康、体力以及智慧或心灵的性质的不同而产生的；另一种可以称为精神上的或政治上的不平等，因为它是起因于一种协议，由于人们的同意而设定的，或者至少是它的存在为大家所认可的。第二种不平等包括某一些人由于损害别人而得以享受的各种特权，譬如：比别人更富足、更光荣、更有权势，或者甚至叫别人服从他们。③

在理性问题上，卢梭与许多哲学家的观点不同，有反理性主义的倾向，他说过："如果自然曾经注定了我们是健康的人，我几乎敢于断言，思考的状态是违法自然的一种状态，而沉思的人乃是一种变了质的动物。"④ 他认为精神的复杂活动，是可以通过分析归纳为一些比较简单的活动。这一切都以感性为基础。人在未变成理性生物之前，先是一种有感性的生物。

> 把所有的只能使我们认识已经变成现今这个样子的人类的那些科学书籍搁置一旁，来思考一下人类心灵最初的和最简单的活动吧。我

① 〔英〕洛克：《政府论（下篇）》，叶启芳、瞿菊农译，商务印书馆，1964，第39页。

② 〔法〕卢梭：《论人类不平等的起源和基础》，李常山译，商务印书馆，1962，第63页。

③ 〔法〕卢梭：《论人类不平等的起源和基础》，李常山译，商务印书馆，1962，第70页。

④ 〔法〕卢梭：《论人类不平等的起源和基础》，李常山译，商务印书馆，1962，第79页。

相信这里可以看出两个先于理性而存在的原理：一个原理使我们热烈地关切我们的幸福和我们自己的保存；另一个原理使我们看到任何有感觉的生物、主要是我们的同类遭受灭亡或痛苦的时候，会感到一种天然的憎恶。我们的精神活动能够使这两个原理相互协调并且配合起来。在我看来，自然法的一切规则正是从这两个原理（这里无须再加上人的社会性那一原理）的协调和配合中产生出来的。嗣后，理性由于继续不断的发展，终于达到了窒息天性的程度，那时候，便不得不把这类规则重新建立在别的基础上。

这样看来，在未使人成为人以前，决没有必要使人成为哲学家。一个人并非仅仅由于他接受了后天的智慧的教训，才对别人尽他应尽的义务；而是，只要他不抗拒怜悯心的自然冲动，他不但永远不会加害于人，甚至也不会加害于其他任何有感觉的生物，除非在正当的情况下，当他自身的保存受到威胁时，才不得不先爱护自己。用这个方法，我们也可以结束关于禽兽是否也属于自然法范围这一久已存在的问题的争论；因为很明显，禽兽没有智慧和自由意志，它们是不能认识这一法则的。但是，因为它们也具有天赋的感性，在某些方面，也和我们所具有的天性一样，所以我们认为它们也应当受自然法支配，人类对于它们也应担负某种义务。实际上，我所以不应当伤害我的同类，这似乎并不是因为他是一个有理性的生物，而是因为他是一个有感觉的生物。这种性质，既然是人与禽兽所共有的，至少应当给予禽兽一种权利，即在对人毫无益处的情况下，人不应当虐待禽兽。①

按照卢梭的这个逻辑，精神病人至少是一个“有感觉的生物”，也应当属于自然法范围，不应受到伤害。不过，卢梭并不认为精神错乱中的行为可以产生权利。在《社会契约论》（1762）中，在批评格劳秀斯关于一个个人可以转让自己的自由，使自己成为某个主人的奴隶，为什么全体人民就不能转让他们的自由，使自己成为某个国王的臣民的观点时，卢梭指

① 〔法〕卢梭：《论人类不平等的起源和基础》，李常山译，商务印书馆，1962，第67～68页。

出："说一个人无偿地奉送其自己，这是荒谬和不可思议的。这样一种行为是不合法的、无效的，就只因为这样做的人已经丧失了自己健全的理智。说全体人民也都这样做，那就是假设举国皆狂了；而疯狂是不能形成权利的。"①

在18世纪的欧美国家，不仅人权观念获得发展，而且人权法律制度也开始建立。1776年6月美洲弗吉尼亚《权利宣言》第一条规定："人人生来自由、平等与独立，并享有某些天赋人权，即当他们结合为一个社会时，他们不能凭借契约剥夺其后裔的这些权利；这些权利，即享受生活与自由的权利，包括获取与拥有财产、追求和享有幸福与安全。"1776年7月4日美国《独立宣言》指出："人人生而平等，造物者赋予他们若干不可剥夺的权利，其中包括生命权、自由权和追求幸福的权利。"1789年8月法国《人权与公民宣言》序言指出："组成国民议会的法国人民的代表们，认为不知人权、忽视人权或轻蔑人权是公众不幸的政府腐败的唯一原因，所以决定把自然的、不可剥夺的和神圣的人权阐明于庄严的宣言之中。"第一条规定："在权利方面，人们生来是而且始终是自由平等的。社会差别只能基于对公共利益的考虑。"第二条规定："任何政治结合的目的都在于保护人的自然的和不可动摇的权利。这些权利就是自由、财产、安全和反抗压迫。"②

美国《独立宣言》的主要起草者是来自弗吉尼亚、后来担任第三届美国总统的托马斯·杰弗逊（Thomas Jefferson，1743～1826）。美国法学家路易斯·亨金（Louis Henkin，1917～2010）评论说："杰弗逊的真理是修辞式的、不言而喻的，而不是分析推理产生的，但是，我认为，这些真理的逻辑前提和理论基础是可以探明的，而且这些真理的含义或许还可以得到进一步的发展。实际上，杰弗逊的思想受约翰·洛克的影响颇深，他接受了'自然权利'的命题，但是却使之具有了下述属性，即世俗性、合理性、普遍性、个人主义性、民主性和激进性。"亨金还指出："对于杰弗逊来说，人的权利并不是神启和神定的，他们是上帝创造的，因而是上帝授

① 〔法〕卢梭：《社会契约论》，何兆武译，商务印书馆，1982，第15页。

② 各宣言摘自〔德〕格奥尔格·耶利内克《〈人权与公民权利宣言〉——现代宪法史论》，李锦辉译，商务印书馆，2013，附录。

予的。说他们是自然的那是因为，自然创造并启示了人们的理性和判断力；说他们是自然的，还由于这是自然状态中的人们所享有的，而且，当自然人与他人相互联合以组成政治社会和建立政府时，他自身就具有上述自然权利。”① 在这里，亨金仍然强调了人的“理性”和“判断力”。

因而，在理性时代，具体到精神病人，他们是否包含于“生来自由、平等与独立”的“人人”当中，是否享有人权，在理论上是不明确的。一方面，如果人权以理性为前提，由于精神病人不被视为理性的人，他们就不享有权利，同时也不承担义务。另一方面，根据近代人权学说，似乎也可以推导出：精神病人作为人，其人权也是与生俱来的，他们享有与其他人一样的天赋权利，然而在他们被认定为精神病人之后，他们的一些权利（自由权、财产权等）可能因他们罹患精神障碍而被限制甚至剥夺。总的看，虽然自17世纪开始，人权理论和人权制度都在发展，但精神病人待遇并没有随之提高，禁治产、禁闭、歧视是理性时代的精神病人的共同遭遇，许多精神病人没有被当作人，有些被当作动物供人参观，甚至受到残酷虐待。人权也并没有解放精神病人。在法国大革命后，对精神病人的禁闭不是减弱而是加强了。对精神病人的禁闭有了新的理由，即给予他们人道的待遇。与以往不同的进步是，新的禁闭通常要根据法律进行，需要有医生的诊断，并且可能还要经过司法程序，精神病人在禁闭中的待遇也比以往有所改善。

吊诡的是，精神病人被视为没有理性的人，也在客观上给他们带来了一些“益处”。这主要是指，精神病人犯罪有可能不负刑事责任，免于死刑或者坐牢。

13世纪，英国皇家法官亨利·布莱克顿（Henry de Bracton，1210～1268）指出，犯罪的精神病人由于精神错乱而不存在犯意，不应当予以处罚。他说：“我们必须考虑，做一件事的想法和意向是什么。据此决定应提出什么控告、给予什么惩罚。抛开意志，各种行为都是没有区别的。精神状态赋予你的行为以意义。除非是有意伤害，一种违法行为将不会被判处……这种行为可能被说成是与幼儿或疯狂的人的行为相同；因为幼儿对

① 〔美〕路易斯·亨金：《权利的时代》，信春鹰、吴玉章、李林译，知识出版社，1997，第108页。

自己的行为无知，而疯狂的人则对其犯罪行为缺乏理智，所以这两种人都被赦免。”①

17世纪，德国自然法学思想家萨缪尔·普芬道夫（Samuel von Pufendorf，1632～1694）认为，除理智外，另外一种被认为是人所独有的、有别于动物的能力是意志。他说：“人的两种行为应该归功于意志：首先，他自愿行动，亦即，他不是受到某种内在的必要性的决定而去行为的，他自己才是其行为的创造者；其次，他自由行动，亦即，当他面临设定给他的目标时，他既可以行为，也可以不行为；他既能选择，也能舍弃；他还能选择他所面临的多个目标中的某些，而舍弃其他。”② “为理智和意志所发起与指引的人类行为的独特特征，就是他们可能会被归结到一个人的身上，或者，这个人恰好可以被看做这些行为的创造者，并且被认为应该对其负责；而且，这些行为也是有助于他的。因为，就为什么要把某一行为归咎于某人而言，再没有比这个更好的理由了：行为直接或间接地由他发起，他知晓它并且愿意它发生，或者，是做还是不做此种行为，处在他的能力范围之内。因而，从人类法庭的观点来审视此一问题的道德诫律的首要公理是：对于那些处在一个人的能力控制之内，可以由他决定做或者不做的行为，应该由这个人来为其负责。也可以这样表述：任何处在人的控制之下、做或者不做都在他的掌握之中的行为，都可以归咎于他。”③ 对于精神病人、儿童、老人等的行为，普芬道夫认为：“不具备理性运用能力的人对他们的行为不负有责任。因为，他们不能清楚地辨明所做的事情，也不能将行为与规则相对照。理性运用开始清晰呈现之前的婴儿行为，就属于这种情形。因为孩子们做了某事而叱责或掌掴他们，并不意味着，孩子们受到了人类司法中严格意义上的惩罚；叱责或掌掴只是一种矫正和训诫的手段，以免他们再以此类行为惹他人厌烦或者发展成为不良习惯。同样，疯子、神志错乱之人、年老昏聩之人的行为不被认为是人类行为，因

① 转引自张伟、刘协和、霍克钧《精神病人责任能力评定标准》，《国外医学·精神病学分册》1995年第4期。

② 〔德〕萨缪尔·普芬道夫：《论人与公民在自然法上的责任》（〔英〕迈克尔·西尔弗索恩英译），支振锋译，北京大学出版社，2010，第22页。

③ 〔德〕萨缪尔·普芬道夫：《论人与公民在自然法上的责任》（〔英〕迈克尔·西尔弗索恩英译），支振锋译，北京大学出版社，2010，第26页。

为他们的疾病并不是由他们自己的过错产生的。”①

1724年，英格兰发生了爱德华·阿诺德（Edward Arnold）谋杀昂斯洛勋爵（Lord Onslow）案件。阿诺德患有偏执性精神病，他认为昂斯洛勋爵对他施以魔法，并且进入他的身体内折磨他。大法官特拉西（Tracy）对阿诺德的行为作了评价，他指出，如果一个精神病人“完全丧失了其理解力和记忆力，不知道他在干什么，就如同未成年人，如同动物和野兽一样”，就不应当受到处罚。② 特拉西的主张，后来被称为“野兽检验”(the wild-beast test)。但是，阿诺德因其精神病被认为是伪装的，仍然被认定有罪并判处绞刑，后经被害人昂斯洛勋爵干预，方被改判终身监禁。③

德国哲学家康德（Immanuel Kant，1724～1804）、黑格尔（Georg Wilhelm Friedrich Hegel，1770～1831）在前人理论基础上所进一步阐释的自由意志学说，更为精神病人刑事责任制度提供了坚实的论证和理论基础。康德认为，只有人才有自由意志，才有与生俱来的天赋权利——自由。人作为具有理性的动物，有选择自己行为准则的能力，所以必须对自己所选择的行为负责。他的《法的形而上学原理——权利的科学》（1796）指出：“那种可以由纯粹理性决定的选择行为，构成了自由意志的行为。那种仅仅由感官冲动或刺激之类的爱好决定的行为，可以说是非理性的兽性的选择。”④ 康德对精神病有一定的研究。在用一些篇幅讨论了各种类型“心灵的病态”的《实用人类学》（1798）一书中，他将精神错乱称为人类的“最深藏的、但却发源于本性之中的耻辱”。他还认为白痴“不能叫作真正的灵魂疾病，不如叫作没有灵魂”。⑤

黑格尔在《法哲学原理》（1821）中说：“法的基地一般说来是精神的东西，它的确定的地位和出发点是意志。意志是自由的，所以自由就构成

---

① 〔德〕萨缪尔·普芬道夫：《论人与公民在自然法上的责任》（〔英〕迈克尔·西尔弗索恩英译），支振锋译，北京大学出版社，2010，第29页。

② 参见〔英〕J. W. 塞西尔·特纳《肯尼刑法原理》，王国庆等译，华夏出版社，1989，第88页。

③ 参见张伟、刘协和、霍克钧《精神病人责任能力评定标准》，《国外医学·精神病学分册》1954年第4期。

④ 〔德〕康德：《法的形而上学原理——权利的科学》，沈叔平译，商务印书馆，1991，第13页。

⑤ 参见〔德〕康德《实用人类学》，邓晓芒译，重庆出版社，1987，第102～113页。

法的实体和规定性。”[①] “自由是意志的根本规定……自由的东西就是意志。意志而没有自由，只是一句空话；同时，自由作为意志，作为主体，才是现实。”[②] 黑格尔认为自由意志使人具有选择自己行为的能力，进而具有对自己的行为承担责任的能力：“人的决心是它自己的活动，是本于他的自由作出的，并且是他自己的责任。……当我面对善与恶，我可以抉择于两者之间，我可对两者下定决心，而把其一或其他同样接纳于我的主观性中，所以恶的本性就在于，人能希求它，而不是不可避免地希求它。”[③] “关于邪恶，一般总是假定，认识善和知道善与恶的区别乃是每个人的义务。但无论如何，有一个绝对的要求，即任何人不得从事罪恶和犯罪的行为，人既然是人而不是禽兽，这种行为就必须作为罪恶或罪行而归责于他。”[④] 在黑格尔看来，一个具有自由意志的人，不是从善避恶，而是选择了犯罪，他就应当对自己的选择承担刑事责任。同时，黑格尔也承认人的自由意志存在程度上的差别。“正像行为在其外部定在方面包含着种种偶然后果一样，主观的定在也包含着不确定性，而其不确定程度是与自我意识和思虑的力量之强弱有关。”这种不确定性可以出现在痴呆、疯癫以及年幼的人身上，而“这种决定性的状态可以消灭思维和意志自由的特质，而容许我们把行为人作为缺乏能思维的人的尊严、意志的尊严那样的人来看待”，因此，“小孩、白痴、疯子等等，就其自身行为完全没有或仅有限定的责任能力”。[⑤] 另一方面，黑格尔也意识到，对正常的精神状态与不正常的精神状态及其责任能力划定明确的界线是不可能的。他强调，不能把霎时花眼、热情激发、酩酊大醉等等所谓强度的感性刺激作为免除责任的理由。[⑥]

在19世纪，像卡尔·马克思那样，为精神病人的权利以及他们的待遇的改善进行大声疾呼的著名思想家并不多。还可以提到的是英国哲学家约

① 〔德〕黑格尔：《法哲学原理》，范扬、张企泰译，商务印书馆，1982，第10页。贺麟先生在该译本序言中指出，“法”字（原字Recht）在这里主要应作“权利”解。

② 〔德〕黑格尔：《法哲学原理》，范扬、张企泰译，商务印书馆，1982，第11页。

③ 〔德〕黑格尔：《法哲学原理》，范扬、张企泰译，商务印书馆，1982，第146页。

④ 〔德〕黑格尔：《法哲学原理》，范扬、张企泰译，商务印书馆，1982，第153页。

⑤ 〔德〕黑格尔：《法哲学原理》，范扬、张企泰译，商务印书馆，1982，第123页。

⑥ 〔德〕黑格尔：《法哲学原理》，范扬、张企泰译，商务印书馆，1982，第135页。

翰·密尔（John Stuart Mill，1806～1873）。他在《论自由》（1859）一书中，主张尊重自由和个性。他认为个性是人类福祉的因素之一。人类应当有自由去形成意见并且无保留地发表意见；这个自由若得不到承认，或者若无人不顾禁令而加以力主，那么人在智性方面并从而也在人的德性方面便有毁灭性的后果。在并非主要涉及他人的事情上，个性应当维持自己的权利。凡在不以本人自己的性格却以他人的传统或习俗为行为的准则的地方，那里就缺少人类幸福的主要因素之一，而所缺少的这个因素同时也是个人进步和社会进步中一个颇为主要的因素。如果人们都有这个认识，要调整个人自由与社会控制二者之间的界限也就不会呈现特别的困难。人性不是一架机器，不能按照一个模型铸造出来，又开动它毫厘不爽地去做替它规定好了的工作，它毋宁像一棵树，需要生长并且从各方面发展起来，需要按照那使它成为活东西的内在力量的趋向生长和发展起来。①

密尔认为应当尊重和保护首创性、怪癖性、独异性。他还对精神病学、非自愿住院和剥夺精神病人财产权利提出了批评：

> 不论何人若多有一点那种肆意，就要蒙受到比贬词还厉害的危险——他们竟处于可能被判定有精神错乱的行为而被夺去财产并交付给他们的亲属的危险境地呢。
>
> 近年来，任何人都可被法庭裁断为不配处理自己的事务，从而在他死后抹煞他对自己财产的处分，只要其中付得出课于财产本身的诉讼费用就行。在这种案件上作证的情况是既可鄙又可惊的。对他日常生活中的一切微末细节都要加以探查，通过低中最低的感觉官能和描述官能，只要找到任何一点与绝对陈套不尽相象的现象，就提到陪审官面前作为精神错乱的证据，而且往往有效，因为陪审员庸俗无知的程度既比见证人差得有限，如果还差一点的话，而裁判官又因异常缺乏人性和人生的知识（这种无知至今在英国法律人士中仍继续使我们惊异）而往往帮助着误引他们。这些审判连篇累牍说明着俗人关于人类自由的意见和情感状态。裁判官和陪审员们远不知道个性有何价值，远不尊重个人在无所谓的事情上按照自己的判断和意向行动的权

① 参见〔英〕约翰·密尔《论自由》，程崇华译，商务印书馆，1959，第三章。

> 利，竟至不能意想到一个人在精神健全的状态下会想望这种自由。在往日，当人们主张烧死无神论者的时候，慈悲的人士常常提议不如把他们放进疯人院中；想到这里，那么在今天，我们见有上述这种事情做了出来，而做者还以没有进行宗教迫害却采取了这样人道的和基督教的方式来对付这些不幸之人而自称自赞，并在不言之中又深以他们由此也受到应得的惩罚而感到满足，也就不是什么可怪的事了。[①]

同时，约翰·密尔并不反对以强力阻止精神病人犯罪。他认为，政府的不容争辩的职能之一是采取步骤以防止犯罪于未发之前，正如它要侦查和惩罚犯罪于既成之后。但是，这种预防性职能比惩罚性职能远远更易妄被滥用以致伤及自由，因为人们行动的合法自由几乎没有任何一处不容被表述为而且被公平地表述为增加了这样或那样过失的便利条件。可是，一个公共权威或者甚至一个私人如果看到有人显然在准备进行一项犯罪，他们并非只可坐视罪行做成，而是可以干涉防止。不论是一位公务人员或者是任何一个人，如果看见有人要走上一座已经确知不保安全的桥梁，而又来不及警告他这个危险，他们可以将他抓回，这不算真侵犯了他的自由；因为自由在于一个人做他所要做的事，而这个人并不要掉在河里。“可是，有时一个祸患还没有确实性而只有危险性，除本人自己外便没有人能够判断他的动机是否足够促使他冒险一试，在这种情事中，我想人们对他（除非他是一个小孩，或者是一时神经错乱，或者是正处在不适于充分使用思考官能的精神兴奋或心有专注的状态之中）只应当发出危险警告，而不应当以强力阻止他去涉险。”[②] 密尔的这段话，反过来说就是，如果精神病人表现出犯罪的危险性，就应当以强力去阻止。

在现代——“我们的时代是权利的时代。人权是我们时代的观念，是已经得到普遍接受的唯一的政治与道德观念”[③]，精神病人的人权问题并没有为理论家们所深入讨论。不少人笼统地说人人享有人权，却回避直接论及精神病人，态度不很明朗。譬如，德国当代哲学家尤尔根·哈贝马斯

① 〔英〕约翰·密尔：《论自由》，程崇华译，商务印书馆，1959，第73～74页。

② 〔英〕约翰·密尔：《论自由》，程崇华译，商务印书馆，1959，第105页。

③ 〔美〕路易斯·亨金：《权利的时代》，信春鹰、吴玉章、李林译，知识出版社，1997，前言。

(Jürgen Habermas) 说：“人权应当适用于所有人，而且没有任何附加条件。”[①] 但仅此而已。路易斯·亨金指出：“人权是普遍的，它们属于任何社会中的每一个人。人权不分地域、历史、文化、观念、政治制度、经济制度或社会发展阶段。人权之所以称为人权，意味着一切人，根据他们的本性，人人平等享有人权，平等地受到保护——不分性别、种族和年龄，不分‘出身’贵贱、社会阶级、民族本源、人种或部落隶属，不分贫富、职业、才干、品德、宗教、意识形态或其他信仰。”[②] 然而，亨金唯独没有说“不分精神正常与否”。这是否意味着他不认为精神病人享有人权？或者，他是认为，精神正常与否根本不构成决定一个人是否享有人权的因素？

有些学者虽然没有直接肯定或者否定精神病人享有人权，但是他们的理论和论证，对于精神病人还是有利的。

美国伦理学家约翰·罗尔斯（John Bordley Rawls，1921～2002）在《正义论》（*A Theory of Justice*，1971）中说：“由于所有人的处境都是相似的，无人能够设计出有利于他的特殊情况的原则，正义的原则是一种公平的协议或契约的结果。因为在这种既定的原初状态的环境中，在所有人的相互关系都是相称的条件下，对于任何作为道德人，即作为有自己的目的并具有一种正义感能力的有理性的存在物的个人来说，这种最初状态是公平的。”[③] “平等的正义的权利仅仅属于道德的人。道德的人有两个特点：第一是有条件获得（也被看作获得）一种关于他们的（由一个合理生活计划表达的）善的观念；第二是有能力获得（也被看作获得）一种正义感，一种在正常情况下有效地应用和实行——至少在一个较小程度上——正义原则的欲望。……于是，我们看到，道德人格能力是获得平等正义权利的一个充分条件。除这个基本条件之外不需要其他条件。”[④]

---

① 〔德〕尤尔根·哈贝马斯：《后民族结构》（哈贝马斯文集第三卷），曹卫东译，上海人民出版社，2002，第138页。

② 〔美〕路易斯·亨金：《权利的时代》，信春鹰、吴玉章、李林译，知识出版社，1997，第3页。

③ 〔美〕约翰·罗尔斯：《正义论》，何怀宏、何包钢、廖申白译，中国社会科学出版社，1988，第10页。

④ 〔美〕约翰·罗尔斯：《正义论》，何怀宏、何包钢、廖申白译，中国社会科学出版社，1988，第492页。

如果没有“至少在一个较小程度上”这句话，看起来，罗尔斯是把精神病人完全排除于平等正义权利的主体之外的。对于“至少在一个较小程度上”，罗尔斯进一步补充道：“应当强调的是，对于平等的正义的充分条件即道德人格能力完全不是严格的。假如某个人生来就缺乏或是由于事故而缺乏必要的潜在性，这叫做一种缺陷或丧失。没有哪一个民族或已公认的人类群体缺少这种特性。只有离群索居的人才没有这种能力，或不能在最低程度上实现这种能力，人们在实现这种能力方面的失败是不公正的、贫困的社会环境或偶然性的结果。而且，尽管一些个人可能具有参差不齐的正义感能力，这一事实也不是剥夺具有较低能力的人享受充分正义保护的权利的理由。只要能达到某种最低程度，一个人就有权获得同其他任何人同等的平等自由。较大的正义感能力，例如表现在运用正义原则和在具体等例子中驾驶论据的更大的技艺和老练，也像其它能力一样是一种天赋能力。一个人由于运用而获得的这些特殊优点应当受到差别原则的支配。所以，如果一些人突出地具备了为一定的职位需要的公正和正直的司法美德，他们就可以正当地获得和这些职位相联系的任何好处。然而，平等的自由原则的应用不受这些差别的影响。人们常常认为基本权利和自由应当根据能力而有所不同，但作为公平的正义拒绝这一点：只要具备了最低的道德人格，一个人就有权得到全部正义保证。”① 他还说：“规定着道德人格的最低要求所涉及的是一种能力而不是它的实现。一个具有这种能力的人，不论其能力是否得到了发展，都应当得到正义原则的充分保护。由于婴儿和儿童被认为具有基本权利（通常由父母及监护人代表他们来运用），这种关于必要条件的解释似乎需和我们强调的判断相适合。而且，把潜在性看作是充分条件，这是和原初状态的假设本性，和只要可能对那些原则的选择应当不受专断的偶然性影响这一观念一致的。因此，可以不无理由地说，那些能参与最初协议的人们，只要不是由于偶然的环境就享有平等的正义的权利。”“充分的讨论应当考虑各种缺乏能力的特殊例子。在谈到家长式统治问题时，我已经简单地评论了儿童的缺乏能力的例子。由于不幸、事故或精神紧张而暂时失去已获得的能力的人们的情况，也可类推。

① 〔美〕约翰·罗尔斯：《正义论》，何怀宏、何包钢、廖申白译，中国社会科学出版社，1988，第493页。

但那些多少是持久地丧失了道德人格的人们的情况也许提出了一个困难。我不能在此考察这个问题，但是我假定它不会给对于平等的描述带来实际的影响。”①

另外，罗尔斯在讨论“家长式统治”（paternalism）问题时，述及限制精神病人权利的正当性：“在平等自由的论证中，家长式统治经常被提到，并且它关系到一种较小的自由。在原初状态中，各方假设自己在社会中是有理性的，是有能力处理各种事务的。他们不承认任何对自己的义务，因为就追求他们的善而言这是不必要的。但是只要理想观念一被选择，他们就要确保自己不因这样一些可能性而蒙受损害：即他们的力量是尚未发展的，不能合理地推进他们的利益，例如儿童的情形，或者由于某些不幸和偶然事件，他们不能为自己的利益作出决定，例如那些脑子受到严重伤害或精神紊乱的人。他们通过同意一种刑罚体系（这给他们一个很大的压力来避免愚蠢的行为）和接受某些课税②（这用来避免那些会带来不幸后果的轻率行为）来保护自己不受自己的不合理倾向的支配，这对他们来说也是合理的。对于这些情形，各方采纳这样的原则，这种原则规定什么时候其他人有权代表他们行动，而且必要的话，什么时候可以不理睬他们当时的愿望；他们之所以这样，是因为他们认识到他们合理地追求他们自己利益的能力有时可能失败或者完全缺少这种能力。”但是，“家长式干预必须由理性和意识的明显先天不足或后天损失来证明其正当性；同时，它必须受正义原则和有关这个人的较长期的目标和偏爱的知识或者对基本善的解释的指导。这些加于家长式措施的采用和方向方面的限制来自原初状态中的各种假设。各方需要保证他们人格的完整，保证他们的终极目标及其信仰（不管他们的具体内容是什么）。家长式原则是一种克服我们自己的非理性的保护措施，决不应把它解释为可采取任何尔后可能得到同意的手段去污辱一个人的信仰和个性。”③

---

① 〔美〕约翰·罗尔斯：《正义论》，何怀宏、何包钢、廖申白译，中国社会科学出版社，1988，第496页。

② 所谓“课税”，查原文为impositions，似应译为“强制”或“约束”。这种强制是非刑罚的，譬如非自愿住院，是为预防精神病人发生非犯罪的不当行为而实施的。

③ 〔美〕约翰·罗尔斯：《正义论》，何怀宏、何包钢、廖申白译，中国社会科学出版社，1988，第239～240页。

罗尔斯的意思是说：通过刑罚体系预防精神病人犯罪，通过某些强制措施预防精神病人发生不当行为，是对精神病人的保护，使他们不因自己的精神障碍而发生不利于自己或者他人的举动，因而精神病人应当同意和接受。但是，这种“家长式干预”，必须以一个人理性和意识的明显先天缺陷或者后天损害为前提，必须符合正义原则和基本的善，以及他的根本利益。而且，决不应滥用这些措施去污辱一个人的信仰和个性，尽管这些措施可能得到他的同意。

英国学者米尔恩（A. J. M. Milne）的《人的权利与人的多样性——人权哲学》（*Human Rights and Human Diversity: An Essay in the Philosophy of Human Rights*, 1986）没有谈到精神病人的人权，但讨论了儿童和动物的“权利”。[①] 他提出了“无可选择的权利”（non-elective rights）的概念。其中一些论述，似乎也可以适用于精神病人。在人权理论上，米尔恩的立场不同于“著名的、可敬的自然法学说”[②]。

米尔恩认为，儿童受父母照看的权利是一项排除选择的接受权（right of recipience）。儿童没有资格（entitlement）拒绝父母的关照和保护。即使他们不愿意得到照顾和保护，也只得忍受。可以认为，这一权利和其他的儿童权利一样，必须由成年人来为儿童行使。儿童无论在法律上还是在道德上都不能选择是否接受对他们的安排。他们必须受到照看，无论是受其父母还是受其他合格的成年人的照看。这意味着，如果享有一项权利就是享有一项对其权利是否行使的选择，那么，严格说来，儿童就并不享有受照看的权利。他们只有服从照看的义务。不过，这与通常的说法不符。我们不是说，儿童有接受父母照看和保护的义务，而是说，他们有资格即有权利接受它。动物的情形与此相似。动物的所有者、使用者和饲养者负有人道地对待他们的义务。这就是通常所说的动物有资格享有如此待遇，因而实际上也就是说它们享有接受如此待遇的权利。但是，没有人，也不会有人在这个意义上说，动物有资格拒绝这种待遇，或者它们有权选择是否接受这种待遇。

---

① 参见〔英〕A. J. M. 米尔恩《人的权利与人的多样性——人权哲学》，夏勇、张志铭译，中国大百科全书出版社，1995，第 114 ~ 116 页。

② 〔英〕A. J. M. 米尔恩：《人的权利与人的多样性——人权哲学》，夏勇、张志铭译，中国大百科全书出版社，1995，第 12 页。

有鉴于此，应该区别“可选择的权利”与“无可选择的权利”。这一区分贯穿于行为权（right of action）和接受权之间。可选择的权利是在规范上允许选择的。每一项行为权都是可选择的权利，因为权利主体不仅有资格去做而且有资格不去做他有权做的事。一项接受权使权利人不仅有权接受而且有权拒绝他有权接受的东西，或者在未能接受时予以默许，这也属于可选择的权利。无可选择的权利当然排斥选择。它们是这样一些接受权，即权利人有资格接受某物，但无资格拒绝某物。然而，这引发了一个问题：无可选择的权利与义务究竟有何区别？如果无可选择的权利的享有者除了接受之外别无选择，这是不是说他有接受的义务呢？

米尔恩认为，区别还是有的。这就是：无可选择的权利在本质上具有被动性，权利人并未被要求去做什么，他纯属某种待遇的受益者，而别人则负有给予他此种待遇的义务。由于其他人负有给予他的义务，严格说来，他是有资格得到此种待遇——也就是说，有权享有它。这无疑适用于动物的情形。尽管它们是所有者、使用者和饲养者有义务给予人道待遇的受益者，但绝不可能存在接受此种待遇的义务。作为动物，它们缺乏行为的责任能力，根本不可能承担任何义务。儿童的情形要复杂一些。在成长的过程中，他们逐渐获得行为的责任能力。在相当小的年龄，服从父母的义务就已经形成。当他们承担服从父母的义务后，如果父母能履行对他们的义务，他们就必须履行服从父母的义务。如果儿童不听话，父母就无法照看他们。这意味着，由于存在儿童被要求去做的事情，他们的无可选择的权利归根到底就与义务并无不同。不过，事情还不仅这样。儿童所享有的不是被告知去做什么的权利，而是受照看的权利。他们的服从并不能保证父母会照看和保护他们。这对接受他们有资格得到的东西，是必要条件，不是充分条件。父母的义务不是命令儿童，而是为他操心并提供好的生活。尽管他们对儿童所享有的权威对于他们履行这一义务来说是必需的，但权威不同于义务。他们有可能滥用权威，如命令儿童满足自己的便利并忽视他们的需要。所以，儿童受到父母关照和保护的权利与他们服从父母的义务是有区别的。严格地讲，这是一项无可选择的权利。因为它并未要求儿童去做什么，尽管享有他们有资格享有的东西的必要条件是履行服从父母的义务。

如果将米尔恩上述论述中的“儿童”替换为“精神病人”，将“动物”替换为“严重精神病人”（没有冒犯精神病人之意），能够看出，这一论述对于说明精神病人的人权、解释精神病人治疗和监护的问题还是具有启发性的。似乎可以说，精神病人得到治疗和监护，是他们的“无可选择的权利”，他们有资格得到治疗和监护，但无资格拒绝治疗和监护，即使他们不愿意得到治疗和监护，也只得接受。但是，精神病人毕竟不等同于儿童，儿童以年龄作为与成年人的截然的区别——说儿童整体上没有行为能力是一种不一定符合每个儿童个体情况的法律上而非事实上的推定，而各种精神障碍对人的理性的影响是不同的，各类精神病人的理性程度也是不同的，每个精神病人是否有行为能力，必须逐个地进行诊断鉴定并由法院进行无行为能力的宣告。米尔恩的“无可选择的权利”观点至多只能适用于经过诊断鉴定、病情极为严重、完全丧失行为能力的精神障碍患者。

然而，我国有的学者竟断然地否认精神病人拥有人权。例如，俞可平教授认为：“人权虽为每个人所拥有，但这里的‘每个人’有一定的标准，这个人必须有足够的理性能力、自主能力和选择能力。换言之，人权实际上局限于正常人。精神病人不拥有人权，社会给予他们的种种福利待遇是出于博爱、仁慈和友情，他们享受的是人道而不是人权。因此，精神病人等非正常的人也没有相应的义务与职责，不能对他们施以惩罚。”① 此说显然是受到古希腊罗马自然法学说和近代人权学说的影响。但是此前，似乎还没有人这么明确地说“疯人”“白痴”或者精神病人“不拥有人权”。

按照俞可平教授的推论，“精神病人不拥有人权”的观点如果成立，至少应该有两个基本前提：第一，拥有人权的人必须有理性。什么是理性？为什么有理性才能有人权？这些问题属于哲学范畴，留待哲学家们继续研究。第二，精神病人都没有理性。这是一个事实问题，大有可商榷之处。

如果将理性理解为主要是判断、思维等活动或者从理智上控制行为的能力，② 可以说，精神病人并非都是丧失理性的。极度严重的先天性精神

① 俞可平：《权利政治与公益政治》，社会科学文献出版社，2000，第108页。

② 中国社会科学院语言研究所词典编辑室编《现代汉语词典》（第5版），商务印书馆，2005，第836页。

发育迟滞者，可能没有理性或者不能形成理性，但他们大多在婴幼儿期就已经不幸夭折。其他生活于正常人群中的精神发育迟滞者和曾经正常生活尔后患病的精神病人，即使病情很严重，也会存在或者残留一定程度的理性和社会性，而不会彻底降格为单纯“生物学意义”或者“动物学意义”上的“人”，也完全不同于“植物人”或者“脑死亡”的人。绝大多数精神病人至少都具有罗尔斯所说的“对正义感的最低限度的能力”。从根本上说，精神障碍是人这种“社会性动物”的疾病，也是一种“人性”。一些精神障碍如思维障碍、情感障碍、人格障碍，其症状内容可以明显地反映出患者的社会性。根据心理学和精神病学的理论与实践，我同意有的学者的观点：即使我们承认精神病人的理性受损，我们也必须同样承认理性的问题，不是一个简单的“有，还是没有”的问题，而是一个程度的问题。英国学者卡罗琳·邓（Caroline Dunn）指出，在绝大部分的精神疾病中，病人的理智只是降低（diminished）了，而不是灭失（extinguished）了。邓还认为：当精神病人被认为是没有理性的，他也就被“双重非人化”（doubly dehumanized）了。[①]

还应指出，古希腊罗马的哲人和后来的启蒙思想家偶尔提到的“疯子”“白痴”等，一般都是先天的严重精神发育迟滞患者或者病情严重、理智明显低下的因而也往往是公认的精神病人，与当今的精神科医生根据各种诊断标准，认为——有时只有精神科医生认为——患有精神障碍的“精神障碍患者”不可同日而语。那时的精神障碍，英国法学家杰里米·边沁（Jeremy Bentham，1748～1832）曾经如此比喻：“无论发生在何处，都像腿瘸眼瞎那般明确无疑。”[②] 先贤们针对最严重的精神病人所做的断语，根本不能照搬运用于今天的所有的“精神障碍患者”。

在法律和司法上，对精神障碍患者无法律能力（例如民事行为能力、刑事责任能力、诉讼能力、选举能力等等）作出判断，虽然以理性的程度作为主要根据，但判断的结论仅限于法律规定的具体领域或者事项方面，不意味着精神障碍患者在其他方面或者其他时候也缺失理性，不能因为精

① 参见戴庆康《权利秩序的伦理正当性：以精神病人权利及其立法为例证》，中国社会科学出版社，2007，第257、237页。

② 〔英〕边沁：《道德与立法原理导论》，时殷弘译，商务印书馆，2000，第106页。

神障碍患者被认定为没有某项法律能力，就认定他们不享有人权。不存在也不可能存在对精神障碍患者的全部法律能力进行整体认定的司法机构或者机制。也就是说，从法律和司法角度看，“精神病人不拥有人权”实际上是一个彻头彻尾的伪命题。这一观点对于精神障碍患者合法权益的保护实践无疑是极为有害的。

在精神障碍患者人权问题上，应当强调“应有权利”（idealistic rights）和“基本人权”（fundamental human rights）的概念，并且做一些必要的修正。“应有权利”是指人作为人所应当享有的权利。对于“人”，仅就人权实践范畴而言，完全用不着上升到哲学的高度来解释，更不应以是否具有理性来界定，况且“理性”的概念也过于抽象和歧见纷纭。正如笛卡尔所言：“可是一个人是什么？我是说一个有理性的动物吗？当然不；因为在这以后，我必须追问什么是动物，什么是有理性的，这样一来我们就将要从仅仅一个问题上不知不觉地陷入无穷无尽的别的一些更困难、更麻烦的问题上去了。”① 至少不应根据形而上的论断来认定活生生的具体的每一个精神病人不是“人”，或者仅仅是单纯“生物学意义”“动物学意义”上的人。这是对精神病人的最大伤害，而且恰恰是缺乏人性的野蛮表现。汉娜·阿伦特曾经描述无国籍者不被承认拥有人权的困境：“他们的生命延续只是出于别人的仁慈，而不是由于权利，因为没有一条既存的法律迫使国家供养他们；他们的行动自由，如果说有的话，并没有给他们带来居住的权利，这是连在押的罪犯也能享受到的权利；他们的言论自由是傻瓜的自由，因为他们的想法起不了任何作用。”② 而“不拥有人权”的精神障碍患者，境遇只能比这更糟。

必须树立这种观念：精神病人作为人，在他经法定程序诊断患有精神障碍之前，享有完整的人权和享有法律规定的所有人都享有的权利——这也是以后可能由他人代表其行使这些权利的前提；在他经诊断患有精神障碍之后，他的哪些具体权利需要在一定期限内被合理地限制或者需要由他人代为行使，应当有法律依据，并且应当经过正当程序判定。一个人的应

① 〔法〕笛卡尔：《第一哲学沉思录》，庞景仁译，商务印书馆，1986，第24页。

② 〔美〕汉娜·鄂兰：《极权主义的起源》，林骧华译，台湾时报文化出版企业有限公司，1995，第418页。译文经核对原文，略有调整。

有权利和法定权利不能仅仅因为有人认为他患有精神障碍而被限制。因此，联合国《保护精神病患者和改善精神保健的原则》规定："仅经国内法设立的独立公正的法庭公平听证之后，方可因某人患有精神病而作出他或她没有法律行为能力，并因没有此种能力应任命一名私人代表的任何决定。"

基本人权有生命权、安全权、自由权、平等权等。生命权是最基本人权。如果认为精神病人不享有天赋的生命权，让其生存只是我们这些自诩为正常的人出于博爱、仁慈和友情而给予他们的"福利待遇"，那么，像希特勒以"安乐死"名义对精神病人进行的大屠杀那样的罪恶就难免不会重演。米尔恩指出：

> 历史上猖獗一时的纳粹的道德学说，就认为雅利安德意志人享有生命权，犹太人和其他"劣等"民族则不享有。任意杀害雅利安德意志人属于谋杀，官方组织的对成千上万犹太人的杀害却不属于谋杀，而是"优生学上的灭绝"。这个可怕的例子暴露了认为某些人不享有生命权的主张的实质。否定有些人享有生命权，也就剥夺了他们的道德资格，他们因而不被看作人类伙伴，可以不受惩罚地杀害。这正是我们将生命权作为人权的缘由所在。生命权是一个人之所以被当作人类伙伴所必须享有的权利。正如我们将要看到的，这正是所谓人权的底蕴所在。①

自由权是生命权的延伸。安全权是生命和自由的保证。如果认为精神病人没有自由权、安全权，仅仅把非自愿住院视为单纯的医疗行为，而不将其作为对人身自由的限制而给予必要的限制，不仅非自愿住院将永远成为处置精神病人的手段，而且精神正常者被非法拘禁于精神病院的事情也会层出不穷；对精神病人以及其他所谓"不适者"的强制绝育，说不定哪天就会落在你我或者我们的子女身上。

平等权也是基本人权，对于精神病人进行社会活动和建立社会关系来

---

① 〔英〕A. J. M. 米尔恩：《人的权利与人的多样性——人权哲学》，夏勇、张志铭译，中国大百科全书出版社，1995，第158页。

说尤为重要。恩格斯在《反杜林论》中指出："一切人，作为人来说，都有某些共同点，在这些共同点所及的范围内，他们是平等的，这样的观念自然是非常古老的。但是现代的平等要求与此完全不同；这种平等要求更应当是，从人的这种共同特性中，从人就他们是人而言的这种平等中，引伸出这样的要求：一切人，或至少是一个国家的一切公民，或一个社会的一切成员，都应当有平等的政治地位和社会地位。"① 推而论之，精神病人作为人，与其他人受法律平等保护，享有同等的权利和承担同等的义务。

尽管精神障碍患者的人权问题，在理论上远远没有解决和达成共识，联合国《保护精神病患者和改善精神保健的原则》还是宣告："每个精神病患者均有权行使《世界人权宣言》、《经济、社会、文化权利国际公约》、《公民权利和政治权利国际公约》以及《残疾人权利宣言》和《保护所有遭受任何形式拘留或监禁的人的原则》等其他有关文书承认的所有公民、政治、经济、社会和文化权利。"这一观点超越了《世界人权宣言》，也超越了以往的人权学说。在最近三十年里，各国以此原则为根据，完善或者制定自己的《精神卫生法》，加强对精神障碍患者的人权保障。同时，许多国家以及我国台湾地区纷纷废除民法中的以精神障碍患者丧失理性和能力为基础的禁治产制度。

① 恩格斯：《反杜林论》，人民出版社，1970，第100页。

第四章
当代非自愿住院制度的改革和特征

非自愿住院一直是精神卫生法的核心问题。早期的精神卫生法专门规定疯人的收容和收容院的管理，那时的收容院主要具有治安功能，也具有一定的救济功能。在近代精神病学初步形成之后，收容院方具有医疗功能，成为精神病院，同时，精神卫生法开始规定非自愿住院的标准、程序和精神科医生在其中的作用。进入20世纪，随着精神卫生运动的兴起与发展，特别是在第二次世界大战结束以后，精神障碍的预防与康复、精神病院条件的改善、精神障碍患者的权利保护、国家对精神卫生事业的支持等问题，不同程度地受到各国的重视并且成为精神卫生法的内容。但是这些内容的增加，并没有降低非自愿住院问题在精神卫生法中的重要地位。各国在制定或修订精神卫生法之时，无不将非自愿住院标准和程序的宽松或严格作为研究、讨论的主题。精神卫生法中的各方面内容都很重要，但能够引发利益冲突、造成侵犯人权、具有可诉性（justiciability）的问题主要是非自愿住院的适用。其实，国家对精神卫生的财政支持、精神卫生保健服务、精神病院和精神科医生管理等方面的问题可以由其他法律规定，在医疗发达、社会保障比较完善的国家更是如此，例如美国有《社会保障法》（Social Security Act）、《美国残疾人法》（Americans with Disabilities

Act)，英国有《国民卫生服务法》（National Health Service Act)、《医疗法》(Medical Act)。唯有非自愿住院是精神卫生法的“专利”。

虽然联合国、有关国际组织以及区域性组织提出了一系列关于非自愿住院的规则和标准，各国的非自愿住院制度表现出一定的趋同倾向，但由于历史、文化、发展水平等方面的差异，它们仍然存在诸多层面的不同。本章将重点概述现代法国、英国、美国和日本等国精神卫生法以及刑法中的非自愿住院制度，并且简单介绍其他一些国家或地区的有关规定。本章之前，还曾提及意大利、俄罗斯（苏联）的现代非自愿住院制度。在此基础上，可以加以比较，找寻值得我们借鉴的东西。

在比较分析之后，将讨论非自愿住院的一些基础问题，包括非自愿住院的概念和分类、当代非自愿住院制度的特征和原则等问题。

第一节　法国的非自愿住院制度

被称为“世界第一部精神卫生法”的法国 1838 年法律在施行 150 年后，于 1990 年完成了自己的使命，取而代之的是 1990 年 6 月 27 日颁布的 90－527 号《住院精神障碍患者的权利与保护及其住院条件的法律》(LOI n° 90－527 du 27 juin 1990 relative aux droits et à la protection des personnes hospitalisées en raison de troubles mentaux et à leur conditions d'hospitalisation)。新的法律被编入《法国公共卫生法典》(第 L326～L355 条)。

到 2011 年 7 月 5 日，法国议会又通过 2011－803 号《受精神护理的人的权利与保护及其保健安排的法律》（LOI n° 2011－803 du 5 juillet 2011 relative aux droits et à la protection des personnes faisant l'objet de soins psychiatriques et aux modalités de leur prise en charge，2011 年 8 月 1 日生效)，对 1990 年法律进行了大幅度修订。

虽然 1990 年法律已经被 2011 年法律取代，但由于现代法国的非自愿住院制度是 1990 年法律确立的，因此先介绍 1990 年法律的有关规定。

1990 年《住院精神障碍患者的权利与保护及其住院条件的法律》维持了 1838 法律的基本框架，仍然以规范非自愿住院（est hospitalisée sans son consentement）为核心，并像过去一样强调行政权优先，同时强调医疗机构的作用。所不同的是，它更加致力于住院精神障碍患者人权的保护，并且更为严格地规定了非自愿住院的条件、程序和监督。[①]

该法宣布：除法律规定的情况外，对任何人未经其本人同意，或者如果需要，未经其法律代表同意，不得实施治疗或者住院治疗。当一个患有精神疾病的人根据本法规定非自愿住院，对其人身自由的限制，必须限于由他的健康和发展状况所要求的治疗工作之内。在所有情况下，住院的人的尊严必须得到尊重，并应促进他的康复。他们在入院时或者在以后他们要求时，必须被告知他们享有的法律地位和权利。任何精神疾病的治疗方案都必须严格遵守专业和伦理规则。

1990 年法律还设立了一个省级精神病住院委员会（commission départementale des hospitalisations psychiatriques，CDHP），负责审查所有住院精神障碍者的状况，以尊重个人自由和人格尊严。住院委员会由法官、精神科医生、知名人士和精神障碍者家属代表组织的成员组成。其权限很广，包括了解所有的非自愿住院、所有的措施延期和终结；如果住院期限要超过 3 个月，必须听取住院委员会的意见；审查医院的登记，受理所有住院人员的诉请，并向大审法院（审理一定金额民事案件的普通法院）院长提出患者出院的建议；每年向省长和国家检察官报告工作。

1990 年法律规定了两种非刑事的非自愿住院：

（1）应第三人请求的住院（Hospitalisation sur demande d'un tiers，HDT）

它的前身是 1838 年法律中的“自愿安置”。这是一种治疗主导型措施。决定医疗性强制住院必须有两个明确的实质条件：精神障碍的严重程度已使患者的同意成为不可能，患者确需在住院环境中立即治疗和辅以经常性的监护。

提出住院请求的第三人可以是患者的家属，也可以是为精神障碍患者利益而工作的人，但不包括在接诊医院工作的医护人员。请求必须由申请人书写并签名，内容包括被申请人的姓名、职业、年龄和住址，并且说明与被申请人的关系。如果一个成年人的住院申请是由他的监护人或受托人提出的，必须提供监护或托管的判决。

① 参见〔法〕米海依尔·戴尔玛斯－马蒂《刑事政策的主要体系》，卢建平译，法律出版社，2000，第 127～131 页。

第三人的请求应附具两个星期之内两个独立医生的意见一致的证明和相关证据。第一份证明必须是院外医生作出。该医生应指出患者的精神状态，说明病情细节和非自愿住院的必要性。第二份证明不受第一份证明的约束。两名医生之间、两名医生与第三人和医院院长之间应无婚姻或者四亲等以内的亲属关系。

医院院长根据两份医生证明决定是否入院观察。在病情危及患者健康的特殊情况下（titre exceptionnel et en cas de péril imminent pour la santé du malade），医院院长可以根据一个医生的证明决定是否收治。

在入院观察24小时内，必须有入住医院的一名精神科医生提出一个新的证明，说明该人的精神状态，确认或否认第三人的住院请求。这名医生不能是前述提供证明的医生，而且应当不具有前述回避关系。

医院应将医生证明、医院证书和医疗收据等报送精神病住院委员会。

（2）行政性强制住院（Hospitalisation d'office，HO）

这是一种安全主导型措施。行政机关（一般为省长，紧急情况下为市长，巴黎在紧急情况下为警察局长）根据接诊医院以外的一位精神科医生开出的规范的意见书，决定对可能危害公共秩序或人身安全的精神错乱者实施强制住院。如果情况紧急，而且精神错乱者是众所周知的，可不必有精神科医生的意见书，但在这种情况下的强制在48小时后即告失效，除非如果省长等在24小时内依照法定程序作出强制住院的裁决。住院15天之内、以后每月一次由精神科医生对患者进行检查，并向行政机关报告。在住院3天后的第一个月内，省长等可以根据精神科医生的合理意见，延长三个月最多六个月的住院期限。每个期限结束时，如果省长等没有作出延期的决定，患者即可出院。医院院长也可以根据精神科医生的意见或精神病住院委员会的意见提出出院的建议，向省长等报批。如果省长等认为，患者出院可能威胁公共秩序或人身安全，将通知医院院长继续采取适当措施。

经刑事诉讼程序确认的精神错乱犯罪人的住院也通过上述程序决定。如果经过司法机关的预审（包括鉴定）得出结论，犯罪人符合《法国刑法典》第122－1条规定的“在行为发生时患精神紊乱或神经精神紊乱，完全不能辨别或控制自己行为的人，不负刑事责任”之情况，并且如果精神科医生提出的报告确认，该人对公共秩序或人身安全构成危险，应当住院治疗，预审法官须向省长等报告。只有当省长等作出让该人住院治疗的决定以后，预审法官才可根据《法国刑事诉讼法典》的有关规定对该人作出不予起诉的裁定。住院之后的有关问题脱离了司法范畴。[①]

为了避免出现不适当住院的情况，1990 年法律规定，患者、患者的代理人或其他一切为精神障碍者利益而作为的人对住院的决定可以向行政法院提出复议。另外，患者、患者的代理人或其他一切为精神障碍者利益而作为的人可以向大审法院起诉，请求结束住院或者赔偿住院期间受到的损害。

法国曾经发生一起打到联合国人权事务委员会的应第三人请求的住院官司，就与行政法院和大审法院的分工有关。这个案件也反映了 1990 年法律的实际适用和当事人维权的复杂性、艰巨性。[②]

申诉提交人 Fabienne Pingault-Parkinson 女士 1988 年与 Etienne Parkinson 先生结婚。1997 年，收养了一个女儿的 Pingault-Parkinson 夫妇出现婚姻危机。1997 年 12 月 1 日，提交人的丈夫未回家；她一星期都未得到他的消息。她非常担忧地向警察报案。1997 年 12 月 6 日，提交人的丈夫回到家。大约下午 2 时，提交人发现养女不在家。她意识到丈夫未经其同意将女儿从家中带走。下午 6 时，Woestelandt 医生根据提交人丈夫（也是他的患者）的请求而登门访问。他对她说："要么你去看我介绍的心理医生，要么我送你住院。"提交人自 1988 年以来一直从事护士工作，认为这名医生没有权利这样做；另外，她本人的医生从来没有说她有必要接受任何精神病治疗，前些年作为收养程序的一部分，她顺利通过了数项心理检查，以确定她是否适合收养子女。大约晚上 8 时，她收到消防队询问其住址的电话。晚 8 时 30 分，消防队和托农莱班医院（Thonon-les-Bains）临时病室的一名医生抵达，违反提交人意愿将其送进医院。在到达临时病室时，一名护士为住院管理而对她做了详细记录。托农莱班医院的助理医师

① 参见〔法〕卡斯东·斯特法尼等《法国刑法总论精义》，罗结珍译，中国政法大学出版社，1998，第 512 页；〔法〕卡斯东·斯特法尼等《法国刑事诉讼法精义》，罗结珍译，中国政法大学出版社，1998，第 645～655、675～688 页；《法国刑法典刑事诉讼法典》，罗结珍译，国际文化出版公司，1997。

② 参见联合国人权事务委员会根据《公民权利和政治权利国际公约任择议定书》在第 100 届会议上作出的关于第 1768/2008 号来文的决定（CCPR/C/100/D/1768/2008），联合国官方中文本。

Schmidt 医生过来询问了提交人几个问题，她平静地作了回答。与提交人关系疏远的父亲和提交人丈夫来到医院。Schmidt 医生当着提交人之面向他们提问，但不允许她插话纠正她认为不正确的东西。她询问自己是否可以离开办公室。二三十分钟后，医生通知她说，他已经决定留她住院，但未对她进行可能反映失调的适当医学、心理学检查甚至心理测量学检查，以作为非自愿入院的根据。提交人也从未对本人或他人造成任何危险。Schmidt 医生当提交人之面询问她丈夫是否愿意签署经第三方请求住院的申请表，但他拒绝，医生请提交人父亲签署，她的父亲签了。提交人称，她在 Girard 医生病房的 11 天（从 1997 年 12 月 6 日至 17 日）住院期间，被剥夺了所有的衣服和个人物品，只穿一件白色罩衫，锁在房间里，不允许出门，不能接触任何人。一个夜班护士强迫她服抗精神病药，并威胁说，如果她不自愿服药就要进行注射。提交人称，在她住院期间，从未有人告诉她有权对非自愿住院提出质疑。当提交人于 1997 年 12 月 17 日出院时，据称 Girard 医生对她的兄弟说“没有理由让她留在我的病房”，并说他是在她丈夫和父亲相当压力下才留她住院的。在接下来的几个月中，她的丈夫联系过 Girard 医生，想得到资料以使他能够获得孩子的监护权。

提交人称，因为送其住院的程序有误，所以决定为自己被不当送进医院寻求补偿。首先，Woestelandt 医生没有医疗主管权利要求她入院。其次，她称，1997 年 12 月 6 日入院时，Schmidt 医生签发医疗诊断书前没有对她进行过检查。第三，Girard 医生本应当在她入院 24 小时内签发新的医疗诊断书，但她说直到入院 48 小时后才作出。提交人解释说，她曾于 1997 年 12 月 7 日（星期日），请求看医生，但是被拒绝；直到 12 月 8 日才看到医生，并出具诊断书。提交人还称，“24 小时诊断书”的医疗意见与医院出院诊断书不一致，所涉的不是相同的精神障碍。出院诊断书提到的精神障碍看来表明禁闭或服用抗精神病没有必要。提交人要求查阅她的病历和住院档案，以争取补偿，但她得到的档案残缺不全。关于省长或检察官这类司法或行政当局介入的问题，这些主管当局对提交人说它们没有收到关于她住院的材料或通知。2001 年 6 月 15 日，提交人向医院院长写信索赔。2001 年 12 月 13 日，她向格勒诺布尔行政法院提出申诉。她对法院说，在她入院时没有人告知她的权利，特别是根据《公共卫生法》第 L351 条，她本可以直接上诉到上诉法院院长——他在听取双方辩论和进行任何必要调查后，可以命令立即释放她。她提交了数份文件，表明有关机构驳回了她查阅病历和住院档案的请求，理由是行政通知书仅保留到住院后一年。提交人认为，她无法获得这些文件的原因是医院未能根据《公共卫生法》第L334条，将法定行政通知书转交国家代表和有关省精神病住院事务委员会。她请法院宣布她的住院不当和非法，违反《欧洲人权公约》第五条。2005年1月19日，格勒诺布尔行政法院宣布对此案没有管辖权，理由是：尽管一方面普通法院有权评估非自愿入住精神病院是否必要，另一方面行政法院也有权评估这类住院是否合法，但只有普通法院才有权裁决与该住院相关的所有各种违规行为的有害影响。2006年2月2日，里昂行政上诉法院驳回了提交人的上诉，维持了行政法院的裁决。最高行政法院于2006年12月1日作出裁决，驳回提交人的特别上诉，理由是提交人的所有法律论点都未能使案件具有可受理性。提交人的律师因此称已经用尽国内补救办法。2007年7月5日，提交人将此案提交至联合国人权事务委员会。

2008年5月15日，法国提交了第一次答辩意见。法国质疑提交人来文的可受理性，主要理由是关于违反《公约》第九条和第十四条的申诉尚未用尽国内补救办法，尽管她在整个诉讼过程中有律师 Maître Lestourneaud 的协助。法国解释，关于经第三方请求而非自愿入院和住院的问题，行政法院和普通法院之间管辖权的划分规定在提交人住院之时业已存在，并至今维持不变。尽管行政法院有权确定关于命令住院的行政决定是否合法，但只有普通法院才同时有权评估是否有必要入住精神病院与裁决关于这一决定的损害后果，包括任何程序不当引起的后果。因此，行政法院有权确定一项住院程序是否显然合法，即查明是否已经根据现行法律而适当遵循了程序。如果证明有违规行为，法院可以废除住院令。另一方面，普通法院可以对住院措施是否适当作出裁决，并可对也许由于不当或违规住院结果可能产生的损害下令赔偿。法国指出，住院合法性问题只能通过质疑医院院长经第三方请求使上诉人住院的行政决定进行，而且必须在决定作出的两个月内提出上诉。在本案中，直到四年之后的2001年12月17日，提交人才向行政法院上诉，并且当时是以全面上诉的形式为她所称遭到的损害索赔。行政法院宣布没有管辖权是正确的。关于质疑住院是否必要和随之产生的损害赔偿，法国称提交人从未向普通法院上诉，没有在住院时质疑住院根据，随后也没有索取损害赔偿。法国强调说，对于提交人来说，法院的责任划分可能令人迷惑，但是她的律师肯定不能借口对法律不熟悉而不用尽国内补救办法。因此法国认为，关于违反《公约》第九条和第十四条的申诉不可受理。

2010 年 5 月 11 日，法国提交了第二次答辩意见。它对其非自愿住院制度进行了解释。根据关于精神病住院者的权利和关于住院条件的法律，法国有两类非自愿性住院：根据住院令住院或者经第三方请求住院。第一类由《公共卫生法》第 L3213－1 ff 条管辖，涵盖精神病人对他人造成威胁或严重违犯法律和秩序的情况。在这种情况下，是省长根据医疗诊断书作出的决定。经第三方请求的住院由《公共卫生法》第 L3212－1 ff 条管辖，是以患者本身的利益和严格的医疗原因而采取的。提交人不是住院令的对象，而是第三方请求入院的对象。她的父亲于 1997 年 12 月 6 日提出书面住院请求。一份最初的医疗诊断书称：个人精神病状态使她不能对治疗表示同意，并且她的病情需要日夜监护下的住院治疗，这是由一名并非患者收治医院的医生于 1997 年 12 月 6 日签发的。第二份诊断书是一名医生于同日在收治医院签发的。根据《公共卫生法》第 L3212－4 条，收治医院的一名医生（不是已经看过患者的两名医生之一）在患者入院后签发了一份诊断书；这一诊断书确证住院的必要性。1997 年 12 月 17 日，在入院头 24 小时内签发诊断书的医生确认，因为治疗使提交人情况好转，能够回家，所以可根据《公共卫生法》第 L3212－7 条让患者出院。因此是遵守了正确的程序。

法国还进一步解释了法院的分工。非自愿住院的损害赔偿不完全取决于行政法院裁定入院非法。在 1997 年 2 月 17 日的裁决中，冲突法院解释了两类法院之间管辖权的区别：尽管只有普通法院才有权根据《公共卫生法》第 L333 ff 条评估入住精神病院的必要性并就其可能的后果作出裁决，但是判定关于命令住院的行政决定是否合法的权力属于行政法院；行政法院就该问题作出裁决后，普通法院可以对住院程序不当所产生的任何损害作出裁决。法国强调说，在后来的裁决中已经确认了这一案例法。因此，普通法院有权对所有赔偿申诉作出裁决，无论损害来自于形式还是实质的不当。出于同一原因，普通法院也有权处理行政法院已经裁定形式不当的损害赔偿。如果损害是出于住院令没有必要，则可直接向普通法院提出申诉。因此，这一裁决将关于合法性的质疑与关于责任的质疑分别开来：一旦审议了住院令，只有普通法院有权在责任方面确定住院令的后果。法国因此辩称，提交人本来能够向普通法院提出申诉而获得损害赔偿，但一贯的条件是医疗主管当局的责任已经确定。另外，法国解释说，提交人在律师的协助下本应当在收到医院 2001 年 12 月 17 日的信两个月内对行政决定提出上诉。这本来可使行政法院在适当情况下以追溯效果废除住院令。提交人的确及时向行政法院提出了上诉，但她提出了一个索赔的全面上诉，没有以程序不当为由而请求废除住院令。因此，不是因为缺少任何决定而阻碍了提交人证明住院令不当，而是她本人或至少她的律师在程序上失误，负有责任。行政法院有权审理入院程序是否显然合法的问题，换言之，审核是否依法遵循了适当程序。如果发现不当，法院可以废除住院令。另一方面，普通法院就住院是否适当以及因实质不当或形式不当住院产生的任何损害赔偿作出裁决。因此，行政法院不能超出其管辖权而裁决赔偿问题，正确地驳回了提交人的申诉。法国辩称，提交人至少一开始未争取质疑住院令的合法性，否则她本来可以针对行政决定提出上诉——但她却争取索赔。因此，不能称提交人无法诉诸法院。

联合国人权事务委员会审查后裁定：委员会注意到法国提供资料，澄清提交人有权在收到医院拒绝考虑任何赔偿的 2001 年 12 月 17 日信两个月之内质疑行政决定，从而了结提交人要求重新审议的申诉。委员会注意到，法国称这一补救办法应当允许行政法院在适当情况下追溯性地废除入院令。委员会注意到，法国称提交人的确及时向行政法院申诉，但她提出的是一个索赔的全面上诉，没有以程序不当为由请求废除住院令；因此不是因为缺少任何决定而阻碍了提交人证明住院令不当，而是她本人或至少她的律师在程序上有误，负有责任。委员会注意到提交人没有反驳这一论点。关于提交人本可以立即质疑拘留合法性，根据《公共卫生法》第 L351 条提出上诉，请上诉法院院长命令立即释放她的问题，委员会注意到，提交人陈述的事实受到法国反驳，称提交人实际上被告知了她的权利，并且因为法律没有规定这类告知的任何具体形式，所以没有书面告知证据的事实不影响告知的有效或合法性。在不予确定提交人是否真的被告知有权根据《公共卫生法》第 L351 条上诉的情况下，委员会注意到提交人没有解释为什么她在出院时未质疑入院时未被告知权利的情况，无论是到行政法庭质疑行政决定，还是到普通法院质疑入院的适当性并寻求损害赔偿。另外，由于没有（a）向行政法院申诉以质疑行政决定，以及没有（b）向普通法院申诉以评估经第三方请求住院的必要性和争取赔偿，因此提交人没有适当用尽现行国内补救办法。根据各方提供的所有资料，特别是法国关于国内行政和司法程序的澄清，尽管尚有可能相关的重要实质性问题，但委员会根据《公约》第九条和第十四条，认为提交人未用尽国内补救办法，因此本来文不可受理。

看得出来，本案有非自愿住院滥用之嫌，但由于受害人及其律师采取了错误的诉讼途径，致使维权失败。不论结果怎样，这个案件在一定程度上暴露了 1990 年法律的缺陷，譬如没有规定权利告知的具体形式，司法救济程序过于复杂。

福柯没有看到 1990 年法律。假如他看到，一定不能满意，至少会提出两点批评。第一是应第三人请求的住院比之于 1838 年法律的自愿安置，是换汤不换药。第二是行政性强制住院的决定没有司法化，即不是由法院决定，司法机关只起到监督、救济作用。而对于更后的 2011 年法律，福柯的态度也应不会发生多大变化。

2011 年《受精神护理的人的权利与保护及其保健安排的法律》相对于 1990 年法律，在概念、章节、条文上的修订比较大。最大的修订是，在整体上，“受精神护理”（faire l'objet de soins psychiatriques[①]）概念替代了“住院”（hospitalisée）。所谓“受精神护理”，包括住院护理和门诊、家庭护理，对后两种形式的护理，医院应提出护理方案。随之，“自愿住院”（hospitalisation libre）变为“自愿精神护理”（soins psychiatriques libres）、“非自愿住院”（hospitalisée sans son consentement）变为“非自愿精神护理”（soins psychiatriques sans consentement）。

2011 年法律增加一项条款，规定自愿精神护理是首选的治疗模式。对非自愿精神护理的适用，总体上更为严格，但同时有条件地将入住医院的观察期从 24 小时延长到 72 小时：如果有两位医生的证明确认应当实行住院精神护理，入住医院的一位医生在 24 小时之内提出合理的意见。

两类非自愿精神护理替代了原来的两类非自愿住院：

---

① soins psychiatriques 亦可译为“精神病护理”“精神科护理”。

（1）应第三人请求的精神护理（soins psychiatriques à la demande d'un tiers，SPDT）和危急状态下（cas de péril imminent）的精神护理。在条件和程序上，应第三人请求的精神护理与1990年法律的应第三人请求的住院基本相同，只是把危急状态下的精神护理单列出来，并且将原来的特殊危急情况限定为“迫在眉睫的危险”（péril imminent pour），即对自身生命和健康的直接的严重危险。

（2）由国家代表决定的精神护理（soins psychiatriques sur décision du représentant de l'Etat，SPDRE）。所谓国家代表，就是1990年法律所说的省长以及市长和巴黎的警察局长。这部分的一个明显变化是将“危害公共秩序或人身安全”（compromettent l'ordre public ou la sûreté des personnes）修改为“危害人身安全或严重损害公共秩序”（compromettent la sûreté des personnes ou portent atteinte，de façon grave，à l'ordre public）。

第二节　英国的非自愿住院制度

英国（英格兰、威尔士）1959年《精神卫生法》在1983年被新的《精神卫生法》（Mental Health Act 1983）取代。[①] 1983年《精神卫生法》调整和进一步明确了对强制住院患者进行评估或治疗的准则及程序，还规定了地区卫生行政部门和社会服务部门的功能，以及提供出院后护理服务等。

特别是，1983年《精神卫生法》规定设立精神卫生复查法庭（Mental Health Review Tribunal，MHRT）。根据1983年《精神卫生复查法庭规则》（Mental Health Review Tribunal Rules 1983，后于1996年和1998年修订），精神卫生复查法庭的主要功能是审查根据精神卫生法而被拘禁（detention）的患者的案件和决定释放符合释放标准的患者。这种案件通常涉及对一些严重的问题的平衡判断，如个人自由、保护公众与患者的最佳利益。每个法庭由3人组成。一位法律人士，其职责是主持听证会，保证程序公平进行，并对可能出现的任何法律问题提供意见，并且签署裁定，通常由资深的法律从业者担任；一位医生，他们在听证会前检查患者的精神状况，并

① 参见 http://www.legislation.gov.uk/ukpga/1983/20/contents。

形成意见。他们应当具有多年的精神科医生的经历，能够对法庭上的医学问题提出建议；一位法律和医疗专业之外的社会人士（不能是律师和医生），然而他们应当可以提供对法庭有用的技能和经验。他们大多具有社会关怀、社会福利、国民保健服务甚至精神卫生等领域的专业实践经验。法庭通常在患者被拘禁的医院或社区单位开庭。法庭举行听证会，适当的证人被邀请轮流发言。这些证人包括被拘禁的人及其律师，拘禁患者的医院的医生、护士。法庭的每个成员在法律、程序和实质问题上享有平等的发言权，都参与裁定的制定。如果意见不一致，以多数人的意见作为裁定。精神卫生复查法庭不能质疑导致拘禁的事实根据，但可以裁定是否中止或者继续拘禁。对精神卫生复查法庭的裁定可以向上级行政法庭或者高级法院上诉。

1983 年《精神卫生法》在 1995 年和 2007 年做过两次局部修订，主要是在社区治疗方面。1995 年的修订，主要是规定患者可以在社区一个指定的地址居住，接受社区治疗和参加职业教育或培训。2007 年的修订，推出了“社区治疗令”（Community Treatment Orders），主要是规定在社区接受治疗的患者如果未能遵从社区治疗令所指明的条件，有可能会被召回医院接受治疗。

第二次修订过程中曾经有一个强化强制住院的草案，引起英国社会极大的争论。争论的起因是一个凶杀案。1997 年 7 月 9 日，在肯特郡萨兰登（Chillenden）的乡间小路上，一位 45 岁的妇女林・罗素（Lin Russell）和她的两个女儿，6 岁的 Megan 和 9 岁的 Josie，被人捆绑起来，头部遭到锤子的打击。林・罗素和小女儿 Megan 死亡，Josie 经抢救恢复。1997 年 7 月，杀人嫌犯——37 岁的迈克尔・斯通（Michael Stone）被逮捕。迈克尔・斯通有暴力犯罪记录，并且被诊断为存在严重的人格障碍。此案引起英国公众对精神病人犯罪问题的关注。为防止精神障碍者犯罪，工党政府宣布计划拘禁那些有严重精神障碍但没有犯罪的人，即对他们实施强制住院治疗。根据 1983 年《精神卫生法》，只能对有危险性的严重精神病人实施拘禁，而迈克尔・斯通所有的人格障碍，并不在严重精神病之内。于是，工党政府提出修改 1983 年《精神卫生法》，扩大强制住院治疗的适用范围。

但意想不到的是，修订草案公布后，竟遭到广泛反对，包括英国心理学协会、皇家精神病学院和慈善照顾会等超过 60 个组织的严厉批评。甚至伊丽莎白女王至少两次在演讲中对该草案提出批评。许多人担心修订草案会加重人们对精神障碍问题的错误理解，即认为精神病人是危险的。有学者指出，精神病人中具有危险性的人的比例并没有超出正常人群的比例，而且，危险性是否可以预测也值得怀疑，几乎没有证据表明精神病学评估或预后能预测未来的暴力。人们认为，政府有责任保护公众不受危险人群的侵害，但修订草案的方法毫无疑义地太过笨拙，而且它的动力根源是恐惧而不是关心。这将导致：对精神疾病的恐惧更多地灌输于公众，精神疾病会沾染越来越多的耻辱，同时一些人寻求帮助和暴露任何有危险性的思想的可能性也会越来越少。另一方面，修订草案也使公众的态度发生变化，对被非自愿住院治疗的担忧取代了对精神病人犯罪的担忧。2002 年一项全国民意测验的结果显示，人们对于医生具有强制有精神健康问题的人治疗的权力的担心程度非常高。37% 的人回答，在面临抑郁时，他们不敢去他们的家庭医生那儿寻求帮助，在 12 ~ 24 岁人群中这一数字上升到 52%。这一情况说明，对强制住院的恐惧很可能阻止有精神健康问题的人寻求治疗帮助。这样不可能真正保护公众，甚至可能增加公众的危险。还有人打出反对修订草案的标语："无罪的人被锁起来，被强制服药，被贴上疯子的标签……新精神卫生法只会让情况更糟糕。"由于遭到强烈反对，2007 年对 1983 年《精神卫生法》的修订没有那么激进。①

英国《精神卫生法》对精神障碍患者的强制措施分为刑事的（criminal）和民事的（civil）两大类。民事强制措施是针对未犯罪的精神障碍患者的，主要由《精神卫生法》第二章"强制住院与监护"（Compulsory Admission to Hospital and Guardianship）规定，是该法核心内容。民事强制措施包括强制住院治疗和其他几种情况。

（1）强制住院评估（admission for assessment，section 2）。经核准的精神卫生专业工作者（approved mental health professional，AMHP），或者近亲属（nearest relative，NR），经两名医生的支持，可以提出对一个人进行强制住院评估的申请。申请者必须在提出申请之前的 14 天里接触过该人，两位医生中的一位应当在一周内接触过该人。两位医生中的一位应具有精神

① 参见〔英〕Dawn Freshwater《心理健康与精神疾病》，胡连新、张恒主译，人民卫生出版社，2009，第 97 ~ 98 页；http://en.wikipedia.org/wiki/Michael_Stone_(murderer)。

卫生法认可的资格。而且，两位医生不应是受雇于同一医疗机构的，其中一位医生不应是收治医院的。医生应当确认该人所患精神障碍的性质和程度，是否足以需要住院一段时间进行评估（或为了评估而给予治疗），进行强制住院评估是否为了该人的健康和安全或保护其他人。如果两位医生一致认为，患者需要住院评估，就会出具一份医学推荐书给申请者。申请者向一位由政府任命的主管医生（Responsible Clinician，RC）递交强制住院的申请书。如果申请被批准，患者将被强制住院，进行评估。住院的强制一般由医院实施，但也可能由警察实施。强制住院评估期限最长 28 天，不得延长。在强制住院评估后的 14 天里，患者有权向精神卫生复查法庭提出解除强制住院评估的申诉，精神卫生复查法庭应在 7 天之内举行听证会，如果认定不符合强制住院治疗条件，就应释放。患者在任何时候都可以向医院管理者听证会（Hospital Managers'Hearing，HMH）提出解除强制住院评估，是否解除由听证会决定。另一方面，政府任命的主管医生可以随时解除强制住院评估。在强制住院评估后的 72 小时内，患者的近亲属也可以向政府任命的主管医生提出释放患者的申请，但主管医生可以根据医院管理者的报告驳回申请。

（2）强制住院治疗（admission for treatment，section 3）。其决定程序与强制住院评估基本相同，但更强调，精神病人所患精神障碍的性质和程度使他需要住院治疗，住院治疗可能减轻其病情或者防止病情恶化，对于该人的健康和安全或保护其他人是必需的。强制住院治疗首期是 6 个月，第二期也是 6 个月，之后以一年为周期。是否更新期限，需要考察强制住院治疗的条件是否继续存在。政府任命的主管医生可以随时解除强制住院治疗。患者有权在每个周期里向精神卫生复查法庭提出解除强制住院治疗的申诉。在第一个 6 个月里，患者的申诉直接送交精神卫生复查法庭，但以后只能在法庭审议满三年（如果患者在 16 岁以下是 1 年）后直接送交精神卫生复查法庭。在强制住院治疗后的 72 小时内，患者的近亲属也可以向政府任命的主管医生提出释放患者的申请。如果主管医生根据医院管理者的报告驳回申请，患者的近亲属可以向精神卫生复查法庭提出解除强制住院治疗的申诉。

（3）紧急情况下的强制住院评估（admission for assessment in case of emergency，section 4）。在紧急情况下，经核准的精神卫生专业工作者、近亲属，经一名医生的支持，出于照顾和管理的直接需要（in immediate need of care or control），可以提出将患者强制住院评估的申请。申请者和医生应当在24小时内接触过该人，但紧急申请可以在医生推荐之前签署。强制住院只能在申请书或者推荐书签署之后的24小时之内实施。紧急强制住院评估期限最长为72小时。如果在72小时之内有第二名医生的支持，紧急强制住院评估可以转换为section 2。只有政府任命的主管医生有权决定释放紧急强制住院评估的患者。患者没有提出申诉的权利，但可以要求转换为section 2。

（4）对在院非正式患者的强制拘禁（compulsory detention of informal patients already in hospital，section 5）。医生和具有一定级别的护士，可以向医院管理者申请对自愿在院看病的非正式患者实施拘禁。医生决定的拘禁可以持续72小时，在此期间进行评估，确认是否属于section 2或者section 3的情况。如果禁闭是护士决定的，可以持续6小时，或直到医生到达。患者没有权利反对拘禁。除院方外，只有政府任命的主管医生可以决定解除这种拘禁。

（5）监护（guardianship，section 7－10）。经核准的精神卫生专业工作者或者近亲属，经两名医生的支持，可以申请对16岁以上的精神障碍患者实施监护。医生必须证明，患者是精神错乱的，监护有利于他的福利和其他保护。监护人（guardian）必须是社会服务当局（social services authority）的地方机构或其批准的个人。监护人有权要求患者在指定的地方居住，在指定的地方工作、康复训练和药物治疗（但不能迫使患者接受治疗），并保证医生和社会工作者（social worker）或监护人指定的其他人能够在其家中见到他。监护期为6个月，根据情况可申请增加6个月，以后如果延期，一次一年。政府任命的主管医生、地方社会服务当局、近亲属和精神卫生复查法庭有权终止监护。患者在前两个6个月里，可以分别向精神卫生复查法庭提出一次申诉，以后只能每年提出一次申诉。

（6）搜寻和转移患者（warrant to search for and remove patients，section 135）。经核准的精神卫生专业工作者如果有合理的因素怀疑一个人处于精神错乱状态，并且被虐待、被忽视，没有得到适当的管理，或者不能照顾自己，孤单一人，可以向治安官法院（Magistrates Court）申请搜查令（warrant）。经法官批准，警察（与医生、经核准的精神卫生专业工作者一起）可以进入房屋搜寻精神错乱者，并将他转移到安全的地方拘禁。拘禁是为了保护他的安全，使他得到医生的检查和与精神卫生专业工作者见面，以便他们对其治疗和看护作出适当的安排。拘禁时间不能超过72小时。

（7）在公共场所的强制（mentally disordered persons found in public places，section 136）。警察在公共场所发现精神错乱者，可以将其带到安全的地方（通常是医院，但也可以是警察局）拘禁。公共场所包括公园、火车站、商店、酒店，而不含私人建筑如住宅或私家花园。公众可以到达的公寓大楼的楼梯平台在一定情况下也被视为公共场所。将精神错乱者带到安全的地方拘禁，应当是为保护他或者其他人的安全，使他得到医生的检查和与精神卫生专业工作者见面，以便他们对其治疗和看护作出适当的安排。拘禁时间不能超过72小时。

英国《精神卫生法》第三章“在刑事诉讼中或宣判后的患者”（Patients Concerned in Criminal Proceedings or Under Sentence）规定了针对有犯罪行为的精神障碍患者（包括犯罪嫌疑人、被告人、监狱中的犯人）的刑事强制措施。主要内容包括：①

（1）医院候审（remands to hospital，section 35－36）。这是指在法庭作出最后判决前，法庭可以使罹患精神障碍的被告人在医院接受检查和治疗。住院期限为28天，或在此基础上增加28天，总共不超过12周。根据规定，首先应有一名经核准的医生出具证明，证明有理由怀疑被告人患有法定的精神障碍，并且说明如果该被告人关押在监狱中，检查报告很难完成；之后，应有两名医生（其中一名为经核准的）证明该被告人患有比较严重的精神障碍，应当还押医院接受治疗。

（2）入院令（hospital order，section 37）和监护令（guardianship order，section 37）。法庭对于任何可能被判监禁的精神障碍犯罪人（除犯谋杀罪的以外）都可以作出入院命令。作出入院令，必须有两名医生证明该犯罪人罹患法定的精神障碍，适合住院治疗。对病情较轻的犯罪人，还须证明只有住院治疗才能够减轻或防止其病情恶化。法庭全面考察犯罪的性

① 参见〔英〕麦高伟、杰弗里·威尔逊《英国刑事司法程序》，姚永吉等译，法律出版社，2003，第404～410页。

质（nature of the offence）、犯罪人的性格和经历（character and antecedents of the offender）以及所有对其可能适用的处置方式后，认为住院治疗是对其最合适的处置方式，可以下达入院令。犯罪人可以在住院6个月之后对入院令向精神卫生复查法庭提起上诉。根据入院令的住院的期限为6个月，6个月后，可申请再续6个月，之后可再续一年。除入院令外，法庭还可以作出监护令，将犯罪人置于社会服务机构（local social services）或其他人的监护之下。但监护令很少被适用。

（3）临时入院令（interim hospital order，section 38）。作出临时入院令的条件是，必须有两名医生证明该犯罪人罹患法定的精神障碍，而且有可能对其实施入院令。临时入院令的目的在于让医生有机会观察该犯罪人对治疗的反应，特别是要考虑一旦作出正式入院令，该犯罪人接受治疗的可能性。临时入院的期限是12周，之后可每次申请延长28天，直至12个月。

（4）限制令（restriction order，section 41）。限制令是指地方刑事法庭根据犯罪的性质、犯罪人的经历及其将来继续犯罪的可能性和一名医生的证明，作出的附加于入院令的针对释放的特殊限制条款。医生的证明应提出证据说明采取这种特殊的限制对于保护公众不受到严重侵害是必要的。限制令的期限可以是确定的，也可以是不确定的。在实践中，由于大部分限制令没有时间限制，许多精神障碍犯罪人在医院的时间长于在监狱中。

（5）从监狱转移到医院（removal to hospital of persons serving sentences of imprisonment，section 47）。内政大臣根据至少两名医生的报告，并且考虑公众利益和所有情况，有权决定将在监狱服刑的犯人移送到医院。两名医生的报告应证明该犯人罹患法定的精神障碍，并且所患精神障碍的性质和程度使其适合在医院治疗。

在英国，对精神障碍犯罪人（psychotic offender），一般根据他们的危险性程度拘禁于安全等级不同的司法精神病院或病房。这些机构被称为安全性机构（secure units）。早在19世纪初，英格兰就在贝特莱姆疯人收容院修建了一栋侧楼，专门用于关押精神障碍罪犯，刺杀英王乔治三世的哈德菲尔德就曾在那里关押。1863年，英格兰在伯克郡开办了第一所国立司法精神病院——布罗德莫尔精神病院（Broadmoor）。在1867年，布罗德莫尔精神病院收容有389名男性和126名女性精神障碍犯罪人。有一时期，

"布罗德莫尔精神病院的病人"成为精神障碍犯罪人的代名词。[①] 现在，除布罗德莫尔精神病院之外，英格兰还有两所高安全精神病院，即阿希沃思精神病院（Ashworth）和纳普顿精神病院（Rampton）。另外苏格兰有一所卡斯代尔斯精神病院（Carstairs），也是高安全级别的。高安全精神病院也称"特殊医院"（special hospital），它们的安全水平很高，很少有人能够逃走。还有一些规模较小的中等安全的司法精神病院。此外，一些开放性的地方精神病院开设有封锁的病房用于拘禁危险性较低的精神障碍犯罪人和违法者，这些病房被称为低安全机构。[②]

在概述英国《精神卫生法》规定的非自愿住院制度之后，还应当指出，英国《精神卫生法》所规定的非自愿住院（compulsory admission），实际是指被拘禁者本人表示拒绝的强制住院，而不包括本人因为无能力（lack capacity）而既没有表示拒绝也没有表示同意但经其他人（如亲属）同意的住院。因为无能力而既没有表示拒绝也没有表示同意的人的住院，不适用《精神卫生法》，他们不享有《精神卫生法》所规定的强制住院患者的权利，也没有其他法律加以规定。这样的患者被称为"非正式患者"（informal patients）。这种无法可依的情况在2007年开始改变。起因与一位被称为HL的自闭症患者的非自愿住院有关。

生于1949年的HL是自闭症（autism）患者，说不出话，理解能力有限，经常情绪激动，有自我伤害的历史。他从13岁起在伯恩伍德医院（Bournewood Hospital）住了三十年。1994年3月，HL被安排到一个家庭生活，由恩德比（Enderby）先生和夫人照顾，他们一家人都很喜欢他。但是他没有正式出院，医院仍然负责他的护理和治疗。1997年7月22日，他在参加一个日间护理中心（day-care centre）的活动时，情绪变得非常激动，被伯恩伍德医院急诊科收治并给予镇静处置。由于被镇静处置，HL表现得顺从，没有抵制住院，所以医生没有适用《精神卫生法》，不承认他享有《精神卫生法》赋予强制住院者的权利。医院不让恩德比夫妇看望他，以防他们把他带走。HL在医院里得到的护理也很不好，变得痛苦和

① 参见〔英〕戴维·M. 沃克《牛津法律大辞典》，北京社会与科技发展研究所组织翻译，光明日报出版社，1988，第113页。

② 参见〔英〕David Pilgrim《心理健康关键概念手册》，张庆伟等译，高等教育出版社，2006，第84页。

焦虑。恩德比（由 HL 的亲戚起诉）寻求法院审查有关机构的收治决定，允许 HL 出院，转由他们照顾。高等法院拒绝了申请，认为 HL 住院不属于《精神卫生法》规定的“拘禁”。到上诉法院后，法官认为，有关机构的收治决定是建立在一个错误的前提之上，即认为只要本人没有异议，即使没有表示同意，就可以实施住院治疗。法官认为 HL 的住院也应适用《精神卫生法》。1997 年 12 月 2 日裁决赔偿损失，同时批准对方向国会上议院（House of Lords）提出上诉。① 12 月 12 日医院释放了 HL，由恩德比夫妇照顾。然而，上议院认为，上诉法院的裁决意味着成千上万的患者将不得不被根据《精神卫生法》而拘禁。上议院还认为这可能影响到自愿患者的形象，增加适用《精神卫生法》的资源成本。1998 年 6 月 25 日，上议院作出裁决，同意上诉意见。② 因此，1998 年 12 月 21 日，恩德比以 HL 的名义向欧洲人权法院起诉。2004 年 10 月 5 日，欧洲人权法院作出判决，指出 HL 在 1997 年 7 月 22 日被非正式收入伯恩伍德医院构成对其自由的剥夺，被剥夺自由的方式不符合法律程序，违反了《欧洲人权公约》第五条。③

在欧洲人权法院判决之后，英国政府即着手研究完善国内立法，以堵塞“伯恩伍德漏洞”（Bournewood gap）。不过他们的思路不是修订《精神卫生法》，而是修订《心智能力法》（Mental Capacity Act 2005）。④ 2005 年《心智能力法》（适用于英格兰和威尔士）是一部关于无能力成年人保护的法律。它规定了五项基本原则，以最大限度地发挥他们自己作出决定或参与决定的能力：（1）一个人必须被假定（assumed）为有能力，除非已经确认他/她无能力；（2）一个人不得被视为不能（unable）作出决定，除非所有切实可行以帮助他/她这样做的步骤，都没有取得成功；（3）一个人不得被视为不能作出决定，仅仅因为他/她作出了一个不明智的决定；（4）根据本法或代表无能力的人作出一个行为或决定，必须考虑和符合他

① L, In re [1997] EWCA Civ 2879（02 December 1997）。http://www.bailii.org/ew/cases/EWCA/Civ/1997/2879.html.

② L, In re [1998] UKHL 24（25 June 1998）。http://www.bailii.org/uk/cases/UKHL/1998/24.html.

③ H. L. v. the United Kingdom-45508/99 [2004] ECHR 720（5 October 2004）。http://www.bailii.org/eu/cases/ECHR/2004/720.html.

④ http://www.legislation.gov.uk/ukpga/2005/9/contents.

/她的最佳利益（best interests）；（5）在作出行为和决定之前，必须考虑到其目的是否能够以一种有效的方式实现，这种方式对人的权利和行动自由应当较少限制（less restrictive）。但是2005年《心智能力法》没有规定无能力人的住院问题。2007年4月，英国议会通过法案，将《剥夺自由的保护措施》（Deprivation of Liberty Safeguards，DOLS）补充进2005年《心智能力法》，2009年4月生效。[①]《剥夺自由的保护措施》在一个人（18岁及以上）无能力同意或拒绝剥夺其自由的治疗问题上，提供了一种符合欧洲人权法院要求的法律程序。它适用于英格兰和威尔士所有医院和注册的护理机构。根据《剥夺自由的保护措施》，如果治疗、护理计划可能造成对自由的剥夺，而其所涉及的个人没有同意或者拒绝这一计划的能力，应当向监管机构申请一个"自由剥夺的授权"（authorisation of deprivation of liberty）。监管机构接到申请后，应组织符合资格的评审员对申请从心智能力、精神健康、被剥夺自由的人的最佳利益等方面进行评估。评估在21天内完成，紧急评估在7天内完成。如果满足条件，即应授权。授权必须以书面形式，内容包括剥夺自由的目的、时间期限（最长期限为12个月）等。[②]

第三节 美国的非自愿住院制度

一 民事收容制度在20世纪50～80年代的变化

在美国，精神卫生法范畴的非自愿住院（involuntary hospitalization）或者非自愿收容（involuntary commitment），通常被称为"非自愿民事收容"（involuntary civil commitment），或者简称"民事收容"（civil commitment，亦译"民事拘禁""民事关禁""民事强制收留""民事托管""民事监管""民事执行"等）。"民事收容"是相对于根据刑法和刑事程序对精神障碍犯罪人实施的强制住院即"刑事收容"（criminal commitment）而言的。

① https://www.gov.uk/government/uploads/system/uploads/attachment_data/file/213886/dh_116357.pdf.

② 参见〔英〕Jennifer M. Brown、Elizabeth A. Campbell主编《剑桥司法心理学手册》，马皑、刘建波等译，中国政法大学出版社，2013，235～239页。

需要区分 civil commitment 与 civil confinement。后者可译为“民事监禁”，是指对某些习惯性的性侵犯犯罪人，在他们刑期结束之后实施的一种预防性监禁（preventive detention）。这类性犯罪人被称为“性捕食者”（sexual predator，或译“性猎食者”），其侵害对象多是儿童。他们通常有精神障碍（主要是反社会型人格障碍和性变态），但亦有刑事责任能力。在美国，有许多州颁布了允许民事监禁的“性捕食者法”（sexual predator act，sexual predator law）。[①]

美国没有联邦一级的规定民事收容的精神卫生法。这种法律由各州自行制定。但是，美国联邦最高法院关于民事收容案件的裁决对各州各类法院具有约束力。在各州，精神卫生法也不一定是一部独立存在的法律（虽然可能最初是一个独立的法案），而可能是指州法典中有关民事收容等精神卫生问题的规定。例如，加利福尼亚州的精神卫生法，就是指加利福尼亚州《福利与事业法典》（California Welfare and Institutions Code）的有关章节。[②] 该法典第五部（division 5）“社区精神卫生服务”（Community mental health services）的第一部分（part 1）规定了民事收容。这一部分是在 1967 年通过、1972 年生效的。签署它的州长正是后来曾任美国总统，并被精神病人刺杀而重伤的罗纳德·里根（Ronald Wilson Reagan，1911 ~ 2004）。它以三个起草者——州众议员弗兰克·兰特曼（Frank Lanterman）、州参议员尼古拉斯·彼特利斯（Nicholas C. Petris）和艾伦·肖特（Alan Short）的名字命名，称为“兰特曼－彼特利斯－肖特法案”（Lanterman-Petris-Short Act，LPS Act）。

各州关于民事收容的规定，在标准、程序以及概念等方面都不尽相同。从 19 世纪到 20 世纪 50 年代，各州民事收容的适用标准，概括起来，除了必须具有符合规定的精神障碍外，主要有三种：对他人的危险（danger to others，dangerous to others），对自己的危险（danger to self，dangerous to oneself），需要照顾和治疗（need of care and treatment）。前两个标准，通常合并在一起表述：“对自己或他人的危险”（danger to self or oth-

---

① 参见〔美〕保罗·H. 罗宾逊《对危险性的惩罚：刑事司法掩盖下的预防性羁押》，李晓蕾译，载于刘仁文等译《哈佛法律评论·刑法学精粹》，法律出版社，2005；http://en.wikipedia.org/wiki/Sexual_predator。

② 参见 http://www.leginfo.ca.gov/cgi-bin/calawquery? codesection = wic&codebody = &hits = 20。

ers)，统称为“危险性标准”（dangerousness standard）。至于每一州，除精神障碍标准外，具体有几个标准，并不一律。也有几个州没有规定标准。在大多数州，民事收容由法院决定，而且举行听证会，有些州甚至须经陪审团裁决，但也有一些州由行政机关或医院决定。

据 1961 年的统计，在 5 个州中，司法命令的医院收容的唯一标准是患者是否对其自身或他人构成危险；在另外 12 个州，需要照顾和治疗是医院收容的选择性条件；另有 7 个州，照顾和治疗的需要是医院收容的唯一基础；有 7 部法律宣布，如果是出于患者自身利益或他人利益的需要，则该患者可以被医院收容；有 6 个州的法律没有为医院收容提供标准，将这一决定权交给了法官；只有马萨诸塞州在医院收容的众多普遍性基础上又增加了社会偏离（social nonconformity）这个标准，允许收容任何可能实施明显违反现行法律、法令、习俗和社会道德等行为的人；在剩下的州中，法院不参与收容的决定，行政官员或医生可以决定是否采取医院收容，而且其法律标准也涵括上面所列的不同标准。在 1961 年，约有一半实行司法收容的州，要求被宣称为精神病患者的人应当知晓对他寻求医学收容的申请材料。12 个州授权采取陪审团来决定是否收容。17 个州规定所有医院收容案件都应指定律师。①

在 20 世纪 60～70 年代的“去住院化”运动和反精神病学运动中，民事收容制度包括收容标准和程序，遭到严厉的批评。持反精神病学立场的托马斯·谢弗认为，民事收容的程序保障基本上形同虚设。因为，即使不符合非自愿收容法律要求的人，法庭也审查不出来。每一个环节，都有把一个人划为精神病的强烈倾向。谢弗观察了由法庭指派的精神病医师对 26 名待定人的检查情况，他发现，平均每个检查只用几分钟。26 例司法听证的时间，平均仅 1.6 分钟。谢弗指出，如果一个人被释放而后来又损伤了某人，那么法官就会丢面子，受到严厉的斥责。因此，法官乐于靠精神病医师的检查与判断来定案，而精神病医师也往往随意认定被申请人患有精神病，应该入院。通常情况下，被申请人的一个家庭成员或亲戚，由于他的告发或证词，实质上成了决断被申请人是否患有精神病的决定者。在另

① 参见〔美〕哈佛法律评论编辑部《精神病人的民事收容：理论与程序》，朱江译，载于刘仁文等译《哈佛法律评论·刑法学精粹》，法律出版社，2005。

一项调查中，多萝西·米勒（Dorothy Miller）和迈克尔·施瓦茨（Michael Schuartz）观察了一个地区58例关于民事收容的司法听证。几乎每一案例医生都建议把被申请人送入精神病院。不建议入院时，被申请人也往往被认为患情绪困扰，需要门诊治疗。听证过的人，22%被释放。自愿收容入院的人，大部分保持沉默或被听证过程弄得头昏脑涨，最终被批准入院。抵制收容入院的那些人，1/3被释放。但是，在抵制入院治疗的人中，凡辱骂检验医师的，全部被投入精神病院监禁起来，只有那些头脑清醒，有条有理地对原告的指控提以质疑和发问的，才被判定无病。在米勒和施瓦茨的调查中，他们看到的平均听证时间为4.1分钟，他们得出结论说，法庭听证仅仅是一个形式，一个不加任何考虑就批准早已做出的决定，并盖以橡皮图章的仪式。①

因应社会的批评，许多州收紧了民事收容标准。这个时期被称为民事收容的“自由”时期，以强调个人的权利和公正为特征。里程碑性的标志是美国联邦最高法院在一项判决中排斥了需要照顾和治疗标准。1975年，联邦最高法院在奥康纳诉唐纳森案（O'Connor v. Donaldson）的裁决中确认，一个人即使是精神病患者，但如果没有危险性，并且可以自主地或者在愿意和负责任的家人或者朋友的帮助下在社区安全地生活，就不应无限期地剥夺其自由。②

对危险性标准的适用，联邦最高法院在阿丁顿诉得克萨斯州（Addington v. Texas）一案的裁决中作出了比较严格的限制。对危险性证明和判定主要有三种由低到高具有层级的证据标准，即“占优势的证据”标准（preponderance of the evidence standard）、“清楚和令人信服的证据”标准（clear and convincing evidence standard）、“排除合理怀疑”证明标准（beyond a reasonable doubt standard）。在得克萨斯州，患有精神分裂症并曾经多次有攻击性发作（assaultive episode）而住院的弗兰克·阿丁顿（Frank Addington），因为经常威胁攻击（assault by threat）他的父母和其他人，他

① 参见〔美〕乔恩·谢泼德，哈文·沃斯《美国社会问题》，乔寿宁、刘云霞译，山西人民出版社，1987，第401~403页。

② 本案详见本书第八章。

的母亲申请对其实施无限期的收容住院。初审法院的法官指示陪审团基于“清楚的、明确的和令人信服的证据”（clear, unequivocal and convincing evidence）来判定，对于作为精神病患者（mentally ill）的阿丁顿，是否应当为了他的利益和为了保护他和其他人而对其实施收容。而阿丁顿认为他应当适用“排除合理怀疑”证明标准。得克萨斯州上诉法院同意阿丁顿的意见，推翻了初审判决。而得克萨斯州最高法院扭转上诉法院的决定，恢复了初审法院的判决。它认为民事收容适用“占优势的证据”标准就足够了。1979年4月30日，美国联邦最高法院作出判决，认为民事收容明显构成了对受到正当程序（due process）保护的自由的剥夺，其证明标准应当高于民事案件的“占优势的证据”标准。同时，鉴于精神病诊断的不确定性（uncertainties），它也不赞成在民事收容案件中适用刑事案件的“排除合理怀疑”证明标准，认为其过于严格。[①] 联邦最高法院似乎比较倾向于“清楚和令人信服的证据”标准。

进入80年代以后，随着经济、政治和精神病学的发展，美国社会对精神疾病和精神病人的看法又发生新的变化，这导致民事收容制度向与60～70年代的走势相反的方向倾斜。相比“自由”时期，这时开始更强调大多数人的利益，精神病人的权利受到更多限制。这个转变与1981年发生的约翰·欣克利（John Warnock Hinckley, Jr）刺杀美国总统罗纳德·里根事件有关。富家子弟欣克利是个孤僻的人，无法与女性交往，只是生活在幻想的世界中。他对电影明星朱迪·福斯特（Jodie Foster）情有独钟。他在一张未寄出的写给福斯特的有里根夫妇照片的明信片上留言：“你看他们不是神仙眷属吗？再看看南希是多么性感。有一天你和我也会居住在白宫里，乡下土包子将会羡慕地流口水。到那时，请尽一切力量保持处女之身！你是处女吗？”为博得福斯特的注意和好感，欣克利竟想暗杀里根。他在写给福斯特的一封未寄出的信上说，他即将刺杀里根，自己或许一去不复返，他要她知道他这么做完全是为了她。1981年3月30日，他伪装成记者，蒙混过层层守卫，在离里根很近的地方开枪，致里根重伤。[②]

① Addington v. Texas-441 U. S. 418 （1979）. http://supreme. justia. com/cases/federal/us/441/418/case. html.

② 参见〔美〕罗伯特·K. 雷斯勒、汤姆·沙其曼《疑嫌画像——FBI心理分析官对异常杀人者调查手记之一》，李璞良译，法律出版社，1998，第161页。

1982 年，欣克利被以精神错乱（insanity）为由宣告无罪，收容于圣伊丽莎白医院。这在美国公众中引起很大反应，对精神错乱无罪辩护的批评空前激烈，并且要求加强对精神病患者犯罪的预防。

美国精神病学界也对严格的民事收容标准非常不满。1980 年，美国精神病学会（American Psychiatric Association，APA）前任主席艾伦·斯通（Alan Abraham Stone）来华访问，他在讲演时抱怨说："美国有许许多多的法律，有的法律干涉了正常的工作，限制正常工作的进行。法律的干涉使部分患者得不到及时的治疗。另一方面，有的患者即使住进精神病院，他可以请律师声称不再继续住院。律师可以询问医生，干涉医生的治疗计划。这样精神科医生不得不中断治疗。"他讲了一个例子：哈佛大学法学院有一个学生，他对一位教授产生妄想而抱有敌意，对教授多次进行骚扰。但是，精神科医生对他束手无策，他否认有精神病，拒绝治疗，而法律认为他没有危险。虽然所有的人都认为这个学生患有精神病，由于他受到法律保护而得不到及时的治疗。后来这个学生打了人，才对他进行精神科治疗。斯通有一个不是很恰当的比喻："在美国有一个规矩，每只狗有第一口咬人的自由，每只狗在咬第一口以前，都被认为是一只好狗。"①

二　美国精神病学会《成年人精神科住院立法指南》

1982 年，美国精神病学会提出了一个建议性的《成年人精神科住院立法指南》（Guidelines for Legislation on the Psychiatric Hospitalization of Adults），② 以为精神科医生、立法者和公众关于修订民事收容法律的考虑提供帮助。美国精神病学会认为这个指南对于许多州改善精神病住院治疗的过程提供了一套负责任的方案。指南共有二十节，包括了关于成年精神病人住院治疗的一系列基本问题。鉴于这个指南集中反映了 80 年代初期美国精神病学界在非自愿住院问题上的立场，并对一些州的有关立法产生了一定的影响，现将其实质部分第一至第十八节的基本内容加以译介。从中可

① 〔美〕Stone A：《美国法律对精神病学的影响》，《国外医学·精神病学分册》1980 年第 4 期。

② 参见 http://citeseerx.ist.psu.edu/viewdoc/download?doi=10.1.1.173.2921&rep=rep1&type=pdf。

以看出美国民事收容制度之细致和复杂。

（一）这些关于成年人精神科住院问题的规则属于精神卫生法的范畴

（二）立法目的

精神卫生法应当实现或者被解释为促进以下立法目的：（1）使受到严重精神障碍折磨的人得到诊断、护理与治疗，使他们从中得到益处，并且鼓励自愿而不是非自愿的住院，不论住院是否必要。（2）保护患者的法定权利，这将在一定程度上促进而不是妨碍治疗和有利于达到住院的目的。（3）为获得患者对于药物和其他治疗的同意提供可行的程序。（4）为合理、善意（good-faith）执行这一法律提供法律的豁免，同时依法惩罚放任、故意地违背这一法律。（5）为精神卫生部门（Department of Mental Health）颁布的规章提供法律框架。

（三）定义

指南的第三节对十三个有关术语给予了定义，包括“厌恶疗法”（Aversive therapy）、“符合最少限制选择原则”（Consistent with the least restrictive alternative principle）、“法院（法庭）”（Court）、“紧急情况”（Emergency situation）、“实验性治疗”（Experimental treatment）、“对治疗的知情同意”（Informed consent to treatment）、“缺乏对治疗知情决定的能力”（Lacks capacity to make an informed decision concerning treatment）、“可能对自己造成损害或者遭受重大的精神、身体恶化”（Likely to cause harm to himself or to suffer substantial mental or physical deterioration）、“可能对他人造成损害”（Likely to cause harm to others）、“患者”（Patient）、“人”（Person）、“精神外科”（Psychosurgery）、“严重精神障碍”（Severe mental disorder）、“治疗机构”（Treatment facility）。

（四）紧急精神病学评估（Emergency Psychiatric Evaluation）

1. 警察的拘禁（Detention by a police officer）。第一，在下列并且仅在下列情况下，警察可以羁押（custody）一个人并且将其送往治疗机构，施以紧急精神病学评估：（1）该人因其他原因应受到合法的逮捕，并且警察认为该人需要紧急精神治疗，或（2）警察有理由相信（has probable cause to believe）该人在过去的48小时之内企图自杀，或（3）警察有理由相信，根据他的观察和调查，或根据一个有利害关系的成年人（interested adult）的符合规定的申请书，以及诸如此类的确证，该人患有严重的精神障碍，可能造成对自己或他人的损害，或显然无法照顾自己的一些基本需求，必须立即住院治疗以防止损害自己或他人。第二，对依据本款羁押的任何人，应及时移送治疗机构。除在移送之前实施保护性羁押（protective custody）之外，不得将他们临时安置在惩矫机构（correctional facilities）。第三，羁押一个人之后，警察应采取合理的预防措施，保护和保管其个人财产，除非监护人和负责的亲属能够这样做。到达治疗机构后，警察应当以书面的形式告知工作人员羁押该人的原因，并应具体说明该人是否因其他原因被逮捕。

2. 执业医生的鉴定（Certification by a licensed physician）。当一个人被警察羁押，或者接受救护车服务，移送和提交给治疗机构进行紧急精神病学评估，必须有一名执业医生提出书面证明——他在过去的72小时之内对该人进行过检查，或一直负责该人的治疗，他有理由相信该人患有严重精神障碍，以致对于治疗缺乏知情决定的能力，以及（1）可能对自己造成损害或者遭受重大的精神、身体恶化，或（2）可能对他人造成损害，并且立即住院治疗是防止这种损害所必需的。

3. 任何有利害关系的成年人的申请书（Petition by any interested adult）。任何有利害关系的成年人如果根据个人的观察，有理由相信一个人患有严重精神障碍，以致可能会对自己或对他人造成伤害或显然无法照顾自己的一些基本需求，并且立即住院治疗是防止这种损害所必需的，可以请求或者提出对其实施紧急精神病学评估。

4. 治疗机构的决定（Treatment facility determination）。第一，当一个人被依法送交到治疗机构，治疗机构应当及时对其进行检查，以确定其是否符合紧急精神病学评估和治疗的标准。第二，只有当进行检查的精神科医生确定有理由相信，该人患有严重精神障碍，以致对于治疗缺乏知情决定的能力，以及（1）可能对自己造成损害或者遭受重大的精神、身体恶化，或（2）可能对他人造成损害，并且立即住院治疗是防止这种损害所必需的，才可以将其收进（admitted），进行紧急精神病学评估和治疗。第三，如果精神科医生检查确定没有理由相信该人符合紧急评估和治疗的标准，该人应被释放。如果一个人是由警察送交治疗机构的，并且因其他问题受到合法的逮捕，应将其交还警察继续羁押。

5. 权利的告知（Advice of rights）。对被收进实施紧急精神病学评估和治疗的任何人，在其健康状况允许的情况下，治疗机构应当立即告知紧急评估的目的、持续时间和依本法享有的权利。

6. 紧急评估的听证会（Hearing on emergency evaluation）。第一，每一个被收进治疗机构的人，都将在入院或者出院后的5个工作日内得到法院的预审听证（preliminary hearing），除非他与律师协商后，书面声明放弃这一预审听证。第二，法院应当在听证会结束后，或者在患者入院后5个工作日内，裁定他是否应被释放。除非法院认为有理由相信患者符合第六节规定的30天收容（commitment）的标准，或者在法院作出裁定后的2个工作日内有人提出了这种收容的申请书，患者应当被释放。

7. 紧急评估和治疗的持续时间（Duration of emergency evaluation and treatment）。紧急评估和治疗期间不得超过14天。

（五）自愿入院（Voluntary Admission）

1. 入院。第一，一个人经治疗机构的一名精神科医生检查，相信其是精神病患者（mentally ill）并且需要住院，如果该人书面同意入院，治疗机构可以将其收进。在入院之前，患者应当得到以口头和书面形式对其权利的告知，如果他的状态使这样的告知是不可行的并且医学原因已经被记录，告知可以被推迟，直至病情许可，但不能超过48小时。每一个患者都应被要求签署一份关于已经得到权利告知和自愿同意住院治疗的确认书（acknowledgment）。第二，最初的自愿住院治疗的有效期是60天。此后，患者留在治疗机构最长180天，每次延期都应重新签字，以使其有机会考虑是否需要继续住院治疗。第三，如果主治精神科医生（responsible psychiatrist）有充足的根据相信（has substantial reason to believe），一个人寻求入院或同意更长期的住院，是由于缺乏对治疗知情决定的能力，那么，他的入院，除需其本人同意，还应得到其近亲属或监护人的知情同意。如果患者恢复了对治疗的知情决定能力，主治医生应重新开始争取获得其对治疗的知情决定。

2. 出院或申请30天收容（Discharge or petition for 30-day commitment）。自愿入住治疗机构的任何患者，都可以在其提交书面出院申请的5个工作日内出院，除非在这一期间治疗机构、患者的近亲属或监护人提交了30天收容的申请。

3. 从非自愿身份转为自愿身份（Conversion from involuntary to voluntary

status)。根据本法有关规定非自愿入院的患者，可以转换为自愿身份，如果主治精神科医生认为这种转换是善意的，并且患者符合自愿住院的条件。

（六）30 天收容（30-Day Commitment）

1. 申请书（Petition)。对于自愿入院但请求出院的患者和正在进行紧急精神病学评估的患者，可以根据治疗机构、患者的近亲属或监护人以及其他有利害关系的成年人的申请，给予最长 30 天的非自愿收容。申请书应当指出这个患者符合 30 天收容的标准，并且载明支持指控的事实，说明患者为什么需要治疗。申请书应提交给法院，并将副本及时送达患者、近亲属或监护人，以及患者的已知律师。

2. 评估的传唤和精神病学报告（Summons for evaluation; psychiatric report)。如果患者目前不处于紧急评估状态，或者是自愿住院的，法院应当向治疗机构的精神科医生或一个私人精神科医生发出传票，以进行检查。检查的精神科医生应当立即制作检查报告，并在法院备案。法院应将副本立即送达患者、近亲属或监护人，以及患者的已知律师。

3. 30 天收容的标准（Criteria for 30-day commitment)。在听证会后，法院在清楚和令人信服的证据（clear and convincing evidence）基础上确认，一个人符合以下五个标准，即可以实施 30 天收容：（1）患有严重精神障碍；（2）精神障碍在治疗机构中得到治疗有合理的可能性（reasonable prospect)，而且对他的收容符合最少限制选择原则；（3）拒绝或不能同意自愿入院接受治疗；（4）对治疗缺乏知情决定的能力；（5）由于严重的精神障碍，可能对自己造成损害或遭受重大的精神、身体恶化，或可能对他人造成损害。

4. 30 天收容的听证会（Hearing on 30-day commitment)。对被提出 30 天收容申请的人，法庭应充分提前地通知，以使其为听证会做好准备。被申请人如果正处于紧急精神病学评估之中或正在自愿住院，听证会应在申请提出的 3 个工作日内举行。被申请人应当出席听证会，除非法庭认定（1）被申请人与其律师协商后，主动或自愿放弃该权利，或（2）因为他在听证会上的行为是扰乱性的，致使听证会不能正常进行。听证会一般应当在治疗机构举行。无力聘请律师的被申请人有权得到律师的帮助并代表他出席听证会。地区检察官或县的律师将代表国家利益出席听证会。被申请人在精神检查或听证会中不享有“沉默权”（right to remain silent），但是他可以不对承担民事或刑事责任问题进行陈述或作证。任何从评估或治疗过程中获得或由患者披露的信息，允许在听证会上聆讯，除非这些信息受到特别保护。听证会不向公众开放，除非被申请人要求开放或法庭基于正当理由决定开放。听证会结束时，或在一个工作日内，法庭应当作出收容是否必要的裁决，其依据是，被申请人（1）可能对他人造成损害，或（2）可能对自己造成损害或者遭受重大的精神、身体恶化，或（3）前述两种情况都存在。如果认为被申请人可能对自己造成损害或者遭受重大的精神、身体恶化，法庭还应进一步作出结论，（1）被申请人可能在临近的将来（near future）对自己造成重大的身体伤害（substantial physical injury），或（2）基本上无法维持（provide）自己的一些基本需求，如食物、衣服、健康或安全，或（3）如果不治疗，将遭受严重的异常的心理、情感或身体痛苦（severe and abnormal mental，emotional，or physical distress），这种痛苦将严重损害其判断、理性或行为，导致其独立行为能力显著削弱。如果没有清楚和令人信服的证据表明被申请人满足所有的标准，法庭应当命令将其释放。如果法庭裁定对被申请人实施30天收容，而被申请人擅自离开，法庭将授权治疗机构或警察促使其返回。

（七）自愿患者对药物治疗或其他治疗的知情同意（Informed Consent to Medication or Other Treatment-Voluntary Patients）

1. 知情同意。除在紧急情况下，对自愿住院的患者，治疗机构在开始任何药物或其他治疗之前，应获得其对治疗的知情同意。如果患者不缺乏对治疗的知情决定能力，同意应由其本人作出。如果患者缺乏对治疗的知情决定能力，同意应由其近亲属或监护人作出，对这样的患者可以给予适当的药物或其他治疗。

2. 撤销同意（Revocation of consent）。自愿住院的患者可以随时以书面形式合理明确地撤销对治疗的同意。一旦撤销同意，治疗应即刻停止，但要避免突然停止治疗的不良影响。

3. 拒绝同意（Refusal to consent）。除在紧急情况下，任何自愿住院患者都有权拒绝任何和所有的药物或其他治疗。如果适当的药物或治疗被拒绝，治疗机构应请患者出院，并且不对患者这种行为的任何后果承担责任。

（八）非自愿患者对药物或其他治疗的知情同意（Informed Consent to Medication or Other Treatment-Involuntary Patients）

1. 在紧急评估过程中的同意（Consent during emergency evaluation）。在收容和紧急评估过程中，医疗机构可以对患者实施符合良好的医疗规范（good medical practice）的药物或其他治疗，而无须得到患者或其近亲属、监护人的知情同意。然而，在给予患者药物或其他治疗之前，工作人员应解释治疗的目的、性质和效果，并应尽可能征得患者的同意，除非主治精神科医生确认，患者的病情使得这样做不可行或对他有害，而对理由应加以记录。

2. 30 天或后续收容过程中的同意（Consent during 30-day or subsequent commitments）。既然非自愿收容的先决条件是患者缺乏对治疗的知情决定能力，治疗机构就被授权对这类患者不经其同意地实施符合良好的医疗规范的药物或其他治疗。虽然可以不经同意而实施治疗，主治精神科医生在治疗过程中，还是应当与患者及其近亲属或监护人协商，考虑他们关于治疗和替代方案的意见。

3. 特殊治疗（Special therapies）。虽然有前述规定，治疗机构也不得实施厌恶疗法、实验性治疗、精神外科手术或其他由精神卫生部门认定的一些特殊治疗，法律和精神卫生部门颁布的规章允许的治疗除外。

4. 其他内科/外科治疗（Other medical/surgical treatments）。对其他的非治疗精神障碍的内科/外科治疗，其同意应按照相关法律取得。

（九）治疗准则（Provision of Treatment）

1. 提供治疗的一般原则（General duty to provide treatment）。每一个患者都应得到及时的、合格的和适当的治疗，这些治疗向他们提供了一个改善的现实可能性（realistic prospect of improvement）。患者应得到充足的符合精神卫生部门规章认证资格的专业人员的治疗，他们能够充分护理和治疗他们所服务的患者。

2. 个体化治疗方案（Individual treatment plan）。第一，在自愿住院或紧急精神病学评估过程中，医院应当准备一份尽可能有患者参与制订的书面个体化治疗方案。如果患者既不属于自愿住院，也不属于紧急精神病学评估，治疗方案应在其开始 30 天收容的 7 日之内准备好。个体化治疗方案由主治精神科医生批准，治疗过程的实际管理将按照该方案执行。第二，患者在达到方案目标方面的每一个进展都应记入病历，治疗方案应根据具体情况进行适当的修订。患者——如果他希望，和他的近亲属或监护人应当有机会参与考虑治疗方案的任何重大变动。第三，患者可以请求将个体化治疗方案提供给他或他指定的其他任何人，但是主治精神科医生如果认为向患者或其他人披露个体化治疗方案将会对患者造成损害，可以拒绝，并应在患者提出请求后的 7 日内书面说明理由。

3. 药物和其他治疗管理（Administration of medications and other treatments）。药物和其他治疗的指定、开处和使用必须符合公认的临床规范（accepted clinical practice）。药物的使用必须依据一个医生的书面指示或被记入病历并在随后由其签名的口头指示。药物只能由合格的医生、合格的护士或其他依照程序由精神卫生部门核准的人员使用。主治医生应当定期观察每一个由他负责的住院患者的药物治疗，并且监测有害副作用（harmful side effects）的任何症状。精神科药物（psychotropic medications）的处方应注明不超过 30 天的终止日期，但到期后可以重新开处方。对药物和其他治疗，应依照所有适用的法律进行管理。如果患者服用了精神科药物或其他药物，而在药效持续期间需要出席法院听证会，医生应将服用药物及其影响的情况，以及患者在未服用药物时的精神状态和行为，提请法庭注意。

4. 其他内科/外科护理（Other medical/surgical care）。所有患者都应得到及时的、定期的、合格的医疗保健，在执业医生的监督下，进行身体疾病的检查。隔一定时期，每个患者均应得到一次全面的身体检查。

（十）患者的权利（Rights of Patients）

1. 权利的保持（Preservation of rights）。任何人的权利（包括但不限于选民登记、投票选举的权利，取得、使用和处分财产包括签订合同的权利，起诉或被起诉的权利，依法取得有关执照、许可证、特许和利益的权利，与家庭关系有关的权利）都不应仅仅因为根据本法被施行精神学评估、收容或治疗而被否定或削减，除非本法或其他有关法律另有特别规定。根据本法认定对治疗缺乏知情决定的能力，不得单独用于认定其他任何方面缺乏能力。治疗机构可以根据临床理由阻止被认定缺乏能力的患者对他的财产作出重大处分，直至法院确定他具有这一能力。

2. 治疗权（Right to treatment）。患者有权得到本法有关条款规定的治疗。

3. 有益于健康和人道的环境（Healthful and humane environment）。每一个患者都有权享有一个有益于健康和人道的环境。每一个治疗机构都应在机构内提供一个清洁、卫生、安全、舒适的环境；治疗机构应当按照批准的要求管理有关设备、营养、健康与安全、医疗服务和护理。此外，每一个患者都有权享有人道的心理环境（psychological environment），保护他免受伤害或虐待，合理保护其隐私，促进个人尊严，并提供改进功能的机会。

4. 最少限制选择和休假（Least restrictive alternative and leaves of absence）。每一个患者有权得到符合最少限制选择原则的治疗。患者能否离开治疗机构休假，由治疗机构根据具体情况决定。任何患者未经批准而离开治疗机构，或者在经批准的休假结束时没有返回，警察经治疗机构的请求，有权将该患者羁押并送回治疗机构。

5. 机构内的劳动（Institutional labor）。患者有权从事作为治疗计划一部分的劳动。患者也可以不劳动，但在其能力的范围内，可能被要求进行以下劳动：（1）与照顾他们的个人财物有关的劳动；（2）保持他们的宿舍环境的日常性（routine）、非侮辱性（nondegrading）的内务劳动；（3）主治精神科医生批准和监控的作为治疗计划一部分的其他劳动。患者依本法享有的权利不会因为拒绝这些任务（需要区别作为治疗计划一部分的劳动）而受到任何损失。对患者劳动所得经济收益，在根据有关法律，对内务处理员工的工作给予适当的补偿之后，应支付给患者或其指定的人。

6. 约束和隔离（Restraints and seclusion）。符合良好的医疗规范的约束和隔离可能对某些患者产生有益的治疗效果。每一个患者都有权免受不必要或不适当的约束或隔离。给予患者身体约束或将其隔离，必须依据医生的书面指示或被记入病历并在随后由其签名的口头指示。在患者被约束或隔离期间，他应得到定期的检查和适当的护理，以保证他的健康安全（well-being）。

7. 体罚（Corporal punishment）。每一个患者都有权免受体罚。

8. 营养（Nutrition）。每一个患者都有权获得营养上充分和医学上适当的饮食。

9. 运动和娱乐（Exercise and recreation）。每一个患者都应有身体运动或室外运动的合理机会，并能使用娱乐场所和设备。对患者的运动和娱乐，只能在特定情况下基于临床的需要，根据一般原则加以合理的限制。

10. 来访者（Visitors）。每一个患者都有权接待根据其合理的隐私选择的来访者。对来访，只能在特定情况下基于临床的需要，根据一般原则加以合理的限制。

11. 通讯（Communications）。第一，每一个患者都有权发送和接收邮件。对邮件的合理的控制检查（但不是阅读）可以强制执行，但前提是必须有充分的医疗目的，保护患者的与其临床状况相适应的隐私权。第二，每一个患者都有权合理地私用电话（private access to telephones），包括有权使用长途电话，只要他可以承担这样的电话费用。第三，治疗机构应当为患者实现通讯权利提供必要的帮助。对使用邮件和电话，只能在特定情况下基于临床的需要，根据一般原则加以合理的限制。

12. 宗教活动（Practice of religion）。每一个患者都有权进行或不进行宗教活动，并且不能迫使不信教的患者进行宗教活动。治疗机构应提供适当的帮助，以使信教的患者有合理的机会进行宗教活动。

13. 个人财物（Personal possessions）。每一个患者都有权拥有、使用和存放个人财物，并且有权保持和使用银行账户或其他的个人资金来源，除非法院命令禁止。对此只能在特定情况下基于临床的需要，根据一般原则加以合理的限制。

14. 权利告知（Notice of rights）。患者在被收容后，只要其医疗状况允许，应当得到以口头和书面形式对其依据本法享有的权利的告知。

15. 不受报复（Nonretaliation）。患者不应仅仅因为主张自己的权利而遭到报复或任何不利的在居住生活条件和治疗方面的改变。

16. 得到律师帮助（Access to counsel）。患者有权在任何时候通过电话或见面与其律师会谈。

（十一）收容时间的延续（Successive Periods of Commitment）

1. 60 天的再收容（60-day recommitment）。任何已经被决定施以 30 天收容的患者，可能经治疗机构、近亲属或监护人的再次申请而使收容延长到 60 天。申请可以在 30 天收容到期前的任何一天向法院提交。申请书应说明患者为什么仍然符合非自愿收容标准，一直提供什么样的治疗和取得了哪些进展，延长收容时间为什么是必要的。申请书应当由法院及时送达患者的近亲属或监护人，以及患者的律师。患者有权要求法院就该申请在30天收容期满的第一个工作日之前举行听证，并且享有与在30天收容听证会一样的权利。法庭如果没有确认（1）有清楚和令人信服的证据表明患者仍然符合非自愿收容的标准，以及（2）收容的延长有益于达到主要的治疗目有合理的可能性，应命令将该患者释放。

2.180天的再收容（180-day recommitments）。任何已经被决定施以60天再收容的患者，可能经治疗机构、近亲属或监护人的再次申请而使收容延长到180天。申请书应说明患者为什么仍然符合非自愿收容标准，一直提供什么样的治疗和取得了哪些进展，延长收容时间为什么是必要的。申请书应当由法院及时送达患者的近亲属或监护人，以及患者的律师。患者有权要求法院就该申请在收容期满的第一个工作日之前举行听证，并且享有与在30天收容听证会一样的权利。法庭如果没有确认（1）有清楚和令人信服的证据表明患者仍然符合非自愿收容的标准，以及(2）收容的延长有益于达到主要的治疗目有合理的可能性，应命令将该患者释放。如果有必要在180天收容基础上的追加收容，按照本条规定的程序执行。

3.放弃听证会（Waiver of hearings）。患者可以书面形式声明放弃听证会，法庭对其将按知情和自愿的患者对待。

（十二）经准许出院（Discharge，或译“释放”）

1.定期复查（Periodic review）。主治精神科医生应当定期复查患者是否仍然符合法定收容标准，如果他认为不再符合，应当执行本法规定的出院程序。

2.可能损害自己或遭受重大恶化的患者（Patients likely to harm themselves or suffer substantial deterioration）。患者被收容是因为他可能对自己造成损害或遭受重大的精神、身体恶化，如果主治精神科医生确认该患者不再符合法定收容标准，可以立即准许其出院。

3.可能损害他人的患者（Patients likely to harm others）。患者被收容如果仅仅因为或部分地因为他可能对他人造成损害，当主治精神科医生确认该患者不再符合法定收容标准，或者该患者的治疗计划已经完成，或者不能提供更长久的效益，主治精神科医生应当向法院申请颁布一个出院命令，或将患者转院，如果这是适当的。申请书应当载明有关的事实。法院可以举行一个非正式听证会（informal hearing），但须符合法院设置的程序。本款规定并不削减患者根据本法规定享有的任何有关听证的权利。

4. 暂时延迟（Temporary delays）。任何患者被准许的出院都可能被延迟一段合理的时间，以便安排患者的交通和住宿，或者为了其他正当理由（good cause）。

5. 经准许出院和再收容（Discharge and recommitment）。被解除紧急评估、30天收容或延续收容的人，可能会被再次收容，但应按照本法规定的同样程序和根据一些在出院时未知的新的情况批准这种收容。

6. 转为门诊治疗（Release to outpatient treatment）。作为非自愿收容患者个体化治疗方案的一部分，主治精神科医生可以将这样的患者转为门诊治疗；如果患者未能坚持或接受门诊治疗，他可能被送回治疗机构，执行剩余的收容期。

7. 人身保护令（Habeas corpus）。本法不限制患者根据有关法律、法规和政策所享有或取得的其他法定权利或者关于出院的补救措施，包括申请人身保护令的权利。

（十三）保密和信息披露（Confidentiality and Disclosure）

这个问题的指南包含于美国精神病学会的“关于卫生与社会服务记录保密模范法”（Model Law on Confidentiality of Health and Social Service Records）之中。

（十四）患者的申诉（Representation of Patients）

1. 有权委托律师出席听证会（Right to counsel at hearings）。每一个患者都有权由律师代表其出席听证会，患者根据本法第四节第六条规定放弃紧急评估预审听证的情况除外。

2. 治疗机构中投诉的解决（Resolution of grievances in treatment facilities）。每一个治疗机构都应当为患者主张权利而建立公平的程序，解决和纠正患者的不满，而且必须有患者的代表或类似的人听取患者的意见，尝试解决问题，保护患者的利益。

3. 近亲属或律师的申诉（Representation by next of kin or guardian）。本法规定的患者的任何权利，在患者无法行使时，都可以由其近亲属或律师代表患者的利益，依据本法行使。

（十五）运送（Transportation）

每当患者被从一个治疗机构转移到另一个机构或者回家，法院可指令警方或其他有关当局提供适当的运输工具。

（十六）患者权利不可减损（Nonderogation of Patients' Rights）

本法赋予患者的权利，以及患者依据其他法律、法规和政策所享有或取得的权利、权益或豁免，不可撤销或削减。

（十七）护理的费用（Costs of Care）

按照法律规定，贫困的公立医院患者（public patients）可以根据本法得到免费的护理和治疗。依据本法被收容的患者如果有支付能力，可能被要求支付一些合理的护理和治疗费用，治疗机构或国家将被授权根据法律从患者财产、他们的家庭、他们的财产托管人，或者有责任的第三方那里收回患者护理和治疗的费用。患者及其家属，以及长期护理可能对他人造成损害的被收容患者的其他人的债务（liability）问题，将由精神卫生部门的规章加以专门的规定。

（十八）豁免和处罚（Immunities and Penalties）

1. 豁免。第一，如果不存在故意或重大过失，官员、主管、职员或治疗机构的雇员无须对职责范围内并依照本法实施的入院、评估、护理、拒绝入院（nonadmission）、转院、解除约束、准许出院等方面的行为或不作为（omission）承担责任。第二，其他人在善意和合理的基础上参与本法规定的任何程序，也不应承担责任。第三，除本法另有规定，警察、官员、主管、职员或治疗机构的雇员，或其他实际执行本法的人，不对患者从治疗机构经准许出院或擅自出院之后的行为承担责任。第四，任何人实施根据本法有义务实施的行为，如通知、告知、警告拒绝入院、转院、解除约束或准许出院等，都不应承担责任。

2. 处罚。第一，任何人以歪曲、破坏或干扰本法规定的程序为目的，明知和故意地提供虚假信息或实施其他不法行为，除应承担法律规定的其他责任外，还应承担民事罚款（civil fine）、强制救济（injunctive relief）和损害赔偿（money damages）。第二，任何人明知和故意地严重违反本法，在羁押、入院评估或收容、延长拘留时间、出院、使用药物或治疗患者等方面采取的行动侵犯患者的重要权利，除应承担法律规定的其他责任外，还应承担民事罚款、强制救济和损害赔偿。

三　各州民事收容的标准和程序

自20世纪80年代到现在，被称为美国民事收容制度的“新保守主义”（neoconservatism）时期。[①] 一些州扩展了民事收容的标准。然而，也不是简单恢复以前的做法，而是有所完善和发展，有些方面的规定更为严谨。这主要体现在以下几个方面：

第一，有些州提出了“严重失能”（gravely disabled，或译“严重残障”）标准，可视为“需要照顾和治疗”标准的一种升级版。阿拉斯加、亚利桑那、加利福尼亚、科罗拉多、康涅狄格、夏威夷、爱达荷、印第安纳、路易斯安那、华盛顿等州有此规定。例如，亚利桑那州规定：如果法院发现有清楚和令人信服的证据表明，被申请人由于精神障碍，对自己或者他人造成危险，持续或者急性的失能（persistently or acutely disabled）或者严重失能，需要治疗，并且拒绝或者不能自愿住院治疗，则应予以非自愿住院治疗；“严重失能”是指，一个人的行为表明，由于严重的精神障碍，他无法维持（provide）基本的生理需要（basic physical needs），很可能导致严重的身体伤害或严重的疾病。科罗拉多州规定：法庭或者陪审团如果发现被申请人因精神疾病对自己或他人造成危险，或者严重失能，应判定其需要照顾和治疗；“严重失能”是指：（1）由于无法或不能维持食物、衣服、居所和医疗保健等基本人类需要（essential human needs），处于严重的身体伤害之中；（2）对自己资源的管理和社会关系中的行为缺乏判断，对自己健康和安全处于显著濒危的状况缺乏足够的了解。康涅狄格州规定，“严重失能”是指一个人由于精神或情感障碍（mental or emotional impairment），无力或无法（inability or failure）维持其人类基本需求，如必不可少的食物、衣服、居所或安全，因而处于严重危害的危险之中，他们住院治疗是可行的而且是必要的，这样的人在精神上没有能力（mentally incapable）决定是否接受这样的治疗，因为他的判断被他的精神疾病所削弱。

① 参见〔美〕马克·杜兰德、戴维·巴洛《变态心理学纲要》（第4版），王建平、张宁等译，中国人民大学出版社，2009，第682页。

还有一些州，如伊利诺伊、密歇根、北达科他、俄亥俄、俄勒冈、威斯康星等州，没有使用“严重失能”的概念，而是将类似于“严重失能”的情况直接列为标准。例如伊利诺伊州的非自愿住院标准的第二项（第一项是对自己或他人的危险）表述的就是“严重失能”的意思：一个精神疾病患者因为其病情不能在家庭或者医院外部的帮助下维持其基本生理需要。

第二，阿肯色、密西西比、密苏里、新罕布什尔、新泽西、北卡罗来纳、南达科他、犹他、佛蒙特、西弗吉尼亚、怀俄明等州，将“需要照顾和治疗”的一些严重状况纳入危险性标准中的“对自己的危险”范畴。例如，阿肯色州规定：一个人如果由于精神病（mental illness）、疾病（disease）或者障碍（disorder）处于这样的精神状态，对自己或他人造成清楚和现实的危险，即符合非自愿住院的条件；“对自己的清楚和现实的危险”是指：（1）该人已造成严重的自我身体伤害（bodily injury on himself）或企图自杀和严重自伤（self-injury），并且如果不命令住院，将有一个合理的可能性（reasonable probability）重复这些行为；（2）该人已威胁将要造成严重的自我身体伤害，并且如果不命令住院，将有一个合理的可能性发生这种行为；（3）该人最近的行为或行为的历史表明，他缺乏照顾自己利益（welfare）的能力，如果不命令住院，将有一个合理的可能性发生死亡、严重的身体伤害或严重的身体和精神虚弱。新罕布什尔州的规定与阿肯色州类似：法庭采用的民事收容的标准是，医生基于一个人由精神病导致的精神状态形成对自己或他人的潜在的严重危险，认为有必要非自愿住院治疗；“对自己的危险”主要包括：（1）该人已经造成严重的自我身体伤害或企图自杀和严重自伤，或者如果不住院就可能再次发生或再次尝试（attempt）；（2）该人已威胁将要造成严重的自我身体伤害，如果不住院就可能发生严重自伤的行为或尝试；（3）该人的行为表明他缺乏照顾自己利益的能力，如果不住院就可能发生死亡或严重的身体伤害和严重的虚弱。密西西比州规定，对自己或他人身体伤害的显著可能性须有两种证明，一是最近尝试或威胁要伤害自己或他人，二是由于精神障碍不能维持自己的食物、衣服、居所和医疗看护需要。

以上两种情况实际上都属于“需要照顾和治疗”标准范畴，只不过规定得比以前更为具体和明确了。27 个州有此标准。

第三，有些州强调非自愿住院应在“最少限制”（least restrictive）或者“较少限制”（less restrictive）的环境中进行。肯塔基州给非自愿住院规定了三项标准：（1）由于精神疾病，对自己、家人或他人造成危险或威胁；（2）可以合理地从治疗中获益；（3）住院是目前可以选用的最少限制的治疗模式。明尼苏达州规定，如果法庭发现，有清楚和令人信服的证据表明，被申请人患有精神疾病、发育障碍或化学药品依赖，经过慎重的考察，认为没有司法收容的合适的替代方式，应当将患者提交可以满足其治疗需要的最少限制的治疗计划或其他计划。密苏里州规定，在听证会结束时，如果法庭或陪审团认定被申请人存在精神疾病，表现出严重危害自己或他人的可能性（likelihood of serious harm），法庭可以责令将其拘留，在最少限制的环境中非自愿治疗。康涅狄格、佛罗里达、夏威夷、缅因、马里兰、犹他、弗吉尼亚、华盛顿、西弗吉尼亚等州使用的是“较少限制”。

第四，所有的州都规定了危险性标准，而有些州对危险性标准的解释更为严格。在危险的程度上，爱达荷、康涅狄格、佐治亚、缅因、马萨诸塞、密苏里、内布拉斯加、纽约等州规定危险应当是“重大的（实质性的）”（substantial risk）。阿肯色州、内华达州则规定危险应是“清楚和现实的”（clear and present danger）。在危险的时间上，佐治亚、夏威夷、蒙大拿等州规定危险应当是“即将发生（迫在眉睫）的”（imminent，imminently），而所谓“即将”一般是指在数日或数小时之内；密歇根州、新墨西哥州的用语是“临近的将来”（near future），新泽西州的说法是“合理可预见的将来”（reasonably foreseeable future）。俄亥俄州将程度和时间放在一起规定，强调危险应当是“重大的和立即的”（substantial and immediate risk）。弗吉尼亚州曾经规定危险应当是“即将发生”的，但是在 2007 年发生弗吉尼亚理工大学校园枪击案（韩裔学生赵承熙在杀死 32 人、致伤 23 人后自杀）之后，以较为宽松的、更有利于预防的“临近的将来”取而代之。

第五，大多数州所说的对自己或他人的危险，是指发生身体伤害（physical harm，physical injury）的可能性，而阿拉斯加、特拉华、夏威夷、堪萨斯、明尼苏达、新泽西、北卡罗来纳、北达科他等州则将严重的财产损害（substantial property damage，serious harm to property）增列其中。

各州非自愿民事收容的适用程序一般分为基本程序和紧急评估（又称紧急入院，emergency admission）程序两种。采用基本程序的收容申请一般是由患者的家人或了解其情况的朋友、熟人提出的，有的州对申请者的身份不加限制，任何成年人都可以提出。还有一些州规定，如果社区中有病情和危险严重的精神病人，该城镇的首席行政官员必须提出民事收容的申请。在法院听证会结束并作出决定之前，收容不得实施。被申请人——有的州称之为“疑似精神病人”（allegedly mentally ill person，据称患有精神病的人）——享有出席听证会、提出证据、传唤和盘问证人、聘请律师等权利，对这些权利，法院应予告知。对被申请人，法院应指定两名（有的州一般情况一名，特殊情况两名，如俄勒冈州）独立的精神科医生或者心理学家评估其精神状态，就其是否符合本州规定的民事收容标准作出说明。如果被申请人拒绝医生检查，法院可以下令拘捕，将他送入医院强制评估。经过听证，如果法官认定，有足够的证据表明，被申请人符合收容标准，他将被收容入院。在有的州，被申请人虽然符合民事收容标准，但如果其亲属或者利害关系人愿意照顾他，法官也可能附加特别条件地让其留在社区。在有的州，如康涅狄格州，当被申请人被裁定符合非自愿收容的标准后，他可以要求或者同意作为自愿患者住院，但如果一旦他又要求出院，将会启动新的收容程序。

紧急评估的申请人，各州的限定也是不同。法院接到申请后，初步认为符合紧急收容标准，即可发出拘捕令，将其送入医院观察和治疗。在一些州，执法人员、精神卫生工作者、综合医院的医生、有资格的社会工作者等遇紧急情况，无需法院拘捕令即可将疑似精神病人送往医院观察和治疗。观察和治疗的时间为 24 小时、48 小时、72 小时不等，特殊情况可延长至 15 天。观察和治疗期结束的时候，可能会出现三种情况：一是医院认为无收容的必要，同意当事人出院；二是让当事人签署自愿住院的协议，继续留住医院；三是医院认为应当正式收容，则应向法院提出收容申请，即进入前述基本程序。进入司法程序，虽然可能比非司法性操作更有利于当事人权利的保障，可是法官的收容命令将会记入个人记录，在人的一生中都会产生不良影响。许多事项的申请表（如参加律师资格考试申请）都会询问申请者是否曾经被民事收容过。因此，有些人不得不选择签署自愿住院协议。也就是说，在美国，在所谓的自愿患者中有一些并不是真正愿意住院的。①

这种“伪自愿”住院的情况并非美国独有。英国学者乔治·苏姆克勒（George Szmukler）和保罗·安佩尔鲍姆（Paul S. Appelbaum）指出，为使患者自愿住院，医生会向患者施加四个等级的影响，构成一个“压力谱”（spectrum of pressures）。第一是说服（persuasion），患者在过去曾经与医生的治疗合作，并带来不良后果，医生使患者回忆这些不良的后果并以此为理由说服他们。第二是通过人际间的杠杆作用（through interpersonal leverage），医生可能对患者的不合作表示失望。如果患者依赖于医生，这样可能会得到患者的合作。第三是劝诱（inducements）或报价（offers），如果患者服从治疗，就可能得到与社区居住相关的好处。第四是威胁（threats），告诉患者如果他们不同意接受治疗，就会导致正式的强制住院治疗，因此他们必须接受建议。英国学者安妮·罗杰斯（Anne Rogers）根据对412名在1990年至少有一次住院经历的患者的定量和定性的数据分析，指出有相当数量的患者住院只是表面上自愿（nominally voluntary）而实际是被强制的。②

四 治疗权、拒绝治疗权和患者的权利

美国各州还对非自愿住院患者的权利作出了规定。很重要的是治疗权。1972年，在怀亚特诉斯蒂克尼案（Wyatt v. Stickney）中，阿拉巴马州联邦地区法院确认非自愿住院患者得到治疗是一项宪法权利（constitutional

① 有一个具体的实例。美国南加州大学古尔德法学院（University of Southern California Gould Law School）教授艾利·萨克斯（Elyn R. Saks）在大学读书时曾经因患有精神分裂症被强制紧急收容。在观察期结束时，她根据父母的建议，为了不留下不良记录，签署了自愿住院协议。作为曾经的精神病人和现在的精神卫生法专家，艾利·萨克斯并不反对非自愿住院，但反对过度约束患者，而且主张给予患者更大的拒绝服用药物的权利。参见〔美〕艾利·萨克斯《我穿越疯狂的旅程：一个精神分裂症患者的故事》，李慧君、王建平译，中国轻工业出版社，2013。

② 参见〔英〕Szmukler, G., Appelbaum, P., “Treatment pressures, leverage, coercion, and compulsion in mental health care”. *Journal of Mental Health*, 2008, Vol. 17, No. 3, Pages 233 - 244；〔英〕Rogers A., “Coercion and ‘voluntary’ admission: an examination of psychiatric patient views”. *Behavioral Sciences & the Law*, 1993, 11: 259 - 267；〔英〕David Pilgrim：《心理健康关键概念手册》，张庆伟等译，高等教育出版社，2006，第140~141、181页。

right）。这是一起由非自愿住院患者的监护人针对亚拉巴马州精神卫生委员会的委员斯蒂克尼提起的集团诉讼（class-action），旨在维护一个非自愿住院的智力残疾的青年人怀亚特（Ricky Wyatt）和其他非自愿住院患者的利益。医院没有为怀亚特和其他患者提供治疗，病房肮脏、黑暗、拥挤、混乱，厨房很不卫生，食物几乎不能食用，患者没有隐私。另外，医院职员太少，缺乏训练。法庭裁定，非自愿住院患者享有“接受个体化治疗（individual treatment）从而使他们每个人得到被治愈或者改善他们的精神状态的一个现实机会（realistic opportunity）的宪法权利”。法庭认为，根据利他理论以需要人性化治疗（humane therapeutic）为由剥夺公民的自由，但实际上并未提供足够的治疗，就是违反宪法规定的正当程序的基本原则。法庭要求亚拉巴马州所有的精神病院必须至少提供以下几个条件，即最低治疗标准（minimal treatment standards）：（1）个体化的治疗方案；（2）足够的合格工作人员以能实施这样的治疗；（3）人性化的心理环境和生理（physical）环境。这个标准被称为“怀亚特标准”（Wyatt Standards）。它在全美产生了影响，很多州参照其原则修正了自己的精神卫生法。[①]

接着，拒绝治疗权（right to refuse treatment）的问题被提出来。在伦尼诉克莱恩案（Rennie v. Klein）中，新泽西州联邦地区法院在1978年裁定，拒绝治疗权以宪法上的隐私权为根据，非自愿住院患者有权保护自己的心理过程，不受政府干预；但是拒绝治疗权并不是绝对的，医院里的其他患者享有免受具有攻击性的患者伤害的权利，为此可以进行非自愿治疗；决定非自愿治疗（主要指抗精神病药物治疗）必须遵循正当程序，并且也应当执行最少限制（least restrictive）原则。1983年，美国第三巡回法院维持了地区法院的判决，确认拒绝治疗权是一项合格的宪法权利，非自愿治疗应遵循最少限制原则和符合“公认的专业判断”（accepted profes-

---

① 参见〔美〕劳伦·B. 阿洛伊、约翰·H. 雷斯金德、玛格丽特·J. 玛诺斯《变态心理学》（第9版），汤震宇、邱鹤飞、杨茜译，上海社会科学院出版社，2005，第800页；〔美〕Jeffey S. Nevid、Spencer A. Rathus、Beverly A. Greene《变态心理学：变化世界中的视角》（第六版）下册，吉峰、杨丽、卢国华等译，华东师范大学出版社，2009，第773页；http://www.stanford.edu/group/psylawseminar/Wyatt.htm；http://www.encyclopediaofalabama.org/face/Article.jsp?id=h-2375。

sional judgment)。[①] 在罗杰斯诉奥金案（Rogers v. Okin）中[②]，1979 年马萨诸塞州联邦地区法院裁定，非自愿住院患者不得被强制治疗，除非在紧急情况下，如患者的行为对其自身或他人构成了明显的危险。法庭一方面承认患者拒绝治疗是不明智的，另一方面指出，患者有权利维持错误的判断，只要这种错误没有对其自身、其他患者或医务人员构成身体上的伤害。[③] 1983 年马萨诸塞州最高法院也对此案作出裁决，它指出精神障碍患者的非自愿住院并不意味着可代替他们作出治疗的决定。对非自愿患者进行强制治疗，法院必须举行听证会，如果发现他们确实丧失了应有的能力，法官可以批准治疗计划。[④]

加利福尼亚州将非自愿住院患者的权利划分为几类。第一类是不可否认的权利（undeniable rights），包括：有权获得可以促进人的独立潜能的治疗服务；有权获得尊严、保护隐私和人性关怀；不受伤害的权利，包括不必要的或过度的身体约束、隔离、药物滥用或疏忽，服药不能作为惩罚，不能为了医院人员的方便；有权得到及时的治疗和护理；有宗教自由和有权从事相关活动；有权参加适当的公开的支持教育；有权进行社会交往；有权进行身体锻炼和娱乐活动；有权拒绝危险的程序。第二类是额外权利（additional rights），即所有的患者都享有的权利，例如：有权给予或拒绝医学或精神病学治疗的知情同意；有权拒绝药物治疗；有权拒绝精神外科手术；有权拒绝电休克治疗；有权查阅和复制他们的医疗记录；经患者同意其家属或朋友有权被告知有关医疗信息。第三类是根据正当理由可以否认的权利（deniable rights with good cause），包括：有权穿着自己的服

① 参见 http://www.treatmentadvocacycenter.org/component/content/article/346；http://www.lawandbioethics.com/demo/Main/Media/Resources/Rennie.htm。

② 参见 http://www.leagle.com/decision/19791820478FSupp1342_11614；http://www.leagle.com/decision-result/?xmldoc/19861572638FSupp934_11403.xml/docbase/CSLWAR2-1986-2006；http://openjurist.org/821/f2d/22/rogers-v-okin。

③ 参见〔美〕Jeffey S. Nevid、Spencer A. Rathus、Beverly A. Greene《变态心理学：变化世界中的视角》（第六版）下册，吉峰、杨丽、卢国华等译，华东师范大学出版社，2009，第 779 页。

④ 参见〔美〕琳达·温伯格、埃坦·马科维兹《精神病院和病人出院者运动》，李维译，载于〔美〕霍华德·弗里德曼主编《心理健康百科全书·社会问题卷》，李维、张诗忠主译，上海教育出版社，2004。

装；有权在病房保管和使用自己的财产包括盥洗用品；有权保管一笔合理的款项并用于小额购买；有权拥有自己使用的贮物空间；有权每天会客；有权合理地不受监控地使用电话拨打或接听；有权获得写信的用品包括邮票；有权接受未开封的信件。“正当理由”主要是指为了防止对自己或他人的危险、严重侵犯他人权利和严重损坏设施。

五　院外强制治疗制度的兴起

在20世纪末到21世纪初，为了预防精神障碍患者发生危害行为，在调整和强化非自愿住院制度的同时，美国许多州还建立了院外强制治疗即非自愿院外收容（outpatient commitment，亦译“非自愿院外关禁”“非自愿门诊收容”）制度。非自愿院外收容，从精神卫生服务的角度，称为辅助门诊治疗（assisted outpatient treatment，AOT），指的是在社区对精神障碍患者实施强制治疗。它既是社区精神卫生的一个产物，又是对社区精神卫生缺陷的弥补。与非自愿住院相比，非自愿院外收容给人更多的自由，被认为更人性化，而且比较经济。非自愿院外收容的适用由法院判定，但标准与程序比非自愿住院宽松。

纽约州最早制定非自愿院外收容的法律。该法被称为“肯德拉法”（Kendra's Law），是以一位受害者的名字命名的。1999年1月3日，在纽约市地铁站，32岁的女摄影师和编剧肯德拉·韦伯达尔（Kendra Webdale），被一个精神病人推下站台，导致其被列车撞死。凶手是29岁的安德鲁·戈尔茨坦（Andrew Goldstein），他患有精神分裂症，曾经住院但后来出院，并且没有服用医生给他开的药物。不久，又有一个精神分裂症患者，43岁的胡里奥·佩雷斯（Julio Perez）在纽约市地铁站将埃德加·里维拉（Edgar Rivera）推下站台，埃德加·里维拉失去了双腿。胡里奥·佩雷斯也是出院患者，并且没有服药。在这之前的几年，纽约市地铁里已经发生多起类似事件。[①] 以至于这类事件被冠以一个新词：“地铁推杀”（subway-push death），凶手被称为“地铁推杀手”（subway-push killer，fatal subway pusher）。这一连串的事件激起市民的愤怒，他们强烈要求加强

① 参见〔美〕格雷戈里·E. 彭斯《医学伦理学经典案例》（第四版），聂精保、胡林英译，湖南科学技术出版社，2010，第372页。

对精神病人的管制。肯德拉的母亲帕特里夏·韦伯达尔（Patricia Webdale）、幸存者埃德加·里维拉更是不知疲倦地推动制定法律。1999 年 11 月，“肯德拉法”生效。“肯德拉法”的适用期到 2015 年 6 月 30 日结束，每五年审议决定是否延期，2005 年和 2010 年两次延期。到 2015 年，除非修订或者转为永久性的，“肯德拉法”将会终止适用。

“肯德拉法”允许法院命令在没有监管的情况不能在社区安全生活的严重精神障碍患者以接受治疗作为个人在社区生活的一个条件；不接受治疗的，将导致最长 72 小时的收容观察，由医生检查其是否应当非自愿住院。据 2005 年的一项研究显示，“肯德拉法”收到了良好效果：减少无家可归者 74%，减少自杀未遂 55%，减少药物滥用 48%，减少身体伤害 47%，减少财产破坏 43%，减少住院治疗 77%，减少逮捕 83%，减少监禁 87%。①

截至 2010 年底，有 44 个州规定了非自愿院外收容。有些州专门设定了院外收容的标准。有些州院外收容的标准与院内收容是相同的。有些州主要采用院外收容而不是院内收容。另外，康涅狄格、马里兰、马萨诸塞、内达华、新泽西、新墨西哥等州没有建立这种制度。

非自愿院外收容或者辅助门诊治疗也遭到反精神病学人士和人权、自由团体的反对。反对者认为院外收容会使越来越多的人处在社会控制之下，那些本不需要被收容的人将会受到以社区为基础的对自由的限制之中。激进的人士甚至认为院外的强制治疗是“酷刑”。还有人批评，院外收容主要针对有色人种和社会下层，有种族和阶层歧视的倾向。

但是就在 2012 年 12 月，纽约市地铁又发生两起推杀事件。12 月 3 日，58 岁的韩裔男子韩基硕（Ki-Suck Han，音译）因与一个流浪汉纳伊姆·戴维斯（Naeem Davis）发生口角，被后者推下站台，结果列车将其撞死。纳伊姆·戴维斯 31 岁，是塞拉利昂移民，他承认患有双相障碍（bipolar disorder），但不服药。② 12 月 29 日，46 岁的印度移民森（Sunando Sen）被一位喃喃自语的女人推下站台致死。31 岁的凶手艾丽卡·梅嫩德

① 参见 http://mentalillnesspolicy.org/kendras-law/kendras-law-overview.html。

② 参见 http://www.huffingtonpost.com/2012/12/07/naeem-davis-man-who-confessed-fatally-pushing_n_2258875.html。

斯（Erika Menendez）也有精神病史，曾经被住院和院外治疗，还因暴力伤人而两次被捕。[①] 也是在12月29日，据《纽约邮报》报道，正在服刑的推杀肯德拉·韦伯达尔的凶手安德鲁·戈尔茨坦——2006年他认罪并被判处23年监禁——首次接受媒体采访，他认为应当重构精神卫生法，对精神病人实行更严格的管理。因为被强制服药，安德鲁·戈尔茨坦现在是神志清醒的。他说："你如果让像我这样的精神病人自由，地铁推人的事件就会发生。如果你对任何人都是一种伤害，包括你自己，你就应当住院治疗。法院有权决定住院和服药。"[②]

2013年1月15日，"肯德拉法"经过修订，适用期延长到2017年。主要的修订是规定：辅助门诊治疗期限从原来的六个月延长到一年；每一个精神障碍患者在结束住院治疗之时，都应由法院对其进行评估，以决定是否适用辅助门诊治疗。[③]

第四节　日本的非自愿住院制度

一　近代的私宅监置和《精神卫生法》的制定

在日本古代，大宝元年（公元701）以降，受中国法律的影响，对犯罪的精神病人（旧称"狂人""亂心者""瘋癲者"等）可能予以从轻处罚，但为防止他们重新犯罪而施以监管，形成"入牢"或"入槛"（入檻）两种处遇。"入槛"是指关入家庭的禁闭室（日文为"座敷牢"[④]），后来被称为"私宅监置"。1868年明治维新以后，日本对精神病人的管理进入新的阶段。1870年颁布《新律纲领》（《新律綱領》），其中规定精神病人杀死一人终身锁锢，杀死二人以上处绞刑。1872年，为接待俄国皇太子访问日本，政府对路上的乞讨、流浪者加以清肃，收容于养育院中，其中包括许多精神病人。1873年，东京颁布《东京番人细则》（番人是行政

---

① 参见 http://ny. usqiaobao. com/focus-new/city-news/12005 - 2012 - 12 - 31 - 07 - 50 - 42. html。

② 参见 http://www. nypost. com/p/news/local/kendra_killer_law_too_weak_AEnfARCy1yeTKiOcwOGLXK。

③ 参见 http://www. governor. ny. gov/press/01152013-outline-of-nys-groundbreaking-gun-legislation。

④ 参见陈涛主编《日汉辞典》，商务印书馆，1959，第786页。

警察的前身），规定警察发现路上的精神病人，为治安的目的可以收容或交付亲族监护。1874 年，警视厅发布公告，规定了家族监护精神病人的义务。1875 年，京都开办了日本最早的公立精神病院“京都癫狂院”，东京的一家医院设立了精神科。1876 年，日本第一家私立精神病院（加藤瘋癲病院）开业。1878 年，名古屋监狱设立了日本最早的精神病监房。同一年，东京警视厅发布甲 38 号公告，规定将精神病人和不良子弟锁锢于私宅，应向辖区警察呈报，并附医师的诊断书，得到批准方可实施。1884 年警视厅发布《疯癫人处理须知》（《瘋癲人取扱心得》），1894 年警视厅发布《精神病人处理规则布告》（《精神病者取扱規則布告》），进一步规范私立和官公立精神病院和私宅监置对精神病人的处理。

1900 年，日本颁布《精神病人监护法》（《精神病者監護法》）。这项法律的主要目的是防止精神病人发生危害行为，同时也是为了防止以精神病为由擅自监禁他人。依据这项法律，精神病人的监护义务由其家族承担。为此，该法设立了监护义务人（監護義務者）制度。监护义务人由监护人（後見人）、配偶、行使亲权的父母、户主等四亲等内的亲属按顺序充当。如果没有监护义务人或虽有监护义务人但不能履行义务，由市区町村长承担监护义务。监护义务人应将精神病人监护于私宅监置室，或者送入公私立精神病院和公私立病院的精神病房。如果病人家族有怠忽监护和报告之行为，将受一定处罚。对精神病人的监置，应得到地方行政机关的许可。行政机关认为有必要时可指定医师对精神病人进行检诊，医师应出具诊断书。由于当时精神病院很少，绝大多数精神病人被禁闭于私宅，境遇悲惨。为改变这种状况，东京帝国大学医科大学精神病学教授吴秀三（1865～1932）发起了私宅监置废除运动。吴秀三曾留学德国，是日本精神病学的先驱之一。1918 年，吴秀三、樫田五郎出版《精神病人私宅监置的实况及其统计的观察》（精神病者私宅監置ノ実況及ビ其統計的観察），揭示了私宅监置的弊端，对《精神病人监护法》作出了批判，并且主张大力发展官公私立精神病院。他们指出：“我国的十几万精神病人除遭受疾病的不幸外，生在这个国家是比疾病更大的不幸。”①

① 参见 http://www.max.hi-ho.ne.jp/nvcc/CK3a.HTM。

1919年，日本颁布《精神病院法》。该法规定在都道府县设立公立精神科医院，地方长官可以将市区町村长监护的精神病人、司法官厅认定的有危险性的精神病罪犯、没有办法疗养的精神病人送入精神病院。然而因为经费不足，精神病院的建设很不顺利。在20年代，日本的精神病院主要集中于东京及其附近，有十几家，而全国总共不过二十家。最大的是东京的松泽医院，收容患者近800人（其中公费500多人）。[①] 40年代，由于进行侵略战争，精神病院萎缩。1940年公私立精神病床位约有2.5万张，1945年战争结束时减少到约0.4万张。大量的精神病人还是被私宅监置。[②]

战后，在欧美精神卫生理念影响下，日本政府对精神病人的管理治疗体制进行了改革。1950年5月，日本颁布《精神卫生法》（《精神衛生法》）[③]。随之，1900年《精神病人监护法》、1919年《精神病院法》和私宅监置制度被废除。在汉字国家或地区，日本是首先使用“精神卫生法”概念并制定《精神卫生法》的。

《精神卫生法》共有“总则”“设施”“精神卫生审议会”“精神卫生鉴定医师”“医疗及保护”五章。它在第一条规定其目的是对精神障碍者（精神障害者）实施医疗和保护，努力预防精神障碍的发生，保持和增进国民的精神健康。新建的制度主要有：

（1）都道府县必须设置精神病院和精神卫生咨询所（精神衛生相談所）。精神卫生咨询所的责任是精神卫生的咨询指导和精神卫生知识的普及。

（2）精神卫生审议会。精神卫生审议会是厚生省（2001年改为“厚生劳动省”）的附属机关，由厚生大臣（后称“厚生劳动大臣”）任命的15名具有精神卫生学识经验的学者和公务员组成，其职责除答复厚生大臣的咨询外，还应就精神障碍原因的消除、精神障碍者的诊察和治疗方法的改进、精神障碍者产生的预防措施等有关精神卫生问题向有关大臣提供意见。

（3）精神卫生鉴定医师（精神衛生鑑定医）。精神卫生鉴定医师由厚

① 陶烈：《日本之精神病院》，《学艺杂志》第9卷第10期，1929年。

② 参见 http://www.e-rapport.jp/law/welfare/02.html。

③ 参见《精神衛生法》（昭和25年5月1日法律第123号）。

生大臣从具有三年以上精神障碍诊断和治疗经验的医师中指定，在都道府县知事（日本地方各级行政长官）的监督下承担精神卫生法的实施，对精神障碍是否存在、精神障碍者是否因治疗和保护的需要而应当住院作出判定。

（4）保护义务人（保護義務者）。这是对1900年《精神病人监护法》规定的监护义务人制度的改造。精神障碍者的保护义务人由其监护人、配偶、行使亲权人（親権を行う者）及扶养义务人（扶養義務者）为之。但下列人员不能作为保护义务人：行踪不明的人；对该精神障碍者提出诉讼的人，或是曾提出诉讼的人的配偶及直系血亲；被家庭法院（家庭裁判所）免除的法定代理人、保佐人；破产的人；禁治产人（禁治産者）和准禁治产人（準禁治産者）；未成年人。当保护义务人有数人时，按以下顺位行使其义务：监护人，配偶，行使亲权人，由家庭法院选任的前两者之外的扶养义务人。但是当认定其本人之保护有特别必要时，对于监护人以外者，家庭法院可以依据利害关系人的申诉而变更其顺位。如果没有符合规定的保护义务人，或者保护义务人无法履行其义务，由管辖所居住地之市町村长为精神障碍者的保护义务人；无居住地或者不详时，由精神障碍所在地之管辖者市町村长为保护义务人。保护义务人有三个方面的义务：第一，促使精神障碍者接受治疗，监督防止精神障碍者伤害自身或他人（此项在1999年废除），同时保护精神障碍者在财产上的利益；第二，为使精神障碍的诊断正确地进行，必须与医师共同合作；第三，在促使精神障碍者接受治疗时，必须遵从医师的指示。

（5）设立“知事决定的入院措置”（知事による入院措置）和“保护义务人同意的入院”（保護義務者の同意による入院）两种非自愿住院制度。

“知事决定的入院措置”一般简称为“措置入院”。它是一种保安性的强制住院，针对的是可能伤害自身或他人的精神障碍者。措置入院的启动方式有四种。第一，任何人知道有精神障碍者或疑似精神障碍者，都可以向都道府县知事申请精神卫生鉴定医师进行诊察和给予必要的保护。申请书必须经过当地的保健所长向都道府县知事提出。申请人如果虚构事实将会受到处罚。第二，警察在执行职责时发现精神障碍者和疑似精神障碍者需要保护，应立即直接向当地的保健所长通报，保健所长接到通报必须立即向都道府县知事报告。第三，检察官认为犯罪嫌疑人或被告有精神障碍，当案件不起诉处分、判决（除宣告惩役、监禁或拘留且没有延缓执行之宣告的判决）确定时，必须立即向都道府县知事通报。第四，矫正保护设施（拘留所、监狱、少年监狱、少年教养院和少年保护鉴别所）的主管，在有精神障碍者或疑似有精神障碍的收容人即将释放或离开之时，必须向该人居住地（无居住地的为该矫正保护设施所在地）的都道府县知事通报。

都道府县知事接到上述申请或通报后，认为有必要时，应委托精神卫生鉴定医师进行诊察。经两名以上精神卫生鉴定医师诊察，并且诊察的结果一致，精神障碍者如果不住院医疗和保护可能伤害自身或他人，即使没有本人或关系人同意，都道府县知事可以决定将其收入都道府县设置的精神病院（包括精神病院以外的医院的精神病房）或指定的医院接受治疗。本人或关系人如果不服都道府县知事的处分，可以根据《诉愿法》的规定在处分决定之日起六十日内向厚生大臣提出诉愿。措置入院的主要费用由都道府县负担。

对于有危险性的精神障碍者，《精神卫生法》还规定了一种临时性的保护拘束措施。精神障碍者可能伤害自身或他人，需要住院但无法立即住院，保护义务人经都道府县知事的许可，可以将其在精神病院之外的场所保护拘束，直至入院。实施保护拘束，保护义务人必须经保健所长向都道府县知事提出附具医师诊断书的书面申请。都道府县知事应迅速指派精神卫生鉴定医师诊察保护拘束是否必要，并将结果通知申请人。保护拘束的期限不超过二个月。

“保护义务人同意的入院”一般简称为“同意入院”。它是一种救护性的非自愿住院，针对的是需要医疗和保护的精神障碍者。精神病院的院长（后改为“管理者”）根据诊察的结果，认为确诊的精神障碍者有必要入院加以医疗和保护，如果保护义务人同意，即使未经本人同意，也可以将其收入精神病院。如果诊察的结果表明疑似精神障碍者尚不能确诊，经监护人、配偶、行使亲权人等的同意，即使未经本人同意，精神病院的院长可以使其临时入院（仮入院，亦译“假入院”），住院期限不超过三周。精神病院的院长应将同意入院和临时入院的情况经保健所长呈报都道府县知事。都道府县知事认为有必要，可以组织两名以上精神卫生鉴定医师进行诊察，如果各精神卫生鉴定医师对继续住院的必要性的诊察结果不一致，精神病院的院长应让住院者出院。如果可能伤害自身或他人的住院者擅自出院（無断退去）、去向不明，精神病院的院长应通知辖区的警察署长，请求搜寻。精神病院的院长认为精神障碍者的症状表明没有继续住院的必要，经都道府县知事的许可，可以安排住院者出院。精神病院的院长认为精神障碍者的症状表明其可以短期出院，经都道府县知事的许可，可以安排住院者临时出院（仮退院，亦译“假出院”），出院期限不超过六个月。

当时在日本，除《精神卫生法》规定的两种非自愿住院外，民法还规定了禁治产人治疗护养制度，其中包括非自愿住院。民法中的这一制度产生于19世纪末期。1898年的《日本民法典·第四编·亲族》第九百二十二条规定：（一）禁治产人的监护人，应根据禁治产人的资力（資力），尽力予以医疗看护；（二）监护人将禁治产人送入疯癫病院或监置于私宅，应当得到亲属会（親族会）的同意。[①] 1947年，《日本民法典》进行了全面修订。旧法的第九百二十二条转变为新法的第八百五十八条，第二款规定有所修改：监护人将禁治产人送入精神病院或其他类似场所，或监置于私宅，应经家庭法院（当时称“家事審判所”）的许可。[②] 1950年，随着《精神卫生法》的颁布，私宅监置制度被废除，《日本民法典》第八百五十八条也删去“私宅监置”，只留下“精神病院”。[③] 为协调在“保护义务人同意的入院”问题上民法与精神卫生法两者的关系，《精神卫生法》第三十五条指出：如果同意入院保护义务人是监护人，监护人将被监护人送入精神病院，适用民法第八百五十八条第二款的规定。[④]

日本《精神卫生法》经过多次修订。1964年3月24日，美国驻日大使埃德温·赖肖尔（Edwin Oldfather Reischauer，1910～1990）被一个罹患精神分裂症的日本少年持刀刺伤。以此事为契机，日本政府大力推动《精神卫生法》的修订，强化精神障碍者收容体制。1965年6月30日，《精神卫生法》进行了第十二次修订。这次修订的主要内容是：[⑤]

---

① 参见《民法第四編親族》（明治31年6月21日法律第9号）。

② 参见《民法の一部を改正する法律条文》（昭和22年12月22日法律第222号）。

③ 参见《日本民法典》，王书江译，中国法制出版社，2000。

④ 参见〔日〕我妻荣、有泉亨《日本民法·亲属法》，夏玉芝译，中国工商出版社，1996，第148～149页。

⑤ 参见《精神衛生法の一部を改正する法律》（昭和40年6月30日法律第139号）。

（1）设立地方精神卫生审议会、精神卫生诊查协议会（精神衛生診查協議会）。地方精神卫生审议会的职责除答复都道府县知事的咨询外，还应就有关精神卫生问题向都道府县知事提供意见。地方精神卫生审议会的委员在十个人以内，但在调查审议特别事项而有必要之时，可以设置临时委员。委员和临时委员从有精神卫生学识经验的人和有关行政机关的职员中选择，都道府县知事任命，任期三年（行政机关职员除外）。精神卫生诊查协议会的职责是接受都道府县知事的咨询，审议对都道府县知事入院措置决定的申诉。精神卫生诊查协议会的委员从精神障碍医疗的从业者和有关行政机关的职员中选择，都道府县知事任命，任期二年（行政机关职员除外）。

（2）“精神卫生相谈所”改称“精神卫生中心”（精神衛生センター）。

（3）强化精神障碍者处置的申请通报制度，措置入院的启动方式增加到六种。一是增加保护观察所长的通报（保護観察所の長の通報），即当保护观察所长获知，被交付保护之人是精神障碍者或疑似精神障碍者，必须立即向都道府县知事通报。保护观察所是根据《法务省设置法》和《更生保护法》在地方设立的对由家庭法院判处的有犯罪不法行为的少年、从监狱和少年教养院假释的人、被判处刑罚缓期执行的人进行辅导、帮助的机构。二是增加精神病院管理者的申报（精神病院の管理者の届出），即精神病院管理者认为申请出院的精神障碍者符合措置入院要件，必须立即经当地的保健所长向都道府县知事申报。

（4）设立紧急措置入院制度。紧急措置入院是指在紧急情况下，对精神障碍者或疑似精神障碍者，都道府县知事可指定鉴定医师（至少一名）进行诊察，诊察结果表明该人是精神障碍者，如果不立即住院就可能由于精神障碍而伤害自身或他人，都道府县知事可以决定不按法定一般程序使其住院，住院期限不超过 48 小时（后来改为 72 小时）。

（5）强化针对擅自离院者的措施。警察搜寻到被要求搜寻的擅自离院者时，必须立即通知该精神病院管理者。警察可以在该精神病院管理者来领回其人为止之 24 小时之内，将其人保护于警察署、病院、救护设施等保护精神障碍者的适当场所。

（6）废除保护拘束制度。

二　《精神保健法》和《精神保健福祉法》

日本《精神卫生法》没有涉及自愿住院，实际上只是一部关于非自愿住院的法律。与同时期欧美国家相比，日本《精神卫生法》所规定的非自愿住院的标准要宽松得多。尤其是“保护义务人同意的入院”的“需要医疗和住院”标准过于宽泛，适用程序过于简单，极易导致滥用。而且，在实践中，对措置入院和同意入院又给予了扩大性解释。在《精神卫生法》实施期间，私立精神病院和精神科床位的数量大幅度持续增加，精神科床位在1950年只有1.8万张，而到1969年就增加到25万张。但是，精神卫生服务和管理的水平、质量难以得到保证，甚至出现下降。一些精神病院根本不具有开业条件，政府指定的精神卫生鉴定医师鱼龙混杂，许多住院的精神障碍者得不到适当的医疗，虐待住院精神障碍者的事情时有发生。对精神医疗的这种扩张和粗放，当时的日本医师会会长武见太郎（1904～1983）有一个著名的比喻：“精神医疗如同畜牧业”（精神医療は牧畜業だ）。1968年，世界卫生组织指出日本的精神病院存在为追求利益而过度收容病人和侵犯病人人权的问题。

日本精神卫生存在的问题集中暴露于1983年发生的宇都宫病院事件。宇都宫病院是日本栃木县宇都宫市的一家精神病院，全名为“报德会宇都宫病院”。它本来是一个小医院，由内科医生石川文之进（后成为东京大学医学部精神科研究生）创办，在1961年从内科转为精神科。成为精神病院后，宇都宫病院急速发展，1965年有床位300张，1976年床位增加到852张，但只有几名专职医师。在宇都宫病院，一些住院者是因家族矛盾等原因被非法收容的，住院患者通信、会客的权利被剥夺，护理人员时常殴打住院患者，医院还以劳动疗法的名目强迫住院患者为石川文之进的家族事业劳动，违法对死亡的患者进行解剖研究。1983年，有两名对待遇提出抱怨的住院患者被护理人员殴打致死。被非法收容的A先生向有关方面举报，经媒体调查报道，宇都宫病院的内情才得以曝光。有报道甚至说，在短短三年里，宇都宫病院有220名患者死亡。石川文之进认为有关报道有许多歪曲、捏造之处。[①] 东京大学医学部也陷入丑闻。它与宇都宫病院

① 参见石川文之进的个人主页，http://www7a.biglobe.ne.jp/~ishikawab/index.htm。

有合作关系，以宇都宫病院的住院患者作为研究对象，并且接受了宇都宫病院的谢礼和研究经费。宇都宫病院则利用东京大学医学部的招牌及其医生的名义。东京大学医学部对宇都宫病院的实际情况是清楚的，但予以默认。1984 年，石川文之进辞去宇都宫病院董事长和院长职务，他和实施暴力的护理人员被追究法律责任。①

宇都宫病院事件引起社会和精神卫生界的关切。日本精神神经学会评议委员会认为：这一事件虽然是一个极端事例，但不是偶然发生的，它基于长期存在的对歧视精神障碍者和侵犯精神障碍者人权的以精神医疗名义的大规模合理化。宇都宫病院对人权的侵犯是多层面的，如暴力控制、不当的长期拘禁、强制劳动、不符合程序的强制住院等。这些问题是精神卫生法所带来的精神医疗的密室性和强制性、对精神障碍者的彻底蔑视和歧视、住院者的奴隶化和商品化等制度原因造成的。必须在解决宇都宫病院事件的同时，清除精神医疗中导致侵犯人权的土壤。②

宇都宫病院事件和苏联、南非对精神病学的政治滥用一样产生了国际影响。联合国人权委员会认为日本医疗环境恶劣，要求日本政府加以切实改善。1986 年，国际法学家委员会（International Commission of Jurists, ICJ）发表以“日本的人权与精神病患者”（Human Rights and Mental Patients in Japan）为题的调查报告书，指出“日本的精神治疗现状与国际人权章程中规定的精神病患者人权保护存在着很大的差距”，希望日本尽快修订《精神卫生法》。③

在这种形势下，1987 年日本对《精神卫生法》进行了修订，并耐人寻味地将法律名称改为《精神保健法》（1988 年 7 月开始施行）④，条款中的“精神卫生”也为“精神保健”所取代。《精神保健法》有“总则”“设施”“地方精神保健审议会及精神医疗审查会”“精神保健指定医”“医疗

① 参见 http://ja. wikipedia. org/wiki/宇都宮病院事件。

② 参见日本精神神経学会評議委員会《宇都宮病院事件問題についての見解——精神障害者の人権擁護のために》，1984（昭和 59）年 5 月 22 日；http：//www. arsvi. com/1900/840522. htm。

③ 参见〔日〕浅井邦彦《精神医学和精神医疗——从临床到社区》，王祖承主译，复旦大学出版社，2011，第 154 页。

④ 参见《精神衛生法等の一部を改正する法律》（昭和 62 年 9 月 26 日法律第 98 号）；路英智：《日本国精神保健法介绍》，《国际精神病学杂志》1989 年第 1 期。

及保健”“罚则”六章。《精神保健法》第一条关于法律目的之规定，在《精神卫生法》原有规定的基础上做了调整、补充：对精神障碍者实施医疗和保护，促进其社会复归（復帰），努力预防精神障碍的发生，保持和增进国民的精神健康，从而增进精神障碍者的福祉和提高国民的精神保健。

除增加促进精神障碍者社会复归的措施外，《精神保健法》新设的制度和对《精神卫生法》的修订主要在以下几个方面：

（1）取消了原来的中央一级的精神卫生审议会，将1965年增设的地方精神卫生审议会改称为“地方精神保健审议会”，将1965年增设的精神卫生诊查协议会改造为“精神医疗审查会”。精神医疗审查会的职责是审议关于入院必要性和处遇适当性的申诉案件。精神医疗审议会由5~15位委员组成。其委员应当是具有精神障碍者的医疗相关学识经验者、法律相关学识经验者以及其他学识经验者，由都道府县知事任命，任期三年。受理审查案件，精神医疗审查会从精神障碍者的医疗相关学识经验者中被任命的委员三名，从法律相关学识经验者中被任命的委员一名，以及从其他学识经验者中被任命的委员一名，构成合议组（合議体）。

（2）“精神卫生鉴定医”改称“精神保健指定医”，并且提高了资格条件。根据规定，具有五年以上从事诊断或治疗经验和三年以上从事精神障碍诊断或治疗经验者，提出申请，被认定有必备之知识及技能，由厚生大臣确定为精神保健指定医师。

（3）设立“任意入院”原则和制度。任意入院就是本人自愿的住院。《精神保健法》规定，精神病院管理者在让精神障碍者接受住院时，必须是基于其本人同意的住院。精神病院管理者在任意入院的精神障碍者要求出院时，必须使其出院。但是，如果精神病院管理者根据指定医师诊察结果，认为要求出院的任意入院者需要医疗和保护，有继续住院之必要，可以不使其出院，继续住院以72小时为限。

（4）“保护义务人同意的入院”改称“医疗保护入院”（医療保護入院），有关规定也有所改进。精神病院管理者在采取医疗保护入院的10日内，必须将该人症状和其他明定事项并且附具该住院同意人之同意书，经保健所长向都道府县知事报告。精神病院管理者在采取医疗保护入院时，对该精神障碍者必须用书面形式告知住院处置的要点以及有关事项。但不能不说，与法国1990年法律将1838年法律所说“自愿安置”改称“应第三人请求的住院”相比，日本将“保护义务人同意的入院”改称“医疗保护入院”是一个明显的倒退，它蓄意掩盖这种未得到精神障碍者同意的住院的非自愿性质。

（5）设立应急入院（応急入院）制度。精神保健指定医师的诊察结果表明某人是精神障碍者，并且不立即住院将显著妨碍对其医疗和保护，在无法取得其保护人同意时，精神病院管理者可以不经该人同意而使其住院，住院不超过72小时。精神病院管理者在采取紧急入院后，必须立刻将采取该处置之理由和有关事项，经保健所长向都道府县知事报告。都道府县知事认为不符合入院标准，可以撤销入院。

（6）设立权利告知制度。《精神保健法》规定在入院等情况下，应以书面形式将住院者的权利以及处置要点告知住院者。

（7）设立精神病院定期报告及审查制度。《精神保健法》规定，收容措置入院者的精神病院或指定医院的管理者，必须将措置入院者的症状及其他厚生省明定事项，以厚生省令为依据，定期性地经保健所长向都道府县知事提出报告。报告事项中以厚生省令所明定之事项，必须以指定医师诊察结果为依据作出。这一规定准用于医疗保护入院者。都道府县知事接到报告后，必须通知精神医疗审查会，对该住院者住院是否必要进行审查。都道府县知事根据精神医疗审查会之审查结果，认为该人无住院必要，必须命令精神病院管理者使其出院。

《精神保健法》在1993年做了一次修订。增加“精神障碍者社会复归促进中心”（第五章之二）和“杂则”（第五章之三）两章，并将第二章题目从“设施”改为“设施及事业”。另外将“保护义务人”（保護義務者）改称“保护人”（保護者），将临时入院的期限从三周改为一周。①

1995年，《精神保健法》被《有关精神保健及精神障碍者福祉的法律》（《精神保健及び精神障害者福祉に関する法律》）取代。② 该法一般简称为《精神保健福祉法》。这时的《精神保健福祉法》已经发展为九章：“总则”“精神保健福祉中心”“地方精神保健福祉审议会及精神医疗审查

① 参见《精神保健法等の一部を改正する法律》（平成5年6月18日法律第74号）。

② 参见《精神保健法の一部を改正する法律》（平成7年5月19日法律第94号）。

会”“精神保健指定医及精神病院”（后改为“精神保健指定医、登录研修机关、精神科病院及精神科救急医疗体制”）“医疗及保护”“保健及福祉”“精神障碍者社会复归促进中心”“杂则”“罚则”。1995 年《精神保健福祉法》与旧法的主要不同是加强了精神障碍者的保健福利措施。第一条关于法律目的之规定修订为：对精神障碍者实施医疗和保护，为促进其社会复归及其自立和参加社会经济活动给予必要的援助，同时努力预防精神障碍的发生，保持和增进国民的精神健康，从而增进精神障碍者的福祉和提高国民的精神保健。《精神保健福祉法》在非自愿住院制度方面的变化是细节上的完善，例如强化精神病院（新法称“精神科病院”）的告知义务。

《精神保健福祉法》也经过多次修订。1999 年的修订除充实保健福利方面的内容外，最重要的一点，是删除了关于保护人承担监督防止精神障碍者伤害自身或他人的义务的规定。这是因为保护人作为普通人，缺乏精神病学知识和防止精神障碍者发生危害行为的能力，让他们完全承担这个本应主要由国家、社会承担的责任并不公平，而且妨碍了有关人员成为保护人的积极性，在司法实践中也难以确定保护人是否尽责。免除保护人的这个义务后，如果精神障碍者发生危害行为，造成第三方损失，由公共机构对被害人进行赔偿。[①] 1999 年的修订还强化了精神保健指定医师的职责、对精神科病院的指导监督，细化了医疗保护入院的要件，以及新设了应急入院的精神障碍者的移送制度。[②]

此外，在 1999 年，《日本民法典》废除了针对精神障碍者设立的禁治产和准禁治产制度。[③] 第八百五十八条修改为：“成年监护人在料理成年被监护人的生活、疗养、看护以及财产管理等事务时，须尊重成年被监护人的意思，而且须照顾到其身心状态和生活状况。”[④] 随之，《精神保健福祉

---

① 参见〔日〕浅井邦彦《精神医学和精神医疗——从临床到社区》，王祖承主译，复旦大学出版社，2011，第 176 ~ 177 页；蔡军、王祖承《日本的保护人制度》，《上海精神医学》2002 年第 1 期。

② 参见《精神保健及び精神障害者福祉に関する法律等の一部を改正する法律》（平成 11 年 6 月 4 日法律第 65 号）。

③ 参见《民法の一部を改正する法律》（平成 11 年 12 月 18 日法律第 149 号）。

④ 《最新日本民法》，渠涛编译，法律出版社，2006。

法》中的“禁治产人”（禁治産者）和“准禁治产人”（準禁治産者）分别为“成年被监护人”（成年被後見人）和“被保佐人”替代，第三十五条也被删除。[①]

自《精神保健法》施行后，特别是《精神保健福祉法》施行后，日本的精神障碍者住院方式发生了明显的变化，非自愿的措置入院和医疗保护入院逐渐减少，患者自愿的任意入院逐渐增多。在措置入院高峰期的1970年，措置入院率为30.2%，共有7.6万人。到1999年，在住院患者中，任意入院者70%，医疗保护入院者7.5%，措置入院者1.0%（3742人）。[②]

三　医疗观察制度的建立

进入21世纪后，日本的非自愿住院制度发生了一场新的改革。

长久以来，在日本，不仅是没有发生危害行为的精神障碍者的处遇适用精神卫生法律，而且已经发生危害行为的精神障碍者（日本学者通常称之为“触法精神障害者”）的处遇也适用精神卫生法律。在2005年7月15日之前，根据由《精神卫生法》设立，延续到《精神保健福祉法》的措置入院制度，已经进入刑事司法程序并且被施行不起诉处分或者被宣判无罪、缓期执行、财产刑的嫌疑人、被告人，如果是精神障碍者或疑似精神障碍者，检察官应立即向都道府县知事通报，转入和启动精神卫生法律的措置入院审定程序。具体可分三种情况。第一，有一些嫌疑人、被告人，经司法精神病学刑事责任能力鉴定和法院判定，属于《日本刑法典》第三十九条规定的“心神丧失”或者“心神耗弱”之人，无刑事责任能力或限制刑事责任能力，因而不处罚或减轻处罚。但是对精神障碍犯罪人，《日本刑法典》并没有规定应当实施强制住院治疗，《日本刑事诉讼法典》也没有规定强制住院的决定程序，对他们实施强制住院只能适用精神卫生法律的措置入院规定，检察官必须向都道府县知事通报。第二，对有一些嫌疑人、被告人，检察官认为因精神障碍而无刑事责任能力，根据《日本刑

① 参见《民法の一部を改正する法律の施行に伴う関係法律の整備等に関する法律》（平成11年12月8日法律第151号）。

② 参见〔日〕浅井邦彦《日本新精神保健福利法及其目前的精神卫生发展政策》，《上海精神医学》2000年第1期；〔日〕浅井邦彦《精神医学和精神医疗——从临床到社区》，王祖承主译，复旦大学出版社，2011，第218~219页。

事诉讼法典》作出不提起公诉的处分，必须当向都道府县知事通报。在日本，心神丧失者在被起诉后，由法官认定无刑事责任能力而被判处无罪的案例非常少，绝大多数都是由检察官认定无刑事责任能力进而作出不起诉处分。例如在2005年，进入检察阶段和审判阶段的嫌疑人和被告人，检察官决定不起诉的心神丧失者370名，心神耗弱者375名；经法官裁判无罪的心神丧失者1名，减轻处罚的心神耗弱者65名。[①] 第三，有一些嫌疑人、被告人，经司法精神病学鉴定和法院判定，不属于《日本刑法典》规定的心神丧失或者心神耗弱之人，但检察官认为他们可能有精神障碍并且可能有危险性，符合精神卫生法律规定的措置入院条件，也应当向都道府县知事通报。也就是说，在2005年7月15日之前的日本，被判定不负刑事责任的精神障碍犯罪人的强制治疗不是由法院决定的，而是经检察官的通报由都道府县知事决定的。

对此制度，日本众多学者给予了批判。刑法学家大谷实教授归纳了几种观点：(1) 都道府县知事根据其权限所实施的措置入院没有赋予任何司法的限制；(2) 在和治疗一般精神障碍者同样的工作人员、设施之下，难以对精神障碍犯罪人进行必要的专门治疗；(3) 不存在出院后的继续性医疗的制度性措施；(4) 在解除措置入院方面也没有任何司法制约，因此，一方面是不当地延长患者的住院期限，而另一方面是，病情尚未痊愈或缓解就被解除措施，从而陷入再犯。[②]

刑法学家加藤久雄教授着重对精神障碍犯罪人收容体制中的检察官主导作用进行了批判。他认为，作为追诉官的检察官详细地掌握嫌疑人的精神状态是实现合理的刑事追诉上的重要任务。但这是指判断该嫌疑人的精神状态能否维持审判，即有无诉讼能力而已，如果甚至连“行为时”是否存在刑事责任能力也详查、判断的话，可谓超越了检察官“起诉裁量”的角色扮演。未经法官判断，只凭鉴定数小时的面谈所做的结论即所谓的“简易鉴定”而作出的“不起诉处分”，其根据不可不谓薄弱。加藤久雄说：“采行西洋法制之先进国家当中，采取这种奇妙制度者，只有日本而

---

① 参见〔日〕石川正兴《精神障碍与保安处分》，载于王牧、张凌主编《中日犯罪学之比较研究——中日犯罪学学术研讨会论文集（1—4）》，中国检察出版社，2011。

② 参见〔日〕大谷实《刑事政策学》（新版），黎宏译，中国人民大学出版社，2009，第427～428页。

已。”他指出，虽然精神卫生法律规定了检察官的通报义务，但对于检察官违反通报义务，并无罚则存在。而且，都道府县知事的措置入院命令是一种裁量行为而非义务。例如 1990 年，检察官通报 1058 件，其中 718 人被认定为有精神障碍，而这 718 人中只有 448 人被措置入院。加藤久雄认为，从根本上说，精神卫生法律本来是以确保与犯罪无关系的精神障碍者的治疗与保护为目的而制定的法律，也由于该法具有此种性质，所以不能期待该法成为刑事政策利用的对象。①

刑法学家宫泽浩一教授指出，由精神障碍者引起的杀伤事件时有发生，这些精神障碍者大多数是从精神病院出院的患者，是定期到医院接受治疗的患者和需要接受治疗却没有治疗的患者。这些“加害者”都是精神病院认为可以出院的患者。但事件一旦被报界宣传，是医院对精神障碍者管理不善时，医院方面马上采取措施，不让患者简单地出院。于是这类事件有所减少，但不久以后又重新让患者及早出院，又引起这类事件增多，并不断反复。②

一位保护观察所的工作人员鹤见隆彦认为，一般的精神病院，将触法精神障碍者和其他精神障碍者置于同样的设施和人员的看护之下使其治疗，这样会产生一定的问题，不利于对犯罪的精神障碍者进行专门的治疗。另外，作为医院方，针对这种棘手的治疗对象肯定希望早日出院，出院后能否坚持接受定期医院治疗就完全依靠触法精神障碍者本人的意志了。因此，一般的精神病院在确保触法精神障碍者出院后继续接受治疗方面缺乏实效性。③

有关各方面对如何解决这个问题有不同的见解。许多刑法学者主张修订《日本刑法典》，引入保安处分制度，将心神丧失和心神耗弱的触法精

---

① 参见〔日〕加藤久雄《针对精神障碍犯罪者的刑事法上诸问题》，载于〔日〕西原春夫主编《日本刑事法的形成与特色——日本法学家论日本刑事法》，李海东等译，中国·法律出版社，日本·成文堂，1997。

② 参见〔日〕宫泽浩一《日本的犯罪动向》，载于〔日〕西原春夫主编《日本刑事法的形成与特色——日本法学家论日本刑事法》，李海东等译，中国·法律出版社，日本·成文堂，1997。

③ 〔日〕鹤见隆彦：《精神障碍者危险行为（犯罪行为）的预防对策——医疗观察下心神丧失者的处遇》，赵翌闻译，载于王牧、张凌主编《中日犯罪学之比较研究——中日犯罪学学术研讨会论文集（1—4）》，中国检察出版社，2011。

神障碍者，从一般的精神障碍者中分离出来，从刑法角度给予以防止再犯触法行为、保护人们安全为目的的“社会防卫”。他们认为，心神丧失、心神耗弱和触法精神障碍者的再犯危险性都应由法院判断。

《日本刑法典》没有设置保安处分制度。1974 年，日本法务省法制审议会提出《改正刑法草案》①，其中第十五章为“保安处分”。它设置了由法院宣判的两种保安处分。一是“治疗处分”，即因精神障碍不具有规定的能力或者显著低能的人，有犯应处以监禁以上的刑罚的行为，如果不加以治疗和看护，将来可能还会再犯处监禁以上的刑罚的行为，保安上认为有必要时，得宣判予以治疗处分。受治疗处分的人，收容于保安机关以进行必要的治疗和看护。收容期限为三年，但是法院认为有必要时，二年可更新一次。更新仅限二次，但对极有可能犯被判处死刑或无期徒刑或者二年以上惩役的罪的人，不受此限。二是“禁绝处分”，即过度饮酒或使用麻醉剂、兴奋剂及其他的药物成瘾的人，由于这种瘾癖犯了应处监禁刑罚以上的罪行，如果不戒掉这种瘾癖将来可能还会犯同样罪行，保安上认为有必要时，得宣判予以禁绝处分。受禁绝处分的人收容于保安机构，并采取必要的措施来使之禁绝饮酒或使用药物的瘾癖。禁绝处分的期限为一年，但法院认为有必要时，可以更新，但以二次为限。保安处分可与无罪判决一起宣判；但存在着保安处分的要件时，即使对行为者不进行刑事追诉，也可以通过一定的单独手续进行宣判。② 然而，这一方案遭到强烈反对，没有被立法采纳。

日本刑法学界对于刑法是否引入保安处分制度的问题一直存在争议。大塚仁教授将保安处分划分为广义和狭义两种。狭义的保安处分是指把处分者收容于一定的设施，在对其进行治疗、改善的同时谋求社会防卫，是伴随着剥夺被处分者自由的保安处分。广义的保安处分包括不带有剥夺被处分者自由的处分。他认为保安处分具有很大的侵害被处分者的人权之虞，因而应采取法定主义，并由法院宣告。③ 大谷实教授也将保安处分划分为广义和狭义两种，但划分标准与大塚仁不同。他认为，广义的保安处

① 《六法全书》（昭和五十四年版），有斐阁，1979，第 1949 页。

② 参见华东政法学院刑法教研室编译《日本刑法修正草案》，1981 年印，第 26 ~ 28 页。

③ 参见〔日〕大塚仁《刑法概说（总论）》（第三版），冯军译，中国人民大学出版社，2003，第 508 ~ 517 页。

分是以行为人的危险性为基础，所实施的以特殊预防为目的的国家处分；狭义的保安处分就是刑法规定的保安处分，又称一般保安处分。精神卫生法律规定的措置入院属于广义的保安处分。大谷实对为防止精神障碍犯罪人再犯而将保安处分引入刑法持慎重但也不失积极的态度。他认为精神障碍者犯罪的主要原因是精神障碍这一精神医学上的问题，因而从精神保健福祉方面来解决问题才是本来的方向。当务之急是从什么样的角度出发，解明精神障碍者再犯原因，而不能草率地导入保护处分。但是，如果日本现行医疗体系容纳不下精神障碍犯罪人，他们正在成为再犯的话，则应当考虑仅以《精神保健福祉法》上的对策能否解决问题的问题。① 他说，“无论如何，应尽可能在医疗框架之内探讨有效的方案。只有在万不得已的情况下，才能从保安角度出发考虑保安处分。”②

2001 年发生的池田小学滥杀事件客观上推动了问题的解决。2001 年 6 月 8 日上午，一名触法精神障碍者闯入大阪教育大学附属池田小学，在 15 分钟之内，杀死 8 名小学生，并致 13 名小学生和 2 名教师受伤。凶手名叫宅间守，事发时 37 岁，曾经被措置入院。他在高中二年时因有不安感和身体懒倦等原因中途退学，住进精神病院。后加入日本航空自卫队，但因与未成年少女同居而被逐出。1984 年 11 月，因暴力强奸妇女而被逮捕，他诉说有幻听等症状，住院诊断为精神分裂症。大阪地方检察厅委托医师鉴定，结论为“性格异常，然而有理解是非能力”，于是被起诉。1986 年 7 月，被大阪地方法院判处三年徒刑（惩役），服刑于奈良少年监狱（少年刑務所）。1999 年 3 月，他将一些精神安定剂混入同事的饮料中，导致 4 人入院，被捕后被送往精神病院，诊断有精神分裂症，一个月后因为“有能力照顾自己”而出院。2000 年 10 月 16 日因殴打酒店服务生而被指控。2001 年 5 月 23 日，他再次进入医院，但一日后离开医院。2001 年 6 月 8 日，他服用超过正常剂量十倍的精神药物，然后进入池田小学行凶。对其进行了两次精神鉴定，诊断为人格障碍，判定有责任能力。2003 年 8 月 28 日，宅间守被判处死刑。他毫无悔意，不愿意向受害者家属致歉，并说希

---

① 参见〔日〕大谷实《刑法总论》，黎宏译，法律出版社，2003，第 404～410 页。

② 〔日〕大谷实：《刑事政策学》，黎宏译，法律出版社，2000，第 392 页。

望尽快将他处决。2004 年 9 月 14 日，宅间守被执行绞刑。[①]

事件发生后，各界都要求加强对触法精神障碍者的治疗和管理，防止他们再次发生重大危害行为。但是日本国会选择的处遇方案，既不是修订《日本刑法典》，增设保安处分，也不是修订《精神保健福祉法》，强化医疗体制内的措置入院处分，而是另外建立了一个司法与医疗相结合的医疗观察制度。2003 年 7 月 15 日，日本国会通过了一部新的法律：《有关在心神丧失等状态下实施重大他害行为的人的医疗以及观察等的法律》。[②] 由于是新创的制度，涉及方面比较多，需要做好准备，这部被简称为《医疗观察法》或者《心神丧失等医疗观察法》的法律没有在颁布后立即施行，而是在 2005 年 7 月 15 日起施行。

《医疗观察法》的目的是规定对在心神丧失等状态下实施重大他害行为（即伤害他人的行为）的人给予适切处遇的决定程序，确保持续的、适切的治疗而进行观察和指导，以期症状的改善及防止与此症状相伴的同样行为再次发生，促进其社会复归（第一条第一款）。《医疗观察法》的要义是由法院决定精神障碍犯罪人入院医疗或者门诊医疗，但不单纯以社会防卫或保安为目的，而更多地考虑精神障碍者的医疗和福祉。但是，医疗观察制度也并非没有社会防卫和保安的色彩。[③]

《医疗观察法》的适用对象（对象者）是实施了重大他害行为（对象行为）的精神障碍者。根据该法第二条第二款的解释，重大他害行为是指《刑法》有关条款规定的放火、强制猥亵、强奸、杀人、伤害（不包括轻微的伤害）、抢劫（强盗）诸罪。具体地说，对象人包括：（1）实施了对象行为并被确认属于心神丧失或心神耗弱的人，给予不起诉处分的；（2）实施了对象行为，但以心神丧失为由而受到无罪判决的人；（3）实施了对象行为，但以心神耗弱为由而受到减轻处罚判决的人。

医疗观察由检察官向地方法院提起申请。接受申请的法院，指定法官和精神保健审判员各一人组成合议庭。精神保健审判员由法院在审理具体

---

① 参见 http://ja. wikipedia. org/wiki/附属池田小事件；http://yabusaka. moo. jp/ikeda. htm。

② 参见《心神喪失等の状態で重大な他害行為を行った者の医療及び観察等に関する法律》（平成 15 年 7 月 16 日法律第 110 号）。

③ 参见〔日〕石川正兴《精神障碍与保安处分》，载于王牧、张凌主编《中日犯罪学之比较研究——中日犯罪学学术研讨会论文集（1—4）》，中国检察出版社，2011。

案件时，从厚生劳动大臣编制的“精神保健判定医”名簿所列精神科医师中选择任命。精神保健判定医师应具有必要的学识经验。精神保健审判员独立行使职权，并应根据最高法院规则宣誓公平诚实地履行职务。法官为合议庭裁判长，负责整理提出裁判结论。在审理过程中，法官基于有关法律的学识经验发表意见，精神保健审判员基于有关精神障碍者治疗的学识经验发表意见。合议庭的裁判必须根据法官和精神保健审判员的一致意见。根据需要，法院还可指定一名以上精神保健参与人（精神保健参与員）提供协助。精神保健参与人是在精神障碍者保健和福利方面具有专门的知识和技术的人员，每年由厚生劳动大臣编制名簿。

法院接受检察官申请后，即开始住院鉴定。住院鉴定期间为二个月（最长为三个月）。然后，合议庭根据鉴定医师、精神保健参与人、保护观察所社会复归辅导官、监护人和律师等提供的资料和意见以及对象人本人的意见，作出入院或者通院（即门诊治疗）或者无须医疗的决定。《医疗观察法》第四十二条第一款第一项规定：“为改善发生对象行为时具有的精神障碍，并不再实施同样的行为，促进其社会复归，当确认有必要让其住院接受本法所规定的医疗之时，让其接受入院医疗的决定。”在评议结果认为没有对象行为以及并非心神丧失者等的情况下，应当驳回申请。在法庭审理时，被害人或其法定代理人或死亡被害人的配偶、直系亲属和兄弟姐妹经许可后可以旁听。检察官、对象人、保护人等如果认为法院的决定违反法律或有重大事实的误认或处分显著不当，可以在决定作出的两周内向高等法院提出抗告，还不服的，可以向最高法院抗告。

被决定入院的人（入院決定を受けた者）必须进入由厚生劳动大臣指定的入院医疗机构（指定入院医療機関）接受医疗。入院期间原则上为三年，例外是五年。指定入院医疗机构的管理人在认为没有必要继续留院医疗的时候，应当向法院提出出院申请。在认为有必要继续住院医疗的时候，每六个月一次向法院提出确认继续住院的申请。正在住院的人，其保护人等，随时可以提出出院或者终止医疗的申请。

被决定通院的人（通院对象者），要在社区的指定通院医疗机构（指定通院医療機関）接受三年的定期医疗。在社区生活中，通院对象人的义务包括：（1）接受医疗；（2）居住于固定住所；（3）长期旅行必须事先申报；（4）接受保护观察所的精神保健观察。

实施“重大他害行为”之外危害行为的触法精神障碍者的处遇，仍然适用《精神保健福祉法》。

第五节 当代非自愿住院制度的特征和原则

一 非自愿住院的概念

在概念上，非自愿住院是相对自愿住院而言的。但事实上，非自愿住院先于自愿住院而存在。早期的精神卫生法没有规定自愿住院问题，那时精神病院中的住院患者都是非自愿入院的。到 20 世纪，才有自愿患者（voluntary patients）和自愿住院（voluntary admission，voluntary hospitalization，voluntary commitment，voluntary placement），精神卫生法才开始规定自愿患者和自愿住院问题。但即使到现在，自愿住院也不是精神卫生法的重点。自愿住院的精神障碍患者与其他疾病的患者在权利和待遇等方面并没有明显的特殊性，并无充分必要将他们与其他疾病患者分离开来，单独制定法律予以处遇。有些国家的精神卫生法简单规定了自愿住院，多是为了处理精神病院发现个别的自愿住院的患者符合非自愿住院的条件，如何将他们转为非自愿患者这个问题，或是为了处理精神病院发现个别的非自愿住院患者经过治疗符合自愿住院的条件，如何将他们转为自愿患者的问题。

非自愿住院是指未经精神障碍患者或者被视为精神障碍患者的人的知情同意，而将其收住精神病院或其他精神卫生医疗机构。简而言之，非自愿住院就是非知情同意的住院。根据联合国《保护精神病患者和改善精神保健的原则》的解释，知情同意系指以患者理解的形式和语言适当地向患者提供充足的、可以理解的以下方面情况后，在无威胁或不当引诱情况下自由取得的同意：（a）诊断评价；（b）所建议治疗的目的、方法、可能的期限和预期好处；（c）可采用的其他治疗方式，包括侵扰性较小的治疗方式；（d）所建议治疗可能产生的疼痛或不适、可能产生的风险和副作用。

非自愿住院的对应英文是 involuntary hospitalization 或者 involuntary admission。后者为联合国《保护精神病患者和改善精神保健的原则》和世界卫生组织的一些文献所采用。由于历史、法律传统等方面的差异，在各国，非自愿住院可能有不同的具体称谓，例如美国习惯称之为 involuntary commitment，欧洲一些国家习惯称之为 involuntary placement。

细说的话，involuntary hospitalization 与 involuntary admission 的含义有所不同。involuntary hospitalization 可以译为"非自愿住院"，它指的是住院的整个期间，一般而言，它还包括了 involuntary treatment（非自愿治疗）。而 involuntary admission 译为"非自愿入院"则更为恰当，它突出的是"入院"这一具体时段。本书所说的"非自愿住院"，实际上是广义的，包括入院之时和住院期间，个别地方也使用"非自愿入院"。

所谓"未经精神障碍患者或者被视为精神障碍患者的人的知情同意"，包括两种情况：

第一，精神障碍患者或者被视为精神障碍患者的人通过语言或者文字、肢体等其他方式表示拒绝住院。这种情况下的非自愿住院，由于精神障碍患者或者被视为精神障碍患者的人的拒绝甚至反抗，通常都需要使用强制手段，有时还需要警方介入，因而也被称为"强制住院"（compulsory admission），例如英国精神卫生法。"强制住院"也可以说是狭义的非自愿住院。我国精神卫生法没有采用"强制住院"的概念（曾经出现于草案第十五稿和第三次征求意见稿）。在我国刑法上，强制住院被称为"强制医疗"。

第二，精神障碍患者既没有表示拒绝住院，也没有表示同意住院。这种状况一般是精神障碍造成的行为能力、认识能力的丧失所导致的。这类既没有表示拒绝住院，也没有表示同意住院的精神障碍患者被称为"不主张权利"（non-protesting）患者，或者"非正式"（informal）患者。不主张权利的患者入院，主要适用"需要治疗"标准或者"严重失能"标准。他们住院治疗，通常由其近亲属、监护人或其他关心其利益的人提出申请，类似于未成年患者。借用前述"无自愿安乐死"（non-voluntary euthanasia）的概念，可以将这种适用于不主张权利的患者的非自愿住院称为"无自愿住院"（non-voluntary admission）。有些国家的精神卫生法不规定"无自愿住院"，或者不将"无自愿住院"视为非自愿住院。本书在后面讨论中国精神卫生法的非自愿住院制度时，将会把这种"无自愿住院"称为"无拒绝的非自愿住院"。

与"强制住院"相比，"无自愿住院"的标准较为宽松。这可以使无知情同意能力但是需要住院和治疗的患者得到必要的保健和治疗。同时，标准的宽松也可能导致非自愿住院的滥用。因此，世界卫生组织和有些国家强调以保护“强制住院”患者的同样方式来保护不主张权利的患者的权利。世界卫生组织指出：需要由一名以上的精神科医生对不主张权利的患者的行为能力和是否适合自愿治疗进行评估，并达成共识。不主张权利的患者应像非自愿患者一样按照强制性自动复核程序进行复核，包括对其精神状态的初次确认和进行持续的定期评估，以确定其状况是否发生变化。如果通过入院/治疗，患者恢复了知情决定的能力，那么必须将其转移出不主张权利的患者之列。此外，不主张权利的患者应有就其状况进行上诉的权利，他们也将享受到其他患者享有的一切权利，比如权利告知、隐私保密、有恰当标准的医疗服务，以及其他权利。“最少限制的环境”和“患者最大利益”这两个基本原则必须同样适用于不主张权利的患者。①

总之，非“知情同意”就是非自愿，非自愿就是非“知情同意”。未经“知情同意”的住院都是非自愿住院。在现实中，未经“知情同意”的住院可能具有“同意”的形式和外表，即前面提到的“伪自愿”（nominally voluntary）。世界卫生组织《精神卫生、人权与立法资源手册》指出：“有时会出现这样的问题，无同意能力的患者仅仅因为没有反对入院而被‘自愿’送入医院。例如，某患者既不理解入院的真相也不理解其目的，却被‘自愿’送入医院。精神发育迟滞者是另一个容易有这种所谓‘自愿’入院风险的群体。也有人因为受到胁迫或者不知道自己有拒绝权，而可能不加反对地‘接受’治疗或入院。在上述情况下，没有反对并不等于同意，因为同意必须是自愿和知情的。”②

二　非自愿住院的分类

常用的非自愿住院分类，是根据实施的目的和程序的性质作出的。最基本的是将非自愿住院分为刑事性非自愿住院和民事性非自愿住院两大

① 参见世界卫生组织《国际人权在国家精神卫生立法方面的作用》，2004 年中文本，第 64 页。

② 世界卫生组织：《精神卫生、人权与立法资源手册》，2006 年中文本，第 63 页。

类。刑事性非自愿住院主要由刑事法律所规定。所谓“民事性”，不是一个十分严谨的说法，它是相对“刑事性”而言的，更准确的说法是“非刑事性”。“非刑事性”的非自愿住院，一般由精神卫生法规定，而精神卫生法在有的国家被归为民法范畴（部门），在有的国家被归为行政法或社会法范畴。同时，对非自愿住院如此分类过于笼统，未能反映出“非刑事性”非自愿住院的复杂性。为便于考察和研究，我将“非刑事性”非自愿住院进一步分为保安性非自愿住院和救护性非自愿住院两类。[①] 于是也可以说，非自愿住院分为刑事性非自愿住院、保安性非自愿住院和救护性非自愿住院三类。这主要是一个学术性的分类。各国的精神卫生法和刑法一般没有清晰地对非自愿住院加以分类。但是这种分类是重要的，因为它们的作用、标准和程序有很大差异。常见有人将它们混为一谈，或者指东说西，令人不知所云。

这三类非自愿住院都有其合理性，为各国普遍采取。不能仅仅因为它们是非自愿的，就将其视为对精神障碍患者的排斥或歧视。当然，如果不能根据人权、法治的基本原则加以合理的规范，它们确实会造成侵犯精神障碍患者和精神正常者人权的恶劣后果。

下面，简单地说明这三类非自愿住院的主要异同和一些国家或地区的有关基本规范，稍详细的讨论将在第七章结合中国法律的有关规定进行。

（一）刑事性非自愿住院

刑事性非自愿住院是指对已经发生违反刑法的行为但是无刑事责任能力或仅有部分（限制、减轻）刑事责任能力的精神障碍患者实施的强制住院。这种非自愿住院最根本的法律依据是刑法关于无刑事责任能力或部分刑事责任能力的精神障碍犯罪人（或称“精神病犯罪人”）减免刑事责任的规定，这是其法律属性被归结为“刑事性”的主要原因。

刑事性非自愿住院是一种社会防卫（social defence）措施。社会防卫的思想起源于刑事社会学派的社会责任论。社会责任论以实证主义的决定论为哲学基础，反对自由意志论，认为犯罪行为是由遗传素质和社会环境

① 我是在2006年3月提交的全国政协提案《关于将〈精神卫生法〉列入全国人大“十一五”立法规划的建议》中作出这个分类的。后在《检察日报》组织的座谈中，我又以书面形式提出这个意见。参见刘卉《“精神病人”非自愿住院亟待立法规范》，《检察日报》2006年4月28日。

相互作用而形成的犯罪人危险性格即人身危险性的外部表现，追究犯罪人刑事责任不是因为他有道德上的罪过，而是社会为了保护自己而采取的防卫措施。社会责任论是在 19 世纪末 20 世纪初产生的。那个时期正是自然科学迅速发展的时期。生理学、遗传学、医学、心理学等学科的成果以及实证主义哲学，从不同的角度造成不利于自由意志论的局面。其情形恰如有人所说："当用现代实证研究方法武装起来的近代心理学否认了自由意志的存在，并证明人的任何行为均系人格与人所处的环境相互作用的结果时，你还怎么相信自由意志的存在呢?"① 说这番话的，是社会责任论和犯罪社会学的主要创始人、意大利犯罪学家恩里科·菲利（Enrico Ferri，1856～1929）。菲利不同意刑事古典学派根据自由意志程度的差别即刑事责任能力程度的差别对犯罪人进行分类，认为应当根据犯罪人的人类学特征进行分类，而且这种分类"应当包括精神不健全的罪犯"②。他说："从古典派的道德和法律观点来看，患有精神病的谋杀犯并'没有犯罪'。但是，死人的尸体及其被精神病人的行为杀死之后遗留下来的家庭是存在的，这更没有疑问。而且，'法律认为无罪'的这一杀人者很可能再次对其他无辜的被害者实施暴行。"③ 他指出：有组织的社会不得不防护自己免遭各种个人反社会行为的侵害，唯一的困难是使自卫的方式和期限适合于行为的方式和强度。④

刑事社会学派从社会责任论和社会防卫论出发，主张强制性地将无刑事责任能力的精神障碍犯罪人不定期地甚至是终身地收容在专为他们设立的精神病院——犯罪（司法）精神病院。菲利指出："对于遗传的或先天的犯罪人，或者由于习惯或精神病而倾向于犯罪的人犯下的重大罪行，实证派犯罪学主张保留不定期隔离的方式，因为在犯了重大罪行的危险退化者的案件中，事先规定出期限是不合理的。""应当关到他们能适应正常的

---

① 〔意〕恩里科·菲利：《实证派犯罪学》，郭建安译，中国政法大学出版社，1987，第 9 页。

② 〔意〕恩里科·菲利：《犯罪社会学》，郭建安译，中国人民公安大学出版社，1990，第 21 页。

③ 〔意〕恩里科·菲利：《犯罪社会学》，郭建安译，中国人民公安大学出版社，1990，第 159 页。

④ 〔意〕恩里科·菲利：《犯罪社会学》，郭建安译，中国人民公安大学，1990，第 159 页。

社会生活为止。"[1] 另一位犯罪社会学创始人，意大利犯罪学家加罗法洛（Baron Raffaele Garofalo，1851～1934）指出："我们主张，尽管精神错乱的事实得以确立，犯罪仍可以存在。然而，这种犯罪不同于其他犯罪，即不同于这些犯罪：他们不是由永久的起因所决定的道义特性导致的，而是由短暂的病症所决定的道义特性，以及可以改进、恶化或变化的道义特性导致的。由于罪犯的疾病是变化的，所以，罪犯的危险性可能增加，可能减小，甚至可能完全消失。因此，在这种情况下，应当有一种特殊形式的遏制方法，这种遏制方法不是彻底地消除，而是把他们无期限地收容在精神病院中。……这种方法适合于患有精神病的罪犯，正如其他形式的遏制方式适用于普通罪犯一样。通过这种方法，社会可以防护自己受到患有精神病罪犯的侵害，这正如通过一种不同的方法，社会可以防护自己不受非精神病罪犯的侵害一样。为什么一定要把这种犯罪排斥在刑法的管辖范围之内呢？"[2]

菲利还论证了设置犯罪精神病院的必要性。他认为，在犯罪精神病院，具有专业知识的管理人员能够防止残暴行为暴发，而在普通精神病院，几个精神病犯罪人就足以使其秩序难以维持，而精神病犯罪人的骚扰还将对其他病人产生不良影响。他不认为在普通精神病院设置专门病房就可以解决问题。他指出，经验已经表明，这种专门病房的效果不好，因为用同一批管理人员来满足普通精神病人和犯罪精神病人的不同医治和训练的需要是很困难的。他还认为，根据纪律程度的不同，犯罪精神病院应当分为两种：一种收容那些犯了杀人、放火、强奸等严重和危险罪行的精神病犯罪人；另一种收容那些犯了简单盗窃、暴力威胁和有伤风化等轻罪的精神病犯罪人。[3]

在19世纪的欧洲，对于无刑事责任能力的精神障碍犯罪人的安置大体有三种方式。（1）建立犯罪精神病院，由司法机关强制性地收容无刑事责

① 〔意〕恩里科·菲利：《实证派犯罪学》，郭建安译，中国政法大学出版社，1987，第50～51页。

② 〔意〕加罗法洛：《犯罪学》，耿伟、王新译，中国大百科全书出版社，1996，第253～254页。

③ 参见〔意〕恩里科·菲利《犯罪社会学》，郭建安译，中国人民公安大学出版社，1990，第157～160页。

任能力的精神障碍犯罪人。(2) 司法机关放弃对无刑事责任能力的精神障碍犯罪人的控制，转由行政当局进行管理，一般是送入普通精神病院。法国、德国、比利时、葡萄牙、瑞典等国即是如此。(3) 在荷兰、丹麦、西班牙、俄罗斯等国，由司法机关决定无刑事责任能力的精神障碍犯罪人是由犯罪精神病院还是由普通精神病院收容。到20世纪初，更多的国家设置了犯罪（司法）精神病院。将无刑事责任能力的精神障碍犯罪人强制收容进犯罪精神病院已经成为保安处分制度的重要内容。在20世纪下半叶，随着精神病学的发展，在无刑事责任能力的精神障碍犯罪人的处遇中，更强调对精神障碍的治疗和医学控制。

刑事性非自愿住院的适用基础是刑事违法性、罪责减免性和人身危险性。(1) 刑事违法性，即实施了刑法禁止的行为。对于实施一般违法行为的精神障碍患者，虽然也可能给予非自愿住院，但不属于刑事性非自愿住院。(2) 罪责减免性。适用刑事性非自愿住院的犯罪人，虽然实施了刑法禁止的行为，但由于精神障碍而被认定无刑事责任能力或仅有部分刑事责任能力，免于处罚，或减轻处罚。(3) 人身危险性，即再犯可能性，也称社会危险性。临床精神病学和犯罪精神病学的研究已经揭示，有相当多的精神障碍患者，如果不加以必要的医疗和管理，很有可能持续或者重复发生某种危害行为，也有可能在发生某种类型的危害行为后再发生另外一种危害行为。这是对精神障碍犯罪人实施强制住院加以治疗的最基本原因。因而，对精神障碍犯罪人，虽然可以免除处罚或减轻刑罚，但应当医治其精神障碍。

刑事性非自愿住院不是刑罚，不具有谴责性、惩罚性，但它和刑罚中的监禁刑（徒刑）是相似的，都构成对适用对象人身自由的剥夺或限制。两者的差异，除执行场所不一样外，主要在于住院者还需要被迫接受他们可能感觉痛苦的治疗，住院期限不像监禁刑那么固定、严格，即使出院，权利也可能因为作为精神病人而受到多种限制。因此，在废除死刑的国家，有些犯罪人不愿意以精神错乱作为无罪辩护的理由，宁愿坐牢，也不去精神病院。

有的国家只承认无刑事责任能力，而不承认部分刑事责任能力。有的国家既承认无刑事责任能力，又承认部分刑事责任能力。因此，刑事性非自愿住院在各国的适用范围是不同的。

有一些犯罪人，虽然患有精神障碍，但精神障碍与其犯罪无关或对犯罪影响甚微，没有被减免刑事责任，被处以自由刑。对其中病情严重、不适于囚禁的犯罪人，一开始就不应收监，而应送往医院治疗或者保外就医。还有一些犯罪人，原本精神正常，但在监禁后罹患精神障碍。对这些罹患精神障碍的囚犯，应当给予治疗，需要住院的应当安排住院。对“精神错乱和精神失常的囚犯”的待遇，《囚犯待遇最低限度标准规则》有明确规定，有些国家的精神卫生法也加以规定。但是，对这种在服刑期间罹患精神障碍的囚犯的住院治疗，是刑罚执行范畴的问题，是一种人道主义的处遇方式，不属于以消除人身危险性为目的的刑事性非自愿住院。

刑事性非自愿住院的适用程序一般由刑法、刑事诉讼法等刑事法律规定，但也有国家通过精神卫生法等其他法律规定。刑事性非自愿住院的适用主要有保安处分（security measures）模式和精神卫生法模式。

第一，保安处分模式。

德国、意大利、西班牙、葡萄牙、希腊、奥地利、瑞士、荷兰、匈牙利、捷克、挪威、保加利亚、俄罗斯、丹麦、巴西、墨西哥等国的刑法规定，对无刑事责任能力或部分刑事责任能力的精神障碍犯罪人可以予以强制住院的保安处分，或者具有保安处分性质的预防性措施（挪威）、强制治疗措施（保加利亚）、医疗性强制措施（俄罗斯）或看护管治（丹麦）。我国台湾地区“刑法”（基本沿用1949年以前民国时期刑法）也规定了类似的保安处分，叫做“令入相当处所，施以监护”。

加拿大的刑事法律体系不同于大陆法系诸国，也不同于英美。《加拿大刑事法典》是一部包括实体法与程序法的综合刑事法典。它既规定了无鉴别知晓能力的精神障碍犯罪人不负刑事责任，需要拘禁于医院，又规定了拘禁处置的程序。不过，它没有将拘禁处置称为保安处分。①

作为一种保安处分的非自愿住院不是刑罚，而是对具有人身危险性的精神障碍犯罪人，以住院治疗的方式消除其危险性，防止其继续实施危害行为，而采取的一种刑事强制措施。在上述国家或地区，刑事性非自愿住院由法院决定，刑事诉讼法一般为此规定了特别程序。它们的精神卫生法通常不规定精神障碍犯罪人的强制住院问题。但是，精神障碍犯罪人在医

① 《加拿大刑事法典》，卞建林等译，中国政法大学出版社，1999。

院中的治疗和待遇，一般适用精神卫生法，只是他们的权利可能受到更多限制。

对认定为无刑事责任能力的精神障碍犯罪人，只可能存在执行强制住院保安处分问题，而没有执行刑罚问题。而对认定为部分刑事责任能力的精神障碍犯罪人，则一般是刑罚与强制住院保安处分并处，如果刑罚是监禁刑，在执行上需要处理两者的关系。在执行顺序上，有些国家是先执行强制住院保安处分，有的国家是先执行监禁刑（如意大利、捷克）。德国是一般先执行保安处分，但如果先执行刑罚更利于实现处分目的，法院也可以命令先执行刑罚。[①] 先执行强制住院保安处分的国家，多规定强制住院期间可折抵监禁刑（如奥地利、葡萄牙、瑞士、挪威、俄罗斯、保加利亚），或部分折抵监禁刑（如德国）。还有国家，允许法院在宣判时以强制住院保安处分代替刑罚（如丹麦）。

强制住院保安处分的期限，各国规定也不一致。（1）刑法规定原则期限。例如，西班牙规定，强制住院的期限不得超过假设的未被免除刑事责任而应当判处的刑罚的期限，判决时应确定该期限的上限。[②] 意大利根据不同犯罪的刑期，规定不同的强制住院期限的下限。《意大利刑法典》第222条规定："在因精神病、酒精或麻醉品慢性中毒或者又聋又哑被开释的情况下，一律适用收容于司法精神病院，时间不少于2年。""如果法律为所实施的行为规定处以无期徒刑，收容于司法精神病院的最短持续期为10年；如果依法应判处最低不少于10年的有期徒刑，收容的最短持续期为5年。"[③] 墨西哥规定强制住院期限不超过相应犯罪的刑罚最高期限。[④]（2）刑法规定强制住院的最高期限，如丹麦。[⑤]（3）法院确定期限。即刑法规定，强制住院的具体期限由法院确定，如挪威。（4）不规定期限。在德国、奥地利、希腊、匈牙利、捷克、巴西等国，根据刑法规定，强制住院期限的长短取决于其目的的实现。它们的刑法还规定，对强制住院应定期审核，撤销强制住院由法院决定。

---

① 《德国刑法典》，徐久生、庄敬华译，中国方正出版社，2004。

② 《西班牙刑法典》，潘灯译，中国政法大学出版社，2004。

③ 《最新意大利刑法典》，黄风译注，法律出版社，2007。

④ 《墨西哥联邦刑法典》，陈志军译，中国人民公安大学出版社，2010。

⑤ 《丹麦刑法典与丹麦刑事执行法》，谢望原译，北京大学出版社，2005。

第二，精神卫生法模式。

少数国家如法国、英国的刑法只是规定无刑事责任能力或仅有部分刑事责任能力的精神障碍犯罪人不负刑事责任或者承担部分刑事责任，但没有具体规定如何处置这些精神障碍犯罪人，而是在精神卫生法中对精神障碍犯罪人的强制住院问题作出规定。对精神障碍犯罪人实施强制住院是否由法院决定，还看精神卫生法如何规定。芬兰刑法比较特别，它规定了强制住院，但同时规定是否采取强制住院，应根据精神卫生法确定。《芬兰刑法典》第三章第四条第五款规定：对于因精神状况而被判决免除刑罚的犯罪人，除非明显不必要，法院应当根据精神卫生法的有关规定，提请澄清该人需要治疗的问题。[①]

日本别出心裁。如前所述，原先它是通过《精神保健福祉法》（以及之前的《精神卫生法》《精神保健法》）来解决心神丧失或心神耗弱犯罪人的强制住院（措置入院）问题的，2003 年后，它在《刑法》《精神保健福祉法》之外，制定《医疗观察法》，对发生重大他害行为的心神丧失或心神耗弱犯罪人的强制住院问题作出了规定。但是，发生非重大的他害行为的心神丧失或心神耗弱犯罪人的强制住院仍然适用《精神保健福祉法》。前者由法院决定，后者由都道府县知事决定。

还须指出，虽然刑事性非自愿住院在整体上属于刑事法律范畴，但精神卫生的基本原则对其也是适用的。联合国《保护精神病患者和改善精神保健的原则》规定："本《原则》适用因刑事犯罪服刑或在对其进行刑事诉讼或调查期间被拘留的、并被确认患有精神病或被认为可能患有此种疾病的人。"它还规定，所有此类人士应得到《原则》规定的最佳可得护理。本《原则》应尽可能完全适用此类人士，仅在必要的情况下可有有限的修改和例外，此种修改和例外不得妨害此类人士根据《世界人权宣言》《经济、社会、文化权利国际公约》《公民权利和政治权利国际公约》以及《残疾人权利宣言》和《保护所有遭受任何形式拘留或监禁的人的原则》等文书享有的权利。

（二）保安性非自愿住院

保安性非自愿住院是对可能即将发生危害行为的精神障碍患者实施的

① 《芬兰刑法典》，于志刚译，中国方正出版社，2005。

非自愿住院。所谓“保安性”，是我借用“保安处分”的说法，意在强调这种非自愿住院对于犯罪的预防作用。应当承认，“保安性”不是一个很恰当的用词，容易与刑法范畴里的保安处分概念混淆，但自从我提出“保安性非自愿住院”概念之后，由于它在精神卫生法范畴里比较清晰地区别于“救护性非自愿住院”，被一些学者引用，而且我一直没有想出更恰当的用词，暂且继续使用。

不过，社会责任论的另一主要创始人——德国刑法学家弗兰茨·冯·李斯特（Franz von Liszt，1851～1919）倒是认为保安处分应当适用于有危险性但未犯罪的精神病人：“保安处分与刑罚的关系颇有争议。……但有一点是肯定的，即保安处分不一定要与实施了应受处罚之行为联系在一起，因而超越刑罚概念；如将无人管教但仍为犯罪的儿童和少年收容于教养所，或者将对公众有危险的但未犯罪的精神病人安置于精神病院等，即属于此种情况。但如果保安处分与应受处罚的行为的实施联系在一起，那么，它就完全具有了刑罚的特征，而且是从报应理论的立场出发。”①

保安性非自愿住院与刑事性非自愿住院在功能上是十分接近的，都具有预防犯罪的作用。但刑事性非自愿针对的是经司法判定已经发生违反刑法的危害行为的精神障碍患者，而保安性非自愿住院住院针对的是可能即将发生但还没有发生危害行为（或许以前发生过）的精神障碍患者。因此，保安性非自愿住院不属于刑法上的保安处分或者刑事强制措施，而是一种非刑事强制措施，在各国一般由精神卫生法规定。也可以说，在功能上，保安性非自愿住院与刑事性非自愿住院为一组，保安性非自愿住院是对刑事性非自愿住院的补充；而在法律适用上，保安性非自愿住院与救护性非自愿住院为一组。

保安性非自愿住院无须经病人的监护人或者近亲属同意，其决定者，各国（或地区）有法院、行政机关和其他有关机构之不同，而其启动、审议程序也因此有所不同。在美国，治疗机构、患者的近亲属或监护人以及其他有利害关系的成年人认为某人可能伤害自身或他人，可以向法院提出对该人民事收容的申请，由法院审理裁决。在法国和日本，任何人认为某

① 〔德〕弗兰茨·冯·李斯特：《德国刑法教科书》（〔德〕埃贝哈德·施密特修订），徐久生译，法律出版社，2000，第402页。

人可能危害公共秩序或人身安全，应当住院治疗，可以向有关行政机关提出请求，由行政机关根据精神科医生的证明决定是否实施非自愿住院。在英国，一个人可能伤害自身或他人，其近亲属或监护人可以向医院申请实施强制住院，其他人认为某人可能伤害自身或他人，可以向经政府核准的精神卫生专业工作者提出请求，由后者决定是否向医院申请实施强制住院；如果医院认为该人需要住院，便会出具一份医学推荐书给申请者，申请者向由政府任命的主管医生递交强制住院的申请书，由其批准实施。

在我国台湾地区，对保安性非自愿住院，其“精神卫生法”第三十二条规定：警察机关或消防机关于执行职务时，发现病人有伤害他人或自己或有伤害之虞者，应通知当地主管机关，并视需要要求协助处理或共同处理；除法律另有规定外，应即护送前往就近适当医疗机构就医。民众发现前项之人时，应即通知当地警察机关或消防机关。医疗机构将病人适当处置后，应转送至主管机关指定之精神医疗机构继续接受治疗。被送医者，其身分经查明为病人时，当地主管机关应立即通知其家属，并应协助其就医。该法第四十一条规定：严重病人有伤害他人或自己或有伤害之虞者，经专科医师诊断有全日住院治疗之必要者，其保护人应协助严重病人，前往精神医疗机构办理住院。该严重病人拒绝接受全日住院治疗者，主管机关得指定精神医疗机构予以紧急安置，并交由二位主管机关指定之专科医师进行强制鉴定。强制鉴定结果表明，仍有全日住院治疗必要，经询问严重病人意见，仍拒绝接受或无法表达时，应即填具强制住院基本资料表及通报表，并检附严重病人及其保护人之意见及相关诊断证明文件，向“精神疾病强制鉴定、强制社区治疗审查会”申请许可强制住院；强制住院可否之决定，应送达严重病人及其保护人。

保安性非自愿住院适用的是危险性标准。危险性主要是指发生伤害他人或社会的行为的可能性。这些行为一旦实施，就可能造成严重后果，并且可能触犯刑法。伤害自己的行为不构成犯罪，但通常属于治安问题，因而一些国家也将发生自伤、自杀行为的可能性列入危险性——不过，就作用而言，为防止病人自我伤害而实施的非自愿住院也可以归入救护性非自愿住院。各国的危险性标准或宽或狭。联合国《保护精神病患者和改善精神保健的原则》说的是“很有可能即时或即将对他本人或他人造成伤害”。美国各州一般将危险性标准表述为“对自己或他人的危险”，有一些州还将需要照顾和治疗的一些严重状况纳入危险性标准中的“对自己的危险”范畴。法国1990年法律规定的行政性强制住院，适用标准是“可能危害公共秩序或人身安全”。日本《精神保健福祉法》规定的都道府县知事同意的措置入院，适用标准是“可能伤害自身或他人”。在一些国家和美国的一些州，危险性不仅包括对人身安全的危害，还包括对财产等的危害。对危险的紧迫性和严重性，有些国家也有明确要求。

公正实施保安性非自愿住院的关键是对精神障碍患者危险性的评估，这是一个世界性难题。对危险性的评估，主要以患者的精神症状和行为表现为依据。在保安性非自愿住院由法院决定的国家，申请实施者必须提出足够的证据，例如美国一些州所说的“清楚和令人信服的证据”。实际上，被实施保安性非自愿住院的患者通常已经发生异常的、紊乱的甚至轻微伤害的行为，或者已经有实施危害行为的表示甚至准备。有的立法例索性将正在或已经发生危害行为也纳入危险性标准。我国台湾地区“精神卫生法”规定的紧急安置和强制住院，适用标准是“伤害他人或自己或有伤害之虞”，包括已经实施伤害行为和可能实施伤害行为两种情况。

（三）救护性非自愿住院

“救护性非自愿住院”也是我提出的概念。我不愿意使用已经存在的、精神病学界喜欢使用的“医疗保护住院”等掩盖“非自愿”性质的概念。

救护性非自愿住院是对精神科医生认为需要照顾和治疗的严重精神障碍患者，经其近亲属或监护人的请求或同意而实施的非自愿住院。刑事性和保安性非自愿住院主要基于对社会利益的保护，防止患者发生危害行为，而救护性非自愿住院主要基于对患者的救护，防止患者因病情恶化或生活不能自理而出现生命的危险。

救护性非自愿住院在非自愿住院中比例最高，但因为主要是家庭领域的事情，所以不那么使社会、公众关注。然而对其质疑之声却最盛——主要来自曾经被实施救护性非自愿住院的人和人权保护者或组织。刑事性非自愿住院已经为人们普遍接受，对精神障碍犯罪人，人们不是认为他们应当待在监狱，就是认为他们应当待在精神病院，都反对任其自由活动。保安性非自愿住院虽然不是以危害事实而是以危害可能为标准，但是由于它基于对他人、社会的保护，并且以人们的经验为基础，如果有比较严格的适用程序，异议也不是太多。救护性非自愿住院针对的是那些无危险性的、自己不感到痛苦或者不承认自己有病或者不愿意住院的，但被别人视为精神障碍患者并且需要住院治疗的人，其合理性的根基最不牢固。反对者认为大多数精神障碍患者有能力判断自己是否需要住院治疗，而且治疗本身可能比疾病更糟，精神病院强行收治家属送来的患者是为了确保稳定的经济来源，而有些家属将患者送入精神病院是为了摆脱护理的负担或者达到某种不当目的。赞成者认为严重精神障碍患者没有自知力，认识不到治疗的必要性，拒绝治疗不是其理性选择，不符合其根本利益，因此必须由别人照顾他们的利益，安排他们住院治疗，以保护他们的健康和幸福。尽管争议不断，各国精神卫生法一般都有条件地允许实施救护性非自愿住院。之所以认可救护性非自愿住院，其实也有深层的治安动机。许多人认为精神障碍患者的行为难以预测，说不定什么时候就会发生危害行为，还是将他们禁闭为好，即使他们还没有表现出危险性。

救护性非自愿住院适用于无知情同意能力（英国区分了拒绝住院和对住院既没有表示拒绝也没有表示同意两种情况）的严重精神障碍患者，对于具有正常知情同意能力的无危险性患者的住院自主权或称拒绝住院治疗权应当给予完全的尊重。重要的是，不能仅仅因为某人拒绝住院治疗，就推断其无知情同意能力。精神病学领域实际上存在着这样一种循环逻辑：为什么这个人拒绝住院治疗？——因为他没有知情决定能力；为什么这个人没有知情决定能力？——因为他拒绝住院治疗。这是精神病学中的“第二十二条军规”(Catch -22)，但并不幽默，而只有黑色。[①] 判断有无知情同意能力，最基本的是应当先确认是否存在阻碍、破坏意识、意志、智力、思维能力的严重精神障碍，这些精神障碍在多个方面对患者的社会适应、日常生活产生明显的消极影响，而不会仅仅表现在住院治疗的决定一个方面。

在确认无知情同意能力的前提下，救护性非自愿住院曾经一般以“需要照顾和治疗”为标准。“需要照顾和治疗”是说一个人应当得到照顾和治疗，而不是说一个人要求照顾和治疗。作为非自愿住院标准的“需要照

① 参见〔美〕约瑟夫·赫勒《第二十二条军规》，南文、赵守垠、王德明译，上海译文出版社，1981。在这部以第二次世界大战期间美国空军一支飞行大队为题材的黑色幽默的小说中，第二十二条军规说的是：只有疯子才能获准停止飞行；一个人如果疯了，可以提出停止飞行的要求；但是，一个人对自身安全表示关注，要求停止飞行，被视为头脑理性活动的结果，因而他不是疯子，必须继续执行飞行任务。

顾和治疗”，实际上是他人的一种判断，但是这种判断必须以患者的精神状态和行为表现为依据。“需要照顾和治疗”标准过于笼统，宽严程度也不太稳定，呈现时松时紧的特点。这在美国表现得最为突出。“去住院化”运动中的出院患者多数就是救护性非自愿住院患者。后来美国一些州所持的“严重失能”标准更为严格，强调的是不能维持基本生理需要，不住院治疗就会发生生命危险。这种标准在世界范围内产生了影响。联合国《保护精神病患者和改善精神保健的原则》规定的救护性非自愿住院标准是：“一个人精神病严重，判断力受到损害，不接受入院或留医可能导致其病情的严重恶化，或无法给予根据限制性最少的治疗方法原则，只有住入精神病院才可给予的治疗。”它比较接近“严重失能”标准。

救护性非自愿住院的决定者，在个别国家如美国、澳大利亚是法院，在大多数国家是精神病院。法国 1990 年法律将救护性非自愿住院称为“应第三人请求的住院”，意在强调亲属等收治医院之外的人士在其中的作用。的确，救护性非自愿住院须经近亲属、监护人等的请求或同意，但这只是一个方面。比较而言，精神科医生的作用更是决定性的，因为救护性非自愿住院适用的是单一的医学标准或者以医学标准为主，是否需要住院由精神科医生确认。至少可以说，救护性非自愿住院是由近亲属、监护人等与医院共同实施的。在有些国家，救护性非自愿住院的申请人，只能是近亲属、监护人，或者说，未经一个人近亲属、监护人的申请或同意，不得实施救护性非自愿住院。而在有些国家，经核准的精神卫生专业工作者、收治医院之外的为精神障碍患者利益而工作的人、有利害关系的成年人，以及患者其他亲朋等也可以提出救护性非自愿住院的申请，以利于对没有或找不到近亲属、监护人，或者近亲属、监护人逃避责任，或者流离失所、无家可归的精神障碍患者的救护。

比起刑事性和保安性非自愿住院，救护性非自愿住院的标准更为模糊，确定程序一般也更为简单，因而被滥用的可能性更大。只不过刑事性和保安性非自愿住院的滥用者主要是政府，可能出于政治动机，而救护性非自愿住院的滥用者主要是亲属和医院，一般出于经济和人际关系动机。一些国家的精神卫生法刻意掩盖救护性非自愿住院的非自愿性，例如法国 1838 年法律称之为“自愿安置”，日本《精神保健福祉法》称之为“医疗保护入院”。

除上述三类非自愿住院之外，有些国家为了避免迫在眉睫的危险，精神卫生法还规定了正式入院之前的紧急评估或观察。紧急评估的标准和程序相对简易，但时间限制比较严格。有些国家还规定了从自愿住院转为非自愿住院的标准和程序。这些做法都是非自愿住院制度的组成部分。

三　当代非自愿住院制度的特征和原则

（一）医疗性

非自愿住院的医学前提是患有严重的精神障碍。不论哪一种类型的非自愿住院，其基本目的，都应当是治疗患者的精神障碍。不仅适用“需要照顾和治疗”或者“严重失能”标准的住院患者是如此，而且适用“危险性”标准的住院患者、适用刑法标准的强制医疗患者也是如此。治疗不仅包括用医学、心理学或其他科学的方法诊治，也包括对患者尤其是严重失能患者进行符合医学和人道的照顾，但并不要求达到痊愈、缓解和不发生死亡的效果。没有治疗，非自愿住院就没有正当性。何况现代精神病学已经可以提供或自称可以提供一系列有效的治疗方法。虽然精神病学的发展远未达到理想的水平，各种精神障碍的治疗不可能都达到康复的效果，但可以缓解、控制病情，避免恶化和继续发作。曾经发生或即将发生危害行为的精神障碍患者，可以通过适当的治疗，减少或消除其对自身和社会的危险性。这是20世纪中叶以前的非自愿住院难以企及的。

住院治疗和社区治疗哪一个对消除或者缓解病情更有效，是一个曾经长期争论并且将继续争论的问题。但是住院所具有的与社会的隔离，封闭的环境，以及在这个环境中施行的必要的约束和非医学的矫正，无疑可以防止精神障碍患者发生危害行为。这是住院的最大作用和其一直被采用的根本原因。然而，对危险性精神障碍患者，只有隔离、禁闭，而不给予人道的、适当的治疗和照顾，就与监禁和惩罚罪犯无异，甚至还不如监狱中的罪犯，就没有必要在监狱之外再建立精神病院，也没有必要在刑罚之外再建立非自愿住院制度——虽然最初设立疯人院，考虑到不宜将普通贫民、罪犯与疯人关押在一起，以免互相伤害。更重要的是，单纯的隔离、禁闭并不能消除可能导致精神障碍患者违法犯罪的主观原因。按现代人权理念来看，得不到应有的医护服务的非自愿住院是一种酷刑。

非自愿住院与非自愿治疗往往是联系在一起的（在美国等国，以及我国台湾地区，非自愿治疗还可以在院外或社区进行）。精神障碍患者是否享有治疗的自主权或拒绝治疗的权利，是一个有争议的问题。一般认为，非自愿住院一旦经法定程序确定，就意味着可以按照医学和伦理规范实施非自愿治疗，但一些特别手术或治疗方法除外。例如，联合国《保护精神病患者和改善精神保健的原则》规定，决不得对精神病院的非自愿患者进行精神外科及其他侵扰性和不可逆转的治疗；欧洲《关于保护精神障碍患者人权和尊严的建议》规定，对非自愿安置者不得施行产生不可逆转的物理效果的精神障碍治疗方法。美国精神病学会《成年人精神科住院立法指南》一方面认为，既然非自愿收容的先决条件是患者缺乏对治疗的知情决定能力，治疗机构就被授权对这类患者不经其同意地实施符合良好的医疗规范的药物或其他治疗；但同时认为，治疗机构一般不得实施厌恶疗法、实验性治疗、精神外科手术或其他一些特殊治疗。

也有一种意见主张将非自愿入院程序与非自愿治疗程序完全分离。20世纪80年代美国一些州关于拒绝治疗权的若干判例即持这种立场。按照这种意见，首先，要对患者进行非自愿入院评估；然后，如果非自愿入院的患者需要非自愿治疗，则需要再采取独立的批准程序对该治疗进行评估。许多个人和组织尤其是精神卫生服务使用者组织认为，同意或拒绝入院/治疗是彼此独立的；人们可能需要非自愿入院但不需要非自愿治疗，启用非自愿入院和非自愿治疗这两个独立的程序可确保为精神障碍患者的权利提供额外一层的保护。[①] 这种意见虽有一定道理，但却是不可取的。第一，可能导致只住院而不治疗、照顾的单纯禁闭、惩罚的情况发生，并可能导致长期住院；第二，如果非自愿入院本身就是不合理、不合法的，非自愿治疗当然不应进行，但对非自愿治疗的评估并不能纠正不合理、不合法的非自愿入院；第三，增加成本，浪费时间。

（二）强制性

不言而喻，非自愿住院是一种强制行为。这里所说的强制是广义的，是指“未经精神障碍患者或者被视为精神障碍患者的人的知情同意”。不同类型非自愿住院的强制性是不同的。刑事性非自愿住院和保安性非自愿住院的强制性比较明显。两者均无须经当事人及其近亲属、监护人同意，而且前者依靠国家强制力来实施，后者也往往有公权力介入。因此，人们

① 参见世界卫生组织《国际人权在国家精神卫生立法方面的作用》，2004年中文本，第67页。

通常所说的“强制住院”主要指这两类非自愿住院。然而实际上，救护性非自愿住院也是强制性的，虽然在历史上以及现在，一些国家和一些人极力否认这种强制性，以规避法律和司法的干预、监督。这种强制性表现在，对救护性非自愿住院者来说，被收入医院未经其同意，受到的治疗也可能未经其同意，多项权利在住院期间被剥夺或限制，不能自行离院。虽然救护性非自愿住院须经当事人近亲属或监护人的请求或同意，但近亲属或监护人的请求或同意并不等于本人的同意。以治疗为目的，或者患者不主张权利，或者近亲属、监护人申请、同意，或者给救护性非自愿住院起个温雅的名字，都不能改变救护性非自愿住院具有强制性这一客观事实。一些国家如法国、德国、日本的民法，曾经规定监护人有权利或有义务将需要住院的被监护人送入精神病院，但在近二三十年内都加以修正。联合国《保护精神病患者和改善精神保健的原则》和其他国际组织精神卫生规范所说的“非自愿住院”，都明确包括了救护性非自愿住院——虽然没有使用这一称谓。承认这种强制性，就是一个进步。因为只有实事求是地承认这种强制性，才能公正合理、恰如其分地规制救护性非自愿住院，保护当事人的合法权益。

强制必然造成对精神障碍患者的伤害，因而必须加以严格限制。哈耶克认为，强制是一种恶，但不能完全避免，因为防止强制的方法只有威胁使用强制之一途。他指出，自由社会处理此一问题的方法，是将行使强制之垄断权赋予国家，并全力把国家对这项权力的使用限制在下述场合，即它被要求制止私人采取强制行为的场合。如果要做到这一点，将完全有赖于国家对众所周知的个人私域的保护以免遭他人的干预，亦有赖于国家并非经由具体的授权而是通过创设条件的方式来界定这些私域，在这些条件下，个人能依凭既定规则来确定他自己的行事领域，因为这些规则明确规定了政府在种种不尽相同的情形中将采取的措施。一个政府为了达致上述目的而必须使用的强制，应减至最小限度，而且应通过众所周知的一般性规则对其加以限制的方法而尽可能地减少这种强制的危害，以致在大多数情势中，个人永不致遭受强制，除非他已然将自己置于他知道会被强制的境况之中。甚至在必须采取强制的场合，也应当通过把强制限制于有限的并可预见的职责范围，或者至少通过使强制独立于他人的专断意志，而使它不致造成它本具有的最具危害的影响。[①] 哈耶克的论述虽然针对的是对一般人的强制，但也概括了非自愿住院所应遵守的基本原则。精神障碍以及住院治疗，一般是个人私域的事情，只有当精神障碍患者有意或者无意地处在由法律规定的被强制的境况中，才可以对其实施非自愿住院治疗，而且，强制应减至最小限度，尽可能地减少这种强制的危害，防止决定非自愿住院治疗过程中的他人的专断意志。

（三）谦抑性

这是借用刑法学的一个概念，其本意是讲立法机关只有在没有可以代替刑罚的其他适当方法存在的情况下，才可以将某种违反法秩序的行为设定成犯罪。非自愿住院的谦抑性，则是指只有在没有比非自愿住院更适当的医护方法存在的情况下，才可以对精神障碍患者施行非自愿住院。对于一个自愿治疗的精神障碍患者，究竟是在精神病院治疗，还是在社区或家庭治疗，本质上是一个医疗问题，根据医生的建议和患者的意愿而定，本身不需要法律和司法过多干预——至多需要作为普通的医患关系加以规范。至于究竟在精神病院治疗，还是在社区或家庭治疗，哪一种方式对于治疗精神障碍更为有效，也可以在科学的范畴里继续研究、比较。但是，非自愿住院剥夺或者限制了一个人的人身自由，不是一个单纯的医疗问题。人身自由是最基本的人权，是公民安全地参加社会活动和享受家庭生活的保障，也是公民得以行使其他各种权利的基本前提。即便一个人患有精神障碍，他也天赋地享有这种人权。强迫他住院治疗，给予他作为非自愿患者的种种约束，必然会给他的身心和利益造成伤害。更何况抵制住院的人，有一些并不需要住院，甚至不是精神障碍患者。因此，作为一种医护方式的非自愿住院，只有在极为必要的条件下才可以采取。这已经成为一项国际人权准则。联合国《保护精神病患者和改善精神保健的原则》，欧洲理事会《关于作为非自愿患者安置的精神障碍患者法律保护的建议》《关于精神病学和人权的1235号建议》《关于保护精神障碍患者人权和尊严的建议》，世界精神卫生联合会的《人权与精神卫生宣言》，世界精神病学协会的《夏威夷宣言》《马德里宣言》和《关于精神疾病患者权利和法律保障的声明和观点》，无不强调非自愿住院只可

① 〔英〕弗里德利希·冯·哈耶克：《自由秩序原理》（上），邓正来译，生活·读书·新知三联书店，1997，第17页。

在特殊条件下采取，精神障碍患者有权在最少限制的环境中接受治疗，或者说对精神障碍患者的治疗应当以对其自由最少限制的方式进行。同时，这些人权文件为非自愿住院的适用设置了严格的条件。

不妨再引用德国精神病医生曼弗雷德·吕茨的两段话：

> 精神病学的任务是救助真正患病的人。作为一个有节操的白衣天使，精神科大夫必须维护患者的利益，不能助纣为虐地帮着这个狭隘的社会把精神病患者扫地出门。他更应该帮助患有精神疾病的人带着他们的与众不同之处融入这个社会。
>
> 因此，能否顶住社会压力，不把那些非同寻常或稍稍添乱的家伙宣布为“病人”，是对精神病学能否维护自由的考验。而能否允许所有稀奇古怪、个性独特的成员真正自由自在地活动，是对一个社会自由程度的考验。这也适用于那些或许应该治疗，但自己不愿治疗的人。只要他们不对包括自己在内的任何人造成危害，就不应强迫他们。一个拥有自由的社会必须尊重这一点。①

（四）合法性

这不是说，任何实际发生的非自愿住院都是合法的，而是说，正当的非自愿住院应当是合法的，或者说，合法的非自愿住院才可能是正当的。非自愿住院的合法性主要体现在三个方面：

第一，非自愿住院的标准和程序应当由法律规定。非自愿住院不是一般的医疗措施，也非像有的学者所言“只是对自然的人限制其生物学上的活动范围，而不是限制其社会学上的人身自由”②。它直接地限制或者剥夺了公民的自主权利和人身自由。《公民权利和政治权利国际公约》规定：“除非依照法律所确定的根据和程序，任何人不得被剥夺自由。”而根据联合国人权事务委员会对《公民权利和政治权利国际公约》的解释，非自愿住院构成剥夺自由。因此，非自愿住院的运作，不能仅仅遵守单纯的医疗

① 〔德〕曼弗雷德·吕茨：《疯狂》，曾文婷、喻之晓、赵雅晶译，广西科学技术出版社，2013，第72～73页。

② 陈甦：《处理医患纠纷应把握医与法的区别》，《人民法院报》2004年4月29日。

规则，而必须由法律——精神卫生法或者其他法律——对其标准和程序等基本问题加以规范。而且，精神卫生机构的设立、精神卫生服务人员的资格等也应有法律加以规定。

第二，非自愿住院的实施必须依法进行。非自愿住院的实施，不仅应当符合法律规定的适用标准，而且应当按照法律规定的适用程序。在法治国家，非自愿住院的适用如果不遵守程序，哪怕出现程序上的“瑕疵”，都可以导致其违法性。非自愿住院的医学标准，当然应由精神病学专家来判断，而非自愿住院的程序则主要是法律问题，司法、社会可以给予有力的监督。不经正当程序的非自愿住院就是非法的非自愿住院。或者说，不按照法定程序实施非自愿住院，即可认定存在侵权的故意或过失。

第三，非自愿住院应当受到司法的监督，并可获得司法救济。非自愿住院既然也是一个法律问题，其适用就应当受到司法的监督，甚至司法化。司法对非自愿住院的监督，对保护非自愿住院者的权益具有极其重要的作用，有利于避免非自愿住院的滥用或误用。司法裁决和司法程序所应具有的公正性和权威性，也可能令当事各方信服和接受。司法对非自愿住院的监督，包括住院由法院决定、对住院的决定向法院申诉、就解除住院向法院申诉、对住院造成的损害向法院起诉、追究有关方面的法律责任等不同层次，在不同国家有不同的设置。刑事性非自愿住院本身就是司法范畴的问题，其司法性自不待言。在“非刑事性”的非自愿住院由法院决定的国家，司法的监督也是必然的。在英国、法国等国，“非刑事性”的非自愿住院虽非由法院决定，但住院者及其近亲属、监护人等可以在非自愿住院决定作出后的一定期间内就决定的合法性向法院提出复议或申诉，在住院期间也可以在规定期间内就解除住院向法院提出申诉。日本规定被施行医疗观察的触法精神障碍者及其保护人有权就法院的医疗观察决定的合法性向上级提起抗告，而被措置入院和医疗保护入院的精神障碍者没有就入院决定向法院申诉的权利，只是被措置入院者可以根据《诉愿法》的规定向厚生大臣提出诉愿，以获得行政干预。我国台湾地区“精神卫生法”规定，经紧急安置或强制住院的严重病人或其保护人，可以向法院声请裁定停止紧急安置或强制住院。而有的国家，“非刑事性”的非自愿住院患者只能在住院正式开始后或者出院后就非法住院造成的损失的赔偿问题向法院提起民事、行政或刑事诉讼，这实际是事后的司法救济，无法阻止非法的非自愿住院，监督的力度比较低。

另外，由于非自愿住院不同程度地司法化，非自愿住院者应当有权利在非自愿住院程序的不同阶段寻求和得到律师的帮助，这对他们来说也是十分重要的。正如美国著名律师、哈佛法学院教授亚伦·德萧维奇（Alan Morton Dershowitz）所言："判定公民应移送精神病院是法律问题。只要你对公民行使了强制力或是妨害到了他们的自由，不论你是国家、教会、团体、大学或是精神病医生，它都已经变成了法律问题，律师就必须尽快参与这个事件。"①

这一切，并非仅仅为了切实维护精神障碍患者的合法利益。合法性要求的目的，更在于防止"被精神病"——精神正常者被当作精神障碍患者关入精神病院。故意或者过失地将精神正常者当作精神障碍患者关入精神病院，完全不是医疗问题，尽管它是以医疗的名义进行的。程序的繁复和司法的干预确实影响到住院治疗的效率，可能导致一些患者无法获得更为及时的治疗。或者如一些精神科医生所言，精神正常者被当作精神障碍患者关入精神病院的情况只是个别的，为防止个别事件而设置繁复的程序和引入司法监督，将会妨碍对多数人的医护。然而，这种统计学概念根本不可适用于"被精神病"的具体的个人。以现代人权理念来看，以多数人的利益排斥少数人的利益，是不人道的，甚至是残暴的。更关键的是，如果没有制度的保护，每一个精神正常的人——他们是人类的绝大多数——都现实地存在着"被精神病"的可能。精神卫生法不仅是精神障碍患者的人权保护法，而更是所有人的人权保护法。非自愿住院的合法性要求不是凭空产生的，也不是刻意与精神病院和精神科医生过不去，而是基于惨痛的历史教训和精神病学的特点不得不提出的。它不是对精神科医生的医疗诊断权的限制，不意味着对每一个精神科医生医疗水平和职业操守的怀疑，而只是对精神科医生的住院决定权的限制，而这一限制也并不意味着对精神科医生医疗诊断的否定。只要精神病学的科学水平还不够发达，精神病学整体的精神障碍诊断能力还不足以让人信赖，非自愿住院还存在被家属和某些机构滥用的可能性，非自愿住院的合法性要求就是必需的。

---

① 〔美〕亚伦·德萧维奇：《最好的辩护》，李贞莹、郭静美译，南海出版公司，2002，第314页。

第五章
发展中的精神病学及其基本概念

在世界范围内，从整体上说，非自愿住院制度和精神卫生法的发展与精神病学的发展几乎是同步的，深刻地反映了精神病学的变化和时代特点。制定和研究精神卫生法，尤其是规制非自愿住院，必须了解精神病学的发展水平，可以做到什么，存在什么问题，将向何方发展。而精神病学也应坦诚面对社会，实事求是地展示自己，不能掩盖不足或者故弄玄虚。社会对精神病学和精神病学界的需求与要求，精神病学和精神病学界对社会的反馈和承诺，经过交流互动与博弈妥协，必然会体现在非自愿住院和精神卫生法的具体规范中。

第一节　精神障碍的概念

一　精神异常与精神障碍

如前所述，在精神病学发展成为一门科学或者学科之前，精神障碍被称为“疯狂”“疯癫”（madness，lunacy）等等。这些非专业词汇，原本并不带有多大贬义，但在长期使用过程中，逐渐产生“标签”（labelling）和“污名化”（stigmatizing）效果，因而不应再用于精神障碍患者。例外是，“癫狂”作为中医的病症名称，可以在特定范围里使用。

简单地说，精神障碍（mental disorder）就是精神的异常（abnormal），包括精神活动异常和人格异常。

精神，亦称心理，既是人的大脑的功能，又是人的大脑对客观世界的反映。精神现象包括精神活动和人格两个方面。精神活动可以归纳为三个过程：（1）认识过程，即人的大脑反映客观现实的过程，其中包括感觉、知觉、记忆、思维等过程。（2）情绪过程或情感过程，即人对客观事物的态度的体验。（3）意志过程，即人自觉地确定目的并支配其行动以实现预定目的的心理过程。这三个过程是完整的精神活动的不同部分，是相互联系、相互影响、相互制约的。这就是精神活动的自身协调性。这种自身协调性是构成正常的精神活动的基本条件。精神现象的另一个方面是人格。人格（personality，亦译个性），是人的心理倾向和心理特征的综合，是人与人之间个体差异在心理方面的表现，主要包括气质、性格、习惯，有人认为还应包括需要、动机、兴趣、理想、信念、能力等。人格的形成依赖于精神活动，而它又制约精神活动，并表现于精神活动之中，使精神活动的各个过程都带有个体的特征。人格一旦形成，就具有相对稳定性。这种相对稳定性，是保证精神活动正常的重要条件。

精神现象属于高级神经活动，其物质基础是人的大脑。精神活动和人格正常的神经生化基础是大脑功能和结构的正常。在某些因素的影响下，人脑的结构可能出现缺陷，功能可能发生紊乱，精神活动的各个过程就不能发挥应有的作用，其自身协调性就会遭到破坏，人就不能准确、真实地认识世界。这就是精神活动的异常。在同样条件下，人格的稳定性也可能遭到破坏，发生急剧的、过大的改变。另外，在某些因素的影响下，人格在形成的过程中可能发生扭曲，使人不能很好地适应社会。这就是人格异常。精神活动的异常和人格的异常，也是密切联系着的。精神活动异常可能导致人格异常，而人格异常也可能成为精神活动异常的条件。精神活动异常和人格异常的直接后果是导致人类个体的社会功能下降，发生异常的行为（abnormal behavior），或者使其感到精神痛苦。

对于“异常”，人们提出过多种定义的标准。这些标准，都有存在的价值，也都有无法弥补的缺陷。我们不必排斥它们，它们或许对我们认识精神障碍有所帮助。特别是，如果我们加以整合，可能会达到更好的结果。主要有统计标准和社会标准。

(1) 统计标准

根据统计学标准，多数人所具有的行为是正常的，少数人所具有的行为是异常的。这个标准可以用统计学中的吊钟形的常态分布曲线来说明。曲线的中间范围表示均值，曲线两端的表示偏离均值。多数人都集中在均值范围，他们被看作是“一般”“普通”“正常”的，而那些处在曲线两端、偏离均值的少数人则被看作是“特殊”“异常”“变态”的。根据统计学的标准判断异常，将决定着，不论精神障碍患病率有多大增长，或者有些人对精神障碍患病率的增长作出怎样惊人的预测，大多数成员患精神障碍的社会是不可能出现的。

但是，这个标准也有很多缺点。首先，这个定义完全是描述性的，缺少评价。根据这个标准区别出的异常和正常，很难说有质的不同。实际上，这个定义并没有回答什么是异常这个问题。其次，根据统计学标准，对在某一资质上低于多数人或超过多数人的人，将被一视同仁，一律判为异常，有良莠不分、鼓励中庸之弊。伟大、杰出、卓越、非凡、出类拔萃、举世无双、空前绝后、开创性、独创性都成了异常的标志，而平庸、普通、一般、俗气则成了最理想的选择。还有，均值在不同时间、不同群体中是不同的。一个行为在某时间里、某群体中可能是多数人的行为，而在另一时间里、另一群体中则可能是少数人的行为，因而无法判定这个行为本身是正常的还是异常的。例如，在西方，信教是多数人的行为，而在中国，信教是少数人的行为。按照统计学的观点，在西方不信教的人和在中国信教的人都是异常的，因为他们都是少数人，尽管他们对宗教的态度截然相反。这显然是十分荒唐的。对于统计学标准，美国心理学家马斯洛（Abraham Maslow，1908～1970）评价说：“人类行为的统计调查只告诉事实是什么，实际存在什么，这些调查被认为完全缺乏评价。很不幸，大多数人，甚至连科学家在内，都不够强健，以至于顺从地赞同一般水平，赞同最普通最常见的事物，在我们的文化中尤其如此，它对于普通人来说非常强大。”他还讲了一个故事：他上大学时，学校的妇女主任禁止女生吸烟，认为这不符合传统，不正常。几年之后她却被解雇了，因为习惯改变了，她的那套方式已被视为不正常的了。[①]

---

① 参见〔美〕马斯洛《动机与人格》，许金声译，华夏出版社，1987，第316～317页。

国外也有一些主张统计学标准的学者，强调精神或者行为异常的跨文化差异性，他们通常是针对某一具体的社会文化下的精神异常使用统计学标准的。对他们来说，判断某一个人的某一种行为是否异常，需要考察这个人的行为在他所处的社会中是否是多数人的行为，而不必去管同样的行为在其他社会中是否是多数人的行为。如果在这个人所处的社会中多数人都有这个行为，那么这个行为就是正常的行为，反之就是异常的行为。这样解释统计学标准，比较合理，但也避免不了前面说的那两个缺点。

（2）社会标准

根据社会标准，那些不能适应所处社会，其行为偏离或者不符合社会准则的人是异常的。这个标准建立在这样一个假设的基础上：多数人的一贯看法和做法总是正确的。这个标准下的异常，不仅是统计学均值范围的偏离，而且得到的是负面的社会评价，因而它有助于解释精神和行为的异常为什么不会“物以稀为贵”地受到普遍的追捧，而是遭到普遍排斥或者被要求改变。

从社会学角度来看，偏离或者不符合社会准则的行为属于“失范”（anomie）的范畴。失范概念是法国社会学家爱米尔·涂尔干（Émile Durkheim，亦译“杜尔凯姆”“迪尔凯姆”，1858～1917）首先引入社会学中的。我国学者渠敬东阐释涂尔干的意图：“首先，就强调社会整合的理论传统来说，失范既代表了社会秩序紊乱和道德规范的反动倾向，又是这一理论无法逃避的社会基本事实；其次，对正常的社会秩序而言，失范现象实际上是一种可以治愈的反常现象或病态现象，它对整合理论的基础并不会构成多大的威胁。”①不过，虽然正常（常态）和反常（病态）构成涂尔干社会事实分析的基本范畴，但是他并没有将精神障碍尤其是严重的精神障碍列入他所说的反常（病态）之中。实际上，涂尔干所关注的是作为一种社会现象或者社会病态的失范，并且借助病理学等方法给予分析。涂尔干对精神病人和精神障碍也有研究，但他没有夸大精神障碍对社会的影响。在《自杀论》（*Le Suicide*，1897）一书中，涂尔干深入分析了自杀的非社会因素（包括精神障碍因素）和社会因素，他的结论是，自杀是一种

① 渠敬东：《缺席与断裂——有关失范的社会学研究》，上海人民出版社，1999，第17页。关于涂尔干的失范理论，还参见涂尔干的《社会分工论》（渠东译，生活·读书·新知三联书店，2000）等著作。

社会因素导致的现象，并且反映社会的混乱状况。[1]

现代则有一些社会学家把精神障碍看作一种偏常行为（deviant behavior，亦译“越轨行为”“偏差行为”）。偏常行为的社会学定义是：在一个社会体系中，任何违反社会规范的行动或行为，包括犯罪、违法、罹患躯体疾病或精神障碍、酒精依赖、吸毒等等。把患病列为偏常，最初是由美国社会学家塔尔科特·帕森斯（Talcott Parsons，1902～1978）提出的。这个观点包含在他在《社会系统》（*The Social System*，1951）一书中阐释的“病人角色”（sick role）概念中。自觉偏离社会的人，或者说有意破坏社会规范的人，是一些罪犯，而不自觉偏离社会的人采取的是病人角色。两种情况都威胁到社会的稳定，需要社会力量加以矫正或治疗，以使偏离者重新整合到社会中来。病人角色有两个权利和两项义务。权利之一，该人被免于承担正常的社会角色以及相应的社会责任；权利之二，该人对自己的病情不负责任，因为患病超出其控制能力。义务之一，该人必须把患病看作不可取的状态，并应有康复的愿望；义务之二，该人应当寻求技术上可行的帮助和与医学专业人士的合作。[2] 帕森斯的“病人角色”理论不能完全适用于精神障碍患者，但为认识精神障碍、精神障碍患者与社会、精神病院的现实关系提供了一种途径。

异常的社会标准的缺点也很明显。首先，多数人的一贯看法和一贯做法并不一定正确，这是被无数事实证明了的。例如，中国古代曾经有妇女缠足的习俗，世人也以足小为美，翻翻《全宋词》就可以看到不少赞美小脚的词句。但是，这一切并不能掩盖缠足给妇女造成的痛苦。这种陋习，到20世纪初便被抛弃了。现在的人们绝大多数都不会欣赏那种畸形的小脚。其次，多数人的一贯看法和做法也有可能发生变化。跳迪斯科舞，在改革开放以前是不可想象的。那时如果有女性甚至男性跳迪斯科舞，大多数人看到他那种扭腰摆臀的动作，一定会说他下流、“神经”不正常。因为中国人过去一直把突出臀部、乳房、大腿等身体部位的举动视为伤风败

① 参见〔法〕爱米尔·杜尔凯姆：《自杀论》，钟旭辉、马磊、林庆新译，浙江人民出版社，1988。

② 参见〔美〕威廉·考克汉姆《医学社会学》（第11版），高永平、杨渤彦译，中国人民大学出版社，2012，第109～114页；〔美〕约翰·伯纳姆《什么是医学史》，颜宜葳译，北京大学出版社，2010，第36～38页。

俗。改革开放以后，迪斯科舞从国外传进来，吸引了为数众多的青年男女。开始时，中、老年人看不惯，认为不正经，但时间长了，也就见怪不怪了。令人吃惊的事情是，后来竟然有了老年迪斯科，而再往后，肚皮舞、钢管舞也时髦起来。还有，不同文化背景下的社会准则也是不同的。婚外性行为，在中国，甚至在西方国家，都被视为不道德，而印度的托达人（Toda）对此根本不加指责，“舍不得让自己的妻子与别人发生性关系的男子要被扣上不道德的帽子”。①

一些社会学家认为，偏常的社会标准的变化或调整可以使一个社会中的偏常者包括精神障碍患者的数量保持长期稳定。美国政治活动家和社会学家丹尼尔·帕特里克·莫伊尼汉（Daniel Patrick Moynihan，1927～2003）在1993年，写了一篇很有影响和引起争议的文章，题为《定低偏常》（Defining Deviancy Down，亦译“定低越轨”）。他提出，美国社会的偏常规模已经增长到超出它有能力认可的程度。其结果，我们已经“重新界定了偏常，将从前会被污名化的许多行为给豁免了”，从而在不知不觉之中，降低了“正常”的标准，使得根据此前的标准被视为不正常的行为不再被视为如此了。美国社会是如何做到这一点的呢？莫伊尼汉给出了一个实例，就是“去住院化”运动。有精神疾病的人现在不再被强制送进治疗机构，而是在服用安定药以后放回去。结果，纽约一地的精神病人数量从1955年的93000人下降列1992年的11000人。那么其他那些精神病人又怎样了呢？他们当中的许多人成为我们看见在纽约露宿的无家可归者。通过“定低偏常”，那些露宿街头的人不再被界定为精神错乱，而是住不起房子的人。与此同时，犯罪的可接受的“正常”标准也降低了。莫伊尼汉的结论是：“我们逐渐习惯了对于我们有害的大量行为。”②

还有一些异常标准，如个体感到痛苦、有危险行为、不能发挥自己的能力等等。对后一个标准，美国社会学家弗兰克·斯卡皮蒂（Frank R. Scarpitti）有个评论，很有意思：“一个不能发挥作用的人比一个显示出

① 〔美〕C. 恩伯、M. 恩伯：《文化的变异》，杜彬彬译，辽宁人民出版社，1988，第272页。

② http://www.utexas.edu/law/journals/tlr/sources/Volume% 2092/Issue% 206/Koppelman/Koppelman.fn051.Moynihan.DefiningDeviancy.pdf；参见〔英〕安东尼·吉登斯《社会学》（第5版），李康译，北京大学出版社，2009，第657～658页。

许多相同症状、但尚能在社会上保持地位的人更有可能被贴上精神病的标签。一个人行为古怪，自言自语，或者在公共场合同过路人谈话，就很容易被称为‘发疯’——尤其当他是一个失业、破产或孤独的人。可是如果这样一个人碰巧是一位艺术家或科学家、有正常的收入和受到尊敬的社会地位，他就可以被认为是一个天才。”[①] 这段话虽然对某些艺术家、科学家过于挖苦，但甚是精辟。

正是因为“异常”是相对的、不确定的，人们在有关的科学研究中往往不使用“精神异常”一词。马斯洛指出：“‘正常’和‘异常’这两个词具有如此多不同的含义，以至接近于无用。对于心理学家和精神病学家，今天强烈的倾向是用更具体、而又属于这些方面的概念来代替这些十分一般的词。”[②] “精神障碍”一词就是一个比较好的替代。

二 精神疾病与精神障碍

现代医学把精神障碍视为一种疾病，称之为“精神疾病”（mental diseases，mental illness）。在中国，“精神疾病”曾经被简称为“精神病”，但现在“精神病”另有所指，不能混淆。两者的区别将在下一节说明。

尽管许多学者严厉批判了疯癫或者精神障碍的医学化（medicalization）或者病理化（pathologization），然而从历史的角度去看，应当承认，把精神障碍视为一种疾病，是一个巨大的进步。

人类最初对疯癫的认识，[③] 属于超自然模式（supernatural model），认为疯癫是天体运动、鬼神操纵等等超自然力量的产物。在鬼神学（demonology）的影响下，人们用驱魔的方式来改变疯人。在古希腊，疯癫被称为“神圣病”。而希波克拉底与众不同，他认为疯癫是自然因素造成的，病因

① 〔美〕弗兰克·斯卡皮蒂：《美国社会问题》，刘泰星、张世灏译，中国社会科学出版社，1986，第232页。

② 〔美〕马斯洛：《动机与人格》，许金声译，华夏出版社，1987，第315页。

③ 鉴于现代精神病学和精神卫生法产生于西方国家，这里的历史回顾仅叙述西方国家的情况。中国的情况可参考许又新《我国古代的精神病学》《两晋南北朝及隋唐时代我国精神病学简介》，载于《许又新文集》，北京大学医学出版社，2007；许又新、刘协和《中国精神病学发展史》，载于湖南医学院主编《精神医学基础》（精神医学丛书第一卷），湖南科学技术出版社，1981；李清福、刘渡舟主编《中医精神病学》，天津科学技术出版社，1989；何裕民《中国传统精神病理学》，上海科学普及出版社，1995。

在大脑里。他说："人们应该知道，通过大脑，也只有通过大脑我们才产生愉快、欢笑和诙谐，与此同时，还有伤心、痛苦、悲哀和哭泣。特别是，通过它我们才能想，能看，能听，能分析美丑、善恶和哀乐。有时，靠习惯检验，有时，靠实效体会。脑使我们疯狂或谵妄，用恐吓使我们振作，不管白天还是夜晚能使我们入睡，发生错过机会的错误、无目的的焦虑、健忘，以及与习惯相抵触的行为等等。"① 希波克拉底还提出疯癫的体液病理学说。他认为人体内存在着四种基本的液体：血、粘液、黄胆汁和黑胆汁。这四种液体如果能正常地混合起来，人则健康；如果其中一种过多或过少，或它们之间的相互关系失常，人就会出现精神障碍。这一学说现在来看当然是不科学的，但在当时打破了鬼神模式（demonological model），可以视为精神病学的萌芽。柏拉图的《法律篇》也提到过"神圣病"，说患有"神圣病"的奴隶被卖出后，买者无权退回卖者。柏拉图认为发疯有几类，是由几种原因引起的，有些情况乃是疾病引起的结果。某些人天然有着急躁的性格，加之不好的教育使他们变得更糟。② 然而，进入宗教和封建统治时期之后，欧洲对疯癫的认识大大倒退了。超自然模式不仅占据统治地位，而且又得到宗教的解释。疯癫被看作一种被魔鬼控制的状态，从而导致了灵魂的堕落，疯人被视为异教徒或女巫。疯人被严刑拷打，甚至被烧死、勒死、砍头、活埋。当时有个别人挺身而出，声称那些受迫害的女巫实际上是有精神障碍的人，不应当遭到惩罚，例如荷兰医生约翰·韦尔（Johann Weyer，1515～1588），他甚至使用了"精神病患者"（mentally ill）一词，并且认为那些被指控为女巫的妇女患有忧郁（melancholy）。约翰·韦尔因此被视为精神病学的先驱。后人认为他对女巫的解释是一种医学化。③ 他们的观点在当时遭到了猛烈的攻击，著作也被取缔。后来，禁闭又成为"治疗"疯人的手段。直到18世纪末19世纪初，在启蒙运动的历史背景下，以普辛、皮内尔、图克等人解除疯人身上

① 〔古希腊〕《希波克拉底文集》，赵洪均、武鹏译，安徽科学技术出版社，1990，第119页。

② 参见〔古希腊〕柏拉图《法律篇》，张智仁、何勤华译，上海人民出版社，2001，第360页，第383页。

③ 参见〔美〕约翰·伯纳姆《什么是医学史》，颜宜葳译，北京大学出版社，2010，第7页。

的锁链并实行精神疗法或者道德疗法为标志，精神障碍的医学模式（medical model）开始建立，精神病学开始进入医学的范畴，疯人具有了病人的身份。19 世纪，在德国进行的生物精神病学研究，推动了生物学模式（biological model）的发展，之后便有生物－医学模式（bio-medical model）。与法国的收容院精神病学不同，德国的精神病学主要是在大学或学院进行的，并且运用了解剖学、生理学、化学等学科的知识和显微镜等技术。威廉·格里欣格（Wilhelm Griesinger，1817～1868）坚持从器质性角度研究精神障碍，认为任何精神障碍都能在脑病理学基础上给予说明，断定精神障碍实质是脑的器质性疾病。更重要的人物是爱弥尔·克雷佩林（Emil Kraepelin，1855～1926），他被视为现代精神病学的主要开创者。克雷佩林是德国心理学家、构造心理学和实验心理学的创始人冯特（Wilhelm Wundt，1832～1920）的学生，他发现可以把冯特的实验方法推广到有关联的精神病理学领域，开创了实验精神病理学。在重视心理学方法的同时，他用神经解剖学等自然科学的方法研究精神疾病的假想性原因，认为大脑病变是精神疾病的主要原因，并且论证了器质性精神疾病与没有明显脑疾病作基础的精神疾病如早发性痴呆症（即现在所说的精神分裂症）和躁狂抑郁症的区别。他提出的精神障碍分类被认为是现代精神病学的基础。

医学虽然接纳了精神障碍，称之为精神疾病，但对给予其定义却颇费踌躇。美国学者罗伯特·哈德森（Robert P. Hudson）认为："尽管定义躯体健康与疾病的概念时所面临的绝大多数困难在定义精神健康与疾病时也会遇到，但是精神健康与疾病的概念更加难以把握。这主要是因为，对于精神疾病来说，我们缺少种种客观手段去量化大脑的功能。"①

《希氏内科学》（第 15 版）在谈到精神疾病时指出：人们对任何一种疾病的认识，都是随着知识的增长而经历几个认识阶段。每个阶段都着重注意那些被认为是"阐明该病本质的某些特征"。最初是认识到一种"临床实体"，即沿着多少可以预见的病程或自然病史而发展的症状和体征的组合。认识的第二阶段就是把临床疾病再分出几种"病理实体"。当一种

① 〔美〕Robert P. Hudsen：《西方疾病的概念》，杨海燕译，载于〔美〕肯尼思·E. 基普尔主编《剑桥世界人类疾病史》，张大庆主译，上海科技教育出版社，2007。

疾病可以看作是一种病理实体时，就要通过实验室检查揭示其病理机能或病理解剖情况，以阐明有关该病的概念和诊断方面的特征。第三步也是认识的最后阶段，即确定具体病因。生物学的各个领域，遗传学、微生物学和生物化学等，都能在阐明病因上作出贡献。很多内科病都是到20世纪才发现病原因素及其致病作用的。但精神病学领域内，这样的进展取得较少。人们对精神病的认识，大多还停留在上述传统途径上的第一阶段，很多就连这一初步认识也不是很可靠的。之所以如此，部分由于主体方面的困难，但也由于人们在精神病学领域内对疾病概念缺乏统一认识。①

从严格的医学角度来看，各类精神障碍是否都属于疾病，也存在较大争议。“疾病”的概念尽管一直比较模糊，但有几点人们还是强调的，即“疾病”是一种生物学的状态或过程，是人类个体内起作用的功能紊乱的后果，或者是对功能紊乱的反应，它不利于或者危害个体的生存以及种族的繁衍，患者应该有痛苦感。② 美国人类学家罗伯特·汉（Robert Hahn）通过对不同社会疾病观念的比较之后提出：在本质上，“疾病乃是一种自我不想要的状况，或某种会导致出现这种状况的实质性威胁。”③ 可以说，各类躯体疾病都符合上述的定义。然而，精神障碍这种疾病与躯体疾病相比，有两点主要不同：

（1）躯体疾病的患者在躯体上都存在可以观察和测量到的病理形态学特征（histological features），即病变或缺陷，而精神障碍有一些是这样，有一些不是这样。有躯体病因和症状的精神障碍，被称为器质性（organic）精神障碍；无躯体病因和躯体症状，而只有言语、行为“异常”的精神障碍，被称为非器质性（nonorganic）或者功能性（functional）精神障碍。有些学者认为所谓非器质性精神障碍根本不是“疾病”，也不需要治疗。但有些学者对“疾病”做扩大的理解，认为非器质性精神障碍可以导致患

① 参见〔美〕麦克德莫特等主编《希氏内科学》（第15版），第三分册，《神经系统和行为疾病》，王贤才译，内蒙古人民出版社，1986，第3-40~3-41页。

② 参见C. B. Risse《健康和疾病：概念史》；T. Parsons《健康和疾病：社会学观点和动作观点》；H. T. Engelhardt《健康和疾病：哲学观点》，载于邱仁宗主编《对医学的本质和价值的探索》，知识出版社，1986。

③ 〔美〕罗伯特·汉：《疾病与治疗：人类学怎么看》，禾木译，东方出版中心，2010，第16页。

者精神痛苦或者社会功能受损，也是需要治疗的疾病。还有许多学者大胆假设，认为所谓非器质性精神障碍也是躯体——主要是大脑——上的病变或缺陷所致，只是还没有被观察和测量到，而随着科学的发展，最终将发现和证明这一点。

（2）“疾病对人的最直接的影响自然是痛苦”，[①] 躯体疾病的患者一般都会感受到疾病带来的躯体痛苦。有些患者可能在疾病被检查出来之前没有觉察到自己患病，而且没有痛苦感，但经确诊后，可以根据医生的解释、说明，认识到自己患病了，而且在疾病发作后会产生痛苦感，甚至死亡。为了消除痛苦，躯体疾病的患者一般都会主动、积极求医。器质性精神障碍一般伴发躯体痛苦，患者一般可以自觉或在医生的诊断下认识到自己患病，而非器质性精神障碍一般不会带来躯体痛苦（例外的情况是有些癔症、神经症患者可能出现躯体化症状或障碍）。非器质性精神障碍的有些患者，例如某些神经症患者，能够感受到精神痛苦，甚至能够意识到自己的精神状况存在问题，因而主动、积极求医。但是，还有一些患者即使在发病期间也没有痛苦感，不认为自己有病，不会主动求医。而且往往病情越严重越如此。这种情况，精神病学称之为缺乏自知力。精神病学上的自知力（insight）是指患者对自己精神状态或症状是异常的认知和态度。[②] 自知力是精神病学的重要概念，中国精神病学界更是强调，但同时，也存在滥用的问题。

精神障碍的这两个重要特性，对精神障碍的分类、诊断、治疗有着重要影响，并且使精神病学明显不同于其他医学部门。例如，精神病学是唯一的一个可以对不认为自己有病、没有治疗意愿的个体实施强制住院治疗的临床医学（对传染病虽然也可以强制医治，但其患者通常都会感到痛苦，并希望去除这些疾病）。

过去的很长时间里，“精神障碍”和“精神疾病”这两个术语在精神

---

① 〔美〕罗伯特·K. 默顿：《社会研究与社会政策》，林聚任等译，生活·读书·新知三联书店，2001，第 158 页。

② 〔英〕Michael Gelder、Paul Harrison、Philip Cowen：《牛津精神病学教科书》（第五版），刘协和、李涛主译，四川大学出版社，2010，第 22 页；许又新：《精神病理学——精神症状的分析》，湖南科学技术出版社，1993，第 13 ~ 15 页；刘协和：《临床精神病理学》，人民卫生出版社，2011，第 58 页。

病学中是通用的，“精神疾病”更为常用。但20世纪中期以后，“精神医学在它的分类和命名系统中已经不大使用疾病这个术语和概念，而普遍采用精神障碍一语，主要理由是，精神障碍不是一个生物学概念，也不具有狭隘的生物学意义。”① 另一方面，“使用‘障碍’这一名词是为了避免‘疾病’（disease）或‘病’（illness）本身所带来的甚至更严重的问题”，② 即为了避免对精神障碍患者的污名化和社会排斥。

可能还需要注意一下英文 mental diseases 与 mental illness 的异同。diseases 和 illness 的含义究竟有怎样的区别，英美学者也难以说得十分清楚。《牛津精神病学教科书》第四版（2001）认为，disease 是指建立在病理学基础上，表现为症状和征象的医学异常，而 illness 则是病人对自己的痛苦和能力丧失的主观感受。《牛津精神病学教科书》第四版采用 mental illness 作为基本概念。③ 而《牛津精神病学教科书》第五版（2006）的观点则发生一些变化，它认为，illness 是指患者的体验，而 disease 则指与该体验有关的客观病理过程。患者可能存在疾病但并不感到有病，或感觉自己患病而实际上并没有可验证的疾病。《牛津精神病学教科书》第五版用 mental diseases 替代 mental illness 作为基本概念。④ 20世纪80年代，一位在中国做过合作科研的美国精神病学教授——阿瑟·克莱曼（Arthur Kleinman，又名凯博文），试图用中文将 disease 和 illness 加以区别。他在“自行翻译成中文”的一篇论文中，将 disease 译为“疾病”，将 illness 译为“疾患”。他的定义是，“疾患”（illness）指个体在特定的社会文化下习得的体验和表达症状的方式；疾患是疾病（disease）所引起的生理变化的“心·群”⑤ 反应；疾病（disease）是能引发症状的生理机能失常。⑥ 这个译法差强人意，因为在中文里，“疾病”与“疾患”本身并没有这样的含义上的区分。

① 许又新：《精神病理学——精神症状的分析》，湖南科学技术出版社，1993，第3页。

② 世界卫生组织：《精神卫生、人权与立法资源手册》，2006年中文版，第35页。

③ 参见〔英〕Michael Gelder、Paul Harrison、Philip Cowen《牛津精神病学教科书》，刘协和、袁德基主译，四川大学出版社，2004，第83页。

④ 参见〔英〕Michael Gelder、Paul Harrison、Philip Cowen《牛津精神病学教科书》（第五版），刘协和、李涛主译，四川大学出版社，2010，第65页。

⑤ 阿瑟·克莱曼所说的“心·群”是指心理、社群。

⑥ 〔美〕Arthur Kleinman：《躯体化作用》，《国外医学·精神病学分册》1984年第2期。

《现代汉语词典》对“疾患”的释义很简单，就一个字：“病”。[①] 但是，这个译法被一些学者采纳，见到 mental illness 时，译为“精神疾患”，或者用“精神疾患”来指患者感觉自己存在（尚未经医生确诊）的精神（心理）问题。也有一些学者认为在中国没有必要区分“疾病”和“疾患”，并且不同意阿瑟·克莱曼的定义。[②] 还有人将 illness 译为“病痛”，以区别于“疾病”（disease）。美国医学史学者约翰·伯纳姆（John Burnham）的著作《什么是医学史》的中译本中有这样一句：“在一个人身上，观察者能检测出来的、尤其医生能检测出来的就是疾病（disease），一个人自己的知觉和感受称作病痛（illness）。”[③] 如果不拘泥于《现代汉语词典》对“病痛”的解释——“指人所患的疾病（多指小病）”[④]，并且不把“病痛”之“痛”局限于“疼痛”而还包括“痛苦”，使之也适用于精神障碍，这个译法还是可取的。

三　精神障碍的医学和心理学定义

精神障碍的定义是精神病学之所以可以作为医学分支的基础，是关于病理性的精神状态和普通生活问题的正常反应之间的区别，直接决定了精神病学诊断、研究和精神卫生政策的走向。

然而，在精神病学领域，对于什么是“精神障碍”并没有一个公认的定义。世界卫生组织《精神卫生、人权与立法资源手册》指出：“定义精神障碍比较困难，因为它不是单一的状态，而是具有某些共同特性的一组障碍。在有关哪些情形应当包含进精神障碍的定义这个问题上，仍存在激烈的争论。这个问题可能在诸如决定哪种精神障碍类型、何等严重性更适合接受非自愿治疗和服务等方面，尤其具有显著意义。”[⑤]

影响比较大的是下述两个定义，而且它们比较相近。

---

① 中国社会科学院语言研究室词典编辑室编《现代汉语词典》（修订本），商务印书馆，1996，第 592 页。

② 参见杨德森、肖水源《神经症研究中的几个理论问题》，《上海精神医学》1994 年第 3 期。

③ 〔美〕约翰·伯纳姆：《什么是医学史》，颜宜葳译，北京大学出版社，2010，第 32 页。

④ 中国社会科学院语言研究室词典编辑室编《现代汉语词典》（修订本），商务印书馆，1996，第 93 页。

⑤ 世界卫生组织：《精神卫生、人权与立法资源手册》，2006 年中文版，第 35 页。

世界卫生组织（World Health Organization，WHO）对“精神障碍”的定义是：

> “障碍”并非准确的名称，在这里使用它意味着存在临床可识别的一组症状或者行为，在大多数患者中与其痛苦和个人功能受到的影响有关。孤立的社交偏差或社交冲突，如果没有个人的功能缺损，则不应当纳入在此定义的精神障碍之中。①

美国精神病学会《精神障碍诊断和统计手册》第4版（DSM－Ⅳ）的精神障碍定义：

> 一种有临床意义的行为或心理综合征或模式，发生于个体，并伴有当前的痛苦（痛苦的症状）或功能障碍（一个或多个重要功能领域的损害），或严重增加死亡、疼痛、功能障碍风险或自由的重大丧失。另外，这种综合征或模式决不能仅仅是对某一特定事件的可预知的反应，如亲人的死亡等。不管起初的原因是什么，但目前必须被视为是个人的一种行为、心理或生物学功能障碍的表现。既非偏离的行为（如政治的、宗教的或性的），也不是本来就存在于个人与社会之间的冲突，除非这些偏离行为或冲突是如上描述的个体功能障碍的一种症状。②

还有一个定义有比较大的影响。纽约大学精神病学教授杰罗姆·韦克菲尔德（Jerome Wakefield）在1992年将精神障碍定义为一种“有害的功能失调”（harmful dysfunction），被简称为HD概念（HD concept）。“有害的”是一个价值词语，指依照社会文化标准（sociocultural standards）来判断，某种状况属于负性价值范围。“功能失调”则是一个科学名词，指生

① 转引自世界卫生组织《精神卫生、人权与立法资源手册》，2006年中文版，第35页。

② 转引自〔英〕Michael Gelder、Paul Harrison、Philip Cowen《牛津精神病学教科书》（第五版），刘协和、李涛主译，四川大学出版社，2010，第25页。另参见〔美〕R. Paul Olson主编《四国精神卫生服务体系比较——英国、挪威、加拿大和美国》，石光、栗克清主译，人民卫生出版社，2008，第6页。

物学功能的失常。在现代科学中，“功能失调”属于进化生物学（evolutionary biology）范畴，指某种执行自然选择功能的内部机制出现失常。有评论说，杰罗姆·韦克菲尔德“强有力的雄辩获得了巨大的成功，使得数十年来激烈的争论得以平息，并在精神病分类学的发展进程中日益显示出它的价值”。同时，这个定义也有争议和批评。①

一般认为，现在的“精神障碍”概念的外延比“精神疾病”更宽，“精神障碍”包括而不等于“精神疾病”。世界卫生组织的《精神卫生、人权与立法资源手册》认为，“精神障碍”这一名称可以覆盖精神疾病、精神发育迟滞（也称智障和智力残疾）、人格障碍和物质依赖。②

近些年，“障碍”（disorder）这个词也受到越来越多的抵触和批评。例如，据报道，美国军方为安抚老兵，降低老兵就医的耻辱感，建议将“创伤后应激障碍”（Post Traumatic Stress Disorder，PTSD）这个精神疾病的名称改为“创伤后应激损伤”（Post Traumatic Stress Injury，PTSI）。一位将军说：“没有哪个 19 岁的孩子愿意被人告知自己有精神障碍。”支持改名的精神病专家们认为，“损伤”这个词表示人们经过治疗可以治愈，而“障碍”意味着某样东西永久出错了。③

精神障碍也是心理学的研究对象，并形成精神障碍的心理学模式（psychological model）。在此基础上，产生了变态（异常）心理学（abnormal psychology）和临床心理学（clinical psychology）。

近代心理学与近代精神病学几乎同时成长，但是，“精神病的史话主要属于医学史而不属于心理学的领域”，“在医生中整个十九世纪都很少认识到普通心理学在这方面能有什么作为，而在心理学者中也很少承认精神

① 参见《世界精神病学》2007 年第 3 期（总第 6 卷第 3 期）在线中文版“论坛：什么是精神障碍?”有关文章，李斌彬、双梅、何毅、龚郁杏译；〔美〕劳伦·B. 阿洛伊、约翰·H. 雷斯金德、玛格丽特·J. 玛诺斯《变态心理学》（第 9 版），汤震宇、邱鹤飞、杨茜译，上海社会科学院出版社，2005，第 7~8 页。

② 世界卫生组织：《精神卫生、人权与立法资源手册》，2006 年中文版，第 35 页。

③ 参见《为减少“创伤后应激障碍”耻辱感，美军建议改病症名称安抚老兵》，《参考消息》2012 年 5 月 8 日；“Army General Calls for Changing Name of PTSD”，http://www.pbs.org/newshour/updates/military/july-dec11/stress_11-04.html。

病能教给他们任何东西”。[①] 但在19世纪末期20世纪初期，心理学家们发现，生物的、器质性的因素可以导致精神障碍，心理的因素也可以导致精神障碍，即使是主要由生物的、器质性的因素导致的精神障碍，心理因素也起一定的作用。第一个对精神障碍作出系统的心理学解释的，是奥地利医生西格蒙德·弗洛伊德（Sigmund Freud，1856～1939）。弗洛伊德一生专门从事传统心理学所忽视的精神障碍研究和治疗，提出了一整套的精神分析学说（psychoanalytical theory），对变态心理学的形成起了突出的作用，在精神病学领域和心理学领域都产生了极大的影响。与其他同时代的精神病学家和心理学家不同，弗洛伊德注重对动机的研究，侧重于从精神活动的内在过程及其中的动力关系来研究精神现象（包括精神障碍现象），强调人的心理冲突在精神障碍形成中的作用。因而，弗洛伊德的精神分析学说也被称为精神动力学说。他对精神障碍的心理学解释，被称为精神动力学模式（psychodynamic model）。

美国心理学家华生（John Broadus Watson，1878～1958）创建的行为主义心理学派对精神障碍的研究也产生了重要影响。行为主义心理学认为心理学是一门研究行为的科学，异常行为是学习得来的，是心理因素、环境因素特别是童年时期的环境因素交互作用的结果。行为主义心理学对异常行为的解释，形成行为模式（behavioral model）或学习模式（learning model）。

最近30年，人们对精神障碍或者精神疾病、异常行为，倾向于从生物、心理、社会多角度的综合研究，形成了整合的生物—心理—社会模式（biological-psychological-social model，biopsychosocial model，BPS model）。这个模式最早是由美国精神病学家乔治·恩格尔（George Libman Engel，1913～1999）在1977年提出的。他认为，精神障碍是生物、心理、社会因素相互作用的结果。[②] 这个模式也被批评为“含混”和“胡闹”。[③]

① 〔美〕G. 墨菲、J. 柯瓦奇：《近代心理学历史导引》，林方、王景和译，商务印书馆，1982，第205页，第207页。

② 〔美〕George L. Engel，“The need for a new medical model：a challenge for biomedicine”，*Science*，1977 Apr. 8；196（4286）：129－36.

③ 参见〔美〕爱德华·肖特《精神病学史——从收容院到百忧解》，韩健平、胡颖翀、李亚平译，上海科技教育出版社，2008，第401页。

在心理学中，“精神障碍”还被称为“心理障碍”（psychological disorder）或“变态（异常）心理”（abnormal mind）。心理学家们指出：“虽然心理障碍与精神障碍两个术语经常互换使用，但我们还是更愿意使用心理障碍这个词。主要原因是心理障碍这个词将异常行为的研究完全放在了心理学领域。还有，精神障碍这个词是与医学模型的观点相联系的。”① 他们将心理障碍定义为：个人心理功能失调，表现为痛苦、功能受损，患者的反应出人意料或不被社会接受。②

四 精神障碍的法律定义

有多种法律涉及精神障碍（精神疾病、精神病）问题，例如民法、刑法、诉讼法、选举法等，以及精神卫生法。有些法律可能对该法所称“精神障碍”的概念加以定义。法律定义并不取代和妨碍各有关学科和学者对“精神障碍”及相关概念所做的学术性定义。这里只讲精神卫生法的定义。

英国2003年《精神卫生法》将“精神障碍”定义为：“精神疾病（mental illness）、精神发育停滞或不全（arrested or incomplete development of mind）、精神病态障碍（psychopathic disorder），以及其他精神障碍或残疾（disorder or disability of mind）。”日本《有关精神保健及精神障碍者福祉的法律》没有直接定义“精神障碍”（精神障害），而是定义了“精神障害者”，其第五条规定：“本法所称‘精神障害者’，是指患有精神分裂症（統合失調症）、精神作用物质所引发急性中毒或者其依存症、智能障碍（知的障害）以及精神病质及其他精神疾患的人。”毛里求斯《精神卫生保健法》（*Mental Health Care Act*）规定：“精神障碍”是指精神或行为上发生的一种明显的障碍，表现为精神功能方面相应紊乱的症状，包括思维、情感、意志、知觉、定向或记忆障碍的症状，这些症状以病理程度而呈现。牙买加《精神卫生法》（Mental Health Act）规定：“精神障碍”是

① 〔美〕Jeffey S. Nevid、Spencer A. Rathus、Beverly A. Greene：《变态心理学：变化世界中的视角》（第六版）上册，吉峰、杨丽、卢国华等译，华东师范大学出版社，2009，第5页。

② 〔美〕V. Mark Durand、David H. Barlow：《异常心理学基础》（第三版），张宁等译，陕西师范大学出版社，2005，第2页。

指（a）一种思维、知觉、定向或记忆的实质性障碍，这种障碍全面损害了某人的行为、判断、认识现实的能力或者满足生活需求的能力，致使此人精神不健全；或者（b）精神发育迟滞，当这种状态与异常的攻击行为或严重的不负责任行为相联系时。

有些国家或者地区的精神卫生法采用的是“精神疾病”的概念。例如，美国纽约州《精神卫生法》（Mental Hygiene Law，纽约州法典的一部分）规定，该法所称“精神疾病”（mental illness）的意思是一种由精神疾病（mental disease）带来的痛苦，或者一种由障碍或紊乱（disturbance）造成的表现在行为、情感、思维或判断中的精神状态（mental condition），严重到需要照看、治疗和康复的程度。

我国台湾地区的“精神卫生法”也是采用“精神疾病”。其定义见第三条：“精神疾病：指思考、情绪、知觉、认知、行为等精神状态表现异常，致其适应生活之功能发生障碍，需给予医疗及照顾之疾病；其范围包括精神病、精神官能症、酒瘾、药瘾及其它经中央主管机关认定之精神疾病，但不包括反社会人格违常者。”

《中华人民共和国精神卫生法》在起草过程中，曾经使用“精神疾病（精神疾病患者）”“精神障碍（精神障碍者、精神障碍患者）”“精神病（精神病患者）”等不同概念，具体定义也不尽相同。

2007年12月卫生部报请国务院审议的《精神卫生法（草案送审稿）》使用的是“精神障碍”，并且把“精神病”涵括在“精神障碍”这个大概念下。该稿第五十五条规定：

> 精神障碍是指，在各种生物、心理以及社会环境因素影响下，人的大脑功能失调，导致感知、情感、思维、意志和行为等精神活动出现的不同程度的受损。
>
> 精神病是指，精神活动严重受损，导致对自身健康状况或者客观现实不能完整辨认，或者不能控制自身行为的精神障碍，主要包括精神分裂症、偏执性精神病等有精神病性症状的障碍。
>
> 精神障碍者，包括精神障碍患者和精神病患者。

相对于以后各稿，此稿的定义比较细致，但问题也最多。第一，作为一种法律性定义，应当简明，没有必要具体说明精神障碍的原因，何况在此问题上学术意见并不一致。第二，专门提出“精神病”可能是为了厘清“精神障碍”与“精神病”的关系，但有将事情复杂化之虞。而且对“精神病”解释也有不妥之处。“精神病”的本质特征是具有精神病性症状，而不是精神活动、认识能力、控制能力的受损程度。第三，把“精神障碍患者”作为“精神障碍者”的子概念，逻辑不清，造成混乱。

2009 年 3 月国务院法制办公室的“征求意见稿”改变了《精神卫生法（草案送审稿）》的表述，使用的是“精神疾病（精神疾病患者）”。该稿第五十三条规定：“本法所称精神疾病，是指在各种生物、心理以及社会环境影响下，人的大脑功能失调，导致感知、情感、思维、意志和行为等精神活动出现的不同程度的受损。”这段话文字不长，但内含的意思也比较复杂。它基本采用了在我国精神病学著作中比较通行的“精神疾病”的定义。例如沈渔邨主编的全国高等医学院校临床医学专业教材《精神病学》：“精神疾病是指在各种生物学、心理学以及社会环境因素影响下，大脑功能失调，导致认知、情感、意志和行为等精神活动出现不同程度障碍为临床表现的疾病。”[①] 不过，“征求意见稿”用“精神疾病”取代“精神障碍”似无必要。定义将“行为”归入“精神活动”也需要推敲。

2010 年 10 月国务院法制办公室的“第三次征求意见稿”又重新使用“精神障碍（精神障碍患者）”。该稿第七十三条规定：“本法所称精神障碍，是指由各种原因引起的感知、情感和思维等精神活动的紊乱或者异常，导致患者明显的心理痛苦或者社会适应等功能损害。本法所称严重精神障碍，是指疾病症状严重，导致患者社会适应等功能严重损害、对自身健康状况或者客观现实不能完整认识，或者不能处理自身事务的一组精神障碍。常见的有精神分裂症、偏执性精神障碍、脑器质性精神障碍、双相情感障碍等。”

2011 年 6 月 10 日国务院法制办公室向社会征求意见的“精神卫生法（草案）”基本沿用了“第三次征求意见稿”的表述，只是删除了“严重精神障碍”定义中的“一组”两字和后面的例举。

以后各稿，包括国务院提请全国人民代表大会常务委员会审议的《精

① 沈渔邨主编《精神病学》第三版，人民卫生出版社，1995，第 1 页。

神卫生法（草案）》、全国人民代表大会常务委员会的两次审议稿，对“精神障碍”的定义没有发生变化。最终，《中华人民共和国精神卫生法》第八十三条规定：“本法所称精神障碍，是指由各种原因引起的感知、情感和思维等精神活动的紊乱或者异常，导致患者明显的心理痛苦或者社会适应等功能损害。本法所称严重精神障碍，是指疾病症状严重，导致患者社会适应等功能严重损害、对自身健康状况或者客观现实不能完整认识，或者不能处理自身事务的精神障碍。”这是我国法律（指全国人民代表大会及其常委会制定的法律）第一次使用“精神障碍”一词，之前的法律，一般使用“精神病（精神病人）”，如《民法通则》《刑法》《刑事诉讼法》《治安管理处罚法》《行政处罚法》《全国人民代表大会和地方各级人民代表大会选举法》《母婴保健法》等，只有《道路交通安全法》使用了“精神疾病”。

关于精神障碍概念，我国学者许又新教授有一个概括性总结。他在复习文献后指出，迄今为止，对精神障碍的考察和研究，至少有六种不同的视角，即生物学、统计学、心理学、伦理学、法学和文化史的视角。因此，他认为，精神障碍是一个异质性范畴（heterogeneous category），不能有严格逻辑的定义。[①] 也就是说，不同学科对于精神障碍会有不同的定义。

鉴于我国《精神卫生法》使用“精神障碍”，以及基于我个人的习惯——我在2000年曾经出版《精神障碍与犯罪》，本书一般使用“精神障碍”以及“精神障碍患者”，但在叙述有关历史时，为符合当时的情形，也使用“疯狂”“疯人”等说法——这决不意味着对精神障碍患者的任何贬损；在涉及民法、刑法、刑事诉讼法等法律时，也跟随这些法律使用“精神病”“精神病人”等词汇。

五　精神障碍与心理残疾、精神残疾

随着对残疾人权益保护的加强，尤其是在联合国通过《残疾人权利公约》之后，“心理残疾”（mental disability）这个概念得到更多的使用，而且有时可以替代“精神障碍”。一般而言，“心理残疾”的含义比“精神

① 参见许又新《精神病理学——精神症状的分析》（第2版），北京大学医学出版社，2011，第3～5页。

障碍”广泛，包括“智力残疾”（intellectual disabilities）和“精神残疾”（psychiatric disabilities）。“残疾”指各种机能障碍、活动受限和参与受限，无论是长期的还是过渡性质的。“智力残疾”是指智力障碍导致的残疾。“精神残疾”是指精神障碍导致的残疾。

世界卫生组织主持编写的《精神卫生、人权与立法资源手册》认为，使用“精神残疾”这一名词的优点是，“残疾”这一概念直接涉及人们对其生命、对其环境、需求和局限性的直接感知，且卫生领域以外的专业人员更容易理解这一概念。该术语的一个显著缺点是其广泛的特性，这使得更多的人被纳入了精神卫生立法的范围之内，而不像更严格的名词如“精神障碍”或“精神疾病”。此外，“精神残疾”的术语在某些精神卫生服务享用者中不受欢迎，他们情愿用“心理社会残疾”（psychosocial disability）这样的术语。他们相信精神病性或精神性残疾属于“医学”领域，因此倾向于在疾病和残疾之间使用明确的区分。①

目前我国的有关领域也经常使用“智力残疾”和“精神残疾”概念，而“心理残疾”概念较少使用。根据中国残疾人联合会的文件，智力残疾是指人的智力明显低于一般人的水平，并显示适应行为障碍。智力残疾包括：在智力发育期间，由于各种原因导致的智力低下；智力发育成熟以后，由于各种原因引起的智力损伤和老年期的智力明显衰退导致的痴呆。“精神残疾”是指精神病人患病持续一年以上未痊愈，同时导致其对家庭、社会应尽职能出现一定程度的障碍。精神残疾可由以下精神疾病引起：（1）精神分裂症；（2）情感性、反应性精神障碍；（3）脑器质性与躯体疾病所致的精神障碍；（4）精神活性物质所致的精神障碍；（5）儿童、少年期精神障碍；（6）其他精神障碍。②

六　精神障碍与精神卫生

在中国，“精神卫生”是一个外来概念，翻译上的复杂渊源更使它难以界定。

---

① 世界卫生组织：《精神卫生、人权与立法资源手册》，2006 年中文版，第 37 页。

② 参见中国残疾人联合会文件〔1995〕残联组联字第 61 号《关于统一制发中华人民共和国残疾人证的通知》。

mental hygiene 理念传入中国之后，中国学者一般将其译为“心理卫生”。其中“卫生”一词是借用了日本利用中国古词对 hygiene 的翻译（衛生）[1]，为预防疾病、促进健康之意。但是，当时日本还利用中国古词将 mental 译为“精神”[2]，且将 mental hygiene 译为“精神卫生”，也被引入中国。这时在中国，“心理卫生”和“精神卫生”虽然字面不同，但含义一致，说的都是促进精神（心理）健康，预防精神（心理）疾病。

自 1946 年美国制定 National Mental Health Act 和 1959 年英国颁布 Mental Health Act 之后，在美英以及其他英语国家，mental health 逐渐成为一个流行术语。严格地说，mental health 应当译为“精神健康”或者“心理健康”。它是相对于“精神障碍”或者“精神疾病”而言的、在“健康”（health）这个大概念之下的一个概念。

《不列颠百科全书》未列 mental health 专条，但列有 mental hygiene 专条，该条目清楚地区分了 mental hygiene 与 mental health：

> 精神卫生（mental hygiene），是一门研究保持精神健康（mental health），防止精神病（psychosis）、神经症（neurosis）或者其他精神障碍（mental disorder）发展的学科。自联合国成立以来，精神健康和卫生的概念（concepts of mental health and hygiene）获得国际社会的广泛认同。1946 年世界卫生组织宪章规定：“健康是一种在躯体上、心理上和社会等各方面完全和谐的状态，而不仅仅是没有疾病或者不虚弱。”精神健康（mental health）一词表达了人类的一系列愿望：精神失常（mentally disturbed）的康复，精神障碍（mental disorder）的预防，在充满压力的世界减少精神紧张，造就一种和谐状态以使个人的社会功能与精神潜能保持平衡。正如世界精神健康联合会（World Federation for Mental Health）所指出的那样，所谓最佳精神健康（opti-

---

① 参见刘正埮、高名凯等编《汉语外来词词典》，上海辞书出版社，1984，第 357 页；杜志章：《论晚清民国时期“卫生”涵义的演变》，《史学月刊》2008 年第 10 期；沈国威：《近代中日词汇交流研究：汉字新词的创制、容受与共享》，中华书局，2010，第 220 ~ 223 页。另外根据 1902 年《商务印书馆华英音韵字典集成》，hygiene 当时在中国被译为“保身学”。

② 参见刘正埮、高名凯等编《汉语外来词词典》，上海辞书出版社，1984，第 163 页。

mum mental health）的概念并非一种绝对的或理想的状态（absolute or ideal state），而是一种适应不断变化的周围环境的最可能状态（best possible state）。因此，精神健康（mental health）被看作是一种个人的，与其能力和社会环境适应有关的精神状态。而精神卫生（mental hygiene）则包括促进和维护精神健康（mental health）的一切措施。[①]

《不列颠简明百科全书》对 mental hygiene 的定义是：

一门研究保持精神健康（mental health），预防精神障碍，帮助人们充分发挥精神潜能的学科。它包括促进和维护精神健康的一切措施：精神失常的康复，精神疾病（mental illness）的预防，帮助应对充满压力的世界。社区精神卫生（community mental health）承认精神健康、人口压力及社会动荡之间的关系。它也处理某些社会问题，从药物滥用到自杀预防。历史上对精神疾病患者（mentally ill）的待遇（treatment）从忽视、虐待、隔离演变到积极的治疗及融入社会，时常对改革者（crusading reformers）作出反应。精神疾病（mental illness）的预防包括孕期保健（prenatal care）、虐待儿童觉察程序（child-abuse awareness programs），以及对犯罪受害人的心理辅导（counseling）。治疗方法包括精神治疗（psychotherapy）、药物治疗和支持团体（support groups）。最重要的努力之一，是通过大众教育消除仍然附加于精神疾病的污名（stigma），并且鼓励患者寻求治疗。[②]

世界卫生组织除提出了"健康"定义外，还将 mental health 定义为："一种完好的状态，个体能够认识到他或她的能力，能够应对日常生活中

① 原文参见 http://www.britannica.com/EBchecked/topic/375371/mental-hygiene。译文参考了《不列颠百科全书·国际中文版》第 11 卷，中国大百科全书出版社，1999，第 101 页，mental hygiene（精神卫生）条目。中文版特别指出，精神卫生又称心理卫生。

② 原文参见 Britannica Concise Encyclopedia 2006, Encyclopaedia Britannica（UK）Ltd., p. 1237。译文参考了《不列颠简明百科全书》，中国大百科全书出版社，2005，第 804 页。

正常的压力，能够卓有成效地工作，能够对他或她的社会有所贡献。”①

有些国家在有关领域为了避免污名化，刻意回避使用 mental disorder 或者 mental illness 这些词语，而代之以 mental health problems（“精神健康问题”或者“心理健康问题”）。精神障碍治疗方面的工作则被称为 mental health service（“精神健康服务”或者“心理健康服务”）。②

然而，health 又含有使人健康之意，译为“卫生”也未尝不可。例如，World Health Organization 通译为“世界卫生组织”，我国卫生部将自己的英文名称定为 Ministry of Health。而且，在美英等国，mental health 这一术语在使用过程中，含义逐渐丰富，不仅指个体的精神（心理）健康状态，而且包括了促进精神（心理）健康、预防和治疗精神（心理）疾病、保护精神障碍患者和被视为精神障碍患者的人的权利的意思。mental health 成为 public health（公共卫生）的一部分。因此，中国有些学者沿用对 mental hygiene 的翻译，将 mental health 意译为“精神卫生”或者“心理卫生”。

也就是说，mental health 一般应译为“精神健康”或者“心理健康”，但也可以译为“精神卫生”或者“心理卫生”。可是，mental hygiene 只能译为“精神卫生”或者“心理卫生”。

这样，在中国就出现了“精神卫生”与“精神健康”、“心理卫生”与“心理健康”并存的局面。前者多为精神病学界使用，后者多为心理学界使用。由于在中文里，“精神卫生”与“精神健康”、“心理卫生”与“心理健康”的具体含义毕竟已经有所不同，翻译和使用时应根据其当时具体所指而定。“精神卫生”或者“心理卫生”分别涵括“精神健康”或者“心理健康”。而“精神卫生”与“心理卫生”、“精神健康”与“心理健康”，分别构成同义语，一般不能一起使用。

英文中有一个与 mental hygiene 含义基本相同的词 psycho-hygiene，使用的人较少。有学者将其译为“精神卫生”③，以示与 mental hygiene 的区别，但译为“心理卫生”似也可以。

另外，在英文中，还有一个不如 mental health 流行的词汇 psychological

① 转引自世界卫生组织《促进精神卫生：概念·新证据·实践》，刘铁桥等译，2004。

② 参见〔英〕David Pilgrim《心理健康关键概念手册》，张庆伟等译，高等教育出版社，2006，第 2～5 页。

③ 参见吴南轩《心理卫生意义范围与重要性》，中央大学《教育丛刊》第二卷第一期，1934 年。

health，主要是心理学使用，可译为“心理健康”或“心理卫生”。我国精神病学领域有时也使用这个概念，例如《中国精神障碍分类方案与诊断标准（第三版）》就将“心理卫生”对应的英文确定为 psychological health。

还有一个词“精神保健”（mental health care），是从 mental health 衍生出来的。它是精神卫生中的有关精神医疗服务的那一部分内容。前面提到过，联合国《保护精神病患者和改善精神保健的原则》使用了它，并定义为“分析和诊断某人的精神状况，以及精神障碍或被怀疑为精神障碍的治疗、护理和康复”。日本也有“精神保健”一词，但它对应的是 mental health。对 health，日本一般译为“健康”或“保健”。World Health Organization 在日语里是“世界保健機関”。美英的 Mental Health Act，日本译为“精神保健法”。对 mental health care，日本一般译为“精神健康管理”或者“精神保健医疗”。

我国开始起草制定《精神卫生法》之后，心理学界的一些人士希望将该法命名为《心理卫生法》。2011 年深圳还标新立异地出台了《深圳经济特区心理卫生条例》，可以看作是对这种呼声的一个支持。但如前所说，“心理卫生”“精神卫生”的含义没有本质区别。一些心理学工作者在法律名称上较劲，近乎抠字眼，反显底气不够，不足为外人道也。站在局外的中间立场，作为法律的名称，我认为两者中“精神卫生法”更合适一些（如果与“精神健康法”相比，“精神卫生法”可能并不是最佳选择，至少“精神卫生法”过于医学化）。毕竟不论从历史来看，还是从现实来看，精神卫生法的主要内容或者说是实质内容属于精神病学范畴，重点是规范精神障碍防治和精神病院收治问题。对心理治疗和心理咨询，如果认为其重要，可以制定另外的专门法律。[①] 尽管有不同意见，最终通过的法律还是叫“精神卫生法”。

《中华人民共和国精神卫生法》同时使用了“精神卫生”“精神健康”和“心理健康”三个术语。“精神卫生”可以理解为 mental hygiene 或者广义的 mental health，“精神健康”和“心理健康”可以理解为相对于“精神障碍”而言的、狭义的 mental health。在这部法律中，“精神卫生”是一个基本概念，而“心理健康”一词出现了 20 次，也是一个重

① 例如，我国台湾地区就在“精神卫生法”之外制定了“心理师法”。

要概念。除一个地方（关键的地方）用“精神健康”外（第二十七条“精神障碍的诊断应当以精神健康状况为依据”），凡讲“健康”的，多数是“心理健康”，个别的是“身心健康”。这与2011年6月国务院法制办公室公开征求意见的《精神卫生法（草案）》有明显不同，这一稿主要使用“精神健康”，而“心理健康”偶尔出现。定稿更多地使用“心理健康”显然是考虑到了心理学界的意见，在精神病学与心理学之间做了一个平衡。

《精神卫生法》同时使用“精神卫生”“精神健康”和“心理健康”带来一个问题，会在译为英文时出现麻烦。都译为mental health显然是不够确切的。一种办法是将“精神卫生”译为mental hygiene，将“心理健康”“精神健康”译为mental health。不过，《精神卫生法》的名称英译为Mental Health Law似已为共识和定论，如果再将条款中的“精神卫生”译为mental hygiene，则有名实不符之嫌。还有一种办法是将“心理健康”译为psychological health，但在英文中它与mental health区别不大，有重复之嫌。2012年第6期《上海精神医学》发表了国内学者的《精神卫生法》英文翻译，它也注意到“精神卫生”和“心理健康”的区别问题。它将“精神卫生”翻译为mental health，而将“心理健康”翻译为psychological well-being，同时在注释中说明“心理健康”也可以翻译为psychological health。它还将第二十七条“精神障碍的诊断应当以精神健康状况为依据”中的“精神健康”翻译为mental health。[①] 这也是一种办法，但心理学界未必满意。psychological well-being主要是讲个体对健康的主观感受，与我国心理学界常用的中文“心理健康”的含义不完全相同。

最后，概括地说，根据精神卫生的发展和我国《精神卫生法》的主要内容，广义的精神卫生是指与提高精神病学等学科的理论与实践水平、维护和增进心理（精神）健康、预防和治疗精神障碍、促进精神障碍患者康复、改善精神障碍患者治疗和住院条件、维护精神障碍患者和被视为精神障碍患者的人的合法权益有关的一切措施和工作。

① 参见陈含晖等《中华人民共和国精神卫生法》（附注释的英文翻译），《上海精神医学》2012年第6期。

第二节　精神障碍的分类和患病率

一　精神障碍的分类

精神障碍复杂多样，如果不加以鉴别就无法对其进行深入研究，也无法开展有关的学术交流，精神障碍的防治也无从谈起。精神病学从治疗精神障碍这一实际目的出发，将有规律性地反复发生的一组组症状进行鉴别，区分出不同的精神障碍来。这种分类被称为描述性分类。完全根据病因进行准确的分类，还需时日。

目前，使用范围最广的是世界卫生组织制定的《国际疾病分类》（International Classification of Diseases，ICD）中的精神障碍分类。《国际疾病分类》的前身是在法国医学统计学家雅克·贝蒂永（Jacques Bertillon，1851～1922）提出的《死亡原因分类》（Classification of Causes of Death）基础上制定，由巴黎国际统计研究所1893年公布的《国际死亡原因分类》（International Classification of Causes of Death，ICD）。《国际死亡原因分类》第5版（ICD－5）增加了精神障碍的分类，用于统计死亡率。1948年，世界卫生组织接手制定ICD－6，并更名为《国际疾病、外伤和死亡原因统计分类》（International Statistical Classification of Diseases，Injuries and Causes of Death，缩写仍为ICD）。其中第5章为精神障碍分类。[①] 后来又进行了多次修订，包括1957年第7版（ICD－7）、1966年第8版（ICD－8）、1975年第9版（ICD－9）和目前施行的第10版（ICD－10）。ICD－10于1990年通过，我国学者参与了制定。ICD－10名称改为《疾病和有关健康问题的国际统计分类》（International Statistical Classification of Diseases and Related Health Problems）。[②] 第5章的题目从“精神障碍”（Mental Disorders）改为“精神

① ICD修订情况参见 http://en.wikipedia.org/wiki/International_Statistical_Classification_of_Diseases_and_Related_Health_Problems；姜佐宁主编《现代精神病学》，科学出版社，1999，第284～294页。

② 参见 http://www.who.int/classifications/icd/en/；刘婕主编《疾病和有关健康问题的国际统计分类（ICD－10与ICD－9对照）实用指导》，江西科学技术出版社，2003；世界卫生组织《疾病和有关健康问题的国际统计分类·第十次修订本·第一卷类目表》（第二版），董景五主译，人民卫生出版社，2008。

与行为障碍”（Mental and Behavioral Disorders）。其他章也包含一些器质性精神障碍。[①] 我国自 1981 年开始推广使用 ICD－9，自 2002 年开始推广使用 ICD－10。目前，世界卫生组织正在修订自己的精神障碍分类，ICD－11 估计在 2015 年以后发表。我国学者积极参与了 ICD－11 制定的有关工作。

1952 年，美国精神病学会制定了《精神障碍诊断和统计手册》（Diagnostic and Statistical Manual of Mental Disorders，DSM）。其后有 1968 年第 2 版（DSM－II）、1980 年的第 3 版（DSM－Ⅲ）、1987 年的第 3 版修订版（DSM－Ⅲ－R）[②]、1994 年的第 4 版（DSM－Ⅳ）[③]、2000 年的第 4 版文本修订（text revision）版（DSM－Ⅳ－TR）。[④] 2013 年 5 月，美国精神病学会发布了 DSM－5。[⑤]

DSM 在世界上也有很大影响，但对它的批评也很多。第一，不同时期的版本存在不同学派的偏向，有的受精神分析学派影响较大，有的受精神生物学派影响较大。[⑥] 第二，随着每一次修订，篇幅不断扩大，独立障碍的数量也不断增加，DSM－Ⅰ是 130 页、106 种障碍，DSM－Ⅱ是 134 页、182 种障碍，PSM－Ⅲ是 494 页、265 种障碍，DSM－Ⅲ－R 是 567 页、292 种障碍，DSM－Ⅳ是 886 页、297 种障碍。人们不禁会问，短短几十年里，精神障碍的种类会增加这么多吗？第三，它也受到政治、文化、种族与性别偏见的影响。[⑦] 爱德华·肖特指出，DSM－Ⅲ就被视为“既是一份科学性文献，同样也是一份政治性文献”，在讨论 DSM－Ⅲ的过程中，美国精

① 参见贾谊诚《与精神疾病有关的其它临床科疾病和有关情况的 ICD10 编码索引》，《上海精神医学》1995 年第 2 期。

② 参见美国精神病学会《精神障碍〈诊断统计手册第三版修订本〉（DSM－Ⅲ－R）》，郑延平、赵靖平译，《国外医学·精神病学分册》1987 年第 4 期。

③ 参见《上海精神医学》1994 年增刊所载 DSM－Ⅳ部分译文，颜文伟译；中华医学会精神科学会、南京医科大学脑科医院编《CCMD－2－R，中国精神疾病分类方案与诊断标准》，东南大学出版社，1995，附录四。

④ 参见 http://allpsych.com/disorders/dsm.html；〔美〕Robert E. Hales、Stuart C. Yudofsky、Glen O. Gabbard 主编《精神病学教科书》（第 5 版），张明园、肖泽萍主译，人民卫生出版社，2010，附录。

⑤ 参见 http://www.dsm5.org/Pages/Default.aspx。

⑥ 参见〔美〕爱德华·肖特《精神病学史——从收容院到百忧解》，韩健平、胡颖翀、李亚平译，上海科技教育出版社，2008，第 396～401 页。

⑦ 参见〔英〕罗伊·波特《疯狂简史》，巫毓荃译，台湾左岸文化事业有限公司，2004，第 207 页。

神病学会常务理事会以投票表决的方式将同性恋从 DSM 中删除，来自社会的政治压力就是一个重要原因。DSM－Ⅲ增列“创伤后应激障碍”则是受到越战老兵团体的压力。DSM－Ⅲ－R 曾经列有“自我挫败型人格障碍”，并说明女性比男性更为常见，而女权主义者认为存在性别歧视，后来也删除了。[①] 美国学者恩格尔哈特（Hugo Tristram Engelhardt）也曾指出：医学在理解同性恋方面的这种变化，紧密联系着性观念、变态概念和关于疾病语言的适当界限的观点方面的改变。类似的争端也发生于关于其他障碍的分类上，诸如经前期紧张综合征、施虐性人格障碍和自我损害性人格障碍。精神病学中的障碍分类的形成揭示出价值观念和期望以某种方式使得具体的疾病分类合理化。[②] 第四，精神障碍分类和诊断标准还受到制药公司的影响。DSM－Ⅲ建议，结合制药公司的营销对精神病学的分类体系进行重新整理将会改变精神病学的面貌。[③]

中国在 1958 年制定了精神疾病分类的第一个方案（草案）。这个方案是卫生部等部门主持召开的全国精神病防治工作会议提出的。它列出 14 类精神疾病：传染病性精神病，中毒性精神病，躯体疾病时的精神障碍，脑外伤性精神病，脑肿瘤的精神障碍，脑血管性精神障碍，老年前期、老年期精神病，癫痫性精神障碍，精神分裂症，躁狂抑郁性精神病，心因性精神病，妄想狂，病态人格，精神发育不全。[④]

1978 年，中华医学会召开第二届全国神经精神科学术会议，成立专题小组对 1958 年草案进行修订。1979 年，形成《精神疾病分类（试行草案）》。1981 年，对“试行草案”又进行了修订，形成《中华医学会精神病分类——1981》。这个方案被认为是中国精神疾病分类的第一版（也有人认为 1958 年草案是第一版）。在 1984 年又对其作了少量修订。1989 年，中华医学会神经精神科学会精神科常委会通过《中国精神疾病分类与诊断

① 参见〔美〕爱德华·肖特《精神病学史——从收容院到百忧解》，韩健平、胡颖翀、李亚平译，上海科技教育出版社，2008，第 403～405 页。

② 参见〔美〕恩格尔哈特《生命伦理学的基础》，范瑞平译，湖南科学技术出版社，1996，第 204 页。

③ 参见〔英〕戴维·希利《医学新世界》，载于〔美〕阿德里安娜·佩特里纳、安德鲁·拉科夫等编著《全球药物——伦理，市场与实践》，许烨芳译，上海译文出版社，2010。

④ 参见湖南医学院主编《精神医学基础》（精神医学丛书第一卷），湖南科学技术出版社，1981，第 262 页。

标准（第二版）》（Chinese Classification and Diagnostic of Mental Disorders, 2nd Edtion , CCMD－2）。[①] CCMD－2 是中国第一个全面系统的精神障碍分类方案。值得注意的是，该版的英文名称虽然使用了 mental disorders，但中文名称叫“精神疾病”。经过几年的使用以后，从 1993 年开始对 CCMD－2 进行修订。1994 年 5 月，第一届中华医学会精神科学会通过《中国精神疾病分类方案与诊断标准（第二版）》的修订版（CCMD－2－R）。[②] 2001 年，中华医学会精神科分会通过《中国精神障碍分类方案与诊断标准（第三版）》（CCMD－3）[③]。CCMD－3 继承了以前版本的优点，并且更注意与 ICD－10 接轨。中文名称中的“精神疾病”改为“精神障碍”。

CCMD－3 的两级分类如下：

0－器质性精神障碍
  00 阿尔茨海默病
  01 脑血管所致精神障碍
  02 其他脑部疾病所致精神障碍
  03 躯体疾病所致精神障碍
  09 其他或待分类的器质性精神障碍
1－精神活性物质与非成瘾物质所致精神障碍
  10 精神活性物质所致精神障碍
  11 非成瘾物质所致精神障碍
2－精神分裂症和其他精神病性障碍
  20 精神分裂症
  21 偏执性精神障碍
  22 急性短暂性精神病
  23 感应性精神病
  24 分裂情感性精神病

① 参见杨德森主编《中国精神疾病诊断标准与案例》，湖南人民出版社，1989。

② 参见中华医学会精神科学会、南京医科大学脑科医院编《CCMD－2－R，中国精神疾病分类方案与诊断标准》，东南大学出版社，1995。

③ 参见中华医学会精神科分会编《CCMD－3，中国精神障碍分类方案与诊断标准（第三版）》，山东科学技术出版社，2001。

29 其他或待分类的精神病性障碍

3 – 心境障碍（情感性精神障碍）

30 躁狂发作

31 双相障碍

32 抑郁发作

33 持续性心境障碍

39 其他或待分类的心境障碍

4 – 癔症、应激相关障碍、神经症

40 癔症

41 应激相关障碍

42 与文化相关的精神障碍

43 神经症

5 – 心理因素相关生理障碍

50 进食障碍

51 非器质性睡眠障碍

52 非器质性性功能障碍

6 – 人格障碍、习惯和冲动控制障碍、性心理障碍

60 人格障碍

61 习惯和冲动控制障碍

62 性心理障碍（性变态）

7 – 精神发育迟滞与童年和少年期心理发育障碍

70 精神发育迟滞

71 言语和语言发育障碍

72 特定学校技能发育障碍

73 特定运动技能发育障碍

74 混合性特定发育障碍

75 广泛发育障碍

8 – 童年和少年期的多动障碍、品行障碍和情绪障碍

80 多动障碍

81 品行障碍

82 品行和情绪混合障碍

83 特发于童年的情绪障碍
84 儿童社会功能障碍
85 抽动障碍
89 其他童年和少年期行为障碍
9 - 其他精神障碍和心理卫生情况
90 待分类的精神病性障碍
91 待分类的非精神病性精神障碍
92 其他心理卫生情况
99 待分类的其他精神障碍

《中国精神障碍分类方案与诊断标准（第三版）》（CCMD - 3）原本没有在近期进行修订的计划。徐韬园、许又新等学者以前还曾主张我国精神医学界接受 ICD，不另制定中国分类。[①] 但是，《精神卫生法》第二十六条第二款规定，精神障碍分类与诊断标准应由国务院卫生行政部门组织制定，排除了接受并且仅使用 ICD 的可能性。而且，CCMD - 3 是中华医学会精神科分会制定、通过的，主体与《精神卫生法》规定不符，或许将来需由卫生部组织修订。然而，精神障碍分类与诊断标准属于比较单纯的医学问题，由国家行政部门介入甚或主导，则未必恰当。行政权力并不能保证精神障碍分类与诊断标准的科学性，从而也无助于它的权威性，反而会给自己带来麻烦。

根据临床或研究的需要，还可另外对各类精神障碍作出概括性的同时也不是很严格的划分：

（1）根据是否存在精神病性障碍，将精神障碍分为精神病和非精神病性障碍。精神病的概念有广、狭两义。广义的精神病就是精神疾病或精神障碍。这是过去的习惯用法。为避免概念混乱，现在已经不用“精神病”作为各类精神障碍的总称。甚至，“从 ICD - 10 和 DSM - Ⅳ可以看出，精神病学界已经尽可能不使用精神病这个词了，因为这个词的历史包袱太重，传统带来的分歧严重，简而言之，在事实描述的层面上，人们对精神

① 参见徐韬园《建议接受 ICD - 10，不另订中国分类》，《上海精神医学》1994 年第 2 期；许又新：《关于 ICD - 10》，《临床精神医学杂志》1994 年第 4 期。

病所包含的范围广狭差异太大。”[①] 大体上说，狭义的精神病（psychosis）是指精神病性障碍。所谓“精神病性障碍”（psychotic disorders），是指以精神病性症状为主的精神障碍。而“精神病性症状”（psychotic symptoms），主要有幻觉、妄想、紧张综合征等。[②] 精神分裂症、偏执性精神障碍是典型的精神病性障碍。脑器质性精神障碍和躯体疾病所致精神障碍、精神活性物质与其他物质所致精神障碍、情感性精神障碍、癔症可能出现精神病性症状。神经症、人格障碍、习惯和冲动控制障碍、性功能障碍、性变态则没有精神病性症状，属于非精神病性障碍。精神发育迟滞比较特殊，无论其多么严重，在传统上都不算精神病，但也不算非精神病性障碍，而是单独的一类。[③]

（2）根据病情的轻重，将精神障碍大致分为重性（major）精神障碍和轻性（minor）精神障碍。一般认为，重性精神障碍主要是指狭义的精神病，包括脑器质性精神障碍和躯体疾病所致精神障碍、精神活性物质与其他物质所致精神障碍、精神分裂症、偏执性精神病、情感性精神障碍以及精神发育迟滞等。卫生部发布的《重性精神疾病管理治疗工作规范（2012年版）》所列重性精神疾病，主要包括精神分裂症、分裂情感性障碍、偏执性精神病、双相（情感）障碍、癫痫所致精神障碍、精神发育迟滞等。[④] 对轻性精神障碍，没有规范性的界定，大致包括神经症、人格障碍、习惯和冲动控制障碍、性功能障碍、性变态等。轻重只是相对而言，并且指的是一般情况。事实上，严重时的“轻性精神障碍”可能比不严重时的“重性精神障碍”会给患者带来更严重的影响。我国《精神卫生法》没有使用“重性精神障碍”概念，而是使用“严重精神障碍”，着重强调精神障碍对患者的影响程度，而没有突出精神障碍的种类。

（3）器质性精神障碍和非器质性精神障碍。器质性精神障碍包括脑器质性精神障碍、躯体疾病所致精神障碍、精神活性物质与其他物质所致精

① 许又新：《不必坚持非此即彼的逻辑两分法》，《临床精神医学杂志》2005年第6期。

② 关于精神病性症状问题，可以参考《临床精神医学杂志》2005年第6期和2007年第1期的专题讨论。

③ 参见许又新《精神病理学——精神症状的分析》（第2版），北京大学医学出版社，2011，第21页。

④ 参见 http://61.49.18.65/mohjbyfkzj/s5888/201204/54485.shtml。

神障碍、器质性原因导致的精神发育迟滞。非器质性精神障碍包括精神分裂症、偏执性精神障碍、情感性精神障碍以及神经症、非器质性的精神发育迟滞、人格障碍、习惯和冲动控制障碍、非器质性的性功能障碍、性变态。非器质性精神障碍中的精神分裂症、偏执性精神障碍、情感性精神障碍也被称为功能性精神病。

器质性精神障碍实际就是躯体疾病导致的精神障碍。或者说，器质性精神障碍本质上是有精神障碍症状或以精神障碍症状为主的躯体疾病。因而，器质性精神障碍患者主要见于内科，或者首见于内科。《希氏内科学》第15版将精神障碍分为三大类。第一类是由可以见到的脑内病理改变所致各种精神和行为失常。它们的理论认识和研究途径，与其他躯体疾病并无不同。第二类是脑内无明显病理改变的两种功能性精神病，精神分裂症和躁狂—抑郁精神病。第三类是性格异常和神经症状。[①] 它在“内科临床中的精神病”一章，只讲了后两类，而将第一类放入内科疾病中。到《希氏内科学》第22版（中文译本改名为《西氏内科学》），其“内科临床中的精神疾病”一章不再强调这种分类，进而介绍了抑郁症、双相障碍、焦虑性障碍、躯体病样精神障碍、人格障碍和精神分裂症。[②]

还应指出，根据是否器质性来分类，受到现有医学水平的制约，以后并非一成不变。《牛津临床精神病学手册》认为，所有精神科疾病本质上都是器质性的——也就是说，这类疾病与正常大脑结构及功能的异常有关。但是，现代精神病学分类中“器质性疾病”这一术语是指那些具有可证实的中枢神经系统病理学病因的疾病。[③] 随着医学的发展和研究的深入，以后可能会有一些“非器质性精神障碍”被证实是“器质性”的。例如，已经有研究初步提示，精神分裂症有可能是一种脑器质性疾病。[④]

---

① 参见〔美〕麦克德莫特等主编《希氏内科学》（第15版），第三分册，《神经系统和行为疾病》，王贤才译，内蒙古人民出版社，1986，第3~41页。

② 参见〔美〕Lee Goldman、Dennis Ausiello 主编《西氏内科学》（第22版），王贤才总主译，世界图书公司西安公司，2009，第3429~3443页。

③ 〔英〕David Semple 等：《牛津临床精神病学手册》，唐宏宇、郭延庆主译，人民卫生出版社，2006，第112页。

④ 参见颜文伟编译《精神分裂症是一种脑的器质性疾病吗?》，《上海精神医学》1995年第3期。

二 精神障碍的患病率

21 世纪开始的时候，世界卫生组织在一份题为《精神卫生：新观念，新希望》的报告中宣布：目前全世界共约有 4.5 亿各类精神和脑部疾病患者，每 4 个人中就有 1 人在其一生中的某个时段产生某种精神障碍，精神卫生已经成为一个突出的社会问题。该报告还指出：精神障碍问题往往被低估，三分之二的精神障碍患者从不进行治疗，而社会的歧视以及治疗手段的不足又阻碍这些患者获得有效的治疗。随着社会经济的发展以及竞争压力、失业、生活节奏变化等因素的影响，精神障碍对健康的危害日益突出和严重。抑郁症、神经症、酗酒、药物依赖、自杀发生率均呈上升趋势，老年精神障碍如老年性痴呆、老年期抑郁症的比例也在增高。抑郁症目前已成为世界第四大疾患，而到 2020 年时可能成为仅次于心脏病的第二大疾病。全世界每年有 5.8% 的男子和 9.5% 的妇女，即共约 1.21 亿人会经历一段时间的抑郁。世界每年有 100 万人自杀，而有自杀企图的人数介于 1000 万和 2000 万之间。由酗酒引起意识错乱的有 7000 万人，而有药物依赖癖好的有 500 万人。此外，60 岁以上患老年性痴呆的男子占 5%，妇女占 6%。[①]

自 20 世纪 80 年代以来，美国每十年都会对精神障碍（包括精神疾病和成瘾性疾病）进行一次流行学调查。调查以 DSM 为根据，通过抽样访谈方式进行。第一次调查的结果是，年患病率 28%，终身患病率（包括曾经患病和现在患病）46.4%，有 1/3 的人因患病而寻求帮助。第二次的调查结果是，年患病率 30%，终身患病率 48%，最常见的疾病是重性抑郁症、酒精依赖、社交恐怖和单纯性恐怖。第三次的调查结果是，年患病率 26%，终身患病率有轻度降低。根据这三次流行学调查，美国的年患病率平均为 28%，以目前美国人口估算，美国患精神障碍的人数为 8200 万，其中大约 4900 万人表现出中度至重度的损害。美国还根据每年的精神科药物治疗费用的支出估算精神障碍患病率。1987 年，在总花费 137 亿美元的前五种疾病中没有精神障碍。2001 年，前五种疾病的药物治疗费用支出增

① 参见陆大生《世界卫生组织：全世界共有 4.5 亿各类精神障碍患者》，新华网，2001 年 10 月 5 日。

加到559亿美元，精神障碍已经攀升到第二位，其费用是143亿美元，超过1987年前五种疾病的费用总和。对照精神障碍流行学调查的结果，可以看出这主要反映着精神障碍的治疗越来越多地使用药物而不是心理疗法的倾向，以及制药企业和媒体对药物营销和宣传的结果。①

在中国，早在1958年，湖南医学院等单位曾对湖南城乡重性精神病的流行情况进行了调查，发现重性精神病的患病率为1.27‰。后来，四川医学院在1973～1975年，南京神经精神病防治院在1973～1979年，北京医学院精神病学教研组等单位在1974～1977年，上海精神病防治院等单位在1978年，分别进行了精神病流行学调查，所得精神病患病率分别为5.9‰、5.42‰、7.12‰、6.72‰（上海的统计包括癔症和强迫症）。② 1982年，中国多单位合作在12个地区进行精神疾病流行学调查。这是中国第一次规模较大的精神疾病流行学调查。调查采取随机抽样基础上的挨户筛选的方法，样本总计12000户，人口共计51986人。调查得出各类精神病、药物依赖、酒精依赖和人格障碍的时点患病率（调查统计之时的患病率，也称现患病率）为9.11‰，终生患病率为11.18‰，比50年代和70年代的调查数据有明显上升。这次调查还得出神经症的现患病率为22.21‰。根据这些数据估算，在80年代中国至少有1000万狭义的精神病患者和2000万神经症患者。③ 1993年，有关单位在上述12个地区中的7个地区，使用原来的调查方法和程序，进行了第二次精神障碍流行学调查。结果是：各类精神障碍（不含神经症）时点患病率11.18‰，终生患病率13.47‰，与1982年比较均有所上升。④ 另据1987年全国残疾人抽样调查资料，精神病残疾和智力残疾两者合计占中国总人口的11.49‰。⑤ 2001年10月，全国第三次精神卫生工作会议指出：目前中国有严重精神疾病患者约1600万人，每年约有25万人死于自杀，估计自杀未遂者不少于200万人。在17

① 参见〔美〕R. Paul Olson主编《四国精神卫生服务体系比较——英国、挪威、加拿大和美国》，石光、栗克清主译，人民卫生出版社，2008，第235～239页。

② 上述各项调查报告刊载于《中华神经精神科杂志》1980年第1期。

③ 1982年12地区精神病流行学调查的各项报告刊载于《中华神经精神科杂志》1986年第2期。

④ 参见张维熙、沈渔邨等《中国七个地区精神疾病流行学调查》，《中华精神科杂志》1998年第2期。

⑤ 参见沈渔邨主编《精神病学》（第二版），人民卫生出版社，1992，第230页。

岁以下的3.4亿儿童、青少年中，约有3000万人受到情绪障碍和心理行为问题的困扰。当前神经精神疾病在中国疾病总负担中排名第一，占到了20%，即占全部疾病和外伤所致残疾及劳动力丧失的1/5。进入21世纪后各类精神卫生问题将更加突出，到2020年神经精神疾病的负担将上升到疾病总负担的1/4。[①] 进入21世纪以来，我国一些省、市也进行了精神障碍患病率调查：浙江省总时点患病率为172.70‰；河北省总时点患病率为162.43‰，总终生患病率185.12‰；广州市总终生患病率为152.70‰；昆明市总终生患病率为151.91‰。[②]

我国调查所得精神障碍患病率之所以明显低于美国，除因为经济社会发展水平和文化背景不同之外，还因为调查的精神障碍范围和诊断标准以及调查方法不同。

改革开放以来，国内文献不断报告了精神障碍患病率的上升，且多归因于现代化带来的竞争激烈和生活、工作节奏加快。对中国情况有一定了解的阿瑟·克莱曼认为，自第二次世界大战以来，在工业化国家和正在工业化的国家中，慢性疾病正在替代传染性疾病成为患病和死亡的主要原因。这些变化正是饮食、生活方式和行为等方面的社会性改变所引起的。一般说来，精神卫生和行为问题的发生频率——如酒及药物滥用、暴力、自杀、家庭崩溃、被迫迁徙的社会心理影响、暴力冲突和政治暴力事件、性传播疾病与艾滋病等——都有所增加；从而使这些问题成为不论富国或贫国卫生系统所面临的健康卫生问题中的最大部分。而中国也是如此。[③] 阿瑟·克莱曼还认为中国曾经存在把抑郁症诊断为神经衰弱而没有得到应有的治疗的问题。[④] 他的观点曾经在中国引起讨论。

徐韬园、夏镇夷认为，抑郁症的主要症状是罪恶感，克雷佩林曾经指出罪恶感“源于宗教感念”，中国人在宗教信仰的广泛性和虔诚性方面，

---

① 参见殷大奎《齐心协力，脚踏实地，全面推进新世纪精神卫生工作——全国第三次精神卫生工作会议报告》，《中国心理卫生杂志》2002年第1期；杜海岚：《我国1600万人患严重精神疾病，精神卫生立法须尽快》，《法制日报》2001年10月31日。

② 参见苏莉综述《我国精神疾病流行病学调查研究概况》，《内科》2010年第4期。

③ 参见〔美〕凯博文（Arthur Kleinman）《对“神经症研究中的几个理论问题”的评论》，《上海精神医学》1994年第3期。

④ 参见〔美〕凯博文《苦痛和疾病的社会根源——现代中国的抑郁、神经衰弱和病痛》，郭金华译，上海三联书店，2008。

都有明显的差异，这可以作为中国抑郁症较少的社会学的解释之一。[①]

杨德森等认为，研究现代化与精神健康的关系时，应该采取慎重的态度，而不能被一些表面现象所迷惑。例如几十年来在中国，人口成倍增长，精神病人的患者总数（即使发病率不变），也必然成倍增加。生活条件与医疗照顾条件的改善促进人口平均寿命的延长和精神病患者寿命的延长，即使发病率不变也使现患病率增加。这些因素都可形成精神病发病率上升的假象。随着精神科医生的增加与精神科专科医疗服务的开展，被发现的精神病病种与人数也就增加了，随着抗焦虑药与抗抑郁药的问世，焦虑症与抑郁症的诊断也就增多了。更为重要的是，随着社会经济的发展，人们对精神健康的要求不断增高，因而寻求精神病学服务的人数也增加了。这些变化也可能蒙蔽精神科医生，误以为精神疾病越治越多了。[②]

颜文伟借用阿瑟·克莱曼对“疾病”与“疾患”所做的区分，认为随着社会的现代化，心理应激有可能增多，因此人们的心理问题（精神疾患）也有可能较前增多，但也不会泛滥成灾。如果我们能够使社会不良因素有所减少，能够使人们增加自身的社会适应能力，那么心理问题（精神疾患）完全有可能减少。另一方面，以内因为主的精神障碍（精神疾病），发病率和患病率的变化也不会太大；而且，随着防治工作的加强，还会使之逐渐减少，而不会越来越多。将来随着科学的进一步发达，找到了真正的内在病因之后（例如精神分裂症和抑郁症的病理基因等），更有可能进行根本性的治疗（例如基因疗法）。至于酒中度和药物依赖等以外因为主的精神障碍，在采取综合性社会措施之后，也会逐步减少。[③]

许又新认为精神障碍患病率上升有很多性质不同的因素在起作用。他列举了以下几种：(1) 精神障碍流行病学调查方法和筛查工具的改进。(2) 精神障碍分类系统和诊断标准的改变。这一因素导致患病率上升，并不一定是一件坏事，因为可以使政府、社会和居民更加重视精神卫生。(3) 随着经济发展以及医疗保健和精神卫生的进步，过去人们不注意或者不以为病的许多问题，现在都成了精神科医生服务规范以内的事。如夫妻吵架以致心烦不快

① 参见徐韬园、夏镇夷《中国精神疾病分类的历史与现状》，《中华神经精神科杂志》1989年第5期。

② 参见杨德森、肖水源《神经症研究中的几个理论问题》，《上海精神医学》1994年第3期。

③ 参见颜文伟《心理问题与精神疾病》，《上海精神医学》1998年第2期。

之类。(4) 新认识和新出现的情况。现在一旦发生地震一类的大灾难，就有不少灾民被诊断为创伤后应激障碍，但唐山大地震那时并没有听说有这种情况。又如与艾滋病相关的精神障碍、上网成瘾等。(5) 人口老龄化使老年期的精神障碍增多。(6) 以前被认为是政治思想有问题的情况，现在相当一部分归为精神障碍或人格障碍。(7) 文化建设跟不上经济发展。富人多起来，被诊断为抑郁症的富人也多起来。(8) 独生子女的精神卫生问题较多。① 许又新还认为，精神障碍患病率增长到一定程度便不会再增长，绝大多数成员患精神障碍的社会是不可能出现的。文化决定着精神障碍患病率在一定区间内变动，不可能太高，也不会等于零。②

三　非精神病学问题的医学化及其批判

对有些国家和国际精神病学界关于精神障碍患病率上升的统计和说法，不少学者表示困惑和怀疑，并且认为精神病学存在着严重的将非精神病学问题医学化的倾向。

自有医学，便有医学化。约翰·伯纳姆这样概括：

> 据一些作者的说法，医学化即是医疗体制使用采自医疗世界的概念对人群施加一定模式的社会控制。如同历史记载表明的那样，任何一个具有一定规模的社会里，治疗者——临床医生——都努力增进他们的效用、扩大顾客群和社会影响。他们尽量使他们的专业知识在自己的家庭和社会圈子之外获得承认。同时在每一个社会里，又有许多人竭力保卫着他们自身或他们的社会领地免受治疗者的影响。……医学化这一社会进程在社会张力加剧的时候表现的最为显著。③

近五六十年，由于“社会张力加剧”，并且随着医学的发达和国家更加重视医疗，医学化进一步加强——这一时期偶尔也有去医学化（demedicalization）的表现，例如将同性恋从 DSM 中删除。这一时期医学化的一个

---

① 参见许又新《精神病理学——精神症状的分析》(第 2 版)，北京大学医学出版社，2011，第 12 ~ 14 页。

② 《许又新文集》，北京大学医学出版社，2007，作者自序，第 3 页。

③ 〔美〕约翰·伯纳姆：《什么是医学史》，颜宜葳译，北京大学出版社，2010，第 6 页。

突出特征是更多地将“正常”状况的医学化。这引起一些人的警觉。米歇尔·福柯、托马斯·萨斯等人在20世纪60年代就指出了这一问题。到70年代，医学化包括偏常行为的医学化成为医学社会学的主题之一。[①]

美国医学社会学家彼得·康拉德（Peter Conrad）将医学化概念定义为：非医学问题被界定成医学意义上的疾病问题（illnesses）或障碍问题（disorders）并对其加以治疗的过程。康拉德认为，医学化对社会构成多重威胁。例如，医学化将导致专家控制（expert control）。医学专业是一种专家的专业。他们一手包揽任何可以概念化为“疾病”的事项，有关医学诊断和治疗的决定都是由医学专业人员控制着。公众或许有偏差行为的概念，但经常是由专家决定一切的；医学化将导致医学社会控制（medical and social control）。通过特定的医学手段，特别是药物干预和手术治疗，越来越多的个体行为和身心状态进入医学社会控制的范畴。在此过程中，医学社会控制的潜在对象与日俱增；医学化将导致社会问题个人化（individualization of social problems），使公众忽视对个体福祉产生影响的复杂而又多元化的社会因素。这种医学化的简化论掩饰了社会本身的结构性问题以及社会革新的必要性，使得公众将持续面临公共问题个体化归因的陷阱；医学化倾向于将任何个体差异都赋予某种病理学解释，这直接威胁到对于人类生活多样性的接纳与欣赏；医学化进程与新兴医疗市场不断扩张之间有着密不可分的关系，医学服务与治疗日益商品化，从而出现了医学化与医学商业化的融合。其他学者也指出了医学化的危险性。美国范德堡大学（Vanderbilt University）教授克里夫顿·米多尔（Clifton Meador）在1994年指出，不加限制的医学化最终有可能发展到“无人健康、人人有病”（eventually every well person would be labeled sick）这样一种极端境地。美国精神病学家保罗·邹德夫（Paul Chodoff，1914～2011）在《人类境遇的医学化》（The Medicalization of the Human Condition，2002）一文中认为，近几十年来，精神病学的发展在医学化方面已经走得太远，人类的任何悲伤感或不快感都有可能被贴上相应的病理性诊断标签，以至于正常人类体验和病理性体验之间的界限日趋模糊。精神病学对于“医疗必须性”的过

① 参见〔美〕威廉·考克汉姆《医学社会学》（第11版），高永平、杨渤彦译，中国人民大学出版社，2012，第115～116页。

分强调使得医学范式大行其道，但却忽视了超越医学范式从而更好地关注人类广泛生活际遇的其他社会可能性。①

对偏常行为的医学化问题，美国社会学家马克·陶西格（Mark Tausig）等在《精神疾病的社会学》（*A Sociology of Mental Illness*，2003）一书中给予了比较细致的分析。医学化植根于西方社会及其社会历史的总体发展的进程之中。19 世纪末至 20 世纪，医学在躯体疾病方面是极其有效的，尤其是在治疗传染病方面。现代医学实践者将这一领域的成功泛化成了权威和权力。医学拥有巨大的文化权威性与正当性。随着精神障碍纳入医生权威的范围，精神障碍的生物学解释模式的权威也就展现出来了。传统上，精神病的定义常常被表述为严重的、无法预知的、不可理解的行为。然而，19 世纪，精神病定义的外延扩大了许多，包括了日常生活问题和对生活环境压力源的反应。精神障碍外延的扩大拓展了需要管理的生活领域，而这就是偏常的医学化。虽然医生们对于精神疾病还不能给予真正很好的解释，但是许多偏常行为被医学化，列入精神障碍分类和诊断标准，例如 DSM，这就实现了其在一般的医学系统中的制度化。诊断标准的模糊性也为形形种种的“坏的”偏常行为进入“疾病”之列开了方便之门。由于诊断标准是模糊的，一个人可以论证某种特定的偏常行为是一种障碍的表现，即使对于这种新的障碍的诊断标准也同样模糊。陶西格等认为，将偏常行为界定为一种疾病有一些好处，但也存在危险。一方面，疾病不再被假定为个人控制分内的事了，因此，社会的反应倾向于治疗和帮助。否则，如果在一定程度上认为偏常行为者应当对自己的行为负责，那么社会反应就会是惩罚和强迫。今天，可以认为对精神疾病的社会反应在严格的意义上来讲是进步了，这是因为人们将精神障碍归因于生物学过程，这使得人们不再谴责和处罚那些遭受障碍困扰的人。然而与此同时，仍需指出使用医学体系作为控制偏常行为手段的可能性。理性时代是一个强调管理的年代，在这个时代里精神病就特别显出缺乏控制或不可理解的

① 参见〔美〕彼德·康拉《美国文化中偏差行为的医学化》，载于〔美〕Earl Rubington、Martin S. Weinberg 编《社会问题导论——五种理论观点》，陈慧娟译，台湾巨流图书公司，1988；韩俊红：《21 世纪与医学化社会的来临——解读彼得·康拉德〈社会的医学化〉》，《社会学研究》2011 年第 3 期。

一面，正是由于偏常行为威胁到社会秩序，所以需要对此加强管理。①

安东尼·吉登斯在综述社会学家对生物医学模式的批评时指出：

> 医学界在界定什么构成疾病、什么不构成疾病方面拥有巨大的权力，它能够运用其作为“科学真理”仲裁者的地位，把人类生活中越来越多的领域置于医学控制之下。一些持此观点的最强烈的批评者来自女性。她们认为，怀孕和生育的过程已经被现代医学占据和“医学化”了。分娩现在是在医院进行的，并主要由男性专家指导，而不再是由女性掌握，在家中由接生婆帮助完成。怀孕本来是一种平常而自然的现象，但却被当作充满风险和危险的“疾病”对待。女性主义者认为，女性已经失去了对这一过程的控制，因为她们的意见和知识在现在主管生育过程的专家看来是不相干的。与此类似，对于“正常”状况的医学化的关注还包括儿童多动症、忧愁或轻度抑郁（通常借助百忧解等药品加以调节），以及疲劳（常被称为慢性疲劳综合征）。②

美国社会学家亚历克斯·梯尔（Alex Thio）等也指出：

> 像对待批评的愤怒反应或发脾气这类从未被当作精神病来治疗的症状，现在也被列入 DSM－Ⅳ，社会期望有所控制。而且，精神病学家被各种各样的社会和政府机构征召去控制年轻人，这些年轻人的行为在某种程度上像汤姆·索耶或哈克贝利·费恩③那样，冒犯或扰乱了其他人，这些行为包括滥用药物、打架、憎恨学校或无礼等。其实这些年轻人中有许多人是贫穷、虐童或家庭暴力的牺牲品，他们的行为是不正常环境的正常反应。但是，精神病学家不是处理那些引起种种麻烦的不正常的环境，而是给那些孩子贴上“感情错乱”的标签，

① 参见〔美〕陶西格等《社会角色与心理健康》，樊嘉禄译，中国科学技术大学出版社，2007，第12～13章。

② 〔英〕安东尼·吉登斯：《社会学》（第5版），李康译，北京大学出版社，2009，第216页。

③ 汤姆·索耶（索亚）和哈克贝利·费恩是美国作家马克·吐温（Mark Twain，1835～1910）小说《汤姆·索耶历险记》《哈克贝利·费恩历险记》中的主人公。

然后对他们进行药物治疗或隔离或禁闭。简言之，那些坚持与众不同的孩子被贴上精神病的标签并受到控制。[①]

美国社会学家戴维·波普诺（David Popenoe）认为医学化有积极的一面。以前，他的肯定更明确一些，在《社会学》第五版（1983）中，他说："医学化有积极和消极两个方面。当运动过度或酗酒这样的行为不再被看作是应受惩罚的不道德行为，而是被看作须经医疗的疾病的时候，这种转变可以被认为是人道主义的。但把行为解释为疾病并没有抹掉所有的消极的道德判断。疾病的概念意味着另一种状况——健康——在道德上合乎人们意愿的。此外，医学语言往往掩盖了从反面解释一个特定行为的道德性质。"[②] 后来，他调整了自己的立场，降低了对医学化积极一面的评价，在《社会学》第十版（1995）中，他说："酗酒等越轨行为不再被看成道德问题，不再受到道德的谴责，而是被当作需要医学治疗的疾病，这种变化多少显得道德了一些。但是，把越轨行为定义为病态并没有消除对它的不道德判断，仅仅是把道德判断转移到了医学领域。虽然'健康'、'疾病'、'症状'等词语是道德中立的，但这种医学术语的使用却具有更深远的影响。"[③]

阿瑟·克莱曼则从政治角度对医学化进行了辩护。虽然他承认医学化有可能是一个危险的社会过程，但他强调医学化也可以有正面的作用。他认为，医学化可以使一些精神障碍得到有效的治疗，及早诊断就可以治疗。他指出，专业化在世界范围内都是现代化的一个中心部分，而医学化则是专业化的一个组成部分。问题不在于是否进行医学化，而是如何修正专业化，以使提出的问题得到有效的关照。他强调，在多数社会中（包括美国和中国），只有通过医学化才能对问题进行有效的干预，否则，对这些问题进行社会性表述的话，就会对政治系统产生太大威胁，从而导致这

① 〔美〕亚历克斯·梯尔：《越轨社会学》，王海霞、范文明、马翠兰、嵇雷译，中国人民大学出版社，2011，第119～120页。

② 〔美〕戴维·波普诺：《社会学》（下），刘云德、王戈译，辽宁人民出版社，1987，第273页。

③ 〔美〕戴维·波普诺：《社会学》（第十版），李强等译，中国人民大学出版社，1999，第347页。

些问题不能被直接表达出来。对于集权社会来说尤其如此。把社会问题变成健康问题可能是一种宏观和地方层面对这种问题进行社会性表述的方式，也是使重要的社会变迁获得批准的方式，否则会被视为是不可接受的。[①] 阿瑟·克莱曼的意思比较隐晦，如果没有理解错的话，他是说，医学化可以和平地促进社会制度的演变。这几乎是将精神病学作为政治工具了。这也算是对精神病学的一种政治滥用吧。

如果说，较早以前的医学化主要针对违反社会道德、秩序的偏常或越轨行为，是为了加强社会控制，而近二十年则更多地把生理或心理的一些正常、自然但令人不适的表现、变化说成需要治疗的疾病，并在此基础上夸大精神障碍患病率。这里面明显存在经济上的动机。在此情况下，如果再书生气地一味强调医学化是国家或某些势力为了加强社会控制，不啻是对一些利欲熏心的制药厂商和医生的“美化”和“开脱”。

美国学者爱德华·肖特指出：“降低被视为精神病的这种东西的门槛，部分是由医师驱动的，部分是由患者驱动的。精神病医师们在病理化人类行为（pathologizing human behavior）方面有一个明显的私欲，并一直希望在他们的努力下将病理分界线划得更低，以便从与之相竞争的心理学、社会工作者那里尽可能夺得更多的咨询服务。”他举了儿童多动症、创伤后应激障碍、抑郁症、人格障碍的例子，认为它们的诊断标准都存在将正常的行为、情绪、人格加以病理化的问题。他说：“事实上，美国精神病学学会每年都为‘记录数据’而欢欣雀跃。”[②]

英国精神病学教授戴维·希利（David Healy）在2002年指出：“截至1996年，世界卫生组织的报告称，抑郁症是世界上导致残疾的第二大原因。精神病学家对此甚为满意，因为他们的学科现在成了医学中仅次于心脏病学的最重要的科目。似乎没有人想要质疑一个社会怎么会如此迅速地陷入抑郁之中。抑郁症被当作一种严重的疾病受到鼓吹，而如果其他任何一种严重的疾病出现相同规模的流行程度，则一定会有人深深怀疑到底发生了什么状况。”他认为，这背后存在着制药企业对疾病的营销（disease

① 参见〔美〕凯博文《苦痛和疾病的社会根源——现代中国的抑郁、神经衰弱和病痛》，郭金华译，上海三联书店，2008，第192~193页。

② 参见〔美〕爱德华·肖特《精神病学史——从收容院到百忧解》，韩健平、胡颖翀、李亚平译，上海科技教育出版社，2008，第385~389页。

mongering)。1990 年前后，美国精神病学会和英国皇家精神科医学院共同发起了一场“战胜抑郁症”运动，其费用就是由制药企业赞助的。[①]

德国记者耶尔格·布勒希（Jörg Blech）在《疾病发明者》（*Die Krankheitserfinder*, 2003）一书中指出：

> 英国医生希登汉认为，疾病就像动植物一样，等着被发现和命名。换句话说，不论有没人观察，疾病本就存在于自然之中，等候医生去发掘。事实却没有这么浪漫。疾病常常是编造出来的；疾病的存在是由自称专家的人决定。疾病的概念是多么武断，看同性恋的例子便知。从前对精神科医生来说，喜爱同性的倾向是需要治疗的病态，直到 1974 年，美国精神医学会会员作出决议，不再视同性恋为疾病。上百万人就这样一夜之间“痊愈”了。许多疾病不是生物或心理问题，而全然是人类制造的现象，这种现象可以在世界上无限量生产。
>
> 疯癫和精神异常像瘟疫般传播，不只让精神科医生和心理治疗师保住了饭碗，更使药厂大发利市。卖药先卖病，这正是精神治疗的典型策略，因为这方面的诊断准则基本上有很大的弹性。制药业启蒙大军把目标锁定在轻微的心理障碍，这样目标群才会广大。例如叛逆的孩子被证实具有儿童期对立反抗行为症。[②]

澳大利亚记者雷·莫尼汉（Ray Moynihan）和加拿大学者阿兰·卡塞尔（Alan Cassels）合著的《贩卖疾病：药物公司是如何把我们变成病人的》（*Selling Sickness: How Drug Companies are Turning Us all into Patients*, 2005）一书，更尖锐地写道：

> 现在，世界上所有顶级制药公司的市场策略都瞄向了健康人群，结果就是：情绪起伏被说成是精神错乱；平时多发几句牢骚抱怨被视

---

① 〔英〕戴维·希利：《医学新世界》（*The New Medical Oikumene*），载于〔美〕阿德里安娜·佩特里纳、安德鲁·拉科夫等编著《全球药物——伦理，市场与实践》，许烨芳译，上海译文出版社，2010；http://en.wikipedia.org/wiki/David_Healy_(psychiatrist)。

② 〔德〕耶尔格·布勒希：《疾病发明者》，张志成译，南海出版公司，2006，第 54 页，第 76 页。

为患了可怕的病症……越来越多的正常人被制药公司变成了病人。制药商们通过发掘和利用我们内心对死亡、衰老和疾病的恐惧，发动了大规模的营销运动，5000亿美元的制药产业正在改变人们的生存观念。制药巨头们仍打着“治病救人”的幌子，但都不满足于仅仅把药卖给病人，因为他们这些华尔街的商人们非常明白，只有让健康的人相信自身有病，需要吃药，他们才可以赚到更多的钱。

今天，当我们过着比祖先们更长寿、更健康甚至更有活力的日子时，无处不在的广告宣传和阴险的“唤起疾病的意识”的运动正在把“紧张的健康人变成愁苦的病人”。于是，身体上轻微的小问题被渲染和夸张成严重的疾病：害羞被视做“社交焦虑障碍”；月经前的紧张表现被说成一种名为“经前焦虑”的精神病；正常的性问题被看做“性功能障碍”；自然的生理变化成了“更年期激素缺乏症”；心烦意乱的办公室白领更被认为患有“成人注意缺陷障碍”……①

德国精神病医生曼弗雷德·吕茨批评了“健康宗教”和“精神病学王国帝国主义式的扩张”：

现代精神病学的发展为精神病学开辟了多重求助方式。这当然是好事儿，但也存在着隐患：因为有质疑精神的人才是健康的！世界卫生组织曾经对健康下了个老掉牙又不靠谱儿的定义，向大众传播了一种乌托邦式的健康观念——“身体、精神及社会生活的完美状态”。完美吧？但是这的确是一句顶完美的屁话：因为压根儿不可能实现。乌托邦式的概念只能诱导你无限地崇拜它，于是一种荒谬的健康宗教就产生了，身在其中的人们只能小心翼翼、战战兢兢地生活，为了以后能健康地死去。

这种健康宗教引起的唯一后果就是不幸：假如健康在现实中根本不可能实现，所有人都会觉得自己的身体有问题。一位内科的泰斗级大牛说：“一个人很健康，是因为他还没有做足够的检查。”卡

① 〔澳〕雷·莫尼汉、〔加拿大〕阿兰·卡塞尔：《药祸》，尚飞、孙雯、文英译，安徽人民出版社，2007，第3页。

尔·克劳斯（Karl Kraus，1874～1936，奥地利作家——刘注）也曾预言："最常见的疾病就是诊断。"这种正在蔓延的健康迷信正是精神病医生必须避免的，因为凭着种乌托邦式的精神健康愿景，人们可能会源源不断地制造不幸。每个人身上当然能找到一两个瑕疵，也许更多。

随着精神病学王国帝国主义式的扩张，人们为了治疗某些多少有点司空见惯的精神紊乱，抢走了真正患者急需的治疗机会。

在精神病学各个领域声势浩大、如火如荼的"早期诊断"热潮也该降降温了。

严肃地说，在健康人身上故意找茬儿，是挺下三滥的行为。人不能被这样滥用，精神病学也不能被这样滥用。①

这些批评可能过于刻薄了，还是一百年前契诃夫说的一句话比较委婉和艺术："精神病和精神病患者的数目并没有增加，增加的是对精神病睁大眼睛的医生。"②

第三节　精神障碍的诊断和治疗

一　精神障碍的诊断

精神障碍的临床诊断有两个直接目的或步骤，第一是确定有没有病，第二是确定患什么病。在大多数医学分支领域，诊断结论意味着疾病的原因已经查明，但是对于精神障碍而言，诊断一般只是指患者存在特定的精神障碍分类（例如 CCMD、ICD、DSM）中的某一精神障碍。

器质性精神障碍与非器质性精神障碍在诊断上有明显不同。器质性精神障碍主要发生于脑部疾病或者躯体疾病，而脑部疾病和躯体疾病一般都有明显的异常体征，诊断主要依靠借助各种科学设备的躯体检查和实验室

① 〔德〕曼弗雷德·吕茨：《疯狂》，曾文婷、喻之晓、赵雅晶译，广西科学技术出版社，2013，第 70～72 页。

② 〔俄〕契诃夫：《契诃夫手记》，贾植芳译，浙江文艺出版社，1983，第 11 页。此句还有另一译本："不是精神病和精神病人的数目增长了，而是能够发现精神病的医生人数增长了。"参见〔俄〕契诃夫《札记与书信》，童道明译，中国文联出版社，2004，第 52 页。

检查，如脑影像检查、脑电检查、脑脊液检查。[①] 彻底消除这些疾病所导致的精神障碍，最根本的是治疗这些疾病本身。另一方面，诊断这些疾病所导致的精神障碍也是很重要的，在确诊的基础上实施精神治疗，有助于缓解精神症状。脑部疾病和躯体疾病的患者一般会主动去内科看病。但是有些脑部疾病和躯体疾病在早期可能只表现出精神症状，或者以精神症状为主，也可能来精神科。这时容易出现诊断的混淆。因此，精神科医生在诊断来治疗精神障碍的患者时，一旦发现精神症状可能有器质性基础，就应进行躯体检查，以确定或者排除器质性疾病。

典型的精神科的诊断是对非器质性精神障碍的诊断。从诊断的意义上说，所谓非器质性精神障碍，也就是现在还不能通过借助各种科学设备进行的躯体检查和实验室检查来诊断的精神障碍。《牛津临床精神病学手册》指出：

> 精神科医生，除了那些做学术研究的以外，是唯一很少检查他们所治疗的器官的医学专家。患有严重精神障碍（如精神分裂症、双相障碍、严重抑郁）的患者曾经做过大脑扫描的机会确实很小。精神科医生开具抗精神病药、抗抑郁药、情绪稳定剂和电休克治疗——所有这些对大脑功能有明显影响——但是事先并不知道大脑的哪些部分运转良好，哪些部分功能欠佳。……想象一下，如果骨科医生连 X 线片都没拍就开始给骨折病人正骨或者一个心脏科医生没有给病人进行心电图、心导管或 CT 检查就诊断冠心病，将是多么令人震惊。精神科的情况为什么就能这样？……精神科医生主要依靠症状群来进行诊断，并不是靠脑成像或其他检查。这并不是说在临床工作中进行体格检查和某些常规血液检查是不对的。而是说，这些检查一般是为了排除其他疾病。精神障碍（不包括脑器质性疾病，如痴呆）主要是脑功能的障碍，很少有可以观察到的脑结构改变可以辅助诊断。目前，没有什么诊断检查是诊断精神障碍的“金标准”。[②]

---

① 参见杨玲玲、左成业主编《器质性精神病学》，湖南科学技术出版社，1993，第四章“器质性精神障碍的诊断”。

② 〔英〕David Semple 等：《牛津临床精神病学手册》，唐宏宇、郭延庆主译，人民卫生出版社，2006，第 11 页。

精神科诊断一般通过临床谈话和观察的方式进行。第一项工作是与患者及其家属谈话，采集病史。病史主要包括以下内容：（1）患者基本信息；（2）主诉，即患者对目前精神状况的描述；（3）现病史，即患者精神问题发生、演变和既往精神科治疗的过程；（4）家族史，主要是家族患精神障碍和其他疾病情况，家庭关系和经济等情况；（5）个人史，患者个人早期成长、受教育、就业、婚姻、人际关系、性格、疾病等。第二项工作是精神状态检查。主要方法除谈话外，还有对患者表现的观察。检查的内容包括外表、言语、思维、情感、感知、注意与记忆、定向力、自知力、智能等方面。而对怀疑有器质性疾病的患者，应进行前述的躯体检查和实验室检查。对一些患者还可以利用精神科或心理学量表进行心理测试。

另外，精神科也有急诊，其中有一系列特殊问题，需要加以特别的注意。[①]

精神科诊断的结论应当符合公认的精神障碍分类和诊断标准。自己杜撰一个精神障碍名称，例如什么“返祖兽性化症状群”，在学术研究中可以，但在精神科诊断中是不被允许的。

由于精神障碍分类和诊断标准本身的模糊性，以及精神科医生对精神障碍分类和诊断标准的理解和掌握有所不同，非器质性精神障碍的诊断容易出现分歧。有病抑或没病，此病抑或彼病，出现这样的不同意见在精神科是比较常见的，并且可能最终也无法确定谁对谁错。有一种说法，“问三个精神科医生，你会得到四种答案”（Ask three psychiatrists and you get four answers）[②]，虽然相当夸张、揶揄，但在一定程度上反映了非器质性精神障碍诊断的现实特点。

这里不能不提到著名的关于精神科诊断有效性的罗森汉实验（Rosenhan experiment）。[③] 在20世纪60年代末期至70年代初期，美国心理学者

---

① 参见刘协和、杨权主编《精神科急诊医学》，湖南科学技术出版社，1993。

② 转引自〔奥〕Heinz Katschnig，“Are psychiatrists an endangered species? Observations on internal and external challenges to the profession”，*World Psychiatry*，2010，9：21－28；〔奥〕Heinz Katschnig：《精神科医师是否成为濒危物种？精神病学的内忧外困》，李斌彬译，《世界精神病学》2010年第1期（总第9卷第1期）在线中文版。

③ 参见〔美〕劳伦·斯莱特《20世纪最伟大的心理学实验》，郑雅方译，中国人民大学出版社，2007，第3章“精神病房里的正常人”；〔瑞士〕施奈德《疯狂实验史》，许阳译，生活·读书·新知三联书店，2009，第199～203页。

戴维·罗森汉（David Rosenhan，1929～2012）为了测试精神科医生能否区分“正常”（sanity）与“精神病”（insanity），组织实施了一项实验。罗森汉和其他7名精神正常的参与实验的人员用假名字和同一个编造的症状，各自前往精神病院（共计12家，位于东部和西部的5个不同的州）求诊。在8名假冒病人（pseudo-patients）中，有1名心理学研究生，3名心理学家，1名小儿科医生，1名精神科医生，1名画家和1名家庭主妇。编造的症状是，总能听到莫名其妙的声音。除此之外没有其他症状，而且一旦住院就要表现得完全正常，以此来测试精神科医生能否察觉这些人其实精神正常，以及预设立场（例如认为前来就诊的就是病人，所以一定不正常）是否会影响判断。8个假冒病人都没有穿帮，被诊断患有精神分裂症或者躁狂抑郁症，并住院治疗。他们被要求服药——他们事先经过训练，把药藏在舌头下面然后吐在厕所里，共计获得2100片各类药片。他们每个人都写实验日志，还曾被医务人员发现，但医护人员只是说：“你不需要写”，“如果你记不住，就再一次问我。”并且将他们记录行为视为一种病理表现：“病人专注于书写行为。”讽刺的是，倒是有不少其他病人看出他们没病。在前三次住院中，118例病人中有35例即1/3的病人表达了他们的怀疑。有的病人甚至对他们说：“你没有病，你是记者或者教授（指他们不断做笔记），是来对医院进行检查的。”8个人最后都获准出院，住院最长52天，最短7天，平均19天，获准出院的理由都是病情“缓解”（in remission）。也就是说，医护人员并没有发现他们本来就是精神正常的，而是把他们正常的言行举止当作病情缓解的征兆。罗森汉曾经进行实验的一家精神病院坚称他们不会误诊，对此罗森汉建议再做一个测试：在接下来的三个月中，他将派1或2名假冒病人来这家精神病院就诊，院方可以借此证明自己的诊断能力。这家医院在三个月里接诊193人，其中19人被医院确定可能是假冒病人。其实，罗森汉一个假冒病人也没有派出。1973年，罗森汉在《科学》（*Science*）杂志上发表了《理智的人在疯狂的地方》（On Being Sane in Insane Places）一文，公布了他的实验结果。[①] 罗森汉根据实验认为，精神障碍的诊断并非依据个人内在状况，而

① 〔美〕Rosenhan D.（1973），“On Being Sane in Insane Places”，*Science*，179（4070）：250－258。

是决定于观察者的主观判断，因而诊断过程中必然充斥误差。他还指出，一个人一旦被贴上精神病的标签，精神病院的医护人员就会忽视或者误解他的正常言行。这篇论文如同炸弹，震撼了精神病学界，也极大地伤害了精神科医生的自尊心。许多精神科医生全力反驳，来捍卫精神病学作为一门科学的地位。虽然罗森汉的试验在方法上有缺陷，对精神病院、精神病学和精神科医生来说，也不够公平，但是它揭示，精神病学和精神病的诊断方法还不成熟，不少精神科医生的诊断是草率的。事实上，罗森汉的实验也的确促进了美国精神障碍诊断标准的进一步完善，并且刺激了精神病学对精神障碍器质性原因的研究。

从科学发展的角度看，非器质性精神障碍诊断的这种局限性是不可避免的，也是可以理解的。但同时，这也使精神障碍诊断有着比较大的被个别人以非医学目的利用的可能性。故意的错诊可能被辩解为正常的误诊，甚至坚称自己的诊断是正确的。

因此，精神障碍诊断除应有严格的医学标准和程序外，还需要从法律、伦理的角度给予必要的规范。联合国《保护精神病患者和改善精神保健的原则》提出了一系列关于精神障碍诊断的基本原则。世界精神病学协会的《马德里宣言》也有这方面的内容。我国《精神卫生法》对精神障碍诊断的一般问题作出了原则性规定。第二十五条规定，开展精神障碍诊断的医疗机构，应有完善的精神障碍诊断管理制度和质量监控制度。第二十六条规定，精神障碍的诊断应当遵循维护患者合法权益、尊重患者人格尊严的原则。第二十七条规定，精神障碍的诊断应当以精神健康状况为依据。除法律另有规定外，不得违背本人意志进行确定其是否患有精神障碍的医学检查。第二十九条第一款规定，精神障碍的诊断应当由精神科执业医师作出。

非自愿住院的诊断更有其特殊性。就诊者是被有关部门或者家属强迫送诊的。他们中间有些人确实患有精神障碍，也有些人确实没有精神障碍。精神科医生应当将他们辨别出来，既应当有这个责任，也应当有这个能力。对非自愿就诊者，在诊断时应特别谨慎。决不能先入为主，以为被有关部门或者家属送诊的，就很可能有病。也不能以为有关部门或者家属会承担责任，就掉以轻心。不能一概地将就诊者否认患病，视为缺乏自知力。也不能一概地将就诊者拒绝、反抗就诊的表现，视为病态的狂躁或兴奋。采集病史时切忌偏听偏信。由于事关重大，各国精神卫生法都对非自愿住院诊断的标准、程序等问题作出了专门规定，比一般诊断复杂得多。

二　精神障碍的治疗

西方历史上曾经有过的精神障碍治疗方法可谓五花八门。赫拉克利特描述早期的医疗："医生们用各种办法割、烧和折磨病人，却向病人索取报酬。他们完全不配得钱，因为他们起着同病一样的作用，就是说，他们办的好事只是加重了病。"① 他并不是针对精神障碍治疗而言的，但恐怕当时精神病人也是如此遭遇。后来，当精神障碍被视为魔鬼附体时，治疗就是在病人的头上钻个洞把魔鬼放出来，或者施以其他驱魔之法。再往后又有放血、催吐催泻、浇冷水、冷冻、淹溺、坐高速旋转椅、服用吗啡、注射马血、拔光牙齿、摘除大肠等等。其中一些方法现在看起来就像虐待和酷刑，但当时是为治疗而实施的。伏尔泰认为疯狂是治不好的，因为医生不知道病因。他说："我惋惜希波克拉底用驴驹子的血来医疗疯症，而贵妇手册的作者又说，感染上疥疮可以医好疯症更使我感到遗憾。这都是些取笑的偏方儿，似乎是疯人想出来的方子。"② 19 世纪，皮内尔、图克倡导的精神疗法或者道德疗法虽然符合人道，但效果很不理想，与其说是治疗精神病的一种方法，不如说是对待精神病人的一种态度。20 世纪后，弗洛伊德的精神分析疗法开辟了治疗精神障碍的新天地，但它和后来的其他心理疗法主要适用于神经症等非精神病性障碍，而且不为医学真正承认。医学一直认为躯体治疗才是真正的医治。没有有效的躯体治疗方法，这是精神病学长期不被医学真正视为分支的重要原因之一。这种状况在 20 世纪 30 年代由于胰岛素休克治疗的发明而开始发生改变，50 年代氯丙嗪的出现则引发了精神病治疗的革命。经过半个多世纪的发展，精神障碍的治疗方法逐步丰富，并使精神障碍治疗学有资格成为精神病学中一个相对独立的领域。

现代精神障碍治疗方法，整体上分为躯体治疗和心理治疗。躯体治疗

① 转引自北京大学哲学系外国哲学史教研室编译《西方哲学史原著选读》，商务印书馆，1981，第 24 页。

② 〔法〕伏尔泰：《哲学辞典》下册，王燕生译，商务印书馆，2009，第 536 页。

又分为药物治疗和非药物性躯体治疗。

（一）药物治疗

生物精神病学一直坚持精神病的原因是器质性的或者遗传性的观点，并且相信一定会找到可以治疗精神病的药物。这种努力在19世纪就已经开始，例如，使用吗啡、溴剂、水合氯醛等，各种尝试给后人以启发。最初的重大成功来自20世纪中叶精神病学之外的一个偶然发现。1949年，在突尼斯（当时是法国的殖民地）比塞大（Bizerte）海员医院工作的法国海军外科医生亨利·拉伯里特（Henri Laborit，1914～1995），把一种叫异丙嗪（promethazine）的合成抗组胺剂作为麻醉剂用于外科手术上。他发现异丙嗪能够在病人身上引起"欣快的入静"，病人显得平静和放松，即使是在做了大手术后也显示出一种欣快感。他猜想，异丙嗪或许可以用于精神病人。1951年，拉伯里特使用同一制药公司生产的异丙嗪的衍生物氯丙嗪（chlorpromazine），效果加强了他的猜想。1952年2月初，他发表了一篇有关他在60位病人身上使用氯丙嗪的报告。他认为，这种药物可用于精神病人的治疗。1952年3月，巴黎圣－安妮（Sainte-Anne）精神病院的医生让·德莱（Jean Delay，1907～1987）和皮埃尔·德尼克尔（Pierre Deniker，1917～1998）开始给他们的病人使用氯丙嗪，他们取得了积极效果并很快被法国其他的精神科医生采纳。一位历史学家写道："到1953年时，巴黎精神病医院的病房里让人难受的景象改变了：紧身衣、精神病水疗冰袋和噪音已成为过去的事情！很早以前就把锁住的病人放开的巴黎精神病医生们再一次成为解放病人的先驱，这次是把他们从内在的折磨中解脱出来，使用的药叫氯丙嗪，它实现了精神病医药学的革命。"氯丙嗪的适应症主要是精神分裂症和躁狂症，可以去除病人的主要症状，使他们带着潜在的精神障碍过着相对正常的生活。后来，人们将氯丙嗪称为"抗精神病药"。[①] 在氯丙嗪之后，陆续涌现了许多种治疗精神障碍的药物，其中不少也是偶然发现的。

目前，精神科药物（psychiatric medications）[②] 已经形成一个庞大的系

① 参见〔美〕默顿·迈耶斯《现代医学的偶然发现》，周子平译，生活·读书·新知三联书店，2011，第232～235页；〔美〕爱德华·肖特《精神病学史——从收容院到百忧解》，韩健平、胡颖翀、李亚平译，上海科技教育出版社，2008，第326～338页。

② psychiatric medications 是指合法的用于治疗精神障碍的精神药物（psychoactive drug）。

列，包括抗精神病药（用于治疗精神分裂症等精神病性障碍）、抗抑郁药、抗焦虑药、镇静催眠药、心境稳定剂等几大类。同时，精神药理学（psychopharmacology）也发展成型。精神药理学本身不属于精神病学，而是药理学的分支，其基础是生物化学和分子生物学。精神病治疗药物的研制工作在制药企业中进行。“事实上，人们可以称精神药理学是制药产业而非学院或临床医师们创造的。”① 而直到19世纪，制药厂家都只不过是医学界的“附庸”。②

一般认为，精神科药物对于缓解或者消除精神障碍症状、提高病人的生活能力和社会适应能力具有明显的作用——虽然对这一结论存在争议。精神病治疗药物的使用还在客观上——而非精神病学界特别是生物精神病学派的本意——在一定程度促进了“去住院化”和社区精神卫生，也有利于精神病去耻辱化，许多以前需要隔离住院的“疯人”成为在家或者社区就可以治疗的“普通病人”。

现有的精神科药物也有其自身的局限性和缺点。第一，“治疗仍然是针对症状而非病因”③，“这些药物对精神错乱是治标不治本”④，现有药物的功效是消除症状，而不是消除病因，还做不到“药到病除”。因此，停药后复发率高，有些人停药后症状更严重，必须坚持服用。第二，疗效不够令人满意，据估计至少有10%的病例无效或效果不佳，特别是表现为阴性症状或慢性精神分裂症的患者。第三，作用不精确，毒副作用多见且比较严重，如抗精神病药物的锥体外系副作用、迟发性运动障碍等，抗抑郁药的心血管和植物神经系统副作用，抗焦虑药的耐药性和依赖性等，甚至导致药源性（iatrogenic）精神障碍，往往构成对临床用药的严重障碍和对

① 〔美〕爱德华·肖特：《精神病学史——从收容院到百忧解》，韩健平、胡颖翀、李亚平译，上海科技教育出版社，2008，第352页。

② 参见〔美〕约翰·伯纳姆《什么是医学史》，颜宜葳译，北京大学出版社，2010，第127页。

③ 〔美〕爱德华·肖特：《精神病学史——从收容院到百忧解》，韩健平、胡颖翀、李亚平译，上海科技教育出版社，2008，中文版序。

④ 〔美〕亚历克斯·梯尔：《越轨社会学》，王海霞、范文明、马翠兰、嵇雷译，中国人民大学出版社，2011，第118页。

病人的潜在危险。[①]

前面提到的曾经批判纳粹德国精神科医生的美国精神病学家彼得·布利金对生物精神病学和精神科药物也持严厉的批评态度，他致力于研究和揭示精神科药物的有害副作用（negative side effects），多次作为精神科药物医疗事故诉讼的专家证人（expert witness）。1999 年，他与戴维·科恩（David Cohen）合著出版了《你的药物可能是你的问题：如何以及为什么要停止服用精神科药物》（*Your Drug May Be Your Problem*：*How and Why to Stop Taking Psychiatric Medications*）一书。他们指出："一般认为精神药物的处方有深厚的科学基础，其实不然——因为我们对大脑如何运作所知有限。我们对精神药物如何作用于大脑的理解，大部分来自磨碎的动物大脑组织在试管试验中的生化反应，至于精神药物对于大脑的全面影响，我们并不了解。我们也不清楚脑功能和诸如沮丧、焦虑等心情或情绪之类的现象之间的关系，甚至不知道该从哪里着手，因为我们对大脑功能并没有全盘的了解。"[②] 他们认为，精神科药物都有直接或者间接的有害副作用，影响人的思考、感觉和行为，甚至可能导致脑部永久受损。精神科药物导致的常见心智异常有：无法集中注意力，记忆力衰退，神智迷乱或迷失方向，思考迟缓或简化，对压力过度反应，暴躁易怒或攻击性增强，睡眠困难，情绪迟钝、麻木，疲劳，无精打采，抑郁，想象力与创造力减弱，自我观察、自我了解或自我意识降低，觉得脱离自我或脱离同伴，个性改变，情绪不稳定，焦虑，欣快与狂躁，神经系统的问题（包括抽筋与痉挛），戒断反应与反弹作用。

最可怕的是抗抑郁药竟有可能导致自杀和杀人。例如，两起与抗抑郁药有关的案件曾经在美国引起广泛关注。1989 年 9 月 14 日，47 岁的工人约瑟夫·韦斯贝克尔（Joseph Thomas Wesbecker）在肯塔基州路易斯维尔市的一家标准照相凹版印刷厂枪杀 12 名工友，射伤 8 名工友，然后饮弹自杀。约瑟夫是一个抑郁症患者，长期服用抗抑郁药。枪击案后的尸检表明，他的血液里有高水平的氟西汀（商品名为"百忧解"）和碳酸锂，以

① 参见喻东山、高振忠主编《精神科合理用药手册》，江苏科学技术出版社，2005；库宝善主编《神经精神药理学》，北京医科大学出版社，2006。

② 〔美〕彼德·布利金、大卫·柯翰：《为药疯狂》，庞素芳译，湖南科学技术出版社，2009，第 7 页。

及少量的其他三种抗抑郁药和安眠药。曾经有许多有过犯罪经历的人在审判中辩称“氟西汀让我这样做”。枪击的幸存者和死者家属联合起诉给约瑟夫看病的医生和氟西汀的制造者礼来公司（Eli Lilly）。虽然医生和礼来公司都被宣判无须承担责任，但是礼来公司私底下给了所有幸存者及其代理人一大笔安抚费。另一起案件是，1998 年 2 月 13 日，在怀俄明州，一位 60 岁的石油工人唐纳德·谢尔（Donald Schell）在服用两片抗抑郁药帕罗西汀后，枪杀了自己的妻子、女儿和孙女，然后自杀。此药给德国医生的药品使用说明书警告：3% ~5% 的案例中，此药会促成自杀和杀人，有自杀可能的病人或者有失眠症的病人在服用此药后应当服用镇静药，但给美国医生的说明书中没有这样的警告。陪审团认为帕罗西汀的生产者公司葛兰素史克公司（Glaxo SmithKline）应承担 80% 的责任，需要赔偿 640 万美元。[①]

精神病科药物虽然极大地提高了精神病学的活力，但也给精神病学的声誉带来一些消极影响。1986 年，美国生物精神病学会会长、美国《生物精神病学杂志》（*Journal Biological Psychiatry*）主编约瑟夫·沃提斯（Josef Wortis，1906 ~1995）访华演讲时介绍，由于精神科药物的经营额很大，大的药品公司已经对精神病学越来越感兴趣。现在美国的一些重要的精神病机构主要也依靠这些公司给予财政支持，包括美国精神病学会以及美国生物精神病学会。美国神经精神药理学院实际上就是由医药公司创办的，主要的财政援助来自此公司。美国精神病学会的经费，现在主要由以下途径获得：药品公司和出版商在杂志上登广告、捐赠，药品公司资助研究人员，在学会的年会上举行展览。作为医学日益商业化的一部分，大量的医院正被私人公司收买过去，纯粹为经济利益而办医院。这种医院，一旦被私人公司所收买，就往往收治最能赚钱的病人和采用最能赚钱的治疗，喜欢收有医疗保险或自己付得起钱的年青急性病例，而不愿收老年慢性病人。美国精神病学会本身也越来越像个营业机构。[②]

① 参见〔美〕罗伯特·迈耶《变态行为案例故事集》，张黎黎、高隽译，世界图书出版公司，2007，第 122 ~ 126 页；http://en.wikipedia.org/wiki/Standard_Gravure_shooting；http://www.mcmanweb.com/dark_antidepressants.html。

② 〔美〕Josef Wortis：《美国精神病学受到的某些社会和经济影响》，李冰译，《中国心理卫生杂志》1987 年第 2 期。

《精神病学史——从收容院到百忧解》的作者、对精神药理学赞赏有加的爱德华·肖特也不能不承认，精神病学越来越成为一门偏于提供药物治疗的专业，精神疾病诊断越来越受制药公司的操纵。[①]

戴维·希利指出，在精神科药物这个问题上，制药公司为那些符合其销售利益的学术论文提供了超级高效的传播体系。他揭露，制药企业请人代写科学论文日益成为疾病及其药物营销的一部分，而这种营销策略带来了业务总量的增长。戴维·希利说，1999 年，他曾收到一封电子邮件。邮件写道："很高兴您能参加我们的企业卫星会……为了最大程度地减轻您的工作量，我们已经找了一位'枪手'在您已发表的作品的基础上帮您草拟了一篇论文初稿。"他拒绝了，而那家公司就把那篇文章的署名改为他人之后发表。戴维·希利还指出，除了着重强调正面报道外，制药企业也随时准备着将负面报道减到最小，用专家的观点来回应其他专家提出的不利主张。他引用著名医学杂志《柳叶刀》（*Lancet*）2002 年的一篇文章中的话："医学到底变得有多腐败？"[②]

雷·莫尼汉和阿兰·卡塞尔指出，精神病学会与制药业的亲密关系已经声名狼藉。当医学杂志需要一篇关于抗抑郁药的评论文章时，编辑们很难找到一位既有经验又有独立判断的精神病学家来撰写，因为在整个美国只有极少数的医学专家和制药商没有经济瓜葛。[③]

意大利精神病学家乔瓦尼·法瓦（Giovanni Andrea Fava）在世界精神病学协会的官方刊物《世界精神病学》2007 年第 1 期上发表《精神科经济上的利益冲突》（Financial Conflicts of Interest in Psychiatry）一文，指出：医生与制药企业之间日渐增长的联系，使临床医学的可信性陷入了前所未有的危机。由于合作行为置于公众健康利益之上的新闻频现媒体，公众随之对临床医学日趋怀疑。医学杂志已经被一位前主编定义为"制药公司市

---

① 〔美〕爱德华·肖特：《精神病学史——从收容院到百忧解》，韩健平、胡颖翀、李亚平译，上海科技教育出版社，2008，第 424 ~ 426 页。

② 〔英〕戴维·希利：《医学新世界》（*The New Medical Oikumene*），载于〔美〕阿德里安娜·佩特里纳、安德鲁·拉科夫等编著《全球药物——伦理，市场与实践》，许烨芳译，上海译文出版社，2010。

③ 参见〔澳〕雷·莫尼汉、〔加拿大〕阿兰·卡塞尔《药祸》，尚飞、孙雯、文英译，安徽人民出版社，2007，第 33 页。

场手臂的延伸”(an extension of the marketing arm of pharmaceutical companies)。临床实践指南的作者通常与制药企业有关联，药物赞助的科学事件与赞助者的药物处方的增加挂钩，被医药公司赞助的研究几乎都会取得有利于赞助者的结果。精神病学中的利益冲突问题与其他临床医学领域没有差别。①

（二）非药物性躯体治疗

被统称为“非药物性躯体治疗”的各种治疗方法，彼此之间差异很大，但有两个共同之处，一是治疗施加于身体而非心理，二是发生治疗作用的均非药物。有一些非药物性躯体治疗也可称为物理治疗。

1. 胰岛素休克治疗

胰岛素休克治疗（insulin shock treatment）应称胰岛素昏迷疗法（insulin coma therapy），是通过给病人注射胰岛素引起低血糖昏迷，然后通过注射葡萄糖终止昏迷，使病人人格发生改变，以治疗精神障碍的方法。奥地利医生曼弗雷德·塞克尔（Manfred Sakel，1900～1957）在20世纪30年代首先将胰岛素昏迷引入精神病治疗。塞克尔是外科医师助理，在几次偶然中，他给病人服用了过量的胰岛素，他发现病人从昏迷中清醒过来后意识变得清楚。于是他开始采取通过胰岛素诱发病人深度昏迷并通过及时注射葡萄糖加以控制的方法治疗精神分裂症患者。1933年11月，他在维也纳医学会的会议上报告了他的胰岛素休克疗法。他声称在他的50位精神分裂症患者中，使用胰岛素休克治疗，取得70%的完全好转和超过18%的“社会性恢复”的结果。经过自我宣传和媒体报道，胰岛素休克疗法逐渐被接受，并流行开来。其他人的一些研究也显示，胰岛素休克疗法对精神分裂症确有一定疗效。但也有研究认为这个疗法对于治疗精神分裂症根本就没有效果。胰岛素休克疗法操作技术复杂，治疗时间长，费用昂贵，而且会产生普遍和严重的副反应，死亡率至少1%。② 胰岛素休克疗法在20世纪30～50年代流行于欧美国家。70年代后，大多数国家停止使用这一

① 参见〔意〕Giovanni A. Fava《精神科经济上的利益冲突》，姜荣环译，《世界精神病学》2007年第1期（总第6卷第1期）在线中文版；〔意〕Giovanni A. Fava. “Financial Conflicts of Interest in Psychiatry”, *World Psychiatry*, 2007, 6: 19－24.

② 参见夏镇夷等主编《实用精神医学》，上海科学技术出版社，1990；〔英〕格尔德等《牛津精神病学教科书》，刘协和等主译，四川大学出版社，2004。

疗法。许多学者认为它是不科学、不人道的。我国在50年代开展胰岛素休克疗法，但80年代后也逐渐放弃。不过，胰岛素休克治疗自有其不容忘却的历史地位。

2. 电休克治疗

电休克治疗（electro shock therapy，EST）应称电抽搐（惊厥）治疗（electro convulsive therapy，ECT），是又一种躯体治疗方法，它通过让电流通过大脑引起抽搐（惊厥）发作以治疗精神障碍。这种治疗方法是意大利医生乌戈·切莱蒂（Ugo Cerletti，1877～1963）在20世纪30年代发明的。在最初的实验中，切莱蒂利用电流在动物身上诱导癫痫发作，一个电极放在动物嘴里，一个电极放在它的肛门里。一半动物由于休克终止心跳而死亡。后来切莱蒂参观罗马屠宰场，看到猪被在头脑两侧安上电极导致休克后再把舌头割下来，他受到启发，把电极放在动物头脑两侧进行实验，实验动物的死亡率降低。在此基础上，切莱蒂进行了人体实验，对一位39岁的精神分裂症患者实施了他的技术。患者进入一种痉挛发作，苏醒后很平静。切莱蒂又惊又喜，当下将电流导致的抽搐（惊厥）称为电休克（electro shock）。那个患者经过11次治疗后好转出院。[①] 虽然电休克的治疗机理尚不明确，但临床实践显示它对抑郁症、紧张型精神分裂症等精神障碍有一定疗效。不过，许多患者对电休克治疗深恶痛绝，因为它使人过于痛苦。英国时尚界名人蕾丝莉·肯顿（Leslie Kenton，原籍美国）在少女时期曾经被送入精神病院，她后来回忆："他们一连两三个星期用电休克疗法（ECT）'修理'我，有时一天还不止一次。'电休克疗法'，直到今天，我写下这个名词时，还是会不寒而栗。想想当时，他们先把我的胸部、手、脚固定好，再把我的嘴塞住，然后让高压电流通过头部，导致全身抽搐，就是为了达到'治疗的目的'。天啊！也不知过了多久，我终于醒了过来。但胸部很闷，有一种窒息的感觉。我的身体也不再是完整的了，大脑里的一块好像已经被撕裂出来了。我头也痛，胳膊也痛，后背也痛，浑身上下都在不停地抽筋。"[②] 另外，电休克治疗的形式容易让人联想到电

① 参见〔美〕默顿·迈耶斯《现代医学的偶然发现》，周子平译，生活·读书·新知三联书店，2011，第216～217页；〔美〕爱德华·肖特《精神病学史——从收容院到百忧解》，韩健平、胡颖翀、李亚平译，上海科技教育出版社，2008，第288～292页。

② 〔英〕蕾丝莉·肯顿：《我与父亲的爱情》，汪于祺译，新星出版社，2012，第227页。

刑，令人恐惧和反感。在一些精神病院也确实存在用电休克处罚或者威胁躁动不安的患者。在60年代，电休克治疗遭到反对和抵制，还出现使其非法的运动。美国的一些州立法对电休克治疗加以管理，要求实施这种治疗必须得到患者的知情同意。在一些地方甚至被取缔。精神病学界内部也有分歧。1974年美国精神病学会对会员进行了问卷调查，大约有三分之一的会员不赞成它的使用。80年代以后，由于进一步的实践和研究，电休克治疗的名誉有所恢复，但实际使用率在减少。[1] 为了减少副作用和提高安全性，传统的抽搐性电休克逐渐为无抽搐性电休克即在术前对患者实施全身麻醉所取代。国内有学者收集1989～2005年发表的关于无抽搐性电休克治疗问题的224篇文献（共治疗2100例患者，以精神分裂症和抑郁症为多，分别为77%和19%）进行分析，认为疗效较好，明显优于药物，但有一些少见的不良反应。[2]

3. 脑叶切断术

脑叶切断术是又一种流行于20世纪中叶的躯体治疗方法，是一种精神外科手术，它通过破坏大脑额叶的一部分来治疗精神障碍。20世纪30年代，葡萄牙医生莫内兹（António Caetano de Abreu Freire Egas Moniz，1874～1955）和他的同事利用“额叶白质切断术”（leucotomy）治疗精神病人。莫内兹在1949年因此获得诺贝尔奖。但具有讽刺性的是，一个接受过莫内兹治疗的病人，竟在后来枪击了他，他脊椎中弹而全身瘫痪。[3] 美国的沃尔特·弗里曼（Walter Jackson Freeman，1895～1972）、詹姆斯·沃茨（James Winston Watts，1904～1994）在莫内兹方法的基础上创立了“标准前额叶切断术”（lobotomy），用于治疗精神分裂症和情感性疾病。在40年代和50年代，前额叶切断术风行一时。据报道，到1951年，美国已

① 参见〔美〕爱德华·肖特《精神病学史——从收容院到百忧解》，韩健平、胡颖翀、李亚平译，上海科技教育出版社，2008，第373～379页。

② 周小东、丁永涛、李争鸣：《近17年来关于无抽搐性电休克治疗若干问题的文献报道》，《临床精神医学杂志》2007年第1期。

③ 参见〔美〕Jeffey S. Nevid、Spencer A. Rathus、Beverly A. Greene《变态心理学：变化世界中的视角》（第六版）上册，吉峰、杨丽、卢国华等译，华东师范大学出版社，2009，第183页。

有不少于18000人接受了这种手术。[①] 其中最引人注目的病例是美国前总统约翰·肯尼迪的妹妹罗斯玛丽（Rosemary Kennedy，1918～2005）。她有轻微的智力障碍（智商在60～70之间），但长大后有主见，而且很开放，经常从照顾她的修道院跑出来。1941年，她23岁时，家里人很担心她会怀孕而使家庭蒙羞，于是请沃尔特·弗里曼和詹姆斯·沃茨给她做了前额叶切断术。手术后她失去了原来的性格，倒退回一种婴儿似的状态。她在由修女办的私人疗养院度过了漫长的人生余年。[②] 到50年代末，由于副作用太大，前额叶切断术遭到废弃。美国加利福尼亚州、俄勒冈州等一些州甚至立法全面禁止精神外科手术。60年代以后又有人发明脑立体定向术等精神外科手术，疗效不错，也比较安全。总的看，精神外科手术是一种侵入性、损伤性的治疗方法，它的临床效果以破坏正常脑组织和脑功能为代价的，并且不可逆，例如，在手术后病人不再抑郁、焦虑，但同时也再不能唤起这些情感了。因此，采用精神外科手术应当慎之又慎，只能将其作为最后一种治疗方法。[③] 但是，有关研究还是应当继续进行。

罗伊·波特指出："精神外科手术与其他休克治疗一方面代表精神科医师想为被遗忘的精神病患做些努力的善意希望，但在另一方面，它们被批评为怪异、招摇撞骗、野蛮与傲慢的伎俩。同时，这些侵入性治疗还反映出，精神病患在面对傲慢自大且鲁莽的医生时是没有权力的一群人，很容易就变成实验的对象。在阿拉巴马州土斯基吉疗养院（Tuskeegee Asylum）曾进行一项恶名昭彰的实验，几百个黑人精神病患在未签同意书且不知情的状况下，成为长期梅毒反应实验所观察的白老鼠。在某个程度上，这是纳粹精神科医生残暴行为的翻版。"[④]

有意思的是，生物精神病学派的医生们大多反对精神外科手术，就像精神分析学派的医生们反对精神科药物一样。除了怀疑精神外科手术的效

---

① 参见〔美〕爱德华·肖特《精神病学史——从收容院到百忧解》，韩健平、胡颖翀、李亚平译，上海科技教育出版社，2008，第302页。

② 参见〔美〕默顿·迈耶斯《现代医学的偶然发现》，周子平译，生活·读书·新知三联书店，2011，第223页；http://en.wikipedia.org/wiki/Rosemary_Kennedy。

③ 参见翟书涛《精神外科的争论与展望》，《国外医学·精神医学分册》1990年第1期；李思特等：《精神外科的过去、现在和将来》，《国外医学·精神医学分册》1995年第3期。

④ 〔英〕罗伊·波特：《疯狂简史》，巫毓荃译，台湾左岸文化事业有限公司，2004，第200页。

果，他们是不是还担心被外科夺走本应由他们治疗的病人？

4. 大脑电刺激技术

大脑电刺激技术是近20年发展比较快的一个领域。其中的经颅磁刺激被认为是一项有前景的新治疗方式。

经颅磁刺激（transcranial magnetic stimulation，TMS）是由英国学者安东尼·巴克（Anthony T. Barker）和他的同事在1985年发明的一项非侵入性的大脑刺激技术。TMS的具体操作是将一个绝缘的线圈放在头颅表面，产生一股强大的电流。电在电磁感应圈内流动从而在头皮上产生一个强有力但却短暂的磁场。磁场可以穿透人的大脑而不受干扰。当迅速改变磁场时，会在神经组织中产生电场梯度，而这个电场梯度可继发产生电流，即所谓的感应电流。产生的感应电流能干扰或促进神经细胞的功能。还可以将TMS与功能影像学相结合，直接监控TMS在大脑中的作用。随着技术的发展，具有连续可调重复刺激的重复经颅磁刺激（rTMS）出现。研究者发现用TMS刺激一些皮层区域后，会产生不同的运动、感觉和认知等方面的影响。应用显示，TMS对治疗抑郁症有明显效果，对治疗精神分裂症、躁狂症、焦虑障碍也有一定效果，而且比较安全，副作用很少。我国已经开始重复经颅磁刺激技术的实验和应用，取得良好效果。①

另外还有迷走神经刺激、跨颅直流电刺激、深部脑刺激等治疗。②

（三）心理治疗

心理治疗是一种应用心理学的原理和技巧治疗精神障碍的方法。因指导理论的不同，心理治疗学派繁多。1980年美国出版的一本心理治疗手册，共收集255种心理疗法，而有人认为这个数目还是不完全的。③ 各种心理疗法有其独特的操作方法，适应症也有所不同。

在世界范围内，最具影响的心理疗法是精神分析疗法。精神分析疗法由弗洛伊德创立。但坚持经典的精神分析疗法的人已经不多，各个流派都

---

① 参见徐婉娇等《脑电引导重复经颅磁刺激治疗精神分裂症的随机双盲对照实验》，《中国临床康复》2006年第10卷；党卫民等《重复经颅磁刺激治疗儿童孤独症的初步研究》，《中国神经精神疾病杂志》2009年第8期；徐新民等《经颅磁刺激在精神科的应用》，《解放军医药杂志》2011年第4期。

② 参见王继军主编《精神障碍的物理治疗》，人民卫生出版社，2012。

③ 参见陈仲庚主编《心理治疗与心理咨询》，辽宁人民出版社，1989，第6页。

对弗洛伊德学说进行了修正和发展。精神分析疗法的适应症主要是神经症、人格障碍、性变态等非精神病性精神障碍。

可与精神分析疗法分庭抗礼的心理疗法是行为疗法。行为疗法没有开山始祖，但可以将其理论基础归结为行为主义心理学。行为疗法的种类很多，临床中常见的有：逐步松弛法，主要用于消除焦虑；系统脱敏法，主要用于治疗恐怖症；骤进暴露法，主要用于治疗恐怖症；厌恶疗法，主要用于治疗性变态、药物酒精依赖、强迫症等。

除精神分析疗法、行为疗法外，还有现实疗法、完形疗法、就诊者中心疗法、认知疗法、森田疗法、催眠疗法、音乐疗法等等。有些心理医生尝试整合各种疗法，加以综合应用，此种模式被称为折衷疗法。①

20 世纪 70 年代以后，随着精神分析学派的衰落，以精神分析疗法为代表的心理治疗在精神病学中从一种重要甚至曾经是主要的治疗方法下降到一种辅助的治疗方法，甚至有被完全挤出精神病学的危险。自身的原因有许多，例如没有及时吸收神经科学的成果，难以适用于精神病性障碍。对专门的心理治疗的需求主要来自对其生活不满意的人，而不是有精神病性障碍的病人。而且费用昂贵，治疗周期长，疗效不明显或难以证实。外部的原因更为强劲，主要是生物精神病学重新取得精神病学的核心地位，精神科药物大量使用甚至已经占领心理治疗的传统领域——神经症。

第四节　精神病学面临的挑战和机遇

精神病学（psychiatry）② 是临床医学的一个分支，它的基本任务是研究各种精神障碍的产生原因、发病机理、临床表现、治疗和预防，各种心理社会因素对精神活动的影响，以及精神障碍对人和社会的影响。与“精神病”已被“精神障碍”或“精神疾病”作为各类精神障碍的总称相适

① 参见〔美〕D. P. 萨库索、R. M. 卡普兰《临床心理学》，黄蘅玉等译，科学技术文献出版社，1991，第 138 ~ 139 页；许又新《心理治疗现状的简短述评》，《中国心理卫生杂志》1991 年第 1 期。

② “精神病学”一词系日本首先使用。参见沈国威《近代中日词汇交流研究：汉字新词的创制、容受与共享》，中华书局，2010，第 255 页。

应，许多人主张用“精神医学”（psychological medicine）的概念取代“精神病学”的概念。用“精神医学”取代“精神病学”还有另外一个原因。传统的精神病学的内容，包括精神疾病的病因学、病理学、病状学、各种精神疾病的临床表现及其治疗和预防。它的缺陷是仅着眼于诊断和治疗，而对基本理论问题重视不够，并且忽视了各种社会心理因素对精神活动的影响、精神障碍对人和社会的影响以及精神卫生问题，也忽视了其他学科对它的影响。这些倾向不利于精神病学的发展，也不利于发挥精神病学的作用。许多学者认为有必要扩大精神病学的内容，并主张把内容扩大后的精神病学改称为“精神医学”，以使其名实相符。[①] 著名精神病学专家夏镇夷（1915～2004）指出：

> 精神医学（psychological medicine）是临床医学的一个分支，其基本任务有两个方面：第一，是研究各类精神疾患的发病原因、发生机理、临床表现、治疗和预防。第二，研究包括心理社会因素在内的精神因素对人体的健康和疾病的作用和影响。可以这样说，精神医学的内容包括传统的精神病学和广义的精神卫生两个方面。
>
> 现代精神医学的概念是从精神病学（psychiatry）的基础上发展起来的。精神病学的基本任务即上述的第一个方面，也就是研究精神疾患问题。可是在精神病学的实践过程中，曾出现一些错误的倾向：一方面，精神病学的研究对象愈来愈局限于精神分裂症等严重的精神病，而忽略了为数更为众多的神经官能症和心身疾患等；另一方面，精神病学的服务范围，愈来愈限制于精神病院之内，仅着眼于诊断和治疗，而忽视了环境和社区在精神医学中的作用，也忽视了精神医学和其它临床学科的相互联系。[②]

精神病学与神经学、生物化学、遗传学、心理学等学科有密切的联系，与人类学、社会学、法学、伦理学等学科也有一定的联系。夏镇夷认

---

① 娄焕明：《建议将“精神病学”改为“精神医学”》，《中华神经精神科杂志》1983年第1期。

② 夏镇夷：《精神病学与精神医学》，《中国神经精神疾病杂志》1985年第1期。

为："精神医学是医学中与社会科学关系最为密切的一门学科。"① 国外有学者甚至认为精神病学本身就是一门社会科学。托马斯·萨斯说："一个较精确、较适用的定义，会把精神病学视为一门处理人的（社会）行为的科学（既是纯科学，又是应用科学）。照这观点，精神病学原则上是一门社会科学，而不是一门医疗科学。它的姊妹科学，是人类学、伦理学、心理学和社会学。"②

在医学中，有一个学科与精神病学的关系非同一般，即神经病学。一般人常常将精神疾病与神经病者相混淆，笼统称为"神经病"，并进而把精神病学与神经病学相混淆。实际上，精神病学与神经病学有很大不同。神经病学主要研究从大脑、脊髓直至周围神经和肌肉的疾病，其临床表现为感觉和运动的障碍；精神病学主要研究大脑机能的紊乱，其临床表现主要为精神活动的障碍。但是两者确实存在交叉，尤其是在器质性精神障碍方面，甚至不能截然分开。

精神病学与变态心理学、临床心理学的关系既密切又微妙。变态心理学和精神病学都以精神障碍为研究对象。长久以来，特别是在弗洛伊德创立精神分析学说之后，两者在广泛的领域互相借鉴、渗透，你中有我，我中有你，划出清晰的界限是很难的。两者有很多共同使用的概念或词汇。有些词汇，英文是一样的，只是在译为中文时才有字面上的区别。例如psychopathology，是指对精神障碍或心理障碍原因和本质的研究。在心理学中，它是abnormal psychology（变态心理学）的同义语，可译为"心理病理学"或"病理心理学"。但精神病学也有这个概念，可译为"精神病理学"。但是，这些交叉、融合并不能掩盖精神病学和心理学两个学科的不同之处，也不能彻底拆除它们之间的藩篱。按照传统学科分类，精神病学属于医学，心理学属于哲学。弗洛伊德的地位就很尴尬，精神病学说他是心理学的，心理学说他是精神病学的。有些精神病学家嘲讽弗洛伊德学说不科学，而其实精神病学整体或者说精神病学关于非器质性精神障碍的部分也没有达到科学的层次。有时，精神病学界和心理学界的冲突还很尖

① 夏镇夷：《精神病学与精神医学》，《中国神经精神疾病杂志》1985年第1期。

② 〔美〕托马斯·萨斯：《刑事责任和精神病学》，载于〔美〕汉斯·托奇主编《司法和犯罪心理学》，周嘉桂译，群众出版社，1986，第190～191页。

锐。这给其他学科以及司法机关利用精神病学或者心理学的知识，对精神障碍或心理障碍问题进行研究和判断，带来严重的困惑和麻烦。

与作为临床医学分支的精神病学不同，作为心理学的分支，变态心理学侧重于通过与正常心理的比较来研究精神障碍发生、发展、变化的规律，重心不在于临床实践。然而，由于临床心理学的兴起和发展，这种区别逐渐模糊。临床心理学重视应用，通过心理咨询与心理治疗来调整和解决人们的心理问题，并指导人们发展健康人格、改善心身状态、提高社会适应能力。① 但在治疗方面，临床心理学受到自身和外部的限制。精神科医生对临床心理学工作者进入医疗领域，一直持不欢迎甚而排斥的态度。正当临床心理学取得很大发展之时，1954 年，英国学者梅佑 - 格罗斯（William Mayer-Gross，1889 ~ 1961，原籍德国）等人指出："有一种作法直接把心理学和精神病学混为一谈，就是说让心理学家代替医生的工作去进行个别的治疗，这种倾向是非常可悲的。"② 在各国，临床心理学工作者一般都没有开具药物处方和将病人收住医院的权力。在美国，20 多年来，临床心理学工作者不断争取获得处方权。1995 年，美国精神病学会竭力游说国会以阻止心理工作者开具药物处方，在公众看来这是令精神医学界蒙羞的事情。③ 据美国精神病学会统计，自 1995 年起，23 个州关于心理学家能否获得处方权的提案达百次之多，其中 96 次都被驳回，只有新墨西哥州、路易斯安那州、威斯康星州和俄勒冈州颁布了相应的法律。④

我国《精神卫生法》在起草和审议过程中，"心理健康"一词的使用次数不断增加，但最后定稿对心理治疗和心理咨询的限制却是严厉的和实质性的。它不仅规定"心理咨询人员应当提高业务素质"（第二十三条第

① 参见〔美〕D. P. 萨库索、R. M. 卡普兰《临床心理学》，黄蘅玉等译，科学技术文献出版社，1991；〔美〕A. R. 吉尔根：《当代美国心理学》，刘力等译，社会科学文献出版社，1992。

② 〔英〕W. 梅佑 - 格罗斯、E. 斯莱脱、M. 路茨：《临床精神病学》，纪明等译，上海科学技术出版社，1963，第 16 页。此书曾在我国精神病学领域产生重要影响。

③ 参见〔美〕爱德华·肖特《精神病学史——从收容院到百忧解》，韩健平、胡颖翀、李亚平译，上海科技教育出版社，2008，第 390、392 页。

④ 参见〔奥〕Heinz Katschnig《精神科医师是否成为濒危物种？精神病学的内忧外困》，李斌彬译，《世界精神病学》2010 年第 1 期（总第 9 卷第 1 期）在线中文版。经核对英语原文，中文版误将俄勒冈（Oregon）译为奥尔良。

一款)、“心理咨询人员不得从事心理治疗或者精神障碍诊断治疗”（第二十三条第二款)，而且规定“心理治疗活动应当在医疗机构内开展。专门从事心理治疗的人员不得从事精神障碍的诊断，不得为精神障碍患者开具处方或者提供外科治疗”（第五十一条)。如此规定颇显医学界的门户之见。不得提供外科治疗的合理性不言而喻，禁止开具处方也有一些道理。但禁止诊断特别是禁止非器质性精神障碍的诊断则没有必要。至少应当区别精神病性障碍和非精神病性障碍。把不属于精神病（psychosis）的神经症、人格障碍、性心理障碍从心理学的传统领地拿过来，加以医学化，列入精神障碍分类——对此，心理学界并不赞同，[①] 然后不允许临床心理学工作者作出诊断，至少是不够厚道。在现代精神科药物产生之前，精神病学主流对这些非精神病性的“心理障碍”（psychological disorder）几乎不感兴趣，也没有什么像样的理论和对策。当然，中国的临床心理学也需努力，不断提高水平，以自身实力改变“寄人篱下”的局面。重要的是，临床心理学应坚持自身的特点，相信和拓展心理治疗的独特功能（并非全能)，不应为追求经济利益而争取处方权。

精神病学或精神医学也没有可以稍稍自满、懈怠的理由。自从 18 世纪末 19 世纪初诞生于收容院，精神病学经过二百年——尤其是在最近三十年——的发展，已经取得巨大的进步，为成千上万的患者解除或者缓解了精神障碍带来的折磨和干扰，但是还远没有成熟。它在整体上还是一门经验科学，尤其是在非器质性精神障碍方面。没有必要把自己装扮成一门成熟、全能、无懈可击的科学或者技术。而且，精神病学还没有完全从强制绝育、“大屠杀”的历史阴影中走出来，也还没有完全改正很大程度上由自身造成并且为福柯以及反精神病学的批判、西方国家对苏东国家的精神病学冷战在公众与人文社会科学中加以强化的负面印象。

除了福柯和反精神病学的学者，哈耶克也曾经批评过盲目自信的精神病学家，不过他的矛头所向似乎是精神分析学派。1946 年——当时精神分析学派还在精神病学中居于主流地位，享有国际声望的加拿大籍科学家，后来担任世界卫生组织首任秘书长、世界精神卫生联合会主席的布罗克·

---

① 参见〔美〕D. P. 萨库索、R. M. 卡普兰《临床心理学》，黄蘅玉等译，科学技术文献出版社，1991，第 193 页。

齐泽姆（Brock Chisholm，1896～1971）指出："我们应当重新解释并最终根除那种一直被人们视做儿童教育之基础的是非观念，并且应当用智性的、理性的思维来取代人们对前人所肯定的诸多确然之事的盲目信任，因为所有这些都是那种在实践中极为有效的精神疗法必须予以否弃的遗留之物。……实际上，大多数精神病学者和心理学家乃至许多其他值得尊敬的人士都是在摆脱了这些道德枷锁以后才获得自由观察和独立思考的能力的。……如果人类应当从那种区分善恶的并禁锢人之能力的负担中解放出来，那么精神病学家就必须首先承担起此项责任。这是我们必须直面的一项挑战。……与其他的人类科学一起，精神病学必须现在就决定人类不久之未来的境况。任何其他人都不可能承担此项责任，因为这是精神病学的首要责任之所在。"多年以后，1964 年，哈耶克对布罗克·齐泽姆的话给予了评论："当然，我们当中的一些无可救药的野蛮人肯定会特别憎恨这类限制性的规则。但是，我们需要在这里追问的是，精神病学家真的是高人一等的能够赋予我们新道德规范的权威者吗？""有时候，他们给人们留下了这样一种感觉，似乎他们已经在这个方面取得了很大的成就。"[①] 在晚年，哈耶克进一步对精神病学家试图通过释放病人之先天本能的方式去医治病人的做法给予了批评，认为这对于文化有着最大的破坏力，而弗洛伊德很可能是文化的"头号破坏者"。[②]

同时，精神病学又面临许多新的问题。就连它在成为真正医学方面的一些进步，也给其自身造成某种意义上的伤害。在《精神病学史——从收容院到百忧解》一书的最后，爱德华·肖特指出：每次当一种精神障碍被医学化时，它就从精神病学中消失了。被内科夺去了神经梅毒，被儿科夺去了精神发育迟滞，被神经病学夺去了中风。他问道："既然精神病学自身已经被医学化了，那它还有什么理由将它作为一门单独的专业去保留呢？心理疗法方面能很容易地分离给心理学家和社会工作者，他们更被强化培训为治疗家；脑生物学方面可以指派给神经病学家，他们更会自如地看 CT 扫描图，并确定基底神经节严重的损伤。还剩下什么呢？"他半开玩

① 〔英〕弗里德利希·冯·哈耶克：《建构主义的谬误》，载于《哈耶克论文集》，邓正来选编译，首都经济贸易大学出版社，2001。

② 〔英〕弗里德利希·冯·哈耶克：《法律、立法与自由》（第二、三卷），邓正来等译，中国大百科全书出版社，2000，第 527 页。

笑地说，精神病医师们大体可以做心理学家和神经病医师各自不做的事情。精神病医师可以提供心理治疗——这是神经病医师一般不做的，还可以开处方药——这是不允许心理学家做的。[①] 杰克·普莱斯曼则以一种比较宽阔的视野看待这个问题。他认为，既然不能守卫自己的边界，那么毫不奇怪，精神病学仍旧是一个让人困惑的、有多种语言的世界。但是，精神病学的独特领域恰恰是那些使常规医学为难的问题。某种疾病一旦被认为是精神病这一情况，对精神病学不是多么大的损失，而表明这正是精神病学的真正功能。[②]

20 世纪 80 年代中期，时任世界卫生组织精神卫生部门负责人、后任世界精神病学会主席（任期 1993 ~ 1999）的诺曼·塞多利斯博士（Norman Sartorius，原籍克罗地亚），在展望 21 世纪的精神卫生对策和方案时，对精神病学的状况充满忧虑：

> 精神病学学科愈分愈细。持精神分析的心理治疗家，在对自命为精神病学不同凡响的领袖地位和特权产生怀疑后，已改而采取更为折衷的态度，而持生物精神病学观点的精神病家，仍坚持原有态度，毫不折衷。政府部门的精神卫生专家与学术界极少联系；而年轻的精神学家总在标新立异，精神病学家反对心理学家过多插手临床治疗，护理专业人员正与精神病学家、心理学家以及社会工作者相互竞争。精神病学的社会工作者和社会学家主张他们对方案有权作出决定。精神卫生界各种专业人员之间的矛盾，比比皆是。他们之间，争吵激烈，毫无消减的任何迹象。[③]

在 20 世纪末，持心理治疗立场的美国精神病学家彼得·布利金和戴维·科恩不无门户之见地——显然他们的愤懑在相当程度是因为受到后者

① 参见〔美〕爱德华·肖特《精神病学史——从收容院到百忧解》，韩健平、胡颖翀、李亚平译，上海科技教育出版社，2008，第 434 ~ 435 页。

② 参见〔美〕Jack D. Pressman《西方的精神疾病观》，杨海燕译，载于〔美〕肯尼思·E. 基普尔主编《剑桥世界人类疾病史》，张大庆主译，上海科技教育出版社，2007。

③ 〔瑞士〕Norman Sartorius：《二十一世纪的精神卫生对策及方案》，编辑部校译，《中国心理卫生杂志》1987 年第 1 期。

的打压——尖锐抨击了受生物精神病学影响的精神科医生：

> 精神科医生相较于其他非医疗体系的精神保健专业人士而言是比较专横、具支配性，是情感较淡漠的一群人。精神科医生这一行为（似应为“行业”——刘注）受到生物学影响，于是很容易吸引那些觉得开处方签要比与人建立关系感到自在的医生。这种倾向在他们临床实习以及在精神病院受训时继续得到强化。他们在那里学会对病人和其他专业人士行使权力与职权，他们还学到了不顾人们的意愿关人、使用电击、关禁闭与监禁，控制病人日常生活的细节，开处有害的药物并否认其强烈的有害副作用，他们与病人维持权威而疏远的关系。
>
> 这样的结果造成了精神科医生不只在院区和办公室内追求权力，更延伸到管理以及政治活动中。他们往往称为保健领域中的强势领导者，在政治界也格外有影响力。由制药公司资助，并由精神病学界领导的精神保健游说团体，是美国历史上最有权力的团体之一。今日大多数精神科医生都是由生物精神病学家构成，倾向于采用强硬镇压的方式来对付反对他们的人，包括同一领域中的异己分子。他们排挤批评他们的人，并迫使异己分子离开学校或其他机构的职位。这种行为与他们在受训期间所学的独裁主义与控制手段相当一致。①

在21世纪初，罗伊·波特写道：“精神药理学的发展确实使精神医学在治疗上变得更有成效，但以药物使病患平静绝不是成就的顶峰，任何宣称精神医学已经成为一门成熟科学的说法也都过于草率且充满争议，从《诊断与统计手册》各版中疾病分类的大幅度变动，就足以证明这一点。”“在一个曾经把数万名精神分裂症患者送进毒气室的世纪中，精神病患的治疗是否变得更人道了？什么是理性？什么是精神正常？都不是可以轻易回答的问题。”“精神医学经常被描写为不可信任的专业，社会大众依然对

① 〔美〕彼德·布利金、大卫·柯翰：《为药疯狂》，庞素芳译，湖南科学技术出版社，2009，第234页。

精神医学抱着怀疑的态度。”①

世界精神病学协会的官方刊物《世界精神病学》2010 年第 1 期（总第 9 卷第 1 期）设立了一个名为“精神科医师是否成为濒危物种”的论坛②，对精神病学的危机问题进行了讨论。主题文章是奥地利维也纳大学精神病学教授海因茨·卡茨内希（Heinz Katschnig）撰写的《精神科医师是否成为濒危物种？精神病学的内忧外困》（Are Psychiatrists an Endangered Species? Observations on Internal and External Challenges to the Profession）。③ 海因茨·卡茨内希指出，许多人认为过去十年间，有关精神疾病的知识的急剧增加让这一学科在医学中的地位有所提高。然而，精神病学诊断和治疗知识基础正处于信任危机里：我们专业的一致性因为精神病学思想体系的内部分派而受到威胁；而且，我们日益受到患者以及照料者的批评（互联网让这一过程更容易了）；其他专业与我们的竞争也越来越激烈了，我们在医学界和社会中的形象比我们当中许多人头脑中的印象差多了。

海因茨·卡茨内希认为精神病学面临六种挑战。其中三个来自内部（challenges from inside）：

（1）从诊断和分类来看对本专业相关知识的自信度降低。ICD 和 DSM 两个系统并存，说明精神病学诊断的定义依然是主观的。精神病学诊断系统及疾病定义长久以来备受非议。半个世纪前，批评声主要来自精神科专业外部。如今，外部的批评仍然不绝于耳，关于精神病学诊断体系效度的争论在本专业内部也愈演愈烈。如果诊断分类时至今日并没有很好的效度，那么任何形式依此为诊断或者排除标准的研究——无论是流行病学、病因学、遗传病理学、治疗学、生物学、心理学及社会学——都将是无效的。

（2）从治疗干预（therapeutic interventions）来看对本专业相关知识的自信度降低。2008 年发表的一项有关抗抑郁剂疗效的荟萃分析研究中发

① 〔英〕罗伊·波特：《疯狂简史》，巫毓荃译，台湾左岸文化事业有限公司，2004，第 210 ~ 212 页。

② 参见《世界精神病学》2010 年第 1 期（总第 9 卷第 1 期）在线中文版“论坛：精神科医师是否成为濒危物种？”有关文章，李斌彬译。

③ 〔奥〕Heinz Katschnig，“Are psychiatrists an endangered species? Observations on internal and external challenges to the profession”，*World Psychiatry*，2010，9：21 – 28.

现，对于轻、中度抑郁，抗抑郁剂和安慰剂疗效一样。这一结果立刻引起全世界关注。另一个引起大家关注的问题则是医生和制药企业的关系。在科学界和媒体圈，“枪手”作为一个涉及“信用”的问题备受关注。

（3）理论基础缺乏内部一致性（lack of a coherent theoretical basis）。没有哪个领域像精神科这样“百花齐放”。精神病学正在不同流派各自为政中遭到分割。每种治疗方法都有自己所依存的知识体系。彼此之间的争论越来越有火药味，原因之一就是争夺服务资源。

另外三个挑战则来自外部（challenges from outside），包括：

（1）客户的不信任感（client discontent）。在过去几十年里，患者的称呼换了好几茬，先是“客户”（client），后来是“消费者”（consumer），然后是“使用者”（user）或者“服务使用者”（service user）。通过替代“患者”（patient）这一名词，这些名称拉开了与医学的距离。最后，“前使用者”（ex-user）、“前患者”（ex-patient）和“精神病学幸存者”（survivor of psychiatry）这些词宣告患者与精神病学完全脱离。家属，在英语世界里称他们为照料者（carers），对精神科也颇有微词，尽管和患者不满的角度不一样。

（2）其他专业的竞争。在后现代时期，专家满天飞，有越来越多的“入侵者”（intruders）踏入精神病学家自认为的领地。而且，他们有意无意地利用精神科医师的“耻感”（stigmatization）来吸引患者。在医疗领域，神经科医师、全科医师或者替代疗法执业者都在和精神科医师竞争。例如在许多国家，全科医师的抗抑郁剂处方量远远高于精神科医师。心理治疗师、临床心理学家和临床社会工作者都来跟精神科医师竞争。

（3）对精神科的负面印象（negative image）。人们对精神科医师印象不佳，而且精神科医师不受其他医学同行的尊重。患者担心别人知道自己看精神科医师会遭到歧视。在大众中，与有精神疾病的人保持距离是很常见的。人们可能会认为精神科医师（和心理治疗师及临床心理学家正相反）主要是通过药物治疗患者，而大多数人都反感药物治疗。患者和精神科医师都存在耻感。

在同一期《世界精神病学》上，有多位学者对海因茨·卡茨内希的观点发表了看法。有的学者认为卡茨内希的观点“鞭辟入里”“走得不够远”，但多数学者虽然不完全否认卡茨内希提出的问题，但十分不同意其对精神病学现状和未来的估计，认为过于悲观。美国学者罗德里戈·穆尼奥斯（Rodrigo Muñoz）指出："精神病学在科学的基石上不断发展壮大，由于诊断知识的不断强化、治疗评估手段的不断发展、受到认识到精神卫生服务重要性的医学同行的尊重、为社区为患者提供更好精神卫生服务的计划实施，我们没有理由对精神科的未来持有那么悲观的态度。相反，未来才是精神病学的黄金年代。"美国学者史蒂芬·沙夫斯戴恩（Steven Sharfstein）认为："我们的专业技能也许还在'半路上'（halfway），也就是说我们虽然没有完全治愈患者，但至少能让他们病情好转，大部分的精神疾病都是慢性易复发的。我们的成功已经让我们专业需求量得以增加。我们接下来的任务就是如何能够确保我们提高精神卫生服务的质量。"德国学者沃尔夫冈·卡贝尔（Wolfgang Gaebel）等人认为精神病学作为一个医学专业，既面临挑战又面临机遇（opportunities）："在21世纪，精神病学作为医学的内在部分，正在进行整合并成功地面对了来自内外部的挑战，到目前为止它神采奕奕。如果精神科医师能积极面对各种挑战，就不会处于危险之中。"世界精神病学协会主席马瑞欧·麦（Mario Maj）针对海因茨·卡茨内希提出的问题发表了一篇社论。他说："我很欣赏H Katschnig的这篇文章，但我却不太认同它所暗含的悲观主义。如果说精神病学处于危机之中，依我看，这是一个发展中的危机（development crisis）。我们还是不要自我谴责，也不要内讧，而要携手改善我们精神卫生服务的现状和形象。"

《世界精神病学》2010年第3期（总第9卷第3期）发表了由多位学者联合撰写的《世界精神病学协会指南——如何消除精神病学和精神科医师的污名》（WPA Guidance on How to Combat Stigmatization of Psychiatry and Psychiatrists）。[①] 2009年，世界精神病学协会主席组建了一个工作组，旨在调查收集有关精神病学和精神科医师的污名的现有证据，从而提出各国精神病学学会和精神科医师等专业人员可操作的、为减少或防止该学科污名化及其恶劣影响的行动建议。这篇"指南"就是该工作组的研究成果。

该文回顾了相关文献，包括精神病学和精神科医师在媒体眼中的形

① 参见N. Sartorius等《世界精神病学协会指南——如何消除精神病学和精神科医师的污名》，陈经纬译，《世界精神病学》2010年第3期（总第9卷第3期）在线中文版；N. Sartorius et.，"WPA guidance on how to combat stigmatization of psychiatry and psychiatrists", *World Psychiatry*, 2010, 9: 131－144.

象，公众、医学生、非精神科医师的卫生技术人员和精神疾病患者及其家属对精神病学和精神科医师的看法。

（1）公众。公众对于精神专科机构的看法一直是消极的。社区精神卫生服务也遭到社区居民的抵触，被看作“邻避综合征”（NIMBY，即 not in my backyard）。例如，在一项研究中，81%的美国人反对“对待精神病患者最好的方式是把他们关在家中”这一观点，但仅少数人（31%）真正欢迎在其附近开设精神卫生中心门诊，抵触原因包括担心房产贬值、孩子的安全和个人安全等。一些受访者表示治疗质量和疗效堪忧，甚至有些受访者表示精神科治疗有害而无益。公众认为精神科药物的负面影响十分严重，大多数人不愿意使用精神科药物。公众对于精神科药物普遍存在着五种误解：精神科药物有成瘾性，没有疗效，入侵身份（invasion of identity，似应译为“侵害个性”或者“侵害人格”），仅仅是麻醉患者，不能有效预防复发。对于电休克治疗的消极态度十分常见。精神科医师在公众眼中的形象多为负面。精神科医师常被指责过于依赖药物。关于精神科医师的专业角色，被看作“镇压民众的代理人”（agents of repression），其目的是确保人们的行为循规蹈矩。有人提出，精神科医师并不想真正了解他们的患者并且对患者怀有敌意。精神科医师对于被告行为的解说往往被误解为“为罪犯创造逃脱法律制裁的机会”。有人提出司法精神科医师的证词不是基于专业知识而是受到金钱利益的驱使。

（2）医学专业学生。医学生表示会选择精神病学作为职业的比例往往很低。职业声望低和被尊重感差是医学生不选择精神病学作为职业发展的主要原因之一。在一项针对美国医学生的关于“被视为抨击对象的医学专业”的近期调查中，精神病学排名第三（39%），仅次于家庭医学和内科学。医学生认为精神病学缺乏坚实、权威的科学基础。这种态度一定程度上基于精神疾病诊断与疾病分类的不确定性。DSM 和 ICD 一直备受批评是因为其中大部分诊断类别都无法通过生物学指标进行验证，因而强化了精神病学并非“真医学”（real medicine）的形象。医学生通常认为精神科治疗无效，且认为精神病学的发展“太过缓慢”。大多数医学生受访者认为电休克治疗是一种惩罚形式，在不得已时才可使用。医学生常常提及从老师口中或见习中无意听到的对精神科医师的负面、诋毁的言论。医学生往往认为精神科医师比其他卫生技术人员更加情绪不定或神经质。

（3）其他卫生技术人员的态度。在卫生技术人员中，药物治疗常被视为强制性的，影响患者的自主权，精神科药物往往只是最后的手段。一些作者暗示“精神科医师在医学界不被尊重”，将精神科医师定型为“不确定、无效、无用且难以理解的”，精神科医师“不是真正的医生”。35% 的非精神科医生认为精神科医师较其他医生情绪不稳定，且51% 的非精神科医生认为精神科医师神经过敏。

（4）患者及家属。患者常常拒绝服用精神科药物。大多数患者表明他们不赞成强制治疗，因为强制治疗会限制他们的自主权。一些患者表示精神科医师习惯于控制，而一些患者家属认为精神科医师十分傲慢自负。家长在面对子女的精神健康问题时，往往是在最后一刻才选择精神科医师。

（5）媒体。新闻和娱乐媒介中有关精神病学的描述大多都是负面的。在传媒评论中，精神病学被描绘成“并非真学术、没有科学方法或有效治疗技术的一门学科”。报纸和电影也经常传达着精神病院的负面影像，这些影像很快就被推而广之并且进一步导致了精神病学整体形象的负面化。媒体对精神科治疗的描述也往往是负面的，更加强调精神科药物的不良副作用。一些报纸还多次批评了精神病学和制药企业之间的关系。媒体常常将精神科医师刻画为无用的、不能提供有效的治疗、无法解释或预测患者的行为。且媒体经常使用对精神科医师有贬损意味的、口语化的字眼，例如“恶意的、有控制欲的精神科医师”及“压迫人民的国家职员”。

遗憾的是，该文并没有进一步探讨污名的原因，更没有检讨在污名化中，精神病学和精神科医师自身的责任。似乎精神病学和精神科医师污名化，都是来自于患者、家属、公众、媒体以及其他学科的误解或者诋毁。因而它所提出的反污名及反歧视的干预措施，大多属于“公关”性质的，并且抽象乏力。

不过该文强调，精神科医师必须意识到他们的行为将对精神病学和作为学科代表的他们自身的污名化产生影响。精神科医师在临床实践中的行为对精神病学和精神病医师的形象具有决定性意义。需要特别关注以下要素，包括：（1）与患者及其家属建立相互尊重的关系；（2）了解精神病学研究与实践的最新进展及其在临床实践中的应用；（3）在提供服务和组织服务的过程中严格遵守伦理原则；（4）与其他医学专家、卫生工作者及其余为精神疾病患者提供服务的专业人员合作。

中国社会科学院文库
法学社会学研究系列
The Selected Works of CASS
Law and Sociology

中国社会科学院创新工程学术出版资助项目
中国社会科学院文库·法学社会学研究系列
The Selected Works of CASS · Law and Sociology

非自愿住院的规制：精神卫生法与刑法（下）

The Regulation of Involuntary Admission: Mental Health Law and Criminal Law

刘白驹 / 著

社会科学文献出版社
SOCIAL SCIENCES ACADEMIC PRESS (CHINA)

目　录

上　册

下 册

第六章
中国精神病人管理和精神卫生的发展历史

对于当代中国来说，《精神卫生法》是一个新生事物。然而，我们并不是在空白之中制定《精神卫生法》的。哪一个国家都有精神病人，不论是当代还是古代，更何况中国历史之悠久、人口之众多。古老的中华医学对于精神病自有诊查、医治之术，[①] 古代中华法律对于精神病人犯罪亦有宽宥、防治之策。而疯人院或者精神病院的设立、精神病人管护法律的制定、精神卫生理念的传播，在中国也有一百多年或近百年的历史。尽管有关制度的历史的许多细节现在可能难以说得十分清楚，但积淀下来的观念、行规或习惯，仍然在发生着积极或消极的作用，是当今精神卫生法和非自愿住院制度制定、实施中不可忽视的因素。因此，在讨论现实的中国精神卫生法和非自愿住院制度问题之前，有必要总结中国的精神病人管理、精神卫生特别是非自愿住院制度发展的历史。

① 参见许又新《我国古代的精神病学》《两晋南北朝及隋唐时代我国精神病学简介》，载于《许又新文集》，北京大学医学出版社，2007；许又新、刘协和《中国精神病学发展史》，载于湖南医学院主编《精神医学基础》（精神医学丛书第一卷），湖南科学技术出版社，1981；李清福、刘渡舟主编《中医精神病学》，天津科学技术出版社，1989；何裕民《中国传统精神病理学》，上海科学普及出版社，1995。

本章前五节梳理了古代和近代的有关历史文献，有时不免做一点考证，因为只有厘清基本史实，作出的判断和分析才可能是恰当的。第六节总结了1949年以后中国精神病防治和精神卫生工作概况。这些是中国精神病人管理政策和制度发展的精神病学或者精神卫生背景。对中国现代非自愿住院制度发展变化过程的专门回顾，则放在下一章进行。

第一节　古代对精神病人犯罪的处置与预防

在公元前11世纪，商代末期，似乎就有人知道装疯可以逃避惩罚。《史记·殷本纪》记，纣王淫乱不止，纣王的叔父比干、箕子谏之，纣王大怒，“剖比干，观其心。箕子惧，乃佯狂为奴，纣又囚之。”[①]《史记·龟策列传》亦说：“箕子恐死，被发佯狂。”[②] 看起来，箕子佯狂是为逃避迫害，这说明当时对癫狂或疯癫之人的违逆行为已有一些宽宥。不过，《史记·宋微子世家》所记此事的情节有所不同，箕子是在比干被杀死之前谏纣王：“纣为淫泆，箕子谏，不听。人或曰：‘可以去矣。’箕子曰：‘为人臣谏不听而去，是彰君之恶而自说于民，吾不忍为也。’乃被发佯狂而为奴。遂隐而鼓琴以自悲，故传之曰《箕子操》。”[③] 按此所述，箕子佯狂既是为了逃避迫害，也有因失望而隐逸之意。

西周时期，人们已经比较明确地认识到痴呆者犯罪与一般人犯罪在原因、手段上的不同，故而建立了宽宥制度。《周礼·秋官司寇·司刺》记有“三赦”：“壹赦曰幼弱，再赦曰老旄，三赦曰惷愚。”东汉郑玄（公元127~200）注：“惷愚，生而痴騃童昏者。”[④] 惷（通蠢）愚就是现在一般所说先天痴呆或精神发育迟滞。根据“三赦”，惷愚者与幼弱、老旄（通耄）者一样，犯罪可以不处罚。但当时无明文规定如何处罚癫狂之人犯罪。据今人蔡枢衡（1904~1983）在其《中国刑法史》一书中推断：“依

① （汉）司马迁：《史记》，卷三，中华书局，1959，第108页。
② （汉）司马迁：《史记》，卷一百二十八，中华书局，1959，第3234页。
③ （汉）司马迁：《史记》，卷三十八，中华书局，1959，第1609页。
④ （汉）郑玄：《周礼郑氏注》，中华书局，1985，第246页。

理应与惷愚同等待遇。”①

人们更为熟悉的一个故事是东周战国时期的孙膑佯狂。《史记·孙子吴起列传》记，孙膑遭庞涓嫉恨，庞涓“以法刑断其两足而黥之”，但该传并未提及孙膑佯狂。② 宋代司马光（1019～1086）的《资治通鉴》中也无此事记载。③ 到明末，冯梦龙（1574～1646）编撰的《东周列国志》则有孙膑佯狂的事情，见第八十八回“孙膑佯狂脱祸　庞涓兵败桂陵”。④ 庞涓将孙膑刖足黥面之后，又迫使孙膑传示鬼谷子注解孙武兵书，而孙膑不愿传之，但又担心庞涓杀害他，遂按鬼谷子的锦囊之计“诈疯魔”而装疯。庞涓恐孙膑佯狂，试其真伪。几经察试，庞涓终于相信孙膑是真疯：“此真中狂疾，不足为虑矣。”自此纵放孙膑，任其出入，之后方有孙膑大败庞涓于桂陵、马陵之事。冯梦龙讲述孙膑佯狂的故事，没有说根据何在，只可说是文学创作，不能当作史料，用以断定孙膑佯狂确有其事，以及判断东周如何对待癫狂之人，但它至少反映了明末或者更早的时候人们对癫狂和佯狂的看法。

西汉时期，癫狂病人犯罪，依法处罚。但到东汉，经过奏明皇帝，得减轻不死，即“狂易杀人，得减重论”，而“狂易谓狂而易性也”。⑤

唐律将疾病分为废疾和笃疾。《唐律·名例·老小废疾》：“诸年七十以上、十五以下及废疾，犯流罪以下，收赎。八十以上、十岁以下及笃疾，犯反、逆、杀人应死者，上请；盗及伤人者，亦收赎。”唐代长孙无忌（约公元597～659）撰《唐律疏议》认为笃疾是指“戇愚”（惷愚），即痴呆。⑥ 而笃疾是否包括癫狂没有权威解释，但有事例显示，在唐代癫狂之人犯罪可从轻处罚。唐代吴兢（公元670～749）撰《贞观政要》载：“贞观五年，张蕴古为大理丞。相州人李好德素有风疾，言涉妖妄，诏令鞫其狱。蕴古言：‘好德癫病有徵，法不当坐。’太宗许将宽宥，蕴古密报

① 蔡枢衡：《中国刑法史》，广西人民出版社，1983，第197页。

② （汉）司马迁：《史记》，卷六十五，中华书局，1959，第2162页。

③ 参见（宋）司马光编《资治通鉴》，卷第二，中华书局，1956，第51～52页。

④ （明）冯梦龙、蔡元放编《东周列国志》，人民文学出版社，1978。

⑤ （南朝宋）范晔编撰、（唐）李贤等注《后汉书》，卷四六，陈忠传，中华书局，1997，第1556页。

⑥ （唐）长孙无忌：《唐律疏议》，刘俊文点校，中华书局，1983，第80～82页。

其旨，仍引与博戏。持书侍御史权万纪劾奏之。太宗大怒，令斩于东市。”①《旧唐书·刑法志》也记有此事：“河内人李好德，风疾瞀乱，有妖妄之言，诏按其事。大理丞张蕴古奏，好德癫病有征，法不当坐。治书侍御史权万纪，劾蕴古贯相州，好德之兄厚德，为其刺史，情在阿纵，奏事不实。太宗曰：‘吾尝禁囚于狱内，蕴古与之弈棋。今复阿纵好德，是乱吾法也。’遂斩于东市，既而悔之。”② 风疾，即疯癫；瞀乱，即精神错乱。“好德癫病有徵（征），法不当坐”是说李好德癫狂属实，其所为按律不当判罪。③ 然而李好德在狱中博戏弈棋，或为间歇性癫狂，或为佯装癫狂，唐太宗怀疑张蕴古包庇也是难免。

唐律“老小废疾”条为宋代刑律沿用。《宋刑统》将“老小废疾”改为“老幼疾及妇人犯罪”，又在《户婚律》中对“废疾”“笃疾”作出了解释：“痴哑、侏儒、腰脊折、一支废，如此之类，皆为废疾。□疾、癫狂、两支废、两目盲，如此之类，皆为笃疾。”④

元代也规定“废疾”“笃疾”可以适用赎刑。《元典章》“刑部·赎刑”记，元贞元年（1295），刑部议得：“诸犯罪人，若年七十以上，十五以下，及笃废残疾，不任杖责，理宜哀矜。每杖笞一下，拟罚赎罪中统钞壹贯相应。”⑤《元典章》“刑部·老幼笃疾杀人”还记有一起关于“心风杀人，上请”的案例：“尚书刑部奉尚书省札：来呈：‘康留住因患心风举发，至元六年十一月二十四日夜，不知怎生摸得棍棒，将本家安下乔老打死，并将伊男乔大及留住妻阿李、女婆惜、次女宜奴俱各打伤，又学小孩儿，抱着棍棒，于箔内往来，唊叫笑走。至二十七日，有弓手捉住，才知为心风病发，打死乔老罪犯。’议得：康留住即系颠狂杀人事理，照依旧例，合行上请，听敕处分。为此，移准中书省咨该⑥：‘都省议得：康留住

① （唐）吴兢：《贞观政要》，上海古籍出版社，1978，第240页。

② （后晋）刘昫等《旧唐书》，卷五十，中华书局，1975，第2139页。

③ 参见高潮、马建石主编《中国历代刑法志注译》，吉林人民出版社，1994，第257页。

④ 《宋刑统》，吴翊如点校，中华书局，1984，第56、190页。

⑤ 《元典章》，陈高华等点校，天津古籍出版社、中华书局，2011，第1334页。

⑥ “咨该”为“咨文内容包括”之意。参见田原《〈元典章·刑部〉词语释证》，华东师范大学硕士论文，2012年3月，中国知网。也有学者认为，“该”字在元时常用作词尾，本身并无意义，只起到凑足双音节的作用。参见阮剑豪《〈元典章〉词语研究》，浙江大学博士论文，2009年5月，中国知网。

所犯，既与身死乔老生前别无仇嫌，委因旧患心风病证举发，昏迷不省，不知怎生将乔老打死，不合偿命，止拟于本人处征烧埋银五十两，给付苦主。于至元八年二月二十六日奏奉圣旨。钦此。仰依上施行。'"① 对于上述情况，《元史·刑法志》也有记载："诸罪人癃笃残疾，有妨科决者，赎。"② "诸病风狂，殴伤人致死，免罪，征烧埋银。"③ 但是，杀祖父母、父母，则十恶不赦，只是疯人的死刑不采取凌迟方式。《元史·刑法志》记："诸子孙弑其祖父母、父母者，凌迟处死，因风狂者处死。"④

明律以唐律为蓝本。《大明律》将"老小废疾"改为"老小废疾收赎"。据明应槚（1493～1553）撰《大明律释义》，"老小废疾收赎"律文后附注："废疾谓瞎一目折一肢之类，笃疾则瞎两目折两肢也。"⑤ 其中没有提到痴呆、癫狂。但当时对痴呆、癫狂可以导致犯罪还是有认识的。明太祖朱元璋（1328～1398）曾撰《资世通训》，"朕特以一己之见，总先贤之确论，托谒者评之，直述其意，以利于后人。"其中有《愚痴章》，专讲愚痴的特点和危害：

> 朕谓谒者曰："世人愚多而贤少，为何？"曰："父母蠢而愚其子，夫何故？"曰："子幼而不师人以教之，此其所以愚。"谒者曰："愿对陛下细陈愚人之状。"曰："愚之状有几？"曰："愚之状有七：一曰不知理，二曰因不知理则生不孝，三曰不知耻，四曰非理伤人，五曰为贼，六曰为妖，七曰为痴。"曰："愚痴异乎？"曰："人之愚者，不过初不知圣人古人之理，故诸事妄为耳，未必生成之痴，因愚之久，痴自此而生。"曰"痴何故？"曰："当为而不为是为痴，不可为而为之是为痴。此是因愚而生之者，非寒暑所侵，病由五脏而患也。"⑥

---

① 《元典章》，陈高华等点校，天津古籍出版社、中华书局，2011，第1473页。

② （明）宋濂等《元史》，卷一百二，中华书局，1976，第2609页。

③ （明）宋濂等《元史》，卷一百五，中华书局，1976，第2678页。

④ （明）宋濂等《元史》，卷一百四，中华书局，1976，第2651页。

⑤ （明）应槚：《大明律释义》，卷一，《名例·老小废疾收赎》。

⑥ （明）朱元璋：《资世通训》，载于杨一凡点校《皇明制书》第二册，社会科学文献出版社，2013，第757～758页。

前述孙膑佯狂虽然可能是冯梦龙的编撰，但是在明代佯狂避险之事确实不少见，异乎寻常，或许冯梦龙就是从中获取创作灵感的。可举几例。

洪武三十一年（1398），明太祖朱元璋死后，其长孙朱允炆嗣位，是为明惠帝，次年改年号为建文。为巩固自身政权，建文帝实行削藩，与燕王朱棣矛盾激化。朱棣（1360～1424）是朱元璋第四子，洪武三年（1370）受封燕王，十三年（1380）就藩北平。《明史》记："三十一年闰五月，太祖崩，皇太孙即位，遗诏诸王临国中，毋得至京师。王自北平入奔丧，闻诏乃止。时诸王以尊属拥重兵，多不法。帝纳齐泰、黄子澄谋，欲因事以次削除之。惮燕王强，未发，乃先废周王橚，欲以牵引燕。于是告讦四起，湘、代、齐、岷皆以罪废。王内自危，佯狂称疾。泰、子澄密劝帝除王，帝未决。"① 《明史纪事本末》更具体描述："王乃佯狂称疾，走呼市中，夺酒食，语多妄乱，或卧土壤，弥日不甦。张昺、谢贵等入问疾。王盛暑拥炉摇颤曰：'寒甚'。宫中亦杖而行，朝廷稍信之。"② 佯狂躲过一劫后，朱棣发动靖难之役，于建文四年夺取了皇位，是为明成祖，次年改元永乐。

明初诗人袁凯（生卒年不详），曾做监察御史。《明史》记："武臣恃功骄恣，得罪者渐众，凯上言：'诸将习兵事，恐未悉君臣礼。请于都督府延通经学古之士，令诸武臣赴都堂听讲，庶得保族全身之道。'帝敕台省延名士直午门，为诸将说书。后帝虑囚毕，命凯送皇太子覆讯，多所矜减。凯还报，帝问：'朕与太子孰是？'凯顿首言：'陛下法之正，东宫心之慈。'帝以凯老猾持两端，恶之。凯惧，佯狂免，告归，久之以寿终。"③

唐寅也曾佯狂。唐寅（1470～1523），字伯虎，号六如居士、桃花庵主等，画家、诗人。正德九年（1514），他被明宗室宁王朱宸濠以重金征聘到南昌。朱宸濠（1479～1521）系朱元璋五世孙，于弘治十二年（1499）袭封宁王。他有政治野心，暗中准备叛乱。明代何良俊《四友斋丛说》载："宸濠甚慕唐六如，尝遣人持百金至苏聘之。既至，处以别馆，待之甚厚。六如住半年余，见其所为多不法，知其后必反，遂佯狂以处。

① （清）张廷玉等：《明史》，卷五，中华书局，1974，第69页。

② （清）谷应泰：《明史纪事本末》，中华书局，1977，第234页。

③ （清）张廷玉等：《明史》，卷二百八十五，中华书局，1974，第7327页。

宸濠差人来馈物，则倮形箕踞，以手弄其人道，讥呵使者。使者反命，宸濠曰：'孰谓唐生贤，直一狂生耳。'遂遣之归。不久而告变矣，盖六如于大节能了了如此。"[①] 钱谦益（1582～1664）《列朝诗集小传》亦记："宁庶人（指朱宸濠，其叛乱失败后被废为庶人——刘注）招致天下名士，以厚币聘伯虎，察其有异志，佯狂使酒，露其丑秽，庶人不能堪，乃放归。"[②]

这几例佯狂避险之所以成功，主要是因为行为人还没有发生违逆行为，或者违逆行为不够严重，或者还没有被发现。另有案例显示，在明代，如果发生犯罪、违逆行为，即使癫狂，也罪责难逃。例如万历四十三年（1615）发生的，后称明朝三大谜案之一的"梃击案"。明神宗万历帝朱翊钧（1563～1620）的皇后无子，朝臣主张立年长子、王恭妃之子朱常洛为太子。而万历帝希望立皇三子——其宠爱的郑贵妃之子朱常洵为太子，郑贵妃亦不断向万历帝进言。在此背景下，发生了针对朱常洛的"梃击案"。文秉（1609～1669）撰《先拨志始》和谷应泰（生卒年均不详）撰《明史纪事本末》对此案记叙颇详。[③] 但这里仅引计六奇（1622～?）撰《明季北略》的简述：

> 万历四十三年乙卯五月初四日，蓦有男子闯入东宫，以梃捂仆守门内侍一人，韩永用等呼集执之，送部鞫审，是犯姓张名差。御史刘廷元疏言："迹涉风魔，貌如黠猾。"刑部郎中胡士相等定为风癫。提牢官王之寀重加讦问，言有马三道诱至庞、刘二太监处，语多涉郑国泰（郑贵妃之弟——刘注），国泰出揭自白。科臣何士晋请穷其事，上大怒，因召百官进，百官膝而前，时太子、三皇孙俱侍。上曰："昨有风癫张差突入东宫伤人，此是异事，与朕何与？外庭有许多闲说，你们谁无父子，乃欲离间我父子耶！止将有名人张差、庞保、刘成，即时凌迟处死，其余不许波及无辜一人。"寻执太子手，示群臣曰："此儿极孝，我极爱惜他。"时御史刘光复伏于众中，喜极，扬言曰："陛下极慈爱，太子极仁孝。"因班稍后，声高，而上误以为别有

① （明）何良俊：《四友斋丛说》，卷之十五，中华书局，1959，第133页。

② （清）钱谦益：《列朝诗集小传》，古典文学出版社，1957，第297页。

③ 参见（明）文秉《先拨志始》，中华书局，1985，第17～22页；（清）谷应泰《明史纪事本末》，中华书局，1977，第1077～1086页。

所争，命中涓拿下，承旨者梃杖交下，上令押朝房待旨。怒稍夷，又以手约太子体曰："彼从六尺孤养至今，成丈夫矣，我有别意，何不于此时更置，至今长成，又何疑耶？"寻诛张差于市，毙庞、刘于内庭，事遂寝。于是罢王之寀官，补何士晋于外。[①]

此案，张差究竟是否疯癫，并没有查验清楚，即使放在今日，可能也是众说纷纭。万历帝认定张差疯癫，意在强调其梃击没有政治动机，不必深究，以免朱常洛、郑贵妃双方冲突。而既然认定疯癫，又予以凌迟，可见在当时并不以疯癫作为犯罪至少是严重犯罪从轻处罚的理由。

到清初，前述明律对废疾、笃疾的解释被编入《大清律》的"老小废疾收赎"律文内，以小字区别于正文，"废疾"一词之下有小注："瞎一目、折一肢之类"，"笃疾"一词之下有小注："瞎两目，折两肢"。[②] 后来的解释进一步扩展。据清代沈之奇撰《大清律辑注》，"老小废疾收赎"的"律上注"（原本上栏的注释）："废疾者，或折一手，或折一足，或折腰脊，或瞎一目，及侏儒、聋哑、痴呆、疯患、脚瘸之类，皆是。笃疾者，或瞎两目，或折两肢，或折一肢瞎一目，及颠狂、瘫痪之类，皆是。"[③] 如此模糊混乱显然不足以指导实作，于是清廷试图对疯癫病人犯罪的处置作出更明确的规定。

清廷关注的癫狂病人犯罪主要是杀人，一般称之为"疯病杀人"。关于疯病杀人，《大清律》原无明文。康熙六年题准："凡疯病杀伤人者免议。"[④] 最初的制裁性条例是康熙八年（1669）题准并纂入《刑部现行则例》的"疯病杀人者，从犯人名下追取埋葬银十二两四钱二分，给付死者之家。"即对疯病杀人比照过失杀人收赎。雍正三年（1725）将该条纂入《大清律集解》（雍正五年颁行），但不是附于"老小废疾收赎"律文，而

① （清）计六奇：《明季北略》，魏得良、任道斌点校，中华书局，1984，第19～20页。

② 《大清律集解附例（顺治三年奏定）》，王宏治、李建渝点校，载于杨一凡、田涛主编《中国珍稀法律典籍续编》第五册，黑龙江人民出版社，2002，第138页。

③ （清）沈之奇：《大清律辑注》，怀效锋、李俊点校，法律出版社，2000年，第62～63页。引用时标点略有调整。

④ （清）昆冈等修《钦定大清会典事例》，卷八百五，《刑律人命·戏杀误杀过失杀伤人》。康熙六年这条规定未曾编入《大清律例》。

是附于“戏杀误杀过失杀伤人”律文，乾隆五年（1740）颁行的《大清律例》予以保留，后于咸丰二年删除。[①] 此后，陆续又有疯病杀人的条例纂入《大清律例》，几经增删修订，先后至少有十余条之多。

对杀人的疯病之人如果仅仅给予收赎的处罚，并不能防止其不再杀人，还有人可能利用这一规定诈病逃避死刑。康熙二十八年（1689）覆准：“假装疯病杀人，审讯明白，或系谋杀、故杀、斗殴杀人，各依本律治罪。如无疯病而杀人，或证佐之人，说称实有疯病者，审无同谋受贿情弊，各照本律治罪。”又覆准：“疯病之人，应令父祖叔伯兄弟或子侄亲属之嫡者防守。如无此等亲属，令邻佑、乡约、地方防守。如有疏纵以致杀人者，照不应重律杖八十。”[②] 这是中国关于精神病人管理的最早规定。但其执行效果不彰。雍正九年（1732），刑部会议得川督疏称：

> 南川县民韦巨珍因疯病杀死邓士圣妻陈氏及子女一家四命一案，照律免抵，按名各追埋葬银十二两四钱二分，给付尸亲领埋。臣思疯病免抵，本系原病者之无知，而定例严加禁锢，正所以预防其意外妄行。其如病者之亲属骨肉不加锁禁，而邻里俱瞻顾情面劝望不言，地方官又因无关考成，率多膜视，以致害及无辜，将无底止。且凶恶之徒，奸险莫测，安保将来必无诈伪，惟有禁锢严密，则实病者可以防闲，而诈伪者亦无从肆志。臣虽严饬各地方官加意查禁，然非钦定处分，必难遵守等因。具题前来，应如所请。嗣后各省及八旗凡有疯病之人，其亲属邻佑人等即报明该地方官该佐领处，令伊亲属严行锁锢看守。如无亲属，即责令邻佑、乡约、地方、族长人等严行锁锢看守。倘亲属、邻佑、乡约、地方、族长等容隐不报不行看守，以致疯病之人自杀者，照不应重律杖八十；致死他人者，照知人谋害他人不即阻挡首报律，杖一百治罪。如亲属、邻佑人等已经报明，该地方官、该佐领不严饬亲属、邻佑人等严行锁锢看守，以致疯病之人自杀

① 《大清律例》（乾隆五年本），田涛、郑秦点校，法律出版社，1999，第434页。《钦定大清会典事例》所记文字略异：“凡疯病杀人者，从犯人名下追取埋葬银十二两四钱二分，给予被杀之家。”

② （清）昆冈等修《钦定大清会典事例》，卷八百五，《刑律人命·戏杀误杀过失杀伤人》。康熙二十八年这两条规定未曾编入《大清律例》。

者，将该地方官该佐领照看守疏忽例，罚俸三个月；若致杀他人者，将该地方官该佐领照防范不严例，罚一年。①

这一建议被制定为条例，并于乾隆五年（1740）纂入《大清律例》："各省及八旗，凡有疯病之人，其亲属、邻佑人等，即报明地方官，该佐领处，令伊亲属锁锢看守。如无亲属，即令邻佑、乡约、地方族长等严行看守。倘容隐不报，不行看守，以致疯病之人自杀者，照不应重律，杖八十；致杀他人者，照知人谋害他人不即阻当首报律，杖一百。如亲属邻佑人等已经报明，而该地方佐领各官，不严饬看守，以致自杀及致杀他人者，俱交部议处。"② 后因有新例规定锁锢（见后乾隆三十二年例"疯病之人，如家有严密房屋……"），乾隆三十二年（1767）对此例作了修订，删去"锁锢"以及"各省及八旗"等语："疯病之人，其亲属邻佑人等容隐不报，不行看守，以致疯病之人自杀者，照不应重律杖八十。致杀（《读例存疑》为"死"——刘注）他人者，照知人谋害他人不即阻挡首报律，杖一百。如亲属、邻佑人等已经报明，而该管官不严饬看守，以致自杀，及致杀他人者，俱交部议处。"③

对此条例，清末法律学家、官至刑部尚书的薛允升（1820～1901）颇不以为然。他在《读例存疑》（1900 年完稿，1905 年刊印）一书中指出："谋故斗杀人，罪及凶手足矣，并不波及亲属邻佑，且地方官亦无处分。疯病杀人，则累及亲属，累及邻佑，并罪及地方官，何也？""患疯之人，未必尽有杀人之事，其偶致杀人，亦属意料所不及，若必责令报官锁锢，似非情理。如谓预防杀人起见，不知此等科条，万难家喻户晓，不幸而遇此事，即科满杖之罪，殊嫌未妥。设尊长患疯，而责卑幼以报官锁锢，更属难行之事。从前疯病杀人，系照过失杀收赎，并不拟抵。且因系杀死一家四命重案，是以责令亲属锁禁甚严，后改为绞罪，则与斗杀无异。三命

① （清）薛允升：《唐明清三律汇编》，田涛、马志兵点校，为杨一凡、田涛主编《中国珍稀法律典籍续编》第八册，黑龙江人民出版社，2002，第 430～431 页。

② 《大清律例》（乾隆五年本），田涛、郑秦点校，法律出版社，1999，第 434 页。

③ 《大清律例》（以道光六年本为底本），张荣铮、刘勇强、金懋初点校，天津古籍出版社，1995，第 459 页。

以上，且有问拟实抵者，似可无庸罪及亲属人等也。”[①] 清末另一位法律学家、曾任修订法律大臣的沈家本（1840～1913）赞同薛允升的意见。他将薛允升对《大清律例》的意见录入其所撰《律例校勘记》（约撰于1902年，未刻）一书中，说：“薛大司寇于此书用力数十载，其说最为精核，故备录其说而参以管见，将来修例时即以此作蓝本可也。”[②] 他还在为《读例存疑》所作的序文（1904）中说：“今方奏明修改律例，一笔一削，将奉此编为准绳，庶几轻重密疏罔弗当。”[③] 光绪三十四年（1908），沈家本在《大清现行刑律按语》中主张删除这一条例：“光绪三十二年法部核覆云南省咨报李开化、周俊猴因疯杀人两案，声明嗣后遇有疯病杀人案件，凡亲属邻佑人等容隐不报，致杀他人者，均从宽免其治罪等因，通行各省，遵照在案。第致杀他人者亲属既得免罪，则因疯自杀者亦应一体免罪。可知至该管官不严饬看守一层，尤非意料所及，予以处分殊觉过严。此例无关引用，拟请删除。”[④]

对杀人的疯病之人的处置，到乾隆十九年（1754）发生变化，该年定例：“疯病杀人之犯，照例收赎，仍行监禁。俟痊愈之后，以期年为断。如果不举发，饬交亲属领回防范。”[⑤] 也就是说，对杀人的疯病之人，先由官方监禁一年；如果痊愈且不再发作，交亲属领回防范。这一条例的施行效果依然不佳。乾隆二十七年（1762），刑部奏：“疯病之人原有分别看守禁锢之例，惟是疯者之亲属、邻佑不必力皆充裕，概有空屋间房可容锁锢。且夫妇子女朝夕同居，不忍见其被锁形状，势必私为松脱，往往防范疏懈，致有他虞。至于杀人之后，虽以其无知犯法例准收赎，然疯病原系时发时愈，即禁羁逾年，难保其不复再发。况有放火杀人情形，惨忍在常人则当速正典刑，而疯者不过一年监禁，期满释放，揆之情义未为允协。”

① （清）薛允升：《读例存疑》，参见胡星桥、邓又天主编《读例存疑点注》，中国人民公安大学出版社，1994，第598页。

② （清）沈家本：《律例校勘记》，载于《沈家本未刻书集纂》，刘海年、韩延龙等整理，中国社会科学出版社，1996。

③ （清）薛允升：《读例存疑》，沈家本序文，参见胡星桥、邓又天主编《读例存疑点注》，中国人民公安大学出版社，1994。

④ （清）沈家本等：《大清现行刑律按语》，卷二十四，《人命·戏杀误杀过失杀伤人》。

⑤ （清）吴坛：《大清律例通考》，参见马建石、杨育裳主编《大清律例通考校注》，中国政法大学出版社，1992，第803页。

刑部提出："疯病之人其家实有严密房屋可以锁锢的当，亲属可以管束，并妇人有患疯病者，仍照例报官，交与亲属看守。但若听其自行锁锢，仍故为松脱，亦未可定。应令地方官亲发锁镣，严行封固。如果痊愈不发，取具族长、地邻甘结，始准开放。如不行报官，及私启锁封者，照例治罪。其余并无亲属，又无房屋者，即于报官之日，令该管官验讯明确，将犯严加锁锢监禁，具详立案。如果监禁之后，疯病并不举发，俟数年后诊验情形，再行酌量详请开释，领回防范。若曾经杀人者，除本犯业已收赎，现在监禁者，即令永远锁锢，虽或痊愈不准释放。"乾隆帝旨："依议。钦此。"①

乾隆三十一年（1766），刑部又奏："疯病杀人之案，旧例但凭地方邻佑呈报验详，并无治罪之文，立法尚未严密，应请嗣后如有此等案件呈报到官，该地方官务取被杀之事主，切实供词，并取邻佑地方确实供结，该管官详加验讯。如有假疯妄报，除凶犯即行按律治罪外，将知情隐匿之地方、邻佑、亲属人等，照隐藏罪人知情者，减罪人一等律问拟。至实系疯发无知，并无假捏，如未经杀人者，报官之后，仍照旧例交与亲属看守，官发锁封，严加锁禁。亲属看守不严，至有杀人，即将亲属照例严加治罪。若曾经杀人者，照例永远锁禁，虽痊愈亦不释放。如有锁禁不严，以致疯犯在监扰累狱囚者，将管狱有狱官严加参处，狱卒照例治罪。"乾隆帝旨："依议。钦此。"②

乾隆三十二年（1767），合并上述两奏制定新例，乾隆三十三年（1768）纂入《大清律例》，同时删除乾隆十九年旧例：

> 疯病之人，如家有严密房屋，可以锁锢的当，亲属可以管束，③及妇女患疯者，俱报官交与亲属看守，令地方官亲发锁梏（《大清律例通考》《读例存疑》为"铐"——刘注），严行封锢。如亲属锁禁

① （清）薛允升：《唐明清三律汇编》，田涛、马志兵点校，为杨一凡、田涛主编《中国珍稀法律典籍续编》第八册，黑龙江人民出版社，2002，第431～432页。

② （清）薛允升：《唐明清三律汇编》，田涛、马志兵点校，为杨一凡、田涛主编《中国珍稀法律典籍续编》第八册，黑龙江人民出版社，2002，第432页。

③ 《钦定大清会典事例》和马建石、杨育裳主编《大清律例通考校注》此处断句为"的当亲属可以管束"。

> 不严，致有杀人者，将亲属照例严加治罪。如果痊愈不发，报官验明，取具族长、地邻甘结，始准开放。如不行报官，及私启锁封者，照例治罪。若并无亲属，又无房屋者，即于报官之日，令该管官验讯明确，将疯病之人严加锁锢监禁，具详立案。如果监禁之后，疯病并不举发，俟数年后诊验情形，再行酌量，详请开释，领回防范。若曾经杀人者，除照例收赎外，即令永远锁锢，虽或痊愈，不准释放。如锁禁不严，以致疯犯在监扰累狱囚者，将管狱有狱官严加参处。狱卒照例严加治罪。地方官遇有疯病杀人之案，呈报到官，务取被杀之事主切实供词，并取邻佑地方确实供结，该管官详加验讯。如有假疯妄报，除凶犯即行按律治罪外，将知情捏报之地方邻佑、亲属人等，照隐匿罪人知情者，减罪人一等律问拟。①

道光二十六年（1846），刑部遵旨议定："嗣后遇有始终疯迷人犯，定案时即照例严行锁锢监禁，不必照过失杀人例，先追收赎银两。如监禁二三年内，偶有病愈者，即令该地方官讯取供招，照覆审供吐明晰之犯，依斗杀律拟绞监候，入于秋审缓决办理。遇有查办死罪减等恩旨，与覆审供吐明晰之犯，一体查办。如不痊愈，即永远监禁，虽遇恩旨，不准查办。"② 咸丰二年（1852）将其修改为："若曾经杀人之犯，到案始终疯迷不能取供者，即行严加锁锢监禁，不必追取收赎银两。如二三年内偶有病愈者，令该地方官讯取供招，出结转详，照覆审供吐明晰之犯，依斗杀律拟绞监候，入于秋审缓决。遇有查办死罪减等恩旨，与覆审供吐明晰之犯，一体查办。如不痊愈，即永远锁锢，虽遇恩旨，不准查办。"③ 并将其合入前述乾隆三十二年例，取代"若曾经杀人者，除照例收赎外，即令永远锁锢，虽或痊愈，不准释放"一段。

乾隆三十二年例（修改后的）要义有六：其一，对疯病之人，亲属应报官看守，地方官亲发锁梏封锢，锁禁不严、不报官、私启锁封者治罪；

① （清）吴坛：《大清律例通考》，参见马建石、杨育裳主编《大清律例通考校注》，中国政法大学出版社，1992，第802页；《大清律例》（以道光六年本为底本），张荣铮、刘勇强、金懋初点校，天津古籍出版社，1995，第459～460页。

② （清）昆冈等修《钦定大清会典事例》，卷八百五，《刑律人命·戏杀误杀过失杀伤人》。

③ （清）昆冈等修《钦定大清会典事例》，卷八百五，《刑律人命·戏杀误杀过失杀伤人》。

其二，无亲属、无房屋的疯病之人由官方监禁锁锢；其三，杀人的疯病之人由官方监禁，数年后不再发作的，经诊验酌情交亲属领回防范；其四，被监禁的杀人疯病之人如果在二三年内病愈，从按过失杀人规定收赎，改为按斗杀规定绞监候；其五，杀人的疯病之人如不痊愈，永远锁锢；其六，佯装疯病或虚报疯病的，对凶犯和知情者严加惩处。至此，清代已经初步形成比较系统的精神病人犯罪处置对策。

对乾隆三十二年例，薛允升亦有异议。他认为："因疯毙命，非特无谋故杀人之心，亦并无口角争斗之事，不得谓之谋故，又何得谓之斗杀，旧例所以照过失杀定拟也。然亲手杀人而拟以过失，似未甚允，宜其不久而又更改也。"他还认为："亲属律得容隐，祖父虽实犯罪名，尚不科子孙以隐匿之条，一经染患疯病，即预防其杀人，责子孙以报官锁锢，违者，仍行治罪，似非律意。不报官锁锢，以致疯犯杀人，故照例拟杖一百。若并未杀人，似无罪名可科。不报官锁锢，及私启锁封之亲属人等，亦云照例治罪，究竟应得何罪之处？亦未叙明。至无亲属，又无房屋即行监禁锁锢，尤为不妥。轻罪人犯沿不应监禁，此等疯病之人，有何罪过而严加锁锢，监禁终身，是直谓疯病者断无不杀人之事矣，有是理乎？因有疯病杀人之案，遂将疯病之人，一概恐其杀人，定为此例，是因一人而波及人人，而其实为万不可行之事，此例亦属虚设。"① 沈家本在《大清现行刑律按语》中指出："将疯病之人及妇女一律呈报封锢，既虑房屋之不密，复恐锁禁之不严，而痊愈必须验明开放，必须取结，层层防范，未免涉于纷烦；其私启锁封，照例治罪，无论应治何罪，并未叙明，且疯犯未致杀人，即属无罪可拟，似应全行删去。"②

还应指出，虽然例定永远监禁锁锢，但后来实际执行有变通。嘉庆二十五年（1820），嘉庆帝批准刑部江苏司奏，作为刑部"通行"：

> 窃照乾隆元年钦奉恩赦，所有因疯杀人之犯监禁一年，验明病愈，即予释放。嗣于乾隆二十七年，经臣部奏准定例，将此项人犯永

① （清）薛允升：《读例存疑》，参见胡星桥、邓又天主编《读例存疑点注》，中国人民公安大学出版社，1994，第599页。

② （清）沈家本等：《大清现行刑律按语》，卷二十四，《人命·戏杀误杀过失杀伤人》。

远监禁。嘉庆元年复钦奉恩赦，据山东巡抚伊江阿题请，将因疯杀人永远监禁之犯与各项死罪人犯一体查办。经臣部将疯病（法律出版社版为“病疯”，疑误——刘注）杀人之犯议请以二十年为断。其监禁已逾二十年及虽未至二十年而年逾七十精力就衰者，令各督抚确加提验，实系病久痊愈，再由臣部分别核议释放在案。迨嘉庆五年四月二十一日钦奉上谕：前因清理庶狱、令刑部将各省军流分别减等发落。今思刑部及各省监狱内尚有永远监禁、永远枷号各犯，宜推广仁施，一体查办等因。钦此。复经臣部题明，除永远枷号人犯照例由大理寺开单具奏外，将疯病杀人监禁已逾二十年，验明病已痊愈，各犯照例拟请释放。其监禁未满二十年及别项永远监禁官、常各犯，摘叙案由，开单请旨。奉旨将因疯杀人病已痊愈在监已逾五年者均予释放，其别项人犯按其情节轻重分别准释、不准释。内有为父复仇、永远监禁之犯，甫及三年，亦蒙恩释放在案。诚以因疯杀人之犯总因疯发无知、情节无甚轻重可分，是以监禁已逾五年，病愈概予释放。其别项永远监禁之犯，仍分别情节酌核办理，并不拘定年限，于慎重之中寓矜恤之意。此次恭逢恩赦，凡死罪人犯俱得仰沐殊恩，而此等永远监禁人犯若任其瘐毙囹圄，殊非推广皇仁之道。臣等公同酌议，所有永远监禁疯病杀人及为父复仇等项人犯，自应遵照嘉庆五年旧章办理。除因疯杀人监禁未逾五年及虽逾五年病未痊愈者毋庸查办外，其监禁已逾五年、病已痊愈之疯犯及别项永远监禁之官、常各犯。臣部飞咨各督抚、将军、府尹，查明监禁年分，并各犯现在年岁、其疯病杀人之犯是否实已痊愈，造具清册，并饬令该地方官出具不致滋事切实印结送部。臣部俟题咨到日，即将监禁已逾五年、病已痊愈之疯犯开单奏请释放。其别项永远监禁之官、常各犯无论年限，摘叙案由，核其情节轻重，分别应释，酌核开单请旨。至永远枷号人犯，仍照向例，归大理寺具奏。[①]

① （清）祝庆祺等编《刑案汇览》，卷首《赦款章程》，参见杨一凡、尤韶华等点校《刑案汇览全编·刑案汇览》（卷首·卷1－卷5），法律出版社，2007，第24～25页；并以道光十四年本（影印本）核校。

对杀人的疯病之人的处置，还有嘉庆七年（1802）刑部奏准定例："凡疯病杀人之案，总以先经报官有案为据。如诊验该犯始终疯病，语无伦次者，仍照定例永远锁锢。若因一时陡患疯病，猝不及报，以致杀人，旋经痊愈，或到案时虽验系疯迷，迨覆审时供吐明晰者，该州、县官审明，即讯取尸亲，切实甘结，叙详咨部，方准拟以斗杀。如无报案，又无尸亲切结，即确究实情，仍按谋、故（《钦定大清会典事例》无"故"字——刘注）各本律定拟。至所杀系有服卑幼，罪不至死者，不得以病已痊愈即行发配，仍依疯病杀人例永远锁锢。"① 该条例进一步强调，疯病杀人获得从轻处罚的基本前提是在犯罪前亲属等已经将疯病之人报官锁锢。该条例还区分了始终疯病、陡患疯病而旋经痊愈、验系疯迷而供吐明晰、既无报案又无尸亲切结、所杀系有服卑幼者等几种情况，给予不同处置。但是该条例有若干不合理之处。薛允升评曰："疯病杀人，向系照过失杀办理，是以取结叙详咨部，并不具题。后改照斗杀，即无咨结之理，近年俱照命案具题，归入秋审办理，此处似应修改，并与上依斗杀律拟绞监候秋审入于缓决一条参看。""改过失杀为斗杀，意似从严，而始终疯迷者，则仍永远锁锢。覆审供吐明晰者，虽拟绞而仍有查办之时，是拟斗杀者较轻，而照过失者反重矣。""方准拟以斗杀，谓无论如何情形，均以斗杀论也。总系防装捏之意，唯方准句究嫌无根。仍按各本律例定拟，谓不照过失杀办罪也。然不以杀人时是否实系因疯为凭，而以覆审时供吐明晰为断，似嫌未允。""殴死卑幼较殴死平人为轻。所杀系平人，尚准查办减等。所杀系卑幼，仍行永远锁锢，似未平允。缘尔时并无监禁五年准予查办之例故也。似应酌改为监禁五年以后，疯病不复举发，即行发配。如遇恩旨，照平人一体查办。"②

由官方监禁的疯病杀人之犯，如需留养承祀，可以交亲属领回防范。嘉庆六年（1801）定例："疯犯杀人，永远锁锢。若亲老丁单，例应留养承祀者，如病果痊愈，令地方官诊验明确，加结具题核释，仍责成地方官

① 《大清律例》（以道光六年本为底本），张荣铮、刘勇强、金懋初点校，天津古籍出版社，1995，第461页。此条，《钦定大清会典事例》《大清现行刑律按语》说是嘉庆十一年定，《读例存疑》说是嘉庆七年定。

② （清）薛允升：《读例存疑》，参见胡星桥、邓又天主编《读例存疑点注》，中国人民公安大学出版社，1994，第600页。

饬交犯属领回，严加防范。倘复病发滋事，亲属照例治罪，本犯永远监禁，不准释放。出结之地方官照例议处。"① 嘉庆十六年（1811）议定，同治九年（1870）改定："凡疯病杀人问拟斩、绞监候之犯，除死系期功尊长尊属，并连毙平人一家二命，及三命而非一家，应入情实各犯毋庸查办外，其余应入缓决人犯，如果到案后病愈，监禁五年后，不复举发，遇有亲老丁单，或父母已故，家无次丁，该管官饬取印甘各结，题请留养承祀。倘释放后，复行滋事，将出结之地方官，并邻族人等，分别议处惩治。本犯仍永远监禁，虽病愈，不准再予释放。"②

对疯病杀人的宽宥，限于杀死平人一命的一般情况。如果杀死多人或杀死尊亲属，或者妻子杀死丈夫，则另当别论。有以下几个条例。

乾隆四十一年（1776）议定："疯病连杀平人二命以上者，拟绞监候。"③ 道光四年（1824）修改前例，并于同治九年（1870）改定："疯病杀人之案，除平人一命者仍照例分别办理外，若致毙平人非一家二命者，拟绞监候。其连杀死平人非一家三命以上，及杀死一家二命者，均拟绞监候。杀死一家三命以上者，拟斩监候，秋审俱入于情实。倘审系装捏疯迷，仍按谋故斗杀一家二、三命，各本律例问拟。"④ 薛允升质疑："疯病杀人，向系照过失杀问拟，虽连毙多命，并无加重治罪之文。是以雍正九年，四川民韦巨珍，因疯杀死邓仕圣一家四命，乾隆十八年，广西省徐帼

① 《大清律例》（以道光六年本为底本），张荣铮、刘勇强、金懋初点校，天津古籍出版社，1995，第461页。

② （清）薛允升：《读例存疑》，参见胡星桥、邓又天主编《读例存疑点注》，中国人民公安大学出版社，1994，第601页。根据《钦定大清会典事例》卷八百五，嘉庆十六年例原文："疯病杀人问拟斩、绞监候之犯，除死系期功尊长尊属，及连杀平人一家二命应入情实各犯，毋庸查办外，其余应入缓决人犯。如果到案后病已痊愈，监禁至五年不复举发，遇有亲老丁单，或父母已故，家无次丁，该管官饬取印甘各结，题请留养承祀。倘释放后，复行滋事，将出结之地方官，并邻族人等，分别议处惩治。本犯仍永远监禁，虽或痊愈，不准再予释放。"天津古籍出版社《大清律例》（以道光六年本为底本）与之同。

③ （清）昆冈等修《钦定大清会典事例》，卷八百五，《刑律人命·戏杀误杀过失杀伤人》。

④ （清）薛允升：《读例存疑》，参见胡星桥、邓又天主编《读例存疑点注》，中国人民公安大学出版社，1994，第600页。天津古籍出版社《大清律例》（以道光六年本为底本）所录版本与之不同："疯病杀人之案，除杀死平人一命者，仍照例分别办理外，其连杀平人非一家二命以上，及杀死一家二命者，均拟绞监候。杀死一家三命以上者，拟斩监候，秋审俱入于情实。倘审系装捏疯迷，仍按谋故斗杀一家二、三命各本律例问拟。"见该书第461页。

折因疯杀死黄氏等一家四命，均系照过失杀问拟。三十一年，四川按察史石嘉礼请将因疯杀死三人以上，及一家三命者，各按律问拟，经刑部议驳在案。迨四十一年，议覆左都御史崔应阶条奏，始将连毙二命者，拟以绞候。道光四年，又将非一家二命以上，及一家二命者，拟绞。一家三命者，拟斩。俱入于秋审情实，与前例遂大相悬殊。刑法果有一定耶?”①

嘉庆十三年（1809）遵旨定例：“疯病杀人，问拟死罪，免勾。永远监禁之犯，病愈后遇有恩旨，例得查办释放者，除所杀系平人，仍照旧办理外，若卑幼致死尊长，及妻致死夫，关系服制者，仍永远监禁，不准释放。”②

道光二十五年（1845）奏准定例，同治九年（1870）改定：“因疯致毙期功尊长尊属一命，或尊长尊属一家二命，内一命系凶犯有服卑幼，律不应抵。或于致毙尊长尊属之外，复另毙平人一命，俱仍按致死期功尊长尊属本律问拟，准其比引情轻之例，夹签声请，候旨定夺。若致毙期功尊长尊属一家二命，或二命非一家，但均属期功尊长尊属。或一家二命内，一命分属卑幼而罪应绞抵。或于致毙尊长尊属之外，覆另毙平人二命，无论是否一家，俱按律拟斩立决，不准夹签声请。”③ 薛允升评曰：“疯病杀人，唐律无文。明律亦不载，有犯，即照人命拟抵，无他说也。康熙年间，始有照过失杀之例。雍正、乾隆年间，又定有照斗杀拟绞之例。此外，二命有例，三命以上有例，尊长卑幼莫不有例，例文愈烦，案情益多矣。第本犯照过失杀收赎，嫌于太轻，是以罪及亲属人等，后经改为绞罪，且有秋审入于情实者，是本犯已经实抵，亲属人等即不应再科

① （清）薛允升：《读例存疑》，参见胡星桥、邓又天主编《读例存疑点注》，中国人民公安大学出版社，1994，第600～601页。

② 《大清律例》（以道光六年本为底本），张荣铮、刘勇强、金懋初点校，天津古籍出版社，1995，第462页。根据《钦定大清会典事例》卷八百五，嘉庆十三年上谕为：“向来疯病杀人问拟情实之案，念其病发无知，均予免勾，照例永远监禁。将来病愈之后，遇有恩旨，例得查办释放。其中亦应有区别。嗣后除因疯致死常人，仍照旧例办理外，其有卑幼因疯致死尊长，及妻致死夫，关系服制者，列于情实者，即从宽免勾，将来病愈后遇有恩旨，亦仍著永远监禁，不准释放。著为令。”

③ （清）薛允升：《读例存疑》，参见胡星桥、邓又天主编《读例存疑点注》，中国人民公安大学出版社，1994，第601页。

罪名。”①

另外，咸丰二年（1852），遵照嘉庆十一年（1806）上谕，制定条例：“凡妇人殴伤本夫致死，罪干斩决之案，审系疯发无知，或系误伤，及情有可悯者，该督抚按律例定拟，于案内将并非有心干犯各情节分晰（《钦定大清会典事例》为“析”——刘注）叙明。法司会同核覆，援引嘉庆十一年段李氏案内所奉谕旨具题仍照本条拟罪，毋用夹签。内阁核明，于本内夹叙说帖，票拟，九卿议奏，及依议斩决。双签进呈，恭候钦定。”②

以上诸条例仅适用于疯病杀人案件。如果疯病之人犯“谋反大逆”“造妖言妖书”等罪，则难以得到宽赦。这集中表现于清代的“文字狱”案件中。

清代顺治、康熙、雍正、乾隆四朝，为镇压反抗和叛逆，大兴文字狱，且愈演愈烈。而有些案件，触犯禁忌的文字实际是疯病之言。此类案件被称为“疯话案”。对疯病之人犯“谋反大逆”“造妖言妖书”等罪，《大清律例》没有具体规定，如何处置全凭皇帝意志。雍正帝对政敌残暴无情，但对疯人疯语尚能宽宥。雍正八年（1730）八月十八日，广西巡抚金𫓹奏：“本年七月初六日，臣辕门外忽有一人持红纸单，帖上写‘真明天子刘芳杰拜’，口称特来拜臣，当经员役人等拘拏。”经勘问，刘芳杰实系疯魔，无可疑之处。但金𫓹还是奏请将刘芳杰处死：“疯狂于他事可恕，光天化日之下，岂宜怪诞至此？若复丐以余生，恐好事者因其不死，转致惑乱人耳目。臣愚俟州判邵铨回复到日，确无疑惑追求之处，即于广众之中，尽法处死，以儆地方所有疯人。”雍正皇帝批示：“若实系疯病，何必至于处死。但朕未见真情，总在汝合宜准理而为也。”③ 而在位期间出台多项疯病杀人条例，并对疯病杀人有所宽宥——虽然比其祖父、父亲严厉许

① （清）薛允升：《读例存疑》，参见胡星桥、邓又天主编《读例存疑点注》，中国人民公安大学出版社，1994，第601页。

② （清）薛允升：《读例存疑》，参见胡星桥、邓又天主编《读例存疑点注》，中国人民公安大学出版社，1994，第599页。

③ 中国第一历史档案馆编《雍正朝汉文朱批奏折汇编》，第十九册，江苏古籍出版社，1991，第53页。此朱批在编入《朱批谕旨》时，文字修改为：“如果确系疯病，何必处死。但隔数千里外，朕莫审其真伪，要在汝合情准理而为也。”《朱批谕旨》所收金𫓹该件奏折的文字也有修改，如“以儆地方所有疯人”一句删去“所有疯人”。参见《摛藻堂四库全书荟要》之《朱批谕旨》，卷二百二中，金𫓹奏折。

多——的乾隆帝，对疯话案却丝毫不能容忍，涉案的疯人难逃一死，轻者杖毙，重者凌迟，甚至株连九族。

乾隆十六年（1751）八月十一日，山西巡抚兼管提督事务阿思哈奏："流寓介休县居住之直隶人王肇基，忽赴同知图桑阿衙门呈献恭颂万寿诗联，后载语句错杂无伦，且有毁谤圣贤、狂妄悖逆之处，佯作似癫非癫之状，现在押发介休县收禁，跟追来历，严究确实。"王肇基供述，其献诗"不过尽我小民之心，欲求皇上喜欢"，"实系我一腔忠心，要求皇上用我"。八月二十七日，阿思哈又奏："据此呓语胡供妄想做官形状，及诗字内错乱无文，语多荒诞，似属病患疯癫之人，但借名献诗逞其狂悖，罪不容逭。"乾隆帝朱批："知道了，竟是疯人而已。"但乾隆帝并未就此作罢，八月三十日下谕给军机大臣等："览山西巡抚阿思哈所进王肇基书一本，癫狂悖谬，竟是疯人所为……但此等匪徒无知妄作，毁谤圣贤，编捏时事，病废之时尚复如此行为，其平昔之不安本分、作奸犯科已可概见，岂可复容于化日光天之下？着传谕该抚阿思哈将该犯立毙杖下，俾愚众知所炯戒。"①

乾隆十八年（1753）六月三日，孔子第七十一代孙、衍圣公孔昭焕奏："本年五月二十八日据臣守门人役禀称，有一浙江人来，口称姓丁名文彬，系衍圣公亲戚，现在携有书籍，要通知进见，因看其人行止可异，不为通报，伊咆哮不去……臣思并无浙省姓丁亲戚，因遣人向伊询问，据丁文彬亲书一纸交役送进，臣见其字中皆狂诞虚拟之词，即意其必属匪人，随搜其行李，得其所携书籍二部计十本，面书'文武记'，旁书'洪范春秋'，书面中间写'大夏'、'大明'，新书内多大逆不道之言，又另有伪时宪书六本，旁书'昭武'伪年号。臣阅视不胜发指愤恨，不意光天化日之下竟有此等丧心悖逆之徒，今其自投到此，得以败露，未始非天夺其魄也。但该逆犯状托疯魔，踪疑诡谲，所造逆书未必尽出自一人之手，且有人担负相随，或在此外尚有同伙逆党亦未可知，亟宜严速穷究，庶不致使有漏网。"乾隆帝朱批："所见甚正，所办甚快，嘉悦览之。"六月七日，山东巡抚杨应琚奏："查丁文彬供词狂逆怪诞，恐系心存捏饰，希图开脱同谋，或别有误逆情事，诈为支吾亦未可定，是以臣悉心研究，有时

① 《清代文字狱档》，王肇基献诗案，上海书店出版社，2007。

严加刑讯，有时用言开导，并又设法遣人诱探，及数日以来终无异词。臣揆察其情丁文彬乃一至贫极贱之人，一旦稍习陈言，遂自诩为奇材异能无出其右，因而妄想富贵、女色，痴心日炽，结为幻影，牢不可破，辄肆其枭獍之心，狼号狗吠，无所不至。臣看其人猥贱不堪，伶汀僄小，听其所言不论何人俱知其妄，但该犯气体瘦弱，亟宜早正典刑，仰请皇上速赐乾断，以惩奸慝，以快人心，理合另折据实具奏，伏乞皇上睿鉴。”六月十一日，乾隆帝下谕：“此等大逆之犯岂可使其逃于显戮？法司即速行办理，约计部文到东省时亦必须旬余，着传谕杨应琚酌看该犯现在光景，若尚可等待部文则候部文正法，如恐不及待，即照所拟先行凌迟示众，勿任瘐毙狱中，致奸慝罔知惩戒也。”于是，丁文彬被凌迟处死。而且他的兄侄也受株连。八月二十六日，杨应琚奏：“查律载凡谋反大逆，正犯之兄弟及兄弟之子男年十六以上不论笃疾废疾皆斩，其男十五以下给付功臣之家为奴，正犯财产入官，知情不首告者杖一百、流三千里各等语。此案丁文彬已照大逆律定拟正法，伊兄丁文耀，侄丁士贤、丁士麟均应依律缘坐拟斩立决，其丁文耀尚有年十五以下之子丁士良、丁士信，应咨江省解部入官为奴。”最后，乾隆帝表示了一点点宽大，下旨将丁文耀、丁士贤、丁士麟改为应斩，着监候秋后处决。①

乾隆二十年（1755）五月十三日，提督山西学政、掌陕西道监察御史蒋元益奏：“初十日晚有兴县监生刘立后（实为刘裕后假冒堂弟刘立后之名——刘注）手持所作《大江滂》书一部在试院前，口称呈送学院。当经拿获取供，并将原书呈送到臣，臣随加检阅，不但语多不解，且有狂悖之处，不胜骇异，除一面饬令该署知州张鍹将本犯并原书解送巡抚臣恒文严行审究外，理合缮折奏闻，伏祈皇上容鉴施行。”六月十七日，山西巡抚兼管提督恒文奏：“查该犯虽固父死非命，悲伤成疾，妄作狂悖不经之书，自行呈献供非出自有心，但书内或自比圣贤仙佛，或称颂伊之父祖僭拟帝王，甚至有讥刺朝廷之语，悖逆猖狂不法已极，实难容于光天化日之下，未便因其素有疯疾稍为宽纵。刘裕后一犯相应请旨即于市曹杖毙，以申国宪。伊堂弟刘立后审不知其冒名献书情由，胞弟刘发后、子刘演召等审无同行撰造，亦非知情不首，均应免罪。乡邻、族长因该犯疯病仅止痴迷，

① 《清代文字狱档》，丁文彬逆词案，上海书店出版社，2007。

并无害人生事，亦不知造有悖逆之词，无从首告，亦均应免议。”乾隆帝朱批：“知道了。”①

乾隆二十一年（1756）四月九日，河东河道总督署山东巡抚白钟山奏：“据德州拿获濮州人刘德照，供词似类疯狂，及阅字帖，语句狂悖不经，当密饬两司严审，俟臣查工回省亲讯定拟。”四月二十五日，乾隆帝下谕：“此案前据白钟山奏，该犯供词似类疯颠，俟亲讯明确定拟等语。国家承平休养，地广人众，良莠并生，奸顽谗慝不能保其必无，惟在各督抚权其轻重，办理得宜，斯足以正人心而维风化。近来督抚往往以迹类疯颠，奏请杖毙完结，不思此等匪类，若不过词语不经，妄言灾祸、诓诱乡愚，或生事地方、訾议官长，杖毙已足蔽辜，如其讪谤本朝，诋毁干犯，则是大逆不道，律有正条，即当按法定拟，明正典刑，妻子缘坐，不得坐以疯颠，曲为原解，仅予杖毙，徒使律文虚设，废法从轻，而传闻者不知其恶逆大罪，转疑草菅民命，非所以明罚敕法、警戒冥顽也。若云具题有需时日，何不速行定案，限行飞递，较于具折更速也。此案刘德照逆词内有‘兴明’、‘兴汉’及‘削发拧绳’等语，悖逆已极。当此光天化日之下，如此肆行狂吠，岂疯颠人语耶？着该署抚速行严审，按律定拟具奏，并宣示各省督抚，令知刑章所系，法不可骫。”②

乾隆三十三年（1768）一月十九日，江苏巡抚明德奏：“本年正月初八日据两淮盐运使赵之壁禀称，正月初三日同征盐课，忽有一人突至堂上，口出狂悖之语，手内执持红封，内装红帖三个、白字纸九张，逐一检阅语句悖逆，当即锁拿。讯系山阳县人，名柴世进，又名姜魁。……臣又反复究诘，该犯所供忽尔明白忽尔糊涂，给与纸笔逼令该犯书写，与逆帖内笔迹相同，臣恐该犯假装疯癫，或此外尚有同谋知情之人，将该犯严行夹讯，该犯惟有呼痛求饶，语言更多颠倒。……查柴世进虽素有疯疾，不过时发时止，该犯生逢盛世，乃敢造作逆词，实属罪大恶极，神人共忿，自应亟置重典以彰国宪，柴世进合依大逆凌迟处死律凌迟处死。伊弟柴世禄虽不知造作逆情事，但律应缘坐，应照律拟斩立决……”二月三日，乾隆帝下谕：“明德奏柴世进造作逆词一案，请按律凌迟处死。初阅折时以

① 《清代文字狱档》，刘裕后《大江滂》书案，上海书店出版社，2007。

② 《清代文字狱档》（增订本），上海书店出版社，2011，第1138～1140页。

其事属悖逆，已批三法司核拟速奏，及详阅该抚封进各帖原词，则该犯乃系疯狂丧心，多剿引小说家谬涎不根之语，不值交法司复谳视同重案，但此等怙病妄行实足诬民惑世，其人究不可留，着该抚将该犯柴世进即行杖毙以示惩儆，所有援引律内应行缘坐各条概予宽免，将此传谕该抚知之，钦此。"①

乾隆三十九年（1774）九月二十一日，户部右侍郎金简奏："奴才恭迎圣驾后于本月二十日早刻回京，据奴才次子云布禀称，十九日下午有不认识民人二人在门首投递字帖二张，并无姓名，口称在东城地方居住，其帖上有神书神联字样等语。奴才看其帖上词语殊属鄙俚不经，恐其在外别生事端，当即密派番役头目立往带同接帖家人作眼前往访拿。……奴才随讯，据供：系沧州盐山县城北罕村回民，名叫王琦，封内诗文三本俱系伊弟王珣所作。……听其言语杂乱，似类疯癫，奴才恐其封内或有隐藏之事，当为拆看，虽无悖逆言语，多系鄙俚不经之词。"十一月七日，大学士于敏中等奏："查王珣系读书不就，遂捏造乩仙对联字幅希图哄骗银钱，甚至敢于编造悖逆字迹，妄肆诋毁本朝，尤为丧心病狂，情实可恶，应将该犯王珣照造作妖书律拟斩请旨即行正法以申国宪。至该犯之兄王琦虽讯无通同造作逆词，但代为进京投递字迹亦非安分之人，应发往乌鲁木齐给兵丁为奴。盐山县知县陈洪书虽未见王珣书字，但本管地方有此等狂悖之人，平时既毫无觉察，及千总张成德告知其事又不即行查拿，禀详上司严办，殊属溺职，应请将陈洪书照溺职例革职。"乾隆帝下旨："王珣着即处斩，余依议，钦此。"②

乾隆四十六（1781）年三月二十日，广东巡抚李湖奏："……盘获形迹可疑人犯一名，自称系嘉应州生员学名梁三川，旋又供称实系旗人梁念泉，前任广东永将军之生子，于福建自幼继与嘉应州民梁学文为子等语，搜查随身行李内有自著《念泉奇冤录》并诗稿二本诞妄不经，人似疯迷，现饬提解赴府勘讯。……查该犯曾身列胶庠，乃因病狂丧心，逞其臆说，狂悖僭妄，实属罪不容诛，未便因其迹类疯癫稍为宽纵，梁念泉即梁三川应比依大逆不道凌迟处死律凌迟处死，请旨即行正法，仍传首枭示以昭炯

① 《清代文字狱档》，柴世进投递词帖案，上海书店出版社，2007。

② 《清代文字狱档》，王珣遣兄投递字帖案，上海书店出版社，2007。

戒。该犯之父梁学文虽现年八十六岁，不知该犯在外编造逆词情事，但系逆犯亲父，应同该犯之子孙［梁］海淑、侄梁周伯均依大逆缘坐律拟斩立决。该犯之母谢氏、妻廖氏解部给付功臣之家为奴。该犯尚有亲叔梁友文、胞兄梁长珀、胞侄梁长二久经外出福建生理，应俟咨提到日照律缘坐。现存房屋估变入官。”四月十日，乾隆帝朱批：“三法司合拟速奏，钦此。”①

将对疯话案的处理与对疯病杀人案的处理联系在一起考察，可知乾隆帝之所以对疯病杀人给予一定的宽宥，主要是因为在他看来，一般疯病杀人没有直接危害其统治，而给予一定的宽大处理，一般加以锁禁，不会有什么后患和不良影响，反而可彰显皇恩，并不是真的认为疯病杀人有可宽宥之处。他甚至认为一些所谓“疯病之人”是装疯。乾隆二十八年（1763）十月，吏部尚书、大学士陈宏谋奏请“锁锢疯人”，乾隆帝发上谕曰：“陈宏谋请锁锢疯人一折，所奏亦有所见。向来此等疯人病发，原定有严加约束之例，但行之日久，地方官不能实力奉行，以致旋锁旋释，甚至任其播弄笔墨，滋生事端，而匪人中实系丧心病狂者亦转藉词疯病，冀为骫法，与风俗人心甚有关系。著于各督抚奏事之便，将原折抄寄阅看，令其即饬所属，遇有此等疯病之人，应预为严行看守防范，毋得稍有弛懈。”② 而且，乾隆时期制定关于疯病杀人的条例，虽然在一定程度上延续了康熙、雍正两朝的宽宥政策，例如一般不杀，但重点在于对疯病杀人和佯装疯病、虚报疯病的防范。

对清代有关疯病杀人处置制度的宽严走势，薛允升有一概括之言：“疯病杀人之犯，从前治罪甚宽，而锁禁特严，近则治罪从严，而锁禁甚宽，殊觉参差。”③ 这种宽与严的变化，一方面说明官方对杀人疯病之人的处置日趋严厉，另一方面也说明官方对亲属锁锢的有效性越来越失去信心；同时，似乎还说明官方逐渐意识到严厉处罚未尽防范职责的亲属缺乏足够的理由。

除去“文字狱”对疯病之人的残暴杀戮，对清代有关疯病杀人处置制度和疯人报官锁锢制度可以给予一定程度的肯定。首先，不论出于何种考虑，在制度上明确，对杀人的疯病之人一般不处以极刑，而给予监禁或锁

① 《清代文字狱档》，梁三川《奇冤录》案，上海书店出版社，2007。

② 中国第一历史档案馆编《乾隆朝上谕档》第四册，档案出版社，1991，第309页。

③ （清）薛允升：《读例存疑》，参见胡星桥、邓又天主编《读例存疑点注》，中国人民公安大学出版社，1994，第600页。

锢，是一种进步。其次，乾隆朝建立的针对尚未杀人的疯病之人的报官锁锢制度，是一种预防犯罪的措施。没有犯罪就予以锁锢，毕竟是为了保护其他人的利益，也可以避免本身遭受其他人的伤害，因而具有一定的合理性。这个制度在功能上有一些像现代精神卫生法规定的保安性非自愿住院，具有一丝精神卫生法萌芽的意味。如果中国法律传统不是在20世纪初期发生断裂，导致当代法律与古代法律没有直接承继关系，倒是可以把中国精神卫生法的起源追溯到报官锁锢制度的建立，就像可以将法国精神卫生法律的起源追溯到1656年路易十四颁布在巴黎设立“总收容院”的敕令一样。

但是，报官锁锢制度也有严重的弊端。首先，它不以呈现危险性为标准，而是无标准地施行于所有疯病之人，无疑是过度或滥用。这决定于封建专制的残酷性，也与当时对疯病的认识不够深入、没有更有效的控制疯病之人的办法有关。其次，正如薛允升、沈家本所批评的那样，它对亲属的责任要求过于严苛，一旦疯病之人杀人，他们就要受到严厉处罚，近乎连坐、株连。朝廷如此严苛地要求家庭和亲属，虽然在一定程度与中国重视家庭结构的传统相符合，但恰恰也说明管理疯病之人，保证他们不犯罪，是众多家庭不愿意或者无能力承担的。因此也可以说，家庭和亲属管理疯病之人是朝廷强加的责任。家庭被统治者当作社会控制的最基础单位。国家事务被巧妙地转化为家庭事务。在这种体制下，家长就是或者不得不作为国家的代理人，对疯病之人实施几乎没有限制的管理，除了杀害，其他的措施都可以采取。有些学者不了解这一历史，以为精神病人在中国古代始终没有得到严格的管制，实是谬也。

清代的报官锁锢制度与同时期法国以及其他一些欧洲国家建立的收容制度相比，可以说是异曲同工，都主要是为了治安，都实行锁禁。所不同者，报官锁锢是由亲属实施于家庭，因此，中国在17~19世纪没有发生欧洲国家那样的收容院“大禁闭”。至于分散于家庭加以锁锢，抑或集中于收容院加以禁闭，自有国情基础，就当时而言，说不上谁更合理，谁更先进，或者谁更愚昧，谁更残酷。不过，集中管理的确更有利于精神病院、精神病学和精神卫生法的勃兴。而家庭锁锢，疯病之人虽不一定获得悉心照顾，但毕竟在亲人的监管之下，通常不会遭受他人的惩罚和虐待，包括以医疗为名义的惩罚和虐待——虽然疯病之人在家也可能获得治疗，但中医对于癫狂，除针灸外，主要是药物治疗，比较温和。只是当科学与民主、人权取得一定发展，在以皮内尔为代表的西方医生打开精神病人的锁链，精神病学开始成为一门医学，精神障碍可能在精神病院得到有一定效果的治疗之后，非自愿住院治疗模式的优势才慢慢显现出来。

第二节 近代的疯人院和精神病院建设

一 外国传教士创办的精神病院

19 世纪下半叶，西方的精神病学和精神病人管理理念传入中国，但实践起来并非一帆风顺。

第一次鸦片战争以后，西方医学在中国的影响进一步扩大，一些传教医生开办了医院，但是在很长时间里，几乎没有人想到在中国建立精神病院或者疯人收容院。例如，著名的英国传教医生雒魏林（William Lockhart，威廉·洛克哈特，1811～1896）曾说过，他在中国八年行医经历只遇到了两位疯病人，他认为："中国人恬淡的个性和有节制的习惯，使中国人得此病症的人数不多。"所以，没有必要在中国建立精神病院。[1] 但也有个别人不这样看。其中一位是德国传教士花之安（Ernst Friedrich Ludwig Faber，恩斯特·福柏，1839～1899）。花之安也曾在广东行医，但后来主要研究汉学。[2] 他直陈中国精神病人医护中的弊端，并从医疗和宗教的立场，主张引进西方理念和做法，建立"癫狂之院"。1881 年（光绪七年）5 月，花之安在上海传教士所办刊物《万国公报》上发表《国政要论仁字第五则：优待癫狂》一文（后收入《自西徂东》出版），他用中文写道：

> 上古圣王在位，疲癃残疾皆有医治之典、养育之典，故《周官》特设疾医，掌万民之疾病。诚以人生疾病之苦，无一不赖仁人之怜悯，妙施拯救之方。而症之尤当救援者，则莫如癫狂为最也。盖彼知识全无，思想每多幻妄，猜疑惶惑，亲属因亦不分，或无端而害牲及物，或无故而杀人自戕。本真丧失，殊无一息之安；心志昏迷，难免

① 转引自王芳《对"疯癫"的认知与嘉约翰创办广州疯人医院》，《海南师范大学学报》（社会科学版）2012 年第 3 期。王文将"雒魏林"误写为"魏雒林"。

② 参见朱玖琳《德国传教士花之安与中西文化交流》，《近代中国》第六辑，1996 年。

终身之恙，安有仁人见之而不亟思拯救者乎？独是所患之症属最重，则所治之法亦宜最优。惜今风日下，人心或明于此而昧于彼，故其待癫狂，不为不能加优，而且多忽略。即父母亲戚之辈，亦不审其致病之源，徒以服药无效，动谓冤鬼凭依，邪神作祟，遂听巫之鼓惑，浪费钱财，卒至祝祷无灵而病亦日甚，由是桎梏备至类羁罪囚，禁锢森严俨笼禽兽，如此处置，适增其痛苦，而奄奄致毙者有之，良足悲矣。至若无亲可归之人而染是病，每有在当途谩骂，举动猖狂，其弊端有不可胜言者。虽施医之院，本以博济为念，凡有疾病皆蒙医治，而于癫狂则以为莫可救药。故规条所载，凡有癫狂之人，医院例多不收，要亦袖手旁观，任其颠连而已，岂不惜哉？甚至有等无赖之徒，或以言语激其怒，或以戏弄诱其狂，徒逞一己之笑谑，不计病者之呼号，故尝见其陨身不顾者有之。噫！何相待之刻薄耶？

花之安指出，上述状况以前也曾出现于西方国家，但已经改变，形成新的模式，值得中国仿效：

惜数十年前，遇患癫狂者皆一律送入医院，专以药石医治，与他病无异，且严拘其手足，不使少动，故虽医药多投亦未见效，可知专恃药石不能愈之也。今则每城官商士庶，捐设癫狂之院，治法周备，迥非惜比。……惟疯癫之甚无法可施者，则不得已拘其手而闭置室内，令其静养，以便缓缓调治，无非冀其病势日轻，渐就痊愈，归家有日。设竟不可愈者，更宜怜悯，使其安居院中，以毕馀年，方不患其杀害他人，亦不虑其自伤性命。……天下林林总总之人，多有此患。盖人之灵性，内受情欲所牵，外为货利所诱，无一而非癫狂之因，苟其不自悟，恐日积月累，由浅入深，不成癫狂者鲜矣。于是又遣人宣传耶稣圣道，使借圣神感化之功，可克己而复礼，慕天堂之福，则视世间庸福有如浮云，癫痫之症亦何自而生哉？斯其所以待癫狂者，不已尽善尽美乎？吾愿华人屏情欲之念，又能体耶稣爱人之心，固能治癫狂于未然，且能推己及人，设癫狂之院以救其已病者，岂不懿哉？①

① 〔德〕花之安：《自西徂东》，上海书店出版社，2002，第13～15页。

在中国精神病学发展史上，更值得记住的人物是美国长老会医学传教士嘉约翰（John Glasgow Kerr，约翰·格拉斯哥·克尔，1824～1901），因为他创办了中国第一所精神病院（医癫院）。嘉约翰出生于美国俄亥俄州的邓肯维尔（Duncansville），1847 年毕业于费城杰佛逊医学院（Jefferson Medical College），1854 年来华。1859 年接手美国公理会伯驾医生（Peter Parker，彼得·帕克，1804～1888）1835 年创办的博济医院，任院长。1866 年该医院又开办博济医学堂，培养医学人才。1879 年博济医学堂改名南华医学校，孙中山先生（1866～1925）曾在 1886 年就读于该校。[①]

嘉约翰在行医过程中逐渐认识到，中国的疯人问题没有凸现出来是因为：第一，他们大部分被铁链锁捆在家中；第二，他们很容易自杀；第三，被亲属虐待，他们的寿命通常很短；第四，他们被任意地放逐。[②] 有件事情促使嘉约翰产生了创办精神病院的想法。有一天，当嘉约翰在博济医院门诊时，有一对夫妇带着他们的精神病儿子来求入院。由于博济医院是一所综合性医院，不可能把一个精神病人收进病房中去，于是嘉约翰婉言拒绝，劝他们回家治理。这对夫妇只得绝望地离开，走出大门前面就是珠江，他们感到回家仍是没有办法，下狠心把儿子推到珠江中溺死。[③] 1872 年，嘉约翰向广东医学传教协会（Canton Medical Missionary Society）建议成立一所专门的精神病院。但是他的建议遭到一些教会医生的强烈反对和阻挠。嘉约翰则不断辩解和呼吁。1881 年嘉约翰在《万国公报》发表短文《论医癫狂症》。他说：

> 凡人怪异之病殊多，惟最酷烈难治者莫如癫狂之症，有缓有急，或初起而操刀杀人，或病后而妄言谵语，或哭或笑，其状难以尽述。美国内凡大省则设医狂院数间，中省则设一间，另各庄口签助设立不计，又有医生自己设馆专医是症者。英、俄、法、布（普鲁士——刘

① 参见梁碧莹《嘉约翰与西医学在中国的传播》，《中山大学学报》（社会科学版）1996 年第 3 期；陈一鸣：《不能忘记的开拓者——记嘉约翰医生与广州惠爱医癫院》，《临床精神医学杂志》2009 年第 5 期；以及 http://en.wikipedia.org/wiki/John_Glasgow_Kerr。

② 参见王芳《对“疯癫”的认知与嘉约翰创办广州疯人医院》，《海南师范大学学报》（社会科学版）2012 年第 3 期。

③ 参见莫淦明《广东精神病学史的回顾》，《中华神经精神科杂志》1995 年第 3 期。

注）等国均如是。大凡疗是症，必要熟手医生方能称职。其医院内多设坚固空房，将病人放在房内，锁禁房门，缓缓调治，无庸锁其手足。如此则不患其杀害他人，亦无虑其自伤性命。余每见中国人多患此症而不能治，致使其或投河或自杀者，亦一大憾事也。①

1890 年嘉约翰出席在上海召开的中国博医会大会，在大会上他宣读了《西方的治疗方法与中国的精神病人》的论文，印发了《关于有必要筹建疯人院》的宣传资料。大会通过由嘉约翰等人提出的筹建广州疯人院的计划。② 但当时在佛山工作的一个英国传教医生查尔斯·云仁（Charles Wenyon，1848～1921）发表文章表示反对，他认为：中国的精神病患病率低于欧美，躁狂症十分罕见。这些病人在羁留的条件下，只能更加恶化。精神病院应该由中国人自己去开办。中国公众有可能误解而危及医学传教人士，最容易遭到谴责。③ 接着，嘉约翰发表文章反驳云仁医生的观点，质问："可否给出统计数据证明中国的疯人不像欧美那样普遍，或是中国没有疯人？"他强调必须对疯人采取适当的治疗措施。④

1892 年，嘉约翰在广州城郊的芳村购得建院土地。1898 年 2 月，医院正式成立，名叫"惠爱医院"，或叫"惠爱医癫院"。⑤ 医院为两座二层砖木混合结构的小楼，有 30 张床位。嘉约翰夫人曾经写道："1898 年 2 月 28 日，一个男人身背一个精神病人站在了医院的建筑前，这是中国历史上第一位入院治疗的精神病患者。"自 1898 年正式建院到 1910 年，惠爱医院已收留 1458 位病人，仅 1909 年一年即有 239 位病人入院，198 位出院回家。⑥

---

① 〔美〕嘉约翰：《论医癫狂症》，《万国公报》（周刊）第 628 卷，1881 年 2 月 26 日，台湾华文书局有限股份公司，1968，影印本。

② 参见王芳《对"疯癫"的认知与嘉约翰创办广州疯人医院》，《海南师范大学学报》（社会科学版），2012 年第 3 期。

③ 参见莫淦明《广东精神病学史的回顾》，《中华神经精神科杂志》1995 年第 3 期。

④ 参见王芳《对"疯癫"的认知与嘉约翰创办广州疯人医院》，《海南师范大学学报》（社会科学版）2012 年第 3 期。

⑤ 这所医院一直存在，现称"广州市脑科医院/广州市精神病医院"。

⑥ 参见杨念群《再造"病人"：中西医冲突下的空间政治（1832～1985）》，中国人民大学出版社，2006，第 79 页。杨文所引嘉约翰夫人的话，日期为"1895 年 2 月 28 日"，似为笔误，故改。

惠爱医院的管理方式基本上是英国约克静养院的一种移植和翻版。嘉约翰明确倡导“理性治疗”（rational treatment），并把它浓缩概括成三个治疗的具体原则。在提出这三个治疗原则之先，嘉约翰特别提出三种有别于法律处理的对待精神病人的原则：第一，凡入院者皆为病人，如果他们的言行表现出非理性的特征，那并非他们的过错；第二，这是医院，不是监狱；第三，尽管完全处于疯癫状态，这些病人仍是男人或者女人而不是野兽。有了这三条原则作为先导，嘉约翰进一步提出了相当变通灵活的治疗原则：（1）尽量选用劝说的手段——在必要的情况下最低限度地使用力量管理；（2）给予病人自由——在必要的情况下才实施最低限度的监禁管束；（3）在温和的态度下使病人伴以休息、热水浴、户外活动、身体锻炼和职业劳动——在必要的情况下最低限度地实行药物治疗。新病人在入院时要立即除去锁链和脚镣，在病房中迅速进行甄别，观察其否情绪失调，是否有不洁习惯，脾气属于喧躁还是安静，是否有癫痫或其他疾病，在区分出情绪不稳和具有危险倾向的病人之后，就会给予其他人以自由。由于病人总是确信自己被不公平地禁闭在监狱之中，惠爱医院往往要付出很大努力来解除病人这种被监禁的感觉，医院管理员坚持不穿制服，目的是避免病人把他们当作士兵和警察。①

嘉约翰在 1901 年 8 月 10 日因病去世，惠爱医院院长一职由美国传教士恂嘉理（Charles C. Selden，查尔斯·塞尔登）继任。恂嘉理指出该院的宗旨是：“不特疗治有形之癫狂，使能愈者得起沈疴，不能愈者亦免流离失所，更兼以基督真理，感化人心，使之知罪改恶，可获永生之福。”② 由是收治的精神病人日渐增多。据恂嘉理报告，从开院到 1926 年这 29 年间，惠爱医院共收治精神病患者 6599 人（男 4428 人，女 2171 人），出院者 5913 人，治愈者占出院病人的 26.7%。主要病症为躁狂抑郁症和早发性痴呆，其次为麻痹性痴呆，另有少量酒精中度性精神障碍、癫痫和癫痫性精

① 杨念群：《再造“病人”：中西医冲突下的空间政治（1832～1985）》，中国人民大学出版社，2006，第 80 页。

② 转引自李传斌《教会医疗事业与基督教在近代中国的传播》，《自然辩证法通讯》2007 年第 5 期。

神障碍以及智能缺陷。[①] 但随着住院病人的增加，由于医护人员不足，设备简陋，对兴奋躁动病人常用铁笼床罩或锁链约束，致使病人身体受到损害及精神痛苦，加上卫生条件不良，死亡率较高。[②]

惠爱医院自1898年正式接纳第一个病人起，基本上是为私人家庭的患者服务的，不收官方的患者，一切费用由传教士差会和收入维持。但在1904年的一天，广州衙门的一个皂吏带着一位病人出现在惠爱医院门口，他随身带来一封信，信中说希望医院与地方衙门合作，接受送来的病人，条件是由地方政府每月负担这些“公家病人”的医疗费用。结果这个病人被医院收留了，由此开始了政府与惠爱医院的合作。官方送来的患者不断增加，达到三分之二。[③] 清史学者杨念群指出：“仔细阅读惠爱医院历年的报告，一个有趣的现象经常萦绕于我的脑际，那就是惠爱医院有一个从注重个人精神病治疗的功能向作为国家安全控制系统的分支机构转变的过程。”[④]

惠爱医院在1927年由广州市政府接办，改称第二神经病院。1935年，第一神经病院和第二神经病院合并，称为广州市市立精神病疗养院。两个神经病院收治病人情况见表6－1。

表6－1　广州市市立第一及第二两神经病院留医病人人数统计

（民国廿四年七月至九月）*

人数＼月份		7月	8月	9月	总计
留医人数	男	409	37	32	478
	女	375	19	9	403
	合计	784	56	41	881

① 参见湖南医学院主编《精神医学基础》（精神医学丛书第一卷），湖南科学技术出版社，1981，第8页。

② 参见莫淦明《广东精神病学史的回顾》，《中华神经精神科杂志》1995年第3期。

③ 参见杨念群《再造“病人”：中西医冲突下的空间政治（1832～1985）》，中国人民大学出版社，2006，第84页；王治心《中国基督教史纲》，世纪出版集团、上海古籍出版社，2004，第289页；程玉麐《动力精神医学》，台湾五南图书出版公司，1983，第一章“中国科学的精神医学之历史”。

④ 杨念群：《再造“病人”：中西医冲突下的空间政治（1832～1985）》，中国人民大学出版社，2006，第85页。

续表

人数 \ 月份		7月	8月	9月	总计
医愈出院人数	男	42	28	25	95
	女	18	19	25	62
	合计	60	47	50	157
死亡人数	男	13	18	22	53
	女	4	11	8	23
	合计	17	29	30	76

注：7月份留医人数，系连旧有人数在内。

资料来源：*《广州市市立第一及第二两神经病院留医病人人数统计（民国廿四年七月至九月）：表格》，《统计月刊》第2卷第5期，1936年。

1936年，广州市市立精神病疗养院院长黄磐栋撰文讲述该院历史和近况：

文明之机轮愈推进，欲望之渊壑亦愈扩大；因而人事之繁复，精神之刺激，亦增加其无限之程度；由是精神病魔遂愈形活动，侵袭人类之心灵，颠倒人类之常性；此精神病人之数量，所以日增无已也。本院为适应时代环境之需求，于前清二十五年间成立，初由美人嘉约翰主办，名为惠爱医院，属于私立性质，及嘉约翰逝世，由美人恂嘉理继任，其时留医病人日多，院舍渐感不敷收容，乃募集中西人士捐款，扩充院舍，由是规模日大，成绩日大。民国十六年间，院内工人发生罢工潮，院长恂嘉理无法解决，请市府调处，并愿将院舍之半租与市府办理。其时市政府亦为适应时代环境之需求，亟宜广设市立精神病院，以为精神病人疗养之所，遂于同年三月一日毅然接办，易名市立第二神经病院，隶卫生局管辖。近数年来，因不景气之侵袭及国家民族存亡问题之严重，被刺激而致精神病者，愈形众多，原有院舍，骤感不敷收容；去年八月十五日，市府乃备价将惠爱医院全部物业承受，地方既倍于前，复加粉饰修建，遂成今日闳模壮规风景优雅之院舍，至此乃得广厦千百间，使精神病人，尽得疗养之所也。至同年十二月二十六日奉命将市立第一神经病院所有病人公物公件等，一概移归本院接受，合并改组，并易名为市立精神病疗养院，暂定留医名额为八百名，现在在院留医之男女病人已达七百余名，男院房舍，将届注满，行将加建，以广收容；女院则房舍尚多也。

本院为增加护士之知能，力求护理病人之妥善，以促进疗养效力起见，于合并改组后，即增设护士训练班，依护士之知能程度，分为高级组普通组二班，逐日训练，每晚上课一时至二时，由院内医生及职员分任教员。又改组后预算分三期工程修理院内地方，现在第一期工程竣工，第二期工程，不日开始。此外对于病人施行重行教育（如教手工刺绣音乐唱诗游戏等），举行全院检验大运动，召集病人亲属调查病者病源，调查病者年岁籍贯教育程度及家庭状况，而编制统计事项，改善病人日常卫生（如洗衣沐浴运动食宿等），改善病人待遇，从新订定考核医生职员护士工人规则，改善护士工人服务条例，新定护士工人赏罚条例，新定代理病人零用细则，新定探视病人须知，分设男女隔离病室，内外科室，加设球场以备病人运动之需，加设阅书报室，以备增进职工人员之知识及健康，而为生活之调剂等，各种措置与设施，亦均先后办理完竣，此本院之略史及近况也。①

作为中国第一所精神病院，广州惠爱医院的创办不是政府行为，所以它最初的功能不是维护治安，而以救助和传教为己任。这是特殊的历史原因造成的。不能由此得出结论说中国的精神病院起源于对精神病人的救治。而后来惠爱医院与政府合作并最终由政府接管，政府方面自有治安管理的考量，这也使其回归本来的地位。

除广州外，在苏州的传教士也办有精神病院。1906 年，美国传教士所办的苏州福音医院开始筹建医疯院。为此，在该院主持医疗工作的美国医生惠更生（James R. Wilkinson，詹姆斯·威尔金森，1862 ~ 1935）在《万国公报》刊登募捐启事。该启事由《万国公报》中国编辑范祎（又名范子美，1866 ~ 1939）执笔，论及社会、家庭的需求。②

---

① 黄磐栋：《市立精神病疗养院之史略及近况》，《广州卫生》第 2 期，1936 年。

② 东吴范祎：《为苏州福音医院拟建医疯院募捐册序》，《万国公报》（月刊）第 213 册，1906 年 10 月，台湾华文书局有限股份公司，1968，影印本。

中国医学，托使轩农。三古以还，春官之属，厥有专司。抚疮问痍，洒沈澹灾，于民事为至重也。嬴秦而降，九流失职，其优者既秘为神奇之绝学，劣者又率尔操觚以人命为草菅。故医学无进步，亦一国中和平之福所以少也。

泰西中小学堂之学科，皆有生理学，使人人知普通卫生之法，而大学堂又有医学专门。百年以来，格致日以发达，医学之藉以发明者以愈多。大都会大城邑均立各种医院。民间慈善事业，尤以医院为第一要务，何其盛也。

人生而不能无病，然病者一人，扰累者全家，诊治侍奉，一或失宜，竟致不起，往往有之。此犹指寻常之证也，若夫疯病，则其危更甚。防闲之术，劝导之方，苟非娴于看护者，种种险象不难霎时而见。故西国于医院之中，特注意于疯病院，良非无故矣。

疯病有二。一为脑筋受伤，可以药治者。一为所志不遂，迷及脑筋，必先顺其性，而后可以药治者。要之若羁缚其身体与手足，则病必增剧。故医疯院独建一所，或与他院合建而可分隔者。院内人各一室，室中窗牖墙壁、床榻几案，皆裹以棉，预防击撞。室外名园绕之，花香草媚，俾足怡情。平日又时派人将善言慰藉，福音宣讲。其完全周至如此，则病十愈八九也宜矣。

且泰西哲学家最近之研究，谓世界恶人大都由于脑病，因其脑有偏胜之故，又为他事所激，遂至悍然不顾，实疯痫之类耳。以治疯之法治之，未必无一变至道之功，然则医疯院者又于国家、政治、社会、风俗有密切之关系，故非但保一人一家之健康而已也。

本院有鉴于此，爰拟添建男女疯院各一。盖现在病房本已不敷居住，万难再容病疯之人。而疯人以治理得愈，踵至者日多，势又不能却绝。惟是疯院之设，房屋必求坚固，场圃必求宽敞，器具必求精美。次又当广收学生，深加造就，为将来推广于他处之用。经营伊始，筹费殊艰，同胞之爱，将伯之助，是所望于仁人志士焉。

1914 年，苏州福音医院设立精神病房，并于 1915 正式收治精神病人。当时有报道："苏州福音医院，向由惠更生医士主任，经营惨淡，煞费苦心，历年活人无算。近惠公更由美国募集巨款，于院中添设女病院、女看护住室及男女疯病院，规模宏大，为苏省之冠。”① 到1923年，精神病床位达到100张，分女性区、男性重病区和轻病区。对多数重患者仍以捆绑为主，也曾对少数患者应用发热疗法和一些镇静药，然疗效不理想。还组织轻性或慢性患者在院内从事种花、种菜等劳动。②

还应提到，上海公共租界（英美租界）在1907年也设立了一所精神病院。不过，它只对外国侨民开放，并且只用于外国急性精神病患者在遣送本国治疗之前的短期（最长六个月）看护。严格地说，这所精神病院不属于中国精神病院发展史范畴，可是它毕竟存在于中国的土地上，也不能忽略。其设立具有治安的目的，只不过针对的是租界内的外侨而非中国人。

据上海公共租界工部局《神经病院一九二七年度报告》记述：

> 神经病院开幕于一九〇七年九月。是年年报内言，该院为须隔离及特别治疗之脑病及神经病而设，藉以供给一种久已感觉之需要。
>
> 一九〇七年十月十七日，工部局通知领事团，谓该院为患急性神经病者而设，并呈送甲乙二种入院书格式，请予核准。是项入院书规定，病人住院满六个月后，必须迁出。盖设立该院之本意，并非在于收容慢性之神经病人，是项病人，应送回本国医治。
>
> 领事团于同年十一月十三日答复工部局，对于所订入院条件，表示同意。且除一二例外之外，各该条件，迄今施行满意。
>
> 一九一二年，工部局重新声明关于救治神经病人之政策，并言董事会一致反对用公款建造及管理神经病院。又言在中国之患神经病外侨，无论贫富，皆应由其本国当局，送回故土。因此定有仅准住院六个月之严格限制。③

上海租界当局也曾考虑过租界内中国精神病人的收治问题，但鉴于经

---

① 知白：《福音医院大扩张》，《通问报：耶稣教家庭新闻》第590期，1914年。

② 参见陈一鸣《苏州精神病院创建史》，《临床精神医学杂志》1996年第5期；陈一鸣：《再续情缘——惠更生医生与苏州精神病院》，《临床精神医学杂志》2011年第6期。

③ 《一九三〇年至一九三一年医院及看护事务调查委员会报告》，《上海公共租界工部局公报》第3卷第38期，1932年。

费不足和法律复杂，最终认为不宜由租界当局设立面向中国精神病人的精神病院。工部局《一九三〇年至一九三一年医院及看护事务调查委员会报告》的《调查外侨及华人神经病院所有收容设备之分委员会报告》称：

国家责任。在大多数文明国内，救护神经病人为国家所负责任之一。所有费用，可由国家根据法律向病人之亲属或其所从来之地方政府，索还全部分或一部分。此故为业经承认之一种事实。

工部局之设施。在上海方面，就外侨而论，工部局所有问题，迥不相同。盖地方当局既负维持公安之责，对于急性神经病人，自应设法暂予救护。工部局业已承认此项限度之责任，故曾于一九〇七年，设立神经病院，作为安置尚待遣送回国病人之处，且在某某数项情事发生，致须变更政策以前，该院从未经视为疯人疗养院。

华籍神经病人收容设备之缺乏。关于华籍神经病人之收容，就所知者而言，是项病人之送入医院，尚为一种新发展。且除苏州之某教会医院，经附设一专治急性及慢性疯病之部分外，尚无为华人而设之神经病院。或将发生一项疑问，即关于普通及其他病院之设备，既有如许进步，何以此间迄未设法，以适应神经病人之需要。关于此事，富有经验某名医以为，是项特殊情形之原因有二，即（一）在多数华人心目之中，疯癫系由鬼神所致，非药石所可治疗，故非一种疾病。（二）华人习惯，宁愿将疯人禁锢家中，而不愿觅医调治，或送往医院。

本埠收容所。租界以内，及其四周，诚有慈善机关所办之神经病人收容所数处，但似专为贫民而设，且其治疗方法，亦不合近代之医理。

情形之变更。考虑是项问题之分委员会以为，近年以来，收容是项病人之医院，需求日增。据公共租界内某领袖医院外来病人记录所载，患急性癫狂病人之经来院诊治者，现比往年为多。患杀人癫狂病之人，鲜有任其成为公众之危险者，所经发现之是项病人，大概均有由警士出而拘捕之必要。

将来之发展。在缮具本报告之前，闻所拟建造之中山医院，将特辟数舍，作为治疗神经病人之用，共可收容出费及免费病人约四十名。惟该院将与中央大学医药系相联合，故其所收容者，大概仅限于有教授上价值之病案。

……

结论。华人民众之需要，以及工部局之责任范围，均经考虑。分委员会以为，工部局虽应设备以收容急性病人，然慢性病人之收容，应由私人慈善机关，与有关系之市政当局，合作办理。倘能得中国政府之切实协助尤佳。[①]

后面我们将会看到，上海租界当局对中国人在租界创办精神病院给予了一定的支持。

二　国人创办的精神病院

有一个人云亦云的说法，认为在1906年（光绪三十二年），北京建立了一个疯人收容所。[②] 如果此说不误，它应是中国第一所由国人创办的专门疯人收治机构院，而且官立的可能性较大。收容疯人是一种强制管理措施，唯政府或司法机关有这种权力。且以那时的医学水平和条件，私人开办医院收容疯人并加以治疗的可能性微乎其微。然而，此说未见有历史文献直接记载，确实性存疑。

反而有历史文献表明，当时北京尚未建立专门收治疯人的机构。在1906年，彭翼仲（1864～1921）创办的白话报《京话日报》多次呼吁建立疯人院。4月20日，《京话日报》（第592号）刊载一则题为“疯子当想法子安顿”的“本京新闻”：“西城新街口马路上，有一个疯癫妇人，在那里来回乱跑，年纪约有五十岁，一脑袋乱蓬蓬的头发，却抹着极厚的脂

① 《一九三〇年至一九三一年医院及看护事务调查委员会报告》，《上海公共租界工部局公报》第3卷第38期，1932年。

② 参见南京神经精神病防治院编著《精神病学》，江苏人民出版社，1960，第9页；陈弘道、陈颖编著《临床精神病学》，安徽人民出版社，1962，第3页；北京医学院主编《精神病学》，人民卫生出版社，1980，第9页；许又新、刘协和《中国精神病学发展史》，载于湖南医学院主编《精神医学基础》（精神医学丛书第一卷），湖南科学技术出版社，1981；夏镇夷主编《中国医学百科全书·精神病学》，上海科学技术出版社，1982，第2页；徐韬园《我国现代精神病学发展史》，《中华神经精神科杂志》1995年第3期；贾西津《心灵与秩序——从社会控制到个人关怀》，贵州人民出版社，2004，第56页。

粉，身穿一件绿衣裳，样子很难看，忽然跳脚乱骂，忽然放声大哭，就在马路一带疯闹。站岗巡捕，看着他笑，绝不知道管理保护，都是自己的责任。这种巡捕，真真无用。按外国都有疯病院，收养疯狂人，给他医治，法子最好。中国虽没立这种地方，也应由本段巡警，想法子安顿，找他的家属，叫他领回去拘管，如果无家可归，就安置在养济院，或是归入习艺所，替他治病。要是竟自不管，哄开就算完事，可就不合警章了。”不久，5月25日，《京话日报》（第627号）又有一则“疯子没人管”的新闻：“外国立的疯人院，益处很大，中国还没有这样善政。人要是疯了，简直就和猪狗不如。本月初二日午后，阜成门内，就有两个疯人。一个三十多岁的男子，身上一丝不挂，在城外饭摊子上，抢起一个杂和面饼子，跑进城门，见了人就磕头，满嘴内胡说乱道，要上东岳庙烧香（未必不是迷信所害），又在卦棚子里抢钱，闹的太不像，巡捕才把他赶出城。正在倒乱，南顺城街口，又跑出一个女人，光着一双泥脚，垢面蓬头，随走随骂，招了许多人跟着看，可没人管闲事。管束疯子，本是巡警的责任，没有地方收存，也是无法可办，怎好？”6月20日（第653号）“疯子太多”的报道呼吁：“近日以来，疯人太多，有警察责任的，赶紧想法子管束。”8月8日（第701号）感叹：“没有疯人院，实在是可忧。”9月2日（第724号）的新闻“疯子胡闹”讲述一个疯人竟然跑到巡警外城西分厅骚扰，该文道：“中国没立疯人院，像这类有疯病的人，由着他瞎闹，无处安插，也是一个缺点。”

根据史料，我分析，之所以有1906年北京建立疯人收容所之说，可能是因为当时的京师习艺所收容过个别疯人。京师习艺所由清廷管理工巡局事务大臣那桐（叶赫那拉氏，1856~1925）在1905年（光绪三十一年）奏请创设，属工巡总局，收取轻罪人犯并酌收贫民。那桐在奏折中说：

> 窃维为治之道，首宜修厥内政，而内政之要，首在改良刑律，使国无废人、人无废业。伏查日本维新，首废笞杖刑律，徒流以下轻罪人犯，罚金而外，使在狱作工。诚以无知之民，偶蹈微瑕，与其挞伐痛加，何若施以教化，授以工艺，更可勉为善良。用是改良监制，广集囚徒，或采杂处之方，以资劝诫，或取分房之制，冀免弊端。……且不惟犯轻罪者如是，即彼乞丐、游民亦往往收入其中，使各习一

长，以为他日生活。奴才前往日本，曾目睹其成效昭然。方今时值维新，百端待理，自应彼长我取，亟采日本监狱规模，变通办理。[①]

也是在1905年，决定创办京师习艺所不久，清廷设立巡警部，接管了京师习艺所。1906年，巡警部改为民政部，京师习艺所也相应改隶之。[②] 1906年《京师习艺所试办章程》规定："京师设立习艺所以惩戒犯人，令习工艺使之改过自新，藉收劳则思善之效，并分别酌收贫民，教以谋生之技能，使不至于为非。""收纳贫民分二种：一自请入所，一强迫入所。自请入所者，须其本身、父兄呈请或有图片铺保。强迫入所者，分二类，一沿街乞食有伤风化者，二游手好闲形同匪类者。"习艺所设有医官一员，诊验犯人、贫民身体，执行一切卫生事宜。习艺所内犯人、贫民如遇疾病，由医官诊验，分别送入病室或传染病室为之调治，另派看守看护。[③] 入所者尤其是在病室调治者中，可能有个别疯人。但是，习艺所毕竟不是专门的疯人收容机构，不能因其无意地收纳个别疯人，就将其视为疯人院或疯人收养所。然而，也许恰恰就是因为曾经收纳疯人，发现将他们与其他人混合一起难以管理，才产生设置专门机构收养疯人的想法。

疯人院的正式建立是在两年之后。1908年（光绪三十四年），清廷民政部会同步军统领衙门（全称是"提督九门步军巡捕五营统领"，为京师卫戍部队，兼具军、警属性）奏请朝廷为正在筹办的京师内城贫民教养院附设疯人院拨付米石。奏折陈述了设立疯人院的目的和进展：

窃维京城地面闾巷殷繁，五方萃处，生齿日密，贫户孔多，无业之人随在皆有。嗣经官绅等兴办工厂收养贫民，凡属年力尚强之人皆得入厂学习工艺，一俟学有成就便可出谋生业。是以比年以来，阛阓之间所有少壮之乞丐、废惰之游民日少一日，实缘工厂成立教养兼资

① 《管理工巡局那奏设立京师习艺所折》，《四川官报》第27册，1905年。此事还见《管理工巡局事务那奏设立京师习艺所酌拟办法并各省协济银两数目折》，《东方杂志》第二卷第11期，1905年。

② 参见韩延龙、苏亦工等《中国近代警察史》，社会科学文献出版社，2000，有关章节。

③ 《巡警部奏京师开办习艺所酌拟试办章程折并清单》，载于上海商务印书馆编译所编纂《大清新法令（1901—1911）点校本》第三卷，商务印书馆，2011。

方克臻。此惟查所收类皆素能自食其力者，如羸老幼稚喑哑聋盲及老妇弱女各种废疾之人，穷苦流离，沿行街市，蓬首鹄面，镇日不得一饱，蒿目警心，莫此为甚。查东西各国，凡民之老幼癃疾不能自存者，均设教养院以收之，使无饥寒之苦。臣等早拟仿照筹办，只以的款无著，未能即举。兹由臣等会同筹议，设法劝募，并由陆军部另存杂款项下拨助银元六千元，复就所属两署人员募集开办经费，现已集有成数，并已觅有城内石碑胡同官房一所，略加修葺，作为内城公立贫民教养院，又附设疯人院一处，专收疯疾之人，分别订立章程，即责成内城巡警总厅厅丞荣勋督理，其事业经定期开办，并拟将来款项较充裕再议扩充……①

因此，可以将1908年由清廷民政部设立且由京师内城巡警总厅管理的京师内城贫民教养院附设疯人院，认定为中国第一个由国人创办的专门疯人收治机构。《京师内城贫民教养院章程》之《附设疯人院简章》（详见本章第五节）规定："本院附设于教养院内，以收留疯人勿使外出致生危险为宗旨。""不问男女老幼，凡系疯人一律收入，警察人员得以强制执行。其有家宅者由其亲属呈送亦准入院。"

清末产生疯人院有着多方面的原因。其一，人口增加、城市化、农村的贫困使得城市中精神病人尤其是无家可归的精神病人的数量增加；其二，原有社会控制、管理方法的松懈或失效（例如报官锁锢制度的实际废除），使得精神病人违法犯罪更为多见；其三，在西方思想影响下，尝试运用新的，以为是人道的同时也更有效的方法管理精神病人。

进入民国后的1913年，北洋政府在内务部之下，"依现行巡警官制之例"，设立京师警察厅，② 京师内城贫民教养院附设疯人院由其接管。根据1914年《京师警察厅分科职掌规则》，京师警察厅司法处职掌的事务中有一项是"关于被监视人、浮浪者、失踪者、精神病者、弃儿迷儿之检查管束事项"。③

① 《民政部奏公立内城贫民教养院援案请拨米石折》，《政治官报》第369号，1908年。

② 参见《现行京师警察官厅组织令》，《政府公报》第243号，1913年1月9日。

③ 《京师警察厅分科职掌规则》，《政府公报》第836号，1914年9月2日。

1917 年底，京师警察厅决定将疯人院从贫民教养院独立出来，改称为“疯人收养所”，并由西城石碑胡同迁到北城安定门内的高公庵胡同。现存 1917 年 12 月 28 日京师警察厅行政处致司法处公函称：“查内城贫民教养院现已改组妇女习工厂，另于宝钞胡同收用玉皇庵房屋设立疯人收养所，仍派管理员张文诰妥慎办理。”① 1918 年 1 月 23 日疯人收养所致司法处公函称：“本所管理员遵即继续视事，并由厅颁发木质钤记一方曰京师警察厅疯人收养所，钤记即于本月二十三日敬谨启用。本所亦于是日迁移地安门外宝钞胡同高公庵胡同疯人收养所新署办公。”另据 1 月 24 日京师监察厅内佐三区警察署长江文藻向京师警察厅总监报告疯人收养所迁移情形称：“窃据职署西路巡官张存保报称，所属高公庵胡同玉皇庵改设疯人收养所，并在该巷东西口设牌坊二座，上书京师警察厅男女疯人收养所。于本月二十三日，有该所巡官王德祥带同长警，用大车由石碑胡同疯人院迁来男疯人三十二名女疯人八口等。情报称前来除饬该段长警随时照料外，理合呈报。”②《京话日报》1918 年 3 月 13 日（第 2302 号）报道一起警察将一“疯妇”送入疯人收养所的事例：“内左一区巡警，日前在崇文门内大街，见一妇人，言语恍惚，似有神经病，当即盘问……随即将疯妇暂送入疯人收养所医治，并由警厅饬交各区出示招领。”

值得注意的是，不论是贫民教养院附设疯人院，还是疯人收养所，均由警察机关管理。这有两方面的原因。首先，收容疯人主要是为了维护社会秩序特别是城市的治安，疯人院或者疯人收养所是一种治安机构。其次，在清末民初，公共卫生不发达，尚未形成独立部门，分工由警察机关负责管理。清廷在 1905 年设立集公安、民政、司法为一体的巡警部。巡警部警保司下设卫生科，为中国公共卫生管理的第一个机关。1906 年，巡警部改为民政部之后，卫生科升为卫生司，“掌核办防疫卫生、检查医药、设置病院各事项”。依据体制，京师内外城巡警总厅自然也办理公共卫生事务。据 1906 年《内外城巡警厅官制章程》，京师内外城设巡警总厅各

① 《行政处关于贫民教养院改组妇女习工厂及在宝钞胡同设立疯人收养所的公函》，1917 年，北京市档案馆，J181－018－08348。

② 《疯人收养所关于于本月廿三日启用钤记迁移高公庵胡同新署办公的函》，1918 年，北京市档案馆，J181－018－09842。

一，巡警总厅下设行政处、司法处和卫生处。[①] 民国后的京师警察厅也设有卫生处。1914 年北洋政府的《京师警察厅官制》第一条规定："京师警察厅直隶于内务部，管理京师市内警察卫生消防事项。"第十二条规定，京师警察厅设有卫生处，掌事务如下：（1）关于道路沟渠之清洁事项；（2）关于保健防疫事项；（3）关于医术化验事项。[②] 各省省会及商埠地方的警察厅则设有卫生科。[③] 当然，公共卫生虽不是狭义的治安问题，但其管理具有强制性，这也是由警察机关负责的原因之一。全面地看，早期的疯人院、疯人收养所具有治安、卫生和救济三重属性，而其中治安是主要的。

1928 年，北平市（北京于 1928 年 6 月 20 日起改称北平）政府决定疯人收养所转由市社会局主管。这意味着开始加强它的社会救济功能。1930 年，为应对需求，市社会局拟将该所划分为两部：一部医治疯人急重各症；一部调养渐愈疯人，及精神病非药物所能疗治者。因房间无多，不敷分配，社会局向市政府申请将地坛公园的空址拨作调养处所。市长命令市工务局查勘研究是否适宜。工务局对此持有异议："查该园自民国十四年成立以来，一再经营，陆续设置。……盖此园之设，虽为公共游息之所，实寓有提倡教育之深意。以之拨归疯人院，该园势必中途废弃，殊为可惜。假使拨归该疯人院一部分，则疯人与游人混迹一处，似不相宜。"由于遭到反对，社会局的计划夭折。[④] 此事不大，但凸显了城市中的精神病院在地址问题上与市民之间的利益冲突。

1933 年 9 月，北平市政府社会局与北平协和医学院商定合作，重组了疯人收养所，改称为"北平市精神病疗养院"。[⑤]

---

① 《民政部奏部厅官制章程折并章程二》，载于上海商务印书馆编译所编纂《大清新法令（1901—1911）点校本》第二卷，商务印书馆，2011。

② 《京师警察厅官制》，《政府公报》第 832 号，1914 年 8 月 29 日。

③ 参见《现行地方警察官厅组织令》，《政府公报》第 243 号，1913 年 1 月 9 日。

④ 参见《令疯人收养所：奉市府令前据转呈疯人收养所呈请拨房一案令据工务局呈复地坛内有机关三所拨归该院似不相宜令仰知照由》，《北平特别市市政公报》第 34 期，1930 年；《北平特别市政府关于将地坛空址拨交疯人院与工务局的来往函件》，载于北京市东城区园林局、北京市档案馆编《北京地坛史料》，北京燕山出版社，1998。

⑤ 《社会局关于疯人收养所改组为精神病疗养院和任免院长的训令》，1933 年 9 月，北京市档案馆，J002 - 001 - 00108。

北平协和医学院由美国洛克菲勒基金会于 1917 年创办。1919 年，美国医学传教士安德鲁·伍兹（Andrew Henry Woods，1872 ~ 1956）到该院工作，讲授神经精神病学，直至 1928 年。[①] 1933 年，阿道夫·麦耶的学生，美国医生理查德·雷门（Richard Sherman Lyman，1891 ~ 1959）接替伍兹担任该院神经精神病学教授，直至 1937 年。[②]

在此之前，北平协和医学院及其附属医院与疯人收养所已有一些合作。例如，1930 年协和医院致函市社会局称："精神病症最难诊治。敝院为深研学理、裨益人群起见，曾经商请准予每星期二四等日，由专科教授率同学生护士前往贵局管辖之疯人收容所，诊断治疗数日以来，略尽绵力，并感贵局合作之盛意。近闻有留所疯人病故后并无亲属领葬者，今后如有此类无主之尸体，可否恳请赐交敝院领用，施以解剖检查，作精神研究之用，事关阐明医理且于部章亦相符合，倘蒙俯允不胜感祷之至，敬乞示复为荷。"社会局同意这一请求，认为："此事属阐明医理核尚可行，惟须病故无主疯人系因特别病症死亡有供医学研究之价值者，方可由该院领剖以资考验。"[③]

疯人收养所改组为精神病疗养院后，成为北平协和医学院的精神病学教学医院，协和医学院提供一部分经费及专业人员。由于协和医学院的进入，北平市精神病疗养院始真正具有精神病学品质，成为中国第一家由国人开办的可以进行就当时而言"现代"治疗的精神病院。这也在中国开启了行政与精神病学而不仅仅是医生或医院的正式合作。如果用福柯的眼睛来看，这应当是中国的精神病学纳入行政体制、进一步制度化的一个重要标志。

1933 年 11 月，北平市政府决定将精神病疗养院从市社会局划归市卫生处管理。现存 1934 年 1 月 23 日北平市社会局致公安局公函称："案奉市政府训令，本局所属精神病疗养院，划归卫生处主管，仰即遵照移交，等

① 参见《Woods 小传》，《协和院报》2011 年第 9 期。

② 参见 http://medspace. mc. duke. edu/richard-sherman-lyman。

③ 《令疯人收养所：准协和医院函请疯人死亡无主领葬者由院领剖等因尚属可行仰知照由》，《北平特别市市政公报》第 39 期，1930 年。

因，奉此。业经遵照办理在案，除分行外，相应函请查照。”① 1934 年 7 月，北平市卫生处改为卫生局，北平市精神病疗养院自此由市卫生局管理。

关于北平市精神病疗养院的沿革，还可见《北平市政府二十二年下半年行政纪要》之《关于卫生行政事项》：“本市原有疯人收养所，惟规模狭小，设备简陋，因饬改名为精神病疗养院，与协和医院合作，将固有办法，整个改善。又因该所原地房屋逼仄疯人群聚，目睹奇异之形状，愈增精神之痛苦，复饬局另觅较大官产房屋用备迁移。至在院治愈疯人，必须完全恢复健康常度，由医生出具证书，始准出院。再以该院，与医院关系密切，特令由社会局划归卫生处主管。”② 另据北平市卫生局关于 1933 年工作的报告：“精神病疗养院，在京师警察厅时代，名为疯人收养院，设备极为简单，凡入院疯人，除死后出院，从未闻有病愈出院者。十七年疯人院划归社会局管理，二十二年十月，经社会局与协和医院商洽合作，始改为精神病疗养院。本年十一月卫生处成立后，奉令划归卫生处管理，现隶本局。所有该院内部，如整理病室，添修浴室，洗濯室，理发室，灭虱炉，并实施温水治疗，工业治疗。厉行消毒，特制服装，优待口粮等项事务，亦均以次第进行。”③

北平的卫生管理机构的沿革也颇为复杂。如前所述，北洋政府时期的京师警察厅设有卫生处。南京国民政府成立后，1928 年北平市设立卫生局。1930 年因经费拮据，卫生事务并入公安局设科管理。1932 年，公安局缩减经费，卫生科降为卫生股。这一颓势在 1933 年 6 月袁良（1882 ~ 1952）出任北平市长后才得以遏制。1933 年 11 月，北平市政府裁撤市公安局卫生股，设立市政府卫生处。1934 年 7 月，市卫生处又改组为市卫生局。④ 袁良任北平市长一职时间不长（1933 年 6 月 16 日至 1935 年 11 月 8

① 《北平社会局关于精神病院划归卫生处管理的函》，1934 年，北京市档案馆，J181 - 020 - 19112。

② 《北平市政府二十二年下半年行政纪要》，北平市政府编印，1933 年。

③ 《平市卫生一年来建设之纪要》，《市政评论》第 3 卷第 1 - 2 期，1935 年。

④ 参见《北平市政府卫生处成立》，《中华医学杂志》第 19 卷，1933 年；孟威《本市卫生处成立感言》，《市政评论》第 1 卷，1934 年；《训令卫生处长方颐积：该处现经呈奉行政院令准改组为卫生局派该员先行代理局长由（训令第一四三二号）》，《北平市市政公报》第 255 期，1934 年。

日），但其因非常重视市政建设而在北京近代史上留下深刻印记，疯人收养所的改造发生其在任期间，也绝非偶然。据说，他曾视察北平市精神病疗养院。①

北平市精神病疗养院第一任院长由协和医学院魏毓麟医生兼任（1933年9月29日任命）。② 魏毓麟（1899～1968），上海人，1922年毕业于天津北洋水师学堂医学专业，后入北平协和医院神经精神科工作，1930年赴美国宾夕法尼亚大学医学院费城总医院进修。他被协和医学院推荐并被市政府任命为北平市精神病疗养院的院长时，是协和医学院神经精神科副教授。

魏毓麟是中国精神卫生事业的开创者之一。他认为研究精神卫生必须用科学的方法："科学的方法第一条件是探讨事实，而后按着事实去类别分析，而进而去探求普遍的定律，对于物质之现象是如此，对于人性或所谓精神的现象也是如此。由此观点，我们要提倡精神卫生必先用严格的科学方法，客观的态度，及长久的时间去研究精神健康和不健康的事实，知道了这些事实，而后才知道什么是精神健康，什么是精神不健康，而后去提倡精神卫生才可以说有所依据。"③ 他还积极向社会介绍北平精神病疗养院，劝告精神病人家庭将病人送院治疗，虽有广告夸张之嫌，但可谓用心良苦：

> 从前对于精神病人一概叫他为疯子，没有"精神病"这个名词。凡是遇着精神病的人，都以为这个疯子不是冲了仙就是遇了魔，所以请神问卜，喝香灰，吃倒药，有的人以为疯子是一家的羞耻把他终日锁在屋里不让他见人，有的听其自然只等到发生什么事情才把他约束起来，还有请什么催眠术的人给他催眠的，结果不但不能好，到（原文如此——刘注）叫病人受了许多痛苦，使病状愈发发作，闹的一家不安，甚至闹的四邻不安。现在我们政府知道此种病人极与社会安宁

---

① 视察之事可见《参观精神病院印象记》（未署作者）一文追记，《妇女杂志》第4卷第7期，1943年。

② 《社会局关于疯人收养所改组为精神病疗养院和任免院长的训令》，1933年，北京市档案馆，J002－001－00108。

③ 魏毓麟：《从研究精神病谈到精神卫生》，《卫生月刊》第2卷第7、8期，1936年。

有关，于是在几个大城市也设了精神病院。本市也在北城高公庵设有精神病疗养院，一切设备按最新科学方法，治疗和护理方面，皆系专门人才，病室均照新式医院布置，甚适于病人调养的环境。特此敬告有精神病人的家庭切不可担误你有精神病的家属，赶紧将病人送到该院治疗，院内有特别病室普通病室可酌量情形认住，何等病室，均能随意，收费均有定规，贫苦的病人也有免费的办法，其入院手续也简单，前往院中一问便知……①

魏毓麟还对北平精神病疗养院的收治病人的疾病种类进行了统计分析。1933～1936 年，北平精神病疗养院共收治病人 641 名（另有 22 名未经查验完毕的病人未列入），其中“全部或重性精神病”242 人，占 37.7%；“局部或轻性精神病”184 人，占 28.7%；“因机体受伤或疾病所发生的精神错乱病”200 人，占 31.2%；“无精神病状”3 人，占 0.5%；“经查验未分类者”12 人，占 1.9%。在“全部或重性精神病”中以精神分裂症居最多数，占“重性精神病”全数的 62%，其次为过度兴奋与忧郁症，再次为妄想狂。在“局部或轻性精神病”包括神经衰弱，忧郁过度，生理上无根据的身体痛苦，以及鸦片瘾、酒瘾等。通过对病人患病原因的分析，魏毓麟认为：“精神病之发生不是精神病患者个人所能自主的，这责任差不多完全是在他们的家庭，学校，社会——包括政府及其他对人民负责的机关；因为使人易得精神病的人格，既为父母师长的养育所形成，而促成精神病的刺激又是个人所不能左右的社会文化及经济状况。所以与其说精神病是个人精神的病，不如说是中国整个社会制度或文化的病较为近理。”② 显然，在精神病原因问题上，魏氏持社会文化的观点，而非生物遗传的观点。这与当时国内其他一些提倡精神卫生和优生学的学者是不同的。

1934 年，由于业务的扩大，北平精神病疗养院租用了高公庵附近的那王府（蒙古喀尔喀赛因诺颜部扎萨克和硕亲王那彦图王府）旧址的南半部，条件有所改善。1936 年，北平精神病疗养院再次提出扩充院址的请

① 魏毓麟：《对于精神病人应注意的事项》，《卫生月刊》第 2 卷第 1 期，1936 年。

② 魏毓麟：《从研究精神病谈到精神卫生》，《卫生月刊》第 2 卷第 7、8 期，1936 年。

求，更显示出其扩张的雄心和初具的那么一点霸气。当时有记载："平市精神病疗养院，自与协和医院合作以来，内部设施，日臻完善，收容病人，亦日有增加，故最近增加床位至二百八十余张，并租用附近房屋，扩大收容。惟以精神病为慢性疾病，入院者多，出院者少。加之该院为华北唯一之精神病院，本市公安局救济局与外县送往者，日见其多。致院中难以容纳，而拒绝无从。刻闻该院已具呈卫生局转呈市政府，请求拨给带林木空地之公产一处，以便精神病人得因自然环境而静养云。"① 到 1940 年，精神病疗养院全部迁入地坛。现存 1940 年 1 月 26 日"北平特别市公署警察局"训令称："为训令事案准卫生局公函内开，查本局所属精神病疗养院原设地安门外高公庵，顷因该房主将房产售出，经呈准将安定门外地坛北郊医院拨充该院院址。其北郊医院另觅安外关厢新址办公。兹据该院呈称遵于上年十一月十六日开始移送男女病人，并赶速添建修整房舍，业于本年一月九日全部迁移完竣，即日在地坛新址照常办公等情，前来除指令并据情转报市公署外，相应函达，即希查照，并转饬所属知照，等因，准此。除分行外，合行令仰，一体知照，此令。"② 后来，精神病疗养院还曾为患者园艺治疗、实习垦业而向地坛借用土地。③

另外，据说在 30 年代北平还有一家私立精神病休养院，亦收有病人 40 余。④

北京疯人收养所和北平精神病疗养院的建设，在 20 ~ 30 年代对于其他地区产生了导向作用。1920 年，医学博士、常州福音医院院长王完白（1884 ~ ?）撰文呼吁各地兴建精神病院。其篇洋洋洒洒，可谓"言之凿凿""情之切切"。

芸芸众生，本多苦境。然其他种种，尚在身外，独疾病之时，苦

---

① 《市精神病院扩充院址请市府拨给公产》，《卫生月刊》第 3 卷第 5、6 期，1936 年。

② 《北京特别市警察局关于精神病疗养院迁址的训令》，1940 年，北京市档案馆，J181 - 022 - 08110。

③ 参见《市立精神病医院关于借用地坛内官地与市政府等的来往函件》，载于北京市东城区园林局、北京市档案馆编《北京地坛史料》，北京燕山出版社，1998；王仲奋编著《地坛史略》，北京燕山出版社，1998，第 62 页。

④ 参见宋思明《精神病之社会的因素与防治》，中华书局，1944，第 15 页。

乃切身。疾病种类固多，其最可怜无告者，其惟疯癫乎。盖人患此病，躯体无伤，性情独变，饥不思食，寒不思衣，是非不辨，安危不知；静则如木偶，动则如猛虎；他人见之，非轻侮戏弄，即慑畏引避，虽骨肉之亲，亦不敢接近。人生如此，困苦何如。

且疯癫一症，吾国鲜知其原。即业医者流，尚指为痰迷心窍，而妄加药石。无知愚民则疑为鬼神依凭，而以符咒驱邪，为无上妙法。不知本病虽表状各别，动静不同，其实皆属脑病，大多数为精神上受刺激过甚所致。如过度之忧思、惊恐、贪恋、妄想、疑虑、愤怒等，皆足酿成此症。其因体质上之关系，颅脑受伤、血液中毒等，所成者较少。不论为心理的，或生理的，果能调理适宜，多有全愈之望。故文明之国，皆特设疯人院，以负治疗与保护之责。洵慈善事业中，不容或缓之要举也。

疯人院之设备，与普通病院不同。故须有专门之人才及特别之建筑。如病室，则必人各一间，以免相聚争闹。室内四周皆须以若软之物，以免磕碰损伤。室顶须装置热气之管，俾冬季室中温煖，病者虽不能御衣，亦弗受冷。窗户须内护铁网，以免击碎玻璃。窗外须辟宽广之园，栽以花木，以开其胸襟，使有怡然之乐。终期一入病院，既免躯体之伤残，复得精神之休养，则重症轻，而轻症愈矣。

救治疯癫，不仅为医药上冀达解除疾苦之目的，实对于公众利益，有莫大关系。今试就个人、家庭、社会各方面分别言之。

（一）关系于个人之裨益。疯癫一症，尽人可犯。即道高学博之人，一旦劳神过度，亦易患之。无论名人巨子，一得此症，往日之知识才干即完全伤失，终日惟胡言妄想，狂呼乱跃，作种种野蛮痴呆之状。症重者，并衣食便溺亦不自知，与以衣则撕裂成片，与以食则弃掷于地，污秽遍身，不可向迩。为日稍久，虽素所挚爱者，亦且见而却退，爱莫能助矣。或因狂暴难制，则更以缧绁加身，闭置斗室，无异狱中之囚，柙中之兽。若能送入疯人院中，受医士之诊视，护士之照拂，不特饮食起居，得适当之调护，并有对症之药随时服用，自能渐收佳效。且使之隔别家庭，改变环境，尤与病体有益。每见患者在院中调治寻愈，迨一遇骨肉故人，则狂态顿作，一如来时。故人无贫富，苟不幸而得此症，于留院受诊，始有痊愈之望也。

（二）关系家庭之裨益。一指作痛，遍体不安。室中有一人患病，亦举家无宁。但其他病症，为日尚短，且只须安静服侍而已。设有一人患疯癫之症，则家庭中受其扰累之困难，迨非亲历其境外者所能道。既忧其废弃事业，蠢然终身，更怜其不认骨肉，不知饥寒，赴汤蹈火而不知险。且或见人辄殴，无从接近，出言秽亵，相见为难，投器击物，喧嚣故作。日以继夜，无片刻之安，致举家惶惶，不知所措。善言相抚，既属无济；蛮力强制，又觉不忍；精神肉体，交受痛苦，至此已极。即对于邻居亲友，亦觉无颜。且防卫稍疏，病者每觅机自尽，或突然逸出，误杀多人。此种事实，报纸上已屡有所见。苟于斯时得有专门医院，接纳其人，加以保护，施以医药，使有疗治就痊之希望，则合家咸受安慰，可释重负矣。

（三）关于社会之裨益。疯人院之关系于社会，骤闻之或疑为过言。殊不知对于社会裨益，且较其个人及家庭所得超出千百倍也。盖精神病之种类不一。脑府之功用紊乱，举动反常，疯狂之态现于外者，已成之疯癫病也。其思想愚昧，动作迟钝，容颜呆木，神思恍惚者，轻微之癫病也。尚有残忍惨酷，凶暴性成，如盗劫人财，杀戮人命，及不情之淫乱，喜好窃物之怪癖等。大逆不道之事，行之若素，恍若别具肺腑者，实亦癫病之一类。推原其故，乃脑机乖戾，思想荒谬，而自制力失其效用，遂不知不觉，演成种种怪剧，而陷入刑章。一旦案成，则徒流大辟，罪无可逃。然试思头脑清明之人，焉肯出凶杀强劫之手段，以生命为儿戏。即使默想其状，亦所不忍。换言之，凡充斥监狱之囚犯，扰乱地方之匪徒，与夫愚蠢之子，暴烈之辈，无非一种变相之疯人耳。且精神病必遗传子女，转转相承，遂使残贼愚弱之民，遍于全国。故一国之中，能广设疯人院，俾已患之人，可得救治，并免劣种遗传，为社会累，则人种改良，国家安谧，世界亦同增幸福，其益不亦大乎。

总观上说，疯人院关系之重，裨益之多，可想见矣。然欲求其果，必种其因。今查我国地大人众，而已设疯人院者，仅广东、北京、苏州等三处，且均属供不应求，不堪拥挤，后来者每以无地可容而见屏。著者昔年曾管理疯人院，知已较悉，目击疯人之家属，送患者至院，哀恳收接，至于涕泣而下拜，状殊可悯。爰草此篇，敬希我国各埠、地方领袖、慈善巨子，能注意及此。或募款特建，就著名医院附设，使可怜无告之疯人，均得治疗之机会。虽创立之初，困难至多，是在办理者之热心毅力，始终坚持，必能达有志竟成之目的也。①

1927年，上海著名医生朱蓉镜（1885~1934，曾留学日本）② 致函上海乞丐教养院董事会，建议组织精神病院：

近阅报章欣悉公等慈善为怀，有乞丐教养院之组织，本有教无类（原文为"赖"，疑误——刘注）之宏旨，谋改进市政之要图，不特造福细民，有益社会已也。但有一事，虽与乞丐教养，性质不同，而为谋地方公安慈善救济计，不妨与乞丐救济相提并论，即精神病院是也。精神病一名疯癫病，因人的神经受强烈压迫刺戟，精神忽起变诡，遂成疯疾。动静不一，啼笑无常，一种惨悲可怜之状况实驾乞丐而上之。生死忘形，奸杀靡定，其犯罪与妨碍公众安宁之惨酷，尤驾乞丐而上之。故东西大国，通都大邑，公家必有精神病院之设置，举区内精神病患者，收容而治疗之，如不能治疗自亦绝对收容，以免妨碍公安。故精神病院与乞丐教养同为慈善救济的市政应有之设施，大可以同时并举也。沪上人口之繁，生计之拙，淫靡奢侈，相习成风。如酒精的刺戟、性欲的刺戟、投机事宜之兴奋与压迫，直接间接皆足以为精神病冲动的原因。故目前精神病患者，日益增多，而自杀他杀精神的犯罪行为，亦层见屡出。设不施救济，为害愈烈。以上海市区之大，居民之众，而精神病院之设，华租各界，均尚缺如，普通医院更视精神病为可畏，望而拒却，坐使精神病者，哀哀无告，或幽禁于家庭，或癫狂于道路，不可谓上海全市之一大缺点。公等地方重望，为造福桑梓、改善市政计，有乞丐教养院组织之机会，荣锦（朱蓉镜之名——刘注）管窥所及，妄参末议，请求将精神病院同时并举，或划一弓之地，分门试办。同为慈善，无分彼此；同为要举，无分先后。若谓碍于成，议留待将来，恐机会一失，如再欲另起炉灶，更非

① 王完白：《疯人院之重要与裨益》，《广济医报》第5卷第1期，1920年。
② 《故委员朱蓉镜君小传》，《新医药杂志》第2卷第7期，1934年。

容易。①

1929 年，当时的首都警察厅（隶属内政部警政司）拟设立精神病人收容机构，并寻求南京市政府支持。② 据报道：

首都警察厅近日督饬警察拘获患神经病者多人，分别处究。有犯罪行为者移交法院治罪，有家属而无犯罪行为者，着家属领管或给资押送回原籍。其一部分既无犯罪行为又无家属可稽核者，该厅近函市府请商社会局救济院房二间，暂为监置。原函如次：查本都市内时有心神丧失人发现，或号叫癫狂有妨公安之秩序，或赤身裸体殊碍都市之观瞻，敝厅督饬警察随时拘捕，查有犯罪行为者，则依据刑法第三十一条之规定送请法院监禁。其有父兄或监护人可查者，亦俱即设法，或使领回，或给资押送回籍负责管束。乃尚有既不犯罪又无家可归者，似惟有酌量情形送请贵市政府卫生局所定之相当病院或社会局所定之监置处所收容，以资救济。现敝厅已拘有前项心神丧失人急待处置，应请贵府将心神丧失人办法见示，俾可循照执行，或请饬社会局先就救济院拨屋一两间，暂予监置，以应目前急需。相应函达，盼即见复。③

闻听南京市政府拟建立疯人院，潘光旦在其主编的《优生月刊》上发表评论，一方面表示赞成，另一方面深为中国缺乏精神病学人才感到忧虑，认为如果没有相当的管理和治疗人才，疯人院的状况就将比监狱更为恶劣：

南京市当局最近有设立疯人院的建议，据闻二三个月内可以把房屋造好。这当然又是一件好事，值得关心社会问题的人特殊赞助的。中国有精神病的人究属有多少，我们不得而知，但据平时耳闻目见所

① 《组织精神病院之建议》，《中西医学报》第 9 卷第 9 期，1927 年。

② 参见《咨关于估修首都公安局拘留所及建筑疯人室房屋由》，《内政公报》第 2 卷第 4 期，1929 年。

③ 《首都警厅处置神经病人犯办法》，《法律评论》第 7 卷第 43 期，1930 年。

及，似乎不在少数。许多看管在家里显而易见是疯的，可以不必说。无家可归或有家而不受约束的疯子，平日在街上东碰西撞，闯些小祸，闹些笑话，也是常见的事。昨天的报纸就载着一个疯子在中孚银行屋顶上演说。这类也不去说他。但是此外，犯罪，自杀，弃家出走种种案件里的当事人往往也有疯的，不疯就不会做这一类违反人情的事；对于这类疯子，一般人就不大认识了。还有走江湖的人里面，下起医卜占星，上至以离奇古怪的学说来号召的人，往往也可以觅到不少神经错乱，意识乖戾的分子。这一类比较不公开的疯子，要在太平的时候，要在一个比较科学化的社会里，早就一个一个的送到疯人院里，受特殊的心理治疗了；其无法治疗的，也就终身留在院里，免得在外自害害人。中国维新了好几十年了，但始终没有“维新”到这一点，除了广州苏州两处有教会创办的两处疯人院外，他处便都没有提过。去年武昌同仁医院着手添设精神病院，现在也不知进行得如何。总之，对于疯狂这个大问题，中国改造家虽多，改造的空气虽浓厚，到如今可以说还没有人过问。南京方面这一次的动议，要是成为事实，我们相信一定可以收很大的效果，因为他处的是可以登高一呼的地位，我们上文说他值得赞助，便是因此。不过有一点，我们要请建议的当道注意，就是：设立疯人院不难，造了房子请疯人们进去居住不也难，私人家属正受着疯人的累的，自然也极愿意把他们托付出去。但是谁来管理，谁来分别治疗，这种人才在哪里？却是一大问题。据我们所知，上千成百的留美学生里，专门研究这个题目的人不过两三个，就中有一个还在美国服务，没有回来。德奥是这一门学问发达最早的国家，但是留德奥的医科学生里真正研究精神病的，似乎找不到一个。没有相当的管理和治疗人才，而轻言疯人院的设立，万一成为事实，也不过在牢监、栖流所以外，在大城市里多添一个更不堪的活地狱罢了。①

不知是否正是因为缺乏人才，南京市政府并没有如预期将疯人院建成。反倒是上海，在30年代，出现了一个建立精神病院或精神病房的小高

① 潘光旦（未署名）：《南京将设疯人院》，《优生月刊》第1卷第2期，1931年。

潮。1935年，上海天主教会经两年筹备建立了名为“普慈疗养院”的精神病专科医院。该院的具体创办集资人是陆伯鸿。陆伯鸿（1875～1937），原名陆熙顺，上海人，20世纪上半叶中国知名企业家、慈善家和天主教人士，先后举办了七所慈善机构，是第一批进入上海法租界公董局的五名华人董事之一。普慈疗养院占地150亩，房屋共14座，其中病院部分计8座，男女病房各半，分四个等级，全院平时可容纳500人，必要时可扩充至600人。[①] 在1937年和1940年，上海红十字会第一医院、上海圣约翰大学医学院先后设立了神经精神科病房。这些机构，有比较好的医学基础和医疗能力。上海还有几家私人开设的精神病院，如“中国疯人院”（由陈引筌开设，自称建于1911年，后改名为“中国疯病医院”，其附设有“上海疯人院”）、“上海疯癫专门医院”（1932年由顾文俊开设）。然而，上海并没有官方设立的精神病院或精神病人收容院，但这不等于说上海市政府对于精神病院没有需求。上海市政府主要是通过给予一些精神病院资助，而使它们免费接纳官方收容或拘留的精神病人。例如，1936年，普慈疗养院“呈请市政府补助常年经费，于本月三日奉市府批准，年拨二万元”。[②]

出于同样原因，上海租界当局对有的精神病院也给予了一定支持。上海疯癫专门医院刚设立时，致函上海公共租界工部局，声称该院所担任工作极为需要，对于若干病人概不收费，其经费则赖慈善界之捐助，故申请豁免其医院房屋之房捐。工部局审核认为，该处房屋不适用于剧性症病人，且大有火险之虞，惟该院任务范围虽小，颇为有益，地方法院所收疯癫病人，经送往该院疗治，准将该院房捐豁免半数。[③] 还有，陆伯鸿为建立普慈疗养院，曾向公共租界工部局和法租界公董局寻求资助。工部局经讨论后决定当年捐助建筑费五万元，但提出了几项条件：（1）本局须得若干之留置权，以备容纳界内之病人；（2）本局卫生处处长有视察该院之权；（3）该院须证明建造工程之进行满意；（4）须保证所称两临近市府之

① 《普慈疗养院昨开幕》，《申报》1935年6月30日。

② 《医药评论》第163期，1936年，第69页。

③ 《上海疯癫专门医院陈请免缴房捐》，《上海公共租界工部局公报》第4卷第44期，1933年，第641页。

捐款，确能得到。至于续行捐助，俟日后再议。[①] 另外，法租界公董局捐助五万元。

还有一些地方，当局也曾有设立疯人院或精神病院的设想，但由于经费紧张等原因而未能实现。例如，1931 年山东省济南市公安局建议设立疯人院，但遭到省财政厅、民政厅的质疑："疯人院之设立虽有关于社会安宁民生健康，而办理不善流弊滋多，或不免徒耗公款，于疗养无济，现值省库之绌之际，拟请暂行缓办。"省政府同意财民两厅意见，决定缓办。[②] 1933 年，济南市公安局再次提出建立疯人收养所，并拟具简章、预算书和建筑略图。它指出："疯癫病人症候顽固，管理极难，普通医院因无此项设备概不收容，是以本市所有男女疯人迄无安置办法，沿街搅扰，实属妨害治安，况车马往来如织，尤多妨碍交通。拟请仿照北平疯人收养所办法，由本局设所收容，施以适当治疗，俾使早日痊愈，以重人道，而免扰乱治安。"山东省民政厅支持了此次建议，认为济南市公安局的理由"不无见地"。[③] 但这个疯人收养所还是没有建成。

1934 年，河南省也曾筹设疯人院，政府有文件说："近查省垣有癫痫疯狂者数十名，不时扰乱秩序，滋生事端，经饬财政厅应筹设疯人院，以资收养，现已由该厅拟具组织简章及进行计划，提经本府委员会议通过，不日即可设立。"[④] 而后来也不了了之。

30 年代后期，由于日本发动全面侵华战争，中国的精神病院建设和发展受到严重扼制、破坏。抗战胜利后，各方人士呼吁加快精神病院建设。上海的精神病学专家粟宗华（1904～1970）指出："我国人口超过美国三倍半，美国专为精神病而设的已有病床六十余万张，尚感不敷分配，那么我国仅有病床二千余张，还包括内地监狱或疯人院在内，两相对照，我国对精神病的忽视可想而知。"他估计，当时中国患重性精神病需要住院治

① 《闵行疯人院》，《上海公共租界工部局公报》第 5 卷第 34 期，1933 年，第 504 页；《闵行镇兴建神精病院》，《申报》1934 年 7 月 31 日。

② 《议案：政务会议：第五十四次：省政府秘书处报告民财两厅会呈为奉核省会公安局呈送设立疯人院预算现省库支绌拟暂缓办请提会核议应如何办理请公决案》，《山东财政公报》第 2 卷第 9 期，1931 年。

③ 《据济南市长转呈公安局请设疯人收养所请核示等情转请核示饬遵由》，《山东民政公报》第 163 期，1933 年。

④ 《施政进度概述（二十三年十一月）》，《河南统计月报》1935 年第 1 卷第 2/3 期合刊。

疗的人，至少应在二百万人以上。而专门的精神病医师全国总共不到二十人，其中还包括外籍医师四人。①

警察学专家郑宗楷从维护治安的角度论证了建立精神病机构的必要性，还谈到宋美龄对一位精神病人住院问题的关心：

> 疯是个重要的社会问题。疯人与治安有密切的关系，警察应该加以注意。宗楷从前在重庆警察局时，董显光先生送来一个疯女郎，本来因为警察局没有保护室，而重庆又没有疯人院，无法收容，但董先生屡次来电话而且说：疯女郎是个智识女性，蒋夫人对这件事情很注意与关怀，不能听她流落街头，贻笑友邦。不得已，我们只好把疯女郎由汽车送往成都疯人院去疗养。当时疯女郎在警察局里曾以手取马桶里的粪便来吃，其情实在可悯。民三十五年七月间宗楷在南京马路上看见一中年疯妇，身着浅绿色旗袍，且歌且哭，忽立忽卧，形容憔悴，状极可怜。据说，这疯妇是广东人，曾往上海多年，因遭家庭变故，致患疯癫，不知何时来京。她在街头作种种疯状，警士曾经把她监护起来，但是因为没有疯人院，无法收容，送往公私医院，又遭他们拒绝，不得已只好释放，听她依然流落街头。南京为首都所在，观瞻所系，地方当局对于这批不幸的无告者，宜有妥善的安顿，慈善团体也应协助救济。②

由于国力尚待恢复，各地精神病院处境艰难。突出的问题是精神病院无力扩张供不应求的床位和由政府机构、军队送治的患者的费用难以解决。

先看上海一位普通的警员的切身体会：

> 上海治疗疯人的医院是有的。但没有钱却不容易进去。
>
> 有一次本分局（常熟路）警员在马道上带回一个疯人，我们保安

---

① 粟宗华、陶菊隐：《精神病的意义及其对于社会的影响》，《新中华》第6卷第22期，1948年。

② 郑宗楷：《扒手妓女与疯人》，《警政导报》（内政部警察总署出版）第16期，1948年。

> 组只好把他送到疯人医院去，那里竟拒绝接收。护送去的警员便说："你们这里是疯人医院，是做治疗疯人的工作，难道使他们永远留在警局不成？你们不干这工作则已，不然是不能拒绝的。"第二天给该院院长知道了，于是办了一个公函连同疯人又送回了警局，说是经费有限，政府没有津贴，未便收容。他们说可以把这疯人送往普慈医院，那里是有政府的津贴的。于是我便到普慈医院中正南二路办事处去接洽。那里的答复是："从前领过了政府津贴，现在好久没有领到了，不能收容。"我问他："政府为什么不继续津贴？""不知道！""私人住院要多少钱？"他告诉我了一个惊人的数目："每天至少要五万元。"……后来经过多方查探，我知道了这疯人的住址，于是报告股长用警备车送他回家。他家里有一个妻子，室内陈设颇好，他的妻子一见他，好像是伤了她的脑筋，对我们一声感谢也没有。于是我又知道没有钱的疯人，只好永远做家的赘瘤。
>
> 最近我们又办过了两回这样的事情。我觉得这问题愈来愈严重了，要不是知道他的住址，除了移送至交通单纯的郊区外，是没有第二个办法的。可是我们得问问良心，把他遗弃到郊外，是不是尽到了我们的责任？或者送回家以后又怎么办？
>
> 我想市政府既没有公立疯人院的设立，对于普慈医院的津贴是不可间断的。①

再看北平市立精神病疗养院的情况。1946 年 2 月 27 日北平市警察局致函北平市卫生局称："本局查获精神病人向径送贵属精神病疗养院收容治疗，惟该院有时以无床位为词拒绝收留。本局每遇此事辄感安置无地，监护无术，至徒劳往返耗警力尚属其次。兹为便利公务，相应函请查照转饬该院，嗣后对于送治精神病人务希随到随收为荷。"北平市卫生局随即向北平市立精神病疗养院下达训令，要求精神病疗养院对于警察局送治精神病人"不得借词推诿"，另一方面指出："如果实无床位或有其他困难，亦须详为解释，以免误会。"北平市立精神病疗养院也很快报告，辩解称：

① 成麟昭：《为疯人呼吁》，《红绿灯》（上海市警察局警察训练所发行）第 7 期，1946 年。

"查本院并无拒绝警察局送交精神病人之情节，事出离奇，何异空谷来风。"①

对于警察局以及军队送治的精神病人，北平市立精神病疗养院无意拒绝，但床位紧张确属实情，而且各机关送治的精神病人的费用问题也难以落实。1947年5月，北平市立精神病疗养院建议市政府出台一个免费收容精神病人办法，协调与行政机关和军队的关系。它在给卫生局的报告中直陈自己的困境和委屈："本院免费收容精神病人，向无确定办法。大抵由军警等机关函送到院，漫无限制，住址不详，家属无着，以致不能履行住院手续，遇有死亡不能通知家属抬埋，即或病愈亦不能遣送回家，积压日久，愈集愈多。当开办之初，尚由市政府按口计粮，随时发放，毫无困难。自胜利后，市政府规定名额十名，每名月给口粮费壹万元，物价日涨，本已不符甚巨，曾经再三呈请有案，加以积压之旧有无告病人数十名，更无法维持。去年曾商同救济总署北平办事处，设免费病床三十名，此部病人，暂得其养。今于四月底免费病床停止，遂又陷于窘困，亦经呈报请示办法在案。本院苦于病人无法遣散，伙食无着，以致影响院务进行。而外界不明真相，仍源源函送病人，责以免费收容。遇和平者请予额外通融，强暴者动辄武力威胁。如曲以收容，则无法供膳，拒不收容则误会发生。侵润纳费病人伙食，本属下策，常此以往，或不免舆论哗然。"报告最后说："思维至再，谨拟具修正精神病人免费收容办法数条，请予转府核示。果能实行，院务或可渐次纳入正轨，而徐图发展也。"② 之后，北平市卫生局会同社会局提请市政会议讨论由精神病疗养院起草的"免费收容精神病人办法"。1947年6月3日，第一零三次市政会议通过该办法。该办法以卫生局名义规定，共11条：

一、凡市民患者确系贫苦，须由保甲长或辖区派出所提出书面证明，经该院查核属实者，得收容之。

二、各行政机关移送精神病人，除纳费住院者外，免费住院者须

① 《卫生局关于对警察局送来之精神人不得籍词推诿给精神疗养院的训令及为此与警察局社会局的来往公函》，1946年，北京市档案馆，J005－003－00913。

② 《市立精神疗养院拟具的免费收容精神病人办法及卫生局关于收容精神患者与警察局、社会局等单位的来往函》，1947年，北京市档案馆，J005－003－00614。

先与本局洽妥后，再由院方收容。

三、军事机关移送精神病人，无论纳费免费，须先向本局洽妥后，再由该院收容。

四、免费病人到院，须先受该院医师之诊断，确系精神病人，方收容之。

五、凡免费病人，除不纳费外，其住院手续仍应照章办理之。

六、免费名额以市府规定名额为限，逾额不收。其额外请求免费者，先行登记，依次递补收容之。

七、免费口粮，由市府按规定名额，计口授粮，或以市价折合现金，每月一次发给之，月终按实报销。

八、免费病床之服装冬火等费，由市库支给之。

九、遇有死亡者，通知其原送人或机关。无力抬埋者，由院方遵照颁布免费住院病人抬埋办法处理之。

十、病愈者，通知其原送人或机关领回之。查传无着者，转送救济院收容。

十一、免费名额规定三十名。

然而，这个办法作用有限，免费住院申请仍然源源不断，有些申请明显理由不足。而且，卫生局也难以阻挡来自强力部门的申请。例如，1947年12月2日北平市警察局内二分局函称："查石郭氏前因生活无着经社会局准予送入妇女救济院，惟以精神病发不便收容，复承贵院准予送入精神病院并已入院治疗在案。查该石郭氏系市府陈参议彂车夫之妻，生活异常寒苦，实无力负担保证金及饭费，敬祈贵院体恤该氏贫苦，予以免费收容，不胜纫感。"警察局内二分局抬出市府参议陈彂之名，有以势压人之嫌，而市府参议的车夫之家"异常寒苦"也疑似夸张。但卫生局毕竟不敢怠慢，饬令精神病疗养院对患者石郭氏先行登记，俟有免费病床空额即行移入。精神病疗养院也曾对卫生局的决定据理提出过异议。例如，1947年12月3日呈复卫生局："钧局卫二字第一一零一号训令以准警察局函请收容治疗精神病患者汤淳等仰先行登记俟有免费病床再行报局以凭通知等因。奉此。遵查，汤淳家境中常，非贫苦可比，且过去曾住本院二等病房，今已自费取保入院矣，所要求免费似无必要。奉令前因理合具文呈复，敬请鉴核备查，以便转知。”[①]

病愈但无家可归的患者滞留医院也是北平市立精神病疗养院颇感头痛的问题。根据“免费收容精神病人办法”，此类患者应转由社会局主管之救济院收容，但救济院有时不愿意接收。1947 年 11 月 1 日精神病疗养院在提交给卫生局的“再呈请转函社会局令饬救济院依据市政会议第一零三次决议案第十条之规定收容无家可归之病愈精神病人以符原案之本旨”的请示中指出：“本院免费病床原为收容贫苦精神病人而设，其病愈无家可归者根据市政会议第一零三次决议案第十条之规定，即送救济院收容，以便腾出床位，而救济其他病人。如此始不失免费病床之本旨。卷查本院前以病愈精神病人富仲谨一名拟送救济院一案，因该院拒不收容，本院曾以精呈字第四五一号呈请钧局转函社会局在案。嗣奉钧局卫二字第一一五五号指令，遵即办理，乃社会局未能援案迅予收容，且手续繁复，尤当经过检察认为精神充沛、体格健壮，始准收留，实乃变像拒绝。盖救济院旨在救济贫苦，果然体格健壮，作工亦可谋生，尚何待救济院之救济。似此本院免费病床将永成饱和状态，旧者不能去，新者不能来，殊失免费病床设立之意义。兹查本院又有病愈女精神病人佟德氏、秘韩氏，情形相同，拟连同前病愈者富仲谨仍送救济院。敬请钧局转函社会局，省却一切手续，援案令饬救济院径予收容，以便腾出床位而济其他病人。”[②] 而救济院在 1947 年 12 月 16 日提交给社会局的“呈复精神病疗养院送治愈患者在本院安置经过情形请鉴核”的报告中辩称：“本院对于平民入院手续尚不复杂，仅在未入院之先检查体格。盖以本院向无专任医师，乃委托社会服务处代为办理，原意系为维护一般收容人健康，预防被救济者患有传染性各病，于入收后不免传染，初非限于体力始予收容。至于本院收容人患有精神病送赴精神病疗养院请为诊治与先经该院治愈之患者送在本院安置，历来互相联系，尚未感觉手续烦难，不过该院有时送来病愈患者，其神经仍未恢复正常，不能不加考虑。而该院对于本院送去患者，亦有时因床位关系多未收受。实属偶尔，绝非普通。如是拟请钧局转函卫生局饬知精神病疗养

① 《市立精神疗养院拟具的免费收容精神病人办法及卫生局关于收容精神患者与警察局、社会局等单位的来往函》，1947 年，北京市档案馆，J005－003－00614。

② 《市立精神疗养院拟具的免费收容精神病人办法及卫生局关于收容精神患者与警察局、社会局等单位的来往函》，1947 年，北京市档案馆，J005－003－00614。

院，对治愈患者俟其神经一如常人再为送交本院安置，俾免甫经收容数日又须送回治疗。"[①] 这"两院"唇枪舌剑，相互指责，实乃意气用事，而忘记如何让需要得到治疗、救济的人都能够得到治疗、救济才是根本。它们的争执，各有理由，但说到底系当时政府财力支持不足使然。

1947 年，国民政府在南京设立由卫生部直属的精神病防治院。它是中国第一家国立精神病院。据国民政府卫生部 1947 年调查，全国精神病床有 895 张，其中北平市立精神病疗养院[②] 200 张，[③] 上海闵行普慈医院 300 张，广州市立精神病院 300 张，卫生部南京精神病防治院 50 张，上海红十字医院 25 张，成都四圣祠医院 20 张。[④] 临中华人民共和国成立，全国精神病院仅有 7～8 所，病床总数不到 2000 张。[⑤]

第三节　近代疯人院和精神病院境况纪实

早期疯人院或者精神病院的运作和住院病人境遇，留下来的实证资料很少，且多为观感文字，可现在来看，它们还是有意义和有意思的。有些精神病院的情况印证了潘光旦的忧虑。

发表于 1919 年的《参观京师疯人院追记》，或许是中国最早的一篇对国人所办疯人院的描述，虽然肤浅，但算得上"珍稀"，故加以介绍：[⑥]

---

① 《卫生局关于请简化手续收容精神病愈者的函及社会局的复函》，1947 年，北京市档案馆，J002－006－00334。

② 日寇占领北平期间，北平市精神病疗养院曾改名为"北京特别市市立精神病疗养院"，1945 年日本投降后称"北平市立精神病疗养院"。1948 年 4 月，奉行政院令，北平市立精神病疗养院又改名为"北平市立精神病防治院"。参见《卫生局关于拟改正局属精神病疗养院等十院所名称、冠以"市立"字样并刊发钤记的呈及市政府的指令》，1937 年，北京市档案馆，J005－002－00063；《北平市政府卫生局关于将精神病疗养院改为精神病防治院的公函》，1948 年，北京市档案馆，J181－016－01241；《卫生局关于第一医院请增加编制员额及精神病疗养院改为精神病防治院换发新钤记的呈文及市政府的指令》，1948 年，北京市档案馆，J005－001－01695。

③ 另据统计，1946 年 1～6 月，北平市立精神病疗养院共治疗 408 人次。参见《北平市市立精神病疗养院治疗病人次数》，《北平市政统计》创刊号，1946 年。

④ 参见程玉麐《培植精神病学人才之建议》，《医潮》第 2 卷第 3、4 期，1948 年。

⑤ 参见湖南医学院主编《精神医学基础》（精神医学丛书第一卷），湖南科学技术出版社，1981，第 9 页。

⑥ 陈万里：《参观京师疯人院追记》，《通俗医事月刊》第 3 期，1919 年。

我国向来没有什么叫精神病院，罗致精神病的病人于一个法定的机关就叫做疯人院，这在北京才有的。鄙人是有志研究精神病学的一个人，在国里既然不能得到一个精神病院可以帮助研究学问，没有法子只可以求诸北京的疯人院。但是疯人院是属于京师的警察厅，凡是警察厅范围里所属的机关照例是不能随便参观的，民国七年春好容易同了一位姓章的朋友去参观了一回。

疯人院先是在西城石板胡同（应为“石碑胡同”——刘注），当时的规模极其简陋，不能供外人的参观，所以有参观的人往往是拒绝的。从去年起从西城搬到北城玉皇庙（临近高公庵胡同——刘注），这个时候才听见人说疯人院的规模扩大了。当我跟姓章的朋友刚到宝钞胡同（临近高公庵胡同——刘注）的时候，果然看见一坐朱漆牌坊倒是很新，上面写着疯人院三个大字，似乎是真个规模已经扩大的样子。

……跟办事方面的两位谈了许久，别的没有什么可记，不过有几句话是不能不把他介绍的，就是“这里的病人大概都是由于痰的郁结邪的感触而忽然发作的，所以治疗的方法不是投以清肺化痰的煎药，就是给他降火去邪的丹剂，有奏效的就由家属领去”云云。我也不便再问了，就请他导引到疯人收养的地方见识见识。

疯人的收养处是面南的三大间。中间放一个白炉子，三面都是连炕（原文误为“坑”——刘注）。疯人约莫有十七八个住在里面，有立的，有坐的，有睡觉的，有伏在一旁的，亦有斜靠炕边的，可以说得真是五花八门……种种形状里边还有含笑的，有点头示意的，有呆看着不一瞬的，有窃窃私议的，有诘问警察饭食如何恶劣及恳求参观者替他设法出院的。三大间正屋的两侧一面是接见室看守室一面是优待室，偏院南屋有两间是专为患重病的疯人设备的，我去的时候所收养的病人是一个从前肃王府的仆役。

后来到东院参观女疯人院。东院只有北屋及东屋各两间。这一院落紧连西院，中间有木栅栏隔住，木栅栏上再有铁锁锁着。我还记得我十几岁的时候跟一位亲戚参观过知县衙门里的牢狱，差不多也是如此的威严，不过门上没有画监神罢了。东院屋里的布置跟西院没有两样。疯妇七八人住在一处，亦跟西院相同。

> 疯人院的全部到此总算参观完了，我就跟章君只落得颓然而返。今年春天同学庄君因为调查北京卫生状况，特到该院参观，回来一是一二是二的告诉我，我听了还不是我去年所见的，没有丝毫地变更么。我就不客气把当时所看见的实情追忆出来，供留心精神病院的诸位以及从事于卫生行政当局的参考。

在作者眼里，他所看到的疯人院与真正的精神病院尚有很大差距，因而不免失望。该文的作者是后来成为古陶瓷家、摄影家的著名学者陈万里（1892～1969）。陈万里是学习医学出身，1917 年毕业于北京协和医学院。在 1919 年，他还发表过一篇题为《精神病是什么》的文章。该文批判了传统中国社会和医学对精神病（癫狂、狂疾、狂病）的看法和认识，以及当时社会上不分精神病与神经病的谬误。他认为："精神病是有精神障碍为主征候而有一定经过的病。"①

从 1918 年 9 月到 1919 年 12 月，美国学者西德尼·戴维·甘博（Sidney David Gamble，1890～1968）在北京进行了一次相当细致的社会调查。疯人收养所也是他的一个考察对象。在 1921 年出版而后来颇具影响亦令中国学者惭愧的《北京的社会调查》（*Peking, a Social Survey*）一书中，甘博写道：②

> 精神病医院在中国的城市里很少见。1912 年，即民国元年，警察厅开始实施城市的这一例行工作以前，北京尚无一家这样的机构。③1912 年，警察厅在西城设立了一家疯人收养所。收养所和贫民救济院相连，但两家机构办在一起效果非常不理想，于是 1918 年 1 月收养所单独迁至北城的高宫庵（应为"高公庵"——刘注）。无论在旧址时的实际情况怎样——我们听说那里的情况极其糟糕，但新址和房舍都很好，仅据一次单独访问看到的情况判断，患者在那里得到很好的照顾。新址房屋带有庙宇式的风格，男女患者分住在不同的院落。全所

① 陈万里：《精神病是什么》，《通俗医事月刊》第 2 期，1919 年。

② 〔美〕甘博：《北京的社会调查》，邢文军等译，中国书店，2010，第 120～121 页。

③ 甘博此处记述有误，不了解或者忽略了清末的京师内城贫民教养院附设疯人院。

共有80张床位，但是在我们访问时，那里只住了23名男子和9名女子，共计32人。病人通常被关在一间大屋子里，屋内三面是炕，病人住在炕上，举止狂躁，说个不停。有暴力倾向的病人被铐起来放在屋子中央的垫子上，使他们不至于伤害到其他病人。另有一些房间提供给正在康复的病人和有钱或有地位的病人。庭院里基本没有用作病人锻炼的场地。平日的伙食是一日两餐，吃的是小米饭就咸菜。对病人完全采用中医疗法，据收养所负责人说，效果相当不错，1918年大约有30名患者痊愈出院。

收养所完全由警察厅管理，警察厅不仅指定所长、副所长、医师和看护人员，而且支付全部费用。在我们访问期间，因所长还在另一家机构工作，因此不领薪水。副所长月薪20元。除去医生和看护警员的工资，收养所总费用一年约2400元。病人是引起住地警察注意的患者，由住地警察上报区警察署得到批准后，才能被收养所收容。病人出院时也要由住地警察送回家。

收养所能够把病人监护起来，这就为精神病患者提供了一个去处，同时也可以使他们的家庭减轻些负担。但人们还是迟迟不愿利用它，这座城市的人普遍认为，病人的一切都应当由家庭照顾，而不应把他们送进收养所。据说有这样的例子，为了使暴力倾向的患者不能随意走动，不至于伤人，他们的家人竟叫来流氓把他们的手臂和腿打断。

我们试图通过所长了解人们为这座城市的其他精神病患者做过些什么，但是译员拒绝翻译我们的问题。他说："你为什么要问这些？这儿有80张床位，但只有32个病人，这个城市不会有更多的精神病人了。"在另一份报告中，警方提供的患者的数字是1366人，或接近人口总数的0.2%（准确数字是0.17%），这个数字只相当于美国一些州在精神病医院收容患者的1/2或1/3。

中国的精神病患者人数并不太多，这一点总是令人迷惑不解。中国的梅毒感染者数量相当大，这种病症在美国常伴随着精神错乱，但在中国这种现象似乎并未出现。看来多少年来中国人对于像在美国那样因梅毒造成的恐慌症状已经形成高度的免疫力，要么就是这种病症没有像在美国看到的那样严重，中国人对它已经有了耐受力。倘若不是中国人性情平和，生活不紧张，恐怕许多人都会得精神病。另外，中国人不屑认证或限制那些在西方国家会被划为弱智或轻度痴呆的患者。在街上时常可以碰到这类患者，但却无法估算在北京这样的城市他们的人数究竟有多少。有些村庄多达75%的人口带有轻度痴呆或更严重的症状，这主要是由封闭式的近亲婚配造成的。

仅就我们所看到范围而言，北京疯人收养所是全国同类机构中的第一家，广州有一家是传教士办的，而北京这家是由政府开办的第一家。它具有开拓性，没有先例，也没有这方面的经验。问题是，它在未来的发展中会取得哪些进步呢？

甘博的书还留下一组关于精神病人违法的统计数字，1917 年在北京有 22870 人因违法（不包括严重犯罪）而被逮捕，其中 100 人属于精神病人。[①]

1932 年，捷克著名新闻记者和报告文学作家埃贡·基希（Egon Erwin Kisch，1885～1948）到中国旅行，访问过北平的一家“疯人医院”，写了一篇纪实文章《疯人院》，收入《秘密的中国》（*China Geheim*，1933）一书。基希访问的疯人医院与甘博访问的应当是同一家，即疯人收养所，但所得印象却大不相同。该文后被译成中文，有关露（1907～1982）的版本（1936）[②] 和周立波（1908～1979）的版本（1938）。现将周译摘编如下：[③]

熟悉欧洲的疯人院，熟悉那里的走廊，那有着软的墙壁的囚室的任何人，都会感到要想象出比这里更糟的地方是不可能的。但看见过中国疯人院的任何人，却会知道那感觉是不对的。

我们是在“鬼屋”里。这是在北平西北门（North-West gate）附近。我们询问的那些人，称呼那是疯颠病院；它正式的名字是“疯人医院”。这是一个警务机关，一个拘禁危险的疯人的囚牢，构造和北平的拘留所没有两样。

① 〔美〕甘博：《北京的社会调查》，邢文军等译，中国书店，2010，第 67 页。

② 〔捷〕基希：《疯人院（报告文学）》，关露译，《新认识》第 1 卷第 3 期，1936 年。

③ 〔捷〕基希：《秘密的中国》，周立波译，群众出版社，1981，第 125～131 页。

病院的院长把我们引到了他的办公室。他不是医生，关于精神病的疗法，他所懂得的和一位精神病医师一样的少。

关于我们首先问起的鬼怪，他觉得不能不笑。的确，病人和病人的亲属总想象着有一种鬼怪，普通总是一个狐狸精，依附在疯人身上，正在他们的身体里面。但是现在，中国的医生同意了他们欧洲同事的意见，认为这种假定不能够用科学来证明。

至于同意欧洲的假说，说精神病和脑神经有怎样的关系，中国医生却办不到。他们认为精神病是由于人体上的某种器官，特别是由于胃、黏液和唾液的分泌物，由于内火和外火引起来的；但是，脑子本身和疯癫根本没有关系。也许欧洲的病人是这样，中国的精神病和脑筋决无关系。

“这种病症大概是由于呼吸不顺调，不是由上而下，是由下而上。因此我们医治病人，主要的是给他用针刺。”

“此外”，院长继续说，“我们企图借丸药和膏药的帮助，把那由下而上的呼吸引导得和正常的呼吸一样。”

结果呢？院长向我们投掷了一个意味深长的微笑：“我们这边正和你们那边一样，很少结果。”

送病人到这里来的是些什么人呢？

“他们通常是由警察捉来的。有时是法院送来，或者是在家里再也管不住他们的亲人把他们送到我们这里的。我们大半是收容那些不能过活的贫民。”

病院的收入怎样？

“哦，很小。整个的病院，连同一百五十个病人，九十个男的和六十个女的，每个月只有七百块钱。”

七百块钱要维持一百五十个病人整月的生活吗？

“不，你没有懂我的话。七百块钱是我们的全部收入，里面有我自己和医生以及看护的薪水，剩下来的才是病人的生活费。”

每个病人大概——？

“每个病人大概是六分钱一天。”

六分钱！职员呢？

“我们的报酬很坏，伙食是由院里供给。”

人们可以猜到，不幸的职员吃的是不幸的病人的饭，他们扣减着病人微少的口粮。病人吃什么呢？

“面包和蔬菜。”

后来我们见识了“面包”和“蔬菜”：一种柠檬颜色、柠檬模样的玉米窝头，和一种不放盐的、街头小贩当做垃圾抛弃的植物的茎。

“你想要怎样，”当我们开始巡视的时候，中国院长对他从欧洲来的皱着眉的同事这样说：他们想着病人要么是在这里医好了，要么是死掉了。但是他们没有医好，也没有死掉。“你有什么别的办法吗？”

那时候，我们已经走到了男宿舍。各种形状的形体，可怜的不成形状的形体……

好像是不大可能，但这里的情形确比欧洲的疯癫病院更加可怕。

……飞着口沫，说着胡话，赤身露体，带着脚镣，一个病人仰天躺在石头地上；他的手臂搬起大腿，使腿竖立着。在欧洲，也许他们由比较温和的方式钉上脚镣，也许这种事情是必要的；但那一定是秘密的，不是公开在院子里，在其他病人的面前。

不错，纵令其他病人看着钉脚镣激动起来，也不必害怕会有集体的愤激的骚动。所有激烈的疯病人，都同样给锁住了，或者是连锁着一个手腕和一个脚踝，或者是用两副铐子，一副把两只脚铐在一道，另一副接着两只手。

女人仅仅由一张门，从男子的部分隔开来。在那边，破衣褴褛，或是一丝不挂。这对于病人似乎是相称的（院里不供给衣服），但在这里，在女人中间，却给人以一种女巫世界的印象。

一个披头散发的姑娘，带着镣铐，躺在宽大的普通病房里的石凳上。在这里，一张上—世纪的风俗画苏生了：在被征服的城市俘虏来的，放在空旷市场上当做奴隶出卖的黑发的处女，正是带着这种旁若无人的狂怒睨视着。

还有的病人威胁的簇拥着我们，叫嚷着他们依附着鬼，这是一种可怕的虚构，同时叫嚷着他们饥饿，这是一种可怕的现实。

饥饿使他们中间的大部分人从自己家里的小房子转入这所“大房子”（监狱），但是逃进疯人院对他们并没有帮助——在这所大房子里，他们还是要挨饿。

> 大部分人到这里来是因为物质的贫乏，很少数人是属于第二类——遗传的患者，或是第三类——被麻醉剂特别是海洛英，麻醉了的人们。

有一位名叫宋思明的学者，亦在30年代初参观过北平的一家疯人院（他未提院名，可能是疯人收养所），他后来忆述："病重者皆锁于柱上，病轻者任其跳窜斗殴，非对骂，即相打，声音嘈杂，不得片刻之宁静。虽男女别居，但皆蓬头垢面，衣裳褴褛，有如人间地狱，只有一自命管理员者给以丸药等剂作为治疗，此外则专赖残酷之看守，时以夏楚相加而已。"[①] 宋思明原在北平协和医院工作，当北平市社会局与协和医院合办精神病疗养院后，宋思明由协和医院调至精神病疗养院，担任社会工作部主任。他在1944年出版的《精神病之社会的因素与防治》（亦名《精神病院社会工作》）是一部从社会学角度阐释精神卫生的专著，可惜后来没有受到学界重视。

在1933年发表的一篇题为《疯人收养所素描》的文章，记录了北平疯人收养所一位医生向参观者所作的收养所的介绍：

> 从前隶属警察厅。自民十七，归社会局管辖。今按照内务部街卫生诊疗所的前例，改为协和医院与官方合办。其组织有所长一人，办事员数人，司药一人，警察数人。夫役都是由乞丐收容所找来的，月薪一元上下。这里办事人员，都是很苦的差事。款项的来源呢？一是赖着慈善家捐助，一是由官方给费。在这种财政困难下，接济也是很有限的。说来可怜！每人每月三元钱。所吃的呢？不过窝头、小米、菜汤……之类。若是疯人由家属供给，是每月八元，饮食一切，都可从优。现在疯人，男的有八十余人，女的有六十余人。若说到他们的病源，男的大多是财迷、气迷……女的大多是失恋、被弃……。[②]

1934年，有记者参观改名后的北平市精神病疗养院，对其状况和改善

① 宋思明：《精神病之社会的因素与防治》，中华书局，1944，第3页。

② 笑予：《疯人收养所素描》，《育英周刊》第4期，1933年。

措施、计划记述颇详：

北平市精神病疗养院，即早年之疯人收养所，设备与疯人待遇，极为社会人士注意。记者为明瞭该院设备实施改善进展上起见，昨日下午三时许，特驱车前往鼓楼后高公庵胡同该院参观。投刺后，由该院事务员王子明出见，记者说明来意，即由王氏首引至第一病室参观。

该室为前那王府之大客厅，室之高处，遍悬逊清历代皇帝等所赐之福寿字匾。室中清洁异常，共住疯人十八名，均系每人铁床一架，所有疯人衣服，亦为官制，为灰布蓝大领棉袄裤，光头，入其室如至禅堂，不知者几误疯者为僧。此室中之病者，态度均很安详，有盘膝而坐者，有围炉向火者，卧者立者，形状不一。次至第二病室，该室分为甲乙丙三室，均系按病者情形分别隔居，计甲室住二十五人，乙室住十人，丙室住十四人。此三室中之疯人，较之第一室者，其态度似较不安，但亦无打闹喧哗者。再至第三病室，该室共住十二人，室中病者，歌唱与喧笑哀哭者，杂然并作，秩序不整。……此外尚有重病室，住三人，传染病室，住六人，因卫生关系，王氏未能引余参观。

至于女病室，则仍在疯人收养所旧址内，该室共有病者六十人，室中设备不整，与男病室迥异。记者当向王氏询以何男女病者待遇，如此悬殊。王氏答谓：此非待遇不同，实为设备尚未完成耳，缘余（王氏自称）与敝院长，调派本院任事以来，鉴前疯人收养所，多不完善，遂积极计划改善，惟以该所房屋有限，始将那王府旧址租过，开始计划一切，但精神病院之设备，又与普通病院情形不同，几经计划，男病室始告组成，现在开始积极为女病室筹备云云。言毕，即复引余至浴室、理发室、洗濯室参观，其中除浴室、洗濯室，已告完成外，理发室亦正在设备中。参观毕，即引余至办公室休息，记者当将参观时之疑点，与该院此后改善，向王氏一一详询，据答如下：

治疗方法。关于病者治疗一事，余等极为注意，现共分为三种方法：一，医药治疗，计每星期一二四五六日上午，由医院派医生到此，诊视病者情形，予以药饵，此为一种普通治疗法；二，为温水治疗，此种治疗系施之于疯人病发时检查病者之体温，然后将其入与体温相同之温水中浸之，病者一经水浸，约十数分钟，即现倦极思睡状态，然后将其抬出，拭干，送入病室，使其卧睡；三，为工业治疗，使其工作。此外尚拟计划感化治疗，惟视经费而定云。

实行消毒。关于病者治疗情形既如上述，对于卫生清洁诸事，决定在每一星期，使病者沐浴一次，随之沐浴，即将其衣服随时消毒，此外并拟于每一个月将所有病者之衣服器具等举行大消毒一次，对于患者有传染病者如痢、疥等症，均随时发现，随时使其隔室而居，以防传染，在先疯人收养所，其设备只注意“收养”二字，现今则完全改善，本诸“疗养”二字而努力，故只将男人方面之病室等，筹备完成，至于女病人方面，因与男人情形诸多不同，其设备上亦须另费一番计划也。

口粮服装。关于病者待遇，其口粮一项，在先为一种囚粮式之窝头，现已改为早午晚三餐，早为小米粥、馒首，午为馒首与熬白菜，晚与早同。至于病者家属所馈送之食品均一律禁止，病人如欲购他食物，则视其病状体康情形，斟酌由本院厨房办理。至衣服一事，早先则均为病者自备，因之有限于经济更换不易者，有本市无家属者，以致污秽破碎虱蚤遍体，实与健康有莫大关系，故本院决改一律着特制服装，适在男病室所见即是。其最初拟制服装之用意，亦煞费苦心，经多日之研究，始决定此不僧不俗状态，其意系疯人在先时，往往乘看守不备而逃，事后寻获，实为不易，此种服装，系使人一望而知，不但易于寻获，且市民亦有所防也。此外并备有各种丝竹乐器，以为病者之娱乐品。

招募看守。关于经费一事，现除协和医院补助费外，官方只月拨四百余元（口粮在内），不敷开支甚巨，现已决商方（颐积）处长（方颐积系当时北平市政府卫生处处长——刘注），转请市府增加。此外对于看守一事，亦决定另行改善，缘本院所有之看守，均系乞丐收容所拨来，月津贴一二元不等。惟此种人既无看守知识，且不时尚有外逃之意，因之看守之外又派有警察，其职务虽系专司警卫，但暗中对于看守而负监视之责。且本院看守又不与监狱同，非经特别训练，实难克尽厥职，故敝院长与余等，决拟在本年春，于可能范围内，先行招募一班，延聘协和医院留美毕业之护士，为之训练，其待遇一项，亦决定特别提高云。①

1947年，有人为作变态心理的研究，探访了当时北平精神病防治院在地坛的院舍。其观察显示该院情况比起十几年前有一些进步，但仍然是问题很多。“当我们进入那有着壮大红门的地坛后，第一个印象便是那断壁颓垣和丛草没膝的荒凉景象。杂生的树木和倾斜了的殿宇，都在告诉我们这早已是被人遗忘了的地方。病院的房舍和多年的垒垒荒冢零星的分布在这个环境里。”“那是一面长房，靠窗子摆着整齐的铁床。每个床位上都平铺着白色的布单。然而这整洁的外观，却只在很短时间便被我揭穿了它的秘密。我在一个床位上发现了想象不到的污秽和破乱。我不经意的掀起一角床单，立刻便是一股腐臭不堪胜似石灰酸的气息向我直扑了来。我看到他们铺的褥子已经张开了口，便溺的遗痕和臭虫的血迹使人难于分辨它原来的颜色。棉花和稻草不规则的露在外面。旧衣服破鞋子堆积在床下，上面满盖着尘土，一些小的空间都被蛛网封满了。这种肮脏的样子，恐怕也只有他们精神的变态者才能够忍受吧！”“在七十余病人中间，差不多有二分之一是女患者。在我的印象中，她们比他们更深刻些。有一个时间，那污秽肮脏和丑恶狰狞的面孔，曾经使我怀疑是否仍置身于人的世界。”有一个女病人，是袁世凯的儿媳妇，黎元洪的女儿。“她患着一种难于治疗的早老性痴呆。她实际年龄才只三十多岁，看起来却像八旬的老者。她的头发剪得很短，一根根的都在直立着。她的脸是方形，她的皮肤很黑。从外表上一点也找不出和这两位总统的关系来。她的感觉很迟钝，一只苍蝇死了一样的钉在她的眼角。”②

我们看完每一个病房之后，便和医生谈起他们治疗精神的有效办法和目前医院方面施诊的情形。因为，患这种病的主要原因，差不多

① 《北平疯人疗养院一瞥》（转载，未署作者），《广西卫生旬刊》第1卷第30期，1934年。

② 此女名黎绍芳，是黎元洪的次女，1914年8岁时由袁世凯和黎元洪做主与袁之九子袁克久订婚，长大后因对婚事不满而抑郁，逐渐精神失常，1934年完婚后病情严重，被送入精神病院，1949年病故。参见黎绍芬《我的父亲黎元洪》，载于鲁永成主编《民国大总统黎元洪》，中国文史出版社，1991。

都是由于精神上受了过分的刺激，而呈现一种反常的现象。治疗的目的，便是在如何使他恢复正常的心理状态。所以，最有效的办法，当然是心理治疗。但，在这个病院里，由于经费的拮据，却无法使他们满足这最必需的要求。不得已只能用一些无关痛痒的药物来应付公事。这诚然是一件至为悲惨的事。治病者无法用他所应当使用的有效方法，病患者便只有在无声息中走上他时间的尽头。[①]

再看上海的情况。1930 年的《沪南疯人院参观记》介绍了上海的一家疯人院。该院虽为陆伯鸿创设，但从时间上来看，应不是普慈疗养院，或为其前身。该文叙道：

乘车往南市参观疯人院。院为沪名教徒陆伯鸿氏创设，稍带天主教气味。院位于新普育堂内，堂内尚设有医院及养老院等慈善机关。院分男女二部，房屋人员各行归开。男子部为一长方天井式，二边各有十数间平方，每屋均有铁栏门户，屋内遮以水门汀，多无电灯病床之设备，睡时多铺以草，兼有破碎棉絮及木床者。时当寒季，观其瑟缩之状，不胜怜悯。大小便之处置每屋虽有溺具一只，然疯人每任意便溺，致粪尿狼藉，臭气冲天，殊令人作三日呕。院中虽有侍役，然以不敷分配，故不能十分清洁。至于疯人之营养问题，据云极苦。每屋容一二疯人其中。疯人大半系狂痴或忧郁症。吾辈与之谈话，所答之语，似是而非，或俯首不答，或吭喉而呼。疯人疯语殊堪发噱，然亦有头脑较清者。其中一屋，容有大人小儿各一。体上衣服尽已撕去，故皆赤身睡于柴草中。问之答曰甚冷。再问衣服为何不穿，则曰衣服系共产党穿的。据役者云，一小儿极为凶猛，曾咬破一同居疯人之睾丸而致命。余不明何以仍关在同室殊危险也。旋复至女子部。计有屋数椽，并无铁栏。每屋铺有木床二三。女疯人多得在院中自由来往。凶猛者则或以铁索缚之于床，或禁闭于特建有铁栏之屋中。职务均由女子任之。市内布置亦欠整齐，似一下等客栈。女疯人中有不少年幼者，尽皆污秽异常。有人詈之曰小痴子，则答我系小痴子也。对

① 也苍：《疯人院》，《北方杂志》第 2 卷第 5 期，1947 年。

于男女二方面之治疗问题，均以未见诊书，且未面医生，故详情不知，深以为憾。①

1935 年的《中国疯人院鸟瞰》则是对上海“中国疯人院”的描述，虽略有溢美之词，但亦有价值：

中国疯病医院，创设于民国元年。近几年来，该院鉴于社会之不宁，生活之日高，患神经病的人年年频增不已——特别是沪地一隅为尤甚，遂于民国二十二年夏间在梵皇渡附设疯人医院。据说，这是中国唯一的疯人院了。

梵皇渡是沪西的幽静区域，空气非常清新，不染一点都市的烦嚣，极宜疗养疯人。

院址占地颇广，满庭院草迎风摇曳。大门的左侧，围着黑色篱笆，那儿开了一扇门，门内是一片碧茵般的空场，有小亭、竹林，风景之佳，令人神往。据陈君告记者，这块草场，专供疯人游戏之用。后面还有足球场、乒乓室呢，但这些运动场所，仅病状较轻的病人所能享用。

草场的南部，是一座具有东方色调的二楼房屋，前面筑有高高的围墙，完全是红砖所砌成。中间是一扇铁的大门。当记者踏进门槛时，有二个疯人在那里嘻嘻哈哈地谈笑着。略一注目，“啊，他们与常人那有两样。”有一个疯人看见陈君，便操一口流利的英语说：“陈医生，我要出去啦，这里简直是一所牢狱，我不愿尝试铁窗风味啦。”说着，拍手大笑起来。像这个人，显然的，一部分意识是模糊的。

那里的病房很多，分有等级。头等的病房置有铁床二只，白色沙发二只，梳妆台一架，八仙桌一张，椅子数把。陈君语记者，病房的设备完全像普通人家一样，不如此，疯人便会发觉不是在自己家里，而不肯安心疗养了。

每个病房的窗口，都装着粗铅丝，藉以防止疯人的跃窗图逃的危险。

① 徐守谦：《沪南疯人院参观记》，《同德年刊》1930 年。

> 至于普通病房，设备比较简单。大概都是公安局巡捕房以及救济会送去的贫民。患病较重者，铐一皮铐或铁链。轻者听其自由活动，但亦有看护在旁监视。因为厉害的病人，无异是猛虎，一时的驯善，十分靠不住，何时兴发，难以捉摸，不得不然。
>
> 该院现有疯人六十名，妇女占二十多人。得病的最大原因是经济的压迫，其次是婚姻问题，复次是神经衰弱症所转成。据该院统计，自民国二十二年夏间起迄至二十四年四月二十日为止，共有疯人四百余人，但其死亡数很少，约占百分之七点八云。①

上海疯癫专门医院也曾名噪一时。创办人顾文俊有一些经营手段，《申报》多次载文为其鼓吹，譬如："上海疯癫专门医院，创办年余，医务发达，原有牯岭路人安里房屋不敷应用，后特添置第一分院于康脑脱路春江别墅，房屋高大，空气充足，地处幽静，适合该项病人疗养之所，业已修葺一新，设备完善，房间整洁。公共租界工部局卫生处以界内各捕房解送疯癫病人医治，迭奏奇效，前日特派洋员前往视察，由该院宋郑两副院长伴往各室参观，咨询极详，颇蒙嘉许，允即呈报卫生当局核示。"②"该院院长顾文俊医术湛深，经验宏富，早为沪上人士所信仰，乃以祖传治痴秘方出而济世，凡患神经错乱疯癫痴病者，一经医治，无不获愈出院。"③该院还编写《上海疯癫专门医院院务概要》一书，介绍其组织章程、住院简章和病人状态、医治经过等。④然而，该院盲目发展，管理多有不当，且利欲熏心，而终于导致官司，在1936年因非法禁锢一健康妇女而被追究法律责任。据1936年3月上海报纸报道：

> 公共租界康脑脱路春江别墅上海疯癫医院中，最近发生一件惨剧，即该院院长顾文俊，贪图厚利，私行拘禁殴伤非疯之妇潘景文，兹已败露，捕房业经开始侦查，但顾文俊早已闻风逃逸，当将该病院营业执照吊销，该院医生储济群，男看护高新奎，茶役杨才狗、李阿

① 《中国疯人院鸟瞰》，未署作者，《兴华》第32卷第22期，1935年。

② 《工部局卫生处视察上海疯癫医院分院》，《申报》1934年8月5日。

③ 《上海疯癫医院之治绩》，《申报》1934年12月15日。

④ 宋诚彰等编《上海疯癫专门医院院务概要》，1934。

毛等四人，已经戈登路捕房向特一法院依刑法三〇二条妨害自由罪起诉。特一法院当签出传票，于本月廿日晨饬探将储等四人传至刑八庭，由刘毓桂推事升座鞫讯，被害人金潘氏偕代理律师到案，附带民诉，请追损失费法币一千四百八十八元四角，被告等亦偕同辩护律师到庭。

开庭后，首据捕房律师起而陈述案情谓：被害人潘景文，向在海宁路九百十三号虹口产科医院为守生员，于去年十一月一日与昌平路二百廿八号金驼墨水笔厂经理高丽人金右山结婚，婚后同居于戈登路七百另二弄七号，不料未及数日，夫妇间即生裂痕，缘有潘女之同事十九岁女子王纫芳，为金右山所恋爱，金乃视潘女如眼中钉，裂痕即因此而起，待遇渐劣，殴打随之，至本年一月十二日金竟指潘女患有精神病，与本案被告高新奎、杨才狗、李阿毛等，并约高时忠及日人木铃二人，将潘女双手反缚，雇乘汽车，强制送往上海疯癫专门医院。入院后，迫潘女坐于天井中之一椅上，捆缚手足，勒令服药，复以冷水浇身，旋剥去外衣，送至楼上一小室中，下锁私禁。当时潘女以彼并无精神病，且医院中不以正当方法医治，而专用不入情理之强暴对付，气愤之余，拒绝饮食，被告等于是以皮鞭殴打，禁止自由行动。当时金右山即预付潘女之房饭金一个月，意欲使之长期幽禁。不料有向在金处为女佣之牛王氏，因目睹其主母被人由家绑上汽车驶去，乃急往潘女之姊杨景芝处报告经过，杨潘景芝向在海格路红十字会医院办事，闻警后立即雇车之疯癫医院要求一见其妹，讵为院中拒绝，后经一再要求，始得会面，因见其妹满身有伤，乃于十二日下午七时以电话招金右山到来，征得允许，遂将潘女改送上海疗养院，治疗三天，始得平复。潘女出院后，据情报告捕房，由探目陆根弟君、西探推勒君先往疗养院取得医单，内载“潘景文右肩、左右臂以及两腿均有伤痕，腰部酸痛，两面红肿，并无精神状态，略的刺激现象”。而被告储济群则指潘女平日火盛，且有痰阻之症。嗣捕房曾往老靶子路三九七号八号公寓四〇一号房间金右山处调查得悉，金确系高丽籍，并据金称，因其妻欲夺取笔厂经理之权，致起争执，并非别有所欢爱情不专所致。现金右山部分，将由日领事署受理。复查上海疯癫专门医院，内中设备，非但有种种不合，且该院与储济群医生，均未向工部局卫生处正式登记。又按照工部局章程，凡有人欲送入疯人医院，须先经医生二人之证明，方为合格，故被告对于此点，已属违章。捕房兹请求予以改期审理。因捕房曾于事前请钧院法医魏立功前往疯癫医院调查，调查结果，认为设备不全，病室简陋，内中病人则有二十名，但前日捕房复往调查时，则已少去八人，据称均已痊愈出院，所留之病中人，有男性陈志发女性张贤艳王美观三人，均无精神病状态，神志颇清，且病人中大半为女性，而该院所雇之医生看护等，均属男性，故捕房须加详查云云。

继据被害人潘景文女士供称：天津人，年廿六岁，去年十一月一日由张友芳之介绍，与金右山结婚，讵婚后九天，金即指我年老不能生育，欲另行纳妾，我以结婚伊始，何能断定我不能生育，当答以如将来果不能生育时再纳妾不迟，因此时起口角，常遭殴打。二月十一日晚，我观电影返家，金即不问情由令我滚出去，翌日即偕被告高杨李三人等将我两手反缚，拥入汽车，送至疯癫医院。当时高新奎自称为老行一三六号包探，到院后首先动手将我掌颊，杨李则用皮带殴打，虽经我一再声明我俩只家庭纠纷，彼等不要误会，但被告等声势汹汹，不可理喻，卒将我禁闭一室，用冷水浇身，综计被禁两天，受打三四次。查吾夫金右山，已于前年向中国政府注册，已入华籍云云。

又据证人牛王氏及杨潘景芝投案证明一切，后诘据储济群供，我及该医院均已注册，潘女由其夫送院时，火盛脉旺，痰阻打人，断系精神病，乃由我开方医治，因其不肯服药，故缚于椅上强灌云云。质之高杨李三人，则均否认殴打。刘推事旋谕改期七天再讯，被告均准交随传随到商保出外候讯。①

是案原本定于4月4日宣判，但被推迟，承审法官刘毓桂认为尚有三点需要继续调查：（1）潘景文究竟有无精神病，须由法医经过相当时日之诊断，方能确切认定，绝非仓促所可鉴别；（2）储济群所开之药方，虽云潘系患精神病，亦须俟将方发交专门医家研究后始能凭信；（3）金右山等

① 《上海疯癫医院非法禁锢一健妇》，《妇女月报》第2卷第3期，1936年。

有传案研鞫之必要。后经法医长时间详细检验，其结论认为潘景文并无精神病及神经丧失之状态。1936 年 4 月 25 日，刘毓桂法官莅庭宣告判决：储济群、高新奎、杨才狗、李阿毛四被告，共同私行拘禁，各处有期徒刑二月，本件附带民事诉讼，移送本案民事庭审判，对于金右山部分，候捕房查明再核。被告随后上诉，但被驳回。潘景文对此案处理也有不满，声称上海疯癫专门医院院长顾文俊与此案也有关系，当时其在场指挥高新奎等人，因而一再要求捕房和工部局法律部提起公诉，但未被接受。[①] 因为此案，以及因为拖欠业主房租被诉，不久之后，上海疯癫专门医院停办。

之所以详细介绍潘景文案，盖因为该案是我所知道的中国最早的一起关于非自愿住院的刑事诉讼案件。非自愿住院的滥用必定伴随精神病院和非自愿住院制度而生，中国也不会例外，该案应当只是类似事情中被揭露出来并被处理了的一件而已。如果以此案为标志，非自愿住院的滥用——具体说是救护性非自愿住院的家庭滥用——迄今在中国已经有近八十年的历史。潘景文案之所以得到刑事审判，除有属于救护性非自愿住院，没有涉及官方机构这个因素外，还应承认，与其发生在租界也有一定关系。上海当时没有官办精神病院，也没有出台关于精神病院管理和精神病人收治的法规，但正如前引报道指出："按照工部局章程，凡有人欲送入疯人医院，须先经医生二人之证明，方为合格，故被告对于此点，已属违章。"此事如果发生在其他地方，即或被害人报警，也未必得到受理。当时中国没有"欲送入疯人医院，须先经医生二人之证明"的规矩。这样的规矩，就是现在说与一些精神科医生，也是抵制得很。该案虽然发生在租界，但根据 1930 年中国政府与英、法、美等国签订的《关于上海公共租界内中国法院之协定》[②]，审判适用的是中国法律。1935 年《中华民国刑法》第三百零二条规定："私行拘禁或以其他非法方法，剥夺人之行动自由者，处五年以下有期徒刑、拘役或三百元以下罚金。"[③] 潘景文案判处的刑罚虽

① 参见《韩人强指妻有神经病案撤销辩论再调查三点》，《申报》1936 年 4 月 5 日；《金右山之妻潘景文法医验明无神经病》，《申报》1936 年 4 月 24 日；《私行拘禁罪储济群等处徒刑二月》，《申报》1936 年 4 月 26 日；《潘景文被禁疯癫医院案被告上诉驳回》，《申报》1936 年 6 月 20 日。

② 《关于上海公共租界内中国法院之协定》，《司法公报》第 62 号，1930 年。

③ 立法院秘书处编《立法专刊》第十一辑（1935），民智书局。

然很轻，但毕竟认定医院医生和职工的行为构成犯罪，这比前些年有些类似案件的刑事控告不被受理的情况更符合法理和情理。

40 年代初，上海有一位名为罗锋（亦名刘祖澄、鲁风）的新闻工作者，因长期神经紧张和体力的衰疲，导致神经衰弱，继而罹患忧郁性精神病，举止疯狂，被家人送院治疗。开始，他在一家设备很讲究的私家疗养医院住院治疗，医生对其使用了药物、针剂和新式的电疗机，还从其臀部抽血再注射进手臂静脉，但病情没有缓解反而严重，神经更为紧张，情绪更为恶劣，发生更多的妄想，以致跳楼自杀未遂。他坚决要求离开医院，他觉得住院的病人都是囚犯，住院只能使他的病情更坏。后来他出院住进一个朋友的一所空住所里，医生上门为其治疗。在这里，他又试图通过触电、割喉、跳河等方式自杀。终于，他再次被家人送入医院，先是在一家有外国医师的医院，后又入住上海红十字医院的神经精神科病房。当时，担任上海红十字医院神经精神科主任的是粟宗华。粟宗华和夏镇夷等医生针对罗锋的病症，耐心地施用类似于皮内尔精神疗法的方法，没有打针和电疗。粟宗华对他说："你的病是可以好的，假使能够用你自己的生命力，把病态的心理克服过来的话。"他们鼓励他多与人交流，做藤工，写日记，每天早起跑步，打羽毛球。就这样，罗锋的病情好了起来，最后痊愈出院。出院两个月后，罗锋开始写一部纪实作品《疯狂八月记》，1943 年在杂志连载，1944 年出版单行本，并有粟宗华、夏镇夷等为之作序。[①] 作为精神病人的病中自传，《疯狂八月记》是一部极为难得的作品，具有较高的精神病学和心理学价值，其文学价值也值得肯定，长期埋没是不应该的。但是，虽然详细记述了患病治疗经过和精神病院中的各种情形人物，它却没有特别关注住院制度和患者待遇问题，没有提出改革的意见，因而粟宗华、夏镇夷将罗锋比作同样是精神病人，同样在出院后写了一部自传但引发精神卫生运动的比尔斯，则有些言过其实了。

抗战胜利后上海精神病院的情况，则有 1946 年《文汇报》记者夏其言（1913 ~ 2002）的一篇报道——《疯子的世界》可以管窥：

上海现有疯人院，或者说是精神病疗养院四家，规模较大的是闵

① 罗锋：《疯狂八月记》，杂志社，1944 年第一版，1945 年再版。

行普慈疗养院，历史较久的是爱文义路中国疯人院，贵族化的是霞飞路虹桥疗养院神经科，比较平民化的是中国红十字会（海格路第一院）神经科。其中前两者以幽禁式的休养为主，后两者则以药物的治疗见称。

因为探望一个发了疯的亲戚，记者曾在中国红十字会几十个精神病患者的病房作了一个巡礼。这里有各种各样男女老幼的所谓“疯子”，有的为了失恋，有的为了事业失败，也有的由于时局不靖的过度刺激。不论属诸那一种原因，这些疯狂了的人们，无疑地已经为我们这个世界反映了各种社会的，经济的与政治的病态！

海格路红十字会的神经科病房是设在由大门进去那条甬道的尽头的。病房的门窗都装有密密层层的铁栅，因为听说，好多病人不仅神志不清时要乱打乱敲，而且在神志清醒时，他们也颇想逃跑。除了铁栅之类的防御而外，病势较重的都由受有特殊训练的工友，予以“监护”。

一进铁栅门，就像进入了另一个不同的世界，有的仰头捧腹，怪声大笑；有的顿足踏地，号淘痛哭；也有的目瞪口呆，默默无言。记者曾同几位情形较好的病人作了简单的谈话，我直觉地感到，这里委实有好多是非常难得的珍贵资料……

据该科主任医师张沅昌君与另一位朱医生语记者，严格说来，精神病的形成，除了先天遗传者外，总是或多或少因为生理上有些缺憾，再加上外界的刺激，于是一触即发，不可收拾了。

他们的治疗主要的分为观察病原，药物治疗（如注射卡迪助与因素林之类），以及心理治疗等。一般的情形是：治疗愈早，痊愈的百分率愈高，病起半年内即予治疗者，可能有百分之六十至八十的希望。但治愈出院后，因受刺激再度复发而重新入院者也颇不少。

红十字会的张医师与虹桥疗养院的朱医师等，以前曾有类似精神病学会之类的组织，定期举行座谈，并邀请痊愈了的病人列席参加，作为研究的实际参考，听说原想扩大组织，广招会员，一方面作学术性的研究工作，一方面也作为引起社会人士对于这一种比死亡更痛苦的病症之注意，可惜因为限于各种物质条件，未能如愿。

张朱两位医师异口同声的说：“社会上这类病人很多很多，有的因为病好转时不加注意，有的只在求神拜佛，更多的是由于没有能力负担医药费，只得听其自然。这一切也许是因为国家政治未上正轨，国民经济未趋安定之故，但无论如何这是一种值得人们注意的病症却是事实。”

可不是吗？这年头！红十字会就有好多病人的家属，因为无力负担（二等每月约计五十六万元），不得已只得忍痛将未愈的病人依然接回家去。听说曾经有过一个病人他死也不愿离院，他的理由是：“外面是疯子的世界！”

这该是一种“疯话”呢？还是对于现实世界的讽刺，作为没有精神病的我们，该怎么说呢？！①

第四节　精神卫生理论的早期传播和研究

20 世纪 20～30 年代，精神卫生理念在中国得到传播。我之所见，在中国，早在 1916 年就有“精神卫生”一词的使用了，见于 1916 年 10 月商务印书馆出版的署为“无锡秦同培译述”的《精神卫生论》。秦同培为近代著名学者、出版家、教育家，曾留学日本，著述甚丰。《精神卫生论》有总论、论身心之关系、论精神之力、论自然之法则、论精神疗病、论精神病、论精神卫生法、结论等八章，另有附录一篇。其“叙言”曰：

自西学东渐，争言体育，竞尚卫生。顾综诸所为，大要不外物质的营养，身体的保卫而已，非精神的卫生也。物质、身体的卫生，由外以达内，处于被动地位，精神的卫生由内达外，处于自动地位。被动者既不可不讲，则自动者亦岂可忽焉不求。矧今者东西列强眈眈虎视，彼方挟必侮之精神而来，我苟振作精神与相搏战，犹或可以自救也。而乃群焉颓唐其精神，一若深知不可为，坐待外侮之至者。吾敢正告国人曰，我而挟不可侮之精神，自不可侮矣。我而挟待侮之精

① 夏其言：《疯子的世界》，原载《文汇报》1946 年 8 月 3 日，摘自《新生》（上海四十年代文学作品系列·纪实文学集），上海书店出版社，2002，第 205～207 页。

神，斯受侮之势必致而不可挽矣。浸假而人人存一亡国之心理者，虽欲不亡而不得矣。福由自取，祸亦自招。……是故，大声疾呼而言亡国，毋宁大声疾呼而言强国。当此危急存亡之秋，人民经几许摧折，元气丧者过大半矣。虽共和三造，于今而渐起渐仆，纵经极强刺激不转瞬而渐复其故，惰性勃发，精神不振之病殆遍全国矣。欲疗疾病，必先求药物，欲疗精神上之疾病，尤必先有精神上之药。虽然治精神病之药，即精神自为之故，无论已病后之疗治与未病前之预防，统以卫生名之云。①

书中说："精神卫生有两方面。一方面为精神之影响于生理者，即精神纯全者生理遂顺，否则反之，其间有种种因果关系为古来所未经道及者。又一方面，则为精神自身之生命。质美之人专谋精神生命之滋长，而身体之生命为其附属。"② "精神病即普通所称之神经病。神经病有狭义的，有广义的。狭义的神经病即神经陷于一偏，已成一种性癖，不与常人同。其甚者如疯癫白痴之类是也。广义的神经病即神经作用偶或迷失，或有所牵引而不即返，即所谓放心者是也。"③ 该书之中未说明它是依据哪一外国著作编译，分析内容似以日本著作为本的可能性大。该书未能反映当时西方精神病学的发展和精神卫生运动所提倡的思想。该书1926年版的版权页，增加了一个英文题目"Health Through Mental Soundness"④，可知其"精神卫生"并非比尔斯所说mental hygiene之意，而主要讲的是"精神养生"。书中还有"精神卫生法"概念，然而它指的是精神卫生之方法，而非精神卫生之法律。

另外，在1916年，《中西医学报》第11期有丁福保所撰《医馀随笔·教育上之精神卫生》，《京师教育报》第33期有丁伟东翻译的日本学者守内喜一郎所著《优等儿童及劣等儿童之精神卫生谈》。丁福保（1874～1952），字仲祜，号畴隐居士，江苏无锡人，为我国近代著名医学家、藏书家、佛学家。他曾赴日本考察医学，归国后，在上海成立中西医学研究会，倡导

① 秦同培编译《精神卫生论》，商务印书馆，1916，叙言。
② 秦同培编译《精神卫生论》，商务印书馆，1916，第8页。
③ 秦同培编译《精神卫生论》，商务印书馆，1916，第102页。
④ 秦同培编译《精神卫生论》，商务印书馆，1926，版权页。

医学研究，创办《中西医学报》，编印《丁氏医学丛书》，系统介绍西方医学。

“心理卫生”一词至迟也在1924年开始使用了，见于《卫生季刊》(第1卷第2期）一篇译自《美国心理卫生丛报》关于儿童精神卫生的文章。

1930年5月，中国政府临时指定五位代表参加了在华盛顿举行的第一届国际精神卫生大会，其中一位代表还在大会中报告了中国精神卫生的情形。

对于当时的中国，精神卫生固然是重要的，但就公共卫生水平而言，无疑是超前的。躯体疾病的防治尚且十分落后，遑言精神卫生。1927年有学者指出：“据京师警察厅公共卫生事务所之调查，在其行政区域内，住民死亡数中百分之三十九·四未经医士之治疗；百分之四十四·三仅经旧医士之诊视；其经‘科学的’医士诊疗者，仅百分之十六·三而已，于此可以见中国‘科学的’医业之不发达。”[①] 在此状况下，吴南轩发出“除我国外，日光照临之地几于无处不有心理卫生运动的踪迹”的感叹并不奇怪。[②]

1935年11月，中华医学会第三届大会在广州召开。出席会议的韩芬医生提议组织一个精神病学委员会，得到恂嘉理的附议，经过热烈讨论后得以通过。1936年2月，精神病学委员会召集首次会议，推举颜福庆医生担任主席，韩芬医生担任秘书。颜福庆（1882~1970）是中国近代杰出的医学教育家，创办了长沙湘雅医学专门学校、上海医学院等多个医学机构，组建中华医学会并担任第一届会长，担任过北京协和医学院副院长。韩芬（Fanny Gisela Halpern，范尼·吉泽拉·哈尔彭，1899~1952）是奥地利犹太人，毕业于维也纳大学，是著名精神病学家和神经病学家朱利叶斯·瓦格纳-尧雷格（Julius Wagner-Jauregg，1857~1940）的高足，也曾受教于弗洛伊德。1933年，在维也纳大学担任助教的韩芬女士应邀来华，在上海医学院开设精神病学课程和在中国红十字会医院诊治精神病人。

① 黄子方：《中国卫生刍议》，《社会学界》第1卷，1927年。

② 吴南轩：《国际心理卫生运动》，中央大学《教育丛刊》第2卷第1期，1934年。

1935年她兼任普慈疗养院医务主任。[①] 根据韩芬女士的记录，在中华医学会精神病学委员会首次会议上，委员们议决：（1）医学院及护士学校中，设精神病学一科，并设精神病学研究班；（2）从事医学方面及社会方面之精神卫生工作；（3）在上海方面，推进精神病研究及治疗工作；（4）向国民政府建议，在民刑法中，列入关于精神病之规定，组织起草委员会起草，并邀律师二位加入为委员。[②]

相对而言，当时在精神卫生理论的传播、研究工作上，心理学界似比精神病学界更加活跃。这与当时留洋回国的学者学心理学的多于学精神病学的有关，恐怕也由于精神病临床医生素来不以理论见长。1936年4月19日，中国心理卫生协会在南京召开成立大会。发起者228人，赞助者145人。会员有240多人。吴南轩为总干事。[③]

《中国心理卫生协会缘起》指出：

> 国于大地，必有与立，立国基本之道为何？民心或民族之精神而已。无论任何国家，其民心健全者国必强盛，民心堕落者国必衰微，民心者实一国国力兴衰升降之寒暑计也。故先哲皆以心地为本，治学者以治心为先，治军者以攻心为上，治国平天下者以诚意正心为主。心之为用大矣哉，操则存，舍则亡，个人如此，一国民族尤然。
>
> 身者心之居宅，心者身之主宰，二者常密切相关。西方古哲偏重身体方面，如所谓“健全之心理寓于健全之身体。”我国先儒则尤重于心理方面，如所谓“心广体胖”、“心庄则体舒，心肃则容敬”是也。以养心为养身之法术，其意更为扼要。惜乎我国先儒之学未经科学化之董理，自成统系，遂至散佚失传，此实我国极大之损失，而吾侪后之人所应继起急追者也。
>
> 科学健心之术近盛兴于欧、美诸国，称之曰“心理卫生”或“精神卫生”，亦称“人格卫生”。其内容基于最新科学的心理学、精神病

① 参见《精神病专家来华》，《华年》第3卷第1期，1934年；《上海普慈疗养院开幕》，《中华医学杂志》第21卷第7期，1935年。

② 韩芬：《精神病学委员会报告》，《中华医学杂志》第23卷第5期，1937年。

③ 参见《中国心理卫生协会昨日在京成立》，《申报》1936年4月20日；吴南轩《中国心理卫生运动回顾与前瞻》，《教育通讯周刊》第36期，1938年。

学、精神治疗与防疾学及其他有关系之科学。欧、美人士为探研此种学术原理，与推行应用之于家庭、教育、医药、法律、工商、军事各种事业方面，特作大规模之宣传，创立大规模之组织，蔚成烈烈轰轰之所谓“心理卫生运动”，虽年耗政府亿万巨帑弗惜也。其结果成效昭著，不特国家之教育、医事、司法、工商、军事各种事业日渐效率提高，飞腾进步，即社会一般从事于各种事业之人民亦多心态健适，精神愉快，有安居乐业之希望，虽甚至久为社会污点之流行罪恶，如婚变、犯罪及自杀等亦因一般人民情绪稳定，人格完整，有显然减少之趋势，科学健心学术之伟大成就堪令人惊羡也。

惟返顾吾国情形则不禁令人怵然警惕。遭遇空前国难，危机潜伏，国势岌岌不可终日，担负解纾国难与恢复国家地位之人民，宜如何身心健全，以肩荷大任。乃事实大缪不然，不但身体多孱弱，超格的疾病率与高位的死亡率所赢得“东亚病夫”之徽号固未能洗除，而且心理与精神之堕落，更如日入九渊，每下愈况。不论严重精神病人固不鲜觏，而一般人民之偷惰、贪婪、卑鄙、自私、浪漫、颓唐、萎靡等变态的心理症状，尤比比皆是。

为使精神卫生得到政府的重视与支持，发起者们将其与政府鼓吹之新生活运动紧密联系起来。“缘起”最后说：

孙中山先生倡导国民革命，于物质建设之外，尤重心理建设，其昭示吾人之遗教有云：“国者人之积也，人者心之器也，而国事者一人群心理现象也，故政治之隆污，系乎人心之振靡。”蒋委员长提倡复兴民族之新生活运动亦侧重革心一点。其最近在新生活运动二周年纪念会之训词有云：“……所以我们要使社会上个个同胞都能实行新生活必须从我们自己心里做起。如果我们自己先能革心，切切实实检查并改良自己的生活习惯，达到新生活的要求，即是一般部属、学生、子弟和社会上所有的民众一看我们，就自然被我们感化，用不着一个一个去督责，一家一家去劝导。”此皆深知我国民族症结之所在，而投以对症之药石者也。同人等不揣愚昧，窃欲秉承党国先觉革命革心之旨训，远追我国先哲治心养性之学，近慕欧美诸国科学健心之术，爰特发起组织中国心理卫生协会，以保持与促进国民之精神健康及防止国民心理失常与疾病为唯一目的，以研究心理卫生学术及推进心理卫生事业为唯一之工作。惟兹事体大，同人等绠短汲深，时虞陨越，倘邦人君子以为可教而辱较之，同人幸甚！国家幸甚！[①]

根据《中国心理卫生协会简章》，中国心理卫生协会“以保持并促进精神健康，防止心理的神经的缺陷与疾病”为宗旨，主要工作为研究有关心理卫生之科学学术，倡办并促进有关心理卫生之公共事业，包括探讨关于保持并促进精神健康之方法及其原理、编译并刊行关于心理卫生书报、调查并统计各地实施心理卫生之状况、征集国内外有关心理卫生实施之资料、训练推行心理卫生事业之人才、普及心理卫生之知识、推行并协助各方办理关于保持精神健康及防止心理的神经的缺陷与疾病之实施事项、促进对于精神疾病者之治疗与待遇方法之改善事项、推行并协助各方对于低能者特殊教育与管理之设施事项、建议有关心理卫生之事项于中央或地方政府、联络国内外心理卫生机关并与其他有关系的团体合作以利心理卫生运动之推进等。

1936 年 10 月，中国第一部论述精神卫生问题的专著《心理卫生概论》由商务印书馆出版。该书作者章颐年（1904 ~ ?），浙江余杭人，留学美国密执安大学，获心理学硕士学位。1922 年回国后，先后执教于暨南大学、大夏大学以及复旦大学等院校。[②] 1930 年他在暨南大学开设“心理卫生”课程。对于中国精神卫生的状况，章颐年指出：

虽然最近成立了中国心理卫生协会，开始做推进心理卫生的工作，可是社会人士对于这个重要问题，还很淡漠。不仅如此，一班精神病患者还是受着歧视和讥讽，甚至戏弄。所谓精神病医院，真如凤毛麟角，而且这仅有的几个，差不多都是监狱式的拘留所，锁链桎梏，尚不脱十八世纪的窠臼，距理想的待遇，相差不啻天壤，更谈不

① 参见章颐年《心理卫生概论》，商务印书馆，1936，附录。

② 参见胡延峰《留美学者章颐年与大夏大学心理学会》，《徐州师范大学学报》（哲学社会科学版）2009 年第 1 期。

到治疗了。至于乡村内地，一般人认精神病有恶鬼附身，须用桃枝毒打，非如此不能驱鬼治病的，更是数见不鲜！在有些地方，对于精神病人，更有种种陋俗。例如杭州东岳庙，每逢废历七月，有一个“审疯子”的风俗，到了那时候，正如节日的赛会一般，前往观看的，比肩接踵，像山涛怒发似的，哄动全城，真不愧是每年一次的盛举！在这儿，是把疯子当作犯罪的囚犯看待，由“东岳大帝”加以审讯。审时有算作“东岳大帝”底命令的执行者，将被审的病人严刑拷打，真是惨无人道！而且还有人以为愈打得剧烈，则愈有“治愈”的希望，因为鬼自然也怕刑罚的。这种愚昧的观念，可笑又复可怜！浙江算是教育发达的一省，杭州又是浙江的省城，以杭州尚如此，其他闭塞的乡村，如何待遇疯人，那简直是我们所不能想象并且不敢想象的了。卫生署长刘瑞恒先生，在心理卫生运动二十五周年纪念日给比尔司表示称颂的信中，曾说：“我们现在所需要的是一个中国的比尔司。”真是有感而发之言！①

在抗日战争中，一些学者继续有关研究和宣传。抗战初期，吴南轩撰文总结中国心理卫生协会成立两年的工作和未来的计划，指出：“中国事事落后，而心理卫生运动，即在国际，也不过是‘新兴’；在中国社会上，此项运动一时自难取得广泛的同情与赞助。所以我们目前颇想致力于获取政府当局之赞助以及其他团体之合作，以济孤军奋战之不足。不久以前，我们曾以议案三事提出于全国教育学术团体联合年会中，已获通过：一、在中学大学中设立心理卫生学科；二、在国内外培养心理卫生及精神病学人才；三、创设精神病院和精神病诊疗所。”② 然而可想而知，随着战事的激烈，这些设想并不能全面落实。中国精神卫生研究的另一位先辈丁瓒（1910～1968）在大后方也撰写了一系列研究、宣传精神卫生的文章、讲稿（分别于1945年、1947年编为《心理卫生论丛》《青年心理修养》出版）。谈到中国精神卫生现状，丁瓒心中充满无奈和危机意识：

① 章颐年：《心理卫生概论》，商务印书馆，1936，第20～21页。

② 吴南轩：《今后二年中之心理卫生教育》，《建国月刊》第1卷第2期，1938年。

我国虽自一九三五年在首都南京便有中国心理卫生协会的组织，山西路小楼一角的会址，至今在人们记忆里还刻划着倡导者们筚路蓝缕的苦心，但以社会上缺乏热烈而持久的支持，使那些可能实现的计划，只得冷静的躺在协会的档案里。敌寇犯难，连协会的形式也都在若存若亡的命运中了。国内医学院有脑系科的寥若晨星。广州、哈尔滨、苏州、上海、北平几处在国内有悠久历史的精神病院陷入敌手而后，大后方还没有一处像样的精神病院。心理卫生门诊也只在文字上看到人们焦急的期待而已。再看看我国近五十年来的社会机构是变动得那么剧烈，思想和文化方面是那么的混乱，生长在这样社会中的个人对于生活上的心理适应自然发生严重的困难，以致心理病态和行为失常遍及于社会各阶层。精神病人依然受着锁链与鞭挞的磨折，犯罪行为还是“不教而诛”，乃至家庭离解，婚姻关系失调，都没有人想到应用心理卫生科学方法加以矫治与预防，这岂只侵蚀个人幸福及其服务社会的能力，整个民族精神都蒙受了莫大的损害；只因这种损害是比较潜在的，所以很不容易为人所觉察，以致这种损害日趋严重而至于动摇国本的地步，还没有人加以密切的注意。自抗战军兴，所谓“战时精神病”的蔓延，不仅直接成为军事上的障害，而间接的更影响到后方的士气，并且增加不少战后建国方面的困难。这些都是我国现时漠视心理卫生工作所值得预虑的危机。

我们现在便是要在这样的时代这样的环境里来推行心理卫生工作。在这里我们固然要把其它国度里已经进行三四十年而已具有成效的工作加以推进。同时，还得迎头赶上的进行最新近的科学研究。所以心理卫生的宣传与教育工作，在我国现在依然是迫切的需要。心理疾病的严重性依然得让社会有普遍的认识，消极的矫治和诊疗，更是急救目前人们心理苦难的要点，而同时吸取各国精神病学，心理学和社会学各种新知以建立我国心理卫生学术研究，也不能忽视。我们的宣传，应该是用我们在门诊和病院的个案材料来教育大众，我们的研究，更应该是集中注意于我国社会目前成千成万的怀着心理苦难的同胞。实践要有最进步的理论为基础，而理论更应向现实的环境去找引证。我们的学识与经验自然不敢说能立刻达到上述的目标，但在我们开始学步的时候，我们的方向应该有正确的决定。具体的说出我们目前的工作目标，不外下述数种：一、用国内的个案材料来扩大心理卫生的宣传，以期唤起社会人士对于心理卫生工作的密切注意。二、成立心理卫生咨询处，广泛的接收社会人士对于心理病态及行为问题的一切咨询。三、成立心理卫生门诊从事心理及行为的矫治工作，特别希望门诊能发挥其积极的指导机能而收预防的功效。四、成立心理实验室，特别注意各个人心理发展趋向预测的研究。五、与国内医学界心理学界和社会学界取得密切联系作集体的研究，以期稳固我国心理医生工作的学术基础。①

抗战胜利后，1947 年 11 月 11 日和 12 日，中国心理卫生协会举行第二届年会，并且发表了一个宣言。宣言强调了精神病人的待遇和精神病学的发展。它指出："今日世界上越是文明的国家，对于国民的心理健康，越是重视，对于精神病的问题，越是注意。从对精神病人的待遇，往往可以看出一个国家的文明程度。我国的精神病学，向来落后，对精神病人的待遇和治疗，也缺乏充分的关切与研究。中国心理卫生协会希望在这一方面做一点推动的工作。我们希望政府计划在全国各地设立现代化的精神病院，积极训练和培植精神病学的医务人才，和心理卫生工作人员，以表示对精神病学和心理卫生的关切和注意。科学告诉我们，精神病和其他的疾病一样，不但是可以治疗的，而且是可以预防的。患精神病是一件不幸而值得同情的事，然而并不是一件羞辱可耻的事。我们希望一般民众能用正确的眼光去看精神病。"②

上述宣言直言中国精神病学落后，虽然有其凭据，但忽视精神病学的进步，颇有居高临下之势，似乎对精神病学界不太公允。实际上，这一时期，在精神卫生推动方面，精神病医生比以前活跃许多。相对于大学里的心理学教授，他们具有临床实践的优势，而非停留于纸上谈兵。其中魏毓麟、粟宗华、程玉麐（1905～1993）等人成为中国精神病学的创始人。粟宗华、程玉麐也曾留学美国，并且都得到过阿道夫·麦耶的教导。麦耶对

① 丁瓒：《怎样开始心理卫生工作——中央卫生实验院学术讨论会讲稿》，载于《丁瓒心理学文选》，人民教育出版社，2009。

② 《中国心理卫生协会第二届年会宣言》，《西风》第 102 期，1948 年。

粟宗华讲过：要发达你们的精神病学和心理卫生学，我们只能给你们一个大纲，而实际的工作，是需要你们去努力发展的。[①] 粟宗华在《疯狂八月记》的序言中，指出中国精神卫生的发展必须靠中国人自己："据我个人的统计，在现在环境下面，我国精神病患者当不下五百万人，这些都是有力有为的国民，从此可知我们国家及社会，因为他们而所受到的直接和间接的损失，不可以数字计。所以这问题绝对不能视为一个小问题，望大家各本所能，各竭其力，这是为人群造福，为国家尽职的伟大工作。""我国自甲午战役以后，国人的自信渐次消失，甚至衣食住行，均须模仿外国，对于医药尤具有信仰和依赖外人的心理。但是精神病的发生，是有遗传上的因素，更有家庭社会经济教育个人生活及其人生观的种种背景在，这些错综复杂的情形之下，断非外国人所能彻底了解，因此，我们的心理卫生事业，必须自己埋头苦干，自己对症下药，方有发扬光大的一天。"[②]

粟宗华还主张医药制度的社会化，精神病人的治疗应由政府负责："在我们现在社会组织的制度下面，一般医生，似乎专为富有者服务，而所有的医院也似乎尽为他们而设。这种情形，我敢断定不能继续长久。因为一个国家的生存，和一个民族的进步，是不能仅靠几个富有者，而是需要全体人民来共同努力的。在这次战争停止以后，如果要顾到大多数人民的健康，我们的医药制度，除了变为社会化以外，恐怕是没有其他的办法。欧美各国，已经如此，我想我国也不应例外。""一旦我们的医药制度，真的成为社会化以后，则我国所有的精神病人，自须由政府负责，请医生治疗，设院调养，而所需的费用，自然仍须取给于全国的人民。"[③]

程玉麐是中国最早从事精神卫生实务工作的精神病医生，并且是中国第一个开设精神病课程的学者（1936 年在国立中央大学），1943 年他在成都四圣寺院内建立成都市精神病疗养院，1947 年他又参与筹办卫生部南京精神病防治院，并担任院长。[④] 1948 年 8 月，他与丁瓒受中国心理卫生协

① 参见粟宗华《对于我国心理卫生运动的意义》，《西风》第 58 期，1941 年。

② 罗锋：《疯狂八月记》，杂志社，1945，粟宗华序。

③ 粟宗华：《对于精神病应抱的态度》，《西风》第 60 期，1941 年。

④ 参见陶国泰、唐培根《回忆往事　开拓未来——南京脑科医院建院前后》，《临床精神医学杂志》1996 年第 5 期；陈一鸣：《缅怀精神医学的先行者程玉麐先生》，《临床精神医学杂志》2010 年第 1 期。

会的推派出席了在伦敦召开的第三届国际精神卫生大会（第二届 1937 年在巴黎召开）。

应当说，以魏毓麟、粟宗华、程玉麐等为代表的中国第一代精神科医生在 20 世纪 30～40 年代的努力，为以后中国精神病学的发展奠定了初步的基础。也正是从 40 年代后期起，精神病学界开始取代心理学界，逐渐成为中国精神卫生工作的主流力量。

第五节　近代的精神病人管护法律

一　关于精神病人收容和精神病院管理的专门法规

1908 年，在建立京师内城贫民教养院及其附设疯人院时，其管理者京师内城巡警总厅颁布了一组收容教养法规，包括《创办京师内城贫民教养院章程》《京师内城贫民教养院章程》和《附设疯人院简章》等。《创办京师内城贫民教养院章程》共二十八条，其中第一条规定："本院以收留贫民兼施教养勿任走失为宗旨。"第三条规定："本院收留贫民不分省界、不限男女，左列诸人俱准收入：一年老者，二幼弱者，三痴者，四盲者，五喑者，六聋者，七有废疾者。"第四条规定："贫民入院准其自行投住，纵不愿入住者，警察人员得以强制行之，务使市无乞丐、野鲜饿殍，以肃治化而惠流离。"《京师内城贫民教养院章程》共三十八条，其中第四条规定："贫民至报名处凡系痴者、喑者、聋者及患有疯疾不能自述姓名籍贯者，均由报名处将该贫民年貌体质另册以备考查。"第三十八条规定："本则各条有与管理疯人方法不相悖者，得适用于疯人院。"《京师内城贫民教养院章程》附有一个《附设疯人院简章》，规定了教养院附设的疯人院管理办法，共十条。全文抄录如下。①

附设疯人院简章

（光绪三十四年八月二十四日内城巡警总厅定）

第一条　本院附设于教养院内，以收留疯人勿使外出致生危险为

① 这三个法规，载于田涛、郭成伟整理《清末北京城市管理法规》，北京燕山出版社，1996 年，第 241～271 页。

宗旨。

第二条　不问男女老幼，凡系疯人一律收入，警察人员得以强制执行。其有家宅者由其亲属呈送亦准入院。

第三条　疯人来院时由医生诊视其症，其症轻可治者送入医院，其疾重难愈者则收入院内。

第四条　疯人有呈明疾愈而愿出院者，亦由医生诊视，果系病愈，再询其有无独立生业，然后准其出院或送入工厂，若系老弱废疾，则收入教养院。

第五条　本院职员即以教养院职员兼任，并酌拨仆役使司洒扫、茶水、餐膳诸事。

第六条　居住疯人宜人各一室，勿令杂居，室外宜加以肃静，勿使有喧闹及震惊之事。

第七条　疯人住室户牖均取牢固，其隔间墙壁尤宜坚厚以防危险。

第八条　疯人住室以内，除床几应用诸物外，勿置他物。

第九条　每日宜使疯人至室外散步一二次，以吸受空气，但不可聚诸疯人同游一处，或隔别处所，或轮流出室，出室时宜有人护随之。

第十条　疯人饮食不得用刺激神经者，宜与以色味平淡之品，以资调摄。

这应当是中国第一部具有精神卫生法性质的专门法规，首建中国的非自愿住院制度。根据《附设疯人院简章》以及《创办京师内城贫民教养院章程》《京师内城贫民教养院章程》来看，当时的非自愿住院制度有这样几个基本特征：第一，对精神病人的收容，主要基于城市治安管理需要，防止精神病人伤害他人，同时具有一定的救济功能，防止精神病人在流浪中死亡。第二，收容对象包括了亲属送入的疯人，既体现了亲属对疯人的关照，也体现了家庭对自身秩序的维护。而从国家角度而言，这是清代报官锁锢制度在新时代的发展，借助家庭维护社会秩序的方针没有变，改变的是禁闭的地点和方式。第三，对疯人一律予以收容，不问有无危险性，虽有医生诊视，但没有医学标准。第四，对疯人虽然一律予以收容，但其症轻可治者送入医院，其疾重难愈者则收入院内，说明疯人院的具体功能是收容、看管，而不是治疗。第五，收容的程序十分简单，更没有司法监督。第六，收容的主导者是警察以及亲属，疯人院及医生的角色主要是接收者和看护者。第七，对入住者，提供了可以说还算不错的条件，但未规定其住院期间的权利。总的看，《附设疯人院简章》并非以20世纪初期欧美国家有关法律为蓝本，而主要还是受19世纪末期日本有关法律的影响。

1930年，北平市政府批准《北平特别市疯人收养所章程》，其内容比《附设疯人院简章》多有变化。①

北平特别市疯人收养所章程

（十九年八月十九日市府核准）

第一条　本所收容市内男女疯人以养护疗治痊愈为宗旨。

第二条　本所隶属于北平特别市社会局。

第三条　本所职员即任务如左：

一、所长一员承社会局长之命令管理全所一切事务；

二、事务主任一员承所长指挥办理本所内部事务；

三、事务员二人或三人承所长及事务主任指挥分任文牍会计庶务及管理等事务；

四、医生一员承所长及事务主任指挥办理治疗及检查事务；

五、司药一员承所长及事务主任指挥保管药品药器及照料疯人用药事务；

六、书记一人或二人承所长及事务主任指挥办理缮写收发文件事务。

第四条　凡男女疯人依照左列各项经社会局核准入得所收养：

一、由本市公安局送请收养者；

二、由本市各公私团体送请收养者；

三、由疯人家族或亲属取具铺保请求收养者。

第五条　凡男女疯人有左列情事之一者得拒绝入所收养：

一、病势垂危者；

二、身带恶疾及传染病者。

① 《北平特别市疯人收养所章程》，载于《北平特别市社会局救济专刊》，1930年10月。

第六条　病人之家属亲友欲领出自行疗养者得觅具铺保呈请社会局核准。

第七条　病人病愈时由所通知其家属于三日内具结领回，如逾期不领或无家属者，即按其性别转送救济院收养。

前项事务办结时应呈报社会局备案。

第八条　疯人如因病死亡，由所通知其家属备棺承领，其无家属者由所棺殓抬埋。

第九条　前条之疯人死亡，无论有无家属，须由所报告社会局及地方法院检察处查验后方可殓埋。

第十条　疯人家属亲友来所看视，由所派员领导；如送给病人食物药品被服等项，应交由所长检查转给。

第十一条　本所收容领出及死亡人数应每日列表呈报社会局备查。

第十二条　本所如有直接收入款项，须按旬表报社会局查核，并于月终造具收入计算书并项一款拼呈缴。

第十三条　本章程未尽事宜得随时呈明修正之。

第十四条　本章程自呈奉市政府核准之日施行。

《北平特别市疯人收养所章程》首先修正了收容宗旨，从“勿使外出致生危险”改为“养护疗治痊愈”。这是一个进步，但以当时精神病学水平而言，并且根据其收容对象仍主要为警察机关送治，这种变化更多是在字面上的，没有改变疯人收养所主要作为治安机构的属性。其次，扩大了送治单位的类别，增加了公私团体，这也等于是扩大了收容范围。再次，基于十几年办所的经验教训，对于可以造成麻烦的事项如病人出院、死亡，加以预防性、自我保护性规定。而对病人待遇等方面，没有作出规定，反而不如以前。

1934 年，在疯人收养所改建为精神病疗养院之后，北平市政府批准《北平市卫生局精神病疗养院住院规则》[①]，以及与之配套的《北平市卫生局精神病疗养院组织规则》《北平市卫生局精神病疗养院收费规则》《北平市卫生局精神病疗养院探视规则》等文件。

① 《北平市卫生局精神病疗养院住院规则》，《北平市市政公报》第 264 期，1934 年。

北平市卫生局精神病疗养院住院规则

（中华民国二十三年八月二十四日核准）

第一条　本规则依照组织规则第十一条订定之。

第二条　凡患者须经本院医员诊查确系精神病，并经下列一项之手续方能住院：

一、卫生局或公安局送交者；

二、市内各公私团体机关学校医院函送者；

三、家属或亲友请求并具有妥实铺保者。

第三条　凡患者住院须由原送机关或其家属亲友签定住院请求书。

第四条　凡病势垂危及染患传染病之患者不得住院。

第五条　凡患者住院应缴各费，依照收费规则办理。

第六条　凡住院患者所用之被服饮食盥洗器具等由本院设备，如有损毁须按价赔偿。

第七条　凡住院患者如携带有财物须交其家属带回，无家属者眼同原送人点交本院代存，任何时期均可由家属取具铺保或证人来院取回。

第八条　凡患者病愈出院须经下列手续：

一、原由卫生局或公安局送来者，通知各该局提回；

二、原由市内各公私团体机关学校医院送来者，通知该团体或机关院校备函领出；

三、原由家属或亲友送来者，通知其取具铺保来院结领。

第九条　原送病人机关或人于接得治愈通知后逾七日不领者，本院得斟酌情形呈报卫生局派员监临，并会同当地警察径行开释或函送救济机关，路远者酌予变通。

第十条　凡患者未愈，原送人或机关必欲领出时，须取具甘结或出具正式公函。

第十一条　凡住院患者患他种病时得转送于相当医院，并代签各种志愿书，有家属者通知其家属。

第十二条　住院病人家属除得本院主管人许可外，不得延院外医生到院诊治。

第十三条　凡患者出院时须将现时住址详细记于出院登记簿，以便本院随时派人探视其出院后情况，并指导调养方式及扶助减免其困难情形。

第十四条　本规则如有未尽事宜得随时呈请修正之。

第十五条　本规则自呈奉市政府核准之日施行。

《北平市卫生局精神病疗养院住院规则》的重点还是在于防范可能出现的麻烦，进一步强化了对患者及其家属的限制。虽然有些限制是必要的，但是不明确规定医院可以提供怎样的住院服务，距精神卫生之要求尚远矣，看不出北平协和医院贡献了哪些先进的理念和方法。修正的唯一亮点是患者出院后的探视、指导调养和扶助，但能否做到则令人怀疑。

1940 年，北平精神病疗养院的有关规则又有修正，[①] 但因当时系日寇占领时期，略去不谈。

与北平不同，上海没有市立疯人院或精神病院，也没有相应的管理法规。在抗战胜利后，为加强对精神病人的收容，上海市政府在 1946 年出台了一个《上海市卫生局收容精神病人鉴诊办法》。[②] 根据这个办法，由上海市卫生局下属的一个机构，负责对医院、警局或家属护送来的精神病人进行鉴诊，确系严重的，再转送私立的普慈疗养院正式收容，并在住院后实施监督，决定出院与否。普慈疗养院因收容而产生的费用由政府支付。

上海市卫生局收容精神病人鉴诊办法

（三十五年三月二十二日令准施行）

一、本局为办理鉴诊本市区精神病患者以便送院治疗起见，特指定第三区卫生所卢家湾分所负责办理该项事宜。

二、凡属精神失常有疯癫行为者，不分国籍性别职业年龄，由医院警局或家属护送该所者，概予收留鉴诊。

三、凡送所患者须填具入所志愿书及姓名住址年龄籍贯性别职业，如无法探询其姓名住址时，则由局登报招告其亲属，并载明患者大约年龄性别服色及发现地点，登报期间以三天为限，如逾期无人应招，该所以无名

① 参见《修正北京特别市市立精神病疗养院住院规则》，《市政公报》第 75 期，1940 年；《修正北京特别市市立精神病疗养院组织规则》，《市政公报》第 76 期，1940 年。

② 《上海市卫生局收容精神病人鉴诊办法》，《上海市政府公报》第 3 卷第 2 期，1946 年。

氏编号鉴诊之。

四、凡患者入所在暂留期间，该所医师应从速鉴别诊断，如确系严重即予以转送普慈疗养院治疗，其症状轻微或为一时之精神失常即可回复健康者，该所得斟酌情形，随时令其出所或通知关系方面领回。

五、凡由所转送普慈疗养院之患者，如无家属或家境赤贫经保甲长证明调查属实者，得核给津贴，惟由其他机关或家属径自送普慈疗养院者不在此例。

六、前项津贴费用由普慈疗养院会同该所呈报本局转呈市政府核给之。

七、凡送所患者在暂留期间，其伙食应归其家属自理，如无家属或经证明确系家境赤贫者，可由该所供给，按月在该所经常费内开支。

八、卢家湾分所将患者送院时应填具三联单，一联送院，一联呈局，一联存根。三联单格式另订之。

九、已经送院之患者，该所仍须随时选派专科医师调查其病况，建议治疗方法及决定出院与否，并将治疗经过具报本局。

十、住院患者凡经治愈而可出院者，由院方通知其家属或关系人领回，并呈报本局备查。

十一、本办法如有未尽事宜得随时呈准修正之。

十二、本办法自呈奉上海市政府核准施行。

上海的这个办法符合上海没有市立精神病院的实际情况。它的主要缺点是仅指定普慈疗养院一家作为收容单位，导致其他精神病院有理由拒绝接收政府部门送治的精神病人。而且，如前引上海一警员所说，如果政府津贴不能及时到位，普慈疗养院也会拒绝接收政府部门送治的精神病人。

另外，广州市政府也有《广州市市立精神病疗养院组织章程》。

除这些涉及非自愿住院的地方性法规外，民国时期并没有制定全国性的关于精神病人收容和精神病院管理的专门法律。这种由地方立法的方式，与后来在《中华人民共和国精神卫生法》颁布之前，由地方制定精神卫生条例的情形有几分相似。

1949 年以后，这些地方法规不再有效，而且无人提起，似乎不曾存在。然而，其中一些做法被当作行规和习惯而延续下来，实际地发生过作用，并且成为制定精神卫生法的隐形基础或阻力。

同时应当指出，在清末和民国时期，非自愿住院在相当大的程度上还受到民法、刑法等法律的规制。接下来将对此作出说明。

二　民法、刑法等法律中关于精神病人和非自愿住院的规定

20 世纪初，清廷为维持其统治，开始推行“新政”，效仿西方资本主义国家法律，修订旧法，制定新法。如《清史稿·刑法志》所言：“忧时之士，咸谓非取法欧、美，不足以图强。于是条陈时事者，颇稍稍议及刑律。”[①] 1902 年（光绪二十八年）起，由修订法律大臣沈家本等主持，一边删订旧律，编纂《大清现行刑律》，作为立宪前的过渡性法律，一边参考西方国家刑法，起草新刑律，准备在立宪后施行。1907 年（光绪三十三年），沈家本等奏进新刑律草案。该草案第十二条第一项规定：“凡精神病者之行为不为罪，但因其情节得命以监禁处分。”第二项规定：“酗酒及精神病者之间断时，其行为不得适用前项之例。”沈家本等阐释此条的理由：“本条系规定痴与疯狂等精神病人虽有触罪行为，全无责任。精神病人之行为非其人之行为，乃疾病之作为，故不应加刑而应投以药石。若于必要之时，可命以监禁。各国之规定皆与本条同。”沈家本等还指出：“其人为精神病者与否，审判官当招医生至法庭鉴定之。”另外，该草案第七十三条规定：“凡被告人因罹精神病、其他重病停止公判间，提起公诉权之时效即行停止。”第八十七条对“笃疾”和“废疾”作出解释，“笃疾”所指伤害包括“于精神或身体有不治之疾病者”，“废疾”所指伤害包括“于精神或身体有至三十日以上之疾病者”。该草案还有对精神病人加以特别保护的条款，根据第二百七十五条规定，“凡乘人精神丧失或不能抗拒而为猥亵之行为或奸淫者”，照猥亵罪、强奸罪有关规定处断。[②]

新刑律草案上奏后，根据朝廷的指示，京内外各衙门陆续上奏对草案的意见即“签注”。有些签注对第十二条提出意见。安徽签注认为精神病者犯罪无责任的规定“似乎失之太宽，易滋流弊”，主张“似应将有精神病者狱内设一病院以扃治之，不愈永禁毋纵，愈则仍宣告寔行之罪而执行

① 赵尔巽等《清史稿》，卷一百四十二，中华书局，1976，第 4187 页。

② 政学社印行《大清法规大全》，卷十一，台湾考正出版社，1972，影印本。

之。庶情法两得其平，而狡黠者亦无所施其装捏之术。”两江签注指出：“精神病即癫狂疯病之类，本条因其情节得命以监禁处分，与现行锁锢之例相同，自可照行。”江西签注反对删去旧律中关于废疾和笃疾的规定而加入精神病的规定，“乃所称精神病，虽指定痴与疯狂等字义，究欠清晰，徒起犯人逞刁狡卸之风，开审判官行私宽纵之门，未可为法”。山西签注认为第十二条在中国不具备实施的条件：“此条规定，……系仿东西洋各国通例办理。但各国医学发达，其人为精神病与否，医生能鉴定其真伪。中医仅有理想，毫无鉴定能力，施行此条已觉困难，况现今警察制度尚未完备，无安置疯人之善法。设有因疯殴死祖父母、父母、期亲尊长及多命案件，其情节较重，若援照此条办理，殊失尊崇伦纪、保安社会之法意。”河南签注认为，“此条情节之重者仅处以监禁，似有未妥。”邮传部签注认为第十二条难于施行：“本条规定在学理说明上本极稳当，但揆诸实用，颇觉危险，何则同为精神有异状者而强分以轻重？如日本刑法规定为心神丧失者与心神耗弱者，异其处置。标准漠然，难于立说。但在实际则全无知觉之狂人与精神略有障碍而惩忿窒欲之力薄弱者，其间相去实难以道里计。概以精神病目之而定以不罚为原则，不免有奖励为恶、害及社会之恐。”该签注还认为“精神病”应改为“心神丧失”。东三省签注同意第十二条规定：“本律草案则采精神病者无责任主义，无论何种行为不论罪，而为保护社会治安，防制再酿祸患，故因其情节得为监禁处分，盖为监护疯人起见，一面保护安宁，非加刑也，拟此亲属、邻佑、乡约、地方族长等可免无辜拖累，对于疯人亦得防其再犯。”同时该签注还不无担心地指出：“惟精神病者监禁之所，总以隔别为宜，不可与普通犯人一同监禁，恐紊乱监狱之秩序，酿成危险也。又鉴定有精神病与否即为定罪之标准，其权尽操之于医官。今中国医学未能发明，鉴定之时殊难为准，现今刑法改正时期，亟宜养成法医，以备应用。”陕西签注表示，“此条与现行律无大异，应遵行。”①

经过辩论和修改，新刑律草案定名《钦定大清刑律》（学术界亦称

① 参见高汉成《签注视野下的大清刑律草案研究》，中国社会科学出版社，2007；高汉成主编《〈大清新刑律〉立法资料汇编》，社会科学文献出版社，2013。

《大清新刑律》《大清刑律》）[①]，于1910年（宣统二年）12月通过颁行。《钦定大清刑律》关于精神病人行为不为罪的规定仍为第十二条，但表述有变化："精神病人之行为，不为罪，但因其情节，得施以监禁处分。前项之规定，于酗酒或精神病间断时之行为，不适用之。"[②] 蔡枢衡先生认为，《钦定大清刑律》规定对犯罪精神病人得施以监禁处分，意味着出现了保安处分责任的萌芽。[③] 而从精神卫生法的角度来看，规定对犯罪精神病人得施以监禁处分，也意味着出现了刑事性非自愿住院制度的萌芽。当然，这也意味着精神病院、精神病学司法化在中国的开始。

1907年，清廷决定制定民律，至1911年9月，形成《大清民律草案》，但未及颁布实施。《大清民律草案》共分总则、物权、债权、亲属、继承五编，一千五百六十九条。关于精神病人问题，它参考德国、日本等国民法，试图建立无行为能力、禁治产、成年人监护等制度。第九条："达于成年兼有识别力者，有行为能力。"第十八条："幼年、心神丧失或耗弱，及因类此之事由而不能为合理之行动者，视为无识别力。"其中"心神丧失""心神耗弱"是借鉴日本民法用语而来。第十九条："对于常有心神丧失之情形者，审判衙门须因本人、配偶、三等亲内之宗亲监护人、保佐人或检察官之声请，宣告禁治产。"第二十条："禁治产人应置监护人。"第二十一条："禁治产人无行为能力。"第二十二条："禁治产之原因终止时，须依民事诉讼律规定，撤销宣告。"第二十三条："对心神耗弱人、聋人、哑人、盲人及浪费人，审判衙门须宣告准禁治产。"第二十四条："准禁治产人应置保佐人。"第二十五条："准禁治产人与满七岁之未成年人，有同一能力。"第四十条："在心神丧失中为侵权行为者，不负责任，但其心神丧失为故意或过失而发者，不在此限。"第一千四百三十二条："成年人受禁治产宣告时，须置监护人。"第一千四百三十三条："监护人须依下列之顺序充之：一、夫或妻；二、祖父；三、祖母；四、家长。"第一千四百三十四条："无前条规定之监护人，由亲属会选相当之人充之。"第一千四百三十六条："监护人于监护目的上之必要之范围内，须

① 参见周少元《中国近代刑法的肇端——〈钦定大清刑律〉》，商务印书馆，2012，第3页。
② 中国人民大学法律系法制史教研室编印《中国近代法制史资料选编》（第一分册），1980年，第254页。
③ 蔡枢衡：《中国刑法史》，广西人民出版社，1983，第198页。

准被监护人之财力护养疗治其身体。”第一千四百三十八条：“受准禁治产宣告人，须置保佐人。”①

1908年，清廷颁布《大清违警律》②，以统一各地违警法令，推动警政的发展。中国刑法与违警法（治安法）分立的格局自此形成。后人评论：“仅从《违警律》这一项即可看出，清廷警察立法在当时的世界各国中，还是处于比较先进的地位的。”③《大清违警律》禁止的行为，有一些常见于精神病人，例如“游荡不事正业”“当众骂詈嘲弄人”“于道路裸体”“于厕所外便溺”“深夜无故喧嚷”“加暴行于人未至成伤”等。而第十五条规定：“有心疾人犯本律各款者不论。”但未说如何管理。④ 第二十六条还规定：“凡疏纵疯人或狂犬及一切危险之兽类奔突道路或入人第宅者，处五日以下一日以上拘留，或五元以下一角以上之罚金。”⑤ 此条意在

① 参见杨立新点校《大清民律草案·民国民律草案》，吉林人民出版社，2002。引用该书时，对第十九条中的“三等亲”产生疑问，感觉其似为“三亲等”之误，因为“三等亲”并非法律规范用语。找来台湾学者潘维如所著《中国历次民律草案校释》（台湾汉林出版社，1982）查阅，亦是“三等亲”。潘、杨两书对其收录的《大清民律草案》所据底本均未加说明。为解疑惑，我到首都图书馆查阅了民律草案的最初官方正式刊本，即修订法律馆1911年刷印《大清民律草案》（一函四册，三编），其第十九条分明为“三亲等”。首都图书馆还藏有一部题为《暂行民律草案》的抄本（二函九册，除《暂行民律草案》外，还包括《暂行民事诉讼律草案》和《暂行刑事诉讼律草案》），亦是“三亲等”。另外查得《江苏司法汇报》1912年第4期刊载《民律草案》、南京启新书局1912年出版《民国暂行民律》、法学书局民初石印《中华民国法学全书》之《中华民国暂行民律草案》、民国学者邵义1917年出版《民律释义》等均为“三亲等”。同时发现，上海文明书局在20年代出版《现行中华新六法》之《民国暂行民律草案》与前列诸书不同，其第十九条作“三等亲”。可知《大清民律草案》第十九条原文应作“三亲等”，后来个别版本误植为“三等亲”。因杨书“三等亲”也有所本——虽然可能底本不够权威，我引用时不便直接加以修改，仅作此校勘说明。另外，后又看到杨立新主编《中国百年民法典汇编》（中国法制出版社，2011），《大清民律草案》第十九条错得更甚，竟为“亲三等”，这应是审订时发现“三等亲”有误，意欲修改，却将“亲”字移错位置所致。

② 《宪政编查馆奏考核违警律折并单》，载于上海商务印书馆编译所编纂《大清新法令（1901—1911）点校本》第三卷，商务印书馆，2011。

③ 韩延龙、苏亦工等：《中国近代警察史》，社会科学文献出版社，2000，第268页。

④ 《违警律》草案第三条为“精神病人，犯本律所列事项时不论。但酗酒者不在此限。”参见《大清违警律草案》，《北洋法政学报》第41期，1907年。

⑤ 《违警律》草案第二十六条为“凡疏纵精神病人或狂犬及一切危险之动物奔突道路或入人第宅者，处十日以下一日以上拘留，或五元以下五角以上之罚金。”参见《大清违警律草案》，《北洋法政学报》第41期，1907年。

强化亲属对精神病人的看护责任，但将精神病人与狂犬、兽类并列，殊为不当。

清末有些省制定的地方治安法规，也涉及精神病人的管理和保护。例如，据1911年（宣统三年）编定的《新疆图志》载，《省城各区巡长警赏罚章程》第十条中规定："救护抛弃及途失小儿与道路病人及疯癫人者"，应记寻常功。《巡警规条》规定："凡遇疯癫迷失道路者，应由此街递送彼街，按街送至其家为止。"《各区巡警职务章程》第二十八条规定："凡遇有疯人或癫狗经过，恐其贻害，宜谨慎防护，并通知该家看管。"第三十六条中规定，当差巡警于所管界内应留心防范"凶恶无赖遇事生风者""住所无定徘徊各处者"等类人，以为司法巡警处理提供帮助。第三十八条规定，当差巡警应竭力保护"跣足疾走状如疯癫者""小儿乡愚迷失道路者"。[①]

1911年，清王朝覆亡。1912年3月10日，中华民国政府颁布《临时大总统令》（此《临时大总统令》的发布者在学界有以袁世凯为临时大总统的北洋政府和以孙中山为临时大总统的南京政府两说，前说理由更为充足[②]）宣布："现在民国法律未经议定颁布，所有从前施行之法律及新刑律除与民国国体抵触各条，应失效力外，余均暂行援用，以资遵守。此令。"[③] 随后北洋政府发布《删修新刑律与国体抵触各章条》（1912年3月28日呈报，3月30日批准，4月3日发布）[④] 和《暂行新刑律施行细则》（1912年8月12日）。《暂行新刑律施行细则》第七条涉及精神病人，体现了一种新的进步："死刑案件，如犯人系孕妇或罹精神病，虽经覆准，非

① 参见（清）王树枏等纂《新疆图志》，卷四十至四十二，台湾文海出版社，1965年影印本。

② 参见张希坡《中国近代法律文献与史实考》，为杨一凡主编《中国法制史考证续编》第十二册，社会科学文献出版社，2009，第57~78页。

③ 《临时公报》1912年3月11日。

④ 《临时公报》1912年4月3日。此期《临时公报》在"通行文件"部分，发布了《法部通行京外司法衙门文》，其中主要为临时大总统袁世凯在1912年3月30日对法部呈文的批示，并附有《法部呈请删修新刑律与国体抵触各章条等并删除暂行章程文》。另据《司法公报》1912年第1期，法部文是1912年3月28日呈报的。许多著作说《删修新刑律与国体抵触各章条》以及《暂行新刑律》的发布日期为"1912年4月30日"，是错误的。

产后满百日或精神病愈后，不得执行。”[①] 1914 年 12 月 24 日，北洋政府又颁布内容复旧、在 1922 年 2 月 17 日被由广州非常国会推举的非常大总统孙中山宣布废除的《暂行刑律补充条例》。[②]

《暂行新刑律》第十二条的内容仍为《钦定大清刑律》的第十二条，没有变化，即“精神病人之行为，不为罪；但因其情节得施以监禁处分。前项之规定，于酗酒或精神病间断时之行为，不适用之。”[③] 关于监禁处分，1913 年大理院非字第三十七号判例指出：“精神病人之监禁亦属行政处分之一种，与自由刑之性质绝不相侔。”“刑律第十二条情节二字，乃专就精神病人于社会危险程度与有无相当看护或监督之情形而言，与普通所用犯罪情节有轻重大小之别者不同。诚以精神病人之行为虽依法不能为罪，然于社会苟有意外之危险，而其亲属又不能为相当之监督者，得依但书规定或交付精神病院，或其他处所，禁制其自由以防危险。”[④] 即是说，精神病人犯罪，并非均施以监禁处分，只在具有社会危险性，且无亲属或者亲属不能看护监督之情形下，方交付精神病院或者其他处所监禁。例如，《京话日报》1917 年 12 月 12 日（第 2222 号）报道：“新街口二条胡同住户增成氏，勒死幼女一案，已迭志上月本报。现闻此案解送检察厅审讯，该妇言语颠倒，经中西医生诊视，成氏确有精神病，遂移送法庭，业已判决按照新刑律第十二条，不为罪，饬伊夫增绪将成氏领回医治。”《京话日报》1918 年 3 月 10 日（第 2299 号）报道：“京西蓝靛厂住户赵刘氏，

① 《暂行新刑律施行细则》，《政府公报》第 104 号，1912 年 8 月 12 日。一个月前的 7 月 9 日，司法部已经发布一个与该细则第七条内容类似的临时命令：“查宣告死刑之犯如罹精神病或系孕妇，在各国行刑法均应停止执行，精神病者须俟病愈后，孕妇须产后满百日方可行刑。现在施行新刑律，秋审故事业经停止，外省前后判决死刑人犯，或依旧例处决或依新律处死，经本部覆准，限三日内执行。恐检察官或监狱官不谙行刑法，对于前两项应停止执行之犯不知如何办理，为此通令各检察官及监狱官，嗣后奉有覆准令文，除常犯遵限执行外，其罹精神病者及孕妇，均由监狱官报知检察官，停止其死刑之执行，一面呈报本部查核，俟该犯病愈后或产后满百日，再行呈请部令，执行此令。”（《政府公报》第 72 号，1912 年 7 月 11 日）。

② 《暂行刑律补充条例》，《政府公报分类汇编》第 15 期，1915 年。此条例后被称为“暂行新刑律补充条例”，但原题目中并无“新”字。孙中山的《命废除暂行刑律补充条例令》，参见中山大学历史系孙中山研究室等合编《孙中山全集》第六卷，中华书局，2011，第 87 页。

③ 参见杨鸿烈《中国法律发达史》，上海书店，1990，第 1104 页。

④ 郭卫编《大理院判决例全书》，会文堂新记书局，1932，第 396 页。

因疯杀死亲子姜升，详情已迭志年前本报。现闻审判厅以赵刘氏实系痰迷神经病，理合从宽，于八日判令赵刘氏的公公赵和兴，将该氏领回家中，调治疯疾，并饬注意查看，以免再有意外的事。”

根据规定，犯罪精神病人如果病情显著，不得收入看守所。北洋政府1912年6月《司法部管守所暂行规则》第五条规定：“入监者若有左列事项之一者，得拒绝之：……（二）有精神病状态显著者……”。[①] 犯人如果在监狱中罹患精神病，也有处置原则。1913年1月，司法部发布《监狱教诲师教师医士药剂士处务规则》，其第三十三条规定：“囚人中认为有精神异常之疑虑时，须速施处遇方法，并报告于典狱长官。”第三十四条规定：“罹精神病、传染病及其他之疾病，认为在监狱不能施适当疗治者，得陈述意见于典狱长官，俟认许后移送病院或交付其亲族。”[②]

同时，为解决民法适用问题，有些法院和律师非正式援用《大清民律草案》，有些书局将《大清民律草案》删订出版，一般称之为《中华民国暂行民律草案》或者《中华民国暂行民律》。

之后，民国政府陆续制定新的法律。新的民法、刑法和违警罚法等法律都有关于精神病人和非自愿住院问题的规定，涉及精神病人违法犯罪的法律责任、精神病人利益的保护、精神病人禁治产和监护、精神病人的管理和治疗等诸多方面。

第一，民法。

1914年，北洋政府开始修订民法草案，至1925年完成全部民法草案的起草工作。该民法草案被称为《民国民律草案》。关于精神病人的规定主要有，第十二条：“有下列各款情形之一之人，法院得依本人、配偶或最近亲属二人之声请，宣示禁治产：一、因疯癫痴騃或其他精神错乱之病症，致不能处理自己事务者；二、因疾病或其他原因精神衰弱，致难处理自己事务者；三、因滥费有陷自己及家属于困穷之虞者。禁治产之原因消灭时，应撤销其宣示。”第十三条：“前条第一项第一款原因之禁治产人为无行为能力；第二款及第三款原因之禁治产人为限制有行为能力。”第十五条：“无意识或精神错乱中为加害行为者，无责任能力。但其无意识或

① 《司法部管守所暂行规则》，《政府公报》第59号，1912年6月28日。

② 《监狱教诲师教师医士药剂士处务规则》，《政府公报》第249号，1913年1月15日。

精神错乱，系因饮酒或其类似之方法所致者，不在此限。”第二百五十一条：“无行为能力人或因精神、身体之状况需人监督之人，不法侵害他人之权利者，由有监督义务之人或代其为监督之人，负损害赔偿责任。但其监督并未疏懈或虽加以相当之监督，而仍不免发生损害者，不在此限。”第一千二百六十四条：“受禁治产宣示之成年人，如无父母，或虽有父母而事实上不能任监护之责时，须置监护人。”第一千二百六十五条：“监护人须依下列次序充之：一、夫或妻；二、祖父；三、祖母；四、家长；五、后死之父或母以遗嘱指定之人。”第一千二百六十六条：“无前条规定之监护人，由亲属会选相当之人充之。”第一千二百六十七条：“监护人于监护目的上之必要之范围内，须准被监护人之财力，护养疗治其身体。但指定监护人或选定监护人，如将被监护人送入疯癫医院，或监禁于私宅者，须经亲属会之同意。”[①] 这里的关于监护人“如将被监护人送入疯癫医院，或监禁于私宅者，须经亲属会之同意”的规定是《大清民律草案》所没有的，且显然受日本民法典的影响。由于军阀混战，国会被解散，《民国民律草案》没有正式成为民法典，但根据1926年11月18日大总统（国务院摄行）第473号令，《民律案总则编》和《民律案债编》“暂行参酌采用”。[②]

1929～1930年，南京国民政府颁布《民法》各编。这是中国历史上第一部正式的民法典。关于精神病人问题的规定，它主要有以下各条款。第十四条：“对于心神丧失或精神耗弱致不能处理自己事务者，法院得因本人、配偶或最近亲属二人之声请，宣告禁治产。禁治产之原因消灭时，应撤销其宣告。”第十五条：“禁治产人，无行为能力。”第二十一条：“无行为能力及限制行为能力人，以其法定代理人之住所为住所。”第一百八十七条：“无行为能力人或限制行为能力人，不法侵害他人之权利者，以行为时有识别能力为限，与其法定代理人连带负损害赔偿责任。行为时无识别能力者，由其法定代理人负损害赔偿责任。前项情形，法定代理人如其监督并未疏懈，或纵加以相当之监督，而仍不免发生损害者，不负赔偿责任。如不能依前二项规定受损害赔偿时，法院因被害人之声请，得斟酌行

① 参见杨立新点校《大清民律草案·民国民律草案》，吉林人民出版社，2002。

② 《大总统指令第四百七十三号：呈拟请准将民商等项法案暂行参酌采用由》，《政府公报》第3807号，1926年11月19日。

为人与被害人之经济状况，令行为人为全部或一部之损害赔偿。前项规定，于其他之人在无意识或精神错乱中所为之行为，致第三人受损害时，准用之。”第一千一百十条：“禁治产人，应置监护人。”第一千一百十一条：“禁治产人之监护人，依左列顺序定之：一、配偶。二、父母。三、与禁治产人同居之祖父母。四、家长。五、后死之父或母以遗嘱指定之人。不能依前项规定定其监护人时，由法院征求亲属会议之意见选定之。”第一千一百十二条：“监护人为受监护人之利益，应按受监护人之财产状况，护养疗治其身体。监护人如将受监护人送入精神病医院或监禁于私宅者，应得亲属会议之同意。但父母或与禁治产人同居之祖父母为监护人时，不在此限。”第一千一百十三条：“禁治产人之监护，除本节有规定外，准用关于未成年人监护之规定。”①

禁治产制度的施行情况，可从一个案例窥其一般。1930 年 2 月 3 日，江苏吴县地方法院民事简易庭推事“声请宣告禁治产有理由裁决”：“本件据声请人顾王氏状称，伊夫顾福铸病后精神耗弱，每易被人愚弄，将家中田产贱价、典卖殆尽。似此情形，后患何其设想，请依声请宣告禁治产云云。经本院选（原文为“还”，疑误——刘注）任医师详细鉴定结果据称，顾福铸实系病后精神衰弱，不具完全智能。且本院讯问顾福铸之时，观其举止殊异常态，语言亦无伦次，核其情节与民法第十四条第一项规定尚属相符，应与照准。”“顾福铸应准禁治产。声请程序费用由顾福铸负担。”裁决后，顾福铸以并无精神耗弱为理由提起不服之诉，请求撤销宣告禁治产之裁决。1930 年 2 月 19 日，江苏吴县地方法院民事庭推事“不服禁治产宣告之诉判决”：“原告病后精神耗弱，前经本院简易庭选任医师鉴定，结果认为确系精神耗弱。该鉴定书所叙原告病状及精神衰弱情况至为详尽，此次本院讯问原告所答语言多半错误，察其情状不具完全智能，原裁决尚无不当，原告主张撤销宣告禁治产并无理由。”“原告之诉驳斥。诉讼费用由原告负担。”后顾福铸以旧病痊愈为理由声请撤销禁治产。1931 年 6 月 8 日，江苏吴县地方法院民事简易庭推事“声请撤销禁治产有理由裁决”：“查依民法规定得声请禁治产之人，于禁治产之原因消灭后，得声请

① 立法院秘书处编《立法专刊》第一辑（1929）、第二辑（1930）、第四辑（1931），民智书局。

撤销禁治产，民事诉讼条例第七百三十一条已有明文规定。本件声请人前因精神耗弱，本院以声请宣告禁治产在案。兹声请人以现在旧病痊愈精神回复，提出医院诊断书为证，请求撤销禁治产。本院选任医师鉴定结果，认为精神已回复常人状态，鉴定人当庭所述亦复如此。且察核声请人举动、语言均无常人非异，依据首开条文，声请人声请撤销禁治产自属正当。”“原裁决撤销。声请程序费用由声请人负担。”[①]

《民法》第一千一百十二条具有精神卫生法的性质，它确立了精神病人救护性处遇法律制度，包括救护性非自愿住院和监禁于私宅。根据该条规定，对精神病人实施非自愿住院和监禁于私宅，必须为受监护人利益，由监护人提出和实施；必须经亲属会议的同意，但父母或与禁治产人同居之祖父母为监护人时，可以不经亲属会议的同意。至于监禁于私宅，以当时世界精神卫生服务发展水平来衡量，是一种落后的精神病人处遇方式。从条文上看，监禁于私宅之规定受到日本民法典的影响，但它在中国更有比较长期的实作基础。它是基于经济社会发展水平特别是精神卫生服务水平，对传统和现状的一种认可，不宜苛求。

第二，刑法。

民国初年，北洋政府在决定施行《暂行新刑律》（未经北洋政府正式全文颁布）的同时，即着手修订刑法。1912 年 7 月 20 日，国务院下设的法制局发布其拟订的刑法草案——《法制局拟订刑法草案》。[②] 该草案系根据《删修新刑律与国体抵触各章条》，删修《钦定大清刑律》而成。它不同于当时社会上出版流行的共有 411 条款序号、截止于第四百十一条的《暂行新刑律》（一般称《中华民国暂行新刑律》），而是在删除“与国体抵触各章条”之后，重新编定条款序号，故仅共有 390 条，截止于第三百九十条。该草案没有提交审议，现代鲜有人提及。其第十二条，仍为《钦定大清刑律》的第十二条，亦即《暂行新刑律》的第十二条：“精神病人

① 谢森、陈士杰、段吉墀编《民刑事裁判大全》（1938 年出版），卢静仪点校，北京大学出版社，2007，第 244～246 页。

② 《法制局拟订刑法草案》，在《政府公报》第 81 号（1912 年 7 月 20 日）、第 84 号（1912 年 7 月 23 日）、第 87 号（1912 年 7 月 26 日）、第 92 号（1912 年 7 月 31 日）、第 99 号（1912 年 8 月 7 日）、第 105 号（1912 年 8 月 13 日）、第 107 号（1912 年 8 月 15 日）、第 108 号（1912 年 8 月 16 日）、第 109 号（1912 年 8 月 17 日）附录部分连载。

之行为，不为罪；但因其情节得施以监禁处分。前项之规定，于酗酒或精神病间断时之行为，不适用之。”1915年2月17日，司法部下设的法律编查会正式进呈修正刑法草案（共有432条）——史称“第一次修正刑法草案”，请代行立法院权限的参政院议决颁布。大总统袁世凯（1859～1916）批令：“呈悉，缕陈各节深中肯綮。所呈修正刑法草案存，俟审核后再行提交议决，其修正理由仍督饬会员迅即编竣呈候参核。此批。”① 第一次修正刑法草案吸收了《暂行刑律补充条例》的内容，并有其他修正，但第十二条没有发生变化。在讨论中，有人对此条提出意见。法制局签注：“按精神病属于白痴疯狂等类，而白痴疯狂等病有深浅之不同，鉴定时甚觉困难，原案文意过广，似无限制，精神病下拟添而失去知觉者五字。”政事堂参议伍朝枢（1887～1934）签注：拟改为“精神病人不知其行为之性质或其行为之善恶者，其行为不为罪，但因其情节得施以监禁处分”。② 第一次修正刑法草案未及参政院议决，袁世凯即在被迫取消帝制后不久病逝。

1919年，北洋政府的修订法律馆（1918年7月重新设立，取代法律编查会并升格，其总裁由大总统特派）又提出一个新的修正刑法草案（初稿共有377条，改定稿共有393条）——即“第二次修正刑法草案”。关于精神病人的刑事责任能力问题，草案在第二十四条规定，与以往相比有较大变化：“心神丧失人之行为不罚。但因其情节，得施以监禁处分。心神耗弱人之行为，减轻本刑。但因其情节，得于执行完毕或免除后，施以监禁处分。”此案将精神病人区分为心神丧失人和心神耗弱人，更为切合精神病人刑事责任能力的实际。关于心神耗弱人，修正案理由书指出：“本条第二项原案无。惟心神丧失人犯罪不处罚而常人犯罪则处罚，若心神耗弱人其重者几与心神丧失人等轻者或与常人同，既不应处以通常之刑，又不应全免其刑事责任，故不能不有特别之规定。此为各国刑法家及医学家所公认者也。外国刑法典有类似之规定者如意大利、那威（即挪威——刘注）、西班牙、丹麦、瑞典、芬兰、希腊、日本等国刑法典，及瑞士、德国刑法准备草案与德国委员会刑法草案，皆有心神耗弱之条文。1905年万

① 《大总统批令：法律编查会会长章宗祥等呈修正刑法草案请提交参政院议决颁布由》，《政府公报》第998号，1915年2月18日；《法律编查会呈修正刑法草案请提交参政院议决颁布文并批令》，《司法公报》第29期，1915年。

② 《修正刑法草案签注汇辑》，《司法公报》第40期，第二次临时增刊，1915年。

国刑法学会议决，亦赞成对于心神耗弱人科以较轻之刑。本案故增入本条。至其刑期比常人较短，于执行完毕或免除后，若听其自由行动，恐遗害社会，故因其情节得施以监禁处分。”[①] 另外，《钦定大清刑律》或者《暂行新刑律》第十二条的第二款规定也有修订，并单独成为新草案的第二十五条：“前条之规定，于酗酒人之行为，不适用之，但酗酒非出于己意者，不在此限。”第二次修正刑法草案在北洋政府时期也未得到审议颁布，但它的一些内容为后来的立法吸收。

1928 年，国民政府颁布了《中华民国刑法》。[②] 其第三十一条就是“第二次修正刑法草案”的第二十四条：“心神丧失人之行为不罚。但因其情节，得施以监禁处分。心神耗弱之行为，减轻本刑。但因其情节，得于执行完毕或免除后，施以监禁处分。”民国时期法学家陈瑾昆（1887 ~ 1959）诠释：“本条区别此项精神障碍为心神丧失人与心神耗弱人，均不过其精神状态异于常人，有程度之差，并非有种类之差。即与通常人比较，在前者则系其意思能力甚形欠缺，后者则系其意思能力较为薄弱。……旧暂行刑律第十二条第一项，限定为精神病人，而对于心神丧失，全无规定，均属不当。现行刑法，改精神病人为心神丧失人，并增定心神耗弱人，自应广义解释，不能限定精神状态于疾病也。”“又应注意者，本条所要求者，为行为时系为心神丧失人或心神耗弱人，故与民法上之禁治产人，情形不同，在民法，如为禁治产人，则在为撤销前，纵令其精神已完全回复，亦仍为无行为能力人，刑法则不能如是解释，只问其行为时是否有法定之精神障碍。”[③]

除上述规定之外，第二百四十二条规定：“对于妇女，乘其心神丧失或其他相类之情形不能抗拒，而奸淫之者，处三年以上十年以下有期徒刑。对于男女，乘其心神丧失或其他相类之情形不能抗拒，而为猥亵之行为者，处三年以下有期徒刑。犯前二项之罪，因而致被害人于死者，处死刑、无期徒刑，或十年以上有期徒刑；因而致重伤者，处无期徒刑，或七

① 《刑法第二次修正案理由书》，《司法公报》第 103 期，临时增刊，1919 年。

② 《最高法院公报》创刊号，1928 年；《中华民国刑法》（王宠惠属稿，1928 年出版），郭元觉校勘，李秀清点校，中国方正出版社，2006。

③ 陈瑾昆：《刑法总则讲义》（1934 年出版），吴允锋校勘，中国方正出版社，2004，第 135 ~ 136 页。

年以上有期徒刑。犯第一项之罪，因而致被害人羞忿自杀，或意图自杀而致重伤者，依前项之规定处断。第一项之未遂罪，罚之。”

1928 年《刑法》施行几年后，即被 1935 年《刑法》[①] 取代。1935 年《刑法》第十九条规定：“心神丧失人之行为，不罚。精神耗弱人之行为，得减轻其刑。”与 1928 年《刑法》第三十一条相比，此条有两点不同：其一，为与民法一致，以“精神耗弱”概念取代“心神耗弱”概念；其二，没有监禁处分规定。

“心神丧失”和“精神耗弱”不是精神病学用语，相关领域的理解并不一致。为此，1937 年渝上字第二三七号判决指出：“刑法上之心神丧失与精神耗弱，应依行为时精神障碍程度之强弱而定，如行为时之精神，对于外界事务全然缺乏知觉理会及判断作用，而无自由决定意思能力者，为心神丧失。如此项能力并非完全丧失，仅较普通人之平均程度，显然减退者，则为精神耗弱。”[②]

监禁处分并非取消，而是得到改造和提升。1935 年《刑法》正式建立了与刑罚并行的保安处分制度，由第十二章加以专门规定。原 1928 年《刑法》第十二条所规定的“监禁处分”改为“令入相当处所，施以监护”，并转移到第十二章，为第八十七条：“因心神丧失而不罚者，得令入相当处所，施以监护。因精神耗弱或喑哑而减轻其刑者，得于刑之执行完毕或赦免后，令入相当处所，施以监护。前二项处分期间为三年以下。”对监护处分，民国时期著名刑法学家王觐（1890～1981）有一解说：

> “得令入相当处所”一语，专就心神丧失人的社会的危险性之程度，与有无相当看护或监制之情形而言，非以犯罪情节之重轻为施监护处分与否之标准也。详言之，心神丧失人，有家可归，其家能为相当之看护者，国家固不必为之谋，若无家可归，或有家而其亲属又不能善为监制者，则须令入相当处所，施以监护。心神丧失之状态不一，其名称亦指不胜屈，如传染性精神病、衰惫性精神病、中毒性精神病、退行期精神病、甲状腺精神病、患脑疾时所生之精神病、早发

① 立法院秘书处编《立法专刊》第十一辑（1935），民智书局。

② 转引自韩忠谟《刑法原理》，中国政法大学出版社，2002，第 138 页。

性痴呆、老耄性痴呆、麻痹性痴呆、癫痫性精神病、精神性神经症、躁郁症、忧郁症等，以及白痴、痴愚、鲁钝，凡因先天的发育不全或后天的不具，以致陷于溷浊者，皆是。监护者，监制看护之谓，即禁制其自由而又施以治疗也。相当处所者，指精神病院、疗养院、疯人院、犯罪癫狂院、疯人治疗所，以及其他禁制看护心神丧失人之处所而言者也。监护处分，非刑罚，乃保安处分之一种，就保安处分本质言之，心神丧失人，纵未犯罪，在警察上，认为有予以监护必要，或其家属请求予以监护时，仍得施以监护处分。[①]

关于保安处分，1935 年《刑法》还有如下规定：第九十二条："第八十六条至九十条之处分，按其情形，得以保护管束代之。前项保护管束期间为三年以下。其不能收效者，得随时撤销之，仍执行原处分。"第九十四条："保护管束，交由警察官署、自治团体、慈善团体、本人之最近亲属或其他适当之人行之。"第九十六条："保安处分于裁判时并宣告之。但因假释或于刑之赦免后，付保安处分者，不在此限。"第九十七条："依第八十六条至第九十条及第九十二条规定宣告之保安处分，期间未终了前，认为无继续执行之必要者，法院得免其处分之执行。如认为有延长之必要者，法院得就法定期间之范围内酌量延长之。"第九十八条："依第八十六条、第八十七条、第八十九条及第九十条规定宣告之保安处分，于刑之执行完毕或赦免后，认为无执行之必要者，法院得免其处分之执行。"

关于保安处分的决定程序，1935 年《刑事诉讼法》在第三编"上诉"中有所规定。[②] 针对心神丧失人，第二百九十三条规定："不能证明被告犯罪或其行为不罚者，应谕知无罪之判决。因未满十四岁或心神丧失而其行为不罚，认为有谕知保安处分之必要者，并应谕知其处分及期间。"关于精神耗弱人，由第三百零一条规定："有罪之判决书应于主文内分别情形记载左列事项：……六、谕知保安处分者，其处分及期间。"另外，1935 年《刑事诉讼法》第一百九十条规定："因鉴定被告心神或身体之必要，

① 王觐：《中华刑法论》（1926 年至 1936 年分卷出版），姚建龙勘校，中国方正出版社，2005，第 535 页。

② 立法院秘书处编《立法专刊》第十一辑（1935），民智书局。

得预定期间，将被告送入医院或其他适当之处所。”第二百八十七条规定：“被告心神丧失者，应于其回复以前停止审判。但显有应谕知无罪、免诉、不受理或免刑判决之情形者，得不待其到庭径行判决。”

仅就法律条款而言，当时已经形成了不低于国际一般水平的刑事性非自愿住院制度。其水平的主要标志是，对犯罪精神病人“令入相当处所，施以监护”即关入精神病院（刑事性非自愿住院）或者关入其他相当处所施以管制和护理，系由法院决定。然而，当时有学者对这些措施能否切实施行表示怀疑。例如，在讨论刑法修正案时，梅汝璈（1904～1973）一方面认为监护等保安处分措施采自各国最新颖最进步之法例，极能符合改善主义的精神，但同时又担心：“在中国财政极度支绌，法官生活本身生活且陷困难的状况下，这些规定是否将等同具文。”① 可想而知，在1935年《刑法》实施期间，囿于精神病院的数量，多数的犯罪精神病人应当是被关入精神病院之外的其他处所，或者交由亲属监护。

另外，1928年《刑法》第二百四十二条的内容基本被1935年《刑法》保留下来，调整为第二百二十五条：“对于妇女乘其心神丧失或其他相类之情形不能抗拒，而奸淫之者，处三年以上十年以下有期徒刑。对于男女，乘其心神丧失或其他相类之情形不能抗拒，而为猥亵之行为者，处五年以下有期徒刑。第一项之未遂犯，罚之。”对于致被害人死亡、重伤、羞忿自杀等情况，综合强奸、猥亵等罪，在第二百二十六条规定了处罚。

还应提到中国近代法律史上已经被人遗忘的一段插曲。1934年12月，与南京国民政府处于分立割据状态的广州“国民政府西南政务委员会”颁布了一个《惩治疯人妨害风化暂行条例》。这个“暂行条例”突破1928年《刑法》的条款，对于实施性侵害犯罪的精神病人规定了极为严厉的处罚，根本不考虑行为人的刑事责任能力。而且，它规定的一些犯罪行为几乎不可能由真正的精神病人实施。可以看出，它的用意在于打击性侵害犯罪，只不过给行为人戴上“疯人”的帽子，同时也反映出制定者认为实施性侵害犯罪的人基本都是精神病人的思想立场。这样做，虽然被惩罚的行为人中不会有多少真正的精神病人，但造成对精神病人的“污名”。它还有一个特异之处是必须指出来的，即规定对女子强奸男子应与男子强奸女子同

① 梅汝璈：《对于刑法修正案初稿之意见》，《中华法学杂志》第4卷第9－10期，1933年。

等处罚，这在中国法律史上是第一次。对于这个“暂行条例”，以前未见当代学者提及，全录于下。①

惩治疯人妨害风化暂行条例

（二十三年十二月二十二日公布）

第一条　本条例于疯人对于非疯人犯本条例所列各罪者适用之，虽非疯人而与疯人共犯者，亦适用本条例。

第二条　疯人对于疯人犯妨害风化罪者，不适用本条例。

第三条　疯人除犯本条例各罪外，有犯其他法律者，仍适用其他法律。

第四条　称疯人者谓经政府认许之专门医生检定为患疯疾之男女。

第五条　疯人有左列行为之一者，处死刑：

一、对于男女以强暴胁迫药剂催眠术或他法致使不能抗拒而奸淫之者；

二、奸淫未满十六岁之男女者；

三、二人以上共同轮奸而犯前二款之罪者；

四、对于男女乘其心神丧失或其他相类之情形不能抗拒而奸淫者。

本条之未遂罪罚之。

（说明）刑法无处罚女子强奸男子之条文，本条例特设女奸男与男奸女同科之规定，盖所以符合保护民众健康之本旨耳。②

第六条　疯人有左列行为之一者处死刑，无期徒刑，或十年以上有期徒刑：

一、对于男女以强暴胁迫药剂催眠术或他法致使不能抗拒而为猥亵之行为者；

二、对于未满十六岁男女为猥亵之行为者；

三、对于男女乘其心神丧失或其他相类之情形不能抗拒而为猥亵之行为者。

① 《惩治疯人妨害风化暂行条例》，《国民政府西南政务委员会公报》第72号，1934年。

② 此“说明”为原文所有。

第七条　犯前二条之罪，因而致被害人于死或重伤者，处死刑；

犯前二条之罪，因而致被害人羞忿自杀或意图自杀，而致重伤者，处死刑；

犯前二条之罪，而故意杀被害人者，处死刑。

第八条　犯前三条之罪，而有左列情形之一者，加重本刑二分之一：

一、直系或旁系尊亲属对于卑幼犯之者；

二、监护人保佐人对于其所监护或保佐之人犯之者；

三、师傅对于未满二十岁之学徒犯之者；

四、官立公立私立病院济贫院或救济院对于收容之人犯之者。

第九条　疯人对于男女以诈术使误信其无疯疾，而听从其奸淫者，处无期徒刑或十年以上有期徒刑。

疯人以诈术使妇女误信有夫妻关系，而听从其奸淫者，依前项之规定处断。

第十条　犯本条例之罪者，须告诉乃论。

第十一条　犯本条例之罪者，仍由普通法院审判。

第十二条　本条例之施行期间暂定为六个月。

第十三条　本条例自公布日施行。

《惩治疯人妨害风化暂行条例》的施行期间在1935年6月和1935年12月延长两次。1936年7月，两广服从中央，“国民政府西南政务委员会”被撤销。

第三，违警罚法。

1915年，北洋政府在《大清违警律》的基础上制定了《违警罚法》。其第四条规定：“精神病人违警者，不处罚，但精神病间断时间之行为，不在此限。精神病人违警，不问其处罚与否，应告知其父兄或监护人，责令自行管束。前项之违警者，若无从查悉其父兄或监护人时，得酌量情形，送入精神病院或精神病人之监置处所。”第三十二条规定：“疏纵疯人、狂犬或一切危险之兽类，奔突道路或入人第宅及其他建筑物者”，处十五日以下之拘留，或十五元以下之罚金。①

① 《违警罚法》，《政府公报》第1258号，1915年11月8日。

1928年，国民政府颁布新的《违警罚法》。[1] 其第四条规定："心神丧失人违警者不处罚，但应告知其父兄或监护人，责令自行管束。前项之违警者，若无从查悉其父兄或监护人时，得酌量情形送入相当病院，或心神丧失人之监置处所。"关于"疏纵疯人"责任的规定则没有变动。1928年《违警罚法》以"心神丧失人"替代1915年《违警罚法》的"精神病人"，是为与同年颁布的《刑法》有关刑事责任能力条款的用语相一致，并且强调不处罚的只是病情严重的精神病人。

1943年，国民政府又颁布一个新的《违警罚法》。[2] 与旧法相比，1943年《违警罚法》在规模、体例和内容上都有了很大的改变，在立法技巧上也有了一定的提高。[3] 其第十条规定："左列各款之人，其违警行为不罚：一、未满十四岁人；二、心神丧失人。未满十四岁人违警者，得责令其法定代理人或其他相当之人加以管束，如无人管束或不能管束时，得送交收养儿童处所施以教育。心神丧失人违警者，得责令其监护人加以管束，如无人管束或不能管束时，得送交相当处所施以监护或疗养。"第十一条规定："左列各款之人，其违警行为，得减轻处罚：一、十四岁以上未满十八岁人；二、满七十岁人；三、精神耗弱或喑哑人。前项第一款之人，于处罚执行完毕后，得责令其法定代理人或其他相当之人加以管束。第一项第三款之人，于处罚执行完毕后，得责令其监护人加以管束，如无人管束或不能管束时，得送交相当处所施以监护或疗养。"1943年《违警罚法》区分了"心神丧失"和"精神耗弱"，更为细化合理。而对无人管束或不能管束的精神病人的管理，从1915年《违警罚法》的"若无从查悉其父兄、监护人时，得酌量情形，送入精神病院或精神病人之监置处所"，到1928年《违警罚法》的"若无从查悉其父兄或监护人时，得酌量情形送入相当病院，或心神丧失人之监置处所"，再到1943年《违警罚法》的"如无人管束或不能管束时，得送交相当处所施以监护或疗养"，逐渐将"精神病院"淡化，直至成为"相当处所"。这是一个退步的过程，是面对精神病院极度缺乏这一现实的无奈之举。至于"疏纵疯人"的责

① 《违警罚法》，《内政公报》第1卷第5期，1928年。

② 《违警罚法》，《立法院公报》第128期，1943年。

③ 参见韩延龙、苏亦工等《中国近代警察史》，社会科学文献出版社，2000，第774～793页。

任，基本沿袭以前的规定，依然将精神病人称为“疯人”，并与兽虫并列，没有丝毫长进。根据第五十四条规定，“疏纵疯人或危险兽虫奔突道路或闯入公私建筑物者”，处七日以下拘留或五十元以下罚锾。

第六节　六十年来精神病防治和精神卫生工作概况

一　改革开放以前的精神病防治工作

在20世纪50年代至70年代末期，由于对旧中国和外国的精神卫生的学术思想采取了回避甚或批判的态度，中国有关领域基本不使用“精神卫生”或“心理卫生”的概念。然而，虽然存在种种不足，并且曾经在“十年动乱”中陷于停滞，出现一些偏差，但是我国的精神卫生工作或称精神病防治工作，在这一时期还是取得了很大的进步。

作为一个经济社会发展水平曾经长期低下的国家，精神病院的建设是精神卫生发展的一个主要标志。在50年代，我国的精神病院建设出现了一个高峰期。促成这一高峰期的原因是多方面的。

第一，对患有精神障碍的军人的医护和安置。

50年代初期，中国共产党和中央人民政府面临许多严峻挑战。一个巨大的政治、经济和社会问题，就是对多年以来出现的大量伤残军人的抚恤和对更多的复员军人的安置。据1954年的数据，当时有复员军人二百多万人，内有“残废”（此系当时用语）军人六十多万人。[①] 在伤残军人和复员军人中，有一些人因作战等原因而罹患精神障碍，亟须特殊的医疗和照护。例如，山西省在1956年8月对十二个县的复员军人进行了调查，发现平均每县有两个复员军人罹患精神病，依此推算全省即有二百个以上罹患精神病的复员军人，其中有一些是严重的精神病人。[②] 为妥善医护和安置患有精神障碍的军人，党和政府制定和采取了一系列措施。可以说，对患

① 陈毅：《在第三次全国民政会议上的讲话（1954年12月26日）》，载于中华人民共和国内政部办公厅编印《民政法令汇编（1954—1955）》，1956年。

② 《山西省公安厅、卫生厅、民政厅对严重危害社会治安而又无家可归的精神病人由各市县公安局收容管理的联合通知》，《山西政报》1957年第6期。

有精神障碍的军人的医护和安置，是新中国精神卫生事业的一个重要生长点。

这与美国在第二次世界大战后为医护患有精神障碍的军人和其他因战争罹患精神障碍的人，大力推动精神卫生，扩大精神病院收容的情形有些相似。美国1946年的《国民精神卫生法》就是为应对战争后的精神康复问题制定的。美国联邦政府设有退伍军人卫生管理局（Veterans Health Administration，VHA），是美国最大的医疗卫生服务体系，雇佣了大量精神卫生工作者，为退伍军人提供广泛的精神医疗服务。①

党和政府大力开展了对革命残废军人包括患有精神障碍的残废军人的优待抚恤。1950年11月25日，中央人民政府政务院颁布《革命残废军人优待抚恤暂行条例》，对符合条件的残废军人给予各种优待抚恤。该条例根据残废轻重和失去劳作能力之大小，确定了残废等级。它虽然没有将精神障碍本身列为“残废”，但对残废等级的划分，考虑到精神障碍：脑神经受伤，致成痴呆或经常发生严重癫痫者，为一等残废；伤愈后精神有障碍者，为三等乙级残废。所谓“革命残废军人”，主要是指中国共产党领导的军队的指战员，但也包括对日作战和参加其他有革命历史价值的战争的国民党军队和其他军队中的指战员。②《执行革命残废军人优待抚恤暂行条例注意事项》（中央人民政府政务院内务部1951年4月29日）第六条规定了“对原国民党军队因抗日致成残废人员的处理问题”，其甲款规定：“‘九一八’以来，国民党军队之指战员，确系对日作战，负伤致成残废，已与蒋匪军断绝关系有一定证明，无反人民罪行，且为当地群众公认者，得以革命残废人员论。”其乙款规定：“辛亥革命以来，参加其他有革命历史价值的战争，负伤致残，有确切证明者，亦照上项原则处理之。”也是在1950年11月25日，中央人民政府政务院批准颁布了由内务部制定的

① 参见〔美〕斯蒂芬·J. 威廉斯、保罗·R. 托伦斯《卫生服务导论》（第6版），刘健平译，北京大学医学出版社、北京大学出版社，2004，第405页；〔美〕R. Paul Olson主编《四国精神卫生服务体系比较——英国、挪威、加拿大和美国》，石光、栗克清主译，人民卫生出版社，2008，第253页。

② 1946年1月，程玉麐被派往云南省荣军休养院视察中国驻印远征军的精神病情况。据他了解，在10万中国驻印远征军中约有150名罹患精神病，其中46名在日本投降后回国途中痊愈。参见程玉麐《中国驻印远征军之精神病概况》，《国防月刊》第5卷第2期，1948年。

《革命工作人员伤亡褒恤暂行条例》和《民兵民工伤亡抚恤暂行条例》，对因对敌斗争负伤致残的革命工作人员和因参战负伤致残的民兵和民工也给予抚恤。

妥善医护和安置军人中的精神障碍患者。早在1948年，中国人民解放军第四野战军黑龙江第八医院的内科就开始收治精神障碍患者，床位200张。1949年，第一野战军西安第二陆军医院开设精神科门诊。1950年，华东军区第五医院也开始收治精神障碍患者，到1954年时设精神科床位200张。[①] 除军队自行医护患有精神障碍的军人外，1950年以后，各级政府卫生机关还创立了许多康复医院，收治了数万名患有慢性疾病的军人，其中一些患有精神障碍。同时，被安置到由民政部门主办的革命残废军人学校和革命残废军人教养院进行学习和教养的残废军人，也有一些患有精神障碍。

到50年代中期，随着大规模战事的结束，残废军人和患有精神障碍的军人不再大量增加，而已有残废军人和患有精神障碍的军人的后期医护和安置问题变得突出起来。一方面，有组织地将革命残废军人学校和革命残废军人教养院中的精神障碍患者转入地方医院医护。《关于改进革命残废军人学校和革命残废军人教养院医疗工作的联合通知》（内务部、卫生部1954年9月27日）规定：革命残废军人学校和革命残废军人教养院现有的精神病员，如当地有适当医院，由省民政厅径与卫生厅协商确定转院治疗，并办理一切应办的手续。另一方面，对军队中没有定为残废等级的精神障碍患者安排复员并由地方负责医护。《复员建设军人安置暂行办法》（1954年10月23日国务院批准）第十三条规定："对于患有精神病的复员建设军人，病情较轻的，可由患者家属负责照管，其家庭生活困难的，可经县（市）人民政府批准给以适当补助，补助费用由优抚事业费开支。如病情严重需要治疗，家属无法照管或无家属照管的，由省（市）卫生部门设法收容，收容期间医疗、生活费用由医疗单位向省（市）卫生部门报销。"卫生部《关于〈复员建设军人安置暂行办法〉中有关医药问题的批复》（1955年2月28日）第（二）项规定：复员军人患精神病病情严重

① 参见于清汉、高柏良《中国人民解放军精神病学发展史》，载于陈学诗、陈秀华主编《中国现代神经精神病学发展概况》，中国科学技术出版社，1995。

者，由康复医院收容治疗，其费用由康复医院事业费开支。如无康复医院，应由省卫生事业费内调剂解决。国务院《关于安置复员建设军人工作的决议》（1955 年 5 月 31 日）第（三）项规定：对患有精神病需要治疗的复员建设军人，应当由当地卫生部门负责收容治疗，生活供应由民政部门负责。

为适应需要，一些收治精神障碍军人的康复医院改为精神病专科医院，并逐步向群众开放。国务院《关于康复医院慢性伤病员的待遇问题的决定》（1955 年 7 月 7 日）规定：对已移交康复医院的精神病患者，一律于 1955 年 8 月底前办理复员手续，复员后仍由政府卫生部门负责治疗与供给。今后军队中的精神病患者，在先办安置复员手续后，移交政府卫生部门指定的医院收治。财政部、卫生部《关于原在康复医院休养的精神麻风病员复员后有关供给上一些附带问题的批复》（1955 年 12 月 2 日）第（一）项规定：原住康复医院的精神病员因已全部复员，凡收容这些复员病人的医院即不属于康复医院性质，应即改为专科医院。今后收容对象，首先是已复员留院的病员，其次应视医院收容能力，接收已回乡患同类疾病较重的复员军人、企业职工、机关干部，再次原有的群众性精神病院收容满额时，亦可收容一般群众。

原由部队建立的精神病院有些也转交地方管理。例如，1951 年解放军平原军区后方医院在新乡设立三分院，1953 年开始接收部队中的精神障碍患者，当时精神科床位 250 张，后来该院被转交地方，1957 年 5 月河南省卫生厅将其定名为河南省精神病医院。[①]

第二，对患有精神障碍的游民和贫民的救济和收容。

50 年代精神病院建设的另一推动力，来自社会救济特别是城市救济的需要。50 年代初期，在城市和小城镇，存在许多无家可归、无依无靠、无法维持生活的老弱、残疾人，无人抚养的孤儿、弃婴，以及流浪街头经常以乞讨为生的乞丐。他们都需要政府的救济。为此，民政部门在大中城市创办了一批救济机构，同时接收、改造了原有的一些救济机构。《第二次全国民政工作会议决议》（1953 年 11 月 13 日第二次全国民政工作会议通

① 陈学诗、陈秀华主编《中国现代神经精神病学发展概况》，中国科学技术出版社，1995，第 369 页。

过、1953 年 12 月 10 日政务院政务会议批准）在总结 1949 年以来的城市救济工作时指出："在城市救济方面，在中国人民救济总会及其分会配合下，改造游民和教养贫苦无依的残老孤幼三十六万人，救济贫苦市民每年约一百二十余万人。"《第二次全国民政工作会议决议》还指出："对无依无靠无法维持生活的残老孤幼和贫民以及游民等，应根据必要和可能按其有无劳动力分别予以教养、救济和劳动改造，对一切有劳动能力的人，应设法使其在城市或去农村参加劳动，以自食其力。"

为收容、教养城市的游民、贫民以及不够判刑条件的小偷、骗子等流氓分子，民政部门创办了生产教养院。在初期，生产教养院存在着不分对象地乱收的现象，一些患有精神障碍的游民、贫民也被收容。政府及时发现了这一问题，并加以整顿，规定收容的精神障碍患者应由卫生部门指定医院接收治疗。中央人民政府政务院《关于民政部门与各有关部门的业务范围划分问题的通知》（1954 年 2 月 13 日）第二项规定："精神病人之治疗与收容问题：各革命残废军人学校、教养院及生产教养院的精神病人凡需治疗的，由卫生部门指定医院接收治疗。对一时不能接收治疗的精神病人由当地卫生部门责成附近的医院协助院、校予以经常治疗。对已治好的精神病人，无家可归，生活困难者，由民政部门负责处理。对于有家可归的一般群众，应尽量劝其家属在家看管。"在第四次全国城市救济工作会议上，中国人民救济总会伍云甫秘书长指出（1954 年 12 月 15 日）：各地生产教养机关，应建立收容、审查、处理的制度。对不合收容条件的人，要随时注意以转送有关部门、遣返回家、帮助就业或其他方式进行处理。"关于精神病人，有的地区已将所收容的病人全部移交给卫生部门，有的地区已将所收容的有治愈希望的重症病人送交卫生部门。但是这个问题，有许多地区尚未得到解决。今后，各地生产教养机构对于精神病人，原则上仍按第三次全国城市救济工作会议的规定办理。在未交出去以前，仍须负责把这一工作作好。"①

由于卫生部门主管的精神病医院数量少，不能将民政部门收容的精神障碍患者全部吸收，民政部门开始兴办福利性的精神病院，专门收治那些

① 伍云甫：《一年来的城市救济工作和今后意见》，载于中华人民共和国内政部办公厅编印《民政法令汇编（1954—1955）》，1956 年。

无家可归、无依无靠、无生活来源的精神障碍患者。1959 年，内务部提出：民政部门的精神病院“应首先把革命残废军人、复员军人、退伍军人中的精神病患者收容起来，对无依无靠、无家可归、到处流窜、影响社会秩序的精神病人也应收容起来，对那些病情严重、本人家属无力看管而没有条件进医院治疗的病人，也可以收容。”“各省、自治区、直辖市民政部门应根据当地实际情况和可能条件，以精神病人较多的县、市或专区为单位或几个县联合建立新的或扩充原有的精神病疗养院，协同卫生部门把这项任务担当起来。”同时为突出其主管的有关机构的救济福利性质，内务部规定这些机构的名称以后不再冠以“教养”二字。1961 年，内务部又规定，民政部门的精神病院“以收容无家可归到处流浪的精神病人为主，有条件的也可以酌情收容家庭无力照管的精神病人。”据统计，1958 年民政部门举办的精神病院有 86 所，收养精神障碍患者 7985 人；1963 年有 202 所精神病院，收养精神障碍患者 17138 人。①

第三，对实施危害行为或有危险性的精神障碍患者的收容。

在 50 年代，虽然没有制定刑法，但根据有关刑事政策，实施犯罪行为的精神障碍患者，如果无刑事责任能力，不给予刑事处罚。1956 年 6 月 2 日，最高人民法院在《关于处理精神病患者犯罪问题的复函》中明确指示：“精神病人在不能辨认或者不能控制自己行为的时候实行对社会有危险性的行为，不负刑事责任。至于精神病人是否不能辨认或者不能控制自己行为，应由有关医疗部门鉴定并应就其左右邻近调查证明行凶时以及行凶前后的精神状况，取得确实的证明。间歇性的精神病人，在精神正常时候的犯罪，应当负刑事责任。”“反革命分子与其家属或地主富农分子如确与上述情况相同，不应另有不同的处理。”② 对具有刑事责任能力并被判处刑罚的精神障碍罪犯，一般也不实行刑事监禁。《中华人民共和国劳动改造条例》（1954 年 3 月 26 日政务院第 222 次政务会议通过，1954 年 9 月 7 日政务院公布）第三十七条规定：“收押犯人，应当进行健康检查，除重大反革命犯和其他罪刑重大的犯人外，有下列情形之一的不许收押：（一）有精神病或者患有急性、感性传染病的……”这样，就产生了如何处置精

① 参见全根先主编《中国民政工作全书》，中国广播电视出版社，1999，第 1707 页。

② 梁国庆主编《新中国司法解释大全》，中国检察出版社，1990，第 173 页。

神障碍罪犯的问题。为处置精神障碍罪犯和防止其他精神障碍患者发生危害行为，国务院在 1955 年 4 月 7 日作出“必须对精神病人坚决收容监管起来”的指示。

各地区积极落实国务院的指示。1955 年，上海市有精神病人 3000 余人，肇事肇祸不断发生。上海市公安局执行国务院指示，将精神病院不收、地区难管的有杀人、纵火行为的精神病人 117 人，收容集中看管。[①] 湖北省政府（当时称“人民委员会”）召集了公安、人事、民政、财政、卫生等单位进行研究，并成立了湖北省精神病人收容管理委员会，制定了收容原则和办法。1955 年 7 月 21 日，湖北省人民委员会（以省长刘子厚的名义）就精神病人收容监管问题向国务院做了汇报和请示：

> 一、精神病人危害社会治安，各地都有反映，本省以武汉市为最严重。据报告：武汉市现有精神病患者 396 名（已由救济分会陆续收容看管的 220 人未计在内），其中病情较严重急需集中收容监管的 154 人；沙市有 56 名，其中病重者 14 人；宜昌市 28 人，病重者 15 人；各专县及机关干部中也续有发现。这些精神病人，到处乱跑，打人骂人，追逐妇女，影响极坏，部分还有辱骂政府和人民领袖，讲反动话作反动宣传，甚至杀人放火，严重地危害了社会治安。汉口解放大道精神病人段宝生从元月至 3 月先后持刀杀伤群众 10 余人；开明机器厂学徒欧阳丙南（有精神病）5 月 13 日晚 11 时在北京路打伤值勤交通民警徐荣卿的头部，并打坏交通处的汽车；沙市市妇女主席的爱人袁明智疯了后乱叫乱跑，脱去衣服后时而要与母亲睡觉，时而要与女儿成婚，放火数次，幸得扑灭。因而国务院“必须对精神病人坚决收容监管起来”的指示，对我省来说是完全正确和亟待进行的事项。
>
> 二、对精神病人的收容管理：目前由于条件限制，全部集中收管，尚有困难，我们拟暂在武汉、黄石、宜昌三市各设一个精神病人收容管理所，按不同对象分别收容各专、市、县精神病人，分类办法：

① 参见上海市公安局公安史志编纂委员会编《上海公安志》，http://www.shtong.gov.cn/node2/node2245/node4476/node58285/node58380/node58390/userobject1ai46272.html。

第一类：神经不健康，有时犯精神病，犯时则胡言乱语，甚至打人骂人，但过后仍能恢复正常，照常生活工作，病况表现一般化，对这种人可由公安派出所或区公所责令其家属切实加以看管。

第二类：病况严重，已有历史性，且不间歇，经常打人骂人，严重地危害了社会治安，本人家庭无力照管者，由精神病人监管机构收管。

第三类：病况十分严重，经常发作，发时违法妄为或发生杀人放火等严重危害社会治安者，则由公安机关先行监管，再行处理。

机关干部中的精神病人，属于第一类者，可给假一年休养，病愈后恢复工作；如超过一年仍不愈者，应取消工作籍。新干部有家可归者，送交本人家中收管，老干部及新干部无家可归者，送收容所收管，属于第二、第三类者一律送精神病人收容管理所收管。

三、组织领导及机构建立问题：上述三个精神病人收容所均由省公安厅领导，精神病人医疗费用、生活供给及工作人员工薪由卫生、民政及财政部门分别解决，工作人员（包括所长、会计、事务长、文书、医师、管理员等）按精神病人40%由人事局负责调配。武装问题，我们考虑不必调派，因为用武装管制精神病人也是困难的；至于恐有外人入内扰乱问题，可加派一看门人员。收容所房子由各地人民委员会解决。

四、为了搞好筹备工作，订出具体方案，以省公安厅为主，人事、公安、民政、财政、卫生各派一人参加，组成“湖北省精神病人收容管理委员会办公室”，负责本省精神病人收容管理的具体筹划组织工作。目前社会上及机关干部精神病人，已由公安及人事部门分别调查统计，初步调查工作已于6月底完成。①

国务院认为湖北省采取的各项措施是正确的，并于1956年3月27日批转湖北省人民委员会的请示，要求各地参照执行。国务院指出：

① 《湖北省人民委员会的请示》，载于中华人民共和国内政部办公厅编印《民政法令汇编》第三册，1957年。

> 目前全国精神病人的数量是不少的。对他们进行妥善的治疗、管理和安置是一项重要的工作。各级人民委员会必须重视此项工作。
>
> 精神病人是一种病态。为了便于对精神病人的治疗，精神病人的收容管理工作应当由各级卫生部门负责，其他有关部门协助。但是，目前由于医疗条件的限制，甚至有的省、市还没有建立精神病人病院，所以各级卫生部门负责精神病人的收容管理工作也是有困难的。根据这个情况，对精神病人的收容管理工作应当采取暂时的过渡方法：凡是设有精神病人病院的省、自治区、直辖市，都由卫生部门负责收容，并对病情严重的患者，予以适当治疗，凡是没有建立精神病人病院或虽已建立精神病人病院但床位已满的省、自治区、直辖市，对于病情严重而且对于社会治安有很大危害的精神病人，暂由公安部门负责收容看管，卫生部门采取积极的治疗，其他有关部门协助。此外，各级卫生部门对精神病人的治疗和收容管理工作，应当纳入整个工作规划之中，采取积极措施，适当增加现有精神病人病院的床位。在没有精神病人病院的省、自治区、直辖市，应迅速筹划建立。在扩建或新建精神病人病院时，不应当盲目追求医院建筑的规模形式，应当以满足对精神病人治疗的需要为主，以便争取在一定的时间内，由卫生部门把精神病人的收容管理工作全部接管过来。
>
> 至于精神病人的收容管理，也应该根据精神病人发病的程度和主观条件加以分别对待。收容管理的对象，应当是病情严重、无家可归或者家庭无人照管，对社会可能发生危害的精神病人；对于病情轻微或者有家庭、亲属能够照管的精神病人，都应当责成其家庭或动员其亲属妥为照管。①

1957 年 10 月 22 日全国人民代表大会常务委员会通过《中华人民共和国治安管理处罚条例》，它对精神障碍患者违反治安管理的处罚问题作出规定，确定了适用至今的“不予处罚；责令他的家长或者监护人严加看管和医疗”的基本原则（具体表述后来有所调整）。该条例第二十七条规定：

① 《国务院批转湖北省人民委员会对精神病人的收容管理问题的请示》，载于中华人民共和国内政部办公厅编印《民政法令汇编》第三册，1957 年。

“精神病人在不能辨认或者不能控制自己行为的时候违反治安管理的，不予处罚；责令他的家长或者监护人严加看管和医疗。如果家长、监护人确有看管能力不加看管以致违反治安管理的，处罚家长、监护人，但是以警告或者罚款为限。”第二十九条：“因违反治安管理造成的损失或者伤害，由违反治安管理的人赔偿或者负担医疗费用；如果造成损失、伤害的是不满十八岁的人或者精神病人，由他们的家长、监护人负责赔偿或者负担医疗费用。”所谓“严加看管和医疗”，包括在家看管和送医治疗。与民国时期的《违警罚法》比较，《治安管理处罚条例》更加强调家长或者监护人的责任，然而它没有规定，如果无从查悉其家长或监护人，或者其家长或监护人不履行看管送医之责，应当如何处置该精神障碍患者。

除上述三个方面外，为满足一般人群中精神障碍患者的治疗需要，作为精神病防治工作的主力军，由卫生部门主管的面向社会的精神病院也获得较快发展。除原有的精神病院得到扩建外，许多省新建了精神病院。1958 年，全国已有精神病医疗机构 49 处，床位总数 11159 张。[①] 精神科医师和护士数量也在迅速增加。1958 年，医师人数已达到 1949 年的 16 倍，护士人数则增加了 20 余倍。[②] 防治精神病的专业人员有 5700 多名，其中 900 名是高级专业人员。[③] 精神病学研究和教学，也有一些明显的进步。

1958 年，在“大跃进”高潮之中，原“北平精神病疗养院”的承继者北京安定医院撰文讲述了该院在 1949 年之后的变化、发展。该文带有明显的时代烙印，有一些非科学之辞，对历史的描述也有不准确之处，但它反映了那个时代精神病院的风貌和在改善住院患者待遇方面的进步，以及一些存在的问题，有可参考之处。因而，将它摘录出来。[④]

安定医院在整风以前叫精神病医院。1917 年（民国六年）北京京

① 参见徐韬园《我国现代精神病学发展史》，《中华神经精神科杂志》1995 年第 3 期。

② 参见伍正谊《新中国精神病学的成就》，载于中华人民共和国卫生部主编《庆祝建国十周年医学科学成就论文集》下卷，人民卫生出版社，1959。

③ 参见贺彪《积极进行精神病的防治工作》，《中华神经精神科杂志》1958 年第 5 号。

④ 北京安定医院：《精神病院服务态度的大转变》，载于工人出版社编辑《医务工作者服务态度的大革命》，工人出版社，1958。

师警察厅建立了“疯人院”，[①] 后来改称“疯人休养所”[②]、“精神病疗养院”。那时，病人穿的是赈灾衣服，又破又脏，有的病人耳朵里生了蛆。吃的是犯人口粮，冬天没火，夏天没衣裳，狂躁病人带着手铐脚镣，还被用铁锁锁在院里铁环上，又常挨警察看守的打。那时只有收管，没有治疗，活着进来，死了出去。1928 年后，协和医院的医生为了取得教材或研究资料，曾一度来看病人，美国人雷门拿病人作试验，死了很多病人。北京沦陷时期病人拿蚕豆当饭都吃不饱，又饿死了很多人。又因敌伪政府不给经费，医院管理人员就打开大门放“疯子”，有时还把这些所谓疯子带到郊外扔掉，让病人露宿在街头，饿死在城郊。因此，市民不敢把病人送进这所医院。

1949 年北京解放后，人民政府接管了这个所谓“医院”，改称精神病防治院，[③] 当时没有病床，只有大夫二人，护理人员六人，其他技术人员一人，看守三十二人。接管后，党和人民政府对精神病患者的医疗和生活管理条件极为重视，逐步调派了医务人员，增加了医疗设备及医疗项目，几年来扩建了治疗床六百四十张，疗养床一千八百五十张。现有病床总数二千四百九十张（其中有五百张床将陆续开放），大夫二十三人，医士四十七人，护士八十七人，护理员三百五十一人，卫生员四百一十四人，其他技术人员二十三人。

医院管理有了根本的改变，病人已经不再被当犯人看管，去掉了手铐脚镣，改善了生活，受到了人道主义的待遇，得到了治疗。几年来增加了各种治疗，获得一定疗效，特别是 1957 年添上盐酸氯丙嗪治疗，更提高了治愈率，一年中混合治疗出院的共一千零七十四人（痊愈的五百九十九人，好转的四百七十五人），出院的人有的恢复了工作，有的恢复了学习。病程在五年以上二十年以下的病人痊愈出院的一年就有十五人。事实完全说明多年病人也是可以治好的。针对精神病的特点，除药物治疗外开展工娱治疗是非常必要的，通过编织、农业生产、家禽家畜的饲养以及各种手工业的生产，进行工疗可以巩固

① 1917 年的说法不准确。

② 应为“疯人收养所”。

③ 北平市精神病疗养院是在 1948 年改名为“北平市立精神病防治院”的。

和提高药物治疗的效果。

解放几年来，医院在各项工作上取得了一定的成绩。但是由于政治思想工作薄弱，管理经验不足，旧的资产阶级的管理方法还未彻底根除，工作人员中资产阶级个人主义的思想还浓厚的存在着。因此在工作中闹待遇，闹地位，不安心工作是比较普遍的现象，他们认为精神病医院是“疯人医院”，社会地位很低，看“疯子”没有前途，有人曾这样说：“花开花谢年年有，人过青春无少年”，认为大好时光花费在看管“疯子”身上是青年的莫大浪费。技术人员则觉得设备简陋，认为英雄无用武之地，在此工作埋没人材；也有人抱着混饭吃的思想说：“每月拿到的薪金够养家就行了。”对病人采取得过且过不负责任的态度，有的医师不看病人就开医嘱，甚至隔着窗户就肯定病人是药物反应，不加处理造成死亡事故；也有的医师给病人治疗是为了提高自己的技术，为给自己写论文找科学根据，为了找试验结果往往给病人作一些不必要的重复化验和腰穿，造成病人极大的痛苦。对一些不合乎自己需要的病人放在一旁不管，认为反正精神病人早治晚治没关系。护理人员对病人戏侮虐待，工作中马马虎虎，服错药打错针的事故常常发生，对病人的卫生和饮食也漠不关心，病人稍有躁动就被“约束”起来，虽然领导早就提出过解除病人的“约束”，但是由于迷信思想的束缚，认为古今中外对病人都是如此，一直未能实现。病房是四壁空空，病区大门也被认为不得打开。病人说：“一年到头除了黄土看不到别的东西。”炊事人员把病人看作“傻瓜”，饮食终年千篇一律，他们说：“饭生饭熟无关系，反正他们不会提意见。”

党为了加强医院的领导，1957年末由中央和市级机关调派来一批干部，整风开始后，在市委直接领导下，医院党委充分发动了群众，揭发了医院领导上存在的三大主义，改进了领导和被领导的关系，在此基础上进一步打击了邪气，树立了正气。大家通过揭出的事实，开始认识到改变服务态度是改进医院工作的关键，全院开展了以揭发服务态度为中心的自我思想革命，经过交心和批评自我批评，资产阶级个人主义思想基本上搞臭了，群众的觉悟大大提高，他们明确了自己的工作是直接为病人为社会生产服务的，认识到为精神病人服务是豪迈而光荣的事业，他们的积极性高涨起来。

> 总路线的公布进一步鼓舞了群众的热情，打破了迷信，解放了思想，提出了变医院为病人之家的口号。护理人员以自己的亲身体会感到病人常年关在病区的苦闷和约束的痛苦，坚决要一切为了病人，大胆地打开了病区大门，全部解除了病人的“约束”，把约束病人的布带子都交入仓库……

到50年代末，在中国初步形成了一个以卫生部门为主，民政部门、公安部门合作的精神障碍患者管理体系。1958年6月，第一次全国精神病防治工作会议在南京召开。出席者有精神病学专家、心理学家、各省市卫生厅负责人、民政和公安部门的代表等共90多人。会议明确了精神病防治工作的方针，拟定了精神病防治规划。会议指出：“精神病的管理收容工作，应当在党政统一安排下，有关部门分工合作，依靠群众力量，就地管理，重点收容。采取三种组织形式（医疗基地、防治单位、疗养单位）和二种分散方法（轻病人分散到病人家里，疗养病人分散到农村和有劳动条件的地方），确是多快好省地解决精神病人收治问题的好方法。有关部门的合作方式，南京市民政、公安、卫生三个部门组成三人小组的方式值得推广，它们的分工是：防治院和疗养院由卫生部门负责，但与民政部门配合；收容所和教养院由民政部门负责，卫生部门给予技术指导；至于散在病人的管理和安排，则由三个部门共同分工负责。”会议还指出：“要破除‘正规’办精神病医院的思想，建立勤俭办事业的精神；要改变过去医疗工作等待病人的现象，把医疗工作送上门；要废除过去关押捆绑病人的办法而采用四种疗法的综合措施：（1）中西医药和物理治疗的综合疗法；（2）适当的劳动疗法；（3）有组织的体育和文娱活动；（4）有计划的教育，包括时事教育在内，使病人认识到祖国的伟大和各方面建设事业的飞越发展，精神愉快，病情易于好转。”①

关于当时精神障碍的发病率和治疗情况，在这次全国精神病防治工作会议上，卫生部副部长贺彪指出：“我国精神病的发病率，今天尚无全面的统计，但在调查选民时，因精神不正常不发选民证的人数约为千分之一至千分之二，这一统计数字是一个很好的参考资料，数字中是旧社会遗留

① 《全国精神病防治工作会议纪要》，《中华医学杂志》1958年第9号。

下来的长期病人。在这些病人中，实际需要国家作统一治疗和管理的约有20万人左右，其余的都是痴呆和生理缺陷而精神状态不健康的，在各部门密切协作下，绝大多数发动病人家庭予以适当照顾就可以了。因此，当前防治精神病的中心问题，是如何把这20万左右需要治疗和管理的一部分病人，在组织上予以适当的安排，使之得到妥善的安置与治疗。并以最大的可能和尽快的速度恢复其健康，变消极为积极使其参加到社会主义建设队伍中来。”“从治疗上看，过去8年共收容治疗了病人73150余名，出院63280余名，平均每人住院日122天。出院病人中，完全治愈的约占半数，其余病情均有好转，在治愈的病人中只有少数病例有复发现象。这说明我们的治疗工作成绩是很大的。”①

贺彪副部长所说的调查选民，是指进行第一届全国人民代表大会及地方各级人民代表大会选举时对选民状况的调查。根据1953年《全国人民代表大会及地方各级人民代表大会选举法》（中央人民政府政务院1953年3月1日公布）第五条规定，“精神病患者”无选举权和被选举权。中央选举委员会《关于选民资格若干问题的解答》（1953年4月3日）第二十二项对“甚么是精神病患者？为甚么精神病患者无选举权和被选举权？”的问题作了解答：“精神病患者，就是指：经医院、医生或机关、团体证明心神丧失、精神错乱的人。因为他们已失去了行使自己意志的能力，故不应享有选举权和被选举权。间歇性精神病患者，有选举权和被选举权，并应列入选民名单。”另外，在50年代，还有《婚姻法》（中央人民政府1950年4月30日公布）涉及精神病。该法第五条所规定的禁止结婚的几种情形，包括“患花柳病或精神失常未经治愈，患麻风或其他在医学上认为不应结婚之疾病者”。

在60年代，进一步加强了精神障碍患者的管理和治疗。1963年，卫生部、内务部、公安部下发《关于加强精神病人管理和治疗工作的联合通知》。根据该通知，对精神病人的管理，应当实行“就地管理，积极防治，重点收容”的原则。主要管理办法是：（1）对于城市中病情严重，危害性大和无家可归、流浪街头的精神病人，应当由精神病院积极收容治疗。各大中城市应积极创造条件，适当扩大精神病院、精神病人疗养院，尽量多

① 贺彪：《积极进行精神病的防治工作》，《中华神经精神科杂志》1958年第5号。

收一些精神病人。（2）对于城市中的一般精神病人，要切实就地管好。主要是依靠其家属和街道积极分子监护管理。街道办事处和公安派出所应加强对监护工作的组织领导，经常检查，落实各项监护措施。卫生部门对监护人加强护理常识的教育，并做好就地门诊治疗。（3）对于农村和小城镇的精神病人，主要依靠其家属做好监护管理，防止他们外流；铁路公安部门，应切实控制精神病人的流动，已流入大中城市和交通沿线的要及时遣送回籍，无家可归或查不清籍贯的，由民政部门收容安置。（4）卫生部门对民政部门的精神病人疗养院需要的医务人员应积极协助解决，并认真做好技术指导工作。[①]

根据上述通知的精神，各地方制定了具体管理措施。例如，1964 年 4 月 21 日，上海市人民委员会发布《关于加强对精神病人的防治管理和维护社会秩序的通知》，要求：对于病情严重、影响社会治安的武疯病人，应当坚决加以收容。凡属无依无靠或者救济对象中的病人，由民政部门负责收容，在院期间所需的费用由国家承担。[②] 1965 年，江西省卫生厅、民政厅、公安厅提出《关于进一步做好对精神病人的管理和治疗工作的报告》，经江西省人民委员会同意批转。报告说："我省对精神病人的治疗和管理工作，近年来有很大的成绩。但据各方面反映，仍有不少问题急待解决。据省精神病院的统计，去年一至十月份门诊病人有××××（原文如此——刘注）人次，比前年同期增加了三倍多。住院床位经常满员。因而，有不少病情严重要求住院治疗的精神病患者，无法收容治疗。据现有材料统计，我省有精神病人×××××（原文如此——刘注）多人。这些病人中，有一些武疯子经常打人、骂人、阻拦交通；有的露体出丑，抢夺食物；有的到机关企业取闹喊反动口号；甚至有的杀人放火，严重危害社会治安。据丰城等十三个县的不完全统计，去年来发生上述案件二十五起，杀死杀伤干部群众十多人，并杀死烧伤了一些耕牛、毛猪，烧毁房屋、衣物等。群众对这些行凶闹事的武疯子提心吊胆，经常扭送到公安机关要求关押。"为做好精神病人的管理和治疗工作，确保社会治安，该报

① 参见顾明等主编《中华人民共和国法制百科全书》，吉林人民出版社，1995，第 573 页。

② 参见上海通志编纂委员会编《上海通志》第 9 册，上海社会科学出版社，2005，第 6424 页。

告提出几项意见：(1) 精神病人的收容管理和治疗涉及卫生、民政、公安三个部门的工作，单靠一个部门的力量难以解决这个问题，必须通力协作。建议将省“麻风病防治领导小组”改为“麻风病精神病防治领导小组”，统一领导对精神病人的收容管理和治疗工作。(2) 做好精神病人的监护和就地管理工作。对于一般性的精神病人，主要依靠他们的家属和街道、生产队监护管理。各地街道办事处、公安派出所和生产队对监护工作要勤加检查督促，把监护管理工作的责任落实，不让精神病人外出流窜。交通部门要切实控制精神病人的流动。对已流入南昌、九江市的精神病人，属无家可归或查不清籍贯的，由民政部门收容安置，其他应由公安部门及时遣送回原籍，公路、航运部门应积极协助此项工作。对于有严重影响社会治安行为或行凶杀人的武疯子，公安部门应施行强制管理并与精神病院联系收容治疗。这种病人如果确属无家可归，所需伙食、治疗费，由民政事业费内开支。(3) 各专、市、县医院及厂矿医院，应当积极创造条件，逐步开展对精神病人的门诊治疗。省精神病院要加强对专、县医院的医疗和防治的业务辅导工作。使他们逐步掌握治疗精神病的技术，以便广泛开展对精神病的治疗工作。(4) 为了减轻省精神病院的压力，各地区的精神病患者，基本上应当做到就地监护治疗。同时，拟在1965年内，将原省民政厅宜春复员军人疗养院的房子，拨给宜春建立一所收容治疗100多人的小型精神病院。①

二 改革开放以来的精神卫生事业

改革开放后，中国的精神卫生事业进入持续发展的时期。

1980年，卫生部、民政部、公安部在上海联合召开全国精神病防治管理工作经验交流会，推广上海对精神病进行专业防治与群防群治相结合的经验。上海全市的精神病防治管理工作组成了市、区（县）、街道（公社）三级水平的防治网。市级机构由公安、民政、卫生部门负责人组成的领导小组，下设办公室负责日常管理工作。区（县）、街道（公社）二级也有相应机构。基层的管理工作有四种形式：精神病工疗站，精神病看护网，

① 《江西省人民委员会批转省卫生厅、民政厅、公安厅“关于进一步做好对精神病人的管理和治疗工作的报告”》，《江西政报》1965年第9期。

街道医院和公社卫生院精神病防治工作，工业企业精神病防治工作。[①]

1986年10月16～19日，由卫生、民政、公安三部联合召开的全国第二次精神卫生工作会议（1958年第一次全国精神病防治工作会议被定为第一次全国精神卫生工作会议）在上海召开。会议总结了1958年全国第一次精神病防治工作会议以来的经验教训，交流了在新形势下如何搞好精神卫生工作的意见。会议指出，在1958年之后的28年中，我国的精神卫生事业有了较大的发展。据不完全统计，1985年，全国已有精神病院348所，比1958年增加6倍；病床约6万多张，增加5.1倍；精神科医生约6000名，增加14倍。随着形势的发展和改革的深入，各地加强了对精神病院的管理，康复工作有了较大的进展。社区防治工作也在逐步开展，有的地区还创造卫生、民政、公安密切协作实行群防群治群管的好经验。在精神卫生教学工作上，全国已有11所医学院校设立了精神医学教研室，培养了一支师资队伍。精神卫生的科研工作也在积极开展，北京、上海、南京三地的精神卫生研究所已被世界卫生组织指定为精神卫生研究和培训工作中心。国际性的交流和协作关系大大加强。

在这次会议之后，1987年4月20日，经国务院审核同意，卫生部、民政部、公安部下发《关于加强精神卫生工作的意见》（以下简称《意见》）。《意见》认为，我国的精神卫生工作存在的问题还很多，困难很大。第一，对我国发展精神卫生事业的重要性和紧迫性认识不足。很多同志不正视精神卫生领域中的现实问题，对精神卫生工作与社会主义精神文明建设的内在联系缺乏足够的认识，对开展这项工作不够重视，缺乏应有的关心和支持。第二，精神病发病呈明显的上升趋势。目前全国有精神病人约1000多万人。随着工业化、现代化程度的提高，社会心理因素的不断增加，患病率已由70年代的7‰上升到10.54‰，并有继续上升的趋势。特别是约有近半数的病人处在反复发作中，给社会造成严重危害。第三，精神卫生工作的机构、床位、财力、人力严重不足。（1）精神病院的房屋破旧，医疗设备简陋，布局不合理。多数精神病院都建在远离城市几十公里至近百公里的偏僻地区，不利于病人就医、家属探望和医院的技术交流，

① 王昌华：《精神病院外防治工作进展》，载于卫生部医学科学技术局编《国内外医学科学进展1981》，上海市医学科学技术情报研究所，1982年。

给管理工作增加了很大困难，民政部门所属精神病院的状况尤为如此。(2) 经费严重不足。长期以来政府给予精神病院的补贴，只有同级综合性医院的一半，致使精神病院无力更新设备、改善条件。由于经费不落实，致使行之有效的社区防治工作不能得到巩固和发展。尤为突出的是各地公安机关急需的收治触犯法律肇祸的精神病人的精神病管治院，也因经费困难而组建不起来，以致这类病人继续严重地危害着社会治安。(3) 床位不足。目前全国每千名精神病人只有 6 张病床，80% 的病人得不到治疗，95% 以上的病人住不进医院，精神病人看病难、住院难的问题相当突出。有的精神病人在家里成年累月用铁链禁锁，过着非人的生活，有的企业单位抽调生产工人日夜 3 班看管精神病人，成了社会、企业单位和家庭的严重后顾之忧。(4) 精神卫生队伍严重缺编，人才奇缺，青黄不接。目前全国每 1 万名精神病人只有六名精神科医生，病床和工作人员的比例也只有 1∶0.6，队伍的技术素质较差，特别是精神卫生工作者不受社会重视，被称为“疯子”大夫，工作累、危险大、待遇低，技术职称的评定和晋升得不到合理解决，致使新的不愿来，老的不安心。第四，由于对精神病人缺乏管理，致使一部分病人流散社会，不断肇祸，造成的危害相当严重。据江苏省调查，该省 1985 年以来发生精神病人肇祸 1800 多起，其中凶杀案 136 起，杀死杀伤 189 人，纵火案 209 起，抢夺盗窃案 800 多起。上海市 1986 年共发生精神病人肇祸 528 起，其中杀人 29 起，放火 3 起。其他如精神病人赤身裸体，出丑滋事，毁坏厂矿电源、设备，造成停工停产等事例屡见不鲜。这些触目惊心的事实足以说明，如不采取积极措施加强精神卫生工作，将会造成更严重的社会问题。

《意见》指出，搞好精神卫生工作不仅关系到千百万人的健康，关系到保证四化建设顺利发展的一个重要措施，而且直接关系到社会的安定和人民生命财产的安全。必须把它列入重要议事日程，切实抓好。第一，加强全国精神卫生工作的协调和指导。建立由卫生、民政、公安三部牵头和教育、财政、劳动人事、宣传等有关部门参加的联席会议制度，负责协调和指导精神卫生工作。第二，将精神卫生工作纳入社会主义精神文明建设的范畴，将精神卫生事业纳入有关部门和地方的事业发展规划，给予应有的重视，并在国家财政允许的情况下予以必要的支持。第三，积极地有计划地采用多种途径培养专业人才，尽可能解决精神卫生工作队伍青黄不接、来源不足的困难。高等医学院校应增设精神卫生课程，对在职医务人员要加强精神病防治的培训，使绝大多数医疗卫生机构都能开展精神病的防治工作。对从事精神卫生工作的医生、护理、心理、社会等专业人员，要合理地解决职称评定和报酬等实际问题，以稳定这支队伍。同时，还要重视并加强精神卫生的科学研究工作。第四，开展精神卫生立法和司法鉴定以及对精神病人的管治工作。抓紧起草《精神卫生法》，公安机关从速组建精神病管治院，并会同司法、卫生部门组建司法鉴定委员会。第五，适当放宽对精神卫生事业的有关政策，给予精神病人福利工厂和工疗站以免税待遇，鼓励和支持多渠道集资兴办精神卫生设施，开展社区防治和管理工作，收容治疗和管理精神病患者。第六，加强精神卫生工作重要性的宣传，普及精神卫生科学知识，呼吁全社会都来关心和重视精神卫生工作，从而使我国人民能有一个良好的工作环境和生活环境，减少精神病产生的社会、家庭和心理因素。并创造条件帮助精神病人尽快康复，走向社会。

这个《意见》为论证精神卫生工作的重要性，强调精神病患病率已由70年代的7‰上升到10.54‰，而患病率的上升，如本书第五章所述，是一个有争议和需要谨慎对待的问题。不能排除精神障碍流行病学调查方法和筛查工具的改进、精神障碍分类系统和诊断标准的改变等方面的因素。当然，随着人口增长和人的寿命的延长，精神障碍患者的数量无疑也会增加。

《意见》突出强调精神病人肇祸已经构成严重的社会问题，并从这一角度，着力阐述了加强精神卫生工作的重要性和必要性。比较1958年和1987年这两次全国精神卫生工作会议的主题，可以说，80年代对精神病人的治安性的管治比50年代更为重视，它至少是与对一般人群的精神卫生服务并驾齐驱了，如果不是更突出的话。

根据《关于加强精神卫生工作的意见》，1987年12月10～13日，公安部在天津召开了全国公安机关第一次精神病管治工作会议，并且形成《全国公安机关第一次精神病管治工作会议纪要》。会议认为，加强对危害社会治安的精神病人的管理，是维护社会治安的一项重要工作。近几年来，随着精神病发病率的增长，精神病人中危害社会治安的人数也相应增加。据河南、贵州、江苏、安徽、山东、浙江六省1987年底统计，就有危害社会治安的精神病人近40万名。有的杀人，甚至一次就杀死、杀伤数十人；有的放火；有的强奸、猥亵妇女；有的扰乱党政军领导机关办公秩序和企事业单位的生产秩序；有的游荡街头当众出丑，有伤风化；有的呼喊反动口号，张贴反动标语，引起群众围观，影响很坏。每逢重要会议、重大节日，不少精神病人流入北京，影响首都的治安秩序。精神病人肇事，已成为危害人民群众生命财产和国家建设的一个严重社会问题，是当前社会治安一个不可忽视的方面。

《全国公安机关第一次精神病管治工作会议纪要》（以下简称《纪要》）指出，对危害社会治安的精神病人，由公安机关会同卫生、民政等部门加强管理，符合我国加强社会主义法制建设的要求。因为依照我国刑法规定，“精神病人在不能辨认或者不能控制自己行为的时候造成危害结果的，不负刑事责任”。如果把他们关在看守所或者采取其他囚禁方法，是违法的。而这些精神病人一般精神病医院收治有困难，家庭管不了，流散在社会上又可能继续肇事，多年来一直是个老大难问题。针对这种情况，一些省、市如天津、北京、上海、黑龙江、武汉等省、市公安机关，报请政府批准，在卫生、民政、财政等部门的支持和配合下，逐步建立了由公安机关管理的精神病管治院。目前全国已有16所。《纪要》要求加快公安机关管理的精神病管治院的建设。未组建的地方，应当根据实际情况，报告当地政府，在解决经费、医护人员来源的条件下，从速筹建；不具备建院条件的，也要向政府报告情况，与卫生、民政等部门协商，落实对危害社会治安的精神病人的收治工作。《纪要》指出，公安机关管理的精神病管治院具有治安管理和医疗的双重职能，是维护社会治安的一种特殊手段，是公安机关治安部门的组成部分，其体制属于公安事业编制，同时在业务上接受卫生部门指导、监督。对严重危害社会治安的精神病人，应当强制收治，治愈后应当准予出院。对此，要通过行政立法来加以明确。在没有制定出国家行政法规前，各省、自治区、直辖市公安机关可以报请政府制定地方性行政法规。公安机关管理的精神病管治院应当实施“科学管理、精心治疗、管治结合、服务治安”的办院方针，努力办成具有公安特色的特殊病院，为维护社会治安作出贡献。鉴于目前公安机关管理的精神病管治院名称不统一，为了便于工作，以后统称“安康医院”。

在同一时期，民政部门主管的福利性精神病院也发生新的变化。根据最初的分工，福利性精神病院只能收容患有精神障碍的残废军人和复员军人，以及无家可归、无依无靠、无生活来源的精神障碍患者。而在新时期，上述各类人员愈来愈少，而社会上愈来愈多地出现了一些虽然有家，但无人照顾或亲属无力照顾的精神障碍患者。另一方面，福利性精神病院如果仅靠财政拨款运作，难以发展，甚至难以为继。针对这些问题，1979年11月民政部召开的全国城市社会救济福利工作会议提出突破收养范围，向社会开放，开展自费收养业务的方针。据统计，1986年全国有福利性精神病院118所，收养精神病人21347人，其中自费人员10583人。[①]

到1990年，据统计，全国县和县以上精神病院444所，其中500张病床以上的有24所。全国精神病院和精神科总病床数已达93471张，精神科医师11570名。公安部门组建安康医院19所，床位5300多张，共收治严重危害社会治安的精神病人25000多人次。民政系统有精神病院124所，2.5万多张病床，收养精神病人2万多人。[②]

据上海市统计，1991年，全市有精神病患者8.21万人，其中年内初发精神病的1867人。全年有发病状态的精神病患者8209人；发生精神病人肇事肇祸395起，其中行凶杀人35起。防治管理方面：全市各精神病医院、精神病康复院（站）全年收治精神病患者6064人；203家精神病工疗站管治4866人；社区4117个里委的精神病看护网，就地监护5.85万人。[③]

1992年6月，卫生部、民政部、公安部、中国残疾人联合会连续发布《精神卫生工作“八五”计划要点》和《全国精神病防治康复工作“八五”实施方案》，对国民经济和社会发展第八个五年计划期间（1991～1995）的精神卫生和精神病防治康复工作进行了全面部署。

《精神卫生工作“八五”计划要点》指出，社区康复是当代精神卫生的发展方向，应当大力推广社区康复，开展社区精神卫生服务。《全国精神病防治康复工作“八五”实施方案》提出建立并形成社会化的精神病防治康复工作体系，探索并实行开放式的精神病防治康复方法。

---

① 参见全根先主编《中国民政工作全书》，中国广播电视出版社，1999，第1708页。

② 《精神卫生工作“八五”计划要点》。

③ 参见上海市公安局公安史志编纂委员会编《上海公安志》，http://www.shtong.gov.cn/node2/node2245/node4476/node58285/node58380/node58390/userobject1ai46272.html。

《精神卫生工作“八五”计划要点》和《全国精神病防治康复工作“八五”实施方案》所提出的大力开展社区精神卫生服务的方针，无疑是正确的。不过，我国确定这个方向，与欧美国家在20世纪60年代的选择不同，不是因为认识到精神病院体制的弊病，需要实行“去住院化”。当时的精神病院和精神病床位的数量，决定了只有很少一部分精神障碍患者能够得到住院治疗和管理。而开展社区精神卫生服务，也必须有足够的经济条件。由于经济不发达，虽然社区精神卫生服务已经开展多年，但其能力和水平还远远不能适应需要。在边远地区、少数民族地区和农村，精神障碍的治疗缺医少药现象十分严重。在精神病院之外的精神障碍患者，有些由家庭照顾，并采用药物治疗，而有些则处于无人管理、得不到治疗的状态。在许多地方，社区并没有负起管护精神障碍患者的责任。一位读者给《法制日报》来信反映：他在寻找因精神病而走失的孩子的过程中，在不少城镇的大街小巷，经常能看见走失的精神病人。他们夜宿街头、路旁，要饭无人给，在死亡线上挣扎。[①] 为改变这一状况，国家应当对社区精神卫生工作给予更高的重视，加大经费支持力度。在很长的时间里，在中国，精神病院及其床位数量不是应当减少，而是应当增加。同时，应当完善精神病院的管理和住院的程序。

《精神卫生工作“八五”计划要点》还专门提到，应当抓紧精神卫生立法工作：国外经验证明，精神卫生法对于保证精神病人的医疗、康复、就业、婚姻，保护精神病人的合法权利，维护精神卫生机构的正常工作秩序以及保护精神卫生工作人员的人身安全，都具有十分重要的意义。有了精神卫生法，可使我国的精神卫生工作从制度化管理走向法制化管理。

为落实《全国精神病防治康复工作“八五”实施方案》，1993年5月13～15日，卫生部、民政部、公安部、中国残联在北京联合召开了全国精神病防治康复工作会议，提出“探索建立社会化、开放式的精神病防治康复体系”的要求。卫生部、民政部、公安部提供了新的统计数据：（1）到1992年止，县及县以上精神病院发展到450所，精神病院专业人员达

① 《救救精神病人》，《法制日报》1992年7月14日。

66360人，精神病院床位数89921张。[①]（2）民政部门在全国已经形成了两个层面的工作网络。一是由国家投资兴建的精神病院网络，它主要包括60所复员退伍军人精神病院和128所精神病福利院，它们分布在全国25个省、直辖市、自治区，总床位4.4万张，1991年全年门诊65万人次，收治精神病人26万多名。另一个是社区精神病康复网络，它主要是由1000多个精神病工疗站和2.8万多个精神病人看护组、家庭病床组成的，目前被看护医治的精神病人达8万多名。[②]（3）全国有19所安康医院，6072张病床，五年来以累计收治严重肇事肇祸的精神病患者35000人次。[③]

在这个会议上，公安部副部长田期玉指出，据卫生部门推算，目前我国有各类精神病人约1100万人，严重肇事肇祸、危害社会治安的约占精神病患者的10%左右。照此估算全国大约有严重肇事肇祸危害社会治安的精神病人约100万人左右，成为影响社会安定的一个不可忽视的严重问题。精神病人危害社会治安的主要问题，一是肇事肇祸面大。据北京市公安局1993年初统计，全市列入工作视线掌握的各类精神病人共有24344名，占全市总人口的2.3‰，其中：属于稳定期的有18157名，占75%；属于衰退期的有1074名，占4.4%；属于疾病期、波动期的有5113名，占21%。这5113名重症病精神病患者随时可能肇事肇祸，危及首都的社会治安。据河北唐山市调查，1986年以来因精神病造成凶杀48起（死52人），伤害83起（伤95人），纵火4起，流氓25起，盗窃10起，造成直接经济损失26万多元，造成123个家庭破裂。二是直接危及人民群众生命财产安全。据辽宁、吉林、江西、江苏、上海5省市不完全统计，近年被精神病人杀害致死的就有320人，致伤的325人。湖南衡阳市1990年1～5月，发生精神病人杀人案件22起，杀死18人，杀伤23人，其中一次杀死2人以上

① 参见《卫生部副部长殷大奎在全国精神病防治康复工作会议开幕式上的讲话》，载于民政部法规办公室编《中华人民共和国民政法规大全·国家民政法规》，中国法制出版社，2002。

② 参见《民政部副部长阎明复在全国精神病防治康复工作会议开幕式上的讲话》，载于民政部法规办公室编《中华人民共和国民政法规大全·国家民政法规》，中国法制出版社，2002。

③ 参见《公安部副部长田期玉在全国精神病防治康复工作会议开幕式上的讲话》，载于民政部法规办公室编《中华人民共和国民政法规大全·国家民政法规》，中国法制出版社，2002。

的就有 6 起，最多的一次杀死杀伤 13 人。湖南祁东县精神病患者陈安刚（男，40 岁）发病时用菜刀砍死 4 岁和 8 岁的男孩各一名，还割下人头，一手提一个到处游走，造成周围群众极端恐怖。1992 年 2 月 9 日，四川省新津县发生连续杀害乞讨人员案件，杀死 19 人，重伤 3 人，是成都市解放以来发生的最大一起杀人案件，引起社会震动。经侦破此案系精神病人（四川中江县农民刘昌贵，男，47 岁）所为。三是严重威胁公共安全。据乌鲁木齐铁路局对 5 对长途客车统计，1992 年 1～10 月份在列车上共发生突发性精神病患者肇事 1593 起，最多时一趟列车上就发生 20 余起。给旅客和列车工作人员人身安全造成极大威胁。1993 年春运期间，成都铁路局所属的 51/52 次、151/152 次两组列车一个月时间内，就发生精神病人肇事 250 多起。1993 年 2 月 3 日，长沙至上海的 208 次列车上，3 号车厢旅客寿雪华（男，37 岁，浙江诸暨市农民）、金则岸（男，20 岁，湖南桑植县农民）、王选多（男，20 岁，湖南桑植县农民）突发精神病，持斧头、柴刀、水果刀砍杀旅客，当场砍死 1 人，重伤 4 人，轻伤 11 人，另有 9 名旅客见状跳车，摔死 3 人，重伤 6 人。精神病人在铁路上摆放石头、树木，造成列车停车事故的情况也屡有发生。有的精神病人驾驶汽车一次就撞死撞伤 10 余人。广东省五华县精神病人张培天用塑料袋装上雷管炸药抛入公共汽车内，当场炸死炸伤乘客 8 人。1991 年 6 月 26 日和 8 月 29 日，西南航空公司、厦门航空公司的民用客机还分别遭到 2 名精神病人的劫持，造成极坏的社会影响。四是扰乱生产秩序，造成经济损失。苏州市檀香扇厂职工（精神病患者）瞿海友，在该厂印花车间纵火，烧毁厂房、机器设备、成品，直接损失 18 万元。精神病人纵火烧毁油井，割断军用民用通信线路事件也常有发生。河北迁西县农民（精神病患者）牛长国，折断通往意大利的国际电话线路，造成停话达 10 个小时。宁波市精神病人毁坏沪杭（原文为"护航"，疑误）载波电缆，造成通讯中断 13 小时，直接经济损失 15 万元。五是严重影响群众的安全感。精神病人肇事肇祸危害一方，造成周围群众恐惧，生活得不到安宁。唐山市精神病患者杜国富（男，32 岁）经常在街上用砖头伤人，有时半夜闯进居民家中闹事，搅得四邻不安。上海市一精神病患者纵火，将 52 户居民房屋财产全部烧毁，造成群众无家可归。还有的在公共场所赤身裸体，当众出丑，群众反映十分强烈。此外，精神病人伤害外国旅游者，扰乱机关厂矿企业工作秩序，拦截领导人车辆，书写张贴反动标语等事件时有发生，造成很不好的社会影响。

田期玉认为，应当抓紧收治危害社会治安的精神病人的立法工作。收治那些杀人、纵火、伤害群众的肇事精神病人，往往带有一定的强制性，需要在一段时间内限制其人身自由，因此必须对这项工作尽快立法，使收治工作有法可依。这个问题已提出多年。近几年来经过大量的立法调研和前期准备，立法的各项条件已经成熟。公安部从1987年起开始起草《收容治疗严重危害社会治安的精神病人条例（送审稿)》，并先后三次征求了各地公安机关和有关部委、专家的意见，但因国家《精神卫生法》还未颁布，故迟迟不能出台。最近，中国残联、卫生部、民政部、公安部商定共同组成一个立法起草小组。对此，公安部门要积极参与，和其他部门密切配合，争取这方面的法规早日出台。

进入21世纪之后，精神卫生工作得到进一步加强。这时的精神卫生工作及其环境发生了一些新的变化。随着人们权利意识的增强和新闻监督的增强，精神卫生工作的一些原有的制度性缺陷愈来愈突显出来。精神障碍患者在收容机构受到虐待和一些精神正常的人被当作精神病人强制收入精神病院的事件（至迟自2009年起，有人将这种现象称为“被精神病”①）屡有发生，引起社会舆论的关注，精神病院和精神科医生开始得到负面的评价。改革非自愿住院制度，制定《精神卫生法》的呼声日益强烈。

为了规范精神病院管理，2001年11月，卫生部发布《关于加强对精神病院管理的通知》（以下简称《通知》)。《通知》提出六点意见：(1）加强医德医风建设，强化职业责任、职业道德、职业纪律教育，增强职工的法制观念和服务意识，切实提高精神病医院医疗质量、服务水平。(2）各级精神病医院要严格执行《执业医师法》《医疗机构管理条例》《医院工作制度》和《医院工作人员职责》等法律、法规及规章，遵守各项诊疗规范，使精神病医院的管理更加规范化、法治化。(3）依照世界卫生组织的“精神与行为障碍分类临床描述与诊断要点第10版（ICD—10)”和“中国精神障碍分类与诊断标准第二版修订版（CCMD—2R)”的规定，严格掌握收治标准，及时收治患者，认真办理住院相关手续。正确诊治各类精神疾患，为每个病人建立内容规范、清晰、完整、准确的病历或病历

① 参见《王敏：皮革大王“被精神病”》（未署作者)，《竞争力》2009年第9期。

卡及康复记录，不得弄虚作假。慎重对待每一个精神病患者。(4) 针对精神分裂症、情感性精神病、中重度精神发育迟滞、酒精所致精神障碍等精神疾患问题，要加强病因、发病机制、诊断、治疗等方面的基础和临床研究。把研究工作与防治管理工作结合起来。(5) 积极参与社区卫生服务中的精神卫生工作。提高对精神卫生工作重要性的认识，加强精神卫生知识宣传和健康教育，普及心理健康和精神疾患防治知识，创造条件开展心理咨询门诊，缓解心理压力，做到防治结合，积极开展和指导康复治疗，促进精神病患者早日康复。(6) 精神病患者在精神病医院就诊，其合法权益受法律保护。任何人不得以任何借口或方式侵害患者的合法权益，违者将依法追究其法律责任。

2002 年 4 月，卫生部、民政部、公安部、中国残联发布《中国精神卫生工作规划（2002～2010 年）》（以下简称《规划》)。《规划》指出，我国精神卫生工作既包括防治各类精神疾病，也包括减少和预防各类不良心理及行为问题的发生。做好精神卫生工作，关系到广大人民群众身心健康和社会稳定，对保障社会经济发展具有重要意义。全球约有 4.5 亿人患有神经精神疾病，占全球疾病负担的近 11%。前十位造成功能残缺的疾病中有 5 个属于精神障碍。我国目前精神疾病患者约有 1600 万人，还有约 600 万癫痫患者。神经精神疾病在我国疾病总负担中排名首位，约占疾病总负担的 20%。此外，受到情绪障碍和行为问题困扰的 17 岁以下儿童和青少年约 3000 万人，妇女、老年人、受灾群体等人群特有的各类精神和行为问题，也都不容忽视。国内外研究都提示，心理与行为问题增长的趋势还将继续。根据世界卫生组织推算，中国神经精神疾病负担到 2020 年将上升至疾病总负担的四分之一。《规划》设定的总目标是：(1) 基本建立政府领导、多部门合作和社会团体参与的精神卫生工作体制和组织管理、协调机制。(2) 加快制定精神卫生相关法律、法规和政策，初步建立与国民经济和社会发展水平相适应的精神卫生工作保障体系。(3) 加强精神卫生知识宣传和健康教育，提高全社会对精神卫生工作重要性的认识，提高人民群众的精神健康水平。(4) 强化重点人群心理行为问题干预力度，改善重点精神疾病的医疗和康复服务，遏止精神疾病负担上升趋势，减少精神疾病致残。(5) 建立健全精神卫生服务体系和网络，完善现有精神卫生工作机构功能，提高精神卫生工作队伍人员素质和服务能力，基本满足人民群众的精神卫生服务需要。

2004 年 9 月，经国务院同意，卫生部、教育部、公安部、民政部、司法部、财政部、中国残联发布《关于进一步加强精神卫生工作的指导意见》（以下简称《指导意见》）。《指导意见》指出，精神疾病是在各种生物学、心理学以及社会环境因素影响下人的大脑功能失调，导致认知、情感、意志和行为等精神活动出现不同程度障碍的疾病，不仅严重影响精神疾病患者及其家属的生活质量，同时也给社会带来沉重的负担。加强精神卫生工作，做好精神疾病的防治，预防和减少各类不良心理行为问题的发生，关系到人民群众的身心健康和社会的繁荣稳定，对保障我国经济社会全面、协调和持续发展具有重要意义。党和政府历来重视精神卫生工作，多年来采取了一系列政策措施，取得了明显成效。目前，我国正处于社会转型期，各种社会矛盾增多，竞争压力加大，人口和家庭结构变化明显，严重精神疾病患病率呈上升趋势。与此同时，儿童和青少年心理行为问题、老年性痴呆和抑郁、药品滥用、自杀和重大灾害后受灾人群心理危机等方面的问题也日益突出。精神卫生已成为重大的公共卫生问题和突出的社会问题。《指导意见》要求，精神卫生工作要按照“预防为主、防治结合、重点干预、广泛覆盖、依法管理”的原则，建立“政府领导、部门合作、社会参与”的工作机制，探索符合我国实际的精神卫生工作发展思路，建立健全精神卫生服务网络，把防治工作重点逐步转移到社区和基层。建立以政府投入为主、多渠道筹资的模式，保障精神疾病预防与控制工作的开展；加强重点精神疾病的治疗与康复，突出重点人群的心理行为问题干预，努力开展精神疾病患者救治救助，切实提高人民群众的自我防护意识，预防和减少精神障碍的发生，最大限度满足人民群众对精神卫生服务的需求；建立健全精神卫生的法律法规；加强精神卫生工作队伍建设和科研工作。

《指导意见》强调，应当依法保护精神疾病患者的合法权益。加快精神卫生国家立法进程，进一步完善地方性法规。实施精神疾病患者及其监护人的知情同意权，保障精神疾病患者就诊的合法权益，任何人不得以任何借口或方式侵害精神疾病患者的合法权益。要经过司法精神医学鉴定，对精神疾病患者责任能力进行评估后，按照法律程序处理需强制住院患者的有关问题或有关案件的问题，加强对经鉴定无责任能力的精神疾病患者的监管和治疗工作。鉴定工作要严格依照法律法规和技术规范要求进行，确保鉴定科学、公正，保护精神疾病患者的合法权益。同时，要强化对精神卫生工作的行政执法监督，禁止各种形式的非法执业活动。

《指导意见》的这番强调，显然是针对社会反应比较强烈的精神障碍患者管理特别是非自愿住院方面存在的问题。这标志着中国精神卫生工作开始纠正以往更重视精神障碍患者的管理，而对精神障碍患者合法权益保护和防止精神正常的人被当作精神病人强制住院的问题不够重视的偏向，是人权保障的一个重要进步。它也为从 1985 年就开始起草但长期难产的《精神卫生法》的制定，确定了新的、更为公正合理的基调。

2006 年，在卫生部疾病预防控制局的组织和支持下，有关课题组对全国精神卫生专业机构资源和人力资源配置等问题进行了调查。据调查统计，截至 2006 年底，全国共有精神卫生专业机构 1124 家，其中精神专科医院 645 所，综合医院精神科 479 个。在 645 所精神专科医院中，卫生部门主办的 413 所（64.03%），公安部门主办的 18 所（2.79%），民政部门主办的 132 所（20.47%），企业主办的 15 所（2.33%），个人主办的 49 所（7.60%），其他 18 所（2.79%）。全国共有精神科床位数 145550 张，其中以精神专科医院床位为主，占总床位数 84.94%，综合医院精神科床位占总床位数的 15.06%。全国精神科床位密度为 1.12 张/万人。另外，根据 2005 年统计数据，全国共有精神科医师 19130 名，占所有医师总数的 1.2%，由执业医师 16464 名和执业助理医师 2666 名组成。自 20 世纪 90 年代以来，精神科医师队伍发展较快，精神科医师数从 1990 年的 11570 名，占医师总数的 0.9%，增加到 2005 年的 19130 名，占医师总数的 1.2%，增幅 65.3%，高于同期医师总数 24% 的增长水平。[①]

2008 年 1 月，为协调部门间精神卫生工作的开展，进一步完善精神卫生工作体系，卫生部等 17 个党政部门联合发布《全国精神卫生工作体系发展指导纲要（2008 年～2015 年）》。根据这个文件：（1）卫生部门负责制定精神卫生工作的规划、规范、技术标准；依照有关法律、法规规定实施精神卫生专业机构、精神卫生专业人员的准入和管理；组织精神疾病预防、治疗和康复工作的监督、检查、评估和技术指导；开展精神疾病调查

① 参见卫生部疾病预防控制局编《精神卫生政策研究报告汇编》，人民卫生出版社，2008。

和信息收集；指导医疗卫生机构按照国家有关政策规定开展精神卫生工作。(2) 宣传部门负责协调宣传单位和新闻媒体，通过大众化的信息手段，开展多种形式的公益性、群众性精神卫生知识宣传教育，倡导体质健康、心理健全的生活方式。(3) 发展改革部门负责将精神卫生的相关内容纳入当地国民经济和社会发展规划，根据需要与可能，按照建设程序安排精神卫生发展所需的建设投资；制定精神卫生服务价格政策。(4) 教育部门负责精神卫生人才培养有关工作；结合实施素质教育，将学生心理健康教育、预防学生心理和行为问题工作纳入学校日常工作计划。(5) 公安部门会同有关部门制定严重危害公共安全或他人人身安全的精神疾病患者的监控管理政策，依法做好对严重危害公共安全或者他人人身安全的精神疾病患者的强制收治工作。(6) 民政部门负责城市、农村贫困精神疾病患者医疗救助和生活救助有关工作；依照有关规定做好城市“三无人员”中精神疾病患者的救治工作；依法做好城市生活无着的流浪乞讨人员中的精神疾病患者的救助工作，对救助期间突发精神疾病的受助对象，及时联系医疗卫生机构，按照相关规定做好救治工作；负责服役期间患精神疾病的复员退伍军人的安置和救治工作；开展精神残疾者生活、职业技能康复工作。(7) 司法行政部门与卫生部门共同制定和完善精神疾病司法鉴定规范性文件；结合监狱、劳教场所的精神医疗卫生工作的特殊性要求，加强在押服刑人员、劳教人员的精神卫生工作，与卫生部门共同研究制定监狱、劳教场所精神卫生工作政策，将在押服刑人员、劳教人员的精神卫生工作纳入监狱、劳教所所在地精神卫生工作规划，在当地卫生部门的指导下做好服刑人员、劳教人员精神疾病的预防、治疗与康复工作。(8) 财政部门按照公共财政的要求，研究制定相关财政补助政策并安排有关经费，加强资金管理和监督；研究促进精神残疾康复机构健康发展的相关税收政策。(9) 人事部门会同卫生部门及有关部门，制定从事精神卫生工作的专业技术人才队伍建设的有关政策措施。(10) 劳动保障部门促进职工中精神疾病患者平等就业，防止针对精神疾病患者的就业歧视，维护其合法的劳动权益，保证就业的精神疾病患者平等参加各项社会保险并享受相应的待遇；进一步完善城镇职工基本医疗保险和城镇居民基本医疗保险参保人员中精神疾病患者的就医管理，切实保障参保人员的合理医疗需求。(11) 文化部门负责加强和谐文化建设，发挥文化滋润心灵、陶冶情操、愉悦身心的独特作用，体现人文关怀，以健康多彩的精神文化产品丰富人们的精神文化生活，引导人们健康地进行文化消费；配合卫生、教育等部门做好预防、干预、控制网络成瘾的有关工作，加强对网络文化产品的管理，对容易导致成瘾的网络文化产品采取内容审查、技术监管等必要的措施。（12）食品药品监管部门负责精神疾病治疗药品生产流通的监管。（13）政府法制机构协助有关部门研究起草与精神卫生工作有关的法律（草案）、法规（草案）。（14）科学研究机构负责有关精神卫生和心理健康的基础研究工作，为有关部门制定政策法规提供科学依据。（15）各级工会组织针对不同类别职工、农民工的具体情况制订计划，开展职工心理健康教育、心理问题预防和疏导，缓解职工因工作、竞争、失业、家庭生活等带来的压力，切实维护患有精神疾病职工的合法权益。（16）各级共青团组织配合政府有关部门开展青少年精神卫生状况调查，开展多种形式的宣传教育活动，为青少年心理健康提供有效服务，帮助青少年养成健康的生活品质，培养高尚的道德情操。（17）各级妇联组织代表妇女参与国家精神卫生公共政策的制定和推动实施，开展面向妇女的心理健康宣传教育，提供相关的咨询和维权服务。（18）各级残联组织贯彻落实国家残疾人事业发展纲要，协调推动“社会化、综合性、开放式”精神疾病康复工作；开展精神残疾康复工作，推动精神疾病康复机构和社区康复设施建设，促进精神残疾者平等参与社会生活；依法维护精神残疾者权益，协助相关部门做好贫困精神疾病患者救助工作；宣传普及精神卫生知识，提高公众精神健康意识。（19）各级老龄组织研究提出开展老年精神卫生工作的措施，因地制宜采取各种有效形式，积极配合有关部门在中老年人群及其家庭成员和看护者中开展老年心理问题预防和疏导工作，宣传普及老年性痴呆、抑郁等老年期精神疾病和常见心理问题的有关知识。

在21世纪第一个十年的后几年里，精神病院的数量进一步增加，特别是民营机构增加比较快。据调查，截至2010年底，全国共有1650家精神卫生机构，其中精神病专科医院874家，综合医院精神科/心理科604所，康复机构77家，门诊95所。1650家机构中，政府主办的1146家（包括卫生部门主办892家，民政部门主办183家，公安系统主办21家，其他司法、计生等行政部门主办50家），占全部机构的69.45%，其次为民营机构243家（14.73%），企业主办195家（11.82%），事业单位和社会团体等其他机构主办的 66 家（4.0%）。全国精神科开放床位总数 228100 张，其中精神病专科医院床位 197160 张，占总床位数的 86.44%，综合医院精神科床位 15691 张（6.88%），康复机构精神科床位数 15249（6.69%）。研究还显示，截至 2010 年底，全国精神病科床位密度为 1.71 张/万人，较 2006 年的 1.12 张/万人明显提高，但低于世界平均水平 4.36 张/万人，更远低于中高等收入国家的平均水平 7.7 张/万人，尚不能满足目前的精神卫生服务需求，而且床位资源的地域分布不合理，对服务的利用、公平性和可及性均有严重影响。①

近年来的精神卫生工作加强了指标调查评估，重点突出了对重性精神障碍患者的管理。卫生部出台了《精神卫生工作指标调查评估方案》（2010 年）、《重性精神疾病信息管理办法》（2012 年）、《重性精神疾病管理治疗工作考核评估方案》（2012 年）、《重性精神疾病管理治疗工作规范（2012 年版）》等文件。

《重性精神疾病管理治疗工作规范（2012 年版）》要求对所有患者进行危险性评估，共分为 6 级。0 级：无符合以下 1 ~5 级中的任何行为。1 级：口头威胁，喊叫，但没有打砸行为。2 级：打砸行为，局限在家里，针对财物。能被劝说制止。3 级：明显打砸行为，不分场合，针对财物。不能接受劝说而停止。4 级：持续的打砸行为，不分场合，针对财物或人，不能接受劝说而停止。包括自伤、自杀。5 级：持械针对人的任何暴力行为，或者纵火、爆炸等行为。无论在家里还是公共场合。

对患者应分为病情稳定、基本稳定和不稳定三大类，进行分类干预。（1）病情稳定患者，指危险性评估为 0 级，且精神症状基本消失，自知力基本恢复，社会功能处于一般或良好，无严重药物不良反应，无严重躯体疾病或躯体疾病稳定，无其他异常的患者。要求：若无其他异常，基层医疗卫生机构继续执行上级医院制定的治疗方案，3 个月时随访。（2）病情基本稳定患者，指危险性为 1 ~2 级，或精神症状、自知力、社会功能状况至少有一方面较差的患者。要求：若无其他异常，基层医疗卫生机构的医生首先应判断是病情波动或药物疗效不佳，还是伴有药物不良反应或躯体

① 参见马宁等《2010 年中国精神卫生机构和床位资源现状分析》，《中国心理卫生杂志》2012 年第 12 期。

症状恶化。分别采取在规定剂量范围内调整现用药物剂量和查找原因对症治疗的措施，必要时与患者原主管医生取得联系，或在精神科执业医师指导下治疗，经初步处理后观察2周，若情况趋于稳定，可维持目前治疗方案，3个月时随访；若初步处理无效，则建议转诊到上级医院，2周内随访转诊情况。（3）病情不稳定患者，指危险性为3~5级，或精神病症状明显、自知力缺乏、有严重药物不良反应或严重躯体疾病的患者。要求：基层医疗卫生机构对症处理后立即转诊到上级医院。必要时报告当地公安部门，协助送院治疗。对于未住院的患者，在精神科执业医师、居委会人员、民警的共同协助下，进行系统、规范治疗，1~2周内随访。

对精神障碍患者还应实行个案管理。个案管理是指对已经明确诊断的患者，根据患者的病情、社会、经济状况和心理社会功能特点与需求，通过评估患者的精神症状、功能损害或者面临的主要问题，有针对性地为患者制订阶段性治疗方案，以及生活职业能力康复措施（又称“个案管理计划”）并实施，以使患者的疾病得到持续有效治疗、生活能力和劳动能力得到恢复，帮助患者重返社会生活。个案管理实行分级管理。（1）一级管理。一级管理对象为符合下列情况之一：A. 病情不稳定患者；B. 近6个月内有危险性评估2~3级的情况，包括自杀行为或明显自杀企图；C. 曾经危险性评估4~5级，包括肇事肇祸的患者，且目前病情稳定不满2年。一级管理要求：以医疗计划为主，执行“危重情况紧急处理”和“病情不稳定患者”的随访时间要求。个案管理小组应及时将患者危险性评估结果、管理等级及干预措施等告知当地社区/居委会/村委会、派出所等。（2）二级管理。二级管理对象为符合下列情况之一：A. 病情基本稳定不满1年的患者；B. 病情基本稳定1年以上但不能按医嘱维持治疗者；C. 近6个月内有危险性评估1级的情况。二级管理要求：从医疗计划开始，逐步增加生活职业能力康复计划。执行病情基本稳定患者的随访时间要求。（3）三级管理。三级管理对象为符合下列情况之一：A. 病情稳定不满6个月的患者；B. 病情基本稳定1年以上且基本按照医嘱维持治疗者，同时危险性评估为0级。三级管理要求：执行医疗计划，制订针对性生活职业能力康复计划，执行病情稳定患者的随访时间要求。

这些文件对于掌握重性精神障碍患者的基本情况和预防重性精神障碍患者违法犯罪具有积极的意义。但它们的内容相当复杂，执行难度很大，并有不合理之处，有的地区出现了一些偏差。例如，据《南方都市报》2013年10月9日报道，2012年9月，郑州市卫生局下发了《郑州市2012年重性精神疾病管理治疗项目实施方案》，规定各辖区筛查发现重性精神疾病患者任务数不低于辖区常住人口数的2‰。指标被层层分配到每个居民小区，在1000个人中至少找到2个重性精神疾病患者。这个任务被纳入卫生部门对社区医院的考评中，完不成会面临上级的督导。林科社区卫生服务中心管理着35398人，分配下来的精神病指标是71人。中心人员从居委会、派出所和医院要到了资料，也通过下社区义诊寻找病人，最终登记在册的是12个病人，距离目标有很大差距。在北林路社区卫生服务中心，排查工作开展后，建档登记的一共45人，与规定指标相差了119人。有的社区为了达到指标，不得不将非重性精神疾病患者划进去。此事被报道后，郑州市卫生局解释，“指标”是指导性的，并非强制。国家卫生和计划生育委员会新闻发言人指出，2.5‰这个指标是以省市为单位提出的重性精神疾病治疗管理的效果指标，不能简单地层层分解，将患者发现和报告的任务简单摊派分解到社区，这种做法既不科学也不符合卫纪委关于重性精神疾病相关工作规范的要求。①

无独有偶，据《潇湘晨报》2013年12月8日报道，湖南娄底市新化县卫生局也向基层下达精神病人指标。新化县坐石乡同心村的乡村医生曹文光介绍：许多乡村医生和他一样，为如何完成病人“指标”发愁。“乡卫生院开会的时候，给我们每个村卫生室都分配了病人的数量。”乡卫生院给同心村下达的任务指标是精神病人4个，“但全村实际上只有一个病人。别人没有精神病，我要是写上去，肯定会被人骂娘。”坐石乡一位不愿透露姓名的乡村医生说：“如果真有这么多病人的话，我们不成东亚病夫了?”自己对完成病人任务指标这项工作“越来越厌恶”。坐石乡卫生院副院长陈明（化名）告诉记者：“县里给我们乡的精神病人任务指标是一百来个，我们全乡的精神病人实际数量只有33个。”9日，娄底市卫生局公开回应称，新化卫生局错误理解上级文件，将重性精神疾病患者检出率

① 王世宇、孙旭阳等：《“摊派”精神病指标》，《南方都市报》2013年10月9日；尚国傲：《郑州卫生局称所谓“强制找精神病人”有据可依》，大河网，2013年10月10日；《卫计委：郑州“摊派精神病人指标”做法不科学》，中国新闻网，2013年10月10日。

作为任务层层分解，这一做法是错误的。新化县卫生局新闻发言人介绍说，县委、县政府专门召开会议研究决定，卫生局立即终止《关于进一步做好重性精神疾病患者管理工作的通知》的执行。[①]

还应当指出，《重性精神疾病信息管理办法》《重性精神疾病管理治疗工作考核评估方案》《重性精神疾病管理治疗工作规范（2012 年版）》等文件是在《精神卫生法》施行之前制定的，它们的一些内容并不符合《精神卫生法》，不应未做修改地在《精神卫生法》施行之后继续执行。关于严重精神障碍的患病率等情况，《精神卫生法》第二十四条规定："国务院卫生行政部门建立精神卫生监测网络，实行严重精神障碍发病报告制度，组织开展精神障碍发生状况、发展趋势等的监测和专题调查工作。精神卫生监测和严重精神障碍发病报告管理办法，由国务院卫生行政部门制定。"[②] 而根据《重性精神疾病管理治疗考核评估方案》等文件进行的对重性精神疾病的调查，不符合《精神卫生法》规定的"严重精神障碍发病报告制度"，不是"发病报告"而是"主动发现"，近似普查，对患者及其家庭以及一般居民骚扰太大，不应继续进行下去。而且用这种方式得到的重性精神疾病患病率极易扩大化，不足为信。

2012 年 6 月，卫生部提出《中国精神卫生工作规划（2012 ~ 2015 年）（征求意见稿）》。该文件指出：当前，精神卫生问题仍是我国重要的公共卫生问题和突出的社会问题。我国经济社会快速发展，各种矛盾冲突纷呈，影响人们身心健康的多种因素持续存在，不同人群受心理行为问题困扰较为普遍，抑郁症、焦虑障碍等常见精神障碍患病逐渐增加，1600 万罹患精神分裂症等重性精神疾病的患者救治救助、服务管理问题尚未得到有效解决，精神障碍负担依然严重。同时，地区间精神卫生工作发展不平衡、防治体系不完善、工作保障待加强，精神卫生服务资源短缺且分布不均，精神障碍预防和康复服务不足，社会对精神障碍患者存在严重偏见和歧视。精神卫生工作任务十分艰巨，需要采取有力措施加以解决。该文件从建立健全精神卫生防治体系和服务网络、加强重性精神疾病救治和服务

① 朱远祥：《卫生局被指向基层下达病人指标》，《潇湘晨报》2013 年 12 月 8 日；向帅、刘少龙：《娄底：新化错误理解上级文件》，《潇湘晨报》2013 年 12 月 11 日。

② 2013 年 7 月 29 日，国家卫生计生委印发《严重精神障碍发病报告管理办法（试行）》。

管理、促进常见精神障碍识别和治疗、开展重点人群心理行为问题干预、提高精神卫生知识知晓率等方面，拟定了2012～2015年的精神卫生工作的具体目标和指标。该文件还提出建立健全以精神专科医院和综合医院精神科等精神卫生专业机构为主体、一般综合医院为辅助、基层医疗卫生机构和精神障碍康复机构等为依托、疾病预防控制机构为补充的精神卫生防治体系。

第七章
中国精神卫生法和刑法对非自愿住院的规制

本章进入“中国精神卫生法和刑法对非自愿住院的规制”的主题。在此之前的章节也未远离这个主题，它们通过对历史经验教训的总结，以及通过对各国制度的比较，已经概括出一个公正、合理的非自愿住院制度的轮廓和应当具有的品质。

在改革开放以后的中国，《中华人民共和国精神卫生法》的颁布施行和《中华人民共和国刑事诉讼法》规定强制医疗的程序都是最近几年的事情，但是非自愿住院制度的历史却并不短暂，且内容极为复杂。本章第一节回顾了刑事性非自愿住院制度的发展，探讨了强制医疗的标准、程序以及现行制度的不足等问题。实际上，刑事性非自愿住院并不是本书的第一重点，但是也非常重要，而且如果不能将其梳理清楚，精神卫生法范畴的非自愿住院也不能讲得清楚。第二节概述了《精神卫生法》颁布之前实际存在、可以归入精神卫生法范畴的几类非自愿住院做法，分析了它们的运作和弊端，试图揭示制定精神卫生法的必要性和精神卫生法所应解决的问题。之后两节，则围绕《精神卫生法》的制定和根据《精神卫生法》的文本，对精神卫生法范畴的非自愿住院——救护性非自愿住院和保安性非自愿住院——的规制进行了讨论，并在此基础上，提出完善《精神卫生法》

的意见。第五节从民法和精神卫生法的角度讨论了与非自愿住院和精神障碍患者权益密切相关的监护人问题。第六节讨论了精神障碍患者特别是非自愿住院患者的权利与社会、法律和司法保障问题，其中包括了对精神正常者实施非自愿住院的法律责任问题。

第一节　刑事性非自愿住院制度的发展与完善

一　1979 年刑法施行期间的强制住院

自 20 世纪 50 年代开始基于医护、治安目的实施对部分精神病人的收容管理以后，对犯罪精神病人的强制住院治疗，始终是精神病人管治工作的重中之重。但是在改革开放以前，没有在法律（全国人民代表大会或其常务委员会制定）的层面上确立犯罪精神病人的非自愿住院治疗制度，其运作依据的是刑事政策和行政文件。

犯罪精神病人强制住院治疗制度的法律化始于 1979 年《中华人民共和国刑法》（1979 年 7 月 1 日第五届全国人民代表大会第二次会议通过）。然而，只可以说，该法对强制住院治疗给予了一定程度的承认。

1979 年《刑法》第十五条第一款规定："精神病人在不能辨认或者不能控制自己行为的时候造成危害结果的，不负刑事责任；但是应当责令他的家属或者监护人严加看管和医疗。"看管，主要指在家监护。治疗，包括门诊治疗和住院治疗。防止精神病人发生危害行为，以及对发生危害行为的精神病人进行治疗，主要是国家的责任。但是《刑法》第十五条没有规定法院或者公安机关应当对无刑事责任能力的精神病人（以下称"精神病犯罪人"）实施强制住院治疗，而将具体的看管和医疗的责任规定于他们的家属和监护人。这倒不是因为立法机关特别重视家庭或者社区的作用，而主要是因为当时政府还没有足够的经济条件承担所有精神病犯罪人的住院治疗。在立法时，有人认为只规定"责令他的家属或者监护人严加看管和医疗"是不够的，应当增加"必要时由政府强制医疗"。但是考虑到精神病医疗机构不足的实际情况，以及为了避免某些家属或者监护人把管教责任推给政府或者放松自己的管教责任，立法没有采纳上述意见。[①]

分析1979年《刑法》第十五条，可以明确两点：第一，对精神病犯罪人的看管和治疗，不是由法院或者公安机关直接实施，而是由精神病犯罪人的家属或者监护人具体执行。第二，家属或者监护人对精神病犯罪人的看管和医疗，是根据法院或者公安机关的命令进行的。这决定着“看管和医疗”具有一定的强制性。首先，法院或者公安机关的命令是强制性的——尽管《刑法》没有规定家属或者监护人不履行看管和医疗应受到什么惩罚。其次，法院或者公安机关命令的强制性，将最终作用于精神病犯罪人，可能导致其非自愿住院。这种强制性，与“政府强制医疗”相比，是通过家属或者监护人的执行来间接实现的。可以说，1979年《刑法》允许对精神病犯罪人加以强制住院治疗，但同时要求强制住院治疗应当由精神病犯罪人的家属或者监护人负责落实——这与清代的“报官锁锢”制度有相似之处，都是通过家属间接地实现强制，当然，禁闭的地方和条件不同，精神病人的待遇更不可同日而语。因此，不能因为1979年《刑法》没有规定“强制医疗”，就断言当时不存在对精神病犯罪人的强制住院治疗。

1979年《刑法》第十五条没有解决这样几个问题：（1）“责令家属或者监护人严加看管和医疗”的主体是谁？是法院，是检察院，还是公安机关？或者说，对已经起诉的，由法院“责令”，对没有起诉的，由公安机关“责令”？（2）如果精神病犯罪人没有家属或者监护人，或者找不到其家属或者监护人，是否可以由司法机关或者公安机关决定实施强制住院治疗？（3）如果精神病犯罪人的家属或者监护人没有尽到“严加看管和医疗”的责任，是否可以由司法机关或者公安机关决定实施强制住院治疗？（4）如果精神病犯罪人的家属或者监护人确实没有能力履行“严加看管和医疗”的责任，司法机关或者公安机关是否可以经家属或者监护人的同意实施强制住院治疗？1979年《刑事诉讼法》（1979年7月1日第五届全国人民代表大会第二次会议通过）也没有涉及这些问题。

显然，1979年《刑法》第十五条不能满足防治精神病人犯罪的实际需求。因此，1988年《全国公安机关第一次精神病管治工作会议纪要》（以

① 参见高铭暄《中华人民共和国刑法的孕育和诞生》，法律出版社，1981，第42页。

下简称《纪要》）突破《刑法》第十五条，明确提出，对严重危害社会治安的精神病人，应当强制收治，治愈后应当准予出院。对下列精神病人应当由公安机关管理的精神病管治院——随后统一称“安康医院”——予以收治：(1) 有杀人、放火、强奸、爆炸行为的；(2) 严重扰乱党政军机关办公秩序和企事业单位生产、工作秩序的；(3) 严重扰乱公共秩序、交通秩序，危害公共安全的；(4) 当众出丑，有伤风化的；(5) 影响社会安定，造成严重后果的。公安机关管理的精神病管治院收治上述精神病人，都应经精神病司法医学鉴定。

《纪要》没有提到法院和司法程序。也就是说，对犯罪人，只要是经精神病司法医学鉴定，确认为精神病人（不必须无刑事责任能力），不论是否经过审判，不论家属、监护人是否同意，公安机关都可以强行收治。

《纪要》所列五类情形，既有违反刑事法律的行为，也有违反治安管理法律的行为。但是，对违反治安管理精神病人的强制收治，其实也没有明确的法律依据。1957 年制定的《治安管理处罚条例》在 1986 年经过大幅度修订（1986 年 9 月 5 日第六届全国人民代表大会常务委员会第十七次会议通过）。1986 年《治安管理处罚条例》第十条规定：“精神病人在不能辨认或者不能控制自己行为的时候违反治安管理的，不予处罚，但是应当责令其监护人严加看管和治疗。”在 1987 年和 1994 年，《治安管理处罚条例》又经过两次修订，但第十条未变。2005 年，《治安管理处罚条例》修订为《治安管理处罚法》（2005 年 8 月 28 日第十届全国人民代表大会常务委员会第十七次会议通过），原第十条调整为第十三条，而内容亦未改动。与 1979 年刑法一样，1986 年《治安管理处罚条例》或者 2005 年《治安管理处罚法》，只是规定“应当责令其监护人严加看管和治疗”——不同之处是没有提到家属，而没有明确规定公安机关可以强制收治。一种意见认为，对于违反治安管理的精神病人，如果应经其监护人同意，公安机关可以强制收治；一种意见认为，如果公安机关责令其监护人严加看管和治疗，而监护人没有严加看管和治疗，或者没有监护人，或者找不到监护人，公安机关可以将违反治安管理的精神病人强制收治。而根据《纪要》来看，对于违反治安管理的精神病人，不论其监护人是否同意，公安机关都可以强制收治。

对违法犯罪精神病人，公安部门称为“肇事肇祸精神病人”。“肇事”

是指实施治安管理法律禁止的危害社会治安的行为，“肇祸”是指实施刑事法律禁止的危害社会治安的行为。肇祸精神病人由安康医院收治。① 而肇事精神病人，主要由安康医院收治，也可以由公安机关委托其他精神病院收治。据统计，1988 ~1998 年，各地安康医院累计收治肇事肇祸精神病人 7.5 万人次，其中杀人的约占 30%。②

实际上，在 20 世纪 80 年代，我国建立起一种混合型的行政性肇事肇祸精神病人强制住院治疗的制度。“混合型”是说，强制住院治疗的对象既包括违反刑法的精神病人，也包括违反治安管理的精神病人。“行政性”是说，强制住院治疗由行政机关即公安机关决定。对于这个制度，在国家层次，只有政策，而没有法律予以整体、系统规范，具体办法由地方制定。例如，在全国公安机关第一次精神病管治工作会议之前，1985 年 9 月，上海市人民政府就批准了由市公安局、市卫生局、市民政局制定的《上海市对肇事精神病患者实行强制住院的暂行规定》（以下简称《暂行规定》）。这个《暂行规定》只针对肇事精神病人。它规定，有违反《治安管理处罚条例》行为，妨碍社会治安，严重影响正常工作秩序的精神病患者，应由患者家属（监护人）或单位严加看管，并负责将肇事精神病患者送往医院诊治。对有肇事行为的精神病患者，如其家属（监护人）或单位既不严加看管，又拒不送往医院诊治的，由公安机关强制送往医院诊治。市、区（县）各级精神病医疗机构，应负责肇事精神病患者的诊治；属强制住院的，分别凭市或区（县）等公安机关强制收治通知书办理入院手续。被强制住院的精神病患者未经治愈或好转，家属（监护人）或单位不得将其领回。对有肇事行为的可疑精神病患者，如其家属（监护人）或单位拒不送往医院诊断的，由公安机关强制送往医院诊断。经两个以上精神科专业医师诊断，确系精神病患者，按上述有关条款办理；如确系非精神病患者，由公安机关领回并酌情处理。

1986 年 8 月，上海市人民代表大会常务委员会废止《暂行规定》，制定通过了一个新的、将肇事精神病人和肇祸精神病人都包括在内的《上海

---

① 参见张湖《精神病人监护医院——安康医院的地位和作用》，载于林准主编《精神疾病患者刑事责任能力和医疗监护措施》，人民法院出版社，1996。

② 参见孙春英《仅有安康医院不够》，《法制日报》1999 年 6 月 28 日。

市监护治疗管理肇事肇祸精神病人条例》。该条例规定：本条例所指的肇事精神病人，是指不能辨认或者不能控制自己行为而违反《治安管理处罚条例》后果较重的精神病人；肇祸精神病人是指不能辨认或者不能控制自己行为而违反《刑法》以及其他严重危害社会治安的精神病人。经精神病司法医学鉴定确认为肇事、肇祸的精神病人，应分别对其实行强制性监护治疗：有肇事行为的精神病人送卫生部门所属医院诊治；有肇祸行为的精神病人送精神病人管治医院监护治疗。外省市的精神病人在本市肇事的，本市有近亲属[①]的，由其近亲属领回严加看管和治疗，或送回原住所地；本市无近亲属的，由民政、公安部门共同负责遣送回原住所地。外省市的精神病人在本市肇祸的，由公安机关遣送回原住所地。

该条例规定：有下列肇事行为之一的精神病人，应由其监护人、家属送医院诊治，拒不送往医院诊治的，由其住所地公安机关强制送往卫生部门所属医院诊治：（1）行凶、殴打他人致伤的；（2）侮辱妇女的；（3）损毁公私财物的；（4）妨害交通安全的；（5）其他扰乱公共秩序，妨害社会治安的。需强制住院治疗的肇事精神病人，卫生部门所属医院凭市或区、县公安机关签发的《收治肇事精神病人入院通知书》，办理入院手续。有肇事行为的可疑精神病人，可由其住所地公安机关将其强制送精神病医疗机构诊断，经二名以上精神病科专业医生（其中至少一名应是主治医师以上）诊断，确认是精神病人的，予以强制住院治疗；不是精神病人的，由公安机关依法处理。受害人、肇事人和他们的家属对诊断结果提出异议的，可向市精神病司法医学鉴定领导小组申请复核。肇事精神病人在强制住院期间的医疗费用，有工作单位的，按劳保、公费医疗规定办理；实行劳动合同制的职工，按国务院有关规定办理；无工作单位的，由监护人、家属承担；既无家属又无生活来源的，由民政部门承担。

该条例规定：对有杀人、放火、爆炸、强奸、抢劫、投毒等行为或严重危害社会治安的肇祸精神病人，由上海市精神病人管治医院监护治疗。有肇祸行为的可疑精神病人，必须对其进行精神病司法医学鉴定，经鉴定

---

① 根据1988年最高人民法院《关于贯彻执行〈中华人民共和国民法通则〉若干问题的意见（试行）》，近亲属包括配偶、父母、子女、兄弟姐妹、祖父母、外祖父母、孙子女、外孙子女。

确认是精神病人的，由肇祸所在地的公安机关填写《肇祸精神病人监护治疗审批表》，报市公安局批准，予以监护治疗。受害人、肇祸人和他们的家属对精神病司法医学鉴定提出异议的，可向市精神病司法医学鉴定领导小组申请复核。肇祸精神病人在监护治疗期间的医疗费用，有工作单位的，按劳保、公费医疗规定办理；实行劳动合同制的职工，按国务院有关规定办理；无工作单位的，由监护人、家属承担；既无家属又无生活来源的，其医疗费用及市精神病人管治医院所需有关费用，由市公安局在公安事业费中列支。肇祸精神病人经过监护治疗后，病情已缓解、稳定或痊愈的，由医院对其精神状态作出鉴定，经市公安局批准出院，并通知其监护人或家属领回；没有正当理由拒不领回的，由报送公安机关责成监护人或家属领回。

又如，1990 年 1 月广东省人民政府颁布《广东省收容安置肇祸肇事精神病人暂行办法》。该《暂行办法》第二条规定："本办法所称肇祸肇事精神病人是指在公共场所不能控制自己而严重妨害社会治安秩序的精神病人。"第四条规定："凡有下列肇祸肇事行为之一的精神病人，应由肇祸肇事地公安机关收容处理：（1）有杀人、伤害、放火、强奸、爆炸等行为的；（2）严重扰乱党政机关工作秩序和企业事业单位的生产、工作秩序的；（3）妨害交通安全的；（4）在公共场所裸露身体或有其他丑陋行为的；（5）有其他扰乱公共秩序、妨害社会治安行为的。"第五条规定："公安机关对已收容的肇祸肇事精神病人，应进行查询甄别，视情况作出具体处理：（一）对有第四条第（1）项规定行为的精神病人，应会同卫生部门进行强制治疗。（二）对有其他危害社会秩序、社会治安行为的精神病人，应查明家庭地址，通知其监护人、家庭领回看管；无家可归、无依无靠、无生活来源的由民政部门收容安置。（三）对有第四条第（2）、（3）、（4）、（5）项行为的外地精神病人，可送民政部门暂时收容，由民政部门通知其家属、监护人领回或由民政部门遣送。（四）对伪装精神病人作案的，按有关规定惩处。"

又如，1992 年 11 月大连市颁布《大连市监护医疗管理肇事肇祸精神病人条例》。其第五条规定："本条例所称肇事精神病人，是指不能辨认或不能控制自己行为，违反《中华人民共和国治安管理处罚条例》有下列行为之一，造成较重后果的精神病人：（1）殴打他人造成伤害的；（2）寻衅滋事、侮辱妇女的；（3）妨碍交通安全的；（4）抢夺、损毁公私财物的；（5）其他违反治安管理行为。”第六条规定：“本条例所称肇祸精神病人，是指不能辨认或不能控制自己行为，违反《中华人民共和国刑法》有下列行为之一的精神病人：（1）杀人、强奸、伤害等严重侵害他人人身权利的；（2）放火、爆炸、投毒、破坏等严重危害公共安全的；（3）以暴力等手段侵犯公私财产的；（4）扰乱社会秩序，造成严重后果的；（5）其他违反刑法行为。”第七条规定：“确认肇事肇祸精神病人，须由县级以上公安机关委托大连市精神疾病司法鉴定委员会组织鉴定。受害人、肇事肇祸人及他们的监护人或近亲属对鉴定结论有异议的，可向公安机关提出重新鉴定的申请。公安机关对鉴定结论有异议的，可以重新委托鉴定。鉴定人在鉴定过程中徇私舞弊、故意作虚假鉴定的，应当追究法律责任。”第八条规定：“经鉴定确认为肇事肇祸的精神病人，住所地在本市的，由大连市公安局批准，送安康医院监护治疗；住所地在外地的，由公安机关遣送回原住所地。县（市）、区政府可在辖区内精神病医院设置安康病房，收治经大连市公安局批准的肇事肇祸精神病人。”第九条规定：“肇事肇祸精神病人的监护人、亲属和其所在单位及他人，应支持、配合公安机关和医院对肇事肇祸精神病人进行监护治疗，不得到医院无理纠缠、寻衅滋事。”

又如，《石家庄市未成年人和精神病人监护办法》（1995 年）第七条规定：“精神病人的监护人应当履行下列职责：（一）切实保障精神病人的衣食住行，并依法保护其合法权益不受侵害；（二）对精神病人应予治疗，并进行有效看管，防止其危害社会；（三）对有可能肇事、肇祸或已肇事、肇祸的精神病人应及时送专门医院监护治疗。”“前款第（三）项所指肇事精神病人是指不能辨认或者不能完全辨认自己行为违反《中华人民共和国治安管理处罚条例》的精神病人；肇祸精神病人是指不能辨认或者不能完全辨认自己行为违反《中华人民共和国刑法》的精神病人。”第十条规定：“监护人违反本办法第七条第一款第（三）项规定的，责令其严加看管和医疗，在必要的时候，由住所地公安机关强制将精神病人送往专门医院治疗。”

总体上看，混合型行政性肇事肇祸精神病人强制住院治疗的制度，尽管产生了防治精神病人违法犯罪的积极作用，但是存在明显缺点：（1）有一定法律依据，但远不充分；（2）法律属性不明，刑法、行政法混淆；

(3) 由行政机关决定，缺乏规范程序和司法监督；(4) 由于国家没有颁布关于肇事肇祸精神病人强制住院治疗的基本法律，各地方的立法在概念、标准、程序等方面差异比较大，造成不同地区公民权利的不平等，不符合国家法治统一原则。

不过，在1979年《刑法》施行期间，由于经费和医院数量的限制，虽然公安机关想尽量多地收治肇事肇祸精神病人，但许多肇事肇祸精神病人还是被“责令他的家属或者监护人严加看管和医疗”。然而，事实上，有不少肇事肇祸精神病人包括实施了严重危害行为的精神病犯罪人，并没有得到家属或者监护人的“严加看管和医疗”。相比于制度的不规范，这是更受社会关注的问题。无刑事责任能力的精神病犯罪人，一般病情都比较严重，缺乏精神病学知识和必要手段的家属或者监护人很难加以有效的管理。有些家属或者监护人对危险性精神病人心存恐惧，避之唯恐不及，更不敢“严加看管”。在现实中，处于被“看管”之中的精神病犯罪人攻击伤害家属或者监护人的事情并不少见。由于精力和财力的限制，有些家属或者监护人不愿意或者无法长期承担看管无刑事责任能力的精神病犯罪人或者送其住院医疗的责任。这样，便有许多无刑事责任能力的精神障碍犯罪人无人看管，也没有得到医疗，长年累月地游荡于社会之中，成为不安定的因素。

还有，对一些具有危险性但没有或者找不到家属和监护人的精神病犯罪人，有的公安机关陷于两难境地。既然他们无刑事责任能力，不负刑事责任，就不能继续羁押，可是如果予以释放，因为无人看管和治疗，很可能再度犯罪；如果送精神病院治疗，公安机关又无力承担费用。由于这些原因，有的无刑事责任能力的精神病犯罪人便被不适当地长期羁押在看守所。[①]

二　精神病犯罪人强制医疗制度的法律化

在1979年《刑法》施行期间，为了更加有效地防治精神病人犯罪和更加规范地运用强制医疗，刑法学界和司法精神病学界不断有人提议建立

① 参见陈洪、陈国俊《评定“无刑事责任能力”后出现的问题》，《临床精神医学杂志》1996年第6期。

精神病犯罪人强制医疗的制度。经过长期的理论和物质条件的准备，《刑法》在1997年修订时（1997年3月14日第八届全国人民代表大会第五次会议修订），针对无刑事责任能力的精神病犯罪人的管理，增加了“政府强制医疗”的内容。1997年《刑法》第十八条第一款规定：“精神病人在不能辨认或者不能控制自己行为的时候造成危害结果，经法定程序鉴定确认的，不负刑事责任，但是应当责令他的家属或者监护人严加看管和医疗；在必要的时候，由政府强制医疗。”尽管这一规定比较原则，并且是过渡性的——它仍然把家属或者监护人的看管和医疗作为主要措施，政府实施强制医疗，只是在“必要的时候”，但它标志着精神病犯罪人强制医疗制度在中国的正式然而也是初步的建立。对于什么是“强制医疗”，并没有立法或者司法解释，但从实践来看，它是指强制精神病犯罪人住院，并强制进行治疗，而不包括在其他一些国家或者地区出现的社区或者院外强制治疗。自此，在我国，“强制医疗”一词有了特定含义——对经法定程序鉴定确认的，无刑事责任能力，不负刑事责任的精神病犯罪人的非自愿住院治疗，这使其区别于其他非自愿住院治疗。这也就是刑事性非自愿住院。

关于1997年《刑法》规定的强制医疗制度，以下几个问题讨论较多：

第一，强制医疗的性质。

强制医疗不是刑罚，对此无人持有异议。分歧比较大的问题是，强制医疗是刑事法性的措施，还是行政法性的措施。有些学者认为，强制医疗是在刑法中规定的，有别于在行政法规定的强制措施，因而应当把它视为刑事强制措施，其中有的学者认为它是一种保安处分。而有些学者则强调罪与非罪、刑罚与非刑罚的本质不同，认为强制医疗虽然规定在刑法中，但实际上是行政性的，是行政强制措施。我认为，强调罪与非罪、刑罚与非刑罚的本质不同，与承认强制医疗是刑事措施并不冲突。无刑事责任能力精神障碍者的危害行为，虽然不构成刑法上的犯罪，不能处以刑罚制裁，但其认定、防治毕竟是刑法、刑事诉讼法和其他刑事法律以及刑事司法需要处理的问题。人为地把它排除于刑事法律和刑事司法领域，既不利于防止精神障碍患者实施危害行为，也不利于保障精神障碍患者的合法权益。应当肯定并且维护强制医疗的刑事法律性质。正是这一性质，决定其不应由行政机关决定。至于强制医疗是否属于保安处分，很大的程度上取决于我国刑法是否采用保安处分的概念。强制医疗无疑具有保安处分的性质。

第二，强制医疗的必要条件。

什么是需要由政府强制医疗的“必要的时候”？强制医疗的性质和功能决定，它应当以人身危险性为标准。但是由于医疗条件和资源的限制，还不能对全部有继续犯罪可能的精神病犯罪人，都给予强制医疗。因此，对犯罪的危害性也应给予考虑。危害性是指曾经实施的犯罪的危害严重程度。精神病犯罪人如果继续犯罪，很有可能实施同样的犯罪，因而可以从其曾经犯罪的危害严重程度，推断其继续犯罪的危害严重程度。也就是说，强制医疗应当主要针对有可能继续实施严重犯罪的精神病犯罪人。

不过，《刑法》和立法机关以及最高人民法院、最高人民检察院都没有对“必要的时候”给予权威解释。公安部曾经起草一个《公安机关强制医疗规定》，以明确公安机关执行强制医疗的标准，但由于《精神卫生法》没有颁布等因素而没有正式出台。在实践中，对于强制医疗的对象，公安机关掌握的标准是：在不能辨认或者不能控制自己行为的时候，实施了杀人、伤害、绑架、强奸、抢劫、放火、决水、爆炸、投放危险物质及劫持航空器等严重危害公共安全、侵犯公民人身权利、侵犯财产和妨害社会管理秩序的行为，经法定程序鉴定确认无刑事责任能力的精神病人，具有下列情形之一的，可以强制医疗：（1）没有家属和监护人的；（2）家属和监护人没有看管、治疗能力的；（3）家属和监护人拒绝看管、医疗的；（4）不强制医疗可能会受到被害人及其家属伤害的；（5）不强制医疗可能会继续危害社会的。[①] 这些标准多有可商榷之处。例如，过于看重家属和监护人的态度和能力，这不符合强制医疗无须经家属或者监护人的同意的原则，这么做恐怕主要是考虑住院经费的问题；将“可能会受到被害人及其家属伤害”列为标准，似乎是把安康医院当作精神病犯罪人免遭报复的“避难所”，这扭曲了安康医院的功能。而且，公安部门的规范对法院没有约束力，这可能导致法院和公安机关“各自为政”，适用标准的不一致。

由于缺乏清晰的法定标准，是否应当采取强制医疗，往往靠公安、司法机关工作人员的裁量，执行结果相差很大。这也在客观上给个别公安、

① 参见公安部监所管理局编《公安监所管理》，中国人民公安大学，2005，第323页。

司法人员的徇私枉法提供了可乘之机。有些实施了严重危害行为如杀人、强奸的精神病犯罪人既没有得到刑罚制裁，也没有被强制医疗，而是被以“责令家属或者监护人严加看管和医疗”的名义一放了之，后来又再次作案。[①] 有些罪犯或其家属甚至买通执法、司法人员和司法精神医学鉴定人员，进行虚假鉴定。这使公众对《刑法》关于精神病人犯罪不负刑事责任的规定、司法精神医学鉴定产生很大的误解和意见，认为《刑法》关于精神病人犯罪不负刑事责任的规定、司法精神医学鉴定是放纵犯罪。有些人把无刑事责任能力的鉴定结论讽刺地称为“免死金牌”“杀人执照”。[②]

另一方面，有些贫困家庭为防止罹患精神病的亲人继续犯罪，在无力送医院治疗的情况下，不得不长期将他们关锁，使他们处于悲惨的境地，基本人权得不到保护。[③] 有的家庭自行实施防卫或者“大义灭亲”，将继续犯罪或有可能继续犯罪的罹患精神病的亲人杀死。[④]

2007 年，在全国政协会议上，我提交了《关于对有严重危害行为的无

① 参见谭力、张运骄《10 年前放走的弑母凶手　再夺邻居 2 条命》，《华西都市报》2010 年 1 月 14 日；赵卓：《十年三命　一个“精神病人”的两场血案》，《北京青年报》2013 年 7 月 24 日。

② 参见《精神病证明成免死金牌　山西运城打掉“南霸天”》，中国新闻网，2001 年 8 月 13 日；刘海明：《精神病鉴定证明缘何成了“杀人执照”》，《检察日报》2002 年 7 月 3 日。

③ 例如，冯玉兴：《患精神病男子被反铐双手在家中囚禁 27 年》，《辽沈晚报》2005 年 2 月 19 日；王丰：《母亲用手铐脚链锁住儿子生活 21 年》，《内蒙古晨报》2005 年 12 月 26 日；王文杰、王小军：《老父铁链锁住疯儿 18 年涉嫌虐待》，《南方都市报》2006 年 8 月 24 日；王斌华、赵毅：《男子中考失利导致精神失常　被家人关铁笼 5 年》，《楚天金报》2006 年 9 月 9 日；熊佳焰等：《男子吸毒变疯杀死祖母被父母铁笼关 3 年》，《信息时报》2007 年 5 月 15 日；刘良玉、佀传慧：《39 岁男子患精神病被锁在屋里十几年》，《燕赵都市报》2008 年 12 月 23 日；张凌飞：《精神病患者乱打人被家人锁进铁笼》，《扬子晚报》2010 年 9 月 19 日；左学佳等：《精神病男打残村民　亲属赔光家产将其关铁笼》，《春城晚报》2011 年 2 月 19 日；曹诚平：《患精神病男子因打死人被 7 旬母亲囚禁铁笼 11 年》，《信息日报》2013 年 6 月 16 日。

④ 例如，袁小兵：《江西老农怒杀疯儿　百名村民联名请求宽大处理》，《南方都市报》2003 年 8 月 2 日；朱旭东、王骏勇：《铲除“祸根”勒死亲生子　谁来维护精神病人权利》，新华网，2003 年 10 月 9 日；周殿辉、马琳：《儿子精神障碍打骂父母　八旬翁开家族会毒杀亲儿》，《北方晨报》2004 年 4 月 12 日；徐建、鄢天健：《父亲制止疯儿行凶将其打死被判 3 年》，《华西都市报》2006 年 7 月 28 日；沈度：《哥哥将患有精神病弟弟勒死沉尸湖中》，《楚天金报》2008 年 6 月 15 日；谭志斌：《母亲勒死患精神病儿子　称担心其伤及无辜》，《城市晚报》2010 年 6 月 5 日；高鸿：《妻子患精神病随便砍人　丈夫将其杀死后焚尸》，《城市晚报》2010 年 7 月 9 日。

刑事责任能力精神病人应一律由政府强制治疗的提案》。[①] 这份提案指出：精神病人犯罪有精神障碍方面的原因，如果不对其加以必要的治疗，消除或者控制他们犯罪的病理原因，他们有可能继续犯罪。而且，由于精神病人往往不能自觉自愿地寻求和接受医疗，因而对于拒绝治疗的犯罪的精神病人应当实施强制治疗。这符合社会的整体利益和精神病人的根本利益。防止无刑事责任能力的精神病犯罪人重新犯罪，虽然家属、监护人以及社区需要承担相应的责任，但主要责任应当由国家、政府承担。以前，1979年《刑法》规定防止无刑事责任能力的精神病犯罪人重新犯罪的责任主要由家属、监护人承担，主要基于国家财力不足、精神卫生薄弱等客观原因。随着社会主义现代化建设事业的发展，我国国力不断增强，精神卫生水平不断提高，国家、政府已经有能力在防止无刑事责任能力的精神病犯罪人重新犯罪方面承担更大的责任。因而，应当进一步强化强制治疗制度。这对于维护社会治安，促进社会和谐，具有十分重要的意义。在现阶段，至少是，对有严重危害行为的无刑事责任能力的精神病犯罪人应一律由政府强制治疗。这是因为，有严重危害行为并且无刑事责任能力的精神病人，通常病情严重，家属、监护人以及社区难以管理，由政府强制治疗比较稳妥。因此，建议将《刑法》第十八条第一款规定修订为："精神病人在不能辨认或者不能控制自己行为的时候造成危害结果，经法定程序鉴定确认的，不负刑事责任，但是应当责令他的家属或者监护人严加看管和医疗；对有杀人、伤害、强奸、放火等严重危害行为的精神病人，一律由政府强制医疗。"现在来看，当时我的意见没有明确将危险性作为适用强制治疗的条件，是一个不足。

第三，强制医疗应当由谁决定？

"由政府强制医疗"这句话的意思也不够清楚。究竟是由政府决定强制医疗，还是由政府实施强制医疗？根据法理推断，强制医疗的前提是无刑事责任能力，而对有无刑事责任能力的判定，关系到确认行为人是否犯罪，应不应当追究其刑事责任，是法院的职权。而且，强制医疗虽然不是刑罚，但它构成对人身自由的限制或者剥夺，根据现代法治原则，应当由

① 参见张立《刘白驹委员呼吁修改刑法和刑诉法，加强对涉案精神病人管理》，《检察日报》2007年3月4日。

法院决定。而政府（具体为公安机关），只是承担强制医疗的实施，是执行者而非决定者。[①]

分析1996年《刑事诉讼法》（1996年3月17日第八届全国人民代表大会第四次会议修正），强制医疗启动的合法途径有两种。第一，法院对检察院提起公诉的案件进行审理，如果发现被告人有罹患精神病的可能，可以决定对被告人按照法定程序进行鉴定；如果法院根据鉴定结论认定被告人无刑事责任能力，还应决定是否对被告人予以强制医疗，进而在宣告不负刑事责任的判决时一并宣告是否予以强制医疗。第二，根据1996年《刑事诉讼法》第十五条"有下列情形之一的，不追究刑事责任，已经追究的，应当撤销案件，或者不起诉，或者终止审理，或者宣告无罪：……（六）其他法律规定免于追究刑事责任的"的规定，在侦查阶段和审查起诉阶段，公安机关和人民检察院也可以对犯罪嫌疑人的刑事责任能力按照法定程序进行鉴定，进而根据鉴定结论作出撤销案件或作出不起诉处理。[②]公安机关、检察院如果认定犯罪嫌疑人无刑事责任能力而作出撤销案件或者不起诉决定的，可以提出实施强制医疗的申请，由法院决定。

随之出现一个问题。法院决定经审理不负刑事责任的无刑事责任能力的精神病犯罪人实施强制医疗，基本上可以适用1996年《刑事诉讼法》

---

① 参见刘白驹《精神障碍与犯罪》，社会科学文献出版社，2000，第822～823页。

② 1998年《公安机关办理刑事案件程序规定（修正）》（1998年4月20日公安部部长办公会议通过）第二百三十三条规定："为了查明案情，解决案件中某些专门性问题，应当指派、聘请具有鉴定资格的人进行鉴定。"第二百三十四条规定："鉴定的范围，包括刑事技术鉴定、人身伤害的医学鉴定、精神病的医学鉴定……电子数据鉴定等。"第一百一十三条规定："对被拘留的犯罪嫌疑人审查后，根据案件情况报经县级以上公安机关负责人批准，分别作出如下处理：……（四）具有本规定第一百六十八条规定情形之一的，撤销案件，释放被拘留人，发给释放证明。需要予以行政处理的，依法处理。"第一百六十八条规定："经过侦查，发现具有下列情形之一的，应当撤销案件：……（六）其他依法不追究刑事责任的。"1998年《人民检察院刑事诉讼规则》（1998年12月16日由最高人民检察院第九届检察委员会第二十一次会议通过）第二百五十五条规定："在审查起诉中，发现犯罪嫌疑人有患精神病可能的，人民检察院应当依照本规则的有关规定对犯罪嫌疑人进行鉴定。犯罪嫌疑人的辩护人或者近亲属以犯罪嫌疑人有患精神病可能而申请对犯罪嫌疑人进行鉴定的，人民检察院也可以依照本规则的有关规定对犯罪嫌疑人进行鉴定，并由申请方承担鉴定费用。"第二百八十九条规定："人民检察院对于犯罪情节轻微，依照刑法规定不需要判处刑罚或者免除刑罚的，经检察委员会讨论决定，可以作出不起诉决定。"

规定的一般刑事责任程序；但是，1996 年《刑事诉讼法》没有规定对公安机关、检察院关于强制医疗的申请进行裁决的程序。从根本和整体上说，决定是否对已被认定不负刑事责任的精神病犯罪人实施强制医疗，不同于对犯罪嫌疑人和刑事被告人刑事责任的追究，应当有其不同于一般刑事诉讼程序的特别程序。这是《刑事诉讼法》需要修订补充的。

由于 1997 年《刑法》第十八条规定精神病犯罪人“由政府强制医疗”，以及《刑事诉讼法》没有规定由法院审理公安机关、检察院强制医疗申请的特别程序，公安机关认为自己有权决定对作出撤销案件或者不起诉处理的精神病犯罪人实施强制医疗。安康医院根据公安机关的《强制医疗决定书》接收被强制医疗人员。有的地方的公安机关还出台了强制医疗场所管理办法，如《浙江省公安机关强制医疗场所管理工作暂行规定》(2009 年)。

公安机关决定强制医疗，自认为还有《中华人民共和国人民警察法》(1995 年 2 月 28 日第八届全国人民代表大会常务委员会第十二次会议通过）的依据。该法第十四条规定：“公安机关的人民警察对严重危害公共安全或者他人人身安全的精神病人，可以采取保护性约束措施。需要送往指定的单位、场所加以监护的，应当报请县级以上人民政府公安机关批准，并及时通知其监护人。”但是，推敲第十四条的含义，“保护性约束措施”和“送往指定的单位、场所加以监护”，都应当是指临时性的紧急措施，而不是长期的强制医疗。因此，《人民警察法》第十四条不能成为公安机关有权决定强制医疗的法律依据。

在 1996 年《刑事诉讼法》施行期间，强制医疗的决定既有法院作出的，也有公安机关作出的，后者更多见。公安机关决定强制医疗，虽然没有明确的法律依据，但也没有权威机关加以纠正。由公安机关决定强制医疗，可能有利于提高办案效率，但总体上看，弊大于利。第一，强制医疗构成对公民人身自由的限制或剥夺，根据现代法治原则，不应由行政机关决定。第二，未经诉讼程序或者未经完整的诉讼程序就决定强制医疗，过于草率，不利于保护涉案精神病人和被害人的利益。第三，公安机关决定强制医疗的过程，缺乏有力的制约和监督，给一些人徇私枉法、权钱交易留下可乘之机。第四，未经审判就以无刑事责任能力为由对犯罪人实施强制医疗，使其避免了刑罚，容易引起社会上认为公安机关和检察院及其人员包庇罪犯的非议，破坏公安机关和检察院的公正形象。

为改变这一状况，我在2007年提交了《关于完善〈刑事诉讼法〉有关精神病犯罪嫌疑人、被告人问题规定的提案》。建议《刑事诉讼法》增加规定：公安机关和人民检察院经鉴定认为犯罪嫌疑人患有精神病，不负刑事责任，应当撤销案件，或者不起诉，责令他的家属或者监护人严加看管和医疗；对有杀人、伤害、强奸、放火等严重危害行为的精神病人，应当提起实施强制医疗的申请，由人民法院裁定。①

第四，强制医疗的执行期限。

1997年《刑法》没有规定强制医疗的执行期限。其弊端是，首先，可能导致精神病犯罪人无限期住院，即使不再具有危险性也无法出院，既侵犯其合法权益，又浪费精神病院资源；其次，被强制医疗的精神病犯罪人有可能在没有治愈或者病情没有得到控制的情况下回到社会，引起居民的不满和恐慌。据报道，有的社区的居民联合抵制曾经犯罪的精神病人回来。②

对强制治疗的执行期限问题，学界曾进行讨论。有人认为，精神障碍多为慢性的，强制医疗的效果难以预料，不宜规定固定的执行期限。也有人认为，如果不规定执行期限，可能发生精神障碍已经治愈的人被无限期地限制自由的情况，因而应当规定最高执行期限，期满后经法院审查认为确有必要，可以延长。我认为，强制治疗是以危险性的存在为主要标准的，因而强制医疗何时结束，取决于危险性的消除。危险性的消除不一定意味着精神障碍的彻底治愈。虽然可以不规定强制医疗执行的固定期限或者最长期限，但是应当建立定期对被执行人的精神障碍和危险性情况进行复查的制度。复查应由强制医疗机构实施。强制医疗机构根据复查结论，如果判定被执行人的危险性已经消除或者极大减弱，应向法院提出解除强制医疗的申请。如果认定被执行人危险性已经消除，法院应当解除强制医疗。被解除强制医疗的人，如果没有痊愈，法院应当要求其家属或者监护人负责看管和医疗。

---

① 参见张立《刘白驹委员呼吁修改刑法和刑诉法，加强对涉案精神病人管理》，《检察日报》2007年3月4日。

② 参见《精神病杀手要回家》，中央电视台《大家看法》2006年7月18日播出，http://news.sina.com.cn/s/l/2006-07-18/180010463610.shtml。

三　精神病犯罪人强制医疗程序的司法化

2012 年 3 月 14 日第十一届全国人民代表大会第五次会议通过《关于修改〈中华人民共和国刑事诉讼法〉的决定》（2013 年 1 月 1 日起施行）。其中一个重要修正，是增设了“依法不负刑事责任的精神病人的强制医疗程序”一章（第五编第四章，第二百八十四条至第二百八十九条）。这一章在《刑法》第十八条关于强制医疗的规定基础上，进一步明确了强制医疗的适用标准，规定了强制医疗应由检察院申请、法院决定的基本程序，并对强制医疗的解除程序和检察院的监督等作出设置。依法不负刑事责任的精神病人的强制医疗程序的建立，是完善强制医疗制度，使之切实司法化、具有正当性的有力举措，对于保障公众安全、维护社会和谐有序，保障涉案精神障碍患者的人权，具有重要的意义，也是我国精神卫生发展的一个实质性进步。

新《刑事诉讼法》对强制医疗程序的规定，比较原则简单。在《刑事诉讼法》修改之后，最高人民法院制定了《关于适用〈中华人民共和国刑事诉讼法〉的解释》（2012 年 11 月 5 日，最高人民法院审判委员会），最高人民检察院修订了《人民检察院刑事诉讼规则（试行）》（2012 年 10 月 16 日，最高人民检察院检察委员会），其中对《刑事诉讼法》关于强制医疗程序的规定的适用，给予了司法解释。公安部制定的《公安机关办理刑事案件程序规定》（2012 年 12 月 13 日），也对执行《刑事诉讼法》强制医疗程序的有关问题作出规定。

（一）强制医疗的适用标准

《刑事诉讼法》第二百八十四条规定：“实施暴力行为，危害公共安全或者严重危害公民人身安全，经法定程序鉴定依法不负刑事责任的精神病人，有继续危害社会可能的，可以予以强制医疗。”这一条款的内容，具有实体法的性质，本应通过修订 1997 年《刑法》第十八条加以规定，先由《刑事诉讼法》来规定虽然未尝不可，但毕竟跨越法律部门，在法理上不很顺畅。

根据本条规定，强制医疗的适用必须同时符合以下条件：

第一，行为人实施了暴力行为，危害公共安全或者严重危害公民人身安全。这是强制医疗适用的客观要件。“暴力行为”是指借助于身体力量或枪支、刀具、爆炸物、有害物质等工具、物品，实施的具有强制性、破坏性，直接危及人的生命健康、财产安全及公共安全的行为，包括杀人、伤害、强奸、强制猥亵、抢劫、绑架、放火、爆炸、投毒等行为。“危害公共安全”是指危害不特定人的生命健康和公私财产的安全，造成多人死伤或使公私财产遭受重大损失。“严重危害公民人身安全”是指剥夺公民生命和严重损害公民身体健康。精神病人实施暴力行为，如果没有达到危害公共安全或者严重危害公民人身安全的程度，譬如家庭中的一般虐待，可以不适用强制医疗。精神病人如果实施非暴力的犯罪行为如诬告、诽谤、盗窃、诈骗、侵占他人财物、招摇撞骗、聚众淫乱、赌博、贪污贿赂、渎职等行为以及发生重大责任事故、劳动安全事故等，不应适用强制医疗。

第二，行为人属于经法定程序鉴定依法不负刑事责任的精神病人。这是强制医疗适用的主体要件。首先，行为人必须是精神病人。《刑事诉讼法》中的“精神病人”与《刑法》第十八条中的“精神病人”在内涵外延上应当是一致的。我和其他许多学者认为《刑法》第十八条中的“精神病人”是广义的，即“精神障碍患者”（精神疾病患者），而非狭义的，即“重性精神障碍患者”，并且建议对《刑法》第十八条作出相应修改，以“精神障碍患者”（精神疾病患者）取代“精神病人”。[①] 但是，《刑事诉讼法》第二百八十四条使用“精神病人”概念，对这一条款的实际执行并不造成多大妨碍，因为发生实施危害暴力并经法定程序鉴定依法不负刑事责任的精神障碍患者，一般就是“重性精神障碍患者”即狭义的“精神病人”。其次，行为人是不是精神病人，是不是在不能辨认或者不能控制自己行为的时候造成危害结果的，应经法定程序鉴定。这里的“经法定程序鉴定”，是指根据2012年《刑事诉讼法》、2005年《全国人民代表大会常务委员会关于司法鉴定管理问题的有关规定》等法律，以及1989年最高人民法院、最高人民检察院、公安部、司法部制定的《精神疾病司法鉴定暂行规定》、2007年司法部制定的《司法鉴定程序通则》等规范性文件规定的司法精神医学鉴定程序和要求进行鉴定。再次，行为人依法不负刑事责任。“经法定程序鉴定依法不负刑事责任”的表述不够严谨。不负刑

① 参见刘白驹《论精神疾病患者的刑事责任能力》，《法学研究》1990年第4期。

事责任，不是鉴定的直接结果，而应是一个司法判定，最终应由法院作出。只有当法院根据鉴定意见以及其他证据认定，行为人是在不能辨认或者不能控制自己行为的时候造成危害结果的，无刑事责任能力，才可以判定其不负刑事责任，进而决定是否强制医疗。①

根据“不负刑事责任”的限定——对此我并不完全赞同，可以说，对以下精神病犯罪人在服刑期间的治疗，都不属于“强制医疗”范畴，即：在精神正常的时候犯罪，应当负刑事责任的间歇性精神病犯罪人；在尚未完全丧失辨认能力或者控制自己行为能力时候犯罪，被从轻或者减轻处罚的精神病犯罪人；在诉讼期间或者服刑期间罹患精神障碍的犯罪人。对他们的治疗，虽然也可能是强制性的，但强制的合法性已经或者应当通过一般诉讼程序，或者在有罪判决时获得，不适用“强制医疗”特别程序。而且，对于正在服刑的精神病人来说，得到人道和适当的住院治疗，更是他们所享有的权利。联合国《囚犯待遇最低限度标准规则》对此有明确规定。为避免概念混乱，对这些犯罪人的强制性治疗，不宜称为“强制医疗”。但是，决定和实施对这些精神病犯罪人的治疗的种种细节，还是应当在《刑事诉讼法》《监狱法》等法律中进一步规范，以切实保护他们的合法权益，例如防止将治疗作为惩罚和虐待的手段，同时防止有些罪犯通过住院治疗（如果不是标准、规范的治疗）逃避在监狱中的改造、矫正。

关于精神障碍犯罪人的刑事责任能力认定标准和医学鉴定、司法判定，有许多问题如鉴定的启动、鉴定的效力等需要研究，有关法律也应当加以明确、完善。对此，我在 2000 年出版的《精神障碍与犯罪》一书中做过初步的探讨，并计划结合有关法律的发展，在修订《精神障碍与犯罪》一书时做进一步的探讨，因而本书略过。

第三，行为人有继续犯罪的可能。继续犯罪的可能即再犯可能性。这是强制医疗适用的危险性要件。继续犯罪包括持续犯罪和再度犯罪。是否存在继续犯罪的可能，是一种判断。这种判断，应当在已经发生的犯罪事实和行为人犯罪时以及目前的精神状态的基础上作出。因而，司法精神医学鉴定除了应当对行为人的刑事责任能力提出分析意见外，还应对其继续犯罪的可能性提出分析意见——这对鉴定人提出更高的要求，他们的责任

① 参见刘白驹《精神障碍与犯罪》，社会科学文献出版社，2000，第 798 ~ 802 页。

比以前更大。之后，法院在综合分析鉴定意见和其他证据的基础上，作出行为人有无继续犯罪可能的判断。继续犯罪可能性的认定标准，与刑事责任能力的认定标准有一定的关联，证明无刑事责任能力的根据，很可能也是证明有继续犯罪可能性的根据。行为人以及他的辩护人和亲属们将会沮丧地看到，曾经努力地论证其无刑事责任能力的鉴定人，将会同样努力地论证其有继续犯罪的可能，需要强制医疗。一方面说无刑事责任能力，一方面说无继续犯罪可能性，是比较困难的事情。断定精神病犯罪人无继续犯罪可能，结果他们出去后继续犯罪，这个责任太大。因此，可以预计，如果强制医疗制度得到严格执行，除了可能判处死刑的案件，以罹患精神病作为无罪理由的辩护将会减少，就像西方国家那样——那里的普遍感觉是待在精神病院比待在监狱更难受。但是，继续犯罪可能性与刑事责任能力毕竟不是一回事，无论是司法精神医学界，还是司法机关，都应当研究制定判断继续犯罪可能性的具体标准。

有一些学者从外国非自愿住院制度那里获得启发，主张扩大强制医疗的适用对象，将具有暴力倾向即仅有危险性的精神病人予以强制医疗。有的学者甚至主张将有自杀、自残行为的精神病人强制医疗。这实际是将外国的由刑事法律规定的非自愿住院，与由精神卫生法规定的保安性非自愿住院搞混了。没有一个法治国家的刑法规定可以对没有违反刑法的行为而仅有实施这种行为可能性的精神病人给予刑事性的强制住院，更不会对自杀、自残的精神病人实施刑事性的强制住院。有的学者引证俄罗斯《刑事诉讼法典》第 433 条第 2 款规定："如果精神病人对本人或他人构成危险，或者可能造成其他重大损害，则判处医疗性强制措施。"但该条款说的实际是适用医疗性强制措施的危险性标准，而不是指医疗性强制措施的适用对象。俄罗斯《刑事诉讼法典》第 433 条第 1 款明确规定："《俄罗斯联邦刑法典》第 99 条第 1 款第 2 项～第 4 项所规定的医疗性强制措施，适用于在无刑事责任能力状态下实施刑事法律所禁止的行为以及在实施犯罪后发生精神病，因而不可能对其判处刑罚或执行刑罚的人。"[①] 当然，从精神卫生法角度说，决定保安性以及救护性非自愿住院，如果也可以适用强制医疗那样的司法程序，确实是一件好事。

---

① 《俄罗斯联邦刑事诉讼法典》，苏方遒、徐鹤喃、白俊华译，中国政法大学出版社，1999。

行为人必须同时符合上述三个条件，才可以予以强制医疗。不够条件的，根据不同情况有不同的处置。行为人如果不是精神病人，应当正常地依法追究其刑事责任。行为人如果在尚未完全丧失辨认能力或者控制自己行为能力的时候犯罪，被认定为部分刑事责任能力，对他的处罚可能从轻或减轻，他的精神障碍应在服刑期间得到适当治疗。行为人在不能辨认或者不能控制自己行为的时候犯罪，经法定程序鉴定确认的，不负刑事责任，但如果没有继续犯罪的可能，应当责令他的家属或者监护人严加看管和医疗。对任何不够强制医疗条件的精神病犯罪人，公安机关不能决定对其实施强制医疗。

但是，行为人同时符合上述三个条件，并不必然得到强制医疗。《刑事诉讼法》第二百八十四条说的是“可以”予以强制医疗，而不是“应当”。这是一个立法失误。实际上，第二百八十四条对强制医疗已经设置明确且严格的条件，凡符合这一条件的精神病犯罪人，一律予以强制医疗，是适当的，并不为过。实在想不出，对于完全符合上述条件的行为人，还有什么理由可以使他免于强制医疗。精神病犯罪人的家属或监护人可能声称他们完全有能力对行为人严加看管和医疗，不必施行强制医疗。[①]但是，强制医疗无须经家属或者监护人同意，他们有无能力对精神病犯罪人严加看管和医疗，根本就不是强制医疗的法定条件，而且难以判断。如果家属或者监护人有无能力对行为人严加看管和医疗可以成为强制医疗的

---

① 例如北京首例审结的强制医疗案。2012 年 11 月 30 日，患有精神分裂症的宋某在北京市地铁 2 号线鼓楼大街站，将在站台边候车的李某推下站台，致李某被进站列车碾轧严重受伤。宋某经法定程序鉴定，依法不负刑事责任。后被采取临时保护性约束措施。检察院向法院提出要求宋某接受强制医疗的申请。在庭审过程中，检察院对宋某可能具有的社会危险性提交了大量的证据。然而宋某的法定代理人却提出，家人有条件治疗、看护宋某，并保证其不再发生危害社会的行为，请求法院驳回申请。法院经审理认为，宋某在 2007 年 2 月就被诊断为患有精神分裂症，其间虽经多方治疗但无明显好转。2012 年 1 月至 2012 年 10 月期间，宋某曾连续多次无故辱骂、殴打他人。2012 年 11 月 30 日又在毫无缘由和征兆的情况下突然将他人推下地铁站台，其行为严重危害了他人人身和公共安全，具有现实的社会危险性。2013 年 3 月 17 日，法院依法作出准予对其强制医疗的决定。参见王斌、张安静《法援助推北京首例强制医疗案结案》，《法制日报》2013 年 3 月 30 日；《北京审结首例强制医疗案》，《京华时报》2013 年 4 月 2 日。另据报道，宋某的法定代理人向上一级法院申请复议，但复议结果未见披露。

条件，强制医疗制度势必再次形同虚设。

（二）强制医疗的决定主体

《刑事诉讼法》第二百八十五条第一款规定："根据本章规定对精神病人强制医疗的，由人民法院决定。"这条规定宣布对精神病犯罪人实施强制医疗由法院决定，是法治原则的一个胜利，是强制医疗司法化的最重要标志。

在我国诉讼法中，法院的"决定"是指法院在办理案件过程中对某些程序性问题或者依法由法院依职权对某些问题进行处理的一种形式。法院的决定作出后，一般都是立即生效，不能上诉或抗诉，但法律对有些决定例如强制医疗的决定也作了特别规定，有关人员可以申请复议。①

然而，联系第二百八十四条规定来看，第二百八十五条第一款的表述耐人寻味。它似乎暗示着还存在"本章规定"之外的"强制医疗"，并且可由其他部门决定。分析起来，"本章规定"之外的"强制医疗"，可能是指前面提到的，对应当负刑事责任的间歇性精神病犯罪人、具有部分刑事责任能力被从轻或者减轻处罚的精神病犯罪人、在诉讼期间或者服刑期间罹患精神障碍的犯罪人的治疗。但是，前面说过，对这些犯罪人的治疗，不宜称为"强制医疗"。

"本章规定"之外的"强制医疗"，是不是还包括对发生非暴力犯罪如诬告、诽谤、盗窃、诈骗、侵占他人财物、招摇撞骗、聚众淫乱、赌博、贪污贿赂、渎职等，不足以危害公共安全或者严重危害公民人身安全，经法定程序鉴定依法不负刑事责任的精神病人实施的强制性医疗？或者说，对这些非暴力的、不负刑事责任的精神病犯罪人是否也可以实施强制性医疗并且可以不经强制医疗特别程序而由公安机关决定？我以为，根据《刑事诉讼法》，对这些非暴力的、不负刑事责任的精神病犯罪人，当然只能"责令他的家属或者监护人严加看管和医疗"。但是实际上，这些非暴力的、不负刑事责任的精神病犯罪人中的一部分，可能由公安机关根据其他法律和法规实施强制住院治疗，只不过不称之为"强制医疗"罢了。

（三）强制医疗程序的启动

《刑事诉讼法》第二百八十五条第二款规定："公安机关发现精神病人

① 参见全国人大常委会法制工作委员会刑法室《〈中华人民共和国刑事诉讼法〉释义及实用指南》，中国民主法制出版社，2012，第509页。

符合强制医疗条件的，应当写出强制医疗意见书，移送人民检察院。对于公安机关移送的或者在审查起诉过程中发现的精神病人符合强制医疗条件的，人民检察院应当向人民法院提出强制医疗的申请。人民法院在审理案件过程中发现被告人符合强制医疗条件的，可以作出强制医疗的决定。”

《刑事诉讼法》规定了三种启动路径：

一是公安机关写出强制医疗意见书，移送检察院，检察院认为精神病人符合强制医疗条件的，向法院提出强制医疗的申请。根据公安部《公安机关办理刑事案件程序规定》，公安机关发现实施暴力行为，危害公共安全或者严重危害公民人身安全的犯罪嫌疑人，可能属于依法不负刑事责任的精神病人的，应当对其进行精神病鉴定。对经法定程序鉴定依法不负刑事责任的精神病人，有继续危害社会可能，符合强制医疗条件的，公安机关应当在七日以内写出强制医疗意见书，经县级以上公安机关负责人批准，连同相关证据材料和鉴定意见一并移送同级人民检察院。最高人民检察院《人民检察院刑事诉讼规则（试行）》规定，人民检察院发现公安机关对涉案精神病人进行鉴定的程序违反法律，应当提出纠正意见。《人民检察院刑事诉讼规则（试行）》还规定，人民检察院发现公安机关应当启动强制医疗程序而不启动的，可以要求公安机关在七日以内书面说明不启动的理由。经审查，认为公安机关不启动理由不能成立的，应当通知公安机关启动程序。

根据最高人民检察院《人民检察院刑事诉讼规则（试行）》，人民检察院审查公安机关移送的强制医疗意见书，向人民法院提出强制医疗的申请，由公诉部门办理。强制医疗的申请，由被申请人实施暴力行为所在地的基层人民检察院提出；由被申请人居住地的人民检察院提出更为适宜的，可以由被申请人居住地的基层人民检察院提出。人民检察院向人民法院提出强制医疗的申请，应当制作强制医疗申请书。强制医疗申请书的主要内容包括：（1）涉案精神病人的基本情况，包括姓名、性别、出生年月日、出生地、户籍地、身份证号码、民族、文化程度、职业、工作单位及职务、住址，采取临时保护性约束措施的情况及处所等；（2）涉案精神病人的法定代理人的基本情况，包括姓名、住址、联系方式等；（3）案由及案件来源；（4）涉案精神病人实施危害公共安全或者严重危害公民人身安全的暴力行为的事实，包括实施暴力行为的时间、地点、手段、后果等及相关证据情况；

（5）涉案精神病人不负刑事责任的依据，包括有关鉴定意见和其他证据材料；（6）涉案精神病人继续危害社会的可能；（7）提出强制医疗申请的理由和法律依据。人民检察院应当在接到公安机关移送的强制医疗意见书后三十日以内作出是否提出强制医疗申请的决定。对于公安机关移送的强制医疗案件，经审查认为不符合刑事诉讼法第二百八十四条规定条件的，应当作出不提出强制医疗申请的决定，并向公安机关书面说明理由；认为需要补充证据的，应当书面要求公安机关补充证据，必要时也可以自行调查。公安机关补充证据的时间不计入人民检察院办案期限。

二是检察院直接向法院提出强制医疗申请。《人民检察院刑事诉讼规则（试行）》规定，在审查起诉中，犯罪嫌疑人经鉴定系依法不负刑事责任的精神病人的，人民检察院应当作出不起诉决定。认为符合刑事诉讼法第二百八十四条规定的强制医疗条件的，应当向人民法院提出强制医疗的申请。也就是说，对于公安机关没有提出强制医疗意见书而移送起诉的案件，检察院在审查起诉时，发现犯罪嫌疑人有患精神病可能，或者犯罪嫌疑人的辩护人或者近亲属以犯罪嫌疑人有患精神病可能而申请对犯罪嫌疑人进行鉴定，检察院可以进行鉴定；对经法定程序鉴定依法不负刑事责任的精神病人，检察院应当作出不起诉决定，认为符合强制医疗条件的，应当向法院提出强制医疗申请。

另外，最高人民检察院在2013年12月27日公布《关于审查起诉期间犯罪嫌疑人脱逃或者患有严重疾病的应当如何处理的批复》（2014年1月1日起施行。以下简称《批复》），对在审查起诉期间，应当如何处理患有精神病的犯罪嫌疑人的若干具体问题作了补充性规定。《批复》第四条第一款规定："犯罪嫌疑人患有精神病或者其他严重疾病丧失诉讼行为能力不能接受讯问的，人民检察院可以依法变更强制措施。对实施暴力行为的精神病人，人民检察院可以商请公安机关采取临时的保护性约束措施。"首先，对丧失诉讼行为能力的患有精神病的犯罪嫌疑人，已经实施强制措施的（《刑事诉讼法》规定了拘传、取保候审、监视居住、拘留、逮捕五种强制措施），人民检察院可以依法变更强制措施，譬如从逮捕变更为取保候审或者监视居住，待其病情缓解，恢复诉讼行为能力。其次，对实施暴力行为的精神病人，为防止其再次发生暴力行为，人民检察院可以商请公安机关，由公安机关对其采取临时的保护性约束措施，而不宜由逮捕、拘留变更为取保候审、监视居住等。至于在依法变更强制措施之后，应当如何进一步处理丧失诉讼行为能力的患有精神病的犯罪嫌疑人，《批复》第四条第二款根据《刑事诉讼法》和《人民检察院刑事诉讼规则（试行)》规定："经审查，应当按照下列情形分别处理：（一）经鉴定系依法不负刑事责任的精神病人的，人民检察院应当作出不起诉决定。符合刑事诉讼法第二百八十四条规定的条件的，可以向人民法院提出强制医疗的申请；（二）有证据证明患有精神病的犯罪嫌疑人尚未完全丧失辨认或者控制自己行为的能力，或者患有间歇性精神病的犯罪嫌疑人实施犯罪行为时精神正常，符合起诉条件的，可以依法提起公诉；（三）案件事实不清、证据不足的，可以根据刑事诉讼法第一百七十一条第二款、《人民检察院刑事诉讼规则（试行)》第三百八十条的规定退回侦查机关补充侦查。"

这里有一个问题：犯罪嫌疑人经鉴定系依法不负刑事责任的精神病人的，人民检察院应当作出不起诉决定，其中符合强制治疗条件的，人民检察院可以向人民法院提出强制医疗的申请，那么，应当如何处理那些经鉴定系依法不负刑事责任但又不符合强制医疗条件因而人民检察院作出不起诉决定和不申请强制医疗决定的精神病犯罪人？人民检察院在决定不起诉和不申请强制医疗之后，是否可以将已经采取的某种强制措施通过一定程序转换为精神卫生法上的保安性非自愿住院？人民检察院已经商请公安机关采取临时的保护性约束措施的，人民检察院或者公安机关是否可以将临时的保护性约束措施通过一定程序转换为精神卫生法上的保安性非自愿住院？对此，《人民检察院刑事诉讼规则（试行)》和上述《批复》都没有涉及。公安部《公安机关办理刑事案件程序规定》只是规定，对实施暴力行为的精神病人，在人民法院决定强制医疗前，公安机关可以在必要时将其送精神病医院接受治疗；而没有规定，对经鉴定系依法不负刑事责任但又不符合强制医疗条件因而人民检察院作出不起诉决定和不申请强制医疗决定的精神病犯罪人，可以在必要时将其送精神病医院接受治疗。根据《刑事诉讼法》以及《人民检察院刑事诉讼规则（试行)》，不起诉的决定，由人民检察院公开宣布。被不起诉人在押的，应当立即释放；被采取其他强制措施的，人民检察院应当通知执行机关解除。但是，对经鉴定系依法不负刑事责任但又不符合强制医疗条件的精神病犯罪人，不宜一放了之，至少还应当责令他的家属或者监护人严加看管和医疗。对此，《人民检察院刑事诉讼规则（试行）》和上述《批复》以及《公安机关办理刑事案件程序规定》也都没有作出规定。由于不起诉决定和不申请强制医疗决定是人民检察院作出的，人民检察院理应在宣布不起诉决定和不申请强制医疗决定的同时，责令精神病犯罪人的家属或者监护人严加看管和医疗。另外，根据《刑事诉讼法》以及《人民检察院刑事诉讼规则（试行）》，由公安机关移送起诉或者移送强制医疗意见书的案件，人民检察院在作出不起诉决定或者不申请强制医疗决定后，应当将不起诉决定书送达公安机关或者向公安机关书面说明不提出强制医疗申请的理由。在这种情况下，似也可以由公安机关责令精神病犯罪人的家属或者监护人严加看管和医疗。然而，家属或者监护人严加看管和医疗的落实需要经常的监督，这一监督责任由公安机关承担为宜。应当有法律规定，对经鉴定系依法不负刑事责任但又不符合强制医疗条件的精神病犯罪人，在必要时，可由公安机关强制送诊。在此问题上，《刑法》《刑事诉讼法》和《精神卫生法》需要作出协调性修订补充。

三是法院在审理未有检察院提出强制医疗申请的案件过程中发现被告人符合强制医疗条件的，可以作出强制医疗的决定。根据最高人民法院《关于适用〈中华人民共和国刑事诉讼法〉的解释》，第一审人民法院在审理案件过程中发现被告人可能符合强制医疗条件的，应当依照法定程序对被告人进行法医精神病鉴定。经鉴定，被告人属于依法不负刑事责任的精神病人的，应当适用强制医疗程序，对案件进行审理。开庭审理时，应当先由合议庭组成人员宣读对被告人的法医精神病鉴定意见，说明被告人可能符合强制医疗的条件，后依次由公诉人和被告人的法定代理人、诉讼代理人发表意见。经审判长许可，公诉人和被告人的法定代理人、诉讼代理人可以进行辩论。人民法院审理后，应当按照下列情形分别处理：（1）被告人符合强制医疗条件的，应当判决宣告被告人不负刑事责任，同时作出对被告人强制医疗的决定；（2）被告人属于依法不负刑事责任的精神病人，但不符合强制医疗条件的，应当判决宣告被告人无罪或者不负刑事责任；被告人已经造成危害结果的，应当同时责令其家属或者监护人严加看管和医疗；（3）被告人具有完全或者部分刑事责任能力，依法应当追究刑事责任的，应当依照普通程序继续审理。另外，《关于适用〈中华人民共和国刑事诉讼法〉的解释》规定，人民法院在审理第二审刑事案件过程中，发现被告人可能符合强制医疗条件的，可以依照强制医疗程序对案件作出处理，也可以裁定发回原审人民法院重新审判。

有些学者认为被害人、犯罪嫌疑人、被告人及其法定代理人或监护人也应当有权启动强制医疗程序，但这实际意义不是很大。对于被害人及其法定代理人或监护人来说，追究犯罪人的刑事责任，使其获得刑事制裁，才是他们的意愿，他们一般不会主动要求对犯罪人强制医疗，除非公安机关、检察院因为犯罪人无刑事责任能力而将犯罪人释放，仅仅责令家属或者监护人看管和治疗。对于犯罪嫌疑人、被告人及其法定代理人或监护人来说，他们当然希望拥有启动刑事责任能力鉴定程序的权利，但未必看中启动强制医疗程序的权利；他们追求的是被鉴定为无刑事责任能力，不负刑事责任，然后一走了之，而不是以强制医疗代替刑罚，以精神病院代替监狱。刑事责任能力鉴定程序及其启动与强制医疗程序及其启动不是一回事。简单地说，前者对犯罪嫌疑人、被告人有利，后者对犯罪嫌疑人、被告人不利。大概只有可能被判处死刑的犯罪嫌疑人、被告人，才不会在乎两者的区别。强制医疗制度使犯罪嫌疑人、被告人陷入两难境地，提出刑事责任能力鉴定，就有可能导致强制医疗。另一方面，这恰好在一定程度有利于减少刑事责任能力鉴定和精神病无罪辩护的滥用。

（四）临时的保护性约束措施

《刑事诉讼法》第二百八十五条第三款规定："对实施暴力行为的精神病人，在人民法院决定强制医疗前，公安机关可以采取临时的保护性约束措施。"对正在实施暴力行为或者曾经实施并很有可能即将实施暴力行为的精神病人，公安机关可以采取约束措施，包括身体约束、拘禁、治疗等，以防止其发生危害或者被他人危害，并且便于对其进行鉴定。这一条款与1995年《人民警察法》第十四条关于"公安机关的人民警察对严重危害公共安全或者他人人身安全的精神病人，可以采取保护性约束措施。需要送往指定的单位、场所加以监护的，应当报请县级以上人民政府公安机关批准，并及时通知其监护人"的规定，在原则上是一致的。保护性约束措施是一种强制实施的措施，但与针对一般犯罪嫌疑人的拘留、逮捕等"强制措施"不同，它针对的是精神病犯罪人和疑似精神病犯罪人，既有控制的一面，防止其继续发生危害行为，也有保护的一面，防止被害人一方或者其他人将其伤害，必要的还应给予一定的治疗。

《公安机关办理刑事案件程序规定》规定，对实施暴力行为的精神病人，在人民法院决定强制医疗前，经县级以上公安机关负责人批准，公安机关可以采取临时的保护性约束措施。必要时，可以将其送精神病医院接受治疗。采取临时的保护性约束措施时，应当对精神病人严加看管，并注意约束的方式、方法和力度，以避免和防止危害他人和精神病人的自身安全为限度。对于精神病人已没有继续危害社会可能，解除约束后不致发生社会危险性的，公安机关应当及时解除保护性约束措施。《公安机关办理刑事案件程序规定》关于解除保护性约束措施的规定，出发点有一些片面。它只考虑到为制止精神病人危害行为而采取的管束，没有考虑到在法院作出强制医疗决定之前对精神病人的控制。保护性约束措施不仅是为了防止疑似精神病犯罪人发生危害或受到危害，而且也是为了便于观察、评估和鉴定其精神状态。如果仅因已经没有继续危害社会可能就将精神病人释放，任由他们自由活动，有可能不知所踪。因此，解除保护性约束措施之时，必须交由其家属或者监护人看管。对没有或者找不到其家属、监护人的，应当维持保护性约束措施。

实际上，当精神病人发生暴力行为时，除其为已知的精神病人外，一般并不能立刻发现其为精神病人。警察只能采取紧急措施，将其约束或拘留，与对待其他犯罪人没有不同，应当执行刑事诉讼法有关拘留、讯问的规定，并且应当在拘留后二十四小时之内通知其家属。通常是在约束、拘留、讯问后，才会发现其思维、言语、行为紊乱，疑似精神病人。这时如果需要继续拘留该行为人，应当经县级以上公安机关批准。羁押于拘留所、看守所的疑似精神病犯罪人，如果病情严重，应当及时移送安康医院或其他精神病院，并给予必要的治疗。有的精神病犯罪人如果不及时治疗，可能发生生命危险。同时，应当及时组织鉴定，启动强制医疗程序。

《刑事诉讼法》第二百八十五条第三款没有规定保护性约束措施的期限，只作出“临时”的限制。这个“临时”一般要持续到法院作出是否予以强制医疗的决定之时。一旦法院作出予以强制医疗的决定，保护性约束措施即转入强制医疗，应当将精神病犯罪人送交强制医疗机构执行强制医疗。而法院作出不予以强制医疗的决定可能有两种结果，一是认定被请求人并非在不能辨认或者不能控制自己行为的时候造成危害结果，依法应追究其刑事责任，那么将终止保护性约束措施，而开始适用刑事诉讼法规定的其他强制措施；二是被请求人在不能辨认或者不能控制自己行为的时候造成危害结果，依法不负刑事责任，但也不符合强制医疗的条件，应当终止保护性约束措施，将其释放，并责令他的家属或者监护人严加看管和医疗。

《人民检察院刑事诉讼规则（试行）》规定，人民检察院发现公安机关对涉案精神病人采取临时保护性约束措施不当的，应当提出纠正意见。公安机关应当采取临时保护性约束措施而尚未采取的，人民检察院应当建议公安机关采取临时保护性约束措施。人民检察院发现公安机关对涉案精神病人采取临时保护性约束措施时有体罚、虐待等违法情形的，应当提出纠正意见。

在一些国家或地区，由警察实施的对疑似精神病犯罪人的临时处置，一般先是适用精神卫生法规定的程序，在美国通常称为“紧急精神病学评估”，在英国称为“强制住院评估”，在日本称为“应急入院”，在我国台湾地区称为“紧急安置”。但这些国家或地区对其都有严格的时间限制，否则需要法院批准。而已经进入刑事诉讼程序的，在法院作出强制医疗的判决之前所实施的住院评估，则由法院批准。例如英国有刑事性的“医院候审”制度。

（五）强制医疗的审理程序

《刑事诉讼法》第二百八十六条规定：“人民法院受理强制医疗的申请后，应当组成合议庭进行审理。人民法院审理强制医疗案件，应当通知被申请人或者被告人的法定代理人到场。被申请人或者被告人没有委托诉讼代理人的，人民法院应当通知法律援助机构指派律师为其提供法律帮助。”第二百八十七条规定：“人民法院经审理，对于被申请人或者被告人符合强制医疗条件的，应当在一个月以内作出强制医疗的决定。被决定强制医疗的人、被害人及其法定代理人、近亲属对强制医疗决定不服的，可以向上一级人民法院申请复议。”

根据最高人民法院《关于适用〈中华人民共和国刑事诉讼法〉的解释》，对人民检察院提出的强制医疗申请，人民法院应当审查以下内容：（1）是否属于本院管辖；（2）是否写明被申请人的身份，实施暴力行为的时间、地点、手段、所造成的损害等情况，并附相关证据材料；（3）是否附有法医精神病鉴定意见和其他证明被申请人属于依法不负刑事责任的精神病人的证据材料；（4）是否列明被申请人的法定代理人的姓名、住址、联系方式；（5）需要审查的其他事项。

对人民检察院提出的强制医疗申请，人民法院应当在七日内审查完毕，并按照下列情形分别处理：(1) 不属于本院管辖的，应当退回人民检察院；(2) 材料不全的，应当通知人民检察院在三日内补送；(3) 属于强制医疗程序受案范围和本院管辖，且材料齐全的，应当受理。

审理强制医疗案件，应当组成合议庭，开庭审理。但是，被申请人、被告人的法定代理人请求不开庭审理，并经人民法院审查同意的除外。审理人民检察院申请强制医疗的案件，应当会见被申请人。

开庭审理申请强制医疗的案件，按照下列程序进行：(1) 审判长宣布法庭调查开始后，先由检察员宣读申请书，后由被申请人的法定代理人、诉讼代理人发表意见；(2) 法庭依次就被申请人是否实施了危害公共安全或者严重危害公民人身安全的暴力行为、是否属于依法不负刑事责任的精神病人、是否有继续危害社会的可能进行调查；调查时，先由检察员出示有关证据，后由被申请人的法定代理人、诉讼代理人发表意见、出示有关证据，并进行质证；(3) 法庭辩论阶段，先由检察员发言，后由被申请人的法定代理人、诉讼代理人发言，并进行辩论。

被申请人要求出庭，人民法院经审查其身体和精神状态，认为可以出庭的，应当准许。出庭的被申请人，在法庭调查、辩论阶段，可以发表意见。检察员宣读申请书后，被申请人的法定代理人、诉讼代理人无异议的，法庭调查可以简化。

对申请强制医疗的案件，人民法院审理后，应当按照下列情形分别处理：(1) 符合刑事诉讼法第二百八十四条规定的强制医疗条件的，应当作出对被申请人强制医疗的决定；(2) 被申请人属于依法不负刑事责任的精神病人，但不符合强制医疗条件的，应当作出驳回强制医疗申请的决定；被申请人已经造成危害结果的，应当同时责令其家属或者监护人严加看管和医疗；(3) 被申请人具有完全或者部分刑事责任能力，依法应当追究刑事责任的，应当作出驳回强制医疗申请的决定，并退回人民检察院依法处理。

人民法院决定强制医疗的，应当在作出决定后五日内，向公安机关送达强制医疗决定书和强制医疗执行通知书，由公安机关将被决定强制医疗的人送交强制医疗。被决定强制医疗的人、被害人及其法定代理人、近亲属对强制医疗决定不服的，可以自收到决定书之日起五日内向上一级人民法院申请复议。复议期间不停止执行强制医疗的决定。对不服强制医疗决定的复议申请，上一级人民法院应当组成合议庭审理，并在一个月内，按照下列情形分别作出复议决定：（1）被决定强制医疗的人符合强制医疗条件的，应当驳回复议申请，维持原决定；（2）被决定强制医疗的人不符合强制医疗条件的，应当撤销原决定；（3）原审违反法定诉讼程序，可能影响公正审判的，应当撤销原决定，发回原审人民法院重新审判。

根据《人民检察院刑事诉讼规则（试行）》，人民法院对强制医疗案件开庭审理的，人民检察院应当派员出席法庭。人民检察院发现人民法院或者审判人员审理强制医疗案件违反法律规定的诉讼程序，应当向人民法院提出纠正意见。人民检察院认为人民法院作出的强制医疗决定或者驳回强制医疗申请的决定不当，应当在收到决定书副本后二十日以内向人民法院提出书面纠正意见。人民法院在审理案件过程中发现被告人符合强制医疗条件，作出被告人不负刑事责任的判决后，拟作出强制医疗决定的，人民检察院应当在庭审中发表意见。

另外，对第一审法院直接启动的强制医疗案件的决定，检察院可以提出抗诉。人民检察院提出抗诉，同时被决定强制医疗的人、被害人及其法定代理人、近亲属申请复议的，上一级人民法院应当依照第二审程序一并处理。

（六）强制医疗的定期诊断评估和申请解除强制医疗

《刑事诉讼法》第二百八十八条规定："强制医疗机构应当定期对被强制医疗的人进行诊断评估。对于已不具有人身危险性，不需要继续强制医疗的，应当及时提出解除意见，报决定强制医疗的人民法院批准。被强制医疗的人及其近亲属有权申请解除强制医疗。"

《刑事诉讼法》没有规定强制医疗的期限，而是设置了一种定期对被强制医疗的人进行诊断评估，并以"已不具有人身危险性，不需要继续强制医疗的"作为解除强制医疗条件的制度。对符合条件的，强制医疗机构应当及时提出解除意见。被强制医疗的人及其近亲属也有权申请解除强制医疗。解除强制医疗的意见和申请，由决定强制医疗的人民法院批准。

根据最高人民法院《关于适用〈中华人民共和国刑事诉讼法〉的解释》，被强制医疗的人及其近亲属申请解除强制医疗的，应当向决定强制医疗的人民法院提出。被强制医疗的人及其近亲属提出的解除强制医疗申请被人民法院驳回，六个月后再次提出申请的，人民法院应当受理。被强制医疗的人及其近亲属向人民法院申请解除强制医疗，强制医疗机构未提供诊断评估报告的，申请人可以申请人民法院调取。必要时，人民法院可以委托鉴定机构对被强制医疗的人进行鉴定。

强制医疗机构提出解除强制医疗意见，或者被强制医疗的人及其近亲属申请解除强制医疗的，人民法院应当审查是否附有对被强制医疗的人的诊断评估报告。强制医疗机构提出解除强制医疗意见，未附诊断评估报告的，人民法院应当要求其提供。

强制医疗机构提出解除强制医疗意见，或者被强制医疗的人及其近亲属申请解除强制医疗的，人民法院应当组成合议庭进行审查，并在一个月内，按照下列情形分别处理：（1）被强制医疗的人已不具有人身危险性，不需要继续强制医疗的，应当作出解除强制医疗的决定，并可责令被强制医疗的人的家属严加看管和医疗；（2）被强制医疗的人仍具有人身危险性，需要继续强制医疗的，应当作出继续强制医疗的决定。人民法院应当在作出决定后五日内，将决定书送达强制医疗机构、申请解除强制医疗的人、被决定强制医疗的人和人民检察院。决定解除强制医疗的，应当通知强制医疗机构在收到决定书的当日解除强制医疗。人民检察院认为强制医疗决定或者解除强制医疗决定不当，在收到决定书后二十日内提出书面纠正意见的，人民法院应当另行组成合议庭审理，并在一个月内作出决定。

（七）对强制医疗的检察监督

《刑事诉讼法》第二百八十九条规定："人民检察院对强制医疗的决定和执行实行监督。"

根据《刑事诉讼法法》，《人民检察院刑事诉讼规则（试行）》规定，人民检察院对强制医疗执行活动是否合法实行监督。强制医疗执行监督由人民检察院监所检察部门负责。人民检察院对强制医疗的交付执行活动实行监督。发现交付执行机关未及时交付执行等违法情形的，应当依法提出纠正意见。人民检察院在强制医疗执行监督中发现被强制医疗的人不符合强制医疗条件或者需要依法追究刑事责任，人民法院作出的强制医疗决定可能错误的，应当在五日以内报经检察长批准，将有关材料转交作出强制医疗决定的人民法院的同级人民检察院。收到材料的人民检察院公诉部门应当在二十日以内进行审查，并将审查情况和处理意见反馈负责强制医疗执行监督的人民检察院。人民检察院发现强制医疗机构有下列情形之一的，应当依法提出纠正意见：(1) 对被决定强制医疗的人应当收治而拒绝收治的；(2) 收治的法律文书及其他手续不完备的；(3) 没有依照法律、行政法规等规定对被决定强制医疗的人实施必要的医疗的；(4) 殴打、体罚、虐待或者变相体罚、虐待被强制医疗的人，违反规定对被强制医疗的人使用械具、约束措施，以及其他侵犯被强制医疗的人合法权利的；(5) 没有依照规定定期对被强制医疗的人进行诊断评估的；(6) 对于被强制医疗的人不需要继续强制医疗的，没有及时提出解除意见报请决定强制医疗的人民法院批准的；(7) 对被强制医疗的人及其近亲属、法定代理人提出的解除强制医疗的申请没有及时进行审查处理，或者没有及时转送决定强制医疗的人民法院的；(8) 人民法院作出解除强制医疗决定后，不立即办理解除手续的；(9) 其他违法情形。

人民检察院应当受理被强制医疗的人及其近亲属、法定代理人的控告、举报和申诉，并及时审查处理。对控告人、举报人、申诉人要求回复处理结果的，人民检察院监所检察部门应当在十五日以内将调查处理情况书面反馈控告人、举报人、申诉人。人民检察院监所检察部门审查不服强制医疗决定的申诉，认为原决定正确、申诉理由不成立的，可以直接将审查结果答复申诉人；认为原决定可能错误，需要复查的，应当移送作出强制医疗决定的人民法院的同级人民检察院公诉部门办理。人民检察院监所检察部门收到被强制医疗的人及其近亲属、法定代理人解除强制医疗决定的申请后，应当及时转交强制医疗机构审查，并监督强制医疗机构是否及时审查、审查处理活动是否合法。

人民检察院对于人民法院批准解除强制医疗的决定实行监督，发现人民法院解除强制医疗的决定不当的，应当依法向人民法院提出纠正意见。

通过以上归纳，可知《刑事诉讼法》和有关部门，是努力将强制医疗程序设置得尽可能公正、合理和严谨的。但由于是初创，强制医疗程序也存在一些问题，除前面提到的外，主要有：

第一，强制医疗的适用范围过窄。根据现实条件，《刑事诉讼法》对强制医疗的适用范围作出严格限定，是可以理解的。但是，应当将取消“责令家属或者监护人严加看管和医疗”做法，使强制医疗适用于所有经法定程序鉴定和司法判定，依法不负刑事责任以及从轻或者减轻处罚，然而有继续犯罪可能的精神病犯罪人，作为发展、完善强制医疗制度的方向。“责令家属或者监护人严加看管和医疗”是特定经济社会条件下的产物，只是过渡性的，且难以切实执行，没有或者不能充分体现和实现国家在防治犯罪、维护公民利益上的责任。有继续犯罪可能的精神病犯罪人要么承担刑事责任，要么接受强制医疗，不应有其他处遇方式。而“强制医疗”与“责令家属或者监护人严加看管和医疗”并存，是无刑事责任能力精神病犯罪人处遇方面种种复杂、麻烦问题的根源，并且制造了执法不公、司法腐败的空间。

第二，《刑事诉讼法》第二百八十四条规定“可以决定强制医疗”中的“可以”不可取。“可以”具有不确定性，给法官留下很大的自由裁量同时也可能是权力寻租的空间，难免出现应当决定强制医疗，但因徇私舞弊等原因，而仅决定“责令他的家属或者监护人严加看管和医疗”的情况。为了促使法院公正行使强制医疗的决定权，堵塞徇私枉法的漏洞，也为了避免家属或者监护人反复以有能力严加看管和医疗为理由“缠讼”，建议以“应当”取代有关条款中的“可以”。

第三，由于强制住院是一种“决定”，作为强制医疗申请者的检察院，对于法院不予以强制医疗的决定，无法“抗诉”，而申请复议者限于“被决定强制医疗的人、被害人及其法定代理人、近亲属”，检察院只能提出纠正意见，没有形成检察院对法院的有力制约。

第四，对保护性约束措施的规定过于简单。对保护性约束措施的实施地点、方法，紧急住院的移送程序，对家属或者监护人的通知，委托律师，保护性约束措施转为强制医疗的交接程序等，都应有明确的规定。

第五，在法院审理强制医疗案件时，鉴定人是否出庭不明确。强制医疗以经过法定鉴定程序确认为精神病的鉴定意见为前提，鉴定意见在强制医疗的决定中具有关键的作用，鉴定人应当认真、审慎地提出鉴定意见。但《刑事诉讼法》和最高人民法院《关于适用〈中华人民共和国刑事诉讼法〉的解释》都没有规定鉴定人必须出庭作证，不能使鉴定人对其鉴定意见进行论证和说明，限制其作用的发挥，也可能使被申请人无法充分行使对鉴定意见的异议权，影响法院决定的公正性。

第六，解除强制医疗程序没有充分考虑被害人的权益。需要明确规定，法院在作出解除强制医疗决定后，应当将决定书送达被害人。被害人及其法定代理人、近亲属对解除强制医疗决定不服的，可以通过检察院提出纠正意见。法院还应当将解除强制医疗的决定通知被害人和被解除强制医疗的人所在社区。

第七，强制医疗的费用由谁支付的问题没有解决。强制医疗是由司法机关决定并由政府实施的维护社会利益的行为，其费用理应由政府承担。但是《刑事诉讼法》和其他法律都没有明确规定这个问题。现实中已经出现让家属承担强制医疗费用而家属无力承担的事情。[①] 这个问题如果不解决，在许多地方，强制医疗将难以施行。

自从新《刑事诉讼法》2013 年 1 月 1 日施行以来，强制医疗制度的执行比较顺利，各地审理了不少强制医疗案件，社会反应良好，还没有出现争议较大的案件。例如，2013 年，浙江省法院共收到检察机关提起的强制医疗申请案件 37 件，已审结 35 件，共对 35 名精神病犯罪人作出强制医疗的决定。这 35 起案件有三个特点：一是暴力行为严重危害人身安全的情况突出。其中，杀人或者故意伤害致死人命的 13 件，占 37.1%；致人重伤的 8 件，占 22.9%；致人轻伤的 6 件，占 17.1%；其他如放火、持刀抢劫、伤害并妨害公务的 8 件，占 23.5%。二是精神病人亲属的人身安全受到危害的情况较多。三是被鉴定为精神分裂症的比例很高。[②]

浙江省的法院还作出全国首个解除强制医疗的决定。被强制医疗人潘某恩自 2012 年怀孕之后，情绪一直不稳定。2013 年 1 月 12 日 17 时左右，其因奶水不够，儿子需要购买奶粉，担心钱不够用、儿子吃奶粉会变傻等问题，为让儿子早日解脱，在家中将儿子掐死。后其向公安机关投案。经绍兴市第七人民医院司法鉴定所鉴定：潘某恩患有心境障碍 - 抑郁发作，作案以及接受鉴定检查时为严重抑郁发作状态。浙江省新昌县人民法院遂于 3 月 26 日对其作出强制医疗的决定。3 月 28 日，潘某恩转入绍兴市公安局安康医院强制医疗。6 月 9 日，绍兴市公安局安康医院出具了被强制医疗人潘某恩的诊断评估报告。诊断评估报告载明：潘某恩目前抑郁症状消失，自知力恢复，达到临床治愈，可以出院由监护人监护。新昌县人民法院经审查认为，根据诊断评估报告，被强制医疗人潘某恩目前抑郁症状基本消失，自知力恢复，已不具有人身危险性，不需要继续强制医疗，遂

① 参见肖俊林《强制医疗费用由谁来出》，《检察日报》2013 年 7 月 27 日。

② 赵小燕、高媛萱：《浙江法院决定对 35 名有暴力倾向精神病人强制医疗》，中国新闻网，2013 年 12 月 13 日，http://www.chinanews.com/df/2013/12-13/5619054.shtml。

于作出解除强制医疗决定。[①]

全国第一例强制医疗申请被驳案出现于湖南。据报道，2013 年 1 月 3 日 19 时许，黄某在女性周某取款时，箍住其脖子，夺钱后逃离。6 日，黄某采取相同手段抢劫女性汤某未遂。11 日，黄某再次来到同一地点伺机抢劫被擒获。经法定程序鉴定，黄某属于依法不负刑事责任的精神病人。随后，检察机关向法院提出强制医疗申请。4 月 25 日，湖南省长沙市芙蓉区人民法院审理这起精神病人强制医疗申请案，当庭决定驳回检察机关对黄某的强制医疗申请。法院认为，从黄某连续实施抢劫行为看，不排除继续危害社会可能。但其在实施抢劫时，暴力程度较轻，未对被害人造成伤害后果，尚未达到“严重危害公民人身安全”程度，不符合强制医疗条件。[②]

第二节　《精神卫生法》之前非刑事性的非自愿住院

在 2012 年 10 月全国人大常委会表决通过《精神卫生法》之前，除刑事性的强制医疗外，我国还存在另外几种情况的非自愿住院。但是，由于没有精神卫生法或其他法律加以规制，这些非自愿住院性质模糊，面目不清，尚不具有典型、规范的救护性非自愿住院或者保安性非自愿住院的形态特征。共同和根本的问题是，这些不同类型的非自愿住院对人身自由的限制都缺乏法律依据——实体法和程序法依据。在我国有一个怪现象，对被指控犯罪的人的人身自由的限制有相对严格的法律标准和相对严密的法定程序，而对一般违法人和精神障碍患者的人身自由的限制则简单、随意许多。劳动教养，因为不称其为逮捕或刑罚，就可以不经司法程序地由行政部门决定和实施，尽管劳动教养也限制了人身自由，且期限可能比有期徒刑还长。与劳动教养如出一辙，各种非刑事性的非自愿住院毫无疑问地构成对人身自由的限制，可是有关部门和精神病学界的一些人以为只要将其称为医疗、照顾、救助，回避强制、非自愿等字眼，就不属于对人身自

① 张娟娟：《浙江新昌法院作出全国首个解除强制医疗决定》，新华法治，2013 年 6 月 21 日，http://news.xinhuanet.com/legal/2013-06/21/c_124886808.htm。

② 阮占江、蒋成柳：《全国首现强制医疗申请被驳案》，《法制日报》2013 年 4 月 27 日。

由的限制，就可以不用遵守有关保障人身自由的法治人权原则，就不需要法律和法定程序的约束。这让人想起汉娜·阿伦特的一句话："剥夺一个完全无辜的人的法律权利①比剥夺一个犯有罪行的人的法律权利要容易得多。"② 他们的逻辑是，因为精神障碍和精神病人是异常的，所以适用于一般人的规则都不适用于精神障碍患者和精神病学。他们没有意识到，精神障碍患者和其他人包括官员、公务员、警察、医生一样，都是受宪法平等保护的公民。《中华人民共和国宪法》第三十七条规定："中华人民共和国公民的人身自由不受侵犯。""禁止非法拘禁和以其他方法非法剥夺或者限制公民的人身自由，禁止非法搜查公民的身体。"什么是非法拘禁和以其他方法非法剥夺或者限制公民的人身自由？就是违反法律或者没有法律依据地以各种方法剥夺或者限制公民的人身自由。根据《中华人民共和国立法法》（2000 年 3 月 15 日第九届全国人民代表大会第三次会议通过）第八条规定，关于限制人身自由的强制措施和处罚事项，只能由全国人民代表大会或其常务委员会制定法律。本节正是根据《宪法》和法治人权原则来检视《精神卫生法》之前各类非刑事性的非自愿住院制度和做法。

一　精神障碍患者的"医疗保护住院"

在我国，卫生部门主管的精神病院的收治对象，以家属送诊并承担住院费用的患者为主。这些患者或者被认为患病的人，有些承认自己患病，更多的是否认自己患病，或者既未承认自己患病也未否认自己患病。与此相联系，在他们中间，有些同意住院治疗，更多的是拒绝住院治疗，或者既没有表示同意住院治疗也没有表示拒绝住院治疗。对这些由家属送诊的拒绝住院治疗或者没有表示同意住院治疗的患者（其中一些是精神病院根据家属的请求派人接收的），通常是，精神病院经过初步的检查诊断，认为罹患精神障碍或者可能罹患精神障碍，有住院治疗或者进一步观察的必要，即要求家属办理入院手续。我国精神病学界借鉴日本《精神保健法》，将这种方式的住院称为"医疗保护住院（入院）"或者"医学保护性住

① 此处原文是 legality，似应译为"合法性"。

② 〔美〕汉娜·鄂兰：《极权主义的起源》，林骧华译，台湾时报文化出版企业有限公司，1995，第 416 页。

院”“医疗保护性住院治疗”（以下统称“医疗保护住院”）。

“医疗保护住院”是卫生部门主管的精神病院的主要入院方式和经济收入的主要来源。2002 年，山东李功迎等和四川刘协和等报告，在 1999 年 7 月 1 日至 2000 年 1 月 30 日于华西医科大学附一院精神科及 2000 年 8 月 1 日至 2000 年 10 月 1 日于山东济宁医学院附属二院住院的 313 例精神障碍患者中，入院态度分四种情况：（1）病人本人自愿入院者 116 例（37.0%）；（2）病人本人不同意入院，经劝说可入院，在病房内能安心住院 97 例（31.0%）；（3）病人本人不同意入院，经劝说可入院，入院后不安心住院 29 例（9.3%）；（4）病人本人坚决不同意入院，经强制方入院 71 例（22.7%）。治疗态度分三种情况，坚决拒绝治疗 125 例（39.9%），治疗、不治疗都可以 56 例（17.9%），明确的愿意治疗 132 例（42.2%）。[①] 2003 年，四川张伟等报告，对四川大学华西医院精神科住院精神障碍患者进行调查，45% 自愿入院治疗，47% 医疗保护性入院治疗（指病人因病情需要住院而本人无能力作出决定时，由家属或其他人送入院治疗），8% 在家属陪同下自愿入院治疗。[②] 2003 年，上海潘忠德等报告，通过问卷调查收集 17 个城市精神卫生中心 2333 例精神障碍患者入院时的相关资料，对入院方式进行统计分析，得出的结果是：医疗保护入院者 1388 例（59.5%），强制入院者 514 例（22%），自愿入院者 431 例（18.5%）；医疗保护入院和强制入院两项合计，非自愿入院者 1902 例（81.5%）。在这项研究中，自愿入院是指精神障碍患者自行决定入院；医疗保护入院是指因精神障碍严重，医生建议需要住院治疗而患者本人无能力做出决定，由家属或其他人送入院；强制入院是指精神障碍患者因存在危及自身、他人或社会的危险行为时由家属、公安机关或其他人强制送入院。后两种为非自愿入院。[③] 2006 年，山东李庆霞等报告，对 2001 年 7 月至 2004 年 12 月在济宁市精神病防治院住院的 158 例精神分裂症、81 例抑郁症、64 例躁狂症患者的入院态度和自知力进行评估，结果精神分裂症、抑郁症、躁狂症患者的自愿入院率分别为 12.17%、

① 参见李功迎等《精神障碍者的自知力与自愿入院和自愿治疗的关系》，《中国行为医学科学》2002 年第 3 期。

② 参见张伟等《精神障碍患者权益的调查分析》，《华西医学》2003 年第 1 期。

③ 参见潘忠德、谢斌、郑瞻培《我国精神障碍者的入院方式调查》，《临床精神医学杂志》2003 年第 5 期。

32.11%、10.19%，劝说入院率分别为65.11%、53.11%、51.16%，强迫入院率22.12%、14.18%、37.15%。[①]

另外，在2001年，四川李伯珊等报告，对1999年6月至11月成都市公安局、卫生局及民政局管理的三所精神病院新入院的313例精神疾病患者进行调查，自愿入住精神病院的占10.15%，非自愿入院89.15%。这项调查，因为包括公安、民政部门收治患者，非自愿入院率明显高于其他调查。在这项调查中，"自愿"界定为：18岁或以上的病人自愿办理入院手续或者病人家属等直接提出申请，病人不反对；18岁以下病人的家属或监护人等提出申请入院，不管未成年人的意愿如何。"非自愿"界定为：18岁或以上的病人不同意入院，其中又分为四种情况：a. 有病需住院治疗，但病人不同意，由亲属"善意欺骗"入院；b. 病人有明显自伤、自杀等危害自身健康的意图和/或行为；c. 病人有明显威胁或攻击他人人身安全的意图和/或行为；d. 病人同时存在b和c的状况。[②]

在2000年以前，我国精神病院进行的"医疗保护住院"，没有统一的收治标准，主要依据医学惯例和本院自行制定的规则。2001年，为规范住院治疗，卫生部出台了一个《精神病人入院收治指征》(《关于加强对精神病院管理的通知》的附件)。这是我国第一个全国性的住院医学标准。其所列入院收治指征为："1. 临床症状严重，对自己和（或）周围构成危害者；2. 拒绝接受治疗或门诊治疗困难者；3. 严重不能适应社会生活者；4. 伴有严重躯体疾病的精神病人应视躯体疾病的情况协调解决收治问题；原则上应视当时的主要疾病决定收治医院和科室；5. 其中对出现严重自伤、自杀、拒食或严重兴奋、冲动伤人、外跑等，可危及生命或危害社会治安者应属紧急收治范围，并应给予特级护理。"[③] 这个标准包括危险性和病情严重需要治疗两个方面的标准。然而，它只是卫生部门内部适用的一个指导性文件，缺乏使患者及其家属服从它的法律效力。精神病院单方面

---

① 参见李庆霞等《精神障碍患者入院态度与自知力的相关研究》，《护理学杂志》2006年第3期（综合版）。

② 参见李伯珊等《精神疾病患者入院形式及其影响因素的回归分析》，《华西医学》2001年第2期。

③ 南俊华主编、卫生部卫生监督中心编著《医疗卫生监督管理法规文件汇编（1980－2004）》，中国医药科技出版社，2004，第565页。

依据它实施非自愿的“医疗保护住院”，对于被收治者是不公平的。尤其荒唐的是，它把“拒绝接受治疗”也作为一个独立的指标。“拒绝接受治疗”的人恰恰可能是精神正常的、不需要治疗的人。精神正常者拒绝住院和接受治疗，是其个人的自由和权利，是在维护自己的正当权益。虽然，许多精神障碍患者“丧失自知力”，不认为自己患病，拒绝接受治疗，但是，这不能用来反证，不认为自己患有精神障碍、拒绝接受治疗的人就是精神障碍患者。这不符合逻辑，也不符合事实。最基本的事实是，所有精神正常者都不会承认自己患有精神障碍，包括精神科医生自己。以“拒绝接受治疗”作为住院标准的独立指标，实际是剥夺了被非法送入精神病院的精神正常者维护自身利益的权利。

2001 年 12 月 28 日，上海市人大常委会通过《上海市精神卫生条例》。此时，全国性的《精神卫生法》尚在孕育之中。因而，《上海市精神卫生条例》是我国第一部现代意义上的精神卫生法规——虽然只是地方法规。从法治角度而言，凡涉及公民基本权利问题，在没有基本法律的情况下，由地方法规加以规定，这种先地方、后中央的立法模式极不可取。但《上海市精神卫生条例》不失为精神卫生法的一个试验，可以为国家制定精神卫生法积累和提供一些经验。

《上海市精神卫生条例》仿照日本精神卫生法，建立了“医疗保护住院”制度和与之配套的监护人医疗看护制度。该条例第十七条规定：“精神疾病患者完全或者部分丧失自知力的，有获得医疗看护的权利；精神科执业医师可以提出对其进行医疗看护的医学建议。”第十八条规定：“完全或者部分丧失自知力的精神疾病患者，其监护人应当承担医疗看护职责。监护人依照《中华人民共和国民法通则》规定的顺序确定。”第十九条规定：“承担医疗看护职责的监护人应当履行下列职责：（一）妥善看护精神疾病患者，避免其因病伤害自身、危害他人或者危害社会；（二）根据医嘱，督促精神疾病患者接受门诊或者住院治疗，代为、协助办理住院或者出院手续；（三）协助精神疾病患者进行康复治疗或者职业技能培训，帮助其回归社会。监护人可以委托他人代为履行前款规定的医疗看护职责。”第二十一条规定：“精神疾病患者或者疑似精神疾病患者的近亲属应当协助其接受诊断和治疗。医疗机构应当根据精神疾病患者的病情，为精神疾病患者提供积极、适当的治疗，需要住院治疗的，应当符合住院标准。不得无故留置精神疾病患者。”第二十九条规定：“精神科执业医师认为精神疾病患者住院有利于其治疗、康复的，应当提出住院治疗的医学建议。有自知力的患者可以自行决定是否住院治疗。”第三十条规定：“具有主治医师以上职称的精神科执业医师认为完全或者部分丧失自知力的精神疾病患者必须住院治疗的，应当提出医疗保护住院治疗的医学建议。精神疾病患者的监护人应当代为或者协助办理住院手续。”

概括起来，《上海市精神卫生条例》所确立的“医疗保护住院”制度的要义有二：第一，监护人有权利把他们认为有精神疾病的亲属送入精神病院。第二，精神病院认为被送诊的人完全或者部分丧失自知力，住院有利于其治疗、康复，必须住院治疗的，可以决定实施“医疗保护住院”，监护人应当办理或者协助办理住院手续。《上海市精神卫生条例》非常强调“完全或者部分丧失自知力”，也就是被送诊的人否认自己有病，不同意住院，这与卫生部《精神病人入院收治指征》是一致的，且深得其中精髓。《上海市精神卫生条例》还反复强调监护人的责任，要求监护人绝对服从精神科执业医师。精神科执业医师提出的“医疗保护住院治疗”医学建议，名为“建议”，实为决定，因为患者的监护人有义务执行。

在上海之后，宁波、杭州、北京、无锡、武汉、深圳等六个城市也陆续制定了精神卫生条例。这些条例虽为地方人民代表大会常务委员会制定，但主要体现精神病学界的意见。它们对于“医疗保护住院”的规定大同小异，都采取了精神病院主导，监护人或者近亲属配合的模式。与上海不同的是，宁波、杭州、武汉、深圳的条例套用《刑法》关于刑事责任能力的规定，以“不能辨认或者不能控制自己行为”或者“不能或者部分不能辨认、控制自己行为”而非“丧失自知力”作为住院标准，范围更为宽泛。北京、无锡则以“重性精神疾病”作为住院标准。杭州没有放弃自知力概念，它以“完全或者部分丧失自知力”作为启动监护人医疗看护的条件。宁波则以“无民事行为能力或者限制民事行为能力”作为启动监护人医疗看护的条件。北京、无锡、武汉、深圳没有采取“医疗看护”的概念，但也十分强调监护人以及近亲属的责任，尤其是根据精神科医师的“建议”办理住院手续的责任。

《宁波市精神卫生条例》（2005 年）第二十七条规定：“精神科执业医师认为不能辨认或者不能控制自己行为的精神障碍者必须住院治疗的，应当提出医疗保护住院治疗的医学建议。精神障碍者的监护人应当根据医学建议决定住院治疗；监护人坚持不住院治疗的，应当说明理由，并由医疗机构在病历中记录。”第三十六条规定：“无民事行为能力或者限制民事行为能力的精神障碍者，有依法获得看护的权利。精神科执业医师应当提出看护的医学建议。本条例所称的看护，是指监护人对被监护的精神障碍者在精神障碍的诊断、治疗和康复等方面进行的监护活动。”第三十七条规定：“精神障碍者的监护人应当履行下列看护职责：（一）妥善保护精神障碍者，避免其因病伤害自身、危害他人或者社会；（二）根据医嘱，确保精神障碍者接受门诊或者住院治疗，代为、协助办理住院或者出院手续；（三）协助精神障碍者进行康复治疗或者职业技能培训，增强其参与社会生活的能力。监护人可以委托他人代为履行前款规定的看护职责。”

《杭州市精神卫生条例》（2006 年）第二十八条规定：“精神科执业医师认为不能辨认或者不能控制自己行为的精神疾病患者需要住院治疗的，应当提出医疗保护住院治疗的医学建议。精神疾病患者的监护人应当根据医学建议决定住院治疗；监护人坚持不住院治疗的，应当说明理由，并由医疗机构在病历中记录。”第三十九条规定：“经诊断精神疾病患者完全或者部分丧失自知力的，精神科执业医师可以根据病情和治疗需要提出对其进行医疗看护的医学建议。前款所称自知力，是指对自己不正常的精神状态及病态行为的认识、理解和作出恰当表述的能力。”第四十条规定：“精神疾病患者的医疗看护人由其近亲属担任。精神疾病患者经法定程序被宣告为无民事行为能力人或者限制民事行为能力人的，医疗看护人由其监护人担任。精神疾病患者的监护人、近亲属不具备医疗看护能力的，可以书面委托他人承担医疗看护职责，但非自然人担任监护人的除外。”第四十一条规定：“精神疾病患者的医疗看护人应当履行下列职责：（一）妥善保护精神疾病患者，避免其因精神疾病伤害自身、危害他人或者危害社会；（二）根据病情和医学建议，确保精神疾病患者接受门诊或者住院治疗，协助办理入院或者出院手续；（三）协助精神疾病患者进行康复治疗或者职业技能培训，提高其生活自理能力和社会适应能力。”第四十二条规定：“精神疾病患者的医疗看护人可以请求其他具备医疗看护能力的近亲属给予协助。精神疾病患者的医疗看护人可以请求康复机构、社区卫生服务机构、精神疾病患者就诊的医疗机构及其精神科执业医师提供专业指导，可以请求卫生、公安、民政等行政管理部门和社区居民委员会、村民委员会提供帮助。”

《北京市精神卫生条例》（2006 年）第三十条规定：“经诊断患有重性精神疾病的患者，诊断医师应当提出医学保护性住院的建议。医学保护性住院由重性精神疾病患者的监护人或者近亲属办理住院手续。监护人或者近亲属拒绝重性精神疾病患者接受医学保护性住院治疗的，应当说明理由，并由医疗机构在病历中记录。”第三十三条规定：“精神疾病患者的监护人或者近亲属应当履行下列职责：（一）妥善看管、照顾精神疾病患者，防止其伤害自身、危害他人或者社会；（二）根据医嘱，督促精神疾病患者接受治疗，为需要住院治疗的患者办理住院手续；（三）为经诊断可以出院的精神疾病患者办理出院手续；（四）帮助精神疾病患者接受康复治疗或者职业技能培训；（五）法律、法规规定的其他职责。”

《无锡市精神卫生条例》（2007 年）第二十六条规定：“经诊断患有重性精神疾病的患者，诊断医师应当提出住院建议，由重性精神疾病患者的监护人办理住院手续。监护人拒绝重性精神疾病患者接受住院治疗的，应当说明理由，并由医疗机构在病历中记录。”第三十三条规定：“无民事行为能力或者限制民事行为能力的精神疾病患者，有依法获得监护的权利。精神科执业医师应当提出监护建议。”第三十四条规定：“精神疾病患者的监护人应当履行下列责任：（一）妥善看管、照顾精神疾病患者，防止其伤害自身、危害他人或者社会；（二）根据医嘱，督促精神疾病患者接受治疗，为需要住院治疗的患者办理住院手续；（三）为经诊断可以出院的精神疾病患者办理出院手续；（四）帮助精神疾病患者接受康复治疗或者职业技能培训；（五）依法承担精神疾病患者对他人造成人身、财产损害的赔偿等民事责任；（六）法律、法规规定的其他责任。”

《武汉市精神卫生条例》（2010 年）第二十五条规定：“重性精神障碍者在发病期间，其监护人、近亲属应当送其到医疗机构接受治疗，其监护人、近亲属确无能力送往医疗机构治疗的，精神障碍者所在单位、公安机关、居住地的街道办事处、乡（镇）人民政府或社区居民委员会、村民委员会应当提供帮助。”第二十九条规定：“精神科执业医师认为不能辨认或者不能控制自己行为的精神障碍者必须住院治疗的，应当提出医疗保护性住院治疗的医学建议。监护人不同意精神障碍者住院治疗的，应当向医疗机构说明理由后签字确认，并由医疗机构在其病历中记录。”

《深圳经济特区心理卫生条例》（2011年）第二十九条规定："精神障碍的诊断申请应当由患者本人提出；精神障碍患者不能或者部分不能辨认、控制自己行为的，由其监护人提出。"第三十一条规定："精神障碍患者自主决定是否住院治疗。不能或者部分不能辨认、控制自己行为的精神障碍患者，经具有主治医师以上职称的精神科执业医师诊断认为其需要住院治疗的，应当由其监护人提出住院申请。监护人不提出申请或者不同意住院治疗的，应当记入病历。"这个条例虽然宣称"精神障碍的诊断申请应当由患者本人提出""精神障碍患者自主决定是否住院治疗"，但实际上执行的是，精神科执业医师认为需要住院就可以采取住院，监护人或者近亲属应当办理住院手续。

在被决定住院的人是否有权利就其住院争取第三方救济的问题上，各地方精神卫生条例的规定不尽相同。《上海市精神卫生条例》和《深圳经济特区心理卫生条例》允许被决定住院的人向院外的机构申请鉴定。《上海市精神卫生条例》规定："精神疾病患者或者其监护人对诊断复核结论或者会诊结论有疑义的，可以依法向市精神疾病司法鉴定专家委员会申请鉴定。"《深圳经济特区心理卫生条例》规定："被诊断为精神障碍的患者或者其监护人对住院治疗有异议的，可以向原做出诊断的心理卫生医疗机构或者其他心理卫生医疗机构申请复核。""接受申请的心理卫生医疗机构应当组织复核，复核应当由二名以上未为该患者进行过诊治的、具有主治医师以上职称的精神科执业医师进行。复核应当在接到其申请之日起五个工作日内完成，并出具复核意见。""经复核符合住院治疗标准的，应当建议其继续住院治疗；不符合住院治疗标准的，为其提供住院服务的心理卫生医疗机构应当准予出院并按照规定为其办理出院手续。"《深圳经济特区心理卫生条例》还规定："被诊断为精神障碍的患者或者其监护人对复核意见有异议的，或者心理卫生医疗机构因条件所限不能确诊的，患者本人或者其监护人可以向有资质的司法鉴定机构申请鉴定，为其提供服务的心理卫生医疗机构应当予以配合。""监护人不申请鉴定而住院的精神障碍患者本人要求鉴定的，心理卫生医疗机构应当在三个工作日内代为申请。""经鉴定符合住院治疗标准的，应当建议其继续住院治疗；不符合住院治疗标准的，为其提供住院服务的心理卫生医疗机构应当准予出院并按照规定为其办理出院手续。"

而宁波、北京、无锡、武汉的精神卫生条例仅仅规定，被决定住院的人以及他们的监护人、近亲属如果对诊断有异议，可以向决定住院的精神病院申请复核。例如，《宁波市精神卫生条例》规定："对首次诊断为精神障碍者有异议的，作出诊断的医疗机构应当在六个月内由副主任医师以上职称的精神科执业医师按照国家现行的医学标准或者参照国际通行的医学标准进行诊断复核。""对经诊断复核未能确诊或者对诊断复核结论有异议的，进行诊断复核的医疗机构应当及时组织两名以上具有副主任医师以上职称的精神科执业医师进行会诊。"《北京市精神卫生条例》规定："被诊断患有精神疾病的患者或者其监护人、近亲属对诊断结论有异议的，可以向作出诊断的医疗机构申请诊断复核。医疗机构应当在收到申请之日起三个月内完成诊断复核。诊断复核结论应当由具有副主任医师以上职称的精神科医师作出。对经诊断复核未能确诊或者对诊断复核结论有异议的，医疗机构应当组织会诊。"

最为苛严的是《杭州市精神卫生条例》，它只允许精神疾病患者的监护人或其所在单位对诊断提出异议："精神疾病患者的监护人或其所在单位对首次诊断为精神疾病患者有异议的，作出诊断的医疗机构应当自接到异议之日起一个月内由具有副主任医师以上职称的精神科执业医师进行诊断复核。对经诊断复核未能确诊或者对诊断复核结论有异议的，进行诊断复核的医疗机构应当及时组织三名以上具有副主任医师以上职称的精神科执业医师进行会诊。"

这些地方精神卫生条例在字面上没有提到自愿或者非自愿，让人看不出"医疗保护住院"是非自愿的。但这样做并不能掩盖"医疗保护住院"的非自愿性。根据这些条例建立的标准，即使患者拒绝住院治疗，但如果医生认为需要住院治疗，监护人或者近亲属就应当办理住院治疗手续，就可以实施住院治疗。这些条例实质上规定了"医疗保护住院"的非自愿性，但又不公开承认。也就是说，非自愿的"医疗保护住院"被这些条例罩上自愿住院的外衣加以实行。明明是非自愿的，却不愿意承认，岂非咄咄怪事？其用意在于表明，"医疗保护住院"是单纯的医疗行为，不是限制人身自由，不受保障人身自由的法律的制约。否则，地方精神卫生法关于非自愿住院的规定，将陷于非法的境地。其后果是，如果有人"被精神病"，被施以"医疗保护住院"，但由于这些条例不承认其人身自由受到限制，他就难以通过法律途径主张和维护自己的人身自由，难以追究有关方面侵犯其人身自由的责任。

"医疗保护住院"的适用，标准和程序不严格明确，缺乏有效制约和第三方监督，被滥用的空间很大。而在没有精神卫生条例的地方，“医疗保护住院”的适用更为随意、更为混乱。这是“被精神病”事件频发的一个重要原因。[①] 一方面，精神病院的“权力”很大，整个住院治疗过程不受社会、司法监督，被强制收治者没有救济权利和途径。精神病院往往先入为主，偏听偏信家属（或自称的家属）的一面之词，而对被送治者，往往将其反抗视为躁狂，将其辩驳视为偏执，将其否认患病视为“完全或者部分丧失自知力”或者“不能辨认或者不能控制自己行为”。地方精神卫生条例虽然也大致规定了“医疗保护住院”的标准，例如“完全或者部分丧失自知力”，例如“不能辨认或者不能控制自己行为”，例如患有“重性精神疾病”，但没有得到切实执行，实际掌握极为宽松、随意。有的精神病院诊断人格障碍——精神病学一般认为人格障碍者具有完整的自知力和

① 2000 年以后报道的由家属（包括前夫妻）送诊的“被精神病”事件，就有秦智亮被前妻送院案（入院诊断偏执状态）、何锦荣被妻子送院案（入院诊断偏执性精神障碍）、王志华被妻子送院案（入院诊断人格障碍）、吕先锡被子女送院案（未诊断）、温秀琴被丈夫送院案（入院诊断人格障碍）、张秀芳（化名）被妹妹送院案（入院诊断精神分裂症）、吕登运被子女送院案（入院 5 天后诊断无精神障碍）、牟华被父亲送院案（入院诊断偏执性精神病）、张伯明被妻子送院案（入院诊断忧郁症）、24 岁的小桃被父亲送院案（入院诊断人格障碍）、张斌被养父和姐姐送院案（入院诊断癫痫）、程易（化名）被父母送院案（精神病院根据其父母请求，欲强行将其带走，被居民制止）、段嘉禾被儿子送院案（未诊断）、李健萍（化名）被丈夫送院案（入院诊断偏执型精神分裂症）、张国良被女儿送院案（入院诊断老年器质性精神障碍）、李祖军被弟弟送院案（未诊断）、李明华被妻子送院案（入院诊断精神分裂症）、梁仕清被妻子送院案（入院诊断无精神病性状态的抑郁症、病理性赌博）、刘先生被未满 18 周岁女儿送院案（入院诊断双向情感性精神障碍）、刘晓莉被父亲送院案（未诊断）、李丽（化名）被丈夫送入精神病院案（未诊断）、庄利明被妻子送院案（入院诊断偏执状态）、吴翔（化名）被妻女送院案（未确诊）、张淑群被养子送院案（入院诊断偏执型精神分裂症）、陈光孝被妻子送院案（入院诊断狂躁症）、小玫与继母吵架被舅舅送院案（入院诊断精神分裂症和人格障碍）、邹宜均被母亲、哥哥等送院案（入院诊断无精神病性症状的狂躁）、程天富被妻子送院案（入院诊断双向情感障碍）、周鸣德被妻子送院案（入院诊断偏执状态）、王敏被父母送院案（入院诊断重度抑郁症）、李志伟被妻子送院案（入院诊断精神分裂症）、韩越华被母亲送院案（入院诊断偏执型精神分裂症）、胡正旺利被前妻和儿子送院案（报道未说入院诊断）、朱金红被母亲送院案（入院诊断不详）、张华（化名）被妻子送院案（精神病院根据其妻子请求，欲强行将其带走，被民警制止）、陈国明被妻子送院案（入院诊断偏执型精神障碍）、陈素华被儿子送院案（入院后诊断无精神病）、汪闻桦（化名）被前妻送院案（未诊断）、陈丹（化名）被父母送院案（未诊断）等。需要说明，对这些案件，家属和精神病院可能认为不属于“被精神病”。

完整的辨认或者控制自己行为的能力，就进行强行收治。有的精神病院未经当面诊断就派医生、护工，不出示任何证件（有的还假冒警察）将人强行约束（号称“保护”），形同绑架一般带回精神病院，而这种约束权只有警察面对正在实施危害行为的精神障碍患者或者疑似精神障碍患者才可以依法行使。有的精神病院为证明被强制住院的某人有“家族精神病史”，竟将其从未到精神病医院诊断和住院的因肝硬化死去六年的二哥轻率地鉴定为精神病，依据是精神病院专家到其籍贯地了解到其二哥临死前乱说胡话，情绪暴躁。[①]

另一方面，家庭的“权力”也很大，一个家庭成员可以任意把另一个家庭成员送入精神病院。一些家庭成员因离婚、第三者、财产管理、住房归属、父母赡养、父母再婚、子女抚养、子女婚恋等方面的矛盾冲突，将没有精神障碍或仅有轻微精神障碍的亲属强行送入精神病院，达到丑化对方、清除对方、惩罚对方、不让对方干预自己行为、使对方失去合法权利、摆脱自己的法律义务等非法目的。

精神病院和家庭两者之间，虽然可以形成互相制约的关系，从而阻止精神病院或者家庭单方面把未患精神障碍的人强制住院，但也可能结成主观或者客观上的利益同盟，因为他们都可以通过强制住院获取好处。如果精神病院把关不严或者与某一方家庭成员串通，沆瀣一气，就会使精神正常者遭到非法拘禁。精神病院认为“送治家属就是监护人”，把送治家属当作被送治者的全权代表，从而限制甚至剥夺被送治者自行维护其利益的权利。精神病院还实行“谁送进来的谁接走”的制度，即使被送治者确实没有精神障碍，但如果没有送其住院的家属的同意，他也无法出院；有的人被家属接走后，又被软禁在家。而且，地方精神卫生条例故意模糊“医疗保护住院”究竟是由监护人、亲属，还是医院主导的问题，在因“被精神病”而发生纠纷、诉讼时，亲属、监护人和医院双方就互相推卸责任，尤其是精神病院往往把责任推给家属、监护人一方。

而有的法院却通过其判决对上述一些情况加以支持。例如，某法院在一起“医疗保护住院”案件的判决中称：“作为承担社会重大责任的医院

① 参见冉家祥、龚力理《丈夫强行送妻进精神病院续：妻兄被诊为疯子》，《重庆商报》2006 年 8 月 16 日。

而言，对于由公安部门、病患家属、基层组织等单位与个人送至医院的精神障碍患者，医院不应当也不能以任何理由拒绝收治或做出诊断。”[①] 这里不想对该案及其判决的整体作出评价，而仅仅指出，该法院的这一认识是不正确的。它实际上是将住院决定权不加区别地赋予了送诊的公安部门、病患家属、基层组织等单位与个人，取消了精神病院的诊断义务和权利，要求精神病院无条件接收所有被送诊人住院。该法院还混淆了门诊和住院诊断。精神病院有义务对所有被送诊者进行诊断或治疗，但它并不必须作出留置、住院的决定。特别是在“医疗保护住院”方面，精神病院没有服从被送诊者家属的意志的义务，而一旦精神病院作出留置、住院的决定，收取了住院费用，就必须为此承担相应的责任，家属不能成为他们的挡箭牌。

同时，应当指出，“医疗保护住院”不仅存在“不该收治的被收治”的问题，而且也存在“应该收治的没有收治”的问题。“医疗保护住院”并不是公益性的，而是收费的，且费用昂贵（每月数千元甚至上万元），再加上住院时间长，贫困患者及其家庭难以承担。即使患者的确需要住院治疗并且符合非自愿收治的条件，但如果不缴纳必需的费用，精神病院一般也是不会接纳或继续使其住院治疗的。有些无力送患者住院治疗的家庭担心患者（尤其是女性患者）自杀自残或者外出乱跑、受到伤害，不得不将他们锁锢、禁闭在家。[②] 还有一些无力送患者住院治疗的家庭将患者遗

---

① 参见孙思娅《控诉医院侵犯自由　女工程师一审败诉》，《京华时报》2013 年 12 月 14 日。

② 例如，罗向明等：《无奈的父爱：冰冷铁链锁 20 岁疯女一年》，《天府早报》2003 年 11 月 12 日；杨树林：《疯姐妹长年裸睡土炕被锁 22 年后被解救》，《城市晚报》2004 年 6 月 16 日；刘立春：《24 岁女孩因患精神分裂症被父亲囚禁三年》，《华商报》2006 年 6 月 24 日；刘芹琴、夏美灵：《生父担心精神病女儿逃跑　铁链拴其达月余》，《江南都市报》2006 年 8 月 24 日；黄颖等：《女子疑患精神病被婆家关 18 年　全身赤裸不肯穿衣》，《海峡都市报》2006 年 10 月 10 日；蒲哲、胡俊杰：《智障女被丈夫锁入黑屋 8 年偷猪食充饥》，《楚天金报》2006 年 11 月 12 日；黄祖祥、王昆火：《女子精神失常被家人关在石屋 20 年》，《东南早报》2006 年 11 月 14 日；陈新：《女孩因患精神分裂常裸奔　被锁进铁笼 5 年》，《南国都市报》2007 年 4 月 11 日；王德华等：《盲人父亲将精神失常女儿在猪圈囚禁 6 年》，《楚天都市报》2008 年 9 月 22 日；谢奎：《妇女患精神分裂症遭丈夫用铁链锁　有关部门救助》，《南国早报》2008 年 11 月 28 日；王缉宁、周捍家：《丈夫用狗项圈锁住患病妻子致其窒息身亡》，《南国早报》2009 年 4 月 27 日；窦祖军：《老汉黑屋“囚”疯妻 20 年　因中风瘫痪报警求助》，《新安晚报》2010 年 10 月 20 日。

弃，任其流浪，甚至将患者杀死。[①] 存在这些现象，根本责任不在精神病院。但是，一方面积极收治家庭可以承担费用的精神病人或者家属称为精神病人的人，一方面拒绝收治家庭无力承担费用的精神病人，两相对照，于无形中构成一种讽刺。

另外还存在“应该出院的没有出院”的问题。有一些住院患者经过一段时间的治疗后，病情缓解，趋于正常，可以出院在家护理，但其家属不愿意承担护理责任或者不愿意患者回到家中，不接其出院，而医院又实行“谁送进来的谁接走”的制度，致使其长期滞留在医院，正常生活的权利遭到侵犯，而且占用卫生资源。

二　流浪乞讨精神障碍患者的收容救助

如前所述，中国在20世纪50年代初，建立了城市游民和贫民的救济收容制度。其中对精神障碍游民和贫民实施的基于人道主义的救济收容，大体可以归入救护性非自愿住院范畴。但是到80年代，这一制度发展为更偏重城市治安管理的流浪乞讨人员强制性收容遣送制度。1982年5月国务院发布《城市流浪乞讨人员收容遣送办法》。该办法第一条规定：“为了救济、教育和安置城市流浪乞讨人员，以维护城市社会秩序和安定团结，特制定本办法。”第二条规定：“对下列人员，予以收容、遣送：（一）家居农村流入城市乞讨的；（二）城市居民中流浪街头乞讨的；（三）其他露宿街头生活无着的。”第三条规定：“收容遣送工作由民政、公安部门负责，具体办法由省、市、自治区人民政府根据实际情况确定。”第四条规定：“在大城市、中等城市、开放城市和其他交通要道流浪乞讨人员多的地方，设立收容遣送站。”第五条规定：“收容遣送站应当及时了解被收容人员的姓名、身份及家庭住址等情况；安排好他们的生活；加强对他们的思想政

① 例如，黄礼琪、陆汉辉：《恩爱家庭发生惨剧　不堪重负丈夫活埋精神病妻子》，《羊城晚报》2003年9月22日；文创：《丈夫为遗弃精神反常妻子将其送上远行客车》，《重庆晨报》2007年4月24日；张永生：《夫妻杀死精神病女儿分别被判刑》，《兰州晨报》2007年7月16日；郭晓明、牟芳菲：《丈夫绑精神病妻子致其窒息死亡》，《京华时报》2007年11月23日；宁军等：《13岁儿子患有精神病　父亲将其顶入湖中溺死》，《华商报》2007年11月25日；马岳君等：《丈夫杀害患精神疾病妻子　村民联名求情》，《法制日报》2010年4月15日。

治教育；及时把他们遣送回原户口所在地。”1982 年 10 月，民政部、公安部又发布了《城市流浪乞讨人员收容遣送办法实施细则（试行）》。之后，许多省市制定了本地的收容遣送条例。多数省市都明确把流浪的无人看护的精神病人列为收容对象，例如：《上海市收容遣送管理条例》（1992 年）的收容遣送对象包括“流落街头无监护人监护的精神病患者”，《湖南省城市流浪乞讨人员收容遣送条例》（1994 年）的收容遣送对象包括“患精神病或者智力残疾流浪街头的”人员，《沈阳市收容遣送管理条例》（1995 年）的收容遣送对象包括“流浪街头无人监护的严重智力缺陷的人和精神病人”，《天津市收容遣送管理条例》（1996 年）的收容遣送对象包括“监护人不明或者无监护人的精神病患者、痴呆人员”。被收容精神障碍患者先安置在收容遣送站（一般由民政部门领导，但在个别大城市由公安部门领导），然后遣送至原籍。对于无家可归、无依无靠、无生活来源的精神病人，一般安置于民政部门的福利性精神病院，在个别大城市则安置于公安部门主管的精神病院或者由公安部门安置于卫生部门、民政部门主管的精神病院。譬如广州市《关于对流浪乞讨、暗娼、精神病患者等盲流人员的收容处理办法》（1985 年）规定：“对流落街头的精神病人，由公安部门收容。对其言行政治性明显的危害社会治安的，由公安部门直接看管；其余送市卫生局精神病院治疗，待病情稳定后，送民政局收容站遣送；无处遣送者，由民政部门临时安置。”

应当说，收容遣送制度在保护流浪乞讨精神障碍患者利益方面还是起到了很大的积极作用的，特别是解救了许多被拐卖、被奴役、被性侵的流浪乞讨精神障碍患者，功莫大焉。但是由于制度本身存在严重缺陷和一些收容遣送站、福利院管理混乱，精神正常者被当作流浪乞讨精神障碍患者收容遣送和被收容遣送的流浪乞讨精神障碍患者遭受侵害的事情时有发生。

1984 年 8 月 21 日，广东省佛山市收容站将被收容人员欧星锦、谢海洪、莫树卓、谈超文、陈锦荣、陈树佳等 12 人（男 11 人，女 1 人）送回原籍。在佛山至三水县途中，欧、谢等人见女收容人员周某精神不正常，便轮流对其调戏侮辱。欧星锦首先奸污了周；接着谢海洪、莫树卓、谈超文也轮流对周奸污。由于该遣送车系封闭式汽车，在轮奸过程中，被收容人员陈树佳在欧星锦的示意下，用身体挡住车厢的监视窗，致使两名遣送工作人员和司机毫无察觉。后欧、谢等因盗窃案被原籍罗定县公安部门拘捕，在审讯中交代了上述问题。1985 年 4 月 23 日，民政部将此事做了通报，指出：这一严重事件暴露出我们收容遣送工作存在严重的问题，强奸主犯欧星锦、谢海洪虽已被依法执行死刑，其他案犯也分别被判处死缓和有期徒刑，但在政治上已造成了恶劣的影响，该收容站的领导和遣送工作人员是有责任的。希望各地结合这一事件，对收容遣送工作认真进行一次检查，发现问题，及时解决；切实加强对收容遣送工作人员的教育，提高工作责任心和警惕性，坚持文明管理，文明遣送，避免男女混载。对玩忽职守，造成严重事故者要严肃处理。① 但是，民政部的通报完全忽略了收容遣送精神病人应当有何针对性保护措施的问题。

还有一些福利院将精神病人遗弃。例如，从 1996 年到 1999 年的 4 年间，为裁留国家拨付的安置费，乌鲁木齐市精神病福利院的院长王益民等人多次指令该院职工，乘火车或汽车将被收容的精神病人带出乌鲁木齐，遗弃在沿途的火车站、汽车站甚至野外。在被遗弃的 28 人中，既有 80 多岁的老人，也有 10 多岁的孩子。被遗弃的"三无"公费病人中，只有 1 人已安全回到家中，其他 27 名被遗弃的病人均下落不明。事发后，王益民等人被判刑，精神病福利院的上级主管部门乌鲁木齐市民政局的有关领导受到党纪、政纪处分。②

下面一案更是骇人听闻，令人发指。湖南的涂同、苏萍（均为化名）夫妇 1999 年 7 月与珠海一家公司签订了小饰品代理销售协议。随后，丈夫涂同到珠海，妻子苏萍则回江苏娘家筹款。然而，一场飞来横祸彻底毁灭了这宗生意给小家庭带来的美好憧憬。1999 年 7 月 11 日中午苏萍乘火车从南京到广州，当行至友谊宾馆附近时，被一个拿行李车的人将其皮箱、旅游袋等随身行李拿走了，仅剩一个布娃娃（苏萍自称内藏现金几千元）。

---

① 《民政部关于佛山市收容站遣送车里发生轮奸女收容人员问题的通报》，载于民政部法规办公室编《中华人民共和国民政工作文件汇编（1949 - 1999）》（下），中国法制出版社，2001。

② 参见《乌鲁木齐精神病福利院遗弃数十名精神病人》，中国新闻网，2000 年 11 月 28 日，http://www.chinanews.com/2000 - 11 - 27/26/58146.html；《遗弃病人　乌鲁木齐精神病院有关人员受惩处》，中国新闻网，2000 年 12 月 11 日，http://www.chinanews.com/2000 - 12 - 11/26/60642.html；陈兴良《非家庭成员间遗弃行为之定性研究——王益民等遗弃案之分析》，《法学评论》2005 年第 4 期。

苏萍急得大哭，进而躺倒在马路上，造成群众围观、交通受阻。当日下午1时30分有市民向110台报案，流花分局两名巡警赶到现场，见苏萍手抱一个布娃娃躺倒在一辆受阻的公共汽车前轮前并哭喊着，头发凌乱。巡警见状，劝苏萍起来，苏萍不肯，巡警在后来赶到的另两名民警以及受阻公共汽车司机等人的配合下，将苏萍从车底强行拖出，并拉上警用工作车。在将苏萍拉上车时，布娃娃跌落在马路上，苏萍大喊："我的孩子！我的孩子！"巡警将布娃娃捡起给苏萍，苏萍才不喊。巡警怀疑苏萍精神有问题，于是将苏萍带回流花分局，移交给治安大队民警黄土生（当时黄土生正在协助处理一宗纠纷案）处理，并配合黄土生将苏萍关入留置室。将苏萍关留置室时，布娃娃跌落地上，苏萍再次大喊"我的孩子""我的孩子"，巡警将布娃娃捡回给她。苏萍被关入留置室后又哭又叫，还解下皮带要上吊，被看管人员制止。接着，苏萍又用手卡自己的脖子，为防止意外，黄土生即取来手铐将苏萍双手铐上。当日下午3时为流花分局送收容人员时间。当天，黄土生被安排配合收容组民警谭桂新送收容人员。黄土生将苏萍拉上车，作为精神病人（7月28日司法鉴定为无精神病）送增城市康宁医院，布娃娃留在留置室，后被当作垃圾处理。当日下午5时苏萍被送到增城市康宁医院收治区，由该收治区的"大差"（原为收容人员，留下做看管工作）接收，并安排到收治区二楼。康宁收治区除上班时间外，没有医护人员值班，由3名"大差"看管；并且因严重超容，男女混关，精神病人与非精神病人的伤残人员混关。7月11、12日两晚苏萍在收治区的二、三楼被李文明等人强奸。苏萍控诉："天黑不久，那房间里的一个男人就在众目睽睽之下强奸了我。有很多人在帮他，还威胁要杀死我。我怕极了，只是一个劲儿地哭喊，但不敢作任何反抗。进来几个小时了，也没人告诉我这是个什么地方，简直就是人们常说的地狱！过了些时候，几个男人威胁着我，把我挟持上三楼一间有更多男人的房间里。在那里，两个男人在几十个男人的起哄下，又分别强奸了我，直到我昏死过去。究竟有多少男人强奸了我？我也说不清。当时他们强奸完我后，可能是看到我已经昏死过去，就把我推到房间的一个角落里。半梦半醒中，我已经没有任何知觉了，只是觉得又饿又累，同时还不断有人在我身上蹭来蹭去，我不知道那时是不是也在被人强奸。就在我丈夫到来的几个小时前，一个男人又再次在众目睽睽之下对我进行了强奸。有个人还抓了一把药丸硬塞到我的嘴里……”7月12日下午，康宁医院精神病科副主任、收治区负责人黄义福查房获知苏萍有证件，于是问苏萍拿了苏萍的珠海市暂住证及其家人联系电话。7月13日凌晨黄义福通知苏萍的家人后，苏萍的丈夫涂同赶到康宁医院。涂同经过讨价还价，并私下塞给黄义福200元“红包”，放人的费用才从起初的2000元降为500元。涂同交完款，取了收据，这才领走苏萍。苏萍被保领后，即对丈夫讲了在康宁医院被强奸的事。于是，苏萍的丈夫马上拨打110，并到增城市公安局镇龙分局报案。7月13日上午增城市公安局镇龙分局接案后，刑警队民警对苏萍进行了询问，并两次陪同苏萍夫妻到康宁医院，第一次是初步察看现场，第二次是请增城市公安局法医、痕检一起进行现场勘验，收集苏萍衣裤及现场草席等物证，对苏萍进行法医检查，并由苏萍指认犯罪嫌疑人。当时，苏萍指认了5人。刑警队民警要求康宁收治区的“大差”记下此5人名单，并指示不能放走这5人。7月15日增城市公安局法医洪江波对苏萍阴道分泌物进行预试验后称：检验未见精斑。刑警队向廖文超副局长报告上述法医检验结果，并请示对5名犯罪嫌疑人的处理。廖文超指示可以放人。15日下午，康宁收治区在接到刑警队通知后，将犯罪嫌疑人放走。苏萍夫妻到省、市公安机关投诉，市公安局分管领导接待后当即指示刑警支队派员参与此案侦查。当晚，市公安局刑警支队干警赴增城开展侦查及追捕工作，但仅抓获李文明、林武来，其余5名犯罪嫌疑人逃脱。1999年11月初，苏萍收到增城市人民检察院于10月19日签发的《委托诉讼代理人通知书》，称该院将对在康宁医院涉嫌强奸犯罪的被告人李文明（湖南省怀化市人，25岁）提起公诉，告知其可以委托代理人提起附带民事诉讼。与此同时，广州市公安局信访处与流花公安分局一行6人专程前往珠海，当着涂、苏的面表示，对此事的发生感到痛心，将对有关直接责任人予以除名处理，同时送上2000元“抚慰金”。1999年11月18日，苏萍委托律师作为附带民事诉讼代理人，对增城市康宁医院、广州市流花公安分局和李文明提起附带民事诉讼，要求上述3被告赔偿原告直接经济损失20104.8元，赔偿精神损失费100万元。2000年1月6日，增城市人民法院作出裁定，认为将广州市公安局流花分局及增城市康宁医院列为附带民事诉讼被告，诉讼主体不成立，驳回了苏萍的起诉。2000年5月17日，增城市人民法院下达“（1999）增法刑初字第346号刑事判决书”，以强奸罪判处被告人李文明有期徒刑4年。[①]

“苏萍事件”经过媒体披露后，鉴于案情重大，广州市委决定组成调查组，对事件进行全面调查。2000年9月19日，广州市政法委副秘书长容某向新闻界介绍了“苏萍事件”的调查情况。容某说：(1)巡警将苏萍带回流花分局是恰当的。流花分局接市公安局110指令后，出警及时，两名巡警迅速赶到现场。当时，苏萍因受刺激情绪激动，行为异常，躺倒在马路上，已造成交通受阻。巡警在劝说无效的情况下，强行将苏萍从车底拖出，带离现场，恢复交通的处置是恰当的。有媒体称，巡警来时，苏萍拿出放在身上的结婚证、外来务工证和珠海市暂住证，但巡警看都没有看，顺手便扔了。从调查来看，巡警没有检查苏萍的证件，苏萍也没有出示证件。此外，因为苏萍的行为异常，怀疑苏萍精神有问题，巡警将苏萍带回流花分局也是恰当的。(2)民警黄土生没按规定办理收容手续属失职。黄土生接案后，先入为主，认为苏萍是精神病人，故没有问话。此外，没有按照有关规章制度办理送收容的审批手续；没有请求派女警协助对苏萍进行检查，以致未发现苏萍随身携带的珠海市暂住证，错失家属认领的机会；没有对苏萍随身物品进行登记、移交，以致将苏萍自称内藏几千元的布娃娃当作垃圾处理。民警谭桂新负责当天的收容工作，明知苏萍未办送收容的审批手续，但仍违反规定送出。由于黄土生、谭桂新两人工作不负责任，致使误将苏萍当作精神病人并错送康宁收治区。(3)康宁医院管理很乱被撤销收治资格。再说康宁医院及有关人员的责任。康宁医院作为广州市卫生局指定的外来盲流病人定点收治医院，实际上具有治疗和管理两项职能。但康宁收治区管理混乱，男女混关，精神病人与非精神病的伤残人混关；非上班时间没有医护人员值班，全部交由“大差”看管。这些“大差”工作上根本不负责任，有的甚至为非作歹，苏萍指认的犯罪嫌疑人中就有“大差”。康宁收治区管理混乱给犯罪分子以可乘之机，是造成苏萍被数人强奸的重要原因，对此，收治区负责人黄义福负有直接责任；院长郭镜航对这些情况熟视无睹，负有领导责任。为了堵塞漏洞，广

① 参见林炜、游春亮、黄少焕《谁制造了惨绝人寰的轮奸案》，《中国青年报》2000年7月26日；刘平清《收容中心男女混关　苏萍遭轮奸案回放》，《广州日报》2002年7月21日。

州市卫生局现已撤销康宁医院为外来盲流病人定点收治医院的决定，并另行指定收治医院。（4）镇龙分局警员办案不负责任使罪犯逃脱。对于苏萍夫妻的报案，镇龙分局接警迅速。镇龙分局接 110 报警后，即派员到报警点将苏萍夫妻带到分局，并进行询问，还及时通知增城市公安局刑警队派法医、痕检参加现场勘验。但由于镇龙分局刑警队的经办民警及分管领导先入为主，认为苏萍有精神病，对苏萍报案有怀疑，因此，处警不认真：在初步察看现场时没有及时收集现场证据及保护现场；对苏萍指认的 5 名犯罪嫌疑人只登记了姓名，没有带回镇龙分局问话审查；法医洪江波对苏萍的阴道分泌物仅做预试验，结果为阴性后，没有作进一步的检验，且对苏萍的衣裤没有作法医检查、鉴定，但却通知镇龙分局刑警队检验未发现精斑（事实上，广州市公安局刑警支队法医后来对上述两项作检验，均呈阳性，发现精斑），误导了办案人员；廖文超副局长负责刑侦工作，听取案件情况报告后，没有认真组织开展侦破工作，当刑警队汇报法医检验结果后，即表态放走犯罪嫌疑人，致 5 名犯罪嫌疑人逃脱。对治区管理混乱、男女混关、非上班时间由“大差”管理等问题长期失察，以致发生严重后果。①

说巡警将苏萍带回流花分局是恰当的，完全是一种袒护和诡辩。根据《人民警察法》第九条，为维护社会治安秩序，公安机关的人民警察对有违法犯罪嫌疑的人员，经出示相应证件，可以当场盘问、检查；经盘问、检查，发现有作案嫌疑身份不明等情形的，可以将其带至公安机关，经该公安机关批准，对其继续盘问。这就要求巡警应当主动检查苏萍的证件，而不能以苏萍没有出示证件为理由而不检查，进而武断地认为她是“盲流”。另外，苏萍情绪激动，行为异常，躺倒在马路，完全可能是因为受到犯罪侵害，而不一定是其罹患精神障碍所致。巡警不怀疑其受到侵害，而怀疑其精神有问题，存在判断上的严重过失，并且误导接办人员。

由于广州市有关部门没有从苏萍事件中汲取教训，继续实行不当收容，最终导致“孙志刚事件”的发生。孙志刚，27 岁。2001 年他毕业于武汉科技学院，之后在深圳一家公司工作，2003 年 2 月，应聘来到广州一家服装公司。到广州 20 多天后，2003 年 3 月 17 日晚，孙志刚在前往网吧

① 刘平清：《“苏萍事件”震动广州警方》，《广州日报》2000 年 9 月 20 日。

的路上，因缺少暂住证，被广州市公安局天河区公安分局黄村街派出所的警察强制带回派出所。当天晚上，孙志刚的两位朋友来到派出所，说明孙有身份证和工作单位，提出为其补办暂住证，并予以保领，但被黄村街派出所以“没有进行核实必要”的理由予以拒绝。3 月 18 日凌晨，孙志刚被作为“三无”人员（即无身份证、无暂居证、无用工证明的外来人员）转送至天河公安分局收容待遣所。3 月 18 日晚，孙志刚被收容站送往一家收容人员救治站。这家救治站位于远郊。这里本来属于广州市精神病院，后来改称广州市脑科医院江村住院部。2002 年 8 月 1 日，这个巨大院子的一个角落被划为特殊病区，由广州市民政局和广州市公安局批准，指定为收容人员救治站，专门为收容人员中的病患者提供基本治疗。孙志刚在救治站的第一个落脚点，是二区 201 仓，里面关着 10 个精神病人。在这里孙志刚遭到被收容人员的殴打。后孙志刚被换到 206 仓，遭到护工和护工指使的被收容人员更野蛮的殴打。值班护士通过监控发现这一情况，但未给予有效制止。孙志刚跪在地上，请求换一个房间，后换到 205 仓。里面有大约 15 个精神病人。孙志刚又遭到护工等人员的殴打，孙志刚的叫声“非常凄惨”。3 月 20 日，孙志刚死亡。[①]

“苏萍事件”和“孙志刚事件”都说明，当收容遣送由公安部门负责，收容遣送制度变异为治安管理手段，有了极强的强制性而无司法监督和救济，就有可能被扩张使用，并有可能发生极为严重的问题。《广东省收容遣送管理规定》（2002 年）明确规定“有合法证件、正常居所、正当生活来源，但未随身携带证件的，经本人说明情况并查证属实，收容部门不得收容”（第十一条）。但是，广州市却擅自规定收容无暂住证人员。一份《市收容遣送“三无”人员工作协调小组会议纪要》显示，在 2002 年 3 月 28 日和 4 月 5 日广州市的有关会议上，关于对《广东省收容遣送管理规定》第九条第六款“无合法证件且无正常居所、无正当生活来源而流落街头的”的掌握，达成的意见是：对虽有身份证，但无广州市暂住证，且无正当生活来源的，应当收容遣送。而在一份由广州市公安局和广州市民政局下发的，关于贯彻实施广州市人民政府《关于加强对“三无”流浪乞讨

① 参见陈峰《被收容者孙志刚之死》，《南方都市报》2003 年 4 月 25 日；唐建光《孙志刚死亡真相》，《新闻周刊》2003 年 6 月 16 日。

人员管理通告》的意见中，进一步明确："外来人员有身份证、无暂住证，生活无着落的，予以收容"。2002年6月26日，广州《新快报》一篇标题为《不办暂住手续一律遣送原籍》的文章，转引广州市一位政府官员的话说："外来暂住人员没有正当理由，不按照省人大规定办理暂住手续，甚至拒绝办理IC暂住证或临时登记证的，一律视作不具备在广州就业所需的合法证件予以收容。"①

在"苏萍事件"中，怀疑苏萍有精神病，却将其与无精神病被收容者关押在一起，在"孙志刚事件"中，孙志刚并无精神病，却将其与精神病被收容者关押在一起。20世纪末和21世纪初的中国广州，竟然再现18世纪法国比塞特收容院将精神病人与正常人混合关押的野蛮状况，而且有过之而无不及，真是匪夷所思和令人愤慨。

收容遣送接二连三地发生恶性侵犯人权事件，足以说明收容遣送的问题绝不仅仅是歹徒犯罪和个别工作人员玩忽职守造成的，而是收容遣送制度本身存在严重问题。特别是，收容遣送构成对公民人身自由的限制，而《立法法》第八条规定，限制人身自由的强制措施和处罚事项，只能制定法律加以规定。因此，国务院发布的《城市流浪乞讨人员收容遣送办法》以及各地区制定的收容遣送条例和规定，在《立法法》于2000年施行以后，已经不具有合法性。2003年6月20日，国务院总理温家宝签署国务院令，公布《城市生活无着的流浪乞讨人员救助管理办法》（自2003年8月1日起施行），《城市流浪乞讨人员收容遣送办法》同时被废止，随后各地区的收容遣送条例和规定也陆续废止。

新出台的《城市生活无着的流浪乞讨人员救助管理办法》第一条规定："为了对在城市生活无着的流浪、乞讨人员（以下简称流浪乞讨人员）实行救助，保障其基本生活权益，完善社会救助制度，制定本办法。"它还规定：县级以上城市人民政府应当根据需要设立流浪乞讨人员救助站。救助站对流浪乞讨人员的救助是一项临时性社会救助措施。县级以上人民政府民政部门负责流浪乞讨人员的救助工作，并对救助站进行指导、监

① 参见刘有才、方常君《广东省人大澄清：从未规定可收容无暂住证人员》，《南方都市报》2003年6月12日；唐建光《谁该为孙志刚之死负责》，《新闻周刊》2003年6月16日。

督。公安、卫生、交通、铁道、城管等部门应当在各自的职责范围内做好相关工作。公安机关和其他有关行政机关的工作人员在执行职务时发现流浪乞讨人员的，应当告知其向救助站求助；对其中的残疾人、未成年人、老年人和行动不便的其他人员，还应当引导、护送到救助站。向救助站求助的流浪乞讨人员，应当如实提供本人的姓名等基本情况并将随身携带物品在救助站登记，向救助站提出求助需求。救助站对属于救助对象的求助人员，应当及时提供救助，不得拒绝；对不属于救助对象的求助人员，应当说明不予救助的理由。救助站为受助人员提供的住处，应当按性别分室住宿，女性受助人员应当由女性工作人员管理。救助站应当保障受助人员在站内的人身安全和随身携带物品的安全，维护站内秩序。救助站不得向受助人员、其亲属或者所在单位收取费用，不得以任何借口组织受助人员从事生产劳动。救助站应当劝导受助人员返回其住所地或者所在单位，不得限制受助人员离开救助站。救助站对受助的残疾人、未成年人、老年人应当给予照顾；对查明住址的，及时通知其亲属或者所在单位领回；对无家可归的，由其户籍所在地人民政府妥善安置。

2003 年 7 月 21 日，民政部公布《城市生活无着的流浪乞讨人员救助管理办法实施细则》（自 2003 年 8 月 1 日起施行）。根据该实施细则，《救助管理办法》规定的“城市生活无着的流浪乞讨人员”是指因自身无力解决食宿，无亲友投靠，又不享受城市最低生活保障或者农村五保供养，正在城市流浪乞讨度日的人员。虽有流浪乞讨行为，但不具备前款规定情形的，不属于救助对象。该实施细则规定：救助站应当向求助的流浪乞讨人员告知救助对象的范围和实施救助的内容，询问与求助需求有关的情况，并对其个人情况予以登记。对因年老、年幼、残疾等原因无法提供个人情况的，救助站应当先提供救助，再查明情况。对拒不如实提供个人情况的，不予救助。救助站应当根据受助人员提供的有关情况，及时与受助人员的家属以及受助人员常住户口所在地或者住所地的乡（镇）人民政府、城市街道办事处、该地的公安、民政部门取得联系，核实情况。救助站发现受助人员故意提供虚假个人情况的，应当终止救助。受助人员返回常住户口所在地、住所地或者所在单位时没有交通费的，由救助站发给乘车（船）凭证，铁道、公路、水运等运输单位验证后准予搭乘相应的公共交通工具。救助站应当将有关情况通知受助人员的亲属及前往地的有关组织、所在单位。救助站应当根据受助人员的情况确定救助期限，一般不超过 10 天；因特殊情况需要延长的，报上级民政主管部门备案。

该实施细则还规定：对受助人员中的残疾人、未成年人或者其他行动不便的人，救助站应当通知其亲属或者所在单位接回；亲属或者所在单位拒不接回的，省内的由流入地人民政府民政部门通知流出地人民政府民政部门接回，送其亲属或者所在单位；跨省的由流入地省级人民政府民政部门通知流出地省级人民政府民政部门接回，送其亲属或者所在单位。对无法查明其亲属或者所在单位，但可以查明其户口所在地、住所地的受助残疾人、未成年人及其他行动不便的人，省内的由流入地人民政府民政部门通知流出地人民政府民政部门接回，送户口所在地、住所地安置；跨省的由流入地省级人民政府民政部门通知流出地省级人民政府民政部门接回，送户口所在地、住所地安置。对因年老、年幼或者残疾无法认知自己行为、无表达能力，因而无法查明其亲属或者所在单位，也无法查明其户口所在地或者住所地的，由救助站上级民政主管部门提出安置方案，报同级人民政府给予安置。受助人员自愿放弃救助离开救助站的，应当事先告知，救助站不得限制。未成年人及其他无民事行为能力人和限制民事行为能力人离开救助站，须经救助站同意。受助人员擅自离开救助站的，视同放弃救助，救助站应当终止救助。救助站已经实施救助或者救助期满，受助人员应当离开救助站。对无正当理由不愿离站的受助人员，救助站应当终止救助。受助人员户口所在地、住所地的乡级、县级人民政府应当帮助返回的受助人员解决生产、生活困难，避免其再次外出流浪乞讨；对遗弃残疾人、未成年人、老年人的近亲属或者其他监护人，责令其履行抚养、赡养义务；对确实无家可归的残疾人、未成年人、老年人应当给予安置。

救助管理制度与收容遣送制度的主要不同在于：第一，收容遣送的目的是救济、教育和安置城市流浪乞讨人员，以维护城市社会秩序和安定团结，而救助管理的目的是保障流浪乞讨人员基本生活权益、完善社会救助；第二，收容遣送的对象是各类流浪乞讨人员，而救助管理的对象是城市生活无着的流浪乞讨人员；第三，收容遣送是强制的，而救助管理是自愿的；第四，收容遣送由民政、公安部门负责，而救助管理由民政部门负责；第五，收容遣送对被收容者强制遣送，而救助管理实行救助者自愿离站，期满出站，其中残疾人、未成年人、老年人由其亲属或者所在单位领回，无家可归的由政府妥善安置。

从收容遣送制度转变为救助管理制度，是我国法治建设、人权保障和社会保障的重要进步。另一方面，由于实行自愿的原则，救助管理制度的治安功能大大弱化了，尤其是它难以适用于不能主动求助的流浪精神病人。民政部门面临新的难题和来自社会和其他部门的压力。

为解决流浪乞讨精神障碍患者以及危重病人的救助问题，民政部在2004年提出以下几点：一是坚持先救治后救助。有关部门或热心群众在街头发现流浪乞讨人员中的危重病人、精神病人应直接送医院进行救治。待病情稳定后，经救助管理站甄别属于救助对象的，由救助管理站接回予以救助。二是要设立定点医院接收危重病人、精神病人。定点医院要本着交通便利、方便救助、具有基本医疗救治条件的原则加以确定。三是要建立民政、卫生、财政、公安、城管等有关部门的协调机制，明确对危重病人、精神病人救助、救治程序中各个环节的部门责任，使工作落到实处。四是要明确经费支付渠道和具体办法。① 2005年，民政部继续推动危重病人、精神病人的救治工作，推广成都、郑州、岳阳等城市在危重病人、精神病人救治工作中的经验。在此基础上，河南省和西安、石家庄、昆明、南昌等27个大中城市也相继出台了相关的政策规定。这些地方的基本做法包括：一是确定了先救治后救助的原则；二是设立了定点医院接收危重病人、精神病人；三是建立了民政、卫生、财政、公安、城管等相关部门参加的危重病人、精神病人救治工作协调机制，明确了相关部门的责任。②

2006年1月4日，民政部、公安部、财政部、劳动保障部、建设部、卫生部联合下发《关于进一步做好城市流浪乞讨人员中危重病人、精神病人救治工作的指导意见》。该指导意见指出，自2003年8月以来，各地区、各有关部门认真贯彻落实《城市生活无着的流浪乞讨人员救助管理办法》，较好地保障了生活无着的流浪乞讨人员的基本生存权利。救治城市流浪乞讨人员中危重病人、精神病人，是救助管理工作的一个难点。目前一些地方积极探索，较好地解决了流浪乞讨病人救治难的问题。但在一些地方仍

---

① 参见民政部副部长李立国《创新工作方式　开创救助管理工作新局面》，《社会福利》2004年第12期。

② 参见民政部副部长李立国《以人为本求实创新　开创救助管理工作新局面》，《社会福利》2005年第9期。

然存在部门职责不清、费用不落实的问题，一定程度上制约了对流浪乞讨病人救治工作的开展，影响了对流浪乞讨病人生命权益的保障。因此，各地一定要从以人为本、保障人民群众基本生存权利的高度出发，根据本地实际情况，切实解决好流浪乞讨病人医疗救治问题。为全面贯彻《救助管理办法》，切实做好对流浪乞讨病人的救治工作，经国务院同意，现提出如下意见：第一，规范救治对象，加强救治管理。建立和完善流浪乞讨病人救治制度，要从我国社会主义初级阶段这一基本国情出发，既要保障需要紧急救治的流浪乞讨病人能够得到及时救治，又要充分考虑国家和社会的承受能力，将救治对象限定在必须抢救的有生命危险的流浪乞讨危重病人和危及他人生命安全或严重影响社会秩序和形象的精神病人范围内。在救治管理工作中，要体现以人为本的精神，坚持先救治后结算的原则，保护救治对象的合法权益。第二，强化地方政府责任，多渠道解决流浪乞讨病人救治费用问题。地方政府是流浪乞讨人员医疗救助工作的主体。各地要根据具体情况，积极研究探索流浪乞讨病人医疗救治的经费来源以及结算办法，并根据当地城乡医疗救助水平，明确流浪乞讨病人医疗救治的服务范围、救治标准。属于救助对象的，医疗费用按照财政部、民政部、中央机构编制委员会办公室《关于实施城市生活无着的流浪乞讨人员救助管理办法有关机构编制和经费问题的通知》的有关规定，通过民政部门现行救助管理经费渠道解决。不属于救助对象的，医疗费用可以通过现行城镇职工基本医疗保险制度、新型农村合作医疗制度、城乡困难群众医疗救助制度统筹解决，可以发挥慈善机构和社会捐赠资金的作用；尚未纳入以上制度覆盖范围的，地方财政也可以给予专项资金支持。对拖欠医疗机构的医疗救治费用，要分清渠道和性质，积极进行清理、核实、追讨和结算，不得跨年度欠费。第三，进一步明确工作职责，加强协调配合。民政部门综合负责流浪乞讨病人的救助工作。民政、公安和城建城管监察等部门的工作人员在执行职务时有责任将流浪乞讨病人直接送当地定点医院进行救治。民政部门要负责甄别和确认病人身份。各地政府要确定流浪乞讨病人医疗救治定点医院，卫生部门指导定点医院对流浪乞讨病人病情的诊断、甄别和救治。病人病情稳定或治愈后，可根据甄别的身份等具体情况，由民政部门所属的救助管理站接回，或通过其他方式帮助病人离院。在工作中，各有关部门要互相支持、配合，建立良好的工作机制，研究解决病人运送、医疗费用追讨、结算中遇到的具体问题，搞好政策衔接。

这个指导意见对解决在危重病人、精神病人救治方面部门职责不清、费用不落实的问题有一定推动作用。而在能否非自愿救治危重病人、精神病人的问题上，它规定，紧急救治对象限定在必须抢救的有生命危险的流浪乞讨危重病人和危及他人生命安全或严重影响社会秩序和形象的精神病人范围内。这似乎是允许对有生命危险的流浪乞讨危重病人和危及他人生命安全或严重影响社会秩序和形象的精神病人实施非自愿的紧急救治。然而“有生命危险的流浪乞讨危重病人”和“危及他人生命安全或严重影响社会秩序和形象的精神病人”含义、界限不清，几乎可以适用于任何精神障碍患者，包括行走在街头但并非流浪乞讨的精神障碍患者，甚至可以适用于疑似“危及他人生命安全或严重影响社会秩序和形象的精神病人”的任何人。这样做显然远远超出《城市生活无着的流浪乞讨人员救助管理办法》的范围，有变相恢复强制性收容遣送制度之嫌。而所谓“先救治后救助”的原则，不加分别地适用于危重病人和精神病人，实际意味对精神病人可以先收容，然后再看是否符合救助条件，容易导致不当的强制住院。

有的地方精神卫生条例规定了流浪乞讨精神障碍患者的救助收治问题。《杭州市精神卫生条例》第三十八条第二款规定：“无生活来源、无劳动能力又无法定赡养人、扶养人或者抚养人的精神疾病患者，由民政部门指定的医疗机构收治，其医疗费用按照国家、省和本市的有关规定执行。”《无锡市精神卫生条例》第二十九条规定：“需要救治的城市流浪乞讨人员中的精神疾病患者，由公安部门送至精神卫生医疗机构诊治，办理相关手续。”《武汉市精神卫生条例》第九条规定：“市、区人民政府对本市下列精神障碍者实行医疗救助：（一）无生活来源、无劳动能力又无法定赡养人、扶（抚）养人的精神障碍者；（二）生活困难的重性精神障碍者；（三）流浪乞讨的精神障碍者。具体救助办法由市人民政府另行制定。”《深圳经济特区心理卫生条例》第三十二条规定：“公安、民政等行政部门工作人员在执行职务中，对流浪乞讨人员中疑似精神障碍患者且查寻不到其监护人、近亲属的，按照救助制度的职责分工将其送往医疗机构进行精神障碍诊断。确诊为精神障碍的，应当依照规定给予救助治疗。”这些规定在能否非自愿救助收治流浪精神病人的问题上是模糊的，且其法律层级不够，不能成为非自愿救助收治的依据。

武汉精神卫生中心的一篇研究报告（2007 年）反映了改制后医疗机构在救助流浪精神病人问题上的窘境。武汉精神卫生中心胡晓华等指出，废除《城市流浪乞讨人员收容遣送办法》前，流浪精神病人大多直接被当时的救助站收容，特别是慢性尚稳定的流浪精神病人直接遣送回家。废除《城市流浪乞讨人员收容遣送办法》后，救助站遵照新的救助条例不可能主动对流浪精神病人进行直接救助，并且流浪精神病人（特别是发病期的精神病人）不可能主动求助，这样势必使流浪精神病人在城区内流浪增加。而各城市为了市容市貌、公共安全，对此类弱势人群的救助，多通过各种渠道把流浪精神病人送到精神病医疗机构收治。2003 年 6 月至 2006 年 5 月武汉市救治医院（武汉市精神病医院、武汉市优抚医院、武汉市武东医院）共收治流浪精神病人 255 名（其中 2003 年 6 月至 2004 年 5 月收治 60 名，2004 年 6 月至 2005 年 5 月收治 87 名，2005 年 6 月至 2006 年 5 月收治 108 名）。流浪精神病人疾病诊断分类情况：精神分裂症 143 例（56.2%），情感性精神病 16 例（6.2%），心因性精神疾病 14 例（5.7%），精神活性物质所致的精神障碍 7 例（2.6%），脑器质精神障碍 12 例（4.6%），精神发育迟滞 23 例（9.0%），其他 40 例（15.7%）。[①] 这些流浪精神病人均由武汉市“110”联动转入救助医院，即民警出勤护送病人到医院的。武汉精神卫生中心还指出，收治流浪精神病人的审核制度不健全，导致不需要强行收治流浪精神病人被强制收住精神病医院，无形中增加流浪精神病人的收治人数，实质上也是对部分流浪精神病人的侵权行为。由于流浪精神病人出院安置不畅，滞留病人越来越多。流浪精神病人欠费太多，院垫付不堪重负。虽然“110”联动收治的流浪精神病人费用每半年由政府财政结算一次，但结算费用远低于实际支出费用。三年间收治的 255 名患者中，203 名已办理出院；其中 18 名由救助站转送和安置，22 名由医院直接护送回家，163 名患者由家属接回家。截至 2006 年 5 月 31 日仍有 47 名流浪精神病人滞留医院，而 2005 年 5 月底滞留医院为 35 名，2004 年 5 月底则为 17 名流浪精神病人滞留医院。已出院的 203 名流

---

① 该文统计的各类疾病种类比例似有误差，精神分裂症 143 例应为 56.1%，心因性精神疾病 14 例应为 5.5%，精神活性物质所致的精神障碍 7 例应为 2.7%，脑器质精神障碍 12 例应为 4.7%。

浪精神病人累计费用为236万元，家属仅交付3万元，三年间政府按“110”救治拨付款近60万元。寻找家属是谁的责任也不明确。流浪精神病人家属的查寻非常困难，一是精神病人的地址需要等病人病情稳定后才能知晓；二是痴呆和弱智者根本不知道家庭地址；三是由于精神病的特殊性，长期成为家庭的负担，部分家属拒绝或否认流浪精神病人；四是医院委托相关部门查寻时，易被敷衍了事。医务工作人员花费大量精力查寻家属，常常医院还需自行护送病人回家。①

有的精神病院反映，在救助实践中经常遇到患者家属故意将患者遗弃在医院附近等待政府救助或者在遣送患者回家过程中遭到家属或当地政府的拒绝，结果患者不是再次流浪，就是重新回到医院。②

还有一家精神病院反映，管理部门由于某些原因而刻意不作为或被动作为，流浪精神病人往往是因为造成了对社会治安的影响，或有群众报案，才被公安110或救助站实施救助；该院收治这类精神病人呈潮起潮落之现象，如遇重大节日、重要会议或仪式活动时，患者数量猛增，日常却不多。③

有的地方将流浪精神病人驱逐、遗弃，有的救助站、福利院管理薄弱、混乱。例如，2005年1月21日，赣州市崇义县有关部门为整治市容环境，对县城的7名（其中2名是本县的）沿街流浪乞讨人员和精神病人实施强制收容。可是这些人并没有被送往救助站（该县没有救助站），而是被扔到了邻县的荒郊野外，其中有5人失踪。④ 再如，安徽省砀山县某福利院的院长时某将福利院救助的一名患有精神分裂症和无性自卫能力的青年妇女张某，以10000元的价格卖与砀山县新南门镇村民周某为妻。警方解救时发现，该女子被先后倒卖了两次。2010年7月14日，河南省商丘永城人民法院审理了此案，以拐卖妇女儿童罪判处时某有期徒刑六年，并处罚金3000元。⑤

① 参见胡晓华等《武汉市流浪精神病人救治情况的调查》，《医学与社会》2007年第9期。

② 参见丁万涛等《流浪精神病者管理现状和建议》，《上海精神医学》2006年第1期。

③ 参见刘德军《连云港市住院流浪精神病患者的现状分析》，《中国民康医学》2011年第19期。

④ 参见涂超华《为整顿市容7名流浪人员被抛送荒野》，《中国青年报》2005年6月8日。

⑤ 参见张毅力、丁林涛《福利院院长竟是人贩子 1万块钱卖掉精神病女》，《河南商报》2009年11月14日；李金辉《倒卖收养男童和精神病女 福利院院长获刑六年》，中国新闻网，2010年7月14日，http://www.chinanews.com/fz/2010/07-14/2401412.shtml。

通过对一些精神病院救治流浪乞讨精神障碍患者的报告进行综合分析，大致可以了解，流浪乞讨精神障碍患者带给城市的问题主要是影响社会秩序，影响城市形象、卫生，对他人构成骚扰等，发生严重危害行为的并不多见。应当重视流浪乞讨精神障碍患者带来的问题，但不应加以夸大和污名。深圳市精神卫生研究所吴冬凌等报告，在2000年1月至2003年12月深圳市康宁医院（深圳市精神卫生研究所）收治的105例流浪精神病人中，有伤害他人行为的26例（24.8%），自伤7例（6.7%），违反社会治安18例（17.1%），裸体、脏臭影响社会形象的31例（29.5%），兴奋、吵闹10例（9.5%），自语、自笑8例（7.6%），其他5例（4.8%）。[①] 前述武汉精神卫生中心胡晓华等报告，在2003年6月至2006年5月收治的255名患者中，伤害他人54名（21.1%），裸体60名（23.5%），路倒8名（3.1%），闹事69名（27.0%），自伤17名（6.7%），其他47名（占18.4%）。[②] 广东省深圳市康宁医院邱友胜等将2005年5月至12月收治的228例流浪精神病人按入院方式的不同分为公安110组和卫生120组，分析入院直接原因，发现公安110组以骂人、高歌乱舞等阳性症状为主，卫生120组则以少语少动等阴性症状较多，两者统计有极显著性差异。[③] 广州市民政局精神病院钟远惠等报告，130名流浪精神病人的入院原因为，裸体行走15例（11.5 %），蓬头垢面，全身脏臭或卧睡街头60例（46.2 %），伤人、毁物或自伤16例（12.3 %），扰乱交通秩序或治安25例（19.2 %），其他（遭遗弃等）14例（10.8%）。[④] 广东省中山市第三人民医院黄彩英等对在该院住院时间超过1年的125例流浪精神病人进行调查，发现他们的住院原因有脏臭流浪、少言少动51例（40.8%），裸体行走、言行紊乱26例（20.8%），伤人毁物、扰乱交通38例（30.4%），其他10例（8.0%）。[⑤] 广州市民政局精神病院张献强、朱艳玲将2010年6月1日至2010年12月31日收治的

---

① 参见吴冬凌等《城市无业流浪人员精神病患者住院治疗的特征分析》，《中国临床康复》2005年第8期。

② 参见胡晓华等《武汉市流浪精神病人救治情况的调查》，《医学与社会》2007年第9期。

③ 参见邱友胜等《不同入院方式的住院流浪精神病患者临床对照分析》，《中国民康医学》2008年第17期。

④ 参见钟远惠等《流浪精神病患者130例临床分析》，《中国民康医学》2009年第18期。

⑤ 参见黄彩英等《长期滞留在院的流浪精神病患者临床现状调查》，《中国民康医学》2011年第11期。

流浪精神病人按护送入院的部门分为公安组和民政组，各组随机抽取200例病人进行对照研究，发现二组患者主要都以精神分裂症和情感障碍为主，但各自仍有不同特点。公安组主要是通过群众报警发现的多见，以伤人、毁物、扰乱公共秩序等阳性症状为主，大部分伴有外伤；而民政组则以主动上街巡逻发现者较多，以少语少动懒散等阴性症状为主，大部分伴有慢性躯体疾病。由公安部门护送入院的流浪精神病人大多是有兴奋症状，容易与人冲突，扰乱社会治安，常常伴有意外伤害发生。通过民政救助部门入院的流浪精神病人一般既往有精神病史，阴性症状突出，长期流浪，身体素质较差，合并慢性躯体疾病或传染性疾病的机会多，且多处于衰退期，自我照顾能力明显下降或丧失，卫生观念淡薄，存在严重感染性疾病、营养不良甚至恶液质的几率较高。[①] 上海市闵行区精神卫生中心程肖锋等报告，2011年1月1日至2011年12月31日期间该院收治由上海市闵行区110民警及救助站所送精神病患者共80例，入院原因为：自语吵闹24例（30.00%），伤人自伤14例（17.50%），裸体脏臭11例（13.75%），违反社会治安30例（37.50%），其他1例（1.25%）。[②] 重庆市北碚区精神卫生中心易自力等对2010年至2012年的148例住院流浪精神病人的入院原因进行分析，其中自语吵闹28例，行为紊乱21例，伤人毁物9例，扰乱交通9例，脏臭流浪81例。易自力等还根据《重性精神疾病患者管理治疗规范（2012年版）》对148例住院流浪精神病人的危险性进行了评估，结果是0~2级137例，3~5级11例，显示流浪精神病人危险行为程度较低。另外发现精神病患者受到外界侵害问题突出，驱逐37例，打骂29例，性侵害（女性）11例。[③] 河南南阳市第四人民医院李红远等报告，在2009年1月至2012年10月出院的294例救助流浪精神病人中，住院原因以言语行为紊乱、伤人毁物、脏臭流浪为多，其中言语行为紊乱66例（22.5%），伤人毁物61例（20.8%），脏臭流浪60例（20.4%），孤僻呆板、被动少语54例

① 参见张献强、朱艳玲《广州市流浪精神病患者不同护送方式入院的临床对照研究》，《中国社区医师·医学专业》2011年第19期。

② 参见程肖锋等《上海闵行区2011年度住院流浪精神病患者的回顾性对照分析》，《中国民康医学》2012年第23期。

③ 参见易自力等《流浪精神疾病患者综合特征分析及救治措施探讨》，《现代医药卫生》2013年第15期。

(18.4%)，裸体行走28例（9.5%），扰乱交通13例（4.4%），自杀自伤9例（3.1%），恐惧害怕3例（1.0%）。[①]

2006年，中国政法大学胡杰容对北京市社会救助管理站工作人员进行了问卷调查和半结构访谈，其中包括是否遵守《城市生活无着的流浪乞讨人员救助管理办法》所规定的“自愿受助”原则问题。反映完全遵守这一原则的调查对象占32.7%，反映基本遵守的占28.8%，反映平时能遵守而集中救助时不能遵守的占30.8%，另有7.7%的调查对象反映几乎不能遵守，并指出，如果按照此原则无法开展工作。到底哪些受助对象是自愿受助，哪些是半强制受助呢？从工作人员的工作经历和反映看，捡拾废品为生者（100%）、长期在京流浪乞讨者（98.1%）、生活无着的来京上访者(73.6%）是半强制救助最主要的三类人。参与观察发现，救助站里的大部分受助人员是在重大会议期间被“请进”救助站的，其中最主要的两种人是长期在京乞讨者和捡拾垃圾者。平时站内受助人员二三十人，因为这段时间召开重大会议，有七八十人。胡杰容还发现，集中救助与平时救助的受助人员类型存在很大差异。一方面，平时最主要的受助对象是临时遭遇急难者，而集中救助时，则是长期在京乞讨者。另一方面，捡拾废品者和来京上访者不是平时主要的受助人员，而在集中救助中，他们则成为仅次于长期在京乞讨者的受助人员。但是，值得指出的是，因身体残疾、精神障碍、身患重病遭家庭遗弃者在集中救助和平时几乎受到同样的关注。[②]

上述各报告提示，现实中对流浪乞讨精神障碍患者的救助，标准十分宽泛，从自语自笑（指症状表现）到毁物伤人。实际上，只要存在精神障碍的征象，并且身份不明，都可以给予“救助”。从整体上看，现实中以“救助流浪乞讨精神病人”为名义进行的活动包含着自愿受助（相当于自愿住院)、救护性收容（相当于“医疗保护住院”）和治安性收容（相当于肇事精神病人的收容）三种成分。它们都是临时的、短期的，通常也不进行规范严格的诊断。其中，只有自愿受助，符合《城市生活无着的流浪乞讨人员救助管理办法》的规定。救护性收容多由民政部门送治，它部分

---

① 参见李红远等《294例救助流浪精神病人临床特征分析》，《中国实用神经疾病杂志》2013年第17期。

② 参见胡杰容《城市生活无着的流浪乞讨人员救助管理制度的现实运行——对北京市社会救助管理站的调查》，《北京科技大学学报》（社会科学版）2007年第2期。

地以《城市生活无着的流浪乞讨人员救助管理办法》为依据，但突破了自愿的限制。而治安性收容，以维护社会秩序为目的，多由公安机关强制送治，本质上与《城市生活无着的流浪乞讨人员救助管理办法》无关，是以自愿救助之名而行强制收容之实。

例如，2008 年，辽宁猪贩刘刚贩猪崽经临沂郯城县检查站，被要求交钱重检，回辽后猪崽死光。2008 年 9 月 19 日，刘刚到原临沂市委、市政府机关反映情况，派出所将他送往临沂市救助管理站，该站将刘刚送往收治精神病患者的荣军医院。该院“诊断”刘刚患“癔症”。10 月 8 日出院。2009 年 1 月 6 日，刘刚到临沂市民政局上访。民警将其送往救助管理站。后刘刚被再次送往荣军医院收治，“诊断”为“癔症”。2 月 11 日，刘刚出院。后刘刚提起行政诉讼，要求判决临沂市民政局、市卫生局、市救助管理站、兰山公安分局非法限制他人身自由，强制将其送入精神病院，索赔 200 万元。2013 年 10 月 31 日，辽宁省北镇市法院宣布行政裁定书，驳回原告刘刚的起诉。法院认为，临沂市民政局在接待刘刚上访期间，认为原告刘刚有精神异常表现，打电话报警将原告刘刚护送到被告临沂救助管理站，并联系临沂荣军医院对刘刚诊治，并无不当；被告临沂救助管理站认为原告刘刚精神异常，将其送到医院履行救助职责，符合先救治后救助的原则。没有证据证明救助管理站在实施救助过程中限制了刘刚的人身自由。[①] 在本案中，刘刚是一个上访者，而不是来历不明、生活无着的流浪乞讨人员，不论他有无精神病，都不适用《城市生活无着的流浪乞讨人员救助管理办法》，不属于救助管理站的救助对象。他不是主动到救助管理站救助的，而是被警察“护送”去的，他也不是主动到荣军医院寻求治疗的，而是被救助管理站“送到”的。面对这些事实，法院竟然认定临沂市民政局“并无不当”，“没有证据证明救助管理站在实施救助过程中限制了刘刚的人身自由”。在该法院的行政裁定书中，我们只看到“先救治后救助”的原则，而“依法行政”和“以事实为根据，以法律为准绳”[②] 的原则荡然无存。

① 参见孟祥超《两次“被精神病”诉四部门索赔 200 万》，《新京报》2013 年 6 月 21 日；王瑞峰、徐欧露《访民两次“被精神病”起诉政府被驳》，《新京报》2013 年 10 月 31 日。

② 《中华人民共和国行政诉讼法》第四条规定：“人民法院审理行政案件，以事实为根据，以法律为准绳。”

当然不是说，对不主动求助的流浪乞讨精神障碍患者应当一概不予以救治，也不是说，可以放任流浪乞讨精神障碍患者伤害、骚扰他人，但是对流浪乞讨精神障碍患者实行非自愿的收治，不能靠《城市生活无着的流浪乞讨人员救助管理办法》来解决，更不能恢复原来的无合法性的强制性收容遣送制度，而必须依据全国人民代表大会或其常务委员会制定的法律规定的标准和程序进行，以防止其被滥用。这个问题还待《精神卫生法》加以解决。

三　肇事精神障碍患者的强制住院

公安部门历来十分重视对肇事精神病人的强制住院治疗，但这种强制住院治疗的地位十分尴尬。尽管其适用于发生违反治安管理而不够刑事处罚的危害行为的精神病人，但不论是《治安管理处罚法》还是其前身《治安管理处罚条例》都只是规定，精神病人在不能辨认或者不能控制自己行为的时候违反治安管理的，应当责令其监护人严加看管和治疗，而没有规定可以予以强制住院治疗。长期以来，肇事精神病人的强制住院治疗没有独立的法律地位，不得不依附于对肇祸精神病人的强制医疗，或者藏身于对流浪精神病人的收容遣送、救助管理。

本章第一节说过，在 1979 年《刑法》施行期间，我国实行着一种混合型的行政性肇事肇祸精神病人强制住院治疗的制度。《刑法》在 1997 年修订后，肇祸精神病人强制住院治疗合法化，成为精神病犯罪人强制医疗制度。这时，应当同时解决肇事精神病人强制住院治疗的合法化问题，可是这种情况并没有出现。在 1997 年《刑法》施行期间，不少地方面对来自各方面的强烈要求防治精神病人违法犯罪的压力，制定或者继续采用混合型的行政性肇事肇祸精神病人强制住院治疗制度，将肇事精神病人强制住院治疗与精神病犯罪人强制医疗捆绑在一起，试图借精神病犯罪人强制医疗的合法性来掩盖肇事精神病人强制住院治疗的法律依据的缺乏。

例如，2007 年 5 月，北京市公安局、卫生局、民政局、财政局、残疾人联合会联合制定了《北京市精神疾病患者强制治疗实施办法》。该办法第二条规定："精神疾病患者有下列情形之一的，由办案公安机关送往安康医院强制治疗：（1）触犯《刑法》，经精神病司法鉴定确认为无责任能力，或者限制责任能力需住院治疗的；（2）违反《治安管理处罚法》应当予以行政拘留处罚，经精神病司法鉴定确认为无责任能力，或者限制责任能力需住院治疗的；（3）监管场所在押人员经精神病司法鉴定确认为无受审或者服刑能力，需住院治疗的。”第三条规定：“精神疾病患者有下列情形之一的，由实际居住地公安机关送往指定医院强制治疗；无实际居住地或者暂时无法查清实际居住地的，由事发地公安机关送往指定医院强制治疗：（1）违反《治安管理处罚法》，尚不够行政拘留处罚的；（2）监护人、近亲属无力看护、看护不力或者精神疾病患者处于无监护状态，严重威胁公共安全或者他人人身、财产安全的；（3）病情处于波动期或者疾病期，精神卫生医疗机构认为需要住院治疗，监护人、近亲属不同意的；（4）其他严重威胁公共安全或者他人人身、财产安全情形的。”

该办法还规定：区（县）公安机关、卫生部门应当联合成立精神疾病患者肇事肇祸处置队，负责指导、协调精神疾病患者肇事肇祸事件的处置工作，负责精神疾病患者肇事肇祸重大事件的现场处置。公安机关工作中发现或者接到单位和个人报告精神疾病患者肇事肇祸的，由事发地公安派出所负责现场处置；对重大的精神疾病患者肇事肇祸事件，公安派出所可以通知区（县）精神疾病患者肇事肇祸处置队进行现场处置工作。公安机关和卫生部门在现场处置工作中，应当密切配合，必要时经协商后，可以采取保护性约束措施对精神疾病患者进行控制，但不得对其人身进行故意伤害。在现场处置工作中，发现精神疾病患者因外伤或者其他疾病急需治疗的，公安机关应当就近将其送往有治疗条件的医院先行救治。精神疾病患者病情稳定后，由急救医院转送至指定医院强制治疗，必要时公安机关应当予以协助。精神疾病患者送至医疗卫生机构后，公安机关应当在24小时内通知其监护人或者近亲属，并做工作记录；无法通知监护人或者近亲属的，公安机关应当在工作记录中注明原因。公安机关将精神疾病患者送往安康医院进行强制治疗的，办理程序按照公安机关有关规定执行。需要将精神疾病患者送往指定医院强制治疗的，由公安机关填写《北京市精神疾病患者强制治疗审批表》，经公安分县局负责人批准后，送往指定医院强制治疗。卫生部门参与现场处置时，应当在《审批表》中签署意见。送往指定医院强制治疗的精神疾病患者应当留院观察诊断。经诊断认为不需要住院治疗的，由指定医院及时通知公安机关将精神疾病患者接回，交给其监护人或者近亲属。经诊断认为需要住院治疗的，公安机关应当在接到指定医院通知后24小时内通知精神疾病患者的监护人或者近亲属办理住院手续。对无法通知到精神疾病患者监护人、近亲属的或者监护人、近亲属拒绝办理住院手续的，公安机关可以先行办理，并在工作记录中注明原因。强制治疗的精神疾病患者，经收治医院诊断认为可以出院的，由公安机关通知其监护人或者近亲属办理出院手续。监护人、近亲属拒绝办理出院手续的，由公安机关办理，将其交给监护人或者近亲属，并做工作记录。①

又如，2007年9月，江西省社会治安综合治理委员会办公室、省财政厅、省公安厅、省卫生厅、省民政厅、省残疾人联合会、省劳动和社会保障厅联合制定了《江西省肇事肇祸精神病人收治管理实施办法》。该办法规定的具体措施包括：第一，对在家肇事肇祸精神病人的收治管理：（1）肇事肇祸的精神病人，有法定监护人（单位）的，其监护人（单位）不得随意放任流落社会，造成危害行为发生。发生危害结果的要追究监护人（单位）的责任。（2）街道、社区居（村）委会要对辖区内重性精神病人进行有效监控，如精神病人发生肇事肇祸行为或出现肇事肇祸倾向，应及时向当地公安派出所报告。（3）公安派出所接到街道、社区居（村）委会报告后，对发生肇事肇祸行为（或有肇事肇祸倾向）的疑似精神病人，应及时与设区市精神病院联系进行精神医学鉴定。（4）经鉴定确认发生肇事肇祸行为或有肇事肇祸倾向的精神病人，公安派出所应强制送精神病院治疗，同时逐级上报，并由设区市公安机关签发《收治肇事肇祸精神病人入院通知书》，交由精神病院治疗。（5）肇事肇祸精神病人经一个疗程治疗后，病情难以稳定且反复发作的，由精神病院继续给予住院治疗。肇事肇祸精神病人病情已稳定或痊愈需出院，由监护人或患者所在单位领回。第二，对流落社会的精神病人的收治管理：（1）对流落社会的精神病人，公安部门应将其送精神病院进行精神医学鉴定，精神病院要无条件接收。（2）经鉴定确认无肇事肇祸倾向且病情稳定的精神病人，由公安部门送民政部门流浪乞讨救助机构给予救助。民政部门流浪乞讨救助机构可视

① 2011年12月，《北京市精神疾病患者强制治疗实施办法》经过修订重新发布。增加的第十六条，对“强制治疗”做了界定：“本办法所称‘强制治疗’是指：公安机关依据《北京市精神卫生条例》第三十一条、第三十二条的规定，将有危害或者严重威胁公共安全或者他人人身、财产安全行为的精神疾病患者，送至精神卫生医疗机构接受诊断、治疗。”

患者情况商公安、精神病院协助送返原籍。（3）经鉴定为肇事肇祸或有肇事肇祸倾向的精神病人，给予强制留院治疗。经一个疗程治疗后，病情难以稳定且反复发作的，由精神病院继续给予治疗。病情已稳定或痊愈，可查清其身份、监护人或所在单位的，由监护人或患者所在单位办理出院手续后领回；因其监护人家庭贫困、无力抚养而拒不领回或无法查清原籍、监护人或所在单位的，经设区市民政部门批准并办理相关手续后，由民政部门所属精神卫生机构接收和治疗。第三，对家庭贫困的重性精神病人和经公安部门送治后出院的贫困肇事肇祸精神病人，由各级残联对其免费发放维持治疗期间的基本治疗药品，社区居（村）委会和社区卫生服务机构应实施日常管理，确保其按时用药。

又如，2010 年 5 月，福建省人民政府办公厅转发省卫生厅、公安厅、民政厅、财政厅、残联制定的《关于加强肇事肇祸重性精神病人强制治疗管理意见》。该意见要求各级政府做好肇事肇祸重性精神病人的排查和强制送诊工作：各级人民政府要切实负起责任，组织公安、卫生、民政、残联等部门，以乡镇、街道为单位，通过医院收集提供、查阅资料、入户走访等方式，建立健全重性精神病人排查工作长效机制，要坚持重点时段排查和经常性排查相结合，主动发现、全面掌握辖区内可能的肇事肇祸精神病人的基本情况。排查工作要做到乡不漏村、村不漏户、户不漏人。第一，各地公安部门要会同所在地乡镇、街道对排查出的重性精神病人逐人登记造册，做到底数清、情况明。公安部门要及时将人员信息录入公安信息系统，确保相关数据准确详实。重点掌握辖区内肇事肇祸、轻微滋事以及有潜在暴力倾向等三类重性精神病人的情况。肇事肇祸精神病人主要指触犯刑律应追究刑事责任或者违反治安管理处罚法等法律应予以行政拘留处罚，但经精神病司法鉴定确认为无责任能力或者限制责任能力的重性精神病人；轻微滋事精神病人主要指有扰乱秩序、扬言闹事等行为，尚不够行政拘留处罚的重性精神病人；有潜在暴力倾向的精神病人主要指未有过肇事肇祸和轻微滋事行为但存在潜在暴力倾向的重性精神病人。卫生、民政部门要分别督促辖区所属的精神病院将就诊过的重性精神病人的名单提供给公安部门。第二，对排查中发现的有肇事肇祸、轻微滋事以及有潜在暴力倾向等三类重性精神病人，各乡镇、街道要组织公安、民政以及社区（村居）督促落实监护人将病人送往当地精神病院诊断治疗；对现行的精神病人肇事肇祸案事件，公安部门应迅速处置，及时将肇事肇祸病人强制送往就近的精神病院进行诊断；民政、公安和城市管理执法等部门在执行公务中发现流浪乞讨、危及他人生命安全或严重影响秩序和社会形象的精神病人，有责任将其强制送往当地民政部门所属的精神病院进行强制诊断治疗和救助，没有民政部门精神病院的由当地卫生部门所属的精神病院进行强制诊断治疗。第三，各收治医院要组织做好上述精神病人的接收工作，组织专业人员按照有关技术规范进行诊断和肇事肇祸危险性评估。对经医学确认的需要强制治疗的病人要及时收治入院，并按照相关诊疗技术规范对病人实施规范化治疗，直到符合出院标准。对无正当理由拒收病人的医院，由其上级主管部门查实处理。

2010 年 11 月，根据福建省《关于加强肇事肇祸重性精神病人强制治疗管理意见》，福州市卫生局、公安局、民政局、财政局、残联制定了《关于加强肇事肇祸重性精神病人强制治疗管理的实施意见》。该意见要求：重点掌握辖区内肇事肇祸、轻微滋事以及有潜在暴力倾向等三类重性精神病人的情况。（1）肇事肇祸精神病人主要指触犯刑律应追究刑事责任或者违反治安管理处罚法等法律应予以行政拘留处罚，但经精神病司法鉴定确认为无责任能力或者限制责任能力的重性精神病人。（2）轻微滋事精神病人主要指有扰乱秩序、扬言闹事等行为，尚不够行政拘留处罚的重性精神病人。（3）有潜在暴力倾向的精神病人主要指未有过肇事肇祸和轻微滋事行为但存在潜在暴力倾向的重性精神病人。该意见指出，要规范重性精神病人强制送诊工作：第一，强制送诊。（1）对排查中发现的有肇事肇祸、轻微滋事以及有潜在暴力倾向等三类重性精神病人，各乡镇、街道要组织公安、民政以及社区（村居）督促落实监护人将病人送往当地精神病院诊断治疗。（2）对现行的精神病人肇事肇祸案件，公安部门接警后迅速出警，采取措施果断处置，最大限度保护人民群众生命财产安全，及时将肇事肇祸病人强制送往就近的精神病院进行诊治。（3）民政、公安和城市管理执法等部门在执行公务中发现流浪乞讨人员中危及他人生命安全或严重影响秩序和社会形象的精神病人，有责任将其强制送往当地民政部门所属的精神病院进行强制诊断治疗和救助，没有民政部门精神病院的由当地卫生部门所属的精神病院进行强制诊断治疗。（4）公安、民政、乡镇（社区）等部门以及监护人在强制将重性精神病人送往精神病院诊断治疗时，应与收治医院做好交接工作，提交相应材料。第二，接诊工作。（1）各收治医院要积极做好上述精神病人的接收工作，接诊时要有 2 名具有执业医师资格的高年资（至少从事本专业 5 年以上，其中一名至少是主治医师或以上职称的）精神科专业医师，按照有关技术规范进行诊断和肇事肇祸危险性评估。（2）对经医学确认的需要强制治疗并符合精神科住院条件的病人，在签署《重性精神疾病非自愿治疗医疗意见书》（监护人、在场执行公务的公安或乡镇、社区等人员作为临时监护人签字）后收住院，并由在场执行公务的公安或乡镇、社区等人员协助院方将患者送入收治病区与当班医师护士交接后方可离开。（3）卫生、民政部门所属精神病院要按照相关诊疗技术规范对病人实施规范化治疗，直到符合出院标准。对无正当理由拒收病人的医院，由其上级主管部门查实处理。

这些地方文件都以“强制治疗”替代“强制医疗”，一字之差，性质迥异。“强制治疗”的收治对象不仅有精神病犯罪人和违反治安管理应当予以行政拘留处罚的精神病人，而且还有虽然违反治安管理但尚不够行政拘留处罚的精神病人。江西省和福建省的强制收治对象还分别包括了“有肇事肇祸倾向的精神病人”和“未有过肇事肇祸和轻微滋事行为但存在潜在暴力倾向的重性精神病人”，而这样的规定，在国家颁布《精神卫生法》之前，没有任何法律依据。北京甚至将没有违法行为，也没有暴力倾向的“病情处于波动期或者疾病期，精神卫生医疗机构认为需要住院治疗，监护人、近亲属不同意的”的精神病人列为强制收治对象，口袋张得太大了。虽然“强制治疗”的收治程序比以前细致，有鉴定，有诊断，但没有给出收治的具体标准，并且完全规避了法律的制约和司法的监督，也没有规定被收治者的权利和救济。

有些地方意识到肇事精神病人强制住院治疗的合法性问题，便在精神卫生条例中对其加以规定。这个思路是对的，因为就肇事精神病人强制住院治疗的非刑事性这一特征和预防犯罪的作用而言，可以将其纳入精神卫生法范畴的保安性非自愿住院。《上海市精神卫生条例》第三十一条规定：“精神疾病患者或者疑似精神疾病患者有伤害自身、危害他人或者危害社会行为的，其监护人、近亲属、所在单位、住所地居民委员会、村民委员会或者事发地公安部门应当将其送至精神卫生医疗机构；其他单位和个人发现的，应当向其住所地居民委员会、村民委员会或者事发地公安部门报告。经两名以上精神科执业医师其中一名具有精神科主治医师以上职称诊断认为必须住院观察的，精神卫生医疗机构应当对精神疾病患者或者疑似精神疾病患者实施紧急住院观察，同时通知其监护人或者近亲属。精神卫生医疗机构应当在实施紧急住院观察后的七十二小时内，作出诊断结论。”《宁波市精神卫生条例》第二十八条规定：“精神障碍者或者疑似精神障碍者有严重危害他人人身安全或者公共安全行为的，事发地公安部门应当依法委托对其进行精神病鉴定，经鉴定其事发当时不能辨认或者不能控制自己行为的，依法决定将其送往指定的精神卫生医疗机构实施强制住院治疗，并及时通知其监护人。对强制住院治疗的精神障碍者，精神科执业医师应当定期对其精神状况进行评定。经两名具有主治医师以上职称的精神科执业医师认定其病情缓解且稳定的，精神卫生医疗机构应当及时报原作出决定的公安部门决定是否解除强制住院治疗。”《北京市精神卫生条例》第三十一条规定：“精神疾病患者有危害或者严重威胁公共安全或者他人人身、财产安全的行为的，公安机关可以将其送至精神卫生医疗机构，并及时通知其监护人或者近亲属；单位和个人发现上述情形的，可以制止并应当及时向公安机关报告。具体办法由市公安局会同有关部门制定。”第三十二条规定：“对公安机关送来的精神疾病患者，应当由二名具有主治医师以上职称的精神科医师对其进行诊断。经诊断认为不需要住院治疗的，由医疗机构及时通知公安机关将精神疾病患者接回，交给其监护人或者近亲属；经诊断认为需要住院治疗的，由公安机关通知精神疾病患者的监护人或者近亲属办理住院手续。对无法通知到精神疾病患者监护人、近亲属的或者监护人、近亲属拒绝办理住院手续的，公安机关可以先行办理，并由医疗机构在病历中记录。经二名具有主治医师以上职称的精神科医师诊断，认为精神疾病患者可以出院的，由公安机关通知精神疾病患者的监护人或者近亲属办理出院手续。监护人、近亲属拒绝办理出院手续的，由公安机关办理，将其交给监护人或者近亲属，并由医疗机构在病历中记录。”《杭州市精神卫生条例》第二十九条规定：“精神疾病患者或者疑似精神疾病患者有严重危害公共安全、他人人身安全行为，或者有严重扰乱社会治安秩序行为的，公安机关可以对其采取保护性约束措施或者法律规定的其他措施。经法定程序鉴定精神疾病患者事发时不能辨认或者不能控制自己行为的，由公安机关依法决定将其送往市、区、县（市）人民政府指定的医疗机构实施强制住院治疗，并及时通知其监护人或者近亲属办理入院手续。其他单位和个人发现精神疾病患者或者疑似精神疾病患者有严重危害公共安全、他人人身安全行为，或者有严重扰乱社会治安秩序行为的，应当向事发地公安机关报告。精神疾病患者强制住院治疗管理办法，由市人民政府另行制定。”《无锡市精神卫生条例》第二十七条 规定：“精神疾病患者有危害公共安全或者他人人身、财产安全行为的，公安部门可以依法将其送至精神卫生医疗机构，并及时通知其监护人；单位和个人发现上述情形的，可以制止并应当及时向公安部门报告。”第二十八条规定：“医疗机构对公安部门送来的精神疾病患者，应当由两名具有主治医师以上职称的精神科医师对其进行诊断。经诊断认为需要住院治疗的，由公安部门通知精神疾病患者的监护人办理住院手续。对无法通知到精神疾病患者监护人的或者监护人拒绝办理住院手续的，由公安部门或者其所在单位先行代为办理，并由医疗机构在病历中记录。经两名具有主治医师以上职称的精神科医师诊断，认为精神疾病患者可以出院的，由公安部门通知精神疾病患者的监护人办理出院手续。监护人拒绝办理出院手续的，由公安部门或者其所在单位代为办理，将其交给监护人，并由医疗机构在病历中记录。”《武汉市精神卫生条例》第三十二条规定：“精神障碍者或者疑似精神障碍者有严重危害公共安全、他人人身安全行为的，事发地公安机关应当依法委托有资质的鉴定机构对其进行精神障碍鉴定；经鉴定，其事发当时不能辨认或者不能控制自己行为的，依法作出强制医疗的决定，将其送往指定的精神卫生医疗机构实施强制医疗，并及时通知其监护人。强制医疗的具体办法，由市人民政府依法制定。”《深圳经济特区心理卫生条例》第三十三条规定：“精神障碍患者或者疑似精神障碍患者有伤害自身或者他人、危害公共安全、扰乱公共秩序行为的，任何单位和个人应当报告公安机关，行为地公安机关应当依照职权予以制止。在公安机关未到达前，其监护人、近亲属、所在单位或者其他人员可以采取适当措施防止损害扩大。对根据前款规定被采取制止措施的精神障碍患者或者疑似精神障碍患者，经公安机关批准后送往指定的心理卫生医疗机构进行诊断，并通知其监护人。”第三十四条规定：“对公安机关送来诊断或者住院观察的精神障碍患者或者疑似精神障碍患者，心理卫生医疗机构应当及时安排具有主治医师以上职称的执业医师进行诊断，诊断为精神障碍并符合住院标准的，通知其监护人办理住院手续；不能确定监护人或者监护人不履行监护责任无法办理住院手续的，由公安机关代为办理住院手续，并记录在案。不属于精神障碍的，依照法律、法规的有关规定予以处理。”

另外，一些城市出台了具有精神卫生内容的条例，其中也有关于肇事精神病人强制住院治疗的规定。例如，《长沙市精神病人医疗救助办法》（2011 年）第十三条规定：“重症精神病人不能辨认或者不能控制自己行为，且有伤害自身、危害公共安全或者他人人身安全、扰乱公共秩序危险的，乡镇（街道）民政办口头请示区、县（市）民政部门同意后，重症精神病人监护人或户口所在村（社区）居民委员会和公安派出所可以先将其送至定点医院进行非自愿住院医疗，然后再补办申报审批手续。”

这些地方精神卫生条例关于肇事精神病人强制住院治疗的规定，看似比较规范，但是也存在标准和程序不严格明确，缺乏有效制约和第三方监督的缺陷。根本性的问题是，根据《立法法》确定的立法原则，地方精神卫生条例的效力不足以使对肇事精神病人的强制住院治疗合法。

由于上述问题，肇事精神病人强制住院治疗容易被一些单位滥用。一段时期内，精神正常的公民被其所在单位、地方政府部门强制送往精神病院的“被精神病”事件频发，就是明证。[①] 引起这些“被精神病”事件的具体原因，主要有：（1）与所在单位及其领导因工作、待遇等问题发生矛盾；（2）举报所在单位或地方的领导违法乱纪；（3）多次进行上访，或者

① 2000 年以后报道的由所在单位或地方机构送入安康医院或其他精神病院强制治疗的“被精神病”事件，就有王恒雷案（入院诊断分裂性人格障碍、偏执性精神障碍）、杨文明案（入院诊断偏执性精神病）、钟华琰案（入院先诊断精神分裂症、后诊断偏执型精神病）、黄淑荣案（入院诊断偏执状态）、陈八斤案（入院诊断精神分裂症）、李萍（化名）案（入院诊断创伤后应激障碍）、江帆案（入院诊断偏执性精神病）、韩翠云案（入院诊断偏执状态）、孟昭发案（入院诊断偏执型精神分裂症）、程刚（化名）案（入院诊断精神分裂症偏执型）、熊亮案（入院诊断偏执性精神病）、王兆令案（入院诊断偏执性精神病）、孟晓霞案（入院诊断癔症）、孙法武案（入院诊断癔症性精神病）、刘蓓案（入院诊断精神分裂症）、武云端案（按高血压和偏瘫治疗）、任国朝案（入院诊断情感性精神障碍）、周荣焱（入院诊断偏执性人格障碍、妄想性精神病）、陈森盛案（入院诊断偏执型精神分裂症）、彭宝泉案（入院诊断偏执性精神障碍）、郭元荣案（入院诊断精神分裂症）、徐林东案（入院诊断偏执性精神障碍）、邱小卫案（入院诊断精神分裂症）、徐武案（入院诊断偏执性精神病）、李体法案（入院诊断无精神病性症状狂躁症）、吴春霞案（入院诊断狂躁型精神病）、詹现方案（入院诊断偏执型精神病）等。这些案件都不是经法院判决强制医疗的。还须说明，对这些案件，涉案单位和精神病院可能认为不属于“被精神病”。

支持他人上访，甚至只是拍摄了几张群众上访的照片；（4）与其他单位和个人发生矛盾。不排除其中的个别人曾发生过不当甚至不合法的行为，但是对这些行为应当依法处置，而不能规避法律程序，把他们当作精神病人强制住院，剥夺他们的人身自由。也不排除其中的个别人在性格上有某种缺陷——长期的不幸遭遇也可能强化这种缺陷，但是性格缺陷并不是精神障碍，即使存在人格障碍，也不构成强制住院的医学条件。更不能将他们维权的执着、坚韧视为病态的偏执，将他们维权的理由、信念视为病态的妄想。

精神病院不能成为某些单位、个人压制不同意见的工具。精神科医生应当基于善良之心和秉持执业道德，把好入院这一关。特别是，安康医院不能盲目接收公安机关送治的精神病人，是否将其留置住院应当经过鉴定。对公安机关送治的有违法犯罪行为但经鉴定没有精神障碍的人，安康医院应当及时退交公安机关依法处理。但是，安康医院隶属于公安部门，不服从公安机关的决定的确有其难处。这种体制不利于保护被强制住院的人的合法权益，不利于部门之间的制约，也容易引起外界的猜疑。2010年5月26～27日，公安部在湖北武汉召开全国安康医院工作会议。有报道称："会议强调，安康医院内要建立监督机制，坚决防止司法鉴定中的徇私舞弊行为，在收治精神病人中要特别注意收治程序和收治对象的把关，没有公安机关办案部门的审核同意，对不是精神病患者的人员，一律不得接收。"① 这一报道由于文字表述不严谨，被解读为：经公安机关办案部门的审核同意，安康医院可以收治不是精神病患者的人员。28日，公安部监所管理局对此报道作出回应，指出"个别媒体做了不准确的报道"。公安部监所管理局还指出：安康医院是由公安机关管理的执行强制医疗措施的专门机构，其收治对象是有杀人、伤害、强奸、抢劫等暴力行为、严重危害社会治安的精神病人。强制医疗是一种特殊的行政强制措施（如前所述，将强制医疗定性为"行政强制措施"是不正确的——刘注），是由我国《刑法》作出规定的。决定强制医疗，必须满足两个条件：第一，被强制医疗人员已发生了触犯刑法的行为，涉嫌犯罪；第二，被强制医疗人员是经法定鉴定程序，确认无刑事责任能力的精神病人。两个条件缺一不

① 秦千桥：《全国安康医院工作会召开》，中国警察网，2010年5月27日，http://www.cpd.com.cn/gb/newscenter/2010-05/27/content_1345653.htm。

可，如果该人涉嫌犯罪经鉴定不是精神病人，那么相关部门将按照刑事诉讼程序处理；如果该人虽然是精神病人，但没有发生触犯刑法的行为，公安机关不得对其采取任何限制自由的措施，包括强制医疗措施。全国安康医院工作会议特别强调，安康医院的收治必须符合法定程序，对有触犯刑法行为、经鉴定无刑事责任能力的精神病人，须经县级以上公安机关决定，安康医院才得接收；所收治的必须是法定对象，对没有发生触犯刑法行为的普通精神病人，安康医院一律不得接收。安康医院兼具社会治安和医疗双重职能，通过医疗手段达到维护社会治安的目标。安康医院与其他精神病专科医院最大的区别在于收治对象不同。安康医院的收治对象是发生触犯刑法行为并经公安机关依法审查决定予以强制医疗的精神病人，而其他精神病专科医院是本人或者家属同意即可住院治疗。安康医院收治被强制医疗精神病人，旨在保护公众的生命健康和财产不受侵犯，维护社会治安秩序，同时也是为了保护精神病人本身的合法权益，使其免受刑事处罚和其他任何形式的关押，并得到治疗、康复。安康医院虽然是一种监管场所，但同时又是精神病专科医疗机构，有的还被卫生行政部门评为甲等专科医院。在医疗工作方面，同其他医疗机构一样，接受卫生行政部门的医疗业务指导，医生、护士和医技人员都是医务专业人员，其治疗、护理、康复工作完全按照卫生行政部门制定的操作规程进行。[①]

但是，公安部监所管理局完全回避了安康医院对所谓“肇事”精神病人的强制收治问题。或许，公安部监所管理局的解释暗示着安康医院的管理和功能将进行改革，以后将严格限于收治依据刑法强制医疗的精神病犯罪人。然而，更根本的改革，是改变安康医院的管理体制，从公安部门主管改为司法行政部门主管。

总之，为了维护社会治安，保护人民群众的生命、财产安全，加强对肇事精神病人的管理治疗是极为必要的，但是违背现代法治原则和精神卫生准则的做法，必将侵犯公民合法权益，制造新的混乱与冲突，破坏社会的和谐安定，恶化公安机关和精神病学、精神病院的形象。这也说明，制定《精神卫生法》以切实保障精神障碍患者和被认为是精神障碍患者的人以及所有人

---

① 《公安部监所管理局就安康医院工作答新华网记者问》，新华网，2010 年 5 月 28 日，http://news.xinhuanet.com/legal/2010-05/28/c_12154943.htm。

的人权，规范对肇事精神病人的强制住院治疗，已经是须臾不能拖延了。

还应当指出，在《精神卫生法》颁布之前，我国一些地方还尝试建立以危险性即可能即将发生危害行为为标准的保安性非自愿住院制度。例如，江西省和福建省规定可以强制收治“有肇事肇祸倾向的精神病人”或者“未有过肇事肇祸和轻微滋事行为但存在潜在暴力倾向的重性精神病人”。“肇事肇祸倾向”或者“潜在暴力倾向”的规定没有表示出危险性程度和采取强制收治的紧迫性，超出“可能即将发生危害行为”的范畴，是“危险性”的扩大化。《北京市精神卫生条例》比较慎重一些。它规定可以对“有危害或者严重威胁公共安全或者他人人身、财产安全的行为”的精神疾病患者实施强制治疗，其中“严重威胁”接近于“可能即将发生危害行为”。“严重威胁”作为标准，比“肇事肇祸倾向”或者“潜在暴力倾向”严格，其认定往往需要根据一定的外显行为，而不仅仅是精神症状。但是，如前所述，当时北京的规定和江西、福建的规定一样，都没有国家法律作为依据，不具有合法性。

保安性非自愿住院是必要的，但应当也只能通过《精神卫生法》加以规范。

第三节 《精神卫生法》的制定过程及其焦点问题

1985年，国家卫生部发出75号文，指定四川省卫生厅牵头，湖南省卫生厅协同起草《中华人民共和国精神卫生（草案）》。1990年刘协和教授主持完成草案第十稿并送卫生部。1999年12月以后由卫生部主持草案修改工作。2007年12月卫生部向国务院报请审议《精神卫生法（草案送审稿）》，之后《精神卫生法》草案的制定工作由国务院法制办公室主持，并由其向有关单位征求意见。2011年6月国务院法制办公室公布《精神卫生法（草案）》征求社会意见。2011年9月国务院提请全国人大常委会审议《精神卫生法（草案）》。2012年10月全国人大常委会表决通过《精神卫生法》。[①]

① 比较详细的立法过程参见李樱《〈精神卫生法〉诞生记》，《三月风》2013年第5期；谢斌：《中国精神卫生立法进程回顾》，《中国心理卫生杂志》2013年第4期。

一　卫生部组织起草时期

从1985年到2012年，《精神卫生法》的起草制定过程长达27年。难产的原因主要有两个：第一，如何规定国家、政府和社会在救济精神障碍患者方面的责任和力度；第二，如何规定非自愿住院治疗。这两个原因实际也就是现代精神卫生法的两大核心问题。第一个问题的关键，是国家能够在多大程度上保障确实需要治疗的精神障碍患者可以得到尽可能好的治疗、护理，这与国家的经济社会发展水平有关。从立法过程来看，在80～90年代，由于国力不足，这个问题更为突出。“应该住院的没有住院”主要是患者家庭贫困而国家不能提供足够救助造成的。而随着国家经济的发展，这个问题的艰巨性逐渐减小。进入21世纪后，加大财政对精神卫生工作的投入力度，已经成为政府的承诺和行动。[①] 这个时候，如何规定非自愿住院治疗的问题凸显出来。一方面，“被精神病”事件时有发生，经媒

① 最终通过的《精神卫生法》关于精神卫生经费保障和贫困的严重精神障碍患者医疗服务的规定主要有：

第六十二条　各级人民政府应当根据精神卫生工作需要，加大财政投入力度，保障精神卫生工作所需经费，将精神卫生工作经费列入本级财政预算。

第六十三条　国家加强基层精神卫生服务体系建设，扶持贫困地区、边远地区的精神卫生工作，保障城市社区、农村基层精神卫生工作所需经费。

第六十八条　县级以上人民政府卫生行政部门应当组织医疗机构为严重精神障碍患者免费提供基本公共卫生服务。

精神障碍患者的医疗费用按照国家有关社会保险的规定由基本医疗保险基金支付。医疗保险经办机构应当按照国家有关规定将精神障碍患者纳入城镇职工基本医疗保险、城镇居民基本医疗保险或者新型农村合作医疗的保障范围。县级人民政府应当按照国家有关规定对家庭经济困难的严重精神障碍患者参加基本医疗保险给予资助。人力资源社会保障、卫生、民政、财政等部门应当加强协调，简化程序，实现属于基本医疗保险基金支付的医疗费用由医疗机构与医疗保险经办机构直接结算。

精神障碍患者通过基本医疗保险支付医疗费用后仍有困难，或者不能通过基本医疗保险支付医疗费用的，民政部门应当优先给予医疗救助。

第六十九条　对符合城乡最低生活保障条件的严重精神障碍患者，民政部门应当会同有关部门及时将其纳入最低生活保障。

对属于农村五保供养对象的严重精神障碍患者，以及城市中无劳动能力、无生活来源且无法定赡养、抚养、扶养义务人，或者其法定赡养、抚养、扶养义务人无赡养、抚养、扶养能力的严重精神障碍患者，民政部门应当按照国家有关规定予以供养、救助。

前两款规定以外的严重精神障碍患者确有困难的，民政部门可以采取临时救助等措施，帮助其解决生活困难。

体报道和网络传播后引起社会高度关注；一方面，法学界和社会有关方面介入一直由卫生部门闭门造车的精神卫生法的讨论，人们开始从法治人权的角度审视非自愿住院治疗制度。

如何规定非自愿住院治疗，不是单纯的医疗、卫生问题，也不是一般的医患矛盾问题。其关键之处体现在同等重要且可能存在一定冲突的三个方面：一是如何使一些病情严重的患者不因他们不能主动求医而得不到必要的治疗；二是如何防止精神障碍患者违法犯罪；三是如何防止精神正常者被强制住院治疗。这个问题十分复杂，涉及个人、家庭、单位、医院、政府、司法和经济、社会、政治等多个方面。而且不仅涉及精神障碍患者及其家庭，还涉及精神正常者，也就是说，涉及所有人。因而，解决起来难度极大，在各国都是如此。

然而，国家立法机关最初将精神卫生法当作一般的卫生法规，采取部门立法模式，委托卫生部组织起草。我国精神病学界对这部法律的制定是很积极的，希冀它能够规定国家不断加大对精神卫生的投入，使精神障碍患者都得到治疗，提高精神卫生工作者的待遇，明确患者家属的送治责任。特别是，精神病学界主张将自清末就开始形成的住院治疗模式（主要是救护性非自愿住院）合法化，以避免精神病院和精神科医生受到责任追究。精神病学界普遍认为，一个人只要存在重性精神障碍（实际上不限于此），需要住院治疗，精神病院就可以将他们收治，完全不必考虑他们的态度，他们的家属或者所在单位有责任办理住院手续。改革开放以后，我国精神病学界对外国精神卫生和有关立法状况逐渐了解，但对西方国家实行的住院自愿等原则很不理解，甚至心存恐惧，继而采取坚决的反对态度。在《中华人民共和国民法通则》（1986 年 4 月 12 日第六届全国人民代表大会第四次会议通过）颁布以后，他们自以为原有的住院治疗模式有了法律依据。1990 年 11 月 22 日《法制日报》有一篇报道《立足国情民情，搞好精神卫生立法》，介绍了由卫生部与世界卫生组织联合主办的全国卫生立法研讨会的情况和当时我国精神病学界在精神障碍患者住院自愿和治疗自决权问题上的立场。在这次研讨会上，美国、法国、日本等国的专家作了学术报告，介绍国外精神卫生立法的经验。可是，对外国专家的观点，与会代表不以为然："我们的精神卫生立法还必须以国情和民情为依据，以国家法律为准绳，从实际出发，集中解决当前的一些主要问题，并使之具有现实可行性；我们要借鉴外国的先进和成功经验，也要汲取他们的失败教训，要从社会基础、民族文化、伦理道德和价值观念等方面的对比中，建立自己的规范，并使之具有导向性。”报道还说：“与会代表对西方精神卫生法所主张的病人住院自愿和治疗自决权问题，也多持审慎和保留态度。《中华人民共和国民法通则》第十三条规定：‘不能辨认自己行为的精神病人是无民事行为能力人，由他的法定代理人代理民事活动。’重性精神病患者无自知力，不承认有病，因而也不能辨认自己是否需要治疗和住院的行为，依法应当属于无民事行为能力人，所以主张决定其住院和治疗诸事宜，应由他的法定代理人或监护人代理。代表们认为坚持这一原则，不仅适用我国的法律规定，也可以避免出现西方所发生的主要弊端，并使病人获得实际的利益。”① 这些观点后来被精神病学界的人士一再引用。②

1991 年 12 月联合国大会通过《保护精神病患者和改善精神保健的原则》，规定了“应尽一切努力避免非自愿住院”的基本原则，并为非自愿住院设置了比较严格的标准和程序。1997 年和 1998 年，中国政府先后签署《经济、社会、文化权利国际公约》（2001 年全国人大常委会批准）和《公民权利和政治权利国际公约》（尚未批准）。这对精神卫生法的制定提出更高的要求。中国精神病学界的一些有识之士感到固守原有模式是不可行的，开始反思原有模式的弊端，并探索建立既符合国际准则又符合不断发展变化的中国国情的非自愿住院制度。然而，精神病学界还是有许多人没有接受新观念。卫生部门对如何规定非自愿住院处于犹疑不定状态。这是《精神卫生法》的制定工作在 90 年代出现停滞和拖延的重要原因之一。

进入 21 世纪，制定《精神卫生法》的呼声日益高涨。2007 年以后，随着国务院法制办公室开始审查修改《精神卫生法（草案）》并向有关部门征求意见，法学界、社会学界和其他领域的人士更多地参与了精神卫生法问题的讨论。社会各界在应当尽快制定《精神卫生法》、保护精神障碍

---

① 周恩：《立足国情民情，搞好精神卫生立法——全国精神卫生立法研讨会述评》，《法制日报》1990 年 11 月 22 日。

② 例如，张继志主编《精神医学与心理卫生研究》，北京出版社，1994，第 148 页；李功迎等：《精神障碍者的自知力与自愿入院和自愿治疗的关系》，《中国行为医学科学》2002 年第 3 期。

患者基本权利、国家加大对精神卫生的财政投入等问题上，观点是一致的，但在如何规定非自愿住院的问题上则有严重分歧意见，并且形成精神病学界与其他各界特别是法学界对峙的大致格局。争论的主要焦点是，非自愿住院（精神卫生法范畴的）的标准、应当由谁决定以及决定程序。法学界多主张非自愿住院司法化，由法院决定。

在2000年出版的《精神障碍与犯罪》一书中，我认为对精神障碍患者的治疗、住院自决权应当给予一定程度的承认，是否治疗、住院不能由精神障碍患者的家属或者监护人决定，但是治疗、住院自决权也不是绝对的，可能伤害自己或者他人以及罹患器质性精神障碍的患者的治疗、住院权应当受到限制。①

在2003年全国政协会议上，我提出《关于加快制定精神卫生法，保护精神病人住院权的提案》。② 我所说的住院权，也就是住院自决权，既包括自愿住院的权利，也包括拒绝住院的权利。我认为，精神病人的住院权和强制精神病人住院的问题，是精神卫生法的核心问题。精神病不同于躯体疾病。如果精神病人自己不感到痛苦，所患精神病没有损害其身体健康或者不会导致其死亡，也无可能伤害自己或者他人，可以不治疗、不住院，外人不宜干涉。国内有些人认为，由于病情严重而完全丧失认识能力的精神病人，不可能行使住院权。如果听任精神病人拒绝住院，可能会使他们贻误治疗，病情加重。对于没有认识能力的精神病人，可以根据《民法通则》关于精神病人监护问题的规定由其监护人决定住院。但实际上，《民法通则》和有关司法解释并没有规定监护人可以强制精神病人住院。从根本上说，判断自己是否罹患精神病以及是否需要住院的能力，并不是“民事行为能力”。决定自己是否住院这件事，也不是民法所规范的“民事活动”。从现代人权与法治的立场考察，强制精神病人住院，构成对其人身自由的限制，并有可能对其身心健康造成伤害，是事关公民基本人权的问题，本质上主要属于公法范畴。禁止非法剥夺或者限制公民的人身自由，是公认的人权基本原则。精神病人作为公民，应当享有受到宪法规定

① 参见刘白驹《精神障碍与犯罪》，社会科学文献出版社，2000，第348～351页。

② 提案的部分内容曾经编入拙著《性犯罪：精神病理与控制》，社会科学文献出版社，2006，第397～399页。

和保护的人身自由，非经法律不得剥夺或者限制。如果确有必要限制甚至取消某些精神病人的住院权，国家应当通过公法加以明确规定。不应把决定精神病人的住院的权利授予监护人、家属和病人单位，因为他们可能与精神病人有利益上的冲突。也不应把这种权利授予可能在精神病人住院过程中获得经济利益的精神病院。为防止滥用强制住院措施，特别是为防止某些人把强制住院当作迫害他人的工具，以及防止一些精神病院把强制住院当作获取不当经济利益的手段，有必要对适用强制住院的条件加以严格限定。对非法强制住院的行为，应按非法拘禁罪论处。但是，精神病人的住院权也不应当是绝对的。对精神病人的住院权的尊重和保护，不能以牺牲他人、社会的利益为代价。当精神病人有可能在精神病的支配和影响下违法犯罪的时候，他如何对待自己所患的精神病就已经不完全是他个人的事情了。有可能违法犯罪，已经预示将出现某种危害，所以具有社会危险性。为保护社会和多数人的利益，应当消除这种危险。因此对有社会危险性的精神病人应当强制住院治疗。另外基于人道主义，对于有自杀、自残危险的精神病人，也应当强制住院治疗。非刑事性的强制住院只能适用于具有社会危险性和自身危险性的精神病人，而且危险性应当达到一定的程度，不住院并加以治疗看护就不足以预防危害的发生。决定实施强制住院的机构应当是人民法院。适用对象的精神状态和危险性须由精神医学专家鉴定和评估。鉴定评估专家不能是收治精神病人的医院的人员。在紧急情况下，为阻止精神病人可能立即实施违法犯罪或者自杀、自残行为，被法律授权的精神卫生工作者，也可以对精神病人进行临时性的强制治疗。对被强制住院的精神病人的精神状况和危险性程度要进行定期复查。如果精神病人经治疗痊愈或者病情明显缓解，危险性消失或者明显降低，具备出院条件，应安排出院。

我的上述意见的不足之处是把“强制住院”（非自愿住院）的范围划得过窄，仅以危险性为标准。这与我曾经专门研究精神障碍患者犯罪问题有关。也正是因为我仅以危险性为标准，所以我主张“强制住院”应由法院决定。

2004年2月，卫生部形成《精神卫生法（草案）》第十五稿。该稿第二十一条规定：“对精神障碍者的诊断和治疗，应当实行自愿原则。除法律明确规定外，不得强迫任何人接受诊断和治疗。”该稿在“自愿就医”

之外，设置了“医疗保护住院治疗”“紧急入院观察”和“强制住院治疗”三种非自愿住院制度。

“医疗保护住院治疗”（第二十二条）是指：“由医疗看护人送诊的不能自愿住院的精神障碍者，经精神科执业医师检查评估后，确定为严重精神障碍且必须住院治疗的，应当由精神障碍者的医疗看护人代为或者协助办理医疗保护入院手续。”

“紧急入院观察”（第二十三条）是指：“对于在公共场所言行举止明显异常的疑似精神障碍者，或者可能因精神障碍而出现第二十四条第二款的行为之一者，事发地公安部门应当将其送至精神卫生医疗机构。”“其他单位或个人发现上述疑似精神障碍者的，可以向其所在地公安部门报告。由事发地公安部门应当将其送至精神卫生医疗机构。”“接受上述疑似精神障碍者的精神卫生医疗机构应当在72小时内，由两名以上具有主治医生以上职称的精神科执业医师对其进行诊断和评估。”“诊断为严重精神障碍者且必须住院治疗的，送诊的公安部门应当通知其医疗看护人或近亲属办理住院手续，按第二十四条的有关规定办理。”“经检查评估不属于精神障碍者，或不需要住院治疗者，由精神卫生医疗机构通知送诊的公安部门。”

“强制住院治疗”（第二十四条）是指：“严重精神障碍者有下列情形之一，由事发地公安部门送至精神卫生医疗机构接受诊治：（一）伤害自身的行为；（二）危害他人的行为；（三）危害社会的其他行为。”“经两名以上具有主治医师以上职称的精神科执业医师诊断和评估，一致认为该严重精神障碍者必须住院接受治疗的，事发地公安机关应根据该医学建议决定是否对其进行强制住院治疗，但对于精神障碍者的监护人、医疗看护人、近亲属拒不办理医疗看护入院手续的，或者精神障碍者系正羁押于监狱、看守所等机构的人员，当地人民法院或者人民检察院应根据该医学建议做出是否对其实施强制住院治疗的决定。”

草案第十五稿的问题主要是，“医疗保护住院治疗”以“严重精神障碍且必须住院治疗”为标准，过于宽泛，也没有明确决定程序，是对现状的认可，极易被滥用；“医疗看护人”没有民法依据，且不合理；“强制住院治疗”以危害性而不是危险性为标准，基本上属于刑事性非自愿住院，不能充分达到事先预防精神障碍者违法犯罪的目的。

2006年3月，我提交了《关于将〈精神卫生法〉列入全国人大“十一五”立法规划的提案》。[①] 在提案中，我将精神卫生法范畴的非自愿住院划分为保安性强制住院治疗和救护性非自愿住院治疗两类，并给予了不同的设置。关于保安性强制住院治疗，我认为最好由法院决定，但根据目前国情并借鉴一些国家（例如法国、日本）的做法，《精神卫生法》也可规定由公安机关经法定程序决定，作为一种过渡性安排。关于救护性非自愿住院治疗，我认为是需要的，并且可以不由法院决定，但必须基于或者符合精神障碍者的最大利益，并且必须有明确的标准和程序。

第一，保安性强制住院治疗。基于社会、公众利益，对有社会危险性即可能在精神障碍的支配和影响下危害他人或社会的精神障碍者应当强制住院治疗。基于人道主义，对于有可能自杀、自残的精神障碍者，也应当给予强制住院治疗。这种保安性的强制住院治疗制度，是国际人权保护准则所允许的，并为世界各国普遍采用，但在我国尚未建立。决定保安性强制住院治疗的程序必须严格。最理想的设置是，由人民法院决定实施保安性强制住院治疗。但根据目前国情并借鉴外国做法，精神卫生法可规定由公安机关经法定程序决定实施保安性强制住院治疗。任何人如果根据事实认为应当对有危险性的疑似精神障碍者实施保安性强制住院治疗，都可以向公安机关报告。接到报告后，公安机关经过审查如果认为有实施强制住院治疗的必要，应当及时组织两名以上独立的司法精神医学专家对适用对象的精神状态、危险性进行鉴定。各专家一致形成的实施保安性强制住院治疗的意见，方可被采纳。当事人及其家属或监护人有权要求重新进行精神医学鉴定。在公安机关作出决定前，当事人及其家属或监护人要求听证的，公安机关应当及时依法举行听证。对公安机关决定不服，当事人及其家属或监护人有权申请行政复议，或者直接向法院提出行政诉讼。公安机关和法院不得根据先前作出的精神医学鉴定认定当事人无复议申请能力或诉讼能力，并以此为由不受理当事人的复议申请或诉讼。在紧急情况下，为阻止精神障碍者可能立即实施危害行为，公安机关可以对疑似精神障碍者实施临时性（不超过 24 小时）的约束，公安机关也可以将疑似精神障碍者移送精神卫生医疗机构，由精神卫生医疗机构对疑似精神障碍者实施临时性（不超过 3 日，必要时可延长至 7 日，重新鉴定的时间不计入其

① 参见刘卉《“精神病人”非自愿住院亟待立法规范》，《检察日报》2006 年 4 月 28 日。

中）的强制观察和治疗。在临时性约束、观察和治疗结束前，公安机关应作出是否实施强制住院治疗的决定。在对疑似精神障碍者实施强制措施的24小时之内，公安机关应当将实施强制措施的原因和处所通知其家属、监护人和单位。保安性强制住院治疗的费用，应由国家支付。[①]

第二，救护性非自愿住院治疗。为保护精神障碍者的根本利益，对属于下列情况的因丧失行为能力而不能自愿住院治疗的精神障碍者，应当收住精神卫生医疗机构进行治疗：（1）病情严重，不住院治疗就可能发生生存危险的；（2）生活不能自理或不能自我保护且身份不明、无人看护的。实施救护性非自愿住院治疗必须基于或者符合精神障碍者的最大利益。精神障碍者的家属、监护人，公安机关和民政机关，其他单位和个人通过公安机关或民政机关，都可以向精神卫生医疗机构提出对上述精神障碍者或疑似精神障碍者实施救护性非自愿住院治疗的请求，接诊的精神卫生医疗机构无正当理由不得拒绝救治和看护。接诊后，精神卫生医疗机构如果认为有实施救护性非自愿住院治疗的必要，应向当地卫生行政管理机关提出申请，由卫生行政管理机关指定两名以上接诊精神卫生医疗机构外的精神医学专家对适用对象的精神状态和住院治疗的必要性进行评估。各专家一致形成实施救护性非自愿住院治疗的意见后，由精神卫生医疗机构负责人批准实施救护性非自愿住院治疗。在作出评估之前，精神卫生医疗机构可以对精神障碍者或疑似精神障碍者实施临时性（不超过3日，必要时可延长至7日）的强制观察和治疗。在对精神障碍者或疑似精神障碍者实施强制观察和治疗的24小时之内，精神卫生医疗机构应将实施强制观察治疗的原因通知其的家属、监护人和单位，没有家属、监护人和单位的，或者找不到其家属、监护人和单位的，应通知公安机关。实施救护性非自愿住院治疗由卫生行政管理机关实行监督。对实施救护性非自愿住院治疗的情况，精神卫生医疗机构应向卫生行政管理机关备案。救护性非自愿住院治疗的费用应由精神障碍者的家属、监护人或者单位（享受公费医疗的）承担；精神障碍者的家属、监护人或者单位不能承担的，或者精神障碍者没有家属、监护人或者单位的，或者找不到其家属、监护人或者单位的，由

① 这一部分内容曾经编入拙著《性犯罪：精神病理与控制》，社会科学文献出版社，2006，第399～340页。

国家支付。对经法定程序实施的救护性非自愿住院治疗所引起的医患纠纷，当事人及其家属、监护人可申请卫生行政管理机关处理或通过民事诉讼解决。

我在提案中提出的救护性非自愿住院治疗不同于日本、韩国和我国台湾地区精神卫生法所规定和我国实际实行的“医疗保护住院治疗”。“医疗保护住院治疗”实际上是一种由精神卫生医疗机构决定、精神障碍者的家属或者“保护人”（“医疗看护人”）配合的强制住院治疗模式，由于缺乏有效制约和监督，弊病较多，容易导致精神正常者或不需要住院治疗的精神障碍者被强制住院治疗。“医疗保护住院治疗”的医学标准比较宽松和模糊，精神科医师裁量权很大，一名接诊精神科医师就可以决定强制住院治疗，即使可能实际上没有这个必要。这种模式要求精神障碍者的家属或者保护人服从精神科医师的决定，他们不能起到对精神卫生医疗机构的制约作用，不能充分维护精神障碍者的权益。另一方面，精神障碍者的家属或保护人也有可能出于不良动机，把精神正常者强行送入精神卫生医疗机构，而精神科医师如果把关不严或者与对方串通，就会造成非法拘禁。另外，“医疗保护住院治疗”一般不适用于身份不明、无支付能力的精神障碍者。而我提出的救护性非自愿住院治疗方案，既具有较大的开放性而可以使需要救治的精神障碍者（包括身份不明、无人看护的精神障碍者）尽可能得到救治，又具有较强的制约性而有助于防止精神正常者或不需要住院治疗的精神障碍者被强制住院治疗，既立足于国情，又最大化地与国际标准接轨。

我还提出，不论适用哪种非自愿住院治疗措施，对精神障碍者的精神状况都要进行定期（应明确规定）复查。如果精神障碍者经治疗痊愈或者病情明显缓解，具备出院条件，应安排出院。非自愿住院治疗的精神障碍者及其家属或监护人有权在一定周期内向主管机关（保安性强制住院治疗为公安机关，救护性非自愿住院治疗为卫生行政管理机关）提出解除强制住院治疗的申诉。

提案最后说，多年来，国务院及其有关部门在精神卫生立法方面做了大量的工作，已经为精神卫生立法打下比较好的基础。但政府及其部门起草的法案难免存在局限性。为了推动精神卫生立法的速度和便于从多方面角度考虑问题，在更广泛的范围里征求意见，现在应当提升制定工作的层次。党的十五大和十六大都提出在2010年形成中国特色社会主义法律体系的总体目标和要求。而在中国特色社会主义法律体系中，不应缺少一部既符合中国国情又符合国际基本准则的精神卫生法。距离2010年还有不到5年时间，必须适当加快精神卫生立法步伐。因此，建议全国人民代表大会常务委员会将精神卫生法列入“十一五”立法规划，争取在2010年甚至2008年以前颁布《中华人民共和国精神卫生法》。

二　国务院法制办审查修改和征求社会意见阶段

2007年12月，卫生部报请国务院审议《精神卫生法（草案送审稿）》。国务院法制办公室将该稿发送有关部门征求意见。

该稿将我所说的救护性非自愿住院和保安性非自愿住院两种情况合并在一条规定，称为“医疗保护入院”。第二十五条第一款规定：“有下列情形之一的，精神病患者或者疑似精神病患者的监护人或者近亲属应当为其办理医疗保护入院手续：（一）经精神专科执业医师检查评估后，确定应当住院治疗，而本人又不能自愿住院的；（二）发生或者将要发生伤害自身、危害他人或者危害公共安全的行为的。”第二十五条第二款规定：“接到疑似精神病患者的医疗机构应当在72小时内，由2名以上精神科执业医师对其进行检查评估并作出诊断。经检查评估不属于精神病患者或者不需要住院治疗的，应当通知当事人或者其监护人、近亲属办理出院手续。”草案送审稿第二十六条规定了对发生或者将要发生危害行为的精神病患者或者疑似精神病患者的紧急处置问题：“精神病患者或者疑似精神病患者在公共场所发生或者将要发生伤害自身、伤害他人或者危害公共安全的行为，需要医疗保护入院而其监护人或者近亲属不能为其办理入院手续时，患者所在单位或者居住地的居（村）民委员会可以指定临时看护人，协助办理入院手续。属于流动人员的，由公安机关或者民政部门指定临时看护人，协助其办理入院或者出院手续。”第二十八条对流浪精神病患者的收治问题做了规定：“城市生活无着的流浪乞讨人员中的精神病患者，由流入地人民政府民政部门负责通知患者监护人或者近亲属接回，或者将患者送回居住地进行治疗。患者监护人或者近亲属不能履行看护职责时，居住地人民政府民政部门应当予以帮助。”第二十九条对触犯刑律的精神病患者的强制住院治疗问题做了规定：“触犯刑律的精神病患者，经法定程序鉴定后评定为无刑事责任能力，需要实施强制住院治疗的，由事发地公安机关送至公安机关指定的医疗机构进行强制住院治疗。”

当时，通过中国社会科学院，我向国务院法制办公室报送了修改意见。我认为不宜将救护性非自愿住院和保安性非自愿住院两种情况合并在一条规定中，应当分开单列，且明确标准。关于救护性非自愿住院，我建议的条文是：“精神病患者或者疑似精神病患者经精神专科执业医师检查评估，认为临床症状严重，危及生命或身体，确定应当住院治疗，而本人又不能自愿住院的，其监护人或者近亲属应当为其办理住院手续。”关于保安性非自愿住院，我建议的条文是：“精神病患者或者疑似精神病患者发生或者将要发生危害他人或者危害公共安全的行为的，经公安机关审查和精神专科执业医师检查评估，确定应当住院治疗，其监护人或者近亲属应当为其办理住院手续；必要时，由公安机关办理住院手续，但应通知其监护人或者近亲属。”“任何人发现精神病患者或者疑似精神病患者发生或者将要发生危害他人或者危害公共安全的行为的，应当及时通知当地公安机关。”另外，建议删除草案送审稿第二十六条和修改草案送审稿第二十九条。

对卫生部的《精神卫生法（草案送审稿）》，国务院法制办公室做了修改，形成《精神卫生法（征求意见稿）》，并于 2009 年 3 月征求有关单位意见。征求意见稿总则增加了一项规定，引人瞩目：“任何单位和个人不得非法限制精神疾病患者的人身自由”。此项规定后来被保留下来（略有调整）。[①] 但是，征求意见稿对非自愿住院的具体规定不能令人满意。

征求意见稿第二十六条（共三款）将自愿住院和我所说的救护性非自愿住院规定在一起。第一款：“精神疾病患者的治疗实行自愿原则。”第二款：“精神疾病患者或者疑似精神疾病患者经精神专科执业医师检查评估，认为临床症状严重，确认需要住院治疗的，其患者或者其监护人办理住院手续。”第三款：“对已经住院的精神疾病患者，病情不宜出院而患者或者其监护人要求出院的，医师应当告知其不宜出院的理由，并在病历中详细记录；必要时，应当提出出院后的医学建议。”显然，将自愿住院和救护

① 《精神卫生法》第五条第二款：“任何组织或者个人不得歧视、侮辱、虐待精神障碍患者，不得非法限制精神障碍患者的人身自由。”

性非自愿住院规定在一起的意图是淡化救护性非自愿住院的非自愿性质，而且这一条所规定的救护性非自愿住院标准“认为临床症状严重，确认需要住院治疗的”，完全是主观性的，实在算不上标准。另外，对救护性非自愿住院的异议，适用与自愿住院同样的第二十五条规定：“精神疾病患者或者其监护人对诊断有异议的，可以在接到书面诊断结论后10日内向作出诊断的医疗机构提出复诊申请。医疗机构应当在接到申请后3日内组织原诊断医师以外的2名以上精神科执业医师进行复诊。”还有值得注意的是，征求意见稿第二十六条与前面几稿有关条款相比还有一个不同，即仅使用“监护人”一词，而没有使用“近亲属”一词。这似乎是说，不仅精神疾病患者必然有监护人，而且未经确诊的疑似精神疾病患者也有监护人。这是对精神病院实行的“送治家属就是监护人”做法的承认，然而这一做法不符合《民法通则》和《民事诉讼法》的有关规定。

征求意见稿第二十七条（共三款）规定了我所说的保安性非自愿住院和对流浪精神疾病患者的处置。第一款：“精神疾病患者或者疑似精神疾病患者发生或者将要发生伤害自身、危害他人或者危害公共安全的行为的，经精神专科执业医师检查评估，确认需要住院治疗，其监护人应当为其办理住院手续；必要时，由公安机关予以协助。”第二款：“民政部门、公安机关的工作人员在执行职务时，发现生活无着的流浪乞讨的精神疾病患者或者疑似精神疾病患者，应当将其护送至当地政府指定的医疗机构进行检查评估、治疗。”第三款：“依照本条第一款、第二款规定接收精神疾病患者或者疑似精神疾病患者的医疗机构应当在3日内，组织2名以上精神专科执业医师对其进行复诊。经复诊不属于精神疾病患者或者不需要住院治疗的，应当通知其监护人办理出院手续；监护人不明或者监护人无力接回的，由流入地民政部门护送至原居住地。”这条规定基本可行，但是将保安性非自愿住院和对流浪精神疾病患者的处置规定在一条是不妥当的，对流浪精神疾病患者的救治实际上更接近救护性非自愿住院。这也说明，有关部门还是主要从治安角度考虑流浪精神障碍患者的处置问题。

征求意见稿第二十八条规定：“医疗机构的伦理委员会应当对本法第二十七条规定的非自愿住院治疗等情况进行审查。伦理委员会进行审查时，应当邀请精神疾病患者的监护人参加；必要时，应当听取患者意见。”医疗机构的伦理委员会在《精神卫生法（草案送审稿）》就已经出现了，并且作为医疗机构的必备条件之一。草案送审稿第二十二条中规定，开展精神病诊断、治疗的医疗机构，应当有“由医学、法学、伦理学等方面专家组成的医学伦理委员会”。然而，医疗机构自设伦理委员会，虽然也有意义，但由其审查非自愿住院治疗等情况，缺乏公信度，因而作用有限。而且，让每个医疗机构都设立包括有法学、伦理学专家参加的伦理委员会也难度太大。其实，规定医疗机构设立伦理委员会，根本目的是为了将精神疾病患者及其监护人异议的解决限制在医疗机构内部，从而规避司法监督和诉讼。另外，这一条第一次使用了“非自愿住院治疗”的概念，但将其限制在第二十七条规定的情况，进一步否认第二十六条第二款规定的情况（即救护性非自愿住院）具有非自愿性质。

征求意见稿第二十九条规定：“依照刑法规定需要实施强制医疗的重性精神疾病患者，由公安机关护送至指定的医疗机构进行强制医疗。医疗机构应当按照规定定期组织精神专科执业医师对该重性精神疾病患者进行检查评估，并向有关公安机关报告。强制医疗管理办法，由国务院公安部门会同国务院卫生行政部门制定。”这一条和以前几稿的有关规定一样，对不属于精神卫生法范畴的刑事性强制医疗规定得过细，且不完全符合1997年《刑法》有关规定的原意。

对《精神卫生法（征求意见稿）》，我通过中国社会科学院，向国务院法制办公室报送了修改意见。之后，我将我的意见中有关非自愿住院的部分进行了梳理和加工，形成一个《〈精神卫生法〉非自愿住院规定的建议稿》。“建议稿”只涉及精神卫生法范畴的非自愿住院本身，不包括一般治疗问题和非自愿住院之后的非自愿治疗以及精神卫生法的其他问题，也不包括应主要由刑法、刑事诉讼法规定的违反刑法的精神疾病患者的强制医疗问题（包括诉讼程序问题）。在草拟时，借鉴、吸收了《精神卫生法（征求意见稿）》的合理内容，同时还参考了联合国、一些国家或地区的有关文件和法律。另外还征求了法学界、精神病学界、新闻界一些学者、律师（如黄雪涛律师）、记者的意见。

这个“建议稿”力图立足于国情，不追求超前，以尽可能让精神病学界接受。例如，没有提出非自愿住院治疗事先必经司法审查（即司法前置），也没有提出住院诊断应由收治医院之外的中立医生做出。我提出，建立中立性的地区精神卫生伦理委员会，其职责是受理、审查在本地区医疗机构接受治疗者或者其监护人、近亲属关于住院、治疗的申诉。设立地区精神卫生伦理委员会，不但可以监督、制约医疗机构，而且有助于化解、缓解医患纠纷，减少诉讼。但同时我认为，在住院后，非自愿住院治疗者或者其监护人对非自愿住院治疗的实施有异议的，可以向人民法院提起诉讼，并且不受是否已向地区精神卫生伦理委员会申诉以及地区精神卫生伦理委员会作出何种裁决的限制。关于监护人和近亲属的作用问题，我主张，精神疾病患者的监护人应当按照《民法通则》和《民事诉讼法》规定的办法确定；尚未确定监护人的，由精神疾病患者的近亲属依据本法处理精神疾病患者的相关事务。对自愿住院、救护性非自愿住院、保安性非自愿住院、流浪精神疾病患者的住院的标准、诊断程序、复诊程序、异议程序和有关法律责任等问题，“建议稿”也进行了设计。

我先将“建议稿”发表在互联网听取意见（2009 年 6 月 19 日），后在 2010 年 3 月全国政协会议上将其作为《关于〈精神卫生法〉应当如何规定非自愿住院治疗问题的提案》的主要内容，提交有关部门参考。

《精神卫生法》非自愿住院规定的建议稿

一、（基本原则）

精神疾病患者的住院、治疗实行自愿原则。除本法或者其他法律规定的情况外，不得实施非自愿的住院、治疗。

二、（地区精神卫生伦理委员会）

直辖市的区县、各省（自治区）设区的市（自治州）应当设立有医学、心理学、法学、社会学等方面的专家组成的精神卫生伦理委员会，没有精神卫生医疗机构的地区除外。

地区精神卫生伦理委员会依据本法受理、审查在本地区医疗机构接受治疗者或者其监护人、近亲属关于住院、治疗的申诉。

地区精神卫生伦理委员会的委员，由本地区卫生行政部门提名，报请同级人民政府批准。

地区精神卫生伦理委员会的工作办法由国务院卫生行政部门制定。

三、（监护人和近亲属）

精神疾病患者的监护人应当依法维护精神疾病患者的合法权益。

精神疾病患者的监护人按照民法通则和民事诉讼法规定的办法确定。

尚未确定监护人的，由精神疾病患者的近亲属依据本法处理精神疾病患者的相关事务。

本法所称“近亲属”包括配偶、父母、子女、兄弟姐妹、祖父母、外祖父母、孙子女、外孙子女。

四、（自愿住院）

接诊的精神专科执业医师认为精神疾病患者需要住院治疗的，应当向精神疾病患者说明住院的目的、治疗方法、约束措施和各项权利，并取得精神疾病患者对住院治疗的书面知情同意。

不满十周岁的未成年精神疾病患者住院，应当取得其监护人对住院治疗的书面知情同意。已满十周岁的未成年精神疾病患者住院，应当取得本人和其监护人对住院治疗的书面知情同意。

自愿住院的患者和未成年住院患者的监护人有权自行决定出院。

患者病情不宜出院而本人或者其监护人要求出院的，由本人或者监护人办理出院手续。出院前精神专科执业医师应当告知患者或者监护人不宜出院的理由，并在病例中详细记录；必要时，应当提出出院后的医学建议。

五、（救护性非自愿住院）

精神疾病患者或者疑似精神疾病患者经精神专科执业医师当面检查评估，认为临床症状严重，危及生命或者身体健康，或者生活不能自理，或者发生伤害自身行为，确认应当住院治疗，而本人没有能力办理住院手续的，其监护人应当办理住院手续；在紧急情况下，没有监护人的，由其近亲属办理住院手续；必要时，民政部门予以协助。

六、（保安性非自愿住院）

精神疾病患者或者疑似精神疾病患者发生或者将要发生危害他人或者危害公共安全的行为的，经精神专科执业医师当面检查评估，认为临床症状严重，需要住院治疗，其监护人或者近亲属应当为其办理住院手续；必要时，公安机关予以协助，或者责令其监护人、近亲属为其办理住院手续。

在紧急情况下，为阻止精神疾病患者或者疑似精神疾病患者可能立即实施危害行为，公安机关可以对精神疾病患者或者疑似精神疾病患者实施临时约束，并在24小时内将精神疾病患者或者疑似精神疾病患者移送至专业医疗机构，同时通知其监护人或者近亲属。

精神疾病患者或者疑似精神疾病患者的行为违反刑法的，由公安机关依据刑法、刑事诉讼法的有关规定处理。

七、（生活无着、流浪乞讨的精神疾病患者的住院治疗）

民政部门、公安机关的工作人员在执行职务时，发现生活无着、流浪乞讨的精神疾病患者或者疑似精神疾病患者，应当将其护送至当地的专业医疗机构进行检查评估、治疗。

八、（非自愿住院的住院复诊）

医疗机构应当在非自愿住院治疗者住院之日起3日内，组织原诊断医师以外的2名精神科执业医师进行复诊。

经复诊不属于精神疾病患者的，由本人办理出院手续；由其监护人或者近亲属办理住院手续的，医疗机构应当将出院情况通知其监护人或者近亲属。

经复诊属于精神疾病患者但不需要住院治疗的，由其监护人或者近亲属办理出院手续。

对生活无着、流浪乞讨的精神疾病患者，经复诊不需要住院治疗的，应当通知其监护人或者近亲属办理出院手续；监护人、近亲属不明或者监护人、近亲属无力接回的，由流入地民政部门护送至原居住地的医疗机构。

九、（地区精神卫生伦理委员会审查）

非自愿住院治疗者或者其监护人、近亲属不服住院复诊结论的，可以在接到复诊结论后的10日内向医疗机构所在地区精神卫生伦理委员会提出审查申诉。精神卫生伦理委员会应当在接到申诉后15日内进行审查，并作出是否继续住院治疗的裁定。

十、（非自愿住院的定期复诊）

对非自愿住院治疗者，医疗机构应当在其住院后的3年内每6个月组织精神专科执业医师进行一次复诊，以后每年进行一次复诊；经复诊确认康复可以出院的，或者虽未康复但不需要继续住院治疗的，由其监护人或者近亲属办理出院手续。

十一、（诉讼权利）

非自愿住院治疗者或者其监护人对非自愿住院治疗的实施或者解除有异议的，可以向人民法院提起诉讼，并且不受是否已向地区精神卫生伦理委员会申诉以及地区精神卫生伦理委员会作出何种裁决的限制。

非自愿住院治疗者或者其监护人可以依据民事诉讼法的有关规定委托他人作为诉讼代理人。

十二、(法律责任)

违反本法规定实施非自愿住院治疗的，县级以上人民政府卫生行政部门对负有责任的主管人员和直接责任人员依法给予降级、撤职、开除、吊销执业证书等处分。给住院治疗者造成损害的，应当依法承担民事责任；构成犯罪的，依法追究刑事责任。

2010年12月，国务院法制办公室提出《精神卫生法（草案)》(第三次征求意见稿)，并征求有关单位意见。草案第三次征求意见稿关于非自愿住院的条文比较多，内容比较复杂。总的感觉是，这一稿力图采纳、平衡各方面的意见，但草拟似乎比较仓促，不免顾此失彼，自乱方寸，不够严谨。另外，这一稿关于非自愿住院治疗的第三章“精神障碍和治疗”，改变以前几稿大致按非自愿住院类型表述的结构，采取诊断、住院、治疗、出院的顺序来表述，虽有一定逻辑性，但把各类非自愿住院制度分拆到相隔数条的条款中规定，颇显凌乱，不便于理解和掌握。

草案第三次征求意见稿将救护性非自愿住院与对流浪精神障碍患者实施的住院规定在一起，这比将保安性非自愿住院与对流浪精神障碍患者实施的住院规定在一起更为合理。它对救护性非自愿住院的规定更为隐晦，一般人可能看不出来。第二十条规定：“除个人自行到医疗机构进行精神障碍诊断外，疑似精神障碍患者的监护人、近亲属可以将其送往医疗机构进行精神障碍诊断；流浪乞讨人员中的疑似精神障碍患者，由当地民政部门负责送往所在地县级以上人民政府指定的医疗机构进行精神障碍诊断。”第二十四条第一款规定：“精神障碍的诊断应当由精神科执业医师作出。对确诊的精神障碍患者，执业医师应当如实告知患者本人；患者属于无行为能力人或者限制行为能力人的，应当如实告知其监护人。”第二十七条规定：“精神障碍患者应当尽可能避免住院治疗。对不需要住院治疗、但患者或者其监护人要求住院治疗的，执业医师应当予以解释、说明，说服患者及其监护人不住院治疗。诊断结论表明精神障碍患者需要住院医疗的，由患者本人或者监护人办理住院手续；患者属于流浪乞讨人员的，由民政部门的工作人员办理住院手续。”第三十条第一款（第一句）规定：“诊断结论表明精神障碍患者需要住院治疗，但是患者本人不愿意住院的，患者没有伤害自身、危害他人、危害公共安全或者扰乱公共秩序危险，并且监护人拒绝对其实施住院治疗的，监护人应当向医疗机构提交拒绝住院治疗的书面意见，并应当妥善看护患者，确保其按照医嘱按时服药、定期治疗”。其中关于救护性非自愿住院的实质性规定，主要是第二十二条中的“疑似精神障碍患者的监护人、近亲属可以将其送往医疗机构进行精神障碍诊断”和第二十七条中的“诊断结论表明精神障碍患者需要住院治疗的，由患者本人或者其监护人办理住院手续”。“由监护人办理住院手续”是其关键。为什么可以由监护人办理住院手续？有三种可能，一是患者委托监护人办理，二是患者拒绝住院，只能由监护人办理，三是患者无能力办理，只能由监护人办理。后两种情况都属于非自愿住院，只不过第三种情况属于“无拒绝的非自愿住院”而已。但是，这一稿没有列出“需要住院治疗”的基本标准，甚至连“症状严重”这一最基本的条件也不要了。它也没有规定专门的程序，例如，没有规定应有几位医师诊断，没有规定在多长时间里作出诊断结论，没有规定诊断结论表明不是精神障碍患者的应当如何处理。与《精神卫生法（草案送审稿）》相比，这是退步。

关于保安性非自愿住院，草案第三次征求意见稿有以下条款。第二十三条规定：“疑似精神障碍患者实施或者准备实施伤害自身、危害他人、危害公共安全或者扰乱公共秩序行为的，其监护人、近亲属、事发地公安机关应当立即予以制止；任何发现上述情形的单位和个人应当立即向当地公安机关报告，由公安机关依法予以处理。其中，有违反刑法或者治安管理处罚法行为的，由公安机关负责送往医疗机构进行精神障碍诊断。”第二十四条第二款规定：“接到依照本法第二十三条规定送来的疑似精神障碍患者，医疗机构应当立即指派 2 名以上精神科执业医师进行诊断，并在 72 小时内作出书面诊断结论。诊断结论应当立即告知患者监护人、近亲属。诊断结论表明不是精神障碍患者的，应当立即允许其离开医疗机构。”第二十九条规定：“未住院的精神障碍患者发生或者将要发生伤害自身、危害他人、危害公共安全或者扰乱公共秩序行为的，应当依照本法第二十三条的规定送院，并依照本法第二十四第二款规定的程序作出诊断结论。”第三十条第一款（第二句）规定：“患者有伤害自身、危害他人、危害公共安全或者扰乱公共秩序危险的，监护人应当同意住院治疗并为其办理住院手续。”

草案第三次征求意见稿还对违反《刑法》和《治安管理处罚法》的精神障碍患者的处置问题作出规定。第三十条第二款规定：“对发生违反刑法或者治安管理处罚法行为的精神障碍患者，监护人不为其办理住院手续的，由公安机关责令监护人办理；监护人仍不办理的，由公安机关强制执行。”这一条显然是为了呼应《刑法》和《治安管理处罚法》关于“责令家属或者监护人严加看管和医疗”的规定，以利于其得到落实。第三十二条规定：“对依照刑法规定需要实施强制医疗的严重精神障碍患者，公安机关应当依法决定强制医疗，并护送至当地县级以上人民政府指定的医疗机构进行强制医疗。”其中，“公安机关应当依法决定强制医疗”之规定不符合法治精神，没有《刑法》和《刑事诉讼法》依据，也与当时正在酝酿的《刑事诉讼法》改革的方向相悖。

关于非自愿住院的异议，草案第三次征求意见稿第二十五条规定：“被诊断患有精神障碍的患者或者其监护人对诊断结论有异议的，除可以到其他医疗机构就诊外，还可以在接到书面诊断结论后的10日内要求作出诊断的医疗机构复诊。该医疗机构应当在接到复诊要求后5日组织原诊断医师以外的2名以上精神科执业医师进行复诊。”第三十一条规定：“精神疾病患者或者其监护人对实施强制住院治疗措施有异议的，有权随时直接向人民法院起诉。医疗机构应当为接受强制住院治疗的患者提供技术手段，确保患者可以直接联系当地基层人民法院。接到患者或者其监护人起诉申请的人民法院应当受理，并在法定最短审理期限内审结案件。”这一条所说“强制住院治疗”在其他条款中没有出现过，其含义不明。更重要的，这一条款虽然用意极好，但过于理想化，不仅精神病学界必定加以抵制，而且司法部门也不会接受，基本没有可行性。

在提交给国务院法制办公室的对草案第三次征求意见稿的意见中，我着重论述了关于救护性非自愿住院的意见。为平衡各方利益，解决诸多难题，我从原有立场上作出一定妥协，建议进一步将救护性非自愿住院划分为两类，制定不同的政策。第一种，患者表示拒绝住院治疗的。第二种是患者没有同意但也没有表示拒绝住院治疗的。对第二种，基本上可以按照自愿住院治疗对待，一般不会引发纠纷、争议。现实中发生侵权纠纷、诉讼的，主要是第一种。表示拒绝住院治疗，可能是患者缺乏“自知力”，但也很可能是精神正常者的理性意思表示并且符合实际。为避免精神正常者被强制住院，对当事人表示拒绝住院治疗应给予足够的尊重和考虑。对表示拒绝住院治疗的人实行救护性非自愿住院，应有更严格的条件和程序。建议将第二十二条前半段修改为：“除个人自行到医疗机构进行精神障碍诊断外，监护人、近亲属可以将疑似精神障碍患者送往医疗机构进行精神障碍诊断；疑似精神障碍患者表示拒绝的，如果病情严重，生活不能自理，监护人、近亲属也可以将其送往医疗机构进行精神障碍诊断。”在第二十七条“诊断结论表明精神障碍患者需要住院治疗的，由患者本人或者其监护人（还应增加近亲属）办理住院手续”之后增加一句“患者表示拒绝的，如果病情严重，生活不能自理，不住院治疗可能导致其病情恶化的，由监护人、近亲属办理住院手续”。另外，我建议将“故意将非精神障碍患者送入医疗机构”列为违法行为，承担民事或刑事责任。

2011 年 6 月，国务院法制办公室公布《精神卫生法（草案）》（以下简称“征求社会意见稿”），向社会征求意见。这个征求社会意见稿在非自愿住院问题上，仍然在寻找一种折中的、让各方可以接受的方案，但同时也难免矛盾的存在。

第一，关于救护性非自愿住院，第二十四条规定：“除个人自行到医疗机构进行精神障碍诊断外，疑似精神障碍患者的监护人、近亲属可以将其送往医疗机构进行精神障碍诊断。疑似精神障碍患者属于流浪乞讨人员且查找不到其监护人、近亲属的，由当地民政等行政部门按照精神障碍患者救助制度的职责分工帮助将其送往医疗机构进行精神障碍诊断。”第二十五条第一款规定：“精神障碍的诊断应当由精神科执业医师作出。对确诊的精神障碍患者，执业医师应当如实告知患者本人；患者不能辨认或者不能控制自己行为的，应当如实告知其监护人；属于民政等行政部门送诊的，还应当如实告知送诊的部门。”第二十五条第二款规定：“对诊断结论表明不能确诊为精神障碍的，任何单位或者个人不得限制其离开医疗机构。”虽然第二十四条依然暧昧，没有点出救护性非自愿住院，但是第二十五条第二款反证，根据第二十四条进行诊断的人，如果确诊患有精神障碍，精神病院和监护人、近亲属就可以不允许其离开精神病院，非自愿性显露无遗。但是，这种非自愿性就是不被承认。

第二，关于保安性非自愿住院，第二十六条第一款规定：“疑似精神障碍患者发生或者将要发生伤害自身、危害公共安全或者他人人身安全、扰乱公共秩序行为的，其监护人、近亲属、所在单位、村民委员会或者居民委员会、当地公安机关应当立即予以制止，其监护人、近亲属并应当将其送往医疗机构进行精神障碍诊断。其中，有严重危害公共安全或者他人人身安全行为的，由当地公安机关将其送往医疗机构进行精神障碍诊断，并通知其监护人、近亲属。”第二十六条第二款规定：“接到依照前款规定送诊的疑似精神障碍患者，医疗机构应当将其留院，立即指派 2 名以上精神科执业医师进行诊断，并在 72 小时内作出书面诊断结论。诊断结论应当立即告知患者及其监护人、近亲属；其中，属于当地公安机关送诊的疑似精神障碍患者的，还应当告知送诊的公安机关。”这里需要指出，第二十六条第二款规定的诊断程序，仅仅适用于第二十六条第一款规定的情况，而不适用于第二十四条规定的情况。接着，第二十七条规定：“精神障碍的住院治疗由患者自主决定。只有精神障碍患者不能辨认或者不能控制自己行为，且有伤害自身、危害公共安全或者他人人身安全、扰乱公共秩序危险的，才能对患者实施非自愿住院医疗。”这一条采用了“非自愿住院”的概念。看起来，这一条似乎在强调非自愿住院只能适用于不能辨认或者不能控制自己行为，且有伤害自身、危害公共安全或者他人人身安全、扰乱公共秩序危险的精神障碍患者，但实际上是进一步否认根据第二十四条规定的住院是非自愿性的，不适用草案有关非自愿住院复诊、鉴定的规定。再后，第二十八条第一款规定：“诊断结论表明精神障碍患者不需要住院治疗的，任何单位或者个人不得限制其离开医疗机构。”第二十八条第二款规定：“诊断结论表明需要对精神障碍患者实施非自愿住院医疗的，由患者监护人办理住院手续；其中，患者属于查找不到监护人、近亲属的流浪乞讨人员的，由送诊的民政等行政部门办理住院手续。”这款规定出现了纰漏。在第三次征求意见稿中，同样的内容也适用于监护人、近亲属将无危险性、危害性的疑似精神障碍患者送往医疗机构进行诊断的情况，而征求社会意见稿将其限定于符合第二十七条规定的“非自愿住院”。这就使得根据第二十四条对无危险性、危害性的疑似精神障碍患者实施住院究竟由谁办理住院手续，没有法律依据了。另一方面，如此规定也透露出起草者也认为第二十四条规定的住院是非自愿性质而不便明言的潜意识。

第三，仅仅适用于保安性非自愿住院的复诊、鉴定程序。第二十九条第一款规定：“当事人或者其监护人对非自愿住院医疗结论有异议的，可以选择所在地省、自治区、直辖市行政区域内其他具有合法资质的医疗机构进行复诊。承担复诊的医疗机构应当在接到复诊要求后指派2名精神科执业医师进行复诊，并在5日内作出书面复诊结论。”第二十九条第二款规定：“对复诊结论有异议、要求鉴定的，当事人或者其监护人应当自主委托依法取得资质的精神障碍司法鉴定机构进行鉴定；医疗机构应当为当事人提供司法鉴定机构的名单和联系方式，并提供技术手段。精神障碍司法鉴定机构应当接受委托，并在7日内完成鉴定。”第三十条第一款规定：“精神障碍司法鉴定机构受理鉴定委托后，应当指定本机构中具有该鉴定事项执业资格的3名以上单数司法鉴定人共同进行鉴定。司法鉴定人本人或者其近亲属与鉴定事项或者鉴定事项涉及的案件有利害关系，可能影响其独立、客观、公正进行鉴定的，应当回避。”第三十条第二款规定：“进行精神障碍鉴定，司法鉴定机构应当通知委托人或者被鉴定人的近亲属、监护人到场，并应当邀请法律专家参加，听取咨询意见。”第三十一条第一款规定：“精神障碍司法鉴定机构、司法鉴定人应当遵守法律、法规、规章的规定，按照精神障碍司法鉴定的有关程序、技术方法和操作规范进行鉴定，尊重科学，恪守职业道德，保证出具的鉴定结论客观、公正，不得出具虚假的鉴定报告。”第三十一条第二款规定：“司法鉴定人应当对鉴定过程进行实时记录并签名。鉴定结论应当以参与鉴定的司法鉴定人过半数通过；司法鉴定人有不同意见的，应当注明。记录的内容应当真实、客观、准确、完整，记录的文本或者音像载体应当妥善保存。”第三十二条规定：“鉴定结论表明当事人不是精神障碍患者或者不需要实施非自愿住院医疗的，任何单位或者个人不得限制其离开医疗机构。”这个草案没有为非自愿住院规定事中诉讼救济程序，相对于第三次征求意见稿，是一个明显的倒退。我国《精神卫生法》如果不规定非自愿住院医疗的事中司法救济，就远低于国际水平。上述条款规定的“司法鉴定”，具有迷惑性，并欲扮演终审的角色，但由于它没有进入诉讼程序，实质上不具有司法性质，而是医疗体制内的一种纠错机制，不具有中立性，公正性必将受到质疑。“鉴定结论”只有作为有关诉讼的证据，并由法院认定之后方具有法律效力。复诊、鉴定虽然可以缓解矛盾，甚至解决一些矛盾，但不能因此剥夺公民的诉讼权利。法院审判虽然也可能发生错误，但毕竟具有中立性和终局作用，不可或缺。因此，《精神卫生法》还应当规定："精神障碍患者或者其监护人、近亲属对维持非自愿住院医疗的鉴定结论有异议的，有权就解除非自愿住院医疗向人民法院起诉，任何单位和个人不得限制。"

第四，关于刑事性强制医疗，第三十三条规定："有违反刑法行为的疑似精神障碍患者，依照有关法律的规定进行处理；需要政府实施强制医疗的，由公安机关执行。执行强制医疗的具体办法，由国务院公安部门会同国务院卫生行政部门制定。"将原来的"公安机关应当依法决定强制医疗"修改为"需要政府实施强制医疗的，由公安机关执行"是正确的。

征求社会意见稿也有一处明显的进步，就是第六十四条明确规定："故意将非精神障碍患者作为精神障碍患者送入医疗机构的"，依法承担民事责任；构成犯罪的，依法承担刑事责任。尽管不论追究民事责任，还是追究刑事责任，都是很不容易的事情，但是这条规定所具有的威慑力还是有助于防止"被精神病"。

征求社会意见稿公布后，引起社会广泛讨论。法学界的注意力，一是集中在第二十七条明文规定的"非自愿住院"上，以为"非自愿住院"只限于第二十六条和第二十七条规定的情况，进而对"非自愿住院"的适用标准提出意见，认为"扰乱公共秩序"过于模糊，容易导致非自愿住院的扩大化；二是集中在司法鉴定问题上，认为司法鉴定机制并不能有效避免"被精神病"，主张引入非自愿住院的司法审查或者司法救济。还有一些媒体乐观地估计，由家属将精神正常者送入精神病院的"被精神病"将会终结。在精神病学界，有些人不满意草案仅仅规定危险性标准而没有将既有的"医疗保护住院"合法化。例如，谢斌、唐宏宇、马弘"代表"中国医师协会精神内科医师分会指出：

> 目前《草案》规定"只有精神障碍患者不能辨认或者不能控制自己行为，且有伤害自身、危害公共安全或者他人人身安全、扰乱公共秩序危险的，才能对患者实施非自愿住院医疗"，这实际上是采用了和美国类似的"危险性标准"。中国的现实是多数重性精神病患者并不满足危险性标准，但是如果数以千万计的重性患者得不到及时治疗，则有可能发展出危险的可能和现实，这既不符合"预防为主"的

> 方针，也会造成严重后果与极大代价。因此，中国医师协会精神科分会（CPA）建议采用类似英国的标准，即兼顾危险性和患者健康与安全的标准。对《草案》第27条的具体修改意见是：精神障碍的住院治疗由患者自主决定。只有当严重精神障碍患者存在以下情况之一且有住院治疗必要性，同时患者拒绝住院治疗的，才能对患者实施非自愿住院医疗。(1) 伤害自身的行为或者倾向：(2) 危害公共安全或者他人人身安全的行为或者倾向；(3) 精神症状明显影响个人生活和社会功能。有关非自愿住院治疗必要性判断的技术标准，由国务院卫生行政部门制定。①

但是，另一方面，精神病学界对草案不规定“医疗保护住院”，似乎并没有作出普遍的、强烈的反应。有意思的是，在谢斌等人的文章发表后，刘协和教授给刊物去函，委婉地指出谢斌等人以“来自中国医师协会精神内科医师分会的观点”的角度发表意见，似有不妥之处：应说明这些观点是如何收集的？哪些是作者的观点，哪些是集体意见？② 我以为，精神病学界的一些人读懂了草案。它虽然没有明确将“医疗保护住院”合法化，但是也没有将其禁止，而是将其暗含于自愿住院，或者等同于自愿住院，并且没有规定适用标准和程序，运用起来更为方便，至少在“无拒绝的非自愿住院”方面是如此。

我基本同意谢斌等人的上述观点（非自愿住院标准略有差异）。但我的角度与他们不同。首先，我认为，救护性非自愿住院是需要的。其次，我认为，《精神卫生法》如果允许实施救护性非自愿住院或者“医疗保护住院”，就应当在精神卫生国际准则的基础上，公正、合理地规定其适用标准和程序，并赋予当事人异议和司法救济的权利，否则将导致滥用。草案的做法，虽然缓解了各方的意见冲突，但漏洞很大，留有后患。

近些年，我越来越深切地认识到，在我国，《精神卫生法》制定的真正焦点是救护性非自愿住院。这是因为如何规定救护性非自愿住院，关系

① 谢斌、唐宏宇、马弘：《精神卫生立法的国际视野和中国现实——来自中国医师协会精神科医师分会的观点》，《中国心理卫生杂志》2011年第10期。

② 参见刘协和《〈精神卫生立法的国际视野和中国现实——来自中国医师协会精神科医师分会的观点〉读后》，《中国心理卫生杂志》2011年第11期。

到精神病院的生存和发展。精神病学界更重视救护性非自愿住院，而在一定程度上将保安性非自愿住院看作主要是公安机关等部门的事情。精神病学界可以接受对保安性非自愿住院的更严格的限制，而不愿意接受对既有的“医疗保护住院”的任何改变。但是草案却作出了妥协。为了避免《精神卫生法》最终采取草案的这一做法，除了向国务院法制办公室报送我的意见，我还通过媒体一再提请人们注意救护性非自愿住院的问题。[①]

三　全国人大常委会审议和通过

在向社会征求意见之后，国务院法制办公室对《精神卫生法（草案）》做了进一步修改，然后经国务院第 172 次常务会议讨论通过。2011 年 9 月 20 日，国务院提请全国人民代表大会常务委员会审议《精神卫生法（草案）》。

2011 年 10 月，第十一届全国人大常委会第二十三次会议对《精神卫生法（草案）》（以下简称“草案一次审议稿”）进行了初次审议。《关于〈中华人民共和国精神卫生法（草案）〉的说明》对制定精神卫生法的必要性有比较全面的概括：

> 精神卫生既是全球性的重大公共卫生问题，也是较为严重的社会问题。精神卫生问题的严重性在我国十分突出。据卫生部调查，精神疾病在我国疾病总负担中排名居首位，约占疾病总负担的 20%，有严重精神障碍患者约 1600 万人。目前实践中存在的突出精神卫生问题主要有：一是精神障碍患者的救治救助水平偏低，精神障碍预防、治疗、康复服务体系不够健全，精神障碍患者的合法权益尚未得到全面、有效保障。二是严重精神障碍患者的管理不到位，精神障碍患者肇事肇祸事件时有发生。三是强制收治精神障碍患者程序缺失，个别地方发生的强制收治案例引起患者及其亲属的强烈质疑，“被精神病”不时成为舆论热点。同时，制定精神卫生法也是顺应国际社会发展趋

① 参见余易安、刘永晓《精神病人管理三大怪》，《健康时报》2011 年 3 月 14 日；钱昊平《“被精神病”背后的收治乱局》《精神卫生法有望确立司法救济》，《新京报》2011 年 5 月 31 日；杨华云《精神卫生法是人权保障法》，《新京报》2011 年 10 月 25 日。

势的需要。目前，绝大多数国家制定了精神卫生法，西太平洋地区只有我国等个别国家尚未制定精神卫生法。为了促进我国精神卫生事业的快速发展，规范和保障精神卫生工作，并有针对性地解决目前精神卫生工作中存在的突出问题，确保精神障碍患者不因贫困得不到救治，确保有肇事肇祸危险的严重精神障碍患者不因疏于管理而伤害自身或者危害他人，确保无需住院治疗的公民不因程序、制度缺失而被强制收治，有必要尽快制定精神卫生法。①

在非自愿住院方面，草案一次审议稿与征求社会意见稿最大的不同，是将“不住院不利于其治疗”列为非自愿住院的标准之一，并将非自愿住院分为两种类型。第二十五条规定：“精神障碍的住院治疗实行自愿原则。诊断结论、病情评估表明，就诊者为严重精神障碍患者并有下列情形之一的，应当对其实施住院治疗：（一）已经发生伤害自身的行为，或者有伤害自身的危险，或者不住院不利于其治疗的；（二）已经发生危害他人安全的行为，或者有危害他人安全的危险的。”第一项规定的非自愿住院，采取的主要是自身危险性与需要治疗的混合标准，基本上属于救护性非自愿住院。第二项规定的非自愿住院，采取的主要是社会危险性标准，基本上属于保安性非自愿住院。草案制定者将“不住院不利于其治疗”列入非自愿住院的标准，应当是接受了精神病学界的意见。有了这一标准，“医疗保护住院”将得到明确的合法化。“不住院不利于其治疗的”是外国曾经存在的需要照顾和治疗标准在中国的蹩脚的翻版，是卫生部《精神病人入院收治指征》以“拒绝住院”作为收治标准的延续。它遭到精神病学界之外的人士的反对是必然的。

归纳草案一次审议稿关于救护性非自愿住院的规定，主要包括第二十三条第一款：“除个人自行到医疗机构进行精神障碍诊断外，疑似精神障碍患者的近亲属可以将其送往医疗机构进行精神障碍诊断。对查找不到近

① 《关于〈中华人民共和国精神卫生法（草案）〉的说明——2011 年 10 月 24 日在第十一届全国人民代表大会常务委员会第二十三次会议上》，《全国人民代表大会常务委员会公报》2012 年第 6 期。

亲属的流浪乞讨疑似精神障碍患者，由当地有关行政部门按照职责分工，帮助将其送往医疗机构进行精神障碍诊断。”前述第二十五条第二款第一项。第二十六条：“精神障碍患者有本法第二十五条第二款第一项情形的，经负有监护职责的近亲属同意，医疗机构可以对患者实施住院治疗；负有监护职责的近亲属不同意对患者实施住院治疗的，医疗机构不得对其实施住院治疗。患者对需要住院治疗的诊断结论有异议、不同意接受住院治疗的，可以自收到诊断结论之日起3日内要求医疗机构进行复诊；医疗机构应当在接到复诊要求后指派初诊医师以外的2名精神科执业医师进行复诊，并在5日内作出书面复诊结论。患者对需要住院治疗的复诊结论有异议的，可以依照本法第二十七条第三款、第四款的规定要求鉴定、重新鉴定。”第三十一条第一款：“诊断结论表明需要住院治疗的患者，由其监护人办理住院手续；患者属于查找不到监护人的流浪乞讨人员的，由送诊的行政部门办理住院手续。”应当说，除了“不住院不利于其治疗”作为住院标准过于宽泛外，草案一次审议稿对于救护性非自愿住院的规定在历次草案中是最为细致的，它所设置的程序也是比较严格的。

草案一次审议稿关于保安性非自愿住院的规定，主要包括第二十三条第二款：“疑似精神障碍患者发生伤害自身、危害他人安全行为，或者有伤害自身、危害他人安全危险的，其近亲属、所在单位、当地公安机关应当采取措施予以制止，并立即将其送往医疗机构进行精神障碍诊断。”第二十四条第二款：“医疗机构接到依照本法第二十三条第二款规定送诊的疑似精神障碍患者，应当将其留院，立即指派2名以上精神科执业医师进行诊断，并在72小时内作出书面诊断结论。”第二十七条第一款：“精神障碍患者有本法第二十五条第二款第二项情形，患者或者其负有监护职责的近亲属对需要住院治疗的诊断结论有异议、不同意对患者实施住院治疗的，可以要求复诊、鉴定和重新鉴定。”第二十七条第二款：“依照前款规定要求复诊的，应当自收到诊断结论之日起3日内选择向所在地省、自治区、直辖市行政区域内其他具有合法资质的医疗机构提出。承担复诊的医疗机构应当在接到复诊要求后指派2名精神科执业医师进行复诊，并在5日内作出书面复诊结论。承担复诊的执业医师应当到收治患者的医疗机构面见、询问患者。”第二十七条第三款：“对依照前款规定作出的复诊结论有异议、要求鉴定的，应当自主委托依法取得执业资质的精神障碍司法鉴定机构进行鉴定；医疗机构应当提供经公告的司法鉴定机构名单和联系方式。接受委托的精神障碍司法鉴定机构应当指定本机构具有该鉴定事项执业资格的2名以上司法鉴定人共同进行鉴定，并及时出具鉴定意见。”第二十七条第四款：“对精神障碍司法鉴定机构的鉴定意见有异议的，可以要求该司法鉴定机构重新鉴定。该司法鉴定机构应当指定另外3名以上具有该鉴定事项执业资格的司法鉴定人进行鉴定。重新鉴定意见与初次鉴定意见不一致的，以重新鉴定的意见为准。”第二十八条第一款：“司法鉴定人应当到收治患者的医疗机构面见、询问患者。”第二十八条第二款：“司法鉴定人本人或者其近亲属与鉴定事项有利害关系，可能影响其独立、客观、公正进行鉴定的，应当回避。”第二十九条第一款：“精神障碍司法鉴定机构、鉴定人应当遵守有关法律、法规、规章的规定，尊重科学，恪守职业道德，按照精神障碍司法鉴定的实施程序、技术方法和操作规范，依法独立进行鉴定，保证出具的鉴定意见客观、公正。”第二十九条第二款：“司法鉴定人应当对鉴定过程进行实时记录并签名。鉴定意见应当以参与鉴定的司法鉴定人过半数通过；司法鉴定人有不同意见的，应当注明。记录的内容应当真实、客观、准确、完整，记录的文本或者声像载体应当妥善保存。”第三十条第二款：“复诊结论或者鉴定意见表明，精神障碍患者有危害他人安全的危险，或者精神障碍患者已经发生危害他人安全行为的，其负有监护职责的近亲属应当同意对患者实施住院治疗。负有监护职责的近亲属不同意实施住院治疗或者精神障碍患者擅自脱离住院治疗的，可以由公安机关协助医疗机构采取强制措施执行。”第三十条第三款：“在相关机构出具复诊结论、鉴定意见前，收治患者的医疗机构应当按照诊疗规范的要求对患者予以住院治疗。”第三十一条第二款：“精神障碍患者发生危害他人安全的行为或者有危害他人安全危险、其负有监护职责的近亲属不办理住院手续的，由患者所在单位、村民委员会或者居民委员会办理住院手续，或者由医疗机构在患者病历中予以记录。”上述程序，比较繁琐，实行起来有难度。这是不采取司法审查和司法救济的代价。然而，复诊和鉴定都只是医学诊断，不具有法院裁决的权威性，即使再繁琐，公信力也不足。

以下条款对救护性非自愿住院和保安性非自愿住院均适用。第二十三条第三款：“医疗机构接到送诊的疑似精神障碍患者，不得拒绝为其作出诊断。”第二十四第一款：“精神障碍的诊断应当由精神科执业医师作出。”第三十条第一款：“复诊结论或者鉴定意见表明，不能确定就诊者为严重精神障碍患者，或者患者不需要住院治疗的，医疗机构不得对其实施住院治疗。”

另外，草案一次审议稿第三十二条第一款规定：“疑似精神障碍患者发生违反治安管理处罚法或者刑法行为的，依照有关法律的规定处理。”第三十二条第二款规定：“监狱和劳动教养所、强制戒毒所等场所应当采取措施，保证患有精神障碍的服刑人员和被依法决定劳动教养、强制戒毒的人员获得治疗。”

在2011年10月第十一届全国人大常委会第二十三次会议对《精神卫生法（草案）》进行初次审议之后，[①] 全国人大常委会法制工作委员会将草案印发各省（区、市）和中央有关部门单位、征求意见，并在中国人大网站全文公布草案，向社会征求意见。全国人大法律委员会、教科文卫委员会和法制工作委员会联合召开座谈会，听取意见，还到北京、四川、上海等地调研。之后，法律委员会根据常委会组成人员的审议意见和各方面的意见，对草案进行了逐条审议，形成《精神卫生法（草案二次审议稿）》（以下简称“草案二次审议稿”）。关于非自愿住院，各方面的意见主要有：一是精神障碍鉴定由患者或者监护人自主委托进行，其性质是医学鉴定，不是司法鉴定；二是两次鉴定一般需要60天时间，时间长，成本也高，对患者并不利；三是严重精神障碍患者缺乏自知力，往往不愿接受住院治疗，规定在监护人同意住院治疗的情况下患者又可以要求复诊、鉴定，实践中会造成新的社会问题。[②] 根据这些意见，法律委员会建议对草案作出相应修改，明确鉴定的性质为医学鉴定，删去一次审议稿第二十六条中有关在监护人同意住院治疗的情况下可以要求复诊、鉴定、重新鉴定的规定。同时，为了保障患者的权利，草案增加一条重要规定：“精神障碍患者或者其近亲属认为行政机关、医疗机构或者其他有关单位和个人违反本法规定侵害患者合法权益的，可以依法提起诉讼。”（草案二次审议稿第七

① 参见《十一届全国人大常委会第二十三会议审议〈中华人民共和国精神卫生法（草案）〉的意见》，载于信春鹰主编《中华人民共和国精神卫生法解读》，中国法制出版社，2012。

② 意见三是不成立的。要求复诊、鉴定的主要是疑似精神障碍患者，他们尚无监护人。

十八条）①

草案二次审议稿的另外一项重大修改，是删去草案一次审议稿第二十五条第二款第一项中“或者不住院不利于其治疗的”一句。在一定程度上，这与增加第七十八条起诉条款一样，是为了与取消在监护人同意住院治疗的情况下可以要求复诊、鉴定、重新鉴定的规定平衡。不过，由于这一修改，第二十五条第二款第一项规定的非自愿住院，变成以单一的自身危险性为标准，并且使其性质究竟是救护性的还是保安性的发生模糊，“医疗保护住院”也因此失去明确的法律依据。对于这一重大修改，法律委员会没有给出说明和解释，个中缘由耐人寻味。至少说，法律委员会也认为“不住院不利于其治疗”太不像一个标准，不宜入法。我以为，法律委员会并非从根本上反对“医疗保护住院”，而是希望精神病学界提供一个更为明确具体也为社会所接受的标准。此时，精神病学界面临最后的抉择：是为“医疗保护住院”制定更为明确具体也为社会所接受但同时对自己构成极大束缚的标准，还是根本不提标准，淡化此事，模糊过去？最终，精神病学界选择了后者。他们认定，根据草案二次审议稿的其他现有条款，“医疗保护住院”基本上还是可以像过去那样进行的。当然，这些仅仅是我个人的揣测。

草案二次审议稿还有一项修改，也很重要。草案一次审议稿第三十一条第一款“诊断结论表明需要住院治疗的患者，由其监护人办理住院手续；患者属于查找不到监护人的流浪乞讨人员的，由送诊的行政部门办理住院手续”，在草案二次审议稿中成为第三十四条第一款：“诊断结论表明需要住院治疗的精神障碍患者，本人没有能力办理住院手续的，由其监护人办理住院手续；患者属于查找不到监护人的流浪乞讨人员的，由送诊的有关部门办理住院手续。”主要变化是增加“本人没有能力办理住院手续的”一句，这说明由监护人办理手续的住院，是非自愿性的，至少是“无拒绝的非自愿住院”。

对草案二次审议稿，我也提出意见并报法制工作委员会。主要意见和

① 参见《全国人民代表大会法律委员会关于〈中华人民共和国精神卫生法（草案第二次审议稿）〉修改情况的汇报》，载于信春鹰主编《中华人民共和国精神卫生法解读》，中国法制出版社，2012。

建议是：第一，二次审议稿第二十八条第二款第一项删除了一次审议稿第二十五条第二款第一项稿原有的“不住院不利于其治疗的”一句，将救护性非自愿住院的适用范围限制在“已经发生伤害自身的行为，或者有伤害自身的危险的”，虽然有利于防止救护性非自愿住院的扩大化，也比较容易掌握，但限制过严，与我国住院治疗的精神障碍患者中约有60%属于“医疗保护住院”（其中有相当一部分并不属于“已经发生伤害自身的行为，或者有伤害自身的危险的”）的现实状况相差比较大。我认为我以前的建议较为妥当，各方似都可以接受，即：“已经发生伤害自身的行为，或者有伤害自身的危险，或者不住院治疗将导致病情严重恶化，危及生命或严重削弱生活自理能力，只有住院才可给予适当治疗的”。这样规定既可保证需要住院的精神障碍患者尽可能得到住院治疗，又可防止非自愿住院的滥用，避免精神正常者被家属强制住院，且与国际标准是一致的。第二，二次审议稿第二十九条删除了一次审议稿第二十六条中关于救护性非自愿住院复诊、鉴定的规定，这将使救护性非自愿住院的实施失去有力的制约和监督，对有关当事人极为不利，家庭中的“被精神病”的情况势必增加。我认为，救护性非自愿住院患者至少应当有复诊的权利。第三，《精神卫生法》应当赋予非自愿住院者特别是保安性非自愿住院患者在住院期间就非自愿住院的合法性和解除非自愿住院提起诉讼的权利。第四，《精神卫生法》应当增加一条规定：“精神障碍患者的监护人按照民法和民事诉讼法规定的办法确定。尚未确定监护人的，由精神障碍患者的近亲属依据本法处理精神障碍患者的相关事务，承担相应责任。”

2012年8月28日，第十一届全国人大常委会第二十八次会议对草案二次审议稿进行了审议。非自愿住院问题仍然是讨论焦点之一，一些意见针锋相对，显示出常委委员所代表的不同利益群体的博弈。有的常委委员提出，为防止近亲属滥用送诊权，建议增加规定：“非自愿就诊或者住院治疗的患者，有权委托监护人以外的代理人行使异议的权利。送诊的人员应当出示与患者关系的合法证明，当监护人出现争议时，医疗机构应当听取依照民法通则规定顺序在前人员的意见。”有的常委委员提出，凡是严重精神障碍患者都应当实施住院治疗，没有必要区分伤害自身和危害他人两种情形作出不同规定。有的常委委员提出，草案二次审议稿规定的非自愿住院治疗标准是“纯危险性标准”，而一些国家采取过这样的标准，出现了一些问题，主要是当时判定无危险性而未住院治疗的患者，往往在事后病情加重发生伤害自身、危害他人的后果，建议吸取这些国家的经验，增加“病情严重，不住院治疗可能导致严重后果”的标准。有的常委委员提出，对有伤害自身情形的患者实施住院治疗，不需要经过负有监护职责的近亲属同意。有的常委委员建议将非自愿住院治疗的最终决定权交给司法机关，规定：“精神障碍患者或者其负有监护职责的近亲属对需要住院治疗的再次诊断结论或者鉴定意见有异议的，可以依法提起诉讼。”①

之后，全国人大法律委员会根据常委会组成人员的审议意见和其他方面意见，对草案进行进一步修改，形成《精神卫生法（草案三次审议稿）》（以下简称“草案三次审议稿”）。2012 年 10 月 23 日，第十一届全国人大常委会第二十八次会议对草案三次审议稿进行了审议。仍然有常委委员提出精神障碍患者或者其近亲属有权对需要住院治疗的再次诊断结论或者鉴定意见提起诉讼的意见。还有常委委员提出，非自愿住院应由法官决定。② 2012 年 10 月 24 日，法律委员会召开会议，对草案三次审议稿进行再次审议。针对有的常委会组成人员提出的非自愿住院治疗的严重精神障碍患者对需要住院治疗的诊断结论或者鉴定报告有异议的，应当有救济手段的意见，法律委员会经研究认为，草案三次审议稿第八十二条已经明确规定“精神障碍患者或者其监护人、近亲属认为行政机关、医疗机构或者其他有关单位和个人违反本法规定侵害患者合法权益的，可以依法提起诉讼”，患者或者其监护人对需要住院治疗的诊断结论或者鉴定报告有异议的，可以依据该条规定向人民法院提起诉讼。③ 这是一项极为重要的说明。虽然这一说明算不上立法解释，不具有法律效力，但对实践具有指导意义。

---

① 参见《十一届全国人大常委会第二十八会议审议〈中华人民共和国精神卫生法（草案二次审议稿）〉的意见》，载于信春鹰主编《中华人民共和国精神卫生法解读》，中国法制出版社，2012。

② 参见《十一届全国人大常委会第二十三会议审议〈中华人民共和国精神卫生法（草案三次审议稿）〉的意见》，载于信春鹰主编《中华人民共和国精神卫生法解读》，中国法制出版社，2012。

③ 参见《全国人民代表大会法律委员会关于〈中华人民共和国精神卫生法（草案三次审议稿）〉修改情况的报告》，载于信春鹰主编《中华人民共和国精神卫生法解读》，中国法制出版社，2012。

2012年10月26日，第十一届全国人民代表大会常务委员会第二十九次会议表决通过《中华人民共和国精神卫生法》（自2013年5月1日起施行）。《精神卫生法》的通过，开创了中国精神卫生事业发展的新纪元。然而，这部《精神卫生法》毕竟是中国大陆第一部精神卫生法，它的内容受到经济社会条件和认识水平的制约，它所涉及的许多问题特别是非自愿住院问题也没有研究透彻和取得共识，因而它不可能不存在缺陷。而且，在施行过程中，还会出现许多新的问题。

第四节　《精神卫生法》对非自愿住院的规制及其缺陷

一　关于非自愿住院的基本规定

最终通过的《精神卫生法》没有出现“非自愿”或者“强制”之词。因而，对《精神卫生法》是否存在非自愿住院制度以及如何规定非自愿住院制度，只能以学术的角度，从住院的目的、住院的标准、住院的决定主体、住院的程序等方面加以分析和归纳。

还需说明，本书不是《精神卫生法》的释义和教材。这项工作已经有人做了，而且做得很好。[①] 本书只是试图在准确理解《精神卫生法》文本意思的前提下，分析《精神卫生法》有关非自愿住院规定的不足及其在施行中可能发生的问题，进而为《精神卫生法》的完善提出建议。

一般认为，《精神卫生法》第三十条规定了非自愿住院。该条有两款。第一款：“精神障碍的住院治疗实行自愿原则。”这是住院治疗的基本原则，适用于大多数精神障碍患者。自愿是指知情同意。第二款：“诊断结论、病情评估表明，就诊者为严重精神障碍患者并有下列情形之一的，应当对其实施住院治疗：（一）已经发生伤害自身的行为，或者有伤害自身的危险的；（二）已经发生危害他人安全的行为，或者有危害他人安全的

① 例如，信春鹰主编《中华人民共和国精神卫生法解读》，中国法制出版社，2012；全国人大常委会法制工作委员会行政法室编著《〈中华人民共和国精神卫生法〉释义及实用指南》，中国民主法制出版社，2012；卫生部疾病预防控制司等单位组织编写《中华人民共和国精神卫生法医务人员培训教材》，中国法制出版社，2013。

危险的。”这是基本原则的例外情况，相对于知情同意的自愿住院即为非自愿住院。有些学者将非自愿住院定义为“违背患者意志”的住院治疗，[①]实际上只是指患者表示拒绝的“强制住院”，不能涵盖“实行自愿原则”之外的所有住院情况。

根据第三十条规定，非自愿住院的适用有三层条件。

一是进行了诊断。诊断应当符合《精神卫生法》规定的原则和规范。首先，诊断评估应由合法的医疗机构和医师作出。第二十五条规定：“开展精神障碍诊断、治疗活动，应当具备下列条件，并依照医疗机构的管理规定办理有关手续：（一）有与从事的精神障碍诊断、治疗相适应的精神科执业医师、护士；（二）有满足开展精神障碍诊断、治疗需要的设施和设备；（三）有完善的精神障碍诊断、治疗管理制度和质量监控制度。从事精神障碍诊断、治疗的专科医疗机构还应当配备从事心理治疗的人员。”第二十八条第三款规定：“医疗机构接到送诊的疑似精神障碍患者，不得拒绝为其作出诊断。”第二十九条第一款规定：“精神障碍的诊断应当由精神科执业医师作出。”其次，诊断应符合有关标准和规范。第二十六条规定：“精神障碍的诊断、治疗，应当遵循维护患者合法权益、尊重患者人格尊严的原则，保障患者在现有条件下获得良好的精神卫生服务。精神障碍分类、诊断标准和治疗规范，由国务院卫生行政部门组织制定。”再次，诊断应当以精神健康状况为依据。第二十七条规定：“精神障碍的诊断应当以精神健康状况为依据。除法律另有规定外，不得违背本人意志进行确定其是否患有精神障碍的医学检查。”这条规定与联合国《保护精神病患者和改善精神保健的原则》第4项原则和第5项原则的精神是一致的，但不如后者那么有针对性。第4项原则说得相当好：确定是否患有精神病，绝不应以政治、经济或社会地位，或是否属某个文化、种族或宗教团体，或与精神健康状况无直接关系的其他任何理由为依据。家庭不和或同事间不和，或不遵奉一个人所在社区的道德、社会、文化或政治价值观或宗教信仰之行为，不得作为诊断精神病的一项决定因素。过去作为患者的治疗或住院背景本身不得作为目前或今后对精神病的任何确定的理由。第二十

① 参见卫生部疾病预防控制司等单位组织编写《中华人民共和国精神卫生法医务人员培训教材》，中国法制出版社，2013，第94页。

七条所说的“诊断应当以精神健康状况为依据”似乎也有一些绝对。“精神健康状况”以外的因素很复杂，不能一概而论。有的与精神健康状况没有关系，例如政治态度、宗教信仰，完全不能作为诊断依据；有的则可能与精神健康状况有一定的联系，例如与他人的关系，虽然不能作为诊断精神障碍的一项决定因素，但加以了解有助于确认精神障碍。

二是就诊者[①]为严重精神障碍患者。是否为严重精神障碍，是“病情评估”的结果。所谓“严重精神障碍”与卫生部发布的《重性精神疾病管理治疗工作规范（2012年版）》所列重性精神疾病不是一个概念，它主要不是指精神障碍的病种，而主要是指精神障碍的症状严重并对患者造成严重损害。《精神卫生法》第八十三条第二款规定：“本法所称严重精神障碍，是指疾病症状严重，导致患者社会适应等功能严重损害、对自身健康状况或者客观现实不能完整认识，或者不能处理自身事务的精神障碍。”据此可知，即使患有精神病性障碍，例如精神分裂症，但如果没有达到严重程度，也不符合非自愿住院的条件。

三是应有下列情形之一：第一，已经（包括正在）发生伤害自身的行为，或者有伤害自身的危险的；第二，已经（包括正在）发生危害他人安全的行为，或者有危害他人安全的危险的。这是非自愿住院的具体标准。这个标准是混合型、交叉型的。已经发生伤害自身或者危害他人安全的行为，是危害性。有伤害自身或者危害他人安全的危险，是危险性。已经发生伤害自身的行为，或者有伤害自身的危险，是自身危害性和自身危险性。已经发生危害他人安全的行为，或者有危害他人安全的危险，是社会危害性和社会危险性。

然而，第三十条实际上并没有把《精神卫生法》实际存在的非自愿住院制度完整、集中地显示出来。第三十条第二款的表述，让人感觉，这里埋有一个伏笔，因为它并没有决然地宣布，除了明确规定的两种情形（似乎可以看作“例举”），对任何其他情形不得实施非自愿住院治疗。

二　保安性非自愿住院的标准和程序

在其他一些国家，根据危险性标准实施的非自愿住院，其决定者，

① 为与自愿就诊者相区别，我一般将非自愿就诊者称为“被送诊者”。

一般没有因为伤害自身和危害他人的不同而不同。但是我国《精神卫生法》将伤害自身和危害他人区别对待——有伤害自身行为或者危险的精神障碍患者的非自愿住院须经监护人同意，有危害他人安全行为或者危险的精神障碍患者的非自愿住院由医疗机构决定，并规定了不同的决定程序。因此，我将前者归入救护性非自愿住院，将后者定性为保安性非自愿住院。

（一）保安性非自愿住院的标准

与其他一些国家的非自愿住院危险性标准仅指即将发生危害行为的可能性不同，《精神卫生法》第三十条既包括可能发生危害行为，也包括已经发生危害行为，是危险性与危害性的综合。

“已经发生危害他人安全的行为”作为非自愿住院的危害性标准，是比较清晰的。“他人”是指不包括自身的任何人，可以是个人也可以是人群或者群体。“他人安全”，包括人身安全和财产安全。在草案征求社会意见稿中，危害性标准是发生“危害公共安全或者他人人身安全、扰乱公共秩序”的行为，整体范围更宽一些，但将危害他人的行为限定在人身安全。最后删除“危害公共安全”和“扰乱公共秩序”，同时取消对“他人安全”的“人身”限定。删除“危害公共安全”和“扰乱公共秩序”，是为了避免因为界限不清导致非自愿住院的滥用和扩大化。这样做，无损于对公共安全和社会秩序的维护，因为对“已经发生危害他人安全的行为”的疑似精神障碍患者的处置，主要适用的是《刑法》。疑似精神障碍患者发生危害他人安全的行为之外的危害行为，如果触犯《刑法》，将会在刑法范畴受到追究，可能被给予强制医疗。未触犯《刑法》的或者根据《刑法》不适用强制医疗的，才属于《精神卫生法》的管理范围。更何况危害他人安全的行为，包括了“危害公共安全”和“扰乱公共秩序”的一些行为。

而“有危害他人安全的危险”作为非自愿住院的危险性标准，似乎还不够严格。危险性标准缺少实际发生的危害行为作为依据，必须严格限定。从草案征求社会意见稿的“有危害公共安全或者他人人身安全、扰乱公共秩序危险”到最后的“有危害他人安全的危险”，是一个进步，否则确实有被用滥用之虞，但是还不够。“有危害他人安全的危险”没有表示出危险和采取防范措施的紧迫性。在精神科医生眼中，凡是具有精神病性症状[①]或者阳性症状[②]的严重精神障碍患者大概都有可能发生危害他人安全的行为，这个可能性存在于几天之内、几个月之内甚至几年之内。他们也确实没有能力和胆量断定哪一个具有精神病性症状或者阳性症状的严重精神障碍患者终其一生一定不会发生危害他人安全的行为。然而，作为一种强制性的、可能对患者造成损害、成本也比较高的非常措施，保安性非自愿住院应当只适用于危险征兆明显、符合联合国《保护精神病患者和改善精神保健的原则》危险性定义的“很有可能即时或即将”发生危害的情形。对判断根据不足的可能“有危害他人安全的危险”的疑似精神障碍患者，可以通过常规的药物治疗和家庭看护消除或者减少其可能存在的危险性。

（二）紧急处置和送诊

《精神卫生法》第二十八条第二款规定：“疑似精神障碍患者发生伤害自身、危害他人安全的行为，或者有伤害自身、危害他人安全的危险的，其近亲属、所在单位、当地公安机关应当立即采取措施予以制止，并将其送往医疗机构进行精神障碍诊断。”这一条不仅规定了在紧急情况下对疑似精神障碍患者处置和送诊，而且规定了保安性非自愿住院的启动。非自愿送诊是非自愿住院的第一步，从这时开始，疑似精神障碍患者的人身自由就受到限制。

第二十八条第二款虽然文字不长，但涉及问题不少，其中一些问题没有说清楚。

应当区别发生危害他人安全行为和仅有危害他人安全危险这两种情形，以及制止危害行为和送诊这两个阶段，否则执行起来势必发生混乱。

第一，关于发生危害他人安全行为的疑似精神障碍患者：（1）当发现疑似精神障碍患者发生危害他人安全的行为，其近亲属、所在单位、当地公安机关应当立即采取措施予以制止，但是，对其近亲属、所在单位的要

① 精神病性症状（psychotic symptoms），指患者由于丧失了显示检验能力而明显地不能正常处理某些显示问题的表现，例如持久的幻觉和妄想。参见中华医学会精神科学会、南京医科大学脑科医院编《CMD－2－R，中国精神疾病分类方案与诊断标准》，东南大学出版社，1995，第213页。

② 阳性症状（positive symptom），是指精神状态的亢奋或歪曲，主要包括幻觉、妄想、怪异行为、情感反应活跃和阳性的思维形式障碍等。参见中华医学会精神科学会、南京医科大学脑科医院编《CCMD－2－R，中国精神疾病分类方案与诊断标准》，东南大学出版社，1995，第230页。

求应以其能力为限。(2) 当发现疑似精神障碍患者发生危害他人安全的行为，不仅其近亲属、所在单位、当地公安机关应当立即采取措施予以制止，其他官方单位也应当在其能力范围内立即采取措施予以制止，这是它们作为官方单位的义务。草案征求社会意见稿曾经规定村民委员会和居民委员会也应当制止，但鉴于它们的能力有限，后来的草案一次审议稿将其删除。(3) 当疑似精神障碍患者发生危害他人安全的行为时，被害人有权利实行正当防卫，其他人也有权利采取适当方式予以制止。(4) 当发现疑似精神障碍患者发生危害他人安全的行为，任何单位和人都有权利要求其近亲属、所在单位、当地公安机关立即采取措施予以制止和送诊。(5) 对发生危害他人安全行为的疑似精神障碍患者，只有其近亲属、所在单位、当地公安机关有权利且有义务将其送诊。

在审议草案三次审议稿时，有常委委员提出，第二十八条第二款规定的“近亲属、所在单位、当地公安机关”等送诊主体应当明确优先顺序，避免发生纠纷。[①] 但这一意见没有被采纳。之所以不明确规定顺序，是为了强调对于制止疑似精神障碍患者发生危害行为，近亲属、所在单位、公安机关都负有责任，应当相互配合，不得互相推诿。一般而言，近亲属负责家庭成员中发生危害他人安全行为的疑似精神障碍患者的送诊；单位负责本单位人员（员工、学生）中在本单位发生危害他人安全行为的疑似精神障碍患者的送诊；公安机关负责在公共场所发生危害他人安全行为的疑似精神障碍患者的送诊。同时，无论近亲属还是单位，在无法制止或者送诊时，可以请求公安机关予以协助。

第二，对尚未发生危害他人安全行为而仅有危害他人安全危险的疑似精神障碍患者，只有其近亲属、所在单位、当地公安机关有权利且有义务将其送诊。其他单位和个人认为疑似精神障碍患者有发生危害他人安全行为的可能，可以向其近亲属、所在单位和当地公安机关反映，要求他们或者它们将疑似精神障碍患者送诊，而不应擅自采取行动。近亲属、所在单位、当地公安机关将仅有危害他人安全危险的疑似精神障碍患者送诊，应

---

① 参见《全国人民代表大会法律委员会关于〈中华人民共和国精神卫生法（草案三次审议稿）〉修改情况的报告》，载于信春鹰主编《中华人民共和国精神卫生法解读》，中国法制出版社，2012。

当有比较充足的根据，避免将精神正常者送诊。还有，公安机关是否有义务协助近亲属、所在单位，将仅有危害他人安全危险的疑似精神障碍患者送诊？对此，草案征求社会意见稿比较慎重，它与《刑法》《人民警察法》基本一致，将公安机关的送诊责任局限于已经发生严重危害公共安全或者他人人身安全行为的疑似精神障碍患者。至少说，如果没有疑似精神障碍患者的近亲属、所在单位的请求，公安机关人员不应进入仅有危害他人安全危险的疑似精神障碍患者家庭、所在单位采取行动。

还有一点很重要，《精神卫生法》必须规定但没有规定，就是单位和公安机关将疑似精神障碍患者非自愿送诊，应当及时（如24小时之内）通知其近亲属。这对保护疑似精神障碍患者的合法权益是很重要的。近亲属作为疑似精神障碍患者的最亲近之人，有可能成为疑似精神障碍患者的监护人，应当享有知情权，并能够及早介入。草案征求社会意见稿曾经规定由公安机关送诊的，应当通知其监护人、近亲属，但后来因为条文调整而删除。

另外，《精神卫生法》只是规定了“送诊”，而没有明确规定医疗机构是否可以根据疑似精神障碍患者的近亲属、所在单位、当地公安机关的请求，派出医生或者护士（以及护工）将疑似精神障碍患者强制带回。这里是应当适用“法无授权不可为”的原则，抑或应当适用“法无禁止即可为”的原则？我认为，对于发生危害他人安全行为的疑似精神障碍患者，如果近亲属、所在单位、当地公安机关提出请求，医疗机构应当派人将疑似精神障碍患者强制带回，责任应当完全由请求者承担；对于仅有危害他人安全危险的疑似精神障碍患者，如果近亲属、所在单位、当地公安机关提出请求，医疗机构可以派出医生，在就地检查之后，由护士（以及护工）将其强制带回，但医疗机构须承担连带责任。

（三）紧急留院诊断

根据《精神卫生法》第二十九条第二款“医疗机构接到依照本法第二十八条第二款规定送诊的疑似精神障碍患者，应当将其留院，立即指派精神科执业医师进行诊断，并及时出具诊断结论”之规定，对于疑似精神障碍患者，在他们发生危害他人安全行为或者有危害他人安全危险的紧急情况下，为制止或者防止他们发生危害行为，医疗机构应当先将他们留置，然后进行观察并及时作出诊断。可以将这一制度称为“紧急留院诊断”。

就像在刑事诉讼法上的刑事拘留不等于逮捕一样，紧急留院诊断在精神卫生法上不等于正式的非自愿住院。但是，此时的疑似精神障碍患者已经被限制人身自由。为了避免精神正常者因为不当的紧急留院诊断而被长时间限制人身自由，紧急留院诊断期限应当尽可能短暂。草案二次审议稿规定的是“在72小时内出具诊断结论”，但草案三次审议稿改为“及时出具诊断结论”。有人认为在72小时之内作出诊断，对于某些复杂情况过于仓促。还有人认为，精神障碍的诊断是一个科学判断问题，不同的精神障碍的诊断时间不尽相同，不宜一刀切，规定一个统一的时限。① 也有人指出，其他国家多以72小时为限，例如英国、法国、日本，可以借鉴。

我认为，第二十九条第二款存在定位不准，将紧急留院诊断与常规非自愿住院诊断混淆的问题，以致陷入两难境地。这里不妨再看一看英国、法国、日本等国的紧急强制住院诊断（观察、评估）制度。这些国家之所以设置紧急强制住院诊断制度，是因为在紧急安置——也就是拘禁——危险性精神病人时，来不及办理常规强制住院手续，无法进行常规强制住院程序所要求的正式诊断。所以，它们都没有要求在实施紧急强制住院之时，医院应当按照常规强制住院程序作出正式的诊断。但是，为了防范紧急强制住院被滥用，它们规定在开始实施紧急强制住院之前，就应当由一名具备法定资格的医生（一般不是或者可以不是收治医院的医生）对患者进行初步的诊断。这时的诊断不是常规的诊断，并不要求对精神障碍类型的定性十分准确，能够判断出患者存在严重精神障碍并且存在危险性就可以了。如果这名医生提出否定的意见，紧急强制住院便不得实施。这时有关当局就必须寻求其他医生的支持。只有当一名医生作出初步诊断，认为有强制住院的必要，才可以开始紧急强制住院。在紧急强制住院开始之后，进一步观察患者精神状况，为启动下一步的常规强制住院诊断做好准备。正式的强制住院决定，只有经过常规强制住院程序所要求的正式诊断（通常为至少2名医生的一致诊断）才可以作出。英国的紧急强制住院期限不超过72小时。法国曾经规定行政性强制住院紧急住院观察期不超过48小时，后来改为72小时。日本的紧急措置入院期限也有从不超过48小时改为不超过72小时的变化。这个72小时并不是诊断期限，而是在根据

① 全国人大常委会法制工作委员会行政法室编著《〈中华人民共和国精神卫生法〉释义及实用指南》，中国民主法制出版社，2012，第100页。

初步诊断开始紧急强制住院之后，为进行常规强制住院诊断设置的观察准备期。在紧急强制住院的法定期限内，如果具备条件，常规强制住院诊断可以随时开始。如果到法定时限不启动常规强制住院诊断，就应将患者释放。常规强制住院诊断的期限通常比较长，英国是 28 天。

对比之下，我国《精神卫生法》第二十九条第二款规定的紧急留院诊断，自有其特点。首先，它采取的是先留院、后诊断的模式。其次，紧急留院是医疗机构必须执行的。再次，诊断虽然是紧急的，但要求的诊断结论是正式的，必须出具诊断结论。不难看出，这里面有内在的矛盾。而且，《精神卫生法》没有对可能需要更多时间的常规非自愿住院诊断程序作出规定。也就是说，《精神卫生法》在非自愿住院问题上，实际上是将紧急留院诊断与常规非自愿住院诊断合二为一了，所以诊断时间不能太短。这样做，方便了对疑似精神障碍患者的收治，但不利于避免“有病没病先关起来再说”、精神正常者被当作疑似精神障碍患者无限期拘禁的情况。根本的原因是过分强调住院的作用，优先保证住院，而对精神障碍患者合法权益的保护和对非自愿住院滥用的防范重视不够。

我国《精神卫生法》的紧急留院诊断也应当设置入院检查制度，医疗机构接到被送诊的疑似精神障碍患者，应当立即指派精神科执业医师对其精神状态进行初步检查，提出是否留院观察的意见，无须留院观察的由送诊者接回；对留院的疑似精神障碍患者，应当进一步观察，并及时作出是否需要住院治疗的诊断结论。如果不设置入院检查制度，那么整个紧急留院诊断的时间就不宜不定期，否则对疑似精神障碍患者过于不利。期限应以 72 小时为宜，在 72 小时内不能作出住院治疗的诊断结论，不得实施住院治疗；个别需要延长诊断时间的，应当呈报卫生行政部门批准。

《精神卫生法》为防止有些人以不确定的“及时”为借口故意拖延出具诊断结论的时间，在第七十四条中规定：医疗机构及其工作人员对依照本法第三十条第二款规定实施住院治疗的患者未及时进行检查评估或者未根据评估结果作出处理的，由县级以上人民政府卫生行政部门责令改正，给予警告；情节严重的，对直接负责的主管人员和其他直接责任人员依法给予或者责令给予降低岗位等级或者撤职、开除的处分，并可以责令有关医务人员暂停一个月以上六个月以下执业活动。然而，如果不规定明确期限，这一条款将不会起到作用。

另外，草案一次审议稿曾经规定紧急留院诊断应有2名以上的精神科执业医师作出（这也是将紧急留院诊断与常规非自愿住院诊断混淆了），草案二次审议稿则对医师数量没有要求，可以一名，也可以多名。这是可以的。在英国、法国、日本等国，紧急强制住院诊断的医生也可以是一名。而且，在紧急情况下“立即指派2名以上精神科执业医师进行诊断”，对于我国一些医疗机构来说，可能是比较困难的。

还有一个问题，有一些患者是自行或者在近亲属的陪同下自愿到医疗机构接受门诊治疗的，而诊断结论、病情评估表明，其为严重精神障碍患者，并且有危害他人安全的危险，需要住院治疗，医疗机构是否可以将其留院？这是从自愿患者转化为非自愿患者的问题。我认为，此时医疗机构可以——当然应当极为慎重——将其留院，但是应当立即通知其近亲属来院办理住院手续，或者要求陪同来院的近亲属办理住院手续。患者或者其近亲属如果对需要住院治疗的诊断结论有异议，可以要求再次诊断和鉴定。

（四）再次诊断和鉴定

《精神卫生法》第三十二条第一款规定：“精神障碍患者有本法第三十条第二款第二项情形，患者或者其监护人对需要住院治疗的诊断结论有异议，不同意对患者实施住院治疗的，可以要求再次诊断和鉴定。”另外，第三十五条第二款规定：“在相关机构出具再次诊断结论、鉴定报告前，收治精神障碍患者的医疗机构应当按照诊疗规范的要求对患者实施住院治疗。”

关于再次诊断的性质。再次诊断是相对紧急留院诊断而言的。“再次”的说法表明紧急留院诊断是“初次诊断”。再次诊断对于疑似精神障碍患者和医疗机构都是有益的。患者可以通过它保护其合法利益，医疗机构也可以通过它在比较从容的时间里解决一些复杂的医学问题。我国《精神卫生法》没有规定常规的非自愿住院诊断程序。但考察有关条款，并且对比其他国家有关规定，可以发现，“再次诊断”基本相当于其他国家的常规强制住院诊断，例如必须有至少2名医生的诊断以及诊断期限比较长。也有不同之处，主要是我国《精神卫生法》规定的再次诊断，由患者或者其近亲属、监护人启动。如果他们对需要住院的初次诊断结论没有异议，就应办理住院手续，住院即正式开始；如果他们对需要住院的初次诊断结论有异议，可以要求再次诊断。而其他国家的常规强制住院诊断是法定的必经程序，即使患者或者其近亲属、监护人没有提出申请，也必须进行。只不过在患者或者其近亲属、监护人没有提出异议的情况下，从紧急强制住院到常规强制住院的转化以及常规强制住院诊断的实施，可以简化一些。例如，在英国，经一名医生诊断而实施的紧急强制住院，如果有另一名医生的诊断支持，可以转化为常规强制住院，不用再找另外的医生诊断。

如果把再次诊断与之前的紧急留院诊断联系起来看，并且对比其他国家有关制度，可以发现，我国《精神卫生法》一是将其他国家在紧急强制住院开始之前就应进行的初次诊断，安排到留院之后进行，并且没有设置期限；二是将其他国家必须进行的常规强制住院诊断称为再次诊断，如果疑似精神障碍患者或者其监护人对初次诊断没有异议就不再进行。这样做的好处是程序比较简化，缺点是对疑似精神障碍患者保护不够。

关于再次诊断的启动。应当明确一点，对需要住院治疗的诊断结论提出异议，并不要求患者与其监护人意见一致。事实上可能出现患者与其监护人意见不一致的情况：或者监护人同意住院，患者不同意住院；或者患者同意住院，监护人不同意住院。根据第三十二条第一款规定，患者如果不同意住院，可以要求再次诊断和鉴定；监护人不同意患者住院，也可以要求再次诊断和鉴定。不论是谁提出异议，效力都是一样的，将启动再次诊断。

但是，第三十二条第一款里有一个漏洞，它只规定患者或者其监护人（这时应称“近亲属”）可以对需要住院治疗的诊断结论提出异议、要求再次诊断和鉴定，而没有规定患者的监护人可以对不需要住院治疗的诊断结论提出异议、要求再次诊断和鉴定。实际上，一些疑似精神障碍患者恰恰是由认为自身安全受到疑似精神障碍患者危害的近亲属送诊的，或者由近亲属请求当地公安机关送诊的。可是根据第三十二条第一款规定，如果医疗机构作出不需要住院治疗的诊断结论，近亲属没有权利提出异议、要求再次诊断和鉴定，这使他们的合法权益无法获得保护。同样的问题也存在于送诊的患者所在单位、当地公安机关身上。这可能进一步带来两方面的问题。一是医疗机构迫于疑似精神障碍患者的近亲属、所在单位和当地公安机关的压力，为避免麻烦，总是作出需要住院治疗的诊断结论；二是近亲属、所在单位和当地公安机关反复、多次地将同一个疑似精神障碍患者送诊，直至其住院治疗，造成各方面精力和医疗资源的浪费。解决这个问题的办法，是赋予送诊者包括疑似精神障碍患者的近亲属、所在单位和当地公安机关，对不需要住院治疗的诊断结论提出异议、要求再次诊断和鉴定的权利。

关于再次诊断的程序。第三十二条第二款规定："依照前款规定要求再次诊断的，应当自收到诊断结论之日起三日内向原医疗机构或者其他具有合法资质的医疗机构提出。承担再次诊断的医疗机构应当在接到再次诊断要求后指派二名初次诊断医师以外的精神科执业医师进行再次诊断，并及时出具再次诊断结论。承担再次诊断的执业医师应当到收治患者的医疗机构面见、询问患者，该医疗机构应当予以配合。"这款规定的要点主要是：（1）精神障碍患者或者其监护人要求再次诊断，必须在收到诊断结论之日起三日内提出。（2）再次诊断的要求无论有无根据，医疗机构都必须接受。（3）再次诊断的要求可以向原医疗机构提出，也可以向其他具有合法资质的医疗机构提出。问题是，原医疗机构有义务接受要求，进行再次诊断，可是其他具有合法资质的医疗机构有此义务吗？而如果其他具有合法资质的医疗机构可以拒绝，不就几乎等于可以进行再次诊断的只有原医疗机构吗？（4）进行再次诊断的，必须是不少于二名的精神科执业医师，而且必须是初次诊断医师以外的医师。（5）进行再次诊断，必须到收治患者的医疗机构面见、询问患者，而且该医疗机构应当予以配合。这里有一个细节问题，如果再次诊断的医师是外地的，路费谁承担？

关于鉴定的启动。第三十二条第三款第一句规定："对再次诊断结论有异议的，可以自主委托依法取得执业资质的鉴定机构进行精神障碍医学鉴定；医疗机构应当公示经公告的鉴定机构名单和联系方式。"这里所说的"对再次诊断结论有异议"，是指被送诊者对需要住院治疗的再次诊断结论有异议。对不需要住院治疗的再次诊断结论，被送诊者自然不会有异议，将其送诊的近亲属、所在单位或者当地公安机关可能会有不同看法，但没有被赋予提出异议的权利。被送诊者如果对需要住院治疗的再次诊断结论没有异议，在初次诊断之后就已经实际开始（患者或者其监护人尚未办理住院手续）的住院治疗将继续进行，不再有鉴定的问题。这里所说的"自主委托"，首先是指疑似精神障碍患者或者其监护人可以自己选择鉴定机构，其次也可能包含由他们承担鉴定费用的意思。

关于鉴定的程序和要求。第三十二条第三款第二句规定："接受委托的鉴定机构应当指定本机构具有该鉴定事项执业资格的二名以上鉴定人共同进行鉴定，并及时出具鉴定报告。"这项规定的内容不应放在第三十二条第三款中，而应当单设一条。接着，第三十三条第一款规定："鉴定人应当到收治精神障碍患者的医疗机构面见、询问患者，该医疗机构应当予以配合。"第三十三条第二款规定："鉴定人本人或者其近亲属与鉴定事项有利害关系，可能影响其独立、客观、公正进行鉴定的，应当回避。"第三十四条第一款规定："鉴定机构、鉴定人应当遵守有关法律、法规、规章的规定，尊重科学，恪守职业道德，按照精神障碍鉴定的实施程序、技术方法和操作规范，依法独立进行鉴定，出具客观、公正的鉴定报告。"第三十四条第二款规定"鉴定人应当对鉴定过程进行实时记录并签名。记录的内容应当真实、客观、准确、完整，记录的文本或者声像载体应当妥善保存。"第三十三条、第三十四条中的有些问题过于具体，可以由其他专门法律、法规规定，《精神卫生法》没有必要展开。

关于再次诊断和鉴定的效力。首先，第三十五条第一款规定："再次诊断结论或者鉴定报告表明，不能确定就诊者为严重精神障碍患者，或者患者不需要住院治疗的，医疗机构不得对其实施住院治疗。"这里没有说明"医疗机构不得对其实施住院治疗"之后，应当采取什么行动。草案征求社会意见稿曾经规定"诊断结论表明精神障碍患者不需要住院治疗的，任何单位或者个人不得限制其离开医疗机构""鉴定结论表明当事人不是精神障碍患者或者不需要实施非自愿住院医疗的，任何单位或者个人不得限制其离开医疗机构"，这是针对以往精神病院实行"谁送来谁接走"做法，即使被送诊者被确认精神正常或者不需要住院，但由于送诊者不接其出院使其留滞精神病院的情况而设计的规定。这么规定的出发点是好的，但处理简单化了。第一，有一些被送诊者已经发生危害行为，违反刑法或者治安管理处罚法，需要公安机关进行处理，不能让其随便离开医疗机构。第二，有一些被送诊者是精神障碍患者，虽然不需要住院治疗，但需要近亲属看护，应由近亲属接回。第三，有一些被送诊者不是精神障碍患者，但毕竟是由其近亲属送诊的，让他们离院，理应通知其近亲属。当时我建议草案区别对待，给予不同处理。然而，最后《精神卫生法》完全回避了这个问题，这也是不妥的。可能是觉得规定起来很麻烦，难以说清楚。建议在第三十五条第一款之后增加一款规定，不妨说得细一些："就诊者不是精神障碍患者的，应当立即允许其自行离开医疗机构，但是由其近亲属送诊的，应当通知其近亲属。就诊者是精神障碍患者但不需要住院治疗的，由其近亲属接回看护。不需要住院治疗的就诊者有违反刑法和治安管理处罚法行为的，由公安机关接收，依法予以处理。"

其次，第三十五条第二款规定："再次诊断结论或者鉴定报告表明，精神障碍患者有本法第三十条第二款第二项情形的，其监护人应当同意对患者实施住院治疗。监护人阻碍实施住院治疗或者患者擅自脱离住院治疗的，可以由公安机关协助医疗机构采取措施对患者实施住院治疗。"这时，疑似精神障碍患者已经留置于医疗机构，住院治疗正在进行——第三十五条第三款规定："在相关机构出具再次诊断结论、鉴定报告前，收治精神障碍患者的医疗机构应当按照诊疗规范的要求对患者实施住院治疗"，因而所谓"监护人阻碍实施住院治疗"不是指监护人阻碍有关人员将其送诊，而是指监护人擅自将其带离医疗机构，因此方有后面的"由公安机关协助医疗机构采取措施对患者实施住院治疗"。对"监护人应当同意对患者实施住院治疗"，不能理解为对患者实施住院治疗是由监护人决定的。从根本上说，同意"对患者实施住院治疗"是监护人的义务而不是权利。此时即使监护人不同意，对患者的住院治疗也要实施。

（五）住院手续的办理

《精神卫生法》对于保安性非自愿住院手续的办理，在第三十六条有两款规定。第一款第一句规定："诊断结论表明需要住院治疗的精神障碍患者，本人没有能力办理住院手续的，由其监护人办理住院手续。"第二款规定："精神障碍患者有本法第三十条第二款第二项情形，其监护人不办理住院手续的，由患者所在单位、村民委员会或者居民委员会办理住院手续，并由医疗机构在患者病历中予以记录。"第二款规定的内容是接着第三十五条第二款规定说的。既然监护人应当同意对患者实施住院治疗，那么他就应当办理住院手续。但是，如果监护人不办理住院手续，这里规定，将由患者所在单位、村民委员会或者居民委员会办理住院手续。首先应当是所在单位办理，没有单位的或者单位不办理的，由村民委员会或者居民委员会办理。"所在单位"可以是送诊者，也可以不是送诊者。

值得注意的是，法定的送诊者中，唯有"当地公安机关"没有充当办理住院手续的角色。这么规定可能是因为公安机关作为行政机关，不宜担任这一角色。另一方面，恐怕也是为了避免公安机关留下法律凭证，令其在以后可能发生的诉讼中成为被告。但是，如果紧急留院诊断是由当地公安机关送诊的，它又怎能脱离干系，置身于可能发生的诉讼之外？

另外，有第三十条第二款第二项情形的患者，在医疗机构作出需要住院治疗的初次诊断之后，没有提出异议，同意住院治疗，他是否可以自行办理住院手续，进而作为自愿患者住院？第三十六条第二款否定了这种由非自愿患者转为自愿患者的可能性。患者只要是被非自愿送诊的，并且被认定有第三十条第二款第二项情形，即不能再享有仅为自愿住院患者享有的权利。

（六）患者的出院

这里的出院是指非自愿住院治疗正式实施以后，患者经过一段时间的治疗，由医疗机构同意离开医疗机构，而不是指第三十五条第一款规定的经再次诊断结论或者鉴定报告表明不需要住院治疗之时的离开医疗机构。

《精神卫生法》第四十四条第四款规定："对有本法第三十条第二款第二项情形的精神障碍患者实施住院治疗，医疗机构认为患者可以出院的，应当立即告知患者及其监护人。"在草案三次审议稿时，这款尚表述为"对有本法第三十条第二款第二项情形的精神障碍患者实施住院治疗，医疗机构认为患者无危害他人安全危险、可以出院的，应当立即告知患者及其监护人"，以"无危害他人安全危险"作为出院的条件，但最终没有规定这一条件。这可能是因为治愈精神障碍的难度太大，确认无危害他人安全危险的难度也很大，医疗机构无法保证它们认为无危害他人安全危险的精神障碍患者出院后不发生危害他人安全行为。这些顾虑是可以理解的。然而，总起来看，不规定出院的基本条件弊大于利，将会导致不应出院的出院，可以出院的不能出院的情况。后者可能更为多见。

我认为，以"无危害他人安全危险"作为出院的条件还是可行的。同时，在这一条件的具体掌握上，也有必要区别发生危害他人安全行为和仅有危害他人安全危险这两种情形。对曾经发生危害他人安全行为的患者出院，应当比对仅有危害他人安全危险的患者出院，要求更为严格。

更重要的是应当完善对出院患者的管理。可以借鉴美国的院外强制治疗和日本的假出院制度，要求出院患者继续门诊治疗，或者根据医嘱继续服药；要求监护人对出院患者加以必要和适当的看护，督促他们门诊治疗和服药。对于不能按要求门诊治疗和服药的出院患者，可以实施不超过72小时的短期住院治疗。曾经发生危害他人安全行为的出院患者再次发生危害他人安全行为的，可以根据简化的程序将他们再次非自愿地收入医疗机构治疗。

《精神卫生法》还对出院手续的办理问题作出规定。第四十五条规定："精神障碍患者出院，本人没有能力办理出院手续的，监护人应当为其办理出院手续。"这条规定意味着，患者如果有能力办理出院手续，就可以自行办理手续后出院。如此规定，问题很大。其实，它不能适用于曾经有危害他人安全行为或者有危害他人安全危险的保安性非自愿住院患者，而只能适用于自愿住院患者和部分地适用于后面将要讨论的救护性非自愿住院患者。《精神卫生法》实际上漏掉了保安性非自愿住院患者的出院程序问题。关于保安性非自愿住院患者的出院，《精神卫生法》只是在第四十四条第四款规定"医疗机构认为患者可以出院的，应当立即告知患者及其监护人"，没有下文。由监护人办理住院手续的患者如果有能力办理出院手续，是否可以不用理睬监护人（近亲属）而自行出院？由所在单位、村民委员会或者居民委员会办理住院手续的患者，是否可以不用理睬所在单位、村民委员会或者居民委员而自行出院？送诊者、办理住院手续者、办理出院手续者在《精神卫生法》上，前后没有一以贯之。我的意见是，鉴于曾经发生危害他人安全行为或者有危害他人安全危险的患者不是一般的患者，对于他们出院，原则上应当采取谁办理住院手续谁就办理出院手续的原则。而且，所在单位、村民委员会或者居民委员办理出院手续的，应当通知患者监护人。或者相反，由所在单位、村民委员会或者居民委员会办理住院手续的，出院手续由监护人办理，但监护人应当通知曾经办理住院手续的患者所在单位、村民委员会或者居民委员会。曾经发生危害他人安全行为并且由当地公安机关送诊的患者出院时，医疗机构还应当通知当地公安机关。

（七）住院期间的医学评估和行政检查

《精神卫生法》没有规定非自愿住院的最长期限。为了避免患者无限期住院，第四十四条第五款规定："医疗机构应当根据精神障碍患者病情，及时组织精神科执业医师对依照本法第三十条第二款规定实施住院治疗的患者进行检查评估。评估结果表明患者不需要继续住院治疗的，医疗机构应当立即通知患者及其监护人。”不规定非自愿住院的最长期限是可以的，但是不规定检查评估的时间间隔则是不合适的，对住院患者保护程度偏低。建议规定检查评估应当至少每六个月进行一次。这并不限制医疗机构在更短的间隔内对住院患者进行检查评估以及进行更经常的例行检查，并如联合国《保护精神病患者和改善精神保健的原则》所提倡的：“如负责病情的精神保健工作者在任一时候确信某一患者不再符合非自愿住院患者的留院条件，应给予指示，令患者不再作为非自愿住院患者继续住院。”

对于非自愿住院，联合国《保护精神病患者和改善精神保健的原则》要求，各国应当建立由患者所住医疗机构之外的司法或者其他独立和公正的机构对非自愿住院患者病情进行复查的制度。我国《精神卫生法》没有规定由“司法或者其他独立和公正的机构”实施复查，而是规定了卫生行政部门实施的精神障碍医疗机构定期检查，包括对非自愿住院情况的检查。第五十条规定：“县级以上地方人民政府卫生行政部门应当定期就下列事项对本行政区域内从事精神障碍诊断、治疗的医疗机构进行检查：（一）相关人员、设施、设备是否符合本法要求；（二）诊疗行为是否符合本法以及诊断标准、治疗规范的规定；（三）对精神障碍患者实施住院治疗的程序是否符合本法规定；（四）是否依法维护精神障碍患者的合法权益。县级以上地方人民政府卫生行政部门进行前款规定的检查，应当听取精神障碍患者及其监护人的意见；发现存在违反本法行为的，应当立即制止或者责令改正，并依法作出处理。”为了使卫生行政部门的检查有备而来、有的放矢，产生实效，还应当建立非自愿住院治疗的备案制度，医疗机构应当定期将自己实施的每一起非自愿住院治疗病案向当地卫生行政部门登记备案。

（八）与刑法和治安管理处罚法的关系

保安性非自愿住院的标准之一是精神障碍患者或者疑似精神障碍患者已经发生危害他人安全行为，而危害他人安全的行为有一些可能违反《治安管理处罚法》或者触犯《刑法》。对此，《精神卫生法》第五十三条规定：“精神障碍患者违反治安管理处罚法或者触犯刑法的，依照有关法律的规定处理。”这似乎是说，精神障碍患者违反《治安管理处罚法》或者触犯《刑法》的，依照《刑法》《刑事诉讼法》以及《治安管理处罚法》

的规定处理就可以了，与《精神卫生法》无关。其实不然。

第一，对有些触犯《刑法》的精神障碍患者（精神病犯罪人），应当根据《精神卫生法》实施保安性非自愿住院。《刑法》规定，精神病人在不能辨认或者不能控制自己行为的时候造成危害结果，经法定程序鉴定确认的，不负刑事责任，但是应当责令他的家属或者监护人严加看管和医疗；在必要的时候，由政府强制医疗。《刑事诉讼法》规定，实施暴力行为，危害公共安全或者严重危害公民人身安全，经法定程序鉴定依法不负刑事责任的精神病人，有继续危害社会可能的，可以予以强制医疗。也就是说，精神障碍患者在不能辨认或者不能控制自己行为的时候发生的犯罪，如果不属于危害公共安全或者严重危害公民人身安全的暴力行为，不得对其实施刑事性的强制医疗。另外，如前所述，精神障碍患者在不能辨认或者不能控制自己行为的时候发生的犯罪，即使属于危害公共安全或者严重危害公民人身安全的暴力行为，并且他们有继续危害社会的危险，法院也可能因为某些特殊原因，决定不对其实施强制医疗。那么，应当如何处置不负刑事责任也不适用强制医疗的犯罪精神障碍患者？《刑法》的规定是，应当责令他们的家属或者监护人严加看管和医疗。但是，严加看管和医疗是否包括由家属或者监护人送诊、住院治疗？家属或者监护人是否可以不将他们送诊、住院治疗？我认为，根据《精神卫生法》，既然对没有危害他人安全行为而仅有危害他人安全危险的精神障碍患者都可以实施非自愿住院治疗，那么对犯罪精神障碍患者就更可以实施非自愿住院治疗。否则，将造成尚未犯罪的精神障碍患者应当非自愿住院、已经犯罪的精神障碍患者无须非自愿住院的奇异、尴尬局面。这种失衡破坏了法律的公正性、严肃性。因此，对于不负刑事责任也不适用强制医疗的犯罪精神障碍患者，应当根据《精神卫生法》强制送诊。如果经诊断确认符合《精神卫生法》规定的非自愿住院治疗条件，应当给予非自愿住院治疗。对于这些犯罪精神障碍患者，一般应当由公安机关责令其家属或者监护人送诊，如果家属或者监护人拒不送诊，或者没有家属或者监护人，应当由公安机关送诊。

第二，对有些违反《治安管理处罚法》的精神障碍患者（肇事精神障碍患者），也应当根据《精神卫生法》实施保安性非自愿住院。《治安管理处罚法》规定，精神病人在不能辨认或者不能控制自己行为的时候违反治安管理的，不予处罚，但是应当责令其监护人严加看管和治疗。[①] 然而，《治安管理处罚法》也没有规定严加看管和治疗是否包括非自愿住院治疗，以及如果违反治安管理的精神障碍患者的家属或者监护人拒不送诊，或者没有家属或者监护人，公安机关是否可以送诊。《精神卫生法》提供了法律依据。肇事精神障碍患者如果符合《精神卫生法》规定的非自愿住院治疗条件，应当给予非自愿住院治疗。也是应当由公安机关责令其家属或者监护人送诊，如果家属或者监护人拒不送诊，或者没有家属或者监护人，应当由公安机关送诊。不过，在这里，《精神卫生法》规定的非自愿住院治疗只能适用于发生危害他人安全行为或者有危害他人安全危险的肇事精神障碍患者。至于发生其他违反治安管理行为的肇事精神障碍患者，公安机关只能责令其监护人严加看管和治疗。

第三，应当防止触犯刑法或者被指控触犯刑法的人被不当地适用《精神卫生法》上的非自愿住院。有两种情形尤须加以防范：一是有关机关可能为规避司法程序包括《刑事诉讼法》设置的制约和监督更强的强制医疗程序，利用《精神卫生法》非自愿住院程序的简便性，将触犯刑法或者被指控触犯刑法的人作为一般“危险性”患者送诊、住院，达到限制其人身自由的目的；二是触犯刑法或者被指控触犯刑法的人，可能为规避刑罚或者刑事性的强制医疗，自行或者通过其亲属等买通有关机关的工作人员，使其躲入精神病院，并利用住院期限的不确定性争取早日出院。

对于与《刑法》《刑事诉讼法》以及《治安管理处罚法》的衔接，《精神卫生法》的现有规定过于简单，应当补充内容，或者通过其他法规加以具体规定。

（九）其他强制场所的精神障碍治疗

《精神卫生法》第五十二条规定：“监狱、强制隔离戒毒所等场所应当采取措施，保证患有精神障碍的服刑人员、强制隔离戒毒人员等获得治疗。”这是从权利的角度规定了患有精神障碍的服刑人员、强制隔离戒毒人员的治疗问题。然而，在他们中间，有一些人犯罪或者吸毒具有精神障

① 《治安管理处罚法》第十三条关于“应当责令其监护人严加看管和治疗”的规定没有提到“家属”，应当修订补充。

碍方面的原因，给予治疗是防止他们继续犯罪、吸毒的强制措施。例如对在辨认或者控制自己行为能力减弱的时候犯罪，被从轻处罚或者减轻处罚的精神病犯罪人的治疗，对因罹患毒品所致精神障碍而不能自拔于吸毒的戒毒人员的治疗，都是强制性的。但是，这种强制治疗不属于《精神卫生法》上的非自愿住院治疗，不适用《精神卫生法》规定的非自愿住院治疗程序。

三　救护性非自愿住院的三种情形

在《精神卫生法》中，还有另外三种情形的非自愿住院，都可以归为救护性非自愿住院。它们的共同特征是没有获得被送诊者的知情同意。其中只有一种，《精神卫生法》承认其具有非自愿性。对于其他两种，《精神卫生法》回避了它们是否非自愿的问题。总而观之，《精神卫生法》对于救护性非自愿住院的态度比较暧昧和摇摆，有关规定闪烁其词，难得其要领，而且似乎还有明修栈道、暗度陈仓的味道，使救护性非自愿住院在其中若隐若现，似无似有，不免让人疑窦丛生。对这些实质上属于非自愿的住院，如果连其非自愿性也不予承认，对适用者合法权益的保护特别是程序的保护能够做到怎样，就可想而知了。这可能将是《精神卫生法》施行过程中出现问题较多的一个方面。

（一）有伤害自身行为或危险的严重精神障碍患者的非自愿住院

根据《精神卫生法》第二十八条第二款、第二十九条第二款、第三十条（主要是第二款第一项）诸规定，疑似精神障碍患者发生伤害自身的行为，或者有伤害自身的危险的，其近亲属、所在单位和当地公安机关应当立即采取措施予以制止，并将其送往医疗机构进行精神障碍诊断。医疗机构接到属于前述情形的疑似精神障碍患者，应当将其留院，立即指派精神科执业医师进行诊断。诊断结论、病情评估报告表明，被送诊者为严重精神障碍患者，并且已经发生伤害自身的行为，或者有伤害自身的危险的，应当对其实施住院治疗。

与前述保安性非自愿住院不同，对有伤害自身行为或者危险的严重精神障碍患者实施非自愿住院，须经其监护人同意。《精神卫生法》第三十一条规定："精神障碍患者有本法第三十条第二款第一项情形的，经其监护人同意，医疗机构应当对患者实施住院治疗；监护人不同意的，医疗机构不得对患者实施住院治疗。监护人应当对在家居住的患者做好看护管理。"也就是说，对有伤害自身行为或者危险的严重精神障碍患者实施非自愿住院治疗，由其监护人决定。在其他国家，一般将危害自身和危害他人的危险规定在一起作为统一的危险性标准，确定具有危害自身危险的精神障碍患者的非自愿住院，与具有危害他人危险性的精神障碍患者的非自愿住院，适用相同的程序，无须经监护人同意。《精神卫生法》规定对有伤害自身行为或者危害自身危险的严重精神障碍患者实施非自愿住院须经监护人同意，固然有中国重视家庭作用的传统的影响，但是将家庭中一个成员的生死视为单纯的家庭内部事务则未必妥当。规定须经监护人同意，恐怕也有风险和住院费用由谁承担的考量。

还有一个重要不同是，有伤害自身行为或者伤害自身危险的严重精神障碍患者对于医疗机构关于需要住院治疗的诊断和其监护人同意住院治疗的决定，没有异议权利，不能要求再次诊断和鉴定。患者的这项权利，在草案一次审议稿中是有规定的，但后来删除了，理由可能是认为监护人的决定可以代表该患者的根本利益或者最佳利益。当然，疑似精神障碍患者如果确实有伤害自身行为或者危险，再允许他对住院治疗提出异议，进而再次诊断和鉴定，是没有必要和意义的。可是，难道不会有热爱生命、珍视健康的精神正常者被人说成是有伤害自身行为或者危险的，进而送到医疗机构的吗？很明显，根据《精神卫生法》，将一个人送入医疗机构，如果以有伤害自身行为或者危险为理由，比以有危害他人安全行为或者危险为理由，更为方便、更少麻烦。这条捷径难道不会被居心叵测之人利用吗？当下抑郁症诊断有泛滥之势，在这种情况下，将一个精神正常但因遇到某种挫折、打击而一时间情绪萎靡或者情绪亢奋的人，说成有轻生倾向并不是一件难事。

特别是，如果对发生伤害自身行为和有伤害自身危险给予扩大性解释和运用，后果更是不堪设想。什么是"伤害自身"？在一定程度上可以代表精神病学界意见的《中华人民共和国精神卫生法医务人员培训教材》一书认为："伤害自身"应包括所有有意或无意可能给患者带来损害结果的行为，如木僵、兴奋躁动、拒食拒饮、长时间不眠等等。它还举例说，精神分裂症患者虽然无自杀或伤害他人行为，亦无自杀或伤害他人危险，但只要存在可能给患者带来损害结果的行为，且拒绝治疗，同样符合有"伤害自身危险”的非自愿住院治疗的标准。[①] 这个解释实际上是说，患有精神障碍而拒绝治疗，就是伤害自身或者有伤害自身的危险，就该当实施非自愿住院治疗。这就是精神病学界对于草案二次审议稿删除草案一次审议稿将“不住院不利于其治疗”作为非自愿住院治疗的标准之一的规定，没有发生强烈反应的原因。也就是说，他们认为《精神卫生法》关于伤害自身的规定基本上包括了“不住院不利于其治疗”的意思，原有的“医疗保护住院”基本上可以照常进行。

上述解释是不可接受的。作为非自愿住院标准的“伤害自身”只能是对生命或者身体健康有直接的、严重的损害并且可能在不久的将来发生损害后果的行为。首先，它应当是一种行为，包括有意识的或者无意识的行为，但个体至少应当有身体动作。个体处于自身无法控制的静止状态，例如木僵、瘫痪、昏迷等状态，虽然可能导致死亡或者身体健康严重受损，但不属于伤害自身行为。对于处于这种状态的患者，虽然应当救治，但属于另外的问题（将在后面讨论）。其次，它应当是对生命或者身体健康的损害。对精神健康的损害，由于其是一个缓慢的过程，且难以观察、确认某一种具体行为对精神健康的损害，所以不能成为非自愿住院的标准。再次，它具有严重性，可以导致死亡或者明显的身体损伤。复次，它具有迅时性，可以立即或者在不久的将来导致损害结果的发生。具体说，作为非自愿住院标准的“伤害自身”有两种情形：（1）可以直接导致自身死亡或者死亡过程以及至少轻伤程度的身体损伤的行为，例如借助自己的力量、器具、药物、环境条件等自杀和自残。（2）可以导致自身在不久的将来死亡或者身体健康严重受损的行为，例如拒绝饮食、拒绝维持生命的治疗。被一些人认为有损自身生命、健康但长期才可能发生作用的行为，例如吸烟、饮酒、贪食、偏食、不按时休息、不爱锻炼等等，都不应包括在内。

我一直主张建立救护性非自愿住院制度。基于人道主义，为了保护精神障碍患者的根本利益，对于某些拒绝住院治疗或者不能自愿住院治疗的精神障碍患者，他们的近亲属、监护人可以将他们送诊，精神病院经过近亲属、监护人的同意，在不能通过其他方式治疗的情况下，可以对他们实

---

① 卫生部疾病预防控制司等单位组织编写《中华人民共和国精神卫生法医务人员培训教材》，中国法制出版社，2013，第109页。

施非自愿住院治疗。但是这种措施容易被滥用，造成“被精神病”，必须有明确严格的标准和经过严格的程序。所以我不赞成草案二次审议稿简单地删除“不住院不利于其治疗”一句，而是主张将其修改为“不住院治疗将导致病情严重恶化，危及生命或严重削弱生活自理能力，只有住院才可给予适当治疗的”。同时，我反对草案二次审议稿删除原有的关于救护性非自愿住院患者复诊、鉴定的规定，认为救护性非自愿住院患者至少应当有复诊（最后称为“再次诊断”）的权利。

如果“伤害自身”可以被解释为包括“拒绝住院治疗”，“拒绝住院治疗”将实际地成为非自愿住院的标准，近亲属、监护人就可以随意地强行将一个拒绝住院治疗的家庭成员送诊，精神病院的一名医生就可以仅以“拒绝住院治疗”这一情形决定实施非自愿住院治疗，要求近亲属或者监护人办理住院手续，并且不用经过再次诊断和鉴定。因此，必须坚决反对将“伤害自身”扩大解释为包括“拒绝住院治疗”，防止被否定掉的“不住院不利于其治疗”借“伤害自身”之体还魂。

有伤害自身行为或危险的严重精神障碍患者的出院程序，与保安性非自愿住院也有差别。根据《精神卫生法》第四十四条第二款规定，在这类精神障碍患者住院治疗期间，监护人可以随时要求精神障碍患者出院，医疗机构应当同意。也就是说出院由监护人决定和办理手续。对监护人的权利，《精神卫生法》第四十四条第三款，从医疗机构的角度给予了一定制约：医疗机构认为精神障碍患者不宜出院的，应当告知不宜出院的理由；其监护人仍要求出院的，执业医师应当在病历资料中详细记录告知的过程，同时提出出院后的医学建议，其监护人应当签字确认。而其他国家的精神卫生法，一般没有因为伤害的对象是自身，就将有伤害自身行为或者危险的精神障碍患者的出院决定权交给其监护人。

（二）由近亲属送诊的无危险性的严重精神障碍患者的非自愿住院

关于这种非自愿住院，《精神卫生法》的直接规定只有三句话，即第二十八第一款的第一句：“除个人自行到医疗机构进行精神障碍诊断外，疑似精神障碍患者的近亲属可以将其送往医疗机构进行精神障碍诊断。”第三十六条的第一句：“诊断结论表明需要住院治疗的精神障碍患者，本人没有能力办理住院手续的，由其监护人办理住院手续。”以及第四十五条：“精神障碍患者出院，本人没有能力办理出院手续的，监护人应当为其办理出院手续。”

《精神卫生法》颁布后，我反复在想，立法者是有意地设置这种非自愿住院制度，还是没有意识到这些规定也可以成为非自愿住院的依据，或者是有意地设置这种住院制度，但不认为或者不承认它是非自愿性的。

无论怎样，《精神卫生法》的上述三句规定构成了一种非自愿住院制度。除个人自行就医外，近亲属将疑似精神障碍患者送诊，大体有四种情况，一是患者主动求医但因病情严重、行动不便等原因不能自行去医院，而由其近亲属护送到院；二是患者不愿意看病，但经近亲属说服、劝导同意看病，并由近亲属陪同到院；三是患者对治疗既没有表示拒绝也没有表示同意而由近亲属做主送诊；四是患者拒绝治疗但其近亲属强行送诊。第一种送诊导致的住院属于自愿住院。第二种送诊导致的住院也可以视为自愿住院，但必须排除通过虐待、威胁、诱骗等不正当手段使得患者同意看病的“伪自愿”情况。需要重点考察的是第三种和第四种送诊导致的住院。

发生第三种送诊之后，医疗机构可能认为被送诊者需要住院治疗，而被送诊者既没有表示拒绝也没有表示同意，便由其近亲属办理住院手续。这也就是英国《心智能力法》和《剥夺自由的保护措施》规定的无能力者的住院。这种住院，当然不能说是“强制住院”（狭义），但也不能说是自愿住院，因为患者毕竟没有表示自己愿意住院治疗的意思，因而还是属于非自愿住院，具体说是“无拒绝的非自愿住院”。这种情况主要见于丧失行为能力但也无危险性的严重精神障碍患者，一些人甚至处于木僵、瘫痪、昏迷、无法饮食等状态。他们“没有能力办理住院手续”，故而需要由近亲属（监护人）办理住院手续。《精神卫生法》允许这种住院，但既没有将其作为非自愿住院，也没有将其作为自愿住院——患者不能像第四十四条第一款规定的自愿住院患者那样可以随时要求出院，医疗机构应当同意，而是给予了模糊处理。《精神卫生法》也没有规定基本标准和设置专门的决定、异议程序。我认为，对无能力、无拒绝、无危险性的精神障碍患者实施非自愿住院，不设置异议程序大体可以（在对“草案第三次征求意见稿”的意见中，我认为对患者没有同意但也没有表示拒绝住院治疗的，基本上可以按照自愿住院治疗对待），但不规定基本标准和决定程序则甚为不妥，有被不当利用的危险。

对无能力、无拒绝、无危险性的精神障碍患者实施非自愿住院，应当以“不住院治疗将导致病情严重恶化，危及生命或严重削弱生活自理能力，只有住院才可给予适当治疗的”为标准。为防止滥用，医疗机构要谨慎地考察患者既没有表示拒绝也没有表示同意的情况是自然或者疾病状态，还是人为——如近亲属的强迫——制造的。另一方面，对于符合这一标准的精神障碍患者，如果监护人因为经济困难，无力承担住院治疗费用，不将其送诊，或者不同意住院，外界以及政府是否可以听之任之？关键在于住院治疗费用由谁承担。如果政府或者其他方面可以解决住院费用，患者的监护人应当不会阻挠患者住院治疗。假使监护人因为其他原因不将患者送诊，或者不同意住院，给患者造成损害，根据《精神卫生法》第七十八条规定，他们将承担赔偿责任。如果监护人是经法院认定和宣告的，还可以按照《民法通则》关于“监护人不履行监护职责或者侵害被监护人的合法权益的，应当承担责任；给被监护人造成财产损失的，应当赔偿损失。人民法院可以根据有关人员或者有关单位的申请，撤销监护人的资格”的规定和最高人民法院《关于贯彻执行〈民法通则〉若干问题的意见（修改稿）》（1990 年）关于“监护人不履行监护职责，或者侵害了被监护人的合法权益，民法通则第十六条、第十七条规定的其他有监护资格的人或者单位可以向人民法院起诉，要求监护人承担民事责任或者要求变更监护关系”的规定处理。如果情节和后果严重，可以按虐待罪追究刑事责任。

关于无能力、无拒绝、无危险性精神障碍患者的出院，基本上可以按照《精神卫生法》第四十五条“本人没有能力办理出院手续的，监护人应当为其办理出院手续”的规定执行。但是，患者如果经过住院治疗，恢复了能力，是否可以允许其自行办理出院手续？

接着考察上述第四种送诊——患者拒绝治疗但其近亲属强行送诊。第四种送诊可能有三种结果：甲、医疗机构经诊断认为被送诊者不符合《精神卫生法》第三十条第二款规定的非自愿住院标准，不予以住院治疗。乙、医疗机构经诊断认为被送诊者符合《精神卫生法》第三十条第二款规定的非自愿住院标准，继而启动非自愿住院程序。丙、医疗机构认为被送诊者虽然无危险性但需要住院治疗，且近亲属也同意住院，而被送诊者拒绝住院，医疗机构以被送诊者“没有能力办理住院手续”为由，要求近亲属办理住院手续。

问题出来了！丙之情形无疑属于非自愿住院。那么，《精神卫生法》是否允许这种非自愿住院？——《精神卫生法》第三十六条第一句规定："诊断结论表明需要住院治疗的精神障碍患者，本人没有能力办理住院手续的，由其监护人办理住院手续。"这是不是意味着，《精神卫生法》在明确规定非自愿住院的第三十条"诊断结论、病情评估表明，就诊者为严重精神障碍患者并有下列情形之一的，应当对其实施住院治疗：（一）已经发生伤害自身的行为，或者有伤害自身的危险的；（二）已经发生危害他人安全的行为，或者有危害他人安全的危险的"之外，暗地里又规定一种非自愿住院？这种非自愿住院也就是以前的"医疗保护住院"。甚至更糟，因为它既没有标准，又没有决定和救济的程序。如果是立法疏忽，这是《精神卫生法》的最大漏洞；如果是有意为之，这是《精神卫生法》的最大黑洞！我更希望这是我的误读。为避免第三十六条第一句规定遭到误用或者滥用，建议立法机关作出解释，说明第三十六条第一句规定不能适用于第三十条规定的被送诊者之外的拒绝住院的被送诊者。同时，医疗机构不能对"本人没有能力办理住院手续"做扩大性理解，将第三十条规定的被送诊者之外的被送诊者拒绝办理住院手续也视为"本人没有能力办理住院手续"。对第三十条规定的被送诊者之外的被送诊者"本人没有能力办理住院手续"，只能理解为，被送诊者对住院决定没有表示拒绝，但由于精神障碍的影响，没有能力办理住院手续。

（三）查找不到近亲属的流浪乞讨精神障碍患者的非自愿住院

在这个问题上，《精神卫生法》的有关规定过于原则、笼统，且有不合理之处。

首先，关于查找不到亲属的流浪乞讨精神障碍患者的送诊，《精神卫生法》第二十八条第一款第二句规定："对查找不到近亲属的流浪乞讨疑似精神障碍患者，由当地民政等有关部门按照职责分工，帮助送往医疗机构进行精神障碍诊断。"也就是说，对流浪乞讨的疑似精神障碍患者送诊，以查找不到其近亲属（为什么不可以是亲属而必须是近亲属？查找不到的标准是什么？）为唯一标准，不论其是否发生伤害自身、危害他人安全的行为，或者有伤害自身、危害他人安全的危险，也不论其愿意还是不愿意、病情是否严重。

其次，被送诊的流浪乞讨疑似精神障碍患者，如果已经发生伤害自身、危害他人安全的行为，或者有伤害自身、危害他人安全的危险，医疗机构认为需要住院治疗，将进入非自愿住院程序。那么，对于不属于这种情况的流浪乞讨精神障碍患者，是否可以实施非自愿住院?《精神卫生法》第三十六条第一款规定："诊断结论表明需要住院治疗的精神障碍患者，本人没有能力办理住院手续的，由其监护人办理住院手续；患者属于查找不到监护人的流浪乞讨人员的，由送诊的有关部门办理住院手续。"而相对于针对危险性患者的第三十六条第二款来说，第三十六条第一款显然是针对无危险性的精神障碍患者包括流浪乞讨的精神障碍患者。因此可以说，按照《精神卫生法》的意思，对于流浪乞讨的精神障碍患者，只要查找不到其监护人（为什么不可以是近亲属而必须是监护人?），就可以实施非自愿住院，由送诊的有关部门办理住院手续。至于他们可以在什么时候出院，《精神卫生法》没有规定，大概要等到查到他们的监护人并且监护人能够将他们领回的时候。

《精神卫生法》的上述规定使得有关部门非自愿救助流浪乞讨精神障碍患者的做法有了法律依据。但是，缺少标准、程序和救济的非自愿救助，看起来还是那么像从前的收容。为了避免苏萍、孙志刚悲剧的重演，建议民政部会同国家卫生和计划生育委员会、公安部等有关部门，根据《精神卫生法》和国务院《城市生活无着的流浪乞讨人员救助管理办法》，制定《流浪乞讨精神障碍患者救助管理细则》，规范非自愿救助住院的标准、适用程序、住院规范、出院条件和手续办理等具体问题。①

第五节　《精神卫生法》上的监护人

《精神卫生法》上的"监护人"概念是从民法引入的，但其含义与民法上的不尽相同。

早在古希腊，柏拉图就论述过对精神障碍患者的管理自己事务的权力的剥夺以及对他的监护。《法律篇》说：

① 参见王晓雁《刘白驹委员认为救助流浪乞讨精神病人须出台细则　明确自愿非自愿法律医学双重标准》，《法制日报》2014年3月5日。

> 现在假定，疾病或年迈或脾气不好或三者兼而有之，使一个人比一个普通老年人的所做所为更任性，除了那些同他生活在一起的人，没有人了解他；假定他自认为有权任意处分自己的财产而滥用滥花家里的钱财，以致他的儿子被搞得心烦意乱，要控告他患了精神错乱症但又犹豫不决。于是以下一条是做儿子的必须遵守的法律。首先他必须到最老的法律维护者那里去，说明他父亲的不幸。法律维护者作了必要的调查之后，必须向他提出建议：要不要进行控诉。如果他们建议他应该起诉，他们必须挺身而出来作控告的证人并以他的名义作辩护。如果情况得到了证实，那么这位父亲就得失去管理自己的事务，甚至细小事务的一切权力，并在其余生，被当作一个儿童来对待。①

到古罗马，对精神障碍患者的监护被法律确定。《十二铜表法》的第五表第七条A规定："若有人发疯，则其近亲或其同族人享有对其本人及其财产的权力。"② 根据该法，疯人的财产由其宗亲属管理，在无宗亲的情况下托付给族人管理。③ 在罗马法中，成年精神障碍患者的监护人，称保佐人。保佐人的职责，一为精神障碍患者身体之保佐，二为精神障碍患者财产之处理。④ 通常情况下，在罗马城由城市长官或大法官指定保佐人，在外省由总督于进行调查后指定保佐人。⑤

在中世纪晚期的英国，先天性痴呆者及其土地的监护权属于此人可继承地产所在的领主所有。由于这一权力被臣民们以形形色色的方式滥用，后来人们普遍同意：为防止先天性痴呆者随意挥霍其财产，并致使其本人及其继承人陷入贫困，该监护权被授予作为他的民众的总监护人的国王来行使。国王的这一特权由议会通过的《爱德华二世十七年法》（1324）第九章的规定加以宣布。该法规定：国王将监管先天性痴呆者的土地，不得滥用或侵吞所得到的收益，并需为被监护者提供生活必需品，而且，在被

① 〔古希腊〕柏拉图：《法律篇》，张智仁、何勤华译，上海人民出版社，2001，第377页。

② 世界著名法典汉译丛书编委会编《十二铜表法》，法律出版社，2000，第18页。

③ 参见〔意〕彼得罗·彭梵得《罗马法教科书》，黄风译，中国政法大学出版社，第180页。

④ 参见陈朝碧《罗马法原理》，法律出版社，2006，第450页。

⑤ 参见〔古罗马〕查士丁尼《法学总论》，张企泰译，商务印书馆，1993，第40页。

监护的先天性痴呆者死后，国王必须将地产还其继承人，以此来防止这些先天性痴呆者出让其土地并导致其继承人丧失继承权。所谓先天性痴呆者，是指自出生便不具有理解能力的人，因此法律将其推定为永远不可能拥有领悟力。一个人是否是先天痴呆者，按照普通法规定，需要依据一种调查令状，由一个十二人陪审团进行审判确定。

对于从某个时间开始精神失常的人即精神错乱者，国王也是他们的监护人，不过监护的目的完全不同。因为法律总是设想，发生在这些人身上的意外不幸可能会消除，所以法律规定仅指定国王为这些精神错乱者的受托人，以保护他们的财产不受侵害，如果他们康复了，国王应就所有他们得到的收益对他们作出满意的交代，如果他们死了，就向其遗产管理人交待。《爱德华二世十七年法》第十章规定，国王将照顾精神错乱者并向他们提供食物，保管他们的土地和土地的收益，在他们康复后供其使用，而且国王不得从中谋取私利。

需要监护的精神错乱者还包括后天变得又聋又哑的人等不论何种原因导致生活不能自理的人。确定一个人为精神错乱者的方法与确定先天性痴呆者的方法非常接近。根据国王的特别授权，大法官负责处理精神错乱者的监护事宜，他在受到起诉书或获知情况后，对一个专门调查委员会颁发调查令状，由该委员会调查当事人的心智状况，如果发现其为精神错乱者，通常将此人置于他的一些朋友的照顾之下，并给予一笔适当金额的生活费。当时将这些人称为精神错乱者的受托监护人。但是，精神错乱者的第一顺序继承人永远不得成为他的受托监护人，这是为了防止某些篡夺其财产的奸谋得逞，因为，如果被监护人死亡，其继承人就有利可图。[①]

在近代欧洲大陆国家的民法中，监护主要包括未成年人监护和成年人监护。对成年人的监护，基于禁治产宣告。所谓禁治产，就是被禁止管理自己的财产。认为某人应当禁治产，应提出请求宣告禁治产之诉，然后经法院判决宣告。1804 年《法国民法典》第 489 条规定："成年人经常处于痴愚，心神丧失或疯癫的状态者，即使此种状态有时间歇，应禁止其处理自己的财产。"第 490 条规定："一切血亲有权请求宣告其血亲的禁治产；

① 参见〔英〕威廉·布莱克斯通《英国法释义》第一卷，游云庭、缪苗译，上海人民出版社，2006，第 332～336 页。

夫妻一方对于他方亦同。”第 491 条规定：“在疯颠的情形，如配偶与血亲均未请求宣告禁治产，王国初级检察官应请求之，在痴愚或心神丧失的情形，如无配偶亦不知其有血亲时，检察官亦得请求之。”第 496 条规定：“法院于收到亲属会议意见后，应于不公开合议庭讯问被告；如被告不能出席，受命审判员一人由书记员协助至其居住地点讯问之。在一切情形，王国初级检察官应出席参与讯问。”第 498 条规定：“关于请求禁治产的判决须经听取当事人的陈述或传唤当事人后，于公开庭宣告之。”第 505 条规定：“如未对第一审宣告禁治产的判决提起上诉，或上诉后维持原判决时，应按照相关规定为禁治产人任命监护人和监护监督人各一人。”第 509 条规定：“禁治产人关于其身体及财产，视同未成年人；关于未成年人监护的法律适用于禁治产的监护。”关于未成年人监护的法律，最主要的是第 450 条规定：“监护人有义务保护未成年人的身体，并代理其一切民事行为。”[①] 1896 年《德国民法典》（1900 年 1 月 1 日起施行）更强调禁治产与无行为能力的关系。根据第 6 条规定，因精神病或精神耗弱致不能处理自己事务者，得宣告为禁治产人。禁治产的原因消灭时，应撤销禁治产宣告。第 104 条规定：“下列之人为无行为能力人：（一）未满 7 岁者；（二）处于精神错乱状态，不能自由决定意志，其依其性质此项状态并非暂时者；（三）因患精神病而受禁治产的宣告者。”第 105 条规定：“无行为能力人的意思表示无效。”第 1896 条规定：“成年人受禁治产的宣告者，应为其任命监护人。”第 1897 条规定：成年人的监护，适用未成年人的监护的规定。[②]

被宣告禁治产，对人的影响极大。禁治产人之无民事行为能力与刑法上犯罪人之无刑事责任能力，在时间效力上有一个很大的不同：犯罪人之无刑事责任能力的判定是以其犯罪时的精神状态为依据，只针对此次犯罪而言，以后如果再次犯罪，需要重新判定；而一个人一旦被宣告禁治产，其各项民事行为能力一律被剥夺，直至禁治产的原因消灭。因此，被宣告禁治产的人在痊愈并且被宣告取消禁治产之前，不仅不能管理自己的财

① 《法国民法典（拿破仑法典）》，李浩培、吴传颐、孙鸣岗译，商务印书馆，1979。

② 《德国民法典》，载于萧榕主编《世界著名法典选编·民法卷》，中国民主法制出版社，1998。

产，而且也不能决定自己的关于人身的事务，包括医疗。然而，各国民法并没有将禁治产人的医疗问题完全交由监护人决定。一般而言，没有限制人身自由的日常治疗可以由监护人决定，限制人身自由——不论在家还是住院——的治疗则由亲属会决定。1804 年《法国民法典》规定，将禁治产人留居家中疗养或送精神病院、医院治疗，须由亲属会议按照禁治产人疾病的性质和财力决定，而且请求宣告精神障碍患者禁治产的那个人不得为亲属会成员。在亚洲，1898 年《日本民法典》虽然规定禁治产人的监护人，应根据禁治产人的资力，尽力予以医疗看护，但同时规定，将禁治产人送入精神病院或监置于私宅，应得亲属会议同意。[①] 我国民国时期的民法也设置了禁治产制度，并且规定了禁治产人的住院问题。监护人如将受禁治产人送入精神病医院或监禁于私宅，应得亲属会议同意。与其他国家也有不同，它规定父母或与禁治产人同居之祖父母作为监护人的，将禁治产人送入精神病医院或监禁于私宅，可以不经亲属会议同意。限制监护人将被监护人送往精神病院的权利，显然是“为预防监护人之滥用职权而设”。[②] 监护人虽多为与精神障碍患者有婚姻、血缘关系之人，但他们未必不会与精神障碍患者发生利益上的冲突。

20 世纪 60 年代以后，随着对精神障碍患者人权的更加重视，传统的禁治产人制度受到越来越激烈的批评。人们认为宣告某人为禁治产人的做法具有歧视性的效果，而且事实上被宣告禁治产人的人通常能够自行从事一些日常生活行为或者法律上并非不利的行为，[③] 因此，许多国家的民法都进行了修改。

1968 年，法国议会通过《关于改革无行为能力法律的法律》，对民法典进行修订，废除了禁治产人制度，以成年人“司法保护”“监护”和“财产管理”制度取而代之。根据修订后的《法国民法典》关于成年人“司法保护”“监护”和“财产管理”的具体规定，精神障碍患者的权利虽然也受到很大限制，但比以前的禁治产人拥有更大的进行民事活动和处理自身事务的

① 1947 年修改为：将禁治产人送入精神病院或其他类似场所，或监置于私宅，应经家庭法院许可。1950 年，删除“私宅监置”。

② 参见史尚宽《亲属法论》，台湾荣泰印书馆，1980，第 674 页。

③ 参见〔德〕迪特尔·梅迪库斯《德国民法总论》，邵建东译，法律出版社，2001，第 411 页。

自主权。关于精神障碍患者非自愿住院以及非自愿住院与民事利益的关系，《法国民法典》第 490－1 条明确规定："采取何种医疗方式，尤其是住院治疗还是在家庭内治疗，与适用于民事利益的保护制度无关。反之，适用于民事利益的制度亦与医疗无关系。但是，监护法官作出安排保护民事利益的决定，应当事先听取治疗医生的意见。"也就是说，精神障碍患者受到根据民法典实施的"司法保护""监护"和"财产管理"，与其是否应当住院治疗无关，反之，精神障碍患者住院治疗也与其是否应当受到根据民法典实施的"司法保护""监护"和"财产管理"无关。①

西班牙在 1983 年修改了民法典中的监护条款，之后又有一些修改。《西班牙民法典》虽然没有完全废除禁治产概念，但是规定，无民事行为能力的宣告，应经司法裁定；监护人将无民事行为能力的被监护人送入精神健康机构，应有司法授权。第 119 条规定："宣告无民事行为能力须由司法机关依据法律规定的原因裁决。"第 200 条规定："因身体或精神的疾病或残疾造成无法支配自身的，构成无民事行为能力的原因。"第 222 条规定："经过司法认定的无民事行为能力人"，应当受到监护。第 268 条规定："监护人按照符合被监护人人格的方式履行职责，尊重被监护人的身体和心智健全。"第 271 条规定：监护人"将被监护人送入精神健康或者其他特殊性质的教育或培训机构"，需要获得司法授权。②

1990 年，联邦德国制定《关于改革监护法和成年人保佐法的法律》（1992 年 1 月 1 日起施行），对民法典进行修订，删除有关禁治产的条款，并且以成年人"照管"取代原有的成年人"监护"。改革的目标是，对与监护和监护职责有利害关系的人们的现行法律根本性地予以改善：没有必要的剥夺权利应该废除，个人自由权利应该尽可能广泛地得到保留。③1998 年，"照管"又修订为"法律上的照管"（亦译"法定照管"）。"法律上的照管"是一种针对成年人的法律制度，即因心理疾患或身体上、精神上及心灵上的障碍而完全或部分不能处理事务的成年人。法院根据该成年人的申请或依职权为其选任照管人，后者即是被照管人的法定代理人。

① 《法国民法典》，罗结珍译，中国法制出版社，1999，第 157～166 页。

② 《西班牙民法典》，潘灯、马琴译，中国政法大学出版社，2013。

③ 〔德〕维尔特劳斯・图斯特、彼得・特伦克－欣特贝格尔：《残疾人法——对实践和研究的系统论述》，刘翠霄译，法律出版社，1999，第 58 页。

设立照管并不影响被照管人的行为能力，他的行为能力仍然按照民法典有关条款的规定判定。[①] 修订后的《德国民法典》第1896条规定了照管的要件：成年人因心理疾患或身体上、精神上或心灵上的残疾而完全或部分地不能处理其事务的，照管法院根据该成年人的申请或依职权为其选任一个照管人。该项申请也可以由无行为能力人提出。照管人不得违反成年人的自由意志而予以选任。照管人仅得就照管在其内属必要的职责范围而被选任。第1901条规定了照管的范围和照管人的义务：（1）照管包括为了依以下规定在法律上处理被照管人的事务而有必要的一切活动。（2）照管人必须以符合被照管人最佳利益的方式处理被照管人事务。被照管人的最佳利益也包括在其能力所及的范围内按照自己的愿望和想法计划其生活的可能性。（3）照管人必须满足被照管人的愿望，但以这样做不与被照管人的最佳利益相抵触，且对照管人来说是可合理地期待的为限。（4）照管人必须在其职责范围内促进利用各种可能性，使被照管人的疾患或残疾得以消除、好转，防止它们恶化或减轻其后果。（5）使取消照管成为可能的情事为照管人所知的，照管人必须将之通知照管法院。第1901a条还规定照管人如何对待病人对自身治疗等问题的处分：（1）无允许能力的成年人已以书面就其允许之不能的情形，确定他是否允许特定的、在确定之时尚不马上来临的其健康状况的检查、治疗或医疗手术或拒绝它们的，照管人审查这些确定是否合乎实际的生命情势和治疗情势。如情况确实如此，则照管人必须使被照管人的意思得以表达和适用。病人处分可以随时不要式地予以撤回。（2）不存在病人处分，或病人处分的确定不合乎实际的生命情势和治疗情势的，照管人必须查明被照管人的治疗愿望或可推知的意思，并在此基础上决定他是否允许第1款所规定的医疗措施或拒绝它。可推知的意思必须依具体的论据予以查明。被照管人先前的口头或书面表达、道德或宗教信念和其他个人价值观念尤须予以考虑。

《德国民法典》还专门规定，对被照管人实施剥夺自由的安置措施，必须符合一定的条件并且经过照管法院批准。第1906条规定：（1）只要安置对于被照管人最佳利益是必要的，照管人对被照管人所做出的与剥夺

① 参见〔德〕迪特尔·施瓦布《德国家庭法》，王葆莳译，法律出版社，2010，第443～444页。

自由相结合的安置仅在下列原因之一时才是可准许的：1. 因被照管人的心理疾患或精神上、心灵上的残疾，存在被照管人自杀或将显著的健康损害加给自己的危险的；或2. 有必要进行健康状况检查、治疗或医疗手术，而没有该项健康状况检查、治疗或医疗手术就无法实施对被照管人的安置，且被照管人因心理疾患或精神上、心灵上的残疾而不能认识安置的必要性，或不能按这一认识实施行为的。（2）该项安置只有经照管法院批准才是准许的。未经批准，仅在延缓会引起危险时，该项安置才是可准许的；必须不延迟地事后取得批准。（3）安置的要件消灭的，照管人必须终止安置。照管人必须将安置的终止通知照管法院。（4）在疗养机构、休养所或其他机构居留而未被安置的被照管人，应被用机械设备、药物或以其他方式在某一较长时段或周期性地剥夺自由的，准用第1款至第3款。① 实际上，第1906条规定了救护性非自愿住院的标准。德国联邦没有统一的精神卫生法，精神卫生以及非自愿住院事项由各州立法。但是联邦民法典的上述规定对各州有约束力。

在亚洲，如本书第四章第四节所述，日本也在1999年废除了禁治产制度，创设成年人监护制度。修改的原因一是应对高龄化。高龄者的特征是，随着年龄的增大，其判断力逐渐衰退。因此以往那种定型的、一刀切的行为能力制度无法完全应对，人们强烈地意识到设立柔韧而弹性的制度的必要性。第二个原因是精神障碍患者政策的变化。对于一般的精神障碍者，越来越多的人认为不应该隔离他们，而是应该创造一个使他们能够在家庭、社区过通常生活的社会。以往的行为能力制度试图把精神障碍者排除在交易等民事活动之外，需要反省。新创立的成年人监护制度的基本理念是：尽可能尊重个人自己的决定，同时又给予必要而且充分的保护。②

我国台湾地区在1949年以后一直沿用南京国民政府制定的民法，虽然多有修正，但是总则中关于禁治产的规定和亲属编中关于禁治产人监护的主要条款（第十四条、第十五条、第一千一百十条、第一千一百十一条、第一千一百十二条、第一千一百十三条③）在2008年以前没有变动。20世

---

① 《德国民法典》（第3版），陈卫佐译注，法律出版社，2010。

② 参见〔日〕山本敬三《民法讲义Ⅰ·总则》，解亘译，北京大学出版社，2004，第30~35页。

③ 参见本书第六章第五节。

纪90年代以来，在欧洲国家民法禁治产制度的改革影响下，台湾法学界对有关问题进行深入的研究。2008年，台湾地区"立法院"审议通过"民法"总则编（禁治产部分）、亲属编（监护部分）修正条文，将禁治产监护改为成年人监护，调整监护人的职务内容。修正的意义重在保护受监护宣告之人，维护其人格尊严，并确保其权益。修正的幅度比较大，主要者有：（1）第十四条修正为（共四款）："对于因精神障碍或其它心智缺陷，致不能为意思表示或受意思表示，或不能辨识其意思表示之效果者，法院得因本人、配偶、四亲等内之亲属、最近一年有同居事实之其它亲属、检察官、主管机关或社会福利机构之声请，为监护之宣告。""受监护之原因消灭时，法院应依前项声请权人之声请，撤销其宣告。""法院对于监护之声请，认为未达第一项之程度者，得依第十五条之一第一项规定，为辅助之宣告。""受监护之原因消灭，而仍有辅助之必要者，法院得依第十五条之一第一项规定，变更为辅助之宣告。"（2）第十五条修正为："受监护宣告之人，无行为能力。"此条的修正说明指出："按外国立法例，虽有将成年受监护人之法律行为，规定为得撤销者（例如日本民法第九条）；亦即受监护宣告之人不因监护宣告而完全丧失行为能力。惟因本法有关行为能力制度，系采完全行为能力、限制行为能力及无行为能力三级制；而禁治产人，系属无行为能力，其所为行为无效。此一制度业已施行多年，且为一般民众普遍接受，为避免修正后变动过大，社会无法适应，爰仍规定受监护宣告之人，无行为能力。"（3）新增第十五条之一（共三款）："对于因精神障碍或其它心智缺陷，致其为意思表示或受意思表示，或辨识其意思表示效果之能力，显有不足者，法院得因本人、配偶、四亲等内之亲属、最近一年有同居事实之其它亲属、检察官、主管机关或社会福利机构之声请，为辅助之宣告。""受辅助之原因消灭时，法院应依前项声请权人之声请，撤销其宣告。""受辅助宣告之人有受监护之必要者，法院得依第十四条第一项规定，变更为监护之宣告。"（4）第一千一百十条修正为："受监护宣告之人应置监护人。"（5）第一千一百十一条修正为（共二款）："法院为监护之宣告时，应依职权就配偶、四亲等内之亲属、最近一年有同居事实之其它亲属、主管机关、社会福利机构或其它适当之人选定一人或数人为监护人，并同时指定会同开具财产清册之人。""法院为前项选定及指定前，得命主管机关或社会福利机构进行访视，提出调查报告及建议。监护之声请人或利害关系人亦得提出相关资料或证据，供法院斟酌。”（6）新增第一千一百十一条之一：“法院选定监护人时，应依受监护宣告之人之最佳利益，优先考虑受监护宣告之人之意见，审酌一切情状，并注意下列事项：一、受监护宣告之人之身心状态与生活及财产状况。二、受监护宣告之人与其配偶、子女或其它共同生活之人间之情感状况。三、监护人之职业、经历、意见及其与受监护宣告之人之利害关系。四、法人为监护人时，其事业之种类与内容，法人及其代表人与受监护宣告之人之利害关系。”（7）新增第一千一百十一条之二：“照护受监护宣告之人之法人或机构及其代表人、负责人，或与该法人或机构有雇佣、委任或其它类似关系之人，不得为该受监护宣告之人之监护人。”（8）第一千一百十二条修正为：“监护人于执行有关受监护人之生活、护养疗治及财产管理之职务时，应尊重受监护人之意思，并考虑其身心状态与生活状况。”此条的修正说明指出：“按精神卫生法第三章第二节已就严重精神病患强制就医程序设有详细规定，故现行条文第二项有关‘监护人如将受监护人送入精神病医院或监禁于私宅，应得亲属会议之同意’部分，已无庸规定，径行适用精神卫生法已足，且仅依亲属会议之同意即剥夺受监护人之自由，有忽视其基本人权之嫌，爰将现行条文第二项删除。”（9）第一千一百十三条修正为：“成年人之监护，除本节有规定者外，准用关于未成年人监护之规定。”

在中国大陆，1986 年全国人民代表大会审议通过的《民法通则》没有采用禁治产概念和禁治产人监护制度，而是建立了一个独具特色的无民事行为能力或者限制民事行为能力的精神病人监护制度。由于这一制度仅适用于成年精神病人，或者说，成年人仅在精神病状态下可能得到监护，这一制度在学理上也被称为“成年监护”。[①] 《民法通则》第十三条规定：“不能辨认自己行为的精神病人是无民事行为能力人，由他的法定代理人代理民事活动。不能完全辨认自己行为的精神病人是限制民事行为能力人，可以进行与他的精神健康状况相适应的民事活动；其他民事活动由他的法定代理人代理，或者征得他的法定代理人的同意。”第十四条规定：“无民事行为能力人、限制民事行为能力人的监护人是他的法定代理人。”

① 参见李霞《成年监护制度研究——以人权的视角》，中国政法大学出版社，2012，第 2 页。

第十七条第一款规定："无民事行为能力或者限制民事行为能力的精神病人，由下列人员担任监护人：（一）配偶；（二）父母；（三）成年子女；（四）其他近亲属；（五）关系密切的其他亲属、朋友愿意承担监护责任，经精神病人的所在单位或者住所地的居民委员会、村民委员会同意的。"第二款规定："对担任监护人有争议的，由精神病人的所在单位或者住所地的居民委员会、村民委员会在近亲属中指定。对指定不服提起诉讼的，由人民法院裁决。"第三款规定："没有第一款规定的监护人的，由精神病人的所在单位或者住所地的居民委员会、村民委员会或者民政部门担任监护人。"第十八条规定："监护人应当履行监护职责，保护被监护人的人身、财产及其他合法权益，除为被监护人的利益外，不得处理被监护人的财产。监护人依法履行监护的权利，受法律保护。监护人不履行监护职责或者侵害被监护人的合法权益的，应当承担责任；给被监护人造成财产损失的，应当赔偿损失。人民法院可以根据有关人员或者有关单位的申请，撤销监护人的资格。"第十九条规定："精神病人的利害关系人，可以向人民法院申请宣告精神病人为无民事行为能力人或者限制民事行为能力人。被人民法院宣告为无民事行为能力人或者限制民事行为能力人的，根据他健康恢复的状况，经本人或者利害关系人申请，人民法院可以宣告他为限制民事行为能力人或者完全民事行为能力人。"

1990 年，最高人民法院制定《关于贯彻执行〈民法通则〉若干问题的意见（修改稿）》，其中对《民法通则》关于民事行为能力和监护的规定以及其他有关问题进行了解释。主要有第 5 条："不能完全辨认自己行为的精神病人进行的民事活动，是否与其精神健康状态相适应，可以从行为与本人生活相关联的程度、本人的精神状态能否理解其行为，并预见相应的行为后果，以及标的数额等方面认定。"第 6 条："精神病人（包括痴呆症人）如果没有判断能力和自我保护能力，不知其行为后果的，可以认定为不能辨认自己行为的人；对于比较复杂的事物或者比较重大的行为缺乏判断能力和自我保护能力，并且不能预见其行为后果的，可以认定为不能完全辨认自己行为的人。"第 7 条："无民事行为能力人、限制民事行为能力人接受奖励、赠与、报酬，他人不得以行为人无民事行为能力、限制民事行为能力为由，主张以上行为无效。"第 8 条："认定精神病人的行为能力，人民法院应当根据司法精神病学鉴定或者参照医院诊断、鉴定确认。在不具备诊断、鉴定条件的情况下，也可以参照群众公认的当事人的精神状态认定，但应以利害关系人没有异议为限。”第 10 条：“监护人的监护职责包括：保护被监护人的身体健康，照顾被监护人的生活，管理和保护被监护人的财产，代理被监护人进行民事活动，对被监护人进行管理和教育，代理被监护人进行诉讼。”第 11 条：“监护人的监护能力应当根据监护人的身体健康状况、经济条件、与被监护人在生活上联系状况等因素予以确定。”第 12 条：“民法通则中规定的近亲属，包括配偶、父母、子女、兄弟姐妹、外祖父母、孙子女、外孙子女。”第 13 条：“为患有精神病的未成年人设定监护人，适用民法通则第十六条的规定。”第 14 条：“人民法院指定监护人，可以将民法通则第十六条第二款中的（一）、（二）、（三）项或者第十七条第一款中的（一）、（二）、（三）、（四）、（五）项规定视为指定监护人的顺序。前一顺序有监护资格的人无监护能力或者对被监护人明显不利的，人民法院可以根据对被监护人有利的原则，从后一顺序有监护资格的人中择优确定。被监护人有识别能力的，应视情况征求被监护人的意见。监护人可以是一人，也可以是数人。”第 15 条：“有监护资格的人之间协议确定监护人的，应当由协议确定的监护人对被监护人承担监护责任。”第 16 条：“对于担任监护人有争议的，应当按照民法通则第十六条第三款或者第十七条第二款的规定，由有关组织指定。未经指定而向人民法院起诉的，人民法院不予受理。”第 17 条：“有关组织依照民法通则规定指定监护人，以书面或者口头通知了被指定人的，应当认定指定成立。被指定人不服的，应当在接到通知的次日起三十日内向人民法院起诉。逾期起诉的，按变更监护关系处理。”第 18 条：“被指定人在三十日内对指定不服提起诉讼的，人民法院应当根据本意见第 14 条的规定，作出维持或者撤销指定监护人的判决。判决撤销原指定的，应当同时另行指定监护人。人民法院作出判决前的监护责任，一般应当按照指定监护人的顺序，由有监护能力的人承担。”第 19 条：“两个以上有指定监护权的组织分别指定了监护人，应当根据监护人的监护顺序、监护能力、对被监护人有利等因素认定。如果以上条件都具备，应以先作出指定的组织的指定为准。如果先被指定的人对指定有争议，后被指定的人对指定没有争议，并且履行了监护职责的，也可以认定后指定的监护关系成立。”第 20 条：“监护人被指定后，不得自行变更。擅自变更的，由原被指定的监护人和变更后的监护人共同承担监护责任。”第 21 条：“监护人不履行监护职责，或者侵害了被监护人的合法权益，民法通则第十六条、第十七条规定的其他有监护资格的人或者单位可以向人民法院起诉，要求监护人承担民事责任或者要求变更监护关系。”第 31 条：“无民事行为能力人、限制民事行为能力人失踪的，其监护人即为财产代管人。”第 170 条：“教唆、帮助无民事行为能力人实施侵权行为的人，为侵权人，应当承担民事责任。教唆、帮助限制民事行为能力人实施侵权行为的人，为共同侵权人，应当承担主要民事责任。”第 183 条：“在幼儿园、学校生活、学习的无民事行为能力人或者在精神病院治疗的精神病人，受到伤害或者给他人造成损害，单位有过错的，可以责令这些单位适当给予赔偿。”第 184 条：“无民事行为能力人、限制民事行为能力人致人损害，应由监护人承担民事责任时，单位担任监护人的，单位不承担民事责任。”第 185 条：“无民事行为能力人和限制民事行为能力人的权利被侵害，诉讼时效从监护人知道或者应当知道权利被侵害时起计算；没有监护人或者监护人是侵权人的，从设定、变更监护人后监护人知道或应当知道之日起计算，或者从被侵权人具有完全民事行为能力之日起计算。”第 200 条：“在诉讼时效期间的最后六个月内，权利被侵害的无民事行为能力人、限制民事行为能力人没有法定代理人，或者法定代理人死亡，或者法定代理人本人丧失行为能力的，可以认定为因其他障碍不能行使请求权，适用诉讼时效中止。”

1991 年《中华人民共和国民事诉讼法》（1991 年 4 月 9 日第七届全国人民代表大会第四次会议通过）规定了“认定公民无民事行为能力、限制民事行为能力”的特别程序。[①] 根据 1991 年《民事诉讼法》第一百七十条至第一百七十三条的规定，申请认定公民无民事行为能力或者限制民事行为能力，由其近亲属或者其他利害关系人向该公民住所地基层人民法院提出。申请书应当写明该公民无民事行为能力或者限制民事行为能力的事实和根据。人民法院受理申请后，必要时应当对被请求认定为无民事行为能力或者限制民事行为能力的公民进行鉴定。申请人已提供鉴定结论的，应当对鉴定结论进行审查。人民法院审理认定公民无民事行为能力或者限制

① 《中华人民共和国民事诉讼法（试行）》（1982 年 3 月 8 日第五届全国人民代表大会常务委员会第二十二次会议通过）尚无此规定。

民事行为能力的案件，应当由该公民的近亲属为代理人，但申请人除外。近亲属互相推诿的，由人民法院指定其中一人为代理人。该公民健康情况许可的，还应当询问本人的意见。人民法院经审理认定申请有事实根据的，判决该公民为无民事行为能力或者限制民事行为能力人；认定申请没有事实根据的，应当判决予以驳回。人民法院根据被认定为无民事行为能力人、限制民事行为能力人或者他的监护人的申请，证实该公民无民事行为能力或者限制民事行为能力的原因已经消除的，应当作出新判决，撤销原判决。2012 年 8 月 31 日，全国人民代表大会常务委员会对《民事诉讼法》进行修正，上述规定调整为第一百八十七条至第一百九十条，“鉴定结论”修改为“鉴定意见”。

精神病学界十分重视《民法通则》——尤其是第十三条、第十八条，但在认识和实践上存在两个误区。第一是认为，根据《民法通则》有关规定，对于精神病人包括拒绝住院的精神病人，其监护人有权利或义务将其送往精神病院，并且决定非自愿住院治疗。然而，与其说精神病学界是以《民法通则》为根据，主张监护人有权利义务决定精神病人非自愿住院治疗，不如说他们是为他们的一贯主张和做法在《民法通则》中寻找法律依据。但是，以《民法通则》为法律依据，是牵强的。不能从《民法通则》有关规定中得出监护人拥有决定无民事行为能力和限制民事行为能力的精神病人住院治疗的权利的结论，因为所谓“民事行为能力”是否包括判断自己罹患精神病以及是否需要住院的能力，“民事活动”是否包括对因罹患精神病这种特殊疾病所带来的住院问题的处置是不明确的，而这种不明确不能靠推论来解决。更重要的是，从现代人权与法治的立场考察，对精神病人实施非自愿住院治疗，构成对其人身自由的限制，是事关公民基本人权的问题，本质上主要属于公法范畴，不可通过民法解决。不过，《民法通则》的有关规定与精神病人的住院确实也有一定关系。这就是，根据《民法通则》，监护人有义务在精神病亲属要求住院治疗的前提下将其送诊，以及办理住院治疗手续，有义务保护精神病亲属免受非法的强制住院治疗，有义务阻止对精神病亲属实施的不当医疗处置，有义务阻止精神病亲属的合法权益在住院期间受到侵害。

第二个误区是认为，被确诊的精神病人的将其送诊的亲属就是监护人。精神病院实际上并不在意谁有监护资格以及他们的法定顺序，而只认准将精神病人送诊的人。后一顺序的人不经前一顺序的人的同意，将精神病人送来，精神病院照收不误。没有监护资格的人如前夫、前妻，将精神病人送来，有的精神病院也敢收，精神病院可以辩解说没有能力判断送诊者与被送诊者有何亲属关系。应当承认，这种认识和做法虽然主要基于精神病院的收治精神病人的习惯，但也与《民法通则》的粗疏和缺陷以及法学界对于精神病人监护法研究比较薄弱有一定关系。关于无民事行为能力或者限制民事行为能力的认定、无民事行为能力或者限制民事行为能力精神病人的监护的开始时间，《民法通则》的规定不够明确，法学界也有不同意见。一种意见认为，根据《民法通则》第十九条规定和《民事诉讼法》的有关规定，成年人是否为无民事行为能力人或者限制民事行为能力人必须经法院判决，只有当成年人经法院宣告为无民事行为能力人或者限制民事行为能力人时，才可能有人成为其监护人并且开始监护。例如，龙斯荣、龙翼飞在解释《民法通则》第十九条时指出："人民法院作出这种宣告，一方面是为了维护社会的正常经济秩序，同时也是从法律上为无民事行为能力或限制民事行为能力的精神病人设立监护人，保护其人身、财产及其他合法权益不受非法侵犯。可以说，该款规定为无民事行为能力人和限制民事行为能力人设置监护人的前提条件。"① 刘士国主编的《中国民法要论》认为："认定成年公民为限制民事行为能力人或无民事行为能力人，须依《民事诉讼法》规定的程序办理。"② 李霞主编的《婚姻家庭继承法学》认为："成年人受无行为能力或限制行为能力司法宣告是我国成年精神病人监护开始的法定事实或原因，而受宣告的法定原因是患有精神病人（包括痴呆症者）。"（此句有语病——刘注）③ 马俊驹、余延满认为："对精神病人的监护，是指对因心神丧失或精神耗弱，经宣告为无民事行为能力或限制行为能力的成年人的监护。""成年的精神病人监护开始的时间为人民法院宣告其为无民事行为能力或限制民事行为能力的时间。"④

另一种意见认为，《民法通则》第十九条规定的宣告是公示性的，无民事行为能力和限制民事行为能力并不必须由法院认定，无民事行为能力

① 龙斯荣、龙翼飞：《中华人民共和国民法通则释义》，吉林人民出版社，1987，第53页。

② 刘士国主编《中国民法要论》（上），辽宁大学出版社，1992，第70页。

③ 李霞主编《婚姻家庭继承法学》，山东大学出版社，2006，第236页。

④ 马俊驹、余延满：《民法原论》（第四版），法律出版社，2010，第876、880页。

人或者限制民事行为能力人的监护人的产生和监护的开始不以法院宣告为前提。此说的代表性观点见于最高人民法院民事审判庭《关于监护责任两个问题的电话答复》（1990 年 5 月 4 日）。① 该答复指出：

> 关于对患精神病的人，其监护人应从何时起承担监护责任的问题。经我们研究认为，此问题情况比较复杂，我国现行法律无明文规定，也不宜作统一规定。在处理这类案件时，可根据《民法通则》有关规定精神，结合案件具体情况，合情合理地妥善处理。
>
> 我们原则上认为：成年人丧失行为能力时，监护人即应承担其监护责任。监护人对精神病人的监护责任是基于法律规定而设立的，当成年人因患精神病，丧失行为能力时，监护人应按照法律规定的监护顺序承担监护责任。如果监护人确实不知被监护人患有精神病的，可根据具体情况，参照《民法通则》第一百三十三条规定精神，适当减轻民事责任。
>
> 精神病人在发病时给他人造成的经济损失，如行为人个人财产不足补偿或无个人财产的，其监护人应适当承担赔偿责任。这样处理，可促使监护人自觉履行监护责任，维护被监护人和其他公民的合法权益，也有利于社会安定。

也有学者持类似观点。例如，张冬梅主编的《民法通则新释与例解》认为："对公民的民事行为能力状态及时进行宣告，性质属于公示，不仅关系到该公民能否独立进行民事活动的问题，而且也关系到他人合法权益的保护和社会经济秩序的稳定。"② 李洪祥主编的《民法学》认为："对成年的限制民事行为能力人和无民事行为能力人，可以由本人或利害关系人提出申请，由人民法院宣告。此项宣告，是对事实状态的公示，而不是成年人行为能力欠缺的法律要件。"③ 李霞则从论证我国法定监护制度缺陷的角度，指出在监护人设立方式上，我国基本上采放任主义，监护的开始不

① 最高人民检察院法律政策研究室编《中华人民共和国现行法律法规及司法解释大全》（下卷），中国方正出版社，1996。

② 张冬梅主编《民法通则新释与例解》，同心出版社，2000，第 68 页。

③ 李洪祥主编《民法学》，中国民主法制出版社，2006，第 15 页。

以宣告为要件。首先，无民事行为能力或者限制行为能力不需要法院宣告。她的根据是《民法通则》第十三条关于“不能辨认自己行为的精神病人是无民事行为能力人”“不能完全辨认自己行为的精神病人是限制民事行为能力人”的规定，《民法通则》第十九条关于精神病人的利害关系人，“可以”向人民法院申请宣告精神病人为无民事行为能力人或者限制民事行为能力人的规定，以及《民事诉讼法》并没有规定宣告是必经程序。其次，只要无民事行为能力或者限制行为能力，监护人即按照法定顺序承担监护责任。她的根据是前述最高人民法院民事审判庭《关于监护责任两个问题的电话答复》。①

我同意第一种意见。② 虽然表述不够明确，但是《民法通则》和《民事诉讼法》建立了关于成年无民事行为能力人或者限制行为能力人须经司法认定和宣告的基本原则和制度。无民事行为能力和限制民事行为能力，不是医学概念，而是民法概念。成年人之无民事行为能力或者限制民事行为能力不是一种客观状态，而是在患有精神病这一客观状态的基础上，对成年人进行民事行为的能力或者以自己的行为取得民事权利、承担民事责任的资格的法律判断或推定。这种法律判断或推定，将导致成年人的民事权利受到限制和民事责任受到减免，并会影响到其亲属或者其他利害关系人的利益，只能由执行司法权的法院作出。一个成年人未经司法程序就可以被限制其依法享有的民事权利或者减免其依法承担的民事责任，所依据的仅仅是司法机关之外的个人或者机构的判断，是与法治人权原则相悖的，是一个文明国家所不能允许的。

是否患有精神病，当然应当由精神科医生诊断。然而患有精神病，并不等于或者必然无民事行为能力或者限制民事行为能力。患有精神病只是认定成年人无民事行为能力或者限制民事行为能力的事实根据。《民法通则》第十三条规定“不能辨认自己行为的精神病人是无民事行为能力人”，“不能完全辨认自己行为的精神病人是限制民事行为能力人”，而没有说“精神病人是无民事行为能力人”，“精神病人是限制民事行为能力人”，恰

① 参见李霞《成年监护制度研究——以人权的视角》，中国政法大学出版社，2012，第222页。

② 2004年9月，我曾经在互联网上发表《精神病人住院权与监护人制度》一文。

恰表明，对于“不能辨认自己行为”或者“不能完全辨认自己行为”需要进行另外的判断。精神科医生的诊断是医学诊断，通常不包括民事行为能力的判断，即使他们对精神病人的民事行为能力作出判断，也不自动产生法律效力。精神科医生如果接受司法机关或者有关当事人的委托，对成年人的民事行为能力进行鉴定，首先应当诊断成年人是否患有精神病，然后在此基础上分析精神病在多大程度上影响了患者辨认自己行为的能力，进而对民事行为能力作出判断，提出鉴定意见。这种鉴定意见只是法院认定民事行为能力的一种证据。况且，由于科学水平的限制或者人为因素，精神科医生的鉴定还可能出现偏差。只有当法院根据鉴定意见以及其他证据，认定一个人因患有精神病而无民事行为能力或者限制民事行为能力，该人患有精神病的这种状况才导致其需要监护的法律后果。从某种意义上说，宣告是公示性的，但宣告之前的司法认定，是可以将一个成年人作为无民事行为能力人或者限制行为能力人对待和其监护人产生、监护开始的要件或前提。

《民法通则》第十九条虽然是说精神病人的利害关系人，“可以”而不是“应当”向人民法院申请宣告精神病人为无民事行为能力人或者限制民事行为能力人，不过不能据此否认我国实行成年人无民事行为能力或者限制行为能力须经司法认定和宣告的制度。精神病人的利害关系人有权自主决定是否申请认定和宣告精神病人为无民事行为能力人或者限制民事行为能力人，与成年精神病人无民事行为能力或者限制民事行为能力应由法院认定并不矛盾。亲属如果想照顾精神病人，并不必须成为其监护人，可以不向法院申请认定和宣告精神病人为无民事行为能力人或者限制民事行为能力人，对此不应加以干涉；但是亲属或者其他利害关系人如果想限制精神病人的权利，就必须向法院申请认定和宣告精神病人为无民事行为能力人或者限制民事行为能力人。成年精神病人的监护如果不以司法认定以及宣告为要件或者前提，确实方便监护人的产生和监护的及时开始，有利于避免精神病人失于管护，但是，一个人的亲属或者其他人仅仅因为这个人被医生诊断为精神病人，就必须承担繁重的监护职责，并且还要对精神病人的损害行为承担侵权责任，对他们来说，也是不公平的。亲属等人履行监护职责和赔偿责任，还需要一定的财力，如果他们可以获得精神病人财产的管理权，对于他们履行监护职责和赔偿责任是有帮助的。而获得这个权利事关重大，精神病院无能为力，只能由法院认定和宣告。

总之，根据《民法通则》和《民事诉讼法》，精神病人的监护或者说成年人监护，应当以法院认定和宣告精神病人为无民事行为能力人或者限制民事行为能力人作为要件或者前提。精神病学界所坚持的被确诊精神病人的将其送诊的亲属就是监护人的观点和习惯，是没有法律依据的。以法院认定和宣告为要件或者前提，并不妨碍精神病人的近亲属主动照顾他们，也不妨碍有危险性或者病情严重的精神病人的近亲属在紧急情况下采取约束措施或者将他们送诊。对于没有近亲属主动照顾的情况，可以按照最高人民法院《关于贯彻执行〈民法通则〉若干问题的意见（修改稿）》第 18 条关于“人民法院作出判决前的监护责任，一般应当按照指定监护人的顺序，由有监护能力的人承担”规定执行。不过这只是一种临时措施，不意味着在这时被申请人已经被认定为无民事行为能力人或者限制民事行为能力人，以及承担监护责任的人就是监护人。

我国的民法典还在编纂过程中。一些学者提出了民法典草案的建议稿。梁慧星主持的中国民法典总则编草案建议稿，在第三十二条（尹田起草）规定：“宣告精神病人或痴呆症患者为无民事行为能力人或者限制民事行为能力人，应由法院经利害关系人申请并依司法程序进行。”① 其不足之处，是没有说“认定”也应由法院经利害关系人申请并依司法程序。梁慧星主持的中国民法典亲属编草案建议稿，设有“成年人照顾”一节。它之所以不采用“监护”概念而采用“照顾”一语，是为了彰显与传统禁治产宣告制度的区别。其主要理念在于，重视成年障碍者的人权，尊重其残余意思能力和自我决定权，援助其在不受歧视的条件下，平等、正常地参与社会生活。照顾是依法对因精神、智力、身体障碍而不能处理自己事务的成年人的人身和财产进行保护的制度。照顾人应以符合被照顾人最大利益的方式，处理被照顾人的事务，尽可能地治疗、改善被照顾人的疾患、障碍，防止其疾患、障碍的恶化。被照顾人的配偶为其法定照顾人，但因感情不和已经分居或者人民法院认为另有不适于担任照顾人的原因的除外。被照顾人无配偶或者配偶不适于担任照顾人的，人民法院应依申请为其指定照顾人。亲属编草案建议稿还规定，仅在被照顾人有利用其人身自

① 梁慧星主持《中国民法典草案建议稿附理由·总则编》，法律出版社，2004，第 53 页。

由，自残、自杀或者对他人造成危险之虞时，照顾人可以对被照顾人采取限制其人身自由的强制措施。如须将被照顾人送入精神病院或者安置于限制自由的场所，应当事先经人民法院批准。[①] 这一节的起草者是李霞。或许她感觉到“成年人照顾”的方案被立法机关接受的难度很大，后来她又提出不那么激进的“成年监护”的方案。按照她的设计，对于因精神、智力、身体障碍而意思能力不足并处于持续状态的成年人，法院应依本人、配偶、近亲属等的申请，为该成年人选任一名监护人。仅在被监护人利用其人身自由进行自残或对他人造成危险或明显不便时，监护人可以剥夺其自由。不得将被监护人安置于限制人身自由的场所或设施内，但经法院批准的，不在此限。[②] 在两个方案中，我比较赞同第二个方案。但我以为，民法典未必需要规定精神病人的非自愿住院问题。重要的是，民法典需要规定，对精神病人的监护人应当由法院在认定精神病人为无民事责任能力人或者限制民事行为能力人之后，在有监护资格的人中选任。

《精神卫生法》在引入“监护人”概念时，对其做了一个模糊的解释（第八十三条第三款）：“本法所称精神障碍患者的监护人，是指依照民法通则的有关规定可以担任监护人的人。”根据《民法通则》，“可以担任监护人的人”只是具有监护资格的人，而不是监护人。可是，具有监护资格的人到了《精神卫生法》中怎么就成为“监护人”？这是因为，《精神卫生法》对精神障碍患者监护人的设立，也是采取了不合理的“放任主义”。一个人一旦被精神科医生诊断为严重精神障碍患者，他的近亲属就立刻自动成为监护人，即使此刻该人或者其近亲属对诊断有异议，并且要求再次诊断和鉴定。《精神卫生法》在第二十八条还使用“近亲属”概念，而到第三十一条，当精神科执业医师的诊断结论、病情评估表明，被送诊者是严重精神障碍患者之后，“近亲属”概念突然为“监护人”概念所取代。这种监护人有些像日本精神卫生法上的“保护人”和我国精神卫生法草案第十五稿中的“医疗看护人”，其产生避开了民事法律规定的程序。如此设置，与联合国《保护精神病患者和改善精神保健的原则》关于“仅经国

① 参见梁慧星主持《中国民法典草案建议稿附理由·亲属编》，法律出版社，2006，第244～273页。

② 参见李霞《成年监护制度研究——以人权的视角》，中国政法大学出版社，2012，第321～419页。

内法设立的独立公正的法庭公平听证之后，方可因某人患有精神病而作出他或她没有法律行为能力，并因没有此种能力应任命一名私人代表的任何决定”的要求，有不小的差距。

可是，《精神卫生法》上的“监护人”虽然只是具有监护资格的人，但在“患者”治疗看护方面，却拥有比民法上的“监护人”还要大的权利和承担更大的责任。

监护人的权利很大，并衍化为对精神障碍患者的“权力”[①]。《精神卫生法》第三十一条规定：“精神障碍患者有本法第三十条第二款第一项情形的，经其监护人同意，医疗机构应当对患者实施住院治疗；监护人不同意的，医疗机构不得对患者实施住院治疗。”第三十六条规定：“诊断结论表明需要住院治疗的精神障碍患者，本人没有能力办理住院手续的，由其监护人办理住院手续。”第四十三条规定：“医疗机构对精神障碍患者实施下列治疗措施，应当向患者或者其监护人告知医疗风险、替代医疗方案等情况，并取得患者的书面同意；无法取得患者意见的，应当取得其监护人的书面同意。”第四十四条第二款规定：“对有本法第三十条第二款第一项情形的精神障碍患者实施住院治疗的，监护人可以随时要求患者出院，医疗机构应当同意。”第四十五条规定：“精神障碍患者出院，本人没有能力办理出院手续的，监护人应当为其办理出院手续。”

同时，监护人的责任也很大，大多数责任理所应当，但有的责任几近“不能承受之重”。例如《精神卫生法》第九条规定：“精神障碍患者的监护人应当履行监护职责，维护精神障碍患者的合法权益。禁止对精神障碍患者实施家庭暴力，禁止遗弃精神障碍患者。”第三十五条第二款规定：“再次诊断结论或者鉴定报告表明，精神障碍患者有本法第三十条第二款第二项情形的，其监护人应当同意对患者实施住院治疗。”第四十九条规定：“精神障碍患者的监护人应当妥善看护未住院治疗的患者，按照医嘱督促其按时服药、接受随访或者治疗。”第五十九条规定：“精神障碍患者的监护人应当协助患者进行生活自理能力和社会适应能力等方面的康复训练。”第七十九条规定：“医疗机构出具的诊断结论表明精神障碍患者应当

① 参见徐丽娜《精神障碍患者监护人权利过大现象之分析》，南京大学硕士学位论文，第2页，2013年4月，中国知网。

住院治疗而其监护人拒绝，致使患者造成他人人身、财产损害的，或者患者有其他造成他人人身、财产损害情形的，其监护人依法承担民事责任。”根据《精神卫生法》第七十八条和第八十一条规定，精神障碍患者的监护人遗弃患者，或者有不履行监护职责的其他情形的，给精神障碍患者或者其他公民造成人身、财产或者其他损害的，依法承担赔偿责任；构成犯罪的，依法追究刑事责任。

另外，《中华人民共和国侵权责任法》（2009 年 12 月 26 日第十一届全国人民代表大会常务委员会第十二次会议通过）第三十二条规定：“无民事行为能力人、限制民事行为能力人造成他人损害的，由监护人承担侵权责任。监护人尽到监护责任的，可以减轻其侵权责任。”

不得不深究的是，精神障碍患者或者成年无民事行为能力人、限制民事行为能力人造成他人人身、财产损害，或者患者有其他造成他人人身、财产损害情形，为什么要由监护人承担民事责任？如此规定不利于促使精神障碍患者的近亲属或者其他人担当监护人。为成年无民事行为能力人、限制民事行为能力人设立监护人，最主要的目的是照护他们，这也是监护人第一位的职责，应当尽可能使他们的近亲属或者其他人愿意担当监护人。但现实中考量更多的是防止他们违法犯罪，以及在他们造成损害后由谁承担赔偿责任，未彻底跳出清代“报官锁锢”制度的窠臼。前面曾经介绍，日本在 1999 年删除了《精神保健福祉法》关于保护人承担监督防止精神障碍者伤害自身或他人的义务的规定，精神障碍者发生危害行为，造成第三方损失，由政府对被害人进行赔偿。虽然我们不能效仿日本，但是可以将监护人区别对待。除最高人民法院《关于贯彻执行〈民法通则〉若干问题的意见（修改稿）》第 184 条“无民事行为能力人、限制民事行为能力人致人损害，应由监护人承担民事责任时，单位担任监护人的，单位不承担民事责任”外，我认为，成年无民事行为能力人、限制民事行为能力人有财产的，监护人的赔偿应从其管理的成年无民事行为能力人、限制民事行为能力人的财产中解决；成年无民事行为能力人、限制民事行为能力人没有财产的，并且监护人不是成年无民事行为能力人、限制民事行为能力人的配偶、父母、子女的，监护人不承担赔偿责任，应由政府对被害人进行补偿。

还有一种意见认为：“精神病人在住院期间造成他人损害的，主要由监护人承担赔偿责任，但医院有过错的，医院也应当承担赔偿责任。”① 对于监护人来说，他应当执行精神病院关于精神障碍患者住院治疗的决定，并且承担住院费用；之后，如果精神障碍患者在住院期间造成他人损害的，他还要承担主要的赔偿责任，虽然他已经无法对精神障碍患者进行管理。他的压力是不是太大了一些？可是，如果让医院承担全部的责任，恐怕也不可行。如此，医院将难以为继，或者不得不日日夜夜地将住院患者约束起来。我认为，解决精神障碍患者在住院期间造成他人损害的赔偿问题，应当区分不同类型的住院。第一，自愿住院和救护性非自愿住院的精神障碍患者在住院期间造成他人损害的，可以按照我的前述意见处理。同时，医院有过错的，医院也应当承担赔偿责任。第二，保安性非自愿住院的精神障碍患者在住院期间造成他人损害的，主要应当由政府对被害人进行补偿，医院有过错的，医院也应当承担赔偿责任。第三，刑法上的强制医疗住院的精神障碍患者在住院期间造成他人损害的，则完全应当由政府对被害人进行补偿。

最后，必须强调指出，《精神卫生法》上的“监护人”概念只在《精神卫生法》范畴内有效，不等同于《民法通则》《民事诉讼法》《侵权责任法》等法律中的“监护人”。后面这些法律关于“监护人”权利或者义务的规定，不能完全适用于《精神卫生法》上的“监护人”。精神障碍患者只要没有经过法院认定和宣告为无民事行为能力人或者限制民事行为能力人，任何人包括《精神卫生法》上的“监护人”都无权限制其在《精神卫生法》范畴之外行使民事权利。另一方面，精神障碍患者的亲属或者其他人只要没有经过法院认定和宣告为精神障碍患者的监护人，就不承担《精神卫生法》范畴之外的监护义务。

第六节　精神障碍患者的权利与保障

一　作为特殊社会弱势群体的精神障碍患者

（一）精神障碍患者是特殊群体

精神障碍患者群体的特殊性，主要表现在以下几个方面：

① 《中华人民共和国精神卫生法注释本》，法律出版社，2012，第49页。

第一，精神障碍患者不是国际人权法上的“少数人”。在每一个社会的人口中，精神障碍患者都居于少数，而且少数的地位影响到他们在社会上的和法律上的处遇，但是他们并不属于国际人权法上的“少数人”。根据《公民权利和政治权利国际公约》第二十七条的界定，“少数人”（minorities，或译“少数群体”）是指“人种的、宗教的或语言的少数人”。因而，国际人权法中保护“少数人”的原则，并不针对而且不能至少不能直接适用于精神障碍患者。

第二，精神障碍患者不能整体地归入残疾人这个群体。只有少数智力障碍严重的精神发育迟滞患者和病情严重的精神障碍患者，由于精神、智力的长期缺陷或者损伤而无法在与他人平等的基础上充分和切实地参与社会，甚至无法自行维持日常生活，可以列入《残疾人权利公约》以及《中华人民共和国残疾人保障法》（1990 年 12 月 28 日第七届全国人民代表大会常务委员会第十七次会议通过，2008 年 4 月 24 日第十一届全国人民代表大会常务委员会第二次会议修订）所说“残疾人”的范畴。

第三，精神障碍患者不构成社会学意义上的“群体”即“社会群体”（social groups）。在中文里，“群体”泛指本质上有共同点的个体组成的整体。[①] 在社会学中，“社会群体”是一个狭义的术语，比较接近中文里的“团体”的意思。戴维·波普诺将其定义为“两个或更多的人，他们有共同的认同及某种团结一致的感觉，对群体中每个人的行为都有相同而确定的目标和期望”。群体成员形成了一种社会结构，并能产生一套具有独特意义和价值观的亚文化。[②] 而典型的精神障碍患者即精神病性障碍患者或者狭义的精神病人在发病期间不具有合群性，他们不会因为患有精神障碍哪怕是同一类型的精神障碍而彼此认同，继而在精神障碍基础上自觉形成一个共同体和独特的亚文化。而且，有些病情不严重的精神障碍患者，平时生活工作在“正常”的人群中，与“正常人”交往，并形成一般的社会关系，只不过可能有自己的思维方式和行为方式。

---

① 中国社会科学院语言研究室词典编辑室编《现代汉语词典》（第 5 版），商务印书馆，2005，第 1137 页。

② 〔美〕戴维·波普诺：《社会学》（上），刘云德、王戈译，辽宁人民出版社，1987，第 285 页；〔美〕戴维·波普诺：《社会学》（第十一版），李强等译，中国人民大学出版社，2007，第 191 页。

第四，精神障碍患者也不构成主要以社会经济地位标准划分、以经济贫困为主要特征的“社会弱势群体”。近十几年来，我国社会学、法学等学科进行了对“社会弱势群体”的研究。如果根据社会学界以社会地位和生存状态来界定社会弱势群体的观点，那些由精神科医生根据医学标准认定的存在各种各样精神障碍的人，不能构成一个“社会弱势群体”。因为他们的社会性差异太大了，他们有不同的社会适应能力，分处于不同的社会阶层，“百万富翁”患有精神障碍的并不罕见。

虽然精神障碍的社会学研究显示，在所有与精神障碍有关的因素中，社会阶层（social class）是最持久、最明显的因素，社会阶层较低的人比社会其他阶层的人更容易患精神障碍，但是，这种研究并没有揭示出社会地位究竟是如何对精神健康产生影响的，因而所得结论只是一种假设或者假说，被称为“社会因果假设”（social causation hypothesis）。与此相关的另一个假设是“社会选择假设”（social selection hypothesis），即认为个体因为其精神健康和能力水平而被划归不同层次的社会地位。这一假设还有一个变式，被称为“社会漂移假设”（social drift hypothesis），即认为较高阶层的人患病可能致使其社会地位下降，落入底层社会。[①] 有些学者持不同意见，他们认为，所谓社会阶层较低的人更容易患精神障碍，其实是社会阶层较低的人更可能被贴上精神障碍的标签。原因有两个方面：一是低收入者无法承担起私人门诊看病的费用，入住公立精神病院的可能性更大，二是他们趋向于用攻击和反叛的行为表达气愤。攻击和反叛的行为在低收入人群中是正常方式，但对于来自高阶层的诊断医生而言显得很奇怪并且难以接受，因为这两个阶层对表达压力的反应截然不同。与此相对应的是，高收入人住院的可能性小，不仅因为他们能承担起私人门诊看病的费用，而且因为他们的“风格”在来自同一阶层的医生看来更自然。结果，来自有经济背景的人会被诊断为“神经”障碍，这些诊断含有歧视的成分比较少，与住院治疗的“精神”障碍穷人不同，他们很少被赋予病人

---

① 参见〔美〕亚历克斯·梯尔《越轨社会学》，王海霞、范文明、马翠兰、嵇雷译，中国人民大学出版社，2011，第109页；〔美〕霍华德·弗里德曼主编《心理健康百科全书·社会问题卷》，李维、张诗忠主译，上海教育出版社，2004，有关文章。

角色，更可能在治疗帮助下回到正常的生活中。①

英国学者戴维·皮格瑞姆指出，关于精神障碍流行率与某一社会变量的因果关系方向（direction of causality）的观点，与倡导者的意识形态有关系。对于左派政治家来说，能够证明贫困与社会劣势（social disadvantage）对健康有衰退作用非常重要，因为这些社会压力假设（social stress hypothesis）的证据说明了社会公正的必需性。同样，对右派政治家来说，贫困和社会劣势可以由居民的行为或生物因素来解释这点也非常重要。不过，戴维·皮格瑞姆也认为，即使主要病因的方向仍然存在疑问，在精神障碍的复发和保持方面，不同社会阶层的人之间存在差异却是毫无疑问的。也就是说，与境况良好有钱有权的人相比，那些被污名化、被社会排斥的及居住条件恶劣的曾患有精神障碍的人，他们的病情很容易复发并且很难康复。②

总的看，关于精神障碍的社会学研究主要是以严重精神障碍即精神错乱为对象的，不足以说明精神障碍患者整体情况，不过，它们也提示，可以被归入残疾人范畴的那一部分严重精神障碍患者基本属于“社会弱势群体”。

虽然精神障碍患者不构成“社会群体”，但是，“正常”的人们习惯于将每一个孤立的精神障碍患者归并为一类，即“类别化”（categorization）。千百年来，“正常”的人们已经概括出精神障碍患者的共同特征，对精神障碍患者持有基本一致的看法，并形成关于精神障碍和精神障碍患者的主文化，法律制度也把精神障碍患者与“正常”的人们截然区别开来。可以说，“正常”的人们面对精神障碍患者倒是结成一个“社会群体”，“我们”共同对付“他们”。“我们”中的每一个人都惧怕成为“他们”当中的一员。英国社会学家齐格蒙特·鲍曼（Zygmunt Bauman）说：“我们”之所以拥有某种“本质”，只是通过排斥了否定项，这里就是假定中的“他们”的特性。只要还存在“他们”，“我们”还是“我们”。他们之所以归到一起，形成一个群体，只是因为其中每一个人都享有同一特性：他

① 参见〔美〕劳伦·B. 阿洛伊、约翰·H. 雷斯金德、玛格丽特·J. 玛诺斯《变态心理学（第9版）》，汤震宇、邱鹤飞、杨茜译，上海社会科学院出版社，2005，第134~140页。

② 参见〔英〕David Pilgrim《心理健康关键概念手册》，张庆伟等译，高等教育出版社，2006，第205页。

们没有一个属于“我们当中的一员”。[1]

如果根据戴维·波普诺的界定，精神障碍患者只构成“社会类别”（social categories，亦译“社会类属”）——共同具有某些特征而不构成“社会群体”的人们，[2] 但是鉴于精神障碍患者事实上已经被“正常”的人们视为一个整体，不妨将精神障碍患者这一“社会类别”或者精神障碍患者的“集合”（aggregate），也称为“群体”。而如果比较于“社会群体”，精神障碍患者“群体”则是虚拟的群体。

（二）精神障碍患者是弱势群体

精神障碍患者是否可以构成“群体”，尚有探讨余地，而其“弱势”则是不争的事实。精神障碍患者的“弱势”，是相对于“正常”的人们这个更大的“群体”而言的，主要是指精神障碍患者在社会上处于相对不利地位和更容易受到伤害。看起来，精神障碍患者的“弱势”似乎是其自身原因即精神障碍导致的认识能力和行为能力的缺损所造成的，但实质上，精神障碍患者的“弱势”在很大程度上决定于社会和法律对待他们的态度，所谓认识能力和行为能力的缺损只不过是社会和法律给予他们的评价。

精神障碍患者的“弱势”主要是歧视的结果，也导致更严重的歧视。联合国《保护精神病患者和改善精神保健的原则》指出：“不得有任何基于精神病的歧视，‘歧视’（discrimination）系指会取消或损害权利的平等享受的任何区分（distinction）、排除（exclusion）或选择（preference）。”对精神障碍患者的歧视，基于对精神障碍患者的偏见。根据心理学的解释，所谓“偏见”（prejudice）就是以不充分或不正确的信息为根据而形成的对某人、某群体或某事物的一种片面乃至错误的看法和态度。其特点是以偏概全，常有过分简单化的倾向，形成之后常带有固执的、刻板的和泛化的性质。偏见与成见相近似，与歧视也有密切关系。一般认为，成见侧重于认识方面，它是偏见的认识基础；歧视侧重于行为方面，它是偏见的行为倾向；而偏见则侧重于态度方面，带有较多的情感色彩。偏见与误

---

① 〔英〕齐格蒙特·鲍曼：《社会学之思》（第2版），李康译，社会科学文献出版社，2010，第31页，第35页。

② 〔美〕戴维·波普诺：《社会学》（上），刘云德、王戈译，辽宁人民出版社，1987，第286页。

解不同，误解虽然也是错误的看法，但发现错误后一般能够改正。而持有某种偏见的人即使面对事实也常因情绪方面的原因而不能改正原来的态度。[①]

当代社会心理学从偏见概念中分离出来“刻板印象”（stereotype）概念，并给予着重的分析。关于刻板印象、偏见和歧视的关系，美国学者谢莉·泰勒（Shelley E. Taylor）等人认为：刻板印象指人们对某个群体具有什么特征所持有的观点；偏见指圈内群体（ingroup）对圈外群体（outgroup）抱有的负性情感：歧视指人们对某个群体的成员表现出的不公正行为。刻板印象是认知性的，偏见是情感性的，但两者都含有认知和情感成分。刻板印象与偏见是相伴相生的，对一个群体抱有的偏见经常与负面的刻板印象相连。[②] 美国学者爱利奥特·阿伦森（Elliot Aronson）等人认为：偏见是对特定团体（group）的人所持有的敌意或负面的态度，只因为他们属于那个团体；刻板印象是指将某群人概括化，即将同样的特征分派到该群体所有的成员，而不管成员之间的实际上的差异；歧视是对特定团体成员的不公平、负面或者伤害性的行为，只因为他们是那个团体的成员。[③]

偏见、刻板印象与污名化密切相关。前面说过，对精神障碍患者的污名化，就是对精神障碍患者的负面的刻板印象或社会典型化。戴维·皮格瑞姆和安妮·罗杰斯指出，精神障碍患者是以一种特殊的方式被污名化的，这种方式包含了三个假定的特点：缺乏可理解性（lack of intelligibility）、缺乏社会能力（lack of social competence）和暴力的存在（presence violence）。最强的一种文化刻板印象，如米歇尔·福柯指出的，是对可能会杀人的癫狂者的恐惧——认为癫狂者的行为往往是暴力的、没有规律的和令人费解的。[④] 在我国媒体上和日常生活中也存在对精神障碍患者的污名现象，以至于人们对“武疯子”“花疯子”“丑疯子”以及精神病人是

① 参见《中国大百科全书·心理学卷》，中国大百科全书出版社，1991，第231页。

② 参见〔美〕S. E. Taylor、L. A. Peplau、D. O. Sears《社会心理学》（第10版），谢晓非等译，北京大学出版社，2004，第6章。

③ 参见〔美〕Elliot Aronson、Timothy D. Wilson、Robin M. Akert《社会心理学》（第5版），侯玉波等译，中国轻工业出版社，2005，第13章。

④ 参见〔英〕David Pilgrim《心理健康关键概念手册》，张庆伟等译，高等教育出版社，2006，第176～179页。

“定时炸弹”或者“不定时炸弹”之类的歧视性、侮辱性的说法习以为常。甚至有些地方法规也曾有这样的内容。譬如，1996 年汕头市人民政府出台的《关于坚决清理“三无”人员的通告》就规定，对“扰乱社会秩序的武疯子、丑疯子”应依法予以清理。

精神障碍患者污名化导致或者推动了对精神障碍患者的“社会排斥”（social exclusion）。一般认为，“社会排斥”概念是法国政治家勒内·勒努瓦（René Lenoir）在 1974 年首先提出的。勒内·勒努瓦用这个词阐述被排斥在就业岗位正式来源和收入保障制度之外的特定社会边缘群体的状态。他估计当时法国受排斥者达到了其全国人口的十分之一。这些人包括精神病患者、身体残疾者、有自杀倾向者、老年病人、受虐待的儿童、吸食毒品者、有越轨行为者、单身父母、多问题家庭、边缘人、反社会者和社会不适应者。[①] “社会排斥”是一个跨学科概念，被社会学、心理学、经济学、政治学等学科使用。安东尼·吉登斯对“社会排斥”给予了社会学解释：社会排斥指的是通过某些方式，有可能阻隔个体全面参与社会，它是造成新的不平等的根源。吉登斯认为，“社会排斥”这个概念比贫困来得宽泛，当然也包括了贫困在内。它关心的是一系列妨碍个体或群体拥有对人口中大多数人开放的机会的广泛因素。[②]

“社会排斥”概念已经被引入精神卫生问题的研究。精神障碍患者遭到社会排斥，通常不是因为“正常”的人们害怕与他们竞争，而是因为各种企事业单位认为他们能力低下，适应性较差，容易惹事，不好管理，不愿意雇佣他们，以及“正常”的人们认为他们言行特异，难以捉摸，不好相处，因而心存厌恶、戒备或者恐惧。戴维·皮格瑞姆指出，精神障碍患者往往在很多领域经历过社会排斥：（1）劳动力市场劣势。精神病患者（指严重精神障碍患者）通常都是失业的，他们的病历会危及将来所有的就业。仅有少数精神病患者能找到工作。精神障碍患者失业人数是身体残

① 参见〔美〕托尼·阿特金森《社会排斥、贫困和失业》，丁开杰编译，《经济社会体制比较》2005 年第 3 期；熊光清《欧洲的社会排斥理论与反社会排斥实践》，《国际论坛》2008 年第 1 期；王立业《社会排斥理论研究综述》，《重庆工商大学学报》（社会科学版）2008 年第 3 期。

② 参见〔英〕安东尼·吉登斯《社会学》（第 5 版），李康译，北京大学出版社，2009，第 292～293 页。

疾者失业人数的三倍多。（2）大众媒体的嘲笑和敌意。大众媒体反映并助长了公众对精神障碍患者的敌意与不信任。某些特定报纸倾向于刊登将精神障碍问题与暴力相联系的报道。很少有报道认为病人是暴力的受害者或者是社会中有生产能力的或具有创造性的成员。大众媒体会把对癫狂的一般文字描述通过不严肃、诙谐的故事方式呈现，而这种倾向很可能加重媒体受众对精神障碍患者的拒绝与不信任。（3）贫困。在某种程度上，贫困来自于劳动力市场的劣势。精神障碍患者更可能住在贫穷混乱的地区。在这些贫穷地区，噪声、污染、垃圾和交通堵塞等问题都很严重。除了这些环境压力外，社会网络也非常糟糕，犯罪率居高不下。他们的日常生活毫无规律可言，物质滥用严重，身体健康下降。（4）法律歧视。这主要是指医院通过各种办法，迫使精神障碍患者同意住院治疗，即“伪自愿”住院。医院的合法权力可以通过一些特殊方式将精神障碍患者从社会中排斥出去。这些合法权力曾经仅限于在医院中使用，但现在已经越来越多地扩展到社区环境。①

在我国，上述问题也都不同程度地存在。有时排斥还扩大到精神障碍患者的亲属。例如，据 2005 年 11 月的报道，鉴于接连发生精神障碍患者在幼儿园、学校肇事造成重大后果的事件，北京东城区和西城区教委作出决定，对于外地大学生要求进京从事教师职业者，教委将调档查询，若其三代之内有亲属曾患精神病，则该外地学生不能进京从事教师行业。对于已在岗，有三代之内亲属曾患精神病的京籍老师，一旦发现其有精神病征兆，立即停职。② 应当说，有关部门的用心是好的，但其决定缺乏精神病学和法律根据。有的精神障碍的遗传性虽然比较明显，但并不等于所有精神障碍都有遗传性，也不意味该精神障碍的患者的后代都必然患病。上述有关部门的做法是以偏概全，殃及无辜。而且，什么人可以当教师是一个事关公民劳动权利的大问题，应当由国家在教师法这类法律中，在不违背宪法和科学的前提下规定。一个区教委没有权利规定精神障碍患者的后代不能当教师。从法治、人权角度说，一个人只要自己没有精神障碍表现，

① 参见〔英〕David Pilgrim《心理健康关键概念手册》，张庆伟等译，高等教育出版社，2006，第 179～183 页。

② 韦让：《当教师要查三代精神病史》，《北京晨报》2005 年 11 月 19 日。

不论他父辈中哪个人，有多么严重的精神障碍，都不能被视为精神障碍患者或者潜在的精神障碍患者，他应当享有与其他公民一样的权利。

戴维·皮格瑞姆对“法律歧视”的阐释，还不够到位、全面，也强调得不够。对精神障碍患者的法律歧视，其实就是法律对他们权利的不当和过度的限制。精神障碍患者的“弱势”，在很大程度上，就是权利上的弱势。有学者认为“权利贫困”是社会弱势群体的重要特征,① 这很有道理。对于精神障碍患者这一特殊的社会弱势群体而言，更是如此。传统民法的禁治产制度之所以被废除，就在于它对精神障碍患者从事民事活动的权利给予了过度限制，几乎将精神障碍患者完全排斥在社会生活之外。20 世纪上半叶，一些国家制定优生法，对“不适者”强制绝育，更是对精神障碍患者的歧视和排斥。

另一方面，对于法律限制精神障碍患者的权利，也不能一概以“社会排斥”论之。在精神障碍患者的权利保护与权利限制的关系中，权利保护固然是第一位的，但不是绝对的。对精神障碍患者的社会包容（social inclusion)，尊重人的多样性（human diversity)，并不意味着可以允许或者接受精神障碍患者伤害他人以及破坏人们普遍承认的社会秩序。正如哈耶克所指出的：“文明之所以得到延续，绝不是因为它向那些违反规则的人赋予了‘一种得到平等关注和尊重的权利’。”“一个个人之所以能够成为社会一员并获得权利，实是因为他服从该社会的规则。”② 对已经实施严重危害行为的严重精神障碍患者实施强制医疗，是人道地免除其刑事责任之后采取的社会防卫措施，符合社会利益和其他人的合法权益。对有实施严重危害行为的迫在眉睫危险的严重精神障碍患者实施保安性非自愿住院治疗，虽然未能以实际发生的危害行为作为根据，但也是为了保护社会利益和其他人的合法权益而不得不采取的社会防卫。另外，对不住院治疗将导致病情严重恶化，危及生命或严重削弱生活自理能力，只有住院才可给予适当治疗的精神障碍患者给予救护性非自愿住院治疗——还应当对贫困者减免费用，体现了人道主义原则，也符合他们的根本利益。对精神障碍患

---

① 余少祥：《弱者的权利——社会弱势群体保护的法理研究》，社会科学文献出版社，2008，第 8 页。

② 〔英〕弗里德利希·冯·哈耶克：《法律、立法与自由》（第二、三卷），邓正来等译，中国大百科全书出版社，2000，第 525 页。

者从事民事活动的权利给予适当、合理的限制，是对他们及其家庭的财产和其他权益的保护。

当然，处理精神障碍患者权利的保护与权利的限制的关系是一个极大的难题。保护与限制兼具，也是精神障碍患者这一弱势群体保护的一个特殊之处，在对儿童、妇女、老年人权益的保护上不存在这种情况，或者表现不突出。

还应当指出，“弱势”的精神障碍患者最悲惨的遭遇还不是遭到上述的“社会排斥”，而是被“正常”的人们实施的犯罪所伤害，包括被奴役（例如强迫“弱智者”无偿劳动）、强奸、殴打、欺诈、强迫卖淫等。精神障碍患者容易受到伤害，很大程度上与法律、社会对他们的保护不够有关，也与他们得不到及时治疗有关。防止精神障碍患者受到伤害，也增加了非自愿的医疗和救助的合理性。

二　精神障碍患者在《精神卫生法》上的权利

《精神卫生法》对精神障碍患者合法权益的保护是多方面、多层次的。有些保护不仅针对精神障碍患者，而且也针对精神正常但被视为精神障碍患者的人。

首先，精神障碍患者作为公民，享有与其他公民一样的权利，非经法定程序不得被限制或剥夺。由于精神障碍的影响，精神障碍患者在行使自己的权利和保护自己的方面可能有一定的欠缺，因而《精神卫生法》对精神障碍患者给予了特别的保护。《精神卫生法》宣示：精神障碍患者的人格尊严、人身和财产安全不受侵犯；精神障碍患者的教育、劳动、医疗以及从国家和社会获得物质帮助等方面的合法权益受法律保护；有关单位和个人应当对精神障碍患者的姓名、肖像、住址、工作单位、病历资料以及其他可能推断出其身份的信息予以保密，但是依法履行职责需要公开的除外；全社会应当尊重、理解、关爱精神障碍患者；任何组织或者个人不得歧视、侮辱、虐待精神障碍患者，不得非法限制精神障碍患者的人身自由；新闻报道和文学艺术作品等不得含有歧视、侮辱精神障碍患者的内容；禁止对精神障碍患者实施家庭暴力，禁止遗弃精神障碍患者；用人单位应当根据精神障碍患者的实际情况，安排患者从事力所能及的工作，保障患者享有同等待遇，安排患者参加必要的职业技能培训，提高患者的就业能力，为患者创造适宜的工作环境，对患者在工作中取得的成绩予以鼓励。

其次，精神障碍患者作为病人，享有获得医疗、康复的权利。《精神卫生法》规定：精神障碍的诊断、治疗，应当遵循维护患者合法权益、尊重患者人格尊严的原则，保障患者在现有条件下获得良好的精神卫生服务；医疗机构及其医务人员应当将精神障碍患者在诊断、治疗过程中享有的权利，告知患者或者其监护人；医疗机构应当配备适宜的设施、设备，保护就诊和住院治疗的精神障碍患者的人身安全，防止其受到伤害，并为住院患者创造尽可能接近正常生活的环境和条件；医疗机构及其医务人员应当遵循精神障碍诊断标准和治疗规范，制定治疗方案，并向精神障碍患者或者其监护人告知治疗方案和治疗方法、目的以及可能产生的后果；对精神障碍患者使用药物，应当以诊断和治疗为目的，使用安全、有效的药物，不得为诊断或者治疗以外的目的使用药物；医疗机构及其医务人员应当在病历资料中如实记录精神障碍患者的病情、治疗措施、用药情况、实施约束、隔离措施等内容，并如实告知患者或者其监护人，患者及其监护人可以查阅、复制病历资料，但是患者查阅、复制病历资料可能对其治疗产生不利影响的除外；病历资料保存期限不得少于三十年；医疗机构不得因就诊者是精神障碍患者，推诿或者拒绝为其治疗属于本医疗机构诊疗范围的其他疾病。这些规定，对于住院患者——不论是自愿住院患者还是非自愿住院患者——和非住院患者或门诊患者都适用。

其中有些规定对于非自愿住院患者具有特别的意义，例如第三十七条规定的“医疗机构及其医务人员应当将精神障碍患者在诊断、治疗过程中享有的权利，告知患者或者其监护人”。联合国《保护精神病患者和改善精神保健的原则》规定：“对于精神病院的患者，应在住院后尽快以患者能理解的形式和语言使其知道根据本套原则和国内法他或她应享有的一切权利，同时应对这些权利和如何行使这些权利作出解释。如患者无法理解此种通知，在这种情况下，如有私人代表，则应酌情将患者的权利告知，或转告一个或几个最能代表患者利益且愿这样做的人。具备必要行为能力的患者有权指定一人代表他或她接受有关通知，并指定一人代表其利益与精神病院的主管部门交涉。”在欧洲一些国家，权利的告知是非自愿住院合法化的一个程序性要件，要求应当在正式住院之前或者住院之后立即进行权利告知。而我国《精神卫生法》似乎将权利告知当作一般的医疗规范了，没有规定告知的时间，也没有列出应当告知的权利内容。

对于未住院或者已经出院的患者的康复，《精神卫生法》规定：社区康复机构应当为需要康复的精神障碍患者提供场所和条件，对患者进行生活自理能力和社会适应能力等方面的康复训练。医疗机构应当为在家居住的严重精神障碍患者提供精神科基本药物维持治疗，并为社区康复机构提供有关精神障碍康复的技术指导和支持。社区卫生服务机构、乡镇卫生院、村卫生室应当建立严重精神障碍患者的健康档案，对在家居住的严重精神障碍患者进行定期随访，指导患者服药和开展康复训练，并对患者的监护人进行精神卫生知识和看护知识的培训。县级人民政府卫生行政部门应当为社区卫生服务机构、乡镇卫生院、村卫生室开展上述工作给予指导和培训。村民委员会、居民委员会应当为生活困难的精神障碍患者家庭提供帮助，并向所在地乡镇人民政府或者街道办事处以及县级人民政府有关部门反映患者及其家庭的情况和要求，帮助其解决实际困难，为患者融入社会创造条件。残疾人组织或者残疾人康复机构应当根据精神障碍患者康复的需要，组织患者参加康复活动。精神障碍患者的监护人应当协助患者进行生活自理能力和社会适应能力等方面的康复训练。精神障碍患者的监护人在看护患者过程中需要技术指导的，社区卫生服务机构或者乡镇卫生院、村卫生室、社区康复机构应当提供。

精神障碍患者或者被视为精神障碍患者的人如果被实施住院治疗特别是非自愿住院治疗，他们的一些权利通常受到限制，但也形成一些特别权利。对于住院患者的权利，除关于非自愿住院程序、权利告知的规定外，《精神卫生法》还有以下重要规定：

（1）关于保护性医疗措施。第四十条规定：“精神障碍患者在医疗机构内发生或者将要发生伤害自身、危害他人安全、扰乱医疗秩序的行为，医疗机构及其医务人员在没有其他可替代措施的情况下，可以实施约束、隔离等保护性医疗措施。实施保护性医疗措施应当遵循诊断标准和治疗规范，并在实施后告知患者的监护人。禁止利用约束、隔离等保护性医疗措施惩罚精神障碍患者。”约束、隔离等保护性医疗措施可以给患者带来痛苦，并且可能被滥用为惩罚手段，其适用理应严格限制。第一，只能适用于患者发生或者将要发生伤害自身、危害他人安全、扰乱医疗秩序行为的情形。重要的是，对“发生或者将要发生伤害自身、危害他人安全、扰乱医疗秩序的行为”的理解不能扩大化。第二，只有在没有其他可替代措施的情况下方可以采取。第三，应当遵循诊断标准和治疗规范。采取的措施的性质、程度、时间等，应与控制患者发生危险行为的需要相适应，不能过度。第四，采取约束、隔离等保护性医疗措施不必经患者的监护人同意，但应当在实施后及时告知患者的监护人。

（2）关于不得强迫患者劳动。联合国《保护精神病患者和改善精神保健的原则》规定：“患者应绝对免于强迫劳动。在合乎患者需要和病院管理方要求的范围内，患者应能选择希望从事的工作。”“不应剥削精神病院患者的劳动。每个患者均有权为所做的任何工作得到报酬，其数额应与正常人所做的同类工作依照国内法或惯例而得到的报酬相同。无论如何，每个患者都有权从为其工作支付给精神病院的任何报酬中得到其应得的一份报酬。”我国《精神卫生法》第四十一条第二款规定：“医疗机构不得强迫精神障碍患者从事生产劳动。”所谓“生产劳动”应是指与不创造物质财富的“非生产劳动”相对应的创造物质财富的“劳动”，而非一般的体力劳动。那么，患者自愿从事创造物质财富的“生产劳动”能否获得报酬？是否可以强迫患者进行非生产性的其他体力劳动（例如打扫医院内公共卫生、给大家洗衣服）？可见《精神卫生法》的规定还不够严谨。重要的是不能强迫患者成为劳动力，也不能将劳动作为惩罚手段。但是，“不得强迫精神障碍患者从事生产劳动”并不禁止医疗机构为了患者的康复，安排或者引导患者进行有利于康复的、不繁重的各种劳动，如种植花草。

（3）关于患者通讯和会见探访者权利。第四十六条规定：“医疗机构及其医务人员应当尊重住院精神障碍患者的通讯和会见探访者等权利。除在急性发病期或者为了避免妨碍治疗可以暂时性限制外，不得限制患者的通讯和会见探访者等权利。”关键之处在于“除在急性发病期或者为了避免妨碍治疗可以暂时性限制外”，对其不能扩大解释。

（4）关于精神外科手术和特殊治疗措施。这有两条规定。第四十二条规定：“禁止对依照本法第三十条第二款规定实施住院治疗的精神障碍患者实施以治疗精神障碍为目的的外科手术。”第四十三条规定：“医疗机构对精神障碍患者实施下列治疗措施，应当向患者或者其监护人告知医疗风险、替代医疗方案等情况，并取得患者的书面同意；无法取得患者意见的，应当取得其监护人的书面同意，并经本医疗机构伦理委员会批准：（一）导致人体器官丧失功能的外科手术；（二）与精神障碍治疗有关的实验性临床医疗。实施前款第一项治疗措施，因情况紧急查找不到监护人的，应当取得本医疗机构负责人和伦理委员会批准。禁止对精神障碍患者实施与治疗其精神障碍无关的实验性临床医疗。”对患者实施精神外科手术和特殊治疗措施的问题比较复杂，需要多加解析。

第四十二条专门针对非自愿住院患者。所谓“本法第三十条第二款规定实施住院治疗的精神障碍患者”是指诊断结论、病情评估表明为严重精神障碍患者并因属于下列情形之一而被实施非自愿住院的患者：“（一）已经发生伤害自身的行为，或者有伤害自身的危险的；（二）已经发生危害他人安全的行为，或者有危害他人安全的危险的。”

所谓“以治疗精神障碍为目的的外科手术”，就是“精神外科手术”。而“精神外科手术”也就是治疗精神障碍的“神经外科手术”。根据精神外科发展状况来看，外科手术治疗精神障碍的效果尚不明确，且多不可逆转，风险比较大，实施起来应当格外谨慎。卫生部办公厅曾经发出《关于加强神经外科手术治疗精神疾病管理有关问题的通知》（2008 年），提出应当严格神经外科手术治疗精神疾病技术审查管理，科学、准确、严格掌握神经外科手术治疗精神疾病的适应证，加强神经外科手术治疗精神疾病临床研究管理。通知指出：“神经外科手术治疗某些精神疾病具有高风险性，其安全性和有效性尚需进一步验证；此类技术属限制性医疗技术，并涉及伦理评价问题，应严格在限定的机构、人员和条件下，有限制地实施。医疗机构将此类手术作为临床诊疗项目应用于临床或者开展临床研究前，需经当地省级卫生行政部门审核，报卫生部技术审核同意。”“经我部技术审核同意的医疗机构，方可应用神经外科手术方式治疗国际学术界没有争议的、经规范化非手术方式长期治疗无效、患者脑部有器质性改变或长期频发异常脑电波、给患者家庭和社会造成严重危害的难治性强迫症、抑郁症、焦虑症的精神疾病。医疗机构必须严格筛选病例，准确掌握适应证和手术指征，制定具体的医疗安全保障措施。同时，要充分尊重患者的知情权和选择权，做好医患沟通，每例手术必须通过医院伦理委员会审查。精神分裂症等不属于神经外科手术治疗精神疾病的适应证。”“医疗机构经我部技术审核同意开展神经外科手术治疗精神疾病的临床研究时，必须充分尊重受试者的知情权和选择权，并确保研究的科学性和安全性。临床研究项目不得作为常规临床诊疗项目向患者提供，不得向患者收取相关费用。”在《精神卫生法》起草讨论过程中，精神病学界的许多学者反对《精神卫生法》规定可以对精神障碍患者——不论是自愿住院患者还是非自愿住院患者——实施精神外科手术。①

最终《精神卫生法》有条件地许可对自愿住院患者实施精神外科手术，而禁止对非自愿住院患者实施精神外科手术。之所以要特别禁止对非自愿住院患者实施精神外科手术，主要是因为：第一，非自愿住院患者病情严重，不具有判断能力和意思表示能力，即使他们表示同意，由于他们病情严重以及住院是非自愿的，也不能认定为真实意思表示；第二，精神外科手术后果难料，可能致患者死亡或者发生重大损伤，如此重大问题不能交由其监护人、近亲属处置；第三，如果允许对非自愿住院患者实施精神外科手术，难以避免其滥用。禁止对非自愿住院患者实施精神外科手术，已经成为一项国际准则。联合国《保护精神病患者和改善精神保健的原则》规定：“决不得对精神病院的非自愿患者进行精神外科及其他侵扰性和不可逆转的治疗，对于其他患者，在国内法准许进行此类治疗的情况下，只有患者给予知情同意且独立的外部机构确信知情同意属实，而这种治疗最符合患者病情需要时，才可施行此类手术。”

然而，如前所述，我国《精神卫生法》第三十条第二款对非自愿住院的限定与联合国《保护精神病患者和改善精神保健的原则》规定的范围不同，某些事实上属于或者依据《保护精神病患者和改善精神保健的原则》属于非自愿住院的患者，如“无拒绝的非自愿住院”患者，在我国可能不会被当作非自愿住院患者对待。这些住院患者有可能在监护人同意的情况下被实施精神外科手术及其他侵扰性和不可逆转的治疗。《精神卫生法》第四十三条所说的“应当向患者或者其监护人告知医疗风险、替代医疗方案等情况，并取得患者的书面同意；无法取得患者意见的，应当取得其监护人的书面同意，并经本医疗机构伦理委员会批准”的“导致人体器官丧失功能的外科手术”或者“与精神障碍治疗有关的实验性临床医疗”，实

① 参见吴凤清《建言精神卫生法　直指患者保障》，《中国医院院长》2011 年第 2 期；李莹、陈瑜《精神卫生法，在争议中艰难前行》，《科技日报》2011 年 6 月 30 日。

际上包括精神外科及其他侵扰性和不可逆转的治疗。而联合国《保护精神病患者和改善精神保健的原则》没有允许这种“无法取得患者意见的，应当取得其监护人的书面同意”的精神外科及其他侵扰性和不可逆转的治疗，它所允许的精神外科及其他侵扰性和不可逆转的治疗，必须是“患者给予知情同意且独立的外部机构确信知情同意属实”的。我国的精神外科水平并不很高，有关的伦理问题也缺乏共识，而《精神卫生法》却如此放心许可，授权给监护人，后果着实难以料想。

第四十三条的问题也很大。根据该条规定，对于自愿住院患者（包括“无拒绝的非自愿住院”）患者，只要取得其“书面同意”，即可采取“导致人体器官丧失功能的外科手术”和“与精神障碍治疗有关的实验性临床医疗”这些特殊治疗措施。这个条件过低。自愿住院患者的病情严重性不同，他们所作出的同意，即使是书面同意，也不一定是“知情同意”，而非知情的同意并不能使特殊治疗措施合法化。知情同意的前提是具有充足的认识能力。向患者“告知医疗风险、替代医疗方案等情况”并不能解决患者的认识能力问题。必须先行对患者的认识能力进行判断。患者不具有知情同意的认识能力的，其“书面同意”无效。这时，应当取得其监护人的书面同意。所以，第四十三条的“取得患者的书面同意”应当改为“取得患者的书面知情同意”。“书面”是重要的，但它只是“同意”有效的形式要件，而不是实质要件。“知情”才是最重要的，“书面”不等于“知情”。只讲“书面”，不过是为了规避风险；强调“知情”，方能维护患者利益。

三　侵犯精神障碍患者权利的法律责任

为保障精神障碍患者或者被视为精神障碍患者的人特别是被实施非自愿住院的人的合法权益，《精神卫生法》规定了医疗机构和其他机构、个人侵犯精神障碍患者合法权益的行政责任、民事责任和刑事责任。有些侵权行为可能应当承担多重法律责任，并且不互相替代。侵犯精神障碍患者合法权益的行为也不限于《精神卫生法》规定的范围。

关于行政责任，《精神卫生法》第七十四条规定：“医疗机构及其工作人员有下列行为之一的，由县级以上人民政府卫生行政部门责令改正，给予警告；情节严重的，对直接负责的主管人员和其他直接责任人员依法给予或者责令给予降低岗位等级或者撤职、开除的处分，并可以责令有关医务人员暂停一个月以上六个月以下执业活动：（一）拒绝对送诊的疑似精神障碍患者作出诊断的；（二）对依照本法第三十条第二款规定实施住院治疗的患者未及时进行检查评估或者未根据评估结果作出处理的。”第七十五条规定：“医疗机构及其工作人员有下列行为之一的，由县级以上人民政府卫生行政部门责令改正，对直接负责的主管人员和其他直接责任人员依法给予或者责令给予降低岗位等级或者撤职的处分；对有关医务人员，暂停六个月以上一年以下执业活动；情节严重的，给予或者责令给予开除的处分，并吊销有关医务人员的执业证书：（一）违反本法规定实施约束、隔离等保护性医疗措施的；（二）违反本法规定，强迫精神障碍患者劳动的；（三）违反本法规定对精神障碍患者实施外科手术或者实验性临床医疗的；（四）违反本法规定，侵害精神障碍患者的通讯和会见探访者等权利的；（五）违反精神障碍诊断标准，将非精神障碍患者诊断为精神障碍患者的。”承担行政责任，不能替代应当承担的民事责任或者刑事责任。

关于民事责任，《精神卫生法》第七十八条规定：“违反本法规定，有下列情形之一，给精神障碍患者或者其他公民造成人身、财产或者其他损害的，依法承担赔偿责任：（一）将非精神障碍患者故意作为精神障碍患者送入医疗机构治疗的；（二）精神障碍患者的监护人遗弃患者，或者有不履行监护职责的其他情形的；（三）歧视、侮辱、虐待精神障碍患者，侵害患者的人格尊严、人身安全的；（四）非法限制精神障碍患者人身自由的；（五）其他侵害精神障碍患者合法权益的情形。”其他侵害精神障碍患者合法权益的情形，包括强迫精神障碍患者劳动、非法对精神障碍患者实施外科手术或者实验性临床医疗、侵害精神障碍患者的通讯和会见探访者的权利等。另外，第七十六条第二款规定：“心理咨询人员、专门从事心理治疗的人员在心理咨询、心理治疗活动中造成他人人身、财产或者其他损害的，依法承担民事责任。”第七十七条规定：“有关单位和个人违反本法第四条第三款规定，给精神障碍患者造成损害的，依法承担赔偿责任；对单位直接负责的主管人员和其他直接责任人员，还应当依法给予处分。”“本法第四条第三款”是指“有关单位和个人应当对精神障碍患者的姓名、肖像、住址、工作单位、病历资料以及其他可能推断出其身份的信息予以保密；但是，依法履行职责需要公开的除外”。

此外，《侵权责任法》专门设置了“医疗损害责任”一章（第七章），也基本适用于精神障碍治疗（与《精神卫生法》不一致的，适用《精神卫生法》）。第五十四条规定：“患者在诊疗活动中受到损害，医疗机构及其医务人员有过错的，由医疗机构承担赔偿责任。”第五十五条规定：“医务人员在诊疗活动中应当向患者说明病情和医疗措施。需要实施手术、特殊检查、特殊治疗的，医务人员应当及时向患者说明医疗风险、替代医疗方案等情况，并取得其书面同意；不宜向患者说明的，应当向患者的近亲属说明，并取得其书面同意。医务人员未尽到前款义务，造成患者损害的，医疗机构应当承担赔偿责任。”第五十六条规定：“因抢救生命垂危的患者等紧急情况，不能取得患者或者其近亲属意见的，经医疗机构负责人或者授权的负责人批准，可以立即实施相应的医疗措施。”第五十七条规定：“医务人员在诊疗活动中未尽到与当时的医疗水平相应的诊疗义务，造成患者损害的，医疗机构应当承担赔偿责任。”第五十八条：“患者有损害，因下列情形之一的，推定医疗机构有过错：（一）违反法律、行政法规、规章以及其他有关诊疗规范的规定；（二）隐匿或者拒绝提供与纠纷有关的病历资料；（三）伪造、篡改或者销毁病历资料。”第五十九条规定：“因药品、消毒药剂、医疗器械的缺陷，或者输入不合格的血液造成患者损害的，患者可以向生产者或者血液提供机构请求赔偿，也可以向医疗机构请求赔偿。患者向医疗机构请求赔偿的，医疗机构赔偿后，有权向负有责任的生产者或者血液提供机构追偿。”第六十条规定：“患者有损害，因下列情形之一的，医疗机构不承担赔偿责任：（一）患者或者其近亲属不配合医疗机构进行符合诊疗规范的诊疗；（二）医务人员在抢救生命垂危的患者等紧急情况下已经尽到合理诊疗义务；（三）限于当时的医疗水平难以诊疗。前款第一项情形中，医疗机构及其医务人员也有过错的，应当承担相应的赔偿责任。”第六十一条：“医疗机构及其医务人员应当按照规定填写并妥善保管住院志、医嘱单、检验报告、手术及麻醉记录、病理资料、护理记录、医疗费用等病历资料。患者要求查阅、复制前款规定的病历资料的，医疗机构应当提供。”第六十二条：“医疗机构及其医务人员应当对患者的隐私保密。泄露患者隐私或者未经患者同意公开其病历资料，造成患者损害的，应当承担侵权责任。”第六十三条规定：“医疗机构及其医务人员不得违反诊疗规范实施不必要的检查。”

关于刑事责任，《精神卫生法》第八十一条：“违反本法规定，构成犯罪的，依法追究刑事责任。”违反《精神卫生法》的规定，侵犯精神障碍患者或者被视为精神障碍患者的人合法权益的行为，根据《刑法》有可能构成犯罪的，主要有：

（一）将非精神障碍患者故意作为精神障碍患者送入医疗机构治疗，可能构成非法拘禁罪。这实际是对精神正常但被视为精神障碍患者的人的保护。实施这一行为的可能有非精神障碍患者的亲属、所在单位以及其他个人和机构。《精神卫生法》没有提到医疗机构人员故意对非精神障碍患者实施非自愿住院的情况。理论上说，医疗机构人员故意对非精神障碍患者实施非自愿住院构成非法拘禁罪，但前提是医疗机构人员明知就诊者精神正常，然而要想直接证明医疗机构人员“明知”是极为困难的。不过，如果医疗机构人员不遵守非自愿住院的法定标准和程序而对被送诊者实施非自愿住院，而被送诊者后来被诊断或者鉴定为不符合非自愿住院标准，则可推定其具有非法拘禁的直接故意或者间接故意，可以按非法拘禁罪论处。《刑法》第二百三十八条规定：“非法拘禁他人或者以其他方法非法剥夺他人人身自由的，处三年以下有期徒刑、拘役、管制或者剥夺政治权利。具有殴打、侮辱情节的，从重处罚。犯前款罪，致人重伤的，处三年以上十年以下有期徒刑；致人死亡的，处十年以上有期徒刑。使用暴力致人伤残、死亡的，依照本法第二百三十四条、第二百三十二条的规定定罪处罚。为索取债务非法扣押、拘禁他人的，依照前两款的规定处罚。国家机关工作人员利用职权犯前三款罪的，依照前三款的规定从重处罚。”

（二）非法限制精神障碍患者人身自由，也可能构成非法拘禁罪。但是，经法定程序对精神障碍患者实施非自愿住院不构成此罪。另外，对于家属尤其是取得合法监护权的家属将精神障碍患者关锁在家，如果不是长期的，并且没有造成严重后果，可不视为非法拘禁。德国曾经有一个判例（联邦最高法院 1959 年 6 月 16 日判决）：经查明，S 女士患有偏执幻想精神分裂症。由于幻想发作，她相信撒旦和其他恶鬼在折磨她，以及她的亲属会毒死她。她在这种状态下一再衣衫不整地跑出家门，跑到牧师或者被她当作医院的孤儿院去，希望在那里“求得庇护”。被告人（她的子女）总是必须调查她所在的地点，然后把她捉回家。在家里，S 女士为了保卫自己免受恶鬼侵害，总是要给她的屋子洒上很多圣水或其他什么水，直到房间的地板全部“湿透”。为了预防他们的母亲发生什么差错，自1957起，他们作出决定，在她发病产生幻觉的时候，将她锁在房子二层的起居室里。每次都要持续锁大概三到四天，每个月总共要关大概两个星期。州法院认为，这种关押乃是刑法意义上的连续剥夺自由。其理由是，仅仅是亲戚关系或者姻亲关系并不代表就有权利将需要保护的人关起来，法律上通常可行的方式是取得精神病监护人的职责和确定地得到精神病监护人的同意以保护被监护人。联邦最高法院推翻了州法院的判决：在家庭护理的范围内，如果有必要，可以临时将精神病人关起来，这作为自力救助措施是允许的，不需要法院介入。联邦最高法院的合议庭认为：当家庭集体意识到其道德上的帮助义务，而对罹患重病的近亲属加以照管，并不需要官方的认可，就可以采取应对需护理者的各种疾病所需要的、足以保护其免受伤害的措施。当需护理者患有精神疾病，不知道什么时候就不能控制自己的感觉和决定时，这时遭受危险的可能只是她自己，而不是别人。因此，每当他们的母亲发病的时候，被告人可以采用符合家庭情况的方式限制其自由行动，而不需事前取得监护法官的同意，或者请一位由法官指定的监护人（“照管人”）来。否则，就意味着现代社会同样无法放弃的家庭内自力救济要服从于国家的控制和治理，因而也就剥夺了这种救济独立的道德价值。这违反了今天我们在法律上对家庭集体和国家整体二者间关系的理解，也违反了在家庭事务上国家干预的辅助性原则。① 在中国，由于存在家庭照护精神障碍患者的传统——不论其是怎样形成的，以及有关监护制度的不明确，家庭自行照护精神障碍患者，并且给予关锁，是比较常见的，虽然应当创造条件改变这种状况，但确实不必一律定性为非法拘禁罪。

（三）拐卖精神障碍妇女、儿童的，可能构成拐卖妇女儿童罪。精神障碍妇女、儿童存在辨认能力缺损，可能为不法之徒利用，加以拐卖。拐卖精神障碍妇女、儿童构成拐卖妇女儿童罪，不以“明知”被拐卖妇女儿童患有精神障碍为要件，但“明知”可作为从重处罚的考量因素。精神障

① 参见〔德〕克劳斯·罗克辛《德国联邦最高法院判例·刑法总论》，何庆仁、蔡桂生译，中国人民大学出版社，2012，第59～60页。

碍妇女一般被卖到贫困地区人家为妻。明知儿童患有精神障碍（例如精神发育迟滞）而故意拐卖的，比较少见，有的被买家当作童工或者强迫乞讨。《刑法》第二百四十条规定："拐卖妇女、儿童的，处五年以上十年以下有期徒刑，并处罚金；有下列情形之一的，处十年以上有期徒刑或者无期徒刑，并处罚金或者没收财产；情节特别严重的，处死刑，并处没收财产：（一）拐卖妇女、儿童集团的首要分子；（二）拐卖妇女、儿童三人以上的；（三）奸淫被拐卖的妇女的；（四）诱骗、强迫被拐卖的妇女卖淫或者将被拐卖的妇女卖给他人迫使其卖淫的；（五）以出卖为目的，使用暴力、胁迫或者麻醉方法绑架妇女、儿童的；（六）以出卖为目的，偷盗婴幼儿的；（七）造成被拐卖的妇女、儿童或者其亲属重伤、死亡或者其他严重后果的；（八）将妇女、儿童卖往境外的。拐卖妇女、儿童是指以出卖为目的，有拐骗、绑架、收买、贩卖、接送、中转妇女、儿童的行为之一的。"

（四）收买精神障碍妇女、儿童的，可能构成收买被拐卖的妇女儿童罪。《刑法》第二百四十一条规定："收买被拐卖的妇女、儿童的，处三年以下有期徒刑、拘役或者管制。""收买被拐卖的妇女，强行与其发生性关系的，依照本法第二百三十六条的规定定罪处罚。""收买被拐卖的妇女、儿童，非法剥夺、限制其人身自由或者有伤害、侮辱等犯罪行为的，依照本法的有关规定定罪处罚。""收买被拐卖的妇女、儿童，并有第二款、第三款规定的犯罪行为的，依照数罪并罚的规定处罚。""收买被拐卖的妇女、儿童又出卖的，依照本法第二百四十条的规定定罪处罚。"

除上述五款规定外，《刑法》第二百四十一条还规定（第六款）："收买被拐卖的妇女、儿童，按照被买妇女的意愿，不阻碍其返回原居住地的，对被买儿童没有虐待行为，不阻碍对其进行解救的，可以不追究刑事责任。"这一"不追究刑事责任"的规定是不合理的。这样规定，虽然可能有利于减少解救被拐卖的妇女、儿童的阻力，但是必然不利于打击收买妇女、儿童犯罪，从而不利于遏制拐卖妇女、儿童犯罪。(1) 第六款是对第一款的否定，第一款形同虚设。因为第六款实际上为"收买被拐卖妇女、儿童罪"的构成附加了阻碍被拐卖妇女返回原居住地和虐待被买儿童、阻碍对其进行解救的条件——也即是说，收买被拐卖的妇女、儿童的行为本身不构成犯罪，有上述附加行为的才构成犯罪。"收买被拐卖妇女、儿童罪”实际上是被偷换为“收买并阻碍解救被拐卖妇女、儿童罪”。(2) 根据第六款，“收买被拐卖的妇女、儿童罪”的成立是在阻碍解救之时，而不是在收买之时。从收买被拐卖的妇女、儿童到被拐卖的妇女、儿童得到解救，往往间隔相当长的时间，而在此期间，“收买被拐卖的妇女、儿童”一直处于“非犯罪”状态。因此，拐入地对收买被拐卖的妇女、儿童的事情往往视而不见，知情不举，被害人控诉也不被受理，甚至对收买加以保护，通过违法的婚姻、户籍登记，使收买“合法化”。(3) 由于第六款的导向不正确，在现实中，对“可以不追究刑事责任”掌握偏松，“可以”变成“应当”，“收买被拐卖的妇女、儿童罪”几乎是“有律无案”。(4) 在客观上，收买人是人贩子的“共犯”和“帮凶”。《刑法》固然不应将他们与人贩子等同对待，但使他们得到相应的刑事制裁，是他们行为理应获得的后果，这才可以体现法律的正义。(5) 为了减少解救的阻力，对于收买被拐卖妇女、儿童但不阻碍被害人返回原居住地或者不阻碍解救的，应给予肯定，给予宽大处理，但肯定和宽大的程度必须适度、合理。一般情况下，宽大处理的底线应是追究刑事责任但“免除处罚”，而不应是“不追究刑事责任”。“不阻碍”以及“没有虐待”不是积极作为，既不是自首，也不是立功，远不足以“不追究刑事责任”。“不追究刑事责任”只可适用于特殊情况，主要根据被买妇女本人、被买儿童的父母的态度。基于上述考虑，在2010年3月全国政协会议上，我提出了《关于修订〈刑法〉，加大对收买妇女、儿童犯罪的处罚力度的提案》，建议将前述第六款修订为：“收买被拐卖的妇女、儿童，按照被买妇女的意愿，不阻碍其返回原居住地的，对被买儿童没有虐待行为，不阻碍对其进行解救的，可以从轻或者减轻处罚；主动帮助被买妇女、儿童返回原居住地或者家庭的，可以免除处罚；被买妇女本人、被买儿童的父母提出不追究刑事责任的，可以不追究刑事责任。”①

（五）以暴力、威胁或者限制人身自由的方法强迫精神障碍患者劳动的，可能构成强迫劳动罪。现实中存在一些黑煤窑、黑砖厂等非法企业限制弱智者和其他精神障碍患者的人身自由，强迫他们在恶劣、危险的

① 参见杨傲多《刘白驹委员：加大对收买妇女儿童犯罪处罚力度》，《法制日报》2010年3月6日。

条件下干活，不顾他们的安全，也不给报酬的情况。但是，医疗机构及其人员也可以成为这个罪的主体。《刑法》第二百四十四条："以暴力、威胁或者限制人身自由的方法强迫他人劳动的，处三年以下有期徒刑或者拘役，并处罚金；情节严重的，处三年以上十年以下有期徒刑，并处罚金。""明知他人实施前款行为，为其招募、运送人员或者有其他协助强迫他人劳动行为的，依照前款的规定处罚。""单位犯前两款罪的，对单位判处罚金，并对其直接负责的主管人员和其他直接责任人员，依照第一款的规定处罚。"

（六）以暴力、胁迫手段组织精神障碍患者乞讨的，可能构成强迫乞讨罪。《刑法》第二百六十二条之一规定："以暴力、胁迫手段组织残疾人或者不满十四周岁的未成年人乞讨的，处三年以下有期徒刑或者拘役，并处罚金；情节严重的，处三年以上七年以下有期徒刑，并处罚金。"该条所说的"残疾人"应当包括严重精神障碍患者。

（七）监管人员虐待被监管的精神障碍患者，可能构成虐待被监管人罪。《刑法》第二百四十八条规定："监狱、拘留所、看守所等监管机构的监管人员对被监管人进行殴打或者体罚虐待，情节严重的，处三年以下有期徒刑或者拘役；情节特别严重的，处三年以上十年以下有期徒刑。致人伤残、死亡的，依照本法第二百三十四条、第二百三十二条的规定定罪从重处罚。""监管人员指使被监管人殴打或者体罚虐待其他被监管人的，依照前款的规定处罚。"

（八）虐待家庭成员中的精神障碍患者，可能构成虐待罪。《刑法》第二百六十条规定："虐待家庭成员，情节恶劣的，处二年以下有期徒刑、拘役或者管制。犯前款罪，致使被害人重伤、死亡的，处二年以上七年以下有期徒刑。第一款罪，告诉的才处理。"应当指出，《刑法》的"虐待罪"条款存在缺陷，对精神障碍患者的保护不够周全。"虐待罪"针对的是家庭成员之间的虐待，不适用于家庭之外的虐待，并且除致使被害人重伤，死亡的，告诉的才处理。而《刑法》对于家庭之外的虐待，只在第二百四十八条规定了适用于监狱、拘留所、看守所等监管机构的监管人员对被监管人员进行殴打或者体罚情况的"虐待被监管人罪"。这使得幼儿教师和其他教师虐待非亲属儿童、社会养老机构工作人员虐待老人、福利救助机构工作人员虐待被救助人员、精神病院工作人员虐待病人等行为无法受到刑事追究，不利于防止这些非人道行为的发生。实际上，家庭之外的虐待行为与家庭之内的虐待行为具有共同性，即承担特定义务的人员虐待本应由他们加以关爱的弱者，都具有社会危害性，在刑法上可以一并考虑。外国立法例可供参考。《德国刑法典》第225条规定了“虐待被保护人罪”，被保护人是指下列不满18岁之人或因残疾、疾病而无防卫能力之人：（1）处于行为人的照料或保护之下；（2）属于行为人的家庭成员；（3）被照料义务人将照料义务转让给行为人；（4）在职务或工作关系范围之内之下属。[①]《葡萄牙刑法典》第152条A规定的虐待罪的被害人包括“归其照护、保护，或者其负有指导或教育责任，或者因劳动关系从属于其的未成年人或者无助人，尤其是因为年龄、残疾、疾病、怀孕而处于这一状态的人”。[②] 在2013年3月全国政协会议上，结合近年发生的虐童事件，我提交了《关于修订〈刑法〉虐待罪条款，扩大虐待罪主体，限制“告诉的才处理”适用的提案》。[③] 我建议修改《刑法》第二百六十条关于“虐待罪”的规定，将其主体适当扩张，不仅包括家庭成员，而且包括承担教育、照管、监护、寄养、救助等照护义务的人。这些承担照护义务的人的虐待对象可概括称为“有义务照护的人”或“被照护人”。同时，这些家庭外人员的虐待超出家庭私生活范畴，不应适用“告诉的才处理”的原则。当时，我还曾考虑，是否建议对虐待家庭成员中的精神障碍患者也不适用“告诉的才处理”，因为实际上很多精神障碍患者没有能力“告诉”。但是后来我认为，家庭照护精神障碍患者实属不易，很多家庭也难以以较高的水准照护他们，关锁、约束、粗暴通常是不得已而为之，除特别严重情况，如导致重伤、死亡，不宜视为刑法上的“虐待”，因而最终我无奈地没有提出对虐待家庭成员中的精神障碍患者不适用“告诉的才处理”的意见。好在《最高人民法院关于适用〈中华人民共和国刑事诉讼法〉的解释》第二百六十条规定：“如果被害人死亡、丧失行为能力或者因受强制、威吓等无法告诉，或者是限制行为能力人以及因年老、患病、盲、聋、哑等不能亲自告诉，其法定代理人、近亲属告诉或者代为告诉

① 《德国刑法典》（2002年修订），徐久生、庄敬华译，中国方正出版社，2004，第112页。

② 《葡萄牙刑法典》，陈志军译，中国人民公安大学出版社，2010，第73页。

③ 参见徐日丹《遏制虐童恶行　不必增设新罪——刘白驹委员建议扩大虐待罪主体》，《检察日报》2013年3月5日。

的，人民法院应当依法受理。被害人的法定代理人、近亲属告诉或者代为告诉，应当提供与被害人关系的证明和被害人不能亲自告诉的原因的证明。”

（九）对于精神障碍患者负有扶养义务的人拒绝扶养的，可能构成遗弃罪。扶养关系主要存在亲属之间。根据《中华人民共和国婚姻法》（1980 年 9 月 10 日第五届全国人民代表大会第三次会议通过，2001 年 4 月 28 日第九届全国人民代表大会常务委员会第二十一次会议修正）的规定，我国法律上的扶养包括以下四种情形：（1）夫妻间的扶养。第二十条规定：“夫妻有互相扶养的义务。”（2）父母子女间的扶养。《婚姻法》第二十一规定：“父母对子女有抚养教育的义务；子女对父母有赡养扶助的义务。”（3）祖孙间的扶养。《婚姻法》第二十八条规定：“有负担能力的祖父母、外祖父母，对于父母已经死亡或父母无力抚养的未成年的孙子女、外孙子女，有扶养的义务。有负担能力的孙子女、外孙子女，对于子女已经死亡或子女无力赡养的祖父母、外祖父母，有赡养的义务。”（4）兄弟姐妹间的扶养。《婚姻法》第二十九条规定：“有负担能力的兄、姐，对于父母已经死亡或父母无力抚养的未成年弟、妹，有抚养的义务。由兄、姐抚养长大的有负担能力的弟、妹，对于缺乏劳动能力又缺乏生活来源的兄、姐，有扶养的义务。”上述婚姻法确定的家庭成员间的扶养义务，是认定我国刑法中的遗弃罪的扶养义务的法律根据。但是，在司法实践中，曾经认定养老院和福利院等社会扶养机构可以成为遗弃罪的主体。例如，前述乌鲁木齐市精神病福利院院长王益民等人遗弃住院患者，即按遗弃罪判刑。对此，刑法学界是有不同意见的。陈兴良教授认为，我国刑法关于遗弃罪规定中的扶养，是指法律上的扶养，这种扶养义务是从扶养关系引申出来，因而是一种身份关系。只有具备一定亲属身份的人，才有可能存在这种扶养关系。根据刑法沿革解释，遗弃罪属于妨害婚姻、家庭罪，不应包括非家庭成员间的扶养。①

（十）家属之外的人侮辱、虐待精神障碍患者，可能构成侮辱罪；造成重伤的，可能构成故意伤害罪。关于“侮辱罪”，《刑法》第二百四十六

① 陈兴良：《非家庭成员间遗弃行为之定性研究——王益民等遗弃案之分析》，《法学评论》2005 年第 4 期。

条规定："以暴力或者其他方法公然侮辱他人或者捏造事实诽谤他人，情节严重的，处三年以下有期徒刑、拘役、管制或者剥夺政治权利。前款罪，告诉的才处理，但是严重危害社会秩序和国家利益的除外。"这里的"告诉的才处理"也应适用《最高人民法院关于适用〈中华人民共和国刑事诉讼法〉的解释》第二百六十条规定。

（十一）医务人员严重不负责任，造成精神障碍患者死亡或者严重损害其身体健康的，可能构成医疗事故罪。《刑法》第三百三十五条："医务人员由于严重不负责任，造成就诊人死亡或者严重损害就诊人身体健康的，处三年以下有期徒刑或者拘役。"是否严重不负责任，首先应当考察医务人员是否遵守了《精神卫生法》的有关规定，即第三十九条："医疗机构及其医务人员应当遵循精神障碍诊断标准和治疗规范，制定治疗方案，并向精神障碍患者或者其监护人告知治疗方案和治疗方法、目的以及可能产生的后果。"第四十一条："对精神障碍患者使用药物，应当以诊断和治疗为目的，使用安全、有效的药物，不得为诊断或者治疗以外的目的使用药物。"

（十二）对非自愿住院精神障碍患者实施以治疗精神障碍为目的的外科手术，可能构成故意伤害罪。《精神卫生法》明文禁止对非自愿住院精神障碍患者实施以治疗精神障碍为目的的外科手术，违反这一禁止而实施手术，说明具有主观故意。造成重伤的，应定故意伤害罪，而非医疗事故罪。《刑法》第二百三十四条规定："故意伤害他人身体的，处三年以下有期徒刑、拘役或者管制。犯前款罪，致人重伤的，处三年以上十年以下有期徒刑；致人死亡或者以特别残忍手段致人重伤造成严重残疾的，处十年以上有期徒刑、无期徒刑或者死刑。本法另有规定的，依照规定。"

（十三）没有按照《精神卫生法》规定程序而对精神障碍患者实施外科手术或者实验性临床医疗，可能构成过失致人重伤罪；致人死亡的，可能构成过失致人死亡罪。只要没有执行《精神卫生法》第四十三条规定，"应当向患者或者其监护人告知医疗风险、替代医疗方案等情况，并取得患者的书面同意；无法取得患者意见的，应当取得其监护人的书面同意，并经本医疗机构伦理委员会批准"，而对精神障碍患者实施外科手术或者实验性临床医疗，不具有合法性，造成精神障碍重伤或者死亡的，即构成过失致人重伤罪或者过失致人死亡罪，而不论手术或者治疗中是否发生事故。

（十四）医疗机构人员隐匿、毁弃或者非法开拆精神障碍患者与他人来往信件，可能构成侵犯通信自由罪。《精神卫生法》第四十六条规定：“医疗机构及其医务人员应当尊重住院精神障碍患者的通讯和会见探访者等权利。除在急性发病期或者为了避免妨碍治疗可以暂时性限制外，不得限制患者的通讯和会见探访者等权利。”如果违反这一规定并且符合《刑法》第二百五十二条“隐匿、毁弃或者非法开拆他人信件，侵犯公民通信自由权利，情节严重的”之规定，构成侵犯通信自由罪，处一年以下有期徒刑或者拘役。《刑法》第二百五十二条还没有跟上信息时代的步伐，它所说的“通信”是指通过邮政传送的纸质信件，不包括现今的电子邮件、手机短信等，需要适时修订。

（十五）对精神病人实施“寻衅滋事”行为，可能构成寻衅滋事罪。根据《刑法》第二百九十三条规定，有寻衅滋事行为，破坏社会秩序，情节恶劣或者情节严重的，处五年以下有期徒刑、拘役或者管制。最高人民法院、最高人民检察院在2013年7月15日公布的《关于办理寻衅滋事刑事案件适用法律若干问题的解释》（自2013年7月22日起施行。以下简称《解释》），特别提到“精神病人”被寻衅滋事行为侵犯的情况。对《解释》中的“精神病人”，应理解为病情比较严重、行为能力明显受损的精神障碍患者，因为与一般人相比，他们的自我保护能力薄弱，所以尤需给予保护。根据《解释》，对精神病人及其他弱势者实施《刑法》第二百九十三条规定的寻衅滋事行为，如果情节恶劣或者情节严重，构成寻衅滋事罪。《解释》第二条规定：“随意殴打他人，破坏社会秩序，具有下列情形之一的，应当认定为刑法第二百九十三条第一款第一项规定的‘情节恶劣’：……（五）随意殴打精神病人、残疾人、流浪乞讨人员、老年人、孕妇、未成年人，造成恶劣社会影响的……”第三条规定：“追逐、拦截、辱骂、恐吓他人，破坏社会秩序，具有下列情形之一的，应当认定为刑法第二百九十三条第一款第二项规定的‘情节恶劣’：……（三）追逐、拦截、辱骂、恐吓精神病人、残疾人、流浪乞讨人员、老年人、孕妇、未成年人，造成恶劣社会影响的……”第四条规定：“强拿硬要或者任意损毁、占用公私财物，破坏社会秩序，具有下列情形之一的，应当认定为刑法第二百九十三条第一款第三项规定的‘情节严重’：……（三）强拿硬要或者任意损毁、占用精神病人、残疾人、流浪乞讨人员、老年人、孕妇、未成年人的财物，造成恶劣社会影响的……”《解释》的上述三条还将“引起他人精神失常”列为“情节恶劣”或者“情节严重”。另外，《解释》第七条规定：“实施寻衅滋事行为，同时符合寻衅滋事罪和故意杀人罪、故意伤害罪、故意毁坏财物罪、敲诈勒索罪、抢夺罪、抢劫罪等罪的构成要件的，依照处罚较重的犯罪定罪处罚。”

（十六）未取得医生执业资格的人进行精神障碍的诊断、治疗，可能构成非法行医罪。《刑法》第三百三十六条规定：“未取得医生执业资格的人非法行医，情节严重的，处三年以下有期徒刑、拘役或者管制，并处或者单处罚金；严重损害就诊人身体健康的，处三年以上十年以下有期徒刑，并处罚金；造成就诊人死亡的，处十年以上有期徒刑，并处罚金。”

此外，我国刑事政策对于女性精神病患者给予了特别保护。最高人民法院、最高人民检察院、公安部联合发布的《关于当前办理强奸案件中具体应用法律的若干问题的解答》（1984 年）规定：“明知妇女是精神病患者或者痴呆者（程度严重的）而与其发生性行为的，不管犯罪分子采取什么手段，都应以强奸罪论处。”也就是说，明知妇女是精神病患者或者痴呆者（程度严重的）而与其发生性行为的，即使该妇女没有拒绝，甚至表现出自愿，行为人也构成强奸罪。女性精神病患者在精神障碍的影响下，完全有可能对性行为及其后果无实质性理解能力，而对性行为及其后果无实质性理解能力，也就不能对他人的性交要求作出理智的反应。与对性行为及其后果无实质性理解能力的女性精神病患者发生性交，即使她们没有表示反对，也不能说发生性交是符合她们意志的。有些无耻之徒利用了女性精神病患者可能不具有认识性行为及其后果性质的能力这一弱点，主动与女性精神病患者发生性交，企图既发泄性欲又不承担法律责任。为保护女性精神病患者的性不可侵犯权，应当推定利用女性精神病患者可能不具有认识性行为及其后果性质的能力这一弱点，而与之发生双方“自愿”的性交，是违背她们意志的，并应按强奸罪论处。一般地说，当有人明知妇女是精神病患者而主动与之发生性交时，只要能够证明该妇女不具有认识性行为及其后果性质的能力，就应当将该行为人以强奸罪论处。鉴定女性精神病患者对性行为及其后果有无实质性理解能力是至关重要的。这种鉴定在司法精神医学中被称为“性自卫能力鉴定”。最高人民法院、最高人民检察院、公安部、司法部、卫生部联合发布的《精神疾病司法鉴定暂行规定》（1989年）第22条第（二）项规定："被鉴定人是女性，经鉴定患有精神疾病，在她的性不可侵犯权遭到侵害时，对自身所受的侵害或严重后果缺乏实质性理解能力的，为无自我防卫能力。"①

四　精神障碍患者权利的司法保护

《精神卫生法》第八十二条规定了精神障碍患者或者被视为精神障碍患者的人因遭受不法侵害而通过诉讼获得司法救济的权利："精神障碍患者或者其监护人、近亲属认为行政机关、医疗机构或者其他有关单位和个人违反本法规定侵害患者合法权益的，可以依法提起诉讼。"

实际上，任何人如果认为自己的合法权益遭受侵害，都有权利依法向法院提起诉讼。即使《精神卫生法》没有作出第八十二条的规定，精神障碍患者也拥有诉讼权利。对这项权利的限制或者剥夺，必须由法律作出，或者须经法定程序。如果不是全国人大法律委员会曾经针对第八十二条，作出"患者或者其监护人对需要住院治疗的诊断结论或者鉴定报告有异议的，可以依据该条规定向人民法院提起诉讼"的说明，第八十二条的意义就不是很大。但也不能因此就将第八十二条规定的诉讼，与其他许多国家或者地区精神卫生法规定的法院决定非自愿住院或者患者可以要求对非自愿住院申请、决定进行司法审查的制度相提并论。虽然根据全国人大法律委员会的说明，患者或者其监护人对需要住院治疗的诊断结论或者鉴定报告有异议的，可以向法院提起诉讼，但是提起诉讼本身并不影响非自愿住院的实施，在法院作出判决之前，非自愿住院仍然被视为合法的，并且照常进行。况且，全国人大法律委员会说明的法律效力也有疑问。

精神障碍患者或者其监护人、近亲属可以提起的诉讼包括行政诉讼、民事诉讼和刑事自诉。

关于行政诉讼，《中华人民共和国行政诉讼法》（1989年4月4日第七届全国人民代表大会第二次会议通过）第二条规定："公民、法人或者其他组织认为行政机关和行政机关工作人员的具体行政行为侵犯其合法权益，有权依照本法向人民法院提起诉讼。"第十一条规定："人民法院受理

① 参见刘白驹《性犯罪：精神病理与控制》，社会科学文献出版社，2006，第250～252页。

公民、法人和其他组织对下列具体行政行为不服提起的诉讼：（一）对拘留、罚款、吊销许可证和执照、责令停产停业、没收财物等行政处罚不服的；（二）对限制人身自由或者对财产的查封、扣押、冻结等行政强制措施不服的；（三）认为行政机关侵犯法律规定的经营自主权的；（四）认为符合法定条件申请行政机关颁发许可证和执照，行政机关拒绝颁发或者不予答复的；（五）申请行政机关履行保护人身权、财产权的法定职责，行政机关拒绝履行或者不予答复的；（六）认为行政机关没有依法发给抚恤金的；（七）认为行政机关违法要求履行义务的；（八）认为行政机关侵犯其他人身权、财产权的。除前款规定外，人民法院受理法律、法规规定可以提起诉讼的其他行政案件。”第十二条规定：“人民法院不受理公民、法人或者其他组织对下列事项提起的诉讼：（一）国防、外交等国家行为；（二）行政法规、规章或者行政机关制定、发布的具有普遍约束力的决定、命令；（三）行政机关对行政机关工作人员的奖惩、任免等决定；（四）法律规定由行政机关最终裁决的具体行政行为。”具体到精神障碍患者，其所遭遇的具体行政行为，比较常见的是因为可能违反治安管理而受到拘留等行政处罚或者限制人身自由等行政强制措施。如果精神障碍患者不服拘留等行政处罚或者限制人身自由等行政强制措施，可以自行或者由其法定代理人提起诉讼。对此，《最高人民法院关于执行〈中华人民共和国行政诉讼法〉若干问题的解释》（1999年）第十一条第二款规定：“公民因被限制人身自由而不能提起诉讼的，其近亲属可以依其口头或者书面委托以该公民的名义提起诉讼。”对于非自愿住院一般不能提起行政诉讼。根据《精神卫生法》，非自愿住院至少在形式上是由医疗机构或者监护人决定的——对它们或者他们只能提起民事诉讼或者刑事自诉，虽然行政机关如公安部门可能在事实上起到决定性作用。这提醒医疗机构尤其是公安部门管理的安康医院和民政部门管理的福利性精神病院不能盲目地接收公安部门或者民政部门强制送诊的疑似精神障碍患者住院。但是，在“患者属于查找不到监护人的流浪乞讨人员的，由送诊的有关部门办理住院手续”（《精神卫生法》第三十六条）的情形下，办理住院手续的有关部门有可能成为行政诉讼的被告。

关于民事诉讼，《民事诉讼法》第三条规定：“人民法院受理公民之间、法人之间、其他组织之间以及他们相互之间因财产关系和人身关系提起的民事诉讼，适用本法的规定。”第八条规定：“民事诉讼当事人有平等的诉讼权利。人民法院审理民事案件，应当保障和便利当事人行使诉讼权利，对当事人在适用法律上一律平等。”第九条规定：“人民法院审理民事案件，应当根据自愿和合法的原则进行调解；调解不成的，应当及时判决。”第十条规定：“人民法院审理民事案件，依照法律规定实行合议、回避、公开审判和两审终审制度。”精神障碍患者的民事诉讼，主要是侵权之诉。在精神障碍患者的合法民事权益遭受公民、非行政机关的单位的侵害或者行政机关民事行为的侵害，精神障碍患者或者其监护人可以通过民事诉讼追究侵权者的民事责任。《侵权责任法》第二条规定：“侵害民事权益，应当依照本法承担侵权责任。本法所称民事权益，包括生命权、健康权、姓名权、名誉权、荣誉权、肖像权、隐私权、婚姻自主权、监护权、所有权、用益物权、担保物权、著作权、专利权、商标专用权、发现权、股权、继承权等人身、财产权益。”《侵权责任法》第十五条：“承担侵权责任的方式主要有：（一）停止侵害；（二）排除妨碍；（三）消除危险；（四）返还财产；（五）恢复原状；（六）赔偿损失；（七）赔礼道歉；（八）消除影响、恢复名誉。以上承担侵权责任的方式，可以单独适用，也可以合并适用。”第二十一条：“侵权行为危及他人人身、财产安全的，被侵权人可以请求侵权人承担停止侵害、排除妨碍、消除危险等侵权责任。”第二十二条：“侵害他人人身权益，造成他人严重精神损害的，被侵权人可以请求精神损害赔偿。”《侵权责任法》第二条没有提到与非自愿住院有关的人身自由权，但民法学界一般认为人身自由权包含于“人身权益”之中。杨立新教授主持的中国人民大学民商事法律科学研究中心“侵权责任法司法解释研究”课题组提出的《中华人民共和国侵权责任法司法解释草案建议稿》的第一条指出：“身体权、名称权、人身自由权、性自主权、信用权、知情权、配偶权、亲权、亲属权、债权，属于侵权责任法第二条第二款规定的人身、财产权利。”①

关于刑事自诉，《刑事诉讼法》第一百一十二条规定：“对于自诉案件，被害人有权向人民法院直接起诉。被害人死亡或者丧失行为能力的，

① 中国人民大学民商事法律科学研究中心“侵权责任法司法解释研究”课题组：《中华人民共和国侵权责任法司法解释草案建议稿》，《河北法学》2010年第11期。

被害人的法定代理人、近亲属有权向人民法院起诉。人民法院应当依法受理。”第二百零四条规定：“自诉案件包括下列案件：（一）告诉才处理的案件；（二）被害人有证据证明的轻微刑事案件；（三）被害人有证据证明对被告人侵犯自己人身、财产权利的行为应当依法追究刑事责任，而公安机关或者人民检察院不予追究被告人刑事责任的案件。”第二百零五条规定：“人民法院对于自诉案件进行审查后，按照下列情形分别处理：（一）犯罪事实清楚，有足够证据的案件，应当开庭审判；（二）缺乏罪证的自诉案件，如果自诉人提不出补充证据，应当说服自诉人撤回自诉，或者裁定驳回。自诉人经两次依法传唤，无正当理由拒不到庭的，或者未经法庭许可中途退庭的，按撤诉处理。法庭审理过程中，审判人员对证据有疑问，需要调查核实的，适用本法第一百九十一条的规定。”第二百零六条规定：“人民法院对自诉案件，可以进行调解；自诉人在宣告判决前，可以同被告人自行和解或者撤回自诉。本法第二百零四条第三项规定的案件不适用调解。”第二百零七条规定：“自诉案件的被告人在诉讼过程中，可以对自诉人提起反诉。反诉适用自诉的规定。”

刑事自诉是相对于刑事公诉而言的。公诉是指依法对犯罪行为具有起诉权的检察机关，主动对刑事案件进行审查，在确认被告人的行为已经构成犯罪、依法应当追究刑事责任后，代表国家向审判机关提起诉讼，要求给被告人以刑事处罚的诉讼活动。自诉是指犯罪行为的被害人或其法定代理人直接向审判机关提起诉讼，要求审判机关确定被告人的行为构成犯罪，而审判机关直接受理，并依法给被告人以刑事处罚的活动。由于犯罪行为一般都具有较大的社会危害性，所以对犯罪的追诉以公诉为主，以自诉为辅。公诉、自诉虽然都可以使被害人的合法权益得到维护，但对被害人来说，两者还是有明显不同。公诉是检察机关主动进行的，不以被害人的意志为转移。被害人是否希望侵权人得到惩罚，对检察机关来说并不是至关重要的。当然，被害人在公诉中也不是没有可为。根据《刑事诉讼法》，被害人可以支持检察院公诉，可以作为附带民事诉讼的原告人，并且有权要求检察院对法院的第一审判决提出抗诉。而自诉则不同。自诉是被害人的权利，被害人对诉讼的发生和终止有决定性的影响。自诉的不利之处是，公诉案件中被告人有罪的举证责任由检察院承担，自诉案件中被告人有罪的举证责任由自诉人承担。

对有些侵权行为，被害人既可以采取民事诉讼，也可以选择刑事自诉。对于被害人来说，选择刑事自诉可以使其权利得到最有力的保护。这是因为，首先，刑事处罚是受国家强制力保障的最严厉的司法手段，具有极大的惩罚和威慑作用；其次，在刑事自诉中，遭受经济损失的被害人与在民事诉讼中一样可以获得经济赔偿，因为他可以提起附带民事诉讼，再次，自诉案件的审理时间相对较短，程序相对简便，被害人的权益可以得到及时保护。但是，已经通过民事诉讼得到处理的侵权行为，被害人不得再提出刑事自诉。

在精神障碍患者提起诉讼方面，可能面临一个障碍，即诉讼行为能力问题。《民事诉讼法》第五十七条规定："无诉讼行为能力人由他的监护人作为法定代理人代为诉讼。法定代理人之间互相推诿代理责任的，由人民法院指定其中一人代为诉讼。"《民事诉讼法》没有说明什么是无诉讼行为能力。一般认为无民事行为能力人和限制民事行为能力人无民事诉讼能力。最高人民法院《关于适用〈中华人民共和国民事诉讼法〉若干问题的意见》（1992 年）第 67 条规定："在诉讼中，无民事行为能力人、限制民事行为能力人的监护人是他的法定代理人。事先没有确定监护人的，可以由有监护资格的人协商确定，协商不成的，由人民法院在他们之间指定诉讼中的法定代理人。当事人没有民法通则第十六条第一、二款或者第十七条第一款规定的监护人的，可以指定该法第十六条第四款或者第十七条第三款规定的有关组织担任诉讼期间的法定代理人。"第 193 条规定："在诉讼中，当事人的利害关系人提出该当事人患有精神病，要求宣告该当事人无民事行为能力或限制民事行为能力的，应由利害关系人向人民法院提出申请，由受诉人民法院按照特别程序立案审理，原诉讼中止。"这些规定对精神障碍患者的民事诉讼权利构成限制。如果监护人不同意作为法定代理人代为诉讼，精神障碍患者的合法权益将无法得到维护。而如果一个精神正常的人，经其监护人的同意或者决定，被实施非自愿住院，而他要提起民事诉讼，追究监护人的责任，将更为不可能。这是一个极为可怕的局面。但是必须指出，《民事诉讼法》上的"监护人"并不是《精神卫生法》上的"监护人"，后者是因为医疗机构对被送诊者作出患有精神障碍和需要住院治疗的诊断，从近亲属自动成为"监护人"的，没有经过民事诉讼程序。另一方面，在《精神卫生法》上被视为精神障碍患者的人，如果没有经过法院认定和宣告为无民事责任能力人或者限制民事行为能力人，就具有完整的民事诉讼能力。因此，《精神卫生法》上的“监护人”只要不是经民事诉讼程序产生的，或者，在《精神卫生法》上被视为精神障碍患者的人只要没有经过法院认定和宣告为无民事责任能力人或者限制民事行为能力人，在《精神卫生法》上被视为精神障碍患者的人就完全可以起诉《精神卫生法》上的“监护人”，当然更可以自行起诉其他人。

精神障碍患者经法院认定和宣告为无民事责任能力人或者限制民事行为能力人，是否就彻底丧失民事诉讼行为能力，也是需要进一步研究的问题。不仅是限制民事行为能力人可以在一定程度上理解自己的诉讼权利与诉讼义务，即使是无民事行为能力的人也有残余的意思表示能力。对此应当给予足够的尊重。《刑事诉讼法》比较开明，其第二百八十六条第二款规定“被申请人或者被告人没有委托诉讼代理人的，人民法院应当通知法律援助机构指派律师为其提供法律帮助”意味着被认为是无刑事责任能力的人也可以委托诉讼代理人。黄雪涛律师认为《民事诉讼法》可以借鉴《刑事诉讼法》，规定精神障碍患者有权委托诉讼代理人。她建议《民事诉讼法》第五十七条增加一款规定：“无诉讼行为能力人可委托诉讼代理人，并在需要的时候，有权获得监护人的协助。”① 对此，我是赞同的。

关于行政诉讼能力，《行政诉讼法》第二十八条规定：“没有诉讼行为能力的公民，由其法定代理人代为诉讼。法定代理人互相推诿代理责任的，由人民法院指定其中一人代为诉讼。”一般将无民事诉讼能力视为无行政诉讼能力。这可以理解，行政诉讼原本就脱胎于民事诉讼。在行政诉讼中，被告如果提出原告无诉讼能力，应当承担举证责任。根据《最高人民法院关于执行〈中华人民共和国行政诉讼法〉若干问题的解释》第五十一条关于“在诉讼过程中，有下列情形之一的，中止诉讼：……（二）原告丧失诉讼行为能力，尚未确定法定代理人的；……中止诉讼的原因消除后，恢复诉讼”的规定，法院不应通过司法鉴定认定原告有无诉讼能力，②

① 黄雪涛：《关于修改〈精神卫生法（草案）〉及〈民诉法〉保障精神病人权益、杜绝“被精神病”现象的建议》，2012 年 2 月。感谢黄雪涛惠寄该稿。

② 《行政诉讼法》第三十五条规定：“在诉讼过程中，人民法院认为对专门性问题需要鉴定的，应当交由法定鉴定部门鉴定；没有法定鉴定部门的，由人民法院指定的鉴定部门鉴定。”

而应当中止诉讼程序，由被告通过民事诉讼申请确认原告为无民事行为能力人，待原告提出法定代理人后继续审理，否则法院只能以原告具有诉讼能力而继续进行审理。

刑事自诉对原告的行为能力也有要求。但是《刑事诉讼法》第一百一十二条说的是被害人“丧失行为能力”的，可以由被害人的法定代理人、近亲属向法院起诉。那么，限制行为能力的，仍然可以自行起诉。而且，精神障碍患者遭受犯罪的侵害，主要还是由检察机关通过公诉追究犯罪人的刑事责任。所以，对于作为犯罪被害人的精神障碍患者来说，当他们的合法权益受到侵害，犯罪人是否会得到追究，他们的行为能力不是一个大的障碍。

第八章 非自愿住院典型案例的介绍与评论

前面一些章节，已经介绍了一些国内外的非自愿住院案例。本章还将介绍一些重要案例，有的还将给予评析。本书提到的非自愿住院案例，主要是侵犯人权或者具有较大争议的案例，它们只是千千万万非自愿住院的极小部分，远不足以说明非自愿住院的整体情况，不能根据这些案例来全面评价非自愿住院制度。实际上，还存在许多经过非自愿住院而病情缓解甚至治愈的事例，未经住院治疗的精神障碍患者发生危害行为的事例也有不少。[①] 但是，本书提到的这些案例具有代表性，从不同的角度说明了非自愿住院制度及其适用的复杂性，并且不同程度地揭示，非自愿住院制度可能被滥用或者不适当使用，从而给人造成伤害。它们对于如何更合理公正地规制非自愿住院具有启示和警示意义。

第一节　法国 1838 年法律的适用：钱拉·奈瓦尔案和卡米耶·克洛代尔案

钱拉·德·奈瓦尔（Gérard de Nerval，1808～1855）本名钱拉·拉布

① 参见刘白驹《精神障碍与犯罪》，社会科学文献出版社，2000。

吕尼（Gérard Labrunie），是法国作家，虽然中国读者不是很熟悉，但其在法国文学史上的地位可与巴尔扎克、司汤达、梅里美、福楼拜、左拉、莫泊桑等比肩。[①] 1841 年 2 月，33 岁的奈瓦尔突发精神病，表现为激昂不羁、惶恐不安，并且发生谵妄，还曾于晚上裸体走在街上。先在一家诊所治疗，被诊断为脑膜炎，后于 3 月 16 日被送进白朗希大夫疗养院（Maison du docteur Blanche），住院不久因显现出病愈的征兆而离开。3 月 21 日，在又一次发作之后，又被送住白朗希疗养院。

白朗希大夫疗养院是一所家庭式私立精神病院，由埃斯普里·白朗希（Esprit Sylvestre Blanche，1796～1852）在 1821 年创办。埃斯普里·白朗希出生于一个产生了不少医生的家族，其父是下塞纳省的疯人院的医生。他在 1819 年在巴黎获得医学博士学位。在精神病的治疗上，他信奉皮内尔的学说，曾经发表《论疯病治疗中严厉体疗措施的危险性》等论文。在他于 1852 年逝世后，他的儿子埃米尔·白朗希（émile Antoine Blanche，1820～1893）继承了他的事业。埃米尔·白朗希当时是塞纳省法院的医学鉴定人，后来曾任医学心理学协会主席，并获得医学科学院院士称号，有不少著述。白朗希疗养院条件良好，有较高的声誉。大多数病人都来自高等社会，曾收治过作家莫泊桑、作曲家古诺、画家文森特·梵高的弟弟提奥·梵高等名人。[②]

关于白朗希大夫疗养院，曾经有一个传闻。一位小说家在白朗希大夫家吃中饭，两人有一段对话：

> “大夫，您怎么做的，”小说家问大夫，“把人家给您指出的疯子关起来？
>
> “这很简单，”大夫回答说，“尤其我认识他们。我就像在街上偶然碰到他们……”

---

① 奈瓦尔的生平，参见〔法〕克洛德·皮舒瓦、米歇尔·布里《奈瓦尔传》，余中先译，上海世纪出版集团·上海人民出版社，2007。我对奈瓦尔患病和住院情况的叙述，主要摘编自该书，同时也参考了〔法〕洛尔·缪拉《艺术心灵驿站——白朗希大夫疯人院》，马振骋译，河南人民出版社，2004。

② 参见〔法〕洛尔·缪拉《艺术心灵驿站——白朗希大夫疯人院》，马振骋译，河南人民出版社，2004。

小说家皱眉头。

“是么，就像您今天早晨碰到我那样，大夫？”

“完全不错。我们交谈，我表面没事儿似的，邀请他们吃中饭。他们起初不肯。我坚持。”

“总是像我一样，”小说家说着，脸色明显苍白，“您把他们拉到家里？”

“是的，他们一进来，我留他们住下来。”

小说家不敢再听下去，一把抓了帽子就往外逃。①

显然，这是一段杜撰的笑话，但一定程度反映了当时人们对精神病大夫和非自愿住院的看法。

奈瓦尔入住白朗希大夫疗养院之时，1838 年法律颁布不到三年。奈瓦尔的父亲也是一位医生，他根据“自愿安置”的规定，在 1841 年 3 月 23 日向埃斯普里·白朗希提出对儿子实施住院治疗的申请：“我请求你接受我儿子到你的诊所，并为他作目前病情所需要的治疗。”他的申请得到另一位医生格拉波夫斯基大夫的证明：“我以医学博士的身份签字证明，拉布吕尼先生患了一种剧烈的躁狂症，他的病情需要他入住一家特殊的诊所治疗。”白朗希大夫决定收治：“我签字并证明，拉布吕尼先生患了一种剧烈的躁狂症，病人需要得到最为细致的监护和照料。”

经过几个月的治疗，白朗希大夫认为奈瓦尔的精神病是“不治之症”。但到秋天，奈瓦尔的病情有一些好转，有时被允许走出疗养院溜溜。获得短暂的自由需要一个条件：必须承认自己有病。对此，奈瓦尔很不满。在给他人的信中，他说：“他们让我出院，在理智的人中间真正自由走动，这只是在我明确承认有过病以后，这对我的自尊心，甚至我的真实性是个很大打击。承认吧！承认吧！他们对着我叫，就像从前对着巫士和异端；为了让事情了结，我同意把我归入医生们规定的一种疾病栏目里，在医学词典里不加区别地称为神迷症或鬼迷症。”② 1841 年 11 月 21 日，奈瓦尔被

① 〔法〕洛尔·缪拉：《艺术心灵驿站——白朗希大夫疯人院》，马振骋译，河南人民出版社，2004，第 27 页。

② 〔法〕洛尔·缪拉：《艺术心灵驿站——白朗希大夫疯人院》，马振骋译，河南人民出版社，2004，第 49 页。

允许出院。他说："从身体因素上说，我没有过一时一刻的痛苦，除了人们认为必须让我遭受的治疗。""当人以某种方式变疯时，治愈它真是一种不幸。一个诗意的头脑的激奋，比起一种冷静的判断来，兴许应该更加受到欢迎。"他认为自己是一个"卓越的疯子"。

出院后的几年里，奈瓦尔经常旅行，继续创作。但在1851年以后，因疯病反复发作，奈瓦尔多次在白朗希大夫疗养院或其他医院住院治疗。1854年8月，因病情严重，奈瓦尔再次被送入白朗希大夫疗养院。奈瓦尔狂躁无比，工作人员不得不越来越经常地使用暴力制服他。这更激起他的反抗，再也无法忍受住院治疗。他写信请求文学家协会给予干涉。这年10月9日，文学家协会向埃米尔·白朗希发了律师函："我们荣幸地在此请求白朗希大夫先生能允许钱拉·德·奈瓦尔离开医院，并带走属于他的一切物件。但愿这一请求完全符合你身为院长和产业主的贵医院的规章制度。"因担心会以非法监禁的罪名被起诉，埃米尔·白朗希只得违心同意奈瓦尔出院。奈瓦尔的父亲表示无法照料自己的儿子，而奈瓦尔的婶婶同意把奈瓦尔接到她家里来住。

即使在住院期间，奈瓦尔仍然继续写作。在小说《奥蕾莉娅》中，奈瓦尔以一种极其清醒的笔调描写了自己的梦幻和疯狂状态。在谈到前人对梦幻的描写时，他说："我也想尝试学着他们的榜样，记录下整个处在我精神的神秘状态下的长期疾病的种种印象。我实在不明白我为何使用了疾病这个词，因为，说到有关我自己的事情时，我从来都没有觉得比那时的感觉还好。"在回顾自己梦幻般的生活时，他说："对我来说，这里开始了我将称之为梦幻在现实生活中的渗出。自这一时刻起，一切都披上了双重外衣，——当然，在这里头，推理决不会缺乏逻辑，记忆也不会丢失发生在我身上之事的最微小的细节。问题只是，依照人类的理性看来，我那些表面上失去理智的行为服从的是人们叫做幻觉的东西……""我一看到人们把一系列在我看来完全合乎逻辑的事件当成异常，把构成这些事件的各不同阶段相关的种种运动与种种话语归咎为精神错乱，我就气不打一处来。"他还记录下住院的一些经历和感受，例如："这天夜里，谵妄有增无减，尤其在凌晨，当我发现自己被束缚得动弹不得时，我便大大发作起来。我终于挣脱了紧身的羁束服，差不多到清晨时，我就在一个个大厅中来回游荡。我觉得自己像是一个神，而且具有治病的神力，这种想法驱使我伸出手去摸某些病人……”“一天夜晚，我精神恍惚地说着话，唱着歌。病院的一个仆役来到我的单身房间找我，他叫我走下楼，来到底楼的一个房间。随后，就把我关在那里头。我继续着我的梦幻，尽管我仍然站立着，我觉得自己被关在一个东方式的凉亭里。”①

出院几个星期后，奈瓦尔就开始过着游荡的生活，踪迹不得而知。他的一位朋友评论道：“就像所有曾经被关过一次的病人一样，或者比任何别的人还更甚，钱拉的心中对医院充满了恐惧，尽管在医院中白朗希大夫像朋友那样对待他。每当他预感到苦难临近时，由于害怕被他的朋友们带回到医院，他便尽可能地逃亡和躲藏。”

1855 年 1 月 26 日清晨，人们发现奈瓦尔吊死在巴黎一条小街的一个窗户上的铁栏杆上，当时巴黎奇冷，气温低达摄氏零下 8 度，满地积雪。警方认定，奈瓦尔是自杀。也有人认为是谋杀。应人们的要求，埃米尔·白朗希写了一份证明：

> 在他最近的十二年里，多次发作精神疾病，而对他的这一精神疾病，我的父亲和我本人都给予了治疗。1853 年 10 月 12 日，钱拉·德·奈瓦尔被带来见我，他当时处于一种疯狂的谵妄状态中，经过七个月的治疗，他去德国做了一次康复性旅行。在他归国后不久，他又一次病倒了。1854 年 8 月 8 日，他再一次被交托给我。这最后一次的发作，在时间上的持续不如前几次长。同年 10 月 19 日，在他的强烈要求下，我把他托付给他的婶婶拉布吕尼夫人，我警告他，始终需要有人对钱拉先生作某种监督，而她也同意接待他并照顾他。假如说，钱拉·德·奈瓦尔并没有持续地一直发病，人们没有必要违背他的意愿，长时间地把他关在一家精神病院中治疗，那么，对我来说，他精神上的疾病实际上却始终没有彻底痊愈。他以为自己还拥有同样旺盛的想象力，拥有同样的工作能力，希望自己还能够像以前那样，以他的文学创作成果为生，但是，他的希望彻底碰壁了。而另一方面，他那自由独立的本性，以及他那过于自信的性格，使得他根本不愿意接

① 〔法〕奈瓦尔：《火的女儿：奈瓦尔作品精选》，余中先译，漓江出版社，2000，第 387、395、404、448、449 页。

受必不可少的援助，甚至不愿意接受最为诚挚的友情。正是在这些精神原因的影响下，他的理智一步一步地走向迷途。我毫不犹豫地认定，恰恰正是一种疯狂的发作中，钱拉·德·奈瓦尔先生中止了他自己的生命。

奈瓦尔的经历反映了非自愿住院问题的让人纠结的复杂性：应当在多大程度上尊重精神病人本人对于住院的态度？

米歇尔·福柯在《疯癫与文明》一书中提到过奈瓦尔，同时提到的还有也罹患精神障碍的德国诗人荷尔德林（Johann Christian Friedrich Hölderlin，1770～1843）和德国哲学家尼采（Friedrich Wilhelm Nietzsche，1844～1900）："在非理性意识和疯狂意识二者分道扬镳的过程中，我们在18世纪末看到一个决定性的起点：一方面，非理性由此继续前进，借助荷尔德林、奈瓦尔和尼采而愈益向时间的根源深入，非理性因此而成为这个世界的不合时宜的'切分音'；另一方面，对疯癫的认识则力求把时间更准确地置于自然和历史的发展中。"①

适用法国1838年法律的实例，更值得介绍的是雕塑家卡米耶·克洛代尔（Camille Claudel，1864～1943）。②

卡米耶·克洛代尔是家中长女，她还有一个妹妹和一个弟弟。她的弟弟保罗·克洛代尔（Paul Claudel，1864～1955）后来成为著名诗人和外交官，曾被派驻中国。他们的母亲冷漠、严厉，他们的父亲易怒、固执。家庭成员之间存在某些联合，卡米耶和保罗关系亲密，母亲与小女儿路易斯关系亲密。相比母亲，卡米耶与父亲的关系更为融洽，她的父亲一直相信她的能力，并且支持她。幼年的卡米耶就喜欢上雕塑，13岁开始师从雕塑

① 〔法〕米歇尔·福柯：《疯癫与文明——理性时代的疯癫史》，刘北成、杨远婴译，生活·读书·新知三联书店，1999，第196页。

② 关于卡米耶以及罗丹的生平，参见〔法〕彼埃尔·戴《罗丹传》，管震湖译，商务印书馆，2002；〔法〕安娜·居维埃、布鲁诺·戈迪维编《卡米耶·克洛代尔书信》，吴雅凌译，华东师范大学出版社，2007；〔法〕多米纳克·博纳《克洛岱尔情结：卡米耶与保罗的一生》，王恬译，华东师范大学出版社，2010。另外，〔法〕安娜·德尔贝的《一个女人——卡米尔和罗丹的故事》（严华译，中国文联出版公司，1887）和〔美〕戴维·韦斯的《罗丹的故事》（姚福生、刘廷海译，陕西人民美术出版社，1982）也值得一看，但它们都是传记小说，有许多文学化描写。

家阿尔弗莱德·布歇（Alfred Boucher，1850～1934）。1881年，卡米耶以弟弟为模特创作了半身像《13岁的保罗·克洛代尔》，令人惊叹地展示了她的艺术天赋。1882年，阿尔弗莱德·布歇因要去意大利工作，请已经颇具名望的雕塑家奥古斯特·罗丹（François-Auguste-René Rodin，1840～1917）来代替自己的位置。那年，卡米耶18岁，罗丹42岁——与她的母亲同龄。1884年，卡米耶进入罗丹工作室工作。没有花太多的时间，她就证明了自己的才华，从弟子上升为助手，罗丹把《地狱之门》的一部分如若干人物的手或脚交给她去雕刻。接着，卡米耶又成为罗丹的模特。罗丹毫不掩饰这位新模特的出现令其灵感涌现，不久以后，在各种沙龙上，便陆续出现了以卡米耶为原型的罗丹作品，例如《短头发的卡米耶》《卡米耶·克洛岱尔的面具》《带无边软帽的卡米耶》《思》《晨曦》等。同时，卡米耶依然坚持独立创作，例如《蹲姿女像》《倾身的男子》《捧花束的女孩》等。在这个过程中，两人成为情侣。罗丹去外面应酬，都由卡米耶陪伴。据分析，罗丹的作品《永恒的春天》《吻》等作品正是出自他对卡米耶的激情。然而，罗丹没有将其全部身心投入其中。自1864年起，罗丹就与其模特、衣店女工罗丝·伯雷（Rose Beuret，1844～1917）同居，他们的儿子是1866年出生的，只比卡米耶小两岁。罗丝曾经与罗丹同甘共苦，虽然不具有妻子的法律地位①，但罗丹对其颇为依恋。最初几年，卡米耶坚信罗丹终究会转变，心存期待，因而无奈地忍受了这种格局，不过有时不免流露不满和怀疑。在卡米耶和罗丝之外，天性风流的罗丹还与其他女性有短暂关系。1886年，卡米耶故意疏远罗丹，去英国待了几个星期。在给卡米耶的信中，罗丹说："有些时候，我还以为能把你忘了。可下一秒钟，我立刻感到你可怕的魔力。……我的卡米耶，请你相信，我身边没有别的女人，我的灵魂完全属于你。""别对我太无情，我要求的不多。别威胁我吧。"② 1886年10月12日，罗丹在信中向卡米耶承诺——很有可能是在卡米耶要求之下：

① 1917年1月19日，罗丹与罗丝举行了婚礼；25天之后的2月14日，罗丝去世，终年73岁；同年11月17日，罗丹去世，终年77岁

② 〔法〕安娜·居维埃、布鲁诺·戈迪维编《卡米耶·克洛代尔书信》，吴雅凌译，华东师范大学出版社，2007，第24～25页。

> 从今日1886年10月12日起，我只有卡米耶·克洛代尔小姐这一个学生。我将竭尽全力保护她，为此我将发动我的朋友，尤其是是我那些有影响的朋友。我的朋友也将是她的朋友。我永不再接收别的学生，以免万一有人与之抗衡，尽管在我看来，像她这样天生具有如此才华的艺术家是十分罕见的。如有展览，我将尽我所能为她办好展位和报纸宣传事宜。我绝不再以任何借口去……夫人家，我也绝不再给后者上雕塑课。五月展览以后，我们将一起去意大利，并至少在那儿生活六个月。从此以后，我们之间的关系将是不可分离的，（根据这种关系）卡米耶小姐即是我的妻子。倘若卡米耶小姐愿意，我将很乐意送她一座小青铜像。从现在到五月之间的四五个月里，我将不会有任何别的女人，否则我们之间就一刀两断。如果我在智利的订单签订，我们就一起去智利，而不是意大利。我再也不会找我所认识的任何女人做模特儿。我们要去卡嘉那儿，拍摄卡米耶小姐穿着出门衣裳或者晚装的照片，以此作为我的创作蓝本。卡米耶小姐将住在巴黎直到五月。五月以前，卡米耶小姐每个月将在她的雕塑室接见我四次。①

但是，罗丹并没有兑现他的诺言。卡米耶继续争取。为激起罗丹的嫉妒，也为寻求心灵的慰藉，卡米耶曾经与当时尚未达到艺术巅峰的法国作曲家克洛德·德彪西（Claude Debussy，1862～1918）发生了一段“私通？失之过重；友谊？失之过轻”的恋情。② 对罗丹，卡米耶有时甚至是乞求。1891年7月8日，卡米耶写信给罗丹：“我光着身子睡觉，好让自己感觉您就在身边。可醒来的时候，一切就都不同了。”最后她说：“又及：千万别再欺骗我了。”③ 1892年，卡米耶心里淤积的怒火越来越大，作画丑化、讥讽罗丝和罗丹。而罗丝已经知道卡米耶与罗丹的关系，两个女人都不得不要求罗丹抉择，非此即彼，势不两立。罗丹不想抛弃罗丝，因为她“把全部的时间奉献给他，而且绝对顺从，从不抱蹶子，从不提问题，这才是

① 〔法〕安娜·居维埃、布鲁诺·戈迪维编《卡米耶·克洛代尔书信》，吴雅凌译，华东师范大学出版社，2007，第29页。

② 〔法〕彼埃尔·戴：《罗丹传》，管震湖译，商务印书馆，2002，第164页。

③ 〔法〕安娜·居维埃、布鲁诺·戈迪维编《卡米耶·克洛代尔书信》，吴雅凌译，华东师范大学出版社，2007，第64页。

他需要的，更是不可或缺的”[①]。卡米耶受到的不仅是屈辱，还有极其残酷的幻灭。卡米耶拒绝罗丹登门：“别来这里。因为我收到了这样一封信。我们不要惹事。”[②] 1892 年底，卡米耶脱离罗丹工作室，结束了情人关系。据分析，1893 年初，卡米耶曾经流产，此前或许还有几次。促使卡米耶离开罗丹的另一个重要原因是，卡米耶对评论界将她的成功与罗丹联系在一起愤愤不平、耿耿于怀。她觉得只有离开罗丹，才能证明自己，享有独立的艺术家地位。此后两年，罗丹总想见她，但遭到她拒绝。1895 年，在巴黎美术展开幕式上，罗丹看到卡米耶，他因此写信给她：“在开幕式上见到您，于我是莫大的慰藉，想必能为我带来健康。……见到您，我感到某种致命的东西，令我无可逃遁。”罗丹当时在生病。他还说他为错误“付出代价”，并且“无休止的痛苦”。[③] 在另一封信里，罗丹请求卡米耶同意他陪同几位客人进入她的工作室。而卡米耶回信警告：“小心不要靠近我的雕塑室。”[④] 但这之后，两人关系有一定的缓和，偶尔合乎礼数地见面和通信。1896 年，为了避免让人以为罗丹去看她是帮她做雕塑，而她“如此勤苦劳动所得到的成功无非归功于他的建议和灵感”，她请求友人巧妙地阻止罗丹再来看她。[⑤] 1897 年，罗丹的作品《巴尔扎克》遭到猛烈批评，卡米耶给他写信表示支持，称其将得到前所未有的成功。[⑥] 然而，在 1898 年，不知什么具体原因，使得卡米耶与罗丹彻底决裂。这一年，卡米耶 34 岁，罗丹 58 岁。

决裂后，卡米耶极力摆脱罗丹的阴影。1899 年，一位评论家说卡米耶的作品《克洛索》借鉴了罗丹的一幅素描，引得卡米耶勃然大怒，她给这个人写信要求更正：“我似乎没有必要向您证明，我的《克洛索》是一件

① 〔法〕彼埃尔·戴：《罗丹传》，管震湖译，商务印书馆，2002，第 190 页。

② 〔法〕安娜·居维埃、布鲁诺·戈迪维编《卡米耶·克洛代尔书信》，吴雅凌译，华东师范大学出版社，2007，第 71 页。

③ 〔法〕安娜·居维埃、布鲁诺·戈迪维编《卡米耶·克洛代尔书信》，吴雅凌译，华东师范大学出版社，2007，第 104 页。

④ 〔法〕安娜·居维埃、布鲁诺·戈迪维编《卡米耶·克洛代尔书信》，吴雅凌译，华东师范大学出版社，2007，第 105 页。

⑤ 〔法〕安娜·居维埃、布鲁诺·戈迪维编《卡米耶·克洛代尔书信》，吴雅凌译，华东师范大学出版社，2007，第 120 页。

⑥ 〔法〕安娜·居维埃、布鲁诺·戈迪维编《卡米耶·克洛代尔书信》，吴雅凌译，华东师范大学出版社，2007，第 128 页。

绝对原创的作品。我不但不知道罗丹的什么素描，而且我向您郑重宣布，我的灵感从来只来自于我自己，我的灵感与其说不够，毋宁说是太多了。”卡米耶指出，同一天报纸刊登的罗丹的作品，才是完完全全的抄袭。[①] 卡米耶变得更为孤独，很少与人交往，自闭起来。尽管有一些朋友、客户的帮助，罗丹也在暗中帮助，但她生活艰辛，难以为继，家里环境凌乱肮脏。她经常生病，衰变的很快，失去往日的光彩。虽然创作，但也经常毁掉自己的作品，每次碰到不愉快的事情，她就抓起锤子，把眼前的随便一件石膏像砸个粉碎。1904 年春天，有人登门探访，见到卡米耶时感到无比震惊：“她只有四十岁……却显得有五十岁了。生活肆意地摧毁她，在她身上留下了深刻的印记。她对于服装和保养的忽视到了极至，仿佛没有一点爱美之心，暗沉的脸色，没有光泽，过早的皱纹表明了身体的衰弱，因为劳累，因为忧愁，因为失望，因为看破红尘的醒悟，因为与这个世界上所有的东西脱了干系。”[②] 1905 年，保罗·克洛代尔这样描述他的姐姐：“可怜的女人病了，我怀疑她还能活多久。……虽然才华横溢，可她的生活里却充满了挫折、失望，令人没有继续生活的欲望。”[③] 对于罗丹，卡米耶越来越偏执地把自己的困境归罪于他，越来越强烈地憎恨他。逐渐地，偏执的想法变为被迫害妄想。1905 年，卡米耶在给一个人的信中说：“罗丹大人（您认识的）先是用卑鄙手段强迫我离开国家美术沙龙，今年又乐衷于切断我的所有生计来源。……他毫无顾忌，自以为权力无限。我这一辈子都摆脱不了这个恶魔的复仇行为。”[④] 1907 年，卡米耶在给国家美术部副部长的信中控诉：“事实上很多人来跟我说‘只要您愿意见罗丹，您马上就能得到订单；但您若不愿意见他，别人还会把这件事拖上很久。’似乎这一切都由他来决定。他倒是有许多次自诩把国家玩在手心里，他的权力比部长还大。……我的各种不同构思和不同草图，凡是他看重的，他就用尽各种

① 〔法〕安娜·居维埃、布鲁诺·戈迪维编《卡米耶·克洛代尔书信》，吴雅凌译，华东师范大学出版社，2007，第 146 页。

② 〔法〕多米纳克·博纳：《克洛岱尔情结：卡米耶与保罗的一生》，王恬译，华东师范大学出版社，2010，第 185 页。

③ 〔法〕多米纳克·博纳：《克洛岱尔情结：卡米耶与保罗的一生》，王恬译，华东师范大学出版社，2010，第 186 页。

④ 〔法〕安娜·居维埃、布鲁诺·戈迪维编《卡米耶·克洛代尔书信》，吴雅凌译，华东师范大学出版社，2007，第 188 页。

办法抢走。由于我抵死相抗，他就使用那些拿手好戏——强迫我，让我生活在悲惨之中，好让我乖乖交出他要的东西。这是他的通常做法。”①

到1909年，卡米耶的精神状态明显恶化，被迫害妄想内容离奇，迫害者从罗丹扩展到其他人。她写信给弟弟保罗说：“去年，我的邻居皮卡尔先生（罗丹的伙伴）——他还有个兄弟是审查员呐，用一把备份钥匙偷偷进了我家。当时靠墙放着一件黄衣女子的作品。打那以后，外头就展出了好几件与真人一般高的黄衣女子，和我的一模一样，标价100000法郎。”“有一年，我让一个小鬼送柴火，他看见我正在做的一件作品（‘女人和鹿’）。于是，每个星期天，他都跑去默东（罗丹的家所在地——刘注），告诉罗丹大人他看见了什么。结果：那一年的沙龙里展出了三件女人和鹿，和真人大小一样，全然是我那件的翻版，标价100000法郎。”“那个倒霉的大人用尽各种方式，拿光我的东西，分给他那些漂亮的艺术家朋友。作为交换，他们给他带来名声、喝彩、豪宴等等。”她还告诉弟弟：“你要保守所有这些秘密，大喊大叫是无益的，最好是在私底下反抗。”“什么也别说，尤其不要说出那人的名字，不然他们全都会来威胁我。”②1910年，在给表兄亨利·蒂埃里的信中，卡米耶说：“至于我自己，我心里清楚，我的血里有毒，这导致了我经常生病。我的身体都被烧坏了。胡格诺教徒③罗丹派人给我下的毒，他妄想在他的好朋友马萨里夫人（指其妹妹路易丝——刘注）的帮助下，接手我的雕塑室。在这两个不怀好意的人的联手行动之下，你可以想见我的生活状态了。从前，他俩在维尔纳夫的树林里达成协议：他要努力让我消失，以使她从此摆脱我；她则努力帮助他随时把我做好的东西拿到手。他俩可是亲着嘴，赌天咒地，以彼此间的友情来达成这个协议呐。打那以后，他俩串通一气，一一剥夺我所拥有的东西。”④

---

① 〔法〕安娜·居维埃、布鲁诺·戈迪维编《卡米耶·克洛代尔书信》，吴雅凌译，华东师范大学出版社，2007，第227～229页。

② 〔法〕安娜·居维埃、布鲁诺·戈迪维编《卡米耶·克洛代尔书信》，吴雅凌译，华东师范大学出版社，2007，第243～245页。

③ 16～17世纪法国新教徒形成的一个派别，长期遭受迫害。

④ 〔法〕安娜·居维埃、布鲁诺·戈迪维编《卡米耶·克洛代尔书信》，吴雅凌译，华东师范大学出版社，2007，第248页。

保罗·克洛代尔认为卡米耶疯了。他们的父母也是如此。家人们开始考虑是否将卡米耶送入精神病院，但她的父亲反对。1909年，她的年近85岁的父亲写信给保罗："……迄今为止，没有人愿意照顾她。很久以来，我本一直想让你母亲去看她，检查一下她的被子和家具——因为，在我看来，每次听到卡米耶的消息，都是让人难过的。……我想让卡米耶常来看我们。你母亲对此连听也不想听。但我自问，这是否就是平息或治疗如此可怕的疯狂的一种方式……"①

1913年初，卡米耶的情况更为不好。保罗在给友人的信中，谈到他姐姐的病情："我确信，正如大部分被称为疯狂的病症里，她的那种疯是一种真正的着魔。无论如何，很奇怪，那几乎独一无二的两种疯狂的形式是骄傲和恐惧，伟大妄想症和被迫害妄想症。"② 卡米耶感觉到有人要把她关起来，而她母亲也突然不再给钱，她认为肯定是罗丹那帮人弄坏了她母亲的脑袋。在给表兄亨利·蒂埃里的妻子的信中，她紧张地说："最近，罗丹大人说服我父母把我关起来。他们为了此事到巴黎来。凭着这么个简便的法子，那个坏蛋就要把我这一生的劳作通通霸占了。这就好比新教徒和犹太人通过在基督教徒之间引起纷争而毁了基督教一样。您要是刚巧经过我住的地方（晚上八九点钟），就敲窗子，我可以和您说话，但不能开门，恐怕又要惹人起疑！……无论如何，我想至少要有一个家庭成员知道发生了什么事。"③

不幸的是，卡米耶的父亲在1913年3月2日去世，家里再没有反对"禁闭"的人了。刚把卡米耶的父亲下葬，卡米耶的母亲和弟弟就迫不及待地下决心将卡米耶送入精神病院。3月5日，根据保罗·克洛代尔提出的将卡米耶送入精神病院的请求，卡米耶的邻居米肖医生（Dr Michaux）出具了一份医学证明：

① 〔法〕安娜·居维埃、布鲁诺·戈迪维编《卡米耶·克洛代尔书信》，吴雅凌译，华东师范大学出版社，2007，第238页。

② 〔法〕多米纳克·博纳：《克洛岱尔情结：卡米耶与保罗的一生》，王恬译，华东师范大学出版社，2010，第195页。

③ 〔法〕安娜·居维埃、布鲁诺·戈迪维编《卡米耶·克洛代尔书信》，吴雅凌译，华东师范大学出版社，2007，第252页。

> 作为巴黎学院的医学博士，本人兹证明克洛代尔小姐患上了严重的精神错乱；她穿着褴褛；极度肮脏，无疑从不梳洗；她卖掉了所有的家具，只剩下一张扶手椅和一张床；然而，她家人除了直接帮助她付清的房租之外，还给她每月200法郎，这原本完全可以令她舒适地生活；她整天关在家中，不呼吸新鲜空气，百叶窗紧闭；几个月来，从不白天外出，只偶尔在半夜出门；根据她给弟弟的信，以及她对守门人所说的话，她总是害怕“罗丹帮”，这一点，七、八年来，本人也多次见证她妄想自己被迫害，她的状态对她自己而言，由于缺乏照料，甚至有时候缺乏食物，而变得危险，对她的邻居而言也构成危险，送进一所疗养院已成为必要。①

3月6日，保罗与巴黎地区的一所医疗机构维尔－埃夫拉尔（Ville-évrard）的负责人见面，请求收治卡米耶。从1868年开始，维尔－埃夫拉尔是一个收容所，1875年在里面开设了一个专门为付费病人准备的“特别疗养院”，也被称为“寄宿处”。② 3月10日上午11点左右，两个男人砸开窗户，进入卡米耶的家，强行把她带走。卡米耶对此事的描述是：“两个疯子进了我在波旁沿街的家，用绳子捆住我，把我从屋子的窗口扔到一辆车里，带到一所疯人院。……这是罗丹的报复，他想要霸占我的雕塑室。”③

在维尔－埃夫拉尔，特吕埃勒医生（Paul-Victor Truelle）为卡米耶做了长时间的检查，然后写出接收卡米耶的证明：

> 本人系维尔－埃夫拉尔的医生，兹证明卡米耶·克洛代尔患有系统性被迫害妄想症，主要建立在虚构的判断之上；想法自高自大；她是一位（她所指证的）著名雕塑家罪行的受害者，此人剽窃了她所创作的杰出作品还努力想毒害她，就像他早已毒害其他人一样。她说，

① 〔法〕多米纳克·博纳：《克洛岱尔情结：卡米耶与保罗的一生》，王恬译，华东师范大学出版社，2010，第207页。

② Ville-évrard现在是一所精神卫生方面的公共卫生机构。

③ 〔法〕安娜·居维埃、布鲁诺·戈迪维编《卡米耶·克洛代尔书信》，吴雅凌译，华东师范大学出版社，2007，第255页。

她已在家关了将近一年，极少外出，也不接待任何人。①

特吕埃勒医生诊断结论是：妄想型精神错乱。但他在后面打上三个问号；同时，他吃惊地发现，卡米耶没有任何形式的幻听，也没有语言障碍。

两个星期后，同一机构的另一位医生又对卡米耶进行了一项测试，确认卡米耶患有“系统性被迫害妄想症”，需要住院治疗。

最后的手续是，卡米耶的母亲正式签署“自愿安置”的请求：“现以母亲的身份请求维尔－埃夫拉尔疗养院能安置我的女儿，患有精神病的卡米耶·克洛代尔，现年48岁。请院长先生能接受我的请求，为其安排治疗。”②

4月16日，保罗·克洛代尔组建的家庭委员会正式成立，用以监护卡米耶的财产。

住院的最初日子，卡米耶给一些亲朋写信求助。9月，有报纸透露了卡米耶被监禁的消息：卡米耶这位“拥有着天赋和智慧”的天才艺术家，如今“却被关在一个疯人院里”。这引发一场大论战。12月，《大国民报》发表一篇社论，把矛头直指1838年法律，特别是其中关于自愿安置的规定：“有两种方式可以删除一个社会人：第一种方式是谋杀；第二种，就是合法的监禁。专横地将某人关入精神病院的事例，通常是由那些希望摆脱一个讨厌的亲戚的人所为，为了实现他们的复仇或是贪财欲望……”社论认为立法机关竟然允许这样的法律存在，是可怕和令人反感的。社论不点名地指出，一位极有才华的艺术家，却被其母亲和弟弟监禁了。后来报纸还引证一位神秘读者提供的卡米耶的最近书信，指出卡米耶没有失去理智，不需要其家人为她决定命运。一些人呼吁保罗·克洛代尔把他姐姐从疯人院放出来。保罗·克洛代尔认为上述指控是诽谤，不予理睬。而卡米耶的母亲决定禁止对其女儿的所有探视——除了她和保罗、路易丝，并要

① 〔法〕多米纳克·博纳：《克洛岱尔情结：卡米耶与保罗的一生》，王恬译，华东师范大学出版社，2010，第208页。

② 〔法〕多米纳克·博纳：《克洛岱尔情结：卡米耶与保罗的一生》，王恬译，华东师范大学出版社，2010，第210页。

求疗养院禁止卡米耶给其他人写信。[1] 实际上，在卡米耶入院后，她的母亲从没有去看过她，路易丝只去过一次，保罗在三十年里去了十四次。

罗丹也听说了卡米耶被关进精神病院的事情，为之震惊。此时的他 73 岁了，患有偏瘫、动脉硬化。他通过朋友，辗转地匿名向卡米耶捐赠了 500 法郎。罗丹对帮忙的人说："我希望你想想办法，让克洛代尔小姐得到宽厚的待遇，直到她从那个地狱里出来。"[2] 1932 年，卡米耶在 20 世纪初就认识的老朋友、画商欧仁·布洛（Eugène Blot，1857～1938）写信给她，说起罗丹生前的一件事：

> 有一天，罗丹来到我的画廊。我看见他突然停在这件作品（指卡米耶的《哀告的女子》——刘注）前，长久地注视着，用手温柔地抚摩那青铜的像。然后哭了。是的，哭了。像个孩子一样。他已经死了十五年。他一生只爱过您，卡米耶，我现在可以说了。……哦！我明白，卡米耶，他抛弃了您，我不想为他辩护。您因为他吃了太多苦。但我绝不会收回我刚才写下的话。时间会让一切各归其位。[3]

卡米耶入住精神病院头几年（先在维尔－埃夫拉尔，1914 年 9 月，因德国军队进攻，转移到法国南部的蒙德维尔格精神病院）[4]，给所有她想起来的人写信，希望尽快出院。1913 年 12 月 28 日，她写信给特吕埃勒医生："我请求您尽快放了我！我一点也不想去声讨什么。我还不够强大。我只愿能生活在我的小角落里，就像我一直以来所做的那样。这里的生活不适应我。这对我来说太残酷了！"[5] 1915 年 5 月，她写信给弟弟："让我

---

① 参见〔法〕多米纳克·博纳《克洛岱尔情结：卡米耶与保罗的一生》，王恬译，华东师范大学出版社，2010，第 216～221 页。

② 〔法〕彼埃尔·戴：《罗丹传》，管震湖译，商务印书馆，2002，第 261 页。

③ 〔法〕安娜·居维埃、布鲁诺·戈迪维编《卡米耶·克洛代尔书信》，吴雅凌译，华东师范大学出版社，2007，第 311 页。

④ 蒙德维尔格（Montdevergues）自 1866 年开始收治病人，一直被称为"精神病人公共收容所"，1937 年时有两千个病人。现在是一所现代化精神病院，称为蒙法维中心医院（Centre hospitalier de Montfavet）。

⑤ 〔法〕安娜·居维埃、布鲁诺·戈迪维编《卡米耶·克洛代尔书信》，吴雅凌译，华东师范大学出版社，2007，第 271～273 页。

一个人在这毫无消息、毫无希望之中度过几个月、几年，你以为这是好玩的吗？这样的残忍从何而来？到底是什么让你们如此背弃我？我想要知道。……我真想回到正常人的生活，忘掉这些遭遇。”① 为了出院，在1917年或者1918年，卡米耶甚至想起她的邻居米肖医生——她始终不知他在她住院问题上的作用，她写信请求帮助出院：“我家人那边已经不能指望了。我的母亲、弟弟、妹妹在某些坏人的影响下，只听得见别人强加在我身上的恶意中伤。……我请求您为我做一点您能做的事，因为您多次向我展示了您的谨慎。我信任您。……请尽快为我行动起来。”② 1927年，她在给弟弟的信中控诉：

> 在一间疯人院里，任何事情都是难以实现的，不要指望能得到什么改变。就算是得到同意，也很难创造一个让人能够忍受的生活状况。这里有成文的规定，有固定的生活方式，想要打破常规是格外困难的！问题在于，必须尊重各种各样的神经质的、有暴力倾向的、成天尖叫的、有危险性的人。而为了做到这一点，必须有一个严格的、偶尔甚至是严酷的制度，以维持秩序。这里的所有人从早到晚，从晚到早地鬼哭狼嚎、互相谩骂。这些人都那么令人讨厌，妨碍别人，以至于她们的家人都不能忍受她们。而我，我为什么要被迫忍受她们呢？……这不是我应当呆着的地方，我必须离开。在经历十四年的类似生活之后，我强烈地要求重获自由。③

实际上，根据1838年法律，“自愿安置”可以由病人亲属申请终止，除非病人具有危险性，但卡米耶的母亲、妹妹、弟弟从不打算接她出来。1915年10月，卡米耶的母亲给疗养院写信，强调：“我不惜一切代价，不会将她从你们那里接出来……将她安排到我这边，或是住回她自己的家

---

① 〔法〕安娜·居维埃、布鲁诺·戈迪维编《卡米耶·克洛代尔书信》，吴雅凌译，华东师范大学出版社，2007，第277页。

② 〔法〕安娜·居维埃、布鲁诺·戈迪维编《卡米耶·克洛代尔书信》，吴雅凌译，华东师范大学出版社，2007，第283～285页。

③ 〔法〕安娜·居维埃、布鲁诺·戈迪维编《卡米耶·克洛代尔书信》，吴雅凌译，华东师范大学出版社，2007，第295～296页。

里，就像原来那样，不可能，永远，永远不可能。我75岁了，不能再负担一个有着最离奇念头的女儿，她满心都是对我们的恨意，讨厌我们，准备好一切要给我们带来厄运。如果需要增加费用来令其更加舒适些，我没有意见，但请留着她，我请求您。……总之，她有一切的罪恶，我不想再见她，她已给我们造成太多的不幸。”1920年，蒙德维尔格精神病院认为，卡米耶住院五年后，精神症状有所减轻，出现令人安慰的恢复，但她的母亲还是拒绝她出院。她警告疗养院：“如果她从你们那里出来，我敢肯定，她立刻就会开始给我们制造麻烦。让精神病人回归自由是有很大危险的，因为他们一旦回到自己的环境，就会很快找回那些疯狂的念头。我不在自己家，而是在我二女儿那里；我年纪非常大，经常生病，因此，我不能接受在你们那里的这个人，也不允许你们尝试放她出来。”①

卡米耶知道是她的母亲和弟弟将她送入精神病院的，但她怎么也想不明白他们为什么要这样做，因而她坚信这一切都是罗丹的指使。1929年，卡米耶的母亲去世。卡米耶继续向弟弟、妹妹要求出院。1930年，卡米耶在信中对保罗说：“罗丹和那些艺术品商人们遣送我到精神病院来受苦，已经整整17年了。……我烦透了这样的束缚。我想要回到自己的家，把门紧紧关上。我不知道能否实现这个梦想：在我自己的家里。”1932年或者1933年，卡米耶在给保罗的信中说：

> 你心里清楚，你的姐姐被囚禁着。被囚禁，而且是和一群成天嚎叫、做着鬼脸、连一句话也说不清楚的女疯子们在一起。二十年来，这就是人们强加给一个无辜的女人的待遇。妈妈活着时，我不住地求她把我接走，可以把我安排在任何地方，医院、修道院都行，只要不是在疯人院。每次我都碰壁。……我只好指望，但我不无难过地看见，你被贝特洛（保罗的一个朋友——刘注）和他的团伙所操纵着。他们只有一个目的，就是让我离开巴黎，他们好扑向我的作品，一文不花地拿去发行。在他们后面，站着罗丹，还有他的娼妇。我敢说，所有这一切都是阴谋，而你，可怜的天真的人，他们趁你不注意，把

① 〔法〕多米纳克·博纳《克洛岱尔情结：卡米耶与保罗的一生》，王恬译，华东师范大学出版社，2010，第245页。

你玩弄在掌心。你和路易丝和妈妈和爸爸。所有人。而我，在别人眼里就好比是一个鼠疫患者。他们监视我，派人去偷我的作品；我从前也告诉过你，他们好几次想毒死我。你对我说过，上帝怜悯受苦的人，上帝是善的，等等，等等。我们倒是来说说你的好上帝吧，他把一个无辜的女人扔在疯人院里，任其腐烂。①

保存下来的卡米耶的最后一封信是1938年写给保罗的。她说："我常常思念起我们亲爱的妈妈。自从你们做了那个可恨的决定把我送到疯人院来的那天起，我就再也没有见过她。"信的署名是："你的流放中的姐姐"。②

1942年，医疗报告称卡米耶身体和智力状况下降。

1943年10月19日，卡米耶·克洛代尔在蒙德维尔格因脑溢血去世，终年79岁。

这是一出令人唏嘘和愤怒的悲剧。

当然，悲剧的肇始者是罗丹。但是，卡米耶被无限期监禁，则要归因于1838年法律和按照这个法律行事的她的家人以及医生。

应当说，在1905年以后，卡米耶确实患上了精神障碍，但除被迫害妄想外，并无其他明显障碍。她的弟弟保罗·克洛代尔认为她还有"伟大妄想症"，实在是对姐姐天赋和作品的低估——卡米耶的作品在20世纪80年代获得极高的评价就是一个证明。而被迫害妄想围绕罗丹展开，也是基于真实的痛苦，不是完全凭空产生的。她对罗丹的憎恨，是一种典型的由深爱变大恨的例子，大体还在人之常情的范畴。相反，保罗·克洛代尔对罗丹的憎恨和嫉妒，倒是有一些病态的成分。而且，他"没有做任何事以平息、减轻姐姐日益增长的痛苦，而恰恰相反"。③ 卡米耶的母亲对卡米耶的厌恶也近乎病态，只不过因为卡米耶与罗丹私通让她丢脸。卡米耶的一些想法和行为虽然离奇古怪，但是没有实际构成对他人人身的威胁或者危

① 〔法〕安娜·居维埃、布鲁诺·戈迪维编《卡米耶·克洛代尔书信》，吴雅凌译，华东师范大学出版社，2007，第308页。

② 〔法〕安娜·居维埃、布鲁诺·戈迪维编《卡米耶·克洛代尔书信》，吴雅凌译，华东师范大学出版社，2007，第316页

③ 〔法〕米歇尔·库尔诺：《一个女人的消逝——卡米耶·克洛代尔展览在罗丹艺术馆展出》，胡波译，《文化译丛》1985年第1期。

险。她的邻居米肖医生说她对邻居构成危险，显然是把邻居们对她的嫌恶夸大了。米肖医生的儿子就很喜欢这个有点奇怪的老妇人[①]。卡米耶意志坚韧，性格强悍，没有自杀倾向，也没有自我了断式的自暴自弃。她衣衫褴褛，不讲卫生，是对罗丹绝望所致，而这种粗放的生活方式放在一个艺术家身上也不足为奇。从根本上说，卡米耶作为一个心灵极为痛苦的病人，需要的是亲朋的劝解和时间的抚慰，就是按照1838年法律的标准，也不必强制住院治疗。那时的精神病学治愈不了她的这种心病——现在也是如此。而长期孤独的、封闭的、没有自由的、与真正的疯人生活在一起的环境，只能加深她的病症和痛苦。即使需要住院，三十年也太长了！这完全应由卡米耶的母亲、妹妹、弟弟承担责任。即使不愿意把卡米耶接到自己身边，也可以安排到一般的医院、养老院。他们根本没有为卡米耶着想。罗丹在爱情上背弃了她，家人在亲情上抛弃了她。

最重要的是，在非自愿住院问题上，法律不能赋予亲属如此大的权力！

第二节　昭然若揭的罪行：布尔韦尔－利顿夫人案[②]

卡尔·马克思对精神病人问题也是很关注的。仅在1858年，马克思就至少发表了四篇与之有关的文章。这四篇文章收在《马克思恩格斯全集》第十二卷。四篇文章中最重要的是《布尔韦尔－利顿夫人的囚禁》，1858年7月23写于伦敦，1858年8月4日刊登在美国《纽约每日论坛报》。[③] 这篇文章是对精神正常的布尔韦尔－利顿夫人被家人强行送入精神病院这一事件的评论，提供了当时英国有关非自愿住院法律实施的一个比较完整的案例。

布尔韦尔－利顿夫人（Rosina Bulwer Lytton，1802～1882）本名罗西娜·多伊尔·惠勒（Rosina Doyle Wheeler），是一位作家，年轻时是有名的爱尔兰美人。她的母亲也是作家，主张妇女政治权利，提倡避孕。布尔韦

① 参见〔法〕多米纳克·博纳《克洛岱尔情结：卡米耶与保罗的一生》，王恬译，华东师范大学出版社，2010，第207页。

② 本节主要内容曾于2007年4月13日以《卡尔·马克思对精神病人问题的关注》为题发表在互联网。

③ 此前，马克思在1858年7月16日曾写过一篇评论布尔韦尔－利顿夫人事件的文章，但没有刊登。

尔－利顿夫人的丈夫爱德华·布尔韦尔－利顿（Edward Bulwer-Lytton，1803 ～1873）也是作家，同时还是政治活动家，早年为辉格党人，后为托利党人，议会议员，曾任殖民大臣（1858～1859）。二人1827年结婚，后因男方有不忠行为而于1836年离婚。离婚后，布尔韦尔夫人曾撰写小说，讽刺爱德华·布尔韦尔。二人育有一子一女。儿子罗伯特·布尔韦尔－利顿（Robert Bulwer-Lytton ，1831～1891），曾任印度总督（1876～1880）。[①]

1858年6月，在哈特福郡（Hertfordshire，今译赫特福德），当爱德华·布尔韦尔出席重新选入议会的选民会时，布尔韦尔－利顿夫人现身，并愤怒声讨他。爱德华·布尔韦尔决定通过他们的儿子处理布尔韦尔－利顿夫人。罗伯特·布尔韦尔－利顿有十七年没有和他的母亲见面，也没有通过信。当布尔韦尔－利顿夫人离开选民会，到哈特福市长那里去向他借用市政厅大厦做讲演会场时，罗伯特·布尔韦尔－利顿派了一位医生到市长公馆去检查他母亲的精神状态。后来，布尔韦尔－利顿夫人在伦敦克拉哲斯街黑尔·汤普逊先生家里遭到绑架，她的堂姊妹莱夫斯女士跑到街上，看到罗伯特·布尔韦尔－利顿等在外面，就央求他管一管这件事，不要让别人把他母亲送到精神病院，这时他竟无动于衷地说这与他不相干。

这件事后来被公布出来，引起关注。但由于爱德华·布尔韦尔是控制着伦敦新闻界的文化圈子的头目之一，首都各家报纸，除极少数外，都用尽一切办法通同一气保持缄默，以图暗中了结这一事件。但事件激起了公众的义愤，爱德华·布尔韦尔爵士父子受到舆论谴责。马克思认为，事情发生变化，是因为该事被一些政客利用，其幕后导演是前首相帕麦斯顿勋爵（Henry John Temple Lord Palmerston，1784～1865，亦译“巴麦尊”）。[②]

实际上，各党派政客只是利用此事，对布尔韦尔－利顿夫人的遭遇本身并不关心。而马克思更关心布尔韦尔夫人被拘禁这一事件本身。他评论说：“事情的真相常常只有通过迂回曲折的政治倾轧方式才能在英国报端的一个角落里透露出来。对于一件真正的凶恶行为所持的似乎出自内心的

---

① 参见 http://en. wikipedia. org/wiki/Edward_Bulwer-Lytton，_1st_Baron_Lytton。

② 帕麦斯顿曾任担任英国外交大臣（1830～1834，1835～1841，1846～1851）和首相（1855～1858，1859～1865）。原为托利党人，后成为辉格党人。奉行内部保守、对外扩张政策。两次发动侵略中国的鸦片战争并镇压太平天国革命。在布尔韦尔－利顿夫人事件发生前不久，1858年2月，帕麦斯顿被迫辞去首相职务。

义愤，归根到底不过是别有用心的装腔作势；呼吁社会主持公道不过是为了发泄私愤。至于那些大无畏的舞文弄墨的骑士，则不论布尔韦尔夫人是永远呆在伦敦的疯人收容所里还是被人家比在圣彼得堡或维也纳更加巧妙、更加神不知鬼不觉地收拾掉，实际上他们都是毫不在乎的；要不是她运气好，被帕麦斯顿一眼看中，认为可以借她来作为分裂托利政府的工具，文化界因袭守旧的礼仪是会使她没有任何可能进行申述的。”

罗伯特·布尔韦尔－利顿面对指责，为自己的行为进行辩解，说他“作为布尔韦尔－利顿夫人的儿子，比任何人都更有权利出来保护她，自然，对全部情况也比任何其他人了解得更真切”。马克思指出，罗伯特·布尔韦尔－利顿长期不关心其母亲，并且是他父亲所策划的阴谋的主要参与者之一，没有资格当布尔韦尔－利顿夫人的保护人。罗伯特·布尔韦尔－利顿还辩解说，他母亲“根本没有被送进疯人收容所”，而只不过是被送进了医生罗伯特·加丁纳·希尔先生的“私立病院”。马克思认为这不过是诡辩，虽然希尔医生管理的魏克病院按照法律并不属于“收容所”之列，而属于“首都官准私立疯人病院”之列，但两者并没有本质不同。

靠“精神错乱症”吃饭的希尔医生也出来辩解，他说布尔韦尔夫人完全没有受到禁闭，相反地，她可以使用马车，而且在她被迫留住期间，几乎每天晚上都乘车去散心。希尔医生企图使公众相信他实施的这种“对病人的改良待遇”完全符合精神病委员会的明文规定。马克思认为这并不意味着他们没有把布尔韦尔夫人作为精神病人对待。他指出：“装模作样的亲热、耐着性子的笑脸、哄小孩般的劝导、曲意逢迎的废话、机巧投递的眼色、一群训练有素的护理人员的故作镇静，——这一切，都像灌水法、紧束衣、粗暴的监视人和黑暗的病房一样，能有效地把任何一个头脑正常的女人逼疯。不论怎么说，医生希尔先生和利顿先生的声明简单归结起来就是，他们的的确确是把布尔韦尔夫人当成疯子，只不过对她使用的是新办法，而不是旧规矩。”

罗伯特·布尔韦尔－利顿还说：“我是遵照我父亲的吩咐办事的，他总是把他的一切打算完全告诉我……他要我照舍夫茨别利勋爵的主意去做，只要这能给利顿夫人带好处和安慰。”对此，马克思指出：“利顿先生对公众只交代了真相的一个，不然的话，他就得坦白说出，就在他母亲被绑架以后，帕麦斯顿夫人的一封命令式的来信推翻了爱德华爵士的计划，并要他‘照舍夫茨别利勋爵的主意去做’。这位舍夫茨别利勋爵偏偏又是帕麦斯顿的姻兄弟同时也是精神病委员会的主席。”

马克思还指出，同意绑架布尔韦尔夫人的那些医生，绝不是什么“最有经验和最权威的医生”。爱德华·布尔韦尔爵士雇来的人里面有那么一位罗斯先生，他是伦敦的一个药商，显然是由于获准经售药品而一跃为精神病名医；还有一位黑尔·汤普逊先生，他曾同韦斯明斯特病院有点往来，但同科学却一点关系也没有。只是由于外来压力，爱德华·布尔韦尔着了慌，感到必须让步时，他才去找医学界真正著名的人物。而《心理学医学杂志》编辑福布斯·温斯劳医生宣称，“检查了布尔韦尔－利顿夫人的心理状态以后”，他认为“完全可以不再限制她的自由”。

后来，罗伯特·布尔韦尔－利顿不得不同意恢复其母亲的自由。马克思认为：“需要向公众证明的不是可以恢复布尔韦尔夫人的自由，相反地，是剥夺她的自由是否合法。利顿先生就是不敢接触这个问题的具有决定意义的微妙的一面。如果一个巡警被控非法扣押了自由的英国人，而他竟说，他已经恢复了被押者的自由，因此自己没有做错事，他把这作为理由来替自己辩解，岂不令人好笑?”显然，马克思主张追究爱德华·布尔韦尔父子非法拘禁的法律责任。

罗伯特·布尔韦尔－利顿声称已经恢复其母亲的自由。他说，“我的母亲现在住在我这里，她的行动不受限制。她自己愿意同我、还有她自己选择的一位女伴和亲戚做一次短期旅行。”对此，马克思予以驳斥。他说：“利顿先生的信上注明的是‘公园街1号’，即他父亲在市内的住址。这不就是说他们已经把布尔韦尔夫人从布伦特弗德的拘禁处转移到伦敦一个新的拘禁处，完全把她送到凶狠敌人的掌心中去了吗?有谁保证她的‘行动不受限制’呢?至少，她在交给她的和解书上签字时不是自由的，而是在经受着希尔医生的改良治疗法的折磨。这个事件中最重要的一点是：爱德华爵士讲话的时候，布尔韦尔夫人总是沉默的。虽然人们都知道她长于文字，可是公众没有见到过一篇她所写的声明。她写了一份关于自己所受到的待遇的报告，却被人巧妙地从接到这份报告的人那里弄走了。”

轰动一时的布尔韦尔夫人被当作精神病人囚禁一事，在政治交易的背景下，经帕麦斯顿的干预，作为家庭纠纷，通过家庭协议而得到解决。但马克思认为，这事情并没有完。他强调：“不论他们夫妇之间目前取得了什么样的协议，英国公众感兴趣的是这样一个问题：能以重金收买两个贪财医师的无耻阔人有没有权利在疯人待遇法的掩盖下发出 lettres de cachet（拘捕令）？还有一个问题：能不能听任一个内阁大臣用简单的家庭和解来了结一件昭然若揭的罪行？”

最后马克思提到另一件拘禁精神正常者的丑闻：“不久以前揭露了一件事：今年精神病委员会在约克郡调查一个收容所时，发现有一个精神完全正常的人被秘密地关在地窖里已经有好几年了。沃尔波尔先生在答复菲茨罗伊先生在下院就这件事提出的问题时说，他没有发现‘任何有关这件事的记录’；这样他只是否认记录的存在，但没有否认事实。事情不会就此了结，这从泰特先生的声明里就可以看出。泰特先生的声明表示；‘议会下届会期一开始，他就要提议成立一个专门委员会来调查如何使用疯人待遇法的问题。’”

马克思提到英国的“疯人待遇法”，应当是对有关法律的泛称，主要指 1845 年《精神错乱法》和 1845 年《郡收容院法》。从文中看，马克思对“疯人待遇法”本身还是持一种比较肯定的态度的。

马克思确实是走在时代前面的伟人。他在精神病人非自愿住院问题上的观点，与现代精神卫生理念是一致的。他认为，故意将精神正常者当作精神病人强制住院，是一种罪行，应追究行为人的刑事责任。这对于我国制定精神卫生法具有指导意义。

马克思在 1858 年发表的关于精神病人问题的另一篇文章是《英国疯人数目的增加》，我本书第一章已经介绍。这篇文章紧接着《布尔韦尔－利顿夫人的囚禁》一文撰写（1858 年 7 月 30 日）。很可能是布尔韦尔－利顿夫人事件激起马克思对精神病人问题的进一步关注。也有可能是，马克思为写《布尔韦尔－利顿夫人的囚禁》一文，查阅了有关资料，并从中发现问题，进而形成后文。

另有两篇文章讲当时的普鲁士国王弗里德里希·威廉四世（Friedrich Wilhelm Ⅳ，1795～1861）的疯癫症，标题都是《普鲁士国王的疯癫症》（分别于 1858 年 10 月 23 日和 27 日刊登）。弗里德里希·威廉四世的疯癫症至迟在 1848 年就存在了。当时他得了脑炎，还受到惊吓刺激。后来脑炎虽然治愈，但留下了精神障碍。

根据马克思文章所述情况，我分析，弗里德里希·威廉四世患的应当是现在所说的“脑炎（颅内感染）所致精神病”。这是一种比较严重的器质性精神障碍，主要表现为六种综合征：（1）意识模糊综合征，即谵妄；（2）遗忘综合征，即柯萨科夫综合征，突出表现为严重的近事遗忘；（3）智能减退，或称痴呆综合征；（4）精神病性状态。患者有明显的妄想，或有持久、反复出现的幻觉，或有紧张综合征（包括紧张性兴奋与紧张性木僵），或有明显的情感障碍；（5）神经症综合征，如神经衰弱综合征、癔症样症状、疑病症状、强迫症状等；（6）性格改变。其中，最基本、最常见的是意识模糊综合征、遗忘综合征和痴呆综合征。

弗里德里希·威廉四世经常发生妄想，例如有时把自己想象成一名士兵，有时性格暴躁，动手打过大臣。但他发病具有周期性，也有神志清醒的时候。这个特点被当局用来布置他精神正常的骗局。王后经常守着她的丈夫，抓住他的每一个神志清醒的时期，让他出现在人民面前，或者让他在公共场合露面，教他演习他应该扮演的角色。或许是因为他们没有子女，所以才出如此下策。但是，由于王族成员的争吵，国王患病的事情最终被暴露。

马克思评论道："德国作家豪弗在他的一篇故事里描写了一个喜欢说短道长、专爱无事生非的小城镇，在一天早上，突然发现它那里最时髦的人物、实际上在社交界占头把交椅的大红人，原来不过是一只化装的猴子，因而大为惊愕，失去了它平素那种安然自得的心情。现在，普鲁士人民，或者说一部分普鲁士人民，大概正由于一种更不愉快的发现而感到万分沉痛：他们竟被一个疯子统治了整整二十年。至少，人民已在暗自猜疑，忠实的普鲁士'臣民'被朝廷的一个大规模骗局巧妙地愚弄了。"

在此情况下，弗里德里希·威廉四世不得不让亲王摄政。他在给亲王的诏书中说："鉴于我目前仍不能亲理国政，特敦请殿下在暂时、临时等等意义上，作为摄政王代表我行使国王权力，务期竭尽全部德才，仅对上帝负责。"亲王在他给内阁的诏书中称："遵照国王的要求并根据宪法第五十六条，本人作为王位的男性直接继承者承负国家摄政之责，并依照宪法第五十一条召集王国议会两院会议。"

马克思认为这两个诏书之间存在矛盾："请看，国王在诏书中表现出他是一个有自主力的人，而且他是自愿暂时引退的。可是，亲王却同时抬出'国王的要求'和'宪法第五十六条'，而宪法第五十六条是以国王患精神病或被俘，以致不能亲自任命摄政人选为前提的。再者，国王在他的诏书中要求摄政王在行使他的权力时'仅对上帝负责'，可是这位亲王抬出了宪法，把全部责任都推给现任内阁。根据摄政王引据的条款，‘王位直接继承者’应立即召集两院举行联席会议，决定‘有无必要实行摄政’。为了剥夺议会的上述权力，要强调国王自愿隐退的，可是为了不致完全依赖于国王的任性，又抬出了宪法。可是，摄政王提出的论点是有漏洞的，因为他所依据的是两种彼此不相容的权利。”

随后，马克思评论了普鲁士的宪法，指出宪法对国王的无上权力只是一种纸上的约束，当初国王是在“认为有可能借助宪法进行统治”的条件下接受了宪法。

马克思这四篇短文，都是为美国《纽约每日论坛报》写的评论。马克思没有职业，写书的稿费不足以养家，日常生活很大程度上依赖恩格斯接济。1851 年起，马克思应邀为《纽约每日论坛报》撰稿（有一部分出自恩格斯手笔），他每星期必须写两篇文章，每篇得稿酬 2 英镑。这对马克思一家的生活有很大帮助。但到 1857 年，由于美国发生经济危机，《纽约每日论坛报》对马克思的态度转为冷淡，稿酬减少一半，有些文章也不给发表，被退回或者被扔掉。而在那时马克思正忙于撰写《政治经济学批判》，还时常生病。可以说，马克思对这份工作十分厌烦，可又不得不为之。不过，这并不影响那些文章的价值。正如德国学者、马克思主义理论家弗兰茨·梅林（Franz Erdmann Mehring，1846～1919）评论马克思在《纽约每日论坛报》上发表的那些文章所言：“他忠于自己的信念，把借以糊口的文笔生涯也变成了崇高的事业。由于他在写论文时经过深入刻苦的研究，他就使这些论文具有了不朽的价值。”① 马克思写这些文章时，态度是很认真严肃的，并不轻易落笔。例如，《普鲁士国王的疯癫症》写于 1858 年 10 月，而早在一年前，或者更早，马克思就开始关注这个事情。1857 年 10 月 31 日，马克思在给恩格斯的信中，问恩格斯：“对我们国父的痴呆有什么看法？”②

另外，在《资本论》中，马克思注意到工作状况、生活环境与精神障碍之间的关系。他引用了不少医学报告说明这个问题。③

恩格斯更早注意到这个问题。在“根据亲身观察和可靠材料”写成的

---

① 〔德〕弗·梅林：《马克思传》，樊集译，人民出版社，1965，第 301 页。

② 《马克思恩格斯全集》第 29 卷，人民出版社，1972，第 197 页。

③ 参见马克思《资本论》第 1 卷和第 3 卷，人民出版社，1975。

《英国工人阶级状况》（1845）中，恩格斯指出："我们随便把目光投到什么地方，到处都可以看到经常的或暂时的贫困，看到因生活条件或劳动本身的性质所引起的疾病以及道德的败坏；到处都可以看到人的精神和肉体在逐渐地无休止地受到摧残。"① 恩格斯还讲到习艺所中精神病人和其他病人的境况："还有一个女人虽然神志很清醒，却受到了送进疯人院的惩罚。1844 年 1 月在萨福克的拜克顿的习艺所里也进行了一次调查，发现一个白痴似的女人在这里当看护，她对待病人的手段是极其荒唐的；为了省得看护们在夜里值班，就用绳子把那些不安静的或夜里常常起来的病人捆在床上；曾有一个病人就是这样捆着死掉的。在伦敦的圣潘克拉斯的缝制廉价衬衣的习艺所里，一个患羊痫疯的男人在发病的时候闷死在床上，谁也没有去搭救他。"②

第三节　强制住院和强制绝育：卡丽·巴克案

英国社会学家安东尼·吉登斯指出："尽管纳粹德国对优生学政策的运用是迄今为止最为残忍的，但应当牢记，在 20 世纪，其他一些欧洲国家以及美国也运用了优生学，只是常常描述成所谓'人口政策'，用来对付人口中特定的一些群体，特别是残障人士。这些政策最主要的表现形式是对那些所谓'弱智'的女性实行强制绝育。"③ 美国弗吉尼亚州的一个妇女卡丽·巴克就是其中最著名的受害者。

美国弗吉尼亚州是在 1924 年 3 月通过强制绝育法的。该法认定"遗传在精神病、白痴、低能、癫痫和犯罪的传播过程中起到十分重要的作用"，允许对州立收容院中的遭受经常性的遗传性疯狂所折磨的病人和白痴、低能、癫痫者实施绝育。它还规定被实施绝育手术后，那些原本应永久置于监管之下的被收容者可以得到释放。

然而，弗吉尼亚州的癫痫病人和低能人州立收容院的董事会——他们是强制绝育法的主要支持者和立法参与者——担心强制绝育法被指控违宪

① 恩格斯：《英国工人阶级状况》，人民出版社，1956，第 261 页。

② 恩格斯：《英国工人阶级状况》，人民出版社，1956，第 344 页。

③ 〔英〕安东尼·吉登斯：《社会学》（第 5 版），李康译，北京大学出版社，2009，第 217 页。

而被推翻，他们决定向法院提起一个试验（trial）案件[①]，让弗吉尼亚州上诉法院甚至联邦最高法院肯定弗吉尼亚州的强制绝育法。他们在收容院中物色了一个女性被收容者卡丽·巴克（Carrie Buck，1906～1983）作为原告，让董事会成员欧文·怀特黑德（Irving Powell Whitehead，1868～1938）担任她的律师，而让收容院院长艾伯特·普雷蒂（Albert Sydney Priddy，1885～1925）医生作为被告，并由收容院的法律顾问、弗吉尼亚州强制绝育法草拟者奥布里·斯特罗德（Aubrey Ellis Strode，1873～1946）代理。艾伯特·普雷蒂也是优生学和强制绝育法的坚定支持者。他说过："可以很合理地预计癫痫病人和精神病人的数量将迅速增长，其比例将超过人口的正常增长比例，而且可以推断弗吉尼亚州身体不健全以及依赖他人者的数量将迅速超过该州本身的资源所能够容纳并为之提供照顾与帮助的数量。"他建议的解决方案是"考虑切实制定一步法律许可对我们慈善和刑事机构中的被收容者和罪犯实施绝育手术"。[②] 在1910～1918年之间，艾伯特·普雷蒂已经对70～100例女性做了强制绝育手术，即输卵管切除术（salpingectomy）。在1917年，他还曾被一名叫威利·马洛里（Willie Mallory）的妇女指控非法收容和绝育，但法院只是给予了警告。

卡丽·巴克生于1908年。在她三四岁的时候，她的父母就分开了。她的母亲不得不乞讨、卖淫，在1920年被送进弗吉尼亚州立收容院。卡丽被一个家庭收养，但并没有真正成为那个家庭的成员，每天都有做不完的活儿。上学后，她和其他小孩一样表现出色，甚至还得到老师的夸奖："非常好——行为和功课"。1918年，养父母给她办了退学手续，让她帮着做家务。1923年夏天，卡丽的养母的侄子强奸了卡丽。她将被强奸的事情告诉了养父母，但他们拒绝相信。不久卡丽怀孕了。她的养父母一家拼命想维护他们的名声，并且极力地希望摆脱她。卡丽的养父是一个经常处理流

① 此案参见〔美〕克米特·L. 霍尔主编《牛津美国联邦最高法院指南》，许明月、夏登峻等译，北京大学出版社，2009，第107～108页；〔美〕迈克尔·利夫、米切尔·考德威尔《摇摇欲坠的哭墙——改变我们生活方式的终结辩论》，潘伟杰、高韡、朱慧慧译，新星出版社，2006，第八章"清洗基因库"。本节内容主要摘编自后者，如无特殊需要不再注明。

② 〔美〕迈克尔·利夫、米切尔·考德威尔：《摇摇欲坠的哭墙——改变我们生活方式的终结辩论》，潘伟杰、高韡、朱慧慧译，新星出版社，2006，第379页。

浪者和“低能人”的警察。他们利用广为人知的卡丽的生母是一个道德沦丧、智力低下的人这一情况，说卡丽也是一个低能人，患有癫痫，企图将卡丽送入收容院。他们向当地青少年和家庭关系法庭提出听证的申请。1924 年 1 月 23 日，在没有卡丽证词的情况下，一位法庭指定的医生（他是卡丽养父母的家庭医生）仅仅根据卡丽养父母的证词，提出“我已经对卡丽·巴克做过检查，发觉她属于法律意义上低能人，是低能人机构的合格收容对象”的结论。另一位法庭指定的医生也在这份结论上签字。法庭认同调查结论，并作出将卡丽收容的裁决。1924 年 6 月 4 日，在生下一个女儿后不久，卡丽被剥夺对女儿的抚养权，并被送进收容院。

收容院董事会认为卡丽·巴克是试验案件的理想人选。他们认为，卡丽的低能属于最低层次水平，她的母亲也是低能病人，而根据证人证言，卡丽的私生女也是心智不健全的（实际上后来卡丽的女儿维维安的学习成绩在学校名列前茅）。院长艾伯特·普雷蒂指出，历史上所有心智不健全、精神病以及癫痫在两代低能人身上逐渐显现的例子所说明的就是遗传的有害结果将会在今后所有的后代身上反映出来。他请求为卡丽实施“简单的、相对无害的输卵管切除术”，这样她就“可以离开收容院，享受她的自由和生活，实现自立”。艾伯特·普雷蒂的观点缺乏逻辑。卡丽·巴克是因为所谓的“低能”“癫痫”被收容的，不是因为她可以生育，而绝育并不能改变“低能”和“癫痫”，为什么在绝育之后，就可以离开收容院，享受自立，胜任社会生活？不过这也暴露出当初将卡丽收容，真实原因是防止她生育，而不是为了照顾、治疗。不管怎样，收容院董事会决定：“本特别董事会认定前述的卡丽·巴克是一个低能的被收容者，依据遗传规律，她可能成为造成不能胜任社会生活的后代并遭受同样痛苦的潜在根源，因此可以对她进行不会损害总体健康的绝育手术，这样的话，前述卡丽·巴克的个人幸福以及整个社会的福利都将会得到促进。”

以卡丽·巴克的名义提出的对绝育手术决定的申诉案，被称为巴克诉普雷蒂（Buck v. Priddy）。1924 年 11 月 18 日，弗吉尼亚州阿默斯特郡巡回法院开庭审理此案。被告一方的多位证人的证言充满偏见、歪曲、捏造之辞，但卡丽的律师欧文·怀特黑德没有给予有力质疑、驳斥。这是因为他想要失败，他寻求出现的结果与普雷蒂和斯特罗德一样。被告一方还宣读了优生档案管理所主任哈里·拉弗林的冗长证言。虽然没有任何证据表明哈里·拉弗林曾经见过卡丽·巴克，但是他证明卡丽有一段“社会和经济上不能胜任”的历史而且有“一个关于她的不道德、淫荡以及不诚实的记录”。哈里·拉弗林认为卡丽是“社会上不能胜任的不健全的后代的潜在根源”。最终，阿默斯特郡巡回法院维持了对卡丽·巴克实施绝育手术的决定。

根据原定计划，1925 年 6 月，卡丽的律师欧文·怀特黑德对郡法院的判决向弗吉尼亚高等上诉法院提起了上诉。在提起上诉之前，艾伯特·普雷蒂病逝，他的收容院院长职务和诉讼地位由其助手詹姆斯·贝尔（James Hendren Bell）医生接任，案件遂改称巴克诉贝尔（Buck v. Bell）。1925 年 11 月，弗吉尼亚州高等上诉法院作出维持原判的判决。判决指出：弗吉尼亚的绝育法并不是一部刑事法律。立法并不是为了惩罚，恰恰相反是为了保护出于自身的原因而被归类为社会不能胜任的公民，以及通过缓解种族的退化和提升本州公民整体智力水平而增进社会福利。有证据表明该手术实际上是没有危害并且百分之百安全的，此外，在大多数情况下，接受过该手术的人都无须再被限制在收容所内了。

接着，欧文·怀特黑德上诉到联邦最高法院。这次，怀特黑德提出了具有相当分量的反对强制绝育的观点。实际上，这些观点并不是他拥护的观点，而正是他与普雷蒂、斯特罗德最为忧虑的和反对的，他们共同演出这一试验案件，就是希望联邦最高法院把这些观点否定，以使弗吉尼亚州的强制绝育法继续施行。怀特黑德指出，“身体完整性”（full bodily integrity）受到美国宪法第十四条修正案（Fourteenth Amendment）的保护，某个州不能以通过外科手术让一个人丧失能力的方式阻止该人保护他的身体完整性。他还颇有预见地警告：“如果允许这样做下去，新的阶层，甚至‘各种族’本身都会被纳入法律进行控制，而且‘最恶劣的暴行实践’就会在‘医生的王国……以科学的名义开始’。”①

联邦最高法院在 1927 年 5 月 2 日宣布了维持原判的判决。撰写判决意见的是奥利弗·霍姆斯（Oliver Wendell Holmes，1841～1935）大法官。而显然，他接受了优生学的观点。

① 转引自〔美〕克米特·L. 霍尔主编《牛津美国联邦最高法院指南》，许明月、夏登峻等译，北京大学出版社，2009，第 108 页。

卡丽·巴克是一名按照正式程序为上述的州立收容院收容的低能白人妇女。她的母亲与她具有相同的情形，而她本人又有一名低能的私生女。1924 年下半年在接受巡回法院审判时她刚好 18 岁。一项 1924 年 3 月 20 日通过的弗吉尼亚法案指出病人健康以及社会的福利可能因为特定情况下对那些受到细心照顾的心智不健全者实施绝育手术而得到增进。这类手术不会产生严重的痛苦或对生命造成实质性损害；在美国的不同机构中安置着许多不健全的人，如果允许这些人回到社会，那将可能对社会构成威胁，但是如果这些人无法生育，那么或许我们可以将他们安全地放回社会，让他们成为自食其力的并为他们自己和社会谋福利的人。而且经验表明遗传在精神错乱以及低能等的传播中起到十分重要的作用。颁布的这部法律规定，只要整个过程完全遵守法律细致规定的用以防止病人受到可能的虐待的条款的话，一旦包括前述的州立收容院在内的特定机构的院长认为鉴于病人和社会的最佳利益应当对他照看下的病人实施绝育，那么他可以对那些患有遗传性精神病的人和低能病人等实施绝育手术。

……我们不止一次地目睹公共福利号召杰出的公民献出他们的生命。如果它还不能号召那些已经侵蚀了州的力量的人们，为了避免我们的社会陷入无能力的泥潭而作出一点与那些重大的牺牲相比微乎其微的小小的牺牲，那将是十分奇怪的。与其等着将那些犯了罪的我们堕落的后代处死，或者让他们因为低能而饱受饥饿，我们完全可以通过制止那些不适宜生育的人繁衍他们的后代而避免这一切的发生，这将是对社会来说更有利的做法。那项支持强制性接种（compulsory vaccination）的原则规定①如此广泛以至于完全可以涵盖切除输卵管的手术。三代低能对社会来说已经足够了（three generations of imbeciles are enough）。②

1927 年 10 月 19 日，在收容院的医务室里，詹姆斯·贝尔医生为卡

① 指马萨诸塞州的一项强迫性疫苗接种的法案。

② Buck v. Bell – 274 U. S. 200（1927）。译文摘自〔美〕迈克尔·利夫、米切尔·考德威尔《摇摇欲坠的哭墙——改变我们生活方式的终结辩论》，潘伟杰、高韡、朱慧慧译，新星出版社，2006，第 406 ~ 408 页。

丽·巴克实施了绝育手术。但卡丽并没有获得她所应得的自由，而只是获得“假释”，贝尔医生安排她到一些家庭做女佣，而一旦出现“麻烦”，他们可以将她遣返收容院。用户说她是一个勤劳的佣人，而且与他们相处融洽，很奇怪她当初为什么会被收容。直到1933年，由于结婚，卡丽才永远摆脱收容院的控制。卡丽于1983年1月28日逝世，享年76岁。她的唯一的女儿维维安早在1933年死于风疹，只有8岁。在卡丽最后的三年中，她向两名前来拜访的两名记者说：“他们对我所做的是错的。他们如此对待我们是完全错误的。”

在卡丽·巴克以后到1972年，弗吉尼亚州大约有8000人被实施绝育手术。那些先于弗吉尼亚州颁布强制绝育法的州开始为更多的人实施绝育手术。以前没有强制绝育法的一些州则以经Buck v. Bell案进行合法性证明的弗吉尼亚州强制绝育法为蓝本制定了类似的法律。

最令美国人尴尬的是，第二次世界大战结束后，巴克诉贝尔一案被纽伦堡战争审判中的被告引用来作为纳粹绝育计划的先例。

“尽管纳粹依据美国最高法院的判决犯了如此滔天的罪行，巴克诉贝尔一案的判决却从来没有被推翻过。”① 直到2002年1月，弗吉尼亚州议会通过一项决议案对当初制定强制绝育法表示了“深刻的反省”。决议认为，弗吉尼亚州在1924年通过允许实施非自愿绝育手术的法律，是美国进行的令人惋惜的优生运动的最最恶劣的后果；随着巴克一案的判决的作出，约6万名美国人，包括弗吉尼亚的8000人，依据类似的州法被强制绝育，这一判决让纳粹早期统治下那些支持类似立法的德国优生学家拍手称绝；后来的知识表明这部绝育法案当时是建立在现今已不足信的以及错误的优生学内容的基础上；通过对巴克一案的判决进行法律和历史的分析得出，该判决是对那些残疾人抱有偏见的具体表现，而且是利用错误的知识支持统治政策的实例；当前的知识还指出在巴克一案的判决中所存在的谬误，那就是实际上卡丽·巴克的女儿，维维安，这个凭主观猜测为第三代“痴愚者”的孩子，后来还在学校的光荣榜上占有一席之地。鉴于上述原因，并且鉴于弗吉尼亚州在这个国家的优生运动中所扮演的角色以及在优

① 〔美〕迈克尔·利夫、米切尔·考德威尔：《摇摇欲坠的哭墙——改变我们生活方式的终结辩论》，潘伟杰、高韡、朱慧慧译，新星出版社，2006，第410页。

生的名义下所造成的损害，州议会表达“深刻的反省”，并谨以此纪念卡丽·巴克。

第四节　一个好莱坞女明星的遭遇：弗兰西斯·法默案

在20世纪80年代，中国中央电视台曾经播放过一部由杰西卡·兰格（Jessica Lange）主演的美国故事片《弗兰西斯》（*Frances*）。该片叙述了桀骜不驯、思想左倾的好莱坞女星弗兰西斯·法默（Frances Farmer，1913～1970）被强行关进精神病院，并被实施脑叶切除手术的故事。它不完全是虚构的，其所依据的是弗兰西斯·法默的亲身遭遇。

弗兰西斯·法默1913年出生于华盛顿州的西雅图市。她的父亲毕业于明尼苏达大学法学院，后来成为一名律师。她的母亲在与她的父亲结婚之前，曾有一次婚姻经历，生有一个女儿，后因丈夫酗酒而离婚。她的母亲与她的父亲在1905年结婚。婚后初期，二人生活和睦。不久，她的母亲生下一个女儿。因为她的父亲的疏忽，这个女儿患病死亡，这使她的母亲伤心欲狂。他的父亲担心妻子精神崩溃，欲将其送往精神病院。她的母亲因此更是受到沉重的打击，她对丈夫产生公然的、永远的敌意。弗兰西斯·法默就是出生和成长在这样一个矛盾严重的家庭。除了她母亲与前夫生的姐姐外，弗兰西斯还有一个哥哥，一个妹妹。父亲在外工作，很少回家，家庭事实上已经破裂。母亲武断固执，脾气反复无常，对她时好时坏。小时候，她总是闷闷不乐。为逃避烦恼之事，她从小喜欢看书，在学校学习勤奋。17岁时，她写了一篇题为《上帝死了》（God Dies）的作文，被老师选送一份颇负盛名的教育杂志《全国教育》举办的高中生作文竞赛，结果获得奖金一百美元的一等奖。但她的作文也引来当地报纸连篇累牍的攻击，她被说成“异教徒青年”。一篇社论写道：“一个少女竟因庆幸上帝的死亡而获得一百美元，我们的国家成什么？公立学校里的无神论太猖獗了。”当地有一位牧师愤怒地说：“如果西雅图的青年心坠地狱，领头的一定是弗兰西斯·法默。”

1931年，弗兰西斯·法默进入华盛顿大学。入学初期，她读的是新闻专业。她还当了新闻学院院报的记者，施展自己的文学才能。后来经人劝说，转入戏剧系学习，并参加一些戏剧演出。因为家里没有充裕的钱，在大学的四年里，弗兰西斯时常做工，当过餐馆侍者、美术系模特、香水厂工人、剧院领座人、夏令营管理员、歌女。当时正处于经济大萧条，弗兰西斯那一代人对经济和政治条件十分不满。她十分同情曾经一起工作的女工们。西雅图有一份激进的报纸《行动之声报》举办一次订阅竞赛，获胜者可以免费去莫斯科旅行，参加五一节庆祝活动。在同学们的帮助下，弗兰西斯获得去莫斯科的机会。此事遭到母亲的反对，并借助报纸阻止弗兰西斯。报纸报道："母亲警告要提防赤色教师"，"一名女学生为赤色分子干事"。但是，弗兰西斯还是去了苏联。回国后，弗兰西斯决定投身表演事业。几经努力，1935 年 9 月 19 日，在弗兰西斯 21 岁生日那天，派拉蒙电影公司（Paramount Pictures）与她签订了合同。

在好莱坞，弗兰西斯很快获得成功。有的导演预言"她将和嘉宝一样伟大，甚至更伟大"。到 1942 年，弗兰西斯共拍了 10 多部故事片，演了多部戏剧，还在多部广播剧中领衔主演，一度年薪 20 万美元。但同时，她厌恶好莱坞的一切——油腔滑调、缺乏个性、唯利是图、阴谋诡计、等级制度，除了金钱。由于不易相处、直言不讳和爱发脾气，她被新闻界归入好莱坞最难合作的女演员之列。1936 年 2 月，弗兰西斯与原名叫威廉·安德森（William Wycliffe Anderson）的男演员利夫·埃里克森（Leif Erickson，1911～1986）结婚，但不久就关系破裂。1937 年，弗兰西斯离开好莱坞到百老汇从事戏剧演出。在百老汇她与剧作家克利福德·奥德茨（Clifford Odets，1906～1963）关系密切。奥德茨承诺离婚后与她结婚。因为爱他，弗兰西斯尽量设法满足他的情欲。但他只是利用她，他用一封电报结束二人的关系："我的妻子今日自欧归来，我们最好从今不再相见"。分手后，弗兰西斯开始嗜酒，以酒浇愁。1940 年她重回好莱坞。但因为酗酒，派拉蒙公司在 1942 年取消了与她的合同。这一年，弗兰西斯与利夫·埃里克森正式离婚。

1942 年 10 月 19 日，弗兰西斯·法默因在加利福尼亚西海岸的半灯火管制区亮灯开车而被警方拘捕，被判刑半年，缓期执行，罚款 500 美元。她交付 250 美元后被释放。1943 年 1 月，由于违反缓刑法即没有根据要求定期向假释官汇报活动和缴付其余的罚款，和一位声称被弗兰西斯袭击的理发师的举报，法院决定逮捕弗兰西斯。那天晚上弗兰西斯脱了衣服，吃了片安眠药后趴在床上昏睡。凌晨，警察的敲门声和喊声将她惊醒。她不知所措，不肯开门，警察强行进入。她赤裸身体拼命挣扎，但被两名男警察和一名女警察强行穿上衣服。在警车里，她与女警察打了起来，结果被戴上手铐。她直接被送到监狱，关进牢房。事先，法院还约来记者，使事件得以曝光。第二天，在审讯室，弗兰西斯反应强烈，攻击法官，还试图给她的律师打电话，但被阻止。法官判处她180天监禁。她的母亲知道后，从西雅图赶来，召开记者招待会，说弗兰西斯可能患有精神病。她的妹妹通过洛杉矶一位副警长的关系，将弗兰西斯转移到洛杉矶总医院精神科病房。在那里，她被诊断为“躁狂抑郁性精神病”。几天之后，她被电影演员协会送到私立的金博尔疗养院（Kimball Sanitarium）“休养”。与此同时，她的母亲被法院指定为她的监护人。从此，她失去公民自由。

对其母亲的举动，弗兰西斯一直抱有怨恨。但我以为，这很可能是其当律师的父亲的主意，当年他就曾经企图将妻子送入精神病院。而且，父母的初衷，很可能是避免其遭受牢狱之苦以及给家庭带来不好的名声。当时有报纸为弗兰西斯辩护，也是从精神障碍这个角度来说的。一篇报道说：

> 正当电影界日益获得公众的好评和赞赏之际，好莱坞突然爆发出一系列丑闻。有些情节的报道已远远超出新闻的范围，这对报纸应起的作用来说并不是光彩的事。
>
> 电影界让某些细节张扬出来，是缺乏明智的表现，弗兰西斯·法默事件是不应当发生的。这位才华出众的女演员对法律、法令或公众的安全并未构成威胁，本来只是一次交通违章，却发展成为侵犯她人身权利的案件，对她提出严重起诉，把她判刑入狱。
>
> 所有这一切，都是因为这个敏感、爱激动的姑娘正处于精神分裂的边缘。
>
> 幸好法院及时恢复理智，免除法默小姐蹲监狱的耻辱。
>
> 去冬一个不愉快的夜晚，情绪不稳，也不善于交际的法默小姐需要一名律师，一只援助的手，就立即可以把她从不过是一次交通违章中解脱出来，而可怕的事实是她孤立无援，不知所措。

然而，弗兰西斯的父母和媒体没有意识到，把一个人强行送入精神病院，他失去的很可能不是仅仅180天的人身自由，而可能是失去几年甚至终生的人身自由。而且，精神病院脱离司法的监管，在里面的待遇可能比监狱更为糟糕。更何况，从弗兰西斯的经历和表现来看，说她患有严重的精神障碍是没有充足根据的。她表现出明显的神经质，但没有精神错乱。她的一些怪异行为，是其遭受精神打击后酗酒造成的暂时性精神不稳定。从根本上说，她不符合强制住院的医学条件。弗兰西斯的悲剧是司法滥用和医学滥用造成的，也是其父母自私和不负责任的结果。

弗兰西斯进疗养院后，被诊断为“偏执型精神分裂症”，并且在家人未同意的情况下，被强制实施胰岛素休克治疗，90天里90次。弗兰西斯的切身体会是：“这种现已被认为对治疗精神病无效而不再使用的胰岛素，对身体是一种可怕、残酷的震击，它不仅使大脑眩晕，而且也震击全身，使病人深受恶心和痛苦的折磨。”“胰岛素休克在我身上办成了一件大事：使我几乎丧失记忆。”她质问：“我无法向由精神病研究人员证实的具体理论挑战，我只能请问：有哪位建立这种理论的医生曾经经受过连续三个月的每日休克疗法?”

1943年9月，弗兰西斯的父亲从法院获得许可，将她引渡到家乡华盛顿州，和母亲住在一起，置于母亲的法律监护之下。时隔半年，因为与母亲发生冲突，她母亲向法院申请对其实施强制住院。法院举行听证会，有两位精神科医生作证说她有躁动、妄想、偏执症状，审判长决定实施强制住院。在里面，弗兰西斯受到电休克治疗。弗兰西斯认为电休克和胰岛素休克一样，使她失去记忆。

三个月后，在1944年夏天，弗兰西斯被宣布“彻底治愈”，回到家中。曾经作证的一个精神科医生说：“我认为这种情况成功地演示反社会行为是可以矫正的。三个月前，这名妇女是完全反应迟钝的，今天她完全治愈，正在返回到她的家。这标志着精神卫生运动在华盛顿州的一个意义重大的胜利。”

一次和父亲外出，她趁机逃跑，后因流浪被逮捕，被罚款后释放。她母亲再次让精神病院对其实施强制住院。1945年5月22日，精神病院来的两个男人将拼命挣扎的弗兰西斯摔倒在地，穿上又粗又硬的约束衣，套上橡皮脚镣，用棉花堵住嘴，塞进急救车里，像“一条疯狗似地被捆绑着送进了西雅图州立精神病院”。她的母亲允许精神病院采取一切必要的治疗手段“帮助”她。从此，她在精神病院度过5年（1946年有一次两个月的假释，由于与父母发生冲突又被送回精神病院），经历了难以忍受的恐惧和折磨。

弗兰西斯曾被精神病院的男看护轮奸过，被老鼠啃咬过，还曾因为吃腐烂食物而中毒。由于不服从管教，她曾戴过手铐脚镣，身穿约束衣，被实行水疗——用冰冷的水冲浇她。弗兰西斯如此记述精神病院的状况：“目露凶光的病人被用作管理员，同性恋担任监督，性虐待狂统治病房，看护任意强奸病人，医生也是如此，许多妇女只有在打胎时才得到医治。有些看护还拉皮条，在院内干卖淫的勾当，把男人偷偷领进楼，为他们提供女人。”由于弗兰西斯是多次入院，她被脱掉衣服关进被视为无可救药的疯人的后院病室，挤在一群呱呱乱叫、到处乱转的赤裸的女人堆里。囚房在冬天如同冰冻的坟墓，在夏天就是地狱的热锅。被上帝遗弃的人们不时发出疯狂可怕的歇斯底里的叫声。还有陌生的男人偷偷钻进病房强奸女病人。饥饿的病人不得不抓老鼠和偶然进入病房的猫吃。死亡是常事。弗兰西斯完全屈服和绝望，准备在这个黑暗的处境里结束生命。

1950年，弗兰西斯父母年事已高，母亲得了轻微的中风，父亲的身体也迅速衰弱。于是，弗兰西斯的父亲写信要求医院让弗兰西斯假释。为此，医院召见了弗兰西斯，时间很短。先问她是否知道天气如何，她说：“知道，现在天气相当冷。”又问她是否觉得曾得到别人的帮助，她说，是的。还问她是否愿意回家，她说愿意。然后，让她从100数到50，从1数到50。很快医院给她父亲回信：

> 我们高兴地向您报告，安德森太太今天见了我院医生，我们发现她已恢复，足以获得假释。假释权授予您和她母亲，只要您或法默太太到医院来签署一份责任担保书，她就将交由你们监护。

3月25日，弗兰西斯被假释，由父母监护。在了解获得假释的原因后，弗兰西斯困惑不解：

> 当我知道，在我住院期间，我父母在任何时候，只要提出要求，都能使我获释，这使我感到心寒。可是，更使人痛苦的是，他们明明

> 知道我被关在那里，但他们对我的遭遇却不管不顾，无动于衷，直到他们不能照料自己了，才把我接回去。负责照料他们的不是别人，而是家庭成员中神经不正常的一员，真是天大的怪事。
>
> 这一做法与他们先前的目的是自相矛盾的。他们因为我疯了而把我赶走，而我又被唤出来承担照料两位老人的责任，然而，这两位老人却是我最畏惧的敌人。
>
> 既然我家里人确实认为我疯了，把我关进精神病院这么多年，那他们为什么冒险让我出院呢？关进精神病院这么长时间又被放出来，这是前所未闻的事。可是，我的情况却是无可争辩的事实。我父亲简简单单的一封信，我便获得了释放。

弗兰西斯对有关法律提出质疑：

> 社会认为，只有罪人才受到惩罚。然而，事情历来如此吗？
>
> 法律载明，任何“有关的当事人”都可以以低能为由向法院提出请求，这是对一个人是脾气古怪还是神经不正常的符合法律的区分。尽管有宪法保护，可是没有一个人能免于这种危险。邻居、雇主、丈夫或一个生气的陌生人都可以对任何人向法院提出起诉。在我这一特殊案件中，我的双亲都向法院提出了不利于我的证言，并获得监护人的身份，从而使我无法自卫，无法为自己辩护。

假释后回到家，弗兰西斯既当护士，又当管家。父母经常威胁她，如果她拒绝照料他们，他们就送她回精神病院。她一听到这种威胁就惊恐万状。于是，她写信给精神病院，要求解除精神病院对她的管制。她得知，在 1951 年 5 月，在其父亲的请求下，法院已经裁定她恢复社会地位和公民权，可是她父亲并没有将此事告诉她。对此，她又惊又怒，决定自己解决问题。1953 年 7 月 1 日，她重回精神病院，接受全体医生的检查。7 月 3 日，向华盛顿州高级法院提出申诉，法院判定恢复其精神正常的身份。7 月 23 日，又向法院提出起诉，取消了她母亲作为其监护人的法令。她获得法律上的自由。在安顿父母之后，她离开了家。

弗兰西斯以后的生活充满曲折，曾经隐居，曾经复出，也有酗酒，也有崩溃，但与本书主题无关，略去不叙。只是应当提到，当有人问起她是否患过精神病，她回答说她从来不相信有精神病，她说："如果一个人被当作精神病人对待，那么他就像一个精神病人（if a person is treated like a patient, they are apt to act like one）。"1970 年 8 月 1 日，弗兰西斯因食道癌去世。

生前，由人代笔帮助，弗兰西斯完成自传《黎明真的会降临吗?》(*Will There Really Be a Morning?*)[①]。该书在 1972 年出版，受到好评。

1982 年，电影《弗兰西斯》上映。影片里，有一个弗兰西斯被强制实施脑叶切断术的情节引起广泛注意。如果弗兰西斯曾经被实施脑叶切断术，可以说三种争议很大的躯体疗法她都经历了，真是十分不幸。沃尔特·弗里曼曾经在 1949 年到弗兰西斯所住医院实施脑叶切断术，并留下一张著名的照片，有人说照片上那个被实施手术的女病人就是弗兰西斯。例如美国学者默顿·迈耶斯（Morton Meyers）在《现代医学的偶然发现》一书中列举脑叶切断术的实例时说：

> 弗朗西斯·法默是 20 世纪 30 年代的电影明星和激进的政治活动家，一生都在反抗权威和不正义的行为。社会组织、法律和精神病学联合起来限制她的行为。1948 年在一家国力医院监护期间，她被弗里曼施用了胰岛素休克，做了跨眼眶脑额叶切除术。1982 年好莱坞拍的电影《弗朗西斯》生动地对这些故事作了刻画。[②]

但是，一些学者进行调查，发现弗兰西斯被实施脑叶切断术之说没有事实根据。弗兰西斯的妹妹回忆说，精神病院曾经提出让弗兰西斯的父母同意对弗兰西斯实施脑叶切断术，但被拒绝了，弗兰西斯父亲还声称将采取法律行动阻止医院。另外，在当时，脑叶切断术被认为是突破性的治疗手术，医院保留着所有实施该手术的档案，没有必要刻意隐瞒，但其中没有弗兰西斯的资料。医院的脑叶切断术病房的医护人员，也否认弗兰西斯

① 参见〔美〕弗朗西斯·法默《一个好莱坞女影星的遭遇——弗朗西斯·法默自述》，沈志华、马强、王超译，世界知识出版社，1987。我对弗朗西斯遭遇的描述，基本摘编自该书，同时参考了互联网上的有关资料，例如 http://en.wikipedia.org/wiki/Frances_Farmer。

② 〔美〕默顿·迈耶斯：《现代医学的偶然发现》，周子平译，生活·读书·新知三联书店，2011，第 223 页。

曾经在里面住过。弗兰西斯被强制实施脑叶切断术的说法，是西雅图电影评论家威廉·阿诺德（William Arnold）在他撰写的弗兰西斯传记《虚幻境界》（*Shadowland*，1978）中首先提出的——默顿·迈耶斯正是引用此书。阿诺德承认，这是他的虚构。事实上，1968年，弗兰西斯在接受其自传作者访谈时表示，她虽然曾经听说过有病人被实施脑叶切断术，但她没有被实施。[①] 然而，这并不会降低她的遭遇的悲惨程度。

第五节　谁是疯子：若列斯·麦德维杰夫案

1924年11月14日，若列斯·亚历山大洛维奇·麦德维杰夫和他的孪生弟弟罗伊·亚历山大洛维奇·麦德维杰夫出生在苏联格鲁吉亚首府第比利斯市。他们的母亲是一位音乐家，父亲是一位历史学家，曾任红军师政委，国内战争结束后在一所军事院校当教员。1938年，老麦德维杰夫在"大清洗"被指控为布哈林的"追随者"而被捕，1941年死于集中营。卫国战争开始后，若列斯在北高加索战场服役，3个月后因受伤退役。罗伊也自1943年2月应征入伍，一直服役至1945年。若列斯退役后进入莫斯科季米里亚杰夫农学院学习，毕业后留校工作，从事遗传学和老年学研究。罗伊在战争结束后在列宁格勒大学哲学系学习，1951年毕业后成为一名中学历史教师，1956年加入苏联共产党，后在苏联教育出版社和教育科学院工作。[②]

苏共二十大后，他们父亲的冤案得到平反。也就是从这时起，他们开始对苏联政治生活中的不正常现象进行研究，投身科学事业的若列斯更多关注的是科学领域中的政治生活，而擅长历史研究的罗伊则把主要精力放到了斯大林现象的研究上。1962年，若列斯撰写了揭露和批判李森科伪科学[③]的《生物科学与个人迷信：苏联农业生物学争论史》，并以手抄本形式

---

① 参见 http://jeffreykauffman.net/francesfarmer/sheddinglight.html；http://www.historylink.org/essays/output.cfm? file_id=5058。

② 参见郭春生《两位知识分子的命运——麦德维杰夫兄弟的遭遇》，《俄罗斯文艺》2003年第2期。

③ 参见〔英〕Z. A. 麦德维杰夫《苏联的科学》，刘祖慰译，科学出版社，1981；延艺云：《李森科伪科学案考》，《西北大学学报》（社会科学版）1993年第1期。

流传。若列斯因此被莫斯科季米里亚杰夫农学院免去一切职务。1968 年若列斯又撰写了《科学家之间的国际合作与国界》和《法律保护秘密通信》，也在私下流传。1969 年，美国出版了若列斯的《李森科沉浮录》，这是以前手稿的增补版。1969 年底，若列斯被新的工作单位奥布宁斯克放射医学研究所开除。这一年 8 月，罗伊也被开除出苏联共产党并被解除公职，这是因为他撰写了《让历史来审判——斯大林主义的起源及其后果》一书，持有“与党员不相称的观点”。①

在 1970 年的时候，麦德维杰夫兄弟已经成为苏联有影响的持不同政见者。在持不同政见者运动中，他们被西方称为“新马克思主义派”或“民主社会主义派”，在苏联则被称为“社会主义派”或“党内民主派”。他们的主要特征是反对“斯大林主义”但拥护十月革命和社会主义。索尔仁尼琴称麦德维杰夫兄弟是“迂腐的共产党人”。本书第二章提到过的、1943 年就流亡西方的苏联学者阿布杜拉赫曼·阿夫托尔哈诺夫不仅同意索尔仁尼琴的看法，而且认为麦德维杰夫兄弟是“虔诚的共产党人”和“冒牌的持不同政见者”。② 在 70 年代与苏联持不同政见者有密切接触的美国《纽约时报》记者赫德里克·史密斯记叙：“我还不止一次地听到更激进的持不同政见者挖苦他们说，麦德维杰夫兄弟两人——罗伊和若列斯——是‘剩下来的仅有的忠实信徒’，因为在他们的理想主义中，他们把苏联共产主义想象成为具有人性的。”③ 这么说并不算夸张。罗伊·麦德维杰夫指出：“我国现行政治体制最严重的缺点之一，就是这是一个僵化了的体制，它旨在使其各个环节都能保持完全统一的观点，它并不具备同党外和党内持不同观点的人们进行正常沟通所必需的机制。”他解释说，所谓“现行政治体制”并不是一般地指整个社会主义制度或一般地指苏维埃社会制度和苏维埃国家制度。而是指在 30～40 年代期间在苏联形成的那种管理社会的具体形式，这一形式在许多方面是违背社会主义原则和苏维埃政权的原

① 参见〔俄〕罗伊·麦德维杰夫《人们所不知道的安德罗波夫——前苏共总书记尤里·安德罗波夫的政治传记》，徐葵、张达楠、何香译，新华出版社，2001，第 171 页。

② 参见〔苏〕阿夫托尔哈诺夫《权力学》（下册），张开等译，新华出版社，1980，第 928 页。

③ 〔美〕赫德里克·史密斯：《俄国人》（下册），上海《国际问题资料》编辑组译，上海译文出版社，1978，第 329 页。

则的。在苏共第二十次和第二十二次代表大会和苏共中央十月全会之后它已在许多方面发生了变化。不过，这些变化不够深刻，因而也就使得某些个别的，但却相当有影响的人物能够不仅幻想恢复旧秩序，甚至还能试图以改头换面的形式复活旧体制，而且为此竟不惜使用最可耻的手段。罗伊·麦德维杰夫指出："我国现行政治体制中的缺点并不是苏维埃社会主义国家本身所固有的内在的东西。这些缺点是能够而且应该在苏维埃社会主义社会范围内得到克服的，而克服这些缺点就会使我国政治和经济制度不仅更加灵活，而且更加巩固、稳定。"①

1970年4月，居住在卡卢加州奥布宁斯克市的若列斯·麦德维杰夫两次被市苏维埃主席尼娜·彼得洛夫娜·安东年科约见，所谈的问题是若列斯的十七岁的儿子的性格和品行问题。第二次约见的时候还有一个陌生的男子在座。奥布宁斯克市精神病防治所的主任也动员若列斯带儿子去进行精神病检查。这些莫名其妙的情况，让若列斯猜测有关当局是想利用精神病学来对付他和他的孪生弟弟罗伊。5月29日，一批警察和精神病医生强行闯入若列斯的家。其中有卡卢加精神病院的总医师利甫希茨·亚历山大·叶费莫维奇。利甫希茨请若列斯"自愿地"跟他到精神病院做一次短期检查。他说："您不是相信自己没有病吗？而且自我感觉很好。所以您不必怕检查。""如果您拒绝自愿去检查，那可对您自己十分不利呀！"若列斯坚决拒绝任何精神病方面的检查。这时，一位民警少校闯了进来。"怎么回事？您为什么不服从医生的要求？"少校的语气粗暴而坚定。"您是谁？哪儿来的？我并没有请您到我家来呀！"若列斯的回答也不很客气。少校说："我是民警少校聂莫夫·尼古拉·费利被维奇。我请你立即上汽车！"若列斯说："您既然是民警少校，按理应该知道法律保障公民住宅不受侵犯。民警机关应该是维护秩序和维护法制的机关！""我们是暴力机关！"少校突然喊逆："站起来！""我命令你站起来！"最后，两名警察强行将若列斯倒剪着手推下楼梯，带到院子里，推进小面包车，送往卡卢加精神病院。

罗伊·麦德维杰夫得到消息后立即赶往卡卢加市了解情况。在卡卢加

① 〔苏〕若列斯·亚·麦德维杰夫、罗伊·亚·麦德维杰夫：《谁是疯子?》，钱诚译，群众出版社，1979，第164~165页。本节的内容主要摘编自此书。

精神病院，他见到总医师利甫希茨。利甫希茨向他解释：精神科医生总是只从病人利益出发的，尽量保护病人不受损伤。有许多精神病人自己并不觉得自己有病，他们的亲属和周围的人们有时也发现不了。起初他们都不同意接受治疗，但后来，等治疗结束以后，病人和他的亲属们却到医院来感谢医生。利甫希茨说："我读过《生物科学和个人迷信》那篇文章的手稿之后，我就怀疑：一个健康的人怎么会写出这样的文章来。"罗伊·麦德维杰夫反驳说："您有什么资格评论一本不属于您的专业的著作呢？又有什么资格忽视那些对书中所论及的问题比您内行得多的人们的意见？两年前，苏联科学院的一个委员会讨论过若列斯的书稿，而且还建议略加修改后出版它。怎么，您认为自己有权干涉其他任何科学部门的，比如说，物理学或数学方面的，专业性辩论吗？"利甫希茨说："对这些事你们有自己的见解，我们精神科医生也有自己的看法和标准。""总的来说，我发现您哥哥是有二重人格现象。他是个生物学家，可同时他又总是做许多和他的直接责任完全无关的事情。再说，他总是对某些事感到不满，总想对某些事情进行斗争。"罗伊·麦德维杰夫反驳："照您这么说，您也应该宣布马克思是精神失常的人，因为马克思也研究过许多门科学，也总是对'某些事情'进行斗争的。要一个正常的诚实人对一切都很满意而又不同种种不良现象进行斗争，这样的情况在世界上任何一个国家都还没有出现。我哥哥所做的也不过就是这样。您所说的那种'二重人格'现象是大部分科学家都有的：人，一般说来，是不可能把全付精力都用在自己的专业上的。按您的逻辑，那就得把许多人都关进精神病院了！"罗伊·麦德维杰夫质问："既然你们决定进行强制住院治疗，你们就是已经有了初步诊断。请问，是什么诊断？谁下的诊断？"利甫希茨回答："奥布宁斯克市苏维埃主席接见您哥哥的时候，我们医院防治所的精神科医生列兹年科也在座，他当场观察了您哥哥的行为。至于他的初步诊断是什么，这属于我们医务上的秘密。"罗伊·麦德维杰夫警告利甫希茨，参加这种卑鄙的勾当不但会永远玷污他自己的名声，而且会损害整个苏联精神病学界的威望。他应该想想自己的前途，说不定再过几年就没有人愿意和他握手了。

罗伊·麦德维杰夫回到莫斯科后，立即展开营救行动。他向萨哈罗夫院士等著名科学家、特瓦尔多夫斯基等著名作家通报了有关情况。5 月 30 日和 31 日，国外主要电台和报纸都发表了若列斯·麦德维杰夫被"逮捕"

并把他关入精神病院的消息。此后几天，许多科学家、作家、艺术家、老党员和外国一些科学家给苏联卫生部、总检察署、科学院发电报抗议强制若列斯·麦德维杰夫住院。还有一些人到卡卢加探望若列斯·麦德维杰夫。

5月30日，精神病院对若列斯·麦德维杰夫进行了一次“预备性”检查。检查人员有利甫希茨、卡卢加精神病防治所主任弗拉基米尔·尼古拉耶维奇·列兹年科——他就是上次市苏维埃主席约见时在座的那个陌生人、卡卢加精神病院的医生加莉娜·彼得洛夫娜·邦达列娃。问话围绕着若列斯的几部著作进行。若列斯认为他们提的许多问题离精神病学太远。利甫希茨回答说：“精神病学家对人的活动的一切方面都感兴趣。”列兹年科补充道：“精神病学向来是一门社会科学。”

5月31日，“主要鉴定小组”对若列斯·麦德维杰夫进行检查。除上述三人外，此次增加了谢尔比斯基司法精神病中央科学研究所的鲍里斯·弗拉季米洛维奇·肖斯塔科维奇教授，并由他担任组长。迫于已经出现的压力，鉴定小组不敢宣布若列斯·麦德维杰夫精神失常，但又不敢立即释放他。小组认为，虽然若列斯·麦德维杰夫没有表现出明显的精神病症状，但他表现出有些神经过敏，因此，需要在住院条件下进一步观察。

6月4日，苏联卫生部长批准成立的一个新的“鉴定小组”又对若列斯·麦德维杰夫进行了检查。新的鉴定小组原来还有臭名昭著的谢尔比斯基司法精神病中央科学研究所“特别鉴定室”主任德·罗·隆茨，但被罗伊·麦德维杰夫根据有关程序提出的要求排除了。鉴定小组作出了立即释放若列斯并给他安排工作的决定。不过，这个小组在它的结论里也提到若列斯是“具有偏执狂性发展的精神变态的人”。但是精神病院并没有立即释放若列斯。

6月5日，罗伊·麦德维杰夫到卡卢加，与精神病院的邦达列娃医生谈话交涉。邦达列娃说，对若列斯采取行动主要是因为他具有“社会危险性”。罗伊·麦德维杰夫问：“按你们的意见，我哥哥是想侵犯哪一个人或者哪一个机关呢？他的社会危险性表现在哪里？他对谁构成了威胁？作出这种诊断的根据是什么呢？在强制住院之前哪一位医生对我哥哥进行过检查？”邦达列娃回答：“我们这里的精神科医生列兹年科对他进行过检查，他旁听了您哥哥同奥布宁斯克市苏维埃主席的谈话。”罗伊·麦德维杰夫指出："可那是一次很简短的谈话，而且谈话内容基本上是关于安排工作的问题。如果说只须经过二十分钟的谈话就足以把一位科学家抓进疯人院的话，这里还有什么谨慎可言呢？""还有，到底是谁叫精神科医生去注意我哥哥的呢？是谁把列兹年科请去的呢？"他还指出："我认为正在发生的这一切都是对医学和精神病学的粗暴侮辱。请你们想想它的后果和你们自己的声誉吧。我们有充分的可能性在精神病学国际会议上提出有关这类行为的问题。现在，就是有那么一些精神病学家，他们恨不得把所有的人都看成精神失常的人。比方说，我现在同您谈话，而您回到自己的办公室后就可以写一份报告，说我对您表现了过分的敌对性，因此，我也就是精神失常的人。假如我是十分镇静地和您谈，那您就可以写成是我有抑郁症，说我对亲哥哥的命运完全漠然视之，因此，我还是个精神失常的人。按理您应该知道，把一个健康人强行送进精神病院是要负法律责任的呀。"

6月6日，萨哈罗夫院士给苏共中央总书记勃列日涅夫写了一封公开信：

> 我深为卫生保健机关对我的朋友若列斯·亚历山大洛维奇·麦德维杰夫采取的非法行为而担心。五月二十九日，一小队民警协同两名医生闯入我朋友的住宅，不凭任何拘捕证件就使用暴力强行将他送住卡卢加市进行精神病鉴定；到目前为止他仍然住在该精神病院的普通病房里。
>
> 整个这次行动是彻头彻尾的违法行动。卫生保健机关原先没有，现在也没有任何符合规定要求的材料足以证明若·麦德维杰夫的心理状态失常，更不必说证明他的社会危险性了。若·麦德维杰夫是一个完全健康的人。他在老年学、遗传学和苏联生物学史方面的著作是广大苏联科学家和外国科学家所了解的。他在严格合法的基础上进行的社会活动是有利于国际合作的、有利于苏维埃民主的。或许，若·麦德维杰夫的活动触犯了某些人的利益，特别是触犯了那些参加过苏联生物学界一个反科学流派的庞大帮派的人们的利益，那个帮派的挑拨活动、错误和冒险行为曾经给我国造成极大损失。但是，让我重复一句，若列斯·麦德维杰夫的活动是绝对合法的，而且，在大多数苏联科学家看来，是十分有益的。

针对若·麦德维杰夫采取的这一行动，引起了苏联和国际科学界舆论的极大愤慨，这一行动不仅被认为是对麦德维杰夫个人采取的非法行为，而且被认为是对整个科学自由和整个苏维埃民主的潜在威胁。

精神病院不应被用来作为对不合心意的人们进行镇压的手段；必须使精神病院只有一个唯一的职能，即对真正的病人进行治疗，同时还必须尊重他们的一切人权。

目前，在麦德维杰夫的问题上卫生保健机关竟走上了使用诡计和有意拖延的道路（例如，他们改变鉴定日期而不通知与亲属协商好的鉴定人员，采取谎言安抚的手段，作出假意承诺以及散布假消息）。我也知道，还采取了直接欺骗其亲属，对若列斯·麦德维杰夫施加精神压力、威吓，使他焦躁不安等手段。

必须立即释放若·亚·麦德维杰夫。卫生保健机关及内务部应对此事向舆论界作出解释。策划和执行这一非法行动的人应受到严厉制裁。

我不能相信这种令人发指的违法行为会是经过最高权力当局批准的。

我请求您为了苏维埃法制和民主的利益干预若·亚·麦德维杰夫的事件。我一向对于公开性在社会主义民主国家中所起的作用持有原则性的信念，据此，我认为这封信应该是公开的。

也是在6月6日，神经科医生对若列斯·麦德维杰夫进行了检查。利甫希茨和邦达列娃还分析了若列斯的家谱，企图找到遗传学上的根据。6月8日，利甫希茨问若列斯，如果给他安排一个疗程的化学治疗，他会有什么看法。若列斯回答说，他对这种“治疗”的看法，和对希特勒的医生们在战俘营里对战俘所做的试验持完全相同的看法。6月9日，有两位著名作家看望若列斯，并与利甫希茨交涉。两位作家坚持认为，如果说几十位科学家、脑力劳动者和从事创作活动的人，许多年来一直和某个同志有交往，读他的著作，听他的报告，同他私下谈话，都没有发现他有任何精神疾病的迹象，没有察觉他有偏离常态的地方，那么，这个人也就可能确实没有这些症状。因为精神疾病首先是会表现在待人接物方面，表现在人的行动和他的创造性劳动成果上的。利甫希茨则强调：只有精神科医生才能够发现精神病。

6月15日，作家索尔仁尼琴也写了一封公开信，题为《看，我们是怎样生活的!》：

> 不带任何拘捕证件，没有任何医学上的根据，四名民警和两名医生驱车来到一个健康人的家里。医生宣布：此人是疯子。民警少校则喊叫："我们是暴力机关！站起来!"于是，把这个人倒剪着手，送进了疯人院。
>
> 我们中间的每一个人明天都可能有同样的遭遇，不过这一次是轮到一位生物遗传学家和时事评论家若列斯·麦德维杰夫身上了。若·麦德维杰夫为人机敏，才智横溢，心地良善（我亲眼看到过他慷慨无私地帮助一些默默地等待末日的病人）。正因为他博学多才，就有人认为他反常："二重人格!"正因为他同情那些蒙受不白之冤的人们，他不能容忍胡作非为，这就构成了他的症状："对社会环境的适应性不良!"既然你没有按照规定的那样去思考问题，那就是说，你精神失常！而适应能力良好的人们似乎应该是全都同样思考问题的。而且这类行为肆无忌惮，不受约束，甚至我国一些最优秀的科学家和作家们的干预和斡旋也都了无结果。
>
> 是的，假如这是第一次，总还算情有可原。但是，这种不论罪名而恣意惩办人的做法现在已经比比皆是了，尤其是在人们不好意思说出其真正原因的情况下更是如此。有些受害者是知名人士，而更多的受害者则是没有名气的普通人。那些背弃了自己信念的、善于逢迎的精神科医生们正在把关心社会问题、过分激情、过分淡漠、有真知灼见和缺少才华等等统统看作是"精神病"!
>
> 同时，在这里甚至最通常的理性也不得不加以控制。须知，在恰达耶夫的时代人们也并未触动过恰达耶夫一下。尽管如此，我们一百多年来至今还在诅咒那些刽子手们。是时候了，应该看清楚：把自由思考的健康人抓进疯人院，这是精神谋杀，这是希特勒毒气室的另一种形式，甚至是更加残酷的形式，因为这样被杀害的人们的痛苦更凄惨，更持久。正像人们不会忘记毒气室一样，人们永远不会忘记这些

罪行，而参与这一罪行的一切人在其生前和死后都将永远受到谴责。

当你无法无天胡作非为的时候，总该记住一个界限吧，越过了这个界限，人就变成了吃人生番！

如果认为可以经常泯灭良心而仅仅依靠暴力活下去，那也未免过于目光短浅了！

6 月 17 日，若列斯·麦德维杰夫终于被释放。利甫希茨特别请求若列斯不要写在卡卢加医院期间的事。他还通知若列斯，苏共卡卢加州委已有指示，要立即恢复他在医学放射学研究所的工作，给他一级研究员的职务。利甫希茨最后说："如果您今后还按原来的方向继续自己的活动而不停止写政论性文章的话，那么，我们作医生的可就没有什么办法帮助您了。"说着把两手一摊，似乎表示：到那时候可就要由其他机关来管了。

许多年以后，人们才知道勃列日涅夫和安德罗波夫曾经干预此事。在 5 月 31 日或者 6 月 1 日，当勃列日涅夫听取了时任总书记调研员的亚历山大·鲍文关于若列斯·麦德维杰夫被强制住院的事情的汇报后——有人要求鲍文帮助解决此事，他按了连接安德罗波夫的电话按钮说道："尤拉，你那里对那个麦德维杰夫做了什么？"安德罗波夫回答："这是我的那些聪明人搞得太起劲了，我已下命令把人放了。"勃列日涅夫说："那好，我正是为此给您打电话。"① 然而，行动的组织者还是抵制和拖延。

6 月 18 日，罗伊·麦德维杰夫被叫到克格勃的中央总部去。同他谈话的那个人尽量使他相信这一切都纯粹是卡卢加州卫生部门的事，克格勃的机关，与国外某些报刊所报道的恰恰相反，与这件事完全没有任何关系。罗伊·麦德维杰夫回答说，他也认为克格勃的最高领导人们确实并没有参与计划安排这一"行动"，他们看来是面对了既成事实的。但是，也十分明显，克格勃的某些下级机关，首先是克格勃的卡卢加州分局，确实是很积极地参与了这全部过程。谈话的人希望若列斯·麦德维杰夫不要写什么关于此事的材料或特写之类，应该认为此事就算结束了。罗伊·麦德维杰夫代表若列斯·麦德维杰和他自己同意这一建议，但提出了一定的条件，

① 参见〔俄〕罗伊·麦德维杰夫《人们所不知道的安德罗波夫——前苏共总书记尤里·安德罗波夫的政治传记》，徐葵、张达楠、何香译，新华出版社，2001，第 174 页。

其中主要的就是要求卡卢加精神病院必须销毁一切伪造的“病历”。而且不能把若列斯·麦德维杰夫作为精神病人在精神病防治所进行任何登记，也不能给他建立任何精神病人档案，因为建立了这种档案的人，就要定期被叫去医院进行检查。罗伊要求彻底结束这种利用精神病学进行的讹诈。应该让所谓的“患者”有可能像所有正常人那样生活和工作，让他不再担心不知在哪一天，只要某人认为必要的话，再把他强制送到医院里去。

但是，有关方面并没有遵守罗伊·麦德维杰夫提出的最主要的条件。7 月下旬，奥布宁斯克市精神病防治所的一个护士打电话给若列斯·麦德维杰夫。她用平常习惯的安静语气叫他到防治所去进行定期复查。若列斯起初还以为这大概是为了他儿子的事搞错了名字，便问她指的是谁，根据什么提出这个要求。护士说：“您不是在卡卢加医院治疗过吗？现在那里把您的常年登记卡片转到我们防治所来了。按规定，我们应该定期往卡片上填写患者的情况。”若列斯叫他们拿着那卡片“见鬼去吧”，并且要求他们停止进行这种精神病讹诈。不过他的妻子还是马上去了卡卢加。奥布宁斯克的精神病防治所把《精神病人登记卡片》拿给她看了。实际上这张卡片是卡卢加精神病院填写的，并没有奥布宁斯克精神病防治所的任何责任。卡卢加医院的卡片由邦达列娃医生签名，援引了“鉴定小组”的意见。“病情”诊断的措辞是：“带有偏执狂性改良妄想的、病程发展缓慢的精神分裂症”。卡片上还列举了“疾病”的基本症状：“在本专业科学工作之外从事政治评论，表现二重人格；对自身评价过高；近年来科学研究成果质量降低，而政论文章则过分繁琐；缺乏现实感，对社会环境适应不良。”据此，医院建议：“门诊治疗并安排工作。”

由于有关方面没有遵守承诺，麦德维杰夫兄弟决定将此事过程公布于众。他们认为，在这种情况下，假如对于已经发生的事情缄口不言，实际上就等于协助这一罪恶行动取得成功。兄弟二人合作撰写了《谁是疯子？》一书，并在西方出版。

1972 年，若列斯·麦德维杰夫接到了伦敦医学研究所的一个实验室的邀请，请他到那里去工作一年。若列斯的出国申请被爽快地答应了。但是在他到英国后，1973 年 8 月，苏联最高苏维埃主席团发布命令，说他“进行了侮辱苏联公民称号的活动”，剥夺了他的苏联国籍。从此，若列斯只能被迫定居英国，曾在伦敦国家医学研究所担任高级研究员，1991 年退休。1990 年，苏联总统戈尔巴乔夫签署命令，恢复若列斯的苏联国籍。

1970 年后，罗伊·麦德维杰夫因为在西方出版《社会主义和民主》《谁是疯子?》《政治日记》《他们包围了斯大林》《列宁主义和西方社会主义》等书，多次遭到克格勃的搜查、警告，甚至被监视居住。1989 年，罗伊·麦德维杰夫的党籍得到恢复，并当选为苏联人民代表大会代表和苏共中央委员。1991 年“8·19”事件后，苏共中央总书记戈尔巴乔夫宣布解散苏共。而这时罗伊·麦德维杰夫站了出来，反对取消苏共。他在 9 月 3 日的最高苏维埃大会上发言指出：“如果说我们国家过去的极权制度从政治上和肉体上消灭其他政治潮流和党派（包括执政党内部的政治潮流）的行为是非法和犯罪，那么现在取消共产党、停止其活动和没收其全部物质财产的企图也同样地肆意和非法。”[①] 后来，罗伊·麦德维杰夫和一些志同道合者共同组建了一个新的民主主义和社会主义的左派政党“劳动人民社会党”。

在若列斯·麦德维杰夫一案中，最令人瞠目的是那些精神科医生的表现。根据他们所表现出来的热忱和创造性，很难让人说他们的所作所为是迫于克格勃的压力，这和纳粹医生极为相似。而他们的有些说辞，对我们来说似乎也并不陌生。

第六节　民事收容的适用标准：肯尼斯·唐纳森案和乔伊斯·布朗案

在美国，关于非自愿住院的最著名判例，是联邦最高法院对奥康纳诉唐纳森案（O'Connor v. Donaldson）的裁定。[②]

肯尼斯·唐纳森（Kenneth Donaldson，1908～1995）出生在宾夕法尼亚州的伊利（Erie），在伊利、克利夫兰、纽约等地成长。他从雪城大学（Syracuse University）毕业后结婚，有三个孩子。1943 年，34 岁的唐纳森因为和同事对时政看法不同而发生冲突，并被击倒。他的父母认为他精神

① 〔俄〕罗伊·麦德维杰夫：《苏联的最后一年》（增订再版），王晓玉、姚强译，社会科学文献出版社，2009，第 111 页。

② O'Connor v. Donaldson - 422 U. S. 563 (1975)、另参见 http://en. wikipedia. org/wiki/O'Connor_v. _Donaldson; http://drs. library. yale. edu: 8083/fedora/get/mssa: ms. 1677/PDF; http://caselaw. lp. findlaw. com/cgi-bin/getcase. pl? court = us&vol = 422&invol = 563。

失常，请求法院将其送进精神病院。他在纽约一家医院治疗四个月，受到23次电休克治疗，然后被释放。他到过许多城市，换过多个工作。1956年，唐纳森又被收入费城综合医院，但不久出院。同年，唐纳森前往佛罗里达州去看望他年迈的父母。在父母家，他说他相信在费城的时候邻居给他的食物下毒。他的父亲担心他患有妄想狂，诉请法院就其是否精神失常举行听证。经过评估，唐纳森被诊断患有偏执型精神分裂症（paranoid schizophrenia）。1957年1月，皮内拉斯县（Pinellas）法院在一个简短的没有唐纳森的律师参加的听证会后，为了“照料、护养和治疗”，并考虑到唐纳森以前曾经被医院收容，决定将唐纳森送入佛罗里达州立医院。法官告诉唐纳森，他只需在医院住“几个星期”，在“采取新的药物”治疗之后，将会“没事”并且“回来”。然而，唐纳森这一进去，失去自由将近15年。唐纳森入院时，临床主任助理奥康纳是他的主治医生。奥康纳在1959年晋升临床主任，1963年成为院长。唐纳森被禁闭在一个上锁的房间，里面有60张床，每张床的间隔只能放下一把椅子，三分之一的病人是罪犯，夜里他经常被病人的尖叫声吵醒。作为基督教科学派信徒（Christian Scientist），唐纳森拒绝电休克治疗和药物治疗。医院没有向唐纳森实施这些治疗，但也没有提供其他治疗，包括拒绝唐纳森进行恢复技能的职业治疗（occupational therapy）的要求，奥康纳和其他主治医生甚至很少与他谈话——这是最简单、最常规的治疗。也就是说，在近15年里，唐纳森没有得到任何可能有助于状况改善的治疗。事实上医院对唐纳森实行的是一种简单的强制监管，而不是一种旨在缓解或治愈其可能存在的疾病的医疗措施。而后来奥康纳辩称，医院对唐纳森实行了“环境疗法”（milieu therapy）治疗。但医院的其他工作人员承认，就唐纳森而言，“环境疗法”只是监禁在精神病院这种“环境”的一个委婉的说法。唐纳森多次要求出院。1963年，公益组织“援助之手”（Helping Hands）向奥康纳提出释放唐纳森，将他安排到“中途之家”（halfway house，亦称 half-way home、recovery house、sober house，是为出院的精神病人、吸毒者和酗酒者所设的过渡性的短期疗养所，他们在里面仍需适当看护和照料，直至能重新融入社会）。1964～1968年，唐纳森的一个大学同班同学，也是他长期的朋友，多次请求医院释放唐纳森，由他负责照料。但是，这些请求和建议都被奥康纳拒绝。他声称，唐纳森在精神上是无能力的，不能适应医院外的生活，只有经他的父母书面同意才能释放他，并且应有家庭的监护。当时唐纳森已经55岁，而且奥康纳明明知道，唐纳森的父母年老体衰，根本无力照顾他。

实际上，医院有权利释放唐纳森，因为唐纳森并不符合佛罗里达州法律规定的民事收容标准。佛罗里达州法律规定，每当任何人被判定精神上无能力，需要拘禁和约束，以防止自我伤害或对他人实施暴力，法官须指示将该人交付州立精神病院，给予照料、护养和治疗，或者其他处置。但是，没有证据显示，唐纳森曾经自杀或者被认为可能对他自己造成伤害，也没有证据显示唐纳森对他人构成危险。奥康纳自己也承认，他没有个人或二手的资料证明唐纳森曾有危险行为。

在奥康纳于1971年2月1日退休后不久，2月24日，还在医院中的唐纳森向佛罗里达州北区联邦地区法院提起诉讼，指控奥康纳和其他几位医生故意和恶意剥夺他的自由这一宪法权利，要求释放和损害赔偿。唐纳森认为，他的收容听证会没有律师参加；他既不是精神病患者，也不具有危险性；即使他是精神病患者，他也没有得到任何治疗。唐纳森提出的是集团诉讼（class action），代表自己和全体病友。1971年7月，在医院的一些工作人员帮助下，唐纳森获得释放，并通过司法程序恢复了行为能力。这时，地区法院驳回了集团诉讼。之后，唐纳森转为个人诉讼，并两次修改起诉书。1972年11月21日，地方法院审理此案，持续四天。陪审团裁定奥康纳赔偿17000美元，并缴付5000元罚金，另一被告赔偿11500美元，并缴付5000元罚金。奥康纳上诉到联邦第五巡回上诉法院（United States Court of Appeals，Fifth Circuit）。1974年4月26日，上诉法院裁决维持地方法院的判决。上诉法院认为，医院知道唐纳森没有危险性，或者罔顾他是否具有危险性问题，而继续拘禁他是非法的。上诉法院根据宪法第十四修正案提出了一个"治疗权"（right to treatment）问题。它认为，一个被非自愿地收容在州立精神病院的人，享有得到可能治愈或者改善精神状况的治疗的权利，这是一项宪法权利；如果患者对自己或者他人不构成危险，被非自愿收容住院的目的应当是治疗，而不能是单纯的监护或者给予惩罚。[①]

① Kenneth Donaldson，Plaintiff-appellee，v. J. B. O'Connor，M. d. and John Gumanis，M. d.，Defendants-appellants，493 F. 2d 507（1974）. 另参见 http：//law. justia. com/cases/federal/appellate-courts/F2/493/507/4660/。

接着，奥康纳请求联邦最高法院审理此案。最高法院接受了奥康纳的申请，因为此案提出了重要的宪法问题。这时，案件名称从 Donaldson v. O'Connor 变为 O'Connor v. Donaldson。最高法院在 1975 年 1 月 15 日进行了辩论，1975 年 6 月 26 日作出了裁决。最高法院裁定，一个非危险个人（non-dangerous individual）如果可以自主地或者在愿意和负责任的家人或者朋友的帮助下安全地生存，州就无权限制他的自由；而充分的证据表明，上诉人正是在这种情况下监禁了被上诉人，因此上诉人侵犯了被上诉人的自由权利。由大法官波特·斯图尔特（Potter Stewart，1915～1985）撰写的判决指出：

> 对"精神疾病"（mental illness）的认定不足以证明一个州违背一个人的意愿而对其加以禁闭，并使其无限期地处于监管之中是合法的。假设这个词可以给出一个合理清晰的内容，"精神病患者"（mentally ill）也可以被合理精确地界定，非自愿地监禁这样的人——如果他们对任何人都没有危险，且能够自主、安全地生活，也是没有宪法基础的。
>
> 那么州能否出于确保精神病患者拥有比私人社区更好的生活水平的目的，而拘禁他们呢？州有为不幸者提供照顾和帮助的良好意愿是毋庸置疑的。但是精神疾病的存在并不决定一个人更喜欢舒适的机构而不是他的家。此外，州也许会以免受伤害为理由将一个人拘禁，但是监禁并不是他提升生活水平并自主安全地生存的必要条件，如果他能够依靠自身力量或得到家人朋友的帮助。
>
> 州可以将无害的精神病患者隔离起来，以使民众免于接触这些与众不同的人吗？有人可能会问，为了避免公众不安，州可以把所有形象丑陋（physically unattractive）、社会行为怪异的（socially eccentric）人都加以监禁吗？仅仅是公众的不容忍和憎恶不是剥夺一个人的人身自由的理由。

同时，最高法院不同意上诉法院关于治疗权是一项宪法权利、可以为了治疗而将无危险性的人非自愿收容的观点。首席大法官沃伦·伯格（Warren Earl Burger，1907～1995）在本案裁决的协同意见（concurring）

指出，最高法院的裁决显然没有批准地区法院和上诉法院提出的“一个被非自愿地收容在精神病院的人，享有得到可以得到可能使其治愈的治疗的宪法权利”的意见，这个意见不是以最高法院判例为基础的。伯格认为，毫无疑问，非自愿收容在精神病院，就像以任何理由的监禁一样，是对自由的剥夺，如果不经一种正当法律程序，就不能实施。收容必须是合法地以正当国家利益为基础，收容特定个人的理由必须立足于一个正当程序。同样重要的是，当这些理由不再存在，拘禁必须停止。上诉法院所确认的民事收容的传统标准是对自己或他人的人身危险，或者需要治疗，并且说“在唐纳森一案中，拘禁的理论基础是‘政府监护’（parens patriae，拉丁文；即 parent of the country），也就是需要治疗”。上诉法院这一观点的前提必须是，至少对于无人身危险性的人来说，州除了为他们提供治疗的目的外，没有任何权力拘禁精神病患者。然而，这一命题肯定不是对美国传统实践的描述。伯格阐述：

> 从历史上看，在相当长的一段时间，国家承担的责任是向收留照顾无能力人或精神病患者的私人寄养家庭（private foster homes）或公寓（boarding houses）提供补贴，这种收留照顾已经是最仁慈的方式了。直到进入 19 世纪，这类人的绝大多数被简单地收容在贫民院（poorhouses）、救济院（almshouses）或监狱（jails）里。在这个时期，少数州为精神病患者建立了医院，但主要关心的是提供更人性化的拘禁场所，其次才是治疗（curing）被送到那里的人。
>
> 随着国家对精神病患者的照顾趋势不断加强，最终导致现行的保护这些人的法定方案，制度化的双重功能继续被认可。而这一运动的目标是为从中获益的那些人提供医疗，但是众所周知，医疗不适用于所有的情况，许多精神疾病是无法“治愈”（cure）的。随着时间的推移，为所谓的“非自主的疯子”（dependent insane）提供管理监禁的场所，再次成为国家计划的主要目标，一直持续到本世纪。
>
> 总之，除了为了提供治疗不能监禁精神病患者的观念是新近才有的，对国家权力给予这样的限制也是没有历史基础的。对民事收容权力的来源分析，同样不支持这种观念。毫无疑问的只是，在行使“警察权力”（police power）时，一个州为了保卫社会免于显著的反社会

行为或传染性疾病的危险，才可以拘禁个人。“政府监护权”（parens patriae power）在美国拥有悠久的历史，包括保护“没有法律能力代表自己的人”（persons under legal disabilities to act for themselves）。这个角色的典型例子是国家充当“未成年人、白痴和疯子”（infants, idiots, and lunatics）的一般监护人。

当然，行使政府监护权的必然后果是，被监护人的人身自由受到相当大的限制，不论监护人是否被指定控制他的财产，或者他被第三方监护，或者被医院收容。因此，无论这种权力怎样施行，正当程序要求它不能任意而为。至少，对精神病患者的特别保护方案必须基于立法机关的决定，它与受影响的群体的最佳利益相容，而他们不能自力而为。除此之外，对保护的替代方式的使用可能是出于不同的考虑，一个方式的正当理由（justifications）不能支持另一个方式的合理化（rationalize）。

无论如何，正当程序对政府监护权的运行虽然有一些限制，但并不能作出进一步的结论，如果以治疗为目的，就可以拘禁精神病患者。尽管医学知识有许多新进展，有许多形式的精神疾病没有被认识，有些疾病还未发现有效的疗法或治愈率低，在某种意义上说还无法治愈，这仍然是一个顽固的事实。还存在着关于“在这个领域的诊断的不确定性和专业判断的犹豫不决（tentativeness）”的辩论。同样，公认的是，有效的治疗基于患者对自身疾病的认识，以及他与治疗尝试相配合；然而，大部分精神病患者普遍无法做到这一点。可能有某一类患者，不能行使其社会功能，将会受到现实的伤害，除非在封闭的环境中接受照顾。至少，我不能够说，州立法机关没有能力做出这样的判断。

总之，我不接受上诉法院的推理，不同意上诉法院将被非自愿收容的精神病人所享有的未经正当法律程序不得被拘禁的不容置疑的宪法权利等同于治疗权。鉴于目前关于异常人类行为及其治疗的医学知识的状况，如果州拥有不可逆转的权力，以提供“将会给他们一个能治愈的现实机会的治疗”为理由来保护精神病患者，是很危险的。我不能接受这样的理论，一个州可以合法地拘禁需要治疗的个人；也不能接受这样的论证，只要提供一些治疗就可以剥夺一个人的自由。我们的正当程序的概念绝不容忍这样的“交换”（trade-off）。由于上诉法院的分析可以被误解为经批准的结论，它不应该被采纳。

联邦最高法院对奥康纳诉唐纳森案的裁决在美国民事收容制度发展过程中具有里程碑意义。不过，它在“治疗权”问题上的立场，日后也引起很大的争议。

出院后的唐纳森曾经在一家酒店做管理工作，生活也没有问题。他将自己的经历写成一本书《疯狂内外》（*Insanity Inside Out*），1976 年出版。在 70 年代末期，他到各地旅行，倡导精神病院的病人的权利和宣传他的书。1995 年 1 月 5 日，唐纳森在亚利桑那州的谢拉维斯塔（Sierra Vista）去世。

奥康纳诉唐纳森案的结果对许多案件产生了影响，其中之一是乔伊斯·布朗（Joyce Patricia Brown）案。乔伊斯·布朗案发生的背景是“去住院化”已经基本结束并且遭受越来越多的批评，各州普遍感觉“危险性”标准不能适应需要，“需要照顾和治疗”标准重新受到重视。这个案件突出反映了民事收容中的利益冲突和有关各界对民事收容标准的意见分歧。对乔伊斯·布朗案，美国学者格雷戈里·E. 彭斯（Gregory E. Pence）所著《医学伦理学经典案例》（第四版）有详细介绍，[①] 这里加以摘编。

20 世纪 80 年代，纽约市政府有一项救助工程，对无家可归的精神病人进行评估，以便提供可能的精神治疗。这项自 1983 年启动的救助工程最初针对的是自愿病人和对自己或他人构成危险的病人，但到 1987 年，它扩大了非自愿住院治疗的范围，增加两项新的标准：自我忽视（self-neglect）和需要被救治（need to be treated）。为使救助工程顺利实施，市政府物色了一名 40 岁的无家可归的黑人妇女乔伊斯·布朗——她自称比莉·博格斯（Billie Boggs）——作为实验性案例。

为救助工程工作的精神科医生在街道上观察乔伊斯·布朗一段时间，他们判断她有精神病。1987 年 10 月 28 日，乔伊斯·布朗被救助工程人员强行从街道带到贝尔维医院（Bellevue Hospital）的急诊室。在急诊室里，

① 参见〔美〕格雷戈里·E. 彭斯《医学伦理学经典案例》（第四版），聂精保、胡林英译，湖南科学技术出版社，2010，第十五章。

她被注射安定药和镇静药，然后被带到一间上了锁的精神病病房。11 月 5 日举行了收容听证会。听证会由州最高法院的法官罗伯特·利普曼（Robert Lippmann）主持。乔伊斯·布朗接受了美国公民自由联盟（American Civil Liberties Union，ACLU）一个律师团队的帮助。市政府的律师认为乔伊斯·布朗必须被收容，因为她会因自我忽视而危害自己。四名精神科医生出庭为市政府作证，证明她正患有慢性精神分裂症，必须接受治疗，如果继续留在大街上，病情就会恶化。另一方面，美国公民自由联盟要求下达指令释放乔伊斯·布朗。三名精神科医生为美国公民自由联盟作证，证明她没有精神病，没有危险。11 月 12 日，利普曼法官下令释放乔伊斯·布朗。他认为她的证言自始至终“有理性、合乎逻辑并且前后一致”，“表现出一种幽默感、自豪感、特别独立的精神、灵敏的心理反应能力”。他指出乔伊斯·布朗不符合奥康纳诉唐纳森案所确定的收容标准，并且强调即使所有精神科医生均诊断她为精神病，市政府仍然不能认为她对他人或自己构成危险。他说：“在要么强制收容医治，要么就露宿街头之外，一定还有其他一些更加文明的选择。”

市政府向纽约州上诉法院提起上诉。上诉法院的一位法官中止了利普曼法官的释放令，乔伊斯·布朗仍需待在贝尔维医院。1987 年 12 月 19 日，上诉法院判定市政府胜诉（3∶2）。上诉法院认为利普曼法官过多采信乔伊斯·布朗的证言。两名持不同意见的法官指出，较中立的精神科医生曾作出一致的结论，认定乔伊斯·布朗不会对自己造成危险。

根据纽约州的法律，市政府必须寻求一个法庭命令才能违背乔伊斯·布朗的意愿对她进行医学治疗。1988 年 1 月 19 日，州最高法院法官欧文·科申鲍姆（Irving Kirshenbaum）裁决不能强行给乔伊斯·布朗使用精神病治疗药物。贝尔维医院很快就释放了乔伊斯·布朗，说如果不能使用药物，再扣留她就没有任何意义。之后，美国公民自由联盟向纽约州最高法院上诉，请求撤销上诉法院的裁定。这一申请被驳回，因为它没有提出“新的、合乎宪法和充实”的理由，而且，在乔伊斯·布朗被释放后再讨论这一案件已经没有实际意义了。

在被释放后，乔伊斯·布朗曾经短暂工作，但很快就又在街头行乞。她还曾因吸毒被捕。后来她戒了毒，独自住在为无家可归者和精神病人建造的公寓里。她在2005年11月29日去世。[①]

在乔伊斯·布朗案中，双方所有人都声称真正为了她的最大利益。市政府和支持市政府的舆论认为收容乔伊斯·布朗是为她提供治疗，避免她在街头发遇到危险。纽约市长埃德·科赫（Ed Koch）面对质疑回答说："这不是政治精神病学！这不是俄罗斯！我们试图帮助这名妇女！"而反对者认为，市政府收容乔伊斯·布朗只是因为她是个公共麻烦，是为了从繁华的街道上扫除无家可归者，市政官员好像并不担心露宿在贫穷地区的精神病人。他们也怀疑精神病学的作用。罗伯特·利普曼法官就指出他几乎不相信精神病学，因为四名为市政府出庭作证的精神科医生和三名为美国公民自由联盟出庭作证的精神科医生，尽管同样地有专业有资格，但意见截然不同。他断定："很显然精神病学不是一门经得起数学的精确度或者物理规律的预测性检验的科学。"

作为伦理学家的格雷戈里·E. 彭斯在评论这个案例时也很纠结。不过，他似乎更担心精神病学的滥用。他指出："说乔伊斯·布朗必须治疗从而获得别人以为的那种好处，难道不是一种非常不可靠的家长主义吗？精神科医生暗示说，精神病人遭受着内部的痛苦；但是如果那样的话，为什么不是所有病人都想要消除这种痛苦？精神科医生解释说病人不想要消除这些痛苦是'因为他们疯了'，这不是不合乎逻辑吗？这不是回避问题的实质吗？"

第七节 "偏执性精神障碍"的陷阱：何锦荣案[②]

在中国，非自愿住院的适用，有不少是以"偏执性精神障碍"诊断为依据的。而非自愿住院所引发的诉讼，更有不少与"偏执性精神障碍"诊断有关。

"偏执性精神障碍"以前被称为"偏执性精神病"。在1994年《中国

① 参见 http://en.wikipedia.org/wiki/Joyce_Patricia_Brown。

② 本节主要部分曾于2009年4月22日以《"偏执性精神障碍"与强制住院——兼评何锦荣案》为题发表在互联网。其中"中国尚无法律规定这种保安性非自愿住院制度"等说法是针对当时而言。重审部分为后来补充。

精神疾病分类方案与诊断标准（第二版）》修订版（CCMD－2－R）中，“偏执性精神病”的诊断标准是：

一组以系统妄想为主要症状，而病因未明的精神病，若有幻觉，则历时短暂且不突出。在不涉及妄想的情况下，不表现明显的精神异常。

一、症状标准，符合下述3项：

1. 以系统妄想为主要症状，内容较固定；

2. 妄想内容与现实生活有联系，有一定的现实性，不经了解，多难辨是非，主要表现为被害、嫉妒、夸大、疑病、钟情等内容；

3. 病程标准：病程至少持续六个月。

二、严重程度标准：妄想使患者的社会功能明显受损。

三、排除标准：不符合脑器质性精神障碍、躯体疾病所致精神障碍、精神活性物质和非成瘾物质所致精神障碍、精神分裂症与情感性精神障碍的诊断标准。

2001年，《中国精神障碍分类与诊断标准（第三版）》（CCMD－3）颁布。“偏执性精神病”改称“偏执性精神障碍”。其诊断标准是：

偏执性精神障碍指一组以系统妄想为主要症状，而病因未明的精神障碍，若有幻觉则历时短暂且不突出。在不涉及妄想的情况下，无明显的其他心理方面异常。30岁以后起病者较多。

[症状标准] 以系统妄想为主要症状，内容较固定，并有一定的现实性，不经了解，难辨真伪。主要表现为被害、嫉妒、夸大、疑病，或钟情等内容。

[严重标准] 社会功能严重受损和自知力障碍。

[病程标准] 符合症状标准和严重标准至少已持续3个月。

[排除标准] 排除器质性精神障碍、精神活性物质和非成瘾物质所致精神障碍、分裂症，或情感性精神障碍。

“偏执性精神障碍”或者“偏执性精神病”与器质性精神障碍、精神分裂症等精神障碍有一个明显不同，它症状单一，除有妄想外，不存在其他症状如意识障碍、记忆障碍、思维联想障碍、思维逻辑障碍、情感障碍、行动障碍、智能障碍等。有的患者可能有幻听，但历时短暂且不突出。

“偏执性精神障碍”（paranoid mental disorders）这个名称不是很准确。偏激和固执是常见的人格特质，不是精神病理现象。过于偏激和固执，可能有些病态，但至多可以说是“偏执型人格障碍”的主要特征，而不是“偏执性精神障碍”的主要特征。不能因为有人过于偏激、固执，就说他有“偏执性精神障碍”。更不能将有人信念坚定不移，做事锲而不舍，说成“偏执型人格障碍”甚至“偏执性精神障碍”。我认为，称为“妄想性精神障碍”比“偏执性精神障碍”更能反映这种精神障碍的特征。这有可借鉴的先例。世界卫生组织的精神疾病分类（ICD－10）称之为“持续性妄想障碍”（persistent delusional disorders)，美国精神病学会的《精神障碍诊断和统计手册》（DSM－Ⅳ）称之为“妄想性障碍”（delusional disorder）。

妄想是一种在病理基础上产生的歪曲现实但异常坚定的信念，一般是对现实进行病态的判断和推理的结果。患者在他的病态思维指导下，错误地体会自身和周围事物，进而作出既缺乏任何客观根据也不符合思维逻辑的判断和推理，形成内容不符合现实的、与患者的文化水平和社会背景不相称的信念，而他对此坚信不疑，既不能被说服，也不能通过参加实践的方法加以纠正。

妄想是最常见的精神病理现象之一。但是，在不同的精神疾病中，妄想的发生和结构是不同的。按妄想的发生，可以把妄想分为原发性妄想和继发性妄想。原发性妄想是突然发生的、立即为患者深信的信念，它与患者以往心境和当前所处环境缺乏联系，也非来源于其他异常精神活动，对之不能作出心理学的解释。继发性妄想的形成是有条件的，与其他精神病理现象有一定的联系，可能继发于知觉障碍、情感障碍、意识障碍、智能障碍等障碍。按妄想的结构，可以把妄想分为系统性妄想和非系统性妄想。非系统性妄想一般缺乏中心，结构松散，其内容往往荒诞离奇，例如认为自己被外星人控制，而且矛盾多变，譬如前不久还认为自己是耶稣基督，现在则认为自己是玉皇大帝。系统性妄想则联系紧凑，结构严谨，常围绕一个中心问题展开，并不断充实新的内容。这类妄想的形成比较缓慢，形成后长期持续，难以动摇。

偏执性精神障碍的妄想不仅是原发性的和系统性的，而且大多数还具有一定的现实性，看似合情合理。对偏执性精神障碍患者的一些现实性妄想，如果不是与其长期接触，对他的生活经历、人际关系有比较全面的了解，很难辨别他说的是真是假。因此，偏执性精神障碍的诊断就面临一个巨大的难题：精神科医生必须鉴别出他所面对的所谓“患者”的那些想法、说法是妄想，而不是真实的，或者是以事实为根据的。然而，精神科医生有这个能力吗？举例说，精神科医生可以容易地判断出患者关于自己是美国总统的固执想法属于妄想——其实，一般人也能判断，但他怎样判断患者关于他妻子与人通奸的指控是否属实？仅靠其妻的否认吗？如果仅靠其妻的否认就可以认定他的指控说法是妄想，那就谁都可以当精神科医生。

发现事情的真相，这也是司法领域的千古难题。对于犯罪与否的事实，侦查机关、检察机关、法院和律师（以及西方国家的陪审团）层层把关，程序复杂，手段多样，几经曲折才得以认定，然而也免不了冤假错案。而精神科医生的诊断靠什么呢？

在历史上，精神障碍的诊断原本不成问题，甚至不存在诊断的问题。古时候的精神病患者，都是大家公认的疯狂之人，无须专家诊断。诊断也没有多大意义，因为治疗不了。自从19世纪，精神病学陆续、不断地提出众多的一般人不认为有病而只有精神科医生认为有病的精神障碍之后，诊断才成为一门学问——但离科学还远。目前，精神障碍的诊断方法，最基本的还是对诊断对象言语行为的观察和分析。不过，这个方法对于偏执性精神障碍却不太灵验，因为一些现实性妄想如果没有事实相对照，看起来、听起来与其他想法、说法没什么不同。而且，偏执性精神障碍是非器质性精神障碍，妄想作为一种思想，不会在他们的身体上留下痕迹，不能通过医学仪器和化验等医学方法检查出来，至少目前还不能。唯一的途径，是发现与妄想对立的事实。而精神科医生又是如何获得这个事实的呢？

由于偏执性精神障碍患者并不认为自己的想法是妄想，不会主动求医，在精神病院的所谓“偏执性精神障碍”患者，大多是被亲属、所在单位或其他单位强行送入的，或者是精神病院根据这几方面的意见自己派人强行收入的。于是，这些亲属、单位，就成为精神科医生获得“事实”的主要来源。在诊断时，精神科医生肯定会发现“患者”的说法与亲属、单位的说法不同。这时候他应当相信谁说的？

医生可能认为，亲属是“患者”的亲人，单位是“患者”的衣食父母，不会害“患者”，所以他们的说法是可信的。但事实上，在亲属之间如夫妻之间、父母子女之间、兄弟姊妹之间也会存在激烈复杂的利益、感情等冲突，水火不容、你死我活的事例不胜枚举。单位与其员工之间发生矛盾的也很常见，而且在矛盾中，单位并不一定有理、正确，单位无理欺压员工的现象也是司空见惯。例如，有的员工举报单位或其领导人违法乱纪，就可能遭到单位或其领导人的打击报复。应当说，亲属、单位把“患者”强行送入精神病院，有一部分是出于好心，但决不能排除有一部分居心险恶。他们可能认为强制住院程序简单，对证据要求不严格，效果也很好，可以让冲突对方在精神病院待一辈子，或者戴一辈子的精神病帽子，永世不得翻身。

有经验的、负责的医生可能会站在客观、中立的立场上，比较、判断哪一方的说法更合情合理。可以相信，一定有善良的医生，曾经有效地阻止亲属、单位把精神正常者强行送入精神病院。但我更认为，一定有不少善良的医生感到无奈，因为他们可以根据的现成材料也就是双方的那些说法本身。如果我是精神科医生，一定会在更大的范围里进行调查，走访“患者”的亲朋同事、邻里街坊，多听听与双方无利害关系的第三方的意见，然后再下结论。但这话纯属空谈。精神科医生可能没有时间、精力进行这种调查，而且这样做的成本也太高。重要的是，精神科医生不是警察、检察官、法官，也不是纪检、监察人员，除司法机关委托的鉴定外，没有权力进行这样的调查，即使进行调查，恐怕也没有多少人配合。

总之，“偏执性精神障碍”尤其是以现实性妄想为症状的“偏执性精神障碍”的诊断，不仅需要以诊断标准为准绳，而且还必须以事实为依据。而这种诊断对于精神科医生来说，难度太大了。一定要慎之又慎！

然而，现实中的众多事例不能不使人怀疑有少数精神科医生，受利益驱动，滥用“偏执性精神障碍”的诊断。根本不核实“患者”亲属、单位说法的真假，偏听偏信，甚至明知“患者”无病——因为有些亲属、单位的说法比妄想还荒唐，只要有人把“患者”送来，支付住院治疗费，就照收不误。尤其是，有的精神病院只凭亲属、单位在电话里的一面之辞，就派人把“患者”绑架进院，当然要做个有病的诊断，否则下不了台，收不了场。这样做一般也不会带来多大麻烦，反正出了事还有亲属、单位在前面顶着。即使“患者”提起诉讼，法院委托其他医院的精神科医生重新鉴定，因为是同一战壕的战友，也可能手下留情：要么继续诊断为“偏执性精神障碍”，要么说虽然不是“偏执性精神障碍”但属于“偏执型人格障碍”。而且，有的“患者”本来没病，但被强制治疗后，让那些药物、疗法、约束手段搞得可能罹患反应性精神病、拘禁性精神病等等，这时再鉴定，当然是有病，只不过病名换了。

最可怕的是精神病院还有一个“没有自知力”杀手锏。“没有自知力”不是指一个人不知道自己是谁，在精神病学中，“没有自知力”是说精神病人不认为自己有病。有些医生的诊断准则是：你越不承认有病，你就越是有病。我所主张废除的卫生部《精神病人入院收治指征》把“拒绝接受治疗”作为强制住院的标准之一，其理论基础就是“自知力”。在精神科医生看来，“偏执性精神障碍”患者是“没有自知力”的典型。CCMD－2－R的“偏执性精神病”诊断标准还没有明确提到“自知力”，而到CCMD－3，“自知力障碍”就成了“偏执性精神障碍”的严重程度标准——也就是精神科医生掌握的强制住院标准。的确，许多精神疾病患者，特别是“偏执性精神障碍”严重患者，是没有“自知力”、不承认自己有病的。但是，就像不能根据多数罪犯都否认自己有罪这一现象，就把否认自己有罪作为认定被告人有罪或者罪重的标准一样，“没有自知力”虽然应当是精神科医生考察的问题，但不能作为严重程度标准或者强制住院标准。这是因为，精神正常者包括绝大多数精神科医生也是不承认自己有病的，拒绝住院治疗恰恰也是精神正常的标志。根据CCMD－3，“自知力障碍”只是“偏执性精神障碍”的严重程度标准，而是在现实中，“自知力障碍”几乎与妄想并列成为“偏执性精神障碍”主要诊断标准。在其他精神疾病如精神分裂症中，“自知力障碍”可能只是众多症状中的一种，医生对各种症状可以综合地考察，“自知力障碍”这一症状不会单一地对诊断发生决定性影响。而如果将“自知力障碍”作为“偏执性精神障碍”主要诊断标准，则是十分危险的，因为“偏执性精神障碍”除了妄想，再没有其他明显症状，而妄想本身也很难认定。

上述问题，在何锦荣案中有集中表现。[①] 二审时，广州市脑科医院方面振振有词："对方是否精神病人、是否需要收治，亲属提供的信息非常重要，真正有精神病的人都认为自己没病，这也是精神科的特点：患者没有自知力，有的自知但觉得不需要治疗；而何某在医院期间坚持认为其妻有外遇，这本身就是一种'偏执状态'。"医院方面可以论证何锦荣有"偏执性精神障碍"以及强制何锦荣住院合理合法，但不能这样论证。为什么亲属提供的信息非常重要而何锦荣提供的信息就不重要呢？为什么何锦荣认为其妻（后来离婚）有外遇就是"偏执状态"，而其妻子说他虐待或者要置她于死地就不是"偏执状态"（也可能是被害妄想）呢？何锦荣认为其妻有外遇为什么不是一般人也会有的怀疑（例如精神科医生怀疑何有精神病）或者误解，而一定是妄想呢？把这些问题一一化解，广州市脑科医院才有在诉讼中获胜的初步可能。

法院希望何锦荣能够接受一次司法鉴定，而何锦荣不敢再相信内地任何一家精神病院，除非到香港以及境外去找中立的第三方。作为旁观者，我以为，何锦荣的顾虑不是没有理由的，而法院则是陷入一个误区。实际上，关于何锦荣是否患有"偏执性精神障碍"，已经有两个诊断，一个是广州市脑科医院的诊断，一个是何锦荣自己找的重庆精神卫生中心的诊断——"未发现有精神病性症状"。但对后一个诊断，法院以不是司法鉴定而只是门诊诊断为由拒绝采信，决定另作司法鉴定。这样做理由不充分。两个诊断都不是司法鉴定结论，法律效力没有高下之分。重庆精神卫生中心的门诊或许不足以判定一个人有无精神疾病，而广州市脑科医院仅凭何锦荣妻子的电话就派一名医生和两名男护工闯入何家将他绑架带到医院，又该如何解释呢？而且，司法鉴定结论也不一定是正确的。更何况，事过三年再作鉴定，难度太大。如果司法鉴定结论与广州市脑科医院的诊

① 何锦荣案，参见杨媛、魏新颖《半夜两公婆吵架后老婆把老公强送进精神病院》，《羊城晚报》2005 年 12 月 27 日；杨媛、魏新颖《半夜吵架后妻子强行送老公入精神病院》，《羊城晚报》2006 年 2 月 14 日；毕征等《正常丈夫强送精神病院?》，《广州日报》2006 年 8 月 8 日；赖雨晨《千万富翁强送精神病院　向院方索赔百万》，新华网，2007 年 6 月 2 日；李斯璐、李小萌等《医院：富翁具有暴力倾向》，《新快报》2009 年 4 月 17 日；闫晓光《富翁被强送精神病院续：要求境外作精神鉴定》，《信息时报》2009 年 4 月 18 日；刘子超《精神病院里的千万富翁》，《新闻天地》2009 年第 7 期。

断不同，法院也是很难办，几个诊断到底听谁的？法院有能力判断、选择吗？

从根本上说，何锦荣案系因医院的强制住院而起，法院只要审查医院的强制住院是否合法就足够了。而是否合法，先不论强制住院是否有法律根据，首先应当审查的是强制住院是否有医学根据，其核心就是对妄想诊断有无事实根据的认定。这种事实认定，从根本上说与精神病学无关。医院方面也无力进行这种认定，除了何锦荣妻子方面的单方面陈述，难以提供其他事实证据说明何锦荣存在妄想。而法院有权力也有能力进行这种认定，何必推三挡四呢？其实，法院也无须对事实进行全面的调查，仅仅根据双方的证据就可以从法律上对事实作出认定（推定）。也许有人会说，此时的举证责任在何锦荣方面，他有义务提出怀疑妻子有外遇的证据。错了！根据谁主张谁举证的原则，假如是何锦荣因为妻子有外遇而提出一个法律主张例如离婚，那么他的确应当承担举证责任。假如是何锦荣的妻子因为他怀疑她有外遇而不堪忍受、提出离婚，如果他承认有这种怀疑并认为怀疑是合理的，那么他也应当承担举证责任。但事实是，何锦荣的妻子让人强行将他送入医院，而医院剥夺他的人身自由达30天。这样，她必须因此而针对何锦荣的怀疑首先举证，证明何锦荣的怀疑是妄想。医院也必须首先举证，解释清楚它因为什么认定何锦荣存在妄想而其妻子的说法是真实的。如果何锦荣的妻子和医院不能用充足的证据证明何锦荣存在妄想，法院就应当认定他们侵权。

令人惊讶的是，医院强行收治何锦荣，始终都没有认定何锦荣患有“偏执性精神障碍”。据报道，何锦荣的律师称，从医院的病历上看，医院对何锦荣的诊断虽然一直都是“偏执型精神障碍”，但后面加了问号，说明医院并没有确诊。对此，医院代理人解释说，偏执状态的鉴定需要两到三月的时间，但是何锦荣一个月就出院了，没能确定是哪种状态，所以才打了问号。这话是实在的。但是，没有确诊就将他人绑架、强制住院了一个月，这是依据哪家的王法？这一点已经足以令医院败诉。据报道，一审时医院提出对何锦荣进行司法鉴定，并承诺它将承认国内任何一家具备资质的司法鉴定机构得出的结论。这个表态匪夷所思。第一，不科学。如果认为自己原先的诊断是正确的，就要坚持，而不应丧失原则附和他人。而如果现在已经意识到原先的诊断是错误的，那就要改正，并勇于承担自己的责任。第二，不策略。这个表态还给人以一种感觉，即医院对司法鉴定的结论仍然是“偏执性精神障碍”似乎把握十足。这可能是自信心使然。但外界可能有其他解读。难怪何锦荣拒绝由大陆的精神病院进行司法鉴定。

医院强调，强制收治是由患者亲属委托，并无违规之处。亲属是精神病院惯用的挡箭牌。但这个挡箭牌并没有法律支撑。甚至监护人也没有把人强行送入精神病院的权利。成年人的监护人不是自然产生的，更不是医院指定的。根据《民法通则》和《民事诉讼法》，一个成年人只有经法院判定因精神病而无民事行为能力或者限制民事行为能力，才可能有监护人。有无精神病当然应由精神科医生诊断，而有无民事行为能力，只能由法院判定。据报道，何锦荣的母亲和哥哥获知何锦荣被强制住院的消息后赶到医院，并立即报警，强烈要求放人。但院方以须征得何锦荣的“第一监护人”（即何锦荣的妻子）同意为由，拒绝放人。何锦荣未经法院判定无民事行为能力或者限制民事行为能力，何来监护人?

退一步说，即使何锦荣真的患有“偏执型精神障碍”，也不必然应当被强制住院。“偏执型精神障碍”是一种典型的患者不感觉痛苦的精神疾病。如果患者自己不感到痛苦，所患精神障碍没有损害其身体健康或者不会导致其死亡，也无可能伤害自己或者他人，可以不治疗、不住院，外人不宜干涉。根据有关国际准则和中国宪法基本原则，除了对犯罪的精神障碍患者应当强制住院治疗外，只有两种情况可以适用非自愿住院，即救护性非自愿住院和保安性非自愿住院。非自愿住院不是单纯的医疗服务行为，而还是对他人人身自由的剥夺，必须有充足的理由。人身自由是基本人权，应有高标准的保护。对人身自由的限制或剥夺，不能是法不禁止即可为，而应当是法无许可不可为。就像刑事审判应当实行无罪推定、疑罪从无原则一样，对于强制住院的适用，也应当无病推定、疑病从无。而“偏执性精神障碍”患者没有生命、健康之虞，生活完全可以自理，一般也没有自残、自杀行为，基本上都不符合救护性非自愿住院治疗的标准。他们的行为如果涉及法律，多在家庭、婚姻、财产、工作等方面，多数都可按照有关的程序解决、处理，没必要给予保安性非自愿住院治疗。对于个别有明显征兆可能伤害他人的，应当给予保安性非自愿住院治疗，但程序一定要严格，并且保障其申诉的权利和其他权利。而中国尚无法律规定这种保安性非自愿住院制度，还不能实施。至于极个别发生犯罪或者违反社会治安管理的，自有司法机关、公安机关按《刑法》和《治安管理处罚法》的规定处理，而不能由亲属、单位擅自处理。我实在想不明白，精神病院为什么会那么积极地强行收治由亲属或者单位强行送来的“偏执性精神障碍患者”，甚至只凭亲属或者单位的电话就派人把人家绑架而来。具体到何锦荣案，他的妻子说他“每天晚上都要脱光她的衣服怀疑并检查她”，“要致自己于死地”，如果属实，令人发指，而何锦荣说他“做老板时每天凌晨两三点回家，那时她早睡了”，似乎也合情合理。哪个说法属实，法院应当认定，认定不了，只能“疑病从无”。何锦荣承认，两人经常吵架，还发生过肢体冲突。而这是双方的行为，不能成为单单将一方强制住院的理由。

再退一步说，即使何锦荣真的有虐待、打人等违法行为，同样也不必然应当被强制住院。没有精神疾病的人也可能有虐待、打人等违法行为。受害者可以通过刑事诉讼或民事诉讼得到救济，在紧急情况下还可以寻求警察的干预，而不能把行为人强行送入精神病院。

何锦荣案在五年间先后经历了一审、二审又发回重审，备受社会关注。2009 年在广州荔湾区法院重审第四次开庭。法院指定中国法医学会司法鉴定中心为何锦荣做司法鉴定，鉴定意见称，“何锦荣精神状态正常，其于 2005 年 12 月 21 日被广州脑科医院收治入院时亦无重性精神疾病。”但意见也称收治医院并未违反法规，但在诊疗行为上存在过错。2011 年 11 月 18 日，广州市荔湾区法院进行重审。①

荔湾区法院认为，现实中，常有家属认为自己的亲人行为怪异、精神异常，而强烈要求将其送精神病院诊治的情况，此时医院是没有理由拒绝的。而院方作为具合法执业资格的专科医院，其接到求助电话后，派出医务人员前往处理是恰当的。根据规定，为免错误将他人送入精神病院，医院必须审查入院者与其联系人之间是否存在监护关系或其他亲属关系。当时，何妻与原告是夫妻关系，且何妻亦与院方签订了服务委托书，就此认

① 何锦荣案重审情况，参见黄琼等《被强送精神病院　千万富翁告医院　获赔三万》，《新快报》2011 年 11 月 19 日；杨辉《广州富翁“被精神病”，不满轻赔更要名誉》，《羊城晚报》2011 年 11 月 19 日。

为护送原告入院的行为有合同依据。同时，由于精神病人的特殊性，医院在收治之前并不可能确定诊断，因此收治前主要依赖病人家属的陈述。经何妻陈述原告精神异常和暴力倾向，并强烈要求将其收治入院，院方就此作出初步诊断也是合理的。法院同时认为，在原告住院期间，其母亲、兄弟姐妹等近亲属多次向院方反映，称其并无精神疾病等并要求让其出院，但院方虽有重视却未采取积极有效措施，进一步补充、核实病史。从原告的病历记录反映，院方在对其 30 天的治疗观察中，仍以何妻的主诉为主，也仅向何妻进行询问，并未通知其他亲属参与。且在专家对原告病例的讨论有分歧时，未进一步地论证、核实记录。

主审法官表示，广州脑科医院在给何锦荣的诊疗过程中，“确未尽到应有的注意义务和职责，应认定在诊疗行为上存在一定的过错，导致原告被强制住院 30 天，致原告精神损害，已构成对原告人身自由权的侵害，对此，被告应当承担因侵权致原告精神损害的民事赔偿责任”。

法院认定，医院接受家属求助并收治符合程序，并无不妥，但在诊疗过程中仅听取其妻子的一面之辞，存在过错。再根据此前中国法医学会的精神鉴定意见等，酌情确定医院向何锦荣赔偿精神损害抚慰金 3 万元。法院同时认为，院方的医疗行为并未危害何锦荣的生命安全、身体健康，亦未破坏其身体组织、器官的完整等，且其诊疗行为是履行法定的医疗职责，虽然存在一定过错，但属于医疗行为的质量问题，不属于对何名誉权的侵害。就此，对何的其余主张均不予认定。

根据判决，何锦荣还需要承担 20000 元的鉴定费和 14160 元的案件受理费。

据报道，何锦荣对法院判决大为不满，认为法院并未认定医院侵权，表示要上诉。但未见后续报道。

重审判决广州脑科医院败诉，算是一个进步。法院认为广州脑科医院没有尽到应有的注意义务和职责，抓住了本案的要害，这符合本文的分析和设想。但是，法院不必要地为广州脑科医院的行为做了辩解，则是严重的败笔，自作多情，节外生枝。它实际上是确认，任何人都可以以精神障碍为由将其亲属强制送往精神病院，而精神病院可以根据任何人的请求而将其称为有精神障碍的亲属强制住院，究竟有没有病，先关一个月再说。但愿这样的判决不会在《精神卫生法》实施后再出现。不过，这实在很难说。

第八节　非法强制住院与非法拘禁罪：温秀琴案①

2008 年 12 月 23 日，中国新闻网有这样一篇报道——《男子为逼妻子离婚将其关进精神病院被判刑》：

> 中新网 12 月 23 日电　台湾一名邱姓男子六年前为顺利和妻子离婚，借口妻子罹患精神疾病，找上医护人员强押妻子关进医院控制行动长达四天。全案经台湾“最高法院”审理后，18 日邱某被依妨害自由罪判一年两个月徒刑确定。
>
> 据台湾《苹果日报》报道，经营计算机软件公司的邱某，与妻子温某是在 1985 年间结婚，育有三名子女，夫妻俩常吵架，1995 年间邱某到岛外发展事业，事后温某也自行带小孩要求与丈夫定居岛外。
>
> 邱某多次提出离婚要求，但妻子都不同意，直到 2002 年 9 月 23 日中秋节当天，邱某谎称妻子温某有精神疾病，不知情的院方于是出动一名医师及三名男护士，欲带回温某返院就诊。
>
> 法院判决指出，当天上午，四名未穿制服的医护人员抵达温某所开设的面包店门口，一见到温某随即强押她进路边出租车，带回医院病房限制其行动四天。
>
> 期间，温某透过医院内实习医师的帮忙，打电话联络上在台湾的大女儿，辗转求援后，医院帮温某重新鉴定精神状况。9 月 26 日，医院鉴定结果确认温某精神状况正常，但院方依规通知邱某出面签署出院手续时却遭拒。
>
> 当天傍晚医院还是让温某出院返家。温某返台后控告丈夫涉嫌妨害自由。一审时法院原重判邱某二年半徒刑，但上诉二审后，法官考虑双方已协议离婚，邱某并将岛外房产与子女监护权移转给温某，因

① 本节文字曾于 2008 年 12 月 29 日以《非法强制住院与非法拘禁罪》为题发表在互联网，现有改动。

此改判邱某一年两个月徒刑。

看了这篇报道，感觉语焉不详，便在网上搜索消息的原始出处《苹果日报》，方知此案当事人虽然是台湾人，但侵权行为发生在大陆，而最终作出刑事判决的是台湾地区“最高法院”。下面是2008年12月23日《苹果日报》的报道《逼离婚　押妻关精神病院　狠台商钻中国医疗漏洞　判囚1年2月确定》（赖心莹台北报道）的主要内容（文字稍有技术性改动）：

台商邱国师六年前为顺利和妻子温秀琴离婚，竟异想天开利用大陆医疗体系不健全的漏洞，借口妻子罹患精神疾病，找上不知情的上海精神卫生中心医护人员，强押妻子关进医院控制行动长达四天，全案经台湾地区“最高法院”审理后，本月十八日依妨害自由罪判邱一年二月徒刑确定。

邱国师的委任律师文闻昨表示，两人都定居大陆无法联系。不过法院审理期间，邱国师曾辩称：“我是基于善意要让她接受治疗，没有妨害她的自由。”

至于温女顺利逃出医院后，除在大陆提出民事诉讼求偿外，也返台控告邱国师涉嫌妨害自由。台湾部分，一审时法院原重判邱国师二年半徒刑，但上诉二审后，法官考虑双方已协议离婚，邱并将上海的房产与子女监护权移转给温女，因此减轻改判邱一年二月徒刑。民事赔偿部分，大陆法院已判决邱共需赔偿人民币四万五千元定谳。

经营计算机软件公司的邱国师（四十九岁），与妻子温秀琴是在一九八五年间结婚，育有三名子女，夫妻俩常吵架，一九九五年间邱到大陆发展事业，事后温女也自行带小孩到上海要求定居。

邱国师多次提出离婚要求，但妻子都不同意，直到二〇〇二年九月二十三日中秋节当天，邱利用大陆医疗体系不健全的漏洞，与上海精神卫生中心联系，谎称妻子温秀琴有精神疾病，不知情的院方于是出动一名医师及三名男护士，欲带回温女返院就诊。

判决指出，当天上午十一时许，四名未穿制服的医护人员抵达温女所开设的面包店门口，一见到温女随即强押她进路边出租车，带回医院病房限制其行动四天。

期间，温女透过医院内实习医师的帮忙，打电话联络上在台湾的大女儿，辗转求援后透过海基会、海协会以及台商协会介入帮忙，医院帮温女重新鉴定精神状况，九月二十六日上午，医院鉴定结果确认温女精神状况正常，但院方依规定打电话通知邱国师出面签署出院手续时却遭拒。后来在台商协会等单位协调下，当天傍晚医院还是让温女出院返家。温女一出院马上向公安报案，但未获善意响应，她只好返台控告丈夫涉嫌妨害自由。

另外，还查到2004年4月《人民法院报》对此案民事诉讼的报道：

温秀琴与邱国师于1987年9月在台湾地区登记结婚。1997年前后他们先后来到上海，邱国师在一家公司工作，温秀琴自行经营面包房。在沪生活期间，两人长期不和，多次发生打骂争吵。2002年9月23日，邱国师指使其公司员工在上海市精神卫生中心（下称“精神中心”）的医生与护士协助下，以疑似“人格障碍”为由将温秀琴强行送入“精神中心”收治。后经司法鉴定温秀琴精神状况正常，但“精神中心”坚持要邱国师签字才能让温秀琴出院，而邱国师拒绝签字。经一再协商，由温秀琴之妹签字、台商协会会长作保证人，温秀琴才于9月26日出院。2003年1月，温秀琴以邱国师和“精神中心”侵犯人身自由权为由向法院提起民事诉讼。

法院审理认为，被告“精神中心”作为专业机构，在对疑似精神病人实施强行收治行为过程中，未尽高度的专业注意义务具有重大过失；被告邱国师在申请采取强制收治过程中，未尽到一般人的注意义务而具有明显不当和过错。判决二被告于判决生效之日起10日内分别以书面形式向原告赔礼道歉（内容须经法院审核），被告“精神中心”赔偿原告精神损失费人民币5000元，被告邱国师赔偿原告精神损失费人民币4.5万元。[①]

① 梁玫、徐斌：《强行收治“精神病人”惹祸端》，《人民法院报》2004年4月4日。

还有一篇将温秀琴化名为“吴秀丽”的案件报道：

吴秀丽是在1997年和经商的丈夫带着子女迁居上海的。结婚多年来，她和丈夫一向感情不和。来到上海后，吴秀丽开了一家面包房。2002年9月23日12点左右，店里的电话响起，一名男子称想预订一个五层的大蛋糕，吴秀丽请对方到店里详谈。走入店内的客人，是一名平头、穿着蓝色休闲服的高个男子，见到了吴秀丽却显得有些心不在焉，随便说了几句，便走出店外打电话。再次进入店堂时，他的身后跟随着一名女子，称要带吴秀丽去做健康检查。“我已做过健康检查”。“那么就进行一次复查。”不等吴秀丽表示同意，那名男子就将她的手扭到背后。争执间，又有两名男子走到吴秀丽身边，将她带出面包房，推进了停在门口的一辆面包车内。“不要讲话。”被这些陌生人包围的吴秀丽，不知所措地沉默着。面包车直接开进了上海市精神卫生中心。吴秀丽说，从面包车下来，穿过了五六个铁门后，她被带进了一个病房。护士让她换衣服，给她服用一种白色的药片，没有人告诉她这是什么地方，没有人能让她打个电话，和外界取得联系。这个病房内，还住着几名精神状况不佳的病人。9月26日，医院作出吴秀丽没有精神问题的诊断，经其姐妹和有关人士在文件上签字后，医院将吴秀丽放了出来。其后，吴秀丽将丈夫和医院告到法院。

2003年5月9日，法院开庭。被告医院方律师在庭审时表示，上海市精神卫生中心在对吴秀丽的整个诊治过程中均符合法律法规和诊疗常规。不存在侵犯她的人格权，造成其精神损失的事实。律师介绍了事件的过程。2002年9月11日到9月23日之间，仇国立曾四次到医院进行咨询，他称妻子吴秀丽有暴力倾向，多次到其工作场地、居住的大楼肇事，损坏物业财产，在和人交流时，言语中出现不合常理的情况。他还向医生提供了一些照片、录音带等证据，以证明妻子的精神状况不佳。医生遂建议仇国立带妻子来看门诊，但由于他无法将妻子送来门诊，便应其要求出诊。9月23日，医院派出一名主治医生和两名护工，在仇国立及其朋友的陪同下，到吴秀丽经营的面包房，和她进行了当面接触。在近15分钟的谈话过程中，医生发现吴秀丽猜疑明显、情绪激动，甚至不承认自己是面包房的老板娘，由于在出诊环境下无法进行更为详细的精神检查，又考虑到此前其夫诉说的种种症状，便初步作出了“人格障碍”的诊断，并建议住院观察。其后，仇国立为妻子办理了入院手续。根据《上海市精神卫生条例》规定，对被诊断患有精神疾病的患者，医院诊断复核时间最长不超过半年。根据卫生中心自己制定的操作规范，对住院患者的复诊应该在入院1周内完成。现在医院对吴秀丽的复诊在3天内完成，完全符合相关规定。此外，根据上海卫生局的相应规定，“三级医院出入院诊断符合率≥95%”，即允许有5%的患者入院复诊后的结果与入院时的诊断不同。

法院指出，精神卫生中心作为专业机构，在对疑似精神病人实施强行收治行为的过程中，未尽到高度注意义务。精神卫生中心在收治吴秀丽时，她并没有发生暴力或危及他人的不当行为，精神卫生中心仅仅依据出诊医生与吴秀丽进行的15分钟左右的简短谈话，未向吴秀丽的亲友、单位员工及其他熟人、朋友进行必要的走访和调查了解，即判断吴秀丽患有“人格障碍”，有失科学公允。但因仇国立的申请，精神卫生中心才作出该行为，因此负次要责任。法院还认为，仇国立以妻子可能患有精神病为由，申请精神卫生中心对妻子予以强行收治，严重侵犯吴秀丽的人身权，应承担主要责任。

据此，长宁法院最终一审判令两被告败诉，并按照1∶9的比例承担对原告的精神赔偿，即上海市精神卫生中心赔偿吴秀丽精神损失5000元，仇国立赔偿损失45000元。[①]

前述《苹果日报》的报道基本上是对整个案件的客观描述，虽然指出大陆相关制度存在的问题，但没有渲染和深究。然而此案显示出大陆与台湾相关制度的差异。

台湾地区“精神卫生法”规定有两种非自愿住院。一种是强制住院以及紧急安置，属于我所说之保安性非自愿住院。该法第四十一条规定：“严重病人伤害他人或自己或有伤害之虞，经专科医师诊断有全日住院治

① 王骞：《丈夫疑妻有病　精神病院强制收治正常人被判赔偿》，《北京青年报》2004年3月6日。

疗之必要者，其保护人应协助严重病人，前往精神医疗机构办理住院。前项严重病人拒绝接受全日住院治疗者，直辖市、县（市）主管机关得指定精神医疗机构予以紧急安置，并交由二位以上直辖市、县（市）主管机关指定之专科医师进行强制鉴定。前项强制鉴定结果，仍有全日住院治疗必要，经询问严重病人意见，仍拒绝接受或无法表达时，应即填具强制住院基本资料表及通报表，并检附严重病人及其保护人之意见及相关诊断证明文件，向审查会申请许可强制住院；强制住院可否之决定，应送达严重病人及其保护人。”其要义有三：（1）被适用者必须是伤害他人或自己或有伤害之虞的严重病人。（2）被适用者必须经专科医师诊断有全日住院治疗之必要者。（3）应由强制住院审查会批准。强制住院审查会应包括专科医师、护理师、职能治疗师、心理师、社会工作师、病人权益促进团体代表、法律专家及其他相关专业人士。该法第四十二条还规定，被紧急安置和强制住院者或其保护人，可以向法院声请裁定停止强制住院；经“中央”主管机关认可之病人权益促进相关公益团体，可以就强制住院进行个案监督及查核，其发现不妥情事时，应即通知各该主管机关采取改善措施，并可以向法院声请裁定停止强制住院。

另一种为紧急处置，属于我所说之救护性非自愿住院。台湾地区“精神卫生法”第二十条规定：“严重病人情况危急，非立即给予保护或送医，其生命或身体有立即之危险或有危险之虞者，由保护人予以紧急处置。严重病人之保护人不能实时予以紧急处置者，直辖市、县（市）主管机关得自行或委托机构或团体为之。”这条规定赋予保护人较大的紧急处置权，但这种紧急处置权只适用于情况危急，非立即给予保护或送医，其生命或身体有立即之危险或有危险之虞的严重病人。台湾的保护人制度，乃习用日本有关制度。保护人是在当事人被专科医师鉴定为严重病人后，由监护人、法定代理人、配偶、父母、家属等互推一人为之；无保护人者，应由其户籍所在地主管机关另行选定适当人员、机构或团体为保护人。也就是说，根据保护人制度，只有经鉴定为严重病人者，才有保护人，而只有保护人享有紧急处置权（保护人不能实时予以紧急处置者，地方主管机关可自行或委托机构或团体为之），而一般监护人、法定代理人、配偶、父母、家属无此权利。保护人之所以须由监护人、法定代理人、配偶、父母、家属等互推，有利于避免其中的某个人基于私利而处置。

除上述两种情况外，在台湾地区，精神病人不得被非自愿住院。温秀琴被丈夫强送精神病院案，倘若发生在台湾，显然是违反台湾地区“精神卫生法”的。第一，根据报道，温秀琴并无“伤害他人或自己或有伤害之虞”，也不属于“严重病人情况危急，非立即给予保护或送医，其生命或身体有立即之危险或有危险之虞者”。第二，事前温秀琴没有被鉴定为严重病人，因而没有保护人。其丈夫不是保护人，没有权利强送温秀琴住精神病院。第三，对于不属于“严重病人伤害他人或自己或有伤害之虞”和“严重病人情况危急，非立即给予保护或送医，其生命或身体有立即之危险或有危险之虞者”两种情况的病人，台湾地区“精神卫生法”第二十九条规定，其保护人或家属应协助其就医，而“协助”并无强制之意。

那么，这样的事情怎么会在上海发生呢？案件发生时，大陆的《精神卫生法》还在难产之中。关于非自愿住院的全国性规范仅有卫生部在2001年11月23日发出的《关于加强对精神病院管理的通知》的附件《精神病人入院收治指征》。而且，卫生部没有随之出台一个鉴定和决定强制住院的程序。谁有权把他人强送精神病院？如何鉴定被送住院的人有无精神病？被强制住院的人通过什么途径维护自己的利益？等等这一切，都没有规定。这就造成两种情况大量发生：一是应当给予强制住院的精神障碍患者没有被强制住院，以致发生危害后果；二是精神正常者被强制住院，常见的是因家庭矛盾被家人强送精神病院和单位将不听话的职工强送精神病院。

虽然全国性的《精神卫生法》尚未出台，但一些地方在精神卫生立法方面走在了前面。大陆精神卫生立法的先行者就是温秀琴案的发生地——上海。2001年12月28日，上海市人大常委会通过了《上海市精神卫生条例》。《上海市精神卫生条例》第三十条规定：“精神科执业医师认为精神疾病患者住院有利于其治疗、康复的，应当提出住院治疗的医学建议。有自知力的患者可以自行决定是否住院治疗。具有主治医师以上职称的精神科执业医师认为完全或者部分丧失自知力的精神疾病患者必须住院治疗的，应当提出医疗保护住院治疗的医学建议。精神疾病患者的监护人应当代为或者协助办理住院手续。”显然，《上海市精神卫生条例》所规定的救护性非自愿住院的标准，就是完全或者部分丧失自知力，住院有利于其治疗、康复。然而，上海精神卫生中心居于大陆精神病学先进水平，它竟开创性地认定“人格障碍”可以导致“完全或者部分丧失自知力”——这几乎与认定犯罪的人格障碍者无刑事责任能力相当，实在令人瞠目。这个案件也说明，以“完全或者部分丧失自知力”，“住院有利于其治疗、康复”作为医疗保护住院的标准，过于抽象、笼统，操作性差，容易被扩大解释和滥用。

上海精神卫生中心仅凭邱某单方面说温秀琴有精神病，就出动一名医师及三名男护士到温秀琴的工作场所，将温秀琴强制带回住院，轻率之极。这可能是极端之案，但令所有人心惊，不由得担心自己也会有此遭遇。幸有医院内一个实习医师的帮忙，温秀琴才可以打电话给在台湾的大女儿，告知自己的遭遇。从实习医师帮忙这一细节可以看出，温秀琴在精神病院的自由受到很大限制，无法正常与外界联系。《上海精神卫生条例》第三十二条规定：“住院治疗的精神疾病患者享有通信和会客的权利，因医疗需要必须予以限制的，应当征得其监护人的同意。”也许是因为该条例仅规定了“通信”权利，上海精神卫生中心就不允许温秀琴打电话。而台湾地区“精神卫生法”的用词则比较恰当：“住院病人应享有个人隐私、自由通讯及会客之权利”，说的是“通讯”，包括书信和电话，而不是“通信”。更赖海基会、海协会以及上海台商协会的介入干预，才对温秀琴精神状况进行重新鉴定，确认其精神状况正常。而上海精神卫生中心为掩饰自己的尴尬，竟又节外生枝，非让邱某出面签署出院手续。邱某乃始作俑者，岂能同意温秀琴出院？拒绝出面签署出院手续是可想而知的。关于出院问题，《上海精神卫生条例》第三十三条有两款规定：“具有主治医师以上职称的精神科执业医师确定住院治疗的精神疾病患者可以出院的，精神疾病患者的监护人或者近亲属应当代为或者协助办理出院手续。”“有自知力的精神疾病患者提出出院要求的，医疗机构应当准予出院。”第二款规定“有自知力的精神疾病患者提出出院要求的，医疗机构应当准予出院”是独立的，不需要“监护人或者近亲属应当代为或者协助办理出院手续”。温秀琴已经被重新鉴定为精神正常，有完全行为能力，有权利自行走出精神病院，精神病院理应配合，不能阻挠。不过，上海精神卫生中心倒是应当把这一结果告知邱某。

来自台湾的温秀琴并不罢休。她首先是对邱某和上海精神卫生中心提出民事诉讼。这个官司她打赢了。精神正常者被强制住院而最终打赢民事诉讼的，并不多见，可能是台湾地区的身份帮助了她。温秀琴还认为邱某的行为构成犯罪。她一出院即向上海公安机关报案，但“未获善意响应”，她只好返台控告邱某涉嫌妨害自由。根据《中华人民共和国刑法》，大陆司法机关对台湾地区人员在大陆犯罪是有管辖权的。不过，我以为，上海公安机关不予立案应当不是怠慢她这个台湾人，以前对本地的类似情况大概也是这样处理的。根据法理，非法将他人关进精神病院，应当构成非法拘禁罪。《刑法》第二百三十八条规定了“非法拘禁罪”：“非法拘禁他人或者以其他方法非法剥夺他人人身自由的，处三年以下有期徒刑、拘役、管制或者剥夺政治权利。具有殴打、侮辱情节的，从重处罚。”但上海公安机关可能认为，“非法拘禁罪”的主体首先应当是实施拘禁行为的人。就此案来说，如果属于“非法拘禁罪”，犯罪人首先应当是上海精神卫生中心或其直接责任者。邱某只是说自己妻子有精神病，但没有实施也没有能力实施拘禁行为，是否构成“非法拘禁罪”很有疑问。而构成“非法拘禁罪”必须有主观故意，上海精神卫生中心或其工作人员很容易辩解说自己是受邱某欺骗或者发生了“正常”的鉴定错误，而没有非法拘禁的故意。上海精神卫生中心或其工作人员之所以很容易解脱，与大陆缺少强制住院标准和程序有很大关系。我认为，如果有法律明确规定了强制住院标准和程序，而精神病院或其工作人员不按照强制住院标准和程序来鉴定和决定强制住院，即可推定其有非法拘禁的故意，应当承担刑事责任。

上海公安机关拒绝立案，不追究邱某的刑事责任，可能也与“非法拘禁罪”这个罪名有关。这个罪名是最高人民法院确定的。而这个罪名并没有很好地体现《刑法》第二百三十八条的全部含义。这一条，除了规定“非法拘禁他人”外，还规定了“以其他方法非法剥夺他人人身自由”。如果说邱某构成“非法拘禁他人”比较勉强，那么给他定性为“以其他方法非法剥夺他人人身自由”则很恰当。邱某欺骗精神病院，使精神病院对妻子实施强制住院，就是“以其他方法非法剥夺他人人身自由”。在最高人民法院关于罪名的司法解释出台前，有些学者将《刑法》第二百三十八条称为“非法剥夺人身自由罪”，这比“非法拘禁罪”准确。上海公安机关拒绝立案，也许是认为邱某行为的性质不够恶劣，温秀琴被精神病院关四天这个后果不够严重，甚或认为那只是家务事。如果是这样，那就太令人悲哀了。1936 年，也是在上海，潘景文被其丈夫和上海疯癫专门医院非法拘禁不足一日，医院的有关人员就被法院认定构成“妨害自由罪”，[①] 怎么在60多年后人身自由竟贬值了呢？

温秀琴的控告在台湾地区得到了“善意响应”。一审时法院重判邱某二年半徒刑，但上诉二审后，法官考虑双方已协议离婚，邱某并将上海的房产与子女监护权移转给温秀琴，因此减轻改判邱某一年二月徒刑。查台湾地区“刑法”，有“妨害自由罪”一章，其下有若干罪名。我分析，台湾地区“最高法院”是以第三百零二条“剥夺他人行动自由罪”给邱某定罪量刑的。该条规定：“私行拘禁或以其它非法方法，剥夺人之行动自由者，处五年以下有期徒刑、拘役或三百元以下罚金。”（延续了1936年《中华民国刑法》的规定）同时规定，对此罪未遂也处罚。这条规定与大陆《刑法》第二百三十八条的内容大同小异。但同一案件在上海与台湾有完全不同处理结果，个中原因耐人寻味。

最后说，由于邱某还在大陆，台湾地区法院的判决不能得到执行。根据台湾地区“刑法”第八十四条关于行刑权时效期间的规定，判决一年以上三年未满有期徒刑的，行刑权时效为七年。因此，邱某如果在裁判确定之日起七年之内返回台湾，即会被逮捕入监。

---

① 见本书第六章第三节。

附录一

中华人民共和国精神卫生法

（2012 年 10 月 26 日第十一届全国人民代表大会常务委员会第二十九次会议通过　2012 年 10 月 26 日中华人民共和国主席令第六十二号公布　自 2013 年 5 月 1 日起施行）

目　录

第一章　总　则

第一条　为了发展精神卫生事业，规范精神卫生服务，维护精神障碍患者的合法权益，制定本法。

第二条　在中华人民共和国境内开展维护和增进公民心理健康、预防和治疗精神障碍、促进精神障碍患者康复的活动，适用本法。

第三条　精神卫生工作实行预防为主的方针，坚持预防、治疗和康复相结合的原则。

第四条　精神障碍患者的人格尊严、人身和财产安全不受侵犯。

精神障碍患者的教育、劳动、医疗以及从国家和社会获得物质帮助等方面的合法权益受法律保护。

有关单位和个人应当对精神障碍患者的姓名、肖像、住址、工作单位、病历资料以及其他可能推断出其身份的信息予以保密；但是，依法履行职责需要公开的除外。

第五条　全社会应当尊重、理解、关爱精神障碍患者。

任何组织或者个人不得歧视、侮辱、虐待精神障碍患者，不得非法限制精神障碍患者的人身自由。

新闻报道和文学艺术作品等不得含有歧视、侮辱精神障碍患者的内容。

第六条　精神卫生工作实行政府组织领导、部门各负其责、家庭和单位尽力尽责、全社会共同参与的综合管理机制。

第七条　县级以上人民政府领导精神卫生工作，将其纳入国民经济和社会发展规划，建设和完善精神障碍的预防、治疗和康复服务体系，建立健全精神卫生工作协调机制和工作责任制，对有关部门承担的精神卫生工作进行考核、监督。

乡镇人民政府和街道办事处根据本地区的实际情况，组织开展预防精神障碍发生、促进精神障碍患者康复等工作。

第八条　国务院卫生行政部门主管全国的精神卫生工作。县级以上地方人民政府卫生行政部门主管本行政区域的精神卫生工作。

县级以上人民政府司法行政、民政、公安、教育、人力资源社会保障等部门在各自职责范围内负责有关的精神卫生工作。

第九条　精神障碍患者的监护人应当履行监护职责，维护精神障碍患者的合法权益。

禁止对精神障碍患者实施家庭暴力，禁止遗弃精神障碍患者。

第十条　中国残疾人联合会及其地方组织依照法律、法规或者接受政府委托，动员社会力量，开展精神卫生工作。

村民委员会、居民委员会依照本法的规定开展精神卫生工作，并对所在地人民政府开展的精神卫生工作予以协助。

国家鼓励和支持工会、共产主义青年团、妇女联合会、红十字会、科学技术协会等团体依法开展精神卫生工作。

第十一条　国家鼓励和支持开展精神卫生专门人才的培养，维护精神卫生工作人员的合法权益，加强精神卫生专业队伍建设。

国家鼓励和支持开展精神卫生科学技术研究，发展现代医学、我国传统医学、心理学，提高精神障碍预防、诊断、治疗、康复的科学技术水平。

国家鼓励和支持开展精神卫生领域的国际交流与合作。

第十二条　各级人民政府和县级以上人民政府有关部门应当采取措施，鼓励和支持组织、个人提供精神卫生志愿服务，捐助精神卫生事业，兴建精神卫生公益设施。

对在精神卫生工作中作出突出贡献的组织、个人，按照国家有关规定给予表彰、奖励。

第二章　心理健康促进和精神障碍预防

第十三条　各级人民政府和县级以上人民政府有关部门应当采取措施，加强心理健康促进和精神障碍预防工作，提高公众心理健康水平。

第十四条　各级人民政府和县级以上人民政府有关部门制定的突发事件应急预案，应当包括心理援助的内容。发生突发事件，履行统一领导职责或者组织处置突发事件的人民政府应当根据突发事件的具体情况，按照应急预案的规定，组织开展心理援助工作。

第十五条　用人单位应当创造有益于职工身心健康的工作环境，关注职工的心理健康；对处于职业发展特定时期或者在特殊岗位工作的职工，应当有针对性地开展心理健康教育。

第十六条　各级各类学校应当对学生进行精神卫生知识教育；配备或者聘请心理健康教育教师、辅导人员，并可以设立心理健康辅导室，对学生进行心理健康教育。学前教育机构应当对幼儿开展符合其特点的心理健康教育。

发生自然灾害、意外伤害、公共安全事件等可能影响学生心理健康的事件，学校应当及时组织专业人员对学生进行心理援助。

教师应当学习和了解相关的精神卫生知识，关注学生心理健康状况，正确引导、激励学生。地方各级人民政府教育行政部门和学校应当重视教师心理健康。

学校和教师应当与学生父母或者其他监护人、近亲属沟通学生心理健康情况。

第十七条　医务人员开展疾病诊疗服务，应当按照诊断标准和治疗规范的要求，对就诊者进行心理健康指导；发现就诊者可能患有精神障碍的，应当建议其到符合本法规定的医疗机构就诊。

第十八条　监狱、看守所、拘留所、强制隔离戒毒所等场所，应当对服刑人员，被依法拘留、逮捕、强制隔离戒毒的人员等，开展精神卫生知识宣传，关注其心理健康状况，必要时提供心理咨询和心理辅导。

第十九条　县级以上地方人民政府人力资源社会保障、教育、卫生、司法行政、公安等部门应当在各自职责范围内分别对本法第十五条至第十八条规定的单位履行精神障碍预防义务的情况进行督促和指导。

第二十条　村民委员会、居民委员会应当协助所在地人民政府及其有关部门开展社区心理健康指导、精神卫生知识宣传教育活动，创建有益于居民身心健康的社区环境。

乡镇卫生院或者社区卫生服务机构应当为村民委员会、居民委员会开展社区心理健康指导、精神卫生知识宣传教育活动提供技术指导。

第二十一条　家庭成员之间应当相互关爱，创造良好、和睦的家庭环境，提高精神障碍预防意识；发现家庭成员可能患有精神障碍的，应当帮助其及时就诊，照顾其生活，做好看护管理。

第二十二条　国家鼓励和支持新闻媒体、社会组织开展精神卫生的公益性宣传，普及精神卫生知识，引导公众关注心理健康，预防精神障碍的发生。

第二十三条　心理咨询人员应当提高业务素质，遵守执业规范，为社会公众提供专业化的心理咨询服务。

心理咨询人员不得从事心理治疗或者精神障碍的诊断、治疗。

心理咨询人员发现接受咨询的人员可能患有精神障碍的，应当建议其到符合本法规定的医疗机构就诊。

心理咨询人员应当尊重接受咨询人员的隐私，并为其保守秘密。

第二十四条　国务院卫生行政部门建立精神卫生监测网络，实行严重精神障碍发病报告制度，组织开展精神障碍发生状况、发展趋势等的监测和专题调查工作。精神卫生监测和严重精神障碍发病报告管理办法，由国务院卫生行政部门制定。

国务院卫生行政部门应当会同有关部门、组织，建立精神卫生工作信息共享机制，实现信息互联互通、交流共享。

第三章　精神障碍的诊断和治疗

第二十五条　开展精神障碍诊断、治疗活动，应当具备下列条件，并依照医疗机构的管理规定办理有关手续：

（一）有与从事的精神障碍诊断、治疗相适应的精神科执业医师、护士；

（二）有满足开展精神障碍诊断、治疗需要的设施和设备；

（三）有完善的精神障碍诊断、治疗管理制度和质量监控制度。

从事精神障碍诊断、治疗的专科医疗机构还应当配备从事心理治疗的人员。

第二十六条　精神障碍的诊断、治疗，应当遵循维护患者合法权益、尊重患者人格尊严的原则，保障患者在现有条件下获得良好的精神卫生服务。

精神障碍分类、诊断标准和治疗规范，由国务院卫生行政部门组织制定。

第二十七条　精神障碍的诊断应当以精神健康状况为依据。

除法律另有规定外，不得违背本人意志进行确定其是否患有精神障碍的医学检查。

第二十八条　除个人自行到医疗机构进行精神障碍诊断外，疑似精神障碍患者的近亲属可以将其送往医疗机构进行精神障碍诊断。对查找不到近亲属的流浪乞讨疑似精神障碍患者，由当地民政等有关部门按照职责分工，帮助送往医疗机构进行精神障碍诊断。

疑似精神障碍患者发生伤害自身、危害他人安全的行为，或者有伤害自身、危害他人安全的危险的，其近亲属、所在单位、当地公安机关应当立即采取措施予以制止，并将其送往医疗机构进行精神障碍诊断。

医疗机构接到送诊的疑似精神障碍患者，不得拒绝为其作出诊断。

第二十九条　精神障碍的诊断应当由精神科执业医师作出。

医疗机构接到依照本法第二十八条第二款规定送诊的疑似精神障碍患者，应当将其留院，立即指派精神科执业医师进行诊断，并及时出具诊断结论。

第三十条　精神障碍的住院治疗实行自愿原则。

诊断结论、病情评估表明，就诊者为严重精神障碍患者并有下列情形之一的，应当对其实施住院治疗：

（一）已经发生伤害自身的行为，或者有伤害自身的危险的；

（二）已经发生危害他人安全的行为，或者有危害他人安全的危险的。

第三十一条　精神障碍患者有本法第三十条第二款第一项情形的，经其监护人同意，医疗机构应当对患者实施住院治疗；监护人不同意的，医疗机构不得对患者实施住院治疗。监护人应当对在家居住的患者做好看护管理。

第三十二条　精神障碍患者有本法第三十条第二款第二项情形，患者或者其监护人对需要住院治疗的诊断结论有异议，不同意对患者实施住院治疗的，可以要求再次诊断和鉴定。

依照前款规定要求再次诊断的，应当自收到诊断结论之日起三日内向原医疗机构或者其他具有合法资质的医疗机构提出。承担再次诊断的医疗机构应当在接到再次诊断要求后指派二名初次诊断医师以外的精神科执业医师进行再次诊断，并及时出具再次诊断结论。承担再次诊断的执业医师应当到收治患者的医疗机构面见、询问患者，该医疗机构应当予以配合。

对再次诊断结论有异议的，可以自主委托依法取得执业资质的鉴定机构进行精神障碍医学鉴定；医疗机构应当公示经公告的鉴定机构名单和联系方式。接受委托的鉴定机构应当指定本机构具有该鉴定事项执业资格的二名以上鉴定人共同进行鉴定，并及时出具鉴定报告。

第三十三条　鉴定人应当到收治精神障碍患者的医疗机构面见、询问患者，该医疗机构应当予以配合。

鉴定人本人或者其近亲属与鉴定事项有利害关系，可能影响其独立、客观、公正进行鉴定的，应当回避。

第三十四条　鉴定机构、鉴定人应当遵守有关法律、法规、规章的规定，尊重科学，恪守职业道德，按照精神障碍鉴定的实施程序、技术方法和操作规范，依法独立进行鉴定，出具客观、公正的鉴定报告。

鉴定人应当对鉴定过程进行实时记录并签名。记录的内容应当真实、客观、准确、完整，记录的文本或者声像载体应当妥善保存。

第三十五条　再次诊断结论或者鉴定报告表明，不能确定就诊者为严重精神障碍患者，或者患者不需要住院治疗的，医疗机构不得对其实施住院治疗。

再次诊断结论或者鉴定报告表明，精神障碍患者有本法第三十条第二款第二项情形的，其监护人应当同意对患者实施住院治疗。监护人阻碍实施住院治疗或者患者擅自脱离住院治疗的，可以由公安机关协助医疗机构采取措施对患者实施住院治疗。

在相关机构出具再次诊断结论、鉴定报告前，收治精神障碍患者的医疗机构应当按照诊疗规范的要求对患者实施住院治疗。

第三十六条　诊断结论表明需要住院治疗的精神障碍患者，本人没有能力办理住院手续的，由其监护人办理住院手续；患者属于查找不到监护人的流浪乞讨人员的，由送诊的有关部门办理住院手续。

精神障碍患者有本法第三十条第二款第二项情形，其监护人不办理住院手续的，由患者所在单位、村民委员会或者居民委员会办理住院手续，并由医疗机构在患者病历中予以记录。

第三十七条　医疗机构及其医务人员应当将精神障碍患者在诊断、治疗过程中享有的权利，告知患者或者其监护人。

第三十八条　医疗机构应当配备适宜的设施、设备，保护就诊和住院治疗的精神障碍患者的人身安全，防止其受到伤害，并为住院患者创造尽可能接近正常生活的环境和条件。

第三十九条　医疗机构及其医务人员应当遵循精神障碍诊断标准和治疗规范，制定治疗方案，并向精神障碍患者或者其监护人告知治疗方案和治疗方法、目的以及可能产生的后果。

第四十条　精神障碍患者在医疗机构内发生或者将要发生伤害自身、危害他人安全、扰乱医疗秩序的行为，医疗机构及其医务人员在没有其他可替代措施的情况下，可以实施约束、隔离等保护性医疗措施。实施保护性医疗措施应当遵循诊断标准和治疗规范，并在实施后告知患者的监护人。

禁止利用约束、隔离等保护性医疗措施惩罚精神障碍患者。

第四十一条　对精神障碍患者使用药物，应当以诊断和治疗为目的，使用安全、有效的药物，不得为诊断或者治疗以外的目的使用药物。

医疗机构不得强迫精神障碍患者从事生产劳动。

第四十二条　禁止对依照本法第三十条第二款规定实施住院治疗的精神障碍患者实施以治疗精神障碍为目的的外科手术。

第四十三条　医疗机构对精神障碍患者实施下列治疗措施，应当向患者或者其监护人告知医疗风险、替代医疗方案等情况，并取得患者的书面同意；无法取得患者意见的，应当取得其监护人的书面同意，并经本医疗机构伦理委员会批准：

（一）导致人体器官丧失功能的外科手术；

（二）与精神障碍治疗有关的实验性临床医疗。

实施前款第一项治疗措施，因情况紧急查找不到监护人的，应当取得本医疗机构负责人和伦理委员会批准。

禁止对精神障碍患者实施与治疗其精神障碍无关的实验性临床医疗。

第四十四条　自愿住院治疗的精神障碍患者可以随时要求出院，医疗机构应当同意。

对有本法第三十条第二款第一项情形的精神障碍患者实施住院治疗的，监护人可以随时要求患者出院，医疗机构应当同意。

医疗机构认为前两款规定的精神障碍患者不宜出院的，应当告知不宜出院的理由；患者或者其监护人仍要求出院的，执业医师应当在病历资料中详细记录告知的过程，同时提出出院后的医学建议，患者或者其监护人应当签字确认。

对有本法第三十条第二款第二项情形的精神障碍患者实施住院治疗，医疗机构认为患者可以出院的，应当立即告知患者及其监护人。

医疗机构应当根据精神障碍患者病情，及时组织精神科执业医师对依照本法第三十条第二款规定实施住院治疗的患者进行检查评估。评估结果表明患者不需要继续住院治疗的，医疗机构应当立即通知患者及其监护人。

第四十五条 精神障碍患者出院，本人没有能力办理出院手续的，监护人应当为其办理出院手续。

第四十六条 医疗机构及其医务人员应当尊重住院精神障碍患者的通讯和会见探访者等权利。除在急性发病期或者为了避免妨碍治疗可以暂时性限制外，不得限制患者的通讯和会见探访者等权利。

第四十七条 医疗机构及其医务人员应当在病历资料中如实记录精神障碍患者的病情、治疗措施、用药情况、实施约束、隔离措施等内容，并如实告知患者或者其监护人。患者及其监护人可以查阅、复制病历资料；但是，患者查阅、复制病历资料可能对其治疗产生不利影响的除外。病历资料保存期限不得少于三十年。

第四十八条 医疗机构不得因就诊者是精神障碍患者，推诿或者拒绝为其治疗属于本医疗机构诊疗范围的其他疾病。

第四十九条 精神障碍患者的监护人应当妥善看护未住院治疗的患者，按照医嘱督促其按时服药、接受随访或者治疗。村民委员会、居民委员会、患者所在单位等应当依患者或者其监护人的请求，对监护人看护患者提供必要的帮助。

第五十条 县级以上地方人民政府卫生行政部门应当定期就下列事项对本行政区域内从事精神障碍诊断、治疗的医疗机构进行检查：

（一）相关人员、设施、设备是否符合本法要求；

（二）诊疗行为是否符合本法以及诊断标准、治疗规范的规定；

（三）对精神障碍患者实施住院治疗的程序是否符合本法规定；

（四）是否依法维护精神障碍患者的合法权益。

县级以上地方人民政府卫生行政部门进行前款规定的检查，应当听取精神障碍患者及其监护人的意见；发现存在违反本法行为的，应当立即制止或者责令改正，并依法作出处理。

第五十一条 心理治疗活动应当在医疗机构内开展。专门从事心理治疗的人员不得从事精神障碍的诊断，不得为精神障碍患者开具处方或者提供外科治疗。心理治疗的技术规范由国务院卫生行政部门制定。

第五十二条 监狱、强制隔离戒毒所等场所应当采取措施，保证患有精神障碍的服刑人员、强制隔离戒毒人员等获得治疗。

第五十三条 精神障碍患者违反治安管理处罚法或者触犯刑法的，依照有关法律的规定处理。

第四章　精神障碍的康复

第五十四条　社区康复机构应当为需要康复的精神障碍患者提供场所和条件，对患者进行生活自理能力和社会适应能力等方面的康复训练。

第五十五条　医疗机构应当为在家居住的严重精神障碍患者提供精神科基本药物维持治疗，并为社区康复机构提供有关精神障碍康复的技术指导和支持。

社区卫生服务机构、乡镇卫生院、村卫生室应当建立严重精神障碍患者的健康档案，对在家居住的严重精神障碍患者进行定期随访，指导患者服药和开展康复训练，并对患者的监护人进行精神卫生知识和看护知识的培训。县级人民政府卫生行政部门应当为社区卫生服务机构、乡镇卫生院、村卫生室开展上述工作给予指导和培训。

第五十六条　村民委员会、居民委员会应当为生活困难的精神障碍患者家庭提供帮助，并向所在地乡镇人民政府或者街道办事处以及县级人民政府有关部门反映患者及其家庭的情况和要求，帮助其解决实际困难，为患者融入社会创造条件。

第五十七条　残疾人组织或者残疾人康复机构应当根据精神障碍患者康复的需要，组织患者参加康复活动。

第五十八条　用人单位应当根据精神障碍患者的实际情况，安排患者从事力所能及的工作，保障患者享有同等待遇，安排患者参加必要的职业技能培训，提高患者的就业能力，为患者创造适宜的工作环境，对患者在工作中取得的成绩予以鼓励。

第五十九条　精神障碍患者的监护人应当协助患者进行生活自理能力和社会适应能力等方面的康复训练。

精神障碍患者的监护人在看护患者过程中需要技术指导的，社区卫生服务机构或者乡镇卫生院、村卫生室、社区康复机构应当提供。

第五章　保障措施

第六十条　县级以上人民政府卫生行政部门会同有关部门依据国民经济和社会发展规划的要求，制定精神卫生工作规划并组织实施。

精神卫生监测和专题调查结果应当作为制定精神卫生工作规划的依据。

第六十一条　省、自治区、直辖市人民政府根据本行政区域的实际情况，统筹规划，整合资源，建设和完善精神卫生服务体系，加强精神障碍预防、治疗和康复服务能力建设。

县级人民政府根据本行政区域的实际情况，统筹规划，建立精神障碍患者社区康复机构。

县级以上地方人民政府应当采取措施，鼓励和支持社会力量举办从事精神障碍诊断、治疗的医疗机构和精神障碍患者康复机构。

第六十二条　各级人民政府应当根据精神卫生工作需要，加大财政投入力度，保障精神卫生工作所需经费，将精神卫生工作经费列入本级财政预算。

第六十三条　国家加强基层精神卫生服务体系建设，扶持贫困地区、边远地区的精神卫生工作，保障城市社区、农村基层精神卫生工作所需经费。

第六十四条　医学院校应当加强精神医学的教学和研究，按照精神卫生工作的实际需要培养精神医学专门人才，为精神卫生工作提供人才保障。

第六十五条　综合性医疗机构应当按照国务院卫生行政部门的规定开设精神科门诊或者心理治疗门诊，提高精神障碍预防、诊断、治疗能力。

第六十六条　医疗机构应当组织医务人员学习精神卫生知识和相关法律、法规、政策。

从事精神障碍诊断、治疗、康复的机构应当定期组织医务人员、工作人员进行在岗培训，更新精神卫生知识。

县级以上人民政府卫生行政部门应当组织医务人员进行精神卫生知识培训，提高其识别精神障碍的能力。

第六十七条　师范院校应当为学生开设精神卫生课程；医学院校应当为非精神医学专业的学生开设精神卫生课程。

县级以上人民政府教育行政部门对教师进行上岗前和在岗培训，应当有精神卫生的内容，并定期组织心理健康教育教师、辅导人员进行专业培训。

第六十八条　县级以上人民政府卫生行政部门应当组织医疗机构为严重精神障碍患者免费提供基本公共卫生服务。

精神障碍患者的医疗费用按照国家有关社会保险的规定由基本医疗保险基金支付。医疗保险经办机构应当按照国家有关规定将精神障碍患者纳入城镇职工基本医疗保险、城镇居民基本医疗保险或者新型农村合作医疗的保障范围。县级人民政府应当按照国家有关规定对家庭经济困难的严重精神障碍患者参加基本医疗保险给予资助。人力资源社会保障、卫生、民政、财政等部门应当加强协调，简化程序，实现属于基本医疗保险基金支付的医疗费用由医疗机构与医疗保险经办机构直接结算。

精神障碍患者通过基本医疗保险支付医疗费用后仍有困难，或者不能通过基本医疗保险支付医疗费用的，民政部门应当优先给予医疗救助。

第六十九条　对符合城乡最低生活保障条件的严重精神障碍患者，民政部门应当会同有关部门及时将其纳入最低生活保障。

对属于农村五保供养对象的严重精神障碍患者，以及城市中无劳动能力、无生活来源且无法定赡养、抚养、扶养义务人，或者其法定赡养、抚养、扶养义务人无赡养、抚养、扶养能力的严重精神障碍患者，民政部门应当按照国家有关规定予以供养、救助。

前两款规定以外的严重精神障碍患者确有困难的，民政部门可以采取临时救助等措施，帮助其解决生活困难。

第七十条　县级以上地方人民政府及其有关部门应当采取有效措施，保证患有精神障碍的适龄儿童、少年接受义务教育，扶持有劳动能力的精神障碍患者从事力所能及的劳动，并为已经康复的人员提供就业服务。

国家对安排精神障碍患者就业的用人单位依法给予税收优惠，并在生产、经营、技术、资金、物资、场地等方面给予扶持。

第七十一条　精神卫生工作人员的人格尊严、人身安全不受侵犯，精神卫生工作人员依法履行职责受法律保护。全社会应当尊重精神卫生工作人员。

县级以上人民政府及其有关部门、医疗机构、康复机构应当采取措施，加强对精神卫生工作人员的职业保护，提高精神卫生工作人员的待遇水平，并按照规定给予适当的津贴。精神卫生工作人员因工致伤、致残、死亡的，其工伤待遇以及抚恤按照国家有关规定执行。

第六章　法律责任

第七十二条　县级以上人民政府卫生行政部门和其他有关部门未依照本法规定履行精神卫生工作职责，或者滥用职权、玩忽职守、徇私舞弊的，由本级人民政府或者上一级人民政府有关部门责令改正，通报批评，对直接负责的主管人员和其他直接责任人员依法给予警告、记过或者记大过的处分；造成严重后果的，给予降级、撤职或者开除的处分。

第七十三条　不符合本法规定条件的医疗机构擅自从事精神障碍诊断、治疗的，由县级以上人民政府卫生行政部门责令停止相关诊疗活动，给予警告，并处五千元以上一万元以下罚款，有违法所得的，没收违法所得；对直接负责的主管人员和其他直接责任人员依法给予或者责令给予降低岗位等级或者撤职、开除的处分；对有关医务人员，吊销其执业证书。

第七十四条　医疗机构及其工作人员有下列行为之一的，由县级以上人民政府卫生行政部门责令改正，给予警告；情节严重的，对直接负责的主管人员和其他直接责任人员依法给予或者责令给予降低岗位等级或者撤职、开除的处分，并可以责令有关医务人员暂停一个月以上六个月以下执业活动：

（一）拒绝对送诊的疑似精神障碍患者作出诊断的；

（二）对依照本法第三十条第二款规定实施住院治疗的患者未及时进行检查评估或者未根据评估结果作出处理的。

第七十五条　医疗机构及其工作人员有下列行为之一的，由县级以上人民政府卫生行政部门责令改正，对直接负责的主管人员和其他直接责任人员依法给予或者责令给予降低岗位等级或者撤职的处分；对有关医务人员，暂停六个月以上一年以下执业活动；情节严重的，给予或者责令给予开除的处分，并吊销有关医务人员的执业证书：

（一）违反本法规定实施约束、隔离等保护性医疗措施的；

（二）违反本法规定，强迫精神障碍患者劳动的；

（三）违反本法规定对精神障碍患者实施外科手术或者实验性临床医疗的；

（四）违反本法规定，侵害精神障碍患者的通讯和会见探访者等权利的；

（五）违反精神障碍诊断标准，将非精神障碍患者诊断为精神障碍患者的。

第七十六条　有下列情形之一的，由县级以上人民政府卫生行政部门、工商行政管理部门依据各自职责责令改正，给予警告，并处五千元以上一万元以下罚款，有违法所得的，没收违法所得；造成严重后果的，责令暂停六个月以上一年以下执业活动，直至吊销执业证书或者营业执照：

（一）心理咨询人员从事心理治疗或者精神障碍的诊断、治疗的；

（二）从事心理治疗的人员在医疗机构以外开展心理治疗活动的；

（三）专门从事心理治疗的人员从事精神障碍的诊断的；

（四）专门从事心理治疗的人员为精神障碍患者开具处方或者提供外科治疗的。

心理咨询人员、专门从事心理治疗的人员在心理咨询、心理治疗活动中造成他人人身、财产或者其他损害的，依法承担民事责任。

第七十七条　有关单位和个人违反本法第四条第三款规定，给精神障碍患者造成损害的，依法承担赔偿责任；对单位直接负责的主管人员和其他直接责任人员，还应当依法给予处分。

第七十八条　违反本法规定，有下列情形之一，给精神障碍患者或者其他公民造成人身、财产或者其他损害的，依法承担赔偿责任：

（一）将非精神障碍患者故意作为精神障碍患者送入医疗机构治疗的；

（二）精神障碍患者的监护人遗弃患者，或者有不履行监护职责的其他情形的；

（三）歧视、侮辱、虐待精神障碍患者，侵害患者的人格尊严、人身安全的；

（四）非法限制精神障碍患者人身自由的；

（五）其他侵害精神障碍患者合法权益的情形。

第七十九条　医疗机构出具的诊断结论表明精神障碍患者应当住院治疗而其监护人拒绝，致使患者造成他人人身、财产损害的，或者患者有其他造成他人人身、财产损害情形的，其监护人依法承担民事责任。

第八十条　在精神障碍的诊断、治疗、鉴定过程中，寻衅滋事，阻挠有关工作人员依照本法的规定履行职责，扰乱医疗机构、鉴定机构工作秩序的，依法给予治安管理处罚。

违反本法规定，有其他构成违反治安管理行为的，依法给予治安管理处罚。

第八十一条 违反本法规定，构成犯罪的，依法追究刑事责任。

第八十二条 精神障碍患者或者其监护人、近亲属认为行政机关、医疗机构或者其他有关单位和个人违反本法规定侵害患者合法权益的，可以依法提起诉讼。

第七章 附则

第八十三条 本法所称精神障碍，是指由各种原因引起的感知、情感和思维等精神活动的紊乱或者异常，导致患者明显的心理痛苦或者社会适应等功能损害。

本法所称严重精神障碍，是指疾病症状严重，导致患者社会适应等功能严重损害、对自身健康状况或者客观现实不能完整认识，或者不能处理自身事务的精神障碍。

本法所称精神障碍患者的监护人，是指依照民法通则的有关规定可以担任监护人的人。

第八十四条 军队的精神卫生工作，由国务院和中央军事委员会依据本法制定管理办法。

第八十五条 本法自 2013 年 5 月 1 日起施行。

附录二

保护精神病患者和改善精神保健的原则[①]

The Protection of Persons with Mental Illness and the Improvement of Mental Health Care

（联合国大会 1991 年 12 月 17 日第 46/119 号决议通过）

适用

本套原则的适用不得因残疾、种族、肤色、性别、语言、宗教、政治或其他见解、国籍、民族或社会出身、法律或社会地位、年龄、财产或出身而有任何歧视。

定义

在本套原则中：

(a)“律师”系指法律或其他合格的代表；

(b)“独立的主管机构”系指国内法规定的胜任和独立的主管机构；

① 联合国官方中文本。参见 http：//daccess-dds-ny. un. org/doc/RESOLUTION/GEN/NR0/579/85/IMG/NR057985. pdf? OpenElement。

(c)“精神保健”包括分析和诊断某人的精神状况，以及精神病或被怀疑为精神病的治疗、护理和康复；

(d)“精神病院”系指以提供精神保健为主要职能的任何机构或一机构之任何单位；

(e)“精神保健工作者”系指具有有关精神保健的特定技能的医生、临诊心理学家、护士、社会工作者或其他受过适宜培训的合格人员；

(f)“患者”系指接受精神保健的人，并包括在精神病[①]住院的所有人；[②]

(g)“私人代表”系指依法负有职责在任何特定方面代表患者利益或代表患者行使一定权利的人，并且包括未成年人的父亲或母亲或法定监护人，除非国内法另有规定；

(h)“复查机构”系指根据原则 17 设立、审查患者非自愿住入或拘留在精神病院情况的机构。

一般性限制条款

本套原则所载权利的行使仅受法律所规定的限制，以及保护有关人士或他人健康或安全，或保护公共安全、秩序、健康或道德或他人的基本权利和自由所必要的限制。

原则 1　基本自由和基本权利

1. 人人皆有权得到可获得的最佳精神保健护理，这种护理应作为保健和社会护理制度的一个组成部分。

2. 所有精神病患者或作为精神病患者治疗的人均应受到人道的待遇，其人身固有的尊严应受到尊重。

3. 所有精神病患者或作为精神病患者治疗的人均应有权受到保护，不受经济、性行为或其他形式的剥削、肉体虐待或其他方式的虐待和有辱人格的待遇。

---

① 原文此处似缺字。

② 后一句英文本为“includes all persons who are admitted to a mental health facility”，应译为“包括被收容于精神卫生机构的所有人”，其意是说包括自愿住院和非自愿住院的精神病患者，以及没有精神病但被当作精神病患者而收容的人。

4. 不得有任何基于精神病的歧视，“歧视”系指会取消或损害权利的平等享受的任何区分、排除或选择。只是为保护精神病患者的权利或使其在身心上得到发展而采取的特别措施，不应被视为有歧视性。歧视不包括依照本套原则的规定，为保护精神病患者或其他个人的人权而作的必要的区分、排除或选择。

5. 每个精神病患者均有权行使《世界人权宣言》、《经济、社会、文化权利国际公约》、《公民权利和政治权利国际公约》以及《残疾人权利宣言》和《保护所有遭受任何形式拘留或监禁的人的原则》等其他有关文书承认的所有公民、政治、经济、社会和文化权利。

6. 仅经国内法设立的独立公正的法庭公平听证之后，方可因某人患有精神病而作出他或她没有法律行为能力，并因没有此种能力应任命一名私人代表的任何决定。如果能力有问题者本人无法取得此种代表，则应在他或她没有足够能力支付的范围内为其免费提供此种代表。律师不得在同一诉讼中代表精神病院或其工作人员，并不得代表能力有问题者之家庭成员，除非法庭认为其中并无利害冲突。应依照国内法规定，合理定期复审关于能力和私人代表必要性的决定。能力有问题者、他或她的任何私人代表及任何其他有关的人有权就任何此类决定向上一级法庭提起上诉。

7. 如法院或其他主管法庭查明精神病患者无法管理自己的事务，则应视患者的情况酌情采取必要的措施，以确保其利益受到保护。

原则 2　保护未成年人

应在本套原则的宗旨和有关保护未成年人的国内法范围之内给予特殊照顾以保护未成年人的权利，包括在必要时任命一家庭成员之外的私人代表。

原则 3　在社区中的生活

每一精神病患者有权在可能的条件下于社区内生活和工作。

原则 4　精神病的确定

1. 确定一人是否患有精神病，应以国际接受的医疗标准为依据。

2. 确定是否患有精神病，绝不应以政治、经济或社会地位，或是否属某个文化、种族或宗教团体，或与精神健康状况无直接关系的其他任何理由为依据。

3. 家庭不和或同事间不和，或不遵奉一个人所在社区的道德、社会、文化或政治价值观或宗教信仰之行为，不得作为诊断精神病的一项决定因素。

4. 过去作为患者的治疗或住院背景本身不得作为目前或今后对精神病的任何确定的理由。

5. 除与精神病直接有关的目的或精神病后果外，任何人或权力机构都不得将一个人归入精神病患者一类，也不得用其他方法表明其为精神病患者。

原则 5 体格检查

除依照国内法批准的程序进行的以外，不得强迫任何人进行用以确定其是否患有精神病的体格检查。

原则 6 保密

与本套原则适用的所有人有关的情况应予保密的权利应当得到尊重。

原则 7 社区和文化的作用

1. 每个患者均应有权尽可能在其生活的社区内接受治疗和护理。

2. 如治疗在精神病院进行，患者应有权尽可能在靠近其住所或其亲属或朋友之住所的精神病院中接受治疗，并有权尽快返回社区。

3. 每个患者均有权以适合其文化背景的方式接受治疗。

原则 8 护理标准

1. 每个患者均应有权得到与其健康需要相适应的健康和社会护理，并有权根据与其他患者相同的标准获得护理和治疗。

2. 每个患者均应受到保护，免受不当施药、其他患者、工作人员或其他人的凌辱、或造成精神苦恼、身体不适的其他行为的伤害。

原则 9 治疗

1. 每个患者应有权在最少限制的环境中接受治疗，并且得到最少限制性或侵扰性而符合其健康需要和保护他人人身安全需要的治疗。

2. 对每个患者的治疗和护理均应按合格医疗人员所定个人处方计划来进行，处方计划应与患者商议、定期审查，必要时加以修改。

3. 应始终按照精神保健工作者适用的道德标准提供精神保健，包括诸如联合国大会通过的有关医务人员、特别是医生在保护被监禁和拘留的人不受酷刑和其他残忍、不人道或有辱人格的待遇或处罚方面的任务的《医疗道德原则》等国际公认的标准。精神病学的知识和技能决不可滥用。

4. 对每个患者的治疗应以保护和提高个人和自主能力为宗旨。

原则 10　药物

1. 药物应符合患者的最佳健康需要，为治疗和诊断目的给予患者，不得作为惩罚施用，或为他人便利而使用。在不违反下文原则 11 第 15 款规定的前提下，精神病医生仅应施用药效已知或已证实的药物。

2. 所有施药均应由经法律授权的精神保健工作者开写处方，并应记入患者病历。

原则 11　同意治疗

1. 除本条原则第 6、第 7、第 8、第 13 和 15 款规定者外，未经患者知情同意，不得对其施行任何治疗。

2. 知情同意系指以患者理解的形式和语言适当地向患者提供充足的、可以理解的以下方面情况后，在无威胁或不当引诱情况下自由取得的同意：

（a）诊断评价；

（b）所建议治疗的目的、方法、可能的期限和预期好处；

（c）可采用的其他治疗方式，包括侵扰性较小的治疗方式；

（d）所建议治疗可能产生的疼痛或不适、可能产生的风险和副作用。

3. 患者在给予同意的过程中可要求有其本人选择的一个或多人在场。

4. 除本条原则第 6、第 7、第 8、第 13 和第 15 款规定者外，患者有权拒绝或停止接受治疗。须向患者说明拒绝或停止接受治疗的后果。

5. 决不应请患者或引诱患者放弃作出知情同意的权利。如果患者请求这样做，则应向其说明：未取得知情同意，不能给予治疗。

6. 除本条原则第 7、第 8、第 12、第 13、第 14 和第 15 款规定者外，如符合下列条件可不经患者知情同意即可对患者实行所建议的治疗方案：

（a）患者其时是作为非自愿患者被强制留医；

（b）掌握所有有关情况、包括本条原则第 2 款所列情况的独立主管机构确信，其时患者缺乏对所建议治疗方案给予或不给予知情同意的能力，或国内法律规定，根据患者本人的安全或他人的安全，患者不予同意是不合理的；

（c）独立主管当局确信，所建议的治疗方案最适合病人的病情需要。

7. 患者如有私人代表，依法授权可对其治疗予以同意者，上文第 6 款则不予适用；但除本条原则第 12、第 13、第 14 和第 15 款规定者外，如该私人代表在被告知本条原则第 2 款所述情况后代表患者表示同意，可不经患者知情同意即对其施行治疗。

8. 除本条原则第 12、第 13、第 14 和第 15 款规定者外，如果经法律批准合格的精神保健工作者确定，为防止即时或即将对患者或他人造成伤害，迫切需要治疗，则也可不经患者知情同意即对其施行治疗。但此种治疗期限不得超过为此目的所绝对必要的时间。

9. 在未经患者知情同意而批准治疗的情况下，应尽力将治疗的性质和任何可采用的其他方法告知患者，并在切实可行的范围内尽可能使患者参与拟订治疗方案。

10. 所有治疗均应立即记入患者病历，并表明是非自愿还是自愿治疗。

11. 不得对患者进行人体束缚或非自愿隔离，除非根据精神病院正式批准的程序而且是防止即时或即将对患者或他人造成伤害的唯一可用手段。使用这种手段的时间不得超过为此目的所绝对必要的限度。所有人体束缚或非自愿隔离的次数、原因、性质和程度均应记入患者的病历。受束缚或隔离的患者应享有人道的条件，并受到合格的工作人员的护理和密切、经常的监督。在有私人代表或涉及私人代表时，应立即向其通知对患者的人体束缚或非自愿隔离。

12. 绝育决不得作为治疗精神病的手段。

13. 仅在国内法许可，据认为最有利于精神病患者健康需要并在患者知情同意的情况下方可对患者实施重大的内科或外科手术，除非患者没有能力表示知情同意，在这种情况下只有在独立的审查之后方可批准手术。

14. 决不得对精神病院的非自愿患者进行精神外科及其他侵扰性和不可逆转的治疗，对于其他患者，在国内法准许进行此类治疗的情况下，只有患者给予知情同意且独立的外部机构确信知情同意属实，而这种治疗最符合患者病情需要时，才可施行此类手术。

15. 临床试验或试验性治疗不得施用于未经知情同意的患者，只有在经为此目的而专门组成的独立主管审查机构批准的情况下，才可允许无能力给予知情同意的患者接受临床试验或试验性治疗。

16. 在本条原则第6、第7、第8、第13、第14和第15款所说明的情况下，患者、其私人代表、或任何有关人士均有权就其所接受的任何治疗向司法或其他独立主管机构提出上诉。

原则12　权利的通知

1. 对于精神病院的患者，应在住院后尽快以患者能理解的形式和语言使其知道根据本套原则和国内法他或她应享有的一切权利，同时应对这些权利和如何行使这些权利作出解释。

2. 如患者无法理解此种通知，在这种情况下，如有私人代表，则应酌情将患者的权利告知，或转告一个或几个最能代表患者利益且愿这样做的人。

3. 具备必要行为能力的患者有权指定一人代表他或她接受有关通知，并指定一人代表其利益与精神病院的主管部门交涉。

原则13　精神病院内的权利和条件

1. 精神病院的每个患者的下列权利尤应得到充分尊重：

（a）在任何场合均被承认为法律面前的人；

（b）隐私；

（c）交往自由，包括与院内其他人交往的自由；收发不受查阅的私人信函的自由；单独会见律师或其他机构代表和在一切合理时间单独会见其他来访者的自由；私下接待律师或私人代表及在一切合理的时间接待其他来访者的自由；享受邮政和电话服务及看报、收听电台和收看电视的自由；

（d）宗教或信仰自由。

2. 精神病院的环境和生活条件应尽可能接近同龄人正常生活的环境和条件，而且尤其应包括：

（a）娱乐和闲暇活动设施；

（b）教育设施；

（c）购买或接受日常生活、娱乐和通信的各种用品的设施；

（d）提供有关设施，并鼓励使用此类设施，使患者从事与其社会和文化背景相适应的有收益职业，并接受旨在促进重新加入社区生活的适宜的职业康复措施。此类措施应包括职业指导、职业培训和安置服务，使患者在社区中找到或保持就业。

3. 患者应绝对免于强迫劳动。在合乎患者需要和病院管理方要求的范围内，患者应能选择希望从事的工作。

4. 不应剥削精神病院患者的劳动。每个患者均有权为所做的任何工作得到报酬，其数额应与正常人所做的同类工作依照国内法或惯例而得到的报酬相同。无论如何，每个患者都有权从为其工作支付给精神病院的任何报酬中得到其应得的一份报酬。

原则 14　精神病院的资源

1. 精神病院应能得到与其他保健机构同样的资源，特别是：

（a）有足够数量的合格医务人员和其他有关专业人员以及有足够的房舍，以向每一个患者提供个人安宁和适当而积极的治疗方案；

（b）对患者进行诊断和治疗的设备；

（c）适当的专业护理；

（d）充足、定期和综合治疗，包括药物供应。

2. 主管当局应经常视察每个精神病院，以确保其条件、对患者的治疗和护理情况符合本套原则。

原则 15　住院原则

1. 如患者需要在精神病院接受治疗，应尽一切努力避免非自愿住院。

2. 精神病院入院条件应与为其他任何疾病住入其他任何医院的条件相同。

3. 不是非自愿住院的每一个患者应有权随时离开精神病院，除非下文

第16条所规定的将其作为非自愿患者留医的标准适用；患者应被告知这一权利。

原则16　非自愿住院

1. 唯有在下述情况下，一个人才可作为患者非自愿地住入精神病院；或作为患者自愿住入精神病院后，作为非自愿患者在医院中留医，即：法律为此目的授权的合格精神保健工作者根据上文原则4，确定该人患有精神病，并认为：

(a) 因患有精神病，很有可能即时或即将对他本人或他人造成伤害；或

(b) 一个人精神病严重，判断力受到损害，不接受入院或留医可能导致其病情的严重恶化，或无法给予根据限制性最少的治疗方法原则，只有住入精神病院才可给予的治疗。

在（b）项所述情况下，如有可能应找独立于第一位的另一位此类精神保健工作者诊治；如果接受这种诊治，除非第二位诊治医生同意，否则不得安排非自愿住院或留医。

2. 非自愿住院或留医应先在国内法规定的短期限内进行观察和初步治疗，然后由复查机构对住院或留医进行复查。住院或留医理由应不事迟缓地通知患者，同时，住院或留医之情事及理由应立即详细通知复查机构、患者私人代表（如有代表），如患者不反对，还应通知患者亲属。

3. 精神病院仅在经国内法规定的主管部门加以指定之后方可接纳非自愿住院的患者。

原则17　复查机构

1. 复查机构是国内法设立的司法或其他独立和公正的机构，依照国内法规定的程序行使职能。复查机构在作出决定时应得到一名或多名合格和独立的精神保健工作者的协助，并应考虑其建议。

2. 复查机构按上文原则16第2款的要求对患者作为非自愿患者住院或留医的决定进行的初步审查应在该决定作出之后尽快进行，并应按照国内法规定的简要和迅速的程序进行。

3. 复查机构应按照国内法规定的合理间隔定期审查非自愿住院患者的

病情。

4. 非自愿住院的患者可按照国内法规定的合理间隔向复查机构申请出院或自愿住院的地位。

5. 复查机构在每次审查时应考虑上文原则 16 第 1 款所规定的非自愿住院标准是否仍然对患者适用，如不适用，患者应不再作为非自愿住院患者继续住院。

6. 如负责病情的精神保健工作者在任一时候确信某一患者不再符合非自愿住院患者的留院条件，应给予指示，令患者不再作为非自愿住院患者继续住院。

7. 患者或其私人代表或任何有关人员均有权向上一级法庭提出上诉，反对令患者住入或拘留在精神病院中的决定。

原则 18　诉讼保障

1. 患者有权选择和指定一名律师代表患者的利益，包括代表其申诉或上诉。若患者本人无法取得此种服务，应向其提供一名律师，并在其无力支付的范围内予以免费。

2. 必要时患者有权得到一名译者的服务协助。在此种服务属于必要而患者无法取得的情况下，应向其提供，并应在其无力支付的范围内予以免费提供。

3. 患者及其律师可在任何听证会上要求得到和出示一份独立编拟的精神保健报告和任何其他报告以及有关的和可接受的口头证据、书面证书和其他证据。

4. 提交的病历及任何报告和文件的副本应送交患者及其律师，除非在特殊情况下认定，向患者透露详情会严重损害患者的健康，或危及他人的安全。任何不送交患者的文件应按国内法可能规定的办法在可靠的条件下送交患者的私人代表和律师。如果一份文件的任何部分不送交患者，患者或患者的律师（如有律师）应得到关于不送交的通知及其理由，此事应受到司法审查。

5. 患者、患者的私人代表及律师有权出席、参加任何听证会，并亲自陈述意见。

6. 若患者或其代表请某人出席听证会，应准许该人出席，除非认定此人之出席会严重损害患者健康或危及他人的安全。

7. 就听证会或其一部分应公开或非公开举行和是否可予以公开报道作出任何决定时，应充分考虑到患者本人的愿望，有必要尊重患者及他人的隐私，有必要防止严重损害患者的健康或避免危及他人的安全。

8. 听证会上作出的决定和提出的理由应以书面形式表达。副本应送交患者及他或她的私人代表和律师。在决定是否应全部或部分公开该决定时，应充分考虑到患者本人的愿望，有必要尊重他或她的隐私和他人的隐私，考虑到公开司法裁判中的公共利益，以及有必要防止严重损害患者的健康或避免危及他人的安全。

原则 19　知情权利

1. 患者（在本条原则[①]中包括原患者）有权查阅精神病院保存的关于他或她的病历和个人记录。对此项权利可加以限制，以便防止严重损害患者的健康和避免危及他人的安全。任何不让患者了解的此类记录应按国内法可能规定的办法在可靠的条件下送交患者的私人代表和律师。如有任何资料不送交患者，患者或患者的律师应得到关于不送交的通知及理由，此事应受到司法审查。

2. 患者或患者的私人代表或律师的任何书面意见应按其要求列入患者档案。

原则 20　刑事罪犯

1. 本条原则适用因刑事犯罪服刑或在对其进行刑事诉讼或调查期间被拘留的、并被确认患有精神病或被认为可能患有此种疾病的人。

2. 所有此类人士应得到上文原则 1 中规定的最佳可得护理。本套原则应尽可能完全适用此类人士，仅在必要的情况下可有有限的修改和例外。此种修改和例外不得妨害此类人士根据上文原则 1 第 5 款指明的各项文书

① 英文本此处为“the present Principle”，其中 Principled 第一个字母为大写，系特指《保护精神病患者和改善精神保健的原则》整体，应译为“本套原则”或者“本《原则》”，而不能译为“本条原则”。原则 20 第 1 项中的“本条原则”的英文亦是“the present Principle”，亦应译为“本套原则”。英文本原则 11 中使用了“the present principle”，principle 第一个字母没有大写，系指原则 11，因而可译为“本条原则”。

享有的权利。

3. 国内法可批准法庭或其他主管机构根据合格和独立的医疗意见下令将此类人士送入精神病院。

4. 对确定患有精神病者的治疗应在任何情况下符合上文原则 11 的规定。

原则 21 控告

每一患者和原患者有权通过国内法规定的程序提出控告。

原则 22 监督和补救

各国应确保实行适当的机制，促进对本套原则的遵守，视察精神病设施，提出、调查和解决控告事宜并为渎职或侵犯患者权利提起适宜的纪律或司法诉讼。

原则 23 执行

1. 各国应通过适当的立法、司法、行政、教育和其他措施执行本套原则，并应定期审查此类措施。

2. 各国应以适当和积极的手段广为宣传本套原则。

原则 24 与精神病院有关的原则范围

本套原则适用所有住入精神病院的人。

原则 25 现有权利的保留

不得以本套原则未承认患者的某些现有权利或承认范围小于现行范围为借口限制或减损患者的任何现有权利。

主要参考文献

一　中国古籍和近代文献、著作[①]

1. (明) 应槚:《大明律释义》,嘉靖三十一年,广东布政使司重校刊行,影印本。
2. (清) 沈之奇:《大清律辑注》(康熙五十四年),乾隆十年刻本,影印本。
3. (清) 雍正:《朱批谕旨》,摛藻堂四库全书荟要,影印本。
4. (清) 祝庆祺等编《刑案汇览》,道光十四年,影印本。
5. (清) 昆冈等修《钦定大清会典事例》,光绪二十五年,影印本。
6. (清) 沈家本等撰《钦定大清现行新律例》,光绪三十四年,影印本。
7. 《京话日报》(1904年8月至1923年4月,其间多次被封禁),影印本。
8. (清) 俞廉三等撰《大清民律草案》,修订法律馆刷印,1911,首都图书馆藏。
9. 《民国暂行民律》,启新书局,1912。
10. 秦同培编译《精神卫生论》,商务印书馆,1916。
11. 秦同培编译《精神卫生论》,商务印书馆,1926。

① 古籍、民国图书基本以当代出版时间为序。

12. 立法院秘书处编《立法专刊》第一辑，民智书局，1929。
13. 立法院秘书处编《立法专刊》第二辑，民智书局，1930。
14. 立法院秘书处编《立法专刊》第四辑，民智书局，1931。
15. 郭卫编《大理院判决例全书》，会文堂新记书局，1932。
16. 夏晋麟编《上海租界问题》，中国太平洋国际学会，1932。
17. 立法院秘书处编《立法专刊》第十一辑，民智书局，1935。
18. 章颐年：《心理卫生概论》，商务印书馆，1936。
19. 宋思明：《精神病之社会的因素与防治》，中华书局，1944。
20. 罗锋：《疯狂八月记》，杂志社，1945。
21. 上海儿童福利促进会编《上海市社会福利机关要览》，上海儿童福利促进会，1948。
22. 中国法规刊行社编审委员会编《最新六法全书》，中国法规刊行社，1948。
23. （宋）司马光编《资治通鉴》，中华书局，1956。
24. （清）钱谦益：《列朝诗集小传》，古典文学出版社，1957。
25. （汉）司马迁：《史记》，中华书局，1959。
26. （明）何良俊：《四友斋丛说》，中华书局，1959。
27. （清）王树枏等纂《新疆图志》，台湾文海出版社，1965，影印本。
28. 《万国公报》，台湾华文书局有限股份公司，1968，影印本。(《万国公报》为外国传教士所办的中文刊物，故列于此类)
29. 《大清法规大全》(政学社印行)，台湾考正出版社，1972，影印本。
30. （清）张廷玉等：《明史》，中华书局，1974。
31. （后晋）刘昫等：《旧唐书》，中华书局，1975。
32. （明）宋濂等：《元史》，中华书局，1976。
33. 赵尔巽等：《清史稿》，中华书局，1976。
34. （清）谷应泰：《明史纪事本末》，中华书局，1977。
35. （唐）吴兢：《贞观政要》，上海古籍出版社，1978。
36. （明）冯梦龙、蔡元放编《东周列国志》，人民文学出版社，1978。
37. 中国人民大学法律系法制史教研室编印《中国近代法制史资料选编》(第一分册)，1980。
38. 中国人民大学法律系法制史教研室编印《中国近代法制史资料选编》

（第二分册），1980。
39. 潘光旦编译《优生原理》（1949 年出版），天津人民出版社，1981。
40.《临时公报》（北洋政府，1911 年 11 月至 1912 年 4 月），中国第二历史档案馆整理，江苏人民出版社，1981，影印本。
41.《申报》（1872 年 4 月至 1949 年 5 月），上海书店，1982，影印本。
42. 潘维如：《中国历次民律草案校释》，台湾汉林出版社，1982。
43.（唐）长孙无忌：《唐律疏议》，刘俊文点校，中华书局，1983。
44.《宋刑统》，吴翊如点校，中华书局，1984。
45.（清）计六奇：《明季北略》，魏得良、任道斌点校，中华书局，1984。
46.（汉）郑玄：《周礼郑氏注》，中华书局，1985。
47.（明）文秉：《先拨志始》，中华书局，1985。
48.（清）沈家本：《历代刑法考：附寄簃文存》，邓经元、骈宇骞点校，中华书局，1985。
49. 戴鸿映编《旧中国治安法规选编》，群众出版社，1985。
50.《政府公报》（北洋政府，1912 年 5 月至 1928 年 6 月），中国第二历史档案馆整理，上海书店，1988，影印本。
51.《元典章》（海王邨古籍丛刊），中国书店，1990。
52. 杨鸿烈：《中国法律发达史》（1930 年出版），上海书店，1990。
53. 中国第一历史档案馆编《雍正朝汉文朱批奏折汇编》第十九册，江苏古籍出版社，1991。
54. 中国第一历史档案馆编《乾隆朝上谕档》第四册，档案出版社，1991。
55.（清）吴坛：《大清律例通考》，见马建石、杨育裳主编《大清律例通考校注》，中国政法大学出版社，1992。
56. 高潮、马建石主编《中国历代刑法志注译》，吉林人民出版社，1994。
57.（清）薛允升：《读例存疑》，见胡星桥、邓又天主编《读例存疑点注》，中国人民公安大学出版社，1994。
58.《大清律例》（以道光六年本为底本），张荣铮、刘勇强、金懋初点校，天津古籍出版社，1995。
59.（清）沈家本：《沈家本未刻书集纂》，刘海年、韩延龙等整理，中国社会科学出版社，1996。
60.《清末北京城市管理法规》，田涛、郭成伟整理，北京燕山出版社，1996。
61. （南朝宋）范晔编撰、（唐）李贤等注《后汉书》，中华书局，1997。
62. 北京市东城区园林局、北京市档案馆编《北京地坛史料》，北京燕山出版社，1998。
63. （清）薛允升:《唐明律合编》，怀效锋、李鸣点校，法律出版社，1999。
64. 《大清律例》（乾隆五年本），田涛、郑秦点校，法律出版社，1999。
65. （清）沈之奇:《大清律辑注》，怀效锋、李俊点校，法律出版社，2000。
66. 《大清民律草案·民国民律草案》，杨立新点校，吉林人民出版社，2002。
67. 《顺治三年奏定律》，王宏治、李建渝点校，为杨一凡、田涛主编《中国珍稀法律典籍续编》第五册，黑龙江人民出版社，2002。
68. （清）薛允升：《唐明清三律汇编》，田涛、马志冰点校，为杨一凡、田涛主编《中国珍稀法律典籍续编》第八册，黑龙江人民出版社，2002。
69. 〔德〕花之安:《自西徂东》（1884 年出版），上海书店出版社，2002。（《自西徂东》为中文著作，故列于此类）
70. 陈瑾昆:《刑法总则讲义》（1934 年出版），吴允锋校勘，中国方正出版社，2004。
71. 王治心:《中国基督教史纲》（1940 年出版），世纪出版集团、上海古籍出版社，2004。
72. 王觐:《中华刑法论》（1926 年至 1936 年分卷出版），姚建龙勘校，中国方正出版社，2005。
73. 《中华民国刑法》（王宠惠属稿，1928 年出版），郭元觉校勘，李秀清点校，中国方正出版社，2006。
74. 《清代文字狱档》，上海书店出版社，2007。
75. 《刑案汇览全编》，杨一凡、尤韶华等点校，法律出版社，2007。
76. 谢森、陈士杰、段吉墀编《民刑事裁判大全》（1938 年出版），卢静仪点校，北京大学出版社，2007。
77. 邵义：《民律释义》（1917 年出版），王志华勘校，北京大学出版社，2008。
78. 上海商务印书馆编译所编纂《大清新法令（1901—1911）点校本》第一卷，商务印书馆，2010。
79. 上海商务印书馆编译所编纂《大清新法令（1901—1911）点校本》第二卷，商务印书馆，2011。
80. 上海商务印书馆编译所编纂《大清新法令（1901—1911）点校本》第三卷，商务印书馆，2011。
81. 《清代文字狱档》（增订本），上海书店出版社，2011。
82. 《元典章》，陈高华等点校，天津古籍出版社、中华书局，2011。
83. 杨立新主编《中国百年民法典汇编》，中国法制出版社，2011。
84. 高汉成主编《〈大清新刑律〉立法资料汇编》，社会科学文献出版社，2013。
85. 《皇明制书》第二册，杨一凡点校，社会科学文献出版社，2013。
86. 《行政处关于贫民教养院改组妇女习工厂及在宝钞胡同设立疯人收养所的公函》，1917 年，北京市档案馆，J181－018－08348。
87. 《疯人收养所关于于本月廿三日启用钤记迁移高公庵胡同新署办公的函》，1918 年，北京市档案馆，J181－018－09842。
88. 《社会局关于疯人收养所改组为精神病疗养院和任免院长的训令》，1933 年，北京市档案馆，J002－001－00108。
89. 《北平社会局关于精神病院划归卫生处管理的函》，1934 年，北京市档案馆，J181－020－19112。
90. 《卫生局关于拟改正局属精神病疗养院等十院所名称、冠以“市立”字样并刊发钤记的呈及市政府的指令》，1937 年，北京市档案馆，J005－002－00063。
91. 《北京特别市警察局关于精神病疗养院迁址的训令》，1940 年，北京市档案馆，J181－022－08110。
92. 《卫生局、精神病院关于人员任免、补充、辞职的呈和市公署的指令以及精神病疗养院组织规则草案》，1940～1942 年，北京市档案馆，J005－002－00373。
93. 《北平市警察局关于精神病患者由各分局逐送入院疗养的公函及卫生局给精神病疗养院的训令》，1943 年，北京市档案馆，J005－003－00812。

94.《卫生局呈送精神病疗养院魏、赵院长交接清册及市立第一医院金、王院长交接的呈文以及市政府的指令》，1945 年，北京市档案馆，J005－001－00867。
95.《卫生局关于精神病疗养院申请迁出坛内住户和寄埋坟墓、禁止闲人入院游玩的呈和市政府的指令、训令》，1946 年，北京市档案馆，J005－003－00520。
96.《卫生局关于对警察局送来之精神人不得籍词推诿给精神疗养院的训令及为此与警察局社会局的来往公函》，1946 年，北京市档案馆，J005－003－00913。
97.《精神病疗养院关于人员任免的呈和卫生局的指令》，1946 年，北京市档案馆，J005－002－00710。
98.《卫生局令市立各院所报送每周病床和门诊免费数目表的训令及市立精神病疗养院的呈》，1946 年，北京市档案馆，J005－003－00523。
99.《市立精神疗养院拟具的免费收容精神病人办法及卫生局关于收容精神患者与警察局、社会局等单位的来往函》，1947 年，北京市档案馆，J005－003－00614。
100.《卫生局关于请简化手续收容精神病愈者的函及社会局的复函》，1947 年，北京市档案馆，J002－006－00334。
101.《卫生局、市立精神病疗养院关于收治精神病患者与各机关的来往公函》，1947～1948 年，北京市档案馆，J005－001－01782。
102.《卫生局呈送精神病防治院等的组织规程、组织通则及编制的呈文》，1948 年，北京市档案馆，J005－001－02013。
103.《北平市政府卫生局关于将精神病疗养院改为精神病防治院的公函》，1948 年，北京市档案馆，J181－016－01241。
104.《卫生局关于第一医院请增加编制员额及精神病疗养院改为精神病防治院换发新钤记的呈文及市政府的指令》，1948 年，北京市档案馆，J005－001－01695。

二　中国现代文献和著作

1. 中华人民共和国内政部办公厅编印《民政法令汇编（1949.10—1954.9）》，1954。

2. 中华人民共和国内政部办公厅编印《民政法令汇编（1954—1955)》，1956。
3. 中华人民共和国内政部办公厅编印《民政法令汇编》第三册，1957。
4. 工人出版社编辑《医务工作者服务态度的大革命》，工人出版社，1958。
5. 中华人民共和国卫生部主编《庆祝建国十周年医学科学成就论文集》下卷，人民卫生出版社，1959。
6. 南京神经精神病防治院编著《精神病学》，江苏人民出版社，1960。
7. 陈弘道、陈颖编著《临床精神病学》，安徽人民出版社，1962。
8.《新沙皇统治下的苏联》，北京人民出版社，1975。
9.《苏联社会帝国主义经济统计资料》，人民出版社，1977。
10. 蔡墩铭:《犯罪心理学》，台湾黎明文化事业股份有限公司，1979。
11. 史尚宽:《亲属法论》，台湾荣泰印书馆，1980。
12. 高铭暄:《中华人民共和国刑法的孕育和诞生》，法律出版社，1981。
13. 夏镇夷主编《英汉精神病学词汇》，人民卫生出版社，1981。
14. 湖南医学院主编《精神医学基础》（精神医学丛书第一卷），湖南科学技术出版社，1981。
15. 夏镇夷主编《中国医学百科全书·精神病学》，上海科学技术出版社，1982。
16. 卫生部医学科学技术局编《国内外医学科学进展1981》，上海市医学科学技术情报研究所，1982。
17. 段淑贞编《精神病学简明词典》，知识出版社，1982。
18. 蔡枢衡:《中国刑法史》，广西人民出版社，1983。
19. 程玉麐:《动力精神医学》，台湾五南图书出版公司，1983。
20. 刘正埮、高名凯等编《汉语外来词词典》，上海辞书出版社，1984。
21. 上海第一医院等单位主编《临床精神医学》（精神医学丛书第二卷），湖南科学技术出版社，1984。
22. 纪术茂:《精神疾病与法律》，法律出版社，1984。
23. 北京医科大学主编《精神医学与相关问题》（精神医学丛书第三卷），湖南科学技术出版社，1986。
24. 沈政主编《法律心理学》，北京大学出版社，1986。
25. 龙斯荣、龙翼飞:《中华人民共和国民法通则释义》，吉林人民出版社，1987。
26. 贾谊诚主编《实用司法精神病学》，安徽人民出版社，1988。
27. 朱智贤主编《心理学大词典》，北京师范大学出版社，1989。
28. 陈仲庚主编《心理治疗与心理咨询》，辽宁人民出版社，1989。
29. 杨德森主编《中国精神疾病诊断标准与案例》，湖南人民出版社，1989。
30. 赵秉志：《犯罪主体论》，中国人民大学出版社，1989。
31. 沈政等：《法律精神病学》，中国政法大学出版社，1989。
32. 李清福、刘渡舟主编《中医精神病学》，天津科学技术出版社，1989。
33. 夏镇夷等主编《实用精神医学》，上海科学技术出版社，1990。
34. 梁国庆主编《新中国司法解释大全》，中国检察出版社，1990。
35. 李丛培主编《司法精神病学》，人民卫生出版社，1990。
36. 《中国大百科全书·心理学卷》，中国大百科全书出版社，1991。
37. 江三多等编著《遗传与精神疾病》，科学出版社，1991。
38. 编辑委员会编《列强在中国的租界》，中国文史出版社，1992。
39. 沈渔邨主编《精神病学》（第二版），人民卫生出版社，1992。
40. 刘士国主编《中国民法要论》，辽宁大学出版社，1992。
41. 李从培主编《司法精神病学》，人民卫生出版社，1992。
42. 陈卫东等：《刑事特别程序的实践与探讨》，人民法院出版社，1992。
43. 《潘光旦文集》第一卷，北京大学出版社，1993。
44. 许又新：《精神病理学——精神症状的分析》，湖南科学技术出版社，1993。
45. 刘协和、杨权主编《精神科急诊医学》，湖南科学技术出版社，1993。
46. 杨玲玲、左成业主编《器质性精神病学》，湖南科学技术出版社，1993。
47. 郭莲舫、张明园主编《精神卫生学》，上海医科大学出版社，1993。
48. 林宪：《精神医学史》，台湾水牛出版社，1994。
49. 周俊、何兆雄主编《外国医德史》，上海医科大学出版社，1994。
50. 杨德森主编《基础精神医学》，湖南科学技术出版社，1994。
51. 张继志主编《精神医学与心理卫生研究》，北京出版社，1994。
52. 中华医学会精神科学会、南京医科大学脑科医院编《CCMD－2－R，中国精神疾病分类方案与诊断标准》，东南大学出版社，1995。
53. 何裕民：《中国传统精神病理学》，上海科学普及出版社，1995。
54. 顾明等主编《中华人民共和国法制百科全书》，吉林人民出版社，1995。
55. 沈渔邨主编《精神病学》（第三版），人民卫生出版社，1995。
56. 陈学诗、陈秀华主编《中国现代神经精神病学发展概况》，中国科学技术出版社，1995。
57. 最高人民检察院法律政策研究室编《中华人民共和国现行法律法规及司法解释大全》，中国方正出版社，1996。
58. 林准主编《精神疾病患者刑事责任能力和医疗监护措施》，人民法院出版社，1996。
58. 赵功民：《遗传的观念》，中国社会科学出版社，1996。
60. 吴宗宪：《西方犯罪学史》，警官教育出版社，1997。
61. 王家福、刘海年主编《中国人权百科全书》，中国大百科全书出版社，1998。
62. 王仲奋编著《地坛史略》，北京燕山出版社，1998。
63. 最高人民法院研究室编《最新刑事法律及司法解释手册》，法律出版社，1999。
64. 姜佐宁主编《现代精神病学》，科学出版社，1999。
65. 渠敬东：《缺席与断裂——有关失范的社会学研究》，上海人民出版社，1999。
66. 全根先主编《中国民政工作全书》，中国广播电视出版社，1999。
67. 胡海林：《心灵的地狱——关于精神卫生问题的报告》，红旗出版社，1999。
68. 刘白驹：《精神障碍与犯罪》，社会科学文献出版社，2000。
69. 韩延龙、苏亦工等：《中国近代警察史》，社会科学文献出版社，2000。
70. 俞可平：《权利政治与公益政治》，社会科学文献出版社，2000。
71. 张冬梅主编《民法通则新释与例解》，同心出版社，2000。
72. 中华医学会精神科分会编《CCMD－3，中国精神障碍分类方案与诊断标准（第三版）》，山东科学技术出版社，2001。
73. 民政部法规办公室编《中华人民共和国民政工作文件汇编（1949－

1999)》，中国法制出版社，2001。
74. 陈彦方主编《CCMD－3相关精神障碍的治疗与护理》，山东科学技术出版社，2001。
75. 韩忠谟:《刑法原理》，中国政法大学出版社，2002。
76. 民政部法规办公室编《中华人民共和国民政法规大全》，中国法制出版社，2002。
77. 汪民安:《福柯的界线》，中国社会科学出版社，2002。
78. 张生:《民国初期民法的近代化：以固有法与继受法的整合为中心》，中国政法大学出版社，2002。
79. 张丽卿:《司法精神医学：刑事法学与精神医学之整合》，中国政法大学出版社，2003。
80. 刘婕主编《疾病和有关健康问题的国际统计分类（ICD－10与ICD－9对照）实用指导》，江西科学技术出版社，2003。
81. 梁慧星主持《中国民法典草案建议稿附理由·总则编》，法律出版社，2004。
82. 贾西津：《心灵与秩序——从社会控制到个人关怀》，贵州人民出版社，2004。
83. 南俊华主编、卫生部卫生监督中心编著《医疗卫生监督管理法规文件汇编（1980－2004)》，中国医药科技出版社，2004。
84. 上海通志编纂委员会编《上海通志》第9册，上海社会科学出版社，2005。
85. 喻东山、高振忠主编《精神科合理用药手册》，江苏科学技术出版社，2005。
86. 郭建安、郑霞泽主编《限制对人身自由的限制——中国行政性限制人身自由法律处分的法治建设》，法律出版社，2005。
87. 公安部监所管理局编《公安监所管理》，中国人民公安大学出版社，2005。
88. 梁慧星主持《中国民法典草案建议稿附理由·亲属编》，法律出版社，2006。
89. 刘白驹:《性犯罪：精神病理与控制》，社会科学文献出版社，2006。
90. 许玉秀主编《新学林分科六法·刑法》，台湾新学林出版股份有限公司，2006。
91. 高点法学研究室主编《学习式六法》，台湾高点文化事业有限公司，2006。
92. 杨念群：《再造“病人”：中西医冲突下的空间政治（1832～1985）》，中国人民大学出版社，2006。
93. 李洪祥主编《民法学》，中国民主法制出版社，2006。
94. 李霞主编《婚姻家庭继承法学》，山东大学出版社，2006。
95. 胡奇光：《中国文祸史》，上海人民出版社，2006。
96. 高汉成：《签注视野下的大清刑律草案研究》，中国社会科学出版社，2007。
97. 许又新：《许又新文集》，北京大学医学出版社，2007。
98. 夏勇：《人权概念的起源——权利的历史哲学》，中国社会科学出版社，2007。
99. 戴庆康：《权利秩序的伦理正当性：以精神病人权利及其立法为例证》，中国社会科学出版社，2007。
100. 于欣主编《北京大学精神卫生研究所所史（1942—2001）》，北京大学医学出版社，2007。
101. 卫生部疾病预防控制局编《精神卫生政策研究报告汇编》，人民卫生出版社，2008。
102. 余少祥：《弱者的权利——社会弱势群体保护的法理研究》，社会科学文献出版社，2008。
103. 丁瓒：《丁瓒心理学文选》，人民教育出版社，2009。
104. 沈志华主编《一个大国的崛起与崩溃：关于苏俄历史的专题研究》下册，社会科学文献出版社，2009。
105. 宋北平：《秋审条款源流考》，为杨一凡主编《中国法制史考证续编》第十一册，社会科学文献出版社，2009。
106. 张希坡：《中国近代法律文献与史实考》，为杨一凡主编《中国法制史考证续编》第十二册，社会科学文献出版社，2009。
107. 王蕾、郭本禹：《存在精神病学：莱因研究》，福建教育出版社，2009。
108. 夏勇主编、胡水君副主编《法理讲义——关于法律的道理与学问》，北京大学出版社，2010。
109. 沈国威：《近代中日词汇交流研究：汉字新词的创制、容受与共享》，中华书局，2010。
110. 马俊驹、余延满：《民法原论》（第四版），法律出版社，2010。
111. 李林、李西霞等主编《少数人的权利》，社会科学文献出版社，2010。
112. 全国人大常委会法制工作委员会审编《中华人民共和国刑法（2011年审编版）》，人民出版社，2011。
113. 许又新:《精神病理学——精神症状的分析》（第2版），北京大学医学出版社，2011。
114. 刘协和：《临床精神病理学》，人民卫生出版社，2011。
115. 陈卫东、程雷、孙皓、潘侠、杨剑炜：《司法精神病鉴定刑事立法与实务研究》，中国法制出版社，2011。
116. 李娜玲：《刑事强制医疗程序研究》，中国检察出版社，2011。
117. 王牧、张凌主编《中日犯罪学之比较研究——中日犯罪学学术研讨会论文集（1—4)》，中国检察出版社，2011。
118. 杨一凡、刘笃才：《历代例考》，社会科学文献出版社，2012。
119. 周少元:《中国近代刑法的肇端——〈钦定大清刑律〉》，商务印书馆，2012。
120. 全国人大常委会法制工作委员会刑法室编著《〈中华人民共和国刑事诉讼法〉释义及实用指南》，中国民主法制出版社，2012。
121. 臧铁伟主编《中华人民共和国刑事诉讼法解读》，中国法制出版社，2012。
122. 全国人大常委会法制工作委员会行政法室编著《〈中华人民共和国精神卫生法〉释义及实用指南》，中国民主法制出版社，2012。
123. 信春鹰主编《中华人民共和国精神卫生法解读》，中国法制出版社，2012。
124. 王继军主编《精神障碍的物理治疗》，人民卫生出版社，2012。
125. 李霞：《成年监护制度研究——以人权的视角》，中国政法大学出版社，2012。
126. 《中华人民共和国精神卫生法注释本》，法律出版社，2012。
127. 全国人民代表大会常务委员会法制工作委员会编《中华人民共和国法

律（2013）》，人民出版社，2013。
128. 最高人民法院研究室编《刑事诉讼法及公检法等配套规定》，人民法院出版社，2013。
129. 卫生部疾病预防控制司等单位组织编写《中华人民共和国精神卫生法医务人员培训教材》，中国法制出版社，2013。

三　外国文献和著作翻译

1.〔美〕威廉·鲁滨生:《优生学与婚姻》，高方译，上海亚东图书馆，1929。
2.〔美〕卫尔德:《心理学之科学观》，张绳祖等译，商务印书馆，1933。
3.〔法〕马德楞（Louis Madelin）:《法国大革命史》，伍光建译，商务印书馆，1936。
4.〔美〕柏替:《法律心理学》，王书林译，商务印书馆，1939。
5.〔美〕普莱斯敦:《心理卫生十二讲》，吴桢译，家杂志社，1948。
6. 中央人民政府法制委员会编《苏俄刑法》，陈汉章译，新华书店，1950。
7.〔美〕Joseph Wortis:《苏联精神病学》，上海医学院神经精神科、华东精神病防治院合译，医务生活社，1952。
8.〔法〕巴尔扎克:《夏倍上校　附：奥诺丽纳　禁治产》，傅雷译，人民文学出版社，1954。
9.〔苏〕苏联司法部全苏法学研究所编《苏维埃刑法分则》，中国人民大学刑法教研室译，中国人民大学出版社，1954。
10.〔苏〕布罗茨基主编《俄国文学史》（上卷），蒋路、孙玮译，作家出版社，1954。
11.〔苏〕布罗茨基主编《俄国文学史》（中卷），蒋路、孙玮译，作家出版社，1955。
12. 中国人民大学国家与法权历史教研室编《过渡到恢复国民经济的和平工作时期的苏维埃国家与法权》，中国人民大学出版社，1955。
13. 恩格斯:《英国工人阶级状况》，人民出版社，1956。
14.〔英〕法兰士·达尔文编《达尔文生平及其书信集》第一卷，叶笃庄、孟光裕译，生活·读书·新知三联书店，1957。
15.〔英〕法兰士·达尔文编《达尔文生平及其书信集》第二卷，叶笃庄、孟光裕译，生活·读书·新知三联书店，1957。
16. 北京大学哲学系外国哲学史教研室编《西方古典哲学原著选译·古希腊罗马哲学》，生活·读书·新知三联书店，1957。
17. 〔苏〕布涅耶夫主编《司法精神病学》，王之相译，法律出版社，1957。
18. 〔英〕达尔文：《动物和植物在家养下的变异》，方宗熙、叶笃庄译，科学出版社，1957。
19. 〔英〕达尔文：《人类和动物的表情》，周邦立译，科学出版社，1958。
20. 〔苏〕别亚列依：《迦尔洵》，陈瘦石译，新文艺出版社，1958。
21. 〔英〕约翰·密尔：《论自由》，程崇华译，商务印书馆，1959。
22. 〔苏〕赫鲁晓夫：《关于文学艺术问题的讲话》，人民文学出版社，1959。
23. 〔英〕柏兰特·罗素：《社会改造原理》，张师竹译，上海人民出版社，1959。
24. 〔法〕卢梭：《论人类不平等的起源和基础》，李常山译，商务印书馆，1962。
25. 吴绪、杨人楩选译《世界史资料丛刊初集·十八世纪末资产阶级革命》，商务印书馆，1962。
26. 〔苏〕布罗茨基主编《俄国文学史》（下卷），蒋路、刘辽逸译，作家出版社，1962。
27. 〔俄〕亚·巴·契诃夫等：《回忆契诃夫》，人民文学出版社，1962。
28. 〔荷〕斯宾诺莎:《神学政治论》，温锡增译，商务印书馆，1963。
29. 〔英〕乔治·鲁德：《法国大革命中的群众》，何新译，生活·读书·新知三联书店，1963。
30. 〔英〕W. 梅佑－格罗斯、E. 斯莱脱、M. 路茨：《临床精神病学》，纪明等译，上海科学技术出版社，1963。
31. 〔英〕洛克：《政府论下篇》，叶启芳、瞿菊农译，商务印书馆，1964。
32. 周辅成编《西方伦理学名著选辑》，商务印书馆，1964。
33. 〔德〕弗·梅林：《马克思传》，樊集译，人民出版社，1965。
34. 〔古希腊〕亚里士多德：《政治学》，吴寿彭译，商务印书馆，1965。
35. 恩格斯：《反杜林论》，人民出版社，1970。

36. 《马克思恩格斯全集》第29卷，人民出版社，1972。
37. 马克思：《资本论》第一卷，人民出版社，1975。
38. 马克思：《剩余价值理论》第二册，人民出版社，1975。
39. 〔美〕梯利：《西方哲学史》（上册），葛力译，商务印书馆，1975。
40. 〔法〕米涅：《法国革命史》，北京编译社译，商务印书馆，1977。
41. 〔美〕赫德里克·史密斯：《俄国人》，上海《国际问题资料》编辑组译，上海译文出版社，1978。
42. 〔古希腊〕亚里士多德：《动物志》，吴寿彭译，商务印书馆，1979。
43. 〔美〕梯利：《西方哲学史》（下册），葛力译，商务印书馆，1979。
44. 《法国民法典（拿破仑法典）》，李浩培、吴传颐、孙鸣岗译，商务印书馆，1979。
45. 〔苏〕若列斯·亚·麦德维杰夫、罗伊·亚·麦德维杰夫：《谁是疯子?》，钱诚译，群众出版社，1979。
46. 〔俄〕赫尔岑：《赫尔岑中短篇小说集》，程雨民译，上海译文出版社，1980。
47. 〔苏〕阿夫托尔哈诺夫：《权力学》，张开等译，新华出版社，1980。
48. 《苏俄刑法典（一九七八年修订版）》，北京政法学院刑法教研室，1980年印。
49. 《各国刑法汇编》，台湾司法通讯社，1980。
50. 〔英〕达尔文：《物种起源》，周建人、叶笃庄、方宗熙译，商务印书馆，1981。
51. 〔英〕罗素：《西方哲学史》上卷，何兆武、李约瑟译，商务印书馆，1981。
52. 〔英〕罗素：《西方哲学史》下卷，马元德译，商务印书馆，1981。
53. 〔英〕J. H. 爱德华兹：《人类遗传学》，曾泓译，科学出版社，1981。
54. 〔英〕Z. A. 麦德维杰夫：《苏联的科学》，刘祖慰译，科学出版社，1981。
55. 〔美〕杜·舒尔茨：《现代心理学史》，沈德灿等译，人民教育出版社，1981。
56. 〔美〕约瑟夫·赫勒：《第二十二条军规》，南文、赵守垠、王德明译，上海译文出版社，1981。

57. 〔苏〕罗·亚·麦德维杰夫：《让历史来审判——斯大林主义的起源及其后果》，赵洵、林英译，人民出版社，1981。
58. 〔苏〕罗伊.A. 麦德维杰夫：《赫鲁晓夫的执政年代》，邹子婴、宋嘉译，吉林人民出版社，1981。
59. 〔捷〕基希：《秘密的中国》，周立波译，群众出版社，1981。
60. 北京大学哲学系外国哲学史教研室编译《西方哲学史原著选读》(上)，商务印书馆，1981。
61. 《日本刑法·日本刑事诉讼法·日本律师法》，中国社会科学院法学研究所译，中国社会科学出版社，1981。
62. 华东政法学院刑法教研室编译《日本刑法修正草案》，1981年印。
63. 法学教材编辑部《外国法制史》编写组：《高等学校法学教材参考资料·外国法制史资料选编》，北京大学出版社，1982。
64. 〔美〕G. 墨菲、J. 柯瓦奇：《近代心理学历史导引》，林方、王景和译，商务印书馆，1982。
65. 〔法〕卢梭：《社会契约论》，何兆武译，商务印书馆，1982。
66. 〔德〕黑格尔：《法哲学原理》，范扬、张企泰译，商务印书馆，1982。
67. 〔英〕达尔文：《达尔文回忆录》，毕黎译注，商务印书馆，1982。
68. 〔苏〕亚·索尔仁尼琴：《古拉格群岛》，田大畏、陈汉章译，群众出版社，1982。
69. 〔美〕戴维·韦斯：《罗丹的故事》，姚福生、刘廷海译，陕西人民美术出版社，1982。
70. 〔美〕Hannah Arendt：《帝国主义》，蔡英文（男）译，台湾联经出版事业公司，1982。
71. 上海外国语学院列宁著作翻译研究室编译《回忆列宁》第一卷，人民出版社，1982。
72. 北京大学哲学系外国哲学史教研室编译《西方哲学史原著选读》(下)，商务印书馆，1982。
73. 〔俄〕迦尔洵：《迦尔洵小说集》，冯加译，外国文学出版社，1983。
74. 〔英〕达尔文：《人类的由来》，潘光旦、胡寿文译，商务印书馆，1983。
75. 〔英〕亚·莫·卡尔-桑德斯：《人口问题——人类进化研究》，宁嘉风译，商务印书馆，1983。
76.〔俄〕契诃夫:《契诃夫手记》，贾植芳译，浙江文艺出版社，1983。
77.〔古希腊〕色诺芬:《回忆苏格拉底》，吴永泉译，商务印书馆，1984。
78.〔俄〕恩·弗列罗夫斯基（瓦·瓦·别尔维）:《俄国工人阶级状况》，陈瑞铭译，商务印书馆，1984。
79.〔苏〕安德罗波夫：《安德罗波夫言论选集》，苏群译，新华出版社，1984。
80.〔俄〕柯罗连科:《文学回忆录》，丰一吟译，人民文学出版社，1985。
81.〔德〕文士麦（Gerhard Venzmer）:《世界医学五千年》，马伯英等译，人民卫生出版社，1985。
82.〔法〕G. 勒诺特尔:《法国历史轶闻》第一卷，杨继中、金琬瑛译，北京出版社，1985。
83.〔俄〕陀思妥耶夫斯基:《少年》，岳麟译，上海译文出版社，1985。
84.〔古希腊〕柏拉图:《理想国》，郭斌和、张竹明译，商务印书馆，1986。
85.〔法〕笛卡尔:《第一哲学沉思录》，庞景仁译，商务印书馆，1986。
86.〔美〕富兰克林:《富兰克林自传》，姚善友译，生活·读书·新知三联书店，1986。
87.〔美〕乔治·萨拜因:《政治学说史》（上册），盛葵阳、崔妙因译，商务印书馆，1986。
88.〔美〕乔治·萨拜因:《政治学说史》（下册），刘山译，商务印书馆，1986。
89.〔美〕汉斯·托奇主编《司法和犯罪心理学》，周嘉桂译，群众出版社，1986。
90.〔美〕弗兰克·斯卡皮蒂:《美国社会问题》，刘泰星、张世灏译，中国社会科学出版社，1986。
91.〔美〕麦克德莫特等主编《希氏内科学》（第15版），第三分册，《神经系统和行为疾病》，王贤才译，内蒙古人民出版社，1986。
92.邱仁宗主编《对医学的本质和价值的探索》，知识出版社，1986。
93.〔德〕康德:《实用人类学》，邓晓芒译，重庆出版社，1987。
94.〔意〕恩里科·菲利:《实证派犯罪学》，郭建安译，中国政法大学出版社，1987。
95. 〔美〕E. 博登海默：《法理学——法哲学及其方法》，邓正来、姬敬武译，华夏出版社，1987。
96. 〔美〕杰克·D. 道格拉斯、弗兰西斯·C. 瓦克斯勒：《越轨社会学概论》，张宁等译，河北人民出版社，1987。
97. 〔美〕戴维·波普诺：《社会学》，刘云德、王戈译，辽宁人民出版社，1987。
98. 〔美〕马斯洛：《动机与人格》，许金声译，华夏出版社，1987。
99. 〔美〕乔恩·谢泼德、哈文·沃斯：《美国社会问题》，乔寿宁、刘云霞译，山西人民出版社，1987。
100. 〔美〕弗朗西斯·法默：《一个好莱坞女影星的遭遇——弗朗西斯·法默自述》，沈志华、马强、王超译，世界知识出版社，1987。
101. 〔法〕安娜·德尔贝：《一个女人——卡米尔和罗丹的故事》，严华译，中国文联出版公司，1987。
102. 〔苏〕格罗斯曼：《陀思妥耶夫斯基传》，王健夫译，外国文学出版社，1987。
103. 〔苏〕阿·穆·卡里姆斯基：《社会生物主义》，徐若木、徐秀华译，东方出版社，1987。
104. 〔俄〕安·米·陀思妥耶夫斯基等：《回忆陀思妥耶夫斯基》，刘开华选译，人民文学出版社，1987。
105. 柳鸣九选编《法国自然主义作品选》，天津人民出版社，1987。
106. 〔法〕爱米尔·杜尔凯姆：《自杀论》，钟旭辉、马磊、林庆新译，浙江人民出版社，1988。
107. 〔英〕戴维·M. 沃克：《牛津法律大辞典》，北京社会与科技发展研究所组织翻译，光明日报出版社，1988。
108. 〔美〕约翰·罗尔斯：《正义论》，何怀宏、何包钢、廖申白译，中国社会科学出版社，1988。
109. 〔美〕J. 布卢姆：《美国的历程》，杨国标、张儒林译，商务印书馆，1988。
110. 〔俄〕契诃夫：《契诃夫文学书简》，朱逸森译，安徽文艺出版社，1988。

111. 〔美〕Earl Rubington、Martin S. Weinberg 编《社会问题导论——五种理论观点》，陈慧娟译，台湾巨流图书公司，1988。
112. 〔美〕C. 恩伯、M. 恩伯：《文化的变异》，杜彬彬译，辽宁人民出版社，1988。
113. 〔法〕布兰科·拉齐奇：《赫鲁晓夫秘密报告事件始末》，夏平译，上海人民出版社，1988。
114. 〔法〕米歇尔·维诺：《法国资产阶级大革命——1789 年风云录》，侯贵信等译，世界知识出版社，1989。
115. 〔英〕J. W. 塞西尔·特纳：《肯尼刑法原理》，王国庆等译，华夏出版社，1989。
116. 〔英〕H. C. A. 哈特：《惩罚与责任》，王勇等译，华夏出版社，1989。
117. 〔古希腊〕希波克拉底：《希波克拉底文集》，赵洪均、武鹏译，安徽科学技术出版社，1990。
118. 〔意〕恩里科·菲利：《犯罪社会学》，郭建安译，中国人民公安大学出版社，1990。
119. 〔德〕康德：《法的形而上学原理——权利的科学》，沈叔平译，商务印书馆，1991。
120. 〔法〕米歇尔·福柯：《癫狂与文明——理性时代的精神病史》，孙淑强、金筑云译，浙江人民出版社，1991。
121. 〔美〕D. P. 萨库索、R. M. 卡普兰：《临床心理学》，黄蘅玉等译，科学技术文献出版社，1991。
122. 〔英〕鲁珀特·克罗斯、菲利普·A. 琼斯：《英国刑法导论》，赵秉志等译，北京，中国人民大学出版社，1991。
123. 〔意〕彼得罗·彭梵得：《罗马法教科书》，黄风译，中国政法大学出版社，1992。
124. 〔美〕哈罗德·J. 维特、小杰克·赖特：《犯罪学导论》，徐淑芳等译，知识出版社，1992。
125. 〔美〕A. R. 吉尔根：《当代美国心理学》，刘力等译，社会科学文献出版社，1992。
126. 〔法〕托克维尔：《旧制度与大革命》，冯棠译，商务印书馆，1992。

127. 〔俄〕契诃夫:《契诃夫文集》第七卷，汝龙译，上海译文出版社，1992。
128. 〔俄〕契诃夫:《契诃夫文集》第八卷，汝龙译，上海译文出版社，1992。
129. 〔俄〕契诃夫:《契诃夫文集》第十卷，汝龙译，上海译文出版社，1993。
130. 〔俄〕赫尔岑:《往事与随想》上册，项星耀译，人民文学出版社，1993。
131. 〔俄〕赫尔岑:《往事与随想》中册，项星耀译，人民文学出版社，1993。
132. 〔古罗马〕查士丁尼:《法学总论》，张企泰译，商务印书馆，1993。
133. 〔美〕纳尔逊·曼弗雷德·布莱克:《美国社会生活与思想史》上册，许季鸿等译，商务印书馆，1994。
134. 〔英〕R. D. 莱恩:《分裂的自我——对健全与疯狂的生存论研究》，林和生、侯东民译，贵州人民出版社，1994。
135. 〔美〕汉娜·鄂兰:《极权主义的起源》，林骧华译，台湾时报文化出版企业有限公司，1995。
136. 〔英〕A. J. M. 米尔恩:《人的权利与人的多样性——人权哲学》，夏勇、张志铭译，中国大百科全书出版社，1995。
137. 〔法〕伏尔泰:《路易十四时代》，吴模信、沈怀洁、梁守锵译，商务印书馆，1996。
138. 〔英〕马尔萨斯:《人口原理》，朱泱、胡企林、朱和中译，商务印书馆，1996。
139. 〔英〕霍布斯:《利维坦》，黎思复、黎廷弼译，商务印书馆，1996。
140. 〔英〕赫伯特·斯宾塞:《社会静力学》，张雄武译，商务印书馆，1996。
141. 〔英〕弗里德利希·冯·哈耶克:《自由秩序原理》，邓正来译，生活·读书·新知三联书店，1997。
142. 〔意〕加罗法洛:《犯罪学》，耿伟、王新译，中国大百科全书出版社，1996。
143. 〔美〕恩格尔哈特:《生命伦理学的基础》，范瑞平译，湖南科学技术出版社，1996。
144. 〔美〕迈克尔·D. 贝勒斯:《法律的原则——一个规范的分析》，张文显等译，中国大百科全书出版社，1996。
145. 〔日〕我妻荣、有泉亨:《日本民法·亲属法》，夏玉芝译，工商出版社，1996。

146. 〔法〕福柯：《权力的眼睛——福柯访谈录》，严锋译，上海人民出版社，1997。
147. 〔美〕路易斯·亨金：《权利的时代》，信春鹰、吴玉章、李林译，知识出版社，1997。
148. 〔美〕斯蒂芬·杰·古尔德：《自达尔文以来：自然史沉思录》，田洺译，生活·读书·新知三联书店，1997。
149. 〔美〕柯特勒:《美国八大冤假错案》，刘末译，商务印书馆，1997。
150. 〔德〕R. Tölle：《实用精神病学》，王希林译，人民卫生出版社，1997。
151. 《法国刑法典刑事诉讼法典》，罗结珍译，国际文化出版公司，1997。
152. 〔日〕西原春夫主编《日本刑事法的形成与特色——日本法学家论日本刑事法》，李海东等译，中国·法律出版社，日本·成文堂，1997。
153. 〔英〕安东尼·吉登斯：《民族－国家与暴力》，胡宗泽、赵力涛译，生活·读书·新知三联书店，1998。
154. 〔法〕福柯：《福柯集》，杜小真选编，上海远东出版社，1998。
155. 〔德〕马克斯·韦伯：《论经济与社会中的法律》(〔美〕埃德华·希尔斯、马克斯·莱因斯坦英译)，张乃根译，中国大百科全书出版社，1998。
156. 〔俄〕恰达耶夫：《哲学书简》，刘文飞译，作家出版社，1998。
157. 〔俄〕格·阿·阿尔巴托夫：《苏联政治内幕：知情者的见证》，徐葵、张达楠等译，新华出版社，1998。
158. 〔法〕卡斯东·斯特法尼等：《法国刑法总论精义》，罗结珍译，中国政法大学出版社，1998。
159. 〔美〕罗伯特·K. 雷斯勒、汤姆·沙其曼：《疑嫌画像——FBI心理分析官对异常杀人者调查手记之一》，李璞良译，法律出版社，1998。
160. 刑法改革国际编《〈联合国囚犯待遇最低限度标准规则〉详解》，于南译，法律出版社，1998。
161. 萧榕主编《世界著名法典选编·民法卷》，中国民主法制出版社，1998。
162. 〔古希腊〕亚里士多德：《尼各马科伦理学》，苗力田译，中国社会科学出版社，1999。
163. 〔法〕米歇尔·福柯：《疯癫与文明——理性时代的疯癫史》，刘北成、杨远婴译，生活·读书·新知三联书店，1999。
164. 〔法〕米歇尔·福柯：《规训与惩罚》，刘北成、杨远婴译，生活·读书·新知三联书店，1999。
165. 〔法〕卡斯东·斯特法尼等：《法国刑事诉讼法精义》，罗结珍译，中国政法大学出版社，1999。
166. 〔英〕皮特·J. 鲍勒：《进化思想史》，田洺译，江西教育出版社，1999。
167. 〔美〕戴维·波普诺：《社会学》（第十版），李强等译，中国人民大学出版社，1999。
168. 〔德〕诺贝特·埃利亚斯：《文明的进程：文明的社会起源和心理起源的研究》第二卷，袁志英译，生活·读书·新知三联书店，1999。
169. 〔德〕维尔特劳斯·图斯特、彼得·特伦克－欣特贝格尔：《残疾人法——对实践和研究的系统论述》，刘翠霄译，法律出版社，1999。
170. 〔瑞士〕托马斯·弗莱纳：《人权是什么?》，谢鹏程译，中国社会科学出版社，1999 年。
171. ［巴西］J. G. 梅基奥尔:《福科》，韩阳红译，昆仑出版社，1999。
172. 〔俄〕契诃夫：《契诃夫文集》第十五卷，汝龙译，上海译文出版社，1999。
173. 〔俄〕斯库拉托夫、列别捷夫主编《俄罗斯联邦刑法典释义》，黄道秀译，中国政法大学出版社，1999。
174. 《俄罗斯联邦刑事诉讼法典》，苏方遒、徐鹤喃、白俊华译，中国政法大学出版社，1999。
175. 《俄罗斯联邦刑事执行法典》，黄道秀、李国强译，中国政法大学出版社，1999。
176. 《法国民法典》，罗结珍译，中国法制出版社，1999。
177. 《加拿大刑事法典》，卞建林等译，中国政法大学出版社，1999。
178. 《瑞士联邦刑法典》，徐久生译，中国法制出版社，1999。
179. 《不列颠百科全书·国际中文版》第 11 卷，中国大百科全书出版社，1999。
180. 〔法〕笛卡尔：《谈谈正确运用自己的理性在各门学问里寻求真理的方法》，王太庆译，商务印书馆，2000。

181. 〔英〕边沁：《道德与立法原理导论》，时殷弘译，商务印书馆，2000。
182. 〔英〕弗里德利希·冯·哈耶克：《法律、立法与自由》，邓正来等译，中国大百科全书出版社，2000。
183. 〔英〕齐格蒙特·鲍曼：《立法者与阐释者：论现代性、后现代性与知识分子》，洪涛译，上海人民出版社，2000。
184. 〔英〕罗伊·波特：《剑桥医学史》，张大庆等译，吉林人民出版社，2000。
185. 〔英〕威廉·F. 拜纳姆：《19世纪医学科学史》，曹珍芬译，复旦大学出版社，2000。
186. 〔英〕J. C. 史密斯、B. 霍根：《英国刑法》，马清升等译，法律出版社，2000。
187. 〔英〕Ronald Blackburm：《犯罪行为心理学：理论、研究和实践》，吴宗宪、刘邦惠等译，中国轻工业出版社，2000。
188. 〔意〕切萨雷·龙勃罗梭：《犯罪人论》，黄风译，中国法制出版社，2000。
189. 〔德〕弗兰茨·冯·李斯特：《德国刑法教科书》（〔德〕埃贝哈德·施密特修订），徐久生译，法律出版社，2000。
190. 〔德〕英戈·穆勒：《恐怖的法官——纳粹时期的司法》，王勇译，中国政法大学出版社，2000。
191. 〔美〕亨利·弗莱德兰德：《从“安乐死”到最终解决》，赵永前译，北京出版社，2000。
192. 〔美〕霍华德·津恩：《美国人民的历史》，许先春、蒲国良、张爱平译，上海人民出版社，2000。
193. 〔美〕约翰·杜菲：《从体液论到医学科学——美国医学的演进历程》，张大庆等译，青岛出版社，2000。
194. 〔美〕克利福德·比尔斯：《一颗找回自我的心》，陈学诗等译，中国社会科学出版社，2000。
195. 〔美〕凯特·米勒特：《精神病院之旅》，张军学等译，中国社会科学出版社，2000。
196. 〔法〕米海依尔·戴尔玛斯－马蒂：《刑事政策的主要体系》，卢建平译，法律出版社，2000。

197. 〔法〕奈瓦尔：《火的女儿：奈瓦尔作品精选》，余中先译，漓江出版社，2000。
198. 〔法〕涂尔干：《社会分工论》，渠东译，生活·读书·新知三联书店，2000年版。
199. 世界著名法典汉译丛书编委会编《十二铜表法》，法律出版社，2000。
200. 《日本民法典》，王书江译，中国法制出版社，2000。
201. 《日本刑事诉讼法典》，宋英辉译，中国政法大学出版社，2000。
202. 〔古希腊〕柏拉图：《法律篇》，张智仁、何勤华译，上海人民出版社，2001。
203. 〔英〕哈耶克：《哈耶克论文集》，邓正来选编译，首都经济贸易大学出版社，2001。
204. 〔英〕赫伯特·斯宾塞：《社会学研究》，张红晖、胡江波译，华夏出版社，2001。
205. 〔法〕米歇尔·福柯：《临床医学的诞生》，刘北成译，译林出版社，2001。
206. 〔美〕罗伯特·K. 默顿：《社会研究与社会政策》，林聚任等译，生活·读书·新知三联书店，2001。
207. 〔德〕迪特尔·梅迪库斯：《德国民法总论》，邵建东译，法律出版社，2001。
208. 〔德〕汉斯·海因里希·耶赛克、托马斯·魏根特：《德国刑法教科书（总论）》，徐久生译，中国法制出版社，2001。
209. 〔俄〕罗伊·麦德维杰夫：《人们所不知道的安德罗波夫——前苏共中央总书记尤里·安德罗波夫的政治传记》，徐葵、张达楠、何香译，新华出版社，2001。
210. 〔俄〕列昂尼德·姆列钦：《历届克格勃主席的命运》，李惠生译，新华出版社，2001。
211. 〔古罗马〕西塞罗：《国家篇　法律篇》，沈叔平、苏力译，商务印书馆，2002。
212. 〔德〕尤尔根·哈贝马斯：《后民族结构》（哈贝马斯文集第三卷），曹卫东译，上海人民出版社，2002。
213. 〔法〕莫里斯·勒韦尔：《萨德大传》，郑达华、徐宁燕译，中国社会科学出版社，2002。
214.〔英〕齐格蒙·鲍曼：《现代性与大屠杀》，杨渝东、史建华译，译林出版社，2002。
215.〔美〕Michael H. Ebert 等主编《现代精神疾病诊断与治疗》，孙学礼主译，人民卫生出版社，2002。
216.〔美〕弗朗西斯·福山：《大分裂：人类本性与社会秩序的重建》，刘榜离等译，中国社会科学出版社，2002。
217.〔俄〕库兹涅佐娃、佳日科娃主编《俄罗斯刑法学教程（总论）》，黄道秀译，中国法制出版社，2002。
218.〔美〕亚伦·德萧维奇：《最好的辩护》，李贞莹、郭静美译，南海出版公司，2002。
219.〔法〕彼埃尔·戴：《罗丹传》，管震湖译，商务印书馆，2002。
220.〔古希腊〕亚里士多德：《尼各马可伦理学》，廖申白译注，商务印书馆，2003。
221.〔法〕米歇尔·福柯：《不正常的人》，钱翰译，上海人民出版社，2003。
222.〔英〕安东尼·吉登斯：《社会理论与现代社会学》，文军、赵勇译，社会科学文献出版社，2003。
223.〔法〕塞奇·莫斯科维奇：《群氓的时代》，许列民、薛丹云、李继红译，江苏人民出版社，2003。
224.〔美〕理查德·格里格、菲利普、津巴多：《心理学与生活》（第16版），王垒、王甦等译，人民邮电出版社，2003。
225.〔奥〕曼弗雷德·诺瓦克：《民权公约评注：联合国〈公民权利和政治权利国际公约〉》，毕小青、孙世彦等译，生活·读书·新知三联书店，2003。
226.〔挪〕A. 艾德、〔芬〕C. 克罗斯、〔比〕A. 罗萨斯编《经济、社会和文化的权利》，黄列译，中国社会科学出版社，2003。
227.〔日〕大塚仁：《刑法概说（总论）》（第三版），冯军译，中国人民大学出版社，2003。
228.〔日〕大谷实：《刑法总论》，黎宏译，法律出版社，2003。
229.《法国新刑法典》，罗结珍译，中国法制出版社，2003。

230. 《俄罗斯联邦刑事诉讼法典》，黄道秀译，中国政法大学出版社，2003。
231. 〔英〕罗伊·波特：《疯狂简史》，巫毓荃译，台湾左岸文化事业有限公司，2004。
232. 〔法〕古斯塔夫·勒庞：《革命心理学》，佟德志、刘训练译，吉林人民出版社，2004。
233. 〔法〕弗朗索瓦·多斯：《从结构到解构：法国20世纪思想主潮》（上卷），季广茂译，中央编译出版社，2004。
234. 〔法〕洛尔·缪拉：《艺术心灵驿站——白朗希大夫疯人院》，马振骋译，河南人民出版社，2004。
235. 〔美〕霍华德·弗里德曼主编《心理健康百科全书·社会问题卷》，李维、张诗忠主译，上海教育出版社，2004。
236. 〔美〕霍华德·弗里德曼主编《心理健康百科全书·心理病理卷》，李维、张诗忠主译，上海教育出版社，2004。
237. 〔美〕霍华德·弗里德曼主编《心理健康百科全书·障碍疾病卷》，李维、张诗忠主译，上海教育出版社，2004。
238. 〔美〕霍华德·弗里德曼主编《心理健康百科全书·健康理念卷》，李维、张诗忠主译，上海教育出版社，2004。
239. 〔美〕S. E. Taylor、L. A. Peplau、D. O. Sears：《社会心理学（第10版）》，谢晓非等译，北京大学出版社，2004。
240. 〔美〕斯蒂芬·J. 威廉斯、保罗·R. 托伦斯：《卫生服务导论（第6版）》，刘健平译，北京大学医学出版社、北京大学出版社，2004。
241. 〔俄〕契诃夫：《札记与书信》，童道明译，中国文联出版社，2004。
242. 〔英〕Michael Gelder、Paul Harrison、Philip Cowen：《牛津精神病学教科书》，刘协和、袁德基主译，四川大学出版社，2004。
243. 〔英〕韦恩·莫里森：《理论犯罪学——从现代到后现代》，刘仁文等译，法律出版社，2004。
244. 〔日〕山本敬三：《民法讲义Ⅰ·总则》，解亘译，北京大学出版社，2004。
245. 世界卫生组织：《促进精神卫生：概念·新证据·实践》，刘铁桥等译，2004。

246. 世界卫生组织：《国际人权在国家精神卫生立法方面的作用》，2004年中文本。
247.《俄罗斯联邦刑法典》，黄道秀译，中国法制出版社，2004。
248.《德国刑法典》，徐久生、庄敬华译，中国方正出版社，2004。
249.《瑞士联邦刑法典（2003年修订）》，徐久生、庄敬华译，中国方正出版社，2004。
250.《奥地利联邦共和国刑法典》，徐久生译，中国方正出版社，2004。
251.《西班牙刑法典》，潘灯译，中国政法大学出版社，2004。
252.《俄罗斯联邦刑法典（2003年修订）》，黄道秀译，中国法制出版社，2004。
253.〔美〕劳伦·B. 阿洛伊、约翰·H. 雷斯金德、玛格丽特·J. 玛诺斯：《变态心理学》（第9版），汤震宇、邱鹤飞、杨茜译，上海社会科学院出版社，2005。
254.〔美〕V. Mark Durand，David H. Barlow：《异常心理学基础（第3版）》，张宁等译，陕西师范大学出版社，2005。
255.〔美〕霍华德·弗里德曼主编《心理健康百科全书·健康理念卷》，李维、张诗忠主译，上海教育出版社，2005。
256.〔美〕雷蒙德·埃居、约翰·兰德尔·格罗夫斯：《卫生保健伦理学——临床实践指南》（第2版），应向华译，北京大学医学出版社、北京大学出版社，2005。
257.〔美〕弗里德曼：《选择的共和国：法律、权威与文化》，高鸿钧等译，清华大学出版社，2005。
258.〔美〕Elliot Aronson、Timothy D. Wilson、Robin M. Akert：《社会心理学》（第5版），侯玉波等译，中国轻工业出版社，2005。
259.〔英〕罗宾·布里吉斯：《与巫为邻——欧洲巫术的社会和问话语境》，雷鹏、高永宏译，北京大学出版社，2005。
260.〔法〕菲利普·亚当、克洛迪娜·赫尔兹里奇：《疾病与医学社会学》，王吉会译，天津人民出版社，2005。
261.〔法〕米歇尔·福柯：《古典时代疯狂史》，林志明译，生活·读书·新知三联书店，2005。
262.〔法〕基佐：《欧洲文明史》，程洪逵、沅芷译，商务印书馆，2005。

263. 〔德〕克劳斯·罗克辛：《德国刑法学总论·第1卷》，王世洲译，法律出版社，2005。
264. 《不列颠简明百科全书》，中国大百科全书出版社，2005。
265. 《丹麦刑法典与丹麦刑事执行法》，谢望原译，北京大学出版社，2005。
266. 《芬兰刑法典》，于志刚译，中国方正出版社，2005。
267. 《挪威一般公民刑法典》，马松建译，北京大学出版社，2005。
268. 沈志华主编《苏联历史档案选编》第30卷，社会科学文献出版社，2005。
269. 《哈佛法律评论·刑法学精粹》，刘仁文等译，法律出版社，2005。
270. 〔英〕威廉·布莱克斯通：《英国法释义》第一卷，游云庭、缪苗译，上海人民出版社，2006。
271. 〔英〕Clive R. Hollin主编《罪犯评估和治疗必备手册》，郑红丽译，中国轻工业出版社，2006。
272. 〔英〕David Semple等：《牛津临床精神病学手册》，唐宏宇、郭延庆主译，人民卫生出版社，2006。
273. 〔英〕David Pilgrim：《心理健康关键概念手册》，张庆伟等译，高等教育出版社，2006。
274. 〔英〕奈杰尔·S. 罗德雷：《非自由人的人身权利——国际法中的囚犯待遇》，毕小青、赵宝庆等译，生活·读书·新知三联书店，2006。
275. 〔英〕克莱尔·奥维、罗宾·怀特：《欧洲人权法原则与判例》（第三版），何志鹏、孙璐译，北京大学出版社，2006。
276. 〔美〕迈克尔·利夫、米切尔·考德威尔：《摇摇欲坠的哭墙——改变我们生活方式的终结辩论》，潘伟杰、高韡、朱慧慧译，新星出版社，2006。
277. 〔德〕冈特·施特拉腾韦特、洛塔尔·库伦：《刑法总论Ⅰ——犯罪论》，杨萌译，北京，法律出版社，2006。
278. 〔德〕耶尔格·布勒希：《疾病发明者》，张志成译，南海出版公司，2006。
279. 世界卫生组织：《精神卫生、人权与立法资源手册》，2006年中文本。
280. 《最新日本民法》，渠涛编译，法律出版社，2006。

281.《日本刑法典》（第2版），张明楷译，法律出版社，2006。
282.〔美〕肯尼思·E. 基普尔主编《剑桥世界人类疾病史》，张大庆主译，上海科技教育出版社，2007。
283.〔美〕艾里克斯·宾恩：《雅致的精神病院》，陈芙扬译，上海人民出版社，2007。
284.〔美〕劳伦斯·M. 弗里德曼：《美国法律史》，苏彦新等译，中国社会科学出版社，2007。
285.〔美〕戴维·波普诺：《社会学》（第十一版），李强等译，中国人民大学出版社，2007。
286.〔美〕陶西格等：《社会角色与心理健康》，樊嘉禄译，中国科学技术大学出版社，2007。
287.〔德〕克劳斯·费舍尔：《德国反犹史》，钱坤译，凤凰出版传媒集团、江苏人民出版社，2007。
288.〔澳〕雷·莫尼汉、〔加〕阿兰·卡塞尔：《药祸》，尚飞、孙雯、文英译，安徽人民出版社，2007。
289.〔美〕劳伦·斯莱特：《20世纪最伟大的心理学实验》，郑雅方译，中国人民大学出版社，2007。
290.〔美〕罗伯特·迈耶：《变态行为案例故事集》，张黎黎、高隽译，世界图书出版公司，2007。
291.〔法〕克洛德·皮舒瓦、米歇尔·布里：《奈瓦尔传》，余中先译，世纪出版集团·上海人民出版社，2007。
292.〔法〕安娜·居维埃、布鲁诺·戈迪维编《卡米耶·克洛代尔书信》，吴雅凌译，华东师范大学出版社，2007。
293.《最新意大利刑法典》，黄风译注，法律出版社，2007。
294.《保加利亚刑法典》，陈志军译，中国人民公安大学出版社，2007。
295.〔法〕菲利普·阿利埃斯、乔治·杜比主编《私人生活史Ⅲ：激情》，杨家勤等译，北方文艺出版社，2008。
296.〔美〕R. Paul Olson 主编《四国精神卫生服务体系比较——英国、挪威、加拿大和美国》，石光、栗克清主译，人民卫生出版社，2008。
297.〔美〕爱德华·肖特：《精神病学史——从收容院到百忧解》，韩健平、胡颖翀、李亚平译，上海科技教育出版社，2008。

298. 〔美〕戴维斯、〔英〕布格拉：《精神病理学模型》，林涛译，北京大学医学出版社、北京大学出版社，2008。

299. 〔美〕肯·克西：《飞越疯人院》，胡红译，重庆出版集团·重庆出版社，2008。

300. 〔美〕哈伯特·L. 帕克：《刑事制裁的界限》，梁根林等译，法律出版社，2008。

301. 〔美〕雅克·蒂洛、基思·克拉斯曼：《伦理学与生活》（第九版），程立显，刘建等译，世界图书出版公司北京公司，2008。

302. 〔美〕凯博文：《苦痛和疾病的社会根源——现代中国的抑郁、神经衰弱和病痛》，郭金华译，上海三联书店，2008。

303. 〔德〕约翰内斯·韦塞尔斯：《德国刑法总论》，李昌珂译，法律出版社，2008。

304. 〔日〕中田修等：《司法精神医学：精神病鉴定与刑事责任能力》，林秉贤、彭华译，天津科学技术出版社，2008。

305. 〔英〕Neil Frude：《变态心理学》，李虹等译，清华大学出版社，2008。

306. 《匈牙利刑法典》，陈志军译，中国人民公安大学出版社，2008。

307. 世界卫生组织：《疾病和有关健康问题的国际统计分类·第十次修订本·第一卷类目表》（第二版），董景五主译，人民卫生出版社，2008。

308. 《国际人权文书第一卷·各人权条约机构通过的一般性意见和一般性建议汇编》，2008 年联合国官方中文本。

309. 《国际人权文书第二卷·各人权条约机构通过的一般性意见和一般性建议汇编》，2008 年联合国官方中文本。

310. 〔英〕安东尼·吉登斯：《社会学》（第 5 版），李康译，北京大学出版社，2009。

311. 〔美〕Jeffey S. Nevid、Spencer A. Rathus、Beverly A. Greene：《变态心理学：变化世界中的视角》（第六版），吉峰、杨丽、卢国华等译，华东师范大学出版社，2009。

312. 〔美〕韦恩·瓦伊尼、布雷特·金：《心理学史：观念与背景》（第 3 版），郭本禹等译，世界图书出版公司，2009。

313. 〔法〕伏尔泰：《哲学辞典》，王燕生译，商务印书馆，2009。

314. 〔美〕欧文·戈夫曼：《污名——受损身份惯例札记》，宋立宏译，商务印书馆，2009。
315. 〔美〕马克·杜兰德、戴维·巴洛：《变态心理学纲要》（第4版），王建平、张宁等译，中国人民大学出版社，2009。
316. 〔美〕Lee Goldman、Dennis Ausiello 主编《西氏内科学》（第22版），王贤才总主译，世界图书公司西安公司，2009。
317. 〔美〕克米特·L. 霍尔主编《牛津美国联邦最高法院指南》，许明月、夏登峻等译，北京大学出版社，2009。
318. 〔美〕罗纳德·J. 博格、小马文·D. 弗瑞、帕特里克亚·瑟尔斯：《犯罪学导论——犯罪、司法与社会》（第二版），刘仁文、颜九红、张晓艳译，清华大学出版社，2009。
319. 〔美〕彼德·布利金、大卫·柯翰：《为药疯狂》，庞素芳译，湖南科学技术出版社，2009。
320. 〔英〕维克托·塔德洛斯：《刑事责任论》，谭淦译，中国人民大学出版社，2009。
321. 〔瑞士〕施奈德：《疯狂实验史》，许阳译，生活·读书·新知三联书店，2009。
322. 〔日〕大谷实：《刑事政策学》（新版），黎宏译，中国人民大学出版社，2009。
323. 〔俄〕罗伊·麦德维杰夫：《苏联的最后一年》（增订再版），王晓玉、姚强译，社会科学文献出版社，2009。
324. 《巴西刑法典》，陈志军译，中国人民公安大学出版社，2009。
325. 〔德〕萨缪尔·普芬道夫：《论人与公民在自然法上的责任》（〔英〕迈克尔·西尔弗索恩英译），支振锋译，北京大学出版社，2010。
326. 〔俄〕陀思妥耶夫斯基：《陀思妥耶夫斯基全集·作家日记》，张羽译，河北教育出版社，2010。
327. 〔俄〕陀思妥耶夫斯基：《陀思妥耶夫斯基全集·书信集》，郑文樾、朱逸森译，河北教育出版社，2010。
328. 〔俄〕陀思妥耶夫斯基：《陀思妥耶夫斯基全集·穷人》，磊然、郭家申译，河北教育出版社，2010。
329. 〔俄〕埃德尔曼编《苏联检察院对5810例反苏维埃鼓动宣传活动案

件司法复查（1953—1991）》，方琼、唐福山译，人民出版社，2010。
330. 〔美〕恩斯特·迈尔：《生物学思想发展的历史》，涂长晟等译，四川教育出版社，2010。
331. 〔美〕Robert E. Hales、Stuart C. Yudofsky、Glen O. Gabbard 主编《精神病学教科书（第 5 版）》，张明园、肖泽萍主译，人民卫生出版社，2010。
332. 〔美〕罗伯特·汉：《疾病与治疗：人类学怎么看》，禾木译，东方出版中心，2010。
333. 〔美〕约翰·伯纳姆：《什么是医学史》，颜宜葳译，北京大学出版社，2010。
334. 〔美〕詹姆斯·沃森、安德鲁·贝瑞：《DNA：生命的秘密》，陈雅云译，世纪出版集团·上海人民出版社，2010。
335. 〔美〕格雷戈里·E. 彭斯：《医学伦理学经典案例》（第四版），聂精保、胡林英译，湖南科学技术出版社，2010。
336. 〔美〕甘博：《北京的社会调查》，邢文军等译，中国书店，2010。
337. 〔英〕齐格蒙特·鲍曼：《社会学之思》（第 2 版），李康译，社会科学文献出版社，2010。
338. 〔德〕迪特尔·施瓦布：《德国家庭法》，王葆莳译，法律出版社，2010。
339. 〔德〕费尔巴哈：《德国刑法教科书》（第十四版），徐久生译，中国方正出版社，2010。
340. 《德国民法典》（第 3 版），陈卫佐译注，法律出版社，2010。
341. 《葡萄牙刑法典》，陈志军译，中国人民公安大学出版社，2010。
342. 《希腊刑法典》，陈志军译，中国人民公安大学出版社，2010。
343. 《墨西哥联邦刑法典》，陈志军译，中国人民公安大学出版社，2010。
344. 〔美〕阿德里安娜·佩特里纳、安德鲁·拉科夫等编著《全球药物——伦理，市场与实践》，许烨芳译，上海译文出版社，2010。
345. 〔法〕多米纳克·博纳：《克洛岱尔情结：卡米耶与保罗的一生》，王恬译，华东师范大学出版社，2010。
346. 〔美〕戴维·霍瑟萨尔：《心理学史》（第 4 版），郭本禹等译，人民邮电出版社，2011。

347. 〔美〕亚历克斯·梯尔：《越轨社会学》，王海霞、范文明、马翠兰、嵇雷译，中国人民大学出版社，2011。
348. 〔美〕克劳斯·费舍尔：《纳粹德国：一部新的历史》，佘江涛译，凤凰出版传媒集团·译林出版社，2011。
349. 〔法〕米歇尔·福柯：《生命政治的诞生》，莫伟民、赵伟译，上海人民出版社，2011。
350. 〔英〕多米尼克·斯垂特菲尔德：《洗脑术：思想控制的荒唐史》，张孝铎译，中国青年出版社，2011。
351. 〔美〕默顿·迈耶斯：《现代医学的偶然发现》，周子平译，生活·读书·新知三联书店，2011。
352. 〔日〕浅井邦彦：《精神医学和精神医疗——从临床到社区》，王祖承主译，复旦大学出版社，2011。
353. 《捷克刑法典》，陈志军译，中国人民公安大学出版社，2011。
354. 〔美〕威廉·考克汉姆：《医学社会学》（第11版），高永平、杨渤彦译，中国人民大学出版社，2012。
355. 〔荷〕德拉埃斯马：《心灵之扰：精神疾病小史》，张真译，东方出版中心，2012。
356. 〔奥〕孟德尔等：《遗传学经典文选》，梁宏、王斌译，北京大学出版社，2012。
357. 〔德〕克劳斯·罗克辛：《德国联邦最高法院判例·刑法总论》，何庆仁、蔡桂生译，中国人民大学出版社，2012。
358. 〔英〕Graham Thornicroft、〔意〕Michele Tansella：《追求优质的精神卫生服务》，李洁译，人民卫生出版社，2012。
359. 法大鉴定编译组编译《外国法庭科学规范文件汇编》第一辑，中国政法大学出版社，2013。
360. 〔德〕曼弗雷德·吕茨：《疯狂》，曾文婷、喻之晓、赵雅晶译，广西科学技术出版社，2013。
361. 〔德〕格奥尔格·耶利内克：《〈人权与公民权利宣言〉——现代宪法史论》，李锦辉译，商务印书馆，2013。
362. 〔英〕Jennifer M. Brown、Elizabeth A. Campbell 主编《剑桥司法心理学手册》，马皑、刘建波等译，中国政法大学出版社，2013。

363. 〔荷〕胡果·格劳秀斯：《战争与和平法》（〔美〕A. C. 坎贝尔英译），何勤华等译，上海人民出版社，2013。
364. 〔美〕艾利·萨克斯：《我穿越疯狂的旅程：一个精神分裂症患者的故事》，李慧君、王建平译，中国轻工业出版社，2013。
365. 《德国刑事诉讼法典》，宗玉琨译注，知识产权出版社，2013。
366. 〔英〕洛克：《自然法论文集》，李季璇译，商务印书馆，2014。

后 记

我对非自愿住院和精神卫生法问题的关注，始于我在20世纪90年代撰写《精神障碍与犯罪》一书时。早先在80年代初，我看过《谁是疯子》等书，了解到存在将精神正常的人强制送入精神病院关押的事情，但没有多想。在撰写《精神障碍与犯罪》时，不可避免地涉及精神障碍患者犯罪的防治和精神障碍患者权利的保护问题。从社会防卫的角度，我提出，不仅应当对有危害行为但因无刑事责任能力而不负刑事责任的精神障碍犯罪人实施强制医疗，而且，应当对尚无危害行为但具有社会危险性即很有可能将要发生危害行为的精神障碍患者实施强制治疗。在《精神障碍与犯罪》于2000年出版后，有些读者就有关问题与我联系，进行咨询。有一些被告人家属说，他们的孩子因精神障碍发生危害行为，没有经过鉴定就被判刑入狱。还有被害人家属反映，加害者通过关系被鉴定为无刑事责任能力而逍遥法外。出乎意料的是，还有一些人说，他们精神正常，但曾经因其他原因，例如单位矛盾、家庭纠纷、邻里冲突，被当作精神障碍患者由单位、家人或者有关部门强制送入精神病院治疗。我不能判断他们是否患有精神障碍，但他们的遭遇令我同情，力所能及地提供了一些意见和帮助。这促使我进一步关注精神卫生法和非自愿住院问题，并将它列为我下一阶段的研究课题。最初的研究心得，是在2002年10月，接受当时的《北京法制报》记者的采访，做了一版强制住院的专题。

然而，我很快意识到，我进入的是一个十分复杂的领域。非自愿住院不论在法学中还是在精神病学中都是一个很小的边缘性问题，它在后来的《中华人民共和国精神卫生法》中只是直接占有一章。它的复杂性主要在于它关涉多个方面的利益，在历史和现实中都极具争议，以及它跨越了法学（至少有宪法、刑法、刑事诉讼法、民法、民事诉讼法、治安管理处罚法、行政诉讼法、国际法以及精神卫生法）、精神病学、心理学、社会学、伦理学、遗传学等多个学科。而且，仅就国内而言，其研究基础相当薄弱。因此，我从基础的阅读学习、收集资料做起。直到2006年完成出版《性犯罪：精神病理与控制》一书后，才开始转入进行精神卫生法和非自愿住院的专题研究和写作。我没有拘泥于某个学科的视域或者学说，而是以问题为核心和导向，哪个学科的知识、方法和资料对研究这个问题有帮助，就拿来为我所用。

在研究过程中，偶尔会将初步的认识和读书笔记，以及对一些有关事件的评论，发表于互联网上（论坛、博客）听取意见或者参加讨论。主要有《政治精神病学》（2003年11月）、《马加爵辩护人的异议有道理吗?》（2004年4月）、《马加爵案与专家证人制度》（2004年4月）、《从马加爵被处决谈起：犯罪人研究和死缓制度》（2004年6月）、《心理治疗中的犯罪信息：保密、报告和作证》（2004年6月）、《精神病人人权保护的历史扫描》（2004年10月）、《精神病人住院权与监护人制度》（2004年11月）、《犯罪精神病院的产生及其在中国的前景》（2004年12月）、《评北京规定“三代亲属有精神病史者不能当老师”》（2005年11月）、《对上海奥迪车连撞9人案司法精神医学鉴定的评论》（2006年8月）、《邱兴华案四评》（2006年12月）、《关于邱兴华案的最后评论》（2006年12月）、《精神障碍者刑事责任能力的基本问题》（2007年1月）、《政治人物·反人道罪·精神障碍·法律能力》（2007年2月）、《精神病人的人身自由与强制住院》（2007年2月）、《卡尔·马克思对精神病人问题的关注》（2007年4月）、《精神裸露癖——Mental Exhibitionism》（2007年5月）、《日本连环杀手宫崎勤的死刑之路》（2008年6月）、《非法强制住院与非法拘禁罪》（2008年12月）、《西碧尔的故事（上）：一个人格裂变的姑娘》（2009年3月）、《西碧尔的故事（下）：一个真实的谎言》（2009年3月）、《“偏执性精神障碍”与强制住院》（2009年4月）、《英国精神卫生法的民事强制措施》（2009年4月）、《“徐武事件”评论》（2011年6月）、《精神卫生法发展史要点》（2011年10月）等。有的文章上万字。其中一些被互联网转载或被论文引用。曾经计划将个别文章加工成论文正式发表，但后来觉得在没有将有关问题加以系统研究之后而就一个具体问题发表意见，难免片面性，作为“博文”尚可，作为“论文”则是远远不行的，于是只得作罢。

同时，围绕《精神卫生法》的制定和有关法律的修订，向有关部门提交政协提案。主要有《关于加快制定精神卫生法，保护精神病人住院权的提案》(2003)、《关于修改有关法律进一步明确精神病人选举权问题的提案》(2004)、《关于加强精神障碍者人权保障建设，抓紧制定〈精神卫生法〉的提案》(2004)、《关于将〈精神卫生法〉列入全国人大“十一五”立法规划的提案》(2006)、《关于对有严重危害行为的无刑事责任能力精神病人应一律由政府强制治疗的提案》（2007)、《关于完善〈刑事诉讼法〉有关精神病犯罪嫌疑人、被告人问题规定的提案》(2007)、《关于废止卫生部关于“精神病人入院收治指征”规定的提案》(2007)、《关于〈精神卫生法〉应当如何规定非自愿住院治疗问题的提案》(2010)、《关于〈精神卫生法〉应妥善规定救护性非自愿住院治疗问题的提案》(2011)、《关于〈精神卫生法（草案)〉应进一步完善非自愿住院规定的提案》(2012)、《关于进一步完善精神病犯罪人强制医疗刑事诉讼程序的提案》(2012)、《关于制定〈精神障碍鉴定法（条例)〉的提案》(2013)、《关于完善城市流浪乞讨精神障碍患者救助制度，制定〈城市流浪乞讨精神障碍患者救助管理细则〉的提案》(2014）等。对于十年来的多个《精神卫生法》征求意见稿或者草案，也通过有关部门提出了意见和建议。

虽然有心理准备，但是研究写作的难度还是超出了我的预计。我以前长期做科研管理工作，根据对科研活动的观察，我一直对所谓的“科研计划”以及“按时完成”的要求不以为然。而我个人的研究写作经历，更是一再强化我的这种看法。当然，除了难度大和有关研究的基础薄弱外，我的知识和能力的不足也是一个很大的障碍。这种不足，即使做些微的弥补也需要时日。另外，我毕竟还要每天上班做科研管理事务这一本职工作，虽然通常是半天。这些年来我总感觉时间飞逝，不够用，并且饱受思路中断之后难以续上之苦。其实，我的这项研究没有列入科研计划，并没有预定的完成期限。可始终有一种莫名的力量在催促我，在压迫我。

按当下的划分，我的这本书属于应用研究，然而它的很大篇幅是在基础性地且比较微观地叙述历史（相关社会史、医学史和法律史）以及引用史料。有些地方，例如关于清末和民国的疯人院、精神病院情况以及相关法律文本的一些细节，还做了一点“考证”。我以为，应用研究领域的有些问题，如果不是将与其有关的历史梳理清楚，总结发展演变过程和其中的经验教训，它们也不可能论证清楚，想当然的成分必定很大，甚至是信口雌黄。而且我有一个毛病，对自己感兴趣的问题，喜欢追究其来龙去脉。因为这种毛病以及为了使在本书的研究写作过程中得到片刻松弛，我曾经附庸风雅学习着写了几篇一定会被文史学者笑话的“考证”文章贴在互联网上。譬如《李叔同〈送别〉来源考》(2005年6月)、《李叔同〈送别〉版本考》(2005年6月)、《蒋兴祖女〈减字木兰花〉考略》(2005年8月)、《田夫荷锄之后——“田夫荷锄立”与“田夫荷锄至”辨正》(2007年5月)、《秦少游女诗考略》(2007年10月)、《李白〈静夜思〉的版本及其他》(2009年2月)等。写得虽然费劲，但也自得其乐。非自愿住院和精神卫生法的历史更是复杂和枝蔓丛生，且细节不清，资料难寻，而我见识有限，只能尽力而为。书里对文献的引用比较多，这是因为我觉得它们比我的议论更有说服力，而且有助于减少其他研究者和读者再去查找资料的麻烦。有些清末、民国的资料，如清末奏折《管理工巡局那奏设立京师习艺所折》《民政部奏公立内城贫民教养院援案请拨米石折》，民国时期档案《行政处关于贫民教养院改组妇女习工厂及在宝钞胡同设立疯人收养所的公函》《疯人收养所关于于本月廿三日启用钤记迁移高公庵胡同新署办公的函》《市立精神疗养院拟具的免费收容精神病人办法及卫生局关于收容精神患者与警察局、社会局等单位的来往函》等等，在当代或许是我首先引用的（恕我此言冒昧）。再如，为了解清末民初对精神障碍患者的管理和二三十年代上海的精神病院情况以及搞清未见今人梳理介绍的1936年潘景文非法禁锢案，我查阅了清末民初的《京话日报》和二三十年代的《申报》等报，并且产生了“相见恨晚”的感想。

国外的历史或者其他资料我也收集引用不少。我现在仍然体会着十年前找到法国“1838年法律”的文本时的欣悦，不夸张地说，如果那时没有找到它，后面的研究就难以进行。囿于外文能力，本书对外国文献的引用，主要根据他人的译著成果。有个别译文，感觉有疑问，便找来原文核对，凡是发现可能需要斟酌的，均加以必要的说明。同时，我也自行或者在朋友们的帮助下翻译了一些资料，包括英文、法文和日文的资料。很多时间和精力就消耗（不是浪费）在这方面。

另一方面，我不善于思辨，抽象不起来，提不出什么理论——虽然有一些个人的“说法”，也不想阐释某位或者若干位思想家的学说——虽然摘录不少他们的“语录”，因此这本书整体上还是属于“形而下”的对一个具体问题的对策研究。有的地方让人看起来可能会觉得相当琐碎。它的主要目的，是为精神障碍患者权利的保护和有关法律的完善，尤其是为防止精神障碍患者发生危害行为和防止精神正常者“被精神病”，提供对策性的意见、建议以及对这些意见、建议加以必要的论证。由于我做过精神障碍患者犯罪问题的研究，深知缺乏对精神障碍患者必要管理的危险性，所以我不是也不能片面地强调精神障碍患者利益的保护，而力图找到维护精神障碍患者利益与维护社会利益的平衡。因而，我并不反对非自愿住院治疗制度，更不反对精神病学——我的研究就是以精神病学理论和精神科医生的实践为一方面的基础和源泉的。关于精神卫生法范畴的非自愿住院，我的一些意见，根本的出发点是防止其被滥用，防止精神正常者被非法拘禁。关于刑法范畴的非自愿住院，我则强调应当使所有应当得到强制医疗的精神病犯罪人得到有效的强制医疗，以及防止没有精神障碍的犯罪人利用强制医疗规避刑罚。

还有，就像《精神障碍与犯罪》一样，我的这本新书只是一块铺路石，但愿它可以为以后别人的研究提供一些可以参考的线索或者思路。

1999年，我曾经在《精神障碍与犯罪》一书的“前言”中，检讨该书没有专门设立和讨论“作为犯罪被害人的精神障碍者”专题：“对精神障碍者犯罪问题大谈特谈，而没有对精神障碍者被犯罪侵犯问题给予专门的讨论，对精神障碍者是不公允的，对此我深感歉疚。”现在，《非自愿住院的规制：精神卫生法与刑法》这本书可以算作一个弥补——虽然它也没有专门讨论精神障碍患者被犯罪侵犯的问题，但是它从非自愿住院这个角度揭示了精神障碍患者可能遭受的伤害，强调了对精神障碍患者合法权益的保护。

由于长期“双线作战”并且不能按时上班，2013年10月我调离了工作三十一年的中国社会科学院科研局，并有幸进入中国社会科学院社会发展战略研究院专门从事研究。这时，我的写作已经接近尾声，但余下的工作仍然很繁重。由于有了时间的保证，收尾进行得比较顺利和愉快。在此，要特别感谢中国社会科学院及其科研局、社会发展战略研究院的各级领导和同事们对我的关心和宽容。能做点既有意义又有意思的事情——哪怕很小，夫复何求？

还要感谢社会科学文献出版社的领导和朋友们。不仅是支持，更重要的是他们一直理解、信任我的研究写作。

关于非自愿住院，还有一些问题需要进一步研究，但由于篇幅和资料所限，这本书的写作只能到此为止。而且，这本书使我长期处于身心疲惫状态，必须适时了结。在休息一段时间之后，我可能要开始修订《精神障碍与犯罪》和《性犯罪：精神病理与控制》两书。再往后，如果还有时间和精力，我想收集和利用档案资料，对民国时期的精神病院和非自愿住院做进一步的研究。

是到交稿的时候了。唯有不安和不舍。

刘白驹
2014 年 5 月 1 日《精神卫生法》施行一周年之际
于北京太阳宫

图书在版编目(CIP)数据

非自愿住院的规制:精神卫生法与刑法:全2册/刘白驹著.
—北京:社会科学文献出版社,2015.1
(中国社会科学院文库.法学社会学研究系列)
ISBN 978-7-5097-6869-3

I.①非… II.①刘… III.①精神卫生-卫生法-研究-中国 ②刑法-研究-中国 IV.①D922.164

中国版本图书馆CIP数据核字(2014)第289521号

中国社会科学院文库·法学社会学研究系列
非自愿住院的规制:精神卫生法与刑法(上、下册)

著　　者/刘白驹

出 版 人/谢寿光
项目统筹/刘骁军　芮素平
责任编辑/刘骁军

出　　版/社会科学文献出版社·社会政法分社(010)59367156
地址:北京市北三环中路甲29号院华龙大厦　邮编:100029
网址:www.ssap.com.cn
发　　行/市场营销中心(010)59367081　59367090
读者服务中心(010)59367028
印　　装/北京季峰印刷有限公司

规　　格/开 本:787mm×1092mm 1/16
印 张:56.5　字 数:919千字
版　　次/2015年1月第1版　2015年1月第1次印刷
书　　号/ISBN 978-7-5097-6869-3
定　　价/198.00元(上、下册)